Aram Mattioli (Hg.)

Antisemitismus in der Schweiz 1848–1960

Mit einem Vorwort von Alfred A. Häsler

Orell Füssli Verlag

Die Deutsche Bibliothek – CIP Einheitsaufnahme

Antisemitismus in der Schweiz 1848–1960 / Aram Mattioli (Hg.).
Mit einem Vorwort von Alfred A. Häsler. – Zürich: Orell Füssli, 1998
ISBN 3-280-02329-7

Gedruckt auf umweltfreundlichem, chlorfrei gebleichtem Papier

© 1998 Orell Füssli Verlag, Zürich
Umschlagbild: «Shoa»-Skulptur von Schang Hutter
Photo: Christine Vonow, Zürich
Druck und Einband: Freiburger Graphische Betriebe, Freiburg im Breisgau
Printed in Germany

ISBN 3-280-02329-7

Inhaltsverzeichnis

ALFRED A. HÄSLER
Vorwort IX

I. Forschungsstand und Überblicke

ARAM MATTIOLI
Antisemitismus in der Geschichte der modernen Schweiz –
Begriffsklärungen und Thesen... 3

ALBERT M. DEBRUNNER
Antisemitismus in der Deutschschweizer Literatur 1848–1914 23

MARKUS RIES
Katholischer Antisemitismus in der Schweiz.. 45

II. Der Widerstand gegen die Emanzipation (1798–1874)

ARAM MATTIOLI
Die Schweiz und die jüdische Emanzipation 1798–1874 61

HOLGER BÖNING
Die Emanzipationsdebatte in der Helvetischen Republik..................... 83

MARTIN LEUENBERGER
Judenfeindschaft im Baselbiet – Das «Judengesetz» und die Vetobewegung von 1851
oder: «Die Interessen sehen zu deutlich unter dem Pelz hervor» 111

ARAM MATTIOLI
Der «Mannli-Sturm» oder der Aargauer Emanzipationskonflikt 1861–1863 135

HEIDI BOSSARD-BORNER
Judenfeindschaft im Kanton Luzern 171

JOSEF LANG
Der Widerstand gegen die Judenemanzipation in der Zentralschweiz 1862–1866 193

III. Die Ausbreitung des modernen Antisemitismus (1880–1914)

BEATRIX MESMER
Das Schächtverbot von 1893 215

THERES MAURER
Die «Berner Volkszeitung» von Ulrich Dürrenmatt 241

ALAIN CLAVIEN
Antisemitismus und «Dreyfus-Affäre» im Spiegel der Westschweizer Presse 265

URS AESCHBACHER
Psychiatrie und «Rassenhygiene» 279

ALBERT M. DEBRUNNER
«Der Samstag» – eine antisemitische Kulturzeitschrift des Fin de siècle 305

IV. Das Zeitalter der antisemitischen Fremdenabwehr (1917–1960)

SILVIA UND GÉRALD ARLETTAZ
Die schweizerische Ausländergesetzgebung
und die politischen Parteien 1917–1931 327

STEFAN MÄCHLER
Kampf gegen das Chaos – die antisemitische Bevölkerungspolitik
der eidgenössischen Fremdenpolizei und Polizeiabteilung 1917–1954 357

PATRICK KURY
« ... die Stilverderber, die Juden aus Galizien, Polen, Ungarn und Russland ...
Überhaupt die Juden.»
Ostjudenfeindschaft und die Erstarkung des Antisemitismus 423

CLEMENS THOMA
Die katholische Weltkirche und der Rassenantisemitismus 1900–1939 445

URS ALTERMATT
Das Koordinatensystem des katholischen Antisemitismus
in der Schweiz 1918–1945 465

EKKEHARD W. STEGEMANN
Vom Unverständnis eines Wohlmeinenden.
Der reformierte Theologe Wilhelm Vischer und sein Verhältnis
zum Judentum während der Zeit des Nationalsozialismus 501

JACQUES PICARD
Zentrum und Peripherie.
Zur Frage der nationalsozialistischen Lebensraumpolitik und
schweizerischen Reaktions- und Orientierungsmuster 521

GEORG KREIS
Öffentlicher Antisemitismus in der Schweiz nach 1945 555

Verzeichnis der Autorinnen und Autoren 577

Personenregister 583

Vorwort

Alfred A. Häsler

Kaum eine Nische quer durch die politische, wirtschaftliche und militärische sowie kirchliche und kulturelle Landschaft der Schweiz, in der Antisemitismus sich nicht eingenistet und festgesetzt hätte. Er war – und ist, unterschwellig oder auch unverhüllt – integrierter Teil unseres gesellschaftlichen Lebens. Antisemitismus gehört dazu, kaum bestritten, wenn auch nicht so aggressiv polternd wie in manchen anderen Ländern. Man sprach in neuerer Zeit, zumindest nach dem Zweiten Weltkrieg, in den gesellschaftlich dominierenden Kreisen nicht offen über die Unerwünschtheit der Juden in den Entscheidungsetagen und -rängen der Behörden, vom Bundesrat bis hinunter zum Gemeinderat – von Ausnahmen abgesehen –, der Banken, der Industrie, der staatstragenden Parteien. Im Nationalrat waren die Juden an den Fingern einer Hand abzuzählen und sassen – wenn schon – in den Reihen der Linken.

Selbst im privaten Bereich hielt man sich an solche ungeschriebenen Gesetze. In traditionsbewussten Familien – nicht zu reden von den patrizischen Geschlechtern – wäre es als äusserst unschicklich empfunden worden, wenn Söhne und Töchter jüdische Frauen und Männer geheiratet hätten.

Die Gründung des Bundesstaates 1848 hatte die Lage der Schweizer Juden nicht verbessert. Sie waren Bürger mindern Rechts. Erst 1866 wurde ihnen die freie Niederlassung und die politische Gleichberechtigung, 1874 die Kultusfreiheit zugestanden. Das Schächtverbot ist aus der Bundesverfassung ins Tierschutzgesetz überführt worden. An seinem antisemitischen Charakter hat dies nichts geändert.

Die Geschichte der Eidgenossenschaft weist – wie im ganzen christlichen Abendland – dramatische judenfeindliche Kapitel auf: Verfolgungen, Pogrome, Vertreibungen. Mit Ausnahme der «Judendörfer» Lengnau und Oberendingen im aargauischen Surbtal war die Schweiz praktisch «judenfrei». Der Aufenthalt in den Städten und Dörfern war Juden bei Strafe verboten.

Diese seit dem Pestjahr 1349 praktizierte menschenfeindliche Politik schlug sich dann auch in unserer Flüchtlingspolitik 1933–1945 nieder. Flüchtlinge aus Rassegründen, insbesondere Juden, galten nicht als politische Flüchtlinge und waren also zurückzuweisen. Die Angst vor der «Verjudung» der Schweiz bestimmte das staatliche Verhalten. Das «J» war die Folge unseres Begehrens, die Pässe der deutschen Juden so zu kennzeichnen, dass deren Inhaber sofort als Juden erkennbar und – sofern sie kein anderes gültiges Visum besassen – an der Grenze abzuweisen waren.

Das wirkte sich besonders ab 1942 für das europäische Judentum meist tödlich aus. Zwischen 50'000 und 100'000 jüdische Frauen, Männer und Kinder, die wir zurückwiesen, wurden in die nazistischen Vernichtungslager in Polen deportiert.

Was das hiess, wurde mir besonders deutlich bewusst, als ich 1946 im Lager Auschwitz bei den Bergen von Kleidern, Schuhen, Brillen, Mädchen- und Frauenhaaren mit an Sicherheit grenzender Wahrscheinlichkeit annehmen musste, dass hier drei mir befreundete Frauen einen schrecklichen Tod gefunden hatten.

Wir können das unheilvolle Erbe unserer Flüchtlingspolitik zur Zeit der braunen Dunkelheit in Europa nicht ausschlagen. Wir können jedoch zu unserem Versagen stehen. Vor allem können wir uns bemühen zu verhindern, dass Ähnliches erneut geschieht. Die Gefahr besteht. Judenfeindliche Tendenzen und Aggressionen, angeheizt von nationalistischen Politikern, erleben wiederum in bedrückender Weise Konjunktur. Wachsamkeit, Aufklärung und entschiedenes Einstehen für die Menschenrechte und gegen jegliche Diskriminierung von Minderheiten sind gefordert.

Die Verfasser der Beiträge in diesem Buch leisten kompetent und engagiert diese Aufklärungsarbeit über den «Antisemitismus in der Schweiz 1848–1960». Sie ist eine wichtige Voraussetzung, die Wahrheit kennenzulernen und anzunehmen, die den Blick freimacht für eine menschengerechte Gestaltung der Gegenwart und der Zukunft. Das ist unsere, die Sache aller verantwortungsbewussten Bürgerinnen und Bürger der Schweiz.

I. Forschungsstand und Überblicke

Antisemitismus in der Geschichte der modernen Schweiz – Begriffsklärungen und Thesen

ARAM MATTIOLI

«Die Geschichte von den Schicksalen der Anhänger des mosaischen Gesetzes ist die Geschichte von der Schande des menschlichen Geschlechtes», schrieb der Schriftsteller Heinrich Zschokke bereits zu Beginn des 19. Jahrhunderts. «Nur ein Menschenfeind wird sie einst mit Würde schreiben können. Denn welcher Mann von Gefühl könnte sein ganzes Leben den Untersuchungen und Darstellungen einer Geschichte weihn, die einen Zeitraum von mehr denn vier Jahrtausenden, die Schicksale von hundert noch vorhandenen oder längst verschwundenen Nationen dreier Welttheile, und alles Ekelhafte und Grausenvolle umfasst, was menschlicher Aberglaube, Vorurtheil, Fanatismus, und die Barbarei der Priester, Fürsten und des Pöbels jemals von Verbrechen übten?»[1] Am Ende des 20. Jahrhunderts hat dieses Verdikt des Aargauer Volksaufklärers nichts von seiner Gültigkeit eingebüsst, auch wenn sich die Geschichtswissenschaft freilich nicht mehr damit bescheiden darf, das Thema seiner offenkundig abstossenden Seiten wegen links liegen zu lassen. Dafür besitzt es einen viel zu zentralen Stellenwert in der europäischen Geschichte seit der Antike. Mit gutem Grund haben renommierte Vertreter der internationalen Geschichtswissenschaft die Judenfeindschaft nicht nur als «ältesten Hass» der Menschheit identifiziert, sondern diese auch als «ideologischen Urstoff» des christlichen Abendlandes gedeutet.[2] In der Tat existiert auf dem alten Kontinent wohl keine christlich geprägte Gesellschaft, die die Angehörigen der jüdischen Minderheit, dieser «verachteten und stigmatisierten Aussenseitergruppe»[3] par excellence, seit dem frühen Mittelalter nie unterdrückt, blutig verfolgt, vertrieben und ermordet hätte. In historischer Perspektive stellt die Judenfeindschaft deshalb ein Phänomen der «langen Dauer» (Fernand Braudel) dar, das seit den Kreuzzügen des 11. Jahrhunderts für eine nicht abbrechende Blutspur verantwortlich zeichnete, die in Auschwitz in beispiellosen Verbrechen gegen die Menschlichkeit kulminierte.[4] Über ihre moralische Beurteilung kann kein vernünftiger Zweifel bestehen. Bereits der Berner Schriftsteller C.A. Loosli hielt 1930 unmissverständlich fest, dass der Antisemitismus und sein Treiben nichts weniger als «Abfall von der Gesittung und Rückfall in altertümliche Barbarei, als eine Verleugnung der Menschlichkeit und ihrer Edelziele, als die Verneinung des Rechts zu Gunsten der triebmässigen Rohgewalt»[5] bedeuten.

Judenfeindschaft und Antisemitismus – definitorische Annäherungen

Nach dem «Zivilisationsbruch von Auschwitz» (Dan Diner) ist die Antisemitismusforschung in der Wahl ihrer Perspektiven zu besonderer Vorsicht aufgerufen. Denn in einem strikt chronologischen Sinne ist jede Beschäftigung mit der Geschichte der europäischen Judenfeindschaft «Vorgeschichte von Unheil und beispielloser Untat»[6]. Dennoch sollte die Forschung nicht den Fehler begehen, ihre Untersuchungen ausschliesslich vom grauenvollen Ende her, das heisst nur als Vor- und Nebengeschichte des nationalsozialistischen Völkermordes, anzulegen. Eine unreflektierte Auschwitz-Perspektive würde nicht nur den Eigenwirklichkeiten früherer Formen des Judenhasses nicht gerecht, sondern auch das Grauen des Holocaust in seiner Singularität relativieren. Letztlich würde sie einem «ewigen Antisemitismus» das Wort reden, vor dessen analytischen Fallen bereits Hannah Arendt in ihrem Buch über «Elemente und Ursprünge totaler Herrschaft» gewarnt hat: «Wer meint, eine kontinuierliche Reihe von Verfolgungen, Vertreibungen und Blutbädern führe bruchlos vom Ausgang des römischen Reiches über das Mittelalter und die Neuzeit bis in unsere Tage, und vielleicht noch hinzusetzt, der moderne Antisemitismus sei nichts weiter als die Profanversion eines verbreiteten mittelalterlichen Aberglaubens, ist, wenn auch arglos, nicht weniger im Irrtum als die Antisemiten, die ganz entsprechend meinen, seit dem Altertum regiere eine jüdische Geheimgesellschaft die Welt oder strebe danach.»[7]

Kein Zweifel, die Judenfeindschaft zieht sich als Dauererscheinung durch die europäische Geschichte seit der römischen Antike. Doch nahm sie über die Jahrhunderte viele Gesichter an und stand im Dienste ganz unterschiedlicher Motive. Idealtypisch unterscheidet die Forschung zwischen zwei Grundtypen der Judenfeindschaft: Heute bricht sich unaufhaltsam die Erkenntnis Bahn, dass sie bis weit ins 19. Jahrhundert hinein als ein «Strang praktizierter Christlichkeit»[8] in Erscheinung trat. Tatsächlich muss sie bis zum Beginn des «technisch-industriellen Zeitalters» (Werner Conze) als ein eminent christliches Phänomen betrachtet werden: als christlicher Antijudaismus, dem eine kirchlich sanktionierte «Lehre der Verachtung» (Jules Isaac) zugrundelag und der vor allem im Zeichen religiöser Antithesen («Gottesmörder», «verstockte Ketzer», «Teufelskinder», «Hostienfrevler», «Ritualmörder», «Wucherer») stand.[9] Während des langen Übergangs vom Ancien Régime zum 20. Jahrhundert durchlief die Judenfeindschaft eine fundamentale Metamorphose. Im «Revolutionszeitalter» (Jacob Burckhardt) entstand aus und neben dem christlichen Antijudaismus ein säkularisierter Grundtypus der Judenfeindschaft: der moderne Antisemitismus, der nun im Dienste nationalistischer, sozialkonservativer oder rassistischer Ausgrenzungslogiken stand. Während der christliche Antijudaismus auf die irritierende Andersgläubigkeit der Juden und ihre angebliche «Gemeinschädlichkeit» für die christliche Gesellschaft zielte, denunzierte die säkularisierte Variante die Juden ihrer vermeintlichen «rassischen» oder «nationalen» Andersartigkeit wegen. Damit versuchte sie nicht zuletzt, die Unmöglichkeit von Emanzipation und Integration zu beweisen. Im modernen Antisemitismus wurden die Juden als Negativsymbol[10] der bürgerlich-liberalen Gesellschaft und ihrer kapitalistischen Wirtschaftsordnung profiliert, weshalb er immer auch als eine «Ideologie der Unzufriedenheit mit der modernen Welt und des Widerspruchs gegen ihre konstitutiven Prinzipien»[11] interpretiert werden muss.

Nur schon dieser beiden Grundtypen wegen hat die Antisemitismusforschung mit Vorteil von Kontinuitäten *und* Brüchen, aber auch von zeit-, länder- und milieuspezifischen Ausprägungen des Judenhasses auszugehen. Denn angesichts der historischen und soziologischen Vielfalt macht die Rede von *dem* russischen, *dem* französischen oder *dem* österreichischen Antisemitismus wenig Sinn. Trotzdem sind allen Spielarten der Judenfeindschaft, für die in diesem Sammelband der weit verbreitete Oberbegriff «Antisemitismus» verwendet wird, der erst 1879 vom Berliner Publizisten Wilhelm Marr als politisches Schlagwort geprägt wurde, mindestens zwei Dinge gemeinsam. In ihrer allgemeinsten Form richtet sich diese stets gegen die Juden *als Juden*, ganz gleich, ob sie nun religiös, wirtschaftlich, kulturell, fremdenfeindlich, antikapitalistisch oder rassistisch motiviert ist. Und soziologisch gewendet, spiegelt sich in ihr in aller Regel eine äusserst konfliktive «Etablierten-Aussenseiter-Beziehung» (Norbert Elias). Antisemitismus ist also minderheitenfeindliche Mentalität im Sinne «verinnerlichter Kultur» (Alex Mucchielli) und soziale Praxis gegen eine Minderheit zugleich. Mit gutem Grund hebt Helen Fein in ihrem Definitionsversuch hervor: «I propose to define antisemitism as a persisting latent structure of hostile beliefs toward *Jews as a collectivity* manifested in *individuals* as attitudes, and in *culture* as myth, ideology, folklore, and imagery, and in *actions* – social or legal discrimination, political mobilization against the Jews, and collective or state violence – which results in and/or is designed to distance, displace, or destroy Jews as Jews.»[12] In einer sozialhistorisch fundierten Antisemitismusforschung muss die Erforschung der Einstellungen und Vorurteilsstrukturen gleichberechtigt neben der Analyse antisemitischen Verhaltens stehen.

Ungeachtet der Tatsache, dass sowohl der christliche Antijudaismus als auch der moderne Antisemitismus über ein Arsenal stark stereotypisierter, äusserst zählebiger, aber durchaus anpassungsfähiger Feindbilder verfügen, sind sie keine Ideologien im strengen Sinne des Wortes.[13] Sie müssen vielmehr als mentale Dispositionen von langer Dauer und vor allem als gelebte Haltungen Beachtung finden, die vorurteilsbestimmt und nicht rational begründet sind. Bereits 1946 betonte Jean-Paul Sartre zu Recht, dass der Antisemitismus keine «pensée», sondern eine «passion» im Sinne eines hasserfüllten Gefühlsengagements und reinen Ressentiments sei.[14] Tatsächlich leben antijüdische Einstellungen weitgehend vom Ausfall vernunftbestimmten Denkens. Genau diesen Sachverhalt umschrieb der deutsch-jüdische Schriftsteller Jakob Wassermann schon 1921 mit der Formel: «Dieser Hass hat Züge des Aberglaubens ebenso wie der freiwilligen Verblendung, der Dämonenfurcht wie der pfäffischen Verstocktheit, der Ranküne der Benachteiligten, Betrogenen ebenso wie der Unwissenheit, der Lüge und Gewissenlosigkeit wie der berechtigten Abwehr, affenhafter Bosheit wie des religiösen Fanatismus.»[15] Auch für den Antisemitismus gilt, dass die Wirklichkeit gegenüber dem, was Menschen in ihrer Vorurteilsbestimmtheit glauben, nicht viel zählt.[16] Obwohl antisemitische Einstellungen und Handlungen als zutiefst irrationale Phänomene die «Grenzen der Aufklärung» (Detlev Claussen) markieren, besitzen sie in aller Regel eine soziale Logik, die es zu entschlüsseln gilt.

Bereits Theodor W. Adorno und Max Horkheimer haben davor gewarnt, das «Rätsel der antisemitischen Irrationalität» selber mit irrationalen Formeln zu erklären. Denn das Rätsel verlange stets nach einer «gesellschaftlichen Auflösung», zu der immer auch die Diskussion seiner sozialen, kulturellen und wirtschaftlichen Ursachen, aber auch der materiellen Interessiertheit der Judenfeinde gehöre. Die moderne Forschung wird durch die wachsende Tendenz gekennzeichnet, Antisemitismus im Zusammenhang gesellschaftlicher Entwicklungen, sozioökonomischer Problemlagen und spezifischer Konflikte zwischen Mehrheitsgesellschaft und jüdischer Minderheit zu interpretieren. Zwei Beispiele müssen hier genügen: Die grausamen Pogrome in den Pestjahren 1348/50 sind nicht mit christlichem Fanatismus und vorurteilsbedingter Intoleranz allein zu erklären; sie wurden immer auch in schnöder Bereicherungsabsicht unternommen und dienten nicht selten einer «im Augenblick recht wirkungsvollen Schuldentilgung»[17]. Und auch die antijüdischen Ausschreitungen im süddeutschen Raum des Revolutionsjahres 1848 waren keine spontanen Gewaltausbrüche fanatisierter Bauern, sondern zielten als systematische Plünderungsaktionen immer auch auf die Vernichtung von Gültbüchern und Schuldbriefen.[18] Untaten gegen Juden müssen deshalb stets in ihrer gesellschaftlichen Blitzableiterfunktion, aber auch als Resultate realer Gruppenkonflikte zwischen Etablierten und jüdischen Aussenseitern gesehen werden.[19] Metaphorisch gesprochen, geht es also darum, den Antisemitismus als Seismographen gesellschaftlicher Problemlagen ernstzunehmen und lesen zu lernen.

Stand der schweizerischen Antisemitismusforschung

Die Bedeutung des Antisemitismus in der Geschichte der schweizerischen Gesellschaft seit der Mitte des 18. Jahrhunderts kontrastiert eigentümlich mit der Aufmerksamkeit, die dem Thema in der Historiographie lange Zeit zuteil wurde. Vom Mainstream der Forschung wurde das Problem bis vor wenigen Jahren als ausgeprochenes Randthema behandelt. Nur im Zusammenhang mit der judenfeindlichen Flüchtlingspolitik in der Ära Heinrich Rothmunds wurde ihm seit dem «Bericht Ludwig» (1957) und Alfred A. Häslers aufrüttelnder Reportage «Das Boot ist voll» (1967) grössere Beachtung geschenkt. Anders als in ihren Nachbarländern ist in der Schweiz bis heute keine Gesamtdarstellung der Judenfeindschaft erarbeitet worden, obschon judenfeindliche Haltungen und Aktionen seit den spätmittelalterlichen Pogromen von Bern, Basel, Zofingen und Zürich auch hierzulande unbestritten zur gesellschaftlichen Normalität gehörten.[20] Selbst für das Zeitalter der Emanzipation, das zur Zeit der Helvetischen Republik (1798) weitgehend parallel zum Prozess innerer Nationalstaatsbildung begann und mit der revidierten Bundesverfassung von 1874 zum Abschluss kam, ist das Thema ungenügend erforscht. So existiert beispielsweise noch immer keine vertiefte Studie über den «Zwetschgenkrieg» von September 1802, während dem Hunderte von Bauern in einer gezielten Plünderungsaktion über die beiden Surbtaler «Judendörfer» herfielen.[21] Aber auch für die postemanzipatorische Epoche ist der schweizerische Antisemitismus alles andere als ein gut erforschtes Kapitel. Zwar liegen mit den Dissertationen von Ernst Haller, Friedrich Külling und Aaron Kamis-Müller faktenreiche Monographien mit Überblickscharakter vor. Durch ihre rechts- und politikgeschichtliche Ausrichtung leuchten sie allerdings nur Teilaspekte des Phänomens aus und lassen etwa die in der Volkskultur tiefverwurzelte Judenfeindschaft weitgehend ausser acht.[22] Was für die Schweiz – von wenigen rühmlichen Ausnahmen[23] einmal abgesehen – noch immer fehlt, sind Annäherungen aus gesellschafts-, alltags- und mentalitätsgeschichtlicher Perspektive, die sich um eine komparative Einbettung der helvetischen Judenfeindschaft in ihren europäischen Kontext bemühen. Gefragt wäre also nicht zuletzt die Aufgabe eines streng helvetozentrischen Zugriffs auf das Thema.

Wie in Deutschland gingen auch in der Schweiz die ersten Impulse zur Aufarbeitung des antisemitischen Erbes von jüdischer Seite aus, vor allem von Augusta Weldler-Steinberg, Achilles Nordmann und Florence Guggenheim-Grünberg, aber auch von Simon Dubnow, der bereits 1929 die These verfocht, dass sich das Land in der Emanzipationsfrage gerade im internationalen Vergleich durch ein «barbarisches Verhalten»[24] ausgezeichnet habe. Bis heute haben sich diese Arbeiten, unter denen Augusta Weldler Steinbergs zweibändige «Geschichte der Juden in der Schweiz» (1966/70) die umfangreichste ist, ihren Charakter als anregende und zuverlässige Pionierstudien erhalten; und dies ungeachtet der Tatsache, dass sie aufgrund ihrer rechts- und politikgeschichtlichen Ausrichung methodisch veraltet sind. Lange Zeit standen sie in der schweizerischen Forschungslandschaft als erratische Blöcke da, unübersehbar und allein. Sieht man einmal von Eduard Fueters perspektivenreicher Geschichte des Bundesstaates[25] ab, die dem Problem bereits 1928 einige erhellende Passagen widmete, wurde die Geschichte des schweizerischen Antisemitismus sowohl in den älteren Standardwerken als auch in den neueren Überblickswerken bis in die siebziger Jahre des 20. Jahrhunderts hinein stiefmütterlich behandelt. Selbst die neueren Forschungsansätzen verpflichtete «Geschichte der Schweiz und der Schweizer» zeigt sich in den Kapiteln über das 19. Jahrhundert hinsichtlich der Antisemitismus-Problematik eigentümlich blind. Weder die Emanzipationsdebatten in der Helvetischen Republik (1798) noch die diskriminierenden Verfassungsartikel von 1848 oder die erbitterten Emanzipationskonflikte der sechziger Jahre des 19. Jahrhunderts finden hier auch nur Erwähnung. Und auch das Schächtverbot von 1893, das Theodor Herzl als «erstes modernes Ausnahmegesetz»[26] gegen die eben emanzipierten Juden in Europa betrachtete, wird hier nicht daraufhin überprüft, ob es sich dabei vielleicht um eine «antisemitische Demonstration» (Carl Hilty) des schweizerischen Souveräns gehandelt habe.[27]

7

Kurz, entgegen der unlängst von Robert Uri Kaufmann vertretenen Meinung, dass die Geschichte des schweizerischen Antisemitismus in den Jahrzehnten von 1866 bis 1933 «erschöpfend»[28] behandelt sei, muss betont werden, dass in diesem Forschungsbereich immer noch riesige Wissenslücken klaffen und gegenüber der internationalen Forschung eklatante methodische Defizite existieren. Zum Teil ist nicht einmal das Faktenwissen gesichert. So wird nach wie vor in zahlreichen Büchern das nachweislich falsche Jahr 1866 und nicht 1874 als Datum der vollständigen Gleichstellung der Juden angegeben, obwohl die in diesem Jahr aufgrund einer eidgenössischen Volksabstimmung mit knappem Mehr gewährte Niederlassungsfreiheit lediglich als wichtiger Meilenstein auf dem Weg zur Vollendung des Emanzipationsprozesses Beachtung verdient.[29] Was Ernst Braunschweig 1991 festgestellt hat, gilt der Tendenz nach auch heute noch: Aus schweizerischer Sicht liegen nur wenige vertiefte Studien zum ganzen Problemkomplex vor.[30]

Mit dem Umstand, dass die Mehrheit der schweizerischen Geistes- und Sozialwissenschaftler bis in die siebziger Jahre des 20. Jahrhunderts hinein bewusst oder unbewusst einer «ethnischen oder ‹völkischen› Auffassung vom ‹Schweizerthum›» angehangen habe, die im krassen Widerspruch zum offiziell gepflegten Selbstbild von der «multikulturellen Willensnation» stand und lieber dem Prinzip einer gemeinsamen «germanischen Abstammung» gehuldigt habe, wie Kaufmann[31] behauptet, hängt die bisherige Randständigkeit des Themas allerdings nicht zusammen. Die Ausblendung der Judenfeindschaft, wie sie die Gesamtdarstellungen zur Schweizer Geschichte seit den Synthesen von Karl Dändliker und Johannes Dierauer, aber auch zahlreiche Monographien kennzeichnet, erklärt sich wesentlich aus den axiomatischen Blickverengungen und thematischen Einseitigkeiten des historistischen Paradigmas, das die Entwicklungen im eidgenössischen Raum als teleologische Erfolgsgeschichte auf die Gründung und innere Vollendung des schweizerischen Bundesstaates hin dargestellt und gedeutet hat. Damit soll der beklagenswerte Befund keineswegs schöngeredet oder gar entschuldigt, sondern lediglich in Erinnerung gerufen werden, dass sich gerade die Histoire nationale wegen ihrer einseitigen Konzentration auf Staatswerdung, hohe Politik und grosse Männer wenig für die vielfältig segmentierte Milieugesellschaft mit ihren Sonderkulturen und Minderheiten interessiert hat.

Bis vor 25 Jahren sind in der schweizerischen Historiographie auch andere Etablierten-Aussenseiter-Beziehungen nicht auf nennenswerte Beachtung gestossen. So kommen in den älteren Darstellungen auch die Bettler, Untertanen, Tauner und Arbeiter kaum oder gar nicht vor, von den «Heimatlosen» und Jenischen ganz zu schweigen. Aus der Sicht einer modernen Gesellschaftsgeschichte ist das freilich unhaltbar. Doch sind diese Auslassungen charakteristisch für den historisch geprägten Wissenschaftsbetrieb, der im «Zeitalter des totalen Nationalstaates» (Hagen Schulze) identitätsstiftende Funktionen für den schweizerischen Mehrsprachenstaat übernommen hatte. Besonders in der weit über das Kriegsende von 1945 hinaus nachwirkenden Kultur der Geistigen Landesverteidigung sollte das Selbstbild der Schweiz von der im

Widerstand gegen «Grossdeutschland» geeinten Staatsbürgernation nicht durch die Erinnerung an das antisemitische Erbe der eigenen Geschichte und das historisch arg belastete Verhältnis zwischen Christen und Juden getrübt werden.[32] Die grosse Mehrheit der Historiker hat das Thema nicht aufgrund unterschwelliger völkischer Vorlieben oder versteckter antisemitischer Ressentiments ausgeblendet.[33] Angekreidet werden muss ihr vielmehr eine mangelnde Sensibilität für gesellschaftsgeschichtliche Fragen im allgemeinen sowie ein Desinteresse für Minderheiten und die Indikatorfunktion antisemitischer Haltungen im besonderen; und dies in einer internationalen Forschungslandschaft, die Antisemitismus schon lange im Zusammenhang makrogesellschaftlicher Entwicklungen, sozialer Problemlagen und spezifischer Alltagskonflikte diskutiert. Im Vordergrund muss auch für schweizerische Forschung künftig die Frage stehen, welche gesellschaftlichen Verhältnisse antijüdische Einstellungen und judenfeindliche Handlungen hervorgebracht und begünstigt haben.

Judenfeindschaft und Antisemitismus in der modernen Schweizer Geschichte

Bis über die Gründung des Bundesstaates (1848) hinaus stellte die Schweiz, was das Problem der Judenfeindschaft betrifft, keinen humanitären Spezial-, sondern weit eher den *europäischen Normalfall* dar. In gewisser Weise gehören judenfeindliche Mentalitäts- und Handlungsmuster sogar zum Kernbestand alteidgenössischer Traditionen. Was der dem frontistischen Milieu nahestehende Publizist Arnold Ambrunnen 1935 in nur allzu durchsichtiger Absicht schrieb, war in der historischen Kernaussage für die Jahrhunderte vor der Helvetischen Revolution keineswegs unzutreffend: «Die alten Eidgenossen waren stets Antisemiten; sie empfanden nach ihrem gesunden Instinkt den Juden als Fremdling und Schädling in ihrem Volke und wollten keine Gemeinschaft mit ihm haben. Die grosse und heroische Zeit der Eidgenossenschaft war eine Zeit der strengsten Judenabwehr.»[34] Tatsächlich war das Verhältnis zwischen christlicher Mehrheit und jüdischer Minderheit auch in der Eidgenossenschaft bis weit ins 19. Jahrhundert hinein nicht wesentlich anders beschaffen als in den benachbarten Gesellschaften. Am ehesten lässt sich die eidgenössische «Judenpolitik» zwischen den mittelalterlichen Pogromen und der Nationalstaatsgründung von 1848 wohl mit jener in den Territorien des Heiligen Römischen Reiches Deutscher Nation vergleichen, zu dem das Corpus helveticum bis zum Westfälischen Frieden (1648) de jure gehörte.

Auch in der Alten Eidgenossenschaft war die jüdische Minderheit seit dem Spätmittelalter einer ganzen Anzahl von Pogromen, Vertreibungen, Gewaltakten und Diskriminierungen ausgesetzt gewesen. Auch hier wurde sie zu einem Dasein am Rande der christlichen Gesellschaft gezwungen. In den Augen ihrer christlichen Umwelt galten die Juden auch in der Eidgenossenschaft als «verstockte Ketzer» und «Gottesmörder», und aufgrund der ihnen zugeschriebenen «Gemeinschädlichkeit» als christenfeindliche «Landplage». Auf Geheiss der Obrigkeit war ihnen, seit dem sie im Spätmittelalter aus zahlreichen Städten vertrieben worden waren, ein Grossteil des eidgenössischen Territoriums als Wohn- und Arbeitsstätte verboten; und seit 1776 durften sie sich nurmehr in den beiden Dorfghettos von Oberendingen und Lengnau in der Grafschaft Baden niederlassen. Wie überall in Europa war auch hierzulande nur schon das Wort «Jude» mit einer ganzen Reihe negativer Bedeutungen verbunden und im gesellschaftlichen Leben als Schimpf- und Schandwort in Gebrauch. Wie die antijüdische Gebetssprache in den christlichen Kirchen gehörten in der Eidgenossenschaft primitive Spottverse wie «Jud, Jud, Jud, ich henk dich an en Stud, ich henk dich an en Gatter, der Tüfel ist din Vater» über Jahrhunderte zur kulturellen Normalität. Und Wortschöpfungen wie «die bösa Diebsjuda», «das jüdelet», «juden» oder «abjude» zeigten auch hier das Mass der Verachtung an, mit der die christliche Mehrheitsgesellschaft der jüdischen Minderheit begegnete.[35]

Weitgehend parallel zur deutschen Entwicklung verlief in der Schweiz auch der Prozess der Emanzipation. Im Gegensatz zur französischen Revolutionsgesetzgebung, die die jüdischen Parias im September 1791 mit einem Schlag zu gleichberechtigten französischen Staatsbürgern erklärte, folgte die schweizerische Entwicklung dem deutschen Modell. Wie in den meisten deutschen Staaten dauerte die Judenemanzipation hierzulande achtzig Jahre und kam auf der konstitutionellen Ebene erst 1874 mit der Gewährung der Kultusfreiheit zum Abschluss.[36] Zwar hatte die Helvetische Republik 1798 alle Sonderabgaben für Juden abgeschafft; aber zur vollständigen Gleichstellung konnte sich selbst der unter französischer Ägide stehende Einheitsstaat nicht durchringen, obwohl aufklärerisch inspirierte «Bürger-Stellvertreter» wie Paul Usteri, Johann Rudolf Suter und Louis Secrétan in den beiden Kammern des helvetischen Parlamentes im Namen der Menschenrechte genau dies gefordert hatten. Bis weit ins 19. Jahrhundert hinein blieb auch in der Schweiz die alte Vorstellung, dass es sich bei den Juden lediglich um tolerierte Fremde und «ewige Einsassen» handle, im gesellschaftlichen Leben die rechtswirksame Norm.

Weit über die Helvetische Revolution hinaus war die Geschichte der Juden in der Schweiz die Geschichte ihrer systematischen Zurücksetzung in Alltag, Wirtschaft, Kultur und Politik. Daran änderte auch die Gründung des schweizerischen Bundesstaates von 1848 wenig, auf den die in der Schweiz lebenden Juden all ihre Hoffnungen gesetzt hatten. Gerade, was die «Judenfrage» betrifft, stand auch der neue Staat von 1848 in der Kontinuität alter Denkmuster und tradierter Ausgrenzungsmechanismen. Jedenfalls war das gesellschaftliche Projekt der Emanzipation auch jetzt noch nicht mehrheitsfähig. Bereits Eduard Fueter hat bemerkt, dass die Verfassungsväter in der «Judenfrage» die «bestehenden Verhältnisse schonen und keinen Anlass zu populären Angriffen» bieten wollten.[37] In der Tagsatzung optierten einzig die Gesandten der Kantone Aargau, Neuenburg, Genf und Waadt dafür, den Juden die Emanzipation und freie Niederlassung zu gewähren. Und so mussten diese auch nach der Gründung des in mancher Beziehung durchaus fortschrittlichen Bundesstaates in einem minderberechtigten Status leben. Trotz der «alle Schichten der Gesellschaft gleichmässig durchdringenden

Vorstellung von der Gleichheit aller Bürger» wurden die Juden noch lange als «Fremdkörper» in der Nation empfunden.[38] Obwohl das Land zu den früh demokratisierten Gesellschaften gehörte, ging die Schweiz nicht toleranter und rücksichtsvoller mit ihrer jüdischen Minderheit um als die benachbarten Monarchien. Im gesellschaftlichen Alltag standen den republikanischen Verfassungsidealen von Freiheit und Gleichheit vielfältige Formen der Diskriminierung und Ungleichheit gegenüber. Im frühen Bundesstaat rangierten die Juden in der Hierarchie sozialer Gruppen und Milieus weit tiefer als die Katholiken, die nach ihrer Niederlage im Sonderbundskrieg ein Leben als Bürger zweiter Klasse führen mussten. Und wie in anderen Ländern war die grosse Mehrheit der Schweizerinnen und Schweizer auch nach der Emanzipation nicht fähig, die Angehörigen der jüdischen Minderheit in ihrer kulturellen Eigenart zu respektieren. Im Gegenteil, es wurde eine hohe Assimilations- und Integrationsbereitschaft von ihnen erwartet, durch die sie sich der Gleichstellung würdig erweisen sollten. Oder anders ausgedrückt: Die Emanzipation wurde der jüdischen Minderheit nicht zum Nulltarif gewährt.

Die Beiträge dieses Bandes lassen keinen Zweifel daran: Antisemitische Einstellungen und judenfeindliche Handlungen besitzen in der Geschichte der modernen Schweiz ein weit grösseres Gewicht, als bis heute angenommen wird. Gerade deshalb drängen sich einige nuancierende Feststellungen auf. *Erstens*: Im Jahrhundert nach der Gründung des Bundesstaates kamen in der Schweiz alle Formen antisemitischen Ungeistes und antisemitischer Praxis vor: vom christlichen Antijudaismus der Kirchen und der antiemanzipatorischen Ideologie des «christlichen Staates» über die xenophob motivierte Fremdenabwehr, wie sie im Schächtverbot von 1893 einen ersten Höhepunkt erreichte, bis zum administrativen Antisemitismus der Behörden, zu den eugenischen Theorien namhafter Psychiater und der rassistischen Verblendung frontistischer Kreise, die während des «nationalen Aufbruchs» nach 1933 einen Vandalenakt in der Luzerner Synagoge verübten und eine Aufführung des Kabaretts Pfeffermühle mit dem Ruf «Juda verrecke» störten. Allerdings scheint der rassenbiologische Antisemitismus, wie er im nationalsozialistischen «Verbrecherstaat» (Karl Jaspers) in Theorie und Praxis gepflegt wurde, hierzulande nicht die vorherrschende Spielart gewesen zu sein. Der schweizerische Antisemitismus trat häufig in «diskreter» Gewandung auf und war in der Regel weit eher xenophob denn rassistisch motiviert.[39] Er richtete sich in aller Regel gegen die Juden als «Fremde» und war seit den Emanzipationskonflikten des jungen Bundesstaates aufs engste mit einem nationalistischen Überfremdungsdiskurs verknüpft. Bis in die Mitte des 20. Jahrhunderts stellte die antijüdisch motivierte Fremdenabwehr einen der Grundzüge der modernen Schweizer Geschichte dar. 1848 spielte in den Diskussionen der Verfassungsväter das Argument einer «Überflutung des Landes» mit elsässischen Juden eine ebenso zentrale Rolle wie seit dem Fin de siècle die Angst vor einer «Überschwemmung» der Schweiz mit osteuropäischen «Kaftanjuden». Zur Zeit des «Dritten Reiches» schlug sich diese Haltung in einer restriktiven Flüchtlingspolitik nieder, die dem bezeichnenden Dogma verpflichtet war, dass die Schweiz für jüdische Flüchtlinge – wenn überhaupt – lediglich als Transitland zur Verfügung stehe.[40] Bezeichnenderweise hatte schon das «Bundesgesetz über Aufenthalt und Niederlassung der Ausländer» vom 26. März 1931 in seinem Artikel 13,2 bestimmt, dass die eidgenössischen Behörden über «persönlich unerwünschte Ausländer» die Einreisesperre verhängen können. Vor dem Hintergrund des antiliberalen, von ökonomischen Schwierigkeiten geprägten Zeitklimas der beginnenden Weltwirtschaftskrise wurden die eidgenössischen und kantonalen Fremdenpolizeien sogar darauf verpflichtet, bei ihren Entscheidungen über Aufenthalt, Niederlassung und Toleranz von Ausländern die «geistigen und wirtschaftlichen Interessen sowie den Grad der Überfremdung des Landes zu berücksichtigen».[41] Damit hatte eine Bestimmung in das erste Ausländergesetz der Schweiz Eingang gefunden, die von der eidgenössischen Fremdenpolizei schon bald in einem antisemitischen Sinne ausgelegt werden sollte.

Zweitens: Der schweizerische Antisemitismus äusserte sich zuweilen auch in gewalttätigen Formen, so etwa im «Zwetschgenkrieg» (1802), während den Endinger Ausschreitungen vom Herbst 1861 und dem St. Galler Krawall vor einem jüdischen Kaufhaus (1883). Auch in der Schweiz wurden die Angehörigen der jüdischen Minderheit gelegentlich physisch bedroht. Trotzdem trat der schweizerische Antisemitismus seit der Helvetischen Revolution für gewöhnlich nicht als rabiater Radauantisemitismus in Erscheinung. Vor mehr als dreissig Jahren hob Golo Mann im Blick auf die internationale Typisierung der dominanten schweizerischen Spielart zu Recht hervor: «Der Antisemitismus der Schweizer ist überaus diskret und in sicheren Grenzen gehalten. Ohne dass ein Aufhebens davon gemacht würde, ohne dass überhaupt davon gesprochen würde, wird doch dafür gesorgt, dass in der Presse, auf den Universitäten, im Kulturbetrieb, die Zahl der dort wirkenden Schweizer jüdischer Herkunft eine sehr geringfügige bleibt.»[42] Gerhard M. Riegner, der die Alliierten 1942 als erster vom Genfer Büro des Jüdischen Weltkongresses aus über das nationalsozialistische Vernichtungsprogramm in Osteuropa in Kenntnis setzte, hat in diesem Zusammenhang den Begriff des «prophylaktischen Antisemitismus»[43] geprägt. Aus einer vorbeugenden Abwehrhaltung heraus war man in der Schweiz darum bemüht, nicht allzu viele Juden im Land aufzunehmen, möglichst wenige von ihnen einzubürgern und in gesellschaftliche Spitzenstellungen vordringen zu lassen. Am stärksten zu spüren bekamen diesen vorbeugenden Antisemitismus seit dem ausgehenden 19. Jahrhundert die ostjüdischen Einwanderer, die als nicht-assimilierbar galten und im Lande ungewöhnlich starke Abwehrreflexe auslösten.

Viele jüdische Schweizer lebten in den acht Jahrzehnten zwischen ihrer Emanzipation und dem Ende des Zweiten Weltkrieges in der Überzeugung, in einer Gesellschaft mit einer judenfeindlichen Grundstimmung zu leben. Wesentlich dafür verantwortlich zeichnete das 1893 durch Volk und Stände gutgeheissene Schächtverbot, mit der das Land in den Besitz einer antisemitischen Verfassungsbestimmung gelangte, welche die junge Gleichstellung in einem wesentlichen Punkt rückgängig machte. Mitten im Kalten Krieg erinnerte der Basler Historiker Theodor Nordemann daran, dass sich eine auf dem Basler Marktplatz versammelte Menge von Bürgern nach dem Bekanntwerden des Abstimmungsresultates über die Schächtverbots-Initiative zu Rufen wie «Nieder mit den Juden!» und «Tod den Juden!» hinreissen liess.[44] Wohl nicht zuletzt dieses Ausnahmegesetz, das sich vor allem gegen die gesetzestreuen Mitglieder der jüdischen Minderheit richtete, veranlasste David Strauss, den Mitherausgeber und Redaktor des «Israelitischen Wochenblattes», zur pointierten, aber verständlichen Aussage, dass die «Gegnerschaft gegen alles Jüdische» bei den Schweizern und Schweizerinnen des frühen 20. Jahrhunderts sogar «sehr gross, grösser vielleicht wie in irgendeinem andern Land»[45] sei. Im Zusammenhang mit der Tradition des präventiven Antisemitismus ist auch die restriktive Flüchtlingspolitik der Schweiz in der Zeit zwischen 1938 und 1947 zu interpretieren. Sie war kein Betriebsunfall der Schweizer Geschichte, sondern reihte sich in die gesetzgeberischen und administrativen Massnahmen ein, die seit dem ausgehenden 19. Jahrhundert darauf ausgerichtet waren, das Land vor einer «jüdischen Überfremdung» zu bewahren. Auf Vorrat restriktiv sein, um keiner rechtsstaatlich bedenklichen Überfremdungsbewegung antisemitischer Couleur den gesellschaftlichen Boden zu bereiten, das war das Ziel eidgenössischer Fremdenpolitik.

Mit der nationalsozialistischen «Judenpolitik», die über mehrere Stufen der Radikalisierung in Auschwitz kulminierte, war die schweizerische Haltung gegenüber den Juden nicht zu vergleichen. Sie lag weit eher auf der Linie der Beschlüsse der fehlgeschlagenen Konferenz von Evian im Juli 1938. Gemäss den Vorstellungen des amerikanischen Präsidenten Franklin D. Roosevelt hätte die Evian-Konferenz nach der Annexion Österreichs durch internationale Zusammenarbeit eine geordnete Auswanderung der deutschen und österreichischen Juden aus «Grossdeutschland» ermöglichen sollen. Doch der amerikanische Appell an die Aufnahmebereitschaft der 32 Teilnehmerländer entpuppte sich als ein gigantischer Schlag ins Wasser. Denn in Evian öffneten sich für die bedrängten Juden im grossdeutschen Machtbereich keine Türen. Die internationale Staatengemeinschaft unter der Führung der USA zeigte sich ausserstande, jüdischen Flüchtlingen grosszügig Asyl zu gewähren. Die Schweiz war in dieser Beziehung kein Sonderfall. Das «Debakel von Evian» (Saul Friedländer) sollte für die Betroffenen verhängnisvolle Folgen haben. Was der renommierte Holocaust-Forscher Raul Hilberg für die neutralen Staaten insgesamt festgehalten hat, bestimmte nach der Konferenz von Evian auch die schweizerische Haltung zur jüdischen Flüchtlingsfrage: «Die Politik der nicht am Krieg beteiligten Nationen gegenüber der jüdischen Notlage entsprach nicht nur einer vorsichtigen Strategie, je nach geographischer Lage und Fortschreiten des Kriegs, sondern hing auch von tiefverwurzelten Faktoren wie ihrem sozialen Gefüge und ihren historischen Beziehungen zur Judenheit ab.»[46] Wie viele andere Staaten zeigte sich auch die Schweiz letztlich gleichgültig gegenüber dem jüdischen Flüchtlingsproblem und den Opfern der nationalsozialistischen Vernichtungsmaschinerie. Auch hierzulande war die Rettung der Juden während des Zweiten Weltkrieges kein vorrangiges Staatsziel, ging es doch auch hier zunächst und vor allem um die Rettung der eigenen Haut.

Drittens: Wie im preussisch-deutschen Obrigkeitsstaat, in der österreichisch-ungarischen Doppelmonarchie oder in Frankreich hatte der Antisemitismus in der Schweiz des 19. und beginnenden 20. Jahrhunderts die Funktion eines «kulturellen Codes» (Shulamit Volkov). Auch der schweizerische Antisemitismus kann als ein soziokulturelles Zeichensystem interpretiert werden, das zur Verständigung über Milieu- und Lagerzugehörigkeiten diente, als ein umfassendes Instrumentarium distinktiver Symbole also, das bestimmte Milieus und spezifische Lebenswelten von anderen abgrenzte: «Man drückte dadurch die Übernahme eines bestimmten Systems von Ideen und die Präferenz für spezifische soziale, politische und moralische Normen aus.»[47] Er entwickelte sich auch hierzulande zu einem Erkennungszeichen konservativ-nationalistischer Politik. Sozialkonservativ eingestellte Bevölkerungsschichten, die in Opposition zur freisinnigen Schweiz der Banken und des Handels standen, zeigten eine besonders starke Prädisposition für ihn. Virulent in Erscheinung trat er in den Jahrzehnten vor und nach der Emanzipation in der «Suisse profonde», in jenen bäuerlich-gewerblichen Landgebieten, in denen die Menschen durch die industrielle Moderne in Bedrängnis geraten waren. Stärker in der deutschen Schweiz verwurzelt als in den radikaldemokratischen Kantonen der Romandie (Genf, Neuenburg, Waadt), die sich wohl unter französischem Einfluss gegenüber der «Judenfrage» weit offener gezeigt hatten, war er vor allem in den katholischen Landesgegenden, aber auch in den strukturschwachen Regionen der protestantischen Schweiz stark verbreitet. Der katholisch-konservative Aufstand gegen die Emanzipation im Jahrzehnt vor dem Kulturkampf und die vulgärantisemitische Kampagne des protestantisch-konservativen Publizisten Ulrich Dürrenmatt gegen die freisinnige Vorherrschaft im Kanton Bern sind nur die prägnantesten Beispiele dafür.

Nicht minder tief verwurzelt war er in rechtsbürgerlichen Schichten, vor allem in den Kreisen des «alten Mittelstandes» der stürmisch anwachsenden Grossstädte, aber auch bei vielen rechtsgerichteten Akademikern und konservativen Intellektuellen. Wenn die These zutrifft, dass der Antisemitismus in der Zeit nach der Emanzipation vor allem als Angriff auf konstitutive Prinzipien der bürgerlich-liberalen Gesellschaft zu interpretieren ist[48], muss er zunächst in jenen Bevölkerungskreisen lokalisiert werden, die in manifester oder latenter Opposition zur freisinnigen Schweiz standen. Und mehr noch: Seit der konservativen Rebellion gegen das von freisinnigen Spitzenpolitikern durchgepeitschte Emanzipationsprojekt trat der helvetische Antisemitismus nicht selten im Kleid einer volksnahen Politik in Erscheinung, die sich geschickt der direktdemokratischen Institutionen zu bedienen wusste, um seinen Zielen Nachdruck zu verleihen. Es ist kein Zufall, dass das gegen den Willen von Bundesrat und Parlament gutgeheissene Verbot des rituellen Schlachtens von Tieren seine Existenz der ersten angenommenen Volksinitiative der Schweiz verdankte.

Viertens: Die schweizerische Gesellschaft war zwischen 1848 und 1960 nicht antisemitischer als die übrigen Länder der west- und mitteleuropäischen Staatenzone. Trotz ihrer demokratischen Strukturen war sie aber auch nicht gegen die antisemitische Versuchung gefeit. In gewisser Hinsicht muss gerade der helvetische Antisemitismus als Normalfall betrachtet werden. Auch hierzulande entwickelte er sich immer dann zu einer akuten innenpolitischen Frage, wenn die antisemitische Agitation in Europa Spitzenwerte erreichte, so zum Beispiel in den neunziger Jahren des 19. Jahrhunderts und zur Zeit der nationalsozialistischen Terrorherrschaft über Europa. Auch in der Schweiz gedieh er vor dem Hintergrund einer nationalistischen Politik der Enge und Selbstisolierung besonders gut. Und auch hierzulande war er als latentes Potential stets präsent. Trotzdem wies er einige nationale Besonderheiten auf. Anders als in Russland, Frankreich und Deutschland gab es hier im ausgehenden 19. und beginnenden 20. Jahrhundert keine Pogrome, keine Antisemitenparteien, keinen der «Dreyfus-Affäre» vergleichbaren Skandal, keine Ritualmordprozesse und nur wenige radauantisemitische Vorfälle. Obschon der helvetische Antisemitismus die leiseren Töne bevorzugte, erfreute er sich einer erschreckenden kulturellen Normalität. Selbstkritisch räumte der linksliberale Schriftsteller C.A. Loosli 1927 ein, im ausgehenden 19. Jahrhundert in einem Milieu aufgewachsen zu sein, das ihn während seiner Kindheit vorübergehend zu einem «überzeugten Judenhasser» und «eifrigen Antisemiten»[49] gemacht habe. Judenfeindliche Ressentiments wurden vom kleinen Mann auf der Strasse ebenso geteilt wie von Geistesgrössen wie dem Pädagogen Johann Heinrich Pestalozzi, dem Dichter Jeremias Gotthelf, dem Basler Kulturhistoriker Jacob Burckhardt oder dem an der Universität Fribourg lehrenden Aristokraten Gonzague de Reynold. Trotzdem käme es einer Verzerrung der Perspektiven gleich, die Geschichte der schweizerischen Gesellschaft zwischen 1848 und 1960 nur in einem judenfeindlichen Lichte interpretieren zu wollen. Der Befund ist durchaus ambivalent, glaubten doch während des Ersten Weltkrieges auch jüdische Schweizer daran, im «klassischen Lande der Freiheit»[50] zu leben.

Obschon 1848 diskriminierende Bestimmungen in der Bundesverfassung Eingang fanden, gewährten die beiden Basler Halbkantone im gleichen Jahr zahlreichen Juden Asyl, die vor den gewalttätigen Ausschreitungen gegen die jüdische Minderheit im Elsass geflohen waren. Im Fin de siècle waren die schweizerischen Universitäten fast die einzigen Hochschulen in Europa, die osteuropäischen Studierenden jüdischen Glaubens die Türen zu einer akademischen Ausbildung weit offenhielten. Chaim Weizmann, der erste Präsident des Staates Israels, ist nur das bekannteste Beispiel dafür. Seit ihrem ersten Kongress in Basel (1897) waren schweizerische Städte die bevorzugten Tagungsorte der zionistischen Bewegung, die am Beginn der israelischen Staatsgründung stand. Dennoch hatte die Schweiz mit dem Schächtverbot nur vier Jahre zuvor das erste moderne Ausnahmegesetz gegen die Juden erlassen. Genauso wie es hierzulande während der «Dreyfus-Affäre» überzeugte Gegner des verurteilten jüdischen Generalstabsoffiziers gab, zeigten sich viele Schweizer auch von der Unschuld des

Verurteilten überzeugt. Auf Initiative des Arbeitersekretariates der Stadt Bern und Umgebung unterschrieben im September 1899 immerhin 3'700 Bernerinnen und Berner eine Petition zugunsten von Hauptmann Alfred Dreyfus.[51] Und auch zur Zeit der nationalsozialistischen Bedrohung hat sich die Schweiz alles andere als nur antisemitisch gezeigt. In erster Instanz bestätigte 1935 ein Berner Gericht auf eine Klage des Schweizerischen Israelitischen Gemeindebundes hin, dass es sich bei den berüchtigten «Protokollen der Weisen von Zion» um eine antisemitische Fälschung handelt. Nur zwei Jahre später relativierte das Obergericht dieses Urteil allerdings, weil es befand, dass die «Protokolle» nicht unter den kantonalen Schundparagraphen fallen und die Verurteilung der schweizerischen Antisemiten, die das Machwerk verbreitet hatten, deshalb zu Unrecht erfolgt sei.[52] Ein exponierter Grenzkanton wie Basel-Stadt oder ein mutiger Polizeikommandant wie Paul Grüninger zeigten sich grossherziger als die offiziellen Berner Stellen. Und obschon die Bundesbehörden leicht mehr hätten tun können, ja mehr hätten tun müssen, um der viel beschworenen humanitären Tradition nur einigermassen zu genügen, als das, was Eduard von Steigers inhumaner Politik vom «vollen Boot» entsprach, zeigte sich die Schweiz in der Aufnahme jüdischer Flüchtlinge grosszügiger als zum Beispiel das ebenfalls neutrale Schweden und ermöglichte wenigstens 28'000 von ihnen das Überleben.

Intention und Schwerpunkte

Die Erforschung des Antisemitismus, die angesichts der Irrationalität des Phänomens immer wieder auch an die Grenzen wissenschaftlicher Erkenntnisfähigkeit stösst, ist in der Schweiz wie anderswo eines der trübsten und emotionsgeladensten Themen der Geschichtsschreibung überhaupt. Es ist nicht wegzudiskutieren, dass das ohnehin schon sensible Thema durch die aufgeregte Diskussion über die «Schattenseiten» der schweizerischen Politik im Zweiten Weltkrieg eine zusätzliche Brisanz gewonnen hat. Dennoch muss betont werden, dass es sich dabei nicht um einen verlegerischen Schnellschuss handelt, wie sie in den ersten Monaten des Jahres 1997 gleich reihenweise auf den Buchmarkt geworfen wurden. Die Idee zum Band geht auf den Herbst 1995 zurück, als der Herausgeber im Zuge einer wissenschaftlichen Neuorientierung auf die Defizite in der schweizerischen Antisemitismusforschung aufmerksam wurde. Von der Grundintention her versucht das Buch eine ungelöste Frage des internationalen Symposiums «Die Krise im Fin de siècle (1880–1914). Jüdische und katholische Bildungseliten in Deutschland und der Schweiz» zu beantworten, das im September 1996 an der Hochschule Luzern unter Beteiligung namhafter Geistes- und Sozialwissenschafter aus Israel, Deutschland und der Schweiz stattfand.[53] Besonders die Überzeugung der israelischen Teilnehmer, dass die antisemitische Welle des Fin de siècle die «Generalprobe für das Schauspiel unserer Zeit»[54] dargestellt habe, warf die Frage auf, ob nicht auch die schweizerische Flüchtlingspolitik der Jahre 1938 bis 1945 viel stärker als bisher im Kontext einer helvetischen Tradition antijüdisch motivierter Fremdenabwehr zu interpretieren sei. Obwohl die Beiträge dieses Bandes keine abgerundete Forschungsbilanz darstellen, wollen sie immer auch als Antworten auf diese Frage gelesen werden. Überdies verstehen sie sich als Fallstudien zu einem von der Forschung lange Zeit vernachlässigten Feld schweizerischer Gesellschaftsgeschichte, das immer stärker in ihren Kontinuitäten *und* Zäsuren, aber auch fern von liebgewordenen Denkgewohnheiten zu interessieren beginnt. Eine zweite Absicht des Buches besteht darin, das Meer des Nichtwissens und der historischen Auslassungen mit einigen Inseln der empirischen Aufarbeitung zu versehen und dem heute erst in schattenhaften Umrissen erkennbaren Gesamtbild einige weitere Mosaiksteine einzufügen. Hier geht es wesentlich darum, das wissenschaftliche Problemfeld erst einmal abzustecken. Empirische Lückenlosigkeit wird hier also ebenso wenig angestrebt wie endgültige Antworten. Der ungenügende Forschungsstand liess es ratsam scheinen, sich auf drei zeitliche Schwerpunkte zu konzentrieren, die für die Geschichte des Antisemitismus im schweizerischen Bundesstaat von besonderer Bedeutung zu sein scheinen.

Im Rahmen des ersten Schwerpunkts werden die heftigen Emanzipationskonflikte im frühen Bundesstaat thematisiert, die von der Forschung bislang noch nie unter der Fragestellung behandelt wurden, *weshalb* die früh demokratisierte Schweiz die Angehörigen der kleinen jüdischen Minderheit als eines der letzten Länder der west- und mitteleuropäischen Staatenzone emanzipiert hat. Breit dokumentiert wird hier die Tatsache, dass das für den bürgerlich-liberalen Staat zentrale Emanzipationsprojekt in der Bevölkerung auf einen hartnäckigen Widerstand stiess. Eine zweite Gruppe von Beiträgen befasst sich mit der Zeit des Fin de siècle, in der sich der schweizerische Souverän mit dem Schächtverbot gegen den Willen von Bundesrat und Parlament zu einer antisemitischen Demonstration hinreissen liess, die den Übergang von einer weitgehend liberal bestimmten zu einer zunehmend nationalistisch verengten Innenpolitik markierte. Vor der Jahrhundertwende trat auch die Schweiz in die «klassische Epoche der Fremdenfeindlichkeit» (Eric J. Hobsbawm) ein, während der es in Bern (1893), Zürich-Aussersihl (1896) und Arbon (1902) zu handgreiflichen Krawallen gegen italienische Gastarbeiter kam.[55] Als Formationsphase, in der das unheilvolle Schlagwort von der drohenden «Überfremdung» des Landes geprägt wurde, verdienen die drei Jahrzehnte vor dem Ersten Weltkrieg besondere Beachtung.

Der dritte Untersuchungsschwerpunkt ist den Jahrzehnten zwischen dem Ende des Ersten Weltkrieges und der Bildung der Allparteienkoalition im Bundesrat (1959) gewidmet, die als Zeitalter der antisemitischen Fremdenabwehr beschrieben werden können. Hier wird diese Ära erstmals in ihrem inneren Zusammenhang vorgestellt. Damit rücken die bemerkenswerten Kontinuitätselemente in der eidgenössischen Fremden- und Ausländerpolitik in den Blick, die durch die Tatsache symbolisiert werden, dass Heinrich Rothmund zwischen 1917 und 1954 die Fäden in der eidgenössischen Fremdenpolizei bzw. in der Polizeiabteilung des Justizdepartements zog. Bereits sensible Zeitgenossen wie der Berner Schriftsteller C.A. Loosli haben in den zwanziger Jahren eine «stete Zunahme der judenhetzerischen Werbetätigkeit»[56] und des gelebten

Antisemitismus, aber auch eine immer restriktivere Ausländerpolitik konstatiert; eine Politik, die im Sommer 1942 mit der Grenzschliessung für jüdische Flüchtlinge ihren unrühmlichen Höhepunkt erreichte. In diesem Themenschwerpunkt interessiert der frontistische Radikalantisemitismus weniger als die administrativen und gesetzgeberischen Massnahmen des präventiven Antisemitismus. Hier wird der Fokus also bewusst auf die gesellschaftliche Normalität des Antisemitismus gerichtet und weniger auf seine aufsehenerregenden Exzesse, wie zum Beispiel auf die Ermordung des jüdischen Viehhändlers Arthur Bloch in Payerne (1942) durch antisemitische Überzeugungstäter.[57]

Gewiss fällt die Einhaltung des wissenschaftlichen Objektivitätsgebotes beim Phänomen des Antisemitismus weit schwerer als bei anderen Themen. Dennoch sind die Beiträge dieses Bandes nicht aus einer Richter-, Ankläger- oder Verteidigerperspektive geschrieben, sondern aus einer Grundhaltung, die im Historiker vor allem den «engagierten Zeugen der Vergangenheit»[58] sieht. So wurden die Autorinnen und Autoren dazu ermuntert, der fundamentalen Differenz zwischen Beobachter- und Teilnehmerperspektive Rechnung zu tragen, wie dies der Frankfurter Philosoph Jürgen Habermas im Nachgang zur «Goldhagen-Debatte» selbst für die Behandlung des Holocaust gefordert hat. Denn sobald die «Sicht des analysierenden Beobachters mit der Perspektive verschmilzt, die die Teilnehmer an Selbstverständigungsdiskursen einnehmen, degeneriert Geschichtswissenschaft zu Geschichtspolitik».[59] Die historisch verunsicherte Schweiz des ausgehenden 20. Jahrhunderts braucht keine weiteren Beiträge in geschichtspolitischer Absicht mehr und schon gar keine, die in wissenschaftlicher Tarnung daherkommen. Gefordert ist vielmehr selbstkritisches Differenzierungsvermögen, das helvetozentrische Einseitigkeiten ebenso vermeidet wie das selbstgefällige Beschwören historischer Legenden. In einer um nuancierte Aufklärung bemühten Geschichtsschreibung kann es keine einfachen und schon gar keine endgültigen Antworten auf komplexe Probleme der Vergangenheit geben. Deshalb will und kann dieser Sammelband nicht mehr als eine *Zwischenbilanz* sein; eine Zwischenbilanz, die darum weiss, dass der Wert historischer Studien in erster Linie darin besteht, gute Fragen aufzuwerfen. In dieser Überzeugung wissen sich die Autorinnen und Autoren des Bandes mit dem französischen Mediävisten Marc Bloch eins, der kurz vor seiner Erschiessung durch die Gestapo in seinem intellektuellen Testament festhielt: «Aufgabe der Forschung ist es, ihre Untersuchungen laufend zu verbessern und zu verfeinern.»[60]

Dank

Für Ihr Interesse am Projekt, aber auch für wichtige Hinweise und Anregungen möchte sich der Herausgeber bei Alfred A. Häsler, Manfred Hiefner-Hug, Albert M. Debrunner, Beatrix Mesmer, Holger Böning, Hanna Zweig, Claudius Sieber, Olaf Blaschke, Michael Graetz, Patrick Kury, Charles Stirnimann und Brigitte Baur bedanken. Ein herzliches Dankeschön gilt der Germanistin Bernadette Kaufmann, die die Beiträge ebenso gewissenhaft wie einfühlsam redigiert und das Personenregister erstellt hat. Für die sprachgewandte Übersetzung der französischen Originaltexte ins Deutsche danke ich der Historikerin Monika Schib Stirnimann und für die aufmerksame Auseinandersetzung mit dem Manuskript dem Lektor des «Orell Füssli Verlages», Paul Meinrad Strässle. Marcel Veszeli gehört mein Dank für seine wertvolle Hilfe bei EDV-Problemen. Last but not least sei Thomas Hurschler für die präzisen Quellen-Transkriptionen gedankt. Gefördert wurde das Projekt durch eine namhafte Zusprache aus dem Forschungskredit der Hochschule Luzern als auch durch Druckkostenzuschüsse seitens der Bank Dreyfus Söhne & Cie (Basel), des Migros-Genossenschaftsbundes (Zürich) sowie der John J. Kimche-Stiftung (Genf) und der Stiftung gegen Rassismus und Antisemitismus (Zürich). Dr. Stephen Floersheimer, Annette Brunschvig-Ségal, Carmen Meyer sowie Rita und Paul Baur haben das Erscheinen des Werks mit Einzelbeiträgen unterstützt. Allen diesen Personen und Institutionen sei für ihr Engagement und Vertrauen herzlich gedankt.

Anmerkungen

[1] Über den jetzigen Zustand der Juden in den kultiviertesten Ländern Europas, in: Miscellen für die Neueste Weltkunde, hg. von Heinrich Zschokke, Aarau 1809, Nr. 54, S. 213.

[2] Robert S. Wistrich, Antisemitism. The longest Hatred, London 1991; Detlev Claussen, Grenzen der Aufklärung. Die gesellschaftliche Genese des modernen Antisemitismus, Frankfurt am Main ²1994, S. 77.

[3] Norbert Elias über sich selbst, Frankfurt am Main 1990, S. 162.

[4] Vgl. aus der Vielzahl von Überblicksdarstellungen: Bernd Martin/Ernst Schulin (Hg.), Die Juden als Minderheit in der Geschichte, München 1981; Herbert A. Strauss/Norbert Kampe (Hg.), Antisemitismus. Von der Judenfeindschaft zum Holocaust, Frankfurt am Main/New York ²1988; Friedrich Battenberg, Das Europäische Zeitalter der Juden. Zur Entwicklung einer Minderheit in der nichtjüdischen Umwelt Europas, 2 Bde., Darmstadt 1990. Für Deutschland jetzt vor allem das auf vier Bände geplante Werk von Michael A. Meyer (Hg.), Deutsch-jüdische Geschichte in der Neuzeit, München 1996ff., sowie die Studie von: Helmut Berding, Moderner Antisemitismus in Deutschland, Frankfurt am Main 1988.

[5] C.A. Loosli, Die Juden und wir, Zürich 1930, S. 3.

[6] Thomas Nipperdey, Deutsche Geschichte 1866–1918, Bd. 2: Machtstaat vor der Demokratie, München ²1993, S. 289f.

[7] Hannah Arendt, Elemente und Ursprünge totaler Herrschaft, München/Zürich 1993, S. 17 (amerikanische Erstausgabe: New York 1951).

[8] Gottfried Schramm, Die Juden als Minderheit in der Geschichte. Versuch eines Resümees, in: Martin/Schulin (wie Anm. 4), S. 318.

[9] In aufklärerischem Gestus bereits 1809 scharfsinnig registriert von: Zschokke (wie Anm. 1), S. 213. «Die sonst berühmten Hauptverfolgungen der Christen waren nur Spielerei gegen die Verfolgungen der Juden, welche sie vorzüglich durch Christen erduldeten durch alle Jahrhunderte.» In der Erklärung der schweizerischen Bischofskonferenz vom 5. März 1997 heisst es mehr oder weniger selbstkritisch, «dass während vieler Jahrhunderte Christen und Verantwortliche unserer Kirchen durch Ausgrenzung und Verfolgung von Juden Schuld auf sich geladen und die Judenfeinschaft gefördert haben». Vgl. Rundbrief der Theologischen Bewegung für Solidarität und Befreiung, Juni 1997, S. 31f. Zur ersten Einführung: Ekkehard W. Stegemann, Christliche Wurzeln der Judenfeindschaft, vom Neuen Testament bis heute, in: Reformatio 37 (1988), S. 366–379; Elisabeth Endres, Die gelbe Farbe. Die Entwicklung der Judenfeindschaft aus dem Christentum, München 1989. Stegemann vertritt die These, dass die

Judenfeindschaft als ein Syndrom anzusehen sei, «für dessen Entstehung und Ausbildung das Christentum gesorgt» (S. 371) habe.
[10] Ähnlich in der Wertung: Arno Herzig, Jüdische Geschichte in Deutschland. Von den Anfängen bis zur Gegenwart, München 1997, S. 157. A. Herzig spricht von «Antisymbol».
[11] Thomas Nipperdey/Reinhard Rürup, Antisemitismus. Entstehung, Funktion und Geschichte eines Begriffs, in: Reinhard Rürup, Emanzipation und Antisemitismus. Studien zur «Judenfrage» der bürgerlichen Gesellschaft, Frankfurt am Main ²1987, S. 135.
[12] Helen Fein, Dimensions of Antisemitism: Attitudes, Collective Accusations, and Actions, in: Dies. (Hg.), The Persisting Question. Sociological Perspectives and Social Contexts of Modern Antisemitism, Berlin/New York 1987, S. 67.
[13] Vgl. Stefan Rohrbacher/Michael Schmidt, Judenbilder. Kulturgeschichte antijüdischer Mythen und antisemitischer Vorurteile, Reinbek bei Hamburg 1991. Jetzt auch: Heinz Schreckenberg, Die Juden in der Kunst Europas. Ein historischer Bildatlas, Göttingen/Freiburg 1996.
[14] Jean-Paul Sartre, Réflexions sur la question juive, Paris 1946, S. 11f.
[15] Jakob Wassermann, Mein Weg als Deutscher und Jude, Berlin 1921, S. 39.
[16] Ähnliches beobachtet für die verhängnisvolle Geschichte des ethnischen Denkens im heutigen Afrika: Albert Wirz, Hutu oder Tutsi? Europas Rassenlehre und ihre fatalen Folgen, in: NZZ-Folio, Juni 1997, S. 28.
[17] František Graus, Pest – Geissler – Judenmorde. Das 14. Jahrhundert als Krisenzeit, Göttingen 1987, S. 227–248, hier S. 233.
[18] Rainer Wirtz, Die Agrarunruhen im Odenwald im Frühjahr 1848, in: Ders., «Widersetzlichkeiten, Excesse, Crawalle, Tumulte und Skandale.» Soziale Bewegung und gewalthafter sozialer Protest in Baden 1815–1848, Frankfurt am Main/Berlin 1981, S. 179 u. S. 187; Stefan Rohrbacher, Gewalt im Biedermeier. Antijüdische Ausschreitungen in Vormärz und Revolution (1815–1848/49), Frankfurt am Main/New York 1993, S. 245ff.
[19] Grundlegend für diesen Interpretationsansatz ist die Studie von: Jacob Katz, Die Hep-Hep-Verfolgungen des Jahres 1819, Berlin 1994 (israelische Erstausgabe: 1973).
[20] Als Vorarbeiten dazu sind zu erwähnen: Paul Guggenheim, Zur Geschichte der Schweizer Juden, Zürich 1934; Florence Guggenheim-Grünberg, Die Juden in der Schweiz, Zürich 1961; Ralph Weingarten, Geschichte des Antisemitismus in der Schweiz, in: Ernst Braunschweig (Hg.), Antisemitismus – Umgang mit einer Herausforderung. Festschrift für Sigi Feigel, Zürich 1991, S. 29–49; Aaron Kamis-Müller u.a. (Hg.), Vie juive en Suisse, Lausanne 1992. Zur bibliographischen Orientierung: Robert Uri Kaufmann, Bibliographie zur Geschichte der Juden in der Schweiz, auf der Basis des Werkes von Annie Fraenkel, München 1993.
[21] Erste Hinweise gibt jetzt: Erika Hebeisen, «Hier geht es schrecklich unmenschlich zu!» Das Pogrom von 1802 gegen die jüdischen Gemeinden im Surbtal, in: Badener Neujahrsblätter 73 (1998), S. 10–18.
[22] Ernst Haller, Die rechtliche Stellung der Juden im Kanton Aargau, Aarau 1900; Friedrich Külling, Antisemitismus in der Schweiz zwischen 1866 und 1900, Zürich 1977; Aaron Kamis-Müller, Antisemitismus in der Schweiz 1900–1930, Zürich 1990.
[23] Daniela Neumann, Studentinnen aus dem russischen Reich in der Schweiz (1867–1914), Zürich 1987; Robert Uri Kaufmann, Jüdische und christliche Viehhändler in der Schweiz 1780–1930, Zürich 1988; Martin Leuenberger, Frei und gleich ... und fremd. Flüchtlinge im Baselbiet zwischen 1830 und 1880, Liestal 1996; Karin Huser, Schtetl an der Sihl. Einwanderung, Leben und Alltag der Ostjuden in Zürich 1880–1939, Zürich 1998; Patrick Kury, «Man akzeptierte uns nicht, man tolerierte uns!» Ostjudenmigration nach Basel 1890–1930, Basel 1998.
[24] Simon Dubnow, Weltgeschichte des jüdischen Volkes. Von seinen Uranfängen bis zur Gegenwart, Bd. 9, Berlin 1929, S. 478.
[25] Eduard Fueter, Die Schweiz seit 1848. Geschichte – Wirtschaft – Politik, Zürch/Leipzig 1928.
[26] Pierre Heumann, Israel entstand in Basel. Die phantastische Geschichte einer Vision, Zürich 1997, S. 134.

[27] Vgl. Geschichte der Schweiz und der Schweizer, hg. vom Comité pour une Nouvelle Histoire de la Suisse, 3 Bde., Basel/Frankfurt 1982/83.
[28] Robert Uri Kaufmann, Wie man zum «Fremden» erklärt wird. Fremd- und Selbstbildnis der Juden in der neueren Schweizer Historiographie, in: Traverse 3 (1996), S. 124.
[29] Zu Recht kritisiert bereits von: Dubnow (wie Anm. 24), Bd. 9, S. 479. Neuerdings auch richtiggestellt von nichtschweizerischen Autoren wie: Haim Hillel Ben-Sasson (Hg.), Geschichte des jüdischen Volkes, Bd. 3, München 1980, S. 110; Reinhard Rürup, The European Revolutions of 1848 and Jewish Emanzipation, in: Werner E. Mosse u. a. (Hg.), Revolution and Evolution 1848 in German-Jewish History, Tübingen 1981, S. 19; Enzyklopädie des Holocaust. Die Verfolgung und Ermordung der europäischen Juden, Bd. 3, Berlin 1993, S. 1294; Detlev Claussen, Grenzen der Aufklärung. Die gesellschaftliche Genese des modernen Antisemitismus, Frankfurt am Main ²1994, S. 142; Michael Brenner, Zwischen Revolution und rechtlicher Gleichstellung, in: Meyer (wie Anm. 4), Bd. 2, S. 308f.
[30] Ernst Braunschweig, Einleitung, in: Ders. (wie Anm. 20), S. 7. So auch der Grundtenor in: Madeleine Dreyfus/Jürg Fischer (Hg.), Manifest vom 21. Januar 1997. Geschichtsbilder und Antisemitismus in der Schweiz, Zürich 1997.
[31] Kaufmann (wie Anm. 28), S. 120 u. S. 122.
[32] Näheres zur Reaktion schweizerischer Universitätshistoriker auf die deutsche Landes- und Volksgeschichte, die die «alemannische Schweiz» bereits Jahre vor der Machtübertragung an die Nationalsozialisten als Teil einer grenzüberschreitenden deutschen «Volksnation» vereinnahmte, in: Aram Mattioli, Geschichte als nationale Legitimationswissenschaft. Der schweizerisch-deutsche Gelehrtenstreit um die Hochrheingrenze, in: Westfälische Forschungen 46 (1996), S. 186–209.
[33] Damit wird keineswegs ausgeschlossen, dass einzelne Fachvertreter das Thema in ihren Studien aus apologetischen Gründen aktiv beschwiegen, bewusst ausgeblendet oder euphemistisch behandelt haben.
[34] Arnold Ambrunnen, Juden werden «Schweizer». Dokumente zur Judenfrage in der Schweiz seit 1798, Zürich 1935, S. 4.
[35] Alle Beispiele aus: Schweizerisches Idiotikon. Wörterbuch der schweizerdeutschen Sprache, Bd. 3, Frauenfeld 1895, Sp. 12–14.
[36] Für die Emanzipationsdebatte in der Helvetik: Holger Böning, Bürgerliche Revolution und Judenemanzipation in der Schweiz, in: Jahrbuch des Instituts für Deutsche Geschichte der Universität Tel Aviv XIV (1985), S. 157–180. Zur internationalen Einordnung des schweizerischen Emanzipationsprozesses jetzt: Pierre Birnbaum/Ira Katznelson (Hg.), Paths of Emancipation. Jews, States, and Citizenship, Princeton 1995.
[37] Fueter (wie Anm. 25), S. 42.
[38] Festgestellt bereits in: Fritz Fleiner, Schweiz. Bundesstaatsrecht, Tübingen 1923, S. 18, Anm. 13.
[39] Vgl. auch: L'histoire des Juifs en Suisse: Bilan, problèmes, approches. Entretien avec Aaron Kamis-Müller, in: Equinoxe, Nr. 13, 1995, S. 60.
[40] Ausführlich dazu: Jacques Picard, Die Schweiz und die Juden 1933–1945. Schweizerischer Antisemitismus, jüdische Abwehr und internationale Migrations- und Flüchtlingspolitik, Zürich 1994; Uriel Gast, Von der Kontrolle zur Abwehr. Die eidgenössische Fremdenpolizei im Spannungsfeld von Politik und Wirtschaft 1915–1933, Zürich 1997. Vgl. auch: Jean-Claude Wacker, Humaner als Bern! Schweizer und Basler Asylpraxis gegenüber den jüdischen Flüchtlingen von 1933 bis 1943 im Vergleich, Basel 1992; Jürg Stadelmann, Umgang mit Fremden in bedrängter Zeit. Schweizerische Flüchtlingspolitik 1940–1945 und ihre Beurteilung bis heute, Zürich 1998.
[41] Artikel 16,1 des «Bundesgesetzes über Aufenthalt und Niederlassung der Ausländer» vom 26. März 1931, in: Bundesblatt der schweizerischen Eidgenossenschaft 83 (1931), Bd. 1, S. 425–434, hier S. 429 u. 430.
[42] Golo Mann, Der Antisemitismus. Wurzeln, Wirkung und Überwindung, Frankfurt am Main

42 1962, S. 31.
43 Gerhard M. Riegner, Vorbeugender Antisemitismus, in: Dreyfus/Fischer (wie Anm. 30), S. 50.
44 Theodor Nordemann, Zur Geschichte der Juden in Basel. Jubiläumsschrift der Israelitischen Gemeinde Basel aus Anlass ihres 150jährigen Bestehens 5565–5715, Basel 1955, S. 125.
45 Israelitisches Wochenblatt, 31. März 1911, S. 1.
46 Raul Hilberg, Täter, Opfer, Zuschauer. Die Vernichtung der Juden 1933-1945, Frankfurt am Main 1992, S. 281.
47 Shulamit Volkov, Antisemitismus als kultureller Code, in: Dies., Jüdisches Leben und Antisemitismus im 19. und 20. Jahrhundert, München 1990, S. 13–36, hier S. 23. Zuerst erschienen in: Yearbook of the Leo Baeck Institute XXIII (1978), S. 25–45.
48 Nipperdey/Rürup (wie Anm. 11), S. 135. Zu ähnlichen Schlüssen gelangt für den Antisemitismus im wilhelminischen Obrigkeitsstaat jetzt: Olaf Blaschke, Katholizismus und Antisemitismus im Kaiserreich, Göttingen 1997.
49 C.A. Loosli, Die schlimmen Juden!, Bern 1927, S. 5.
50 Marcus Cohn, Die Juden der Schweiz zur Zeit des Weltkrieges, in: Jüdisches Jahrbuch für die Schweiz 1 (1916/17), S. 132.
51 La Suisse face à l'Affaire Dreyfus, Genf 1995, S. 22f. Die Zahl der Unterschriften beruht auf einer Schätzung von Frau Beatrix Stuber, die im Spätsommer 1997 eine kleine Ausstellung zum Thema in der Stadt- und Universitätsbibliothek Bern organisiert hat. Ich danke ihr für die freundliche Mitteilung.
52 Urs Lüthi, Der Mythos von der Weltverschwörung. Die Hetze der Schweizer Frontisten gegen Juden und Freimaurer am Beispiel des Berner Prozesses um die «Protokolle der Weisen von Zion», Basel/Frankfurt am Main 1992; Catherine Nicault, Le procès des Protocoles des sages de Sion. Une tentative de riposte juive à l'antisémitisme dans les années 1930, in: Vingtième siècle, janvier–mars 1997, S. 68–84.
53 Erschienen als: Michael Graetz/Aram Mattioli (Hg.), Krisenwahrnehmungen im Fin de siècle. Jüdische und katholische Bildungseliten in Deutschland und der Schweiz, Zürich 1997. Vgl. darin vor allem die Beiträge von Robert S. Wistrich, Michael Graetz, Jakob Tanner, Albert M. Debrunner und Michael Langer.
54 Arendt (wie Anm. 7), S. 35.
55 Vgl. zur allgemeinen Entwicklung in Europa: Eric J. Hobsbawm, Das imperiale Zeitalter 1875–1914, Frankfurt am Main/New York 1989, bes. S. 191ff.; Saskia Sassen, Migranten, Siedler, Flüchtlinge. Von der Massenauswanderung zur Festung Europa, Frankfurt am Main 1996, S. 93ff. Als erste Orientierung über die schweizerische Entwicklung: Rudolf Schlaepfer, Die Ausländerfrage in der Schweiz vor dem Ersten Weltkrieg, Zürich 1969; Hans Ulrich Jost, Die reaktionäre Avantgarde. Die Geburt der neuen Rechten in der Schweiz um 1900, Zürich 1992.
56 Loosli (wie Anm. 5), S. 3.
57 Vgl. Jacques Pilet, Le crime nazi de Payerne 1942 en Suisse. Un juif tué «pour l'exemple», Lausanne 1977. Zum frontistischen Antisemitismus die Studien von: Beat Glaus, Die Nationale Front. Eine Schweizer faschistische Bewegung 1930–1940, Zürich 1969; Walter Wolf, Faschismus in der Schweiz. Die Geschichte der Frontenbewegungen in der deutschen Schweiz 1930–1945, Zürich 1969; Alain Clavien, Georges Oltramare. Von der Theaterbühne auf die politische Bühne, in: Aram Mattioli (Hg.), Intellektuelle von rechts. Ideologie und Politik in der Schweiz 1918–1939, Zürich 1995, S. 157–170.
58 So das Plädoyer von: František Graus, Die Juden in ihrer mittelalterlichen Umwelt, in: Alfred Ebenbauer/Klaus Zatloukal (Hg.), Die Juden in ihrer mittelalterlichen Umwelt, Wien/Köln 1991, S. 54 u. 65.
59 Jürgen Habermas, Geschichte ist ein Teil von uns. Warum ein «Demokratiepreis» für Daniel J. Goldhagen? Eine Laudatio, in: Die Zeit, 14. März 1997.
60 Marc Bloch, Apologie der Geschichte oder der Beruf des Historikers, Stuttgart ²1980 (französische Erstausgabe: Paris 1949), S. 194.

Antisemitismus in der Deutschschweizer Literatur 1848–1914

Albert M. Debrunner

Die Frage nach dem Antisemitismus in der Deutschschweizer Literatur 1848 bis 1914 ist eine rein rhetorische. Selbstverständlich findet man auch in den Werken deutschsprachiger Schriftstellerinnen und Schriftsteller der Schweiz jener Jahre antisemitische Spuren. Erstaunlicherweise ist diesen aber noch fast niemand nachgegangen. In den einschlägigen Publikationen zum Thema des Antisemitismus in der deutschsprachigen Literatur wird die Schweiz mit keinem Wort erwähnt.[1] So ist man auf das wenige angewiesen, was sich in allgemeineren Abhandlungen findet, oder man muss auf Studien zu einzelnen Autoren zurückgreifen. Zum Antisemitismus in der Schweiz vor 1914 gelten die Arbeiten Friedrich Traugott Küllings und Aaron Kamis-Müllers als Standardwerke.[2] Was die Literatur anbelangt, bezieht sich Külling wiederholt auf judenfeindliche Gedichte in Zeitschriften, geht auf zwei Seiten kurz auf Jeremias Gotthelf ein und erwähnt verschiedene andere Schriftsteller. Auch bei Kamis-Müller finden sich vereinzelte Hinweise auf den Antisemitismus von Schweizer Dichterinnen und Dichtern sowie ein zweiseitiger Abschnitt über «Schöne Literatur» in einem Kapitel über «Kulturelle Judenfeindschaft». Erschöpfend behandelt ist damit das Thema jedoch keineswegs. Zuweilen trifft man aber auch unverhofft auf Äusserungen über deutschschweizerischen literarischen Antisemitismus, zum Beispiel in Robert Uri Kaufmanns Buch «Jüdische und christliche Viehhändler in der Schweiz 1780–1930».[3] Kaufmann kommentiert den Antisemitismus Gotthelfs und anderer jedoch ebenso knapp wie Külling und Kamis-Müller. Die einzige umfangreiche Studie zum Antisemitismus eines Schweizer Autors ist Christian Thommens «Jeremias Gotthelf und die Juden».[4]

Im folgenden soll anhand ausgewählter Autoren und einer Autorin gezeigt werden, dass sich judenfeindliche Äusserungen und antisemitische Stereotype in der Literatur der Deutschschweiz von 1848 bis 1914 genauso nachweisen lassen wie in den übrigen europäischen Literaturen, weshalb von einem Sonderfall Schweiz nicht die Rede sein kann. Das Hauptkriterium für die Auswahl der Texte war das Mass ihrer damaligen Verbreitung und nicht etwa ihr heutiger Bekanntheitsgrad. Diskutiert werden also ausschliesslich Bestseller sowie Texte, die in Zeitungen oder Zeitschriften veröffentlicht wurden und somit ebenfalls ein breites Publikum fanden. Das Kriterium der Popularität ist hier insbesondere deshalb wichtig, weil mit der vorliegenden Untersuchung der nicht zu unterschätzende Einfluss der Literatur auf die öffentliche Meinung über Juden und Judentum in der Schweiz während der hier zur Diskussion stehenden Jahrzehnte verdeutlicht werden soll.

Jeremias Gotthelf: Wie Uli der Knecht glücklich wird

Jeremias Gotthelf (1797–1854) war neben Gottfried Keller in dem hier zur Diskussion stehenden Zeitraum wohl der meistgelesene Autor der Schweiz. Sein Werk hatte eine enorme Breitenwirkung und trug in der zweiten Hälfte des 19. Jahrhunderts wesentlich zur Konstituierung der Identität konservativ-bäuerlicher Kreise in der Schweiz bei. In seinen Romanen und Erzählungen entwarf Gotthelf das Idealbild einer von christlichen Werten geprägten bäuerlich-kleinbürgerlichen Welt, das er dem Schreckgespenst des Zeitgeistes, dem religiösen, politischen und wirtschaftlichen Liberalismus, entgegenhielt. Paradigmatische Bedeutung kommt hierbei seinem berühmtesten Roman, «Wie Uli der Knecht glücklich wird», zu.

Das Buch erschien 1841 mit dem Untertitel «Eine Gabe für Dienstboten und Meisterleute». Ursprünglich hatte Gotthelf beabsichtigt, mit dem Roman «Lektur für Knechte und Mägde zu schaffen aus ihrem Lebenskreise».[5] Als Zielpublikum hatte er also zunächst die ländliche Unterschicht im Auge, zu der auch der Protagonist des Romans, der Bauernknecht Uli, gehört. Der Untertitel des Buches macht indessen klar, dass sich Gotthelf mit dem fertigen Roman nicht mehr nur, wie anfänglich geplant, an ein bestimmtes soziales Segment, sondern an alle Gesellschaftsschichten richtete. «Uli der Knecht» sollte ein Volksbuch sein und wurde es auch. In Form eines Entwicklungsromans wird darin die Geschichte vom beruflichen Aufstieg und Erfolg des Knechts Uli und von dessen Weg zum häuslichen Glück erzählt. Der dabei herrschende Grundton ist der des «Gehe hin und tue ebenso». Die volkserzieherische Absicht ist offensichtlich.

In der von Gotthelf in seinem Roman «Uli der Knecht» entworfenen, von Traditionen geprägten christlichen Welt ist letztlich kein Platz für die Juden. Dennoch spielen sie in dem Roman eine kleine, aber nicht unbedeutende Rolle. Wollte man sich eines modischen Begriffs bedienen, so könnte man sagen, dass die Juden in «Uli der Knecht» für das Andere stehen. Sie sind verabscheuungswürdige Repräsentanten des Zeitgeistes, Verkörperungen der unchristlichen Welt des Kapitalismus, die Gotthelf ablehnt.[6] Zur Illustration soll folgende Episode aus dem Roman dienen: Als Uli eines Tages von seinem Meister Joggeli mit zwei Kühen nach Bern auf den grossen Monatsmarkt geschickt wird, übernachtet er unterwegs in einem Gasthof. «Es war wenig Ruhe im Wirtshause; das kam und ging die ganze Nacht durch, rechtliche Leute und Hudelpack, schmutzige Juden und geizige Christen, Käufer und Verkäufer, alles im Schweisse des Angesichtes rennend und jagend gutem Glücke nach, das Vorspiel der morgigen Schlacht bereits eröffnend um die Ställe herum, in der Gaststube, ja bis in die Schlafkammern hinauf; das war ein Handeln und Märten, ununterbrochener als in einer grossen Schlacht der Kanonendonner. Es war ihm nicht geheim unter diesem Volke mit seinen Dublonen im Sacke; er nahm seine Hosen unters Hauptkissen, zog ein Bein

24

davon herab und lag darauf und schlief nur wenig. Er wollte aus den Juden heraus, die ihm schon am Abend zugesetzt hatten, und fuhr am Morgen in aller Frühe von dannen.»[7]

Das Wirtshaus ist bei Gotthelf der negative Gegenpol zum Bauernhof. Dieser ist der Ort des christlichen Landmanns, jenes der des jüdischen Händlers. Das Wirtshaus ist gewissermassen eine Vorwegnahme der Stadt. Im Wirtshaus herrscht kein Friede, sondern permanente Unruhe. Das biblische Gebot «Im Schweisse deines Angesichts sollst du dein Brot essen» pervertierend, giert dort allerlei Volk nach Profit, «rennend und jagend gutem Glücke nach». Das Wirtshaus ist Schauplatz des Tumults der neuen Zeit[8], wo all die unsteten, heimatlosen Gestalten zusammenkommen, die dem bodenständigen Bauerntum den ehrlich verdienten Wohlstand neiden. Ängstlich versteckt daher Uli die Dublonen seines Herrn. Im Wirtshaus findet auch das Vorspiel statt zur «Schlacht» des Marktes. Es wird erschüttert vom «Kanonendonner» des Handelns und Märtens. Diese martialische Metaphorik verstärkt noch den Eindruck des im Wirtshaus herrschenden Unfriedens, der im krassen Gegensatz zur Beschaulichkeit des Lebens auf dem Bauernhof steht. Im Wirtshaus wird in kleinen Scharmützeln das grosse Treffen auf dem Markt vorweggenommen.

Der Markt ist der Krieg, in den Uli ziehen muss, und seine Feinde sind die Händler, zu denen selbstverständlich auch «schmutzige Juden» gehören. Uli ist dies alles nicht geheuer und er will «aus den Juden heraus». Daher entzieht er sich sowohl den Scharmützeln als auch der Feldschlacht, indem er die Kühe seines Meisters auf offener Landstrasse an einen Weggefährten verkauft, «[...] und zwar, wie er glaubte, wenigstens um zwei Dublonen zu teuer. Noch vor der Stadt zahlte ihn der Mann aus, fuhr mit den Kühen von dannen, und er sah ihn nicht wieder.»[9] Der Handel wickelt sich also auf dem Lande und nicht in der Stadt ab, wohin sich Uli dann doch noch begibt. Auf dem Markt, im urbanen Milieu, bleibt Uli allerdings nicht lange. Er kauft einem armen Mann zu einem anständigen Preis ein unscheinbares Rind ab. «Das Mannli weinte fast, und Uli hatte das Herz nicht, ihn zu drücken, wie er vielleicht gekonnt hätte; denn niemand sah auf die strube Kuh, niemand kam ihm ins Spiel. [...] Zu dieser kaufte Uli noch eine andere [...]. Bald nach zehn fuhr er schon zum Tore hinaus mit fröhlichem Herzen, denn er hatte drei Neutaler weniger ausgegeben als gelöst und glaubte doch viel bessere Ware heimzutreiben, als er fortgeführt.»[10] Uli hat ein gutes Geschäft gemacht, obwohl er sich nicht auf die Gesetze des Marktes einliess und zum Beispiel den Preis der ersten Kuh drückte. Seinen Erfolg verdankt er vielmehr gerade dem Umstand, dass er es vermied, sich den Händlern und ihrem Geschäftsgebaren auszusetzen. Er ging der Konkurrenz, dem Motor des freien Marktes, aus dem Wege: «Niemand kam ihm ins Spiel.»

Dadurch, dass Gotthelf Uli «aus den Juden heraus» fliehen lässt, zieht er eine scharfe Trennlinie zwischen diesen und dem jungen Bauernknecht. Uli muss sich entscheiden, entweder für den Weg der christlichen Bauern oder den der jüdischen Händler. Das Handelsglück Ulis ist gleichsam die Bestätigung des Himmels dafür, dass er richtig gewählt hat. Sein christliches Geschäftsgebaren verhilft ihm nicht nur zu materiellem Gewinn, sondern auch zu einem fröhlichen Herzen. Hätte er sich anders, also wie ein Jude verhalten, wäre Misserfolg und Übellaunigkeit sein Lohn gewesen. Auffällig ist, dass Gotthelf keineswegs versucht, seine Leser davon zu überzeugen, dass die Juden verdienen, dermassen negativ konnotiert zu werden. Für ihn scheint die Schlechtigkeit der Juden eine unumstössliche Tatsache zu sein, die gar nicht weiterer Ausführungen bedarf. So ist denn Gotthelfs Antisemitismus weniger explizit als implizit. Gotthelf genügen, wie das obige Beispiel zeigt, für gewöhnlich einige Stichworte, um bei seinen Lesern das negative Judenbild zu evozieren, das sie mit ihm teilen. Gerade dadurch trug er dazu bei, deren antisemitische Vorurteile zu festigen. Es wird immer wieder betont, dass Gotthelf kein militanter Antisemit war. Dennoch wirkte sich sein impliziter Antisemitismus wegen der grossen Verbreitung seiner Werke vermutlich verheerender aus als manche antisemitische Hetzschrift.[11]

Jakob Frey: Die Waise von Holligen

Gotthelfs Antisemitismus lässt sich letztlich nicht trennen von seinem Antiliberalismus. Dieser Umstand legt die Vermutung nahe, dass Autoren, die den politischen und wirtschaftlichen Neuerungen ihrer Zeit positiv gegenüberstanden, besser von den Juden gedacht haben als Gotthelf. Dem war aber nicht so. Antisemitische Stellen lassen sich bei Freisinnigen genauso nachweisen wie bei Konservativen. Die negative Zeichnung eines Juden durchzieht zum Beispiel den Roman «Die Waise von Holligen» des freisinnigen Schriftstellers Jakob Frey (1824–1875) wie ein roter Faden.

Jakob Frey gehört zu den vielen Schweizer Autoren des 19. Jahrhunderts, die im Schatten Gotthelfs und Kellers standen und daher heute weitgehend vergessen sind. Frey war jedoch zu Lebzeiten ein beliebter Schriftsteller und gewiss nicht unbegabt. Um die Jahrhundertwende wurde er sogar als der bedeutendste Volksschriftsteller zwischen Gotthelf und Ernst Zahn eingestuft.[12] Frey kam als Sohn wenig bemittelter Bauern im aargauischen Gontenschwil zur Welt. Er besuchte das Gymnasium in Aarau und studierte dann in Zürich und Tübingen. Nach der Promotion 1849 arbeitete er als Journalist für verschiedene freisinnige Zeitungen und Zeitschriften, u. a. den Aarauer «Schweizerboten», die «Berner Zeitung», «Die Schweiz» und schliesslich das Sonntagsblatt des «Bund». Schreiben war für ihn somit Brotarbeit, und er konnte es sich nicht leisten, seine Texte mit der ihrer potentiellen Qualität gemässen Sorgfalt zu Papier zu bringen. Frey war ständig in finanziellen Nöten und unter Zeitdruck. Dies hinderte ihn daran, sein literarisches Talent voll zu entfalten. Dennoch wurden seine Erzählungen in den jeweiligen Zeitungen, für die er tätig war, veröffentlicht und gern gelesen. Als Zeitungstexte erreichten sie ein grosses Publikum.

Ganz im Gegensatz zu Gotthelf gehörte Frey mit seinem Denken der neuen Zeit an. Er war überzeugter Freisinniger und als solcher vorübergehend auch Mitglied und Sekretär des Grossen Rats des Kantons Aargau, bemühte sich aber sehr um einen Ausgleich zwischen den unterschiedlichen politischen Auffassungen und gesellschaftlichen Gruppierungen. Es war ihm indessen klar, dass es auch für seine Zeit unaufhebbare Spannungen gab wie etwa die zwischen traditioneller Subsistenz- und moderner Marktwirtschaft. Dieses Problem hat er in seiner einst sehr populären Erzählung «Der Alpenwald» (1858)[13] auf eindrückliche Weise gestaltet. Anders als Gotthelf predigte Frey in seinen Schriften aber nicht die Rückkehr zum Althergebrachten, sondern machte lediglich warnend auf die negativen Seiten des Neuen aufmerksam. Diese kritisch-affirmative Einstellung gegenüber dem politischen und ökonomischen Fortschritt fand auch in Freys einzigem Roman «Die Waise von Holligen» ihren Niederschlag. Der Roman verdankt seine Entstehung im Jahre 1859 dem Umstand, dass der Verleger des «Neuen schweizerischen Unterhaltungsblattes», für das Frey tätig war, eine Serie von Stahlstichen mit Szenen aus dem Untergang des alten Bern erworben hatte. Zu diesen musste nun Frey unter enormem Zeitdruck eine fortlaufende Handlung erfinden. Er war gezwungen, so sein Sohn, der Literaturwissenschaftler Adolf Frey, «neben der drückenden Frohn an einer politischen Tageszeitung Woche für Woche das Manuskript noch nass vom Schreibtisch weg in die Druckerei zu schicken».[14] Dass ihm die Handlung dabei zuweilen ins Klischeehafte abglitt, ist nicht weiter verwunderlich. Erstaunlich ist vielmehr, dass der Roman bei aller Tendenz zum Trivialen nicht viel schlechter ausgefallen ist. «Die Waise von Holligen» ist im positiven Sinne des Wortes populär.

«Die Waise von Holligen» kam beim Publikum so gut an, dass der Roman 1862 auch als Buch herausgegeben wurde. Er handelt von der Liebe Adelaides, der Tochter des adelsstolzen Berner Junkers von Holligen, zum bürgerlichen Maler Rudolf König. Die Geschichte spielt 1798, als das Ancien Régime durch den Einmarsch französischer Truppen ein gewaltsames Ende nahm und eine neue Zeit anbrach. Freys Leser werden in dieser Zeit des Umbruchs auch die ihrige wiedererkannt und im Konflikt zwischen Patriziern und Volk den zwischen Konservativen und Freisinnigen gesehen haben. Die nach vielen abenteuerlichen Geschehnissen schliesslich doch noch zustande gekommene Ehe zwischen Rudolf und Adelaide muss ihnen als Symbol der Versöhnung von neuer und alter Zeit erschienen sein. In der Tat ist diese Versöhnung das Grundthema von Freys Roman.

Der Ehe Rudolf Königs und Adelaide von Holligens – der Verbindung von Volk und Patriziat – steht ein Fremder im Wege, der Franzose Herr von Amiel. Dieser spielte in seiner Heimat ein doppeltes Spiel zwischen Royalisten und Republikanern und musste deshalb fliehen. Von Amiel hat sich das Vertrauen der Berner Regierung und insbesondere des Junkers von Holligen erschlichen, um es schamlos für seine Interessen zu missbrauchen. Bei seinen verbrecherischen Aktivitäten, zu denen die Gefangennahme seines Nebenbuhlers König ebenso gehört wie die Ermordung von dessen Freund, dem Junker Albert von Diessbach, hat er einen Helfer, den «Judenbuben». «Der rote Jakob», wie er auch genannt wird, ist sowohl Handlanger des Fremden als auch selber fremd. Er und Amiel bilden das Gegenpaar zu Rudolf und Adelaide. Es versteht sich, dass die beiden Fremde und daher ausgrenzbar sein müssen. Nur so ist es möglich, die durch sie gefährdete Harmonie aller Teile der Gesellschaft doch noch zu verwirklichen. Das Böse darf nie das Eigene sein.[15]

Der «Judenbube» wird von Anfang an ganz negativ dargestellt. Im zweiten Kapitel des Romans wird erzählt, wie sich der Junker Albert von Diessbach und das von ihm verführte Dienstmädchen Mädeli Messer unter den Lauben des nächtlichen Bern treffen. Mädeli ist hochschwanger und verzweifelt. Dem Junker hingegen ist in erster Linie daran gelegen, das Kind gleich nach seiner Geburt verschwinden zu lassen. Er fragt daher Mädeli: «‹Du wirst doch beim roten Jakob gewesen sein?› ‹Nein›, flüsterte es fast unhörbar. ‹Nun, das ist aber auch gar nicht recht. Ich hab' ihm das Geld schon längst gegeben, er nennt sich, und das Kind wird dir sogleich von der Landsassenkorporation abgenommen. Alles ist im reinen, aber hingehen musst du zu ihm.› Auf diese Worte erhob sich ein leises Weinen, das lange mit mühsam unterdrücktem Schluchzen kämpfte, ohne auf die beruhigenden Versicherungen zu hören, die ihm zugeflüstert wurden; dann endlich sprach es lauter und angstvoll: ‹Redet mir nicht mehr von dem Judenbuben, dem verruchten Menschenhändler; wenn noch ein Funke von Liebe in Euch lebt, Junker, so habt Mitleiden mit mir. Ich schwör' es Euch, eher stürz' ich mich mit dem Ungeborenen in die Aare, eher erstick' ich das Geborene unter meinem Kopfkissen, als dass ich es in die Hände dieses Scheusals lege.›»[16] Zufällig mitangehört hat sich dieses Gespräch der Maler König, der daraufhin eilig die Stadt verlässt und auf der Landstrasse in düstere Gedanken über die Verderbtheit des Patriziats verfällt. «[...] aber als er [...] um sich schaute, erblickte er eine grosse Gestalt, die auf der anderen Seite der Strasse hinter den Alleebäumen dahinschritt, und ein fröstelndes Grauen ging durch die Seele des jungen Mannes, da er unwillkürlich in sich selbst hineinflüstern musste: ‹Das ist der rote Jakob, der Judenbub.› [...] Ob geheimnisvoll vergossenes Blut an diesen Händen haftete? Die Toten sind stumm, wenn nicht der Mund des strafenden Gesetzes für sie spricht; aber gewiss war's, dass schon manches brechende Mutterherz seine letzte Kraft zusammengerafft, um noch einen Fluch auf diesen Mann zu schleudern, der sich, aller Scham und Ehre bar, selbst als Helfer und Hehler jeden schlimmen Tuns bekannte.»[17]

«Der rote Jakob» ist ein «Scheusal», ein Unmensch, dessen Bereich die Nacht ist. «Fröstelndes Grauen» löst er bei denen aus, die ihm in der Dunkelheit begegnen. Menschliche Regungen wie «Scham und Ehre» kennt er nicht, und er lässt sich von seinem jeweiligen Herrn «als Helfer und Hehler jeden schlimmen Tuns» missbrauchen. Nimmt man des «Judenbuben» «grosse Gestalt», seine körperliche Unform hinzu, so ergibt sich das unheimliche Bild eines Golem. Dieses Bild wird bestätigt durch die Beschreibung Jakobs in der Szene von dessen wiederum nächtlichem Besuch bei Herrn von Amiel: «Alsbald ertönten auf dem Vorsaale schwere Tritte, und herein trat eine hohe, breitschulterige Gestalt mit trotzig roher Haltung. Über der niedrigen Stirne sträubte sich dichtborstiges, rotes Haar empor. Dem Antlitz entsprach vollkommen die starkknochige Gestalt, die ein enganliegendes Wams und Lederhosen bekleideten, während bis über die Kniee herauf grobe Reiterstiefel ragten.»[18] Am «Judenbuben» ist alles «schwer», «roh» und «grob». Die «niedrige Stirne» verweist auf seine geringe Intelligenz und fehlenden Willen. Sein Haar ist borstig wie das eines Tieres. Es ist rot und kennzeichnet Jakob als Aussenseiter, assoziierte der Volksmund mit rotem Haar doch stets schlechte Charaktereigenschaften. Rothaarig ist aber auch der Teufel. Dazu passt, dass der Junker von Diessbach einmal von Jakob sagt: «Ja, du bist unser Aller Herr und Meister, roter Judenbube, und das ist auch ein Stück Vergeltung!»[19] Wer die Dienste des Bösen beansprucht, verfällt ihm. Wie der Teufel wird Jakob zuweilen schlicht «der Rote» genannt.[20] In die Nähe des Leibhaftigen rückt ihn auch, dass er Müttern ihre neugeborenen Kinder wegnimmt. Die Frage, die sich Rudolf in Gedanken stellt, «ob nicht geheimnisvoll vergossenes Blut an seinen Händen haftete», erinnert wiederum an die berüchtigte Legende, dass die Juden an Pessach christliche Kinder opferten. So fliessen Merkmale des Teufels und antisemitische Vorurteile ineinander über und lassen Jakob zu einer mythisch-dämonischen Figur werden. Als er kurz vor Mitternacht unter dem Zeitglockenturm am Junker von Diessbach und Adelaide vorbeihuscht, fragt diese: «Mein Gott, [...] wer ist das, Albert?» Und er antwortet: «[...] einer, dessen Name ich zu dieser Stunde nicht aussprechen mag.»[21]

Schliesslich ergreift den Dämon Jakob selbst die Furcht vor den höllischen Mächten. Nach der Ermordung von Diessbachs, an der er beteiligt war, treibt es ihn um. So sagt er in einer Sturmnacht zu seinem Mordgesellen, dem Bürger Olivier, einem französischen Agenten: «[...] mir ist's, meine Knochen seien windelweich geworden seit dem Vorgange; am Tage scheu' ich mich vor den Leuten und bei der Nacht fürcht' ich mich vor mir selber. So reitet mich der Teufel.»[22] Die Knochen des Golem sind weich geworden, und mit dem alten Bern zerbricht auch er. Nachts stürzt er an eben der Stelle vom Pferde, wo der Junker von Diessbach den Tod fand. Ein Wachtmeister aus dem Regiment Rudolfs eilt ihm zu Hilfe, «aber fast wollte er's bereuen, als er [...] den Mann erkannte, dem der Unfall begegnet war».[23] Nun, da er ungefährlich ist, wird der «Judenbube» als «Mann», als Mensch bezeichnet. Die Angst vor dem Geist Junker von Diessbachs, den er am Strassenrand gesehen zu haben glaubte, macht ihn völlig wehrlos, und er lässt sich von den zwei Gerichtsdienern, die ihn verfolgt hatten, abführen. Als gewöhnlicher Verbrecher verschwindet er so im doppelten Sinne des Wortes aus der Geschichte.

Trotz des offensichtlichen Antisemitismus, der in der durchgängig negativen Zeichnung eines Juden in Freys Roman zutage tritt, wurde «Die Waise von Holligen» immer wieder neu aufgelegt. Im vorliegenden Zusammenhang besonders bedeutsam ist, dass der Roman 1910 als Heft Nr. 79 in die Reihe der Berner Sektion des «Vereins für Verbreitung guter Schriften» aufgenommen wurde. Hierdurch wurde «Die Waise von Holligen» ganz zur Volkslektüre, denn die «Guten Schriften» waren in der Schweiz bis zum Aufkommen des Fernsehens sehr verbreitet. Die Hefte waren billig und wurden in grosser Zahl gedruckt. 1943 überschritt «Die Waise von Holligen» das fünfzigste Tausend. Obschon angesichts der Verfolgung und Ermordung Abertausender von Juden in Europa gerade 1943 zumindest ein kritischer Kommentar zum Antisemitismus Freys mehr als nötig gewesen wäre, erschien das Heft mit wortwörtlich demselben Vorwort wie 1910, das mit folgenden Worten endet: «Möchte die ‹Waise von Holligen›, die historische Treue mit romantischem Zauber vereint, die Herzen auch der heutigen Berner und übrigen Schweizer entzücken und in dem jungen Geschlechte den Funken der Vaterlandsliebe neu anfachen!»

Caspar Aloys Bruhin: Leo der Arbeiter und seine Lieben

Caspar Aloys Bruhin (1824–1895) war ein Altersgenosse Jakob Freys. Er wurde in Schübelbach im Kanton Schwyz geboren und ging in Schwyz und in Fribourg bei den Jesuiten zur Schule. Daraufhin studierte er in München Jurisprudenz. Nach seiner Rückkehr in die Schweiz war er journalistisch und juristisch tätig. Der junge Bruhin zählte sich noch zu den katholischen Freisinnigen, von denen viele wie er die Jesuitenschulen von Schwyz und Fribourg besucht hatten. 1849 übernahm er die Redaktion des freisinnigen «Alpenboten von Uri und Schwyz», wechselte aber im selben Jahr zur «Schweizerischen Bundeszeitung» nach Bern. 1852 trat er eine Stelle im juristischen Geschäftsbureau von Oberst Breny in Rapperswil an. Zwei Jahre später – seine politische Haltung war in dieser Zeit zunehmend radikaler geworden – liess er sich in der March nieder und gab die sozialistische Zeitung «Stauffacher» heraus, für die er sehr engagierte und kritische Beiträge verfasste. 1856 zog er nach Zürich um und übernahm das vom Grütlianer Johann Jakob Treichler begründete «Neue schweizerische Volksblatt». 1858 wurde er Staatsanwalt in Zürich und 1864 im Kanton Basel-Landschaft.

Als überzeugter Sozialist setzte sich Caspar Aloys Bruhin stark für die unteren Volksschichten ein. Dies tat er nicht nur als Journalist und Jurist, sondern auch als Schriftsteller. Gerade dieses Engagement wurde ihm aber von der zeitgenössischen Kritik vorgeworfen. Robert Weber schreibt in der von ihm 1867 herausgegebenen Anthologie «Die poetische Nationalliteratur der deutschen Schweiz», Bruhins Phantasie und Geist würden besonders in dessen späteren Werken «häufig auf den Boden der Tendenz hinübergerissen, welche nirgends künstlerische Vollendung zulässt», und er fährt fort: «Diese Tendenz ist unserem Dichter nicht ganz klar, weil sie von unreifen Gedanken erzeugt und von der unbestimmten Sehnsucht nach einem erträumten sozialistischen Schlaraffenthum grossgezogen ist.»[24] Setzt man an Stelle des «Schlaraffenthums» den Begriff der Utopie, so ist damit ein für Bruhin zentrales Thema angesprochen. Der Entwurf einer besseren Welt ist auch Gegenstand seines Romans «Leo der Arbeiter und seine Lieben». «Leo der Arbeiter und seine Lieben» erschien 1863/64 in den «Aarauer Nachrichten» als Fortsetzungsroman, war also von Anfang an für ein breites Publikum bestimmt. Wie Freys «Waise von Holligen» erfreute sich der Roman so grosser Beliebtheit bei der Leserschaft, dass er 1864 auch in Buchform veröffentlicht wurde. Er handelt vom Schicksal des Schuhmachers Leo und seiner Frau Dolorosa, einer Weissnäherin, denen es nicht gelingt, sich mit ihrer Hände Arbeit ihr Auskommen zu sichern. Leo wandert deshalb nach Amerika aus, während seine Frau in der

Heimat bleibt. Als Leo gescheitert zurückkehrt, findet er eine Stelle als Fabrikarbeiter, wird aber bald entlassen, da er sich für die Rechte der Arbeiter engagiert. Also übernimmt er ein kleines Bauerngut und gründet zusammen mit dem jungen Dorflehrer eine Landgenossenschaft. Zusammen mit dem Lehrer wandert er erneut aus, diesmal nach Brasilien. Dort werden die Auswanderer aber wie Sklaven behandelt, weshalb Leo und einige seiner Schicksalsgefährten fliehen und eine genossenschaftliche Siedlung aufbauen. Die Kolonie gedeiht, und Leo und seine Landsleute sind endlich in der Lage, ein einigermassen menschenwürdiges Leben zu führen. Was jedoch bleibt, ist die Sehnsucht nach der Schweiz und der Wunsch, die alte Heimat nach eben den Grundsätzen gestalten zu können wie die neue, so dass eine Rückkehr möglich wäre.

Obwohl «Leo der Arbeiter und seine Lieben» in vielem die Züge eines Trivialromans trägt, war seinem Verfasser an möglichst grosser Realitätsnähe der Figuren und der Handlung gelegen. Schliesslich wollte Bruhin seine Leser nicht nur unterhalten, sondern er verfolgte ganz konkrete politische Ziele mit seinem Roman. Mit dem Buch leistete er nicht zuletzt ein wichtiges Stück Aufklärungsarbeit über die prekäre soziale Situation der Unterschichten in der Schweiz und die Auswanderungsproblematik. Zur Zeit der Entstehung des Romans suchten viele Tausend Schweizer in Übersee ein besseres Leben. Gerade der Aargau war Mitte des letzten Jahrhunderts ein ausgesprochener Auswanderungskanton.[25] Der Protagonist von Bruhins Roman, der Arbeiter Leo, steht als Auswanderer eine Menge von Abenteuern durch, zu denen unter anderem die beschwerliche Überfahrt nach Nord-, resp. Südamerika gehört. Bruhin schildert deren Strapazen auf höchst realistische Weise, und es gelingt ihm auch, die verschiedenen Typen von Auswanderern treffend zu skizzieren. Um so irritierender mutet daher seine Darstellung der Juden an, die mit demselben Schiff wie Leo in die Vereinigten Staaten reisen. Das klingt zunächst ganz harmlos: «Die bundesdeutschen Bauern und die Juden sahen stumpfsinnig darein, kauerten zusammen [...]».[26] Fast könnte man meinen, es bestehe für Bruhin kein Unterschied zwischen den Bauern und den Juden, doch heisst es weiter: «[...] einige der erstern bewegten ihre Lippen im Gebete.»[27] Im Gegensatz zu den Juden also blicken die Bauern nicht einfach nur «stumpfsinnig darein», sie beten noch, ihr Geist und ihre Seele sind noch rege. Die Verachtung Bruhins für die Juden, die sich hier andeutet, tritt eine Seite weiter voll zutage: «Die Juden alle», steht da zu lesen, «waren wandelnder Schmutz und dufteten nicht anders, als nach der Sage der leibhafte Bocksfuss.»[28] Bruhin lässt keine Ausnahmen zu. «Die Juden alle» verbreiten höllischen Gestank. Sie werden somit indirekt zu Teufeln erklärt. War es bei Frey nur ein einzelner Jude, der dem Leibhaftigen glich, gilt dies bei Bruhin für das Kollektiv. Aus diesem greift Bruhin einen heraus, um an ihm seine Abscheu gegenüber den Juden deutlich zu machen.

Als Leo an Bord des Schiffes kommt, wird ihm eine Bettstelle zusammen mit einem betagten Bauernpaar aus Graubünden und «einem ekelhaften jungen Juden» zugewiesen. «Der Bauer zeigte sich, wohl aus Eifersucht, darüber wenig erbaut, seine Schöne hingegen warf nur dem Sohne Israels einen Blick des Abscheus, einen desto freundlichern dagegen Leo zu. Es kam zur Unterhandlung. Das Weib forderte, der Hebräer sollte zu Füssen liegen, dieser verlangte dagegen den Platz zunächst der Schiffswand, weil er beim Sturm herauszufallen fürchtete; keines von den dreien wollte an seine Seite geraten.»[29] Liest man die Bettstelle als Metapher für die Gesellschaft, so fordert die Bauernfrau die Unterwerfung des Juden «zu Füssen» aller, derweil dieser einen sicheren Platz in der Gesellschaft verlangt, da er fürchtet, in einer marginalen Position politischen oder ökonomischen Krisen zum Opfer zu fallen. Der sicherste Platz wäre die soziale Gleichstellung des Juden, die ihm aber niemand zugestehen will; «keines von den dreien wollte an seine Seite geraten». Die berechtigten Ängste des jungen Juden präsentiert Bruhin als dessen typische Feigheit. Leo dagegen kann kaum etwas erschüttern: «Stockfinstre Nacht war's; des Sturmes Tanzmusik überscholl selbst den Jammer der vielen Hunderte. Das war doch einmal eine Abwechslung! Leo fühlte sich der Gottheit näher; was ihn mehr drückte, als die erstickende Luft, war die Einsperrung in diesen Sarg, die Gebundenheit seiner Kräfte, die vollkommene Unmacht gegenüber der Allmacht! Hätte er mitkämpfen, sich durch Kraftanstrengung betäuben können, das Furchtbare des Augenblicks wäre verschwunden. So aber lag er wie ein eingewickelt Kind mitten unter den Ungeheuern und zwischen den Füssen der tollen Meerestänzer, fühlte, dachte, sah in der Finsternis die Tafel seines Gewissens leuchten, zählte die Würfe des furchtbaren Ballspiels. Und bei alle dem, am Abgrunde hängend, verzog er seinen betenden Mund zum Lächeln: denn der Jude neben ihm marktete mit Jehovah unter Winseln und Schreien um sein bisschen Leben.»[30] Der Kontrast könnte grösser nicht sein. Leo fühlt sich im Tosen des Sturms «der Gottheit näher», er erhebt sich über sein gewöhnliches Menschsein. Obwohl er sich ohnmächtig gegenüber der Allmacht Gottes weiss, wird er sich dennoch angesichts des Erhabenen seiner Stärke bewusst, die ihn spöttisch lächeln macht über die so erbärmliche Schwäche des Juden. Dieser winselt und schreit vor Angst, als wäre er ein Tier und kein Mensch. Aber selbst in der grössten Verzweiflung tut der Jude noch, was er nicht lassen kann: er «marktet», sogar mit Gott. Dabei ist seine Existenz in Leos Augen lediglich ein «bisschen Leben», beinahe wertlos.

Der in «Leo der Arbeiter und seine Lieben» sich so krass äussernde Antisemitismus Caspar Aloys Bruhins ist anderer Art als die Judenfeindschaft Jeremias Gotthelfs oder Jakob Freys. Bruhins Antisemitismus speist sich nicht primär aus den traditionellen judenfeindlichen Vorurteilen kirchlich-christlichen Ursprungs, sondern ist vor allem als Reaktion auf die Emanzipation der Juden in der Schweiz zu verstehen. Im Aargau beschloss am 15. Mai 1862 die Mehrheit des Grossen Rats, den im Kanton ansässigen Juden die rechtliche Gleichstellung mit ihren christlichen Mitbürgern zu gewähren. Dies rief die konservativen Gegner der Judenemanzipation auf den Plan, welche unter der Führung Johann Nepomuk Schleunigers durchsetzten, dass im Jahr darauf das Emanzipationsgesetz wieder aufgehoben werden musste. Das Gesetz war zwar der Auslöser, aber dessen Aufhebung nicht das alleinige Ziel der konservativen Volksbewegung von 1862/63. Vielmehr ging es auch darum, gegen die freisinnigen Eliten und ihre selbstherrliche Politik wirkungsvoll zu opponieren, also um ein Anliegen, dem sich auch ein Sozialist wie Bruhin voll anschliessen konnte.[31] «Leo der Arbeiter und seine Lieben» entstand unter dem unmittelbaren Eindruck dieser Ereignisse, die in der ganzen Schweiz für Aufsehen sorgten. Sie bilden den Hintergrund zum Antisemitismus in Bruhins Roman. So war zum Beispiel der Widerstand gegen die Emanzipation der Juden in den Aargauer Gemeinden, für die die höchsten Auswandererzahlen vorliegen, oft grösser als anderswo. Dies erklärt vielleicht, weshalb Bruhin sich gerade dann antisemitisch äussert, wenn sein Held Leo wieder einmal unter die Auswanderer gegangen ist. Es wird in erster Linie diese Art von Bezug zum politischen und wirtschaftlichen Tagesgeschehen gewesen sein, die dem Roman bei Bruhins Zeitgenossen zum Erfolg verholfen hat. Die starke Zeitgebundenheit des Romans ist aber wahrscheinlich auch der Grund, weshalb er heute weitgehend in Vergessenheit geraten ist.

Ulrich Dürrenmatt: Juden haben kein Erbarmen

Die Wiederaufhebung des Aargauer Grossratsbeschlusses vom 15. Mai 1862 bedeutete für die Judenemanzipation nicht nur im Aargau, sondern in der ganzen Schweiz einen schweren Rückschlag. Schliesslich wurden die Schweizer Juden aber dennoch ins volle Bürgerrecht gesetzt. Es dauerte eine Generation, bis antisemitische Kreise den nächsten, mindestens so heftigen Streich gegen die Juden in der Eidgenossenschaft führen konnten. Die Rede ist vom sogenannten Schächtverbot, einer Partialrevision der Bundesverfassung, die 1893 aufgrund einer Volksinitiative zustande kam und das rituelle Schächten in der Schweiz für illegal erklärte. Die antisemitischen Motive für die Durchsetzung des Schächtverbots sind unbestritten, obschon die Schächtgegner vordergründig tierschützerisch argumentierten. Die treibende Kraft hinter der Schächtverbotsinitiative war der Aargauer Andreas Keller-Jäggi. Neben dem Aargau war der Kanton Bern eine Hochburg der Befürworter des Verbots.[32] Zu diesen zählte auch der konservative Politiker Ulrich Dürrenmatt (1849–1908).[33]

Der Berner Bauernsohn Ulrich Dürrenmatt war gläubiger Protestant. Seine Auffassung vom Christentum prägte seine politischen Ansichten wesentlich mit. Darin gleicht er seinem Landsmann Jeremias Gotthelf. Wie dieser war Dürrenmatt anfänglich liberalen Ideen zugeneigt. Nach dem Besuch des Lehrerseminars wurde er Journalist und unterstützte zunächst die liberale Politik. Der Kulturkampf liess ihn indessen zu einem vehementen Kritiker des Freisinns und zum Vertreter eines populistischen Rechtskonservativismus werden. 1882 wurde er Besitzer und Redaktor der «Berner Volkszeitung», eines konservativen Blattes, das wegen seines Erscheinungsortes Herzogenbuchsee auch «Buchsi-Zeitung» genannt wurde. Die Zeitung entwickelte sich unter Dürrenmatts Leitung rasch zu einem äusserst populären Blatt. Von 2'000 stieg die Auflagenhöhe bald auf 10'000 Exemplare, das heisst die «Berner Volkszeitung» war so verbreitet wie die «Neue Zürcher Zeitung».

Besonders beliebt bei den Lesern der «Berner Volkszeitung» waren die politischen Gedichte Dürrenmatts auf der Titelseite der Zeitung. Dies wird nicht zuletzt dadurch bestätigt, dass Dürrenmatt sie später in mehreren Bänden gesammelt herausgab. Die Titelgedichte, so nannte sie Dürrenmatt, hatten die Funktion eines Editorials, eines Kommentars des Chefredaktors zu einem aktuellen Thema. Sie entbehren jeglicher literarischen Qualität und sind nichts weiter als zuweilen gelungene Propagandaverse. Gerade ihre ästhetische Belanglosigkeit gepaart mit einem demagogischen Inhalt machte sie jedoch für die intellektuellenfeindliche Leserschaft der «Berner Volkszeitung» attraktiv. Die Titelgedichte waren dem politischen Kurs des Blattes entsprechend antiliberal, antisozialistisch und selbstverständlich antisemitisch. Unter Dürrenmatts Leitung herrschten in der «Berner Volkszeitung» von Anfang an judenfeindliche Töne. Diese drangen auch in den Titelgedichten immer wieder durch. Da die Titelgedichte den prominentesten Platz in der Zeitung einnahmen, ist ihre Wirkung nicht zu unterschätzen. Dürrenmatt dürfte mit seinen Versen beträchtlichen Einfluss auf die Stimmbürger und ihren jeweiligen Entscheid an der Urne gehabt haben. So kam auch seinem halben Dutzend Gedichten zur Schächtverbotsinitiative gewiss einiges Gewicht zu. Eines dieser Gedichte soll hier als repräsentatives Beispiel für Dürrenmatts antisemitische Machwerke vorgestellt werden.

Juden haben kein Erbarmen

Israel hat kein Erbarmen;
Um sein Opfer zu zerstücken,
Schlingt der Schächter seine Stricke,
Bis es wehrlos auf dem Rücken.

Wie den Tieren, so den Menschen,
Nahen sie mit ihren Schlingen,
Wenn sie watschelnd, mauschelnd, schmunzelnd
In der Christen Häuser dringen.

Langsam, grausam geht das Schächten,
Langsam, grausam geht der Schacher;
Schmeichelnd nahet seinem Opfer
Und mit List der Widersacher.

Rinder fesselt er mit Seilen:
Komme nur, mein liebes Tierchen!
Menschen bindet er mit Wechseln:
Unterschreib' mir dies Papierchen!

Aber wenn der Wurf gelungen,
Zieht sein Messer er mit Lachen,
Nimmt dem Ochsen seine Viertel
Und dem Bauer seine Sachen.

Und die Schriftgelehrten mahnen:
Schützt den Mann im Priesterkleide,
Dem das Todesröcheln Wonne
Und Verzweiflung Herzensweide!

Und von Haus und Hof vertrieben,
Ausgeplündert bis aufs Hemde,
Weg vom Grabe seines Glückes
Zieht der Landmann in die Fremde.

Doch dem Fremdling aus dem Osten,
Der ihm raubte Glück und Frieden,
Ist und bleibt von Bundeswegen
Schutz und Sicherheit beschieden.

Israel hat kein Erbarmen,
Treibt es alle Tage dreister;
Wenn wir ihm nicht Meister werden,
Wird der Jude unser Meister.

Das Gedicht «Juden haben kein Erbarmen» erschien erstmals auf der Titelseite der «Berner Volkszeitung» vom 19. August 1893 und fand gemäss einer späteren Nummer dieser Zeitung grossen Anklang.[34] Dies ist angesichts der auch in der Schweiz ausgeprägt judenfeindlichen Atmosphäre des Fin de siècle nicht weiter verwunderlich. Unverständlich ist jedoch, dass noch 1975 versucht wurde, den eklatanten Antisemitismus von Dürrenmatts Stellungnahmen zur Schächtverbotsinitiative mit der Begründung herunterzuspielen, es sei Dürrenmatt um den Schutz der Tiere vor unnötigem Leiden gegangen. Nur deshalb habe er sich zu antisemitischen Äusserungen hinreissen lassen.[35] Das Gedicht «Juden haben kein Erbarmen» spricht jedoch eine zu deutliche Sprache, als dass man dieser Argumentation zu folgen bereit wäre. Schon die erste Strophe des Gedichts stellt in Umkehrung der tatsächlichen Situation die Beziehung von Juden und Nichtjuden als Täter-Opfer-Struktur dar. Abgesehen von der zweiten Strophe ist von den Juden stets im Singular die Rede: «Der Jude» ist eine stereotype Figur und kein Individuum. Als solche ist er unveränderlich. Er ist der ewige «Widersacher» der Christen, in deren Welt er als «Fremdling» eindringt. «Der Widersacher» ist einer der Namen des Teufels. Dürrenmatt verfährt hier ganz ähnlich wie Frey, der seinen Lesern suggeriert, der Jude Jakob sei eine diabolische Gestalt. Dazu passt, dass Dürrenmatts «ewiger Jude» kein Erbarmen mit seinen Opfern kennt, sondern sich im Gegenteil an deren Leiden freut. Ausserdem schliesst er mit ihnen einen Pakt – «Unterschreib' mir dies Papierchen!» –, was bekanntlich ganz die Art des Bösen ist. Eine weitere Parallele zu Freys Juden Jakob stellt das Assoziationsfeld Ritualmord dar, welches sich auch in Dürrenmatts Gedicht eröffnet. Schächtgreuelpropaganda und Ritualmordlegende sind Ende des 19. Jahrhunderts letztlich nur zwei Seiten derselben Medaille.[36] An Frey erinnern überdies die Schlussverse des Gedichts, wo die Gefahr der «Judenherrschaft» beschworen wird. Sagt doch der Junker von Diessbach in Freys Roman: «Ja, du bist unser Aller Herr und Meister, roter Judenbube [...].»[37] Über Frey hinaus weit in die literarische Vergangenheit zurück verweist die fünfte Strophe. Wer dächte nicht an Shakespeares Shylock, wenn Dürrenmatts «Jude» das Messer zieht, um «dem Ochsen seine Viertel/Und dem Bauer seine Sachen» zu nehmen. Auch zu Gotthelfs Judenfeindschaft lassen sich in Dürrenmatts Gedicht Bezüge herstellen. So sind sowohl bei Gotthelf als auch bei Dürrenmatt in erster Linie Bauern die Opfer der Juden. Wenn «der Landmann» in deren «Schlingen» gerät, ist es um sein Glück geschehen. Dass er «von Haus und Hof vertrieben [...] in die Fremde» ziehen muss, rückt die von Bruhin thematisierte Auswanderungsproblematik ins Blickfeld. Dürrenmatts Gedicht enthält also auf engem Raum die in der Deutschschweizer Literatur des 19. Jahrhunderts geläufigen antisemitischen Vorurteile. Neu bei ihm ist lediglich ein Punkt, nämlich die implizite Ostjudenfeindschaft. Der «Fremdling», der dem «Landmann» «Glück und Frieden» raubt, kommt «aus dem Osten». «Aus dem Osten» könnte zwar auch heissen «aus Israel», doch der historische Kontext, in dem das Gedicht entstand, macht die Lesart «aus Osteuropa» um einiges wahrscheinlicher. Zudem hat sich Dürrenmatt mit seiner «Berner Volkszeitung» aktiv an der schweizerischen Hetze gegen Juden aus Osteuropa beteiligt, die kurz vor dem ersten Weltkrieg ihren Höhepunkt erreichte.[38] Damit deutet Dürrenmatts Gedicht «Die Juden haben kein Erbarmen» bereits voraus auf den Antisemitismus des 20. Jahrhunderts.

Lisa Wenger: Ein Familienrat

Die angebliche Fühllosigkeit der Juden ist eines der geläufigsten antisemitischen Stereotype. 1911 bis 1913 fand in Kiew der berüchtigte Ritualmordprozess gegen Mendel Beilis statt. Dieser Prozess löste zwar weltweiten Protest aus, auch in der Schweiz, doch gab das Verfahren zumindest in judenfeindlichen Kreisen dem alten Vorurteil von der jüdischen Grausamkeit neuen Auftrieb.[39] Möglicherweise blieb auch die Schweizer Schriftstellerin Lisa Wenger davon nicht unberührt. Jedenfalls würde sich für ihre 1912 in der Berner Zeitschrift «Die Alpen» veröffentlichte Erzählung «Ein Familienrat» der Titel «Juden haben kein Erbarmen» weit besser eignen.

Die Malerin und Schriftstellerin Lisa Wenger (1858–1941) war zu ihren Lebzeiten eine der meistgelesenen Autorinnen der Schweiz. Als unverheiratete Frau – sie hiess damals noch Lisa Ruutz – widmete sie sich ausschliesslich der Malerei. In ihrer Geburtsstadt Basel, in Paris, Florenz und Düsseldorf genoss sie eine gründliche künstlerische Ausbildung, die sie später befähigte, in Basel eine private Kunstschule für Mädchen zu eröffnen. Diese wurde von etwa 30 Schülerinnen besucht und ermöglichte ihr eine unabhängige Existenz. Nach ihrer Heirat 1890 gab sie die Schule auf und zog zu ihrem Mann, dem Unternehmer Theo Wenger, nach Delémont. Dort begann sie gemäss ihrem eigenen Bekenntnis am Himmelfahrtstag 1904 zu schreiben: «Ich war sechsundvierzig Jahre alt [...]. Ein neues Leben begann für mich, mein richtiges Leben.»[40] In der Folge entfaltete Lisa Wenger eine grosse literarische Produktivität. Neben Märchen und in der Schweiz heute noch beliebten Kinderbüchern wie «Joggeli söll ga Birli schüttle», die sie selbst illustrierte, schrieb sie mehrere Romane, eine Vielzahl von Erzählungen, insbesondere für Zeitungen und Zeitschriften, und ein Drama. Das zentrale Thema ihres Schaffens war die Stellung der Frau im privaten und öffentlichen Leben.[41] So sind auch in ihrer Erzählung «Ein Familienrat» zwei Frauen die eigentlichen Hauptpersonen.

Lisa Wengers Erzählung handelt von einer jüdischen Uhrmacherfamilie in «einer hoch in den Bergen gelegenen kleinen Stadt».[42] Gemeint ist eines der Uhrmacherstädtchen im Jura. Die Erzählung beginnt mit den Worten: «Es war vor dreissig Jahren.»[43] Zeitpunkt des Geschehens ist also das Jahr 1882. Mit dieser genauen Zeitangabe wird suggeriert, dass sich die Geschichte tatsächlich zugetragen habe. Dass der Name des Städtchens nicht genannt wird, erscheint somit als Akt der Diskretion. Genannt werden hingegen die Namen der handelnden Personen. Rehe Salomon, ihre Schwiegertochter Rahel und deren Söhne Moritz und Josef treffen sich in einer Winternacht, um Familienrat zu halten. Geladen ist auch der Rabbi des Ortes. Anlass ihrer Zusammenkunft ist ein Brief, den Moritz Salomon von der Justizbehörde in San Francisco erhalten hat. In dem Schreiben wird ihm mitgeteilt, dass das betrügerische Geschäftsgebaren des Familienunternehmens in Kalifornien aufgedeckt worden sei. Moritz erklärt den Anwesenden, worum es sich bei dem Betrug handelt: «Sämtliche Uhren, die wir seit Jahren nach San Franzisko senden, trugen den gesetzlichen Stempel von 14 Karat [...]. Das Gold, das wir zu den Uhren nahmen, war aber nicht mehr 14karätig, sondern sechskarätig.»[44] In dem Brief heisst es weiter, der Vertreter der Firma in San Francisco, Moritz' und Josefs Bruder Ruben, sei verhaftet worden, und nur eine Kaution von 500'000 Franken rette ihn vor dem Tod am Galgen. Die schreckliche Frage, die die Familie nun erörtert, ist, ob die Firma diese Summe aufbringen solle oder nicht. Die Grossmutter Rehe ist strikt dagegen: «Nie tut das die Firma [...]. Nie und nimmermehr.»[45] Auf die Frage Rahels, der Mutter Rubens, an Moritz und Josef «Was ist Geld gegen das Leben euers Bruders?» antwortet Rehe: «Geld ist viel. Geld ist alles. Geld ist Himmel und Erde und Glück und Freude und der Boden unter unsern Füssen und das Dach über unserm Haupt. [...] Geld ist alles, alles, alles. Jetzt habe ich es und gebe es nicht mehr her. Moritz, schreib, dass die Firma das Geld nicht gibt.»[46] Der Rabbi, dem Rehe silberne Leuchter für die Synagoge sowie eine Summe Geldes für ihn persönlich in Aussicht stellt, schlägt sich auf ihre Seite: «Die Schrift erzählt vom Sündenbock, der um die Schuld des Volkes willen in die Wüste hinausgejagt wurde. Er war nicht schuldiger als seine Brüder, Frau Rehe Salomon. Warum sollte nicht euer Grosssohn Ruben, gleich dem Sündenbock, in die Wüste getrieben werden?»[47] Rahel wehrt sich aber vehement: «Ihr wollt Ruben opfern, ich sehe es [...]. Aber ich lasse ihn nicht opfern. Ihr dürft nicht. Es geht ja nur um Geld. Geld ist doch ein Menschenleben nicht wert.»[48] Als sie sieht, dass ihr niemand beistehen will, verflucht sie die andern: «So sollt ihr verflucht sein, wie Kain verflucht war. So sollt ihr keine Ruhe mehr finden, wie Kain keine Ruhe mehr fand. So soll euch euere Sünde verfolgen, wie sie Kain verfolgte.»[49] Dann aber fällt ihr plötzlich ein, dass auch sie ein Recht auf einen Teil des Firmenvermögens hat, und es stellt sich heraus, dass der Betrag genügt, um Ruben das Leben zu retten. Zwar wird sie von Rehe als Heidin beschimpft und ihrerseits verflucht, da sie verkündet, ihr Vermögen für ihren Sohn in die Waagschale legen zu wollen, doch kann sie das nicht an ihrem Entschluss hindern. Für die Familie bedeutet das das Ende. «Rehe Salomon wurde von dem Tag an alt. [...] Moritz Salomon und sein Bruder Joseph trugen ihrer Mutter Fluch. Langsam erfuhr man, was geschehen. Man zeigte mit Fingern auf die beiden Brüder. Sie wurden endlich gezwungen, ihr Hab und Gut zu verkaufen und auszuwandern. Rahel Salomon, ihre Mutter, fand bei ihrem Sohne Ruben eine Ruhestätte.»[50]

Die weitgehend positive Darstellung Rahels sollte nicht dahingehend interpretiert werden, dass das von Lisa Wenger in ihrer Erzählung «Ein Familienrat» gezeichnete negative Judenbild durch sie eine Differenzierung erfährt. Das Gegenteil ist der Fall. Rahel dient vor allem als Kontrastfigur, die insbesondere die abschreckenden Züge Rehes noch schärfer hervortreten lässt. Als selbstlose Mutter repräsentiert sie aber auch das christliche Frauenideal, obschon sie Jüdin ist, während Rehes Verhalten ganz dem Vorurteil von der jüdischen Hartherzigkeit entspricht. Vor dem Hintergrund dieses Vorurteils wird in Lisa Wengers Erzählung «Ein Familienrat» eine ganze Palette von antisemitischen Topoi ausgebreitet. Einige dieser Topoi sind hier bereits im Zusammenhang mit anderen Texten erwähnt worden. Dass zum Beispiel das Sinnen und Trachten der Juden einzig auf das Geld gerichtet sei und ihr Reichtum auf Betrug beruhe, war schon die Meinung Gotthelfs. Letztlich wiederholt sich bei Lisa Wenger nur das bisher Besprochene. Das geht bis in Details hinein, etwa, wenn der rothaarige Sohn Rahels «der rote Josef»[51] genannt wird. Wie Freys «roter Jakob» sind Lisa Wengers Jüdinnen und Juden physisch abstossende Figuren. Anders als der «Judenbube» sind sie aber keine golemartigen Hünen. Moritz Salomon ist «ein kleiner, plump gebauter Mann mit dickem Leib auf dünnen Beinen»[52] und sein Bruder Josef «ein schmaler, sommersprossiger, rothaariger Mann», der ebenfalls «dünne, krumme Beine»[53] hat. Auch ihre Mutter Rahel wird als «klein» und «schmal» bezeichnet. Lediglich ihre Grossmutter Rehe flösst ihrer Umgebung einigen Respekt ein. Speziell ihre Stimme, «die so grell war wie die Glocke an der Türe»[54], «die die Luft wie Stahldraht zerschnitt»[55], und «ihre gelben Habichtshände»[56], gegen die «die dünnen Hände»[57] Rahels nichs vermögen, kennzeichnen sie als furchteinflössende Gestalt. Sie ist die schreckliche Priesterin, die von der Familie das Opfer Rubens verlangt. Das wegen des Kiewer Prozesses 1912 aktuelle Thema des Ritualmords findet so auch in Lisa Wengers Erzählung seinen Reflex. Nur dass nicht der Sohn einer Christin, sondern der einer Jüdin geopfert werden soll, was die Sache um so perverser erscheinen lässt, zumal ein Rabbi seinen Segen dazu gibt. Das Zimmer im Hause Rehes, in dem der Familienrat abgehalten wird, «eine niedere, grosse und moderig riechende Stube»[58], ist gewissermassen der Opfertempel. Die Beschreibung erinnert an Schauerromane und Horrorfilme: «Zwei schwarzlederne Sophas standen an der langen Wand, zwischen ihnen ein sehr grosser, blutroter Lehnstuhl mit hoher Rückenlehne und breiten Armlehnen. Ein roter Schemel stand davor. Das ganze sah in seinen mächtigen Formen aus wie ein Thronsessel. Dem Stuhl gegenüber, an der andern Wand, stand ein kleines Tischchen mit gebogenen Beinen. Es war weiss gedeckt. Das heilige Buch der Juden lag darauf, und daneben standen zwei brennende Kerzen auf silbernen Leuchtern. [...] dunkel war es und wenig sauber.»[59] Assoziationen zu schwarzen Messen, ja zur Hölle selbst drängen sich auf. Einmal mehr werden Teuflisches und Juden zueinander in Verbindung gebracht und auf diese Weise das Judentum dämonisiert.

Auf den ersten Blick überrascht es, dass ausgerechnet in der Zeitschrift «Die Alpen» eine derart antisemitische Erzählung wie Lisa Wengers «Ein Familienrat» erscheinen konnte. Die Zeitschrift zählte nämlich nicht nur so fortschrittliche Geister wie Paul Klee und Carl Albert Loosli, sondern auch die jüdischen Literaturwissenschaftler Salomon Markus und Karl Georg Wendriner zu ihren Mitarbeitern. Dieser Umstand veranlasste das notorisch judenfeindliche Basler Wochenblatt «Der Samstag»[60] im April 1912 zur Bemerkung, «die Hälfte der ‹Alpen› [sei] fast Nummer für Nummer mit dem Literaturmist der Juden Markus und Wendriner bedeckt.»[61] Nachdem aber die Zeitschrift vom «Israelitischen Wochenblatt» wegen des Abdrucks von Lisa Wengers Erzählung kritisiert worden war, sah sich der «Samstag» plötzlich bemüssigt, die «Alpen» in Schutz zu nehmen: «Jetzt fallen sie über ‹Die Alpen› her und werfen der ahnungslosen Schriftstellerin Lisa Wenger, die in der vorletzten Nummer eine jüdische Familie schildert, ‹Gehässigkeit› und ‹Geschmacklosigkeit› vor. Die Dame darf zufrieden sein, wenn es bei dieser kleinen Intimität bleibt.» Von einem «Herfallen» kann natürlich nicht die Rede sein. Die Kritik des «Israelitischen Wochenblatts» lässt zwar an Eindeutigkeit nichts zu wünschen übrig, doch sie ist mitnichten aggressiv. Da es sich um die einzige zeitgenössische jüdische Stellungnahme zum Antisemitismus eines der hier besprochenen Texte handelt, sei sie hier ungekürzt wiedergegeben:

«In der Oktober=Nummer ‹Die Alpen›, Monatsschrift für schweizerische und allgemeine Kultur, veröffentlicht die Schriftstellerin Lisa Wenger eine kleine Erzählung ‹Der Familienrat›, die so hässliche Schilderungen des jüdischen Charakters, des jüdischen Familienlebens und des jüdischen Geschäftsgebarens enthält, dass wir energisch gegen die geschmacklosen Ausführungen an dieser Stelle protestieren müssen. Jeder, der diese phantasievollen Schilderungen der Brüder M., J. und R. Salomon, Uhrenfabrikanten, liest und deren hartherziges, habgieriges und gei-

39

ziges Tun vernimmt, wird herausfinden müssen, dass nur Unwahrheit in dieser Erzählung liegen kann. So handelt kein Jude, wie diese Brüder und ihre Grossmutter, Rehe Salomon. Auch der Rabbi, der auf der Bildfläche erscheint, ist mit Bedacht sehr ungünstig geschildert. Und diese Geschichte hat sogar in der Schweiz ihre Heimatstätte, nämlich in einer hoch in den Bergen gelegenen kleinen ‹Stadt›. Wir begreifen nicht, wie die Redaktion der sonst sehr interessanten und lesenswerten Zeitschrift, die gewiss auch zahlreiche Juden zu ihren Lesern zählt, eine solche Arbeit zum Abdruck akzeptieren konnte, die den Stempel des Gehässigen an sich trägt.»[62]

Sicher ist einer der Gründe dafür, dass die «Alpen» Lisa Wengers Erzählung veröffentlichten, in der ungeheuer breiten Akzeptanz zu suchen, die antisemitische Vorurteile in der Schweiz des Fin de siècle fanden. Es gab sogar Fälle, wo Juden selber diese übernahmen, etwa, um sich von jüdischen Emigranten aus Osteuropa abzugrenzen. Der Antisemitismus war um die Jahrhundertwende in einem solchen Mass Teil des common sense, dass es manchmal äusserst schwierig ist, eindeutige Trennlinien zwischen judenfeindlichen und judenfreundlichen Autorinnen und Autoren zu ziehen. Wenn der «Samstag» Lisa Wenger als «ahnungslos» bezeichnete, wollte er damit sagen, dass die Autorin sich über ihren Antisemitismus überhaupt nicht im klaren war, sondern gänzlich unbewusst der judenfeindlichen Stimmung ihrer Zeit literarischen Ausdruck verlieh. Lisa Wenger hatte offensichtlich keine Ahnung vom Judentum. So wird zum Beispiel die Thora in ihrer Erzählung zum Koran.[63] Diese Art Unkenntnis ist für den Antisemitismus des Fin de siècle bezeichnend. Gotthelf wusste immerhin noch einigermassen über die jüdische Religion Bescheid. Lisa Wengers diesbezügliche Naivität entschuldigt sie aber keineswegs. Es war gerade das auch von ihr verbreitete kolportagenhafte Judenbild, das sich im «Dritten Reich» so verheerend auswirken sollte.

Eine offene Frage und eine mögliche Antwort

Bei den auf den vorangehenden Seiten präsentierten Texten antisemitischen Inhalts handelt es sich lediglich um die Ergebnisse von Sondierbohrungen, die die erwartete Beschaffenheit der zu untersuchenden Schichten bestätigen sollten. Weitere Bohrungen dürften den gewonnenen Eindruck, dass das literarische Gestein der Schweiz von faulen Einsprengseln durchsetzt ist, nur allzu sehr festigen. Natürlich lassen sich auch in der Schweizer Literatur vor Gotthelf judenfeindliche Stellen finden. Desgleichen wäre es ein Leichtes, antisemitische Passagen in den Werken schweizerischer Schriftstellerinnen und Schriftsteller nach 1914 aufzuspüren.[64] Schon vor bald hundert Jahren regte Rabbiner Martin Littmann im «Israelitischen Wochenblatt» zu entsprechenden Untersuchungen an. Er schlug vor, «[...] die schweizerische Literatur [...] daraufhin durchzugehen, wie in derselben Jude und Judentum geschildert werden. Es wäre gewiss hie und da etwas zu finden und liesse sich ein Rückschluss machen auf die Anschauungen, die das Volk uns entgegenbringt und auf die es durch seine Lektüre gebracht wird.»[65] Wie kommt es, dass eine solche Studie bis heute auf sich warten lässt? Letztlich muss diese Frage vorerst offenbleiben, denn wie der vorliegende Sammelband zeigt, ist zum Thema des schweizerischen Antisemitismus noch einige Grundlagenforschung zu betreiben, bevor mehr als provisorische Aussagen möglich sind. Wenn hier trotzdem der Versuch gemacht wird, eine Antwort auf diese Frage zu geben, dann unter dem Vorbehalt, dass diese Antwort nur vorläufiger Art sein kann und will.

In Deutschland und Österreich ist man sich längst bewusst, dass die Diskriminierung, Verfolgung und Ermordung von Juden in Europa auch literarisch inspiriert war. Umfangreiche Studien belegen den verheerenden Einfluss der Literatur auf die öffentliche Meinung über Juden und Judentum.[66] Es ist unbestritten, dass der Antisemitismus weiter Kreise sich nicht zuletzt deren Lektüre verdankte. Für das 20. Jahrhundert bedeutet dies, dass zwischen antisemitischer Literatur und dem Holocaust ein schuldhafter Zusammenhang besteht, der nicht wegzudiskutieren ist. Nazi-Deutschland und das gleichgeschaltete Österreich arbeiteten beim Versuch der systematischen Vernichtung des europäischen Judentums Hand in Hand. Deutsche und österreichische Wissenschaftlerinnen und Wissenschaftler haben sich daher aus einem Gefühl der Verantwortung heraus in den Jahrzehnten nach 1945 intensiv mit dem Antisemitismus auseinandergesetzt. Da ein entsprechendes Schuldgefühl fehlte, blieb in der Schweiz diese Auseinandersetzung weitgehend aus.[67] Auch im benachbarten Ausland interessierte sich niemand für die Geschichte der Schweizer Judenfeindschaft, denn es fehlte hier und dort am Bewusstsein dafür, dass es diese Geschichte überhaupt gab. Vielleicht, und das wäre eine mögliche Antwort auf die oben geäusserte Frage, wollte man gar nichts von einer antisemitischen Tradition in der Schweiz wissen. Dies gilt insbesondere für die Deutschschweizer Literatur.

Die zwölf Jahre nationalsozialistischer Herrschaft bedeuteten für die Literaturgeschichte Deutschlands und Österreichs eine gewaltige Zäsur. Der Zusammenbruch des «Dritten Reiches» 1945 schuf jedoch die Voraussetzungen für einen Neuanfang, der zu hochfliegenden Hoffnungen Anlass gab. Man wollte einen Schlussstrich ziehen unter die ganze unselige Vergangenheit und sprach von einer «Stunde Null» der Literatur. Die aus dem Exil heimkehrenden Schriftsteller sowie einige ihrer Kollegen, die zur «inneren Emigration» gezählt hatten, knüpften indessen wieder an Traditionen der Weimarer Jahre an und gaben der Nachkriegsliteratur wichtige Impulse. Dennoch befanden sich gerade die jüngeren Autorinnen und Autoren in Aufbruchsstimmung. Anfänglich sollte die karge und klare Sprache der sogenannten «Kahlschlagliteratur» Verse und Prosa von falschem Pathos und Ästhetizismus befreien. Dann fand 1947 das erste Treffen der berühmten Gruppe '47 statt, die rasch zum Symbol für den Anspruch des Neubeginns wurde und von der auch tatsächlich eine innovative Dynamik ausging. Mit dem Kalten Krieg und der dem Befreiungstaumel der ersten Friedensjahre folgenden Ernüchterung begannen aber die bezüglich des Neuanfangs gehegten Hoffnungen zu schwinden. Die Vergangenheit holte die deutschen und österreichischen Schriftsteller bald wieder ein.

Dieses Problem hatten aus deutscher und österreichischer Perspektive die Literaten in der Schweiz nicht. Hier gab es eine literarische Kontinuität, die über den Krieg hinaus ungebrochen fortbestand. Die Schweizer Literatur trug den schrecklichen Makel des Nationalsozialismus nicht. Sie war im deutschsprachigen Raum ein Idealfall. Eine von braunen Gedanken nicht angekränkelte literarische Kultur war für Deutsche und Österreicher ein im eigenen Land unerfüllbarer Traum. Da bot sich die neutrale, demokratische und vom Krieg verschonte Schweiz als Projektionsfläche geradezu an, und niemand verspürte den Wunsch, auf dieser wunderbar weissen Fläche antisemitische Kratzer auszumachen. Wie schon so oft in ihrer Geschichte machten sich die Schweizer die Sichtweise ihrer deutschen Nachbarn zu eigen, nicht zuletzt deshalb, weil sie der während der Geistigen Landesverteidigung geübten Verklärung und mythischen Überhöhung der realen Verhältnisse entsprach. In Max Frischs «Andorra» findet sich hierfür ein äusserst sprechendes Bild: Das Weisseln. In der ersten Szene des Stücks weisselt die junge Barblin ihr Elternhaus. In der Schlussszene des Dramas weisselt sie den Platz, wo ihr Geliebter und Halbbruder Andri verhaftet und in den Tod geschickt wurde. Vor Schmerz halb wahnsinnig, ist sie nur noch zu diesem Reflex fähig. Aber als Andorranerin weisselt sie selbst dann noch, wenn dies angesichts der zu übertünchenden Fläche aussichtslos erscheint. Es wird weiterhin geweisselt in Andorra, doch die Risse in den Mauern sind nicht mehr zu übersehen.

Anmerkungen

[1] Von diesen betreffen folgende Titel die Zeit von 1848 bis 1914: Pierre Angel, Le personnage juif dans le roman allemand (1855–1915). La racine littéraire de l'antisémitisme Outre-Rhin, Paris 1973; Herbert A. Strauss/Christhard Hoffmann (Hg.), Juden und Judentum in der Literatur, München 1985; Gustav Kars, Das Bild des Juden in der deutschen Literatur des 18. und 19. Jahrhunderts, Freiburg 1988; Conditio Judaica. Judentum, Antisemitismus und deutschsprachige Literatur, 3 Bde., Tübingen 1988ff.

[2] Friedrich Traugott Külling, Antisemitismus in der Schweiz zwischen 1866 und 1900, Zürich 1977; Aaron Kamis-Müller, Antisemitismus in der Schweiz 1900–1930, Zürich 1990.

[3] Robert Uri Kaufmann, Jüdische und christliche Viehhändler in der Schweiz 1780–1930, Zürich 1988.

[4] Christian Thommen, Jeremias Gotthelf und die Juden, Bern 1991.

[5] J. Gotthelf an J.J. Reithard, 11. August 1840, in: Jeremias Gotthelf, Sämtliche Werke, Ergänzungsband 5, Briefe 1839–1843, Bearb. von Kurt Guggisberg und Werner Juker, Zürich 1949, S. 72.

[6] Vgl. Thommen (wie Anm. 4), S. 212.

[7] Jeremias Gotthelf, Sämtliche Werke in 24 Bänden, Rudolf Hunziker/Hans Bloesch (Hg.), Bd. 4: Wie Uli der Knecht glücklich wird, Erlenbach/Zürich 1921, S. 183.

[8] Vgl. Thommen (wie Anm. 4), S. 99–102.

[9] Jeremias Gotthelf, Wie Uli der Knecht glücklich wird (wie Anm. 7), S. 184.

[10] Ebda., S. 185.

[11] Vgl. Thommen (wie Anm. 4), S. 213f.

[12] Vgl. Ernst Jenny/Virgile Rossel, Geschichte der schweizerischen Literatur, Bd. 2, Bern/Lausanne 1910, S. 182.

[13] Diese Erzählung wurde vor wenigen Jahren neu herausgegeben in: Rémy Charbon (Hg.), Fundstücke der Schweizer Erzählkunst, Bd. 2, 1840–1870, Basel 1991, S. 113–180.
[14] Adolf Frey, Schweizer Dichter, Leipzig 1919, S. 141.
[15] Hieraus erklärt sich unter anderem auch, weshalb der katholische Widerstand gegen den Liberalismus in der Schweiz aus freisinniger Sicht nur die Folge jesuitischer, vom Ausland gesteuerter Agitation sein konnte. Überhaupt gibt es interessante Parallelen zwischen dem freisinnigen Antiklerikalismus und Antisemitismus, wobei nicht vergessen werden sollte, dass auch der christlich-konservative Antiliberalismus Hand in Hand mit dem Antisemitismus ging, wie das Beispiel Gotthelfs gezeigt hat.
[16] Jakob Frey, Die Waise von Holligen, Bern 1910, S. 23.
[17] Ebda., S. 24f.
[18] Ebda., S. 53.
[19] Ebda., S. 44.
[20] Ebda., S. 55.
[21] Ebda., S. 131.
[22] Ebda., S. 153.
[23] Ebda., S. 197.
[24] Robert Weber, Die poetische Nationalliteratur der deutschen Schweiz, Bd. 3, Glarus 1867, S. 608.
[25] Vgl. Berthold Wessendorf, Die überseeische Auswanderung aus dem Kanton Aargau im 19. Jahrhundert, in: Argovia 85 (1973), S. 5–370.
[26] Caspar Aloys Bruhin, Leo der Arbeiter und seine Lieben, zitiert nach Charbon (wie Anm. 13), S. 229. Charbon hat zwei in sich geschlossene Kapitel des Romans unter dem Titel «Leo der Auswanderer» in seine Anthologie aufgenommen.
[27] Ebda.
[28] Ebda., S. 230.
[29] Ebda., S. 228.
[30] Ebda., S. 233.
[31] Vgl. den Beitrag «Der ‹Mannli-Sturm› oder der Aargauer Emanzipationskonflikt 1861–1863» von Aram Mattioli in diesem Band.
[32] Vgl. den Beitrag von Beatrix Mesmer in diesem Band.
[33] Vgl. den Beitrag von Theres Maurer in diesem Band. Im folgenden beziehe ich mich auf: Hans Ulrich Jost, Die reaktionäre Avantgarde. Die Geburt der neuen Rechten in der Schweiz um 1900, Zürich 1992, S. 47ff.; Theres Maurer, Ulrich Dürrenmatt, 1849–1908. Ein Schweizer Oppositionspolitiker, Bern 1975, S. 326ff.
[34] Vgl. Külling (wie Anm. 2), S. 334ff.
[35] Vgl. Maurer (wie Anm. 33), S. 344f.
[36] Vgl. Külling (wie Anm. 2), S. 334.
[37] Vgl. Anm. 19.
[38] Vgl. den Beitrag von Patrick Kury in diesem Band.
[39] Vgl. Kamis-Müller (wie Anm. 2), S. 242f.
[40] Lisa Wenger, Wie es kam, dass ich zu schreiben anfing, in: Charles Linsmayer/Andrea Pfeifer (Hg.), Frühling der Gegenwart, Erzählungen I, Zürich 1982, S. 264.
[41] Vgl. den Artikel «Wenger, Lisa» von Charles Linsmayer in: Schweizer Lexikon, Bd. 6, Luzern 1993, S. 629f.
[42] Lisa Wenger, Ein Familienrat, in: Die Alpen 7 (1912), S. 31.
[43] Ebda.
[44] Ebda., S. 35.
[45] Ebda.
[46] Ebda., S. 37.
[47] Ebda., S. 38.

[48] Ebda.
[49] Ebda.
[50] Ebda., S. 40f.
[51] Ebda., S. 37.
[52] Ebda., S. 31.
[53] Ebda., S. 32.
[54] Ebda., S. 33.
[55] Ebda., S. 34f.
[56] Ebda., S. 40.
[57] Ebda., S. 38.
[58] Ebda., S. 32.
[59] Ebda.
[60] Vgl. Albert M. Debrunner, «Hochschule heisst beim Volk der Hirten jetzt bald Judenschule» – Die antisemitische Polemik der Basler Zeitschrift «Der Samstag» gegen jüdische Bildungseliten, in: Michael Graetz/Aram Mattioli (Hg.), Krisenwahrnehmungen im Fin de siècle. Jüdische und katholische Bildungseliten in Deutschland und der Schweiz, Zürich 1997, S. 341–359.
[61] Der Samstag, 6. April 1912, S. 102. Ganz abgesehen davon, dass es sich bei den Beiträgen von Markus und Wendriner keineswegs um Mist handelt, entbehrt diese Bemerkung jeglicher Grundlage. Für den Jahrgang 1911/12 der «Alpen» schrieben Markus und Wendriner je zwei längere Artikel sowie eine Handvoll Rezensionen, die insgesamt nicht mehr als gut fünf Prozent des Textvolumens dieses Jahrgangs ausmachen.
[62] Israelitisches Wochenblatt, 13. Dezember 1912, S. 8f.
[63] Ebda., S. 37.
[64] Vgl. Julian Schütt, Antisemitismus – helvetisch dezent, in: Tages-Anzeiger, 9. Mai 1997, S. 73. Schütt nennt in seinem Artikel unter anderen Friedrich Glauser, Max Frisch und Friedrich Dürrenmatt, den Enkel Ulrich Dürrenmatts.
[65] Israelitisches Wochenblatt, 3. Juli 1908, S. 10.
[66] Vgl. Anm. 1.
[67] Vgl. den Beitrag «Antisemitismus in der Geschichte der modernen Schweiz – Begriffsklärungen und Thesen» von Aram Mattioli in diesem Band.

Katholischer Antisemitismus in der Schweiz

MARKUS RIES

Im Katholizismus der deutschsprachigen Länder gehörten in der zweiten Hälfte des 19. Jahrhunderts antisemitische Haltungen zum geistigen Grundbestand. Wie Olaf Blaschke für das Deutsche Kaiserreich eindrücklich nachgewiesen hat, waren die katholischen Lebensräume weder resistent noch ambivalent gegenüber Judenfeindschaft, sondern sie integrierten diese als alltägliches Element der herrschenden Weltanschauung. Dies galt für Geistliche ebenso wie für Angehörige der bürgerlichen Oberschichten, der Arbeiterschaft oder der Landbevölkerung. Die aversive Haltung festigte sich im Zuge der Ausbildung des katholischen Milieus und erhielt mit dessen äusserer Anfeindung auch feste Konturen.[1] Zu untersuchen ist, in welcher Weise in der Schweiz dieser milieuspezifische Antisemitismus entstand und über die Jahrhundertwende hinaus weiterlebte, wie er sich in der Zwischenkriegszeit veränderte und wie er die katholische Haltung zum «Frontenfrühling» der dreissiger Jahre mitprägte.

Das kulturkämpferische Erbe

Die Ultramontanisierung des Katholizismus im 19. Jahrhundert gab dem traditionellen Antijudaismus dieser konfessionellen Gruppe auch in der Schweiz ein neues Profil. Zuvor, in den Jahren nach 1830, als es zwischen restaurativ und liberal gesinnten Kräften zu ersten heftigen Konfrontationen kam, war die katholische Judenfeindschaft nicht deutlich nach einer Seite hin orientiert gewesen. Im Innerschweizer Klerus vollzogen damals mehrere der führenden Köpfe, die einst für kirchliche Aufklärung gestanden hatten, eine regelrechte Wende zur kirchenpolitisch und politisch reaktionären Seite hin. Judenfeindliche Gesinnungen teilten sie damals noch mit vielen liberalen Gegnern. Dies zeigt die Erfahrung des Basler Bischofs Joseph Anton Salzmann, eines prominenten Vertreters der «Wende»-Generation. Seine Wahl zum Bischof 1829 verdankte er unter anderem dem Umstand, dass er nacheinander beiden Lagern zugehört hatte und noch mit Liberalen Freundschaften pflegte, als ihn die Konservativen bereits als Bekehrten feierten. Diese Ambivalenz beherrschte seine Amtszeit als Bischof so sehr, dass er nicht reüssierte und schon nach zehn Jahren das Handtuch werfen wollte.[2] Der Gegensatz zur liberalen Seite kam ihm bereits 1830 beim Versuch zur Einführung eines neuen Diözesankatechismus in den Weg. Salzmann selbst verfasste eine «Kurze Religionslehre für Kinder», die er aber anonym publizierte. Aufgebaut nach dem alten, bis auf Petrus Canisius zurückgehenden Schema, bot es den Stoff des Religionsunterrichtes nach den Haupttraktaten «Glaube, Hoffnung, Liebe», «Dekalog», «Sünden und Tugenden», «Sakramente». Gegen das Lehrbuch erhob sich Opposition sowohl aus dem konservativen als auch aus dem liberalen Lager. Auffällig ist die Tatsache, dass gerade die radikale Seite mit antisemitischen «Argumenten» focht und sich dagegen auflehnte, dass die Zehn Gebote des Alten Testamentes den Jugendlichen als Pflichtstoff vermittelt werden sollten.[3] Die Kritik zog einen grimmigen Federkampf und sogar Injurienprozesse nach sich; er beschäftigte über Jahre hin verschiedene Erziehungsbehörden und liess den Versuch mit dem Lehrbuch für den Bischof zum Fiasko geraten.

In den vierziger Jahren und besonders nach 1848 formierte sich auch in der Schweiz jenes «katholische Milieu», welches die konservativen Katholiken als unterlegene Kräfte der Staatsgründung vereinte. Ihre forcierte Abschottung nach aussen hin war einerseits die Folge der politischen Verliererposition, andererseits ging sie einher mit Rückständigkeit in Wirtschaft, Kultur und Bildung. Die vielfache Unterlegenheit wurde weltanschaulich verstärkt durch die fortschreitende Ultramontanisierung von Katholizismus und Klerus. Die Gräben gegen das städtisch, reformiert und industriell geprägte liberale Bürgertum vertieften sich im Laufe weniger Jahrzehnte, bis es 1870 nach der Dogmatisierung des päpstlichen Primates auf dem Ersten Vatikanischen Konzil zu Kulturkämpfen und Brüchen kam. Durch die Abspaltung des Alt-Katholizismus verloren die Katholiken ihren äusseren liberalen Flügel. Indem sie die Angehörigen des katholischen Milieus sukzessive in ein vielfältiges organisatorisches Gerüst einbanden, führten sie diese nach und nach zu einem festen Block zusammen. Es formierte sich jene Sondergesellschaft, die nach der Jahrhundertwende den Rahmen zur erfolgreichen Selbstbehauptung bildete.[4] In dieser Phase zunehmender ultramontaner Dominanz blieben in der Schweiz antisemitische Haltungen auch auf liberal-katholischer Seite nach wie vor sichtbar. Dies zeigen die Beispiele der beiden Luzerner Theologen Joseph Burkart Leu (1808–1865) und Anton Tanner (1807–1893), die beide in durchaus liberalem Rufe standen und in der Innerschweiz zur ultramontanen Hauptströmung über lange Zeit hin ein Gegengewicht bildeten.[5]

Leu repetierte und verschärfte in seinem 1855 erschienenen Religionslehrbuch das «Theologumenon» von der «Verworfenheit Israels».[6] Tanner verfasste später zum Verhältnis zwischen Päpsten und Juden eine weit ausholende Apologie. Er bekräftigte den Wuchervorwurf, sprach von Bereicherung jüdischer Geschäftsleute an säkularisiertem Kirchengut und beklagte die inzwischen errungene rechtliche Emanzipation. Sie sei schon deshalb abzulehnen, weil sie Juden den Zutritt zu öffentlichen Ämtern öffne und es so denkbar sei, dass Christgläubige zur Eidesleistung vor einem jüdischen Richter gezwungen wären. Gleichsam als Höhepunkt der Unverfrorenheit warf Tanner den Juden indirekt gar Rassismus vor.[7] Ein anderes Beispiel der gleichen Richtung ist der St. Galler Pfarrer und spätere Bischof Karl Johann Greith (1807–1882). Zwar gerierte er sich in den Kämpfen der dreissiger Jahre eher als Vertreter konservativer Positionen, doch hielt er später immerhin Distanz zum intransigenten Ultramontanismus und ergriff auf dem Ersten Vatikanischen Konzil sogar das Wort gegen die Dogmatisierung der Unfehlbarkeit. Auch in seiner Verkündigung finden sich voll Pathos vorgetragene alte religiöse Antijudaismen vom «verworfenen», «gottlosen», schlechter als selbst die Heiden gestellten Volk Israel.[8]

Ungeachtet dieses Sichtbarwerdens auch im liberal-katholischen Bereich verlagerte der Antisemitismus sein Schwergewicht nach 1850 auf die ultramontane Seite. Dies zeigte sich zunächst in der Ausrichtung der 1832 gegründeten «Schweizerischen Kirchen-Zeitung». Nach der Staatsgründung, als der Gegensatz zum Liberalismus schärfer wurde, stand sie unter Leitung des konservativen Exponenten Theodor Scherer-Boccard (1816–1885), den Pius IX. 1852 zum Römischen Grafen erhob.[9] Das wöchentlich erscheinende Organ, das im Klerus der deutschsprachigen Schweiz meinungsbestimmend war, kämpfte seit den dreissiger Jahren gegen eine von der Religion unabhängige rechtliche Gleichstellung aller Bürger. Sie diffamierte eine solche als «Verjüdelung» und einseitige Bevorzugung, und als «Belege» bemühte sie jüdisches Weltherrschaftsstreben, Pressehegemonie und wirtschaftliche Ausbeutung.[10] Im Kanton Aargau entfachten 1862 die antiliberalen Kräfte hinter dem katholisch-konservativen Anführer Johann Nepomuk Schleuniger (1870–1874) eine Volksbewegung gegen das eben erlassene «Gesetz über Organisation der israelitischen Gemeinden», welches Juden die Ortsbürgerrechte verlieh. In einer Volksabstimmung brachten sie mit einer Mehrheit von 80 Prozent die Gleichstellung wieder zu Fall. Den liberalen Katholiken Augustin Keller, der sich schon bei der Gründung des Bundesstaates für die jüdische Emanzipation engagiert hatte, kostete die Kampagne fast den Sitz in der Regierung. Die aargauische Diskriminierung musste auf Verlangen des Bundesrates kurz darauf wieder beseitigt werden, und 1866 erfolgte die Gleichstellung durch Verfassungsrevision auf gesamtschweizerischer Ebene.[11] Letztere gelang nur dank ausländischer Einflussnahme und wurde in der Abstimmung äusserst knapp angenommen; denn die konservativen Innerschweizer Kantone sprachen sich – mit Ausnahme einzig Obwaldens – gegen sie aus. Selbst gemässigt konservative Exponenten legten antisemitische Haltungen offen an den Tag: 1864 stritt Philipp Anton von Segesser im Nationalrat gegen die Niederlassungsfreiheit und 1875 deutete er den Kulturkampf als Ausdruck des jüdischen Willens zur Vernichtung der christlichen Religion.[12] Ihm und anderen dienten antisemitische Stereotypen zur Charakterisierung säkularer Feindbilder: Liberalismus, Freimaurerei und Judentum erklärten und ergänzten sich gegenseitig. Die hochgehende Welle des ultramontan-katholischen Antisemitismus verebbte erst gegen Ende des 19. Jahrhunderts. Bei der Einführung des Schächtverbotes 1893 waren die Konservativen nicht mehr die treibenden Kräfte.[13] Entsprechend ihrer weltanschaulichen Orientierung vollzogen sie damit jene Bewegung nach, die durch die Haltung der Päpste vorgezeichnet war: Pius IX. (1846–1878) liess sich 1872 und 1873 im Zusammenhang mit den Kulturkämpfen schlimme Ausfälle gegen die jüdische Gemeinschaft zuschulden kommen und lud damit eine Mitverantwortung für die Verschärfung katholischer Judenfeindschaft auf sich. Sein Nachfolger Leo XIII. (1878–1903) verlegte das Schwergewicht seines Abwehrkampfs auf die Freimaurerei, gegen die er mitunter bizarr anmutenden Vorstellungen zu Felde zog. Die Propagierung des katholischen Antisemitismus übernahm während seines Pontifikates die von den Jesuiten in Rom herausgegebene Zeitschrift «Civiltà Cattolica».[14]

Kulturelle Blüte und Kampf gegen den Sozialismus

Nach der Jahrhundertwende fanden die konservativen Katholiken zu innerer Stärke und setzten zur Überwindung ihrer politisch und kulturell inferioren Stellung an. Dieser Vorgang schuf sich seit 1903 sichtbaren Ausdruck in den landesweiten Katholikentagen und seit 1912 im Aufbau der konservativen Volkspartei; nach 1918 mündete er, zusätzlich gefördert durch bürgerliche Ängste vor der erstarkenden Linken, in eine Art geistigen Frühling. Ihn feierten die Beteiligten als «Osterstimmung» im Sinne einer «Wiederbegegnung von Kirche und Kultur», und es folgten die «goldenen Jahre des Milieukatholizismus».[15] In den zwanziger Jahren erreichte der Schweizerische Katholische Volksverein als konservative Dachorganisation die Zahl von 40'000 Mitgliedern, die Unviersität Freiburg avancierte zum intellektuellen Mittelpunkt, Jugend- und Frauenorganisationen erstarkten und die kirchliche Mission als gemeinsame Aufgabe setzte bedeutende Kräfte frei.

Im Zuge der Etablierung innerhalb des bürgerlichen Staates richtete sich der weltanschauliche Abwehrkampf der Katholiken neu aus. Kommunismus und Sozialismus nahmen nun als Gegner den ersten Platz ein, allerdings blieb auch das Misstrauen gegen die liberale Gesellschaft weiterhin wach. Unter anderem diese doppelte Abwehrhaltung ermöglichte im Katholizismus das Wachstum rechtskonservativer Strömungen, die sich in den dreissiger Jahren autoritär und demokratiefeindlich gebärdeten.[16] Die antisozialistische Grundausrichtung veränderte den katholischen Antisemitismus, der im rechtskonservativen Flügel seine lautesten Vertreter hatte, und er wurde von neuem Teil eines gedachten Abwehrkampfes gegen Kirchenfeinde. Seine Träger fanden sich etwa in der «Schildwachbewegung», deren Exponenten eine Art ultramontane Restauration erstrebten. Mit der 1912 reaktivierten, einst von Scherer-Boccard gegründeten Zeitschrift «Schildwache» verfügten sie über ein eigenes Parteiorgan. Führende Köpfe der Gruppe waren der Oltener Verleger und Nationalrat Otto Walter, der Basler Pfarrer Robert Mäder, der Freiburger Theologieprofessor Joseph Beck und der Redaktor der «Schweizerischen Republikanischen Blätter», Johann Baptist Rusch (1886–1954).[17]

Während des Ersten Weltkrieges nahm die Zahl antisemitischer Ausfälle von kirchlicher Seite wieder zu. Alois Scheiwiler, Pfarrer von St. Otmar (und später 1930 bis 1938 Bischof von St. Gallen) lamentierte 1916 über die «verjudete Presse» und ihre beherrschende Stellung. Er tat es in einer solch hetzerischen Weise, dass der am Druckort zuständige Bischof Georg Schmid von Grüneck erst einer purgierten Version das Imprimatur erteilte. Johann Baptist Rusch liess sich 1921 in einer ganzen Artikelserie über die «Judengefahr» aus. Er malte das Gespenst grossangelegter jüdischer Subversion und jüdischer Weltherrschaftspläne an die Wand. Seine Wahnvorstellung baute er auf die berüchtigten «Protokolle der Weisen von Zion», eine damals aufsehenerregende Fälschung, die Rusch auch wörtlich abdruckte.[18] Joseph Beck suchte 1928 in einer antisozialistischen Wahlkampfbroschüre die Linke als «befreundet mit dem Judentum aller Länder» zu diskreditieren. Der Theologiestudent Alfred Teobaldi (1897–1977) prangerte in einer 121 Seiten starken Druckschrift wortreich die «Verjudung der Sozialdemokratie» an und suchte nachzuweisen, dass die Linke von Angehörigen dieser Glaubensgemeinschaft beherrscht sei.[19] Robert Mäder, auch kirchlich ein Extrembeispiel für Intransigenz und Unduldsamkeit, focht unentwegt mit dem verbalen Zweihänder gegen Protestantismus, Liberalismus, Demokratie und vor allem Sozialismus. Mit biblischen Argumenten stritt er gegen die Einführung des Frauenstimmrechtes, gegen Mischehen, gegen Fasnacht- und Tanzveranstaltungen; im gleichen Zuge diffamierte er das «mit dem Judentum verschwägerte Grosskapital»[20]. Seine antijüdischen Auslassungen verstand er als Teil der gebotenen weltanschaulichen Abwehr gegen bürgerliche und linke Vorherrschaft. Sie standen damit überwiegend im Dienste jener «Komplexitätsminimierung», die auch im Deutschen Kaiserreich eine Äusserungsform des katholischen Antisemismus gewesen war.[21] Die kirchliche Abwehr gegen den Kommunismus steigerte und radikalisierte sich so sehr, dass im Rückblick dessen katholische Sympathisanten als Opfer eines «exzessiven Klerikalismus» erscheinen.[22] Dieser Kampf kehrte den Antisemitismus in einer Weise nach aussen, dass groteske Züge schon in der Zeit selbst sichtbar wurden: Victor von Ernst, Theologieprofessor in Luzern und Redaktor der «Schweizerischen Kirchenzeitung», wartete Ende 1929 mit der bemerkenswerten Mitteilung auf, selbst (die damals als sittengefährlich bekämpften) gemischten Badeanstalten seien eine «Erfindung verjudeter reichsdeutscher Kreise».

Der antisozialistisch orchestrierte Antisemitismus mündete zu Beginn der dreissiger Jahre direkt in die Anfälligkeit des politischen Katholizismus für die Ideologie der Fronten. Ihren bedenklichen Höhepunkt fand sie in der Konstituierung einer eigenen «Katholischen Front», deren Programm vulgärrassistischer Judenfeindschaft in nichts nachstand. In einer Selbstdarstellung hiess es: «In einer vielgestaltigen Tätigkeit auf das gesamte Kulturleben wird die katholische Front durch ihre Zellen in die Adern des vaterländischen Lebens die Medizin der katholischen Doktrin einimpfen als das sicherste Gegengift gegen alle staatsfeindlichen Elemente und die Bazillen der marxistisch-jüdisch-freimaurerischen Seuche.»[23] Frontistische Affinitäten und antisemitische Ausfälle fanden sich aufgrund dieser Disposition gerade auch in katholisch-konservativen Zeitungen.[24]

Rassismus und «doppelter Antisemitismus»

Die politische Radikalisierung des Integralismus, vor allem aber wohl die Auseinandersetzung Pius' XI. mit der Action Française und ihre päpstliche Verurteilung am 20. Dezember 1926 öffneten einzelnen katholischen Intellektuellen das Auge. Zu ihnen gehörte der Walliser Jesuit Paul de Chastonay (1870–1943). Er denunzierte die Katholikenfreundlichkeit, welche Charles Maurras zur Schau stellte, als rein äusserlich, und – was hier bedeutsam ist – er begründete die Ablehnung mit dessen antisemitischer Haltung.[25] Versuche zur Besinnung gab es auch anderswo im engeren theologisch-kirchlichen Bereich: Der Basler Bischof Jakob Stammler, auch als Geschichtsforscher ein durchaus angesehener Mann, beseitigte aus dem liturgischen Kalender den Gedenktag (17. April) für das angebliche Ritualmordopfer Rudolf von Bern. Er hatte erst 1876 im Proprium Aufnahme gefunden, als an vielen Orten in Europa die öffentliche Diskussion über solche «Märtyrer» auflebte. Stammler war bereits 1888 als Berner Pfarrer mit einer beeindruckenden historischen Abhandlung gegen die Feier und insbesondere gegen die Idee eines 600-Jahr-Jubiläums angegangen.[26] Auf seinen Einfluss war es möglicherweise auch zurückzuführen, dass sich einzelne katechetische Lehrmittel hinsichtlich der traditionell judenfeindlichen Tendenz in der Glaubensvermittlung eher mässigten. Das Religionsbuch des Sempacher Pfarrers Johann Erni jedenfalls, das 1922 in erster und 1942 in siebter Auflage erschien, enthielt lediglich eine anitjudaistische Kapitelüberschrift («Gott straft das Judenvolk»). Ansonsten verzichtete es auf Polemik gegen Juden, unterzog dann allerdings den Islam und den Protestantismus einer um so schärferen Kritik. Dies war insofern auffällig, als zur gleichen Zeit andere Lehrbücher im Gebrauch waren, die Antisemitismus offen zeigten und ihm direkt Vorschub leisteten.[27]

Zu Beginn der dreissiger Jahre führte der Rassismus zu einer neuen Gefahrenwahrnehmung. Gegen ihn waren überzeugte Katholiken wenig anfällig. Die Rassenideologie widersprach der tradierten, seit der Jahrhundertwende wieder mit verstärktem Eifer verteidigten Lehre von der physischen Abstammung aller Menschen von einem einzigen Urelternpaar; ausserdem war sie als Element «moderner» Weltanschauungen ohnehin suspekt.[28] Als Rassismus und Antisemitismus in den extremen Erneuerungsbewegungen eine Allianz eingingen, veränderte sich die Lage. Einige jener Exponenten, die noch zu Beginn der zwanziger Jahre den Antisemitismus aktiv gefördert und als Teil der eigenen Weltanschauung sichtbar gemacht hatten, korrigierten ihre Aussagen. Johann Baptist Rusch bekannte sich 1933 öffentlich zu seiner Fehlhaltung gegenüber den «Protokollen der Weisen von Zion». Alois Scheiwiler, der 1930 zum Bischof von St. Gallen gewählt worden war, verneinte den früher behaupteten prinzipiellen Gegensatz zwischen Judentum und Christentum. Nach wie vor allerdings sah er in der jüdischen Gemeinschaft eine Gefahr für die Kirche und bekannte sich zur Vorstellung des «verworfenen» Volkes Israel.[29]

In der Regel grenzten kirchliche Vordenker sich auch in der Schweiz deutlich ab gegen Rassismus und Rassendiskriminierung. Den Antisemitismus allerdings überwanden sie nicht, sondern sie modifizierten ihn und gingen meist über zu einem konsequenten «doppelten Antisemitismus»: Auf der einen Seite lehnten sie rassistisch motiviertes Vorgehen gegen Angehörige des jüdischen Bekenntnisses ab, weil es auf modernistischer, unchristlicher Anthropologie beruhte und weil seine Protagonisten selbst Kirchenfeinde waren; auf der anderen Seite redeten sie umso energischer einem «erlaubten» Antisemitismus das Wort. Von solcher Haltung zeugt die Kontroverse, die der Jesuit Rudolf Walter von Moos (1884–1957) in der «Schweizerischen Rundschau» und in den «Neuen Zürcher Nachrichten» mit einer Betrachtung zum Thema «Antisemitismus und Christentum» entfachte. In geradezu klassisch anmutender Weise verwarf er Übergriffe gegen Juden, um sich dann aber in überaus abfälligen Worten über die gleichen Juden zu äussern und felsenfest an der Existenz einer «Judenfrage» festzuhalten. Allen Ernstes erklärte er die «Abwehr» zum Gebot der Stunde und nahm dabei auch Bezug auf Pius XI. und die am 25. März 1928 verfügte Aufhebung des «Opus sacerdotale Amici Israel», welches die Konversion aller Juden angestrebt hatte.[30] Zu seiner «Argumentation» gehörte auch die Karfreitagsfürbitte für die Juden; gleich wie Jakob Lorenz, der Gründer der «Aufgebot»-Bewegung, nahm somit auch er diese liturgische Tradition direkt in den Dienst der politischen Auseinandersetzung. Die beiden Seiten des so entwickelten «doppelten Antisemitismus» erwiesen sich als nicht scharf trennbar, wie die Fortsetzung der Diskussion zeigt: Im Bemühen, seinen «Antisemitismus mit erlaubten Mitteln» zu rechtfertigen, argumentierte von Moos bald auch ungeschminkt rassistisch.[31] Sein Grundkonzept allerdings fügte sich nahtlos in den theologischen Hauptstrom der dreissiger Jahre, wie er durchgehend aufscheint – angefangen vom einfachen Geistlichen bis hin zum massgebenden Theologen und selbst zum Papst: Der Krienser Pfarrhelfer Franz Heinrich Ackermann (1881–1946) folgte in seiner antisemitischen Dichtung ebenso dieser Argumentation wie der Sozialethiker Gustav Gundlach SJ 1930 in seinem Artikel «Antisemitismus» im «Lexikon für Theologie und Kirche». Mit der Enzyklika «Humani Generis Unitas», die dann freilich unpubliziert blieb, hätte der doppelte Antisemitismus 1938 beinahe seine lehramtliche Krönung erfahren.[32] Führende Kräfte im Schweizer Katholizismus blieben ihm in der Folge unangefochten und unbeirrt verhaftet. So erklärt sich, weshalb das Apologetische Institut des Schweizerischen Katholischen Volksvereins noch 1939 – mit bischöflicher Druckerlaubnis – eine Schrift über «Die Judenfrage» publizieren konnte. Ihr Autor, der 35 Jahre alte, später gefeierte Prediger und Konzilskommentator Mario von Galli SJ (1904–1987), repetierte noch einmal die alten Topoi vom «schädigenden Einfluss des Judentums», vom «Recht des Staates auf Selbstverteidigung und Selbsterhaltung», und er stilisierte gar «des Juden rätselvolles Schicksal» zu «Gottes Problem».[33]

Bedenkliche Kontinuitäten

Antisemitismus innerhalb – nicht ausserhalb – des katholischen Alltags und der katholischen Weltanschauung verschaffte der weltlichen Judenfeindschaft kirchliche Teilhaber und immunisierte gegen Menschenverachtung. Bereits im «Frontenfrühling» zeichnete sich dies ab. Gegen die Erneuerungsbewegungen gab es von katholischer Seite zwar auch Warnungen und Kritik, doch blieben diese fixiert auf die eigene Konfessionsgemeinschaft und müssen sich deshalb den Vorwurf des Egoismus gefallen lassen. Anlässlich einer innerkatholischen Debatte über den Frontismus verlangte der Jesuit Richard Gutzwiller zwar von den Exponenten der neuen Bewegungen eine Offenlegung ihres Begriffes vom «christlichen Staat», doch explizit judenfeindlichen Aussagen in ihren Programmen trat er nicht entgegen.[34] Der fortdauernde Antisemitismus, der auch angesichts seiner Verbindung mit Rassismus kirchlich nicht überwunden, sondern durch das Konzept der Verdoppelung letztlich nur rationalisiert wurde, behinderte nach 1939 ein entschlossenes Eintreten der katholischen Kirche für jüdische Flüchtlinge. Die Bischöfe liessen sich zu den rassistischen Verfolgungen nicht ein einziges Mal vernehmen, und Alois Schenker von der «Schweizerischen Kirchenzeitung» schrieb noch 1942 die Schuld am Antisemitismus dem «parasitären Judentum» zu.[35] Wie sehr Judenfeindschaft Teil der katholischen Weltanschauung war, zeigt die lange Zeit, die zwischen dem Ende des Krieges und dem Beginn des Umdenkens verstrich. Auch nach 1945 hielt sich die Vorstellung vom verworfenen und bestraften Volk bei weitem nicht nur in der allgemein vorgegebenen Karfreitagsliturgie, sondern sie blieb Bestandteil der alltäglichen religiösen Gedankenwelt. In einem katholischen Religionslehrbuch, das im Auftrag des Bischofs von Basel redigiert und im Kanton Luzern publiziert wurde, fand sich noch 1950 die Behauptung: «Das Volk der Juden, das Christus verworfen hatte, wurde nun von Gott verworfen. Heimatlos irrt es in der Welt herum, bis es sich am Ende der Zeiten zu seinem Erlöser bekehren wird.» Erst die vierte Auflage 1961 relativierte diese Darstellung.[36]

Die Beispiele zeigen, dass Antisemitismus auch in der Schweiz weithin Teil katholischer Religiosität und Weltanschauung war. An die Oberfläche trat er im Laufe des 19. Jahrhunderts, zunächst auf seiten sowohl des restaurativen wie des liberalen Flügels. Im Zuge von Ausbildung und Festigung des «katholischen Milieus» und insbesondere durch die Kulturkämpfe avancierte er auf ultramontaner und später antimodernistischer Seite zum antiliberalen Identifikations- und Kampfmerkmal. In den zwanziger Jahren, als der konservative Katholizismus politisch aus der Defensive trat und sich in der Theologie ein kultureller Aufbruch ankündigte, wirkte die Judenfeindschaft fort, nunmehr nach aussen gekehrt im Zusammenhang mit dem Kampf gegen den Sozialismus. Auch als der Rassismus sich des Antisemitismus bemächtigte, hielt sich dieser weiterhin hartnäckig im katholischen Lebensraum, nunmehr verdoppelt und zur Erklärung aufgegliedert in einen «unerlaubten» rassistischen Antisemitismus und einen «erlaubten» religiösen Antijudaismus. Selbst die Schrecken der nationalsozialistischen

Diktatur und der Schoa führten noch nicht direkt zur Neubesinnung. Die Befreiung des kirchlichen Lebens und des theologischen Denkens vom tradierten Antisemitismus setzte auch in der Schweiz erst in den fünfziger Jahren ein. Sie erforderte jenes «Aggiornamento» katholischer Religiosität, das sich mit dem Zweiten Vatikanischen Konzil Bahn brach und dessen Rezeption in den sechziger Jahren begann.[37]

Anmerkungen

[1] Olaf Blaschke, Katholizismus und Antisemitismus im Deutschen Kaiserreich, Göttingen 1997, bes. S. 17–24, 30–41, 190–282; Ders., Kontraste in der Katholizismusforschung. Das antisemitische Erbe des 19. Jahrhunderts und die Verantwortung der Katholiken, in: Neue Politische Literatur 40 (1995), S. 411–420; Ders., Wider die «Herrschaft des modern-jüdischen Geistes»: Der Katholizismus zwischen traditionellem Antijudaismus und modernem Antisemitismus, in: Wilfried Loth (Hg.), Deutscher Katholizismus im Umbruch zur Moderne, Stuttgart/Berlin/Köln 1991, S. 236–265.

[2] Markus Ries, Joseph Anton Salzmann (1829–1854) – Neubeginn «inter Scyllam und Charybdim», in: Urban Fink u. a. (Hg.), Die Bischöfe von Basel 1794–1995, Freiburg Schweiz 1996, S. 45–88; Hans Dommann, Die Kirchenpolitik im ersten Jahrzehnt des neuen Bistums Basel (1828–1838), Luzern 1929.

[3] «Ist es nicht ein wahres Ärgernis, die zehn Gebote Gottes, an die abgöttischen, mörderischen und unkeuschen Juden gerichtet, jetzt noch die Kinder auswendig lernen zu lassen! Wie können Kinder sie lernen und verstehen wollen, ohne beunruhigt und in ihrem arglosen unschuldigen Sinn gestört zu werden?», in: Der Eidgenoss, 19. April 1833; August Berz, Geschichte des Katechismus im Bistum Basel, Freiburg Schweiz 1959, S. 45–51.

[4] Urs Altermatt, Katholizismus und Moderne. Zur Sozial- und Mentalitätsgeschichte der Schweizer Katholiken im 19. und 20. Jahrhundert, Zürich ²1991; Ders., Katholizismus: Antimodernismus mit modernen Mitteln?, in: Ders. u. a. (Hg.), Moderne als Problem des Katholizismus, Regensburg 1995, S. 33–50.

[5] Guido Wüst, Joseph Burkard Leu (1808–1865). Propst im Hof und Professor der Theologie in Luzern. Ein «liberaler Geistlicher», Bern/Frankfurt am Main 1974; Franz Xaver Bischof, Tanner, Franz Rudolf Anton, in: Biographisch-bibliographisches Kirchenlexikon 11, Hamm 1996, S. 490f.; Stephan Leimgruber, Anton Tanner (1807–1893): Ein gemässigt-liberaler katholischer Theologe, in: Ders. (Hg.), Schweizer Theologen im 19. und 20. Jahrhundert II (im Druck).

[6] «So steht das jüdische Volk in der Weltgeschichte da als eine Ruine des aufgelösten Alten Bundes und zugleich als ein lebendiges Denkmal der Verstossung des Weltheilandes.» Joseph Leu, Gieb Rechenschaft von deinem Glauben. Religionsvorträge für Studierende an Lyceen und oberen Gymnasien und jeden gebildeten Christen, Luzern 1855. Vgl. Stephan Leimgruber, Ethikunterricht an den katholischen Gymnasien und Lehrerseminarien der Schweiz. Analyse der Religionsbücher seit Mitte des 19. Jahrhunderts, Freiburg/Schweiz 1989, S. 448–464; Ders., Von der Verketzerung zum Dialog. Darstellung und Behandlung der Juden im christlichen Religionsunterricht, in: Zeitschrift für katholische Theologie 112 (1990), S. 288–303, hier S. 294.

[7] «Der moderne Staat ist dem Judenthum gegenüber schutzlos. Er hat die Juden emancipirt, ihnen volle politische Rechtsgleichheit ertheilt und die Ausübung der Bürgerrechte von jedem religiösen Bekenntnis unabhängig erklärt. Er wollte die Juden den Christen gleichstellen, selbe mit gleichen Rechten in die bürgerliche Gesellschaft aufnehmen, sie amalgamiren, mit seinem Blute sie erwärmen. Die Juden nehmen, aber sie geben nicht; sie verharren in ihrem Rassen-Geist, und in der Stammes- und Glaubensabgeschlossenheit.» Anton Tanner, Die Päpste und

die Juden, in: Katholische Schweizer-Blätter 1 (1885), S. 333–351, 408–420, hier S. 420; Ders., Die Juden im Mittelalter, in: Ebda. 2 (1886), S. 190–200, bes. S. 191f.

[8] «Ihr seht die Abkömmlinge dieses verworfenen Volkes in der ganzen Welt zerstreut [...] . Zwar hatten ihre Väter die Sünde der Abgötterei und der Ermordung des Propheten mit siebenzigjähriger Gefangenschaft gebüsst, aber als das Mass ihrer Bosheit voll geworden, traf sie eine weit härtere Strafe. Weil sie durch Unglaube und Lasterhaftigkeit ihre Schuld auf die Spitze getrieben, Christum, den Erlöser, verkannt und getötet, ihren Gott und Herrn verlassen hatten, entzog ihnen Gott das wahre Licht, überliess sie ihrer eigenen Blindheit und Verhärtung, und der Schatz der Wahrheit und Gnade ging für sie verloren, der in der Religion Jesu Christi, des Sohnes Gottes, sonst allen Völkern der Erde eröffnet ward.» Karl Johann Greith, Die wahre Religionsgefahr für das Volk, und wie sie von ihm abzuwenden ist. Busspredigt für die heilige Fastenzeit. Gehalten beim Jubiläum am Palmsonntage 1847 in der Domkirche von St. Gallen, in: Ders., Neue Apologien in Kanzelreden I, Regensburg ²1885, S. 85–111, hier S. 93f. Johannes Duft, Greith, Karl Johann, in: Erwin Gatz (Hg.), Die Bischöfe der deutschsprachigen Länder 1785/1803 bis 1945. Ein biographisches Lexikon, Berlin 1983, S. 254–258.

[9] Vgl. Josef Lang, «Wir schaudern und wenden uns ab», in: Die Weltwoche, 4. Dezember 1997, S. 48; Ders., Kein Platz für Juden neben dem «weissen Kreuz im roten Feld». Die Schweizerische Kirchenzeitung und der Antisemitismus (1832–1883), in: Neue Wege 91 (1997), S. 84–90.

[10] Ebda., S. 84–87.

[11] Augusta Weldler-Steinberg, Geschichte der Juden in der Schweiz, vom 16. Jahrhundert bis nach der Emanzipation, Bd. 2, Zürich 1970, S. 84–147. Vgl. zum Aargau den Beitrag «Der ‹Mannli-Sturm› oder der Aargauer Emanzipationskonflikt 1861–1863» von Aram Mattioli in diesem Band.

[12] Josef Lang, Katholisch-konservativer Aufstand gegen die Wahrheit, in: Theologische Bewegung für Solidarität und Befreiung. Rundbrief 54 (1997), S. 12–16; Aram Mattioli, «Vaterland der Christen» oder «bürgerlicher Staat»? Die Schweiz und die jüdische Emanzipation, 1848–1874, in: Urs Altermatt u. a. (Hg.), Die Konstruktion einer Nation. Nation und Nationalismus in der Schweiz, 18.–20. Jahrhundert, Zürich 1998, S. 217–235.

[13] Weldler-Steinberg (wie Anm. 11), S. 241–254.

[14] Vgl. Konrad Zollinger, Frischer Wind oder faschistische Reaktion? Die Haltung der Schweizer Presse zum Frontismus, Zürich 1991, S. 295 f.; Blaschke (wie Anm. 1), S. 191 und 201.

[15] Nach dem Titel der Festschrift zu Karl Muths 60. Geburtstag: Wiederbegegnung von Kirche und Kultur in Deutschland. Eine Gabe für Karl Muth, München 1927. Vgl. Markus Ries, Zwischen Literaturstreit und Osterstimmung. Katholische Belletristik nach der Modernismuskrise, in: Hubert Wolf (Hg.), Antimodernismus und Modernismus in der katholischen Kirche. Beiträge zum theologiegeschichtlichen Umfeld des II. Vatikanums, Paderborn 1998, S. 283–297; Alfred Stoecklin, Schweizer Katholizismus. Eine Geschichte der Jahre 1925–1975 zwischen Ghetto und konziliarer Öffnung, Zürich/Einsiedeln/Köln 1978; Armin Imstepf, Die schweizerischen Katholikentage 1903–1954. Geschichte, Organisation, Programmatik und Sozialstruktur, Freiburg/Schweiz 1987; Markus Hodel, Die Schweizerische Konservative Volkspartei 1918–1929, Freiburg/Schweiz 1994; Urs Altermatt (Hg.), Schweizer Katholizismus zwischen den Weltkriegen 1920–1940, Freiburg/Schweiz 1994; Ders., Die goldenen Jahre des Milieukatholizismus, in: Ebda. S. 3–24.

[16] Patrick Bernold, Der schweizerische Episkopat und die Bedrohung der Demokratie 1919–1939. Die Stellungnahmen der Bischöfe zum modernen Bundesstaat und ihre Auseinandersetzung mit Kommunismus, Sozialismus, Faschismus und Nationalsozialismus, Bern u. a. 1995; Hodel (wie Anm. 15), S. 438–443; Aram Mattioli, Die intellektuelle Rechte und die Krise der demokratischen Schweiz. Überlegungen zu einem zeitgeschichtlichen Niemandsland, in: Ders. (Hg.), Intellektuelle von rechts. Ideologie und Politik in der Schweiz 1918–1939, Zürich 1995,

S. 1–27; Ders., Zwischen Demokratie und totalitärer Diktatur. Gonzague de Reynold und die Tradition der autoritären Rechten in der Schweiz, Zürich 1994, S. 200–217; Christina Daniela Bürgi, Goldene Zeiten. Der Kanton Zug in der Zwischenkriegszeit 1919–1939, Baar 1993; Quirin Weber, Korporatismus statt Sozialismus. Die Idee der berufsständischen Ordnung im schweizerischen Katholizismus während der Zwischenkriegszeit, Freiburg/Schweiz 1989.

[17] Hodel (wie Anm. 15), S. 402–405; Markus Ries, «Der Rosenkranz ist unser Maschinengewehr». Der Basler Pfarrer Robert Mäder im Kampf gegen den Zeitgeist, in: Mattioli, Intellektuelle von rechts (wie Anm. 16), S. 239–256.

[18] Johann Baptist Rusch, Über die Judengefahr. Eine nicht antisemitisch sachliche Betrachtung der Frage, Mels 1923; Bernold (wie Anm.16), S. 396f.; Zollinger (wie Anm. 14), S. 373f.; Jacques Picard, Die Schweiz und die Juden 1933–1945. Schweizerischer Antisemitismus, jüdische Abwehr und internationale Migrations- und Flüchtlingspolitik, Zürich ³1997, S. 48f.; Aaron Kamis-Müller, Antisemitismus in der Schweiz 1900–1930, Zürich 1990, S. 119–121, 193–196; Urs Lüthi, Der Mythos von der Weltverschwörung. Die Hetze der Schweizer Frontisten gegen die Juden und Freimaurer – am Beispiel des Berner Prozesses um die «Protokolle der Weisen von Zion», Basel 1992.

[19] Becks Broschüre erschien unter dem Titel «Wird der Sozi die Schweiz regieren?». Lang (wie Anm. 12), S. 14; Sozialis [Alfred Teobaldi], Sozialismus und Katholizismus. Eine Rechtfertigung des Bettagsmandates gegen sozialistische Angriffe, Winterthur 1921, bes. S. 29–33; in gleicher Ausrichtung: Robert Mäder, Der Sozialismus am Gängelband des Juden, in: Schildwache 8 (1919), S. 100. Vgl. Bernold (wie Anm. 16), S. 119–159, 396; Kamis-Müller (wie Anm. 18), S. 271. Das Bettagsmandat von 1920 statuierte – durch Unterstreichung und Fettdruck hervorgehoben – für die Abwehr gegen den Sozialismus folgende Massnahmen: «1. Wer zum Sozialismus als System, zu seinen Grundanschauungen und Hauptzielen sich offen bekennt, oder wer offen für die sozialistische Sache kämpft und wirbt, entbehrt, solange er dieser Gesinnung unbelehrbar verharren will und verharrt, derjenigen Vorbedingung, welche zum würdigen Empfang eines Sakramentes unerlässlich ist. 2. Wer glaubt, aus schwerwiegenden Gründen gezwungen zu sein, einem sozialistischen Verbande anzugehören, ohne dass er zum Sozialismus als System sich bekennt oder für die sozialistische Sache wirkt (agitiert), der hat sich darüber mit seinem Pfarramte zu verständigen. 3. Wird vom Pfarramte ein vorläufiges Verbleiben als duldbar erklärt, so ist unter dessen alles zu tun und zu meiden, hauptsächlich in Bezug auf sozialistische Presseerzeugnisse, damit für ihn oder andere keine schweren Gefahren der Seele erwachen.» Ansprache der schweizerischen Bischöfe an die Gläubigen ihrer Diözesen auf den Eidgenössischen Bettag 1920, Chur 1920, S. 11.

[20] Robert Mäder, Gedanken eines Reaktionärs, Basel 1921, S. 148f.

[21] Vgl. Blaschke (wie Anm. 1), S. 110–113.

[22] Willy Spieler, Zur Marginalisierung der politischen Linken in der katholischen Kirche, in: Altermatt, Schweizer Katholizismus (wie Anm. 15), S. 253–278.

[23] Carl Weder, Die katholische Front, in: Schweizerische Rundschau 33 (1933/34), S. 336–339, hier S. 338. Vgl. Lüthi (wie Anm. 18); Zollinger (wie Anm. 14).

[24] Ebda., S. 319–370. Nachweise judenfeindlicher Äusserungen für das «Basler Volksblatt», die «Schaffhauser Zeitung», die «Rorschacher Zeitung» und die «Schweizerische Kirchenzeitung»: Ebda., S. 370–379; für die «Neuen Zürcher Nachrichten», den «Wächter», den «Morgen», die «Liberté» und den «Courrier de Genève» bei: Kamis-Müller (wie Anm. 18), S. 270.

[25] «Maurras ist extremer Antisemit. Im Judentum sieht er den Inbegriff aller verneinenden Mächte und Kräfte. In Athinea symbolisiert Marthe die Mächte des Judentums = Unordnung, [in] Aristraché die Mächte des Hellenismus = Ordnung. Sein Hass gegen die Rasse wendet sich gegen alle Persönlichkeiten, die aus ihr hervorgegangen, gegen alle Erzeugnisse ihres Geistes.» Paul de Chastonay, Charles Maurras und der Katholizismus, in: Schweizerische Rundschau 26 (1926), S. 647–657, hier S. 654.

26 Jakob Stammler, Die Ermordung des Knaben Rudolf von Bern durch die Juden (1288?), in: Katholische Schweizer-Blätter 4 (1888), S. 268–302, 376–390. Stammler sprach von jüdischen Provokationen gegenüber den Christen in der Antike und von Wucher, belegte aber die Unhaltbarkeit von Ritualmord- und Brunnenvergiftungstraditionen. Ebda., S. 298–302. Zwischen 1873 und 1900 wurden mindestens 123 Ritualmordfälle öffentlich diskutiert, nachdem sie letztmals in der Barockzeit eine bedeutende Funktion innegehabt hatten. Einige ähnliche Verehrungstraditionen – z. B. Werner von Oberwesel (Bistum Trier) und Andreas Oxner von Rinn (Bistum Innsbruck) – hielten sich zäh und wurden erst nach 1960 unterdrückt. Vgl. Blaschke (wie Anm. 1), S. 74; André Vauchez, La sainteté en Occident aux derniers siècles du moyen âge d'après les procès de canonisation et les documents hagiographiques, Rom 1988, S. 176; Manfred Eder, Die «Deggendorfer Gnad». Entstehung und Entwicklung einer Hostienwallfahrt im Kontext von Theologie und Geschichte, Passau 1992.

27 Ein Beispiel: L. Wyss, Katholisches Religions-Lehrbuch für die höheren Volksschulen und die reifere Jugend, Einsiedeln ⁸1915. Unter dem Titel «Verwerfung Prophezeiung Untergang» stand zu lesen: «Jetzt haben die Juden keinen Tempel, kein Opfer, keine Priester und kein gemeinsames Vaterland mehr. Ihre Synagogen sind nur Bethäuser. Ihre Zerstreuung unter allen Völkern ist das lebendige Bild ihrer Verwerfung. Es war von grosser Bedeutung, dass Jerusalem zerstört wurde und der jüdische Staat und Kultus aufhörten. Das Judentum hatte die Bestimmung, auf das Christentum vorzubereiten; war das Christentum da, so musste es verschwinden. Sein Fortbestand war dem Christentum schädlich und bot die Gefahr, dass die Judenchristen sich absonderten oder jüdische Gebräuche in das Christentum hineintrügen. Die Zerstörung Jerusalems hat diese Gefahr gehoben.» Ebda., S. 116f.; Johann Erni, Religions-Lehrbuch für Sekundar- und Mittelschulen, Hochdorf 1922, 152ff. Vgl. Leimgruber, Ethikunterricht (wie Anm. 6), S. 337–344.

28 Vgl. Blaschke (wie Anm. 1), S. 269.

29 Bernold (wie Anm. 16), S. 397ff.

30 «Das jüdische Element in unserem Volke ist nun nicht schlechthin und in jeder Beziehung ein Schädling, aber es schadet – sonst gäbe es keine Judenfrage – und insofern es schadet, darf und muss diese verderbliche Auswirkung verhindert werden. [...] Numerus clausus, Warenboykott, moralische Ausräucherung jüdischer Zersetzungszellen in Presse, Literatur, Theater usw. ist – innerhalb der Schranken der 10 Gebote Gottes – nicht nur nicht unerlaubt, wie es auch der gerechte Streik nicht ist, sondern vielmehr Gebot der Stunde. Unsere geradezu hirnverbrannte Toleranz, mit der wir aus einem gründlich missverstandenen Freiheitsbegriff alle Irrlehren und Hetzereien des Kommunismus, der Gottlosenbewegung und so auch des jüdischen Immoralismus und Relativismus dulden, ist eine himmelschreiende Sünde an uns und unseren Kindern. [...] Wir müssen uns als Christen nicht zu leidenschaftlicher Wut, zu Hass und Rache hinreissen lassen, sondern alle Abwehr mit dem Geiste der Karfreitagsliturgie verbinden, in der die Kirche auch für die ‹perfidi Judaei›, die treulosen Juden, betet.» Rudolf Walter von Moos, Antisemitismus und Christentum, in: Schweizerische Rundschau 33 (1933/34), S. 106–112, hier S. 111f. Vgl. Jakob Lorenz, Bemerkungen über die Judenfrage, in: Monatrosen 77 (1932/33), S. 327–334; Zollinger (wie Anm. 14), S. 316f.

31 «Nun gehe ich selbstverständlich mit Ihnen [einem Replikanten mit dem Pseudonym ‹Justus›] einig, dass es auch unter den noch nicht bekehrten Juden sehr viele gute, fromme und edle Menschen gibt; ebenso, dass die ‹armen Juden› nicht allein an allen Lastern und Schäden der Erde schuld sind. Aber – und hier spielt, abgesehen von dem Zorn Gottes, unter dem das Volk steht, doch eben auch die Rasse mit – das Zersetzende, Relativistische, Unberechenbare, Unstete, Ruhelose, die typische jüdische ‹Amoral› hat ihre psychologische Wurzel doch nicht nur im Ressentiment des Unterdrückten und Verbitterten, wie Sie es zu deuten suchen, sondern zum Teil auch in dem, was man kurz als die ‹asiatische Seele› bezeichnen kann, die nicht erst nach dem Gottesfluch im Neuen Testament, sondern schon in der Berufungszeit des Alten Bundes sehr deutlich sichtbar ist.» Rudolf Walter von Moos, Eine Antwort, in:

Schweizerische Rundschau 33 (1933/34), S. 579ff., hier S. 580. Vgl. auch: Ebda., S. 270–273, 273ff., 573–579, 1057–1070; Jakob Lorenz, Bemerkungen über die Judenfrage, in: Monatrosen 77 (1932/33), S. 327–334. Von Moos entfachte zwei Jahre später eine weitere Kontroverse mit einem Beitrag über «Das Wahre an der nationalsozialistischen Weltanschauung», in dem er für Deutschland einen «hinreissenden Aufbruch elementarer Kräfte» konstatierte. Vgl. Ebda., 35 (1935/36), S. 205–215, 479–484, 575–577, 673–677.

[32] Hans Stutz, Frontisten und Nationalsozialisten in Luzern 1933–1945, Luzern 1997, S. 73. Ackermann war seit 1930 in Kriens und hatte zeitlebens nie ein eigenes Pfarramt inne. Zur unpublizierten Enzyklika: Johannes H. Nota, Edith Stein und der Entwurf für eine Enzyklika gegen Rassismus und Antisemitismus, in: Freiburger Rundbrief 26 (1974), S. 35–41; Johannes Schwarte, Gustav Gundlach SJ (1892–1963). Repräsentant und Interpret der katholischen Soziallehre in der Ära Pius' XII. Historische Einordnung und systematische Darstellung, München/Paderborn/Wien 1975; Georges Passelecq/Bernard Suchecky, Die unterschlagene Enzyklika. Der Vatikan und die Judenverfolgung, München/Wien 1997; Clemens Thoma, Versteckte und verpasste Botschaft für die Juden. Bemerkungen zu einer 1938 vorbereiteten Enzyklika über Rassismus und Antisemitismus, in: Freiburger Rundbrief N.F. 4 (1997), S. 242–246.

[33] Andreas Amsee [Mario von Galli], Die Judenfrage, Luzern 1939; Lüthi (wie Anm. 18), S. 90f.; Zollinger (wie Anm. 14), S. 372f.; Bernold (wie Anm. 16), S. 401ff.; Alois Schifferle, Mario von Galli SJ. Eine prophetische Existenz. Beiträge zu einer biographisch-narrativen Theologie in praktisch-theologischer Absicht, Freiburg/Basel/Wien 1994, S. 92–95; Stutz (wie Anm. 32), S. 71ff.

[34] Richard Gutzwiller, Vom Christentum der Fronten, in: Schweizerische Rundschau 33 (1933/34), S. 361–367.

[35] Ursula Käser-Leisibach, Die begnadeten Sünder. Stimmen aus den Schweizer Kirchen zum Nationalsozialismus 1933–1942, Winterthur 1994, S. 122ff., 136f. Das katholische Herz für Flüchtlinge schlug sichtbar vor allem dort, wo es um die seelsorgerliche Betreuung katholischer Flüchtlinge ging. Der Bischof von Basel weihte persönlich die Kirchenbaracke im Lager Büren an der Aare. Hermann Kocher, Rationierte Menschlichkeit. Schweizerischer Protestantismus im Spannungsfeld von Flüchtlingsnot und öffentlicher Flüchtlingspolitik der Schweiz 1933–1948, Zürich 1996, S. 179 und 560.

[36] Martin Müller/Herbert Haag, Glaube und Leben. Geschichte der biblischen Offenbarung. Religionslehrbuch für Sekundar- und Mittelschulen, Hochdorf 1950, S. 381. Leimgruber, Ethikunterricht (wie Anm. 6), S. 448–464.

[37] Ernst Ludwig Ehrlich, Die Beziehungen zwischen Juden und Katholiken, in: Ernst Braunschweig (Hg.), Antisemitismus – Umgang mit einer Herausforderung. Festschrift zum 70. Geburtstag von Sigi Feigel, Zürich 1991, S. 75–89; Clemens Thoma, Die Konzilserklärung über die Juden im Kontext, in: Markus Ries/Walter Kirchschläger (Hg.), Glauben und Denken nach Vatikanum II. Kurt Koch zur Bischofswahl, Zürich 1996, S. 27–39.

II. Der Widerstand gegen die Emanzipation (1798–1874)

Die Schweiz und die jüdische Emanzipation 1798–1874

ARAM MATTIOLI

«Denn den Juden emancipiren ist Nichts anderes, als ihm erlauben, frei zu athmen in der freien Luft, zu trinken aus den Brunnen, die den Quellen unseres Landes entfliessen, frei seine Berge zu besteigen, seine Gauen zu durchwandern, und ein Wort mitzusprechen zum Wohle seines Vaterlandes, das ihm seit Jahrhunderten zur Heimat und darum lieb und theuer geworden.»[1]

MARCUS GETSCH DREIFUS, 1862

Das 19. Jahrhundert war ein Zeitalter erbitterter Emanzipationskonflikte auf dem Weg zur Durchsetzung der bürgerlich-liberalen Gesellschaft. Auf dem Schlachtfeld von Marengo, auf dem die Soldaten Napoleon Bonapartes im zweiten Koalitionskrieg einen entscheidenden Sieg gegen die Österreicher errungen hatten, beantwortete Heinrich Heine 1828 die Frage, was die grosse Aufgabe der Zeit sei, mit den bekenntnishaften Worten: «Es ist die Emanzipation. Nicht bloss die der Irländer, Griechen, Frankfurter Juden, westindischen Schwarzen und dergleichen gedrückten Volkes, sondern es ist die Emanzipation der ganzen Welt, absonderlich Europas, das mündig geworden ist und sich jetzt losreisst von dem eisernen Gängelbande der Bevorrechteten, der Aristokratie. Mögen immerhin einige philosophische Renegaten der Freyheit die feinsten Kettenschlüsse schmieden, um uns zu beweisen, dass Millionen Menschen geschaffen sind als Lastthiere einiger tausend privilegirter Ritter; sie werden uns dennoch nicht davon überzeugen können, so lange sie uns, wie Voltaire sagt, nicht nachweisen, dass jene mit Sätteln auf dem Rücken und diese mit Sporen an den Füssen zur Welt gekommen sind.»[2] In der ersten Hälfte des 19. Jahrhunderts stand die Forderung nach Emanzipation zwar auf den Fahnen der Dichter und Denker, die der europäischen Aufklärung verpflichtet waren; sie musste aber erst, was weit schwieriger war, gesellschaftlich akzeptiert und politisch gegen die Mächte der Tradition durchgesetzt werden.

Seit der Helvetischen Revolution von 1798, die die «gottgegebene» Privilegiengesellschaft des Ancien Régime unter der Ägide französischer Interventionstruppen hinweggefegt hatte, stand die umfassende Befreiung aus den geburtsständisch zementierten Abhängigkeitsverhältnissen auch in der Schweiz auf der gesellschaftlichen Tagesordnung. Während der Helvetischen Revolution wurden die Untertanenverhältnisse der alten Eidgenossenschaft, die jahrhundertealten Standesunterschiede, die Privilegien der städtischen Zünfte und die verhassten Feudallasten für abgeschafft erklärt. Erstmals in der Schweizer Geschichte berief sich die helvetische Verfassung vom 12. April 1798 auf die «natürliche Freiheit des Menschen» und dekretierte damit auch die politische Gleichheit, was aus einer grossen Anzahl ehemaliger Untertanen christlicher Obrigkeiten mit einem Federstrich autonom entscheidende Staatsbürger machte. Der seit den 1830er Jahren zur Leitparole der liberalen Kräfte erhobene Emanzipationsbegriff war auch in der Schweiz auf ein klar umrissenes Ziel ausgerichtet: auf die Errichtung einer bürgerlich-demokratischen Nationalgesellschaft auf industrieller Grundlage, die für ihre vollberechtigten Bürger wesentliche Freiheitsgewinne verhiess.[3]

Anders als die Legende will, wonach diese in ihrer Bedeutung kaum zu überschätzende Entwicklung in der Schweiz bereits 1848 zum Abschluss gelangte, nahm diese mit der Gründung des schweizerischen Bundesstaates in mancherlei Beziehung erst ihren Anfang. Denn 1848 wurde in der Schweiz – gemessen am Fundamentalprinzip konstitutioneller Gleichheit – lediglich eine *unvollständige Bürgergesellschaft* errichtet. Neben den Frauen blieben vorerst auch die «Heimatlosen» von den Bürgerrechten ausgeschlossen. Aber auch für die in der Schweiz lebende Minderheit von etwas über 3'000 Juden kam die Gründung des Bundesstaates einer «schweren Enttäuschung»[4] gleich, waren doch Verfassungsväter und Souverän nicht willens, die seit Generationen auf eidgenössischem Territorium lebenden Menschen jüdischen Glaubens den übrigen Staatsbürgern gleichzustellen. So fortschrittlich sich das institutionelle Gefüge des schweizerischen Bundesstaates im Vergleich mit den meisten übrigen Staaten Europas ausnahm, so schwer tat sich das Land mit der jüdischen Emanzipation. Wer im europäischen Revolutionsjahr 1848 erwartet hatte, dass es die bürgerlich-demokratische Schweiz in dieser Frage leichter haben werde als die Monarchien des benachbarten Auslandes, sah sich schon bald gründlich getäuscht. Obwohl die regenerierten Kantone seit 1830 als Laboratorien zukunftsweisender Verfassungsprinzipien internationales Aufsehen erregten, machte erst die totalrevidierte Bundesverfassung vom 29. Mai 1874 aus den Juden vollberechtigte Bürger. In der demokratischen Schweiz wurde die jüdische Emanzipation damit zehn bis fünfundzwanzig Jahre später durchgesetzt als in den angrenzenden Königreichen Sardinien (1848), Bayern (1861), Württemberg (1864), Österreich (1867) und dem Grossherzogtum Baden (1862), von Frankreich gar nicht zu reden, das die Angehörigen der jüdischen Minderheit schon 1791 in den vollständigen Genuss aller staatsbürgerlichen Rechte gesetzt hatte.

Die jüdische Emanzipation war ein Grundproblem bürgerlich-liberaler Nationsbildung und wurde in der Schweiz in einem schrittweisen Prozess von mehr als achtzig Jahren Dauer durchgesetzt. Sie muss im Zusammenhang mit der immer wieder von Rückschlägen und inneren Widersprüchen gekennzeichneten Entwicklung zur modernen Staatsbürgergesellschaft interpretiert werden, die unter anderem dem Prinzip «one man – one vote» zum Durchbruch verhalf. Aus jüdischer Perspektive bedeutete «Emanzipation» sowohl die Befreiung aus der Zwangsjacke überlieferter Rechtsbeschränkungen als auch die vollständige Integration in die schweizerische Nationalgesellschaft, deren Voraussetzung freilich die konstitutionelle Gleichstellung mit den übrigen Staatsbürgern war. In diesem Beitrag werden zunächst in einer sozialgeschichtlichen Perspektive die Grundzüge der jüdischen Pariaexistenz im ausgehenden Ancien Régime in Erinnerung gerufen. Danach sollen die gesellschaftlichen Konflikte um die bürgerliche und politische Gleichstellung der Juden auf der nationalen Ebene nachgezeichnet werden. Im Mittelpunkt der Ausführungen steht das bislang von der Geschichtswissenschaft weitgehend ausgeblendete Problem, weshalb sich die demokratische Schweiz nach der Gründung des Bundesstaates weit schwerer mit der Emanzipationsfrage tat als Frankreich und die benachbarten Monarchien.

Die Surbtaler Dorfghettos in der vorrevolutionären Privilegiengesellschaft

Im 18. Jahrhundert lebten weit über 90 Prozent der in den deutschsprachigen Regionen Mitteleuropas ansässigen Juden in Dörfern oder in ländlich geprägten Kleinstädten und Marktflecken. Nach der Vertreibung der Juden aus den spätmittelalterlichen Städten stellte dies in den Gebieten dies- und jenseits des Rheins über lange Jahrhunderte ihre traditionelle Lebensform schlechthin dar.[5] Bis zur Gründung des Bundesstaates lebte auch die überwiegende Mehrheit der in der Schweiz ansässigen Juden in den Surbtaler Bauerngemeinden Oberendingen und Lengnau. 1826 kam die waadtländische Kleinstadt Avenches hinzu, die sich zeitenweise zur drittgrössten jüdischen Siedlung in der Schweiz entwickelte.[6] Das Surbtaler Landjudentum blickte im neu gegründeten Kanton Aargau (1803) auf eine mindestens zweihundertjährige Siedlungstradition auf dem linken Ufer des Hochrheins zurück. In den Wirren des Dreissigjährigen Krieges hatte sich ein Grossteil der hier ansässigen Landjuden aus den verwüsteten Kriegsgebieten am Oberrhein in die Eidgenossenschaft geflüchtet, wo sie auf obrigkeitliches Geheiss hin in der Grafschaft Baden angesiedelt worden waren. In diesem eidgenössischen Untertanengebiet, das seit 1712 von einem auf dem Badener Schloss residierenden Landvogt der reformierten Orte Zürch, Bern und Glarus regiert wurde, waren die Juden fortan gezwungen, als minderprivilegierte «Schutzjuden» in einem klar begrenzten Ansiedlungsrayon zu leben. Im Turnus von sechzehn Jahren mussten sie sich gegen hohes Entgelt jeweils einen neuen «Schutz- und Schirmbrief» erwerben, der ihre Rechte, insbesondere aber ihre Pflichten und ihren minderprivilegierten Status bis ins einzelne festlegte. So war ihnen nicht nur das zünftische Handwerk, sondern auch der Besitz von Boden und damit eine bäuerliche Existenz untersagt. Ihr zumeist ärmliches Leben mussten sie als Krämer, Hausierer und Viehhändler fristen, womit sie zwar äusserst wichtige, aber wenig beliebte Aufgaben in der vorindustriellen Gesellschaft wahrnehmen.

Traditionell begegneten ihnen die christlichen Untertanen der Grafschaft Baden mit unverhohlenem Hass, vorurteilsbeladenem Misstrauen und religiöser Intoleranz.[7] In den Augen ihrer christlichen Umwelt galten sie als «Gottesmörder» und «verstockte Ketzer», und aufgrund der ihnen zugeschriebenen «Gemeinschädlichkeit» als christenfeindliche «Landplage». So prangerten die Gesandten der eidgenössischen Tagsatzung von 1695 den «verfluchten Judenschwarm» nicht nur als «rechte Pestilenz» an, sondern kamen auch überein, dass sie ihre christlichen Untertanen diesen «müssiggehenden Wölfen» nicht schutzlos überlassen dürften.[8] Der Stand Zürich hatte den in der Grafschaft Baden lebenden Juden das Betreten seines Territoriums schon Jahrzehnte zuvor vollständig verboten, während der mächtige Stadtstaat Bern ihnen unter strengsten Auflagen wenigstens den Kleinhandel auf seinem Gebiet weiter erlaubte. Bis weit ins 19. Jahrhundert hinein gehörte es zur kulturellen Normalität, dass die Christen die Juden mit Spott- und Schmährufen verhöhnten, aber sie gelegentlich auch mit Steinwürfen traktierten und ihnen den Alltag schwermachten, wo sie nur konnten.

Seit der Mitte des 17. Jahrhunderts forderten die in der Grafschaft Baden lebenden Christen mindestens sechsmal ihre Vertreibung. Ein letztes Mal war dies 1769 der Fall, als sämtliche Untervögte in einer Klageschrift unter Hinweis auf angeblich wucherische Handelspraktiken für diese Massnahme plädierten. Dieses Ansinnen wurde von der «hohen Obrigkeit» jedesmal aus finanziellem Interesse verhindert, da sie nicht auf die jüdischen Sonderabgaben verzichten wollte. Immer wieder wurden die Juden auch Opfer von Gewalttaten, in denen es wie 1712 zur Zerstörung und Plünderung von Judenhäusern kam. Besonders gravierende Exzesse ereigneten sich im «Zwetschgenkrieg» vom September 1802, als ein marodierender Haufe von mehreren hundert Bauern der Umgebung gezielt über die Surbtaler «Judendörfer» herfiel: «Man fiel mit Wuth die Häuser an, schlug Thüren und Fenster ein, und raubte, was Jedem anstand. Männer, Weiber und Kinder [...] schleppten davon, was sie tragen konnten, und in weniger als drei Stunden standen fast alle Wohnungen ausgeräumt, ja einige völlig leer.»[9]

Wie fast im ganzen übrigen Europa verurteilten die christliche Obrigkeit und ihre «rechtgläubigen» Untertanen die Angehörigen der jüdischen Minderheit auch in der alten Eidgenossenschaft zu einer ökonomischen Marginal- und einer gesellschaftlichen Randexistenz. Der grösste Teil der Surbtaler Juden fristete ein Leben in «erdrückender Armut»[10] am untersten Ende der gesellschaftlichen Stufenleiter. Ausserdem lebten Christen und Juden zwar auf engstem Raum zusammen, aber – durch soziokulturelle Trennmauern und altüberlieferte Vorurteile geschieden – mehr neben- als miteinander. So war es ihnen nicht erlaubt, gemeinsam unter einem Dach zu wohnen, ganz zu schweigen davon, dass Mischheiraten auch nur hätten erwogen werden können. Dem stand nicht nur das kirchliche Verbot konfessionell gemischter Eheschliessungen, sondern auch die von Juden gepflegte Endogamie entgegen. Seit ihrer Ansiedlung in der Grafschaft Baden bildeten die Juden ein geschlossenes *Sondermilieu*, das sich durch seinen westjiddischen Soziolekt (Gruppensprache) und seine orthodox religionsgesetzliche Lebensweise, in deren Mittelpunkt die Befolgung der Speise- und Zeremonialgesetze stand, von der christlichen Umwelt unterschied. Rechtlich als Korporationen organisiert, verfügten die beiden Surbtaler Judengemeinden über eine grosse Autonomie, die es ihnen weitgehend ermöglichte, nach ihren kulturellen Traditionen zu leben. Dazu gehörte auch die Ausübung der Gerichtsbarkeit in Zivilsachen durch die Rabbiner.¹¹ Dieses *System der soziokulturellen Segregation* trug – auch wenn es der inneren Autonomie der jüdischen Gemeinden Rechnung trug – wesentlich dazu bei, dass die Juden in der Schweiz als Fremde, als «Nation in der Nation» wahrgenommen wurden.

Das Zeitalter der Aufklärung änderte nichts an dieser altüberlieferten Pariastellung. Im Gegenteil: Die ohnehin schon gedrückte Rechtsstellung der Juden verschlechterte sich im ausgehenden Ancien Régime noch zusätzlich. Hatten sie sich vorher wenigstens in der ganzen Grafschaft Baden niederlassen dürfen, wurde ihr Lebensraum im «Schutz- und Schirmbrief» von 1776¹² ganz auf Oberendingen und Lengnau eingegrenzt; und dies im gleichen Jahr, als in den nordamerikanischen Kolonien Englands mit der berühmten «Virginia Bill of Rights» ein Markstein in der Entwicklung der modernen Menschenrechte gesetzt wurde. Damit wurden die Juden vollständig zu einer Existenz in *Dorfghettos* gezwungen, womit die Segregation von Christen und Juden einen Höhepunkt erreichte. Selbst hier durften sie nur zur Miete wohnen und keine eigenen Häuser erwerben. Allerdings stellten Oberendingen und Lengnau auch nach dem Mandat von 1776 keine reinen «Judendörfer» dar, lebte doch in diesen Dörfern stets eine christliche Mehrheit. Kurz vor der Helvetischen Revolution waren die Juden der beiden Surbtaler Gemeinden in jeder Beziehung zu einem Dasein am Rande der christlichen Mehrheitsgesellschaft gezwungen: geographisch in einer abgelegenen Gegend am Hochrhein; ökonomisch als bitterarme Hausierer und kleine Händler; gesellschaftlich als unterprivilegierte Minderheit in Dorfghettos und kulturell als Sondermilieu mit einer von der christlichen Umwelt als fremdartig empfundenen Kultur. Zwar war es im Ancien Régime zu keinen Massenverfolgungen, Vertreibungen und kollektiven Judenverbrennungen mehr gekommen wie in der spätmittelalterlichen Eidgenossenschaft. Doch die Ideale der Aufklärung änderten auch in der Schweiz des ausgehenden 18. Jahrhunderts nichts an den weitverbreiteten antijüdischen Einstellungen im einfachen Volk.

Die fehlgeschlagene Emanzipation in der Helvetischen Republik

Unter der Ägide der französischen Interventionstruppen beseitigten helvetische Politiker in den ersten Monaten des Jahres 1798 die «gottgegebene» Privilegiengesellschaft des Ancien Régime mit ihren ständisch-zünftischen Abhängigkeitsverhältnissen in vielen, wenn auch beileibe nicht in allen Gesellschaftsbereichen hinweg. In grosser Eile wurden die jahrhundertealten Untertanenverhältnisse, die Standesunterschiede, die Privilegien der städtischen Zünfte, aber auch die Folter und entwürdigende Leibesstrafen sowie die verhassten Feudalabgaben abgeschafft. Erstmals in der Schweizer Geschichte berief sich die helvetische Verfassung vom 28. März 1798 auf das Aufklärungsideal von der «natürlichen Freiheit des Menschen» und dekretierte in wahrhaft revolutionärer Weise die bürgerliche und politische Gleichheit. Mit einem Mal standen ehemalige Untertanen ihren einstigen patrizischen «Herren» als gleichberechtigte Staatsbürger gegenüber. Nach Geist und Buchstaben der helvetischen Verfassung hätte es nur eine Lösung der «Judenfrage» geben können: die *Emanzipation*, das heisst die restlose Beseitigung des altüberlieferten Diskriminierungsregimes, das erst 1792 durch einen «Schutz- und Schirmbrief» erneuert worden war.

Gerade in der Behandlung der jüdischen Emanzipationsfrage zeigten sich in den helvetischen Räten die Grenzen aufklärerischer Liberalität mit ernüchternder Offenheit.[13] Zwar schafften Grosser Rat und Senat die ökonomischen Sonderabgaben für die Surbtaler Juden am 1. Juni 1798 vollständig ab, darunter die Kopfsteuer und den Leibzoll. Auf Drängen des französischen Gesandten hatte die Tagsatzung dies bereits den französischen Staatsbürgern jüdischen Glaubens einräumen müssen. Doch der ökonomischen Befreiung folgte die bürgerliche und politische Emanzipation nicht auf dem Fuss. Im Gegenteil. Die parlamentarischen Beratungen über die staatsrechtliche Stellung der jüdischen Minderheit, die im August 1798 auf dem Hintergrund der Frage diskutiert wurde, ob die Surbtaler Juden den Bürgereid im neugeschaffenen Kanton Baden schwören dürfen oder nicht, waren von starken antijüdischen Emotionen und traditionellen Vorurteilen geprägt. Zwar plädierten «Bürger-Stellvertreter» wie Johannes Herzog von Effingen, Louis Secrétan, Johann Rudolf Suter und Hans Conrad Escher im Namen der Menschenrechte und der helvetischen Verfassung für eine vollständige Emanzipation dieser «bisher so erniedrigten und gedrückten Classe» von Menschen. Ausdrücklich wiesen sie auf den Artikel 19 der Konstitution hin, der alle länger als zwanzig Jahre auf dem Territorium der alten Eidgenossenschaft lebenden Menschen unbesehen ihres bisherigen Standes – darunter auch alle «ewigen Einsassen» – zu gleichberechtigten «Citoyens» der Helvetischen Republik erklärte.[14] Und der Zofinger Arzt Johann Rudolf Suter, der sich als einer der eifrigsten Vorkämpfer jüdischer Emanzipation einen Namen machte, richtete am 18. August 1798 einen bewegenden Appell an die emanzipationsfeindliche Mehrheit im Grossen Rat: «O! es thut mir weh, dass ich mit lauter Gemeinsprüchen eine Classe von Menschen muss behandeln sehen, die so sehr Mitleiden verdient. Nur der Name *Jude* schreckt euch schon! Ich frage euch alle bei euerm Gewissen, mischt sich nicht unfühlbar in eure Rede etwas Neid und Fanatismus? Genug davon. – Links habt ihr *Vorurtheile*, rechts steht die Vernunft; links schlummern todte Verfassungen, sklavische Meinungen, rechts (er)hebt sich das *lebendige Menschenrecht*; links kriechen verworrene Begriffe von Recht und Politik, rechts schwingt sich das Sonnenlicht der Freiheit (auf). Wählet!»[15]

Doch im Einklang mit der Stimmung in weiten Teilen des Landes entschied sich die Mehrheit von Grossem Rat und Senat für eine Vertagung der Bürgereids-Frage, was faktisch bedeutete, dass die Surbtaler Juden im offenen Widerspruch zur Verfassung und unter Verletzung der Idee der allgemeinen Menschenrechte nicht emanzipiert wurden. Eine grosse Mehrheit von «Bürger-Stellvertretern» glaubte, dass die Juden eine nicht assimilationsbereite Nation seien, deren Mitglieder die christliche Bevölkerung auch weiterhin durch «Wucher» und «Schacher» aussaugen würden.

Freyheit.   Gleichheit.

Vinzenz Rüttimann, Regierungs-Statthalter,
An alle öffentliche Beamten des Kantons Luzern.

Bürger,

Der französische General Jordy hat bey mir durch ein Schreiben angesucht, ich solle die nöthigen Maaßreglen gegen die Juden ergreifen, die sich seit einiger Zeit in unserm Lande wie Heuschrecken vermehren; daher fordere ich alle öffentlichen Beamten in den Gemeinden, besonders in jenen, die an der Grenze sind, auf, diese Leute, wo sie sich immer blicken lassen, auf dem kürzesten Wege zum Land hinauszuweisen; und sollte ich erfahren, daß wer im Kanton ihnen Unterschlupf gibt, so werde ich den öffentlichen Beamten desselben Orts dafür verantwortlich machen.

Gruß und Bruderliebe

Luzern, den 28sten May 1798.

Der Regierungs-Statthalter
Vinzenz Rüttimann.

Judenfeindliches Dekret des helvetischen Regierungsstatthalters Vinzenz Rüttimann, 28. Mai 1798 (Staatsarchiv Luzern, Eiserner Bestand 1594–1908, Nr. 434).

Neben dem grobschlächtigen, aber variantenreich vorgetragenen Vorurteil von der «angeborenen Gemeinschädlichkeit» der Juden wurde in der Debatte auch die handfeste Befürchtung laut, dass die zumeist in ärmlichsten Verhältnissen lebenden Mitglieder der jüdischen Korporationen dem Staat und der Gesellschaft finanziell zur Last fallen könnten. Gegen die festgefügte Mauer von altüberlieferten Vorurteilen, kirchlich gepredigtem Antijudaismus, ökonomischen Konkurrenzängsten und egoistischen Ängsten vor steigenden Armenlasten drangen die helvetischen Reformer nicht durch. Von vielen Christen wurde die jüdische Emanzipation auch aus durchaus handfesten Überlegungen abgelehnt. Niemand sagte dies deutlicher als Conrad Fischer, der reformierte Pfarrer von Degerfelden und Endingen. In einer kleinen Broschüre aus dem Jahre 1798 sprach er sich unter anderem deshalb gegen die Erteilung des Aktivbürgerrechtes an die Juden aus, weil diese sonst in den Urversammlungen Oberendingens und Lengnaus schon bald die Mehrheit hätten und die christlichen Bürger nach Belieben majorisieren würden; und dies, obwohl sie in beiden Dörfern in der Minderheit waren. Und auch bei Pfarrer Conrad Fischer fehlte das eigennützige Argument nicht, dass die Juden durch die Emanzipation in den Genuss des Bürgernutzens (Holz, Gemeindewiesen) kämen und überdies zu einer Last für die Armenkasse würden.[16] Die Emanzipation war auch deshalb unpopulär, weil sie gleichbedeutend mit dem Teilen von politischer Macht und ökonomischen Vorteilen war.

So sehr die Helvetische Republik als französischer Vasallenstaat auch unter Pariser Einfluss stand, so wenig folgte sie dem französischen Vorbild in der Frage der jüdischen Emanzipation. Einige Kantone der Helvetischen Republik betrieben sogar eine rigorose Politik der antijüdisch motivierten Fremdenabwehr, die den Traditionen des Ancien Régime verpflichtet war und nicht etwa den Imperativen aufklärerischen Menschenrechtsdenkens folgte. Typisch dafür war eine Verordnung des luzernischen Regierungsstatthalters Vinzenz Rüttimann vom 28. Mai 1798, in der er die Beamten in den Gemeinden seines Kantons auf Drängen eines französischen Besatzungsgenerals dazu anwies, die Juden, «die sich seit einiger Zeit in unserem Lande wie Heuschrecken vermehren», «auf dem kürzesten Wege zum Land hinauszuweisen». Paradoxerweise war die Verordnung auf einem Papier gedruckt, das das helvetische Staatssymbol des Wilhelm Tell, flankiert von der Maxime «Freyheit» und «Gleichheit», zeigte.[17] Freiheit und Gleichheit lagen allerdings für die auf eidgenössischem Territorium lebenden Juden noch zur Zeit der helvetischen Staatsumwälzung in weiter Ferne. Nicht von ungefähr blieben die Juden auch im neu gegründeten Kanton Aargau als «ewige Einsassen» von den Bürgerrechten ausgeschlossen und bloss geduldet. Selbst als die Aargauer Regierung dem Grossen Rat im Mai 1805 einen Gesetzesentwurf unterbreitete, der den Surbtaler Juden das Kantonsbürgerrecht zuerkennen wollte, sofern diese nachweisen könnten, dass sie selber oder ihre Vorfahren seit sechsundzwanzig Jahren auf kantonalem Territorium ansässig gewesen seien, wurde dieser mit grosser Mehrheit der Abgeordneten abgelehnt.

Die Beharrungskraft des überlieferten Diskriminierungsregimes 1805–1848

Das vor allem im einfachen Volk tief verwurzelte Vorurteil von der «Gemeinschädlichkeit» der Juden, welches nur allzu oft ganz handfeste materielle Interessen und Konkurrenzängste verschleierte, bildete eine wesentliche Voraussetzung dafür, dass der altüberlieferte Pariastatus der Juden mit geringfügigen Abschwächungen bis weit ins 19. Jahrhundert hinein aufrechterhalten werden konnte. Tatsächlich lebten die Surbtaler Juden noch nach der Aargauer Kantonsgründung (1803), die sich der territorialen Zusammenfassung ehemaliger Untertanengebiete verdankte, unter dem Regime diskriminierender Ausnahmegesetze. Nachdem die Juden der Schweiz während der Helvetischen Republik wenigstens in Teilbereichen die Luft der Freiheit hatten atmen können, kam das aargauische «Judengesetz» vom 5. Mai 1809 – gemessen am Ziel vollständiger Emanzipation – trotz einiger Fortschritte einem herben Rückschlag gleich.[18] Die Surbtaler Juden wurden nicht etwa zu vollberechtigten Kantonsbürgern erklärt, sondern im Status von «ewigen Einsassen» belassen, der sie zwar allen Landesgesetzen unterwarf, ihnen aber die bürgerliche und politische Rechtsgleichheit vorenthielt. Zwar wurde ihnen erstmals erlaubt, auch anderen als ihren angestammten Erwerbszweigen wie etwa dem Ackerbau, der Viehzucht, der Heimindustrie oder dem Handwerk nachzugehen, in Oberendingen und Lengnau neue Häuser zu bauen und von den Christen Wohnhäuser und Boden käuflich zu erwerben. Doch blieb eine ganze Reihe diskriminierender Sonderartikel weiterhin in Kraft: so die Eingrenzung auf die übervölkerten Dorfghettos in Oberendingen und Lengnau; der Ausschluss von allen Wahlen und Abstimmungen auf Gemeinde-, Kreis- und Kantonsebene; die Beschränkung ihrer Handels- und Gewerbefreiheit sowie die Bestimmung, dass Ehen unter Juden nur mit einer regierungsrätlichen Bewilligung geschlossen werden durften. Wie tief die Juden in der Hierarchie sozialer Gruppen standen, wurde am 14. Mai 1838 deutlich, als der Aargauer Grosse Rat den «Heimatlosen» das Ortsbürgerrecht verlieh, ohne dass die Juden, die in einem ähnlichen Rechtsstatus lebten, auch berücksichtigt worden wären. Ausserhalb von Oberendingen und Legnau durften sie erst seit 1840 Läden eröffnen, mit der Auflage allerdings, jeweils am Abend wieder in ihre Dorfghettos zurückzukehren. Erst 1846 wurde ihnen von Regierung und Parlament schliesslich die volle Freizügigkeit auf dem Kantonsgebiet gewährt. Am Vorabend des Sonderbundes lebten die Surbtaler Juden als sozial deklassierte, religiös stigmatisierte und in ihren Grundrechten beschnittene Minderheit in einer noch weitgehend christlich geprägten Gesellschaft, die ihnen eine ganze Reihe von sozialen Chancen und Positionen allein ihrer jüdischen Religionszugehörigkeit wegen vorenthielt.

Dennoch blieb das revolutionäre Frankreich, das die Juden im September 1791 zu gleichberechtigten Staatsbürgern erklärt hatte, für die Surbtaler Juden der Beweis dafür, dass Menschen mit Erfolg versuchen können, die Gesellschaft zu verändern, anstatt weiterhin unter dem Regime diskriminierender Ausnahmegesetze zu leben, die im

69

offenen Widerspruch zu den Imperativen der bürgerlich-liberalen Gesellschaft stehen. Seit der Helvetischen Republik hatten die jüdischen Vorsteherschaften von Oberendingen und Lengnau in Bittschriften wiederholt ihre bürgerliche und politische Gleichstellung gefordert. Und so war es nur natürlich, dass sie ihre Hoffnungen während des Sonderbundskrieges (1847) ganz auf den Sieg der freisinnigen Allianz und die für diesen Fall zu erwartende Neuordnung von Staat und Gesellschaft setzten. In den Augen des Endinger Lehrers Marcus Getsch Dreifus, der als unermüdlicher Streiter für die Gleichberechtigung in die Geschichte einging, sprach 1848 alles für die jüdische Emanzipation: «Natur- und Menschenrecht, Geschichte und Philosophie, Humanität, Politik und Religion, das Beispiel von Frankreich, Holland, Belgien, Württemberg, der Vereinigten Staaten u. a. m. [...], ferner die Verwendung der Koryphäen des Liberalismus, worunter wir auch Dr. [Johann Rudolf – A.M.] Suter von Zofingen citieren [...].»[19] Nach fünfzig Jahren erfolgloser Emanzipationsbemühungen hätte das Verfassungswerk von 1848 nach Marcus Getsch Dreifus[20] endlich einen kühnen Schlussstrich unter das aus dem Ancien Régime überlieferte Diskriminierungsregime ziehen sollen.

Die verpasste Emanzipation (1848)

Mit dem Bundesstaat von 1848 begann eine «gänzlich neue Epoche»[21] der Schweizer Geschichte. Allerdings kam die Gründung des schweizerischen Nationalstaates, die dem lockeren Gefüge souveräner Zwerg- und Pygmäenstaaten auf dem Gebiet der Eidgenossenschaft ein Ende bereitete, keiner durchgehenden historischen Zäsur gleich. In vielen Gesellschaftsbereichen stand sie durchaus im Zeichen von Tradition und Kontinuität. Nirgends wird dies offenkundiger als in der zähen Beharrlichkeit, mit der Denkgewohnheiten, Vorstellungen und gesellschaftliche Einrichtungen, die aus der Zeit der alten Eidgenossenschaft ererbt waren, weitertradiert wurden. Wie jede Verfassung spiegelte auch die schweizerische Bundesverfassung vom 12. September 1848 gesamtgesellschaftliche Interessenlagen; und 1848 gehörte die Verweigerung der jüdischen Emanzipation noch immer zu den übergeordneten Interessen weiter Gesellschaftskreise. Jedenfalls schränkte die Bundesverfassung die Niederlassungsfreiheit (§ 41) und den Anspruch auf Gleichheit vor dem Gesetz und dem Gerichtsverfahren (§ 48) auf Schweizer Bürger christlicher Konfession ein; und die Glaubensfreiheit konzedierte sie ausdrücklich nur den «anerkannten christlichen Konfessionen» (§ 44). Stillschweigend, aber nicht ohne Absicht, schloss man die in der Schweiz lebenden Juden weiterhin von wichtigen Freiheitsrechten aus. Die anhaltende Diskriminierung der jüdischen Minderheit verdankte sich nicht etwa dem Umstand, dass die Emanzipationsfrage in den Beratungen der von der Tagsatzung eingesetzten Revisionskommission vergessen worden wäre. Sie war vielmehr der Tatsache geschuldet, dass bei der Mehrheit der Verfassungsväter judenfeindliche Vorurteile und ökonomische Konkurrenzängste die Oberhand über die Forderung nach konsequent durchgesetzten Menschenrechten behielten. Denn das in weiten Bevölkerungskreisen tief verwurzelte Vorurteil von der «Gemeinschädlichkeit» der Juden dominierte auch die Verfassungsberatungen von 1848.

Bezeichnenderweise waren sich die freisinnigen und katholisch-konservativen Standesvertreter bei der Behandlung der «Judenfrage» in der Revisionskommission einig, wurden der jüdischen Minderheit die erwähnten Freiheitsrechte doch mit erdrückenden Mehrheiten vorenthalten. Anders als bei anderen Verfassungsberatungen wurde bei der Behandlung der Niederlassungsfreiheit «stark emotional»[22] und vorurteilsbeladen argumentiert. Nicht von ungefähr sprachen sich siebzehn Gesandte gegen die Ausweitung der Niederlassungsfreiheit auf die Juden aus, während lediglich vier dafür eintraten. Ausgerechnet der freisinnige Zürcher Standesvertreter Jonas Furrer, der, weil er dem «Typus des demokratischen Republikaners»[23] entsprach, nur einige Monate später zum ersten Bundespräsidenten gewählt wurde, tat sich in der Revisionskommission besonders gegen die Juden hervor. In der Verhandlung vom 24. Februar 1848 unterstrich er nicht nur, dass es in manchen Kantonen als «wahres Unglück» betrachtet würde, «wenn das freie Niederlassungsrecht auch auf diese Klasse [die Juden – A.M.] ausgedehnt würde, wenn mithin die Gemeinden, gleichwie den übrigen Schweizerbürgern, gezwungen werden könnten, den Juden ein Domizil zu gewähren». In zeittypischer Manier führte er gegen die Surbtaler Juden das Argument ins Feld, dass sie den angrenzenden Bezirk Regensberg im Kanton Zürich «in der Weise torturirt und durch Wucher ausgesaugt» hätten, dass die äusserst restriktive Gesetzgebung «gegen das daherige Unwesen» besser noch zu verschärfen sei.[24]

Pikant waren die aus dieser Mehrheitsmeinung resultierenden Ausnahmeartikel gegenüber den in der Schweiz lebenden Juden deshalb, weil sie im Widerspruch zum Gleichheitsgrundsatz der Verfassung standen, der die aufklärerisch-liberale Quintessenz aus den gesellschaftlichen Emanzipationskonflikten seit der Helvetischen Revolution von 1798 formulierte: «Alle Schweizer sind vor dem Gesetze gleich. Es gibt in der Schweiz keine Unterthanenverhältnisse, keine Vorrechte des Orts, der Geburt, der Familien oder Personen.»[25] Mit der Verfassungswirklichkeit der schweizerischen Milieugesellschaft stimmte dieser hehre Grundsatz jedenfalls nicht überein. Denn in der feinen Hierarchie gesellschaftlicher Gruppen existierten auch nach 1848 genau beachtete Rangunterschiede, die über den Zufall der Milieuzugehörigkeit das Ausmass der Lebenschancen definierten. Angesichts der konfessionellen Ausnahmebestimmungen, die in der Verfassung vom 29. Mai 1874 eine zusätzliche Verschärfung erfuhren, kamen sich die Katholisch-Konservativen im frühen Bundesstaat als geknechtete Untertanen einer siegreichen Feindmacht vor. Neben den tonangebenden Kreisen der freisinnigen Schweiz, die das gesellschaftliche Leben, die Wirtschaft und Kultur, aber auch die politische Bühne im neu gegründeten Nationalstaat bis in die Mitte der siebziger Jahre des 19. Jahrhunderts fast nach Belieben dominierten, fühlten diese sich nicht ganz zu Unrecht als Bürger zweiter Klasse.[26] Und die Juden konnten sich nicht einmal als Bürger dritter Klasse betrachten, weil sie, wie der freisinnige Solothurner Landammann Joseph Munzinger festhielt, bislang als «Heloten»[27] hatten leben müssen und vorerst weiterhin als solche behandelt wurden. Noch 1848 konnte man nicht zur selben Zeit Schweizer Bürger und Jude sein. Tatsächlich wurde in der Bundesverfassung vom 12. September 1848 ein nationales Zugehörigkeitskonzept ins Recht gesetzt, das nicht nur auf einem «ius sanguinis» beruhte, sondern letztlich auch auf das «richtige», das heisst christliche Glaubensbekenntnis abstellte. Die schweizerische Regelung stand damit in diametralem Gegensatz zu den «Grundrechten des deutschen Volkes», die das Parlament der Frankfurter Paulskirche am 21. Dezember 1848 feierlich proklamierte und in denen ausdrücklich erklärt wurde, dass der Genuss der staatsbürgerlichen Rechte weder durch das religiöse Bekenntnis bedingt noch beschränkt werde.

Von weiten Bevölkerungskreisen wurden die in der Schweiz lebenden Juden auch nach der Gründung des Bundesstaates als «Fremdkörper» in der schweizerischen Nation empfunden, ihrer vermeintlichen «Gemeinschädlichkeit» wegen als ökonomische Gefahr gefürchtet und aufgrund alter religiöser Vorurteile als «verstockte Ketzer» verabscheut. Ausgeprägt der Fall war dies in jenen Landesteilen, deren Alltagskultur auf noch ungebrochenen, glaubensmässig abgestützten Mentalitäten beruhte. Hier stellte der tradierte Antijudaismus religiöser Prägung noch immer einen «Strang praktizierter Christlichkeit» (Gottfried Schramm) dar; hier gehörte die Rede von den «treulosen Juden» zum festen Bestandteil der Karfreitagsliturgie; hier gehörten Alpsegen mit dem Vers «Bhüets Gott dass solchi diärli möged wäder chretzä no byså, grad so wenig as di faltschä judä üsrä liäbä Härrgott bschyså» zur kulturellen Normalität.[28] Neben den ehemaligen Sonderbundskantonen, die grundsätzlich kein allzu grosses Interesse an einer Veränderung des Status quo bekundeten, trug 1848 auch eine freisinnige Mehrheit die antiemanzipatorische Grundhaltung mit. Schon der Historiker Eduard Fueter hat die Ansicht vertreten, dass die freisinnigen Bundesgründer in der «Judenfrage» die «bestehenden Verhältnisse schonen und keinen Anlass zu populären Angriffen bieten» wollten, weshalb sie von einer «schroffen Änderung der bisherigen Rechtslage» abgesehen hätten.[29] Obwohl der Freisinn die Sache der Freiheitsrechte auf seine Fahne geschrieben hatte, war seine Politik nie ausschliesslich grundrechtsbetont. Er trug immer auch den ökonomischen Befürchtungen seiner kleinbürgerlich-gewerblichen Trägerschichten Rechnung, deren Leitbilder noch stark protektionistisch und zum Teil auch zünftisch-vorindustriell und deshalb judenfeindlich orientiert waren. Zur Zeit der Bundesgründung war die freisinnige Gesellschaftspolitik denn auch weniger am Modell einer sich selbst überlassenen Konkurrenzgesellschaft orientiert, sondern weit eher dem einer mittelständischen Marktgesellschaft kleiner Eigentümer verpflichtet.[30] Nicht von ungefähr sollte die Handels- und Gewerbefreiheit erst in der revidierten Bundesverfassung von 1874 Aufnahme finden.[31]

Mit der verweigerten Judenemanzipation wurden nicht nur den religiösen Vorurteilen weiter Bevölkerungskreise, sondern auch den ökonomischen Konkurrenzängsten des mittelständisch-kleinbürgerlichen Elektorates in der katholischen *und* freisinnigen Schweiz Rechnung getragen. 1848 wurden zwar in durchaus fortschrittlichem Geiste die institutionellen Grundlagen des ersten Nationalstaates der Schweizer Geschichte gelegt, gleichwohl aber bloss eine unvollständige Bürgergesellschaft etabliert. Aus einer aufklärerisch-liberalen Grundhaltung heraus machte sich Marcus Getsch Dreifus im Frühjahr 1848 im Namen der Aargauer Juden mit bitteren Worten über die anhaltende Diskriminierung der Juden Luft: «Wir hegten die zuversichtliche Hoffnung, dass durch die neue Bundesverfassung alle confessionellen Unterschiede gestrichen und auch von unserem Halse die Ketten gelöst werden, die ein trauriger Überrest sind aus jener Zeit, wo der Bruder den Bruder verfolgt, weil er nicht in gleicher Weise, nicht in gleicher Form den Herrn der Welt anbetet.»[32]

Die Schweiz – der «Fingerzeig der europäischen Gesellschaft»

In den ersten Jahrzehnten nach dem europäischen Revolutionsjahr 1848 gingen die demokratisch verfassten Gesellschaften nicht notwendigerweise toleranter mit ihren Minderheiten um als die Monarchien. Frühe Demokratisierung und diskriminierende Zwangsgesetze schlossen sich in der Schweiz genauso wenig aus wie etwa in den Vereinigten Staaten von Amerika, wo die Plantagensklaverei oder die gesellschaftliche Benachteiligung der irischen Einwanderer, die allein ihres katholischen Glaubens wegen nicht zur tonangebenden Schicht der «White Anglo-Saxon Protestants» gehören konnten, den demokratischen Verfassungsbestimmungen zum Trotz Bestand hatten. Tatsächlich standen in der gesellschaftlichen Wirklichkeit des jungen Bundesstaates den wortreich beschworenen Verfassungsprinzipien der republikanischen Freiheit und Gleichheit zahlreiche Formen der rechtlichen, sozialen und kulturellen Ungleichheit gegenüber. Obwohl die Schweiz nach dem Staatsstreich Louis Napoleons im Dezember 1851 in Europa für zwei Jahrzehnte die einzige Republik in einem Meer konservativer Monarchien blieb, unterstreicht ihr Fall, dass gerade eine frühe Demokratisierung der Gesellschaft spezifische Schwierigkeiten mit der Frage der Judenemanzipation heraufbeschwören konnte. Denn aufgrund der demokratischen Verfasstheit des Bundesstaates konnte die Emanzipation der Juden nicht von einem aufgeklärten Monarchen oder einer reformwilligen Ministerialbürokratie auch gegen gesellschaftliche Widerstände oktroyiert werden, wie dies in einigen Staaten des Deutschen Bundes der Fall war.

Nachdem es die Schweiz 1848 verpasst hatte, die jüdische Emanzipation in der neuen Bundesverfassung festzuschreiben, musste diese Grundfrage der bürgerlichliberalen Gesellschaft künftig mittels der verfassungsmässigen Entscheidungsverfahren einer demokratischen Lösung zugeführt werden. Für die vollständige Emanzipation war fortan eine Verfassungsänderung und damit eine in einer eidgenössischen Abstimmung errungene Mehrheit von Volk und Ständen notwendig. Und mehr noch: Unter Umständen erlaubte es die demokratische Verfassungsstruktur der Schweiz den geschworenen Feinden der Emanzipation sogar, ihre judenfeindliche Haltung plebiszitär zu legitimieren. Genau dies geschah im November 1862 im Kanton Aargau, wo es einer judenfeindlichen Volksbewegung unter der gewieften Leitung des Populisten Johann Nepomuk Schleuniger gelang, das von einer freisinnigen Grossratsmehrheit bereits beschlossene Emanzipationsgesetz in einer Volksabstimmung mit erdrückender Mehrheit zu Fall zu bringen. Und die in der katholischen Innerschweiz vielgelesene «Schwyzer Zeitung» belobigte die «Vox populi» im Kanton Aargau sogar dafür, dass ihr «kräftige, altschweizerische Gesinnung» höher stehe als «neumodisches Humanitätsgewinsel»[33].

Hatten 1848 gesellschaftliche Interessen den Ausschlag gegen die Emanzipation gegeben, so beschleunigte wenige Jahre später eine reformulierte Staatsräson den Prozess der Gleichstellung, der auf der nationalen Ebene mit der revidierten Bundesverfassung von 1874 zum Abschluss kam. Entscheidend dafür wurde die neue Haltung der freisinnigen Machteliten. Nachdem die grosse Mehrheit der Freisinnigen 1848 noch keine Veranlassung dazu gesehen hatte, eine grundlegende Korrektur an der staatlich sanktionierten Diskriminierung der Juden vorzunehmen, änderte sich dies seit den frühen sechziger Jahren radikal. Mit seiner restriktiven Haltung hatte sich das Land in West- und Mitteleuropa zusehends ins Abseits manövriert; und dies, obwohl ein Bundesbeschluss vom 24. September 1856 den in der Schweiz lebenden Juden die Ausübung der politischen Rechte im Niederlassungs- oder Heimatkanton sowie das Recht des freien Kaufs und Verkaufs gewährt hatte. Dieser Gesinnungswandel der freisinnigen Machteliten verdankte sich einer komplexen Mischung von äusserem Druck durch Länder wie die Vereinigten Staaten von Amerika, die Niederlande und Frankreich, die den Abschluss von Handelsverträgen zunehmend von einer Änderung der schweizerischen Haltung in der Emanzipationsfrage abhängig machten, aber auch besserer Einsicht und ökonomischem Kalkül. Der Druck des emanzipationsfreundlichen Auslandes war sicher das entscheidende Moment dafür, dass eine «Bresche» in das überlebte Diskriminierungsregime gegenüber den Juden geschlagen werden konnte.[34] Noch der amerikanisch-schweizerische Handelsvertrag vom 6. November 1855 hatte die verfassungsmässigen Rechte der jüdischen Bürger Amerikas in krasser Weise verletzt, weil er diese von der freien Niederlassung in der Schweiz ausschloss. Als die amerikanische Regierung bemerkte, dass sie von der schweizerischen Delegation in dieser Frage getäuscht worden war, erhöhte sie den diplomatischen Druck auf den Bundesrat, der sich vorerst indigniert über die unangemessenen «Prätensionen der amerikanischen Juden»[35] zeigte.

Schon bald offenbarte es sich, dass sich die schweizerische Haltung in der Behandlung ausländischer Staatsbürger jüdischen Glaubens zu einer schweren Belastung der zwischenstaatlichen Beziehungen auswuchs. In alarmierender Weise wurde dies im Mai 1863 deutlich, als die zweite Kammer der niederländischen Generalstaaten dem von der Schweiz bereits ratifizierten holländisch-schweizerischen Staatsvertrag mit Hinweis auf die emanzipationsfeindliche Haltung einiger Schweizer Kantone die Zustimmung verweigerte. Und als der wichtige Wirtschaftspartner Frankreich den Abschluss eines Handelsvertrages mit der Schweiz davon abhängig machte, dass diese den französischen Staatsbürgern jüdischen Glaubens die volle Freizügigkeit gewähre, lenkte der Bundesrat im Sommer 1864 schliesslich ein.[36] Erstmals machte er sich für die Überzeugung stark, dass die bisherige Rechtspraxis von Bund und Kantonen «bei ganz veränderten politischen Anschauungen jeden Sinn verloren und den gehässigen Charakter einer Massregel der Intoleranz angenommen» hätte: «Unsere Zeit will die bürgerlichen Rechte nicht mehr in Abhängigkeit von dem religiösen Glaubensbekenntniss erhalten wissen; man soll nicht mehr den Erlaubnissschein zuerst von der Kirche lösen müssen, ehe man den bürgerlichen Staat betreten und darin weilen darf. Das Festhalten an jenem veralteten System hat aber allgemach die Schweiz in eine Lage versetzt, welche für die grossen Interessen des Landes ungemein schädlich zu werden beginnt.»[37] Und in der «Neuen Zürcher Zeitung» fasste Bundespräsident Jakob Dubs das neue Credo der Landesregierung während der Debatte über die Ratifizierung des schweizerisch-französischen Handelsvertrages in die denkwürdigen Worte: «Und wenn wir da nun einen Ausblick thun auf die Welt, so finden wir mit Beschämung, dass wir in dieser Judenfrage allein stehen oder in einer Gesellschaft, die fast noch schlimmer ist als das Alleinsein. Wir sind zum Fingerzeig der europäischen Gesellschaft geworden und man hat uns in Acht und Bann gethan.»[38]

Bundesrat Jakob Dubs' flammender Appell war an die Adresse der innenpolitischen Gegner des schweizerisch-französischen Handelsvertrages gerichtet, die diesen – wie ihr Sprecher Philipp Anton von Segesser – als «Staatsstreich»[39] betrachteten und als «Judenvertrag»[40] verächtlich machten. Eigentlich wäre die Landesregierung nicht zum Abschluss des Vertrages berechtigt gewesen, weil dessen Bestimmungen zur Niederlassungsfreiheit in die Rechtsetzungskompetenz der Kantone eingriffen. Doch der antiemanzipatorische Widerstand war in der «Suisse profonde» derart stark, dass sich der Bundesrat zu diesem kühnen Schritt entschloss, um das Land aus dem drohenden aussenhandelspolitischen Abseits herauszuführen. Nach der Ratifizierung des Staatsvertrages mit Frankreich entschloss er sich überdies dazu, auch den schweizerischen Juden, die durch den Vertrag nun rechtlich schlechter gestellt waren als ihre französischen Glaubensbrüder, die volle Freizügigkeit und Kultusfreiheit zu gewähren. Da sich viele Kantone nicht freiwillig zu einer Änderung ihrer restriktiven «Judenpolitik» bereitfanden, wurde der Weg einer Partialrevision der Bundesverfassung beschritten. Für die freisinnige Allianz war die Diskrimierung der Juden nun nicht mehr länger mit den Prinzipien eines «bürgerlichen Staates» vereinbar.

Ganz anders sah dies die vom Luzerner Nationalrat Philipp Anton von Segesser angeführte Opposition in weiten Teilen der katholischen Schweiz. Im Gegensatz zum freisinnigen Konzept der Staatsbürgernation machte das katholisch-konservative Konstrukt der «christlichen Nation» den Genuss der staatsbürgerlichen Rechte und Pflichten noch immer vom «richtigen» Glauben abhängig. Schon aus Gründen der religiösen Tradition, aber auch aus historischen und nationalen Erwägungen dürfe den Juden kein gleichberechtigter Platz an der Seite der Bürger christlicher Konfession eingeräumt werden. In repräsentativer Weise beargwöhnte Segesser die Juden nicht nur als Angehörige einer anderen Religionsgemeinschaft, sondern auch als Mitglieder einer eigenen «Nation», die auf die «Zerstörung der christlichen Gesellschaft» und der «christlichen

75

Civilisation» aus sei.[41] Und um dem Ganzen die Krone aufzusetzen, wurde vom Aargauer Katholikenführer Johann Nepomuk Schleuniger vor dem 14. Januar 1866 auch die abwegige Behauptung in die Welt gesetzt, dass der Bundesrat dem «geheimnisvollen Drängen» eines «fremden Geldmonarchen» nachgegeben und die christliche Seele des Landes an die Rothschilds verkauft habe.[42] Allein standen die katholisch-konservativen Spitzenpolitiker mit diesen Ansichten nicht. Sie bewegten sich damit im Rahmen milieutypischer Traditionen und in den Grenzen kirchlicher Opportunität. Schliesslich verunglimpfte im März 1873 auch Papst Pius IX. die Juden als «Feinde Jesu», die «keinen anderen Gott hätten als ihr Geld»[43].

Wie ihr religiöses Oberhaupt hielten weltweit viele Katholiken die Juden für eine Gefahr für Staat und Gesellschaft.[44] Auch hierzulande wurde der Widerstand gegen die Emanzipation von den Katholisch-Konservativen, allerdings auch von konservativ orientierten protestantischen Kreisen in den wenig industrialisierten Regionen des Landes, als Kampf gegen die drohende «Verjüdelung der Schweiz»[45] geführt. Gebetsmühlenhaft führten die Emanzipationsgegner das Argument ins Feld, dass die Juden keine Mitbürger und schon gar keine «Mit-Eidgenossen» sein könnten, existiere doch ein unversöhnlicher Gegensatz zwischen Christentum und Judentum: «Die Juden passen geschichtlich, gesellschaftlich und politisch nicht zu den Schweizern. [...] Die Schweiz ist geschichtlich ein Vaterland der Christen.»[46] Selbst ein hochgebildeter Politiker wie Philipp Anton von Segesser hielt die jüdische Emanzipation noch 1865 für eine unrealisierbare Schimäre, weil die Erfahrung im Ausland zeige, dass die Juden ihrer «jüdischen Nationalität»[47] wegen nirgends bereit gewesen seien, sich in die entstehenden Bürgergesellschaften zu integrieren. Bezeichnenderweise warnte er davor, dass sich im Lande mit dem französisch-schweizerischen Staatsvertrag nicht «jüdische Franzosen», «sondern französische Juden und in der Folge auch deutsche, italienische, polnische Juden»[48] niederlassen würden. Diese weit verbreiteten Anschauungen waren soziologisch unzutreffend und zugleich mit grobschlächtigen Vorurteilen durchsetzt. Gerade in der Behauptung, dass die Juden ein nicht assimilierbarer «Fremdkörper», ja eine «Nation in der Nation» seien, wies die konservative Judenfeindschaft noch über die Tradition kirchlich überlieferten Antijudaismus hinaus. Im Kern zielte der antiemanzipatorische Widerstand nicht nur auf die Exklusivität des «christlichen Staates», sondern stellte auch eine nationalistische Reaktion der Fremdenabwehr dar.[49] Er erlaubte es, sich gegenüber den freisinnigen Bundesgründern als «bessere Eidgenossen» zu präsentieren und sich ihnen gegenüber als Hüter der «wahren Traditionen» darzustellen. Gleichzeitig war die konservative Judenfeindschaft ein demagogisches Instrumentarium im Kampf gegen die Herausbildung der modernen Gesellschaft mit ihren bürgerlich-liberalen Wertvorstellungen, eine sozialkonservative Haltung der Unzufriedenheit mit der fortschreitenden «Entzauberung der Welt» (Max Weber), in der sich der milieutypische Antimodernismus offen auslebte.

Die in der traditionellen Volkskultur der Schweiz tief verwurzelte Judenfeindschaft hatte sich in der «Suisse profonde», vor allem in der katholischen Stammlande der Zentralschweiz und in den wenig von der Industrialisierung berührten Landregionen der protestantischen Schweiz zäh und ungebrochen behauptet. Allerdings wurde die Emanzipationsfrage auch jetzt nicht strikte nach den Fronten des Sonderbundskrieges verhandelt. Sowohl im befürwortenden als auch im ablehnenden Lager befanden sich katholisch-konservativ und freisinnig-protestantisch geprägte Kantone. Grundsätzlich zeigten sich die Romandie und das Tessin in der «Judenfrage» aufgeschlossener als die deutsche Schweiz. Jedenfalls war das Land in der eidgenössischen Volksabstimmung vom 14. Januar 1866 in zwei fast gleich grosse Lager gespalten. Die Abstimmung, die vom konservativen Lager als Kampf gegen den von Bern, Paris und den Rothschilds gewollten «Judenbund»[50] geführt wurde, zeitigte ein paradoxes Resultat: Den in der Schweiz lebenden Juden wurden vom Souverän mit einer knappen Mehrheit von 170'032 Ja gegen 149'401 Nein die Niederlassungsfreiheit gewährt, während ihnen die Kultusfreiheit mit einer ebenso knappen Mehrheit weiterhin verwehrt blieb. Noch immer votierten neuneinhalb der 22 Stände und immerhin 45 Prozent des Stimmvolkes gegen die Ausdehnung der Freizügigkeit auf die Schweizer nichtchristlicher Konfession. Besonders unpopulär war die Vorlage in den Kantonen Bern, Luzern, Schwyz, Graubünden, St. Gallen und Wallis, während sie in Zürich, Thurgau, Tessin, Neuenburg, Genf, Glarus, Solothurn, Waadt, Aargau und Freiburg ansehnliche Mehrheiten hervorbrachte. Ganz offensichtlich bekundeten die grossen Agrarkantone diesseits der Saane mehr Mühe mit dieser Grundfrage der bürgerlich-liberalen Gesellschaft als die lateinische Schweiz im allgemeinen und die Stadt- und Fabrikkantone im besonderen. Der knappe und durchaus ambivalente Abstimmungsausgang unterstreicht, dass die jüdische Emanzipation auch 1866 noch keine gesellschaftliche Selbstverständlichkeit darstellte. Der 14. Januar 1866 ist deshalb nicht mehr als ein Meilenstein auf dem Weg zur vollständigen Gleichberechtigung. Denn auf der konstitutionellen Ebene kam der über 80 Jahre dauernde Emanzipationsprozess 1874 mit der Anerkennung der jüdischen Kultusfreiheit zum Abschluss.[51] In gewisser Weise fiel damit das letzte konstitutionelle Zugeständnis an die konservativen Herolde der «christlichen Nation».

Brüchige Emanzipation 1874–1893

In der Schweiz des 19. Jahrhunderts war die Gleichstellung der Juden mit den übrigen Staatsbürgern nicht nur ein Schlüsselelement gesellschaftlicher Modernisierung, sondern auch ein wichtiger Teilprozess bürgerlich-liberaler Nationsbildung. 1848 gab sich die Schweiz ein nationalstaatliches Gehäuse mit einer vergleichsweise fortschrittlichen Verfassung, das an die Stelle des bisherigen Gefüges eidgenössischer Zwerg- und Pygmäenstaaten trat. Trotzdem wurde hierzulande mit dem Bundesstaat vorerst nur eine unvollständige Bürgergesellschaft etabliert. Obwohl dieser die autoritären Obrigkeitsstaaten des monarchischen Europa hinsichtlich innerer Liberalität, Freiheitsrechte und repräsentativer Demokratie weit hinter sich liess, bekundete der demokratische Kleinstaat aufgrund des emanzipationsfeindlichen Potentials in weiten Teilen der Gesellschaft grosse Mühe mit der Beseitigung des staatlich sanktionierten Diskriminierungsregimes gegenüber der jüdischen Minderheit. Die Schweiz emanzipierte ihre Juden als letzter Staat Mittel- und Westeuropas, mehr als achtzig Jahre später als Frankreich, mit dem sie seit der Helvetischen Revolution mehr republikanische Erfahrungen teilte als mit allen ihren übrigen Nachbarstaaten.

Und selbst in den Jahrzehnten nach der lange hinausgezögerten Emanzipation war die gesellschaftliche Wirklichkeit für die jüdischen Staatsbürger der Schweiz keineswegs von einer stets nur toleranten Grundatmosphäre geprägt. Auch viele freisinnige Vorkämpfer der Emanzipation hatten sich die Integration der jüdischen Minderheit in die schweizerische Nationalgesellschaft nur in den Kategorien vollständiger Assimilation denken können, was nichts anderes als die Preisgabe der eigenständigen jüdischen Sonderkultur bedeutete. So trat etwa der freisinnige Regierungsrat Augustin Keller in der Emanzipationsdebatte vor dem Aargauer Grossen Rat nicht entschieden gegen das weitverbreitete Vorurteil auf, dass die Juden ihrer «sittlichen und sozialen Verkommenheit» wegen ein «Krebsschaden» der Gesellschaft seien. Im Gegenteil betonte er, es sei gerade der Hauptzweck der Emanzipation, die «israelitische Bevölkerung» «besser zu machen und sie aus ihrer Verkommenheit soweit herauszuheben, dass ihr Thun und Treiben im Lande unschädlich wird, dass sie ihren verderblichen Wucher- und Schacherverkehr mit einem edlern Geschäfts- und Berufsleben vertauscht, dass sie überhaupt auf die Höhe des übrigen socialen und gesitteten Lebens gebracht wird.»[52] Pointiert formuliert, unterschieden sich die Befürworter und Gegner der Emanzipation nicht so sehr in ihrer vorurteilsbeladenen Grundhaltung gegenüber dem Judentum und schon gar nicht bezüglich ihrer Toleranz – oder vielmehr Intoleranz – gegenüber Minderheiten. Unterschiedlich waren allein die gesellschaftspolitischen Konsequenzen, die die beiden Seiten aus der Tatsache der jüdischen Pariaexistenz zogen. Trotzdem greift die These zu kurz, dass die langwierige Verzögerung der jüdischen Emanzipation vor allem der «ambivalenten Haltung»[53] des Freisinns zuzuschreiben sei. Denn der gesellschaftliche Widerstand gegen die Gleichstellung der Juden kam in den sechziger Jahren aus dem konservativen Lager, besonders aus den katholischen Landesgegenden. Darüber darf allerdings nicht vergessen werden, dass die jüdische Emanzipation auch in den ländlich-gewerblichen Regionen der freisinnig-protestantischen Schweiz wenig populär war. Und entschiedene Konservative waren es auch, die sich nach der jüdischen Emanzipation am schwersten mit ihr abfanden. Aus einer antiliberalen Grundhaltung heraus hoffte der in einem protestantischen Pfarrhaus aufgewachsene Basler Kulturhistoriker Jacob Burckhardt zum Beispiel noch im Dezember 1880 auf ihre baldige Aufhebung.[54]

Mit dem Inkrafttreten der revidierten Bundesverfassung vom 29. Mai 1874 gab es für die jüdische Minderheit in der Schweiz zum ersten Mal seit dem Mittelalter keinen sozialen Sonderstatus und keine diskriminierenden Ausnahmegesetze mehr. Allerdings blieben die jüdischen Staatsbürger im Alltagsleben aller verfassungsmässigen Gleichstellung zum Trotz auch in den Jahrzehnten nach 1874 subtil wirkenden Benachteiligungen ausgesetzt, was ihren gesellschaftlichen Aufstiegs- und Entfaltungsmöglichkeiten weiterhin Grenzen, wenn auch immer durchlässigere, setzte. Die Emanzipation war wie in Deutschland durch politische und ökonomische Überlegungen befördert worden und nicht so sehr eine toleranzbestimmte Herzensangelegenheit breiter Schichten gewesen.[55] Schon mit der schweizerisch-rumänischen Handelskonvention von 1878 erklärten sich der Bundesrat und das Parlament mit dem von der rumänischen Delegation eingebrachten «Judenartikel» einverstanden, der die schweizerischen Staatsbürger jüdischen Glaubens von den Grundrechten in Rumänien ausschloss. Damit entschied sich die Schweiz nicht nur zugunsten handelspolitischer Interessen gegen ihre eigenen Verfassungsgrundsätze, sondern machte auch einen Kniefall vor der judenfeindlichen Politik eines jungen osteuropäischen Nationalstaates.[56] Und mit der gegen den Willen von Bundesrat und Parlament im Jahre 1893 durch die erste eidgenössische Volksinitiative erzwungenen Aufnahme des Schächtverbotes in die Bundesverfassung wurde die eben erkämpfte Gleichberechtigung in einem nicht unwesentlichen Punkt wieder zurückgenommen. Neben dem Königreich Sachsen war die Schweiz nun das einzige Land mit einem Schächtverbot in der Verfassung. Sensible jüdische Beobachter interpretierten diesen Volksentscheid nicht nur als «dies nefastus» für die Mitglieder der jüdischen Religionsgemeinschaft, sondern empfanden ihn auch als «tiefe Kränkung»[57]. Jedenfalls unterstreicht die «antisemitische Demonstration»[58] von 1893, dass Emanzipation auch im Kontext einer demokratischen Gesellschaft nie als endgültige Errungenschaft, sondern als stetige Herausforderung aufzufassen ist.

Anmerkungen

[1] Über die bürgerliche Gleichstellung der Israeliten im Aargau, Aarau 1862, S. IV. Als Verfasser der anonym erschienenen Schrift wird gemeinhin Marcus Getsch Dreifus vermutet.

[2] Heinrich Heine, Reisebilder. Italien 1828, in: Heinrich Heine. Historisch-kritische Gesamtausgabe der Werke, hg. von Manfred Windfuhr, Bd. 7.1, Düsseldorf 1986, S. 69f.

[3] Vgl. zur Begriffsgeschichte: Karl Martin Grass/Reinhart Koselleck, Emanzipation, in: Otto Brunner u. a. (Hg.), Geschichtliche Grundbegriffe. Historisches Lexikon zur politisch-sozialen Sprache in Deutschland, Bd. 2, Stuttgart 1975, S. 153–197, bes. S. 162–176, S. 178–185; Reinhard Rürup, Anhang: Emanzipation. Anmerkungen zur Begriffsgeschichte, in: Ders., Emanzipation und Antisemitismus. Studien zur «Judenfrage» der bürgerlichen Gesellschaft, Frankfurt am Main ²1987, S. 159–166.

[4] Florence Guggenheim-Grünberg, Die Juden in der Schweiz (=Beiträge zur Geschichte und Volkskunde der Juden in der Schweiz, H. 7), Zürich 1961, S. 28.

[5] Vgl. wegen des Fehlens von schweizerischen Studien: Utz Jeggle, Judendörfer in Württemberg, Diss. Tübingen 1969; Landjudentum im süddeutschen- und Bodenseeraum. Wissenschaftliche Tagung zur Eröffnung des Jüdischen Museums Hohenems vom 9. bis 11. April 1991, veranstaltet vom Vorarlberger Landesarchiv, Dornbirn 1992; Monika Richarz/Reinhard Rürup (Hg.), Jüdisches Leben auf dem Lande. Studien zur deutsch-jüdischen Geschichte, Tübingen 1997. Allgemein: Mordechai Breuer/Michael Graetz, Tradition und Aufklärung 1600–1780 (=Deutsch-jüdische Geschichte der Neuzeit, Bd. 1), München 1996, S. 183–195.

[6] Näheres bei: Christine Lauener, La Communauté juive d'Avenches: Organisation und intégration (1826–1900) (=Etudes et recherches d'histoire contemporaine. Série: Mémoires de licence, Bd. 50), Fribourg 1993.

[7] Vgl. etwa den mit judenfeindlichen Vorurteilen gespickten Reisebericht von: Hans Rudolf Maurer, Kleine Reisen im Schweizerland. Beyträge zur Topographie und Geschichte desselben, Zürich 1794, S. 164–207, bes. S. 166, 172, 182 und 206; Johann Müller, Der Aargau. Seine politische, Rechts-, Kultur- und Sittengeschichte, Zürich/Aarau 1870, S. 496–505.

[8] Ernst Haller, Die rechtliche Stellung der Juden im Kanton Aargau, Aarau 1900, S. 12.

[9] Franz Xaver Bronner, Der Kanton Aargau, historisch, geographisch, statistisch geschildert (=Historisch-geographisch-statistisches Gemälde der Schweiz, Bd. 16.1), St. Gallen/Bern 1844, S. 435f. Vgl. zum «Zwetschgenkrieg» mangels einer neueren Untersuchung noch immer: Jvo Pfyffer, Der Aufstand gegen die Helvetik im ehemaligen Kanton Baden im September 1802, Baden 1904; Der Zwetschgenkrieg. Eine alte Geschichte aus der Grafschaft Baden, in: Jüdisches Jahrbuch für die Schweiz 2 (1917/18), S. 179–196; Rolf Leuthold, Der Kanton Baden 1798–1803, in: Argovia 46 (1934), S. 1–244, bes. S. 230; Nold Halder, Geschichte des Kantons Aargau 1803–1953, Bd. 1, Aarau 1953, S. 36f.

[10] Florence Guggenheim-Grünberg, Die Juden auf der Zurzacher Messe im 18. Jahrhundert (=Beiträge zur Geschichte und Volkskunde der Juden in der Schweiz, H. 6), Zürich 1957, S. 9.

[11] Zur inneren Organisation der Judengemeinden: Florence Guggenheim-Grünberg, Aus einem alten Endinger Gemeindebuch (=Beiträge zur Geschichte und Volkskunde der Juden in der Schweiz, H. 2), Zürich 1952, S. 1–10.

[12] Vgl. Florence Guggenheim-Grünberg, Der Schutz- und Schirmbrief für die Judenschaft zu Endingen und Lengnau vom Jahre 1776, in: (=Beiträge zur Geschichte und Volkskunde der Juden in der Schweiz, H. 2), Zürich 1952, S. 11–15.

[13] Ausführlich zur Emanzipationsdebatte in der Helvetik: Holger Böning, Bürgerliche Revolution und Judenemanzipation in der Schweiz, in: Jahrbuch des Instituts für Deutsche Geschichte der Universität Tel Aviv XIV (1985), S. 157–180.

[14] Amtliche Sammlung der Acten aus der Zeit der Helvetischen Republik (1798–1803), hg. von Johannes Strickler, Bd. 1, Bern 1886, S. 571.

[15] Ebda., Bd. 2, Bern 1887, S. 882.

[16] Conrad Fischer, Ein Wort über das Aktivbürgerrecht der Juden in Helvetien, in Hinsicht auf die beyden Gemeinden, in denen sie izt wohnen, Aarau 1798, S. 10ff.

[17] Staatsarchiv Luzern, Eiserner Bestand 1594–1908, Nr. 434: Verordn. alle Juden über die Grenzen zu weisen, 28. Mai 1798.

[18] Zur rechtshistorischen Dimension des schweizerischen Emanzipationsprozesses insbesondere: Haller (wie Anm. 8); Fritz Wyler, Die staatsrechtliche Stellung der israelitischen Religionsgemeinschaften in der Schweiz, Diss. Zürich 1929; Augusta Weldler-Steinberg, Geschichte der Juden in der Schweiz vom 16. Jahrhundert bis nach der Emanzipation, 2 Bde., Goldach 1966/70.

[19] Ehrerbietige Vorstellung der israelitischen Gemeinden Endingen und Lengnau an den Hohen Vorort in Bern, zu Handen der Hohen Bundesrevisions-Kommission und der Hohen Tagsatzung. Verfasst von M. G. Dreifus, Baden 1848, S. 18.

[20] Näheres zu seiner Biographie bei: Uri R. Kaufmann, Ein schweizerisch-jüdisches Leben für Moderne, Bildung und Emanzipation: Marcus Getsch Dreifus (1812–1877) aus Endingen, in: Abraham P. Kusternmann, Dieter R. Bauer (Hg.), Jüdisches Leben im Bodenseeraum. Zur Geschichte des alemannischen Judentums mit Thesen zum christlich-jüdischen Gespräch, Ostfildern 1994, S. 109–132.

[21] Eduard Fueter, Die Schweiz seit 1848. Geschichte – Politik – Wirtschaft, Zürich/Leipzig 1928, S. 11.

[22] Alfred Kölz, Neuere schweizerische Verfassungsgeschichte. Ihre Grundlinien vom Ende der Alten Eidgenossenschaft bis 1848, Bern 1992, S. 584.

23 Hans von Greyerz, Der Bundesstaat seit 1848, in: Handbuch der Schweizer Geschichte, Bd. 2, Zürich ²1980, S. 1023.
24 Protokoll über die Verhandlungen der am 16. August 1847 durch die hohe eidgenössische Tagsatzung mit der Revision des Bundesvertrags vom 7. August 1815 beauftragten Kommission, Bern 1848, S. 36.
25 Artikel 4 der Bundesverfassung vom 12. September 1848, in: Geschichte und Texte der Bundesverfassungen der schweizerischen Eidgenossenschaft von der helvetischen Staatsumwälzung bis zur Gegenwart, gesammelt und dargestellt von Simon Kaiser und Johannes Strickler, Bern 1901, S. 272.
26 Näheres bei: Heidi Borner, Zwischen Sonderbund und Kulturkampf. Zur Lage der Besiegten im Bundesstaat von 1848, Luzern/Stuttgart 1981; Urs Altermatt, Der Schweizer Katholizismus im Bundesstaat. Entwicklungslinien und Profile des politischen Katholizismus von 1848 bis zur Gegenwart, in: Historisches Jahrbuch 103 (1983), S. 76–106.
27 Zitiert in: Weldler-Steinberg (wie Anm. 18), Bd. 2, S. 26f.
28 Vgl. Justin Winkler, Der Betruf des Sarganserlandes. Aspekte mündlicher Tradierung, in: Schweizer Volkskunde 71 (1981), S. 88–95.
29 Fueter (wie Anm. 21), S. 42.
30 Ähnlich argumentiert für den deutschen Frühliberalismus: Reinhard Rürup, Deutschland im 19. Jahrhundert 1815–1871, Göttingen 1984, S. 158f.
31 Vgl. Hans Bauer, Von der Zunftverfassung zur Gewerbefreiheit in der Schweiz 1798–1874. Ein Beitrag zur schweizerischen Wirtschaftsgeschichte, Diss. Basel 1929.
32 Ehrerbietige Vorstellung (wie Anm. 19), S. 7.
33 Die Judenfrage im Aargau, in: Schwyzer Zeitung, 30. Mai 1862.
34 Fueter (wie Anm. 21), S. 111.
35 Zitiert in: Weldler-Steinberg (wie Anm. 18), Bd. 2, S. 68.
36 Vgl. Urs Brand, Die schweizerisch-französischen Unterhandlungen über einen Handelsvertrag und der Abschluss des Vertragswerkes von 1864, Diss. Bern 1968; Jacques Brisac, Ce que les Israélites de la Suisse doivent à la France. Esquisse d'histoire diplomatique, Lausanne 1916.
37 Botschaft des Bundesrathes an die Bundesversammlung, betreffend die Verträge mit Frankreich. Vom 15. Juli 1864, in: Bundesblatt der Schweizerischen Eidgenossenschaft 16 (1864), Bd. 2, S. 262f.
38 Rede des Hrn. Bundespräsidenten Dr. Dubs über die schweizerisch-französischen Verträge, in: Neue Zürcher Zeitung, 30. September 1864, Beilage, S. 19.
39 Philipp Anton von Segesser, Über die französisch-schweizerischen Verträge (1864), in: Ders., Sammlung kleiner Schriften. Reden im schweiz. Nationalrathe und staatsrechtliche Abhandlungen. 1848–1878, Bd. 3, Bern 1879, S. 213.
40 Ders., Über das Project einer partiellen Bundesrevision (1865), in: Ders., Sammlung kleiner Schriften. Reden im schweiz. Nationalrathe und staatsrechtliche Abhandlungen. 1848–1878, Bd. 3, Bern 1879, S. 224.
41 Segesser (wie Anm. 39), S. 216.
42 Ein Tag des Schweizervolkes, in: Die Botschaft, 7. Januar 1866, S. 1f.
43 Egmont Zechlin, Die deutsche Politik und die Juden im Ersten Weltkrieg, Göttingen 1969, S. 32.
44 Vgl. auch die Hinweise zur Haltung der «Schweizerischen Kirchenzeitung» bei: Josef Lang, Kein Platz für Juden neben dem «weissen Kreuz im roten Feld». Die Schweizerische Kirchenzeitung und der Antisemitismus (1832–1883), in: Neue Wege 91 (1997), S. 84–90. Zum christlichen Antijudaismus allgemein: Ekkehard W. Stegemann, Christliche Wurzeln der Judenfeindschaft, vom Neuen Testament bis heute, in: Reformatio 37 (1988), S. 366–379; Heinz Schreckenberg, Die Juden in der Kunst Europas. Ein historischer Bildatlas, Göttingen/Freiburg im Breisgau 1996.
45 Adresse gegen die Verjüdelung der Schweiz, in: Schweizerische Kirchen-Zeitung, 7. Mai 1862.

[46] Ebda.
[47] Segesser (wie Anm. 39), S. 215.
[48] Ebda.
[49] Vgl. den ähnlichen Befund bei: Rainer Erb, Werner Bergmann, Die Nachtseite der Judenemanzipation. Der Widerstand gegen die Integration der Juden in Deutschland 1780–1860, Berlin 1989, S. 10ff.
[50] Segesser (wie Anm. 40), S. 242.
[51] Gegen die «Fable convenue» in der älteren schweizerischen Historiographie bereits richtiggestellt von: Simon Dubnow, Weltgeschichte des jüdischen Volkes, Bd. 9, Berlin 1929, S. 479. Neuerdings auch hervorgehoben von: Reinhard Rürup, The European Revolutions of 1848 and Jewish Emancipation, in: Werner E. Mosse u.a. (Hg.), Revolution and Evolution 1848 in German-Jewish History, Tübingen 1981, S. 19; Detlev Claussen, Grenzen der Aufklärung. Die gesellschaftliche Genese des modernen Antisemitismus, Frankfurt am Main ²1994, S. 142.
[52] Die Judenfrage vor dem h. Grossen Rathe des Kantons Aargau. In zweiter Beratung am 15. Mai 1862. Auffassung der Diskussion von C. Preinfalk, Aarau 1862, S. 19.
[53] So die Fehlinterpretation von: Uri Robert Kaufmann, Die ambivalente Haltung des Schweizer Liberalismus gegenüber den Juden: Augustin Keller (1862), in: Judaica 42 (1986), S. 22–27.
[54] Brief an Friedrich von Preen, 2. Dezember 1880, in: Jacob Burckhardt, Briefe. Vollständige und kritische Ausgabe, Bd. VII, Basel/Stuttgart 1969, S. 204. Vgl. zu Jacob Burckhardts Antisemitismus: Werner Kaegi, Jacob Burckhardt. Eine Biographie, Bd. V, Basel/Stuttgart 1973, S. 530–544.
[55] Arno Herzig, Jüdische Geschichte in Deutschland. Von den Anfängen bis zur Gegenwart, Müchen 1997, S. 184f.
[56] Friedrich Traugott Külling, Antisemitismus in der Schweiz zwischen 1866 und 1900, Diss. Bern/Zürich 1977, S. 45–75.
[57] Louis Wyler, Ein Jubiläum. Vom Artikel 25bis der schweizerischen Bundesverfassung, in: Jüdisches Jahrbuch für die Schweiz 3 (1918/19), S. 60.
[58] Carl Hilty, Jahresbericht 1894/95, in: Politisches Jahrbuch der Schweizerischen Eidgenossenschaft 9 (1894/95), S. 374.

Die Emanzipationsdebatte in der Helvetischen Republik

HOLGER BÖNING

«Sie erwarten noch ihren Messias, wird eingewendet; aber ihr Messias ist gekommen, wie er uns gekommen ist; denn die Freiheit *und* Gleichheit *sind der wahre Messias, welcher das ganze Menschengeschlecht beglücken soll; bei diesem Messias beschwöre ich euch, betrachtet die Juden als Brüder, legt alle euere Vorurtheile ab, sehet in ihnen nichts als euere Mitmenschen und heiligt dadurch die heiligen Rechte der Menschheit und die Constitution selbst, die uns Bruderliebe gebietet.»*
JOHANN RUDOLF SUTER IN DER GROSSRATSDEBATTE VOM 16. AUGUST 1798

«Man ist ja erst Mensch und Mensch, eh man Jud und Christ wird, dieser Knoten ist nicht schwer durch zu hieben [...]. Aufgeklährte Repräsentanten des Schweizer Volkes würden einsehen, daß man Gott am Samstag auch für das Wohl des Vatterlandes bitten kann. Ja, Gesäzgeber, wir nennen es unser Vaterland, wo unser Urvätter und wir gebohren und erzogen sind.»[1]
BITTSCHRIFT DER SCHWEIZER JUDEN VOM DEZEMBER 1798 AN DAS DIREKTORIUM

Am 12. April 1798 begann in Aarau eine für die Demokratiegeschichte der Schweiz bedeutende Epoche: Sie ist wichtig auch für die Debatte über die jüdische Emanzipation. 121 gewählte Vertreter aus den Kantonen Aargau, Basel, Bern, Freiburg, Leman, Luzern, Oberland, Schaffhausen, Solothurn und Zürich – die Länderkantone hielten sich fern – waren zusammengekommen, um auf Schweizer Boden eine den grundlegenden Staatslehren der Aufklärung und der Erklärung der Menschenrechte entsprechende Republik zu konstituieren. Der Freiheitsbaum und Wilhelm Tell wurden die Symbole der neuen Ordnung, der Helvetischen Republik.[2]

Erstmals verpflichtete sich die staatliche Gewalt in der Schweiz, zwei Jahrhunderte später selbstverständlich gewordene Rechte zu gewähren und zu sichern. «Die Gesamtheit der Bürger ist der Souverän oder Oberherrscher», so verkündete die neue Konstitution, und weiter: «Es giebt keine erbliche Gewalt, Rang noch Ehrentitel», jeder Versuch, solche wieder zu installieren, sollte durch Strafgesetze verboten sein. Zur Begründung diente der folgende Satz: «Erbliche Vorzüge erzeugen Hochmuth und Unterdrückung, führen zu Unwissenheit und Trägheit und leiten die Meinungen über Dinge, Begebenheiten und Menschen irre.» Nach dem Vorbild der französischen und amerikanischen Verfassung wurden Gedanken der Aufklärung und der naturrechtlichen Staatslehre nun auch für die Schweiz kodifiziert. «Die natürliche Freiheit des Menschen ist unveräußerlich», so stand es unter den «Haupt-Grundsätzen», «Sie hat keine andere Grenzen als die Freiheit jedes andern und gesetzmäßig erwiesene Absichten eines allgemein nothwendigen Vortheils». Als die zwei Grundlagen des öffentlichen Wohls nennt die Verfassung «Sicherheit und Aufklärung»: «Aufklärung ist besser als Reichthum und Pracht.»[3]

Vorangegangen war der Helvetischen Republik eine Revolution, die in kürzester Zeit und nahezu ohne Blutvergiessen die ehrwürdigen und ewig geglaubten Institutionen der Alten Eidgenossenschaft beseitigt hatte. Unfähig geworden zur Reform aus eigener Kraft, hatten die patrizischen und aristokratischen Obrigkeiten dem von französischen Waffendrohungen begleiteten Ansturm der Veränderungswilligen in der Schweiz selbst nicht trotzen können. Wesentliche Teile der Schweiz waren revolutioniert, bevor ein französischer Soldat das Land betreten hatte. Basel und das Waadtland machten im Januar 1798 den Anfang, es folgten grosse Teile der Ostschweiz und der Untertanengebiete, in Zürich standen sich Landschaft und Stadt feindselig gegenüber, in Luzern erfolgte ein Staatsstreich aufgeklärter Patrizier, bis die Invasion Frankreichs dem alten Regiment auch in Bern, Solothurn und Freiburg ein Ende machte.[4]

Innerhalb weniger Wochen waren in der Schweiz alle Untertanenverhältnisse aufgehoben worden, alle Gemeinen Herrschaften – die von den eidgenössischen Orten regierten Untertanenlande – hatten Befreiungsbriefe erhalten. Unter radikalem Bruch mit den eidgenössischen Traditionen und nach französischem Vorbild war aus der Schweiz ein helvetischer Einheitsstaat mit einer Zentralregierung und fast vollständig beseitigter kantonaler Souveränität geworden – konfessionelle, regionale und politische Besonderheiten spielten bei der Neuordnung kaum eine Rolle. Die repräsentative Demokratie bedeutete einen grossen Fortschritt für die bisher von der politischen Mitwirkung ausgeschlossenen Untertanen, für die Bewohner der Landsgemeindedemokratien jedoch das Ende der direkten Demokratie, der unmittelbaren Wahl der Behörden und Volksvertreter. Hieraus erwuchsen ebenso grosse Probleme wie aus dem geringen Rückhalt, den die bürgerlich-demokratische Ordnung bei der Mehrheit der Bevölkerung hatte. Ohne eine mit den alten Zuständen unzufriedene Landbevölkerung wäre die Revolution nicht möglich gewesen, doch galt ihr Aufbegehren in der Regel nicht dem Ziel einer bürgerlichen Republik. Regionale Konflikte waren Auslöser, unmittelbar bedrückende Probleme sollten gelöst und materielle Belastungen gemildert werden. Die Gleichstellung von Stadt und Land war ein wesentliches Ziel, in Fragen der politischen Organisation orientierten sich grosse Teile der ländlichen schweizerischen Bevölkerung jedoch an dem Modell der Landsgemeindedemokratie. Die Republik mit ihrer bürgerlich-demokratischen Verfassung entsprach den Vorstellungen und Wünschen der aufgeklärten Intelligenz, mitgetragen wurde sie von Teilen wohlhabender bäuerlicher und bürgerlicher Kreise. Diese nun in der Helvetischen Republik zu politischer Macht gelangten sozialen Gruppen standen vor schwierigen Aufgaben. Nicht nur waren neue gesellschaftliche Strukturen durchzusetzen, die Anhänger der alten Ordnung niederzuhalten, die Bedrückungen durch die französische Besetzung gering zu halten, sondern vor allem musste die Basis derjenigen verbreitet werden, die bereit waren, der Republik ihre Unterstützung zu geben oder sie doch zumindest widerstandslos zu tolerieren.

In ihrem ersten revolutionären Elan beschlossen die helvetischen Parlamentarier zahlreiche Massnahmen, die in einigen Fällen auch auf Volksstimmungen keine Rücksicht nahmen. So war es einer der ersten Beschlüsse der Gesetzgeber, die Folter zu verbieten, und einzelne Regierungsstatthalter forderten die Bevölkerung auf, zum Zwecke der Zerstörung aller Folterwerkzeuge die Gefängnislokale aufzusuchen. Gegen oft grossen Widerstand wurde die Gründung von Volksschulen und die Schulpflicht auch auf dem Lande zwar noch nicht endgültig, aber in doch sehr viel grösserem Masse durchgesetzt als unter den alten Regierungen. Schliesslich hob man das Verbot der konfessionellen Mischehe ebenso auf wie Strafurteile der alten Regierungen wegen abweichender religiöser Ansichten, die in Luzern noch 1747 zur öffentlichen Verbrennung von Ketzern und Verbannung von Andersgläubigen – unter ihnen selbst einjährige Kinder – geführt hatten.[5] Was musste da näherliegen, als auch die jahrhundertealten Zurücksetzungen der Juden aufzuheben, ihre Randexistenz zu beenden und auch ihnen das volle schweizerische Bürgerrecht zuzugestehen?

Die Verfassung der Helvetischen Republik garantierte erstmals allen Schweizern gleiche politische Rechte und die wesentlichen bürgerlich-demokratischen Grund- und Freiheitsrechte. So verbanden die Schweizer Juden grosse Hoffnungen mit dem Verfassungsgrundsatz, nach dem mit der neuen Konstitution auch alle «ewigen Einwohner» zu Schweizer Bürgern werden sollten und selbst jeder Fremde Anspruch auf das Bürgerrecht erhielt, «wenn er zwanzig Jahre lang nach einander in der Schweiz gewohnt, wenn er sich nützlich gemacht hat und wegen seiner Aufführung und Sitten günstige Zeugnisse aufweisen kann».[6] Gleichzeitig wollte die erste Schweizer Verfassung religiöse Ausgrenzungen jeder Art beenden, bestimmte sie doch die uneingeschränkte Gewissens- und Religionsfreiheit und die Trennung von Staat und Kirche.[7] Mehrere Beispiele zeigen, dass die Juden die Botschaft der Verfassung verstanden, sich nun selbst als «freie Staatsbürger» begriffen und die damit verbundenen neuen Rechte wahrnehmen wollten.[8] Legt man die naturrechtlichen Vorstellungen zu Grunde, auf denen die Helvetische Revolution basierte, dann konnten keine Zweifel bestehen, dass sie damit im Recht waren.

Die in der Schweiz lebenden Juden konnten am ehesten als «ewige Einwohner» gelten. Seit der Mitte des 14. Jahrhunderts hatten auch die schweizerischen Städte das Recht, «Juden zu halten». Gegen bestimmte Abgaben wurde ihnen ein – nicht immer sicherer – Schutz gewährt. Als am Ende des 14. Jahrhunderts das kanonische Zinsverbot in einigen Städten aufgehoben wurde, waren die Juden als Geldverleiher entbehrlich geworden. Vertreibungen folgten oder doch zumindest das Verbot weiteren Zuzugs von Juden. Aus allen eidgenössischen Orten wurde das, wie es in den entsprechenden Verordnungen hiess, «gottlose Judengesind» ausgewiesen, bis ihnen nur noch eine letzte Zufluchtsstätte blieb.[9] Am Ende des 18. Jahrhunderts lebten sie ausschliesslich in zwei

Ortschaften, Lengnau und Endingen in der Grafschaft Baden, wo sich Juden niederlassen und als «fremde Schutzgenossen» dauerhaft leben durften, ihnen aber nur eine höchst beschränkte Rechtsfähigkeit gewährt war.[10] Sie unterlagen einer Reihe von diskriminierenden und oft beschwerlichen Bestimmungen. Von den Handwerken waren sie durch die Zunftordnungen ausgeschlossen, Grundbesitz war ihnen untersagt, Jude und Christ durften nicht gemeinsam wohnen, und selbst noch die den Juden verbleibenden Tätigkeiten waren reglementiert. Die in einigen europäischen Ländern schon abgeschafften entwürdigenden Leibzölle, durch die Juden mit Tieren und Waren gleichgesetzt wurden, waren in der Schweiz noch in Kraft. «Le Juif à cheval huit crutzers», so konnte man den Zolltarifen etwa entnehmen, und es folgten die Gebühren für Esel, Rinder und Pferde.[11] Ohnehin war ihnen das Betreten des Bodens der meisten eidgenössischen Orte untersagt.[12]

Es war eine kleine Zahl von Menschen, die am Vorabend der Helvetischen Revolution unter solchen Verordnungen und Gesetzen litt, die eigens für die jüdische Volksgruppe erlassen wurden. Im Jahre 1774 zählte man 108 Familien mit 553 Personen, und die Aufnahme fremder Glaubensgenossen war ausdrücklich untersagt. Wollte ein unter dem Schutz des Landvogtes von Baden stehender Jude eine fremde Jüdin heiraten, so musste diese die hohe Summe von 500 Gulden mitbringen.

Mit der Helvetischen Republik bot sich nun die Chance, die Diskriminierungen der jüdischen Bevölkerungsgruppe aufzuheben und nachzuvollziehen, was in Frankreich nach der Revolution zur Gleichstellung der Juden geschehen war. Schon im Verlaufe des aufgeklärten Jahrhunderts hatte sich humaneres Denken ganz langsam auch in der Schweiz Platz geschafft, wurden religiöser Fanatismus und Intoleranz zurückgedrängt, kam die Lebenssituation von Minderheiten noch nicht in ein allgemeines, aber doch in das Bewusstsein der Gebildeten. Auch in der Schweiz las man Lessings Lustspiel «Die Juden», vernahm man seine Stellungnahme gegen die diesem Volk durch die Christen aufgezwungene Existenz am Rande der Gesellschaft. In Isaak Iselins Zeitschrift «Ephemeriden der Menschheit» wurde über Wege und Mittel der «bürgerlichen Verbesserung der Juden» diskutiert, konnte man August Schlettweins «Bitte an die Grossen wegen der Juden» lesen und wurde gar gefordert, endlich die Berufsbeschränkungen für die Juden aufzuheben.[13] Doch hatten solche Vorschläge einen schweren Stand, denn nicht nur fürchtete so mancher zusätzliche Konkurrenz, es konnte sich das allgemeine Bewusstsein auch nur schwer brauchbare Menschen unter den Juden vorstellen. Selbst von engagierten Aufklärern war zu hören, vor seiner bürgerlichen Gleichstellung müsse der Jude erzogen werden. Nur die besten Köpfe unter den deutschen und schweizerischen Aufklärern forderten uneingeschränkt die politische und wirtschaftliche Emanzipation, verzichteten auf die anmassende Forderung, die Juden müssten zuvor ihre Eigenarten aufgeben. Eine grosse Zahl von Gebildeten aber sprach lieber von Judenerziehung.

Ein Streit des 18. Jahrhunderts, in dem sich voneinander schied, wer lediglich die Terminologie der Aufklärung benutzte oder sich deren Grundüberzeugungen und

Werte tatsächlich zu eigen gemacht hatte, war die berühmte Auseinandersetzung um Johann Kaspar Lavater und Moses Mendelssohn. Ausgangspunkt bildete die von dem Zürcher Pfarrer 1769 teilübersetzte Schrift «Herrn Carl Bonnets philosophische Untersuchung der Beweise für das Christentum», die Lavater dem grossen jüdischen Philosophen mit einer vorgedruckten Zueignungsschrift widmete, die christliche Apologie entweder öffentlich zu widerlegen oder zu konvertieren. Moses Mendelssohn reagierte mit seinem «Schreiben an den Herrn Diaconus Lavater zu Zürich», das 1770 im Verlag von Friedrich Nicolai erschien, drückte seine Überzeugung aus, jeder Tugendhafte sei Kind der ewigen Seligkeit, welcher Religion er auch anhänge. In Zürich sei Juden selbst der Aufenthalt nicht erlaubt, wie könne er es wagen, die Religion derjenigen anzugreifen, um deren Schutz er als Angehöriger eines verachteten und unterdrückten Volkes aller Orten bitten müsse.[14] Lavater blieb trotz der Einreden aufgeklärter Freunde wie Friedrich Nicolai oder Isaak Iselin unbeirrt, forderte in einer gedruckten «Rede bey der Taufe zweyer Berlinischen Israeliten so durch Veranlassung der Lavater und Mendelsohnischen Streitschriften zum wahren Christenthum übergetreten», alle Juden auf, von ihrem «jüdischen Unglauben» zu lassen: «Eilet zu dem, den Euere Väter durchstochen haben! [...] Thut Buße, und werde euer ein jeder getauft auf den Namen Jesus Messias.»[15] Abbringen von seiner Auffassung, Juden seien «Feinde des Kreuzes und der Herrlichkeit Christi», konnte Lavater auch nicht Lichtenbergs scharfzüngige Satire «Timorus, das ist Vertheydigung zweyer Israeliten, die durch die Kräfte der Lavaterischen Beweisgründe und der Göttingischen Mettwürste bewogen, den wahren Glauben angenommen haben».[16]

Praktische Konsequenzen hatten die Auseinandersetzungen während des aufgeklärten Jahrhunderts erst durch die Revolution im Jahre 1789. Frankreich zeigte den europäischen Nachbarvölkern, dass die politische und rechtliche Gleichheit sich auch auf die Juden zu erstrecken habe. Die jüdische Emanzipation des Jahres 1791 löste überall im deutschsprachigen Raum Debatten aus,[17] belebte etwa die Diskussionen um jüdische Kolonien im eigenen Lande, an den Grenzen oder in Übersee.[18] Auch in der Schweiz blieben infolge der Abhängigkeiten von Frankreich praktische Konsequenzen nicht aus. Der Druck des französischen Botschafters zwang am Vorabend der Helvetischen Revolution die eidgenössische Tagsatzung dazu, Personalabgaben und Judenzölle für in die Schweiz reisende französische Juden abzuschaffen. Für die schweizerischen Juden indes hatte die Entwicklung im Nachbarland keine unmittelbar positiven Folgen. Erst die Revolution und die Konstituierung der Helvetischen Republik erlaubten es, auch in der Schweiz öffentlich über die bürgerliche Gleichstellung der Juden zu diskutieren.

Die während der Helvetik geführten Debatten über die Judenemanzipation bilden einen Kristallisationspunkt, der überaus aufschlussreich viele Widersprüche aufscheinen lässt, die dieser kurzen Epoche der Schweizer Geschichte eigen sind. In kaum einer anderen Frage prallten aufgeklärtes Denken wichtiger Repräsentanten der neuen republikanischen Ordnung und alte Vorurteile und Gewohnheiten bei grossen Teilen der

Bevölkerung und zahlreichen Parlamentariern so hart aufeinander wie hier, wo es darum ging, die neuen Prinzipien der Rechtsgleichheit auch auf die kleine marginalisierte und verachtete Gruppe der Schweizer Juden anzuwenden.

Ein guter Beginn: die Aufhebung der Schutzzölle und aller Sonderabgaben für Juden

«[...] so seyen wir nicht die Stellvertreter der Vorurtheile des Volkes, sondern die Stellvertreter der Cultur, Aufklärung und Vernunft, die in unsrem Volke sich befindet, und wir haben die Pflicht auf uns, vorurtheilslos nach unsrem eigenen Gewissen und eigner Einsicht zu handeln.»[19]

GROSSRAT LOUIS SECRÉTAN

Bereits am 8. Mai 1798 beschäftigte den Grossen Rat erstmals die Situation der Juden.[20] Der Abgeordnete Johann Herzog von Effingen klagte über die Verordnung einer Verwaltungskammer – vermutlich der von Aarau –, welche den im Kantonsgebiet ansässigen Juden untersagte, ihre Handelsgeschäfte zu betreiben. Herzog forderte, auch den Juden solle der Genuss der Menschenrechte zuteil werden.[21] Doch so leicht war die den Juden seit Jahrhunderten zudiktierte Ausnahmestellung nicht aufzuheben. Sogleich in dieser ersten Diskussion war zu spüren, dass die Abgeordneten mit eigenen Vorurteilen zu tun hatten und glaubten Rücksicht nehmen zu müssen auf antijüdische Vorbehalte bei der Bevölkerung. Die Juden selbst seien es, so widersprach der Abgeordnete Johann Wernhard Huber der Forderung Herzogs, die sich durch ihre Gesetze und Gebräuche absonderten.[22] Zur Prüfung wurde eine «Kommission der Reformation helvetischer Judengesetze» eingerichtet, der neben Herzog und Huber Louis Secrétan aus Lausanne, der Waadtländer Henry Vincent Carrard und Johann Rudolf Suter aus Zofingen angehörten.

Diese Kommission bereitete ein Ruhmesblatt der helvetischen Gesetzgebung vor. Schon am 31. Mai beschloss der Grosse Rat die «Grundsätzliche Abschaffung der persönlichen und besonderen Steuern auf Juden», der Senat folgte am 1. Juni 1798.[23] Dem Gesetz vorausgegangen war eine Petition der beiden jüdischen Gemeinden, eine Sondersteuer aufzuheben, die sie seit jeher auf Messen bezahlen mussten und von der ihre französischen Glaubensgenossen bereits ein Jahr zuvor durch Intervention des französischen Botschafters in der Schweiz, Barthélemy, befreit worden waren.[24] Der Beschluss der helvetischen Parlamentarier ging über die eigentliche Bitte hinaus und bestimmte, dass «forthin alle persönlichen Steuern und Abgaben, welche auf die Juden besonders gelegt waren, als eine Verletzung der Menschenrechte in ganz Helvetien abgeschafft seyn sollen».[25] Das Protokoll vermerkt, der Beschluss sei dadurch motiviert, dass «nur die Unwissenheit und die Verfolgungssucht eines rohen Zeitalters eine beschimpfende Last» den Juden auferlegt habe.[26]

Die Anfänge der Helvetischen Republik waren geprägt durch Begeisterung für die Verwirklichung der Menschenrechte. Nur im Einzelfall legten die Gegner der Judenemanzipation offen die Gründe ihrer Ablehnung dar, sondern verbargen sie hinter aufklärerischer Phraseologie. Noch herrschte in den helvetischen Räten die Überzeugung vor, alle Völker seien für die Sache der Freiheit geschaffen. Als Ruhmesblatt darf der Beschluss bezeichnet werden, wenn man die Einwände und Diskussionen betrachtet, die dem Gesetz vorausgingen. Am 23. Mai hatte sich der Berner Samuel Fueter mit seinen «Gedanken über die Frage, ob man den Juden die Rechte eines Bürgers gestatten solle», an die zur Revision der Judengesetze eingerichtete Kommission gewandt. Diese Frage sei in einem Zeitalter, «das den Weltbürger seiner Selbsterkenntnis näher gebracht hat», sehr wichtig, «um die Menschheit einer moralischen und politischen Vervollkommnung entgegenzuführen». Wer nach diesen einleitenden Phrasen ein Plädoyer für die rechtliche Gleichstellung der Juden erwartet, sieht sich getäuscht. Zunächst setzt der Autor sich mit den Gründen auseinander, die zur Duldung der Juden geführt hätten: «Wollen wir uns diese bisherige ununterbrochene Duldung der Juden erklären, so brauchen wir nur über ein Jahrhundert zurückzusehen, und wir werden finden, daß sie in dem Geist der damaligen Zeiten lag; denn ihr noch ausgebreiteter Einfluß in allen Zweigen der Handlung, ihr daheriger Nutzen und daraus entspringende Notwendigkeit, sowie auch ihre noch mit dem Zeitalter im Verhältnis stehenden Gebräuche und Sitten zeigen uns sogar, daß sie ihr Ansehen, das ihnen ihre Geschäftigkeit erwarb, mit Recht fordern konnten.» Das Zeitalter der Aufklärung, so Fueter weiter, habe jedoch eine neue Situation geschaffen: «Betreten wir aber die Bahn unserer Zeit, in welcher der aufgeklärte Weltbürger mit unendlicher Anstrengung an der Zernichtung seiner politischen und moralischen Ketten gearbeitet hat und durch den Gebrauch seiner Freiheit auf die Erkenntnis seines Wertes stolz geworden ist, so wird er sich gewiß nicht mehr in die Klasse einer Nation zurücksetzen, die hartnäckig und mit unüberwindlichem Eigensinn unter einem Joche von Irrtümern herumkriecht, die eine Satire über menschliche Vernunft sind und mit der Aufklärung gänzlich im Widerspruch stehen.»[27]

Der «aufgeklärte Weltbürger» lässt unerwähnt, ob er die Rolle im Handel, die er den Juden zuspricht, nun selbst übernehmen möchte. Er will den Juden das Bürgerrecht wegen fehlender Aufgeklärtheit verweigern, aber auch, weil sie in der Revolution nur eine Zuschauerrolle gespielt hätten: «Aber nicht allein der Mangel moralischer Aufklärung des Juden ist es, was ihn von den Rechten eines Bürgers ausschließen sollte, sondern man ist es dem Bürger auch aus politischen Rücksichten schuldig; denn es ist klar, daß die Vorteile unserer Verfassungen nur aus ihren Verbesserungen entspringen, und daß es daher sehr unbillig wäre, ein gewiß durch viel Aufopferung und Mühe errungenes Gut mit einem Volk zu teilen, das bei allen unseren moralischen und politischen Revolutionen nur ein müßiger Zuschauer war und also wahrscheinlich unsere ihm angebotene Bruderliebe bloß zu Beförderung seines Eigennutzes mißbrauchen würde [...]. Der Jude ist also gewiß zum guten Bürger noch nicht reif; es zu werden müssen wir ihn der Zeit und dem Schicksal überlassen, zu seiner Umschaffung aber durch Gesetze, die ihn zweckmäßig behandeln, mitwirken.» Es folgen Worte, ohne die man solche Gedanken in diesen Tagen nicht äusserte: «Trachten wir, ihn aufmerksam auf seine Missbräuche zu machen; aber hüten wir uns, ihn selbsten, nach vieler Sitte, zu verachten; er bleibt stets Mensch! und wir handeln nur dann gerecht und edel, wenn wir ihn aufgeklärter und besser machen. Nur dann wird er uns nicht mehr bloß als Zweck seines Eigennutzes betrachten, sondern unsere Menschlichkeit und die Rechte eines Bürgers liebgewinnen, um nicht mehr mit seinen der Bruderliebe widerstrebenden Gebräuchen auch seine Unwürdigkeit fortzupflanzen.»[28]

Der Petent Samuel Fueter stammte aus einem Kanton, der Juden seit 1787 das Betreten seines Gebietes untersagt hatte.[29] Seine Urteile über die Juden stammten vermutlich ebenso von Hörensagen wie die einiger Senatoren, denen die Aufhebung der persönlichen und besonderen Steuern auf Juden nicht behagte. Senator Georges Badoud verlangte Vertagung des Beschlusses und bemerkte, um der Juden willen scheine man nicht genug eilen zu können. Vertagung wünschte auch Senator Johann Ulrich Lüthi von Langnau und fragte: «Was sind die Juden für eine Classe von Menschen? Sie haben bisdahin geglaubt, göttlichen Befehl zu haben, uns zu bestehlen und zu betrügen; warum sollten wir sie nun so zum voraus begünstigen? Wir können sie uns nicht gleich achten, so lange sie uns nicht ihre Töchter geben, noch diese unsere Söhne heiraten.»[30] Solche Einwände entsprachen ganz dem Geist, den auch ein mit «Gruß und Bruderliebe» unterzeichnetes Schreiben des Luzerner Regierungsstatthalters Vinzenz Rüttimann vom 28. Mai 1798 atmete, das sich an alle öffentlichen Beamten des Kantons wandte und von Massregeln gegen die Juden sprach, «die sich seit einiger Zeit in unserm Lande wie Heuschrecken vermehren». Aufgefordert wurden die Beamten zu sofortiger Landesverweisung aufgegriffener Juden.[31]

Noch allerdings, so bleibt festzuhalten, fanden antisemitische Vorurteile in den gesetzgebenden Räten keine Mehrheiten. Zwar blieb der Mediziner Johann Rudolf Suter mit seinem Appell im Grossen Rat, im Namen der Menschheit solle man den Juden, die doch auch Menschen seien, die Menschenrechte sogleich durch Akklamation erteilen, mit seinem Klatschen allein und ohne Widerhall, doch dem Argument, die Konstitution unterscheide keine Religionen, «wir sollen alle Brüder sein»,[32] verschloss man sich jedenfalls insoweit nicht, als man zunächst alle die Juden besonders belastenden Bestimmungen aufhob. Nur zwei Wochen zuvor konnte Suter – er hatte in Göttingen studiert und nahm nach seiner Promotion zum Doktor der Philosophie und der Medizin seine Tätigkeit als Arzt in Zofingen auf – mit einem ähnlichen Überraschungsangriff auf alte unmenschliche Gesetze einen Beschluss über die sofortige gesetzliche Abschaffung der Tortur durchsetzen.

Bürgerrecht auch für Juden? – Die Diskussion um den Bürgereid

«Wollt ihr, Bürger Stellvertreter, noch neue Mauern aufrichten zwischen Menschen und Menschen? Wollt ihr niemand als Bürger annehmen als wer glaubt, was ihr glaubet? Wollt ihr dadurch vielleicht wieder unter uns selbst Mauern aufrichten, welche die Constitution niederwarf? Ich sehe keinen Mittelweg; entweder müssen sie Bürger oder Sklaven sein.»
«Das Essen des Schweinefleisches ist keine Bedingung, an welche die Natur den Genuß der Menschenrechte oder die Constitution die Erhaltung des helvetischen Bürgerrechts knüpft.»[33]

LOUIS SECRÉTAN UND BERNHARD FRIEDRICH KUHN IM GROSSEN RAT

Anders sah es aus, als im August 1798 der erste revolutionäre Enthusiasmus und die Begeisterung für Menschenrechte bereits ein wenig gedämpft waren und darüber diskutiert wurde, ob auch die Juden den Bürgereid schwören sollten. Angesichts der riesigen Schwierigkeiten, die sich bei der Durchsetzung des Eides besonders in den Landkantonen ergaben, muss man sich wundern, weshalb die Regierung von sich aus auf die Frage kam, ob von diesem Eid eine ganze Bevölkerungsgruppe auszuschliessen sei, die freiwillig zu dessen Ableistung bereit war. Schon der Gedanke daran widersprach dem Geist der Verfassung, wie einige Abgeordnete meinten. Inzwischen aber kamen ganz ungeniert tief eingewurzelte Vorurteile zur Sprache. Die Argumente gegen die verlangte Bürgerrechtserteilung glichen verblüffend denen, die – allerdings erfolglos – auch in der französischen Nationalversammlung gegen die Emanzipation der Juden vorgebracht worden waren. Es waren nur wenige Abgeordnete, die angesichts der boshaften, oft mit Unkenntnis gemischten Argumentationen erschraken und ihre Kollegen zur Ordnung riefen.

Im Kern ging es in der Debatte darum, ob die Juden als vollberechtigte Bürger anzusehen seien, denn nur dann konnten sie zur Ablegung des Bürgereides zugelassen werden. Soweit sachlich diskutiert wurde, spielte vor allem die Frage eine Rolle, ob die Juden als Fremde anzusehen seien, denen das Bürgerrecht erst nach zwanzigjähriger guter Aufführung und mit entsprechenden Zeugnissen ihres Nutzens zuzuerkennen sei, oder ob sie als «ewige Einwohner», als Hinter- oder Einsassen, dieses Recht automatisch erhielten. Eifrig diskutiert wurde auch, ob die Juden als eigene religiöse oder gar politische Korporation zu begreifen seien und ihnen deshalb ebenso wie den Geistlichen anderer Konfessionen die politischen Bürgerrechte nach der Verfassung zu versagen seien.[34] Im Grunde aber waren sachliche Argumente nur am Rande ausschlaggebend, sondern es stritt, wie die Befürworter der jüdischen Emanzipation selbst erkannten, «republikanische Bruderliebe», die keine Bevölkerungsgruppe ausnehmen wollte, mit oft mehr als dumpfen Vorurteilen und Hörensagen, aus denen eine Politik befürwortet wurde, die mehr alten Gewohnheiten als den neuen politischen Grundsätzen verpflichtet war. Somit wirft die Debatte ein Licht darauf, welche Kräfteverhältnisse in den gesetzgebenden Räten der Helvetik zwischen unbedingten Republikanern und solchen Abgeordneten herrschten, die der alten Ordnung mehr verbunden waren als dem Geist der neuen. Sie ist auch ein wichtiger Indikator dafür, mit welchen politischen Strategien die Repräsentanten der neuen Ordnung gegenüber der Bevölkerung agieren wollten. In der Debatte über die Judenemanzipation stellte sich die von Senator Muret formulierte Frage, ob die republikanischen Grundsätze «köstlicher» zu sein hätten «als die Verhältnisse des Augenblicks».[35]

Die antijüdischen Vorbehalte äusserten sich im August 1798 nicht mehr nur in Nebensätzen und parlamentarischen Tagesordnungstricks. Es erscheint sinnvoll, das Sammelsurium an Einwänden gegen die Erteilung des Bürgerrechtes, von denen viele in den folgenden Jahrhunderten weiterwirkten, ungeordnet und mit Namensnennung in der Reihenfolge vorzustellen, in der sie geäussert wurden, da eine systematisierende Zusammenschau der Auseinandersetzung nur eine Ordnung suggerieren würde, die die Debatte nicht hatte. Lediglich auf Wiederholungen soll verzichtet werden.[36]

Der Abgeordnete Bernhard Friedrich Kuhn – Rechtsgelehrter und aus einem regimentsfähigen Berner Geschlecht – glaubt in der ersten Debatte des Grossen Rates am 8. August 1798, «in dem Talmud sei ein Gesetz, welches die Juden am Pfingsttag von allen eingegangenen Verpflichtungen losspreche», lässt sich später aber belehren, dass es sich lediglich um Sündenvergebung handele. Johann Wernhard Huber – Apotheker und Dichter aus einem alten Basler Geschlecht – begreift die Juden «in Rücksicht ihrer Religion» als besondere Korporation, die mehr politisch als religiös sei, weshalb ihnen das Aktivbürgerrecht nicht zukomme. Sie sollten nicht mehr Rechte erhalten «als unsere eigenen Geistlichen». Ausserdem befänden sie sich «in einem solchen Zustand von Verdorbenheit, daß sie als unverbesserlich anzusehen» seien. Ein weiterer Abgeordneter erweist sich gar als Kenner des fernen Ostens und meint, man dürfe bei dieser Frage nicht nur auf das Äusserliche sehen, «um seine Brüder zu erkennen [...], sonst wären freilich die Juden die besten Bürger und Brüder, weil sie die größten Nasen haben; allein ihr Corporationsgeist macht sie unverbesserlich wie die Chinesen mit ihrem eingeschränkten Nationalgeist; ihre Religionscorporation ist es, die sie an allem Guten hindert; so lange sie dieser anhängen, können sie keine guten Bürger sein.»[37] Joseph Trösch aus dem Kanton Solothurn vertritt die Auffassung, die von den Verfechtern der Bürgerrechtserteilung herangezogenen Verfassungsartikel seien nicht auf die Juden anwendbar. Sie sollten, so Trösch nun in der zweiten Grossratsdebatte vom 16. August – inzwischen lag ein Antrag der Kommission zur Reformation der helvetischen Judengesetze vor, der die Bürgereidsleistung jedes Juden vorsah, der seit 20 Jahren ununterbrochen in Helvetien ansässig war –, das Bürgerrecht erst erhalten, wenn sie 20 Jahre nach Annahme der Konstitution gute Zeugnisse ihrer Aufführung vorweisen könnten. Gottlieb Spengler von Lenzburg behauptet, im Kanton Baden hätten sich die Juden als «Pest» erwiesen und als «Schwamm, der allen Reichtum» dieses Landes aufsauge.[38] Es wird viel geglaubt in dieser Debatte, auch von wissenschaftlich gebildeten Abgeordneten. Dominik Gmür – Sohn des letzten Untervogts zu Schänis im Gasterland, Jurist und später Gegner der Helvetik – behauptet, «ein Jude, der Jude bleiben und also noch auf ein neues Reich, durch einen Messias gegründet, glauben will, könne die helvetische Constitution, der zufolge er für immer auf andere Bürgerrechte Verzicht thun müßte, unmöglich annehmen». Zudem werde es Juden schwerfallen, «sich gute Zeugnisse zu verschaffen», und ohnehin sei es so, «dass wenn sie auch schwören, sie doch den Eid nicht halten werden». Das Bürgerrecht, so Grossrat Christian Michel von Böningen im Kanton Oberland, sollte man den Juden verweigern, «weil sie nun alle Nationalgüter aufkaufen würden und in dieser Hinsicht dem Staat höchst schädlich werden könnten». Andreas Wetter von Degerfelden im Kanton Baden folgt diesem Votum, «weil die Juden eine wirkliche Nation sind und nicht arbeiten wollen». Heinrich Rellstab von Langnau im Kanton Zürich will den Juden erst Zeit geben, sich als gute Bürger zu zeigen und fordert ein Gutachten, «wie man sie in einen solchen Zustande setzen könnte, in welchem sie ihre Verbesserlichkeit und ihren wahren Eifer, dem Vaterland nützlich zu werden beweisen können». Joseph Anderwert von Münsterlingen im Kanton Thurgau sieht nur handeltreibende und arme Juden, meint, der Handel sei in Helvetien nicht hoch genug entwickelt, um fremde Handelnde anzunehmen. Auch habe man schon einheimische Arme genug. In das Bürgerrecht dürften Juden nur aufgenommen werden, wenn sie Zeugnisse ihrer Nützlichkeit vorwiesen und bezeugten, «auch am Sabbath Militärdienst thun» zu wollen. Rudolf Geiser von Roggwil – Spross eines alten Geschlechtes im bernischen Oberaargau – will nicht ins Bürgerrecht aufnehmen, «was unverbesserlich» ist. Franz Perrig aus dem Kanton Wallis hält es für zweifelhaft, dass Juden überhaupt ein Gewissen haben. In Frankreich seien sie nur in das Bürgerrecht aufgenommen worden, weil sie Mirabeau mit 150'000 Pfund bestochen hätten. Ungeduldig meint Trösch, einer der lautstärksten Antisemiten im Grossen Rat, man habe die Juden schon genug durch die allgemeinen Gesetze bedacht, er wünsche, «dass man gleich viel Eifer und Beredsamkeit anwende, um die eigenen Brüder zu unterstützen».

Die Debatte im Grossen Rat war damit noch nicht beendet. Man erkannte auf Tagesordnung und beauftragte die eingesetzte Kommission, ein neues, der geführten Debatte entsprechendes Gutachten zu erstellen. Die Kommission blieb jedoch bei ihrer Haltung, fügte nun dem Bürgereid aber die speziell für die Juden bestimmte Formel hinzu, «dass der Eid ihnen so heilig sei, wie wenn er in den Formen der jüdischen Religion abgefasst wäre». Die Gegner der Judenemanzipation waren damit in der dritten Grossratsdebatte vom 17. August 1798 nicht zufriedengestellt. Gmür lehnt den Eid erneut ab, weil die Juden damit zu Bürgern würden, was er weiterhin ablehne, «weil sie sich mit Wucher nähren und dadurch ein böses Beispiel und liederlichen Leuten die Mittel in die Hände geben, ihr Vermögen zu verschwenden; außerdem sind viele Arme unter ihnen, die dem Staat zur Last fallen würden; auch ist die ganze Volksstimmung wider sie, und würde es auch wider uns, wenn wir für die Juden sorgen, ehe wir es für unser eigenes Volk thun». Trösch tut sich mit dem Wort hervor: «Wer einem Juden traut bei seinem Eid, dem wird's gewiss leid.» Der Abgeordnete Bombacher von Spreitenbach im Kanton Baden versteigt sich gar zu der Behauptung, «dass die alte Obrigkeit alles zur Verbesserung der Juden ohne Erfolg that, dass der Jude immer Jude und Betrüger bleibe». Seit Christi Geburt habe kein Jude einen Bürgereid geleistet.

Die Mehrheit des Grossen Rates beschloss, die Juden nicht zum Bürgereid zuzulassen. Im Senat, der diesen Beschluss hätte verwerfen können, fanden antijüdische Haltungen am 18. August 1798 ebenfalls eine grosse Mehrheit. Senator Georges Badoud von Romont im Kanton Freiburg, Advokat und Mitglied einer Freiburger Bürgerfamilie, behauptet, die Juden hätten mit Freiheit und Gleichheit unverträgliche Gesetze.[39] Senator Aloys Ruepp von Sarmenstorf im Kanton Baden stimmt bei und bemerkt, günstige Zeugnisse ihres Betragens könnten die Juden ohnehin in Ewigkeit nicht beibringen, «wenn sie sich wie bis anhin betragen». Senator Daniel Scherrer (Schärer?) von Märstetten im Kanton Thurgau wiederholt, Juden würden «nie einen Eid halten, indem sie jährlich durch ihre Rabbiner von allen den Christen geschwornen Eiden losgesprochen werden». Gegen die Zulassung zum Bürgereid sprechen sich auch die Senatoren Peter Karl Attenhofer von Zurzach im Kanton Baden, Franz Xaver Joseph Fuchs von Rapperswil im Kanton Linth – Arzt und Sohn einer alten Ratsfamilie –, Johann Joseph Duc aus dem Kanton Wallis, Johann Jacob Meyer von Arbon aus dem Kanton Thurgau und Johann Joseph Diethelm von Lachen im Kanton Linth aus.

Die Befürworter der Judenemanzipation hatten gegen die hier dokumentierte Mischung von Abneigung und Hass, Vorurteilen und Unwissen nur die Möglichkeit, auf die Grundsätze der Verfassung, der Menschlichkeit, des Republikanismus und des Christentums hinzuweisen. Argumente hatten in der Debatte jedoch ebenso wenig eine Chance wie die Berufung auf Menschenrechte. Allein Grossrat Wernhard Huber änderte, offenbar unter dem Eindruck der Diskussionen in der Grossratskommission zur Reformation der helvetischen Judengesetze, seine anfänglich dezidiert antijüdische Meinung. Die Forderung des Grossrats Jacques Geinoz, die von der Verfassung geforderte allgemeine Menschenliebe habe auch die Juden einzuschliessen, blieb ungehört. Zu Recht bemerkte Grossrat Johann Rudolf Egg, er habe im Parlament noch nie so leidenschaftlich über Gesetze sprechen hören wie in dieser Angelegenheit. Der «bloße Name Jud», so sein Kollege Herzog, blende die Versammlung, und Henri Vincent Carrard warf ein, «die Abneigung gegen die Juden komme von einigen Ueberresten der gewohnten Vorurtheile her».

Die Debatten zeigten, dass die Abhängigkeit von Frankreich und die Nachahmung französischer Regelungen durchaus Grenzen hatten. Wie in so vielen anderen Fällen waren es Schweizer, die nach schweizerischen Bedingungen und nach ihren eigenen Vorstellungen entschieden, ohne dabei einem Druck des Nachbarlandes ausgesetzt zu sein, der vorwiegend in den grossen politischen und militärischen Grundsatzfragen zur Geltung kam.

Es soll die Habenseite der Debatte nicht vergessen werden. Erstmals gab es in einem Schweizer Parlament die Möglichkeit, öffentlich für die jüdische Minderheit einzutreten. Es taten dies die Grossräte Johann Konrad Escher von Zürich, nach seiner Meinungsänderung Wernhard Huber aus Basel, gegen anfängliche Bedenken Bernhard

Friedrich Kuhn, Louis Secrétan aus Lausanne, der Waadtländer Henry Vincent Carrard, Samuel Ackermann von Hendschiken im Kanton Aargau, Johannes Herzog von Effingen im Kanton Aargau, Tobias Carmintran aus Freiburg, Jacques Geinoz von Bulle im Kanton Freiburg, Karl Koch von Thun im Kanton Oberland, Johann Jacob Heussi aus dem Kanton Linth sowie die Senatoren Paul Usteri aus Zürich, Jules Muret von Morges im Kanton Léman, Melchior Kubli von Glarus, Abraham Fornerod von Avenches im Kanton Freiburg und Heinrich Krauer von Rothenburg im Kanton Luzern.

Ein Denkmal setzte sich der Zofinger Johann Rudolf Suter, indem er «auf dem Kampfplatz für die Juden und für Menschenrecht» systematisch und engagiert die im Grossen Rat geäusserten Vorwürfe widerlegte und dem Gemisch aus Ängsten und Irrationalität detailliert Gründe entgegensetzte. Seine Rede vom 17. August 1798 soll als grosses Zeugnis aufgeklärter Toleranz und einer unbeirrbaren republikanischen Haltung ausführlich zitiert sein. Er wolle sich nicht lange mit allgemeinen Grundsätzen aufhalten, so beginnt Suter sein Plädoyer,

«sondern gleich übergehen zu den Vorwürfen, die man auf diese Menschenclasse herabschüttet. Man sagt: 1) Sie leben einzig vom Wucher; Wucher – was wuchert nicht in der Natur? Ist das Leben selbst nicht der größte Wucher? Muß es nicht wuchern, geizen mit dem Tod, wenn es sein soll? Ist es nicht ein ewiger Wucher und Kampf mit der Zeit? Alles wuchert, alle Empfindungen wuchern in der lebenden Natur, und der Jude sollte mit seinem bischen Geld nicht wuchern? 2) Aber dieser Wucher ist zu stark, er fordert 30–40% den Studenten auf der Universität. Warum geben sie ihm so viel? Und dann ist dies nicht der Fall bei uns. 3) Die Juden sind meistens arm; wir haben genug Arme in unserm Land und laden uns also eine neue Last auf. So viel ich weiß, sind sie uns noch nie durch ihre Armut lästig geworden; ihr betriebsamer Kopf schützt sie hinlänglich davor, und fänden sich auch Arme, Hülfsbedürftige unter ihnen, wessen Herz wäre so hart, das ihnen nicht, von Menschenliebe angetrieben, Unterstützung wollte zukommen lassen? 4) Sie werden bald alle unsere Nationalgüter an sich ziehen. Wie ist das möglich, wenn sie so arm sind, wie man sagt? Aber wäre es auch, wir wollen ihnen Dank wissen, wenn sie dieselben gut bezahlen. 5) Der Handel wird ganz in ihre Hände kommen. In die Hände der armen Juden? schwerlich; aber gesetzt, dies könnte der Fall werden, so wird es nur bei unsern Kaufleuten stehen, sie daran zu verhindern, wenn sie so betriebsam, so fein, so klug, so speculativ wie die Juden sein wollen. Es ist wahrlich nicht in unserm Vermögen, dem menschlichen Verstand die Flügel zu beschneiden; wenn einer feiner und geschickter ist als der andere, so mag er's sein und den wohlverdienten Lohn dafür ernten; zudem wird dadurch die Industrie unserer Handelsleute nur mehr aufgeweckt. 6) Aber der Jude gibt schlechte Waaren, er übertölpelt, betrügt. Ich habe viel mit Juden zu thun gehabt und die Sache nicht so gefunden.» «Die Christen», so resümiert Suter gegen das Murren des Grossen Rates, «betrügen wohl ebenso viel und oft noch mehr. Ja, Bürger Repräsentanten, ich nehme meine Worte nicht zurück! Die

Christen betrügen noch mehr, indem sie die Juden um alle ihre Menschenrechte betrügen. Und dann laß ich mich nie mit platten Gemeinsprüchen abspeisen und finde es immer schwach und unlogisch, wenn man über eine ganze Menschenklasse so schal und in so starken Ausdrücken absprechen will. Ich bleibe dabei, denn ich habe die ganze Philosophie und Geschichte für mich. [...] Nun komme ich noch zu den traurigsten Vorwürfen, die man den Juden gemacht hat, nämlich sie seien keine Menschen, hätten kein Gewissen und wären unverbesserlich. Wahrlich, es schmerzt mich tief in der Seele, daß ich solche harte, unmenschliche Worte in dieser Versammlung hören mußte. Wo ist der Mensch nicht Mensch? Wo kann er es nicht sein? Wo hat er kein Gewissen? Dies verdient keine Widerlegung. Aber das, sie seien unverbesserlich, das ist stark! Ein Mensch sollte unverbesserlich sein? Gott im Himmel! Wo und was wäre die Tugend, wenn man sie nicht erreichen könnte, wenn sie nicht anpassend wäre jedem Herz, das sie sucht! [...] Unverbesserlich ist nichts in dieser Welt, und jeder edle Mensch soll es sich zur heiligen Pflicht machen, seinen irrenden Bruder zu bessern. Fehlt der Jude, ist er schlimmer als Andere, gebt ihm *Menschenrecht,* macht ihn zum *Bürger,* macht ihn *frei,* und er wird besser sein. – O! es thut mir weh, dass ich mit lauter Gemeinsprüchen eine Classe der Menschen muß behandeln sehen, die so sehr Mitleiden verdient. Nur der Name *Jude* schreckt euch schon! Ich frage euch alle bei euerm Gewissen, mischt sich nicht unfühlbar in eure Rede etwas Neid und Fanatismus? Genug davon. – Links habt ihr *Vorurtheile,* rechts steht die Vernunft; links schlummern todte Verfassungen, sklavische Meinungen, rechts hebt sich das *lebendige Menschenrecht;* links kriechen verworrene Begriffe von Recht und Politik, rechts schwingt sich das Sonnenlicht der Freiheit. Wählet!»[40]

Der Beschluss von Grossem Rat und Senat, «die Eidesleistung der Juden zu verschieben, bis derselben politische Existenz in Helvetien des näheren wird bestimmt sein»,[41] war mit solchen Reden nicht zu verhindern. Die Mehrheit in den Räten – nur wenige die jüdische Emanzipation ablehnende Abgeordnete beteiligten sich aktiv an der Debatte – war bereit, auf Kosten einer Minderheit vor vermuteten antisemitischen Stimmungen bei der Bevölkerung zurückzuweichen. Betrachtet man jedoch, wie in der politischen Volksaufklärung während der Helvetik ansonsten durchaus engagiert Volkswiderstände, -meinungen und -vorurteile bekämpft wurden, so wird deutlich, dass die behauptete Volksstimmung vor allem ein Vorwand war, den eigenen Vorurteilen zu folgen.[42] Auf die Frage Henry Carrards, wie wohl «vor dem Tribunal des Allmächtigen entschieden würde», wolle man eine ganze Menschenklasse von jedem Bürgerrecht ausschliessen,[43] kam die Replik, das Volk sei noch nicht aufgeklärt genug für die grossen Grundsätze allgemeiner Menschenrechte.[44] Er werde jeden Menschen, so wiederum Johann Rudolf Suter, «er sei Heide, Türke, Hottentot oder Irokese, als meinen Bruder und Mitbürger umarmen. Was nun den Willen unsers Volkes betrifft, dessen Stellvertreter wir hier sind, so lasse ich mir von demselben nicht imponiren, so lang es auf

Vorurtheile sich stützt. Es ist unsere Pflicht, dieses Volk aufzuklären; es ist unsre Pflicht, seinen Willen so zu leiten, daß es nur die Wahrheit, das Gute wolle, und ich verlasse mich auf dieses Volk, daß Moralität und Menschenrechte ihm heilig sein werden.»[45]

Die Debatte über die Judenemanzipation wurde auch ausserhalb der Parlamente geführt. Mit einer Flugschrift unter dem Titel «Ein Wort über das Aktivbürgerrecht der Juden in Helvetien in Hinsicht auf die beiden Gemeinden in denen sie izt wohnen», die 1798 in Aarau bei Friedrich Jakob Bek gedruckt wurde, beteiligte sich auch der reformierte Pfarrer von Endingen und Tegerfelden, Conrad Fischer, an der öffentlichen Auseinandersetzung.[46] Der Gottesdiener befürchtete bei Erteilung des Bürgerrechtes eine Majorisierung der christlichen Gemeindeeinwohner bei Gemeindewahlen. Eine Widerlegung findet sich in der anonymen Flugschrift «Freymüthige Gedanken eines helvetischen Bürgers, über die Frage: Soll man die Juden, die seit 20 Jahren in Helvetien wohnen, als helvetische Bürger anerkennen, oder kann man sie ausschließen?» Tatsächlich konnte von einer möglichen Majorisierung keine Rede sein. In Lengnau lebten am Ende der Helvetik 849 Christen und 392 Juden, in Endingen 852 Christen und 486 Juden. Die Ablehnung jüdischer Gleichberechtigung hatte offenkundig auch hier vor allem irrationale Ängste und Befürchtungen, auch aber Neid und Missgunst zur Grundlage, wie eine Bittschrift der christlichen Einwohnergemeinde von Endingen andeutet, die am 24. August 1798 an das Direktorium erging und vermutlich ebenfalls von Pfarrer Fischer verfasst wurde. Die Petenten stellen sich als «Bürger einer Gemeine» vor, «welche außer einer einzigen andern benachbarten Gemeinde von den alten Regierungen allein dazu verurteilt war, die Juden ausschließlich in ihrer Mitte wohnen zu lassen; einer Gemeine, die über 90 Judenfamilien gegen 110 christliche Haushaltungen zählt; einer Gemeine, die wegen der starken immer noch steigenden Zahl jüdischer Einwohner kaum mehr im Stande ist, für ihre ärmeren Bürger ein Obdach zu finden».[47]

Mit der Ausschliessung der Juden vom Bürgerrecht sahen sich die aktiven Verfechter der jüdischen Emanzipation vor einem Scherbenhaufen. Zu Recht befürchte Johannes Herzog von Effingen, «dass auf diesen Entscheid hin die Juden noch mehr beschimpft und misshandelt werden als bisanhin», und forderte, das Direktorium einzuladen, «dem Statthalter des Cantons Baden anzuzeigen, dass die Juden unter dem Schutz der Gesetze stehen und jedes Handwerk, Gewerbe und Ackerbau frei betreiben dürfen». Grossrat Karl Friedrich Zimmermann von Brugg «hält das Volk für zu gut, um diesen Antrag nothwendig zu finden», wohingegen Wernhard Huber aufgrund der im Parlament selbst gefallenen Äußerungen einen solchen Beschluss befürwortet und aus eigener Initiative einen entsprechenden Brief an das Direktorium verfasst, in dem die Regierung um eine deutliche Demonstration gegenüber der mit Juden zusammenlebenden christlichen Bevölkerung gebeten wird, «dass diese bisher so erniedrigte und gedrückte Classe nun ohne weiters wie andere Menschen und Einsaßen anzusehen und zu behandeln sei und gleiches Recht auf den Schutz der Gesetze habe».[48]

Das helvetische Fremdengesetz

«Die Erfahrung der Geschichte beweist überdies zur Genüge, wie wohlthätig immer für alle Staaten milde Gesetze gegen Fremde und eine aufgeklärte, auf Menschenliebe gegründete Politik war.»[49]

BERICHT DER FREMDENKOMMISSION DES GROSSEN RATES

«[...] aber alle Bedenklichkeiten hoben sich von selbst auf, sobald wir das schöne Ganze im Auge hatten.»[50]

BERICHT DER FREMDENKOMMISSION DES SENATS

Die Debatte über die Judenemanzipation hatte gezeigt, dass der revolutionäre Gedanke der alle Menschen umfassenden Brüderlichkeit nicht so leicht gegen Vorurteile und Widerstände zu praktizieren war, die beim Volk wie bei seinen Repräsentanten zu finden waren. Die nur wenige Wochen nach der Augustdebatte beginnende parlamentarische Auseinandersetzung über ein helvetisches Fremdengesetz musste auch für die Juden von Interesse sein, denn wollte man sie schon verfassungswidrig nicht als Bürger anerkennen, so waren sie doch unzweifelhaft zumindest in Helvetien ansässige Fremde. Ausdrücklich hatte auch das Direktorium den Statthalter des Kantons Baden am 21. August 1798 angewiesen, die dort lebenden Juden wie andere in der Schweiz wohnende Fremde zu behandeln.[51]

Zu Recht glaubte man in den Räten, «das Volk werde nicht gern sehen, dass andere Fremde als die schon im Lande wohnenden zu Bürgern angenommen werden». In diesem Fall jedoch wurden «solche beschränkte Ansichten» im Grossen Rat mehrheitlich bedauert. Der Gesetzgeber eines freien Volkes habe «weit über örtliche Rücksichten und engen Repressaliengeist erhaben» zu sein.[52] Dieser Prämisse vermochte in diesem Fall auch eine Mehrheit in den Räten zu folgen, denn es fehlten die in den Debatten über die Judenemanzipation hochschwappenden Ressentiments und Emotionen.

Das Gesetz über die Niederlassung und die Rechtsverhältnisse von Fremden dokumentierte Ende Oktober 1798 den Willen der Gesetzgeber, auch gegen die auf Abschliessung gerichteten alten Dorfordnungen und gegen die Besorgnis, Fremde könnten als Arme zur Last fallen, republikanischen Grundsätzen zu folgen. Das entsprechende Gesetz ging von der Erwägung aus, «dass das National-Interesse, die politische Aufklärung und die Grundsätze der Freiheit und Gleichheit, sowie die Anerkennung allgemeiner Menschenrechte es erfordern, dass den Fremden alle Erleichterung zu ihrer Aufnahme in Helvetien gestattet werde».[53] Jeder Fremde – ausgenommen waren französische und andere Emigranten aus «auf das Repräsentativ-System gegründeten neuen Republiken» – erhielt das Recht, sich mit einem problemlos zu erlangenden[54] Erlaubnisschein in Helvetien häuslich niederzulassen. Auch wurde der Erwerb von Liegenschaften gestattet, wenn Schweizer im Herkunftsland des Fremden gleiches Recht hatten. Ein Fremder, der sich 20 Jahre in der Schweiz aufgehalten hatte, erhielt weitgehenden Anspruch auf das helvetische Bürgerrecht.⁵⁵ Ohne dass in der Debatte darauf eingegangen worden wäre, galten diese Regelungen unzweifelhaft auch für die Schweizer Juden, die daraus das Recht der freien Niederlassung, der freien Ausübung beliebiger Gewerbe und einen Anspruch auf das Bürgerrecht ableiten konnten.

Offensiv setzten sich die Parlamentarier mit fremdenfeindlichen Stimmungen in der Bevölkerung auseinander. «Die Selbstsucht und der Neid», so hiess es im Bericht der Fremdenkommission des Grossen Rates, «welche Fremdlingen ein Land versperren, worin sie gerne wohnen möchten, versperren dieses Land auch zugleich aller Industrie, aller Cultur, aller Vervollkommnung in Künsten und Wissenschaften und allem Nationalreichthum. Durchgehen Sie die Staaten von allen Welttheilen, und Sie werden auf jedem Blatt ihrer Geschichte diese Wahrheit bestätigt finden. Regierungen hingegen, welche gegen Fremde gefällig und human waren und ihnen gerne einen Zufluchtsort in ihren Ländern gestatteten, wurden dafür immer durch tausend wesentliche Vortheile in Rücksicht auf den Staat belohnt.» Es folgten Gedanken, die den aufgeklärten und radikal-liberalen Geist charakterisieren, der im ersten Parlament der Schweiz auch anzutreffen war:

> «Ein Land das so viele Naturvorzüge hat; ein Land das um der Seltenheit seiner Reize willen von allen Ausländern besucht und geliebt wird; ein Land das dem Forschungstrieb der Menschen unerschöpfliche Quellen darbietet darf nicht karg sein; das darf vor Fremden seine Gränzen nicht schließen. Ein Volk endlich, das unter einer glücklichen Verfassung lebt, das auf dem Wege der Vervollkommnung zu seiner hohen Bestimmung immer fortschreiten will; ein Volk das durch seine glückliche Lage, durch die Einfachheit seiner Sitten und Grundsätze und durch die Mannigfaltigkeit seiner Sprachen der Bindungspunkt zwischen verschiedenen Nationen sein kann; ein Volk das die heiligen Menschenrechte in ihrer ganzen Ausdehnung ehrt und vertheidigt; dessen Beispiel für die gute Sache unendlich viel entscheiden kann, ein solches Volk darf keinem andern an Humanität nachstehen. Es muß in seinen schönen Bergen den Tempel der Freiheit und Sicherheit allen Gleichheit liebenden Menschen aufschließen; es muß alle fremden Brüder mit offenen Bruderarmen aufnehmen.»⁵⁶

Natürlich fehlten in der Debatte auch Gegenstimmen nicht, und es gab viele praktische Probleme, die der Ausführung des Gesetzes im Wege standen,⁵⁷ doch ist bemerkenswert, dass die Mehrheit der Parlamentarier den folgenden schönen Gedanken aus dem Bericht der Fremdenkommission des Senats zu folgen bereit waren:

> «Es ist eine liebliche Erfahrung für den Menschenfreund, Bürger Senatoren, dass die Nationen gegen alle Mitmenschen um so humaner denken und handeln, je seliger sie sich selbst im Vollgenusse der Menschenrechte fühlen, und wenn man bemerkt, wie der freie Mann nicht nur die Menschheit in jedem seiner Mitbrüder auf das heiligste respektirt, sondern ihm auch den Mitgenuss aller seiner Seligkeiten aus ganzer Seele gönnt, so kömmt es einem schwer an, den großen Gedan-

ken aufzugeben, dass das Menschengeschlecht dermaleinst nur eine einzige Familie ausmachen werde. – Dass alle Menschen unsere Brüder seien, dass Gottes Erde von Gott für Alle geschaffen worden, dass kein Volk das Recht habe, seine Mitbrüder, als andere Wesen, von dem Genuss eines ihnen beliebigen Erdenflekkens auszuschließen; dass es sogar politisch nützlich sei, jeden wackern arbeitsamen Menschen in seine Mitte aufzunehmen; dies waren längst schon unumstößliche Wahrheiten, die nur Despotismus unterdrücken, nur engherziges Spießbürgerthum verkennen konnte, die auch Helvetien anerkennen mußte, sobald es die Würde einer einzigen und freien Nation erhalten hatte.»[58]

Schon träumte man in den Räten davon, einen Grafen Rumford, einen Sokrates, Platon, Solon, Lykurg, Locke, Montesquieu, Leibniz und Kant zu helvetischen Mitbürgern zu erwählen.[59] Theorie und Praxis in Übereinstimmung zu bringen, war das Hauptproblem der Helvetik.

Aktivitäten der Schweizer Juden und die letzte Debatte über Judenemanzipation während der Helvetik

«[...] da wir doch bereitwillig sind, alle Lasten und Beschwehrden, wie jeder andere Bürger, zu tragen; und unser Leben selbst in erforderlichem Fall für das Vaterland aufzuopfern.»

BITTSCHRIFT DER SCHWEIZER JUDEN AN DAS DIREKTORIUM

«Das Volk hat mich nicht hiehergeschikt, die Menschenrechte zu untergraben, sondern sie für alle Menschen zu behaupten, unser Volk denkt zu rechtschaffen, um etwas anderes zu wünschen. – Wann es aber auch nicht so wäre, so sollen wir nach Überzeugung handeln.»

JOHANN KASPAR BILLETER IN DER GROSSRATSDEBATTE VOM 13. FEBRUAR 1799

Die Schweizer Juden selbst waren nicht bereit, sich mit dem Status der Fremden in Helvetien zufriedenzugeben, sondern begehrten in einer Bittschrift vom 14. Dezember 1798 ausdrücklich «laut der Constitution das helvetische Bürgerrecht». Die Kommission zur Reformation helvetischer Judengesetze, die mit Befürwortern der Judenemanzipation besetzt war, hatte nach der Augustdebatte ihre Arbeit fortgesetzt und an die Schweizer Juden die Frage gerichtet, ob sie nach eigenem Verständnis eine besondere Korporation bildeten. Die von Wolf und Samuel Dreyfuss, von Joseph und Samuel Guggenheim sowie von Emanuel Weil unterzeichnete Bittschrift – ihr war ein zu diesem Zweck eingeholtes Gutachten der Rabbiner David Sintzheim und Abraham Auerbach beigefügt – bekannte sich zur Schweiz als Vaterland und forderte die bürgerlichen

Rechte: «Allein solange noch jene nicht nur versteckt, sondern oft laut sich äußernde Verachtung auf uns liegt, die nur durch den Mitgenuß bürgerlicher Rechte gehoben werden kann, so hilft uns die Freyheit im Handel und Wandel nicht viel, durch welche man uns begünstigen will, und wir dörffen freymüthig behaupten, daß Fremde vor uns in dieser Rücksicht Vorzüge genießen, da wir doch bereitwillig sind, alle Lasten und Beschwehrden, wie jeder andere Bürger, zu tragen; und unser Leben selbst in erforderlichem Fall für das Vaterland aufzuopfern.»[60]

Das Direktorium übergab die Bittschrift am 18. Dezember dem Grossen Rat und forderte in einer Botschaft dazu auf, über die politische Existenz der Juden zu entscheiden. Nach längerem parlamentarischem Hin und Her – einige Abgeordnete verlangten gar Vertagung bis zur Erledigung aller anderen Geschäfte – kam es am 5., 12. und 13. Februar 1799 zur letzten Debatte über die jüdische Emanzipation.[61] Nun hatte auch die Kommission zur Reformation helvetischer Judengesetze einen Rückzieher gemacht, schlug vor, die Bürgerrechtsverleihung weiter zu vertagen, wollte aber immerhin den Juden, «bis über ihre Zulassung zu der Ausübung der aktiven Staatsbürgerrechte durch die Gesetze wird entschieden seyn [...], gleiche Sicherheit der Person und des Eigenthums, den nämlichen Schu[t]z der Gesetze und alle andere[n] Civilrechte» garantieren, wie sie von Schweizer Bürgern genossen wurden.[62]

Die Debatten unterschieden sich von den vorherigen und bereits geschilderten lediglich dadurch, dass antijüdische Tiraden nun noch ungenierter und lauter vorgetragen wurden. Besonders pöbelhaft trat der Luzerner Grossrat Josef Elmiger (auch Elmlinger) von Reiden hervor, der von Beruf Sattler, vor der Helvetik Seckelmeister, Kirchmeier und Leutnant war und vermutlich persönlich noch nie einen Juden kennengelernt hatte.[63] Der Bericht des «Schweizerischen Republikaners» gibt einen Eindruck: «[...] diese Menschen, welche aus dem Betrug und hinterlistigen Handel ihr einziges Gewerb machen [...] besser wär's, sie alle zusammen dem Buonaparte zuzusenden, damit er sie in ihr Königreich nach Jerusalem führe, wo sie dann durch ihren Betrug und Meineid niemand mehr schaden! – und indem er sich gegen die Gallerie wendet, ruft er aus: und ihr Mauschel Hebräer, die ihr euch unter den Zuhörern befindet, hebet eure Köpfe empor [...]. Allgemeiner Ruf zur Ordnung mit grossem Lärm. – Elmlinger fahrt fort im grössten Getümmel der Versammlung auf die Juden zu schimpfen; – alles ruft von allen Seiten zur Ordnung; – der Präsident klingelt – aber Elmlinger lässt sich nicht stören. – Der Präsident erklärt, dass er Elmlingern das Wort nehme: dieser aber fahrt immer fort, mit den heftigsten Ausdrücken.»[64] Johann Ulrich Custor aus dem Kanton Linth macht sich dieses Niveau zu eigen: «Helvetische Bürger können sie nicht werden, denn die Helvetier haben sich immer durch ihren Nationalcharakter ausgezeichnet und einen festen Muth und Ehrlichkeit gezeigt, die Juden aber haben bisher noch nichts von diesen helvetischen Eigenschaften an sich blicken lassen.» Peter Bütler (auch Beutler) aus Au im Kanton Baden schliesst sich an: «[...] überall ruft das Volk: nur kein Jud! und er ist überzeugt, so wie die Kaz das Mausen nicht lässt, so wird auch der Jud seine Juderey nicht lassen.» Auch Franz Anton Würsch aus

Nidwalden – bekanntlich eine von Juden nicht sehr stark besiedelte Gegend – beruft sich auf die Stimme des Volkes, welches der Auffassung sei, «dass die Annahme der Juden sein Elend noch vollenden würde, worin es jetzt schon schmachtet, und so ungern es Truppen hat, so wird es sie doch noch lieber haben als Juden; – und jetzt schon haben wir Mangel an Brod, wollen wir dieses wenige Brod unsern eigenen Kindern noch wegnehmen und es Fremden geben?» Charles Thorin aus dem Kanton Freiburg endlich bemüht den folgenden Vergleich: «[...] wenn nun die Sarazenen, welche noch in Croatien wohnen und nur von Raub leben, auch bei uns aufgenommen werden wollten, müssten wir sie denn auch in unsrer philosophischen Republik aufnehmen, und uns von ihnen ausjagen lassen? ich glaube Nein! und so auch die Juden.»[65]

Wieder war es Johann Rudolf Suter, der in einer grossen Rede für die Juden eintrat. Er hatte sich mit der jüdischen Geschichte vertraut gemacht, die Bibel in der griechischen Übersetzung gelesen, sich von dem berühmten Göttinger Orientalisten Johann David Michaelis beraten lassen und Wilhelm Dohms – Vorkämpfer der preussischen Judenemanzipation – 1781 erschienenes Buch über die bürgerliche Verbesserung der Juden gelesen. Sein begeistertes und beeindruckendes Plädoyer wurde zum hundertsten Jahrestag der Judenemanzipation in Preussen erneut abgedruckt.[66] Die Mehrheit der Abgeordneten war durch solche Reden jedoch nicht zu beeinflussen, ihre Meinung stand fest. Und so sprach Louis Secrétan zu seinen Kollegen, er werde auf eine lange Rede verzichten, da sich ohnehin niemand überzeugen lasse, wolle aber «vor den Vätern des Volks öffentlich erklären, dass er die Juden der Constitution zufolge für Bürger hält, und keinen Unterschied unter Menschen kennt, der aus der Religion herfliesst: er will dies öffentlich sagen, damit seine Kinder nicht einst glauben, er habe Theil genommen an der unglüklichen Zeile, welche die Geschichte von diesem Tag in Rüksicht der gegenwärtigen Berathung niederschreiben und den künftigen Jahrhunderten aufbewahren wird!»[67]

Die Beratung endete mit einem Entscheid, der den Juden im wesentlichen die Rechte zusprach, wie sie im Fremdengesetz kodifiziert waren.[68] Am 5. März 1799 verwarf der Senat selbst diesen Beschluss, wodurch es bei der gesetzlich nicht genauer bestimmten Stellung der Juden blieb. Die Beschlussfassung über die jüdische Bittschrift wurde vertagt, der Grosse Rat in dieser Angelegenheit nicht wieder aktiv. Das Direktorium erteilte den Juden das Patent der in Helvetien ansässigen Fremden, alle weiteren Bemühungen um das Bürgerrecht, die von Schweizer Juden selbst ausgingen, blieben erfolglos.[69]

Das Ende der Helvetik und antijüdische Pogrome

> «[...] dass die umgebenden Einwohner deutlich sehen mögen, [...] dass diese bisher so erniedrigte und gedrückte Classe nun ohne weiters wie andere Menschen und Einsaßen anzusehen und zu behandeln sei und gleiches Recht auf den Schutz der Gesetze habe.»
>
> WERNHARD HUBER IN EINEM BRIEF AN DAS DIREKTORIUM, 17. AUGUST 1798

Das Verhalten vieler Behörden und Verwaltungen besonders gegenüber fremden Juden blieb feindlich, wie beispielhaft ein mit vagen Verdächtigungen operierendes Schreiben des Regierungsstatthalters Bolt aus St. Gallen vom 18. Januar 1799 zeigt, in dem von an den Grenzen auf Niederlassungsfreiheit wartenden Juden gesprochen wird, die beabsichtigten, «schwarmweise ins Land zu kommen, wo sie durch ihren Unfug den Handel schädigen und manchen arbeitsamen Bürger um sein Brot bringen werden. Eine Menge der letzten Sommer verübten Bleichendiebstähle müsse durch sie veranlasst worden sein; sie wissen freilich alles so heimlich abzumachen, dass man ihnen schwer auf die Spur komme.»[70] Es ist die ewig gleiche antisemitische Argumentation: wo keine Beweise beizubringen sind, spricht dies noch zusätzlich für die jüdische Raffiniertheit. Auch höchste helvetische Repräsentanten bedienten sich gegenüber den Juden der seit Jahrhunderten gewohnten Sprache, wie eindrücklich die Berichte verschiedener Regierungsstatthalter belegen, die von der Regierung zu einem Bericht über die vorrevolutionäre Situation der Juden aufgefordert worden waren und in einigen Fällen ein hohes Mass an Identifikation mit den antijüdischen Repressionen der alten Regierungen verraten.[71]

Noch während der Helvetischen Republik sollte sich zeigen, wie berechtigt die eindringlichen Warnungen einiger Abgeordneter in den Debatten der Räte waren, dass mit einer Verweigerung des Bürgerrechts für die Juden die Aversionen von Teilen der Bevölkerung gegen ihre jüdischen Mitbürger höchstobrigkeitlich abgesegnet und vielleicht Ausschreitungen erst ermutigt würden.[72] Durch das taktierende, eine positive Entscheidung verhindernde Hinundherschieben des Problems zwischen den Räten, dem Direktorium und der Kommission zur Revision der Judengesetze war Schaden angerichtet worden. In der Phase der allgemeinen Auflösung der Helvetischen Republik kam es im Zusammenhang mit dem sogenannten «Stecklikrieg» im Herbst 1802 zu Pogromen gegen die Juden in der Schweiz, die wegen der zu dieser Zeit erntereifen Zwetschgen von der Geschichtsschreibung verniedlichend als «Zwetschgenkrieg» oder wegen der vom Pöbel geraubten Bänder als «Bändelikrieg» bezeichnet werden.[73]

In den Pogromen sind Elemente des spontanen Schlagens auf einen Sündenbock ebenso zu finden wie bewusste Planung. Die Betonung der spontanen Anteile durch die Geschichtsschreibung bot sich durch Augenzeugenberichte an, in denen die buntgewürfelten Haufen räuberischer Plünderer beschrieben wurden, doch hat man wohl auch erst neuerdings intensiver den Drahtziehern nachgeforscht. Jedenfalls kam es im

September 1802 in den Wirren der militärischen Konterrevolution gegen die Helvetik zu schwersten Ausschreitungen und Misshandlungen in den jüdischen Dörfern.[74] An ihnen sollen benachbarte Bauern – von bis zu 800 Personen ist die Rede – beteiligt gewesen sein, denen schon die Behandlung der Juden als Fremde und die damit erfolgte Besserstellung zu weit gingen. Bereits die elsässischen Juden hatten während der Französischen Revolution erfahren müssen, dass sich der Zorn der bäuerlichen Bevölkerung nicht nur in einem Aufstand gegen den Landadel entlud, sondern auch in heftigen Judenverfolgungen.[75] Am Ende der Helvetik kam die grosse Enttäuschung durch die Wiedereinführung von Feudalabgaben hinzu, die der materiell entkräfteten bäuerlichen Bevölkerung das Gefühl gab, zu den Verlierern der neuen Ordnung zu gehören. In einer Situation, da die anfänglich grossen Erwartungen an die Republik düpiert worden waren, entlud sich die Wut gegen vermeintliche Gewinner, die sich ungeschützt durch die staatliche Gewalt als Angriffsobjekt anboten. Während des Pogroms zerrissen Plünderer Schriftstücke, erpressten Schuldscheine und packten in ihre Körbe, was sie fanden. Es war das Verhängnis der Helvetischen Republik, dass sie so viele Reformen nur halb durchführen wollte oder konnte – auf dem Gebiet der Judenemanzipation ebenso wie auf dem der Zehnten- und Bodenzinsablösung.[76]

Nicht mehr sicher bestimmbar ist das Verhältnis von Spontaneität und Planung bei den Aggressionen, die am Tage des Pogroms von einer katholischen Prozession ausgingen. Sie gilt der jüdischen Erinnerung jedenfalls als treibende Kraft: «Von den Dörfern aus dem Sigithal und an der Aare waren sie in Procession mit Kreuz nach Zurzach gegangen. Da hatte sich unter den Wallfahrern das Gerücht verbreitet, es haben die Juden von Endingen einem Christen von Koblenz den Unterkiefer abgeschnitten. Dieses Lügengerücht [...] erhitzte die Gemüther der ohnedies raublustigen Waller und gab ihnen den zum Frevel nöthigen Muth.»[77]

Planung und Ermutigung für das plündernde Volk ging von den gegenrevolutionären Kräften aus, die im Herbst 1802 grosse Erfolge gegen die Helvetik erzielten. Neuere Untersuchungen lassen das Pogrom als gezielten Überfall erscheinen, der – auch in der jüdischen Erinnerung – genau terminiert, geplant und vorbereitet war.[78] Die jüdischen Gemeinden selbst berichten von herumgeschickten Briefen, «in welchen angezeigt war, dass man an obigem Tag [dem 21. September 1802, H.B.] über uns herfallen wolle, damit die benachbarten Gemeinden aufgefordert, zur angezeigten Stund mit Wehr und Waffen sich in unserm Dorf einzufinden.»[79] Treibende Figur war offenbar der ehemalige Zürcher Landvogt Hans Jakob von Steiner – er hatte sich 1795 bei der militärischen Besetzung Stäfas verdient gemacht –, der im September 1802 als Zivilkommissär für die Berner Aristokraten in Königsfelden arbeitete. Aktiver Gegenrevolutionär, der als Emigrant den militärischen Kampf gegen die Helvetik mitorganisierte, war auch Johannes Jakob Frei – Sohn der Schultheissenfamilie in Brugg –, der gemeinsam mit seinem Bruder am Pogrom ebenso aktiv beteiligt war wie ein nicht verwandter Namensvetter, Anton Frei aus Ehrendingen, der zu Pferd als «Bauernführer» an der Ausraubung der jüdischen Dörfer teilnahm.

Die von den föderalistisch-antihelvetischen Kräften im Kanton Baden installierte provisorische Regierung warf den jüdischen Bankier Wolf Dreyfuss aus dem von ihm gemieteten Landvogteischloss in Baden, setzte aber auch eine Untersuchungskommission ein, die ihre Arbeit zur Aufklärung des Pogroms erst intensivierte, nachdem wieder französische Truppen einmarschiert waren und General Ney die jüdischen Gemeinden um einen Bericht bat. Alles verlief im Sande: weder erhielten die geschädigten Juden einen Ersatz ihrer mit 32'000 Franken bezifferten grossen Verluste, noch wurde je ein Verantwortlicher zur Rechenschaft gezogen.

Trotz allem: Die Helvetik als markanter Einschnitt im Kampf um die jüdische Emanzipation

«Denn das revolutionäre Frankreich nahm es ernst mit der Emanzipation der Juden. Nicht bloß im eigenen Lande hatte es ihnen die volle Gleichberechtigung gewährt; die französischen Armeen trugen die Idee, daß auch den Juden die Menschenrechte zuzuerkennen seien, auch in alle eroberten Länder.»[80]

In den Darstellungen der Helvetischen Republik wird grosser Wert auf die Parteiungen gelegt, wie sie sich in den gesetzgebenden Räten darstellten. In der Anfangszeit der Helvetik – später spielte die Frage der Judenemanzipation praktisch keine Rolle mehr – sind es die sogenannten Republikaner und Patrioten, die sich in vielen Fragen unversöhnlich gegenüberstanden. Gelten erstere den meisten Geschichtsschreibern als Gemässigte – nicht selten stammten sie aus den alten aristokratischen und patrizischen Familien der Städte –, so entdeckt man in den Patrioten die radikalen Vertreter der revolutionären Landbevölkerung. Hans Staehelin spricht von einem primitiven Antisemitismus der meist bäurischen Mehrheit, der Sieger geblieben sei.[81] Tatsächlich jedoch waren diese Parteiungen in den Debatten über die Judenemanzipation ohne Belang. Eher könnte man von einem gewissen Übergewicht katholischer Abgeordneter sprechen, die sich gegen die Juden wandten, doch ist selbst hier nichts zu verallgemeinern. Schon Paul Wernle bemerkte, dass in beiden Räten alle ausgezeichneten Männer auf der Seite der Menschlichkeit gegenüber den Juden zu finden gewesen seien.[82] Auch unter hochgebildeten Abgeordneten gab es einen nicht anders als primitiv zu nennenden Antisemitismus. Wichtiger für die Haltung der Abgeordneten scheint gewesen zu sein, welche innere Nähe sie zum Gedankengut der Aufklärung und zu den revolutionären und republikanischen Idealen hatten. Sie wurden zu Beginn der Helvetik zwar von vielen Abgeordneten lautstark vertreten, wie die Geschichte der Helvetik jedoch zeigt, nur von einer Minderheit selbst der höchsten Repräsentanten der neuen Ordnung tatkräftig in die Wirklichkeit umgesetzt. Auch bei Abgeordneten aus ländlichen Gebieten sind besonders ausgeprägte antijüdische Vorbehalte feststellbar.

Es gibt keinen Grund, die politischen Ergebnisse der Helvetik mit Begeisterung zu würdigen, doch sollten sie auch nicht zu gering geschätzt werden. Im Verständnis jüdischer Historiker stellt die Helvetische Republik eine eminent bedeutsame Epoche dar: «Verheißungsvoll hatte der stürmische Frühling der Helvetik eingesetzt», so heisst es in einer vom Schweizerischen Israelitischen Gemeindebund herausgegebenen «Geschichte der Juden in der Schweiz», «Den Juden der Schweiz hatte er Gaben von Wichtigkeit – Freizügigkeit und freie Gewerbeausübung – gebracht. Die staatsbürgerliche Gleichstellung freilich blieb ihnen versagt. In ihrer inneren Entwicklung aber bedeutet die helvetische Epoche einen markanten Einschnitt. In ihr dunkles, isoliertes Ghettodasein wurde eine breite Bresche gerissen. Sie fühlten sich von nun an mit immer reicheren Bindungen der Umwelt und ihrer fortschreitenden Entwicklung angegliedert. War bis dahin ihre äußere Existenz auf Gnade und Toleranz aufgebaut, so trat jetzt mit wachsender Stärke in ihr Bewußtsein, dass sie wie die übrige Bevölkerung ihre Menschenrechte zu fordern hatten. Von dieser tiefen Überzeugung durchdrungen, nahmen sie den Kampf auf, der langwierig und hart war.»[83] Dass aus dieser Sicht auch das Wirken der französischen Armee in der Schweiz positiver gewürdigt wird, als dies durch die Schweizer Historiographie geschieht, muss nicht verwundern, doch wird mit Respekt und Dankbarkeit auch der Abgeordneten in den Helvetischen Räten gedacht, die unbeirrbar als Vorkämpfer der jüdischen Emanzipation und Vertreter republikanischer Menschenliebe auftraten.

Das letzte Wort soll dem Revolutionär aus Stäfa, Johann Kaspar Billeter, gehören. Er berichtete von eigenen Erfahrungen mit Juden und erinnerte in einer Rede vor dem Grossen Rat, was ihm von christlichen Glaubensgenossen geschehen war, als er von der Zürcher Regierung nach der militärischen Niederschlagung der Volksbewegung auf der Zürcher Landschaft emigrieren musste und steckbrieflich gesucht wurde: «Einer meiner besten Freunde ist ein Jude, ein gelehrter Jude – und wer von den Geistesfähigkeiten eines Juden überzeugt seyn will, der schaffe sich die Zeitung: der Zuschauer vom Donnersberg, die mein Freund Jud herausgiebt, an, und er wird finden, dass ein Jude auch Mensch, und ein guter republikanischer Bürger seyn kann! Ja die Juden sind Menschen, und ich sage euch, dass ein Christ ums Geld mich dem Schwert des Henkers verkaufen wollte, da mich hingegen ein mir unbekannter Jude einst vom Tode errettete, und als ich ihn für seine Mühe bezahlen wollte, sagte er ich habe einen rechtschaffenen Menschen gerettet, und dieses genügt mir. Freundschaft gebiehrt Freundschaft, Bruderliebe zeugt Bruderliebe! Lasst uns die Juden als unsre Brüder behandeln, und sie werden durch alle Umstände und durch ihre unläugbare Menschennatur genötigt seyn, uns ebenso zu behandeln!»[84]

Anmerkungen

1 Zitiert nach: Augusta Weldler-Steinberg, Geschichte der Juden in der Schweiz vom 16. Jahrhundert bis nach der Emanzipation, Bd. 1, Goldach 1966, S. 97f.
2 Zu Formen und Symbolen der Helvetik vgl. besonders: Niklaus Röthlin, Politische Formen und Symbole der Helvetischen Republik, in: Peter Ochs Brief 6, hg. von der Peter Ochs Gesellschaft, 1995, S. 1–5; Wilfried Ebert, Der frohe Tanz der Gleichheit. Der Freiheitsbaum in der Schweiz 1798–1802, Zürich 1996.
3 Die Helvetische Verfassung in: Amtliche Sammlung der Akten aus der Zeit der helvetischen Republik (1798–1803) (=ASHR), bearbeitet von Johannes Strickler und Alfred Rufer, Bde. 1–11, Bern 1886–1911, Bde. 12–16, Freiburg i. Ue. 1940–1960, Bd. 1, S. 566ff. Zur helvetischen Verfassung: Alfred Kölz, Neuere Schweizerische Verfassungsgeschichte. Ihre Grundlinien vom Ende der Alten Eidgenossenschaft bis 1848, Bern 1992; Ders., Quellenbuch zur neueren schweizerischen Verfassungsgeschichte. Vom Ende der Alten Eidgenossenschaft bis 1848, Bern 1992.
4 Vgl. zur Helvetik und umfassend zur weiteren Literatur: Holger Böning, Der Traum von Freiheit und Gleichheit. Helvetische Revolution und Republik (1798–1803) – Die Schweiz auf dem Weg zur bürgerlichen Demokratie, Zürich 1998; Andreas Staehelin, Helvetik, in: Handbuch der Schweizer Geschichte, Bd. 2, Zürich ²1980, S. 785–839.
5 Vgl. dazu: ASHR, Bd. 3, S. 1075ff.
6 ASHR, Bd. 1, S. 571.
7 Ebda., S. 568.
8 Vgl. beispielsweise: Ebda., S. 873f., besonders S. 874.
9 Vgl. Johann Caspar Ulrich, Sammlung Jüdischer Geschichten, welche sich mit diesem Volk in dem XIII. und folgenden Jahrhunderten in der Schweiz von Zeit zu Zeit zugetragen, Basel 1768; Ernst Haller, Die rechtliche Stellung der Juden im Kanton Aargau, Aarau 1901; Nold Halder, Geschichte des Kantons Aargau 1803–1953, Bd. 1, Aarau 1953.
10 Hans Staehelin, Die Civilgesetzgebung der Helvetik, in: Abhandlungen zum schweizerischen Recht, Heft 69, Bern 1931, S. 135f.
11 Eine kurze Einführung in die Geschichte der Juden in der Schweiz gibt: Willy Guggenheim (Hg.), Juden in der Schweiz. Glaube – Geschichte – Gegenwart. Im Auftrag des Schweizerischen Israelitischen Gemeindebundes, Küsnacht/Zürich 1983. Ein solcher Zolltarif ist abgedruckt: Ebda., S. 26. Vgl. weiter: Robert Uri Kaufmann, Jüdische und christliche Viehhändler in der Schweiz 1780–1930, Zürich 1988; Ders., Wie man zum «Fremden» erklärt wird. Fremd- und Selbstbildnis der Juden in der Schweizer Historiographie, in: Traverse. Zeitschrift für Geschichte 3 (1996), S. 120–128.
12 Dazu: ASHR, Bd. 9, S. 213ff.
13 Vgl. die Diskussion in: Ephemeriden der Menschheit, Jg. 1776, 10. Stück, S. 47–54, und 1777, 1. und 2. Stück, S. 31–34 und S. 126–138. Die Rezension der 1781 erschienenen Schrift Wilhelm Dohms «Ueber die bürgerliche Verbesserung der Juden» im 4. Stück des Jahrgangs 1782, S. 404ff., zeigt allerdings, dass auch hier keine durchgehend judenfreundliche Haltung vorherrschte.
14 Die Auseinandersetzung ist mit der Nennung weiterer Literatur dargestellt bei: Holger Jacob-Friesen, Profile der Aufklärung. Friedrich Nicolai-Isaak Iselin, Briefwechsel (1767–1782), Bern/Stuttgart/Wien 1997, S. 120ff.
15 Johann Caspar Lavater, Rede bey der Taufe zweyer Berlinischen Israeliten so durch Veranlassung der Lavater und Mendelsohnischen Streitschriften zum wahren Christethum übergetreten, Güstrow 1773, S. XL, XXVI und XXVII, zitiert nach: Jacob-Friesen (wie Anm. 14), S. 124.

[16] Dazu: Brigitte Erker, Eine «glückliche Relation». Friedrich Nicolai und Lichtenberg, in: Lichtenberg-Jahrbuch 1992, S. 122–131; Ulrich Joost, Über Nicolai, Boie und die Druckgeschichte des «Timorus», in: Ebda., S. 132–138.

[17] Dazu: Walter Grab, Deutscher Jakobinismus und jüdische Emanzipation, in: Deutsche Aufklärung und Judenemanzipation, Beiheft 3 des Jahrbuchs des Instituts für Deutsche Geschichte, Tel-Aviv 1980, S. 265–291.

[18] Vgl. dazu: Jacob Toury, Emanzipation und Judenkolonien in der öffentlichen Meinung Deutschlands 1775–1819, in: Jahrbuch des Instituts für Deutsche Geschichte, Bd. XI, Tel-Aviv 1982, S. 17–53.

[19] In der Debatte vom 13. Februar 1799. Schweizerischer Republikaner, Bd. 2, S. 778.

[20] Hauptquellen für die verschiedenen Debatten zur Judenemanzipation während der Helvetik stellen die ASHR sowie Johann Konrad Eschers und Paul Usteris «Der schweizerische Republikaner», Zürich [später Luzern/Bern] 1798–1800, dar. Darstellungen, denen ich verpflichtet bin, finden sich bei: Staehelin (wie Anm. 10), S. 134ff.; Paul Wernle, Der schweizerische Protestantismus in der Zeit der Helvetik, 2 Bde., Zürich/Leipzig 1938–1942, Bd. 1, S. 149ff.; Weldler-Steinberg (wie Anm. 1), S. 87ff. Vgl. auch: Holger Böning, Bürgerliche Revolution und Judenemanzipation, in: Jahrbuch des Instituts für Deutsche Geschichte, Tel-Aviv, XIV, 1985, S. 157–180.

[21] ASHR, Bd. 2, S. 72.

[22] Ebda.

[23] Ebda.

[24] Ebda., S. 74.

[25] Ebda.

[26] Ebda.

[27] Ebda., S. 72f.

[28] Ebda., S. 73.

[29] Staehelin (wie Anm. 10), S. 138. Zur Behandlung der Juden in den einzelnen Kantonen vor 1798 vgl. die einzelnen Berichte in: ASHR, Bd. 9, S. 213ff.

[30] ASHR, Bd. 2, S. 74.

[31] Ebda., S. 73f.

[32] Ebda.

[33] Secrétan in der Grossratsdebatte vom 16. August 1798. Die Rede Kuhns vom 13. Februar 1799 in: Schweizerischer Republikaner, Bd. 2, S. 776, 777ff.

[34] Die Debatte um den Aufschub der Beeidigung der Juden ist dokumentiert in: ASHR, Bd. 2, S. 874–884.

[35] Diese Frage formulierte Muret in einer Debatte über die Pressefreiheit. Vgl. ASHR, Bd. 3, S. 408f.

[36] Im folgenden wird auf Einzelnachweise verzichtet. Die Zitate sind leicht aufzufinden im Referat der Debatte in: ASHR, Bd. 2, S. 874–884.

[37] Hier muss auf die Namensnennung des Abgeordneten verzichtet werden, denn sicher handelte es sich nicht um Johann Rudolf Suter, wie die ASHR, Bd. 2, S. 877, meint. Suter erwies sich mehrfach als engagierter Verfechter der Judenemanzipation.

[38] Ebda., S. 876.

[39] Die Senatsdebatte ist dokumentiert in: Ebda., S. 833. Auch hier kann ich auf Einzelnachweise der Zitate verzichten.

[40] Ebda., S. 881f.

[41] Ebda., S. 874.

[42] Vgl. dazu: Holger Böning, Populäre politische Aufklärung während der Helvetik, in: Europa in der Frühen Neuzeit. Festschrift für Günter Mühlpfordt, Bd. 3: Aufbruch zur Moderne, hg. von Erich Donnert, Weimar/Köln/Wien 1997, S. 731–754; Ders., Heinrich Zschokke und sein «Aufrichtiger und wohlerfahrener Schweizerbote». Die Volksaufklärung in der Schweiz,

Bern/Frankfurt am Main 1983; Ders./Reinhart Siegert, Volksaufklärung. Biobibliographisches Handbuch zur Popularisierung aufklärerischen Denkens im deutschen Sprachraum von den Anfängen bis 1850, Bd. 1ff., Stuttgart/Bad Cannstatt 1990ff.

[43] ASHR, Bd. 2, S. 878.
[44] Ebda., S. 880.
[45] Ebda., S. 881f.
[46] Conrad Fischer, Ein Wort über das Aktivbürgerrecht der Juden in Helvetien in Hinsicht auf die beiden Gemeinden in denen sie izt wohnen, Aarau 1798.
[47] Zitiert nach: Weldler-Steinberg (wie Anm. 1), S. 238.
[48] ASHR, Bd. 2, S. 879ff.
[49] ASHR, Bd. 3, S.297f.
[50] Ebda., S. 300f., hier S. 301.
[51] ASHR, Bd. 2, S. 883.
[52] ASHR, Bd. 3, S. 301, sowie Bd. 11, S. 163. Zu Beschlüssen und Debatten über dieses Problem: ebda, S. 161ff.
[53] ASHR, Bd. 3, S. 293ff., hier S. 293.
[54] Vgl. Hans Weber, Die Zürcherischen Landgemeinden in der Helvetik 1798–1803, Zürich 1971, S. 255.
[55] Er musste dafür auf fremde Bürgerrechte Verzicht tun und den Bürgereid schwören. Vgl. – auch die Einschränkungen und genauen Bestimmungen – in: ASHR, Bd. 3, S. 293ff. Zur späteren Verschärfung der Bestimmungen: ASHR, Bd. 6, S. 399ff.
[56] ASHR, Bd. 3, S. 297f.
[57] Vgl. dazu beispielhaft: Weber (wie Anm. 54), S. 259ff.; Beschwerden von Gemeinden über die «Bedingnisse der Einbürgerung» in: ASHR, Bd. 11, S. 167ff. Auch die Räte waren bei der Einbürgerung eher zurückhaltend. Vgl. dazu: ASHR Bd. 11, S. 177ff.
[58] ASHR, Bd. 3, S. 300f., hier S. 300.
[59] Ebda., S. 301.
[60] Die Vorgänge und die Bittschrift sind dargestellt und zitiert nach: Weldler-Steinberg (wie Anm. 1), S. 97f.
[61] Diese Debatte fehlt in der ASHR, vgl. aber die kurze Zusammenfassung in: Bd. 11, S. 210. Quelle ist hier: Der schweizerische Republikaner, Bd. 2, S. 708f., 737f., 753f., 772f., 777ff. (dabei mehrfach verdruckte Paginierungen). Darstellungen bei: Staehelin (wie Anm. 10), S. 148ff.; Wernle (wie Anm. 17), Bd. 1, S. 154ff.; Weldler-Steinberg (wie Anm. 1), S. 98ff.
[62] Der schweizerischer Republikaner, Bd. 2, S. 737.
[63] Zu Elmiger: Paul Bernet, Der Kanton Luzern zur Zeit der Helvetik. Aspekte der Beamtenschaft und der Kirchenpolitik, Luzern 1993, S. 53.
[64] Der schweizerischer Republikaner, Bd. 2, S. 778.
[65] In der Reihenfolge der Zitate: Ebda., S. 737, 739, 767, 778.
[66] Dokumente zur Emanzipation der Juden, Halle an der Saale 1912.
[67] Der schweizerischer Republikaner, Bd. 2, S. 778.
[68] Wortlaut des Beschlusses in: Ebda., S. 790 (recte 780).
[69] Dazu: ASHR, Bd. 11, S. 210ff.
[70] Ebda., S. 208.
[71] Ebda., S. 212ff.
[72] ASHR, Bd. 2, S. 882, 879.
[73] Vgl. mit weiterführender Literatur dazu: Erika Hebeisen, Der Bändelikrieg: manifester Widerstand auf Abwegen – ein Werkstattbericht, in: Akten des 5. Helvetik-Kolloquiums, Flüelen 1996, S. 53–59; Dies., «Hier geht es schrecklich unmenschlich zu!» Das Pogrom von 1802 gegen die jüdischen Gemeinden im Surbtal, in: Badener Neujahrsblätter 73 (1998), S. 10–18. Weiter ist hinzuweisen auf: Bruno Meier u. a. (Hg.), Revolution im Aargau. Umsturz – Aufbruch – Widerstand 1798–1803, Aarau 1997.

[74] Die politischen Ereignisse des September 1802 im Kanton Baden sind dargestellt bei: Jürg Stüssi-Lauterburg, Föderalismus und Freiheit. Der Aufstand von 1802: ein in der Schweiz geschriebenes Kapitel Weltgeschichte. Illustriert unter Mitwirkung von Derck Engelberts, Brugg 1994, S. 114ff. Zum antijüdischen Pogrom: S. 188. Vgl. weiter: Ivo Pfyffer, Der Aufstand gegen die Helvetik im ehemaligen Kanton Baden im September 1802, Baden 1904.

[75] Dazu: Heinrich Graetz, Geschichte der Juden von den ältesten Zeiten bis auf die Gegenwart, Bd. XI, Leipzig 1900, S. 203.

[76] Zum praktischen Umgang mit den Juden detailliert: ASHR, Bd. 11, S. 206ff.

[77] Markus Goetsch Dreifus, Der Zwetschgen- oder Büntelkrieg im Jahre 1802, in: Jüdisches Volksblatt zur Belehrung und Unterhaltung auf jüdischem Gebiet, Jg. 1, Leipzig 1854, Nr. 33.

[78] Ich folge hier wie mit den folgenden Informationen: Erika Hebeisen, «Hier geht es schrecklich unmenschlich zu!» (wie Anm. 73), die ihre Darstellung nach den im Staatsarchiv Aargau liegenden Akten gearbeitet hat, sowie den Akten in: ASHR, Bd. 9, S. 808ff.

[79] Die Berichte der jüdischen Gemeinden in: ASHR, Bd. 9, S. 808ff.

[80] Weldler-Steinberg (wie Anm. 1), S. 102.

[81] Staehelin (wie Anm. 10), S. 146. Unbestreitbar ist, dass es einzelne solcher Abgeordneter gab. Ein Beispiel ist Joseph Trösch aus dem Kanton Solothurn.

[82] Paul Wernle, Der Schweizerische Protestantismus (wie Anm. 20), Bd. 1, S. 154.

[83] Weldler-Steinberg (wie Anm. 1), S. 105.

[84] Der schweizerischer Republikaner, Bd. 2, S. 779.

Judenfeindschaft im Baselbiet – Das «Judengesetz» und die Vetobewegung von 1851 oder: «Die Interessen sehen zu deutlich unter dem Pelz hervor»[1]

MARTIN LEUENBERGER

«well iach vazehln a Mansze [...] will ich euch eine Geschichte erzählen»

MEIR BERNSTEIN

Winter 1851: Gestern Abend in Gelterkinden

Kaum haben sie den «Ochsen» in Gelterkinden betreten, da blitzt ihnen die blanke Ablehnung entgegen. Dabei wollen sie nur ein paar Unterschriften auf die Veto-Liste gegen das «Judengesetz» der Regierung haben. Doch damit kommen sie nicht weit. Die Sammler werden kurzerhand verprügelt, die Unterschriftenbogen behändigt und auf der Stelle verbrannt. «Der Baselbieter» vom 13. Dezember 1851 sieht in diesem «Müsterchen kleinlicher Krämer-Interessen» eine Schande für den ganzen Kanton. «Das mag sich das hierortige Krämerheer der Intoleranz und Inhumanität merken, dass solche Skandale demselben wenig frommen werden.» Eine handfeste Keilerei ist nichts Seltenes. Darum geht es nicht. Solcherlei wird zwar in den Zeitungen erwähnt, aber viel Lärm macht man darum in der Regel nicht. Nein, hier steht für den «Baselbieter» einzig und allein zur Debatte, dass die demokratischen Grundrechte niedergeprügelt werden. Das Veto ist die wirkungsvollste Waffe des Volkes in der demokratischen Auseinandersetzung, – und genau diese Auseinandersetzung unter verfassungsmässigen Spielregeln sieht der «Baselbieter» nicht mehr gewährleistet. «Eine verfassungsmässige Bestimmung – die köstlichste von allen – das Recht des Vetos wird nicht mehr respektirt», schreibt er.

1832 – Die Besonderheit: «Das Veto»

Nachdem der Verfassungsrat des eben erst entstehenden Kantons Basel-Landschaft die Einrichtung von Landsgemeinden verworfen hatte, unter anderem aus Angst vor der angeblich unkontrollierbaren Einschleusung städtischer Propagandisten in die Versammlungen des seiner Ansicht nach leicht beeinflussbaren Volkes, fand die Einrichtung eines Vetos seine Gnade. Angeregt vom St. Galler Beispiel – dort war es seit einem Jahr bekannt – gelangte es 1832 in die erste Baselbieter Verfassung. Diese Verfassung war im Grunde genommen eine klassische liberale, das heisst eine repräsentative ohne Initiative und Referendum.[2] Wer 20 Jahre alt, Kantonsbürger, nicht «fallit» oder bevormundet war, wählte im Majorzverfahren die Volksvertreter. Eine Ausnahme wurde zugestanden: das Veto. Dem Volk sollte Gelegenheit gegeben werden, unbeliebte Gesetze zu verwerfen. Freilich durfte dies nicht allzu leicht fallen. Man muss in Rechnung stellen, dass 1832 viele Baselbieter Politiker lieber ein reines Repräsentativsystem gehabt hätten. Die direkt-demokratische Kontrolle durch das Veto ging ihnen schon zu weit. Die politische Elite des in den Kinderschuhen steckenden Kantons war dünn gesät. Das hing damit zusammen, dass die Landschaft ihre Rolle als Untertanenland der Stadt Basel erst vor kurzem hinter sich gelassen hatte.

Schon bald kristallisierten sich zwei unterschiedliche Lager heraus, denen man später die Namen «Ordnung» und «Bewegung» gab. Es waren keine Parteien im engen Sinne, sondern viel eher Gruppierungen, Parteiungen, auch wenn immer wieder von «Partei» die Rede ist. Die «Bewegungsleute» gruppierten sich um den Doktor der Rechte Emil Remigius Frey (1803–1889). Als Spross einer städtischen Familie stellte sich dieser während der Trennungswirren gleichwohl auf die Seite der Landschäftler. Er gab gar sein Basler Bürgerrrecht preis und wurde Ehrenbürger von Münchenstein. «Alles für das Volk und alles durch das Volk», lautete seine Grundeinstellung. Dadurch wurde er zum Anführer der Gruppierung, die eine direkt-demokratische Verfassung anstrebte. Die Anhänger der «Ordnung» folgten dagegen dem oft als Gründer des Kantons Basel-Landschaft bezeichneten Advokaten Stephan Gutzwiller (1802–1875). Seine Schlüsselrolle bei der Loslösung der Landschaft ist unbestritten. Als überzeugter Radikaler hielt er einen direkt-demokratischen Staat für wenig funktionstüchtig. Fortschritt liess sich so nicht erreichen. Deshalb vertrat Gutzwiller das Prinzip der Repräsentation. Das Volk wählt seine Vertreter, und damit ist es genug. Die Seite Gutzwillers siegte in der Auseinandersetzung um die Verfassung des neuen Kantons, aber eben mit dem Kompromiss des Vetos. Geregelt war dieses folgendermassen: Innerhalb von nur zwei Wochen mussten zwei Drittel des «souveränen Volkes», das heisst der stimmberechtigten Baselbieter Männer, «unter Angabe der Gründe in Zuschriften an den Landrat dasselbe verwerfen».[3] Das war angesichts der kurzen Zeit und angesichts auch der weit verstreuten Dörfer eine beträchtliche Hürde. 1838 wurde die Latte infolge der stärker werdenden Opposition gegen die bestehende Vetoregelung ein Stückchen weniger hoch gelegt. «Bloss» noch die absolute Mehrheit der Stimmberechtigten musste ein Gesetz verwerfen und dies erst noch in einer verlängerten Frist. 30 Tage blieb nun Zeit. Bis 1862 wurden im Baselbiet 14 Vetobewegungen aktenkundig. Aber nur bei acht von ihnen beteiligten sich überhaupt mehr als 15 Prozent der Stimmberechtigten. Drei verzeichneten einen Erfolg: Diejenige gegen das Schulgesetz von 1835, diejenige gegen das Zollkonkordat von 1847 und diejenige gegen das Steuergesetz von 1849. Die Vetobewegung gegen das Freischarengesetz 1845/46 erreichte zwar das geforderte Quorum nicht, brachte das Gesetz aber dennoch zu Fall. Das Veto gegen das «Judengesetz» von 1851 erreicht 31.9 Prozent, liegt also weit unter dem geforderten absoluten Mehr.

Das Mittel der Auseinandersetzung: Die Presse

Wichtig für die politische Auseinandersetzung im Kanton, wichtig auch für die Vetokämpfe ist die Presselandschaft.[4] 1851, zur Zeit des «Judengesetzes», gibt es vier massgebliche Blätter: das «Basellandschaftliche Volksblatt», den «Landschäftler», den «Baselbieter» und die «Landschaftliche Zeitung». Der «Landschäftler» ist 1851 noch stramm regierungs-, das heisst zu diesem Zeitpunkt ordnungstreu. Dies wird sich 1853 ändern. Allmählich nimmt dann auch der «Landschäftler» von der eilfertigen Anhänglichkeit gegenüber Stephan Gutzwiller und dessen politischer Praxis Abstand. Etwas, was der «Baselbieter» von Anfang an tut. Seine Maxime ist die Opposition gegen das «Neuherrentum». Die dritte Stimme ist die «Landschaftliche Zeitung». Sie stammt aus der Druckerei Honegger, deren früherer Name Banga & Honegger aufschlussreicher ist. Benedikt Banga (1802–1865), jetzt Regierungsrat, ist der erste Zeitungsmacher des Kantons. 1832 brachte er den «Unerschrockenen Rauracher» heraus. Dann begann er immer wieder neu. Von 1839 an heisst die Druckerei nur noch nach Honegger. Die «Landschaftliche Zeitung» ist der letzte Versuch, ein Regierungsblatt zu lancieren. Es dauert nur ein Jahr, dann verkauft auch Honegger, und aus diesem Verkauf resultiert das Nachfolgeblatt «Der Bundesfreund aus Baselland». 1853 hört auch Johann Ulrich Walser auf. Sein «Basellandschaftliches Volksblatt» geht an seine Söhne über. Die fusionieren jedoch sogleich mit dem «Bundesfreund». Johann Ulrich Walser (1798–1866) ist eine der schillerndsten Figuren, die in diesem jungen Kanton Basel-Landschaft wirken. Er ist Appenzeller, seit 1833 Pfarrer in Liestal. Stephan Gutzwiller persönlich hat ihn geholt. Aber Walser wird seinem Förderer untreu. Er bevorzugt die direkte Demokratie mehr als die repräsentative, welche Gutzwiller will, und läuft zur «Bewegungspartei» von Gutzwillers Antipoden Emil Remigius Frey über. Als Redaktor des «Basellandschaftlichen Volksblattes» opponiert er wortreich und polemisch gegen den Clan rund um Gutzwiller und wird in der Folge als Pfarrer 1837 abgewählt. Stephan Gutzwiller hat ihn mit einer Pressekampagne zu Fall gebracht. Als Druckereiinhaber macht sich Walser einen Namen im Revolutionsjahr 1848, weil er eine der Schweizer Anlaufstellen für die deutschen publikationsbesessenen Flüchtlinge ist. Man droht ihm im Baselbiet gar mit der Ausweisung, da er vom wiederholten Drucken agitatorischer Streitschriften nicht Abstand nehmen will. 1851 sitzt er als Bewegungsmann im Landrat. Johann Ulrich Walser hat lange Zeit die entschieden radikalste Zeitung des Kantons herausgegeben. Die Baselbieter Presselandschaft ist immer in Bewegung. Sie repräsentiert die Stimmung im Kanton: Selbstbewusst, stolz, polemisch, frech, polarisierend, bisweilen auch anarchisch und nicht immer sehr demokratisch.[5]

Weshalb überhaupt ein «Judengesetz»?

Antijüdische Hetze hat es im Baselbiet schon früher gegeben.[6] So deklamierte zum Beispiel ein Brief vom November 1833, mit dem, angeführt vom Landrat und späteren Regierungsrat Johannes Recher (1778–1860), ein paar Landsleute gegen die Niederlassung eines Juden aus Hegenheim Stimmung machten, «wie sehr die Juden im Elsass den dortigen Bürgern so lästig sind», und plapperte davon, dass das Elsass schon längst nicht mehr den Elsässern gehöre, sondern den Juden.[7] Geradeso, als wären die Juden keine Elsässer. Dahinter steht ein Vorurteil, welches auch später im Baselbiet zum Ausdruck kommen wird, – die Ansicht nämlich, dass die Juden nicht als Angehörige eines Nationalstaates, in diesem Fall Frankreichs, zu betrachten seien, sondern «nur» und ausschliesslich als Juden. «Lässt man die Juden an einem Orte einheimisch werden», fuhr der Briefeschreiber unverdrossen fort, «so werden sie sich bald an allen Orten setzen und sollten sie aus dem Elsass vertrieben werden, wollen wir dann die Juden als französische Bürger aufnehmen, ich glaube nein! Denn wir würden bald den ganzen Kanton mit Juden überfüllt haben.» Derartige eruptive Ausbrüche von Fremdenhass gehören auch 18 Jahre später noch zur Normalität. Wie wenn die Zeit um 1848 mit all ihren demokratischen Aufbrüchen und Zielen völlig am Kanton Basel-Landschaft vorbeigeschwebt wäre, ja, wie wenn es nicht einmal die Hilfeleistung der Allschwiler und Birsfelder Bevölkerung gegenüber den durch die antijüdischen Ausschreitungen von 1848, den sogenannten «Judenrumpel von Dürmenach»[8], Vertriebenen gegeben hätte, fährt die «Landschaftliche Zeitung» in der Berichterstattung über die Verabschiedung des «Judengesetzes» im Parlament am 25. November 1851 mit der Hetze fort:[9]

> «Tadel, aus dem Boden des Eigennutzes entsprossen, ergiesst sich über diesen Beschluss begreiflicher Massen, da es mit zur Souveränität gehört, alle Verordnungen bei denen Jemand sein Interesse bedroht glaubt, anzuschnauben. Der Abänderungsantrag des Regierungsraths und der denselben genehmigende Beschluss des Landraths wurde und wird noch vom Standpunkt der *Humanität*[10] aus angefochten und getadelt. Humanität in der Wahrheit, in der Wirklichkeit, nicht in blossen Redefloskeln ist etwas Grosses, Edles, ist ein Gottesgebot. [...] Unsere sentimentale Zeit und gewisse Kinder und Verehrer des *Zeitgeistes* wollen aber die Humanität für Dinge in Anspruch nehmen, welche den Grund und das reine Element der Humanität zernichten würden, z. B. Menschenfreundlichkeit, Milde, höchste Nachsicht für leichtsinnige, unzüchtige *Dirnen*, für *Ehebrecher* und *Ehebrecherinnen*, für *Kindsmörderinnen*, die ein zartes, unschuldiges, wehrloses Geschöpfchen, ihr eigenes Fleisch und Blut ruchloser Weise mörderisch seines Lebens berauben und die mit milderer, *humanerer* Züchtigung davon kommen sollen, als Einer, der einige hundert Franken gestohlen hat; – In solcher An-

wendung wird der Ausdruck Humanität entweiht, er wird zur Heuchellarve hinter welche sich die wüsteste Inhumanität und Sittenlosigkeit verstecken kann. – Was die *Juden* anbetrifft, so kann man human, aufrichtig, menschlich und christlich gegen sie denken und handeln, ohne deswegen ihrem gewissenlosen Trügen (einzelne Ausnahmen unter ihnen abgerechnet) alle Thüren zu öffnen und die unerfahrenen Leute ihnen Preis zu geben, zugleich die eigenen Landesbrüder ihretwegen zurückzusetzen, indem die Juden von den Gebrüdern Rothschild an, bis zum geringsten Plunderjüdlein hinab, Alles überflügeln. – Wenn einmal die Juden der Mehrzahl nach dem Schacher, dem Lügen und Betrug entsagen, wenn nicht mehr ihr Streben einzig dahin geht, allen Handel in ihren Händen zu haben und denjenigen anderer Länder zu verpfuschen, wenn sie statt auf ihr in Heerden nomadisirendes Handels- und Krämerwesen, auf Landbau, arbeitende Gewerbe, Handwerker und ein redliches Verfahren sich verlegen, und ihren glühenden Hass gegen jene die Christen werden, ablegen – dann ist Grund und Zeit da, dass sie ohne Gefahr emancipirt werden können.»

Vielsagender für den Geist, der hinter derartigen Artikeln steht, als die immer wieder aufs neue bemühten Schacher- und Wuchervorwürfe an die jüdischen Händler sowie die Unterstellung eines «glühenden» Hasses auf die Christen sind die Parallelen, welche im Eingangsabschnitt konstruiert werden:[11] Bösartig wird mittels hervorhebender Sperrungen eine Gleichsetzung von Dirnen, Ehebrecherinnen und Ehebrechern sowie Kindsmörderinnen mit den Juden hergestellt. Dass den Lesern die Ritualmord-Legende, die Brunnenvergifterlüge, die Kindlifressersage und all die anderen antijüdischen Schauergeschichten in den Sinn kommen sollen, ist die Absicht dieser Kriminalisierung.[12] Neben aller Verleumdung und Verächtlichmachung der Juden im zweiten Abschnitt ist die Formulierung «auf ihr in Heerden nomadisirendes Handels- und Krämerwesen» aufschlussreich. Die jüdischen Händler werden als Massenerscheinung und damit als existentielle Bedrohung für den lokalen Handel aufgefasst. (In Wirklichkeit wird dieser durch ganz andere Erscheinungen des Zeitgeistes bedroht; darüber wird noch zu berichten sein.) Die geografische Mobilität der Händler und Hausierer wird von gewissen Kreisen tatsächlich als ernste Gefahr wahrgenommen, nicht nur als eine, die von den Juden ausgeht; diese aber stehen im Zentrum der Angriffe. Allerdings scheint es, dass ausser den konkurrenzierten Krämern hauptsächlich die kantonalen Behörden und Politiker verunsichert auf den mobilen Handel reagieren, das heisst, dass das «Problem» vor allem «von oben» als solches gesehen wird. Die Behörden wollen 1852 ja auch durch ein neues Wirtschaftsgesetz die Anzahl der Wirtshäuser, Gaststuben und Weinschenken begrenzen. Immerhin kommt auf 123 Einwohner eine Wirtschaft. Auch in diesem Bereich droht angeblich der Sittenzerfall. Die Regierungsräte machen indessen die Rechnung ohne die Wirte. Sie erleiden schon im Parlament totalen Schiffbruch.

Ein paar wenige jüdische Händler gibt es schon in den Dörfern des Baselbiets. Es sind aber bloss eine Handvoll.[13] Zahlenmässig fallen sie praktisch nicht ins Gewicht. Sowohl die Dörfer als auch die Juden lassen sich an zwei Händen abzählen. Es kann keine Rede davon sein, dass die Juden jeden Tag «wie Heuschrecken, frech und schmutzig jedes Dorf und jede Hütte» durchziehen, wie der «Landschäftler» daherlügt.[14] Das ist aber nicht das Kriterium, nach welchem die «Judenfrage» beurteilt wird. Hat nicht Regierungsrat Benedikt Banga Wochen verbracht, bis er seine beiden amtlichen Schriften von insgesamt mehr als hundert Seiten zur «Judenfrage» im Kanton Basel-Landschaft fertiggestellt hat, weil niemand mehr weiss, was Rechtens ist und was nicht?[15] Seine Regierungsratskollegen haben ihn, den Neuen, geheissen, alle Vorkommnisse und in erster Linie die diplomatischen Aktenstücke zu sichten und ihnen in einer Arbeitsgrundlage darzulegen, welche Position sie einzunehmen haben. Nicht um die Position gegenüber den Juden ist es ihnen zu tun, sondern um die Abklärung der Rechtsfrage und der Stellung gegenüber Frankreich. Dies unternimmt Banga mit Akribie. Es ist ein schwieriges Geschäft, weil nicht klar und eindeutig ist, welche Verträge mit Frankreich gelten. Schliesslich hätte sich die Landschaft ja umsonst unlängst als eigener Kanton konstituiert, wenn man jetzt mir nichts, dir nichts die alten, von Frankreich mit dem Kanton Basel geschlossenen Verträge gelten lassen wollte. Baselland sieht sich als eigenes Rechtssubjekt. Wenn vom Franzosenkönig, seiner Majestät König Louis-Philippe, verhohnepiepelnd als dem «Philippli» die Rede ist, hat man den Eindruck, manch ein Baselbieter Landrat sehe sich als Politiker eines eigenen Nationalstaates.[16] «Wir fürchten uns nicht vor den Franzosen», ruft einer erregt.[17] Aber dann beruft man sich doch auf die Note des französischen Botschafters Rayneval, welche vom 7. August 1826 – also aus längst vergangenen Zeiten vor der Kantonsgründung – stammt, nur weil konzediert wird, dass die Juden im Baselbiet keinen Aufenthalt nehmen dürfen und von der Teilnahme an allen Märkten – mit Ausnahme der Fronfastenmärkte – ausgeschlossen werden.

Eine weitere Frage ist die nach der Nationalstaatszugehörigkeit der Juden aus dem Elsass. Sind sie nun, wie Frankreich behauptet, echte Franzosen, oder sind sie, wie die Baselbieter beharrlich wiederholen, nichts als Juden? Streitfrage ist stets auch, wie weit diese jüdischen Händler «auf eigene Rechnung» arbeiten, oder wie weit sie bloss Handelsgehilfen ihres Arbeit- und meist auch Logisgebers sind. Findet man hebräisch geschriebene Rechnungsbücher, so sieht man es sogleich als bewiesen an, dass es sich bei den Baselbieter Arbeitgebern um reine Deckadressen eigenständigen jüdischen Geschäftemachens handelt. Das «Gesetz die Verhältnisse der Juden betreffend» soll all diesen Missständen rigorose Abhilfe schaffen.

Das im November 1851 vom Landrat mit 25 gegen 12 Stimmen angenommene Gesetz lautet in den drei wichtigsten Paragraphen:

«1. Allen Juden, ohne Ausnahme, ist die Niederlassung im Kanton Baselland, sowie die Betreibung eines Handels, Gewerbes oder Berufes untersagt.

2. Wenn ein Jude unter dem Namen eines Andern, dennoch ganz oder theilweise auf eigene Rechnung einen Handel, Beruf oder Gewerbe treibt, so trifft den Namenleiher eine Strafe von 300 Fr., den Juden aber nebst dieser Geldstrafe sofortige Verweisung.
3. Das Hausiren mit Mustern, Waaren jeder Art, sowie das Herumtragen derselben ist verboten und ihnen nur erlaubt, an Jahrmärkten feil zu haben.»

Damit sind die Milderungsanträge, die im Landrat vorgebracht worden sind, vom Tisch gefegt. Das Verbot gilt auch für die schon ansässigen Juden. Die Regierungsräte Johannes Rebmann (1812–1890), Daniel Bieder (1825–1906), Johannes Meyer (1801–1877) und Benedikt Banga sind alle für das Gesetz. Aber die Reaktion lässt nicht lange auf sich warten. Es gibt nicht nur Beifall. «Veto! Veto! So thönt es aus allen Ecken und Enden. – Veto, ruft jung und alt, gross und klein. – Das Juden-Gesetz vom 17. November 1851 geht dem freien, humanen Baselbieter zu tief in die Brust, als dass er dasselbe so mir nichts, dir nichts hinnehmen könnte», beginnt eine Einsendung im «Baselbieter» und fährt dann fort: «Wegen ein paar Ellstecken-Gumpern will ein ganzes freies Volk eben nicht die heiligsten Grundsätze aufopfern, und sich von jeder humanen Gesinnung der In- und Aussenwelt brandmarken lassen.»[18] Man ahnt es schon: Wer als selbsternannter Verteidiger der Menschlichkeit es sich nicht verkneifen kann, die Juden öffentlich als «Ellstecken-Gumper» zu bespötteln, der entlarvt sich mit seiner despektierlichen Rede ein Stück weit als einer, dem es neben der «humanen Gesinnung» auch um handfeste eigene Interessen geht. Seit dem sogenannten «Wahl'schen Liegenschaftshandel» von 1835/36, bei welchem der Kanton letzten Endes eine für sein Selbstverständnis schmähliche Niederlage erlitten hat, die ihm lange Jahre noch in den Knochen steckt, hat man immer wieder versucht, den jüdischen Händlern und Hausierern Steine in den Weg zu rollen.

Vorläufer: «Der Wahl'sche Liegenschaftshandel»

1835 wollten Alexander und Baruch Wahl, Handelsleute aus Mülhausen, in Reinach ein Landgut käuflich erwerben. Die Regierung hatte – wie es ihr bei Verkauf an Juden vorgeschrieben war – den Handel begutachtet und zugestimmt. Der Landrat hingegen machte den Kauf auf der Stelle rückgängig. Er sei die oberste Behörde, nicht die Regierung, lautete sein Argument. Kompetenzgerangel im damals erst entstandenen Kanton. Die Brüder Wahl gaben wider Erwarten nicht klein bei und setzten sich zur Wehr. Auf ihr Drängen hin intervenierte die französische Gesandtschaft, ihr eigenes Gewicht freilich arg überschätzend.[19] Bei den Baselbieter Politikern löste der französische Druckversuch eine vehemente Gegenreaktion aus: Jetzt erst recht nicht! Und der Tagsatzung blieb zunächst wenig anderes übrig, als ohnmächtig zuzusehen und zu vermitteln. Oder besser: Vermittlungsversuche zu unternehmen. Auf vielerlei Umwegen nahm die Sache ihren Lauf. Am Schluss verfügte dann doch die Tagsatzung einen Kompromiss. Zwar blieb der Kauf ungültig, aber der Kanton Basel-Landschaft musste den Gebrüdern Wahl Schadenersatz in der Höhe von 25'000 Franken leisten. Er lieh sich, da finanziell nicht auf Rosen gebettet, einen Vorschuss von knapp 8'000 Franken beim Vorort, Bern. Doch als es ernsthaft ans Rückzahlen ging, legte er sich mit der Tagsatzung an, weil er kühn behauptete, der von Bern seiner Zeit vorgeschossene Beitrag an die Summe des Schadenersatzes sei nicht geborgt, sondern «à fonds perdu» zur Verfügung gestellt gewesen. Stolz klopfte er sich als selbsternanntem Stellvertreter der Schweiz gegen die angebliche jüdische Überschwemmung auf die Brust. Jahrelang lagen sich Baselland und die Tagsatzung in den Haaren, das Baselbiet mobilisierte seine Miteidgenossen – einmal bittstellend devot, ein ander Mal drohend aggressiv – und drängte, man möchte ihm die Rückzahlung erlassen. Entnervt gab die Tagsatzung schliesslich nach Jahren des Baselbieter Zeterns klein bei. Ein pikantes Detail muss freilich bei dieser Geschichte erst recht Erwähnung finden: In der selben Zeit verhökerte Baselland den ihm bei der Kantonstrennung zugesprochenen Teil des Basler Münsterschatzes in der Höhe von etwa 25'000 Franken an verschiedene Käufer. Darunter war einer, der kam aus Frankfurt und hiess Oppenheim ...

Jetzt aber, im Winter des zu Ende gehenden Jahres 1851, ist «der Wahl'sche Liegenschaftshandel» immer noch ein traumatisches Erlebnis. Auf jeden Fall braucht Landrat Buser aus Känerkinden nur darauf anzuspielen, um allen verständlich zu machen, was er meint. So wenigstens berichtet es «Der Baselbieter».[20] Buser habe die Landschäftler ermahnt, «hitzig sei nicht witzig» und «dass wir keinen Kirchenschatz mehr für solche Sprünge hergeben können».

Die Judengegner

Wie schon erwähnt, entspringt die Feindschaft eines Teils der Baselbieter Krämer gegenüber den jüdischen Händlern aus dem Elsass der Angst vor einem vermeintlich unaufhaltsamen Zustrom jüdischer Konkurrenten. Liesse man die Juden ungehindert machen, was sie wollten, so griffen Schacher und Wucher Platz, der Handel wäre gefährdet, und die Baselbieter würden einer nach dem andern über den Tisch gezogen.

Dabei geht es durchaus auch andersrum, wie die Geschichte «Der Geizhals» aus dem «Schweizerischen Bilderkalender auf das Jahr 1839» belegt.[21] Bloss: Zur Kenntnis nehmen wollten das nur wenige. «Vor kurzer Zeit», beginnt der Kalender seine Erzählung, «starb in Basel ein reicher Filz.» Ihm war ein Pferd krank geworden, und um sich den ach so teuren Tierarzt zu sparen, marschierte der Krösus gleich selbst in den Stall. Still, verschwiegen und geizig. Der Knecht sollte nichts wissen, nur so würde er nicht petzen. Er verabreichte dem Pferd Medizin, doch brach ihm, dem gänzlich Ungeübten, die Flasche, und das Pferd verschluckte sie. Das kommende Unheil ahnend, ritt er das Pferd noch eilends nach Hegenheim und dienerte es dort einem jüdischen Viehhändler an. Das Pferd krepierte alsbald, und als der Viehhändler den Betrug ahnte und das Geld zurück wollte, entgegnete ihm der reiche Herr schnippisch: «Du Dreckjud willst einen ehrlichen Bürger zu einem Schelm machen?» Er hatte das Recht auf seiner Seite, denn das Recht mass, was die Juden anbelangte, mit ungleicher Elle.

«Die H. H. Müri, Thommen, Gutzwiller, Senn, Balmer, Recher, Jörin v. P. Frei, Matt, und vorzüglich der neue Ständerat Madeux», fasst «Der Baselbieter» zusammen, sprechen im Baselbieter Parlament mit Nachdruck für das Gesetz gegen die Juden.[22] Die genannten Politiker sind mehr oder weniger gut identifizierbar.[23] Der Arzt und Apotheker Johann Jakob Gutzwiller (1804–1873), jüngerer Bruder des mächtigen Baselbieter Politikers Stephan Gutzwiller, ist der prominenteste unter ihnen. Er steht zwar immer etwas hinter seinem Bruder zurück, den man auch spöttisch «den Heiland von Therwil» nennt, erhält aber durch dessen Einfluss immer wieder Posten zugeschanzt – wie übrigens auch der andere Bruder der beiden, Joseph Alois, genannt der Seppelisi, nur durch Stephans Gnaden Bezirksstatthalter von Arlesheim wird. Die Gutzwiller sind mit Abstand die mächtigste Sippe im Baselbiet. Sich gegen sie aufzulehnen, kann einen Kopf und Kragen kosten. Johann Jakob Gutzwiller sitzt 30 Jahre lang für die Familie im Baselbieter Landrat. Punkto Juden ist er die treue rechte Hand seines Bruders, der schon 1835 lauthals geäussert hat: «Die Juden sind eine Pest, und wo man sie hat, der Ruin des Landmanns.»[24] Da hilft es dann wenig, wenn Johann Jakob Hug (1801–1848) dem couragiert entgegenhält, man befinde sich nicht mehr in den Jahren 1830 und 1831 und könne sich nicht gebärden, wie man wolle. Hug, ehemals Parteigänger von Stephan Gutzwiller, hat sich sehr von diesem entfernt und ist zu dessen Gegner geworden, nicht nur in der «Wahl'schen Liegenschaftssache».

Ebenfalls nicht unbekannt sind Johann Jakob Matt und Eugen Madeux. Madeux (1810–1886) wächst als Offizierssohn im unteren Kantonsteil auf und wird Landwirt. Ein erstes Mal wird er 1837 in den Landrat gewählt. Er gehört zu Gutzwillers «Ordnungspartei». Schon 1838 erfolgt seine Wahl in die Kantonsregierung, in der er 15 Jahre zubringt. 1851 ist er zugleich Ständerat. Als einer der einflussreichsten Landräte gilt auch der Ziefner Arzt Johann Jakob Matt (1814–1882). Auch er gehört der Führungselite des Landkantons an. 1836 wird er Landrat. Er bleibt es für 21 lange Jahre. Er vertritt den Kanton auch an der Tagsatzung, später im Nationalrat und in der Schweizerischen Centralbahn.

Ein Gründervater des Kantons ist auch Johann Jakob Balmer (1795–1872). Balmer wächst in Lausen auf, ist Landwirt und Besitzer der Ziegelei Lausen. Seine Weggefährten und er trennen sich politisch. Balmer gehört nicht zur «Ordnungs-», sondern zur «Bewegungspartei» um Emil Remigius Frey (1803–1889), später gar zur Revisionsbewegung um Christoph Rolle. Etwas unbekannter ist Johann Jakob Jörin, Tierarzt in Pratteln. Auch er ist ein Anhänger der «Ordnungspartei». Mit J. Martin Senn, dem ehemaligen Redaktor des «Landschäftlers», ist ein weiterer Anhänger der «Ordnungspartei» zugegen. Mit dem Namen Recher allerdings kann kaum der schon genannte Johannes Recher gemeint sein. Er ist nur von 1833 bis 1838 und nochmals 1846 als Landrat tätig. 1838 bis 1844 ist er Regierungsrat. Welche Männer mit den Namen Müri,

Thommen und Frei verbunden werden können, muss offen bleiben, nicht jeder Landrat hat grosse Stricke zerrissen.

Das Profil dieser Gruppe kristallisiert sich rasch heraus: Sie sind mehrheitlich Anhänger der «Ordnungspartei», sind gebildet und gehören zur Elite des Kantons. Balmer scheint zusammen mit Emil Remigius Frey als «Bewegungsmann» die Ausnahme zu sein, die die Regel bestätigt. Wenn man auch – freilich vergröbernd und verallgemeinernd – festhalten möchte, dass die Judenfeindschaft auf der Seite der «Ordnung» grösser ist als bei der «Bewegung», so muss man doch in Betracht ziehen, dass diese politische Zuordnung bezüglich der Einstellung gegenüber den Juden nur beschränkt von Belang ist. In dieser Frage sind Exponenten beider Baselbieter «Parteien» für einmal gleicher Meinung. «Die Juden sind keine Menschen wie andere», hat Emil Remigius Frey den Landräten 1835 vordoziert, «sie sind aus Betrug und Schacher zusammengesetzt.»[25] «Der Landschäftler» nimmt ungerührt diese Vorwürfe wieder auf, wenn er zynisch schreibt, das «Judengesetz» müsse den Juden eigentlich willkommen sein, «nämlich wenn sie gerne arbeiten, denn es gestattet ja Tausenden von Juden Aufenthalt als Knecht und Gesell und verbietet lediglich nur den Handel, mit dem sich jetzt höchstens zehn Juden befassen. Arbeit ist des Menschen Loos und nicht Schacher aus des Christen Arbeit.»[26]

Die «Judenfreunde»

Doch es gibt durchaus Kreise, welche den Juden freundlich begegnen. Regierungsrat Benedikt Banga, selbst ein Befürworter des «Judengesetzes», der sich als behördlicher Chronist so unparteiisch neutral gibt, dass man sich an Emma Herweghs Ausspruch erinnert fühlt: «Es gibt Momente, wo die Neutralität allenfalls ein Zeichen von Geistesträgheit ist, es gibt aber andere, wie die jetzigen, wo sie zum offenbaren, schreienden Verrat wird.»[27] Benedikt Banga gibt selbst ein paar Namen preis: Frey in Reigoldswil, Zurbrück in Buckten und Handschin in Gelterkinden. Sie sind Krämer, Bäcker und Händler. Die Juden arbeiten für sie, beherrschen das Handwerk zum Teil besser als ihre Meister und geniessen eine bevorzugte Stellung. Sie sind selbstsicher genug, nicht gleich bei der leisesten Androhung einer Ausschaffung das Feld zu räumen. Sie bleiben einfach da.

Auch die wenigen jüdischen Selbstzeugnisse sprechen von grosser Akzeptanz im Baselbiet. Selbst wenn man gewillt ist anzunehmen, dass es einem Juden im Baselbiet kaum einfallen möchte, sich anders als lobend zu äussern. Das gebietet der eigene Überlebenswille und auch ein Stück weit die Dankbarkeit. Trotz allem. Während der recht langen Zeit, während der er «im Homburgerthale des freien Kantons Basel-Landschaft sich aufhielt, gleichsam Freuden und Leiden mit den Bürgern und Einwohnern theilte, manches Gute spendete, auch manche Wohlthat genoss», schreibt Samuel Woog in Rümlingen am 10. April 1852, sei es ihm immer bedeutender geworden, Baselbieter Bürger zu werden. Dies ist nach den Ereignissen um das «Judengesetz» und das Veto die einzige Vorwärtsstrategie, die ihm bleibt: Anpassung. Samuel Woog, der «Judensämmi», ist in Rümlingen ein wohlgeachteter und beliebter Mann. Als man von Seiten des Kantons – ihm allein, ohne seine Familie – eine Ausnahme konzediert und seinen Aufenthalt gestattet, wird in Rümlingen gefeiert. Es soll ein Freiheitsbäumchen aufgestellt worden und der «Judensämmi» mit einer Art Bürgerbrief bedacht worden sein.[28]

Eine andere Begebenheit erzählt man sich von Simon Jung in Wenslingen. Auch Jung steht mit der Bevölkerung auf du und du. Sogar mit dem örtlichen Landjäger. Und stets wenn dieser einen Ausweisungsauftrag bekommt, gerät er in des Teufels Küche. Mit einem einfachen Trick befreit er sich aus der Bredouille. Er führt Simon Jung an den Rand des Wenslinger Banns, stellt ihn über die Ortsgemarkung und sagt: «Simon, ich habe meine Pflicht getan, nun mache, was du willst.» (Ob sie dann gemeinsam den Heimweg angetreten haben, wird nicht berichtet).[29]

Die Widerborstigkeit, mit der sich die Juden wappnen, bringt manch einen Baselbieter Beamten zum Verzweifeln. Hartnäckigkeit und «Chuzpe» (jiddisch, Unverfrorenheit) lassen den Schluss zu, dass die elsässischen Juden sich im Baselbiet keineswegs nur als Opfer fühlen. Auch in aussichtslosen Situationen fällt ihnen noch etwas ein, selbst wenn es einer kleinen Umdefinierung bedarf. Die Geschichte der Juden im Baselbiet mutet streckenweise an wie die Erzählung des Meir Bernstein: «‹Hert miach aus, pflegt Meir Bernstein zu beginnen, well iach vazehln a Mansze [...] will ich euch eine Geschichte erzähle.› Am Sabbat hätten sie ihn, den Juden, aus dem Haus gelockt. Wenn er jetzt nicht komme und das Wehr öffne, das kaum noch den angestauten Bach zu halten vermöge, werde sein Land überflutet. Also ging er hinaus, Sabbat hin, Sabbat her. Sein Knecht war besoffen vom Schnaps, den konnte er zu gar nichts brauchen! Was blieb dem Meir Bernstein übrig, als allein hinzufahren und das Wehr zu öffnen, mit seinen eigenen Händen am Sabbat. Dann schleppten sie ihn ins Wirtshaus, gaben ihm Schnaps zu trinken und setzten ihm Fleisch vor. Laut wurden sie und behaupteten dreist: Wenn du am Sabbat arbeiten kannst, kannst du auch nichtkoscheres Fleisch essen. Da Jud nimm und iss. Und da, in letzter Sekunde, fällt dem Meir Bernstein ein kleiner rettender Trick ein: ‹Schabbes – heunt?› sagt er und fährt fort: «‹Muss sein ein Irrtum. Gevatter. Morgen ist Schabbes.› [...] Holen sie den Wirt, ein junger Mensch, fragen ihn, was ist heunt für ein Tag, Schabbes oder nicht? Der Wirt, dem ich bezahlt hab tausend Zloty, man soll nicht kumen und ihm pfänden Tisch und Bänk und die Pferde, er schaut auf die Pauern, dann schaut er mir ins Gesicht. Nein, sagt er, heunt ist nicht Schabbes, morgen, wenn Gott will, wird Schabbes sein. Die Pauern lachen und schreien. Draussen geht der Gallach vorbei, der katholische Pfarrer. Rufen sie ihn, erzählen, was geschehen ist, prüfen auch ihn. Der Gallach schaut in ihre Gesichter, die nass sind und rot, die Augen trüb vom Trinken. Da schüttelt er den Kopf: Wenn Meir Bernstein hat das Kummet angefasst und am Wehr gedreht, kann nicht sein Sabbat, Meir hat recht!»[30]

Auch Lazarus Frank, geflohen vor den Gewalttätigkeiten des Mobs gegen die Juden von 1848, ist des Lobes voll, als er am 24. Juli des gleichen Jahres dankbar an die Baselbieter Regierung schreibt: «So leb ich doch im Frieden, kein Fremder und kein Religionshass trübt mich hier, ich lebe ungestört unter gesitteten Menschen, mein älteres Kind schik ich hier in die Gemeindeschule, dasselbe ist Gespielin mit seinen Schulkameraden, ohne als Kind eines Juden genekt zu werden.»

Die den Juden freundlich gesinnten Politiker nennt «Der Baselbieter» vom 15. November 1851 mit Namen: «Zum Schutze der Juden, d. h. für den Grundsatz der Toleranz und aus dem Gesichtspunkte der Humanität haben namentlich das Wort ergriffen: Die H. H. Walser, Leutenegger, Buess, Schaub von H. und der alte Buser von Känerkinden.» Johann Jakob Buser von Känerkinden, ein Wirt, ist ein populärer Politiker, gewitzigt und mit träfem Wortschatz. Von Johann Ulrich Walser ist schon die Rede gewesen. Mit «Schaub von H.» ist wohl der Gemeindepräsident von Häfelfingen, Johann Jakob Schaub gemeint, Leutenegger ist der Oberst Johann Jakob Leutenegger aus Zunzgen, der schon 1849 beim Veto gegen das Steuergesetz in vorderster Reihe steht und auch 1856 beim Veto gegen die Konzession der Zweigbahn von Basel nach Augst aktiv ist. Nur mit dem Namen Buess lässt sich keine bekannte Persönlichkeit verbinden.

Hinzu kommen bei den Vetobefürwortern zwar noch jene Männer, deren Namen sich auf dem Veto gegen das «Judengesetz» zuoberst befinden, das sogenannte «Comité». Präsident ist Friedrich Balmer in Niederdorf, Mitglieder sind Jakob Jörin, als Landrat von Waldenburg, Johann Heinrich Stohler, Tierarzt, der Waldenburger Arzt Ludwig Moser, Heinrich Regenass, Bäcker in Niederdorf, und Heinrich Gysin, Gemeinderat in Hölstein. Als Sekretär des Komitees fungiert Emanuel Matzinger. Doch liegen ihre Lebensläufe weitgehend im Dunkeln.

Das Veto gegen das «Judengesetz»

«Der Baselbieter» vom 13. Dezember 1851 gibt den Text des Vetos wieder:

«Volk von Baselland!
Es soll dir ein Gesetz aufgehalset werden, das dich in deinen Rechten und Freiheiten einschränkt, und deine Ehre bei den Miteidgenossen und im Auslande in ein böses Licht stellt.
 So, heisst es, das das gelobte Land und das das freie Baselland, das der Musterstaat?
Sehet hin nach Baselland, eine mittelalterliche Judenverfolgung! Der Jude darf nicht handeln, weil er ein Jude und kein Christ ist. Ist das Humanität? Ist das Nächstenliebe?
Das Judengesetz ist ein Privilegum für einige Krämer, und es liegt nicht im Willen der grossen Mehrheit des Volkes. Es hemmt den Verkehr und verhindert die Con-

currenz. Oder was ist der grossen Masse des Volkes nützlicher, Concurrenz im Handel und Verkehr oder Monopol und Privilegium? Und, soll in einer Republik Einer mehr geschützt sein als der Andere; ist der Handwerker, der Schreiner, der Maler, der Schneider und viele Andere nicht eben so gut Bürger wie der Krämer?! Ist der Maurer, dem die Oestreicher aus Bregenz das Brod vor dem Mund wegnehmen, nicht auch Bürger!

Damit du nicht betrogen werdest, zu deiner Wohlfahrt, heisst es, müsste es dir gegeben werden. Du Posamenter, du Landmann, du Berufsmann, du Handwerker, du Beamter darfst in deinem Hause, wo du freie Wahl hast, von einem Juden keine Ellenwaaren mehr kaufen. – Du könntest betrogen werden; und ihr Sennen, Wirthe, Bauern und Metzger sollet vor eurem Stalle, wo ihr freie Wahl habt, von einem Juden keine Kuh, keine Kalbete, kein Rind, kein Pferd mehr kaufen oder vertauschen: – Ihr könntet betrogen werden! Ihr müsst nun alle fein zum privilegirten Krämer und Handelsmann laufen, wo man nicht betrogen wird!

Oder auf den Markt, damit auch Jeder wisse, dass ihr kaufen wollt oder müsset; da kann man ja nicht betrogen werden! Für dein Geld, das du auf den Markt tragen musst, hast du dann auch Freud, und im Wein, Freud und Rausch ist gut kaufen.

Und die alten Geräthe, Werkzeuge, alte Kleider, altes Eisen und Kupfer, Fette und dergl. darfst du behalten, damit du nicht betrogen werdest.

So könnte noch durch vielfache Beispiele nachgewiesen werden, dass dieses Gesetz dich in Nachtheil bringt; auch liegt es durchaus nicht ausser der Wahrscheinlichkeit, dass es zu Verwicklungen mit Frankreich führen könnte; denn die Juden sind französische Bürger, wie die Christen, und die französische Regierung wird sich ihrer annehmen müssen. Wenn aber dieses Gesetz eine zweite Wahlgeschichte herbeiführte und wieder 25'000 Fr. müssten ausbezahlt werden: Da müsstest du wieder in die Tasche greifen.

Man mache ein allgemeines Berufsgesetz, das alle Bürger gleich schützt, und nehme darin besonders Rücksicht auf die Hausirer. Mache Patente, erhöhe sie gemäss Recht und Billigkeit so gibt es dem Staate eine schöne Einnahme, welche das Steuergesetz vielleicht überflüssig machen wird.

Bürger! All diese Gründe haben uns zum Entschluss gebracht, gegen das Judengesetz das Veto einzulegen, und fordern euch hiemit auf, in sämtlichen Gemeinden der Basellandschaft Veto-Gemeinden zu halten, dieselben recht zahlreich zu besuchen und dieses so schimpfliche Gesetz den Bach hinunter zu schicken.

Mit patriotischem Gruss!»

Die Argumente der Vetobefürworter sind, einmal abgesehen von der Warnung, das «Judengesetz» könne den Kanton Basel-Landschaft ähnlich teuer zu stehen kommen wie der «Wahl'sche Liegenschaftshandel», weitgehend als Replik auf die Verunglimpfungen der Juden durch die Verfechter eines restriktiven «Judengesetzes» zu erkennen.

123

Besondere Beachtung verdient der zweitletzte Abschnitt: Dass man durch den Verkauf von Hausier-Patenten eine schöne Summe für die Staatskasse hereinholen könnte, kann als plausibles Argument durchgehen, – dass damit aber auch gleich ein Steuergesetz überflüssig würde, ist eine Zugabe an die Steuerunwilligkeit der Baselbieter, welche noch lange anhalten wird. Die Baselbieter weigern sich bis zur Verfassung von 1892 standhaft, direkte Kantonssteuern zu bezahlen. 1892 werden sie zwar den Grundsatz der progressiven Steuer annehmen, doch bis zum ersten unbefristeten Steuergesetz gehen dann nochmals 36 Sommer und Winter ins Land.[31] Bald schon jedoch realisieren sie, dass sich durch Einbürgerungen auch von Juden die maroden Verhältnisse der Gemeindekassen gehörig aufbessern lassen. Insbesondere in den frühen siebziger Jahren des 19. Jahrhunderts, nach dem deutsch-französischen Krieg, schaffen es ein paar jüdische Familien, die teure basellandschaftliche Staatsbürgerschaft zu ergattern.

Händler und Hausierer

Das «Judengesetz», argumentieren die Veto-Leute, bevorzuge die einheimischen Krämer, indem sie sie – anders als andere Berufsstände – vor wachsender Konkurrenz schütze. In der Tat umgehen die jüdischen mobilen Händler die Märkte auf der Landschaft, aber Konkurrenz ist ja noch nicht kriminell. Hingegen ist die Vorzugsbehandlung eines einzigen Berufsstandes unrepublikanisch. Der Schacher- und Wuchervorwurf der Judengegner wird mit der Behauptung gekontert, dass auch einheimische Händler betrügen. Niemand ist da sicher. Die Anspielung, dass schon mancher im Suff mit seinem durch und durch christlichen Geschäftsfreund ein schlechtes Geschäft gemacht habe, ist nicht übertrieben.[32] Ausserdem, das steht so nicht im Text, ist aber mitgedacht, machen die Potentaten und Herrscher über die Märkte ohne Konkurrenz auch die Preise, die sie haben wollen. In den Dörfern sind die jüdischen Händler nicht ungern gesehen und recht gut akzeptiert. Dass die jüdischen Händler gute und zuverlässige Geschäftspartner sind, haben die Wirte längst begriffen. Aus ihren Kreisen ist die Unterstützung für das Veto gegen das «Judengesetz» besonders stark. Die jüdischen Händler wohnen auf der Durchreise bei ihnen. Sie haben zwar ihre Eigenheiten, benutzen eigenes Geschirr, welches sie bei der Abreise mit Kreide kennzeichnen, damit es anderweitig nicht verwendet wird, aber sie bringen Gäste ins Haus.[33] Die lokalen Krämer und Händler hingegen fühlen sich durch die neue Art des Handels arg bedrängt. Dass die jüdischen Händler direkt auf dem Bauernhof, zu Hause oder im Wirtshaus die Geschäfte tätigen, fordert sie heraus. Sie verlieren die Kontrolle über das lokale Marktgeschehen. Im Hausieren sehen sie überhaupt eine Landplage von lauter «fremden Fötzeln». Was allerdings bleibt den Juden ausser dem Handel übrig? Für sie bietet sich der Handel als Erwerbstätigkeit geradezu an, da dieser nicht an Bodenbesitz geknüpft ist. Weil sie zum Teil über recht weitmaschige Handelsnetze verfügen, sind sie den Baselbieter Händlern erst recht ein Dorn im Auge. Es zeigt sich gerade an ihrem Beispiel aufs Anschaulichste, dass die an sich zutreffende Kurzformel «der Fremde ist einer, der heute kommt und morgen bleibt» nicht alles erklärt.[34] Wer das Problem der Einwanderung ausschliesslich als zweiseitiges, d.h. als eine Beziehung zwischen Einwanderungsland und Einwanderer auffasst, lässt eine wichtige Dimension ausser acht. Die elsässischen Juden jedenfalls halten den Kontakt zu ihren heimatlichen Dörfern auch dann aufrecht, wenn sie im Baselbiet wohnen. Gerade die Nähe des Elsass sollte dazu veranlassen, das Verhältnis als mindestens dreifaches zu sehen, insofern nämlich, als die elsässischen Heimatgemeinden ebenso eine Rolle spielen. Und diese Rolle ist keineswegs nur passiv.[35] Der Weinhändler Harburger aus dem badischen Kirchen z. B. verfügt über einen Kundenkreis, dessen Nord-Süd-Ausmasse von Mannheim bis Schwanden im Kanton Glarus und – von West nach Ost – von Mulhouse bis Andelsbuch im Vorarlberg reichen.[36] Indem sie auch weit entfernte Gebiete bereisen, sind die jüdischen Händler in der Lage, mit Dingen wie Fetten, Eisen, Kupfer und anderen Materialien zu handeln und dadurch den bisher kleinräumig begrenzten Märkten neue Perspektiven zu eröffnen. Mit dieser veränderten Situation finden sich nicht alle Baselbieter gleich gut ab. Es ist die besondere Art der Mobilität der jüdischen Händler, welche als Bedrohung aufgefasst wird.[37] Sie gelten als unstet und unehrenhaft, obwohl ihre Tätigkeit nichts anderes als eine neue Form des Marktes darstellt. Diese neue Marktform, nicht die Sentimentalität, ist die eine Bedrohung durch den Zeitgeist. Die Vorschriften, gesetzlichen Regelungen und ordnungspolizeilichen Bemühungen gegen das Hausierwesen (nicht nur gegen das jüdische) sind zahlreich. Das Hausierwesen wird zur unkontrollierbaren Konkurrenz des streng geregelten Wanderburschentums. Die Grenzen zwischen einem Wanderburschen, einem Hausierer oder einem Bettler werden fliessender. Bei den Juden gestaltet sich ihr Dasein als Händler *und* als Jude zu einem besonders angefeindeten Gemisch. Gerade weil jüdische Händler nichts anderes tun als christliche Händler auch, bemüht man die alten Vorwürfe des Schachers und des Wuchers und biegt so Gleiches in Ungleiches um. Dadurch verkommen die Juden zu unehrenhaftem, ungleichem, gefährlichem und verachtungswürdigem Gesindel.

Humanität oder Habgier?

Die Befürworter des Vetos geben von sich selbst gerne ein Bild, das menschliche Beweggründe hervorhebt. Mögen diese gewiss eine Rolle spielen, so ist damit dennoch nicht die ganze Wahrheit gesagt. «Der Landschäftler» – Gesetzesbefürworter der ersten Stunde – vom 20. Dezember 1851 trifft, so polemisch er es angeht, nichtsdestotrotz ins Schwarze, wenn er die Motive der Veto-Leute folgendermassen karikiert:

«Der ganze Humanitätslärm reduziert sich daher auf ein bischen Weltschmerz über das allerdings nicht rosenfarbige Geschick des jüdischen Stammes, dessen Emanzipation angestrebt wird. Wir wollen nicht läugnen, dass diese Emanzipation ein grosses Problem künftiger Zeiten ist, aber wir haben bereits den Stand-

punkt angedeutet, den wir für uns anzunehmen wünschen. Ueberlassen wir solche Sachen einstweilen noch unsern grossen Nachbarn, und hüten wir uns davor, den Frosch in der Fabel spielen zu wollen, der bekanntlich gern so gross gewesen wäre als ein Ochse, und sich so lange aufblähte, bis er zersprang.
Aber es ist ja unsern Gegnern auch nicht halb so ernst mit ihren öffentlich aufgestellten Behauptungen; die Interessen, die sie verfechten, sehen zu deutlich unter dem Pelz hervor. Wir wollen ihnen dieses zwar nicht zum Vergehen rechnen, da Jeder für seinen Sack einsteht; nur sollen sie sich nicht besser machen wollen als sie sind. Sonst war man gewohnt, etwa bei einem Schulmeister oder deutschen Doktoren die schwindsüchtige Empfindsamkeit anzutreffen, die sich in dem ganzen Weesen kund gibt. Diessmal aber scheinen die Wirthe am Tanz zu sein. Sind ja doch nichts als Löwen-, Bären-, Kronen-, Rössli-, Ochsen- und Stabwirthe, die treiben die Bewegung. Man sieht, die Angst um die Verödung der sog. ‹Judentische› ist der Schemel, auf dem die Humanität der Wirthe steht. Was würden alle diese Herren sagen, wenn man allenfalls sie nach der Berechtigung fragen würde, die sie vor dem Richtstuhl wahrer Humanität haben? – Aber nicht einmal ihr Interesse selbst verstehen sie. Es ist doch klar, dass das «Judengesetz» die Folge haben wird, dass die Märkte wieder besser werden, denn durch Niemand anders, als die Juden, die den Ställen unermüdlich nachlaufen, wurde der Viehhandel von den Märkten verdrängt. Man sieht, wie tief unsere Vetostürmer der Sache nachdenken!»

Eigeninteresse wird auch auf der Seite der Veto-Befürworter als Motiv anerkannt. So gross ist der Altruismus nicht. Schliesslich bemerkt, wie der «Baselbieter» berichtet, eine «körperlich kleine, aber geistig ziemlich grosse und kluge Frau: ‹Es ist nicht aus Vorliebe für die Juden, dass man das Veto ergreift; es soll vielmehr geschehen, um sich selbst die Handelsfreiheit nicht schmälern zu lassen.›»[38]

Die treibenden Kräfte im Waldenburgertal

Die Initianten der Veto-Bewegung kommen aus dem Waldenburgertal. Die Zeitungen schweigen sich über die Gründe aus, es lassen sich nur ein paar recht vage Vermutungen äussern. Ohne dass es so ausgedrückt worden wäre, scheint es doch möglich, dass die Meinungsmacher im Waldenburgertal um die Stellung des Tales gefürchtet haben. Das Tal des Oberen Hauensteins, ein uraltes Passtal schon seit der Römerzeit, sieht sich mit dem Bau der Eisenbahnlinie, die eben nicht durch das Waldenburger-, sondern durch das Homburgertal über Läufelfingen nach Trimbach und Olten führen soll, von der «grossen» Welt des Transitverkehrs abgekoppelt. Noch ist die Linie nicht gebaut, aber die Beschlüsse sind gefasst. Seit 1846 ist es beschlossene Sache, man weiss, wo die Eisenbahn durchführen wird und wo nicht.[39] Wenn man bedenkt, dass Langenbruck, der Passort, lange Jahre einen besonderen Stellenwert als Vermittlungsort für den Viehmarkt innegehabt hat, wenn man ferner in Rechnung stellt, wie wichtig im Viehhandel die jüdischen Händler sind, dann wird die Angst im Waldenburgertal konkret fassbar.[40] Die Zeit der Industrie, der Fabriken, Maschinen und der Eisenbahn ist noch nicht endgültig erreicht, wohl aber fühlt man die Veränderung kommen, mag auch noch so unklar sein, was sie mit sich bringen wird. Man sieht beängstigt in die Zukunft. Das, nicht der «Humanitätslärm», ist die zweite Verunsicherung durch den Zeitgeist. Sollen inskünftig auch noch die jüdischen Händler im Waldenburgertal ausbleiben, dann sieht die Situation erst recht bitter aus. Also ist es naheliegend, dass man versucht, sich zu bewahren, was in der Vergangenheit Gewinn gebracht hat. Selbst wenn diese Perspektive eine sehr kurzfristige ist, da ja auch der Viehtransport in die Bahnwaggons umgelagert werden wird.

Die Hochburg der Unterschriftensammlung: Der obere Kantonsteil

Dieser, wie gesagt etwas ungesicherten Interpretation widersprechen dann freilich die Unterschriftenlisten der einzelnen Dörfer des Kantons Basel-Landschaft.[41] Es ist nämlich nicht so, dass das Veto nur im Waldenburgertal auf Zustimmung stösst, und der geplanten Bahnlinie Basel–Liestal–Sissach–Olten entlang nicht. In Läufelfingen, wo der Bahntunnel nach Trimbach in den Berg gehen wird, unterschreibt fast jeder, der von Rechts wegen darf. In ein paar anderen Gemeinden wie Rothenfluh und Rünenberg, beide abseits der Bahnlinie, ist dies auch der Fall. Im Bezirk Sissach, in welchem diese beiden Dörfer liegen, ist der Anteil mit 47.2 Prozent der Stimmberechtigten am grössten. Dies ist nicht erstaunlich, denn die Gemeinden dieses Bezirks haben bei fast allen Veto-Vorstössen kräftig mitunterschrieben. Dass sich vor allem in den Posamenter-Gemeinden des oberen Kantonsteils viele Unterschriften einbringen lassen, findet seinen Grund in dem Umstand, dass die am Rand des Kantonsgebietes gelegenen kleinen Gemeinden von den jüdischen Händlern recht grossen Gewinn haben. Es geht für diese Dörfer, die sich von der Liestaler Zentrale zunehmend übergangen fühlen, also auch um die Existenzsicherung. Ferner ist nicht von vornherein von der Hand zu weisen, dass es etliche gibt, die aus purem Zorn auf die Regierung unterschreiben. Opposition aus ganz anderen als pro- oder antijüdischen Günden. Die politische Landschaft beim Veto gegen das «Judengesetz» liefert Hinweise dafür, dass 1854 in erster Linie dank des oberen Kantonsteils die Opposition die «Ordnungspartei» aus der Regierung verdrängt. Dieses vierjährige Experiment der wegen ihres Zauderns so genannten «Knorzerregierung» wiederum verweist auf das Widerstandspotential im oberen Baselbiet, welches nach einem nochmaligem kurzzeitigem «Gastspiel» der «Ordnungsleute» 1863 die demokratische Bewegung des Christoph Rolle an die Macht bringt.[42]

Im Bezirk Waldenburg unterschreiben auch 40.3 Prozent der Aktivbürgerschaft. Vor allem in Oberdorf und Niederdorf sind die Unterschriftensammler erfolgreich.

Erstaunlich ist aber das vergleichsweise magere Ergebnis im Städtchen Waldenburg selbst.

In keinem Bezirk erreicht man das Quorum. Der Bezirk Liestal mit 24.3 Prozent liegt weit hinten, und der unterste Bezirk, Arlesheim, fällt mit nur 12.8 Prozent völlig ab. In Allschwil unterschreiben zwar einige. Offenbar hat man 1848 mit den Flüchtlingen aus Hegenheim und Durmenach, wie überhaupt mit der grenznahen Situation, die doch davon geprägt ist, dass Hegenheim, Grenze hin, Grenze her, nur gerade eine Viertelstunde entfernt ist, keine schlechten Erfahrungen gemacht. Auch in Oberwil gibt es mehr als eine Handvoll Unterzeichner. Allschwil und Oberwil sind katholische Gemeinden, sie haben jedoch beide liberale Geistliche als Vorsteher der Kirchgemeinde. Aber es gibt in diesem Bezirk viele Gemeinden, wo kein Mensch unterschreibt. Dies ist in den meisten Gemeinden des ehemaligen Bistums Basel der Fall. Wenn Unterschriften gesammelt werden, dann stammen sie aus Gemeinden der ehemaligen, reformierten Landschaft Basel. Man muss – dies ist hier zu ergänzen – immer auch damit rechnen, dass Unterschriftenlisten nicht abgegeben, d.h. verloren gegangen oder mit Absicht aus dem Verkehr gezogen worden sind. Es wäre jedenfalls zu einfach, den antijüdischen Geist auf ein Problem des Katholizismus zu reduzieren. Gerade Baselland zeigt, dass das nicht angeht. In Liestal und in Ziefen, beide reformiert, findet sich auch keiner, der sich auf der Unterschriftenliste einträgt. In anderen Gemeinden sind es erbärmlich wenige. Das kann daran liegen, dass sich in diesen Orten niemand dafürgehalten hat, überhaupt Unterschriften zu sammeln. Von selbst sammelt sich gar nichts. Es braucht immer ein Netz von Aktivisten, die es verstehen, die Leute zu mobilisieren. Ein weiterer Grund mag darin liegen, dass die Befürworter des «Judengesetzes» mit wenig zimperlichen Methoden versuchen, das Veto zu verhindern. Der geringste Vorwurf ist noch der, dass die Veto-Leute von den Juden gedungen seien, – worauf «Der Baselbieter» mit dem lakonischen Satz reagiert: «Was der Bock an sich selber weiss, das traut er der Geiss.»[43] Aber die Schläge in Gelterkinden sprechen eine rüdere Sprache, und auch aus Binningen wird kolportiert, es hätten «erbärmliche Regierungsschlecker und vernunftlose Judenhasser» versucht, die Unterschriftenaktion zu verhindern.[44] Vielleicht sind viele von der Frage auch gar nicht besonders berührt. Schliesslich gibt es lange nicht in jedem Baselbieter Dorf einen jüdischen Händler. Ein Sturm der Entrüstung, ein «Vetosturm», wie die Gegner sagen, entsteht nicht. Das Veto kommt nicht zustande. Das «Gesetz, die Verhältnisse der Juden betreffend» wird fast eins zu eins umgesetzt.

Die Beteiligung am Veto gegen das Judengesetz 1851

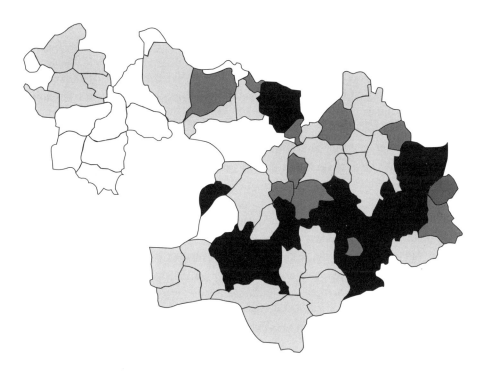

Unterschriftenanteile in Prozent der Stimmberechtigten

☐	kleiner	1 %
☐	kleiner	40 %
☐	kleiner	50 %
☐	kleiner	60 %
■	kleiner	100 %

(Quelle: Roger Blum, Die politische Beteiligung des Volkes am jungen Kanton Basellland (1832–1875), Liestal 1977, S. 632 ff.)

Und die Juden?

Selbst wenn in Sachen Anwendung des «Judengesetzes» dann zwei vereinzelte Ausnahmen für Samuel Woog und die Brüder Dietisheim in Gelterkinden gemacht werden, so zählt Baselland dennoch bis weit in die zweite Jahrhunderthälfte hinein zu jenen Schweizer Kantonen, die den Juden äusserst ablehnend begegnen. Wenigstens rechnet ihn Theodore-Sedgwick Fay noch 1860 unmissverständlich dazu, als er beim Bundesrat eine erleichterte Einwanderung für nordamerikanische Juden reklamiert.[45] Das ist erstaunlich, weil man doch von einem radikalen Kanton wie Basel-Landschaft auch gegenüber den Juden etwas Fortschrittliches erwartet. Fortschrittlich ist das Baselbiet aber – Frauen wissen davon ein Lied zu singen – keineswegs in allen Belangen.[46]

Im Baselbiet des 19. Jahrhunderts sind dennoch gewalttätige Exzesse gegen die Juden selten. Angesichts der gewalsamen Ausschreitungen gegen Juden sowohl in den deutschen Staaten als auch im Elsass ist dieses weitgehende Fehlen erwähnenswert. Die Schweiz und mit ihr Baselland bieten zweifellos ein Bild der Sicherheit. Die wenigen Juden, welche in der Schweiz leben, sind verhältnismässig sicher. Antijüdische Verlautbarungen hingegen, Schikanen und Benachteiligungen kommen reichlich vor, nicht nur im Rahmen des «Wahl'schen Liegenschaftshandels» und der Auseinandersetzung um das «Judengesetz» und das Veto. Doch allmählich wächst der Druck. Die Abstimmung über die Teilrevision der Bundesverfassung von 1866 wird für die Juden die freie Wahl der Niederlassung bringen. Die Bundesverfassung von 1874 wird dann die Glaubensfreiheit auch für sie festhalten.[47] In diesem veränderten Umfeld gelingt es ein paar jüdischen Familien, sich in den Baselbieter Dörfern das Bürgerrecht zu erkaufen. Für teures Geld und viel gute Worte. Das neue Einbürgerungsverfahren verlangt nämlich von den Juden gleich mehrere eidesstattliche Erklärungen. Sie müssen sich darüber ausweisen, dass sie sich und ihre Familie bis anhin erhalten konnten und es weiterhin können, dass sie schon längere Zeit im Baselbiet leben, – und schliesslich müssen sie beteuern, im Kanton bleiben zu wollen. Doch die antijüdischen Ressentiments lassen sich auch durch die zum Teil recht hohen Einbürgerungsgelder nicht verdrängen. Das Geld nehmen ist das eine ...

Die Initiative für ein Schächtverbot, zwar unter der unverdächtigen Losung des Tierschutzes lanciert, aber mit einer unübersehbar antijüdischen Spitze versehen, findet 1893 auch im Baselbiet Zustimmung.[48] Folgt man der Darstellung von Lucien Jung, so ist für die jüdischen Händler das Gesetz über die Sonntagsruhe von 1892 noch schicksalsbestimmender.[49] Es verbietet ihnen, die am Samstag aus religiösen Gründen ihr Geschäft nicht offenhalten dürfen, den Handel am Sonntag. Damit wird die Geschäftsgrundlage nachhaltig beeinflusst. Der Sonntag ist nämlich der Tag, an dem die Bauern der umliegenden Dörfer und Einzelhöfe Zeit zum Einkauf finden. Wenigstens für die Handlung der Familie Jung in Gelterkinden ist dies der Anfang vom Ende. Da nützt ihr das Bürgerrecht von Buckten wenig.

Einer der wenigen konsequenten und uneigennützigen Verfechter der jüdischen Sache war Rudolf Kölner, genannt «der Saure». Als solcher zeigte er sich zum Beispiel, als er sich im «Baselbieter» vom 20. Dezember 1851 in 64 wortgewaltigen Versen – «Schäm dich, Christ, der Jude, den du hassest, Ist ein Mensch vor Gott so gut wie du» – für die Juden und für das Veto gegen das «Judengesetz» einsetzte. Aber Kölner galt auf der Landschaft als schräger Vogel. Er hatte sich verschiedentlich ungehörig aufgeführt, etwa indem er 1832 an der kurzzeitigen und selbsternannten «Republik von Diepflingen» Teil hatte, oder indem er das neue Aristokratentum Gutzwillers bekämpfte. Gegen diesen lehnte sich keiner ohne Folgen auf. Dies gilt für Johann Jakob Hug, der, weil er Gutzwillers Bereicherung an der Saline von Augst geisselte, 1840 in einer spektakulären, einzigartigen Parlamentsposse von seinen Landratskollegen aus dem Landrat ausgeschlossen wurde, während sein Wahlkreis, ohne dass er ihn abgewählt hätte, den Auftrag bekam, einen Ersatzmann zu wählen.[50] Dies gilt im gleichen Mass auch für Johann Ulrich Walser und Kölner, «den Sauren». Vielleicht – aber das ist nur eine Vermutung – haben sich auch ausgerechnet die Falschen für die Juden eingesetzt.

Anmerkungen

[1] Ich danke Heiko Haumann, Fridolin Kurmann, Hans Rudolf Schneider und Albert Schnyder sehr für ihre Ratschläge und ihre Gesprächsbereitschaft. Ruedi Epple danke ich für die grafische Darstellung in RegioGraph.
[2] Roger Blum, Die politische Beteiligung des Volkes am jungen Kanton Baselland (1832–1875), Liestal 1977, S. 48.
[3] Ebda., S. 77.
[4] Blum (wie Anm. 2) und Paul Suter, 150 Jahre basellandschaftliches Zeitungswesen, in: Baselbieter Heimatblätter 48 (1983), S. 253ff.
[5] Blum (wie Anm. 2), S. 52.
[6] Ich ziehe für den von mir betrachteten Zeitraum die Bezeichnung antijüdisch der Bezeichnung antisemitisch vor. Vgl. Stefan Rohrbacher, Gewalt im Biedermeier. Antijüdische Ausschreitungen in Vormärz und Revolution (1815–1848/49), Frankfurt am Main/New York 1993; Detlev Claussen, Was heisst Rassismus?, Darmstadt 1994.
[7] Staatsarchiv des Kantons Basel-Landschaft (StA BL), Liestal, Niederlassung C, Niederlassungsverhältnisse der Juden 1826–1851. Der ganze Brief im Wortlaut in: Martin Leuenberger, Frei und gleich ... und fremd. Flüchtlinge im Baselbiet zwischen 1830 und 1880, Liestal 1996, S. 212f.
[8] Vgl. dazu: Daniel Gerson, Die antijüdischen Ausschreitungen im Elsass 1848, Basel 1989 (unpubliz. Liz.-Arbeit); kurz zusammengefasst in: Ders., Die Ausschreitungen gegen die Juden im Elsass 1848, in: Bulletin des Leo Baeck Instituts 87 (1990), S. 29–44; Rohrbacher (wie Anm. 6), S. 182–186.
[9] Dazu: Martin Leuenberger, Ein kurzer Sommer des Asyls. Juden aus dem Elsass als Flüchtlinge in Baselland, in: Fremd?!, Baselbieter Heimatbuch 20, Liestal 1995, S. 65–78.
[10] Diese und die folgenden Hervorhebungen im Original.
[11] Landschaftliche Zeitung, 25. November 1851.
[12] Vgl. Rohrbacher (wie Anm. 6), S. 54.
[13] Achilles Nordmann, Die Juden im Kanton Baselland, in: Basler Jahrbuch 1914, S. 246. Volkszählung 1850: 15 «israelitische Personen». «Im Dezember 1860 war deren Zahl – eine

Folge der strengen Anwendung des Gesetzes von 1851 – auf 6 zurückgegangen.» Diese Zahlen entsprechen 0.03 resp. 0.01 % der Bevölkerung. Vgl. auch: Franz Gschwind, Bevölkerungsentwicklung und Wirtschaftsstruktur der Landschaft Basel im 18. Jahrhundert, Liestal 1977, S. 428–432 und 585f. Die Zahl der Juden blieb auch im 20. Jahrhundert äusserst gering. In Liestal, im Restaurant «Eintracht» hatten sie zwar im ersten Stock ein Notlokal, in welchem sie sich für die Ausübung ihrer Religion treffen konnten. Eine Synagoge war dies jedoch nicht, und fast regelmässig mussten sie auf Zulauf aus der Stadt Basel hoffen, damit sie die Feiern überhaupt abhalten konnten (mündliche Mitteilung von Dr. Jürg Ewald 26. Oktober 1995). Aber ohne Synagoge kamen keine neuen Zuwanderer und ohne Zuwanderung entstand erst recht keine Möglichkeit, eine Synagoge zu errichten.

[14] Der Landschäftler, 18. Dezember 1851.

[15] Benedikt Banga, «Actenmässige Zusammenstellung über den Gang der diplomatischen Unterhandlungen mit Frankreich die Frage des Aufenthaltsrechts der Juden im Canton Basel-Landschaft betreffend» und «Zusammenstellung über den verbotenen wirklichen Aufenthalt der Juden und die polizeilichen Schritte dagegen». StA BL Niederlassung C, Niederlassung der Juden 1826–1851.

[16] Basellandschaftliches Volksblatt, 6. Mai 1836.

[17] Basellandschaftliches Volksblatt, 6. November 1835.

[18] Der Baselbieter, 13. Dezember 1851.

[19] Vgl. dazu: [Alexander und Baruch Wahl] Du Différend survenu entre la France et Bâle-Campagne à propos de l'annulation prononcée par le grand conseil de ce canton, d'une acquisition d'immeubles par deux citoyens français, Mulhouse 1836.

[20] Der Baselbieter, 15. November 1851.

[21] Schweizerischer Bilderkalender 1839, S. 36, in: Schweizerischer Bilderkalender 1839–1845 von Martin Disteli, hg. v. Einwohnergemeinde der Stadt Olten, Olten o. J. [1994].

[22] Der Baselbieter, 15. November 1851.

[23] Das Folgende nach: Blum (wie Anm. 2), Personenregister und Kaspar Birkhäuser, Biolex, eine Datenbank für die Arbeit am Personenlexikon Baselland, Liestal 1997. Frei ist nicht Emil Remigius Frey. Der sitzt bis 1851 im Nationalrat und ist nicht Landrat.

[24] Basellandschaftliches Volksblatt, 6. November 1835; Kaspar Birkhäuser, Der Baselbieter Politiker Stephan Gutzwiller, Liestal 1983, S. 284.

[25] Basellandschaftliches Volksblatt, 6. November 1835; Birkhäuser (wie Anm. 24), S. 284.

[26] Der Landschäftler, 11. Dezember 1851.

[27] [Emma Herwegh] Zur Geschichte der deutschen demokratischen Legion aus Paris, von einer Hochverraeterin, Grünberg 1849, S. 27.

[28] Odette Rosenberg, Lydia Woog, eine unbequeme Frau. Schweizer Aktivistin und Kommunistin, Zürich 1991, S. 53.

[29] Lucien Jung, Aus dem Leben der Familie Jung (Folge 1), in: Die Quelle, Heft 25, Dezember 1992, S. 505f.

[30] Fred Wander, Der siebente Brunnen, Erzählung, Frankfurt am Main 1994, S. 38f.

[31] Felix Auer, Der Staatshaushalt des Kantons Basel-Landschaft, in: Beiträge zur Entwicklungsgeschichte des Kantons Basel-Landschaft, hg. von Basellandschaftliche Kantonalbank, Liestal 1964, S. 410.

[32] Vgl. dazu die Geschichte vom Landjäger Dill, der nach einem Markttag in Langenbruck in eine Schlägerei gerät und dort mit zu eiserner Faust aufräumt, in: Leuenberger (wie Anm. 7), S. 217–227.

[33] Jung (wie Anm. 29), S. 504.

[34] Georg Simmel, Exkurs über den Fremden, in: Georg Simmel, Soziologie. Untersuchungen über die Formen der Vergesellschaftung, Frankfurt am Main 1992 (= GA Bd. 2), S. 746ff.

[35] Robert Hettlage, Diaspora: Umrisse einer soziologischen Theorie, in: Mihran Dabag/Kristin Platt (Hg.), Identität in der Fremde, Bochum 1993, S. 77.

[36] Juden auf dem Lande, Begleitschrift zur gleichnamigen Ausstellung im Museum in der Alten Schule, Efringen-Kirchen 1996, S. 23
[37] Über die sogenannten «flottanten Elemente» und zum Hausierertum vgl. Albert Tanner, Arbeitsame Patrioten – Wohlanständige Frauen. Bürgertum und Bürgerlichkeit in der Schweiz 1830–1914, Zürich 1995, S. 570ff.; Olivia Hochstrasser, Ein Haus und seine Menschen 1549–1989. Ein Versuch zum Verhältnis von Mikroforschung und Sozialgeschichte, Tübingen 1993.
[38] Der Baselbieter, 20. Dezember 1851.
[39] Vgl. Fritz Klaus, Basel-Landschaft in historischen Dokumenten, Bd. 1: Die Gründungszeit 1798–1848, Liestal 1982, S. 267.
[40] Freddy Raphael, Der Viehhändler, in: Juden im Elsass, hg. von Jüdisches Museum der Schweiz und Schweizerisches Museum für Volkskunde, Basel 1992, S. 14f.
[41] Der Landschäftler, 9. Dezember 1851; Blum (wie Anm. 2), S. 272, mit ganz geringen Abweichungen voneinander.
[42] Vgl. dazu: Ruedi Epple, Die Demokratische Bewegung im Baselbiet um 1860. Ein Beitrag zur Geschichte der direktdemokratischen Institutionen im politischen System der Schweiz, (unpubliz. Typoskript), Konstanz 1979, S. 94–102.
[43] Der Baselbieter, 20. Dezember 1851; Der Landschäftler, 16. Dezember 1851, nennt eine Summe von 1'600 Franken Bestechungsgeld.
[44] Der Baselbieter, 20. Dezember 1851.
[45] Theodore-Sedgwick Fay, Denkschrift der Gesandtschaft der Vereinigten Staaten von Amerika betreffend die amerikanischen Israeliten ... (mit einem Zusatz betr. St. Gallen), St. Gallen 1860 (zuerst ohne Zusatz Bern 1859). Die anderen Kantone sind: Schwyz, Zug, Aargau, Schaffhausen, Thurgau, Basel-Stadt.
[46] Annamarie Ryter, Als Weibsbild bevogtet. Zum Alltag von Frauen im 19. Jahrhundert, Liestal 1994.
[47] Vgl. dazu die Beiträge von Aram Mattioli, Die Schweiz und die jüdische Emanzipation 1798–1874, und Joseph Lang in diesem Band.
[48] Vgl. dazu den Beitrag von Beatrix Mesmer in diesem Band.
[49] Lucien Jung, Aus dem Leben der Familie Jung, (2 Folgen), in: Die Quelle, Heft 25, 1992, S. 504–507, und Heft 26, 1993, S. 527–530.
[50] Blum (wie Anm. 2) S. 179ff.

Der «Mannli-Sturm» oder der Aargauer Emanzipationskonflikt 1861–1863

ARAM MATTIOLI

Für Brigitte Baur

Aus historischen Gründen lebte 1860 noch immer ein gutes Drittel der 4'216 in der Schweiz ansässigen Juden auf dem Gebiet des Kantons Aargau, davon allein 1'298 in Oberendingen und Lengnau im katholischen Bezirk Zurzach.[1] Die beiden im Surbtal gelegenen Bauerndörfer waren vor der Helvetischen Revolution (1798) die einzigen Ortschaften auf eidgenössischem Territorium gewesen, in denen sich Juden überhaupt hatten niederlassen dürfen. Auch nach der Schaffung des Kantons Aargau im Jahre 1803 waren die Surbtaler Landjuden noch für Jahrzehnte zu einem Dasein unter einem staatlichen Diskriminierungsregime gezwungen, das sie von allen politischen und vielen bürgerlichen Rechten ausschloss und ihnen zahlreiche Beschränkungen in der Niederlassungs-, der Ehe- sowie der Handels- und Gewerbefreiheit auferlegte. Tatsächlich setzte der «Heimathskanton der schweizerischen Israeliten»[2] den bürgerlichen Entfaltungsmöglichkeiten der auf seinem Territorium lebenden jüdischen Bevölkerung über die Mitte des 19. Jahrhunderts hinaus enge Grenzen.[3] So war die 1776 von den regierenden Orten der Grafschaft Baden verfügte Eingrenzung auf die Surbtaler Dorfghettos in die kantonale Gesetzgebung übergegangen, wo dieses *System der soziokulturellen Segregation* in seinen Grundzügen bis zur Inkraftsetzung des heftig umstrittenen Emanzipationsgesetzes vom 15. Mai 1862 erhalten blieb. Obwohl alle Kantonsverfassungen seit 1803 dem Prinzip der Rechtsgleichheit verpflichtet waren, blieben die Nachfahren der seit dem 17. Jahrhundert in der Grafschaft Baden ansässigen Juden unter einer Art Fremdenrecht als «ewige Einsassen» benachteiligt.[4] Allerdings stellte diese diskriminierende Behandlung in der Schweiz vor dem Sonderbundskrieg nicht die Ausnahme, sondern die Regel dar. Vor der Gründung des Bundesstaates hatte sich 1846 nur der von Radikalen regierte Kanton Bern zu einer Emanzipation der Juden entschliessen können, wenn man von der 1803 in die Freiheit entlassenen Waadt einmal absieht, die nie Sondergesetze für Juden erlassen hatte.

Die «Judenfrage» im Aargau: Kontexte und Perspektiven

Verglichen mit der Entwicklung im angrenzenden Grossherzogtum Baden, in welchem die jüdische Emanzipation am 15. Oktober 1862 zum Abschluss kam, erfolgte die vollständige Gleichstellung der Juden im Kanton Aargau mehr als fünfzehn Jahre später.[5]

Zwar hatte ein Bundesbeschluss der eidgenössischen Räte vom 24. September 1856 den in der Schweiz lebenden Juden die politischen Rechte gewährt, was ihnen auch im Aargau ermöglichte, sich ein Jahr später erstmals an einer Nationalratswahl zu beteiligen. Zu diesem Zeitpunkt taten die jüdischen Männer bereits seit vier Jahren Dienst in der eidgenössischen Armee. Nur wenige Tage nach dem Bundesbeschluss von 1856 verlangte ein bundesrätliches Kreisschreiben vom Aargau ausserdem, dass er seine jüdischen Einwohner den Bürgern christlicher Konfession in jeder Beziehung gleichstelle. Doch verzögerte sich die praktische Umsetzung dieser unmissverständlichen Aufforderung aus Bern um lange Jahre; und dies, obwohl Politiker wie der in Frick wohnende Grossrat Franz August Stocker die jüdische Emanzipation schon 1861 für ein dringendes «Bedürfnis» der Gegenwart hielten, «das von der Humanität, der Gerechtigkeit und der Staatsklugheit»[6] geradezu gefordert werde. Ganz im Gegensatz zu den freisinnigen Machteliten hielten aber weite Volkskreise unbeirrt an der Meinung fest, dass es sich bei den Juden lediglich um «tolerierte Fremde» handle, die ihrer anderen «Nationalität» wegen keinen Anspruch auf eine Einbürgerung und die daraus resultierenden Bürgerrechte besässen. Volkes Wille machte sich in der «Judenfrage» noch zu Beginn der sechziger Jahre nicht nur für die Beibehaltung der traditionellen soziokulturellen Segregation zwischen Christen und Juden, sondern auch für ein System bürgerlicher Ungleichheit stark, das die kleine jüdische Minderheit weiterhin zu einem gesellschaftlichen Randdasein verurteilte. Bereits die offizielle Kantonsgeschichte kam 1978 zum klaren Verdikt, dass diese antiemanzipatorische Intransigenz dem Aargau nicht gerade zu höherer Ehre gereiche.[7]

In der europäischen Geschichte des 19. Jahrhunderts ist der Kanton Aargau geradezu ein Paradebeispiel dafür, wie demokratische Partizipation den Prozess jüdischer Emanzipation nachhaltig verzögern und zeitweise sogar offen delegitimieren konnte. Obwohl sich bekannte freisinnige Politiker wie Friedrich Frey-Hérosé, Carl Feer-Herzog, Augustin Keller und Emil Welti seit dem Bundesbeschluss von 1856 für die vollständige bürgerliche und politische Gleichstellung der Juden engagierten, standen weite Bevölkerungskreise der Idee einer Einbürgerung von Juden in «christlichen Gemeinden» ausgesprochen ablehnend gegenüber. Die in der Tradition des christlichen Antijudaismus stehenden Vorurteile hatten sich in den Köpfen der Menschen bis weit ins 19. Jahrhundert hinein behauptet: «Weitaus die meisten Aargauer aber sahen in den Juden nur Wucherer, Blutsauger und Mörder Christi und wollten auf keinen Fall ihr Bürgerrecht mit ihnen teilen.»[8] 1861 brach der schwelende Konflikt zwischen dem Souverän und den in Aarau residierenden «Herren», wie die Mitglieder von Regierung und Grossem Rat im Volksmund in Anspielung auf die «Gnädigen Herren» des Ancien Régime bespöttelt wurden, offen aus. Aus Protest gegen ein von der Regierung eingebrachtes Emanzipationsgesetz kam es in Oberendingen zwischen dem 28. Oktober und 11. November 1861 zu schweren Ausschreitungen gegen die Mitglieder der jüdischen Korporation, die weit über den lokalen Rahmen hinaus für Aufsehen sorgten. Sie standen am Anfang der sogenannten «demokratischen Bewegung», die ähnlich wie die

Volksbewegungen in den benachbarten Kantonen Baselland und Zürich eine «volksgerechte» Reform von Staat und Gesellschaft anstrebte.⁹

Die judenfeindlichen Krawallnächte in Oberendingen

In den späten fünfziger Jahren geriet die Schweiz wegen ihrer restriktiven «Judenpolitik» immer stärker unter diplomatischen Druck. Von den offiziellen Repräsentanten der Vereinigten Staaten von Amerika, des Second Empire und der Niederlande, die die Juden schon im ausgehenden 18. Jahrhundert emanzipiert hatten, wurden die antijüdischen Sondergesetze in zahlreichen Kantonen und die diskriminierenden Bestimmungen in der Bundesverfassung von 1848 nicht mehr nur als ein Relikt einer «barbarischen Zeit» betrachtet, die einer Republik unwürdig seien.¹⁰ Mehr und mehr stiessen sie wegen ihrer benachteiligenden Auswirkung auf französische und amerikanische Staatsbürger jüdischen Glaubens, die sich allein aufgrund ihres Glaubens nicht überall in der Schweiz niederlassen und ein Gewerbe ausüben durften, auf empörte Ablehnung. Ihre antiemanzipatorische Politik drohte die Schweiz nicht nur ins internationale Abseits zu führen, sondern auch zu einer schweren Hypothek für die künftige Aussenhandelspolitik zu werden, weil die zivilisierte Welt den Abschluss von Handelsverträgen zunehmend von schnellen Fortschritten in dieser Frage abhängig machte. Angesichts dieser Situation entschloss sich die Aargauer Regierung im Jahre 1860, die «Judenfrage» ein für allemal aus der Welt zu schaffen, nachdem sie dies bereits 1805 ein erstes Mal versucht, aber damals am Nein des Grossen Rates gescheitert war.

Im November 1860 legte sie dem Parlament einen Gesetzesentwurf vor, der die jüdischen Korporationen von Oberendingen und Lengnau zu selbständigen Einwohnergemeinden erhob. Gleichzeitig sollten die diskriminierenden Bestimmungen in der Niederlassungs- und Ehefreiheit dahinfallen. Stimmberechtigt sollten neben den ansässigen auch die anderen im Kanton niedergelassenen Juden sein. Auf diese Weise wären die jüdischen Aargauer erstmals in den Besitz eines Ortsbürgerrechtes gekommen, das nach kantonalem Recht die wichtigste Voraussetzung für die vollständige Emanzipation war. Denn von diesem hingen selbst noch in einer Zeit, als die Aargauer Juden in den Augen der Bundesbehörden schon längst als schweizerische Staatsbürger galten, nicht nur die politischen, sondern auch zahlreiche bürgerliche Rechte ab. Aarau wollte den Genuss der Bürgerrechte nicht mehr länger vom «richtigen» Glaubensbekenntnis abhängig machen und sah es mehr und mehr als unehrenhaft für den Kanton an, sich «in der Sache der Humanität» von den Bundesbehörden auf den «rechten Weg» weisen zu lassen, wie der Direktor des Inneren bereits im April 1856 zu Handen seiner Regierungskollegen festgehalten hatte.¹¹

Die Schaffung selbständiger jüdischer Einwohnergemeinden wurde von der Aargauer Regierung 1860/61 erstens deshalb favorisiert, weil sie den diffusen Ängsten der christlichen Bürger von Oberendingen und Lengnau Rechnung tragen wollte, die befürchteten, nach erfolgter Emanzipation von den Juden in kommunalen Angelegenheiten übestimmt zu werden und in «ihren» Gemeinden bald nichts mehr zu sagen zu haben. Zweitens strebte der Vorschlag der Regierung eine Entspannung des konfliktreichen Dorfalltags an, der von jeher mehr durch ein Gegen- als ein Miteinander von Christen und Juden geprägt war. Im Jahre 1831 hatten die christlichen Bürger Oberendingens dem Grossen Rat zum Beispiel eine Bittschrift eingereicht, in der sie verlangten, dass den Juden der Ankauf liegender Güter wieder untersagt werde, «weil sonst die christliche Bürgerschaft bald von allem Grundbesitze verdrängt sein würde»[12]. Im gleichen Jahr hatte sich die Gemeindeversammlung von Lengnau dagegen ausgesprochen, ihren jüdischen Mitbewohnern das Ortsbürgerrecht zu verleihen. Gleichzeitig hatte sie beim Verfassungsrat eine Erhöhung des «Einsassengeldes» beantragt. Fünf Jahre später lehnte die Lengnauer Gemeindeversammlung den Antrag der jüdischen Korporation ab, gemeinsame Waschhäuser zu errichten. Und immer wieder wurden jüdische Bewohner der beiden Surbtaler Bauerndörfer wegen angeblicher Missachtung der Sonntagsruhe und wegen Schächtens von Kleinvieh vor ihren Häusern von den christlichen Gemeindebehörden gebüsst.

Die christlich-jüdischen Alltagsbeziehungen wurden nicht nur durch tief verwurzelte Vorurteile belastet, sondern auch dadurch, dass die beiden Bevölkerungsgruppen seit dem ausgehenden Ancien Régime stark angewachsen waren und immer knappere Ressourcen eine stets grösser werdende Zahl von Menschen ernähren mussten. Wie die Juden, die in ihrer Mehrheit in erdrückender Armut lebten, waren auch die Christen von Oberendingen und Lengnau nicht gerade auf Rosen gebettet. Im Jahrzehnt nach der Hungerkrise von 1846/47, die durch Missernten und eine wirtschaftliche Depression ausgelöst worden war, hatten überdurchschnittlich viele Familien aus dem Surbtal aus blanker Not nach Übersee auswandern müssen.[13] Angesichts der steigenden Massenarmut befürchteten immer mehr Menschen eine progressive Verschlechterung ihrer Lage – eine Angst, die zu Beginn des Emanzipationskonfliktes auch noch durchaus begründet war.[14] Denn der Bezirk Zurzach war um 1860 nicht nur eine der ärmsten, sondern auch eine der am wenigsten industrialisierten Regionen des Aargau, der innerhalb der Schweiz ohnehin zu den «agricolen Kantonen»[15] zu zählen war. Die Emanzipationsfrage wurde hier also nicht nur in ihrer ideellen Dimension verhandelt, sondern auch vor dem Hintergrund sozioökonomischer Rückständigkeit und unsicherer Lebensperspektiven ausgetragen.

In Abweichung vom regierungsrätlichen Gesetzesvorschlag schlug die vorberatende Kommission des Grossen Rates vor, die jüdischen Korporationen zu Ortsbürgergemeinden zu erheben und diese den bestehenden Einwohnergemeinden Oberendingens und Lengnaus zuzuteilen.[16] Damit entstand weiterum der Eindruck, dass den Juden ein Ortsbürgerrecht in den bestehenden christlichen Gemeinden ausgemittelt werden sollte. Zur allgemeinen Verwirrung regte Regierungsrat Karl Blattner zusätzlich die Ausscheidung eines eigenen Bannes für die künftigen jüdischen Einwohnergemeinden an. Am 28. Oktober 1861 begab sich Ingenieur Rudolf Stänz im Auftrag der Regierung ins Surbtal, wo er im Blick auf die geplante, noch keineswegs beschlossene Ausscheidung eines Gemeindebannes für die in Aussicht genommenen jüdischen Einwohnergemeinden Vermessungsarbeiten durchführen sollte. Bereits zwei Wochen zuvor hatte das Bekanntwerden dieses Vorhabens an der Gemeindeversammlung von Oberendingen für böses Blut gesorgt, weil sich die christlichen Bürger von dieser Entwicklung der Dinge «wenig Vorteil»[17] versprachen. Das Auftauchen des von der Regierung entsandten Vermessungsingenieurs wirkte wie der berühmte Funke im Pulverfass.[18]

Sofort nach seiner Ankunft in Oberendingen nahm Rudolf Stänz am Nachmittag des 28. Oktober unter Mitwirkung von zwei jüdischen Gehilfen seine Vermessungsarbeiten auf. Als es eindunkelte, stellte er die Arbeiten ein und begab sich an der Synagoge vorbei in Richtung des Gasthauses zum «weissen Rössli», als ihm plötzlich ein Mann entgegentrat: «Unmittelbar in der Nähe des Gasthauses stellte mich ein Mann von et. 40 Jahren mit blondem, kleinem Schnauz zur Rede, ob ich derjenige sei, der da ausmesse und in wessen Geheiss ich solches thue, ich solle machen, dass ich auf der Stelle aus der Ortschaft weggehe, sonst gebe es Auftritte und Händel.»[19] Unbeeindruckt von dieser Drohung stellte Stänz klar, dass er die von der Regierung angeordnete Planaufnahme auftragsgemäss zu Ende führen werde. «Das werden Sie nicht», liess ihn der aufgebrachte Endinger wissen: «Wenn Sie morgen noch hier sind und arbeiten, so gibt's Blut.»[20] Der inzwischen dazugetretene Rössliwirt unterstützte seinen Mitbürger und liess Stänz wissen, dass die christlichen Bürger über das Projekt der Regierung derart aufgebracht seien, dass sie nichts unterlassen würden, um ihn an einer Fortsetzung der Arbeiten zu hindern. Auf diese Drohung hin beschloss der Ingenieur, dem Gemeindeammann Xaver Steigmeier Meldung von diesem Vorfall zu machen.[21]

Zuvor suchte er allerdings den Vorsteher der israelitischen Korporation auf und unterrichtete diesen über das eben Vorgefallene. Während der Unterredung kamen zwei weitere Mitglieder der Vorsteherschaft hinzu und berichteten, dass die Drohungen durchaus einen «ernstlichen Charakter» besässen. Unabhängig von den Vorfällen vor dem «weissen Rössli» hätte auch Gemeindeammann und Grossrat Xaver Steigmeier einem jüdischen «Einsassen» frei und frank ins Gesicht gesagt: «I cha miini Lüt nemme verhebe. Hit Nacht git's Oepis, es werde ech Schibe itgschlage.»[22] In der Tat sollten sich in Oberendingen am Abend des 28. Oktober 1861 Szenen eines angekündigten Krawalls abspielen, der die Legende Lügen straft, dass es sich dabei um eine spontane Entladung der Volkswut gehandelt habe. Die jüdische Vorsteherschaft nahm die verbalen Drohungen so ernst, dass sie unverzüglich eine Anzeige an das Bezirksamt Zurzach richtete und dessen Vorsteher durch einen Kurier über die üblen Einschüchterungsversuche unterrichten liess. Gleichzeitig suchte Rudolf Stänz den Gemeindeammann auf und stellte diesen zur Rede. Verlegen und ausweichend meinte dieser, dass seine Mitbürger tatsächlich sehr aufgebracht seien und er diese nicht mehr zurückhalten könne und überdies fürchte, dass es früher oder später zu Tätlichkeiten kommen werde. Dennoch liess sich Ingenieur Stänz vom Gemeindeammann beruhigen, der erklärte, dass er morgen schon werde weiterarbeiten können.[23] Es sollte aber anders kommen. Denn bei Einbruch der Nacht fanden in zahlreichen Häusern Zusammenkünfte statt, während denen, wie die israelitische Vorsteherschaft anderntags vermutete, die christliche Bevölkerung aufgewiegelt wurde.[24]

Nachdem der von der Regierung entsandte Ingenieur in das Gasthaus «Guggenheim» zurückgekehrt war, wo er Unterkunft genommen hatte, hörte er nach acht Uhr kurz nacheinander drei Schüsse, die sich als Signal zum Losschlagen erwiesen. Tatsächlich wurde Oberendingen in den nächsten Stunden zum Schauplatz gewalttätiger Krawalle, die sich der aktiven Billigung durch die christlichen Gemeindebehörden erfreuten. Ein «Pöbelhaufen»[25] von 50 bis 60, vorwiegend jugendlichen Radaumachern zog unter Höllenlärm von der Surbbrücke durch das Dorf. Bedrohliche Aufläufe bildeten sich einzig vor jüdischen Häusern, an deren Türen und Fenster die Krawallmacher mit blossen Fäusten und Stöcken hämmerten. Zur selben Zeit begann der Pöbel unter dem Ruf «Herus, furt mit da Juda!»[26] gezielt mit Steinen und Holzprügeln die Fensterscheiben ihrer jüdischen Nachbarn einzuwerfen. Die Juden befürchteten das Schlimmste, war doch die Erinnerung an den «Zwetschgenkrieg» vom September 1802, während dem mehrere hundert Bauern der Umgebung in einer gezielten Plünderungsaktion über die beiden «Judendörfer» im damaligen Kanton Baden hergefallen waren, noch in frischer Erinnerung. Nur mit Mühe konnte der Wirt im Gasthaus «Guggenheim» einige erzürnte Juden zurückhalten, die sich zum Gegenangriff auf die Strasse begeben wollten. Auch am Wirtshaus «Guggenheim» gingen durch Steinwürfe einige Fensterscheiben zu Bruch und wurden unter dem Ruf «Use mit dem Aarauer!» Verwünschungen gegen Ingenieur Stänz gebrüllt.[27]

Als der von der israelitischen Vorsteherschaft alarmierte Bezirksamtmann Josef Frey erschien, um weitere Exzesse zu verhindern, hatte sich die Lage bereits etwas beruhigt. Gegen zehn Uhr suchte der Bezirksamtmann Gemeindeammann Steigmeier in dessen Haus auf, wo er noch andere Dorfhonoratioren antraf. Diese erklärten dem Bezirksamtmann, dass man es den «wirklichen Ortsbürgern» nicht verargen könne, wenn sich diese gegen den regierungsrätlichen Gesetzesvorschlag, «den Israeliten einen eigenen Gemeindebann einzuräumen, sie den Christen gleich zu stellen u. etwa hintendrein ihnen auch noch Nutzungsrechte auf Holz und Feld der Christengemeinde zu gewähren», mit allen Mitteln zur Wehr setzen würden, um das «Erbe ihrer Väter» zu schützen.[28] Steigmeier verstieg sich sogar zur Behauptung, dass sie gegen die Übermacht der jugendlichen Randalierer nichts hätten ausrichten können, und die jüdischen Einwohner in der letzten Zeit ausserdem jeden Anlass benützt hätten, die Christen dadurch zu reizen, dass sie sich ungebührlich über die eingeleitete Emanzipation gefreut hätten. Der Bezirksamtmann von Zurzach liess sich nicht durch Ausreden blenden und wies den Gemeindeammann mit Nachdruck an, seines Amtes zu walten und in seiner Funktion als Ortspolizeibeamter keine weiteren Gesetzwidrigkeiten zu dulden.[29] Trotz dieser unmissverständlichen Aufforderung blieb die Ortspolizei während der ganzen Nacht – wohl aus stillem Einverständnis mit den Krawallmachern – vollends untätig.

Danach begab sich Josef Frey in das Gasthaus «Guggenheim», wo er vier der fünf Mitglieder der israelitischen Vorsteherschaft antraf. Diese wies er an, dafür Sorge zu tragen, dass die jüdischen Einwohner ihre christlichen Nachbarn nicht unnötig provozieren und sich in deren Gegenwart vor allem nicht der «vermeintlich erworbenen Vortheile in ihrer bürgerlichen Gleichstellung»[30] rühmen sollten; und dies, obwohl während der Unterredung zwei weitere Fensterscheiben des Gasthauses eingeworfen wurden, ohne dass die christlichen Gemeindebehörden dagegen eingeschritten wären. Das Angebot, für die angebrochene Nacht eine jüdische Bürgerwache zu bilden, schlug der Bezirksamtmann aus grundsätzlichen Erwägungen aus. Frey blieb noch bis zwei Uhr in der Frühe im Dorf, ohne dass sich in dieser Nacht weitere «rohe Auftritte» ereignet hätten. Einzig dessen Kutsche bekam während der Rückfahrt nach Zurzach ausserhalb des Dorfes noch einige Steinwürfe ab. Zum Schutz der jüdischen Bevölkerung beorderte der Bezirksamtmann zwei Polizeisoldaten nach Oberendingen ab, die an Stelle der untätigen Ortspolizei für Ruhe und Ordnung sorgen sollten. Am Morgen war die Stimmung im Dorf derart angespannt, dass es Ingenieur Stänz vorzog, die Vermessungsarbeiten nicht mehr aufzunehmen und unverrichteter Dinge nach Aarau zurückzukehren.[31] Es war offensichtlich, dass sich die üblen Vorfälle in der Nacht immer auch gegen die ortsanwesenden Repräsentanten der Aargauer Staatsmacht gerichtet hatten.

Die Ausschreitungen tobten zwar in der Nacht vom 28. zum 29. Oktober 1861 am heftigsten, im Schutze der Dunkelheit flammten die judenfeindlichen Krawalle bis zum 12. November jedoch immer wieder auf. Deshalb liess die israelitische Vorsteherschaft dem Regierungsrat am 31. Oktober einen Eilbrief zukommen, in dem sie festhielt, dass sich aufgrund der «Exzesse» weder die jüdischen Einwohner noch die nach Endingen detachierten Landjäger auf die Strassen trauten. Gleichzeitig ersuchte sie die Regierung im Namen der Endinger Juden eindringlich um «energische Mittel zur Sicherung unseres Lebens u. Eigenthums»[32]. Als die Randale nach ein paar ruhigeren Nächten wieder losgingen, beschloss der Regierungsrat am 8. November schliesslich, zur Wiederherstellung von Ruhe und Ordnung ein weiteres Polizeidetachement von vier Mann nach Oberendingen zu entsenden, das bis zum 22. November dort stationiert blieb. Für den Fall, dass der Aufruhr weiter anhalten sollte, drohte Aarau sogar mit einer militärischen Besetzung des Dorfes. Bereits in der ersten Krawallnacht waren ein Mädchen durch einen Steinwurf am Kopf verletzt und zwei jüdische Passanten auf der Strasse tätlich angegriffen und «misshandelt» worden.[33] In Oberendingen waren Menschen bedroht, Schüsse abgefeuert, 80 Fensterscheiben eingeworfen und weitere Sachbeschädigungen an 23 Judenhäusern verübt worden. Ausserdem hatten sich zahlreiche Provokationen und wüste Beschimpfungen ereignet. So wurde der Bezirksamtmann von zwei aufgebrachten Randalierern, die er wegen ihrer Beteiligung an den Ausschreitungen einvernommen hatte, in einem Wirtshaus als «Judenhund»[34] verunglimpft.

Nicht untreffend kommentierte der liberale «Schweizerbote» die Vorfälle als «gröbste Excesse des Fanatismus»[35], welche die Gemeinde und ihre Behörden arg kompromittierten. In der Tat handelt es sich beim Endinger Aufruhr vom Herbst 1861 um einen in der modernen Schweizer Geschichte seltenen Fall eines gewalttätigen *Radauantisemitismus*. Trotzdem stellte der Endinger Aufruhr nicht etwa einen spontanen Ausbruch der Volkswut dar. Schon Rudolf Stänz äusserte in seinem Bericht die Vermutung, dass es sich um ein «abgekartetes Spiel» handle, in dem Ammann und Grossrat Xaver Steigmeier eine unrühmliche Rolle als Mitwisser und Begünstiger spiele: «Er sagt immer: ich mag sie nicht mehr zurückheben – und hebt doch nie!»[36] Noch deutlicher erkannte der Zurzacher Bezirksamtmann, der von der Regierung mit einer Strafuntersuchung betraut wurde, die «planmässige Verabredung» und Durchführung des Aufruhrs.[37] In einer Erklärung im «Schweizerboten» liess er verlauten, Steigmeier habe ihm am 28. Oktober erzählt, dass ihm die «drohende Haltung» seiner Mitbürger schon tags zuvor an einer Versammlung der Ortsbürger aufgefallen sei, er «aber ebenso sicher gewusst und ausgesprochen habe, dass er dem Sturm nicht mehr zu gebieten vermöge, um nicht ebenfalls als ‹Judenfreund› zu gelten!»[38] Während des ganzen Aufruhrs handelten die christlichen Bürger von Oberendingen als verschworene Gemeinschaft, die zur Wahrung ihrer Interessen selbst dazu bereit war, Gewalt und ungesetzliche Mittel anzuwenden. Im Dorf wurden die jugendlichen Radaumacher als Helden verehrt. Ein Nachgeben kam für die christliche Mehrheit nicht in Frage, «selbst auf die Gefahr einer gänzlichen Zerstörung des Dorfes»[39] hin, wie einige christliche Bürger dem Bezirksamtmann trotzig erklärten.

Bereits am 2. November fasste eine eilends einberufene Versammlung der christlichen Ortsbürger von Oberendingen und Lengnau einstimmig den an eine Kriegserklärung gemahnenden Beschluss, von ihrem Gemeindebann, «den sie von ihren Vorfahren als ein untastbares Eigenthum für sich u. ihre Nachkommen ererbt haben [...] nicht ein Schuh breit Landes zu vergeben u. dafür mit dem lezten Tropfen Herzblut aller Ortsbürger u. ihrer Weiber und Kinder einzustehen»[40]. Um ihren Standpunkt auch gegenüber Aarau klar zu machen, richteten die beiden Gemeinden eine «ehrerbietige Vorstellung» an Regierung und Grossen Rat. In ihr verlangten sie, dass nichts am traditionellen Einsassen-Status der Juden geändert werde und sträubten sich mit Händen und Füssen dagegen, ihre jüdischen Nachbarn als gleichberechtigte Orts- und Gemeindebürger akzeptieren zu müssen.[41] In einer eigentümlichen Mischung aus tiefverwurzelten Vorurteilen und handfesten materiellen Interessen sprachen sie sich nicht nur gegen die Schaffung jüdischer Einwohnergemeinden und eine Einbürgerung der Juden in ihren Gemeinden aus, sondern lehnten auch die Ausmittlung eines «förmlichen Territoriums mit allen Hoheitsrechten» für die Juden kategorisch ab.[42] Unübersehbar spielte dabei die Furcht eine zentrale Rolle, zusätzliche Armenlasten aufgebürdet zu bekommen, wenn sich die Gemeinden nach der Emanzipation finanziell auch noch um das «Proletariat der beiden Judengemeinden» kümmern müssten, was bislang die beiden jüdischen Korporationen getan hatten.[43] Für die antiemanzipatorische Intransigenz der beiden Gemeinden war auch die Angst verantwortlich, den immer knapper gewordenen Bürgernutzen in Form von Holz und Feldern mit weiteren Bürgern teilen zu müssen.

Interessanterweise beschränkten sich die beiden Gemeinden in ihrer Bittschrift nicht auf die Darlegung ihres Rechtsstandpunktes und die Verteidigung ihrer materiellen Interessen, sondern holten darin auch zu einer judenfeindlichen Tirade ohnegleichen aus. Obwohl die Juden seit dem frühen 17. Jahrhundert im Surbtal ansässig waren, hatten sich die Christen offenbar noch immer nicht mit deren Anwesenheit abgefunden, geschweige denn, dass sie ein tieferes Verständnis für die jüdische Sonderkultur aufgebracht hätten. In der Petition wimmelte es nur so von judenfeindlichen Klischees und vorgefassten Meinungen, die zum einen in der Tradition des christlichem Antijudaismus standen, zum anderen aber bereits darüber hinauswiesen. Denn den Unterschied zwischen christlichen Bürgern und jüdischen Einsassen versuchten die Verfasser nicht mehr ausschliesslich mittels religiöser, sondern auch ethnonationaler Kategorien zu bestimmen.[44] Einerseits stellte die Petition die Juden noch immer als verstockte Glaubensfanatiker dar, die sich gegen die christliche Wahrheit versündigten, Jesus verhöhnten und die Christen durch «Schacher und Wucher» finanziell schädigten, wo immer sie konnten. Andererseits wurden die Juden darin auch als «träge und entartete Nation»[45] verunglimpft, deren Mitglieder besondere physische und charakterliche Eigentümlichkeiten besässen: «Allein auch ehe er nur redet, kennt man ihn. Er hat etwas Verschmitztes, Heimtückisches, Zudringliches und Abgeschmacktes an ihm und das kann er sich nicht aus dem Gesichte waschen. Unter Tausenden, selbst unter Soldaten, wo doch Christen und Juden gleich gekleidet sind, findet man den Juden heraus. Auch entgeht den Juden ein eigenthümlicher, widerlicher Geruch und den kann jeder am besten empfinden, wenn er einmal an einem jüdischen Feste einen kleinen Spaziergang durch eines der Dörfer Ober-Endingen oder Lengnau bei der Synagoge vorbei macht.»[46] Dieser eindeutig protorassistischen Argumentation lag nicht nur die Überzeugung zugrunde, dass die Juden in einem traditionell christlichen Staat keinen gleichberechtigten Platz an der Seite von Christen beanspruchen könnten. Sie ging auch von einer ethnischen Differenz zwischen Juden und dem Rest der Menschheit aus; «denn die Juden sind kein Volk wie andere Völker; sie sind keine Menschen wie andere Menschen».[47]

Die Gewalt der Strasse, die durch dieses judenfeindliche Pamphlet wortreich sekundiert wurde, führte schliesslich zum gewünschten Ziel. Nach dem Endinger Aufruhr gelangten die massgebenden Politiker zur Überzeugung, dass die Autonomie, das Territorium und die Interessen der christlichen Gemeinden von Oberendingen und Lengnau unbedingt zu respektieren seien. Tatsächlich wurde dem Emanzipationsgesetz in der ersten Lesung am 17. Dezember 1861 ein Passus beigefügt, der ausdrücklich vorsah, dass die «Rechte der christlichen Gemeinden Oberendingen und Lengnau keine Änderung erfahren»[48] durften. Praktisch bedeutete dies, dass eine Einbürgerung der Juden in den bestehenden Gemeinden ebenso vom Tisch war wie die Ausscheidung eines Gemeindebannes. Unter einer sozial- und mentalitätsgeschichtlichen Perspektive betrachtet, ist es vielleicht nicht so erstaunlich, dass sich die direktbetroffenen Gemeinden aus Angst vor materiellen Einbussen gegen die Emanzipation der Juden zur Wehr setzten. Weit überraschender war, dass sich der lokale Protest gegen die jüdische Emanzipation seit dem Endinger Aufruhr mehr und mehr zu einem Politikum ersten Ranges entwickelte, an dem sich die Regierung und der Grosse Rat die Zähne ausbeissen sollten. In Verkennung der wahren Stimmung im Volk meinte der «Schweizerbote» am 4. Dezember 1861 noch zuversichtlich: «So viel Einsicht besitzt die Masse des Volkes bei uns noch, dass sie begreift, es könne der Kanton Aargau in Beziehung auf die politische und sociale Stellung der Israeliten nicht hinter den Anforderungen der Zeit und namentlich hinter den Reformen der übrigen Staaten zurückbleiben.»[49]

Die Ausweitung des Protestes: die Volksversammlung von Leuggern

Seit der ersten Lesung des Emanzipationsgesetzes zog die «Judenfrage» gleichsam an der «besseren Einsicht des Volkes» vorbei immer grössere Kreise, so dass der Aargau 1862 zum Schauplatz eines ungewöhnlich erbitterten «Emanzipationskampfes»[50] wurde. Zum Spiritus rector und Exponenten des sich ausweitenden Protestes avancierte der katholische Publizist Johann Nepomuk Schleuniger (1810–1874) aus Klingnau, der der breiten Missstimmung angesichts der offiziellen Regierungspolitik seine spitze Feder lieh. Schleuniger war ein Veteran des Sonderbundes, der wegen seines politischen Engagements von den Freisinnigen des Hochverrates bezichtigt worden war und nach deren Sieg als Hauslehrer einer polnischen Adelsfamilie einige Jahre im Exil hatte verbringen müssen.[51] Wie sein Freund Theodor Scherer-Boccard, der von Papst Pius IX. in den Grafenstand erhobene Redaktor der «Schweizerischen Kirchenzeitung», trauerte er nach seiner Rückkehr in die Schweiz dem lockeren Bundesgefüge souveräner Kleinstaaten nach, wie es vor dem Sonderbundskrieg vom November 1847 bestanden hatte. Kurz gesagt stand Schleunigers ganzes politisches Wirken im Zeichen von zwei komplementären Prinzipien: Ebenso stur wie unbelehrbar kämpfte er für die Majestät des «historischen Rechts» und den gefährdeten «christlichen Staat».[52] Offen bekannte er sich zu Grundpositionen, die einem «Geist aus den Jahren vor 1848» verpflichtet waren und einem antiliberal gewendeten Legitimitätsprinzip das Wort redeten. Genauso wie er in den vierziger Jahren für die Wiederherstellung der Aargauer Klöster auf die Barrikaden gestiegen war, sprach er sich 1861 als rühriger Verteidiger des Königreichs beider Sizilien und des maroden Kirchenstaates von Papst Pius IX. gegen das eben vereinte Italien aus, dessen Monarchen Viktor Emanuel I. er respektlos als «Raub-König» beschimpfte, der sich mit «revolutionärem Allerweltsgesindel» umgeben habe.[53]

Schleuniger war wie viele Katholiken seiner Generation tief durch das legitimistische Europa des österreichischen Staatskanzlers Klemens von Metternich geprägt und blieb auch nach dem europäischen Revolutionsjahr 1848 ein Anwalt alteidgenössischchristlicher Traditionen. Eingebettet war sein gesellschaftlich-politisches Engagement in eine katholisch-romantische Weltsicht, die während seines Münchner Studiums bei Joseph Görres und dem idealistischen Philosophen Friedrich Wilhelm Schelling gleichsam eine höhere Weihe erhalten hatte. Die freisinnigen Gesellschaftsideale verfolgte er dagegen mit heiligem Zorn, während er deren Vorkämpfer für «brutale Partei-Männer» hielt, die sich seit den Freischarenzügen von 1844/45 im Namen aufklärerischer Ideale gegen das «alte gute Recht» versündigt hatten.[54] Als Tribüne diente ihm seit April 1856 die dreimal wöchentlich erscheinende Regionalzeitung «Die Botschaft», die in der ehemaligen Johanniterkommende von Klingnau gedruckt wurde. Bereits ihr Name war Programm. Schon in der Erstausgabe des Blattes, das sich innerhalb kurzer Zeit zur führenden Stimme des katholischen Aargau entwickelte, hatte es ebenso apodiktisch wie programmatisch geheissen: «Die christliche Wahrheit erweiset sich thatsächlich als höchstes und letztes Gesetz, das in der menschlichen Gesellschaft herrschen soll. [...] Was recht und wahr ist, muss nicht nur in Gedanke und Rede existiren; es muss, von dem Taglöhner an, der mit der Hacke arbeitet, bis zum Fürsten, der die Völker regiert, und von dem Priester an, der in einem einsamen Dörflein ein Paar Schäflein hütet, bis zum Papste hinauf, der die Hand segnend über den Erdkreis ausstreckt, in Handlung und That ausgeführt werden.»[55]

Wie Theodor Scherer-Boccard oder der Luzerner Nationalrat Philipp Anton von Segesser ging auch er die «Judenfrage» vom Standpunkt des «christlichen Staates» her an. Bereits während des Endinger Aufruhrs hatte er den christlichen Randalierern und ihren nur allzu durchsichtigen Motiven viel Verständnis entgegengebracht. An dieser solidarischen Haltung änderte sich auch nach deren Verurteilung durch das Bezirksgericht Zurzach nichts, das die Krawallmacher mit einer Geldstrafe von 800 Franken belegte. Doch hatte er schon im November erkannt, dass «thätliche Ausschreitungen» nicht der «rechte Weg» seien, um den «berechtigten» Anliegen der christlichen Bevölkerung auch politisch zum Durchbruch zu verhelfen.[56] Mit einer Schar von Gesinnungsfreunden, die er unter den Honoratioren des unteren Aaretals rekrutierte, setzte er nun alles auf die Karte organisierten demokratischen Protestes. Eine Schwierigkeit ergab sich allerdings daraus, dass die Freisinnigen die politische Bühne des Kantons seit 1848 fast nach Belieben dominierten und die Protestbewegung von Regierung und Grossem Rat in der «Judenfrage» keine Zugeständnisse mehr erwarten durfte.

Nicht zuletzt deshalb schlugen die Emanzipationsgegner den Weg ausserparlamentarischer Opposition ein. Mit wachsender Resonanz warf Johann Nepomuk Schleuniger der unter der Ägide seines Intimfeindes Augustin Keller stehenden Regierung in der «Botschaft» eine «freiheitsfeindliche, unrepublikanische Regirsucht»[57] vor, die sich mehr und mehr über den Willen des Volkes hinwegsetze. Im Hinblick auf die von der Regierung beschlossene Partialrevision der Verfassung machte sich die von Schleuniger animierte Bewegung für die Schaffung eines «Volksstaates» mit direktdemokratischen Institutionen stark, womit sie nicht nur zum Generalangriff auf das geltende System repräsentativer Demokratie blies, sondern den freisinnigen «Herren» in Aarau den offenen Kampf ansagte. Von Anfang an trat die Agitation gegen das geplante «Judengesetz» Hand in Hand mit der Ablehnung des altliberalen Regierungssystems, dem Kampf für die freie Wahl der Geistlichen durch die Kirchgemeinden und der Forderung nach dem obligatorischen Gesetzesreferendum auf. Wie im Kanton Baselland griff die demokratische Bewegung im Aargau dabei geschickt auf Formen des demokratischen Volksprotestes (wie Petitionskampagnen, die Vetoidee und Protestversammlungen) zurück, die seit der Regeneration in der Schweiz zum festen Inventar oppositioneller Bewegungen gehörten.

Am Anfang der demokratischen Bewegung, die in den katholischen Regionen des Kantons, vor allem in den Bezirken Zurzach und Baden, im Fricktal und im Freiamt, besonders grossen Zulauf hatte, stand die angeblich von gegen 700 Männern besuchte Volksversammlung von Leuggern. Sie war von einem um Johann Nepomuk Schleuniger gruppierten Organisationskomitee auf den 23. März 1862 in den zum Bersten vollen Gasthof «Sonne» einberufen worden. Mit markigen Worten sprachen sich alle Redner gegen die von der Regierung geplante Einbürgerung der rund 1'600 Juden aus. Dabei standen materielle Argumente, aus denen Gefühle des Benachteiligtseins und zuweilen blanker Neid sprachen, stark im Vordergrund. Bereits der erste Redner hielt sich darüber auf, dass den Juden das Bürgerrecht gleichsam geschenkt werde, um sie möglichsrt rasch zu «Theilhabern des Kantonalarmengutes und überhaupt des Staatsvermögens» zu machen, während Christen in Aargauer Gemeinden nur gegen hohe Gebühren eingebürgert würden. Ein Lehrer aus Böttstein eiferte sich über die vermeintliche staatliche Bevorzugung der Juden beim Synagogenbau und rief unter donnerndem Beifall in die Menge: «Die Juden sollen nicht herrschen, denn sie lassen überall nur eine Art Pestilenz zurück.» Danach sprach es ein Bürger aus Turgi offen aus: «Das sei keine Humanität, den Christen wegnehmen und den Juden geben, was den Christen gehöre.» Und Johann Blum, der vom Bezirksgericht als Rädelsführer der Endinger Krawallnächte zu einer Geldbusse verurteilt worden war, gab der hitzigen Versammlung und ihren judenfeindlichen Ausfällen zum Schluss eine gleichsam höhere Begründung, als er unter tosendem Applaus ausrief: «Wir sind ein christlicher Staat; wir wollen keine neuen Konfessionen einbürgern.»[58]

Um ihren Argumenten auch in Aarau Gehör zu verschaffen, wurde in Leuggern ein aus dreizehn Gemeindevertretern des unteren Aaretals gebildetes Komitee gewählt, das im Hinblick auf die anstehende Emanzipationsdebatte eine ausführliche Eingabe an den Grossen Rat ausarbeiten sollte. Dem Komitee gehörten zahlreiche Dorfhonoratioren an, darunter einige Ammänner und Lehrer, ein Friedensrichter, ein Gastwirt, Gemeindeammann Xaver Steigmeier und der Redaktor der «Botschaft». Das Hauptziel der Eingabe, die Ende April im Druck erschien und in mehreren hundert Exemplaren im Kanton vertrieben wurde, blieb die Verhinderung der geplanten Emanzipation. Anders als noch in Leuggern rückte in ihr die «ideelle» Argumentation gegenüber der Verteidigung materieller Interessen in den Vordergrund, ohne dass letztere jedoch ganz gefehlt hätte. Nun übernahm die Denkfigur des «christlichen Staates», die bei den konservativen Emanzipationsgegnern zwischen 1840 und 1870 in ganz Europa zum argumentativen Standardrepertoire gehörte, die zentrale Rolle.[59] Der Eingabe lag eine nationalistische Ausgrenzungslogik zugrunde, die sich religiöser *und* nationaler Argumente bediente, um die Juden von der Gemeinschaft der Staatsbürger auszuschliessen. Dem Bild des «echten Eidgenossen», dessen christliche Voreltern auf dem Rütli den ewigen Bund geschworen hätten, wurde darin das Zerrbild des zugewanderten «Fremdlings» gegenübergestellt, der seiner angeborenen «jüdischen Nationalität» wegen das Zeug zum potentiellen Landesverräter habe und schon deshalb nicht eingebürgert werden dürfe.[60]

Fest davon überzeugt, dass es nichts verlange, was nicht im «Wesen der Schweiz als eines christlichen Rechtsstaates» begründet liege, machte das in Leuggern gewählte Komitee in einer Obsession ohnegleichen gegen die jüdische Emanzipation Front. In ihrer stark religiös aufgeladenen Argumentation erschienen die Juden als «ewige Widersacher» und als Verkörperung des gesellschaftlich Bösen schlechthin. Seit Jahrhunderten hätten sie es auf den «Ruin des christlichen Staates» abgesehen und würden die Christen von jeher nur als einen «Gegenstand der Ausbeutung» betrachten. Auch nach ihrer Gleichstellung würden sie als «fremdartige, antichristliche Elemente» eine Gefahr für den Fortbestand des Landes bleiben. Im Rechtfertigungskontext dieses christlichen Nationalismus erschienen die Juden nicht nur als unschweizerische und daher auszugrenzende Sondergruppe, sondern auch als «Fremdlinge» mit eigener «Nationalität», die der «Perle des Bürgerrechtes» unwürdig seien: «*Die Juden passen nicht zu uns als Mitbürger und Mit-Eidgenossen.* [...] Der unversöhnliche Gegensatz zwischen Christenthum und Judenthum ist Thatsache. Die Juden passen geschichtlich, gesellschaftlich und politisch nicht zu den Schweizern. [...] Die Schweiz ist geschichtlich ein Vaterland der Christen!»[61]

In den letzten Wochen vor der entscheidenden Debatte im Grossen Rat machte sich im Kanton eine mächtige Aufregung breit. Überall wurden Versammlungen abgehalten, so am 21. April auf dem Kapf bei Muri und am 11. Mai in Döttingen, wo Johann Nepomuk Schleuniger vor mehreren hundert Zuhörern als Einpeitscher gegen das geplante Emanzipationsgesetz in Erscheinung trat. Da und dort wurde bereits die Drohung laut, eine Bewegung zur Abberufung des Grossen Rates zu initiieren, falls dieser die politische Dummheit begehe, die jüdische Emanzipation gegen den Willen des Volkes zu beschliessen. Moralische Unterstützung erhielten die Emanzipationsgegner von den Katholisch-Konservativen der Zentralschweiz und durch die von Theodor Scherer-Boccard redigierte «Schweizerische Kirchenzeitung». Anfang Mai druckte diese ganze Passagen aus der Eingabe der Leuggener Volksversammlung ab. Als vielgelesenes Organ der katholischen Geistlichkeit sprach sie sich scharf gegen eine «Verjüdelung der Schweiz» aus und warnte aus einer grotesken Wagenburgmentalität heraus vor einer «beginnenden Judenherrschaft» in der Schweiz.[62] In fortschrittlichen Zeitungen wurde dagegen weit über die Grenzen des Kantons hinaus zustimmend über die Vorlage berichtet, mit der die Aargauer Regierung endlich einen Schlussstrich unter die jahrhundertelange Diskriminierung der jüdischen Minderheit ziehen wollte.

Die Emanzipationsdebatte im Grossen Rat

Die Debatte über die bürgerliche und politische Gleichstellung der Juden am 15. Mai 1862 ging als grosser Tag in die Aargauer Parlamentsgeschichte ein. Der Aargau gehörte – wie es schien – zu diesem Zeitpunkt nach den Kantonen Bern, Genf, Neuenburg und Zürich noch zu den ersten Kantonen der Schweiz, die diese Grundfrage der bürgerlich-liberalen Gesellschaftsordnung einer zukunftsweisenden Lösung zugeführt hatten. In der alten «Heimat der schweizerischen Israeliten» war dies von nicht zu überschätzender Symbolkraft und gesellschaftlicher Bedeutung. Allerdings sollte die Genugtuung, dass mit dem «Gesetz über Organisation der israelitischen Gemeinden des Kantons» aus «ewigen Einsassen» mit einem Schlag vollberechtigte Kantonsbürger mit eigenem Ortsbürgerschein geworden waren, nur ein paar wenige Monate währen. Die überwiegende Mehrheit der Grossräte hatte sich zwar von der antiemanzipatorischen Protestwelle in den ländlichen Kantonsteilen wenig beeindrucken lassen. Trotzdem wurden in der Debatte des Grossen Rates bereits die Grenzen der Emanzipationsbereitschaft deutlich sichtbar. Das Emanzipationsgesetz stellte eine legislatorische Minimalvariante dar, da es die Beschränkungen in der Ehe- und Niederlassungsfreiheit nicht aufhob und sorgsam darauf bedacht war, die Rechte und Interessen der direktbetroffenen Gemeinden nicht zu verletzen.

Dem Grossem Rat lag am 15. Mai 1862 ein Gesetz vor, das zwar an der Schaffung selbständiger jüdischer Ortsbürger- und Einwohnergemeinden festhielt. Doch wurde den israelitischen Gemeinden von Oberendingen und Lengnau darin nicht nur kein eigener Bann zugesprochen; das Gesetz verhinderte auch, dass die Juden irgendeinen Anspruch auf die ortsbürgerlichen Güter und die Armenunterstützung der christlichen Gemeinden erheben konnten, in denen sie seit mehr als zwei Jahrhunderten gelebt hatten. Fast alle Redner wirkten dem in der Bevölkerung weit verbreiteten Eindruck entgegen, dass die Mitglieder der bisherigen jüdischen Korporationen den christlichen Gemeinden von Oberendingen und Lengnau als Ortsbürger aufgedrängt werden sollten. Und mehr noch: Auf Antrag der Fürsprecher Karl Wilhelm Baldinger und Johann Haberstich nahm der Rat sogar einen restriktiven Artikel in das Gesetz auf, der es der freien Entschliessung der Aargauer Gemeinden überliess, Juden als Ortsbürger aufzunehmen oder abzulehnen.[63] Trotzdem sah sich Grossrat Xaver Steigmeier, der in den Endinger Krawallnächten eine unrühmliche Rolle gespielt hatte, dazu veranlasst, eine Ordnungsmotion auf unbestimmte Vertagung des Geschäfts einzubringen, die jedoch chancenlos blieb.

In der Debatte, in der sich die erste Garde der freisinnigen Politiker engagierte, wurden auch Positionen bezogen, die die prinzipielle Bedeutung der Emanzipationsfrage für den bürgerlichen Staat herausstellten. Von den im Rat dominierenden Freisinnigen, die in ihrer Mehrheit altliberalen Orientierungen verpflichtet waren, wurde hervorgestrichen, dass es nicht mehr länger mit der «Ehre und den Interessen» des Aargaus vereinbar sei, die Juden entgegen dem allgemeinen Zeittrend weiterhin zu einem Dasein unter diskriminierenden Ausnahmegesetzen zu verurteilen. Sie sahen die Emanzipation nicht nur als Verpflichtung gegenüber der schweizerischen Freiheitsgeschichte und der Vorreiterrolle ihres Kantons innerhalb des Bundesstaates an. Ohne Zweifel betrachteten sie sie auch als praktische Forderung aufklärerischer Ideale. Wie stünde der Aargau da, «welcher seit seiner Existenz den Ruhm der religiösen Toleranz, der vernünftigen Aufklärung, der Humanität, des unbeirrten Fortschrittes in allen Richtungen des politischen und socialen Lebens sich unbefleckt bewahrt hat», fragte Erziehungsdirektor Augustin Keller (1805–1883) in das Ratsplenum hinein, wenn er seinen jüdischen Kantonsangehörigen im krassen Widerspruch zur allgemeinen Entwicklung in Mitteleuropa erklärte: «Ihr sollt auch ferner unsere Heloten, eine in sittlicher und socialer Verkümmerung von Staatswegen verachtete Rotte ewiger Einsassen und Tolerirten des Kantons sein? Dürfte der Aargau die Silbersterne der Freiheit, des Fortschritts und der Toleranz noch länger in seinem Wappen führen, ohne sich damit dem Gespötte der Mitwelt auszusetzen?»[64]

Wie die Väter der Paulskirchen-Verfassung von 1848 fochten die freisinnigen Politiker des Aargau für die Überzeugung, dass nach den geläuterten Auffassungen der Gegenwart die bürgerlichen und politischen Rechte nicht mehr länger vom Glaubensbekenntnis abhängig gemacht werden dürften. In allen freisinnigen Voten tauchte das Argument auf, dass die Emanzipation nicht etwa ein Geschenk an die Juden sei, sondern letztlich nur die vom Bund beschlossene Teilemanzipation vom 24. September 1856 nachvollziehe, durch die den Angehörigen der jüdischen Minderheit bereits die politischen Rechte im Heimat- oder Niederlassungskanton gewährt worden waren. Für die freisinnigen Grossräte kam die Emanzipation schlicht der «Erfüllung einer bundesgemässen Pflicht»[65] gleich; Widerstand gegen sie sei dagegen einer «Auflehnung gegen die Eidgenossenschaft», wie Landammann Emil Welti betonte.[66] Nicht zuletzt deshalb nahmen sie die antiemanzipatorischen Argumente der Leuggener Versammlung und ihrer Eingabe, die Augustin Keller als ein «trauriges Schriftstück»[67] titulierte, nicht sonderlich ernst. Den rhetorischen Glanzpunkt setzte der Unternehmer Carl Feer-Herzog (1820–1880), der das um Schleuniger gescharte Komitee offen bezichtigte, in ultramontanem Fanatismus einer «neuen Unterdrückung»[68] der Juden das Wort zu reden.

Wie Erziehungsdirektor Augustin Keller, der den Standpunkt der Regierung vertrat, ging er scharf mit der Ideologie des «christlichen Staates» ins Gericht, wie sie in der Eingabe der konservativen Emanzipationsgegner in jeder Zeile zum Ausdruck kam. Im Gegensatz zu ihnen betonte er nicht die Andersartigkeit und Fremdheit der Juden, sondern ihre nahe Verwandtschaft mit den Christen. Juden und Christen seien Angehörige der gleichen «kaukasischen Rasse», während das Christentum eine mit dem Judentum nahe verwandte Religion sei.[69] Feer-Herzogs Rede gipfelte in der Überlegung: «Der demokratische Staat aber hat nicht nur ein Interesse, er hat eine entschiedene Pflicht, die Juden zu emanzipieren. Er ist auf die Gleichheit der Rechte aller seiner Angehörigen gegründet, und es würde sich schlecht ausnehmen, für diese Gleichheit zu schwärmen und Feste zu feiern, gleichzeitig aber einen flagranten Widerspruch mit derselben, die ungleiche Stellung der Israeliten nämlich, fort und fort bestehen zu lassen.»[70] Diese urliberale Argumentation darf nicht darüber hinwegtäuschen, dass viele Freisinnige ähnlich wie ihre deutschen Gesinnungsfreunde äusserst negativ über die traditionelle Milieukultur der Surbtaler Landjuden dachten und deshalb einer Art *Erziehungsemanzipation* das Wort redeten.[71]

Nicht wenige von ihnen vertraten die Ansicht, dass es gerade der Sinn und eigentliche Zweck der Emanzipation sei, die Juden «bürgerlich» zu verbessern. Damit bewegten sie sich in einer Denktradition, die im deutschen Kulturraum durch die einflussreiche Schrift «Über die bürgerliche Verbesserung der Juden» (1781) des preussischen Kriegsrates Christian Wilhelm Dohm (1751–1820) begründet worden war. In ihr hatte das aufklärerische Fundamentalprinzip von der natürlichen Freiheit der Menschen erstmals auf die am meisten verachtete Minderheit der alteuropäischen Ständegesellschaft Anwendung gefunden. Ausgangspunkt von Dohms Überlegungen war jedoch ein in den düstersten Farben gezeichnetes Panorama von den Lebensformen und Geschäftspraktiken der Juden.[72] Tatsächlich lag auch der Aargauer Emanzipationsdebatte vom 15. Mai 1862 die Annahme zugrunde, dass es sich bei den hier lebenden Juden um eine rückständige Gemeinschaft von verdorbenen «Schacherern und Wuchern» handle, die ein wahrer «Krebsschaden des Kantons»[73] seien und sich zivilisatorisch nicht auf der Höhe der bürgerlichen Gesellschaft befänden. Selbst Augustin Keller bezeichnete sie in der Emanzipationsdebatte als «niederes, verachtetes, verwahrlostes Schachervolk»[74]. Zweifelsohne eignet sich auch Keller nicht zum grossen «Judenfreund», zu dem er zuweilen verklärt worden ist.[75]

Befürworter und Gegner der Emanzipation unterschieden sich auch im Aargau nicht so sehr bezüglich ihrer Ansichten über die traditionellen Lebensformen der Landjuden, wohl aber in bezug auf die gesellschaftlichen Konsequenzen, die sie aus dem Faktum der jahrhundertealten jüdischen Randexistenz zogen. Erziehungsdirektor Augustin Keller etwa befürwortete die Notwendigkeit jüdischer Emanzipation nicht in erster Linie aus einer Haltung der Toleranz und der Humanität heraus, sondern aus Abscheu vor der vorbürgerlichen, das heisst traditionellen Lebensweise der Landjuden: «Wir müssen unsere israelitische Bevölkerung, wenn sie ist, was man von ihr sagt, besser machen und sie aus ihrer Verkommenheit soweit herausheben, dass ihr Thun und Treiben im Lande unschädlich wird, dass sie ihren verderblichen Wucher- und Schacherverkehr mit einem edlern Geschäfts- und Berufsleben vertauscht, dass sie überhaupt auf die Höhe des übrigen sozialen und gesitteten Lebens gebracht wird.»[76] Und stellvertretend für das freisinnige Emanzipationskonzept meinte Carl Feer-Herzog: «Öffnen Sie den aargauischen Ghetto, gewähren Sie die freie Niederlassung, das aktive und das passive Wahlrecht in kantonalen Sachen und Sie werden mehr und mehr die Übelstände verschwinden machen, die Juden in alle Berufskreise einführen, ihre Denk- und Handlungsweise mit der unsrigen assimilieren.»[77]

Obschon die Freisinnigen die angebliche Rückständigkeit, die einseitige Berufsstruktur und Armut der Landjuden nicht mit deren «unveränderbarem Nationalcharakter» erklärten, sondern diese vielmehr als Resultat jahrhundertelanger Unterdrückung interpretierten, zeigten sie sich gegenüber der traditionellen Sonderkultur der jüdischen Minderheit wenig tolerant. Schon 1861 hatte Grossrat Franz August Stocker, Redaktor des liberalen «Schweizerboten», milieutypisch erklärt: «Die Israeliten emanzipiren heisst, ihnen den Weg zu bahnen, sich den übrigen Bürgern in Sitte, Bildung, Beruf und Erwerb gleich zu machen.»[78] Im freisinnigen Verständnis wurde Emanzipation mit «Assimilation» gleichgesetzt und eine Preisgabe jüdischer Traditionen zugunsten einer möglichst vollständigen Angleichung an die Normen und kulturellen Standards der bürgerlichen Mehrheitsgesellschaft erwartet. Im Zuge ihrer gesellschaftlichen Integration sollten die Juden so vollständig in ihrer Umwelt aufgehen, dass letztlich alles Jüdische in ihnen überwunden würde oder wenigstens nicht mehr dominant in Erscheinung träte. Zwar lehnte es Regierungsrat Augustin Keller ab, die jüdischen Neubürger für die Erteilung des Bürgerscheins finanziell zur Kasse zu bitten. Doch verlangte er für ihre Emanzipation so etwas wie eine soziokulturelle «Naturalisationsgebühr»[79].

Wie seinen Gesinnungsfreunden schwebte Keller nicht nur eine radikale Veränderung der jüdischen Sozial- und Berufsstruktur vor. Künftig sollten sie ihr Auskommen vermehrt in Landwirtschaft und Handwerk, aber auch in gutbürgerlichen Erwerbszweigen wie der Industrie, der Wissenschaft und den freien Berufen finden. Die Juden sollten auch die säkularisierten Gesellschaftsideale der Freisinnigen übernehmen und bedeutende Abstriche an ihren Religionstraditionen machen. Dies gelte vor allem für die strengen Speisegesetze, die dafür verantwortlich seien, dass Christen und Juden in keine nähere Beziehung treten könnten. Am besten für alle wäre es, wenn ausserdem der Sabbat auf den christlichen Sonntag verlegt würde. Als «kleine Convenienz» sollten die Juden wenigstens ihre gesetzlichen Bürgerpflichten am Sabbat erfüllen, im gesellschaftlichen Verkehr ebenso wie im Militärdienst und Schulunterricht, wo es nicht mehr geduldet werden könne, dass jüdische Kinder sich weigerten zu schreiben. Neben der Übernahme allgemeiner Bürgertugenden sollten sie auch mehr und mehr ihren «absonderlichen» westjiddischen Soziolekt aufgeben, der im gesellschaftlichen Verkehr bislang wie eine «Scheidewand» gewirkt habe.[80]

Die Debatte im Grossen Rat wurde ganz von den Freisinnigen dominiert. Abgesehen von Xaver Steigmeiers Ordnungsmotion liessen sich die konservativen Emanzipationsgegner nicht vernehmen. Einzig zwei Abgeordnete aus Wölflinswil im katholischen Bezirk Laufenburg versagten dem Gesetz ihre Zustimmung, das mit der erdrückenden Mehrheit von 113 zu 2 Stimmen angenommen wurde. Allerdings hatten sich gegen 50 Grossräte nicht an der Abstimmung beteiligt oder sich der Stimme enthalten, womit ein Zeichen stillen Protestes gesetzt wurde. Das freisinnige Lager feierte den Ausgang der Emanzipationsdebatte als Sieg der Vernunft über dumpfe Ressentiments, aber auch als Triumph des Fortschritts über mittelalterliche Intoleranz. Die Regierung setzte das Emanzipationsgesetz schon auf den 1. Juli in Kraft. In einer Proklamation an das Volk strich sie noch einmal hervor, dass die Rechte der christlichen Gemeinden vollständig gewahrt blieben und es im Gesetz vor allem um den Nachvollzug von geltendem Bundesrecht gehe, weshalb die staatsbürgerliche Gleichstellung der Juden «kein beliebig zu gewährendes oder zu versagendes Geschenk», sondern eine bundesrechtliche Pflicht sei: «Wir leben [in – A. M.] der unerschütterlichen Zuversicht, liebe Mitbürger, es werde der bundesgetreue Bürgersinn, der politische Verstand und das billige Urtheil des aargauischen Volkes, bei ruhiger, vorurtheilsfreier Würdigung der Verhältnisse, die seiner Selbstachtung entsprechende Antwort [...] zu geben wissen.»[81] Doch das Volk gab eine Antwort der ganz anderen Art. Sie ist als «Mannli-Sturm» in die moderne Aargauer Geschichte eingegangen.

Der «Mannli-Sturm» und seine gesellschaftlich-politischen Folgen

Die Aargauer Verfassung aus dem Jahre 1852 hatte im Prinzip ein System repräsentativer Demokratie begründet, in dem die Volksrechte nur schwach ausgebaut waren. Ein Gesetz, das der Grosse Rat in zweiter Lesung guthiess, war rechtskräftig und konnte dem Volke nur noch unter erschwerten Bedingungen zur Abstimmung vorgelegt werden. Ohne Zweifel begünstigte die Verfassung von 1852 den regierenden Freisinn. Allerdings räumte sie der konservativen Opposition die Möglichkeit ein, über das Sammeln von Unterschriften, eine Abstimmung über die Abberufung des Grossen Rates oder die gänzliche bzw. teilweise Abänderung des Gesetzes zu erzwingen. Für die Abberufung brauchte es die Unterschriften von mindestens 6'000 Stimmbürgern, für die gänzliche oder teilweise Abänderung eines vom Parlament bereits beschlossenen Gesetzes die von 5'000 Stimmbürgern.[82] In einer Zeit, in der der politische Organisationsgrad noch relativ klein war, kamen diese Vorgaben für die Opposition einer fast unüberwindbaren Hürde gleich. Jedenfalls hatte der Kanton bislang keine nennenswerten Erfahrungen mit diesen plebiszitären Instrumenten gemacht. Und trotzdem setzten die Emanzipationsgegner nach ihrer deutlichen Niederlage im Grossen Rat nun alles auf diese Karte. Nach dem Motto «Vox populi – vox Dei» blies die Opposition zum Sturm gegen das Establishment und liess ihren judenfeindlichen Ressentiments unter dem Ruf «Das Volk will sein christliches Schweizerthum nicht verschachern!»[83] nun endgültig freien Lauf.

Bereits vier Tage nach dem Entscheid vom 15. Mai gaben die Emanzipationsgegner um Johann Nepomuk Schleuniger die Parole aus, ein Doppelbegehren zu lancieren. Zum einen sollte der Grosse Rat abberufen, zum anderen das ungeliebte Emanzipationsgesetz mit der Begründung zu Fall gebracht werden, dass der Volkswille von den freisinnigen Eliten sträflich missachtet worden sei. Propagandistisch ausgeschlachtet wurde vor allem der Umstand, dass freisinnige Grossräte wie der Stadtammann von Baden die Führer des Volksprotestes vor dem Plenum als «gemeines Gesindel» beschimpft hatten.[84] «Das Volk gab das Beispiel einer zivilisierten republikanischen Gesellschaft», hiess es am 21. Mai pathetisch in der «Botschaft»; «im Grossrathssaale dagegen gewann das eckelhafte Spiel der Gelehrtenbarbarei, gewann die Verspottung und Verachtung des Volkes die Oberhand. [...] Aargauisches Volk, dein Tag ist gekommen! benutze ihn!»[85] Innerhalb von nur vier Wochen sammelten die Emanzipationsgegner, die sich in ihrer Sammeltätigkeit auf das dichte Netz der katholischen Piusvereine stützen konnten, für ihr Doppelbegehren nicht nur die notwendigen Unterschriften. Der Appell an das Volk übertraf jede Erwartung, liessen sich doch für das Doppelbegehren des «Döttinger Komitees», wie der 19 Personen umfassende Ausschuss der Volksbewegung unter der Leitung von Johann Nepomuk Schleuniger nach seinem bevorzugten Tagungsort genannt wurde, Tausende von Stimmbürgern gewinnen. Der immer weitere Kreise ziehende Volksprotest verdankte sich einer über Jahre aufgestauten Unzufriedenheit mit der zentralistischen Regierungspolitik, die demagogisch geschickt als «monarchische Alleinherrschaft»[86] Augustin Kellers attackiert wurde, der in den katholischen Kantonsteilen als «gottloser Klosterstürmer» von 1841 noch immer in unseligem Angedenken stand.

Die Kampagne für das Doppelbegehren des «Döttinger Komitees», dessen Mitglieder von den freisinnigen Eliten verächtlich als «Mannli» verspottet wurden, lief weitgehend parallel zu den Beratungen über die Partialrevision der Kantonsverfassung, die die Regierung Anfang März beschlossen hatte, um das Grundgesetz den neuen Bedürfnissen anzupassen. Am 24. Juni 1862 trat der Grosse Rat in dieser Angelegenheit zum ersten Mal zusammen. Eine knappe Woche zuvor hatte das «Döttinger Komitee» der Staatskanzlei für beide Begehren jeweils über 10'000 Unterschriften eingereicht, von denen nur ein paar hundert für ungültig erklärt wurden. Die Überprüfung durch die Staatskanzlei ergab 9'297 gültige Unterschriften für das Begehren auf Abberufung des Grossen Rates und 9'442 für jenes auf Abänderung des umstrittenen Emanzipationsgesetzes. Damit war das von der Verfassung geforderte Soll weit übertroffen und dem Protest gegen das «Judengesetz» ein beispielloser Erfolg beschieden; – und dies, obwohl zahlreiche Klagen laut geworden waren, wonach freisinnige Dorfkönige ihre Mitbürger unter Druck gesetzt hätten, um sie vom Unterzeichnen der Begehren abzuhalten. Im Bezirk Baden hatten sich 57 Prozent, in den Bezirken Zurzach und Muri gegen die Hälfte der stimmberechtigten Bürger dem Volksprotest angeschlossen. Auf besondere Resonanz stiess die Unterschriftensammlung für das Doppelbegehren in jenen Schichten und Regionen, die sich durch die offizielle Politik nicht oder nur ungenügend vertreten fühlten. Markant der Fall war dies in den wenig industrialisierten, meist katholisch geprägten Kantonsteilen, die befürchteten, gegenüber den Industriebezirken noch weiter ins Hintertreffen zu geraten.

Denn die Regierung und die freisinnige Mehrheit im Grossen Rat waren seit Jahren als Fürsprecher der grossen Industrie- und Eisenbahninteressen in Erscheinung getreten und hatten die Bedürfnisse der bäuerlich-kleinbürgerlichen Kreise aus den Augen verloren. Es ist kein Zufall, dass die Unterschriften hauptsächlich aus den Bezirken Baden, Zurzach und Brugg, aber auch aus dem Freiamt und dem Fricktal zusammenkamen, während in den Industriebezirken Lenzburg, Aarau, Kulm und Zofingen bezeichnenderweise gar nicht gesammelt wurde.[87] Neben einer grossen Zahl von Dorfhonoratioren hatten Hunderte von Klein- und Mittelbauern, aber auch viele Vertreter des alten Mittelstands unterschrieben. Tatsächlich fiel die antiemanzipatorische Agitation, in der geschickt auf der Klaviatur der sozialen Ängste und wirtschaftlichen Nöte der kleinen Leute gespielt wurde, in den agrarisch geprägten Regionen auf einen besonders fruchtbaren Boden. Hier herrschte Massenarmut und war die Auswanderung nach Übersee ein weit verbreitetes Phänomen. Hier waren die materiellen Ressourcen knapp und die Sicherung der Existenz ein täglicher Kampf ums Brot. Zudem bot die weitgehend fehlende Industrie keine Alternative zu Landwirtschaft und Kleingewerbe.[88] Natürlich fürchteten diese Schichten, nach einer Gleichstellung der Juden das wenige, das ihnen in ihrem kargen Leben verblieb, mit diesen teilen zu müssen und zu den eigenen Armenlasten noch zusätzlich die der jüdischen Neubürger aufgebürdet zu bekommen. Soziologisch betrachtet, war die Volksbewegung also eine sozialkonservative Protestbewegung jener Schichten, die strukturell benachteiligt waren und befürchteten, durch die einsetzende Industrialisierung vollends deklassiert zu werden.

Ganz auf demagogische Wirkung bedacht, liess das «Döttinger Komitee» den Kampf gegen die jüdische Emanzipation als Ausdruck alteidgenössisch-christlicher Traditionen erscheinen. Sekundiert wurde es darin von der in der katholischen Zentralschweiz viel gelesenen «Schwyzer Zeitung», die sich darüber freute, dass dem Aargauer Volk «kräftige, altschweizerische Gesinnung» höher stehe als «neumodisches Humanitätsgewinsel».[89] Die «Botschaft» bezeichnete die Emanzipation offen als «Unglück für unser Vaterland»[90] und belobigte die Vox populi dafür, dass sie die «Judenrasse»[91] in einem natürlichen Abwehrinstinkt nicht in das Schweizer Bürgerrecht und in «unser Schweizerthum»[92] aufnehmen wolle. Wie bereits in der Petition der christlichen Ortsbürger von Oberendingen und Lengnau vom November 1861 nahm die emanzipationsfeindliche Argumentation hier protorassistische Züge an, die über den traditionellen christlichen Antijudaismus hinauswiesen. Zuweilen wurden die Juden in der nationalistischen Kampagne für den «christlichen Staat» bereits als Angehörige einer fremden «Volksgruppe» diskreditiert und ihre angebliche Andersartigkeit zu einer Sache von Blut und Rasse erklärt. Nicht von ungefähr beschwor ein Pamphlet der eingefleischten Emanzipationsgegner die «durch Christenthat und Christenblut gegründete Schweiz»[93].

Mit gutem Grund prangerte Rabbiner Meyer Kayserling die Kampagne der christlichen Emanzipationsgegner als wüste «Judenhetze» an, während er Schleunigers judenfeindliche Hasstiraden in der «Botschaft» sogar mit den antitalmudistischen

Breitseiten des Heidelberger Orientalisten Johannes Andreas Eisenmenger (1654–1704) auf eine Stufe stellte: «Alles was Schleuniger in seinem Anhang gegen die Juden vorbringt, ist die fluchbeladene Ausgeburt eines fanatischen Menschen, seine Auszüge, aus Eisenmenger und Consorten gezogen, sind Lügen und Verleumdungen verruchtester Art.»[94] Gleichsam als Ersatz für fehlende Argumente machten die Emanzipationsgegner nach dem Einreichen des Doppelbegehrens nur noch Stimmung gegen die Aarauer «Herren», die sie wegen des aufklärerisch inspirierten Emanzipationsgesetzes gebetsmühlenhaft der «unerhörten Volksverhöhnung»[95] ziehen. Unter der Parole «Das Volk ist der Kanton»[96] war dem Agitationsblatt aus Klingnau nichts zu unflätig, um gegen die Gleichstellung der Juden ins Feld geführt zu werden. Im Inseratenteil seiner Hetzpostille lieferte Schleuniger etwa einen jüdischen Krämer gleich mehrere Male hintereinander der öffentlichen Ächtung aus:

> «**Warnung**.
> Vor einem gewissen **Raphael Daniel Bollag** von **Oberendingen**, Bez. Zurzach, Kantons Aargau, welcher als vergeldstagter, betrügerischer Jud in der Eigenschaft als Schacherer, in der deutschen Schweiz herumstreicht, um die Handelsleute, die ihn nicht kennen, zu prellen und zu betrügen, Waarenbestellungen zu machen sich anstrebt, allerdings Zahlung verspricht, aber nie etwas von demselben erhältlich ist, als leere Pfandakten mit Betreibungskosten, die man dafür zu bezahlen hat. Das ehrende Publikum wird daher gut thun, sich desshalb vor dem elenden Treiben dieses schlechten Subjektes zu hüten.
> **Ein Erfahrner.**»[97]

Mit besonderer Passion verunglimpfte die «Botschaft» den hochgebildeten Rabbiner Meyer Kayserling, der erst vor wenigen Monaten von Hannover an die Synagogen des Surbtals berufen worden war. Der aus Deutschland stammende Biograph des grossen Aufklärers Moses Mendelssohn (1729–1786), der sich mit seiner im Sommer 1862 veröffentlichten Schrift «Vollständige Widerlegung der wider die Juden erhobenen Anklagen und Verleumdungen» gleich mutig im Aargauer Emanzipationskampf exponierte, eignete sich in geradezu idealer Weise zum volkstümlichen Hassobjekt. Als Jude und Ausländer hätte dieser kein Recht, den Redaktor der «Botschaft» wegen seiner Talmud-Interpretation als «Aufhetzer» und «Aufwiegler» zu bezeichnen, hielt Schleuniger gleich selber fest. Denn es sei erwiesen, dass der Talmud «Diebstahl, Betrug und Meineid» rechtfertige, wenn es nur zum Schaden von Christen wäre. Kayserling sei nichts anderes als ein «beschränkter Kopf», der nicht verstehen wolle, dass die «Botschaft» nicht judenfeindlich eingestellt sei, sondern gegenüber freisinniger Machtarroganz und jüdischer «Gemeinschädlichkeit» lediglich die «Christenfreiheit» und die Interessen der alteingesessenen Bürger verteidige. So betrachtet, sei das Doppelbegehren des «Döttinger Komitees» nichts anderes als «verfassungsmässige Notwehr» und legitime «Selbstverteidigung».[98] Und in einer «Mannli»-Broschüre hiess es im Juli 1862 ganz ähnlich: «Religiös sind sie die Todfeinde des Christenstaates; diese Todfeindschaft ist auch eine politische, den(n) Religion und Politik sind bei den Juden Eins. [...] Sie werden also nach wie vor im vollsten Sinne des Wortes *Juden, Wucherer, Hasser des Kreuzes und der christlichsten Gesellschaft* sein und bleiben.»[99] Hier fand die antiemanzipatorische Agitation wohl ihre bezeichnendste und zugleich infamste Selbstlegitimation.

Die freisinnigen Eliten unterschätzten die Dynamik der antiemanzipatorischen Bewegung, die vom Grossen Rat in einer Mitte Juli publizierten Broschüre selbstbewusst verlangte, dass dieser die Verhandlungen über das Emanzipationsgesetz zu einer dem hohen Hause «unwürdigen, und die Ehre des Volkes und der Bürger tief verletzenden»[100] Angelegenheit erkläre. Im aufgeheizten, zunehmend durch persönliche Diffamierungen vergifteten Klima rächte es sich nun bitter, dass einzelne Politiker des Regierungslagers die Mitglieder des «Döttinger Komitees» als «Mannli» beschimpft hatten. Die selbsternannten Streiter für Volk und Heimat, die munitioniert durch Schleunigers journalistische Salven in der «Botschaft» eine Kampagne von beispielloser Infamie führten, wussten daraus geschickt politisches Kapital zu schlagen. Kurzerhand erkoren sie den abschätzig gemeinten Begriff «Mannli» zur Eigenbezeichnung der Bewegung, um sich im Namen ihrer «aargauischen Mitmannli» gegen die vermeintliche freisinnige Machtarroganz zu wehren. Anders als die Wortführer des Regierungslagers geglaubt hatten, entwickelte sich die «Mannli»-Bewegung im Sommer 1862 zu einem politischen Faktor ersten Ranges. Bereits am 27. Juli fand die Abstimmung über die Abberufung des Grossen Rates statt, die vom Volk mit 27'726 Ja gegen 16'413 Nein überraschend deutlich beschlossen wurde; und dies, obwohl (oder gerade weil?) das Sprachrohr der Bewegung zwei Tage vor der Abstimmung keinen Zweifel daran gelassen hatte, dass ein Erfolg in dieser Frage auch als Votum für eine restriktive «Judenpolitik» zu betrachten sei.[101]

Tatsächlich hatte sich die Abberufungsfrage zu einem veritablen Plebiszit über die Regierungspolitik ausgewachsen, das am 27. Juli mit einem «grossen Volkssieg»[102] für die Emanzipationsgegner endete. Im unteren Aaretal wurde er mit Freudenfeuern, Böllerschüssen und dem Trällern von zwei judenfeindlichen Liedern gefeiert.[103] Um dem Sieg seine «innere Richtigkeit» zu geben, erhob die «Botschaft» auch noch die Forderung, die Stimmen der jüdischen Neubürger annullieren zu lassen, womit sie allerdings nicht durchdrang.[104] Und trotzdem: Am 27. Juli 1862 erlitt die Politik des Regierungslagers ein schweres Desaster, was die siebenköpfige Regierung geschlossen zum Rücktritt bewog. Sofort wurden Gesamterneuerungswahlen ausgeschrieben, die mit einer Überraschung endeten. Denn aus den Neuwahlen zum Grossen Rat vom 12. August ging eine knappe Mehrheit des freisinnigen Lagers hervor. Zwar sassen im neuen Parlament über hundert neue Abgeordnete, darunter auch viele eingefleischte Emanzipationsgegner wie Johann Blum, der im Volksmund «Garibaldi» genannte Rädelsführer der Endinger Krawallnächte. Aber an den parlamentarischen Mehrheitsverhältnissen hatte sich nicht viel geändert. Auch in den Regierungsratswahlen setzten sich die Freisinnigen erneut durch. Selbst Augustin Keller wurde knapp im Amt bestätigt.

Dieses auf den ersten Blick paradoxe Ergebnis muss ganz als Missfallensbekundung gegenüber dem ausgesprochen unpopulären «Judengesetz» interpretiert werden.[105] Dem Souverän ging es nicht so sehr darum, die Mehrheitsverhältnisse radikal zu ändern, obwohl genau dies die Hoffnung von katholischen Leadern wie Johann Nepomuk Schleuniger und Karl von Schmid, dem Schlossherrn von Böttstein und späteren Ständerat, war. Nein, es war ihm vor allem um die Bestrafung von Parlamentariern zu tun, die mit ihrem Ja zum «Judengesetz» ihren vermeintlichen Wählerauftrag verraten hatten. Obwohl der antiemanzipatorische Widerstand zunächst und vor allem eine Sache der katholisch-konservativen Opposition war, die 1862 nach ihrem sonderbundsbedingten Tief ihre Renaissance auf der politischen Bühne erlebte, stiess er auch in freisinnigen Wählerschichten auf breite Sympathie. Die von einem radikaldemokratischen Verein in Rheinfelden herausgegebene «Volksstimme» brachte nicht nur der antiemanzipatorischen Protestwelle Verständnis entgegen, sondern hoffte schon vor dem Urnengang vom 27. Juli auf die Niederlage des «altliberalen Aargau», weil dieser dem Veto als dem Recht, «zuerst über jedes Gesetz abzustimmen, bevor es in Kraft treten kann», ablehnend gegenüberstand.[106]

Was sich schon im Plebiszit über die Abberufungsfrage abgezeichnet hatte, traf in der auf den 11. und 12. November anberaumten Volksabstimmung über das heftig umstrittene «Judengesetz» ein: Im Aargau des Jahres 1862 war das gesellschaftliche Projekt jüdischer Emanzipation nicht annähernd mehrheitsfähig. Bei einer Wahlbeteiligung von 83 Prozent sprach sich eine erdrückende Mehrheit von 29'382 Bürgern für und nur eine verschwindend kleine Minderheit von 3'876 gegen eine Abänderung des unpopulären Gesetzes aus. Mehr noch: Vor die Wahl gestellt, votierten 26'702 Aargauer für eine gänzliche und lediglich 5'613 für eine partielle Abänderung, was unterstreicht, dass die grosse Mehrheit das Gesetz an sich und nicht bloss einzelne Bestimmungen für revisionsbedürftig hielt.[107] Nicht einer der elf Bezirke und nur vier der über 230 Gemeinden hatten sich für das Emanzipationsgesetz erwärmen können. Das Resultat grenzte an einen beinahe totalen Sieg, wie er in demokratischen Abstimmungen selten vorkommt. Weite Kreise der Bevölkerung bis weit in das freisinnige Elektorat hinein sahen die Notwendigkeit des Emanzipationsgesetzes trotz der ganzen Aufklärungsarbeit und der wiederholten Appelle der Regierung nicht ein. Wie der von Heinrich Zschokke (1771–1848) begründete «Schweizerbote» kommentierte, verdankte sich das erschreckend krasse Volksvotum in erster Linie einer judenfeindlichen Grundstimmung im Kanton, für die das angesehene Blatt gleich selbst ein Beispiel gab: «Fürs Erste war es *Abneigung gegen die Juden überhaupt,* und wir müssen gestehen, dass auch uns die Kinder Israels in Oberendingen und Lengnau keineswegs als gar liebenswürdig vorkommen. Es ist notorisch, dass sie durch ihre wucherische Aussaugerei schon seit Alters her über manches Haus der dortigen Umgegend Unheil gebracht haben und dass es vielleicht in den Bezirken Zurzach und Baden im Allgemeinen blühender stände, wenn nie Juden dort ihren Sitz gehabt hätten. Allein sie sind nun einmal da und wegschaffen können wir sie nicht.»[108]

Natürlich trug auch die allgemeine Unzufriedenheit mit den ökonomischen und politischen Verhältnissen im Kanton mit zum Desaster vom 11. und 12. November 1862 bei. Der weitverbreitete Wille zu einer demokratischen Reform von Staat und Gesellschaft, in dem eine unverhüllte Kritik am zentralistisch-laizistischen Regierungsstil der freisinnigen Elite zum Ausdruck kam, wirkte sich zweifelsohne begünstigend auf die Durchschlagskraft der «Mannli-Bewegung» aus. Denn das «Skandalgesetz vom 15. Mai 1862»[109] wurde weiterum als Ausdruck und Symbol einer ebenso verfehlten wie autoritären Politik einer schmalen, altliberalen Elite betrachtet, die an ihren Sesseln klebte, den Kontakt zum Volk verloren hatte und kein Interesse an einer Änderung des bestehenden Systems repräsentativer Demokratie zeigte. Bezeichnenderweise beschleunigte die Erfahrung des «Mannli-Sturms» den Prozess der Demokratisierung der aargauischen Gesellschaft. Seit 1863 führte dieser zum Ausbau der Volksrechte und zur schrittweisen Durchsetzung der Referendumsdemokratie, die die Verfassungsrevision von 1869/70 krönte.[110] Was im Rückblick nicht selten als demokratischer Fortschritt interpretiert wird, verdankte sich einer judenfeindlichen Kampagne, die soziokulturell in mancherlei Beziehung dem vorbürgerlichen Zeitalter angehörte.

Trotzdem bleibt festzuhalten: Der Protest gegen die Judenemanzipation war nicht bloss ein Mittel zum Zweck, geschweige denn, dass die katholisch-konservative Opposition durch die «Judenagitation» lediglich das liberale System stürzen und die freisinnige Vorherrschaft brechen wollte, wie die Anhänger des Regierungslagers mutmassten.[111] Diese Sicht würde dem Eigengewicht des judenfeindlichen Potentials in der aargauischen Gesellschaft nicht gerecht. Das Volksverdikt vom 11. und 12. November verdankte sich einer antijüdischen Grundstimmung im Kanton, die in den katholisch-konservativen Agrargebieten besonders deutlich an den Tag trat, aber auch von der freisinnigen Basis mitgetragen wurde. Das Volk hatte die ungeliebten Juden im Blick und protestierte mit dem Stimmzettel gegen nichts anderes als das Projekt jüdischer Emanzipation. Nur wenige Tage nach dem «grossen Volkssieg» meinten die freisinnigen «Aarauer Nachrichten» mit verschämtem Blick über die Kantonsgrenzen: Das judenfeindliche Vorurteil sei zwar nicht nur im Aargau existent, «sondern beinahe überall und zwar so stark, dass wir nicht zu viel behaupten, wenn wir sagen: auch in anderen Kantonen, in anderen Staaten würde unter gleichen Verhältnissen diese Angelegenheit denselben Ausgang genommen haben. Wir müssen uns allerdings schämen, dass wir mit all unsern Schulen, unserm vielen Religionsunterricht, überhaupt einer allgemeinen Volksbildung, wie sie nirgends höher steht, es noch nicht dahin gebracht haben, wirklich einigermassen gebildete, d. h. vorurtheilsfreie Menschen und Christen zu sein. Denn ärger kann man gegen die Hauptgrundsätze des Christenthums nicht verstossen, als wenn man Mitmenschen, weil sie nicht des gleichen Glaubens sind, unterdrückt; ärger kann man die Grundsätze einer Demokratie nicht mit Füssen treten, als wenn man einer Anzahl von Bürgern weniger Rechte einräumt, als allen übrigen.

[...] Wenn man das Ergebniss der Volksabstimmung betrachtet, so glaubt man sich ins tiefe Mittelalter versetzt; zur Zeit der ärgsten Judenverfolgungen hätte der Erfolg nicht glänzender sein können.»[112]

Die Aufhebung des Emanzipationsgesetzes und die Massregelung durch Bern

Der weit über die Kantonsgrenzen hinweg für Aufsehen sorgende Abstimmungsausgang vom November 1862 kam einem peinlichen Gesichtsverlust des republikanischen Aargaus gleich, der in dieser Frage nun sogar gegenüber den benachbarten Monarchien wie dem Grossherzogtum Baden und den Königreichen Bayern und Württemberg ins Hintertreffen geriet, in denen der Prozess der jüdischen Emanzipation bereits abgeschlossen oder nahe an seiner Vollendung angelangt war. Dass die Emanzipationspolitik von Regierung und Grossem Rat in einer demokratischen Volksabstimmung delegitimiert worden war, manövrierte die politischen Verantwortungsträger in ein ordnungspolitisches Dilemma. Denn da war noch immer der Bundesbeschluss vom 24. September 1856, der die Juden zu Schweizer Staatsbürgern erklärt und von den Kantonen ihre politische Gleichstellung verlangt hatte. Ohne den Volksentscheid zu missachten, konnte die Regierung diese Grundfrage der bürgerlich-liberalen Gesellschaft allerdings auch keiner wirklichen Lösung zuführen. Fieberhaft wurde nach einem gangbaren Ausweg gesucht. Dem Volksverdikt gemäss schlug Regierungsrat Rudolf Urech, der als fortschrittlich liberal geltende Direktor des Inneren, vor, das Gesetz vom 15. Mai 1862 aufzuheben und die voremanzipatorischen Rechtsverhältnisse wiederherzustellen. Soweit wollten seine Regierungskollegen allerdings nicht gehen.

Der regierungsrätliche Gesetzesentwurf «betreffend neue Ordnung der öffentlichen Rechts-Verhältnisse der aargauischen Israeliten», der vom Grossen Rat am 27. Juni 1863 in zweiter Lesung beraten wurde, stand ganz im Zeichen eines politischen Spagats. Er versuchte den Wünschen des Volks so weit Rechnung zu tragen, als es die Bestimmungen der Bundesgesetzgebung erlaubten. Zu diesem Zweck sollte das Emanzipationsgesetz vom 15. Mai 1862 aufgehoben und die jüdischen Gemeinschaften im Surbtal in ihre frühere Rechtsstellung als Korporationen zurückversetzt werden, womit den Juden ihre eben erworbenen ortsbürgerlichen Rechte wieder entzogen werden sollten. Gleichsam als Kompensation dafür sollte den aargauischen Juden das Stimm- und Wahlrecht in kantonalen und eidgenössischen Angelegenheiten belassen und ihnen erstmals die volle Niederlassungs- und Ehefreiheit gewährt werden. Die katholisch-konservative Opposition verwahrte sich im Rat dagegen, dass den Juden weiterhin das kantonale und eidgenössische Stimm- und Wahlrecht erhalten werden sollte. Wäre es nach ihren volksnahen Ideen gegangen, dann hätte selbst die auf Bundesebene begonnene Emanzipation rückgängig gemacht werden müssen.

In der Debatte setzte sich zwar die ganze freisinnige Elite für den regierungsrätlichen Kompromiss ein. Doch wagte es die Mehrheit im Grossen Rat nicht, dem Willen des Volkes eine erneute Absage zu erteilen. In der Gesamtabstimmung vom 27. Juni 1863 wurde das neue Gesetz zwar mit 80 gegen 60 Stimmen gutgeheissen, – dies aber erst nach einer weiteren «Entschärfung» der ohnehin nicht eben mutigen Vorlage. Denn mit 79 zu 61 Stimmen war zuvor die Streichung jener durch den Bundesbeschluss von 1856 verlangten Bestimmungen beschlossen worden, die den Juden das Stimm- und Wahlrecht in kantonalen und eidgenössischen Angelegenheiten eingeräumt hatten. Die abermals gründlich desavouierte Regierung setzte das neue Gesetz auf den 17. Juli in Kraft; und dies, obwohl nach der Abstimmung 64 Grossräte in einer Protesterklärung bekundeten, dass sie dies nicht mit der «Ehre und den Interessen des Kantons und den Pflichten gegen den Bund» für vereinbar hielten. Nur ein paar Tage später reichten die aargauischen Juden eine von Rabbiner Meyer Kayserling verfasste Beschwerde an den Bundesrat ein, in der sie die Landesregierung aufforderten, ihre von Bundes wegen garantierten Rechte gegen die gesetzgeberische Eigenmächtigkeit und antiemanzipatorische Renitenz des Aargauer Grossen Rates zu verteidigen. Gleichzeitig verlangte die Petition unter Berufung auf das eidgenössische Heimatlosengesetz vom 3. Dezember 1850, dass ihnen als «Heimatlosen» endlich ein Ortsbürgerrecht in einer Aargauer Gemeinde ausgemittelt werde.

Nun setzten die Bundesbehörden der «aargauischen Judentribulation, welche die schweizerische Demokratie zum Gespött der Welt»[113] mache, wie die «Neue Zürcher Zeitung» besorgt kommentierte, ein Ende. Vier Wochen nach der jüdischen Beschwerde von Anfang Juli hiessen die eidgenössischen Räte einen Bundesbeschluss gut, der den Kanton Aargau dazu aufforderte, das «Judengesetz» vom 27. Juni 1863 in jenen Punkten zu sistieren, die im Widerspruch zum geltenden Bundesrecht stünden, und den Aargauer Juden die «Ausübung der politischen Rechte in eidgenössischen und kantonalen Angelegenheiten»[114] nicht mehr länger vorzuenthalten. Gleichzeitig wurde angeregt, die leidige Emanzipationsfrage gemäss den Bestimmungen des Heimatlosengesetzes von 1850 einer zukunftsweisenden Lösung zuzuführen. Erstmals in der modernen Schweizer Geschichte stützten die Bundesbehörden damit die emanzipatorischen Argumente einer jüdischen Petition. Dem vom Bund gemassregelten Kantonsparlament blieb nichts anderes übrig, als klein beizugeben. Zwar stemmte sich die von Karl von Schmid angeführte katholisch-konservative Opposition, indem sie auf die Kantonalsouveränität pochte, auch jetzt noch gegen die sich abzeichnende Niederlage. Gleichzeitig zog Johann Nepomuk Schleuniger in der «Botschaft» gegen die angeblich undemokratische Politik des «Bundesherrenthums» vom Leder, dessen Repräsentanten sich als Vögte gegen das souveräne Volk des Aargau versündigten. So kanzelte er Regierungsrat Emil Welti, der 1866 in den Bundesrat gewählt werden sollte, als Verräter am Volkswillen ab, weil dieser im Ständerat die Meinung vertreten hatte, dass eine Haltung, die die politischen Rechte vom «richtigen» Glaubensbekenntnis abhängig mache, weit hinter den Grundsätzen der Französischen Revolution zurückbleibe.[115]

Nachdem die «Judenfrage» den Aargau über ein Jahr in Atem gehalten hatte, beschloss der Grosse Rat am 28. August 1863 mit 89 gegen 64 Stimmen, dem Bundesbeschluss Genüge zu tun und die hier lebenden Juden, ausser in bezug auf die ortsbürgerlichen Rechte, den übrigen Kantonsbürgern gleichzustellen. Erstmals mussten die jüdischen Aargauer nicht mehr um eine Ehebewilligung beim Regierungsrat nachsuchen und konnten sich auf kantonalem Gebiet überall frei niederlassen. Durch die Intervention des Bundes wurde ihnen der Besitz der politischen Rechte garantiert, die ihnen die Mehrheit des Grossen Rates noch am 27. Juni 1863 entzogen hatte. Kein Zweifel, damit war gleichsam am Willen des Volkes vorbei eine wichtige Teilemanzipation erreicht. Die jüdische Emanzipation war dadurch zu einer unumkehrbaren Tatsache geworden. Von weiten Teilen der Gesellschaft wurde sie allerdings noch immer nicht als Selbstverständlichkeit akzeptiert. So hatten sich die Parlamentarier der Opposition auch am 28. August noch in grosser Zahl dagegen ausgesprochen. Nicht einmal Emil Weltis handfester Einwand, dass an der ungelösten «Judenfrage» wichtige Handelsverträge mit benachbarten Staaten zu scheitern drohten, hatte die eingefleischten Emanzipationsgegner von ihrer intransigenten Haltung abbringen können. Und für Weltis philosophisches Argument, dass keine bürgerliche Gesellschaft ihre Freiheit dazu missbrauchen dürfe, Menschen anderen Glaubens die Freiheit zu entziehen, zeigten sie schon gar kein Gehör.[116]

Trotz dieser bedeutsamen Teilemanzipation sollte es noch mehr als fünfzehn Jahre dauern, bis die jüdischen Aargauer endlich in den Vollbesitz aller bürgerlichen Rechte gelangten.[117] Denn über 1863 hinaus blieb das Problem der Bürgerrechte auf der Gemeindeebene die «Pièce de résistance» des Aargauer Emanzipationsprozesses. Zur Zeit des Kulturkampfes brauchte es erneut einen Anstoss von aussen. Erst durch den Bundesbeschluss vom 21. März 1876, in welchem «die endliche Erledigung der Angelegenheit der Israeliten, betreffend die Einbürgerung und die volle bürgerliche Gleichstellung mit den Kantons- und Schweizerbürgern»[118] angemahnt wurde, kam die jüdische Emanzipation hier zum Abschluss. Selbst jetzt noch wehrten sich die christlichen Gemeinden von Oberendingen und Lengnau mit Händen und Füssen gegen die Vollendung der Emanzipation, bei der es doch lediglich darum ging, dem Geist und dem Gleichheitsartikel der revidierten Bundesverfassung von 1874 Nachachtung zu verschaffen. Wie schon zur Zeit des «Mannli-Sturms» glaubten die christlichen Einwohner ihre Korporationsgüter in Gefahr, obschon Regierung und Parlament auch jetzt wieder eine Lösung anstreben, die einen christlich-jüdischen Verteilungskonflikt sorgsam vermied und den christlichen Ortsbürgern von Oberendingen und Lengnau garantierte, dass sie auch «fernerhin im alleinigen Besitze und Genusse ihrer Korporationsgüter»[119] verbleiben würden. Erst als das Bundesgericht in Lausanne einen staatsrechtlichen Rekurs der beiden christlichen Gemeinden gegen das Dekret vom 15. Mai 1877 abschmetterte, wurden die Judenkorporationen zu selbständigen Ortsbürgergemeinden erhoben. Auf den 1. Januar 1879 vereinigte man sie mit den beiden christlichen Ortsbürger- zu den beiden Einwohnergemeinden Endingen und Lengnau. Erst jetzt waren aus den ehemaligen Parias auch in ihrer alten Heimat *gleichberechtigte* Bürger geworden.

Gesellschaftsgeschichtlicher Erklärungsversuch

In der Schweiz leistete die Aargauer Bevölkerung den vielleicht hartnäckigsten Widerstand gegen den Prozess jüdischer Emanzipation. Jedenfalls war der Aargau der letzte Schweizer Kanton, in dem die jüdische Emanzipation eine gesellschaftliche Tatsache wurde. Wäre es nach dem Willen der kantonalen Regierung gegangen, dann wären die Juden bereits 1805, als sie den ersten legislatorischen Versuch zur bürgerlichen und politischen Gleichstellung der Juden unternahm, emanzipiert worden, spätestens aber mit dem umstrittenen «Judengesetz» vom 15. Mai 1862. Für weite Teile der Bevölkerung war die Zeit auch in den sechziger Jahren noch nicht reif dafür, zumal man befürchtete, nach einer Emanzipation der Juden den Bürgernutzen mit ungeliebten Neubürgern teilen zu müssen; und dies, obwohl das Emanzipationsgesetz vom 15. Mai 1862 die Rechte und Interessen der christlichen Bevölkerung ausdrücklich unangetastet liess. Aber die Stimme der Vernunft drang in dieser hochemotionalen Angelegenheit nicht durch. Die grosse Mehrheit der Aargauer hielt die Juden noch immer für eine «Landplage» und ein gemeinschädliches «Wucherer-Volk».

Die Judenfeindschaft der Emanzipationsgegner bewegte sich noch stark in den Grenzen des christlichen Antijudaismus, wies aber auch schon darüber hinaus, was dem Phänomen eine eigentümlich prämoderne Färbung verlieh.[120] In ihrem christlichen Nationalismus waren zu den altüberlieferten Vorurteilen neue Klischees hinzugetreten, vor allem der nationale Vorbehalt. Schon aus religiösen und historischen Gründen, aber auch aus ethnonationalen Erwägungen heraus durfte den Juden kein gleichberechtigter Platz an der Seite der christlichen Staatsbürger eingeräumt werden. Die Schweiz wurde hier nicht in der Tradition der Aufklärung als Nation freier und gleicher Staatsbürger, sondern als «Vaterland der Christen» und durch Tradition geheiligter «christlicher Staat» gedacht. In republikanischer Variante wurde damit auf eine nationalkonservative Denkfigur rekurriert, die seit dem Vormärz im deutschsprachigen Kulturraum durch den preussischen Staatstheoretiker Friedrich Julius Stahl (1802–1861) weite Verbreitung gefunden hatte. Tatsächlich wurde in der Staatsidee der Emanzipationsgegner eine *ethnonationale Ausgrenzungslogik* sichtbar, in der eine biologisch-herkunftsbedingte Unvereinbarkeit zwischen «Schweizertum» und «Judentum» behauptet wurde. Noch anlässlich der Debatte über den französisch-schweizerischen Handelsvertrag (1864) meinte der Luzerner Nationalrat Philipp Anton von Segesser, dass dieses Vertragswerk der Schweiz nicht «jüdische Franzosen», sondern «französische Juden und in der Folge auch deutsche, italienische, polnische Juden» bescheren werde, was es tunlichst zu vermeiden gelte.[121]

Im Unterschied zu den monarchischen Obrigkeitsstaaten, in denen die Emanzipation nach 1848 von oben und damit gleichsam am Volk vorbei dekretiert wurde, konnte sich der antiemanzipatorische Widerstand im politischen Prozess des republikanischen Aargau mächtig Gehör verschaffen. Die Volksrechte wirkten sich auch auf dieses gesellschaftliche Reformvorhaben retardierend aus. «Emanzipation» war im Erwartungshorizont ihrer zumeist bäuerlichen und gewerblichen Gegner gleichbedeutend mit kommunaler Fremdbestimmung, materiellen Einbussen und sozialem Abstieg. Vor dem Hintergrund weitverbreiteter sozialer Not fürchteten sie die Gleichstellung der Juden als zusätzliches Verlustgeschäft, was sich vor allem in der Sorge um die ungeteilte Nutzung ihrer Korporationsgüter manifestierte. Nicht nur der Nebelschleier volkstümlicher Vorurteile also, sondern auch wachsende Statusunsicherheit und die Angst, künftig mit den Angehörigen der jüdischen Pariagruppe ökonomische Positionen und soziale Chancen teilen zu müssen, erklärt die Intensität des Aargauer Emanzipationskonfliktes.

Wie im Grossherzogtum Baden und im Königreich Bayern wurde der antiemanzipatorische Widerstand im Aargau immer auch durch «konkrete materielle Interessen»[122] animiert. Am heftigsten zum Ausdruck kam er auf lokaler Ebene, in den Surbtaler Dörfern, die in einer bitterarmen, noch wenig industrialisierten Randregion lagen und von Aarau mit dem spezifischen Problem konfrontiert wurden, dass 1'300 Juden in nächster Umgebung eingebürgert werden sollten.[123] In seiner Theorie der Aussenseiter-Etablierten-Beziehung hat der Soziologe Norbert Elias die gesellschaftsgeschichtliche Grundproblematik der Emanzipationsepoche mit der Überlegung erklärt: «Man duldet eine verachtete und stigmatisierte, relativ machtlose Aussenseitergruppe, solange sich deren Angehörige mit dem niedrigeren Platz, der ihrer Gruppe nach Auffassung der Etablierten zukommt, abfinden und sich ihrem niedrigen Status entsprechend als untergeordnete und unterwürfige Menschen benehmen. Solange die Neger Sklaven bleiben und die Juden Kleinhändler oder Hausierer, die als erkennbare Ghetto-Angehörige in fremdartiger Kleidung im Lande herumziehen, hat der Spannungsdruck zwischen Etablierten und Aussenseitern, der natürlich immer vorhanden ist, ein vergleichsweise niedriges Niveau. Er steigt, wenn Mitglieder der Aussenseitergruppe sozial aufsteigen oder wenn die Aussenseitergruppe legale und soziale Gleichstellung mit den überlegenen Etabliertengruppen anstrebt. [...] Etwas zugespitzt kann man sagen: je statusunsicherer, um so antisemitischer.»[124]

In einem Agrarkanton wie dem Aargau, der jedes Jahr Hunderte von Menschen aus sozialer Not zur Auswanderung nach Übersee zwang, war es in den sechziger Jahren des 19. Jahrhunderts ausserordentlich schwierig, in einer Volksabstimmung eine Mehrheit der Bevölkerung für das Projekt der jüdischen Emanzipation zu gewinnen. Erschwerend trat hinzu, dass dem antiemanzipatorischen Widerstand etwas zutiefst Irrationales anhaftete; er markierte die «Grenzen der Aufklärung» (Detlev Claussen), das heisst die ungebrochene Gegenwart vormoderner Mentalitäten im frühen Bundesstaat. Jedenfalls kam dem «Mannli-Sturm» eine weit über die Aargauer Kantonsgrenzen hinausreichende Bedeutung zu: Johann Nepomuk Schleuniger war nicht nur der erste Politiker in der Schweiz, der die «Judenfrage» zur politischen Massenmobilisierung einsetzte. Er wurde auch zum Initiator der ersten antisemitischen Volksbewegung der Schweizer Geschichte. Der Aargauer Emanzipationskonflikt besitzt allerdings selbst im schweizerischen Kontext singuläre Züge: Die «Mannli»-Bewegung brachte 1862 ein von einer schmalen Elite bereits beschlossenes Emanzipationsgesetz zu Fall, in dem sie durch den plebiszitären Appell an das Volk erfolgreich gegen ein Fundamentalprinzip der bürgerlich-liberalen Gesellschaft Front machte. Allein der diplomatische Druck des Auslandes und die Interventionen des Bundes verhinderten, dass der Aargau in Mitteleuropa über das Jahr 1879 hinaus eine voremanzipatorische Insel blieb.

Anmerkungen

1   Vgl. zur jüdischen Bevölkerungsentwicklung in der Schweiz: Historische Statistik der Schweiz, hg. von Heiner Ritzmann-Blickenstorfer, Zürich 1996, S. 153. Die Aargauer Zahlen sind enthalten in: 150 Jahre Kanton Aargau im Lichte der Zahlen 1803-1953, hg. vom Regierungsrat des Kantons Aargau, Aarau 1954, S. 51. Im Jahre 1860 lebten im Aargau 1'617 Juden, was einem Anteil von 0.8 % der Gesamtbevölkerung entsprach.
2   Marcus G. Dreifus, Über die bürgerliche Gleichstellung der Israeliten im Aargau, Aarau 1862, S. 9. Gleich in der Wertung: Franz August Stocker, Die Verhältnisse der Juden im Aargau. Geschichtlich betrachtet. An den hohen Grossen Rath des Kantons Aargau, o. O. 1861, S. 24.
3   Florence Guggenheim-Grünberg, Die Juden in der Schweiz, Zürich 1961. Vgl. zur Alltagskultur der Surbtaler Landjuden die vergleichbaren Verhältnisse im süddeutschen Raum: Utz Jeggle, Judendörfer in Württemberg, Tübingen 1969. Jetzt auch: Tobias Wild, Abwanderung im Surbtal – Zuwanderung in Baden. Die Veränderung der jüdischen Wohn- und Berufsstruktur 1840-1920, in: Badener Neujahrsblätter 73 (1998), S. 43-58.
4   Ausführlich dazu: Ernst Haller, Die rechtliche Stellung der Juden im Kanton Aargau, Aarau 1900; Augusta Weldler-Steinberg, Geschichte der Juden in der Schweiz vom 16. Jahrhundert bis nach der Emanzipation, Bd. 1, Goldach 1966, S. 125-129 u. S. 154-169, und Bd. 2, Goldach 1970, S. 89-133 u. S. 151-161.
5   Zur Entwicklung im Grossherzogtum Baden noch immer: Reinhard Rürup, Die Emanzipation der Juden in Baden, in: Ders., Emanzipation und Antisemitismus. Studien zur «Judenfrage» der bürgerlichen Gesellschaft, Frankfurt am Main ²1987, S. 46-92. Zu den antijüdischen Ausschreitungen von 1848: Rainer Wirtz, Die Agrarunruhen im Odenwald im Frühjahr 1848, in: Ders., «Widersetzlichkeiten, Excesse, Crawalle, Tumulte und Skandale». Soziale Bewegung und gewalthafter sozialer Protest in Baden 1815-1848, Frankfurt am Main/Berlin 1981, S. 169-197; Stefan Rohrbacher, Gewalt im Biedermeier. Antijüdische Ausschreitungen in Vormärz und Revolution (1815-1848/49), Frankfurt am Main/New York 1993, S. 186-210.
6   Stocker (wie Anm. 2), S. 24.
7   Heinrich Staehelin, Geschichte des Kantons Aargau 1803-1953, Bd. 2, Baden 1978, S. 189.
8   Ebda., S. 187. Allgemein dazu: Stefan Rohrbacher/Michael Schmidt, Judenbilder. Kulturgeschichte antijüdischer Mythen und antisemitischer Vorurteile, Reinbek 1991; Heinz Schreckenberg, Die Juden in der Kunst Europas. Ein historischer Bildatlas, Göttingen/Freiburg im Breisgau 1996.
9   Vgl. zur demokratischen Bewegung allgemein: Eduard Fueter, Die Schweiz seit 1848. Geschichte – Politik – Wirtschaft, Zürich/Leipzig 1928, S. 91-110. Für Baselland und Zürich vor allem: Roger Blum, Die politische Beteiligung des Volkes im jungen Kanton Baselland (1832-1875), Liestal 1977; Martin Schaffner, Die demokratische Bewegung der 1860er Jahre.

Beschreibung und Erklärung der Zürcher Volksbewegung von 1867, Basel/Frankfurt am Main 1982. Zur fragwürdigen Seite der Volksbewegungen, die in den 1860er Jahren für einen Ausbau der direktdemokratischen Instrumente eintraten, jetzt vor allem: Martin Schaffner, Die demokratische Bewegung, in: Andreas Auer (Hg.), Les origines de la démocratie directe en Suisse, Basel/Frankfurt am Main 1996, S. 155–162.

[10] Vgl. die entsprechende Kritik in: Theodore S. Fay, Denkschrift der Gesandtschaft der Vereinigten Staaten von Nordamerika gerichtet an den schweizerischen Bundesrath betreffend die Zulassung der nordamerikanischen Israeliten zur Niederlassung in der Schweiz. Vom 26. Mai 1859, abgedruckt in: Judaica 15 (1959), S. 213–252; Jacques Brisac, Ce que les Israélites de la Suisse doivent à la France. Esquisse d'histoire diplomatique, Lausanne 1916.

[11] Schweizerisches Bundesarchiv, J. I.2: Nachlass Emil Welti, Bd. 3: Judenfrage 1856/64: Der Direktor des Inneren des Kantons Aargau an den tit. Regierungsrath, 16. April 1856. Ich danke Albert Tanner (Bern) für den freundlichen Hinweis auf dieses Dossier.

[12] Stocker (wie Anm. 2), S. 19.

[13] Näheres dazu bei: Berthold Wessendorf, Die überseeische Auswanderung aus dem Kanton Aargau im 19. Jahrhundert, in: Argovia 85 (1973), S. 5–370, bes. S. 99ff.

[14] Ebda., S. 117.

[15] Der Schweizerbote, 17. Februar 1862.

[16] Näheres dazu bei: Haller (wie Anm. 4), S. 254–259, bes. S. 256f.

[17] Gemeindearchiv Endingen, Protokoll der Gemeindeversammlung 1858–1883: Gemeindeversammlung vom 14. Oktober 1861.

[18] Über den Endinger Aufruhr in der Nacht vom 28. zum 29. Oktober 1861 haben sich im Staatsarchiv des Kantons Aargau (=STAAG) drei Augenzeugenberichte erhalten, die in ihren Aussagen weitgehend übereinstimmen und unmittelbar nach den Ereignissen zu Papier gebracht wurden: einer von Ingenieur Rudolf Stänz, einer der israelitischen Vorsteherschaft und einer des zu Hilfe gerufenen Bezirksamtmanns von Zurzach an die Aargauer Regierung.

[19] STAAG, IA 9, C: Juden-Emancipation 1839–1864; Beilagenheft zu Fasc. 2: Ingenieur Rudolf Stänz an die Tit. Baudirektion, 29. Oktober 1861.

[20] Ebda.

[21] Ebda.

[22] STAAG, IA 9, C: Juden-Emancipation 1839–1864; Beilagenheft zu Fasc. 2: Die Vorsteherschaft der israelitischen Gemeinde Endingen an den hohen Regierungsrath des Kts Aargau, 29. Oktober 1861.

[23] STAAG, IA 9, C: Juden-Emancipation 1839–1864; Beilagenheft zu Fasc. 2: Ingenieur Rudolf Stänz an die Tit. Baudirektion, 29. Oktober 1861.

[24] STAAG, IA 9, C: Juden-Emancipation 1839–1864; Beilagenheft zu Fasc. 2: Die Vorsteherschaft der israelitischen Gemeinde Endingen an den hohen Regierungsrath des Kts Aargau, 29. Oktober 1861.

[25] Ebda.

[26] Ebda.

[27] STAAG, IA 9, C: Juden-Emancipation 1839–1864; Beilagenheft zu Fasc. 2: Ingenieur Rudolf Stänz an die Tit. Baudirektion, 29. Oktober 1861.

[28] STAAG, IA 9, C: Juden-Emancipation 1839–1864; Beilagenheft zu Fasc. 2: Das Bezirksamt Zurzach (des) Kantons Aargau an den Tit. Regierungsrath des Kantons Aargau, 29. Oktober 1861.

[29] Ebda.

[30] Ebda.

[31] STAAG, IA 9, C: Juden-Emancipation 1839–1864; Beilagenheft zu Fasc. 2: Ingenieur Rudolf Stänz an die Tit. Baudirektion, 29. Oktober 1861.

[32] STAAG, , IA 9, C: Juden-Emancipation 1839–1864; Beilagenheft zu Fasc. 2: Die Vorstehrschaft Endingen an den hohen Regierungsrath des Kantons Aargau, 31. Oktober 1861.

[33] Vgl. zur Schadensbilanz den Bericht von Bezirksamtmann Josef Frey in: Der Schweizerbote, 30. November 1861.

[34] STAAG, IA 9, C: Juden-Emancipation 1839–1864; Beilagenheft zu Fasc. 2: Das Bezirksamt Zurzach (des) Kantons Aargau an den Tit. Regierungsrath des Kant. Aargau, 10. November 1861.

[35] Der Schweizerbote, 30. Oktober 1861.

[36] STAAG, IA 9, C: Juden-Emancipation 1839–1864; Beilagenheft zu Fasc. 2: Ingenieur Rudolf Stänz an die Tit. Baudirektion, 29. Oktober 1861.

[37] STAAG, IA 9, C: Juden-Emancipation 1839–1864; Beilagenheft zu Fasc. 2: Das Bezirksamt Zurzach (des) Kantons Aargau an den Tit. Regierungsrath des Kant. Aargau, 10. November 1861.

[38] In: Der Schweizerbote, 30. November 1861.

[39] STAAG, IA 9, C: Juden-Emancipation 1839–1864; Beilagenheft zu Fasc. 2: Das Bezirksamt Zurzach (des) Kantons Aargau an den Tit. Regierungsrath des Kant. Aargau, 10. November 1861.

[40] Gemeindearchiv Endingen, Protokoll der Gemeindeversammlung 1858–1883: Gemeindeversammlung vom 23. November 1861. Fast wortgleich der Beschluss in: Gemeindearchiv Lengnau, Einwohner- und Ortsbürger-Gemeindeprotokoll von 1851 bis 72: Gemeindeversammlung vom 2. November 1861.

[41] Zur Judenfrage. Ehrerbietige Vorstellung der christlichen Gemeinden Ober-Endingen und Lengnau an den Tit. Regierungsrath zu Handen des Tit. Grossen Rathes des Kantons Aargau, November 1861, S. 9.

[42] Ebda., S. 6.

[43] Vgl. schon die Argumentation des reformierten Pfarrers von Degerfelden und Endingen: Conrad Fischer, Ein Wort über das Aktivbürgerrecht der Juden in Helvetien, in Hinsicht auf die beyden Gemeinden in denen sie izt wohnen, Aarau 1798. Ebenso: Zur Judenfrage (wie Anm. 41), S. 6 u. 23f.

[44] Zu einem ähnlichen Befund gelangen für Deutschland: Rainer Erb/Werner Bergmann, Die Nachtseite der Judenemanzipation. Der Widerstand gegen die Integration der Juden in Deutschland 1780–1860, Berlin 1989.

[45] Zur Judenfrage (wie Anm. 41), S. 24.

[46] Ebda., S. 17.

[47] Ebda.

[48] STAAG, IA 9, C: Juden-Emancipation 1839–1864, Fasc. 2: Gesetzes-Vorschlag über Organisation der israelitischen Gemeinden des Kantons. Ergebnis der ersten Berathung vom 17. Christmonat 1861, § 1, S. 3.

[49] Der Schweizerbote, 4. Dezember 1861.

[50] Weldler-Steinberg (wie Anm. 4), Bd. 2, S. 84.

[51] Vgl. zu seiner Biographie die nicht immer ganz von apologetischen Wertungen freien Porträts bei: Eugen Heer, Johann Nepomuk Schleuniger – der katholische aargauische Vorkämpfer für Wahrheit, Recht und Freiheit, Klingnau 1899; Johann Kreienbühler, Geschichtliches aus Döttingen, 1240 bis 1850, Baden 1911, S. 210–216; Hermann J. Welti, Johann Nepomuk Schleuniger 1810–1874, in: Lebensbilder aus dem Aargau 1803–1953. Jubiläumsausgabe zum 150jährigen Bestehen des Kantons (=Argovia 65), Aarau 1953, S. 205–219; Johann Nepomuk Schleuniger – ein Kämpfer für Recht und Glauben, in: Clingenowe – Klingnau. Epochen, Ereignisse und Episoden – 1239 bis heute, Baden 1989, S. 61–73.

[52] Bereits betont von: Heer (wie Anm. 51), S. 43f.

[53] Die Botschaft, 25. Januar 1861. Entgegen der von Friedrich Külling in seinem Buch «Antisemitismus – bei uns wie überall?» (Zürich o. J.) aufgestellten Behauptung, dass sich diese Zeitung in keinem Exemplar für die Nachwelt erhalten habe, besitzt die Druckerei Bürli in Döttingen eine vollständige Sammlung dieser wichtigen Regionalzeitung. Für diese Studie

konnte sie wohl zum ersten Mal systematisch ausgewertet werden. Ich danke den Inhabern der Bürli AG für die freundliche Erlaubnis zur Einsichtnahme.

54 Die Botschaft, 6. September 1861.
55 Die Botschaft, 5. April 1856.
56 Die Botschaft, 8. November 1861.
57 Die Botschaft, 22. Februar 1862.
58 Volksversammlung in Leuggern, in: Die Botschaft, 24. März 1862.
59 Helmut Berding, Moderner Antisemitismus in Deutschland, Frankfurt am Main 1988, S. 42–66; Michael A. Meyer, Judentum und Christentum, in: Ders. (Hg.), Deutsch-jüdische Geschichte in der Neuzeit, Bd. 2, Müchen 1996, S. 191ff. Umfassend jetzt zum ganzen Problemfeld auch: Olaf Blaschke, Katholizismus und Antisemitismus im Deutschen Kaiserreich, Göttingen 1997.
60 Universitätsbibliothek Basel, FQ XII 9 Nr. 9. An den h. Grossen Rath des Kantons Aargau. Gesuch bezüglich der Judenfrage und Wünsche bezüglich der Verfassungs-Revision. Von dem Komitee der am 23. März in Leuggern abgehaltenen Volksversammlung, S. 3.
61 Ebda., S. 1f.
62 Adresse gegen die Verjüdelung der Schweiz, in: Schweizerische Kirchenzeitung, 7. Mai 1862. Vgl. auch: Nochmals gegen die Verjüdelung, in: Schweizerische Kirchenzeitung, 10. Mai 1862.
63 Die Judenfrage vor dem h. Grossen Rathe des Kantons Aargau. In zweiter Berathung am 15. Mai 1862. Auffassung der Diskussion von C. Preinfalk, Aarau 1862, S. 7. Dem Preinfalk-Stenogramm wurde aufgrund nicht näher bezeichneter Ungenauigkeiten die offzielle Anerkennung versagt. Trotzdem gibt es den Debattenverlauf in seinen grossen Zügen wohl richtig wieder.
64 Ebda., S. 28f.
65 Ebda., S. 4.
66 Ebda., S. 43.
67 Ebda., S. 29.
68 Ebda., S. 13.
69 Ebda., S. 9.
70 Ebda., S. 11.
71 Vgl. Reinhard Rürup, Judenemanzipation und bürgerliche Gesellschaft in Deutschland, in: Ders. (wie Anm. 5), S. 17–22; Friedrich Battenberg, Das europäische Zeitalter der Juden. Zur Entwicklung einer Minderheit in der nichtjüdischen Umwelt Europas, Bd. 2, Darmstadt 1990, S. 86f.
72 Berding (wie Anm. 59), S. 23ff.
73 Die Judenfrage (wie Anm. 63), S. 19.
74 Ebda., S. 18.
75 Uri Robert Kaufmann, Die Ambivalenz des Schweizer Liberalismus gegenüber den Juden: Augustin Keller (1862), in: Judaica 42 (1986), S. 22–27.
76 Die Judenfrage (wie Anm. 63), S. 19.
77 Ebda., S. 11.
78 Stocker (wie Anm. 2), S. 27.
79 Die Judenfrage (wie Anm. 63), S. 41.
80 Ebda., S. 40f.
81 STAAG, IA 9, C: Juden-Emancipation 1839–1864, Fasc. 2: Die Judenfrage. Proklamation des Regierungs-Rathes zur Vollziehung des Gesetzes vom 15. Mai 1862. Vom 2. Brachmonat 1862, Aarau 1862, S. 5f. u. S. 7.
82 Staehelin (wie Anm. 7), S. 127f.
83 Aargauisches Volk!, in: Die Botschaft, 17. Mai 1862.
84 Die Botschaft, 19. Mai 1862.
85 Die Botschaft, 21. Mai 1862.

[86] Die Botschaft, 15. Juni 1862.
[87] Vgl. die Zusammenstellung in: Verhandlungen des Grossen Rathes des Kantons Aargau. Juni 1862, Aarau 1862, S. 9.
[88] Näheres dazu bei: Hektor Ammann/Anton Senti, Die Bezirke Brugg, Rheinfelden, Laufenburg und Zurzach. Heimatgeschichte und Wirtschaft, Zollikon 1948; Charles Tschopp, Der Aargau. Eine Landeskunde, Aarau 1961, S. 483; Wessendorf (wie Anm. 13).
[89] Schwyzer Zeitung, 30. Mai 1862.
[90] Die Botschaft, 15. Juni 1862.
[91] Die Botschaft, 12. Juni 1862.
[92] Die Botschaft, 19. Juni 1862.
[93] Die Abberufung. Ein paare Worte der 19 «Mannli» des Döttinger Komite an ihre aargauischen «Mitmannli», o. O. 1862, S. 5.
[94] Meyer Kayserling, Vollständige Widerlegung der wider die Juden erhobenen Anklagen und Verleumdungen, o. O. 1862, S. 4 u. S. 7.
[95] Die Abberufung (wie Anm. 93), S. 5.
[96] Die Botschaft, 8. Juli 1862.
[97] Die Botschaft, 25. Juli, 31. Juli u. 5. August 1862.
[98] Die Botschaft, 19. u. 26. Juni 1862.
[99] Die Abberufung (wie Anm. 93), S. 22.
[100] Ebda., S. 14.
[101] Die Botschaft, 25. Juli 1862.
[102] BAR, J.I.2: Nachlass Emil Welti, Bd. 3: Judenfrage 1856/64: Der grosse Volkssieg. Noch ein paar Worte der 19 «Mannli» des Döttinger Komite an ihre aargauischen «Mitmannli». Herausgegeben den 9. August 1862.
[103] Das Hochzeitslied eines Aargauer Mannli. Beilage zur «Botschaft», Sommer 1862. In einer Strophe hiess es: «Kein Jud soll mit uns tagen/ Im Eidgenossenbund,/ Kein Jud soll mit uns theilen/ Des Kreuzes Schweizergrund!»
[104] Die Botschaft, 29. Juli 1862.
[105] Ähnlich in der Wertung: Weldler-Steinberg (wie Anm. 4), Bd. 2, S. 108.
[106] Die Volksstimme, 26. Juli 1862.
[107] STAAG, IA 9, C: Juden-Emancipation 1839–1864, Fasc. 3: Amtliche Bekanntmachung des Ergebnisses der Volksabstimmung in den Einwohnergemeinden vom 11. und 12. Wintermonat 1862 über das Begehren einer Abänderung des Organisationsgesetzes vom 15. Mai 1862 für die Judengemeinden.
[108] Der 11. November im Aargau, in: Der Schweizerbote, 15. November 1862.
[109] Die Botschaft, 31. Juli 1863.
[110] Näheres dazu bei: Staehelin (wie Anm. 7), S. 131–136.
[111] Der Schweizerbote, 26. Mai 1862.
[112] Aarauer Nachrichten, 14. November 1862.
[113] Neue Zürcher Zeitung, 22. Juli 1863.
[114] STAAG, IA 9, C: Juden-Emancipation 1839–1864, Fasc. 4: Bericht des Regierungs-Rathes an den Tit. Grossen Rath über die aargauische Juden-Angelegenheit. Vom 17. August 1863, S. 13.
[115] Die Botschaft, 7. August 1863.
[116] Verhandlungen des Grossen Rathes des Kantons Aargau am 27. und 28. August 1863. Redigirt von Fürsprech Weber in Lenzburg, Aarau 1863, S. 22.
[117] Ausführlich dazu: Haller (wie Anm. 4), S. 285–297.
[118] Bundesblatt der Schweizerischen Eidgenossenschaft, Bd. 1, Bern 1876, S. 822.
[119] STAAG, IA 9, C. Juden-Emancipation 1839–1864, Fasc. 4: Dekret betreffend die Erhebung der israelitischen Korporationen Endingen und Lengnau zu Ortsbürgergemeinden. Vom 15. Mai 1877.

[120] Bezeichnenderweise versuchten die jüdischen Stellungnahmen zugunsten der Emanzipation vor allem religiöse Vorurteile zu entkräften. Vgl. Marcus G. Dreifus, Zur Würdigung des Judenthums unter seinen Nichtbekennern, Winterthur 1860; Meyer Kayserling, Vollständige Widerlegung der wider die Juden erhobenen Anklagen und Verleumdungen, o. O. 1862.

[121] Philipp Anton von Segesser, Sammlung kleiner Schriften. Reden im schweiz. Nationalrathe und staatsrechtliche Abhandlungen, Bd. 3, Bern 1879, S. 215.

[122] Reinhard Rürup, Die Emanzipation der Juden in Baden, in: Ders., Emanzipation und Antisemitismus. Studien zur «Judenfrage» der bürgerlichen Gesellschaft, Frankfurt am Main ²1987, S. 90; James F. Harris, Bavarians and Jews in Conflict in 1866: Neighbours and Enemies, in: Yearbook of the Leo Baeck Institute 32 (1987), S. 103–115. In zwei bayerischen Dörfern führten die Bierkrawalle von 1866 dazu, dass die eben emanzipierten Juden auf ihre jungen Rechte an den Gemeindenutzungen wieder verzichteten.

[123] Einen ähnlichen Interpretationsansatz verfolgt: Jacob Katz, Die Hep-Hep-Verfolgungen des Jahres 1819, Berlin 1994.

[124] Norbert Elias über sich selbst, Frankfurt am Main 1990, S. 161f. Empirisch belegt in: Norbert Elias/John L. Scotson, Etablierte und Aussenseiter, Frankfurt am Main 1993.

Judenfeindschaft im Kanton Luzern

HEIDI BOSSARD-BORNER

Am 14. Januar 1866 stimmten die Schweizer Bürger über eine Teilrevision der Bundesverfassung ab. Im Mittelpunkt der Revision stand die rechtliche Emanzipation der Juden; gut 53 Prozent der Stimmenden akzeptierten die Neufassung der Verfassungsartikel 41 und 48, durch die die bislang geltende Beschränkung der interkantonalen Niederlassungsfreiheit und Rechtsgleichheit auf Schweizer christlicher Konfession beseitigt wurde. Die übrigen acht Revisionspunkte – von der Einführung des metrischen Systems über verschiedene Aspekte der Stellung der Niedergelassenen bis zur Gewissensfreiheit und zum Schutz des künstlerischen Eigentums – scheiterten teils knapp, teils aber auch mit deutlicher Mehrheit. Neuneinhalb Kantone lehnten die Revision in globo ab. Unter ihnen befand sich neben Bern, St. Gallen und der Mehrheit der Urkantone auch Luzern. Der «Judenartikel» – so die im Abstimmungskampf verwendete volkstümlich-polemische Bezeichnung – wurde hier bei einer Stimmbeteiligung von etwa 68 Prozent von nicht weniger als 80.6 Prozent der Stimmenden verworfen.[1]

Es liegt nahe, die krasse Ablehnung der Judenemanzipation durch den Kanton Luzern als Ausdruck typisch katholisch-konservativer Judenfeindschaft zu deuten. Immerhin bildete der Kanton bis weit ins 20. Jahrhundert hinein eine Bastion des konservativen Katholizismus, und es ist unbestreitbar, dass ein Fundus an antijüdischen Ressentiments bestand, der in der katholischen Kirchlichkeit wurzelte. Exemplarisch dokumentiert ist dieser Aspekt durch die Karfreitagspredigt eines Surseer Kapuzinerpaters, die ein gutes Vierteljahr nach der Abstimmung die Aufmerksamkeit der liberalen Presse und der Regierung erregte. Der Pater, der übrigens selbst betonte, er habe nicht gegen die politische Gleichstellung der Juden geeifert, liess sich durch das in der Liturgie des Tages vorgegebene Gebet «pro perfidis Judaeis» zu folgenden Ausführungen inspirieren: «Um nicht gehässig zu erscheinen und von unserm aufgeklärten Jahrhundert mir nicht den Vorwurf eines Finsterlings zuzuziehen, unterlasse ich es zu erwähnen, welche Gräuelthaten die Juden bis auf die neueste Zeit den Christen gegenüber als sittlich erlaubt darstellten und ohne allen Skrupel auch vollbrachten, wodurch allerdings auf der andern Seite die nicht zu lobenden Judenverfolgungen als Notwehr hervorgerufen wurden. – Ich sage nur einzig, wenn das Sprichwort wahr ist: ‹Das Geld regiert die Welt›; – so könnte das auch einst zum Sprichwort werden: ‹Die Juden regieren die Welt›, weil sie durch ihre Geldwirthschaft die Herrschaft des materiellen Zeitalters an sich zu reissen sich bestreben.»[2]

Es ist indes verfehlt, das Luzerner Abstimmungsergebnis vom 14. Januar 1866 ausschliesslich unter dem Blickwinkel der katholisch-konservativen Judenfeindschaft zu betrachten. Eine solche Interpretation erfasst nur einen Aspekt der komplexen Realität und erweist sich in mehr als einer Hinsicht als nicht schlüssig. Zunächst ist festzuhalten, dass Luzern um die Mitte der sechziger Jahre nur bedingt als katholisch-konservativer Kanton bezeichnet werden kann. Seit dem Scheitern des Sonderbundsexperiments lag die Macht in den Händen der Liberalen, die 1862/63 auch die Kraftprobe einer Verfassungsrevision erfolgreich überstanden und ihre Vorherrschaft für weitere acht Jahre stabilisierten. Die Konservativen litten noch immer unter dem Schatten des Sonderbundskriegs. Ihre Versuche, die freisinnige Dominanz zu überwinden, scheiterten nicht nur daran, dass die Liberalen die staatlichen Machtmittel mit viel Geschick und wenig Skrupel zu ihren Gunsten zu instrumentalisieren verstanden; sie misslangen auch, weil die Luzerner Bürger vorläufig nicht an der Wiederherstellung eines konservativen Regimes interessiert waren. Der Umschwung erfolgte erst 1871, im Zeichen des Kulturkampfes. Um 1865/66 war das Wählerreservoir beider Parteilager etwa gleich stark; wenn es ihnen – wie das bei der Grossratswahl von 1867 geschehen sollte – gelang, ihr Potential voll auszuschöpfen, konnten sie je auf rund 12'000 Wähler zählen. Der «Judenartikel» wurde mit 14'744 gegen 3'548 Stimmen verworfen. Aus diesen Zahlen lässt sich folgern, dass einerseits mindestens 2'000 bis 3'000 Anhänger der liberalen Richtung gegen die Emanzipation der Juden stimmten und dass andererseits ein beträchtlicher Teil der liberalen Wähler der Ja-Parole ihrer Partei die Gefolgschaft verweigerten, indem sie der Abstimmung fernblieben. Für die Deutlichkeit des Ergebnisses war also letztlich das Verhalten der Luzerner Liberalen nicht weniger ausschlaggebend als jenes der Konservativen.[3]

Ein weiteres Faktum verdeutlicht, dass das Luzerner Abstimmungsergebnis vom 14. Januar 1866 nicht einseitig aus der Perspektive katholisch-konservativer Judenfeindschaft betrachtet werden darf. Es war durchaus nicht der «Judenartikel», der die eindeutigste Ablehnung provozierte: Am klarsten verworfen wurde mit 2'327 gegen 15'874 Stimmen (87%) der sogenannte «Prügelartikel», der dem Bund die Kompetenz zum Verbot einzelner Strafarten – konkret dachte man an die in einigen Kantonen noch bestehenden Körperstrafen – erteilte. An zweiter Stelle folgte mit 84.0 Prozent der vierte Revisionspunkt, der die Bundesbehörden ermächtigte, Fragen der Besteuerung und der zivilrechtlichen Stellung der Niedergelassenen zu regeln. 81.2 Prozent der gültigen Stimmen votierten gegen die Glaubensfreiheit, 80.8 Prozent gegen das Verbot von Lotterien und Hazardspielen, 80.7 Prozent gegen das Stimmrecht der Niedergelassenen in Gemeindeangelegenheiten. Es war mithin nicht so, dass die Frage der Judenemanzipation die Abstimmung dominiert und die übrigen Revisionspunkte in ihren Sog gezogen hätte. Vielmehr erscheint das Nein zur Judenemanzipation eingebunden in eine diffuse Abwehr gegen Neuerungen, in der sich antizentralistische Reflexe mit Ressentiments gegen verschiedene Formen des «Fremden» – Juden, Nichtkatholiken, Delinquenten der Unterschicht, Niedergelassene aus anderen Kantonen – kumulierten.

Die «langjährige Uebung»

Unbestreitbar bleibt allerdings, dass im Kanton Luzern eine Abstimmung über die Emanzipation der Juden als solche – auch in einem anderen Kontext, ohne die Nachbarschaft weiterer emotionsträchtiger Themen – kaum wesentlich positiver ausgefallen wäre. Die Abwehr der Juden bildete seit alters eine Konstante luzernischer Politik, die, von ideologischen und parteipolitischen Wechselfällen unberührt, bis über die Mitte des 19. Jahrhunderts hinaus vom Konsens zwischen Regierenden und Bevölkerung getragen war. Es kam zwar nicht zu spektakulären Ausbrüchen der Gewalt, wie sie etwa die Aargauer Juden im sogenannten «Zwetschgenkrieg» von 1802 über sich ergehen lassen mussten. Für solche Aktionen fehlten in Luzern die Opfer, sorgte doch eine rigorose Niederlassungspolitik dafür, dass der Kanton 1850 keine und 1860 nicht mehr als 14 jüdische Einwohner – davon zwölf in der Stadt Luzern – zählte. Trotzdem war das Arsenal antijüdischer Topoi – die allenthalben bekannten religiösen Vorurteile und die Klagen über Wucher, Betrügereien und Immoralität der Juden – auch in den Köpfen der Luzerner jederzeit präsent.[4]

Aktiviert wurden diese Ressentiments in erster Linie gegen die jüdischen Händler aargauischer und elsässischer Herkunft, die im Kanton Luzern als Hausierer oder an Märkten ihre Waren feilbieten wollten. Kaum waren 1798 die Schranken des Ancien Régime gefallen, ermahnte der helvetische Regierungsstatthalter Vinzenz Rüttimann – einer Aufforderung des französischen Generals Jordy nachkommend – seine Beamten, die Juden, «die sich seit einiger Zeit in unserm Lande wie Heuschrecken vermehren [...], wo sie sich immer blicken lassen, auf dem kürzesten Weg zum Land hinauszuweisen».[5] Die Mediationsregierung vertrat 1809 die Auffassung, es sei zur Zeit nicht nötig, gegen jüdische Geschäftsleute besondere Massnahmen zu treffen; die bestehenden Polizeivorschriften und die geographische Lage des Kantons verhinderten ohnehin, «dass diese Menschenklasse häufig in denselben eindringen».[6] Einige Jahre später beschloss das Restaurationsregime, die antijüdischen Ressentiments zu konkretisieren: Im Krisenjahr 1816 klagte die Luzerner Handelskammer über die Konkurrenzierung des einheimischen Handels durch Hausierer und ausserkantonale Marktbesucher; sie gab damit nicht nur den Anstoss für eine Neufassung des Hausierergesetzes, sondern provozierte auch eine Weisung des Finanzrates, dass an Juden künftig keine Marktpatente mehr abgegeben werden sollten. Das Verbot wurde zunächst nicht allzu rigoros gehandhabt; der Finanzrat selbst stellte in den frühen zwanziger Jahren Marktpatente für jüdische Händler aus. Doch 1824 und 1826 bekräftigte die Gesamtregierung den Grundsatz, den Juden keine Markt- und Hausiererpatente zu erteilen. In ihrer Antwort auf eine Beschwerde der Aargauer Regierung unterstrichen die Luzerner Landesväter ihre Entschlossenheit, die Juden aus dem Kanton fernzuhalten, und beriefen sich zur Begründung auf ein Konglomerat antijüdischer Klischees: Es gelte «vorzusorgen, dass da, wo die Juden sich nicht eingesezt haben, denselben kein Vorschub geleistet werde, allda ihr Unwesen zu treiben, und sich nach und nach einzudrängen. In diesem Falle befinden wir uns dermahlen, und die wohlerwogenen Gründe in Beziehung des Betragens, der Handlungsweise, der dabey in Vorschein kommenden Grundsätze dieser Klasse, die der christlichen Moral sowohl als der gesellschaftlichen Ordnung entgegenwirken, sind von einer Beschaffenheit, dass wir in der Verpflichtung für unsere Angehörigen zu sorgen, und sie gegen die Gefahren dieser Leute zu schützen, zu keiner Abänderung diesfälliger Verfügungen geneigt seyn können.»[7]

Dieser Standpunkt wurde nach dem Ende der Restauration nicht revidiert. Die Juden blieben auch unter dem liberalen Regenerationsregime (1831–1841) vom Warenhandel ausgeschlossen. Von den Restriktionen ausgenommen waren nur die jüdischen Viehhändler, auf deren Dienste die Luzerner Landwirtschaft offenbar nicht verzichten konnte. Eine etwas lockerere Praxis dürfte sich in den vierziger Jahren unter der katholisch-konservativ demokratischen Sonderbundsregierung eingespielt haben. Bekannt ist, dass die Polizeikammer dieser Regierung, die sich von der liberalen Vorgängerin unter anderem durch ihr Desinteresse an bürokratischer Präzision unterschied, im Herbst 1841, einige Monate nach Amtsantritt, noch nichts von einer Sonderregelung gegen Juden wusste. Fest steht auch, dass spätestens seit 1844 an den Messen der Stadt Luzern regelmässig einzelne jüdische Händler aus dem Aargau und dem Elsass präsent waren, die optische Geräte sowie Seide, Baumwolle und Mousseline anboten. Auf die Märkte der Landschaft scheint sich die konservative Lässigkeit indes nicht ausgewirkt zu haben. Ein Berichterstatter, der Anfang 1849 die bisherige Praxis schilderte, betonte jedenfalls, dass man vom Prinzip, an Juden keine Marktpatente auszustellen, nie abgewichen sei; nur für die Luzerner Messe seien «alter Uebung zufolge» jeweils einige auf bestimmte Waren beschränkte «Messpatente» erteilt worden. Zu dieser Feststellung passt, dass es Aufsehen erregte, als im Januar 1848 ein Aargauer Jude mit einem neu ausgestellten Patent auf dem Sempacher Markt erschien; das «irrthümlich» erteilte Patent wurde sofort zurückgezogen.[8]

Insgesamt sind die Spuren, die die «Hebräer» in den Luzerner Akten der Regenerations- und Sonderbundszeit hinterlassen haben, minimal. Sie beschränken sich auf einzelne Personen, die in irgendeiner Form mit den Behörden in Konflikt gerieten. Als Beispiele seien genannt: ein in Genf wohnhafter französischer Jude, der seine Wirtshausrechnungen nicht bezahlt hatte; zwei Kinder aus dem Elsass, zehn und neun Jahre alt, die, bei einem Diebstahl ertappt, in die Heimat zurückgeschickt wurden; schliesslich zwei Aargauer Händler, die Anfang November 1847, also kurz vor Ausbruch des Bürgerkriegs, auf der Rückreise vom Altdorfer Markt in der Stadt Luzern Station machten und als angebliche Spione verhaftet wurden.[9]

Kaum hatte im Dezember 1847, nach dem Ende des Sonderbundskriegs, die neue – liberale – Regierung ihre Tätigkeit aufgenommen, erhielt sie eine Zuschrift, in der 62 Luzerner Kaufleute eine neue Berechnungsgrundlage für die Marktpatentgebühren forderten und sich zugleich über den Zudrang jüdischer Händler zu den Jahrmärkten der Landschaft beklagten. Dieselbe Klage wurde im Oktober 1848 in einer Eingabe bekräftigt, die 118 Handels- und Gewerbetreibende zu Stadt und Land unterstützten.

Beide Beschwerden sind im Kontext der damaligen Wirtschaftskrise zu sehen. Sie richteten sich gegen verschiedene Formen von Konkurrenz, durch die sich die Petenten in ihren Geschäften beeinträchtigt sahen: gegen Missbräuche im Hausiererwesen, gegen die sogenannten «Granitzer», vagierende österreichische Händler, «die [...] unwissende gutmütige Leute überfordern und prellen», vor allem aber gegen die Juden. Die Geschäftspraktiken der jüdischen Händler wurden in den grellsten Farben geschildert. Man warf ihnen vor, sie überschwemmten die Märkte und Messen mit Waren, die sie zu Spottpreisen verkaufen könnten, weil diese bei betrügerischen Konkursen unterschlagen worden seien. Der einheimische Handelsmann, so klagten die Petenten, der «als ehrlicher Mann leben und sterben möchte, der hat das Nachsehen. Er kann zusehn wie der freche Jude sein Geschäft betreibt, sich mit hoher Protektion brüstet, sein Geld einstreicht, sich mit demselben zum Lande hinaus begiebt, und dem ordentlich angesessenen Eidgenossen, oder Bürger des Landes es überlässt, die Armensteuern, die Polizeisteuern, Fronfastengeld, und wie die Abgaben alle heissen, zu entrichten, lange andauernde Einquartierungen zu tragen u. s. w.»[10]

In ihrem Bericht an den Grossen Rat relativierte die Regierung diese Vorwürfe. Ein einziger Jude habe an der letzten Herbstmesse «Missgunst und Aerger» provoziert, indem er grosse Mengen billiger Modeartikel verkaufte; zudem sei dieser Vorfall durch ansässige Kaufleute mitverschuldet, «die diesem Juden eigne nichtabsetzbare Artikel zum Verkauf um jeglichen Preis übergaben». Die Regierung lehnte es daher ab, die bisherige Praxis zu verschärfen und die jüdischen Händler auch von der Luzerner Messe völlig auszuschliessen. Andererseits war sie durchaus geneigt, die Interessen des einheimischen Handelsstandes zu schützen. Ungeachtet ihres Freisinns sah sie deshalb keinen Anlass, die bisherigen Restriktionen zu lockern und den Juden generell den Zugang zu den Märkten zu gestatten. Einer Beschwerde des Kantons Aargau gegenüber beharrte sie unter Berufung auf die aargauische Gesetzgebung und die Bundesverfassung darauf, dass die Juden auch im Bundesstaat von 1848 nicht als vollberechtigte Bürger gelten könnten und dass es den kantonalen Behörden deshalb freistehe, sie – der «langjährigen Uebung» gemäss – je nach Konvenienz und Landesinteresse zu den Märkten und Messen zuzulassen oder nicht.[11]

Als der Bundesrat der Luzerner Argumentation nicht folgte und den Ausschluss jüdischer Händler als Verstoss gegen die in Artikel 29 der Bundesverfassung garantierte Freiheit des Kaufs und Verkaufs taxierte, unterbreitete die Regierung die Angelegenheit dem Grossen Rat, der sie zu einem Rekurs an die Bundesversammlung ermächtigte. Der Rekurs wurde von den eidgenössischen Räten im Juli 1850 abgewiesen. Die Luzerner Politiker gaben sich aber noch nicht geschlagen. Da der Entscheid der Bundesversammlung in der Fassung, in der er dem Kanton Luzern mitgeteilt wurde, mit dem Vorbehalt «unpräjudizirlich allfälliger künftiger Entscheidung hinsichtlich der Verhältnisse der Juden» versehen war, verfiel man auf den Gedanken, die bisherige Praxis durch ein förmliches «Judengesetz» zu legalisieren. Den Entwurf für die entsprechende Botschaft an den Grossen Rat redigierte Jakob Robert Steiger als Chef des Polizeidepartements; er entwickelte eine Argumentation, die ein eigentümliches Dokument des Luzerner Liberalismus darstellt:

> «Geht man vom rein humanen Standpunkt aus, dass allen Menschen das gleiche Recht zustehe, dass alle Kinder eines Vaters seien und Brüder und Schwestern zueinander, so lässt sich eine ausnahmsweise Gesetzgebung für die Juden, und zumal für Hebräer eines schweizerischen Kantons nicht rechtfertigen. Allein auf diesem Standpunkte der Weltverbrüderung aller Menschen und Völker sind wir noch nicht angekommen. Auf diesem Standpunkt steht insbesondere auch unsere Bundesverfassung nicht. Und mit Recht. Solange die Hebräer von dem Sondergeiste ergriffen sind, der sie in den Christen ihre Feinde erblicken, und von den Ideen des alten Bundes nicht abgehen lässt, nach welchen erlaubt ist, ihren Feinden Böses zu thun, so lange sie nicht auch den bürgerlichen Gewerben und dem Akerbau sich zuwenden, sondern bloss von einem eigennützigen Schachergeist beseelt sind, so lange sie am Feste des sogenannten Versöhnungstages, durch ein Gebet von allen Eidschwüren, Versprechungen und Gelübden entbunden werden; solange kann man auch den christlich gesinnten Völkern nicht zumuthen, dass sie solche Leute, welche dem Prinzipe der allgemeinen christlichen Liebe und den darauf gebauten Staatseinrichtungen der Neuzeit so offen entgegentreten, als gleichberechtigte Bürger in ihre Gesellschaft aufnehmen.»

In der definitiven Fassung der Botschaft verzichtete der Gesamtregierungsrat dann allerdings auf diese Passage und begnügte sich mit dem Hinweis, dass die bisherige restriktive Praxis dem Wunsch des Gewerbe- und Handelsstandes und dem «wohl erkannten Willen der weitaus grossen Mehrheit unserer Kantonseinwohnerschaft» entspreche und dass es vor allem darum gehe, «den Andrang der französischen Juden zu hindern». Gegen das Gesetzesprojekt regte sich so gut wie kein Widerspruch. Einzig der liberale Grossrat Johann Jakob Heller plädierte als Minderheit der Ratskommission dafür, auf eine Diskriminierung der Juden zu verzichten. Die übrigen Kommissionsmitglieder – lauter Liberale unter der Federführung Kasimir Pfyffers – beschränkten sich auf einige Redaktionsverbesserungen. In dieser Fassung, die der Grosse Rat am 5. März 1851 verabschiedete, verbot das Gesetz den Juden grundsätzlich, sich im Kanton Luzern niederzulassen, Liegenschaften zu erwerben sowie an Jahrmärkten und Messen «Kramwaren» zu verkaufen; Ausnahmebewilligungen konnte der Regierungsrat erteilen, soweit sie im öffentlichen Interesse lagen. Es blieb dem Bundesrat vorbehalten, diese sonderbare Blüte luzernischen Freisinns zu kappen, indem er dem «Judengesetz» die Genehmigung versagte. «Der Volksmann von Luzern», die Zeitung der Luzerner Liberalen, empfahl, der Kanton solle nochmals an die Bundesversammlung appellieren. Auch der Grosse Rat dachte wohl an einen solchen Schritt, als er die Regierung im Dezember 1851 beauftragte, über weitere Massnahmen Bericht und Antrag zu stellen. Doch damit hatte es sein Bewenden: Die Regierung legte den verlangten Bericht nicht mehr vor, und der Grosse Rat verzichtete stillschweigend darauf, das Thema weiter zu verfolgen.[12]

Auch wenn die Juden nun freien Zugang zu den Märkten hatten, blieben sie im Kanton Luzern diskriminiert. Zum einen wurden sie grundsätzlich mit dem Maximum der Patentgebühren belegt, zum andern nützte die Regierung den Vorbehalt von Artikel 41 der Bundesverfassung für eine ebenso restriktive wie willkürliche Niederlassungspolitik. Im April 1853 erhielten die aus Frankreich stammenden Pferdehändler Jakob, Simon und Joseph Weil die Erlaubnis, sich in Sursee zu Geschäftszwecken niederzulassen, ohne dass ihre jüdische Abstammung thematisiert worden wäre. Wenige Wochen später wurde dagegen ein Bewerber aus Lengnau trotz des positiven Gutachtens der Gemeindebehörden abgewiesen mit der Begründung, «dass in Sursee eine genügende Zahl Handelsleute sich befinden und eine weitere Conkurrenz nicht im Interesse der Kantonsbürger liegen kann». Die erste Niederlassungsbewilligung für die Stadt Luzern wurde 1856 den aus Endingen stammenden Gebrüdern Sigmund und Julius Wyler erteilt – gegen eine Niederlassungsgebühr von 30 statt der üblichen 6 Franken. Doch während die Regierung diese Bewilligung in den folgenden Jahren mehrfach bestätigte, lehnte sie andere, durchaus nicht schlechter motivierte Gesuche ab. Noch 1862 wurde dem Endinger Albert Joseph Guggenheim, den man schon 1854 abgewiesen hatte, die Niederlassung verweigert, weil keine besonderen Gründe für den Petenten sprächen und es dem Kanton freistehe, «israelitischen Schweizern die Niederlassung zu gestatten oder nicht».[13]

Dieselbe Abwehrhaltung manifestierte sich auch, als der Grosse Rat zu Beginn des Jahres 1863 die Kantonsverfassung revidierte. Die vorberatende Kommission, der neben anderen die liberalen Grössen Kasimir Pfyffer, Niklaus Dula und Joseph Bühler sowie die Konservativen Philipp Anton von Segesser und Alois Kopp angehörten, schlug vor, das Stimmrecht in kantonalen Angelegenheiten an die Zugehörigkeit zu einer «in der Eidgenossenschaft anerkannten, christlichen Konfession» zu binden. Im Grossen Rat erinnerte Kasimir Pfyffer daran, dass eine solche Einschränkung wohl die Genehmigung des Bundesrates nicht erhalten werde, weil nach einem Bundesbeschluss von 1856 die Schweizer Juden im Heimat- oder Niederlassungskanton zur Ausübung der politischen Rechte befugt seien. Der Antrag auf Streichung des Konfessionsvorbehalts wurde in der zweiten Lesung von der Mehrheit des Grossen Rates gutgeheissen, nachdem Pfyffer ausdrücklich betont hatte, dass die Frage des Bürgerrechts und der Niederlassung durch diese Konzession nicht tangierte werde.[14] Wie Philipp Anton von Segesser kommentierte, war man sich über die Parteigrenzen hinweg einig, «dass man den Söhnen Abrahams eben die Niederlassung nicht geben müsse, wenn man sie nicht an den Wahlversammlungen und Abstimmungen sehen wolle»[15].

Der Weg zur Bundesrevision von 1866

Kaum hatte man die altvertrauten Ressentiments noch einmal bestätigt, erwuchs der Frage, wie man es im Kanton Luzern mit den Juden halte, eine neue Dimension. Der traditionelle Konsens, in dem sich eine als selbstverständlich empfundene Abneigung mit einem hohen Mass an Gleichgültigkeit verband, geriet ins Wanken; die Gleichberechtigung der Juden wurde zum Thema öffentlicher Debatten und (partei-)politischer Auseinandersetzungen. Als Katalysator wirkte der Kanton Aargau mit dem Emanzipationsgesetz von 1862 und dem «Mannli-Sturm», der Volksbewegung, die sich gegen dieses Gesetz erhob. Die Aargauer Ereignisse wurden in Luzern aufmerksam beobachtet. Die Liberalen mussten zur Kenntnis nehmen, dass den antijüdischen Emotionen eine reaktionär-populistische Dynamik innewohnte, die auch ein scheinbar gefestigtes freisinniges System aus den Fugen heben konnte. Auf der anderen Seite des politischen Spektrums, im katholisch-konservativen Lager, begann man darüber zu räsonieren, dass diejenigen Freisinnigen, die sich besonders für die Gleichstellung der Juden einsetzten, gleichzeitig zu den entschiedensten Gegnern der katholischen Kirche gehörten – der Grosse Rat des Kantons Zürich hatte im März 1862 in derselben Session der Judenemanzipation und der Aufhebung des Klosters Rheinau zugestimmt.[16] Die konservative «Luzerner Zeitung» liess einen Walliser Korrespondenten die rhetorische Frage aufwerfen, ob es «sich gezieme», die Nachfahren jener Juden, die seinerzeit Jesus Christus «so schmählicher Weise an's Kreuz genagelt, und bis auf die heutige Stunde noch die gleichen verwerflichen Gesinnungen gegen denselben und seine Verehrer hegen, und den Fluch Gottes offenbar und thatsächlich auf sich geladen», den anderen Bürgern gleichzustellen. Auch Nationalrat Philipp Anton von Segesser, der prominenteste Luzerner Konservative, polemisierte in der «Schwyzer Zeitung» gegen die «aargauischen Herrschlinge, die zuerst die Katholiken mit Hülfe der Reformirten unterdrückt haben und nun, nachdem auch die Reformirten sie grossentheils nicht mehr wollen, sich mit Hülfe der Juden zu halten trachten»[17].

Zu einem zentralen Thema der eidgenössischen Politik wurde die Frage der Judenemanzipation 1864/65. In den Handels- und Niederlassungsverträgen mit Frankreich, die im Herbst 1864 ratifiziert wurden, gewährten die Bundesbehörden – in grosszügiger Interpretation ihres konstitutionellen Spielraums – den französischen Juden das Recht zur freien Niederlassung, das Artikel 41 der Bundesverfassung den aargauischen Juden vorenthielt. Die dadurch geschaffene Rechtsungleichheit zwischen französischen und einheimischen Juden veranlasste die Bundesversammlung schliesslich dazu, jene Teilrevision der Bundesverfassung einzuleiten, mit der am 14. Januar 1866 auch der Status der Schweizer Juden nach den Normen der zivilisierten Welt geregelt wurde.

Die Frage, ob die Bundesbehörden befugt seien, ausländischen Juden Rechte zuzugestehen, die in der Verfassung nicht vorgesehen waren, wurde auf eidgenössischer Ebene ebenso wie die Bundesrevision nur bedingt als Parteiangelegenheit behandelt.

Zwar rekrutierte sich die Opposition mehrheitlich aus dem konservativen Lager; doch es gab katholisch-konservative Politiker, die mit der Regierungsmehrheit votierten, und es gab radikale Demokraten, die die Revisionsvorlage aus grundsätzlichen Überlegungen verwarfen. Auch in Luzern teilten zunächst Repräsentanten beider Parteien die Ansicht, die Bundesbehörden seien nicht berechtigt, durch Verträge mit dem Ausland in Bereiche einzugreifen, die die Verfassung der Kompetenz der Kantone überlassen habe. So verwahrte sich die Regierung im September 1864 in einem Schreiben an den Bundesrat dagegen, dass durch die Verträge mit Frankreich die verfassungsmässigen Rechte der Kantone in wesentlichen Punkten verletzt würden.[18] Der Protest, der die «Judenfrage» nicht explizit erwähnte, war von Philipp Anton von Segesser, dem einzigen konservativen Regierungsrat, angeregt worden. Er war aber, wie Segesser ganz im Geiste der traditionellen Luzerner «Judenpolitik» kommentierte, auch bei Liberalen zu Stadt und Land «durchaus nicht unpopulär»: «Die Krämer namentlich fürchten die Concurrenz der Juden.»[19]

Die gemeinsamen Vorbehalte wurden indes bald überdeckt durch die Polarität zwischen Liberalen und Katholisch-Konservativen, die seit 1831 zu den Konstanten luzernischer Politik gehörte. Während auf liberaler Seite die kritischen Stimmen verstummten, wurde die katholisch-konservative Opposition lauter und schriller. Vor allem der «Luzerner Wahrheitsfreund», eine in Sursee erscheinende Zeitung, die unter dem Motto «Die Wahrheit wird Euch frei machen!» streng katholische Kirchlichkeit mit volkstümlicher Rhetorik zu verbinden wusste, polemisierte heftig gegen die «Verjüdelung der Schweizerehre». Das Blatt verfolgte die «Judenfrage» seit 1862 und diffamierte die Juden als Feinde des Christentums und als Ausbeuter des Gewerbe- und des Bauernstandes. Im Kampf gegen die französisch-schweizerischen Verträge rief der «Wahrheitsfreund» dazu auf, mit 50'000 Unterschriften eine Totalrevision der Bundesverfassung zu erzwingen. Die Kampagne, die – nach dem Vorbild der Abberufungsbewegung von 1862 – von den katholisch-konservativen Judengegnern im Aargau lanciert worden war und in der ganzen Schweiz von keinem prominenten konservativen Politiker unterstützt wurde, verlief schliesslich im Sande. Sie dürfte aber dazu beigetragen haben, die Parteifronten im Kanton Luzern neu zu befestigen, indem sie die Liberalen zur Solidarisierung mit der offiziellen Politik der Bundesbehörden drängte.[20]

Diese Solidarisierung umfasste die Zustimmung zu den Verträgen mit Frankreich, die im übrigen auch durch materielle Erwägungen nahelegte wurde, ebenso wie die Unterstützung der Bundesrevisionsvorlage von 1865; und sie implizierte insbesondere eine Neubewertung der «Judenfrage». Die bisher so souverän gehandhabte Praxis der Judendiskriminierung war nicht aufrechtzuerhalten, wenn man sich zu ihrer Begründung nicht mehr hinter dem Wortlaut der Bundesverfassung verschanzen konnte oder wollte. Die Argumente gegen die Juden, die man in den Anfängen des Bundesstaates vorgebracht hatte, waren eineinhalb Jahrzehnte später in liberalen Kreisen – zumindest im öffentlichen Diskurs – obsolet geworden. Die antijüdischen Vorbehalte der Vergangenheit wurden deshalb von der Elite des Luzerner Liberalismus stillschweigend beiseite geschoben. Allerdings handelte es sich dabei eher um ein Verdrängen als um eine grundsätzliche Neuorientierung. Im Vorfeld der Revisionsabstimmung blieb das Ja zur Judenemanzipation halbherzig, ohne inneres Engagement und ohne Überzeugungskraft. Eine Versammlung liberaler Bürger konnte sich trotz des offiziellen Parteistandpunktes nicht dazu durchringen, die Ja-Parole herauszugeben; die Abstimmungsbroschüre des liberalen Zentralkomitees enthielt den zweideutigen Hinweis, dass aus der Niederlassung einheimischer Juden, deren Leumundszeugnisse verifiziert werden könnten, «weniger Gefährde erwachsen kann, als aus derjenigen fremder Israeliten»; und der «Eidgenosse» als Parteiorgan fand für seine positive Abstimmungsempfehlung kein überzeugenderes Argument als das Schlagwort: «Lieber wollen wir die Juden, als die Jesuiten.»[21] – Das Abstimmungsergebnis vom 14. Januar 1866 verdeutlicht, dass diese Argumentation von der Mehrheit des liberalen Fussvolkes weder verstanden noch honoriert wurde.

Die Situation der Konservativen war wesentlich einfacher: Der traditionelle Abwehrreflex gegen die Juden fügte sich problemlos in den Widerstand gegen eine Bundesrevisionsvorlage, die vom konservativ-föderalistischen Standpunkt aus inakzeptabel war, weil sie erstens durch eine verfassungsrechtlich fragwürdige Kompetenzanmassung der Bundesbehörden ausgelöst worden war und zweitens auf eine Stärkung des zentralistischen Elements zielte. Zu den staatsrechtlichen Einwänden gesellten sich religiös-konfessionelle: Gemeinsam mit dem sechsten Revisionspunkt, der die bisherige Gewährleistung des Kultus der anerkannten christlichen Konfessionen durch die Unverletzlichkeit der Glaubensfreiheit ersetzte, erschien der «Judenartikel» als Beweis dafür, dass die freisinnige Bundespolitik darauf abzielte, Staat und Gesellschaft aus ihrer Verwurzelung im Christentum zu lösen. Vom katholischen Standpunkt aus erhielt dieser Aspekt zusätzliche Relevanz durch den Umstand, dass bei der Ausarbeitung der Revision in den eidgenössischen Räten alle Vorschläge, die auf die Beseitigung antikatholischer Restriktionen zielten, chancenlos geblieben waren; die von katholischer Seite gestellten Anträge, das Jesuitenverbot und den Ausschluss der Geistlichen vom Nationalrat aus der Verfassung zu streichen, waren vehement bekämpft worden, und verschiedene Freisinnige hatten in ihren ablehnenden Voten den katholischen Klerus mit grosser Gehässigkeit behandelt.

Drei Themenkreise beschäftigten die katholisch-konservative Luzerner Presse im Abstimmungskampf: erstens der Zusammenhang zwischen der Revision und den Handelsverträgen – das Volk sei aufgerufen, den Bruch der Bundesverfassung nachträglich zu legitimieren –, zweitens die zentralistische Tendenz verschiedener Revisionspunkte – das Hineinregieren des Bundes in kantonale Angelegenheiten – und drittens der antichristliche Geist, von dem man die Revision inspiriert glaubte. Die Frage der Judenemanzipation war mit allen drei Themenkreisen verknüpft und wurde regelmässig in die Argumentation einbezogen. Angesichts des allzeit präsenten Fundus an antijüdischen Vorurteilen war allein schon die regelmässige Nennung der Begriffe «Juden» oder «Hebräer» geeignet, judenfeindliche Emotionen gegen die Revisionsvorlage zu mobilisieren. In demagogischer Überzeichnung wurden die Gefahren der Glaubensfreiheit beschworen; der «Wahrheitsfreund» meinte, es sei offensichtlich, «dass wir einem Unglaubensstaat entgegengeführt werden sollen». Gezielte Polemik richtete sich auch gegen die angebliche Interessengemeinschaft zwischen «getauften» und «ungetauften» Juden, das heisst zwischen den «Bundesbaronen», den politischen Exponenten der schweizerischen Industrie- und Finanzkreise, einerseits und der jüdisch beherrschten französischen Hochfinanz andererseits. Im «Wahrheitsfreund», der wiederum die handfest-populäre Seite des katholischen Konservatismus vertrat, war die Abstimmungskampagne ausgesprochen schrill instrumentiert. Der Kampf «gegen die religionslose Glaubensfreiheit, gegen die Verschacherung und Verjüdelung der Schweiz, gegen Central-Uebergewalt, respektive Despotismus» gipfelte hier im Aufruf: «Hoch die Fahne des Schweizerthums und Christenthums!» – Die «Luzerner Zeitung» als quasi offizielles Parteiorgan verzichtete auf das nationale Pathos und war in ihren Kommentaren etwas weniger grobschlächtig, zielte aber inhaltlich in dieselbe Richtung wie der «Wahrheitsfreund». Dass auch sie nicht vor bösartiger Diffamierung der Juden zurückschreckte, belegt ein Artikel, in dem sie zwei Wochen nach der Abstimmung – wohl noch im Ärger darüber, dass ausgerechnet der «Judenartikel» «mit genauer Noth» angenommen worden war – das alte Klischee ausbreitete, die Juden begegneten allen anderen Völkern mit «Verachtung und Hass».[22] Es ist anzunehmen, dass das «Judenthema» vor allem auch in der mündlichen Abstimmungspropaganda ausgeschlachtet wurde. Die liberale Presse berichtete jedenfalls, in Luzern sei das Gerücht verbreitet worden, die Juden hätten am Stadtrand bereits Land für eine Synagoge gekauft.[23]

Über die Rolle, die der Klerus im Luzerner Abstimmungskampf spielte, lässt sich wenig Konkretes ermitteln. Wieweit Luzerner Geistliche unter dem Schutz der Anonymität in der Presse gegen die Revisionsvorlage agitierten und was die Seelsorger den Gläubigen im Beichtstuhl oder im Privatgespräch ans Herz legten, entzieht sich der Kenntnis der Historikerin. Die Tatsache, dass in den liberalen Zeitungen und in den staatlichen Akten keinerlei Klagen über antirevisionistische oder judenfeindliche Predigten zu finden sind, deutet indes darauf hin, dass die Geistlichen sich in der Öffentlichkeit nicht exponierten, sondern jene politische Zurückhaltung wahrten, die sie sich – sehr zum Ärger der katholisch-konservativen Politiker – seit dem Scheitern des Sonderbunds angewöhnt hatten. Nach einer Korrespondenz der «Schweizerischen Kirchenzeitung» sollen sich «liberale Geistliche» sogar zugunsten der Revisionsvorlage ausgesprochen haben.[24]

Nicht abschliessend zu klären ist auch die Frage, wie stark der Ausgang der Revisionsabstimmung durch den «Judenartikel» beeinflusst wurde. Einerseits steht fest, dass die Judenemanzipation im ganzen Kanton weniger deutlich verworfen wurde als andere Revisionspunkte; selbst im verwerfungsfreudigen Amt Entlebuch stimmten ihr immerhin 268 Bürger zu, während der «Prügelartikel» nur 100 Ja-Stimmen erhielt. Andererseits musste der «Eidgenosse» in einem abschliessenden Kommentar konstatieren, dass etliche Liberale «aus Feindschaft gegen die Juden» die Revision abgelehnt hätten,²⁵ und es besteht kein Anlass, anzunehmen, dass die ökonomischen und religiösen Ängste, die durch die «Judenfrage» genährt wurden, im konservativen Lager eine geringere Rolle gespielt hätten. Vor allem diejenigen Revisionspunkte, die die Glaubensfreiheit und die rechtliche Stellung der Niedergelassenen betrafen, erhielten durch die Judenemanzipation eine konkrete Dimension, die sie vielen Luzernern als bedrohlich erscheinen liess. Es ist in diesem Zusammenhang daran zu erinnern, dass das Ideal eines konfessionell geschlossenen Staates in Luzern bis weit über die Helvetische Revolution hinaus aufrecht erhalten worden war. Die liberalen Verfassungen von 1831 und vom Februar 1848 hatten die politischen Rechte auf Kantonsbürger katholischer Konfession beschränkt; erst unter der Herrschaft der Bundesverfassung erhielten auch Protestanten und niedergelassene Schweizerbürger das Stimm- und Wahlrecht. Nach dem Bürgerrechtsgesetz von 1832, das nach wie vor in Kraft war, konnten Nichtkantonsbürger das Bürgerrecht nur erwerben, wenn sie katholischer Konfession waren. In vielen Gegenden der Luzerner Landschaft bildeten die Protestanten noch immer eine rare Spezies. Zudem belegen verschiedene administrative Entscheide, die die Luzerner Regierung in den fünfziger und sechziger Jahren fällte, dass auch in liberalen Kreisen religiöse Toleranz als Schutz der anerkannten christlichen Konfessionen, nicht aber als Freipass für dissidente Strömungen, Sektierer, «Stündeler» und «Proselytenmacher», interpretiert und gehandhabt wurde.²⁶ Vor diesem Erfahrungshorizont musste die Vorstellung, dass künftig, wie die «Luzerner Zeitung» formulierte, «Juden, Türken und jeder andere nur gedenkbare Sektirer»²⁷ stimm- und wahlberechtigt sein und allenfalls als Behördenmitglieder sogar bei Pfarrwahlen mitbestimmen sollten, zwangsläufig das alte Schreckgespenst der «Religionsgefahr» beschwören und Angehörige beider Parteilager veranlassen, die Verfassungsrevision abzulehnen.

Die Rolle Philipp Anton von Segessers

Was in den Jahren 1862 bis 1866, als die Judenemanzipation die schweizerische Öffentlichkeit bewegte, in Luzern an Judenfeindlichem produziert und publiziert wurde, war weder ausgefallener noch bösartiger als das, was sich in diesem Zusammenhang zur selben Zeit anderswo nachweisen lässt. Auch der «Wahrheitsfreund» mit seiner massiven Polemik war von auswärtigen Blättern, insbesondere der Aargauer «Botschaft» und dem Solothurner «Echo vom Jura», abhängig; das gehässige Wort von der «Verjüdelung der Schweiz» verdankte er der «Schweizerischen Kirchenzeitung».²⁸

Was der Luzerner Spielart der Judenfeindschaft trotz ihrer Verbindung von Peinlichkeit und Trivialität eine gewisse Brisanz verleiht, ist der Umstand, dass mit dem prominenten Konservativen Philipp Anton von Segesser ein Mann involviert war, der gemeinhin als einer der eigenständigsten und differenziertesten politischen Denker des frühen Bundesstaates gilt. Auf die Revisionsabstimmung veröffentlichte Segesser – anonym, aber ohne weiteres identifizierbar – die Broschüre «Ja oder Nein am 14. Jänner 1866», die mit ihrer Parole «neun mal Nein» im Kanton und der ganzen Innerschweiz rege Beachtung fand.[29] Das Nein zum zweiten Revisionspunkt, dem «Judenartikel», leitete Segesser aus einer polemisch pointierten Zusammenfassung der Vorgeschichte ab. Dieser Punkt bilde den Kern der Revision, weil durch seine Annahme die Konzession an die französischen Juden sanktioniert werden solle: «Wenn nur hier das Volk Ja sagt, so ist es den Herren um die andern Punkte ziemlich gleich. Aber eben desswegen ist es gut, wenn das Volk gerade hier Nein sagt. [...] Das Volk lässt sich einfach nicht zwingen, seine Verfassung zu ändern, weil es den Bundesbehörden gefallen hat, mit dem Ausland einen solchen Vertrag zu machen ohne das Volk zu fragen.» Seine Begabung zu eingängiger Polemik setzte Segesser in dieser Schrift – seiner einzigen Stellungnahme zum Abstimmungskampf – gezielt gegen die Bundesbehörden ein. Auf diffamierende Äusserungen über die Juden verzichtete er ebenso wie auf ein Räsonnement gegen die Gleichberechtigung. Es kann jedoch keinem Zweifel unterliegen, dass sein Nein zur Judenemanzipation nicht nur aus verfassungsrechtlichen Überlegungen und demokratischen Skrupeln erwuchs, sondern ein ausdrückliches Nein zu den Juden einschloss, das im Kontext der traditionellen Judenfeindschaft vom Publikum automatisch hinzugedacht wurde.

Segesser selbst hatte, seit das Thema 1862 durch die Vorgänge im Aargau zum Politikum geworden war, in Nationalratsreden sowie in Zeitungsartikeln, die er in der «Schwyzer Zeitung» publizierte, mehrfach zur «Judenfrage» Stellung genommen und sich dabei unverblümt zu seinen Vorbehalten gegen die «jüdische Nationalität» bekannt. Den gängigen judenfeindlichen Stereotypen getreu bezeichnete er die Juden als «Wucherergeschlecht», als «wahre Landplage» für die ackerbautreibenden Gegenden; er schrieb von der «Pest des französischen Judenthums», von der «Wahlverwandtschaft getaufter und ungetaufter Juden», vom jüdischen Einfluss auf die «schlechte, destruktive Tagesliteratur» und stellte fest: «Den Kampf, den sie auf materiellem Gebiete seit Jahrhunderten gegen die Christen aller Konfessionen führen, haben sie in neuerer Zeit auch auf das geistige Gebiet übertragen. [...] Die antichristliche Tendenz ihrer gesammten Wirksamkeit in der Literatur und im Leben verbrüdert sie den Weltverbesserern, welche vor allem das Christenthum beseitigen zu müssen glauben.»[30] Derselbe Gedanke findet sich, auf die europäische Politik angewandt, in dem 1862 erschienenen Heft der «Studien und Glossen zur Tagesgeschichte», wo Segesser den «Enthusiasmus aller beschränkten Weltverbesserer für die Verbrüderung mit den Juden» als «eine Begeisterung» charakterisierte, «in welcher keineswegs Rücksichten der Duldung und Humanität, sondern Sympathie für die consequente und energische Tendenz dieses Volkes gegen alle Elemente der christlichen Gesellschaft, für seine durch fast zwei Jahrtausende beharrlich festgehaltene Negation des ganzen christlichen Lebens die Hauptmotive bilden».[31] In den politischen Implikationen der Niederlassungsfreiheit für Schweizer Juden – «dass der aargauische Jude uns in unsern Wohngemeinden Steuern decretiren, Gemeindsbeamte und Grossräthe wählen helfe, dass er an den Landsgemeinden Souveränitätsacte ausübe, die ihn nichts angehen» – witterte er zudem einen gezielten Angriff auf die Integrität der Gemeinden: «Was bekümmert man sich um den einzelnen Mauschel Abraham seinetwegen! Aber er ist der Widder, mit dem man die gesellschaftliche Ordnung der Kantone, die Zusammengehörigkeit der Gemeinden, die eigenthümliche Gestalt des schweizerischen Gemeindelebens einstösst.»[32]

Zu einer grundsätzlichen Erörterung seiner Vorbehalte gegen die Juden holte Segesser in der Eintretensdebatte zu den französisch-schweizerischen Verträgen aus. Er betonte, dass er die Judenemanzipation nicht «aus religiöser Unduldsamkeit, sondern aus social-politischen Gründen» ablehne. Im Mittelpunkt seiner Ausführungen stand das Axiom, die Juden – «eine Nation von grosser und bewunderungswürdiger Stärke» – verharrten in grundsätzlicher Feindschaft gegen das Christentum und seien nicht bereit, sich in die christlich geprägte Zivilisation zu integrieren. Die Beispiele Frankreichs, Englands und anderer Staaten zeigten, dass die jüdische Nationalität durch die bürgerliche Gleichstellung in keiner Weise geschwächt oder verwischt werde: «O nein, sie sind der Schmeichelei ebenso unzugänglich, wie sie der Verfolgung gegenüber unbeugsam waren. Ihr Hass gegen die christliche Gesellschaft ist ebenderselbe geblieben, aber ihre Macht ist unendlich gewachsen. Sie sitzen an den Stufen der Throne, die ihnen verpfändet sind, sie beherrschen die Eisenbahnen und die grossen Geldinstitute, die auf ihrem Reichthum ruhen, sie geben den Ton an in der Tagespresse und in der Literatur, sie dringen in die höchsten wie in die tiefsten Schichten des socialen Lebens ein und der Zweck, den sie selbstbewusst verfolgen, ist die Zerstörung der christlichen Gesellschaft, Zerstörung der christlichen Civilisation; es ist ihre Bestimmung, ihr Lebenszweck, der Grundgedanke der Religion, die ihnen alles vertritt, was andern Völkern Vaterland, Staat, Recht ist.»[33]

In der prägnanten Rhetorik, die seinen Reden eigen ist, reproduzierte Segesser hier ein Konglomerat antijüdischer Topoi, das sich durch eine erschreckende Borniertheit auszeichnet. Ein ähnliches Zerrbild von jüdischer Macht und Aggression beschwor er ein Jahrzehnt später in seiner Schrift über den Kulturkampf:

«Erbfeind der christlichen Religion und Cultur hat das Judenthum durch eine in der Weltgeschichte beispiellose Ausdauer mehr denn anderthalb Jahrtausende der Unterdrückung und Erniedrigung hindurch seine Lebenskraft bewahrt und allenthalben wo die moderne Cultur seine Fesseln gelöst hat, mit einer erstaunlichen Elasticität sich zu überragender Bedeutung erhoben. Nachdem es die Fürsten und Völker Europas sich zinsbar gemacht, sich zur Beherrschung des Geldmarkts der Welt erhoben, hat es in neuerer Zeit sich auch der periodischen Presse bemächtigt, sich in den Parlamenten und an den Tischen der Räthe der Kronen niedergesetzt. Man darf behaupten, dass Oesterreich zum besten Theil diesem Einfluss unterliegt und dass er zur Seite Bismarck's der stolzen Macht der Hohenzollern seine Kräfte leiht. Nun ist die Vernichtung der christlichen Religion und Cultur das Ziel und die Rache des Judenthums, seine ganze Macht wird in dem Culturkampf mit eingesetzt, und wenn das erste Ziel erreicht ist, so wird der Jude sich erinnern, dass im Gebiet der orientalischen Kirche seine Glaubensbrüder noch in demselben Zustand der Erniedrigung sind, welche die Jahrhunderte seines Leidens im Abendlande bezeichnete.»

In der Fortsetzung dieser Passage wies Segesser auf die Verbindung zwischen «Judenthum und Muhamedanismus» hin: «So sehr auch moslemitischer Hochmuth sich gegenüber dem jüdischen Volke in Unterdrückung und Verachtung gefällt, so ist doch der semitische Grund des Glaubens beiden Völkern gemeinsam, wie ihnen der Hass gegen das Christenthum gemeinsam ist. Beide haben in der gegenwärtigen Weltlage nur noch einen Gegner zu fürchten, die russische Macht. Es unterliegt keinem Zweifel, dass sie, wenn einmal die Stunde kommt, ihre Macht zur Niederwerfung dieses Gegners vereinigen werden.»[34]

Bevor im folgenden versucht wird, das Skandalon der Judenfeindschaft in Segessers politische Biographie einzuordnen, ist eine Bemerkung grundsätzlicher Art vorauszuschicken. Polemische Texte wie Segessers antijüdische Expektorationen lassen sich in zusammengefasster Form nur schwer vermitteln. Zusammenfassung beinhaltet immer eine interpretierende Auswahl, bei der sich ungeachtet des Bemühens um Objektivität eine Tendenz zur Beschönigung oder Verschärfung einschleichen kann. Zudem sind in Segessers Rhetorik Inhalt und Form eng verwoben; neben der Wahl der einzelnen Worte besitzt auch die Satzrhythmik ihr semantisches Gewicht. Um diese Problematik zu entschärfen, habe ich soweit als möglich auf den originalen Wortlaut zurückgegriffen und die einschlägigen Passagen ausführlich zitiert. Daraus ergibt sich nun allerdings eine andere Form von Verfälschung, indem die judenfeindlichen Textausschnitte, aus ihrem Kontext herausgelöst, in gehäufter Form präsentiert werden. Es gilt deshalb, die Proportionen zurechtzurücken und darauf hinzuweisen, dass die «Judenfrage» für Segesser keineswegs ein zentrales Thema war. Um es an einem konkreten Beispiel zu illustrieren: Die berüchtigte Stelle im «Culturkampf» umfasst knapp eine von mehr als hundert Druckseiten. So unerträglich – zumal im Lichte der Shoah – die intellektuellen und verbalen Fehlleistungen sind, die sich Segesser den Juden gegenüber erlaubt hat, so marginal erscheinen sie, quantitativ betrachtet, innerhalb seiner publizistischen Hinterlassenschaft.

Die judenfeindlichen Stellungnahmen konzentrieren sich auf die Jahre 1862 bis 1865, in denen die Frage der Judenemanzipation aktuell war. Aus der Zeit vor 1862 stammt eine Bemerkung in den «Studien und Glossen» von 1859: «Wir halten es nicht für eine vom Geiste der Neuzeit überwundene Grille, dass eines der höchsten Ziele europäischer Politik sein soll, auf europäischem Boden nur christliche Staaten zu dulden, prinzipielle Gegner des Christenglaubens, Türken und Juden, nicht zur Beherrschung europäischen Bodens und europäischer Völker gelangen oder sich in derselben erhalten zu lassen.»[35] Nach der Revisionsabstimmung steht die oben zitierte Passage im «Culturkampf» von 1875 isoliert. In den identifizierbaren Zeitungsartikeln Segessers findet sich nur noch ein Nachläufer mit antijüdischem Beigeschmack in der katholisch orientierten «Augsburger Postzeitung»: ein Kommentar zur englischen Balkanpolitik, in dem Premierminister Benjamin Disraeli als «semitisch» apostrophiert wird und die vom Berliner Kongress statuierte Judenemanzipation in Rumänien als «Judenherrlichkeit» erscheint.[36]

Im privaten Gedankenaustausch, der in Hunderten von Briefen dokumentiert ist, behandelte Segesser die «Judenfrage» nur beiläufig. In den Jahren 1862 bis 1865 erwähnte er die Juden mehrmals im Zusammenhang mit den Vorgängen im Aargau und den französisch-schweizerischen Verträgen; dabei stand allerdings immer der politische Kontext – die parteipolitische Konstellation im Aargau, das Verhalten der Bundesbehörden – im Zentrum; eine grundsätzliche Auseinandersetzung mit dem Für oder Wider der Judenemanzipation erfolgte in der Korrespondenz nicht. Nach der Bundesrevision finden sich nur noch vereinzelte Seitenhiebe: gegen jüdische Schriftsteller, gegen die «Judenpresse in Oesterreich» und namentlich gegen den «Juden» Disraeli, den Segesser im Zorn darüber, dass er im Balkankonflikt die Interessen des britischen Weltreichs über jene des christlichen Europas stellte, mit abschätzigen Epitheta bedachte.[37] Der Vollständigkeit halber sei auch noch eine Bemerkung aus Segessers Studienzeit in Deutschland zitiert: «Meine Nase ist aber durch Erfahrungen so gut organisirt geworden, dass ich Grisetten und Juden auf 20 Schritte erkenne»[38] – eine Feststellung, der es nach heutigen Begriffen durchaus an political correctness mangelt, die aber wohl kaum als Beleg dafür dienen kann, dass Segessers Ressentiment gegenüber den beiden angesprochenen Gruppen das Mass des damals Gängigen überstiegen hätte.

Sein Ressentiment hinderte Segesser keineswegs daran, Personen jüdischer Herkunft, mit denen er in persönlichen Kontakt kam, unvoreingenommen zu begegnen. In Berlin, wo er das Wintersemester 1839/40 verlebte, war er regelmässig Gast bei Marianne Saaling, einer Jüdin, die zum Katholizismus übergetreten war. In seinen ausführlichen Briefen an die Eltern schilderte er sie als «ultrakatholisch und verdammt gescheid»; ihre jüdische Herkunft erwähnte er einmal, thematisierte sie aber nicht weiter.[39] Die Briefe enthalten keinen Hinweis darauf, dass Marianne Saaling als übereifrige Konvertitin Segesser mit antijüdischem Gedankengut vertraut gemacht hätte. Auch eine Prägung durch den ultramontanen Kreis um Joseph Görres, in dem Segesser bei seinen zwei Münchner Aufenthalten nicht heimisch wurde, scheint unwahrscheinlich.[40]

Tatsächlich ist es nicht nötig, Segessers antijüdische Position durch besondere Einflüsse zu «erklären». Sie wurzelt im Fundus überlieferter Urteile und Vorurteile, die in Luzern wie anderswo bis über die Mitte des 19. Jahrhunderts allgegenwärtig waren und bedenkenlos reproduziert wurden, in derselben Selbstverständlichkeit des Ressentiments, die Segessers politischen Antipoden Jakob Robert Steiger 1833 schreiben liess, die zehn Gebote seien «an die abgöttischen, mörderischen und unkeuschen Juden» gerichtet, und ihm 1850 bei der Abfassung der oben zitierten Botschaft zum «Judengesetz» die Feder führte.[41] Dieselbe Selbstverständlichkeit des Ressentiments lebten im übrigen auch die liberalen Befürworter der Judenemanzipation aus, wenn sie als Konsequenz der Gleichberechtigung die vollständige Assimilation der Juden postulierten.

Die traditionell christlichen Formeln des judenfeindlichen Diskurses sind bei Segesser durch Aspekte erweitert, die mit der gesellschaftlichen Entwicklung des 19. Jahrhunderts im allgemeinen und der Emanzipation der Juden im besonderen zusammenhängen. Vor allem zwei Elemente bewegten ihn: zum einen der jüdische Einfluss auf die liberale Presse, den er wie andere konservative Autoren vor allem in Österreich zu erkennen glaubte,[42] zum andern die wirtschaftliche Potenz der jüdischen Hochfinanz. Beides rührte an wunde Punkte seiner eigenen Biographie. Was die Presse betraf, vermisste er während seiner ganzen politischen Tätigkeit ein Organ, über das er frei hätte verfügen können. In ökonomischer Hinsicht kontrastierte der Glanz der jüdischen Finanzwelt mit seiner beengten privaten Ökonomie. Am Standesideal des Luzerner Patriziats festhaltend, sah er sich auf die Erträge eines – bescheidenen – Vermögens und das bis 1871 nur sehr unregelmässig fliessende Einkommen aus dem Staatsdienst beschränkt und konnte den Status eines «armen Herrn», der sein Elternhaus charakterisiert hatte, nie ganz überwinden.[43] Den modernen Kapitalismus der Banken, der Eisenbahnen, der Fabrikindustrie und des Spekulantentums, wie ihn die jüdischen Finanzmagnaten Rothschild, Pereire und Fould verkörperten, verabscheute er auch in seinen christlich-schweizerischen Exponenten. Dass diese Wirtschaftskräfte auch in Luzern Fuss fassten, überschattete Segessers politische Tätigkeit seit den sechziger Jahren und erfüllte ihn mit einem zunehmenden Gefühl der Entwurzelung und der Heimatlosigkeit.

Die beissende Schärfe, mit der Segesser sein Konglomerat aus tradierten und modernen Elementen der Judenfeindschaft präsentierte, ist nicht zuletzt ein Reflex der Bitterkeit darüber, dass er seine öffentliche Tätigkeit als eine Aneinanderreihung von Rückzugsgefechten und Niederlagen erlebte. Das galt nicht nur für den ökonomischen Bereich, sondern auch für den ideell-politischen. Nach seinem Selbstverständnis handelte Segesser in der Politik als Demokrat, Föderalist und Katholik;[44] in allen drei Identitäten fand er sich in die Defensive gedrängt: als Demokrat, weil die politische Entwicklung der Schweiz zu Lasten jener konservativen Minderheit des Volkes ging, der er verpflichtet war; als Föderalist, weil er erkannte, dass die Eigendynamik der Zentralisierung dazu führte, dass die Kantone ihre Eigenständigkeit als gewachsene politische Organismen verlieren mussten; als Katholik schliesslich, weil die katholische Kirche im weltpolitischen wie im schweizerischen Rahmen ihre angestammten Machtpositionen verloren hatte und sich kein Staat mehr mit dem Katholizismus identifizierte. Trennung von Staat und Kirche wäre für den Intellektuellen Segesser im wahrhaft liberalen Sinne einer «freien Kirche im freien Staat» durchaus akzeptabel gewesen; unerträglich war sie ihm in der Form, in der sie sich in der Praxis der sechziger Jahre und im Kulturkampf präsentierte: als Unterjochung der Kirche unter die Herrschaft einer Staatsgewalt, die im Politischen wie im Religiösen auf die Auflösung der freien Individualität und die Verabsolutierung der Zentralgewalt zielte. Die Sorge um die Zukunft der Kirche zieht sich seit dem Ende der fünfziger Jahre wie ein roter Faden durch Segessers Publikationen und kulminiert mit der «Culturkampf»-Schrift von 1875 in einer eigentümlichen Mischung aus Schmerz, Zorn und Analyse. Diese Mischung befähigte Segesser zu einer kritischen Auseinandersetzung mit dem päpstlichen Absolutismus und zur prophetischen Warnung vor der totalitären Tendenz der säkularisierten Staatsidee deutscher Prägung; sie verleitete ihn aber auch zu der obskuren Argumentation, mit der er die Juden verunglimpfte.

Im Erleben der Zeitgenossen bestand zwischen der zunehmenden Diskriminierung der katholisch-konservativen Bevölkerungsteile und der Emanzipation der Juden eine Koinzidenz. Segesser liess sich durch die zeitliche Parallele dazu verführen, eine doppelte Kausalität zu unterstellen, wonach einerseits der Freisinn die Juden hätschelte, um sie als Verbündete gegen den Katholizismus zu gewinnen, und andererseits die Juden ihre neue Gleichberechtigung missbrauchten, um den alten Hass gegen das Christentum im allgemeinen und den Katholizismus im besondern auszuleben. Segessers judenfeindliche Äusserungen sind deshalb vor allem ein Lehrstück darüber, wie leicht politische Frustration und soziale Entwurzelung auch bei einem Mann von überdurchschnittlicher Urteilsfähigkeit und moralischer Integrität dazu führen konnten, dass das altvertraute, nie reflektierte Vorurteil gegenüber den Juden in ein hypertrophes Feindbild ausartete.

Ein Hinweis darauf, dass Segesser selbst sich der intellektuellen Unredlichkeit seines Verfahrens bewusst war, könnte in dem Umstand liegen, dass er in den Briefen, in denen er Gott und die Welt und alles, was ihn im öffentlichen Leben beschäftigte, ausführlich zu erörtern pflegte, einer Auseinandersetzung mit der «Judenfrage» auswich. Fest steht, dass er das Thema in den sechziger Jahren benutzte, um gegen die freisinnige Politik, die Bundesbehörden und die Mehrheit der eidgenössischen Räte Stimmung zu machen. Fest steht aber auch, dass ihm der populistische Stil und die politische Exaltiertheit der Aargauer Bewegung um Johann Nepomuk Schleuniger fremd blieb.[45] Fest steht schliesslich, dass das Thema für den Politiker Segesser nach dem 14. Januar 1866 abgeschlossen war und dass er nicht versuchte, judenfeindliche Emotionen über den konkreten Anlass der Bundesrevision hinaus für politische Zwecke zu instrumentalisieren.

Wenn sich zum Schluss die Frage stellt, ob Segesser zu seiner Zeit wesentlich dazu beigetragen habe, Judenfeindschaft im Kanton Luzern zu etablieren, so lautet die Antwort Nein. Judenfeindschaft war nicht etwas Neuartiges, das von Segesser und anderen Autoren geschaffen oder salonfähig gemacht werden musste. Sie war allen Schichten der Luzerner Bevölkerung von alters her vertraut und wurde bis über die Mitte des 19. Jahrhunderts hinaus auch von den liberalen Eliten nicht hinterfragt. Neu war an den Auseinandersetzungen im Vorfeld der Bundesrevision nicht der antijüdische Reflex, sondern die Tatsache, dass man auf liberaler Seite begann, für die Gleichberechtigung der Juden zu plädieren. Auch was die konkrete Ausgestaltung der Judenfeindschaft innerhalb des katholisch-konservativen Lagers betrifft, darf die Bedeutung, die Segessers Stellungnahmen in den sechziger und siebziger Jahren zukam, nicht überschätzt werden. Segesser war weder Populist noch populär. Den Formen der Massenmobilisierung, die der ultramontane Katholizismus damals zu erproben begann, begegnete er mit grösster Skepsis; für Theodor Scherer, den Präsidenten des Piusvereins, hatte er selten mehr als Hohn und Spott übrig.[46] Wohl galt er in Luzern wie auf eidgenössischer Ebene als einer der prominentesten Vertreter der katholisch-konservativen Partei, doch gleichzeitig blieb er ein Einzelgänger, der nie Rücksicht darauf nahm, ob seine oft eigenwilligen Gedankengänge «mehrheitsfähig» waren. Entsprechend eng war der Personenkreis, den seine Äusserungen zur «Judenfrage» direkt erreichten. Die «Schwyzer Zeitung», in der seine Artikel erschienen, blieb im Kanton Luzern das Organ einer kleinen Minderheit und fand wenig Resonanz. Starke Beachtung wurde nur der Broschüre zur Revisionsabstimmung vom 14. Januar 1866 zuteil, doch gerade in dieser Schrift vertraute Segesser auf die selbstverständliche Präsenz judenfeindlicher Emotionen und verzichtete auf religiös, sozial oder nationalistisch eingefärbte Angriffe auf die Juden, wie sie beispielsweise für die Abstimmungskampagne des «Wahrheitsfreunds» typisch waren. Segessers antijüdische Reden verhallten im Nationalratssaal, und als sie 1879 im letzten Band der «Kleinen Schriften» publiziert wurden, erschien es weder dem Autor noch den Rezensenten nötig, das «Judenthema» in irgendeiner Weise zu würdigen. Die «Studien und Glossen zur Tagesgeschichte» schliesslich richteten sich an ein durchaus elitäres Publikum. Die antijüdischen Einsprengsel, die heute so schockierend wirken, erschienen den zeitgenössischen Lesern – auch den nicht katholisch-konservativen – offensichtlich als quantité négligeable; weder den Briefpartnern Segessers noch den Rezensenten waren sie einer Erwähnung wert; dem breiteren Publikum, das die Broschüren nicht selbst las, wurden sie überhaupt nicht bekannt.[47]

Eine andere Frage ist die nach der Langzeitwirkung. In den dreissiger Jahren des 20. Jahrhunderts wurde das «Zurück zu Philipp Anton von Segesser» innerhalb der Konservativen Volkspartei – der Partei des konservativen Katholizismus – in verschiedensten Variationen propagiert.[48] Ob damals, in einem völlig veränderten Kontext, der eine oder andere Parteirepräsentant sich durch den Rückgriff auf Segessers Judenfeindschaft in seinen eigenen antisemitischen Anfechtungen bestätigt fühlte, ist eine Frage, die in diesem Versuch über Judenfeindschaft im frühen Bundesstaat nicht beantwortet werden kann, sondern an die Forschung über das 20. Jahrhundert weiterzureichen ist.

Anmerkungen

[1] Abstimmungsergebnisse der Kantone: Bundesblatt der schweizerischen Eidgenossenschaft, Bd. I, 1866, S. 117–125, Beilage B; Details zum Kanton Luzern: StALU (Staatsarchiv Luzern) AKT 31/27. Die Zahl der Stimmberechtigten wurde in Luzern bei dieser Abstimmung nicht ermittelt. Vergleichszahlen aus den Jahren 1863–67 bei: Heidi Bossard-Borner, Kontinuität im Wandel. Zur Luzerner Politik des 19. Jahrhunderts, in: Aufbruch in die Gegenwart. Wirtschaftliche und gesellschaftliche Entwicklung im Kanton Luzern 1798–1914, Luzern 1986, S. 127.

[2] P. Remigius Trachsler von Stans, Stadtprediger, StALU AKT 39/9R. Vgl. Schweizerische Kirchenzeitung, Nr. 15, 1866, S. 126f.; Luzerner Tagblatt, Nr. 90, 1866.

[3] Segesser errechnete bei den Grossratswahlen von 1867 12'148 konservative und 11'214 liberale Stimmen. Philipp Anton von Segesser, Fünfundvierzig Jahre im Luzernischen Staatsdienst. Erinnerungen und Akten aus dem kantonalen Leben, 1841 bis 1887, Bern 1887, S. 375ff. Zur politischen Konstellation der 1860er Jahre vgl. Heidi Borner, Zwischen Sonderbund und Kulturkampf. Zur Lage der Besiegten im Bundesstaat von 1848, Luzern/Stuttgart 1981, S. 142ff., 176ff.

[4] Zum «Zwetschgenkrieg»: Augusta Weldler-Steinberg, Geschichte der Juden in der Schweiz vom 16. Jahrhundert bis nach der Emanzipation, Bd. 1, Zürich 1966/70, S. 104f. – Zur Zahl der jüdischen Bevölkerung 1850: Kasimir Pfyffer, Der Kanton Luzern historisch-geographisch-statistisch geschildert. Ein Hand- und Hausbuch für Jedermann, Bd. 1, St. Gallen/Bern 1858, S. 138f.; zu 1860: Eidgenössische Volkszählung vom 10. December 1860, 1. Lieferung, Bern 1862 (Schweizerische Statistik, Bd. 1), S. 126ff.

[5] StALU EB 434 (28. Mai 1798).

[6] StALU RR 15, S. 320f. (7. April 1809), RR 17, S. 142f. (4. Okt. 1809).

[7] StALU AKT 27/106A; StALU HK 62.

[8] StALU AKT 27/106C; StALU AKT 37/179C. Weldler-Steinberg (wie Anm. 4), Bd. 2, 1970, S. 19. Zum jüdischen Viehhandel vgl. Robert Uri Kaufmann, Jüdische und christliche Viehhändler in der Schweiz 1780–1930, Zürich 1988.

[9] StALU A2 Personalien: Weil Abraham 1839, Weil Moses und Jeanette 1840, Weil Leman 1847.

[10] StALU AKT 37/179C.

[11] StALU AKT 37/179C.

[12] StALU AKT 37/179C; Amtliche Uebersicht der Verhandlungen des Grossen Rathes des Kantons Luzern 1850, S. 119–122; Presseberichte in: Der Volksfreund, Nr. 127, 1849, und Nr. 81, 1850; Der Volksmann von Luzern, Nr. 53, 1851; Luzerner Zeitung, Nr. 126, 1849, sowie Nr. 81 und 145, 1850. Vgl. Weldler-Steinberg (wie Anm. 4), Bd. 2, S. 36f. Der Beschluss der Bundesversammlung vom 11. Juli 1850 (Abweisung des Luzerner Rekurses) ist in Bundesblatt, Bd. II, 1850, S. 478, nicht in der Fassung abgedruckt, die der Bundesrat der Luzerner Regierung übermittelte.

[13] Zu den Patentgebühren: Bundesblatt, Bd. I, 1856, S. 262. Niederlassungsbewilligungen und Abweisungen: StALU RR 137, S. 447 (7. Mai 1856), RR 138, S. 200 (15. Sept. 1856), RR 140, S. 296 (28. Okt. 1857), RR 149, S. 88 (31. Jan. 1862), RR 150, S. 211 (24. Sept. 1862); StALU A3 Personalien: Guggenheim 1854, 1862, Weil 1853, 1857, Wyler 1857.

[14] StALU AKT 32/43; Luzerner Zeitung, Nr. 59, 1863; Luzerner Wahrheitsfreund, Nr. 4 und 18, 1863.

[15] Schwyzer Zeitung, Nr. 55, 1863.

[16] Zu den Vorgängen im Kanton Aargau vgl. den Beitrag von Aram Mattioli, Der «Mannli-Sturm» oder der Aargauer Emanzipationskonflikt 1861-1863, in diesem Band. Zum Zürcher Emanzipationsgesetz vgl. Weldler-Steinberg (wie Anm. 4), Bd. 2, S. 204ff. Zur Aufhebung des Klosters Rheinau vgl. Helvetia Sacra, hg. vom Kuratorium der Helvetia Sacra, Bd. III/1, 1986, S. 117.

[17] Luzerner Zeitung, Nr. 63, 1862; Schwyzer Zeitung, Nr. 167, 1863.

[18] StALU RR 154, S. 252f. (7. Sept. 1864). Zur Stellung der Parteien in der Frage der Bundesrevision vgl. Borner (wie Anm. 3), 150ff. Zur Opposition der Luzerner Liberalen vgl. Luzerner Tagblatt, Nr. 236, 1864.

[19] Philipp Anton von Segesser, hg. von Victor Conzemius, Briefwechsel, Bd. 4, Zürich 1982ff., S. 60.

[20] Luzerner Wahrheitsfreund, Nr. 59/60, 1863, und Nr. 73, 75, 77, 82, 1864. Zur Unterschriftensammlung 1864 vgl.: Borner (wie Anm. 3), S. 153; Segesser, Briefwechsel (wie Anm. 19), Bd. 4, S. 60–63, 66f.

[21] Beleuchtung der neun Revisionspunkte in der eidgenössischen Bundesverfassung in: Beilage zum Luzerner Tagblatt, Nr. 3, 1866; Der Eidgenosse, Nr. 3 und 7, 1866.

[22] Luzerner Wahrheitsfreund, Nr. 104, 1865, sowie Nr. 2 und 4, 1866; Luzerner Zeitung, Nr. 356, 1865, sowie Nr. 4 und 31, 1866.
[23] Der Eidgenosse, Nr. 7, 1866.
[24] Schweizerische Kirchenzeitung, Nr. 3, 1866.
[25] Der Eidgenosse, Nr. 7, 1866.
[26] Entscheide gegen Sektierer: StALU AKT 39/6F. Der Anteil der Protestanten betrug 1860 im Kanton Luzern 2%; in den einzelnen Ämtern lag er zwischen 3.4% (Luzern) und 0.15% (Hochdorf): Volkszählung 1860 (wie Anm. 4).
[27] Luzerner Zeitung, Nr. 4, 1866.
[28] Luzerner Wahrheitsfreund, Nr. 33, 1863; Schweizerische Kirchenzeitung, Nr. 37, 1862, S. 173, und Nr. 16, 1863, S. 129.
[29] Die Revisionsbroschüre erschien als Beilage zur Luzerner Zeitung, Nr. 351, 1865, und als Separatdruck; sie ist abgedruckt in: Philipp Anton von Segesser, Sammlung kleiner Schriften, Bd. 3, Bern 1879, S. 251–255. Zu ihrer Wirkung vgl.: Der Eidgenosse, Nr. 7, 1866.
[30] Schwyzer Zeitung, Nr. 124 und 135, 1862, sowie Nr. 27 und 167, 1863. Segessers Artikel lassen sich aufgrund seiner Korrespondenz mit Nazar von Reding identifizieren. Vgl. dazu: Segesser, Briefwechsel (wie Anm. 19), Bd. 3/4, 1887/89 (Register), und E. F J. Müller-Büchi, Die alte «Schwyzer Zeitung» 1848–1866, Freiburg (Schweiz) 1962, S. 91f.
[31] Studien und Glossen zur Tagesgeschichte. Das Jahr 1861, in: Segesser (wie Anm. 29), Bd. 1, 1877, S. 210.
[32] Abhandlung über das Revisionsprogramm des Herrn Dubs, in: Segesser (wie Anm. 29), Bd. 3, S. 225; ursprünglich: Schwyzer Zeitung, Nr. 122–127, 1865; auch als Separatdruck: Ueber Bundesrevision. Einige Betrachtungen über das Revisionsprogramm des Herrn Dubs, Schwyz 1865. – Gegen das Eintreten in das Project der Bundesrevision, in: Segesser (wie Anm. 29), Bd. 3, S. 248.
[33] Ueber die französisch-schweizerischen Verträge, in: Segesser (wie Anm. 29), Bd. 3, S. 214ff.
[34] Studien und Glossen zur Tagesgeschichte. Der Culturkampf, in: Segesser (wie Anm. 29), Bd. 1, S. 638f.
[35] Studien und Glossen zur Tagesgeschichte. Im August und December 1859, in: Segesser (wie Anm. 29), Bd. 1, S. 50.
[36] Augsburger Postzeitung, Nr. 89, 1880. Zur Autorschaft Segessers: StALU PA 826/17131.
[37] Segesser, Briefwechsel (wie Anm. 19), Bd. 3, S. 277, 343, 371; Ebda., Bd. 4, S. 53, 60, 164; Ebda., Bd. 6, 1995, S. 48, 254; Segesser an Johannes Schnell, 28. April 1878, 12. Juli 1878, Universitätsbibliothek Basel, Nachlass Johannes Schnell 1d 659; Segesser an August von Gonzenbach, 19. April 1880, Burgerbibliothek Bern, Mss. Hist. helv. XLI. 58 (33).
[38] Segesser an seine Eltern, 7. Mai 1840, StALU PA 102/13.
[39] Segesser an seine Eltern, 19. Okt. 1839, 23. Nov. 1839, StALU PA 102/10–11.
[40] Die Vermutung, dass Segessers Judenfeindschaft durch M. Saaling oder den Görreskreis genährt sein könnte, findet sich bei: Robert Uri Kaufmann, Juden in Luzern, Luzern 1984, S. 13. Zu Segessers Unbehagen gegenüber dem Görres-Kreis: K. Müller, Philipp Anton von Segesser. Eine Gedächtnisschrift zu seinem Geburtstag, Erster Teil, Luzern 1917, S. 48f. und 69.
[41] Der Eidgenosse, Nr. 31, 1833; zu Steigers Botschaft zum «Judengesetz» vgl. oben.
[42] Mit dem Einfluss der Juden auf die österreichische Presse beschäftigte sich z. B. auch der Luzerner Wahrheitsfreund, Nr. 23, 1867.
[43] Philipp Anton von Segesser, Erinnerungen, in: Katholische Schweizer-Blätter, 1890, S. 75ff. Zur Presse und zu den privaten Vermögensverhältnissen vgl. Segesser an Jakob Dubs, 15. Dez. 1878, StALU PA 828/17199.
[44] Ein Rückblick als Vorwort, in: Segesser (wie Anm. 29), Bd. 3, S. XXIII.
[45] Zu Segessers Beziehungen zu Schleuniger vgl. Segesser, Briefwechsel (wie Anm. 19), Bd. 4, S. 62.
[46] Segesser, Briefwechsel (wie Anm. 19), Bd. 3, S. 420f., und Bd. 4, S. 140.

47 Zur Rezeption der Studien und Glossen vgl. die Reaktionen auf die «Culturkampf»-Broschüre in: Segesser, Briefwechsel (wie Anm. 19), Bd. 6, vor allem den ausführlichen Kommentar des liberalen Protestanten Joachim Heer, ebda., S. 324–334.
48 Heinrich Walther, Zurück zu Philipp Anton von Segesser? Ph. A. von Segesser im Lichte unveröffentlichter Briefe, in: Monat-Rosen des Schweizerischen Studentenvereins 83 (1938/39), S. 349–368.

Der Widerstand gegen die Judenemanzipation in der Zentralschweiz 1862–1866

Josef Lang

> *«Die Juden werden allem Anschein nach in nächster Zeit die Schweiz stark beschäftigen; und vielleicht zu einer folgenschweren, unheilschwangeren Tagesfrage sich aufdunsen; es ist daher an der Zeit, dass sich die Geistlichkeit mit dieser Angelegenheit bekannt mache und das Volk über die sachbezüglichen Rechtsverhältnisse aufkläre.»*
>
> Muss die Schweiz verjüdelt werden?,
> in: Schweizerische Kirchenzeitung, 18. April 1863.

Am 14. Januar 1866 waren die Schweizer Männer aufgefordert, die zwei auffälligsten Mängel der liberalen Bundesverfassung von 1848 zu beheben: die Beschränkung der Niederlassungs- und der Glaubens- und Kultusfreiheit auf Christen. Während die erste Vorlage mit 170'032 Ja- gegen 149'401 Nein-Stimmen und 12 ½ gegen 9 ½ Stände durchkam, wurde die zweite mit 157'629 Annehmenden und 160'992 Verwerfenden und einem Ständepatt knapp abgelehnt.[1] Die Glaubensfreiheit auch für Nichtchristen und damit die Judenemanzipation wurden erst acht Jahre später im Rahmen der Totalrevision der Bundesverfassung verwirklicht.

Die Abstimmung: «Auch unter den Aposteln gab es einen Judas»

Alle fünf Zentralschweizer Kantone schickten die Vorlage betreffend Ausweitung der Glaubens- und Kultusfreiheit auf Nichtchristen bachab, und zwar mit gesamthaft 5'390 Ja- gegen 25'217 Nein-Stimmen. Einzig in Obwalden war die Ablehnung mit 662 gegen 692 Stimmen knapp ausgefallen. Noch stärker aus dem Rahmen fiel der Halbkanton bei der Niederlassungsfreiheit. Was die Zentralschweiz mit 6'079 Ja- und 24'801 Nein-Stimmen wuchtig verwarf, wurde in «Unterwalden ob. d. W.» mit 782 gegen 686 Stimmen angenommen. Die «Schweizerische Kirchenzeitung» kommentierte dieses Resultat mit lakonischer Spitze: «Obwalden aber mag sich mit dem Satz vertrösten: auch unter den Aposteln gab es einen Judas.»[2]

Das Resultat fällt um so mehr auf, als Nidwalden die Niederlassungsfreiheit im Verhältnis von 1:16 und die Glaubens- und Kultusfreiheit in dem von 1:18 verworfen hat. Für das Urnerland lauten die entsprechenden Zahlen 1:16 bzw. 1:26 und für Zug

193

1:5 bzw. 1:6. Im Kanton Schwyz, wo die beiden liberalen Aussenschwyzer Gemeinden Lachen und Einsiedeln beide Vorlagen deutlich angenommen haben, lagen die Ja-Anteile bei 23 bzw. 16 Prozenten. Im Kanton Luzern, in dem mehr als die Hälfte der Zentralschweizer lebten, befürwortete etwa ein Viertel der Stimmenden die beiden Vorlagen.[3] Die grossen Unterschiede zwischen Kantonen und Gemeinden erklären sich auch aus der Versammlungsdemokratie mit ihrem offenen Handmehr.

Es wäre verfehlt, hinter den vielen Nein-Stimmen ausschliesslich Judenfeindlichkeit zu vermuten. Sieben weitere Vorlagen, die den linken Druck auf eine Totalrevision auffangen und wohl auch die Stimmberechtigten von den beiden ursprünglichen Revisionspunkten ablenken sollten – sie betrafen so unterschiedliche Fragen wie die rechtliche Stellung von Niedergelassenen, die Festsetzung von Mass und Gewicht, das Patentrecht, die Ausschliessung einzelner Straftaten sowie das Verbot von Lotterie- und Hazard-Spielen –, wurden zum Teil noch deutlicher verworfen. Aber in der Zentralschweiz spielten sowohl Kantonalismus wie Antisemitismus eine auffällig stärkere Rolle als in den beiden anderen wichtigen Ablehnungsgebieten Graubünden-St. Gallen-Appenzell und Kanton Bern. In diesem Kanton und im Bündnerland waren die Juden bereits gleichberechtigt.

In den Ostschweizer Kantonen erregte in jenen Jahren die Benachteiligung des Lukmanierbahnprojekts gegenüber den Gotthardbahnplänen die Gemüter am meisten. Im Kampf gegen die «Eisenbahnbarone» um Alfred Escher setzte man auf die Einführung des Referendums, welches bei der Partialrevision unberücksichtigt geblieben war. Allerdings klafften zwischen den beiden Appenzell die Nein-Anteile auffällig stark auseinander; im katholischen Innerrhoden stimmte nur jeder Fünfzigste für die Niederlassungs- und jeder 136. für die Glaubensfreiheit.[4]

Das neunfache Nein des Kantons Bern war zu einem wichtigen Teil eine Folge der taktischen Ablehnung durch die Berner «Helvetia». Die radikaldemokratischen «Helveter», die im August 1863 beim Bund eine Petition zur Aufhebung «jener engherzigen Zurücksetzung der Juden» eingereicht hatten, waren im November 1865 im Parlament mit der «Erweiterung der Volksrechte» und einer «grösseren Rechtseinheit» gescheitert. Sie versuchten nun, diese Ziele über eine Totalrevision zu verwirklichen; 1874 ging ihre Rechnung auf. Abgesehen von Innerrhoden gehörten sechs Jahre später alle Ostschweizer Kantone und Bern zu den Ja-Sagern.[5] Hans von Greyerz' Kernaussage im «Handbuch der Schweizer Geschichte» über die Abstimmung von 1866: «Die Opposition huldigte einer Mischung von föderalistischen und antisemitischen Gefühlen» trifft deshalb so nur auf die Zentralschweiz zu.[6]

Nicht behandelt werden in dieser Studie die Annahme bzw. Ablehnung der beiden Vorlagen in den zwei andern ehemaligen Sonderbundskantonen Freiburg und Wallis. Ebensowenig gewürdigt werden die klaren Ja-Mehrheiten in den liberalkatholischen Ständen Solothurn und Tessin. Der Aargau, in dem drei Jahre vorher die Einbürgerung der Juden abgeschmettert worden war, stimmte den beiden Vorlagen deutlich zu – gegen die katholischen Bezirke. Ähnlich fiel das Ergebnis in dem ebenfalls von einer judenfeindlichen Bewegung heimgesuchten Baselland aus, obwohl das katholische Birseck mehrheitlich ablehnte.[7]

Die Zentralschweiz und ihr Antisemitismus ohne Juden

Laut der eidgenössischen Volkszählung gab es 1860 in Uri, Unterwalden und Zug überhaupt keine jüdischen Einwohner; in Schwyz wurde eine einzige Person als «nichtchristlich» registriert. Im Jahre 1870, also kurz nach der Annahme der Niederlassungsfreiheit, lebten in den vier «Orten» 36 «Israeliten und andere Nichtchristen», davon 16 im Kanton Zug.[8] Die Innerschweizerinnen und Innerschweizer hatten – von Ausnahmen abgesehen – auch sonst nie oder höchst selten Kontakt mit Jüdinnen und Juden. 1826 beschwerte sich die aargauische Judenschaft beim Kleinen Rat, «weil Luzern, Uri und Schwyz ihren Angehörigen das Feilbieten von Waren auf öffentlichen Märkten verboten hatten und Zug für die Erteilung von Marktpatenten von ihnen eine bedeutende Gebühr verlangte, die von Christen nicht erhoben wurde». Während Luzern und Zug hart blieben, erlaubten Uri und Schwyz den aargauischen Juden den Marktbesuch, verboten aber das Hausieren.[9] Eine Ende 1862 vom Bund bei den Kantonen durchgeführte Umfrage ergab, dass es für Nichtchristen praktisch unmöglich war, in Uri, Schwyz und Unterwalden sesshaft zu werden oder Handel zu treiben. Nidwalden, das als «einzige Ausnahme» sowohl den Verzicht auf die Niederlassungsbeschränkungen wie auch eine Revision der Bundesverfassung ablehnte, forderte für das Aufenthaltsrecht von «Israeliten» einen Sonderentscheid des Landrats und die Hinterlegung von «Werten». Der Kanton Zug gab an, kein besonderes Gesetz zu haben, und fügte dem bei: «Übrigens haben solche Fremde noch nie eine Niederlassung verlangt.»[10] In der Innerschweiz herrschte ein Antisemitismus ohne Juden.

Während der Auseinandersetzungen um die Niederlassungsfreiheit rechnete das Hauptorgan der Innerschweizer Konservativen, die «Schwyzer Zeitung», nicht mit einer «jüdischen Invasion» in «unsere inneren Kantone», vielmehr mit einer solchen in die liberalen Gebiete. «Wir glauben, dass die Kantone, welche am meisten gegen die Juden sein werden, d. h. die katholischen Kantone, materiell dazu am wenigsten Grund hätten, weil die Elsässer Juden an ihnen am wenigsten Nahrung finden.»[11] Auch andere «materielle» Einwände spielten in der Zentralschweiz keine gewichtige Rolle. Bei der Eisenbahnfrage lief es nur für die an die Ostschweiz grenzenden Bezirke March und Höfe auf der falschen Spur. Sogar das Kloster Einsiedeln wollte «zu diesem vaterländischen Werk hilfreich Dienst leisten». Und vom Handelsvertrag mit Frankreich war zu erwarten, was in der zweiten Hälfte der sechziger Jahre eintreffen sollte: eine Verachtfachung der Käseexporte und eine Verdoppelung der Butter- und Tier-Ausfuhr nach Frankreich.[12] Die «Obwaldner Zeitung», die im Rahmen ihrer Ja-Kampagne auf die Aufhebung bzw. Senkung der französischen Vieh- und Käsezölle hingewiesen hatte, fragte sich danach, warum die «Urkantone, die interessierten Kämpen des Gotthard» ihren «eigenen Rivalen» aus der Ostschweiz «in die Hände gearbeitet» haben.[13]

Die «Schwyzer Zeitung» wider «den planmässigen Krieg gegen die Kirche»

In der Zentralschweiz war der Abstimmung eine gut vierjährige Kampagne gegen die Judenemanzipation vorausgegangen. 1862 und 1863 hatten die Aargauer Ereignisse den wichtigsten Anlass dazu geboten, 1863 und 1864 war es der Handelsvertrag mit Frankreich, der sogenannte «Judenvertrag», der die «Judenbund» genannte Partialrevision der Bundesverfassung nach sich zog.[14] Den Innerschweizer Konservativen erschienen die Niederlagen des Aargauer Freisinns und die Rückschläge für die laizistisch-liberale Judenemanzipation wie eine unverhoffte Morgenröte: «Könnten die Konservativen in der Judengeschichte nicht einen Hebel finden, um das Schweizervolk *weit herum* gegen die Bundesbehörden in Bewegung zu setzen und damit auf die bevorstehenden Nationalratswahlen einzuwirken? Mit dieser Frage liesse sich vielleicht mehr machen als mit keiner andern der Gegenwart.» Diese Worte schrieb der Schwyzer alt Landammann Nazar von Reding-Biberegg am 25. Juli 1863 in einem Brief an Philipp Anton von Segesser, den Hauptsprecher der Konservativen im Bundeshaus. Reding und Segesser arbeiteten bis im Herbst 1865, wo es wegen der Gotthardbahnfrage zum Bruch kam, eng zusammen in der von ihnen stark geprägten «Schwyzer Zeitung».[15]

Wiederholt veröffentlichte diese Ausschnitte aus der «Botschaft», dem von Johann Nepomuk Schleuniger redigierten Sprachrohr der aargauischen Antiemanzipationsbewegung.[16] Auch die Zahl der grundsätzlichen Beiträge häuften sich. Von 1862 bis Februar 1866 erschienen in der «Schwyzer Zeitung» 125 Texte (Kurznotizen und Annoncen nicht mitgezählt) über Juden und ihre Emanzipation. Davon waren 104 negativ und 21 positiv oder neutral. Gegenüber den Vorjahren bedeutete das eine massive Steigerung.

Das thematische Grundmotiv der Kampagne tauchte bereits am Anfang, im Oktober 1861, vor dem Hintergrund des Konfliktes um den Gemeindebann in Endingen und Lengnau auf. Unter dem Titel «Der moderne Staat» betonte die «Schwyzer Zeitung»: «Wer vom Christentum und seiner Wahrheit durchdrungen ist, kann unmöglich grundsätzlich gegen dessen Geist und Zweck handeln, was aber offenbar geschieht, [...] wenn man die Gegner des Christentums, Juden und Ungläubige jeder Art, zu Mitregenten ihrer christlichen Völker macht.» Das «Christentum kommt rücksichtlich seiner Verhältnisse zum Staate wieder in den Zustand seines Anfanges», der unter «feindlichen, jüdischen und heidnischen Staatsregierungen stattfand».[17]

Wie «diese zwei Tatsachen», die Gleichstellung der Juden und die «Befeindung» des Christentums, «zusammenpassen», glaubte die «Schwyzer Zeitung» am Beispiel des Kantons Zürich veranschaulichen zu können: «Während die Emanzipation der Juden diese den Zürchern ebenbürtig macht, so haben letztere durch Aufhebung des Klosters Rheinau sich jenen gleich gemacht; denn diese ist, vom moralisch-christlichen und finanziellen Standpunkt aus betrachtet, etwas recht Jüdisches, ein ächtrentables Schacherstück.»[18]

Wie stark die Juden, «ihre Geldmächte» und «die Freiheit der Religionen» mit dem «planmässigen Krieg gegen die katholische Kirche speziell und gegen das positive Christentum im Allgemeinen» zusammenhingen, sollte die «Wienerpresse» beweisen, «welche vorzüglich unter jüdischem Einflusse und jüdischer Redaktion steht». Der unter dem Titel «Kirchliche Aufklärung der Gegenwart» publizierte Text berief sich auf die häufig zitierten «Historisch-politischen Blätter für das katholische Deutschland» der Münchner Görres-Gesellschaft.[19]

Immer wieder wurde auf die «Herabsetzung» der Katholiken gegenüber den Juden hingewiesen. Unter dem Titel «Siebenzehn Juden und ein Katholik» wurde der St. Galler Stadtgemeinde vorgeworfen, «17 Juden, grundsätzliche Gegner des Christentums, unbedenklich» angenommen, «Katholiken» hingegen abgewiesen zu haben.[20] In einer Artikelserie «Zur Judenfrage» stellte der St. Galler Konservative Gallus Jakob Baumgartner, der als liberaler Landammann einer der Hauptinitianten der staatskirchlich geprägten Badener Artikel von 1834 gewesen war, entsetzt fest: «Nun sollen aber die Juden in die politischen Rechte eingesetzt werden [...] mit anderen Worten auch in den Nationalrat eintreten können, während die christlichen Geistlichen (Katholiken und Protestanten) von der Wählbarkeit in diese Behörde ausgeschlossen sind.» Der Text schloss mit den Worten: «Freundliches Asyl und religiöse Duldung den Israeliten; die Regierung aber behalte man in den Händen der Christen!»[21]

Die Sprache: Von den «sozialen Borkenkäfern» zum «Feuerungsmaterial»

So «freundlich» war die Sprache der «Schwyzer Zeitung» allerdings selten, wenn es um die «Judenfrage» ging. Juden wurden als «Landplage» oder «soziale Borkenkäfer» bezeichnet.[22] Auffällig häufig finden sich Komposita mit dem Bestimmungswort «Jude», wobei die gemeinte Person oder Partei oft gar nicht jüdisch waren. So wurden die Aargauer Freisinnigen «Judenliebhaber», «Judenpartei», «Judenfreunde», «Mannschaft des Judenschiffes» usw. genannt. Und deren Kopf im Kampf für das «Judeneinbürgerungsgesetz» und den «Judenbeschluss», Augustin Keller, der unter dem «Jubel des Judenvolks» wieder in die Regierung einziehen konnte, wurde vorgeworfen, sich für den «Verrat an seinem katholischen Volk mit dem Judassolde abzufinden».[23]

Noch aggressiver und hämischer war die Sprache der «Schweizerischen Kirchenzeitung», die von den Pfarreien in der Regel abonniert wurde und die für die Predigten eine wichtige Grundlage bildete. In der vom Solothurner Theodor Scherer-Boccard, dem ehemaligen Sekretär des Sonderbundsführers Konstantin Siegwart-Müller, redigierten Wochenzeitschrift wurde gegen «Juden-Blätter» im allgemeinen und speziell gegen «die jüdischen Blätter, Schweizerbote, Neue Zürch. Ztg. und andere» gewettert sowie vor «Juden-Intervention» und »Juden-Bürgerei» gewarnt.[24] Seit 1862 tauchten Titel auf wie «Jüdisch-Aargau», «Aargau Judentum», «Jüdisches aus der Schweiz», «Aus der jüdischen Schweiz», «Fingerzeig zur Judenfrage», denen Kurzmeldungen über Bestechungen, Gerichtsverhandlungen «Jud gegen Jud», jüdischen «Betrug und Meineid» und Mord usw. folgten.[25] Gegen «Juden und Freimaurer» richtete sich der Aufruf: «Aufgepasst, Schweizervolk, auf das beschnittene und unbeschnittene Judenvolk!»[26] Aus dem Urner «Urschweizer Boten» wurde die «Unionshymne» eines zukünftigen «Bundesrabbiners» zitiert: «Wir glauben All' an einen Gott / Jud, Christ und Hottentott!»[27]

Der «Zuger Bote» brachte es fertig, in einem Artikel gegen den Bundesbeschluss vom 30. Juli 1863, welcher dem Kanton Aargau die Gewährung der politischen Rechte gegenüber Juden diktierte, folgende Palette diffamierender Ausdrücke unterzubringen: «Schmulchen», «Jüdelchen», «Judencharakter», «Judenpfeifen», «Judenpfütze in Palästina», «Judenfrage», «Judenstrom», «jüdische Milchkuh», «Hebräerkinder», «Abrahams Grosskinder», «Judas», «geldgierige und falsche Juden». Angereichert wurden diese Begriffe mit Satzteilen wie: «umduftet von Knoblauch und Zwiebel und umjüdelt von den Stämmen Israels». In hämischem Ton drückte der «Zuger Bote» die Hoffnung aus, dass die Juden «nicht gerade Rheinbäder von ehedem zu nehmen gezwungen werden oder mit ihnen Versuche als Feuerungs- und Beheizungsmaterial gemacht werden».[28]

Der Piusverein und «das weisse Kreuz im roten Feld»

Der «Zuger Bote» wie auch die «Schweizerische Kirchenzeitung» waren mit dem von Scherer-Boccard während 28 Jahren präsidierten Piusverein (s. unten), der damals wichtigsten katholischen Organisation, eng verbunden.[29] Im August 1862 veröffentlichte die «Kirchenzeitung» die vom aargauischen Pfarrer Rohn an der fünften Generalversammlung des Schweizerischen Piusvereins in Solothurn gehaltene Hauptrede. In Anwesenheit zahlreicher Innerschweizer gab der Redner den Vorwurf, «dass wir als entschiedene Katholiken keine guten Schweizer seien» an die Absender zurück mit der Bemerkung: «Der Christusglaube ist das Fundament der schweizerischen Vaterlandsliebe, in der Religion, und zwar nicht in einer verwässerten Allerweltsreligion, sondern in der christlich konfessionellen liegt die Kraft des Schweizertums; die überzeugungstreuen Katholiken und Reformierten: Sie sind das Schweizervolk. Das weisse Kreuz im roten Feld ist nicht ein leeres Wappen, es ist das Symbol der Eidgenossenschaft. Wenn es jemals dahin kommen sollte, dass im Schweizervolk der Glaube an Jesum den Gekreuzigten erschüttert würde, dann wäre sicher das Ende schweizerischer Kraft und Freiheit [...] gekommen.» Den «Beweis» dafür, dass das nicht der Fall sei, sah Pfarrer

Rohn «in den jüngsten Erlebnissen» im Aargau. Als in diesem Kanton «versucht wurde, die christliche Glaubenseinheit des Kantons und der Eidgenossenschaft durch Einbürgerung von Nichtchristen zu zerreissen, da haben sich die Katholiken und Reformierten des Aargaus in grosser Mehrheit erhoben, um das Schweizerkreuz vor Entweihung zu bewahren. Die Miteidgenossen haben's gesehen und gestaunt und rufen freudig bewegt: Du heilig Kreuz der Christen / Bleib unser Panner Kreuz! / Wer will dich überlisten! / Du Bundesbaum der Schweiz?»[30] In der ganzen Rede tauchte das Wort «Jude» kein einziges Mal auf. Aber alle Zuhörenden «wussten», wer «Jesum» ans «Kreuz» genagelt hatte und deshalb – gemeinsam mit jenen, denen der «Glauben» fehlte – auszugrenzen war. Die Schweiz trägt nicht nur das «weisse Kreuz» im «roten Feld» ihres Wappens, sie soll sogar auf «Kreuz» reimen.

An der sechsten Generalversammlung ein Jahr später in Einsiedeln beschwor der Luzerner Chorherr Thomas Stocker vor 85 Geistlichen und 218 Laien, davon je ein gutes Drittel aus der Innerschweiz, wiederum das «weisse Kreuz im blutroten Feld». Es sei «aufgepflanzt in unseren Tälern bis oben auf den Kulmen unserer Berge; es erhebt sich über unseren Gemeinde- und Rathäusern». Auch Stocker erwähnte die «Juden» nicht ausdrücklich, sprach aber unmissverständlich auf sie an: «Man wird es nie dulden wollen, dass das heilige weisse Kreuz im rothen Felde ein Bundeszeichen werde für die, denen es seit achtzehnhundert Jahren schon ein ‹Ärgernis und eine Torheit› war – nein!»[31]

Wohin es in der Schweiz bereits geführt habe, weil «man die christliche Schweiz aus lauter Toleranz verjüdeln will», sollte folgender Bericht der «Kirchenzeitung» aufzeigen. Anlässlich eines Feldgottesdienstes, an dem «natürlich auch die Juden dabei» waren, habe sich «einer derselben, Karl Dreifuss von Endingen» umgewendet, und zwar «beim Beginn des hl. Messopfers». Diese «tiefste Verachtung» gegenüber dem Christentum wird mit folgendem Ausruf quittiert: «Und doch sollen die Juden das ‹weisse Kreuz im roten Felde› tragen!» Der «Zuger Bote» prophezeit, dass «das weisse Kreuz im roten Feld» nach der Emanzipation «den Juden zulieb einen Zusatzartikel bekommen» wird, «einen ausstreckenden Arm mit einem Geldbeutel».[32]

Der nach Papst Pius IX. benannte Piusverein behauptete zwar, «keine Politik zu treiben»; dieser Grundsatz liess sich aber, wie Urs Altermatt bilanziert, «nicht immer durchhalten».[33] Besonders schwer scheint dem Verein «die Distanz zur Politik» im Zusammenhang mit der Judenemanzipation gefallen zu sein. An der Sitzung des «Central-Comités» vom 20. Mai 1863, an dem aus der Zentralschweiz neben Luzerner, Nidwaldner und Zuger Geistlichen der Urner Landammann Emmanuel Müller und der Schwyzer Oberst Alois von Reding teilnahmen, bildete die «Judenfrage» das wichtigste Traktandum. Scherer hielt ein Referat, das weitgehend einem Artikel entsprach, den er bereits in der «Schweizerischen Kirchenzeitung» veröffentlicht hatte. Unter anderem hielt er fest, dass «kein Kanton gezwungen werden kann, den aargauischen, noch viel weniger den französischen oder andern fremden Juden die Niederlassung gewähren zu müssen». Deshalb gehe nichts «ohne Revision der Bundesverfassung von 1848». Damit habe es «das Schweizer-Volk in seiner Hand, sich die Juden fern zu halten. Wie die immense Mehrheit des Schweizer-Volkes bezüglich der Judenfrage gesinnt» sei, das habe «in jüngster Zeit das Aargauer Volk angedeutet».[34]

Das Zentralkomitee beschloss danach folgendes Vorgehen: «Weil die Judenfrage zunächst mehr eine politische Frage und erst in 2ter Linie auch eine konfessionelle Frage sei, soll der Schweizerische Piusverein höchstens *indirekt* eingreifen, indem man sich allfällig mit den gläubigen Protestanten confidentiell ins Einvernehmen setze, vielleicht auch auf dem Wege von Broschüren und Petitionen etwas beitragen, die Judenplage fernzuhalten. Der Verein könne hiefür nötige Druckkosten bestreiten.»[35] Der Piusverein wollte sein Aargauer Erfolgsrezept auch auf eidgenössischer Ebene anwenden. Dafür hatte er im Jahre 1865 insgesamt 6'287 Mitglieder zur Verfügung. Viele von ihnen nahmen im katholischen Milieu kirchliche, politische und gesellschaftliche Schlüsselpositionen ein.[36]

Die Geistlichkeit und ihre «Kanzelreden» gegen die «Judenplage»

Im katholischen Milieu, im Piusverein und im Kampf gegen die Emanzipation spielte die Geistlichkeit eine Schlüsselrolle. Der riesige Unterschied zwischen den Abstimmungsergebnissen Ob- und Nidwaldens wurde von den Zeitgenossen wesentlich und unwidersprochen auf die unterschiedliche Haltung des Klerus zurückgeführt. In einer «Erklärung» lobte der Sarner «Lieutenant» Alois J. Durrer, der selber nur die Niederlassungsfreiheit unterstützt hatte, Ende Januar 1866 die «intelligente Geistlichkeit Obwaldens» dafür, sich «um die von Luzern, Schwyz und Nidwalden ihr zugeschickten Instruktionen sehr wenig» gekümmert zu haben und rühmte sie, sich «auf der Höhe der Zeit und der Wissenschaft» zu befinden. Die Eidgenossenschaft sollte ihr deshalb «das volle bürgerliche Aktiv- und Passiv-Wahlrecht nicht schmälern». Dieser Laudatio folgte die rhetorische Frage: «Aber war das in andern Kantonen, z. B. Nidwalden, Schwyz und Luzern auch so der Fall??»[37]

Der Ständerat und Redaktor der «Obwaldner Zeitung», Niklaus Hermann, hob «namentlich die vier H.H. Pfarrer von Sarnen, Kerns, Sachseln und Giswil» hervor, weil sie sich in dieser Abstimmungsfrage «ganz neutral verhalten» hätten. Sachseln hatte beide, Kerns und Giswil je eine der Vorlagen angenommen, Sarnen die erste knapp, die zweite klar abgelehnt. Umgekehrt fuhr Hermann mit den «Geistlichen» in Lungern ins Gericht, die «während der Abstimmung in der Kirche anwesend» gewesen seien, «was wohl namentlich bei dem plötzlich stattgefundenen Abschliessen der Kirche die auffallend grosse Zahl Verwerfender erklärt». In einem späteren Beitrag kam er auf den «Missbrauch der Kanzel» zurück und erwähnte «Berichte» aus Nidwalden, «die wir aus Rücksichten für den geistlichen Stand nicht in unser Blatt aufgenommen haben».[38] Der Stanser Korrespondent der «Obwaldnerin» hat die «totale Verwerfung» an der Landsgemeinde vom 7. Januar, an der das Nidwaldner Standesvotum beschlossen wurde, auf eine Broschüre und auf die «Kanzelreden der Priester» zurückgeführt.[39]

Nachdem meine erste Suche nach solchen «Kanzelreden» zu keinen relevanten Funden geführt hatte, habe ich die Bibliothek des Stadtzuger Pfarrhauses St. Michael nach Unterlagen für Homiletik und Katechetik durchforstet. Dabei leisteten mir Michael Langers Untersuchung zum «Judenbild in der deutschsprachigen katholischen Volksbildung des 19. Jahrhunderts» und Walter Zwi Barachs Aufsatz «Das Bild des Juden in katholischen Predigten des 19. Jahrhunderts» wichtige Orientierungshilfe.[40] Ich konzentrierte mich auf Publikationen aus den Jahren 1848 bis 1865 und damit auf eine Zeit, in der die aufgeklärtere und judenfreundlichere Theologie bereits marginalisiert war.

Der Freiburger Volksschriftsteller Alban Stolz, der in Deutschland «zur ersten Riege ultramontaner und antisemitischer Funktionsträger» (Olaf Blaschke) gehörte und mit dem Schweizerischen Piusverein engen Kontakt pflegte, ist mit 17 Büchern, davon fünf aus der erwähnten Zeit, und einem handschriftlichen Vorlesungs-Manuskript recht gut vertreten. In seinem Palästina-Reisebericht «Sem, Cham, Japhet» vergleicht der auch in der Schweiz vielgelesene Bestsellerautor das Judentum mit dem Jordan. «Von grosser moralischer Höhe» sei es in «das moralisch tote Meer: das Metall» abgestiegen. «Sie gehen fast alle unter in Geldbegierde.» Im «ABC für grosse Leute» setzt er die «Freisinnigen» mit «Freimaurern, ungläubigen Juden, Ehebrechern» gleich und erklärt die Kirchenfeindlichkeit der «gewöhnlichen Zeitungsleser» mit der «Judenpresse».[41]

In der damals wichtigsten katholischen «Enzyklopädie», dem «Kirchen-Lexikon», welches allein dem Stichwort «Ewiger Jude» drei Seiten einräumte, findet sich im Unterkapitel «Ehe mit Christen, Emanzipation» des ausführlichen Artikels über «Juden» folgender Passus: «Solange die Juden Juden bleiben, nicht bloss der Abstammung, sondern auch dem Glauben nach, ist ihre Emanzipation überhaupt unmöglich.» Ihnen «volle Staatsbürgerschaft» zu «erteilen», bedeutete, dem «Staatskörper» einen «unheilbaren Krebsschaden» zuzufügen.[42]

Eine ganze Reihe von judenfeindlichen Musterpredigten – ein Grossteil davon war für die Passionswoche bestimmt – erschien in den «Philothea, Blätter für religiöse Belehrung und Erbauung durch Predigten, geschichtliche Beispiele, Parabeln usw.». In der Ausgabe von 1865 werden die Juden als «arme Bösewichte», die »Ihn verworfen und getötet» haben, angeklagt.[43] Am Beispiel von Friedrich Edmund Krönes «Homiletischem Reallexikon» lässt sich zeigen, wie sich «die Abwertung des Alten Testaments [...] zur moralischen Degradierung der Juden wandelte.»[44] Josef Ludwig Colmar polemisiert in seinen «Predigten» gegen die «fleischgesinnten Juden, die [...] sich einbildeten, sie würden als Nation über alle Völker herrschen».[45]

Den wohl grössten Einfluss auf die damalige Katechetik hatte der mit 14 Bänden in der Pfarrbibliothek vertretene Joseph Deharbe; in der Regenerationszeit hatte der Jesuitenpater in der Schweiz gewirkt. Der Pionier der Neoscholastik war auch ein Pionier in der Reaktualisierung der Ritualmordlegende. Wenn er auf die Juden zu sprechen kam, erschienen sie als «verstockt», «irrgläubig», in der Religionspraxis «veräusserlicht».[46]

Im gesichteten Bestand ebenfalls gut vertreten ist mit zehn Büchern, darunter die sechste Auflage des «Lehrbuchs der katholischen Religion», das Werk des Moral- und Pastoraltheologen Konrad Martin. Der spätere Bischof von Paderborn «wiederholt» laut Langer «in seinen im ganzen deutschsprachigen Raum verbreiteten Lehrbüchern [...] die traditionellen theologischen Vorgaben mit ihren antijüdischen Implikationen».[47] Von den beiden österreichischen Mitverbreitern der Ritualmordlegende des «Anderl von Rinn», Abt Alois Röggle und Xaver Massl, sind in der Bibliothek zum Nachschlagen geeignete Bände vorhanden. Ebenfalls mit einem «Homilienbuch» vertreten ist der Begründer und Schriftleiter der «Wiener Kirchenzeitung», Sebastian Brunner, eine Schlüsselfigur des österreichischen Antisemitismus.[48]

Dass in der Pfarrei die Lexika tatsächlich konsultiert und die Bücher gelesen worden sind, belegt eine «Konferenzarbeit» über die «Gottheit Christi», die der Pfarrhelfer Paul Anton Wickart im Juni 1865 der zugerischen Geistlichkeit vortrug und auf deren Wunsch als Broschüre veröffentlichte. Das fünfte und letzte Kapitel trägt den Titel «Das jüdische Volk in seiner Geschichte». Darin steht, dass die «jüdische Nation» von Gott «zerstreut» und «aufbehalten» worden sei, damit sie bezeuge, «dass sie nicht einen blossen Menschen, sondern den Gottmenschen Jesum gekreuzigt habe» und «dass die christliche Kirche eine göttliche Anstalt sei». Eine der Schlussfolgerungen lautet: «Ein Wunder ist es, dass das jüdische Volk heute noch den Fluch nicht abwaschen [...] kann, den es bei der Verurteilung des Sohnes Gottes über sich selber ausgesprochen hat. Sein Blut komme über uns und unsere Kinder.»[49]

Die Schrift, die damals auf die katholischen Gläubigen den nachhaltigsten Einfluss hatte und von vielen als einziges Buch je gelesen wurde, war der «Katechismus». Im Jahre 1859 erklärte das Bistum Basel zwecks Vereinheitlichung des «religiösen Unterrichts der katholischen Jugend» eine eigene Ausgabe für obligatorisch. Die «Juden» spielen dabei vor allem als «Gottesmörder» eine Rolle: «227. Was für Weissagungen sprach Jesus aus? Er weissagte aufs genauste den Untergang Jerusalems, den Verrat des Judas [...] 230. Hatte Jesus auch Feinde? Ja, die Hohenpriester, Schriftgelehrten und Pharisäer waren erbitterte Feinde Jesu. [...] 231. Wie weit gingen diese Feinde Jesu in ihrem Hasse? Sie entschlossen sich, ihn zu töten. 232. Wer verhalf ihnen zur Ausführung dieses gottlosen Entschlusses? Judas Iskarioth, einer aus den zwölf Aposteln Jesu, welcher sein Verräter wurde.»[50]

Handelsvertrag und Syllabus: «Zwischen vollendetem Antichristentum und neuer christlicher Zukunft»

Nachdem der Bund den Aargau – gegen den Widerstand aller Urner, Schwyzer und Nidwaldner, und eines der beiden Obwaldner Abgeordneten – zur Gleichberechtigung verpflichtet hatte, wuchs der Druck, diese auch auf Bundesebene zu verwirklichen. Der Bundesrat verknüpfte das Anliegen mit dem französisch-schweizerischen Handelsvertrag, über den seit Anfang 1863 verhandelt wurde. Das Nachbarland machte die Unterzeichnung des Abkommens von der Gewährung freier Niederlassung und Gewerbeausübung gegenüber allen seinen Bürgern, auch den Nichtchristen, abhängig. Die Bundesbehörden versuchten einerseits, ihrem Verhandlungspartner dieses «Zugeständnis» möglichst teuer zu verkaufen; sie hatten deshalb kein Interesse an einer vorgängigen Verfassungsänderung. Andererseits rechneten sie damit, dass ein abgeschlossener Vertrag, der materielle Vorteile und eine Benachteiligung der schweizerischen Juden gegenüber den französischen brächte, die Revision erleichtern würde. Die «Schwyzer Zeitung» beklagte sich nach dem Abschluss über das Dilemma, in das diese Politik «der vollendeten Tatsachen» die Emanzipationsgegner manövrierte: «Man kann es sicher nicht verhehlen, eine Verweigerung dessen an die Mitschweizer, was man Franzosen und Badensern gewährt, widerstrebt dem Gefühl; man tut dies ungern, und die Bundesversammlung hat in dieser Rücksicht sehr richtig gerechnet, wenn sie die Sache so drehte, wie sie nun steht.» Nicht ganz zu Unrecht kritisierten Linksfreisinnige, Konservative, aber auch der bundesratsnahe Obwaldner Standesvertreter Hermann den Handelsvertrag als verfassungswidrig.[51] Als im September 1864 die eidgenössischen Räte das Abkommen mit deutlichem Mehr ratifizierten, beschlossen sie gleichzeitig, die Artikel 41 und 48 der Bundesverfassung zu revidieren, d. h. die Niederlassungsfreiheit «von dem Glaubensbekenntnis der Bürger unabhängig zu machen».[52] Im Oktober 1865 wurde dann zusätzlich die Veränderung des Artikels bezüglich Glaubensfreiheit sowie weiterer Bestimmungen beschlossen.

Für die Zentralschweizer Politiker und Medien standen in der Debatte um den Handelsvertrag und die Verfassungsrevision von Anfang an die Frage der Bundeskompetenz und jene der Judenemanzipation im Zentrum. An der Konferenz der Kantonsdelegierten vom Januar 1863 meinte der Obwaldner Landammann Alois Michel, «der Moment für die Zulassung der Juden sei noch nicht gekommen». Der Nidwaldner Polizeichef Karl Jann sagte kategorisch, dass «das Volk von Nidwalden der Zulassung der Juden nicht zugeneigt» sei. Der Urner alt Landammann Franz-Xaver Zgraggen äusserte sich in ähnlichem Sinne. Zug und Schwyz nahmen an der Tagung nicht teil.[53] Dem sogenannten «Judenvertrag» mit Frankreich stimmten nur die beiden liberalen Nationalräte Josef K. Benziger (Kanton Schwyz) und Wolfgang Henggeler (Kanton Zug) sowie die beiden Zuger Standesvertreter Kaspar-Anton Keiser (konservativ) und Karl A. Landtwing (liberal) zu. In der Frage der Verfassungsrevision waren die Innerschweizer Konservativen völlig gespalten. Die «vollendeten Tatsachen», aber auch die Gotthard-Interessen, die man mit dem «Alfred-Escher»-Liberalismus teilte, zeigten ihre Wirkung – vor allem im Kanton Schwyz. Die «Schwyzer Zeitung» sagte voraus, dass die «Lobredner» des neuen Bundesgesetzes sich «wahrscheinlich aus den Mitgliedern der Räte» rekrutieren werden.[54]

Das konservative Organ fand es «einleuchtend», dass «bei einem Handelsvertrag der Gedanke an die Juden sehr nahe liegt». Mit dieser Bemerkung startete es bereits im Januar 1863 seinen Kampf gegen das Abkommen mit Frankreich. Es sei «nun einmal Tatsache», hiess es im Artikel weiter, «dass die Juden den Wucher und Betrug, an Christen verübt, nicht für unerlaubt halten; dass sie einer Schmarotzerpflanze ähnlich sind, welche die Säfte der Erde zum Nachteil der edlen Gewächse an sich ziehen und bessere überwuchern; dass jüdisches Übergewicht endlich mit Verarmung der christlichen Bevölkerung Hand in Hand geht.» Würde sich Kaiser Napoleon «so sehr der Judenauswanderung nach der Schweiz annehmen, wenn dieselben in seinem Reiche eine Quelle des Wohlstandes wären?» fragte der Verfasser weiter. Dem fügte er bei, lieber als ein «listiger Hebräer» wäre ihm «ein feuriger Burgunder oder Bordeaux».[55]

Dass die Kampagne nach der Annahme des Handelsvertrags nicht allzu stark abflachte, dazu hat der kurz danach erlassene päpstliche «Syllabus errorum», eine «Zusammenstellung der hauptsächlichsten Irrtümer unserer Zeit», erheblich beigetragen.[56] Erstens bekräftigte er – auch wegen dem dadurch angeheizten Antiklerikalismus – die Igelmentalität der katholisch-konservativen Innerschweiz. Und zweitens bekämpfte der «Syllabus» genau das, was der «Jude» verkörperte: die Moderne und was die Emanzipation bedeutete: den säkularisierten Staat.[57] Unter dem Titel «Die radikale Presse und der Katholik» wurden die Papst-Kritiker mit den «Juden und Heiden» verglichen, die «schon vor 1800 Jahren gegen Christus geheult» und «ihn gekreuziget» haben.[58] Der «Neuen Glarner Zeitung», welche die Stärke der Proteste gegen den «Syllabus» hervorgehoben hatte, entgegnete die «Schwyzer Zeitung»: «Ohne Zweifel hätte sie das ‹Crucifice› des Judenvolkes auch ‹imposant›, vielleicht sogar ‹wohltuend› gefunden.»[59] Ganz allgemein verstärkte die Erklärung aus Rom die apokalyptische Stimmung: «Wir stehen ohnehin am Wendepunkt einer Zeit: entweder wird die Welt zum vollendeten Antichristentum oder zu einer neuen christlichen Zukunft übergehen.»[60]

Wie eng «Syllabus» und antiemanzipatorischer Widerstand, Kantonalismus und Antisemitismus zusammenhängen, erhellt das Schlüsselargument einer Artikelserie über die Bundesrevision, deren «einziges Motiv die Judenfrage» sein «soll». Mit den «Juden» wolle man auch «Ideen» verwirklichen. Es gehe «um die Umgestaltung der bisher christlich regierten Kantone in Kantone der Indifferenz und des Heidentums», um «einen neuen Schachzug gegen das ernste heilige christliche Bekenntnis».[61] Diese These schien sich zu bestätigen, als sich die beiden Kammern im Rahmen der Revisionsdebatten weigerten, den Geistlichen die Wählbarkeit in den Nationalrat zuzugestehen. Der aus Braunschweig eingewanderte Einsiedler Pater Carl Brandes, der aufgrund seiner Beiträge in der «Schwyzer Zeitung» laut Emil F.J. Büchi «zum führenden ultramontanen Publizisten der Schweiz» geworden war, beklagte sich bitter: «Die Juden, die ihren Messias erwarten, [...], die finden Gnade, aber nicht die katholischen Geistlichen, die aus dem eigenen Volk hervorgegangen, dem Lande angehören und mit ihm verwachsen sind.»[62]

Ob- und Nidwalden und «die Idee des christlichen Staates»

Für die politische Distanz zwischen den beiden Halbkantonen Obwalden und Nidwalden gibt es neben dem unterschiedlichen Eifer des Klerus einen zweiten Grund: die «Obwaldner Zeitung». Während Nidwalden über kein eigenes Presseorgan verfügte, womit sich das Gewicht der Kanzel zusätzlich erhöhte, war das einzige im Bruderkanton emanzipationsfreundlich eingestellt. Deren Redaktor war der aus einem führenden Geschlecht stammende mehrmalige Landammann und erste nichtfreisinnige Ständeratspräsident Niklaus Hermann. Wie umstritten «das liberalisierende Schwarze Schaf unter den Urschweizer Deputierten»[63] in der konservativ-katholischen Welt war, erhellt neben den stetigen Anfeindungen seitens der «Schwyzer Zeitung» und der «Kirchenzeitung» ein Vorfall im Jahre 1863. An der Jahresversammlung des katholischen Schweizerischen Studentenvereins, die in seiner Gemeinde Sachseln stattfand, wurde Hermanns «Toast»-Bemerkung, «die Vaterlandsliebe sei nicht das Vorrecht eines religiösen Glaubensbekenntnisses», von «Jünglingen in späteren Toasts vielseitig kritisiert».[64]

Mit seiner 1862 gegründeten «Obwaldner Wochen-Zeitung» wehrte sich Hermann gegen die ultramontane «Ghetto»-Logik in Kantonen und Kirche. Im Editorial der ersten Nummer würdigte er den jungen Bundesstaat und betonte: «Gegen unsere Religion ist durch den neuen Bund nichts unternommen worden.» Die «Obwaldnerin» sprach sich recht deutlich für die Gleichberechtigung der aargauischen und später sehr klar für die der schweizerischen Juden aus.[65] Von den 42 sachbezüglichen Beiträgen, die zwischen 1863 und dem 14. Januar 1866 erschienen, können 28 als juden- bzw. emanzipationsfreundlich bezeichnet werden, vier waren ablehnend und zehn neutral. Wie gross ihr Einfluss war, verdeutlicht ein Bericht aus Alpnach, das die beiden Vorlagen im Verhältnis von 10:1 bzw. 17:1 annahm: «Selbst wurde eifrig gelesen, angehört und auch Andern erklärt, mit der Bemerkung: mer wend was die will, die Rächte schribit's – die wisset wohl, was gut und bös ist.»[66] Die «Schwyzer Zeitung», welche nach dem Obwaldner Ja Hermann heftigstens anklagte, bemerkte bissig, «dass die ‹Obwaldnerin› sowohl im ‹Fleiss› als im ‹Fortschritt› die erste Note verdiente».[67]

Die wichtigste Hilfe erhielt Hermann vom Kernser Gemeindepräsidenten Niklaus Durrer, von Kantonsrat Nikolaus von Moos aus Sachseln und vom «gemeindeführenden Präsidium und dem Gemeinderat» von Alpnach.[68] Eine Reihe von Amtsträgern, vor allem aus Engelberg und Sarnen, unterstützten die Niederlassungs-, aber nicht die Glaubensfreiheit. Engelberg stimmte der ersten Vorlage deutlich zu und lehnte die zweite ebenso klar ab. Im Hauptort, wo beide Seiten prominent vertreten waren, ist eine Luzerner «Nein-Broschüre» öffentlich verbrannt worden.[69]

Was sich in Obwalden zeigte, bestätigte sich auch im Kanton Schwyz: Persönlichkeiten hatten einen Einfluss. An der bewegten Schwyzer Kirchgemeinde, wo Ständerat Joseph von Hettlingen sowie Nationalrat und Landammann Karl Styger die Niederlassungsfreiheit nur halbherzig vertraten, vermochte der kämpferische Theodor Abyberg, ein ehemaliger Landammann und Sonderbundsführer, die Stimmberechtigten auf seine Seite zu ziehen. In Einsiedeln, wo laut der «Neuen Zürcher Zeitung» die «Klosterstudenten fleissig für neunmaliges Nein gestimmt haben», gelangen dem beherzten liberalen Nationalrat Benziger zwei 3:1 Erfolge.[70] Im Kanton Uri empfahlen Regierung und Parlament, zuvorderst Landammann Müller, gleichzeitig führender Kopf des Piusvereins, die beiden «Judenartikel» einstimmig zur Ablehnung.[71] Zum ausserordentlichen Obwaldner Resultat hat auch beigetragen, dass das Standesvotum nicht an einer Landsgemeinde, sondern gleichzeitig mit dem Volksvotum in den Gemeinden ausgemittelt wurde. Die «Schwyzer Zeitung» warf Hermann vor, mit diesem Vorgehen «der Volksstimme durch die gemeindeweise Zerteilung ihre moralische Kraft genommen» zu haben.[72]

An der Nidwaldner Landsgemeinde vom 7. Januar, die «bei grösster Beteiligung» in der «grossen Kirche von Stans» abehalten wurde, verwarf die «moralische Kraft» des Volkes die beiden «Juden-und Heidenartikel», wie der Statthalter und Ständerat Walter Zelger sie nannte, «ohne Gegenantrag mit einstimmigem Jubel». Zu andern Vorlagen hingegen waren, wie die «Schwyzer Zeitung» in ihrem ausführlichen Bericht unter dem Titel «Ein Volkstag in Nidwalden» berichtete, Gegenanträge und -stimmen zu verzeichnen gewesen. Obervogt Josef Bünter wird mit folgendem Satz zitiert: «Napoleon hat die reichen Juden behalten und schickt uns dafür das Gesindel.» Antifranzösisches kam in Nidwalden nach den Erfahrungen von 1798 besonders gut an. Landammann Jakob Kaiser fragte die unter dem Kreuz Versammelten: «Wollen wir nun auch Juden, Heiden und das Sektenwesen? Nein!» Und der Polizeidirektor Jann rief aus gegen «Harem und Götzentempel» und heuchelte, man sei bereit, Juden aufzunehmen, «aber wir wollen selbst darüber verfügen», was der Stimmungsmache, aber auch den eigenen bisherigen Erklärungen und denen der Regierung widersprach.[73] Die «Schwyzer Zeitung» prophezeite, dass die Bezirksgemeinden demnächst «das gleiche Resultat zu Tage fördern» werden, konstatierte, dass «jede Opposition im Strome der allgemeinen Bewegung unterging», und freute sich, dass das «Volk von Nidwalden» gezeigt habe, «dass es vor allem der Idee des christlichen Staates nicht fremd geworden sei».[74] Nach der Abstimmung bilanzierte sie, «das katholische Volk» habe «mit schärferem Sinn herausgefühlt», dass die Revision «unter dem Aushängeschild von Religionsfreiheit nur die Freiheit des Unglaubens birgt».[75]

«Die Judenemanzipation ist ein Feldzug gegen das positive Christentum»

Hinter der Zentralschweizer Ablehnung der neun Revisions-Vorlagen steckten verschiedene Unzufriedenheiten, Befürchtungen und Proteste. Gebündelt wurden sie durch den Widerstand gegen die «Judenartikel». Auch die Franzosenfeindlichkeit und die Bewahrung der kantonalen «Souveränität» waren darin aufgehoben. Diesen «Code» (Shulamit Volkov) konnten auch die von konservativen Bundespolitikern vorgebrachten pragmatischen und utilitaristischen Argumente nicht aufbrechen. Weder der Hinweis auf die rechtliche Benachteiligung der schweizerischen gegenüber den französischen Juden noch jener auf die Gefahr einer Totalrevision im Falle einer Ablehnung der Partialrevision, noch die materiellen Vorteile des Handelsvertrags brachte die Emanzipationsgegner von ihrer Haltung ab. Was über die Stimmung an Lands-, Bezirks- und Kirchengemeinden überliefert ist, bestätigt Jean-Paul Sartres Diktum, dass der Antisemitismus nicht eine «pensée», sondern eine «passion» sei.[76]

In der Judenfeindlichkeit der sechziger Jahre vermischten sich traditionell-religiöse Elemente mit modern-nationalistischen. Dies lässt sich auch für die Theologie, insbesondere für die Predigtliteratur nachweisen. Für die Verbindung von hergebrachtem Antijudaismus und neuem Antisemitismus stand den Emanzipationsgegnern ein dichtes und mächtiges Bild zur Verfügung: das Schweizerkreuz. Vor allem der Piusverein, der in einer starken personellen und ideologischen Kontinuität zum antinationalen Sonderbund stand, sich aber mit der Existenz des Bundesstaates abgefunden hatte, griff dieses Symbol auf, um es antiliberal-antilaizistisch umzudeuten und religiös-nationalistisch zu besetzen. Für diesen Zweck liess sich «der Jude», der in der christlichen Lehre und Ikonographie unter dem Kreuz stehend den «Antichristen» verkörperte, bestens instrumentalisieren.[77] Das konservative Nationsverständnis, das nicht von der Idee des politischen Bürgerwillens, sondern von einer ausserpolitischen Gegebenheit ausging, erleichterte nicht nur die ethnische Ausgrenzung des «Fremden». Es trug auch dehumanisierende und protorassistische Züge. «Juden sind Juden, Art lässt nicht von Art, es ist der Wucher, die Hinterlist ihnen zur zweiten Natur [...] gemacht worden», schrieb die «Schwyzer Zeitung» im Abstimmungskampf.[78]

Da der «Gottesmord», was die meisten Gläubigen «wussten», zwar unter jüdischer Anleitung, aber mit «heidnischer» Beteiligung begangen worden war, diente das Kreuz nicht nur der Ausgrenzung der Juden, sondern auch der der laizistischen «Feinde des positiven Christentums». Dass die «beschnittenen und unbeschnittenen Juden» miteinander verschworen seien, liess sich auch sprachlich einfach und wirkungsvoll ausdrücken und verbreiten. Man kombinierte das Wort «Jude» mit irgendeinem Substantiv und betitelte zum Beispiel den Freisinn mit «Judenpartei». Die Sprachwissenschaftlerin Nicoline Hortzitz hat in einer Untersuchung aufgezeigt, wie «ein neutrales oder positiv bewertetes Lexem» vor allem bei «Ad-hoc-Bildungen [...] durch die Komposition mit dem Bestimmungsworte Jude eine negative Markierung» erfährt.[79]

Der Einsatz der erwähnten Bilder und Begriffe hatte bei der Abstimmung von 1866 eine um so durchschlagendere Wirkung, als sie während vier Jahren in einer Art Kampagne dem «christlichen Schweizervolk» eingebleut worden waren. Viele deren Vordenker und Propagandisten waren im Piusverein, einem dichten und dynamischen Netzwerk von ultramontanen Geistlichen und Laien, organisiert. Das Grundmotiv für den Innerschweizer Widerstand gegen die Judenemanzipation waren nicht die Juden als solche, sondern war das, was «der Jude» im katholisch-konservativen Selbstverständnis bedeutete. «Die ‹Verjudung› war eine Chiffre für den Dekatholisierungsprozess, weil dem Deutungsmonopol der Kirche mehr und mehr alternative Angebote gegenüberstanden, aber auch, weil schon der einzelne Katholik von der Zersetzung, vom Gottesverrat, befallen zu werden drohte.» Diese These Olaf Blaschkes über den deutschen Katholizismus passt bestens zur zentralen Aussage der «Schwyzer Zeitung» im Abstimmungskampf: «Die Judenemanzipation ist ein Feldzug gegen das positive Christentum.»[80] Je mehr das «neue Heidentum», mit dem laut «Kirchenzeitung» «unser einst so glückliche[s] Land verjüdelt» wird, als Bedrohung «für unsere Vätersitten und unseren religiösen Glauben»[81] empfunden wurde, desto stärker war die Neigung zum Ultramontanismus und zum Antisemitismus. Das zeigt ein Vergleich zwischen Nidwalden, das seit 1798 im Banne der «Religionsgefahr» gefangen war, und Obwalden, wo die einzige Zeitung, die Mehrheit der politischen Klasse und sogar ein Teil des Klerus sich davon gelöst hatten.[82]

Die Zentralschweizer Bewegung gegen die Judenemanzipation beweist, dass es zur Judenfeindlichkeit keine Juden und auch keine materiellen Beweggründe braucht. Sie zeigt weiter, dass zwischen traditionellem Antijudaismus und modernem Antisemitismus ein fliessender Übergang besteht und dass sich an dessen Bildung auch traditionalistisch gesinnte Antimoderne beteiligt haben. Der Antisemitismus ist älter als der 1879 erstmals aufgetauchte Begriff.[83] Inhaltlich und organisatorisch war die Zentralschweizer Bewegung gegen die Judenemanzipation durchaus auf der Höhe der Zeit.

Anmerkungen

[1] Bundesarchiv (BA), Botschaft des Bundesrates an die Bundesversammlung betreffend die Revision der Bundesverfassung (vom 12. Februar 1866), Beilage B.
[2] Schweizerische Kirchenzeitung, 10. Februar 1866.
[3] Vgl. dazu den Beitrag von Heidi Bossard-Borner in diesem Band.
[4] Peter Metz, Geschichte des Kantons Graubünden, Bd. II, 1848–1914, Chur 1991, S. 126ff.; Ernst Gagliardi, Alfred Escher. Vier Jahrzehnte neuerer Schweizergeschichte, Frauenfeld 1919, S. 496ff.; Friedrich Külling, Antisemitismus – bei uns wie überall?, Zürich o. J. (1977), S. 13; Der Bund, vor allem 13. und 19. Januar 1866; Neue Zürcher Zeitung, vor allem 2., 5., 7., 14. und 21. Dezember 1865, 5. Januar 1866.
[5] Külling (wie Anm. 4), S. 12ff.; Augusta Weldler-Steinberg, Geschichte der Juden in der Schweiz vom 16. Jahrhundert bis nach der Emanzipation, Zürich 1970, S. 134; der Berner «Bund», der sich mit seiner späten Ja-Parole schwertat, berichtet praktisch in jeder Ausgabe vom Dezember 1865 und Januar 1866 über die radikaldemokratische Gegenbewegung; die «Neue Zürcher Zeitung» warnte die «Helveter» wiederholt vor einem Sieg der «Ultramontanen», vgl. unter

anderem 13. und 14. Oktober 1864, 8. Januar, 26. April, 13. Mai, 29. September, 3., 4., 7. und 11. November, 1., 20. und 21. Dezember 1865, 7. Januar 1866.

[6] Hans von Greyerz, Der Bundesstaat seit 1848, in: Handbuch der Schweizer Geschichte, Bd. 2, Zürich 1980, S. 1060.

[7] Külling (wie Anm. 4), S. 14; Roger Blum, Die politische Beteiligung des Volkes im jungen Kanton Baselland (1832-1875), Liestal 1975, S. 32, 418f., 740.

[8] Heiner Ritzmann-Blickenstorfer (Hg.), Historische Statistik der Schweiz unter Leitung von Hansjörg Siegenthaler, Zürich 1996, S. 154.

[9] Ernst Haller, Die rechtliche Stellung der Juden im Kanton Aargau, Aarau 1901, S. 232; Achille Nordmann, Zur Geschichte der Juden in der Innerschweiz, in: Der Geschichtsfreund, Mitteilungen des Historischen Vereins der fünf Orte, 84. Band, Stans 1929, S. 72ff.; Weldler-Steinberg (wie Anm. 5), S. 141.

[10] BA, Vertragsakten I, Verträge mit Frankreich, Bd. 169, 13B; Bundesblatt der schweizerischen Eidgenossenschaft, Bd. III, 1865, Botschaft des Bundesrates betreffend die Revision der Bundesverfassung vom 1. Juli 1865, S. 33ff.

[11] Schwyzer Zeitung, 22. Januar 1863, 22. Juli, 22. September 1864; Emil F.J. Müller-Büchi, Die Alte «Schwyzer Zeitung» 1848-1866. Ein Beitrag zur Geschichte des politischen Katholizismus und der konservativen Presse im Bundesstaat von 1848, Freiburg 1962, S. 82.

[12] Schwyzer Zeitung, 29. Dezember 1865, 3. Januar 1866; Urs Brand, Die schweizerisch-französischen Unterhandlungen über einen Handelsvertrag und der Abschluss des Vertragswerks 1864, Bern 1968, S. 69f., 253; Obwaldner Wochen-Zeitung, 20. Dezember 1864. Ab Ende 1865 hiess die sogenannte «Obwaldnerin» Obwaldner Zeitung.

[13] Obwaldner Wochen-Zeitung, 20. Dezember 1865, Obwaldner Zeitung, 27. Januar 1866.

[14] Diese beiden abschätzigen Bezeichnungen wie auch das Wort «Judenartikel» waren in den kirchlichen und konservativen Medien geläufig.

[15] Philipp Anton von Segesser (1817-1888), Briefwechsel hg. von Victor Conzemius, Bd. III, 1861-1863, bearbeitet von Heidi Bossard-Borner, Zürich 1987, Brief Nr. 727, S. 408; Müller-Büchi (wie Anm. 11), S. 82, 109ff.

[16] Schwyzer Zeitung, vgl. vor allem die Ausgaben vom 30. April, 17. Mai, 20. Juni 1862, 17. März, 4. April 1863.

[17] Ebda., 17. Oktober 1861.

[18] Ebda., 15. Mai 1862.

[19] Ebda., 23. April 1863; vgl. dazu: Olaf Blaschke, Katholizismus und Antisemitismus im deutschen Kaiserreich, Göttingen 1997, S. 295.

[20] Schwyzer Zeitung, 11. Juli 1863.

[21] Ebda., 19., 20. und 21. August 1863, hier 20. bzw. 21. August; zur Autorschaft vgl.: Müller-Büchi (wie Anm. 11), S. 89; Gallus Jakob Baumgartner, Die Schweiz in ihren Kämpfen und Umgestaltungen von 1830 bis 1850, Bd. 2, Zürich 1854, S. 25ff.

[22] Schwyzer Zeitung, 5. November 1863, 30. Juli 1864.

[23] Ebda., 30. Mai, 21. August, 5. September, 13. und 21. November 1862.

[24] Schweizerische Kirchenzeitung, 18. Juni, 16. Juli 1862.

[25] Z. B. Ebda., 22. Oktober 1862, 24. und 31. Januar, 25. April, 16. Mai, 19. Dezember 1863.

[26] Ebda., 2. Juli 1862.

[27] Ebda., 23. April 1863. Damit wird auf den amerikanischen «Sonderbundskrieg» (1861-1865), in dem es um die «Sklavenemanzipation» ging, angespielt. Dass auch Kirchenleitungen sich sehr schnoddrig über Juden äusserten, zeigt ein Brief des Basler Bistums-Ordinariats an die Aargauer Regierung, in: Ebda., 3. Oktober 1863. Das «Kirchenblatt der katholischen Schweiz», eine kurzzeitige Luzerner Konkurrenz, war der «Schweizerischen Kirchenzeitung» sprachlich ebenbürtig. Vgl. Kirchenblatt der katholischen Schweiz, 9. und 26. September 1863.

[28] Zuger Bote, 26. September 1863.

[29] Alois Steiner, Der Piusverein der Schweiz. Von seiner Gründung bis zum Vorabend des Kulturkampfes 1857–1870, Stans 1961, S. 25ff.
[30] Schweizerische Kirchenzeitung, 30. August 1862.
[31] Pfarrarchiv St. Michael Zug (Zug), Protokoll des Schweizerischen Piusvereins (A9/786) über die 6te Generalversammlung (GV) vom 26./27. August 1863 in Maria Einsiedeln, S. 239–318. Eingeklebt auf S. 289 ist Stockers Predigt, die vom Benziger-Verlag als Broschüre veröffentlicht wurde. Das Verzeichnis der versammelten Mitglieder ist auf S. 314 eingeklebt. Ausführlich über die GV berichteten die «Schweizerische Kirchenzeitung» in ihren Nummern 35ff. vom 29. August, 5. und 12. September, und die «Schwyzer Zeitung» am 27. August 1863.
[32] Schweizerische Kirchenzeitung, 15. August 1863; Zuger Bote, 26. September 1863.
[33] Urs Altermatt, Der Weg der Schweizer Katholiken ins Ghetto, Freiburg ³1995, S. 53.
[34] Muss die Schweiz verjüdelt werden?, in: Schweizerische Kirchenzeitung, 18. April 1863.
[35] Zug, Protokolle 1863 (wie Anm. 31), S. 94ff. (A9/769).
[36] Steiner (wie Anm. 29), S. 52ff., 164; Altermatt (wie Anm. 33), S. 20.
[37] Obwaldner Zeitung, 31. Januar 1866.
[38] Ebda., 17., 27. Januar 1866.
[39] Ebda., 10. Januar 1866.
[40] Es handelt sich um die Pfarrarchive von Oberägeri, Unterägeri, St. Michael Zug und des Dekanats Zug. Ich danke Beatrice Sutter-Sablonier und Pfarrer Othmar Kähli für ihre Unterstützung. Michael Langer, Zwischen Vorurteil und Aggression. Zum Judenbild in der deutschsprachigen katholischen Volksbildung des 19. Jahrhunderts, Freiburg/Basel/Wien 1994; Walter Zwi Barach, Das Bild des Juden in katholischen Predigten des 19. Jahrhunderts, in: Manfred Treml/Josef Kirchmeir (Hg.), Geschichte und Kultur der Juden in Bayern, München/New York/London/Paris 1988, S. 313–319. Nicht erwähnt in den beiden Publikationen ist der Luzerner Theologe Josef Burkard Leu, der in der Pfarrbibliothek mit zwei judenfeindlichen Werken vertreten ist, dem Lehrbuch «Gieb Rechenschaft von Deinem Glauben» (Luzern 1855, vor allem S. 136) und einer Sammlung von «Predigten» (Stans 1864, vor allem S. 223ff.). Obwohl Leu den Ultramontanismus ablehnte, wurde sein Werk höchst positiv besprochen in: Katholische Schweizer-Blätter für christliche Wissenschaft, Luzern, Nr. 1, 1865, S. 35–41; Schwyzer Zeitung, 10. Oktober 1864.
[41] Alban Stolz, Sem, Cham, Japhet, Freiburg 1858; Ders., ABC für grosse Leute, Freiburg 1864. Zitate aus: Langer (wie Anm. 40), S. 29 bzw. 46. Für Stolz' Kalender und Bücher wurde in der «Schweizerischen Kirchenzeitung» intensiv geworben; Puis-Annalen 1 (1862), S. 8; Blaschke (wie Anm. 19), S. 33.
[42] Heinrich J. Wetzer und Benedikt Welte (Hg.), Kirchen-Lexikon oder Enzyklopädie der katholischen Theologie und ihrer Hilfswissenschaften, Bd. 3, Freiburg 1849, S. 806ff.; Bd. 5, 1850, S. 886–908, hier S. 886, 894f., 901f.; Langer (wie Anm. 40), S. 175f.; vgl. weiter: Michael Langer, Zwischen antisemitischer Versuchung und traditionellem Antijudaismus, in: Michael Graetz/Aram Mattioli (Hg.): Krisenwahrnehmungen im Fin de siècle. Jüdische und katholische Bildungseliten in Deutschland und der Schweiz, Zürich 1997, S. 361f.
[43] Josef M. Rickert, Philothea, Bd. 1, Würzburg 1865, S. 236–257, hier S. 253; vgl. auch die 1864er Ausgabe, Bd. 1, S. 135–140.
[44] Zwi Barach (wie Anm. 40), S. 315; Friedrich E. Krönes (Hg.), Homiletisches Reallexikon, 13 Bde., Regensburg 1856–1863, hier Bd. 1, S. 90.
[45] Josef L. Colmar, Predigten, 7 Bde., 1836–1859, hier Bd. 5, Mainz 1859, S. 140; Zwi Barach (wie Anm 40), S. 316.
[46] Josef Deharbe, Gründliche und leichtfassliche Erklärung des Katholischen Katechismus, 5 Bde., Paderborn ²1861–1869, hier Bd. 4, S. 179f.; Langer (wie Anm. 40), S. 223ff.
[47] Langer (wie Anm. 40), S. 89; Konrad Martin, Lehrbuch der katholischen Religion, für höhere Lehranstalten zunächst für die oberen Klassen des Gymnasiums, 2 Bde., Mainz 1852.

48 Alois Röggl, Predigten, 4 Bde., Innsbruck 1853–56, hier Bd. 3, S. 230; Xaver Massl, Erklärung der hl. Schriften des Neuen Testaments, 12 Bde., Straubing 1836–1849; Sebastian Brunner, Homilienbuch für die Sonn- und Feiertage des Kirchenjahres, Regensburg 1851; weitere vorwiegend mit «Predigten» vertretene judenfeindliche «Grössen» der damaligen Zeit sind Ludwig Mehler, Peter Schegg, Josef Schnorr, Josef Ziegler, Johann Ev. Zollner; vgl. dazu: Langer (wie Anm. 40).

49 Paul A. Wickart, Die Gottheit Christi bewiesen vom historischen Standpunkte, Zug 1865, S. 22ff.

50 Katechismus der christkatholischen Religion für das Bistum Basel. Mit einer Blumenlese von Bibelstellen versehene Ausgabe, Solothurn 1860, S. 30f.

51 Schwyzer Zeitung, 2. November 1864; Brand (wie Anm. 12), S. 72, 78f., 132f., 149, 225; Weldler-Steinberg (wie Anm. 5), S. 135ff.; Luzius Wildhaber, Bundesstaatliche Kompetenzausscheidung, in: Handbuch der schweizerischen Aussenpolitik, Bern/Stuttgart 1975, S. 240f.

52 Bundesblatt der schweizerischen Eidgenossenschaft, Bd. II, 1864, S. 796; Eidgenössische Gesetzessammlung, Bd. VIII, S. 162.

53 BA, Vertragsakten (wie Anm. 10), S. 74ff.; Brand (wie Anm. 12), S. 78ff.

54 BA, Verhandlungen der eidgenössischen Räte über die Verträge mit Frankreich im Herbstmonat, Bern 1864; Neue Zürcher Zeitung, 21. September –1. Oktober 1864; Brand (wie Anm. 12), S. 235ff.; Bundesblatt der schweizerischen Eidgenossenschaft, Bd. III, 1864, S. 39, 370; Bd. III, 1865, S. 33f., 609, 641; Neue Zürcher Zeitung, 25. Oktober – 13. November 1865.

55 Schwyzer Zeitung, 22. Januar 1863.

56 Der Syllabus, der am 8. Dezember 1864 als Annex zur Enzyklika «Quanta Cura» erschien, wurde vollständig veröffentlicht in: Katholische Schweizer-Blätter (wie Anm. 40), Nr. 2, 1865, S. 97–122.

57 Vgl. dazu: Blaschke (wie Anm. 19), S. 37, 110f., 261ff.

58 Schwyzer Zeitung, 16. Januar 1865.

59 Ebda., 26. Januar 1865; «Crucifige» heisst «kreuzige ihn».

60 Ebda., 22. März 1865 (IV. Teil der Serie: Noch einige Streiflichter auf die modernen Ideen).

61 Ebda., 30. Juni 1865.

62 Ebda., 9. November 1865; Müller-Büchi (wie Anm. 11), S. 86f.; Neue Zürcher Zeitung, 29. Oktober, 12. November 1865.

63 Heidi Borner, Zwischen Sonderbund und Kulturkampf. Zur Lage der Besiegten, Luzern/Stuttgart 1981, S. 135.

64 Obwaldner Wochen-Zeitung, 3. Januar, 25. Oktober 1862, 26. September 1863; die «Schweizerische Kirchenzeitung» verglich Hermann am 12. Februar 1862 mit Augustin Keller; P. Ephrem Omlin, Die Landammänner des Standes Obwalden und ihre Wappen, Obwaldner Geschichtsblätter, Heft 9, Sarnen 1966, S. 186.

65 Obwaldner Wochen-Zeitung, 3. Januar, 25. Oktober 1862.

66 Obwaldner Zeitung, 20. Januar 1866.

67 Ebda., 30. Januar 1866.

68 Obwaldner Wochen-Zeitung, 20. Dezember 1865; Obwaldner Zeitung, 20. Januar 1866; Omlin (wie Anm. 64), S. 191; Bernadette Maria Kloter vom Staatsarchiv Obwalden danke ich für die Personenangaben und Sitzungsprotokolle des Landrats vom 16. Dezember und der Abstimmungskommission vom 9. Dezember 1865.

69 Obwaldner Zeitung, 17. Januar 1866.

70 Schwyzer Zeitung, 2., 5. und 20. Januar 1866; Neue Zürcher Zeitung, 26. Januar 1866.

71 Schwyzer Zeitung, 29. Dezember 1865, 9. und 18. Januar 1866.

72 Ebda., 30. Januar 1866.

73 Vgl. BA, Vertragsakten (wie Anm. 10).

74 Schwyzer Zeitung, 10. Januar 1866.

75 Ebda., 18. Januar 1866.

76 Shulamit Volkov, Antisemitismus als kultureller Code, in: Dies., Jüdisches Leben und Antisemitismus im 19. und 20. Jahrhundert, München 1990, S. 21; Jean-Paul Sartre, Réflexions sur la question juive, Paris 1946, S. 11f.
77 Vgl. dazu: Josef Lang, Kein Platz für Juden neben dem «weissen Kreuz im roten Feld». Die Schweizerische Kirchenzeitung und der Antisemitismus (1832–1883), in: Neue Wege. Beiträge zu Christentum und Sozialismus 91 (1997), S. 84–90.
78 Schwyzer Zeitung, 16. Dezember 1865; vgl. dazu: Rainer Erb, Werner Bergmann, Die Nachtseite der Judenemanzipation. Der Widerstand gegen die Integration der Juden in Deutschland 1780–1860, Berlin 1989, S. 174ff.
79 Nicoline Hortzitz, Frühantisemitismus in Deutschland (1789–1871/72). Strukturelle Untersuchungen zu Wortschatz, Text und Argumentation, Tübingen 1988, S. 229ff.
80 Blaschke (wie Anm. 19), S. 268; Schwyzer Zeitung, 16. Dezember 1865.
81 Eine Stimme aus der Urschweiz, in: Schweizerische Kirchenzeitung, 19. September 1863.
82 In Obwalden verstärkte sich der Ultramontanisierungsprozess erst ab den siebziger Jahren des 19. Jahrhunderts – mit der Gründung einer Konkurrenzzeitung zur «Obwaldnerin», dem «Obwaldner Volksfreund». Dieser wurde in den Jahren 1935 bis 1942 vom späteren Bundesrat Ludwig von Moos redigiert.
83 Vgl. dazu die Einwände von: Erb/Bergmann (wie Anm. 78), S. 10ff. gegenüber: Reinhard Rürup, Emanzipation und Antisemitismus. Studien zur «Judenfrage» der bürgerlichen Gesellschaft, Göttingen 1975.

III. Die Ausbreitung des modernen Antisemitismus (1880–1914)

Das Schächtverbot von 1893

BEATRIX MESMER

Am 20. August 1893 konnten die Schweizerbürger zum ersten Mal über eine Initiative abstimmen, die eine Teilrevision der Bundesverfassung verlangte. Dieses neue Instrument direktdemokratischer Entscheidungsfindung, das es ermöglichte, ein von fünfzigtausend Unterschriften getragenes Begehren auf Ergänzung der Verfassung vors Volk zu bringen, war erst 1891 auf Drängen sozialdemokratischer und katholisch-konservativer Gruppierungen geschaffen worden, die sich davon ein Gegengewicht zu den radikal-liberal dominierten eidgenössischen Räten versprachen. Wider Erwarten war es jedoch der Zentralvorstand der deutsch-schweizerischen Tierschutzvereine, der als erster von diesem neuen Recht Gebrauch machte. Mit deutlichem Stimmenmehr wurde ein von ihm formulierter Initiativtext als Artikel 25bis in die Verfassung aufgenommen, der bestimmte: «Das Schlachten der Tiere ohne vorherige Betäubung ist bei jeder Schlachtart und Viehgattung ausnahmslos untersagt.»[1]

Die Schweiz war damit neben dem Königreich Sachsen, wo eine ähnliche Verordnung bereits ein Jahr zuvor erlassen worden war, eines der zwei Länder, in denen am Ende des 19. Jahrhunderts den israelitischen Kultusgemeinden das rituelle Schächten verunmöglicht wurde. Die zeitliche Koinzidenz der beiden Schächtverbote war natürlich nicht zufällig; sie waren das Resultat einer seit Jahrzehnten geführten Kampagne der Tierschutzbewegung für angeblich humanere Schlachtmethoden, hinter der nicht nur lautere Absichten standen. Freilich war die Bedeutung, die der Schächtfrage im Deutschen Reich und in der Schweiz zukam, sehr unterschiedlich. In Deutschland, wo die Emanzipation der Juden durch offen antisemitisch argumentierende Parteien wieder in Frage gestellt wurde, war sie nur ein marginales Thema. In der Schweiz dagegen wurde sie zum Kristallisationspunkt einer breiten staatsrechtlichen Debatte, in der es nicht nur um die Integration der jüdischen Minderheit, sondern auch um die Interpretation der durch die Verfassung garantierten Rechtsgleichheit und Kultusfreiheit ging. Diese unterschiedliche Gewichtung hat sich auch im Forschungsstand niedergeschlagen. Während in der Literatur zum Antisemitismus im Deutschen Kaiserreich die sächsische Schlachtverordnung kaum Beachtung gefunden hat, liegen über den schweizerischen Schächtartikel eine ganze Reihe von juristischen und historischen Studien vor.[2] Auf die Ergebnisse dieser Arbeiten kann zurückgegriffen werden, wenn im folgenden den Motiven und Interessen nachgegangen wird, die hinter dem Schächtverbot standen.

Die Tierschutzbewegung

Es mag auf den ersten Blick erstaunlich scheinen, dass ausgerechnet eine Vereinigung, die ihr Wirken unter das Motto «Tiere schützen heisst Menschen nützen» stellte, gegen die jüdische Minderheit vorging – erstaunlich schon deshalb, weil zu den Gründern der Tierschutzvereine überall auch prominente Juden gehörten.³ Vergegenwärtigt man sich jedoch den Stellenwert, der dem Vereinswesen bei der Etablierung verbindlicher Normen in der bürgerlichen Gesellschaft zukam, so lässt sich das Verhalten der Tierschützer in ein plausibles Muster einordnen. Wie viele andere philanthropische Reformbewegungen, die sich für Humanität und Sittlichkeit einsetzten, nahm die Tierschutzbewegung ihren Anfang in England und breitete sich durch persönliche Kontakte auf dem Kontinent aus. In der Schweiz dienten offenbar kirchliche Kreise, gemeinnützige Gesellschaften und landwirtschaftliche Vereine als Rekrutierungsbasis. In Bern trat 1844 der Gefängnisgeistliche Adam Friedrich Molz als Initiant eines Tierschutzvereins auf, in Zürich war es 1856 der Weininger Pfarrer Philipp Heinrich Wolff, und in Basel bildete sich 1848 innerhalb der Gesellschaft für das Gute und Gemeinnützige eine Kommission zur Abhülfe der Tierquälerei. Das Engagement für das Leiden der stummen Kreatur galt deshalb zuerst als Marotte empfindsamer Bildungsbürger. «Der Thierschutz und nun gar besondere Vereine zu diesem Zwecke», erinnerte sich Pfarrer Wolff, «wurden von gar Vielen und zum Theil auch in der Presse, als Ausgeburt einer ungesunden Sentimentalität hingestellt.»⁴ Diese Einschätzung übersah jedoch, dass die Tierschützer bereits um die Jahrhundertmitte eine ernstzunehmende Pressuregroup waren. Sie verfügten über gute Kanäle zu den politischen Behörden und koordinierten, schon bevor sie 1860 ihren ersten internationalen Kongress abhielten, ihre Tätigkeiten auch über die Landesgrenzen hinweg. Dabei beschränkten sie sich nicht auf die Verbreitung von Flugblättern und Broschüren, sondern waren auch dafür besorgt, dass Tierquälerei zu einem Straftatbestand wurde. Auch in dieser Beziehung war England führend, wo bereits 1822 ein entsprechendes Gesetz erlassen wurde, das auch den Schweizern bei ihren Vorstössen als Vorbild diente. Sie erreichten, dass bis 1885 sämtliche Kantone entweder über Spezialgesetze oder einschlägige Paragraphen in ihren Strafgesetzen verfügten.⁵

Mit den Gesetzen gegen Tierquälerei verschaffte sich die Tierschutzbewegung ein legal abgesichertes Aktionsfeld, das es ihr ermöglichte, semioffizielle Funktionen an sich zu ziehen. Da die Straftatbestände meist vage formuliert waren und Übertretungen nur geahndet werden konnten, wenn sie zur Anzeige gelangten, öffnete sich ein weiter Ermessensspielraum, den die Tierschutzvereine nutzten. Ihre organisatorische Verfestigung, die 1861 mit der Gründung eines gesamtschweizerischen Verbandes einsetzte und 1885 mit der Schaffung eines Zentralvorstandes abgeschlossen wurde, war nicht nur darauf zurückzuführen, dass sie nun auch auf Bundesebene die Gesetzgebung beeinflussen wollten, sondern mehr noch auf ihre wachsende Definitions- und Kontrollmacht. «Der Thierschutz hat wesentlich eine polizeiliche Aufgabe zu erfüllen», wurde nun selbstbewusst festgestellt, «auf diesem weiten Felde des täglichen, öffentlichen Lebens muss er präventiv und repressiv arbeiten.»[6] Die einzelnen Vereine zogen zur Durchsetzung der Tierschutzbestimmungen ein eigentliches Überwachungs- und Spitzelsystem auf, setzten Prämien für die Verzeigung von Vergehen aus und drohten mit der Publikation der Namen von gebüssten Übeltätern. Was als Tierquälerei zu gelten habe, definierten sie selber, und ihre Definition entsprach jeweils der Optik und Interessenlage ihrer Mitglieder. Gegen die Jagd auf freier Wildbahn und den Angelsport hatten die bürgerlichen Tierfreunde wenig einzuwenden, ins Visier gerieten dagegen Fuhrleute, die ihre Pferde schlecht behandelten, sowie Viehhändler und Metzger, die roh mit dem Schlachtvieh umgingen.

Zwar orientierten sich auch die schweizerischen Tierschutzvereine an der Agenda der internationalen Kongresse; wie sie ihre Prioritäten setzten, hing jedoch stark von den lokalen Wortführern ab. Der Beitritt zu einem Verein war ja nicht nur attraktiv, weil er ein Bekenntnis zu bestimmten sittlichen und kulturellen Werten bedeutete, sondern auch, weil er Einfluss und Macht versprach. Wie aus den Mitgliederverzeichnissen hervorgeht, liessen sich für das Anliegen des Tierschutzes viele Frauen gewinnen, die mit ihren Jahresbeiträgen und Legaten zur Finanzierung der Vereinsaktivitäten beitrugen, in den Leitungsgremien aber nichts zu sagen hatten. Weniger altruistisch dürften die Beitrittsmotive der Wirte, Grossmetzger und Gewerbetreibenden gewesen sein, denen es vor allem um ihre Geschäftsinteressen ging. Tonangebend waren, wie in den meisten schweizerischen Vereinen, Angehörige der politischen Eliten, Akademiker und Beamte, wobei auffällt, dass in Bern die patrizischen Familien stark vertreten waren, während im Aargau die ländlichen Honoratioren und Amtsinhaber die Mehrheit stellten. Bei der Wahl der Themen, denen die Vereine sich zuwandten, spielten deshalb stets auch berufsbezogene und politische Erwägungen mit. Vor allem dort, wo die Integration der Juden zu Spannungen führte, lag es nahe, die Schächtfrage aufzugreifen und so den latenten Antisemitismus der Bevölkerung für eigene Zwecke zu instrumentalisieren.[7]

Die Humanisierung der Schlachtmethoden

Zu den Problemen, mit denen die Tierschutzbewegung sich beschäftigte, gehörte von Anfang an die Suche nach möglichst schonenden Schlachtmethoden. In der zweiten Hälfte des 19. Jahrhunderts nahm der Verzehr von Fleisch in allen industrialisierten Ländern zu, was die Errichtung von modernen Schlachtanstalten und einen Ausbau der Fleischschau nötig machte. Der Erlass von neuen Schlachtverordnungen bot den Tierschützern jeweils Gelegenheit, in ihrem Sinne auf die zuständigen Behörden einzuwirken. Auch sie waren sich darüber im klaren, dass Tiere, bevor man ihr Fleisch essen konnte, getötet werden mussten, sie forderten jedoch eine Tötungsart, die dem zufälligen Zuschauer so wenig Unbehagen wie möglich bereitete und das Gewissen der Konsumenten entlastete. Einen Anknüpfungspunkt für die sogenannte Humanisierung des Schlachtens boten die Gesetze gegen Tierquälerei, die alle ausdrücklich die Tötung von Tieren «auf ungewöhnliche und mehr als nötig schmerzhafte Weise»[8] als Straftatbestand erwähnten. Beim Entscheid darüber, was als gewöhnliche Tötungsart zu gelten habe, kam natürlich den Schlachthausverwaltern und den als Fleischbeschauern amtierenden Veterinären ein gewichtiges Wort zu, und sie waren es auch, die den Tierschutzvereinen als Gewährsleute dienten. Aus ihrer betriebsbezogenen Sicht waren der Schlag auf den Kopf oder der Genickstich wenig schmerzhafte Methoden, da sie das Vieh sogleich immobilisierten. Sie neigten deshalb dazu, das den Juden aus religiösen Gründen vorgeschriebene Schächten, d. h. den am unbetäubten Tier vorgenommenen Halsschnitt, der die Luftröhre und die Hauptadern durchtrennte, als ungewöhnlich und mehr als nötig schmerzhaft zu denunzieren, weil es ein vorgängiges Niederwerfen des Viehs verlangte und während des Ausblutens reflexartige Bewegungen zu beobachten waren.[9]

Einen ersten Versuch, das Schächten als Tierquälerei verbieten zu lassen, unternahm in den fünfziger Jahren die englische Tierschutzgesellschaft, ihre Klage wurde jedoch vom Londoner Gerichtshof abgewiesen. Dass schon damals hinter dem Vorgehen der Tierschützer antisemitische Motive vermutet wurden, zeigt ein von jüdischer Seite häufig zitierter Kommentar der Zeitung «Daily News», die meinte, es habe sich dabei um einen Versuch gehandelt, «unsere jüdischen Mitbürger aus kleinlichen und unhaltbaren Gründen Vexationen auszusetzen»[10]. In der Schweiz, wo man die Juden noch nicht als Mitbürger akzeptierte, war man in dieser Beziehung weniger sensibel. Im Kanton Aargau wurde 1854 ein Tierschutzgesetz erlassen, das nicht nur die Tötung von Tieren auf ungewöhnlich schmerzhafte Weise untersagte, sondern auch vorschrieb, dass grosses und kleines Schlachtvieh durch einen Schlag auf den Kopf getötet werden musste. Ob die Gesetzgeber tatsächlich übersahen, dass sie damit den beiden jüdischen Korporationen in Lengnau und Oberendingen das rituelle Schächten verunmöglichten, sei dahingestellt. Jedenfalls erhoben die beiden Gemeinden sogleich Einspruch beim Regierungsrat, der sie an den Grossen Rat verwies. Dieser verabschiedete daraufhin 1855 ein Sondergesetz, durch das den Surbtaler Gemeinden eine Ausnahmebewilligung für das Schlachten nach den Vorschriften ihres Kultus erteilt wurde.[11]

Obschon der aargauische Grosse Rat den Bedürfnissen der Juden entgegenkam, wurde durch sein Vorgehen in der Schweiz überhaupt erst eine Schächtfrage geschaffen. Das Sondergesetz schrieb fest, dass der Schächtritus den von den Tierschützern definierten Normen nicht entsprach, und es behandelte den israelitischen Kultus als einen Sonderfall, der sich örtlich beschränken liess. Damit waren die Argumente vorgegeben, die sich nicht nur im Aargau, sondern auch in anderen Kantonen gegen die Gleichstellung der jüdischen Minderheit einsetzen liessen. Die ersten Versuche, das Schächten zu verbieten, fielen denn auch mit dem Wegfall der rechtlichen Diskriminierungen zusammen, die den Juden die Ansiedlung ausserhalb ihrer traditionellen Wohnorte erschwert hatten. Bereits kurz nach dem Bundesbeschluss von 1856, der den

Kantonen die Aufhebung der bisherigen Beschränkungen vorschrieb, wurde die Schächtfrage im Aargau wieder akut. Die in Baden niedergelassenen Juden, die sich zu einem eigenen Kultusverein zusammengeschlossen hatten, ersuchten 1859 den Regierungsrat, ebenfalls schächten zu dürfen, wurden jedoch unter Verweis auf das Sondergesetz abgewiesen. Offenbar wichen die jüdischen Schächter ins nahegelegene Zürich aus, was sogleich den dortigen Tierschutzverein auf den Plan rief. Wie seinem Jahresbericht zu entnehmen ist, wurde ihm zugetragen, «dass in hiesiger Metzg das Schlachten der Thiere durch jüdische Schlächter, das sogenannte Schächten, eine äusserst qualvolle Todesart, neuerer Zeit immer häufiger vorkomme, um so häufiger, seit es im Aargau ausser den beiden israelitischen Gemeinden nicht mehr geduldet, sondern als Thierquälerei bestraft wird. Wir ersuchten nun die h. Polizeidirektion, gemäss unserem Gesetze einzuschreiten, resp. das Schächten untersagen zu wollen.» In Zürich war man sich durchaus bewusst, dass damit ein heikles Problem angeschnitten war. Der Tierschutzverein betonte denn auch, er habe geglaubt, diesen Antrag stellen zu dürfen, «ohne der religiösen Intoleranz beschuldigt zu werden, denn von einer sehr grossen Zahl Israeliten wird die religiöse Nothwendigkeit jenes Gebrauches mehr als nur angezweifelt». Die Zürcher Polizeidirektion sah die Dinge jedoch anders. Sie holte Gutachten bei zwei Professoren, dem Veterinär Rudolf Zangger und dem Physiologen Heinrich Fick, ein, die übereinstimmend die Meinung vertraten, der beim Schächten angewandte Halsschnitt sei nicht schmerzhafter als andere Tötungsarten. Die Polizeidirektion trat daraufhin auf die Petition nicht ein, und auch der Tierschutzverein musste sich «nach Einsichtnahme der Gutachten selbst überzeugen, dass diese Schlachtungsart allerdings nicht in die Klasse der unnöthigen Quälereien [...] gerechnet werden könne».[12]

Im Aargau war man über das Vorgehen der Zürcher Polizeidirektion anscheinend orientiert. Als sich der israelitische Kultusverein Baden mit einem neuen Gesuch an den Grossen Rat wandte, beauftragte dieser nämlich den Regierungsrat, zu untersuchen, ob nicht das Tierschutzgesetz dahingehend abgeändert werden könne, dass das Schächten im ganzen Kantonsgebiet erlaubt sei. Der aargauische Polizeidirektor folgte dem Beispiel seines Zürcher Kollegen und setzte ebenfalls zwei Sachverständige ein, die bestätigten, dass das Schächten nicht schmerzhafter sei als der Kopfschlag. Aufgrund dieses Gutachtens erarbeitete der Regierungsrat einen Vorschlag zur Revision des Tierschutzgesetzes, der die Bestimmungen über das Schlachten fallen liess. Die liberalen Politiker, denen daran gelegen war, die Stellung der Juden möglichst rasch zu normalisieren, wählten damit eine elegante Lösung, die das Sondergesetz hinfällig gemacht hätte. Dazu kam es jedoch wegen der nun einsetzenden Emanzipationswirren nicht.[13] Der Grosse Rat trat erst 1866 – nun in neuer Zusammensetzung – auf die Vorlage ein und lehnte sie schliesslich in zweiter Lesung ab. Zustimmung fand dagegen im Februar 1867 ein Antrag des Grossratspräsidenten, das Sondergesetz aufzuheben und im ganzen Kanton auch für die jüdischen Metzger die Gesetzesbestimmungen gegen die Tierquälerei zur Anwendung zu bringen.

Dieser Antrag kam nicht nur der Stimmung im Aargau entgegen, er war auch beeinflusst durch die Ereignisse in St. Gallen, wo das 1863 den Juden gewährte Niederlassungsrecht ebenfalls zu Abwehrreaktionen führte. Als sich hier eine israelitische Kultusgesellschaft bildete, deren Statuten 1866 vom Grossen Rat genehmigt wurden, erliess die Stadt St. Gallen auf Ersuchen der Metzger eine neue Schlachthausverordnung, die das Schächten untersagte. Zur Begründung des Verbotes wurde wieder auf das Argument der Tierquälerei zurückgegriffen. Die Kultusgesellschaft erhob Einspruch beim Regierungsrat und schlug als Experten Professor Zangger vor, der schon in Zürich als Gutachter beigezogen worden war und auch jetzt bei seiner Meinung blieb. Zudem liess Rabbiner Hermann Engelbert, um die Öffentlichkeit über die rituelle Bedeutung des Schächtens und das dabei angewandte Verfahren aufzuklären, eine Artikelserie in der Tagespresse erscheinen. Der Regierungsrat, der zuerst den Rekurs abgewiesen hatte, beugte sich schliesslich der Expertenmeinung und erlaubte das Schächten unter der Bedingung, dass es «durch sachkundige, besonders bestellte Persönlichkeiten vollzogen werde»[14].

Auch im Kanton Aargau rief der Antrag des Grossen Rates, das Sondergesetz abzuschaffen, die Gegenwehr der jüdischen Gemeinden hervor. Für sie sprach Rabbiner Meyer Kayserling, der schon während der Emanzipationskämpfe gegen die antisemitischen Angriffe aufgetreten war. Auch er wandte sich an Zangger, den er um eine Stellungnahme und zudem um die Nennung der wichtigsten Autoritäten auf dem Gebiet der Veterinärwissenschaft bat. So kamen fünfundzwanzig Gutachten international bekannter Mediziner und Physiologen zusammen, die alle das Schächten als eine wenig schmerzhafte Tötungsart bezeichneten, da durch den Halsschnitt sogleich Bewusstlosigkeit eintrete. Kayserling veröffentlichte diese Gutachten 1867 in seiner Schrift «Die rituale Schlachtfrage oder ist Schächten Thierquälerei?»[15], in der er auch auf die Bedeutung der Speisegesetze für die jüdische Religion einging und der Meinung entgegentrat, die Juden müssten sich nach ihrer rechtlichen Gleichstellung auch in der Ausgestaltung ihres Kultus der christlichen Mehrheit anpassen. Eine solche Vereinheitlichung, gab er zu bedenken, sei nicht Toleranz, sondern der Glaubens- und Gewissensfreiheit diametral entgegengesetzt.

Kayserling hatte mit seiner Intervention insofern Erfolg, als die Aargauer Regierung den Antrag des Grossen Rates stillschweigend überging. In den jüdischen Gemeinden im Surbtal und in Baden konnte einstweilen unbehelligt weiter geschächtet werden. In der Schwebe blieb auch die Haltung der Tierschutzvereine, die 1869 ihren internationalen Kongress in Zürich abhielten. Als Vertreter des eben gegründeten aargauischen Vereins war auch Kayserling anwesend, der zum Traktandum «Die beste schmerzloseste Schlachtmethode (mit Beiziehung des israelitischen Schächtens)» das Wort ergriff. Er blieb jedoch mit seinem Antrag, das rituelle Schächten künftig aus den Verhandlungen auszuklammern, ebenso in der Minderheit wie der bayrische Hoftierarzt Adolf Sondermann, der bei dieser Gelegenheit erstmals als entschiedener Gegner des Schächtens auftrat. Mehrheitsfähig war dagegen ein Vermittlungsantrag, der die

Frage an die Fachgesellschaft der Veterinäre weiterreichte.[16] In der Folge waren es denn auch die Amtstierärzte und Schlachthausverwalter, die sich der Sache annahmen. Sie taten sich vor allem mit der Entwicklung von Apparaten hervor, die eine rasche und sichere Tötung des Viehs ermöglichen sollten. In den siebziger Jahren wurden in den Tierschutzvereinen vor allem die unter dem Namen «Bouterole» vermarktete Stiftmaske des Pariser Schlachthofdirektors Bruneau und die Schussmaske des Basler Schlachthausverwalters Siegmund propagiert.[17] Dass die Erfinder der neuen Apparaturen alle anderen Schlachtmethoden und vor allem das Schächten als veraltet und grausam darstellten, versteht sich von selbst, waren für sie doch auch kommerzielle Interessen im Spiel.

Die neuen Schlachttechniken boten den Tierschützern einen willkommenen Anlass, erneut gegen die jüdischen Schächter vorzugehen. Bereits 1874 beschloss der St. Galler Gemeinderat, im städtischen Schlachthaus die Bouterole einzuführen und aus diesem Grunde das Schächten zu untersagen. Wie schon sieben Jahre zuvor beschwerte sich die jüdische Kultusgesellschaft beim Regierungsrat, wobei Rabbiner Engelbert diesmal vor allem dogmatische Gründe dafür geltend machte, dass seine Glaubensgemeinschaft am Schächtritus festhalten müsse. Der Regierungsrat ging darauf jedoch nicht ein, sondern stützte sich auf die Meinung der kantonalen Sanitätskommission, die sich für die Bruneausche Schlachtmethode aussprach, und wies die Beschwerde ab. Damit waren für die jüdische Gemeinde die Rechtsmittel aber noch nicht erschöpft. Seit der Totalrevision der Bundesverfassung von 1874 konnten sich auch die Israeliten auf den neuen Artikel 50 berufen, der festlegte: «Die freie Ausübung gottesdienstlicher Handlungen ist innerhalb der Schranken der Sittlichkeit und der öffentlichen Ordnung gewährleistet.» Die Kultusgesellschaft rekurrierte denn auch an den Bundesrat, der den Entscheid der St. Galler Regierung umgehend sistierte. Es nützte dem Regierungsrat auch nichts, dass er in einer Stellungnahme geltend machte, die Mehrzahl der Juden halte sich nicht mehr an den Gebrauch, nur geschächtetes Fleisch zu essen. Der Bundesrat gab unter Verweis auf die 1866 erfolgte Genehmigung der Statuten der Kultusgesellschaft, in denen auch das Amt eines Schächters erwähnt wurde, den Rekurrenten Recht.[18] Daraufhin beantragte der Regierungsrat beim Grossen Rat, die Genehmigung dahingehend zu modifizieren, dass die Kultusgesellschaft ihren Gottesdienst nur unter Respektierung der öffentlichen Ordnung – gemeint waren sanitätspolizeiliche Vorschriften – ausüben dürfe. Der Grosse Rat wies dies aber zurück, nicht zuletzt auch deshalb, weil Rabbiner Engelbert in einer neuen Denkschrift «Das Schächten und die Bouterole» den Standpunkt der jüdischen Gemeinde nochmals verteidigt und weitere wissenschaftliche Gutachten vorgelegt hatte, in denen das Schächten auch im Vergleich mit den modernen Schlachtmethoden gut abschnitt.[19]

Der Beginn der Schächtkampagne

Der St. Galler Rekursfall machte erstmals die ganze Komplexität der Schächtfrage deutlich. Zum einen war er eine Nagelprobe dafür, wie der Bundesrat die Kultusfreiheit zu interpretieren gedachte. Indem er sich bei seinem Entscheid auf die Genehmigung der Statuten der israelitischen Kultusgesellschaft stützte, anerkannte er implizit das Schächten als Bestandteil des jüdischen Gottesdienstes. Unberücksichtigt blieb dabei jedoch, dass Artikel 50 die freie Ausübung gottesdienstlicher Handlungen nur innerhalb der Schranken der Sittlichkeit und der öffentlichen Ordnung gewährleistete. Dass die Bundesbehörden, die sich um eine Beilegung des Kulturkampfes bemühten, nicht geneigt waren, sich auf eine Diskussion über diese Einschränkung einzulassen, ist nachvollziehbar. Damit setzten sie sich aber, wie der St. Galler Regierungsrat sogleich erkannte, über die ordnungspolizeilichen Kompetenzen der Kantone hinweg, zu denen unbestrittenermassen auch der Erlass von Schlachtverordnungen gehörte. Offen blieb auch die Frage, ob religiös begründete Ausnahmeregelungen gegen den in Artikel 4 der Bundesverfassung verankerten Grundsatz der Rechtsgleichheit verstiessen.

Zum andern wirkte sich die öffentlich geführte Diskussion über das Schächten auch auf die Wahrnehmung der jüdischen Minderheit aus. Hatte sich der populäre Antisemitismus bisher vor allem gegen das Geschäftsgebaren und die Lebensweise der Juden gerichtet, so wurden sie nun durch das Auftreten ihrer Rabbiner auch als Ritualgemeinschaft auffällig. Dass sie zugleich von der rechtlichen Gleichstellung Gebrauch machten und auf der Respektierung ihres überlieferten Kultus beharrten, schien den Vorwurf zu bestätigen, sie seien ein fremdes Volk mit einer eigenen Binnenmoral, das zwar die Vorteile der liberalen Gesetzgebung nutzen, sich aber nicht in den Staat integrieren wolle.[20]

Die Tierschutzbewegung sah in der Aufhebung des St. Galler Schächtverbotes denn auch weniger einen Rückschlag als vielmehr einen Anlass, neue Strategien zu entwickeln. Es genügte nun nicht mehr, das Schächten für Tierquälerei zu erklären, es musste zudem der Beweis erbracht werden, dass es kein unabdingbarer Bestandteil der jüdischen Religion sei und dass es gegen Sittlichkeit und öffentliche Ordnung verstosse. Diese neue Argumentationslinie konnte an die von den Tierschützern schon früher ins Feld geführte Feststellung anknüpfen, dass sich nicht mehr alle Juden an die Speisegesetze hielten. In der Tat liess sich nicht bestreiten, dass es seit der Emanzipation innerhalb des Judentums Strömungen gab, die eine Modernisierung des Kultus befürworteten. In Deutschland hatte sich in den vierziger Jahren auch eine Gruppe von assimilationsbereiten Rabbinern für weitgehende Reformen eingesetzt, war jedoch mit ihrem Anliegen gegen die orthodoxe Richtung nicht durchgedrungen.[21] Wenn die Tierschützer behaupteten, es herrsche selbst unter den jüdischen Gelehrten keine Einigkeit über die Notwendigkeit des Schächtens, so traf das sicher Ende der siebziger Jahre nicht mehr zu. Sie konnten sich nur auf einen einzigen Gewährsmann stützen, den unter verschiedenen Pseudonymen publizierenden ehemaligen Rabbiner von Buttenhausen, Jakob

Stern, der von seiner Gemeinde wegen seiner abweichenden Ansichten abgesetzt worden war. Auf Anregung des Münchner Schächtgegners Dr. Sondermann fasste Stern seine Meinung 1880 in der Broschüre «Thierquälerei und Thierleben in der jüdischen Literatur» zusammen und druckte als Anhang auch ein Gutachten des verstorbenen Frankfurter Reformrabbiners Leopold Stein ab. Ein Verleger fand sich, wohl durch Vermittlung der schweizerischen Tierschutzvereine, in Zürich.[22]

Dass den schweizerischen Tierschutzvereinen bei der nun einsetzenden international koordinierten Kampagne gegen das Schächten eine Führungsrolle zukam, ergab sich schon aus der Situation im Kanton Aargau, wo immer noch der Antrag des Grossen Rates auf Abschaffung des Sondergesetzes hängig war. Es war denn auch der eben neu gewählte Präsident des aargauischen Tierschutzvereins, Bezirksverwalter Andreas Keller-Jäggi, der 1880 die Broschüre Sterns zum Anlass nahm, die Schächtfrage wieder aufzugreifen. Im Jahresbericht des Vereins wurde ausgiebig aus dem Gutachten Steins zitiert, der das Schächtgebot als rabbinische, im Talmud und im Schulchan Aruch festgelegte Tradition bezeichnete, die keine Grundlage in den mosaischen Gesetzen habe. Auch die von Pfarrer Wolff redigierten «Schweizerischen Thierschutzblätter» beriefen sich sogleich auf die Publikation von Stern und gaben die Parole aus: «Die Frage des Schächtens, beziehungsweise die Abschaffung des Schächtens und Vertauschung mit einer humaneren Schlachtmethode soll neuerdings in Fluss gebracht werden.»[23]

Freilich liessen sich nicht alle schweizerischen Tierschützer in die Schächtkampagne einspannen. Vor allem die französischsprachigen Vereine, die sich eben zur eigenständigen Union romande zusammentaten, hielten sich abseits, und auch die St. Galler verweigerten dem Zentralpräsidenten die Gefolgschaft.[24] Ausser den Aargauern wurden nur die Berner – wenn auch aus anderen Gründen – aktiv. Der Tierschutzverein der Stadt Bern litt in den siebziger Jahren unter einer Profilierungskrise, da sich offenbar die Hoffnungen einiger Mitglieder, durch die Vereinsaktivitäten lokalpolitischen Einfluss zu gewinnen, nicht erfüllt hatten. Jedenfalls wurde 1876 beklagt, dass man in der Tierschutzbewegung «oft mehr auf schöne Redensarten und sentimentale Ergüsse sich zu verlegen scheint als auf die peniblere, dornenvollere Thätigkeit im Verkehr unseres bürgerlichen und sozialen Lebens»[25]. Eine solche Tätigkeit glaubte der seit 1878 amtierende Präsident Anton von Steiger-Jeandrevin vorerst im Kampf gegen die wissenschaftlichen Versuche am lebenden Tier gefunden zu haben. Die Anregung, sich diesem Thema zuzuwenden, kam «von einer ausserhalb des Vereins stehenden Persönlichkeit»[26], wahrscheinlich von dem in der Westschweiz wirkenden Schriftsteller Jules Charles Scholl, der damals versuchte, auch die Deutschschweizer in die seit einem Jahrzehnt von englischen und deutschen Tierfreunden geführte Antivivisektionskampagne einzubinden.[27] Scholl fand in von Steiger einen eifrigen Verbündeten, der nicht nur seinen eigenen Verein auf diese Linie zu bringen suchte, sondern auch erwirkte, dass die Vivisektion 1880 an der Konferenz der schweizerischen Tierschutzvereine traktandiert wurde. Hier hielt von Steiger selbst das Hauptreferat, es gelang ihm jedoch nicht, die Delegierten auf seine Thesen zur Unterbindung der Tierversuche zu verpflichten. In der Diskussion müssen harte Worte gefallen sein, denn der Zentralpräsident Wolff bedauerte, dass die «Vivisektionsfrage» zu einem Schisma geführt habe, das den Einsatz «für andere gemeinsame grosse Fragen» hemme. Auch von Steiger sah die Dinge ähnlich und zog aus seiner Niederlage die Konsequenzen. Zusammen mit Scholl gründete er 1883 den Schweizerischen Antivivisektionsverein, der sich freilich nach seinem kurz darauf erfolgten Tod rasch wieder auflöste.[28]

Obschon in der Schweiz in den achtziger Jahren die Agitation gegen die wissenschaftlichen Tierversuche nie das gleiche Ausmass erreichte wie in England und Deutschland, war ihr Einfluss auf die Tierschutzbewegung doch nicht zu unterschätzen. Die Vivisektionsgegner sorgten für die Verbreitung von Schriften, in denen durch Berichte über grauenerregende Experimente und verkürzte Zitate aus wissenschaftlichen Arbeiten der Eindruck erweckt wurde, die an den Universitäten betriebene Forschung sei eine unnütze, nur der Selbstbestätigung zynischer Mediziner dienende Tierquälerei. Zu einem eigentlichen Bestseller wurden die «Folterkammern der Wissenschaft» des deutschen Hobbyethnologen Ernst von Weber, der auch eine internationale Vereinigung zur Bekämpfung der wissenschaftlichen Tierfolter ins Leben rief.[29] Auch Anton von Steiger, der Mitglied dieser Vereinigung war, hielt sich mit Angriffen auf die Universitätslehrer nicht zurück. Das hatte zur Folge, dass eine ganze Reihe von Professoren und Akademikern der Tierschutzbewegung den Rücken kehrte. Die Kampagne gegen die Vivisektion kam deshalb, wie zu Recht bemerkt worden ist, letztlich den Schächtgegnern zugute.[30] Sie trug nicht nur dazu bei, das Vertrauen in die wissenschaftlichen Autoritäten zu untergraben, die sich als Gutachter für die Unbedenklichkeit der jüdischen Schlachtmethode verbürgt hatten, sie führte auch dazu, dass nun in den Tierschutzvereinen Leute die Führung übernahmen, die sich auf das «gesunde Volksempfinden» verliessen und dabei ihre eigenen politischen Zwecke verfolgten.

Am deutlichsten trat dieser Wechsel in Bern zutage, wo bereits 1880 der Tierarzt und Fleischinspektor Jakob Jöhr die Gelegenheit bekam, vom Standpunkt des Praktikers aus über die Einführung einer einheitlichen Schlachtmethode zu sprechen.[31] Ein Jahr später hielt der Arzt Adrian Stoll, der seinen Beruf gewechselt hatte und als Adjunkt der eidgenössischen Pulververwaltung tätig war, einen Vortrag über das Schächten. Seine Ausführungen waren ein Musterbeispiel dafür, mit welchen Mitteln die Schächtkampagne nun geführt wurde und wer von ihr zu profitieren hoffte. So zitierte Stoll den detaillierten Bericht eines Augenzeugen, der den Schächtvorgang als langdauernde, von schrecklichen Konvulsionen begleitete Agonie darstellte. Nach dieser Schilderung konnte er der Zustimmung sicher sein, wenn er erklärte, dass er kein Vertrauen in die von den Rabbinern eingeholten wissenschaftlichen Gutachten habe. Die vielen darin enthaltenen Widersprüche und Vorbehalte hätten ihn nämlich zur Überzeugung geführt, «dass ein grosser Theil derselben nicht mit der nöthigen Unpartheilichkeit abgefasst worden ist». Der antisemitische Unterton, der hier anklang, wurde noch dadurch verstärkt, dass Stoll seinen Hörern mitteilte, ein Ersuchen der französischen Tierschützer an das israelitische Konsistorium, es möge den Schächtritus modifizieren, sei unbeantwortet geblieben. «Warum, darüber mag ein Jeder von Ihnen sich seine eigenen Gedanken machen. Ich bemerke nur, dass im Pariser Thierschutzverein sich eine ziemlich grosse Anzahl Israeliten befindet.» Natürlich betonte auch Stoll, dass er nicht die Absicht habe, die religiösen Gefühle andersgläubiger Mitbürger zu verletzen. Es bestünden aber auch unter den jüdischen Schriftgelehrten Differenzen über die Notwendigkeit des Schächtens, so dass hier durchaus im Sinne des Tierschutzgesetzes eingegriffen werden könne. Die Gesetzgebung habe, um Unordnung im bürgerlichen Leben zu verhüten, gewisse Normen und Limiten festgesetzt, denen sich alle ohne Ausnahme zu unterziehen hätten. Wenn ein religiöser Kultus auf die Toleranz der Landesbehörde Anspruch mache, «so soll er sich dieser Toleranz würdig zeigen und namentlich seine rituellen Gebräuche so einrichten, dass dieselben die Gefühle des sittlicheren und gebildeteren Theils der Gesamtbevölkerung nicht verletzen».[32]

Dass der Berner Tierschutzverein den Vortrag Stolls in extenso in seinem Jahresbericht abdruckte, lässt darauf schliessen, dass er mit der Schächtkampagne auch politische Absichten verfolgte. In der Stadt wie im Kanton Bern waren die achtziger Jahren geprägt durch die Neuformierung des linken und rechten Parteienspektrums. Die Konservativen, die bisher die Gemeindebehörden der Stadt gestellt hatten, gerieten zunehmend unter Druck, als sich 1881 Radikale, Demokraten und Sozialdemokraten als Vereinigte Freisinnige zusammenfanden. Das Erstarken der Opposition zwang die burgerlich-patrizischen Kreise, die bisher die Stadt als ihre Domäne betrachtet hatten, eine schrittweise Reform des Wahlrechts und der Gemeindeverwaltung einzuleiten.[33] In den Auseinandersetzungen um die Machtverhältnisse in der Gemeinde wurde auch der Tierschutzverein, dessen Mitglieder zu einem guten Teil der alten Oberschicht entstammten, für die Sache der Konservativen eingesetzt. Die Schächtfrage eignete sich schon deshalb gut zur Stimmungsmache, weil es die Radikalen gewesen waren, die mit der Verfassung von 1846 den Juden die Niederlassung auf bernischem Gebiet und die Gründung von Kultusgemeinden ermöglicht hatten. Als Schirmherren der Universität konnten sie zudem auch für das Verhalten der Wissenschaftler verantwortlich gemacht werden. Die antisemitischen Ausfälle Stolls hatten also durchaus System: Es sollte der Eindruck erweckt werden, die Vereinigten Freisinnigen, die sich für die Rechte der zugewanderten Einwohner einsetzten, ständen unter jüdischem Einfluss. Dagegen liessen sich die Konservativen als Vertreter des sittlicheren Teils der Bevölkerung darstellen, die dafür sorgten, dass die Grenzen der Toleranz nicht überschritten wurden.

Die bernischen Gemeindebehörden waren ihrerseits auch durchaus bereit, mit dem Tierschutzverein zusammenzuarbeiten. So gingen sie auf das Begehren ein, im neuen Schlachthaus ab 1882 eine einheitliche Schlachtmethode für Grossvieh vorzuschreiben, wobei ihre Wahl auf die auch von Jöhr empfohlene Siegmundsche Schussmaske fiel. Der Tierschutzverein lobte diesen Beschluss, durch den «ein seit Jahrhunderten bestehendes Stück Tierquälerei für immer abgeschafft wurde». Da er jedoch nicht sicher war, ob damit auch ein Schächtverbot verbunden war, richtete er eine Eingabe an die Polizeikommission, «es möge den hiesigen Israeliten das bisher übliche

225

Werfen der Thiere vor dem Schächten untersagt und als Modus des Fällens ihnen die Schussmaske vorgeschrieben werden».[34] Unterstrichen wurde dieser Antrag noch dadurch, dass als Anhang des Jahresberichts Auszüge aus einem Artikel des Mülhauser Veterinärs Jules Mandel veröffentlicht wurden, der sowohl das Niederlegen als auch den Halsschnitt als arge Tierquälerei schilderte und Änderungen am jüdischen Schächtritual verlangte. Notwendig sei eine vorgängige Betäubung, wobei das Verfahren gleichgültig sei, wenn nur «das Resultat wie mit dem Bruneau'schen Apparat oder mit der Feuermaske augenblicklich wäre»[35]. Anscheinend nahm auch der Gemeinderat die Ausführungen Mandels zur Kenntnis. In seiner Antwort an den Tierschutzverein versprach er, die Verordnung über die Benutzung des Schlachthauses um folgenden Zusatz zu ergänzen: «Den Israeliten ist das nach ihrem Ritus gebräuchliche Schächten gestattet, unter dem Vorbehalt, dass die Thiere vorerst mittels der Stiftmaske betäubt werden.» Gemeindepräsident von Büren gab aber zu bedenken, dass diese Bestimmung nur durchgesetzt werden könne, wenn sie für den ganzen Kanton gelte, da sonst die Juden in die Nachbargemeinden ausweichen könnten. Er habe deshalb an den Regierungsrat das Gesuch gestellt, den Gebrauch der Stiftmaske im ganzen Kanton Bern für obligatorisch zu erklären.[36]

Die deutsch-schweizerischen Tierschutzvereine setzten sich auch dafür ein, dass in der Schächtfrage auf dem nächsten internationalen Tierschutzkongress ein endgültiger Beschluss gefasst werde, da man, wie der Aargauer Keller-Jäggi bemerkte, in der Schweiz jetzt wissen müsse, woran man eigentlich sei.[37] Dass diese Anregung durchdringen würde, war schon deshalb wahrscheinlich, weil auch in den deutschen und österreichischen Vereinen nun die Schächtgegner überwogen. Seitdem der Antisemitismus salonfähig geworden war und sich als probates Mittel parteipolitischer Demagogie erwies, nahmen auch die Tierschützer keine Rücksicht mehr auf die Juden. Es scheint sie nicht gestört zu haben, dass während der Vorbereitung des Kongresses, der 1883 in Wien abgehalten wurde, in Ungarn ein Ritualmordprozess stattfand, bei dem jüdische Schächter beschuldigt wurden, in Tisza-Ezslàr ein junges Mädchen getötet zu haben, was dem durch seine antisemitischen Hetztiraden bekannten katholischen Theologen August Rohling Gelegenheit gab, seine Blutbeschuldigungen zu wiederholen.[38] Das Aufbrechen längst widerlegter Vorurteile wurde vielmehr sogleich in die Agitation gegen das rituelle Schächten eingebaut. In einer neuen, zuhanden der Kongressteilnehmer verfertigten Schrift erklärte Jakob Stern jetzt: «Derartige absonderliche Bräuche begünstigen ferner in hohem Grade den Glauben ungebildeter Kreise an Schauermärchen, wie dasjenige, welches kürzlich den Tisza-Eszlàr-Prozess in Szene gesetzt hat. Ich glaube behaupten zu dürfen, dass diese Affaire niemals vorgekommen wäre, wenn das Schächten längst abgeschafft worden wäre.»[39] In Wien kamen denn auch nur erprobte Schächtgegner wie der Hoftierarzt Sondermann und der pfälzische Bezirkstierarzt Bauwerker zu Worte, und die Delegierten stimmten einer Resolution zu, die verlangte, dass beim Schlachten von Vieh «in jedem Falle (also auch beim Schlachten nach israelitischem Ritus) die Betäubung der eigentlichen Tödtung durch Blutentzug vorauszugehen hat».[40]

Die kantonalen Schächtverbote

Mit der Rückendeckung des internationalen Kongresses gingen die schweizerischen Tierschutzvereine daran, eine gemeinsame Strategie zu entwickeln. 1886 richtete ihr Zentralvorstand eine Eingabe an das Eidgenössische Departement des Innern, in der verlangt wurde, es möge auf dem ganzen Gebiet der Eidgenossenschaft in den öffentlichen Schlachthäusern und Privatschlächterein das Töten der Tiere ohne vorherige Betäubung verboten werden.[41] Dass dieses Begehren von den Bundesbehörden abschlägig beantwortet werden würde, war voraussehbar, es war wohl auch hauptsächlich als Unterstützung der Tierschutzvereine in Bern und im Aargau gedacht, die nun auf kantonale Schächtverbote hinarbeiteten. Zu diesem Zweck wurde vorerst mit Hilfe der Landjäger die Überwachung der israelitischen Gemeinden verstärkt. 1884 wurden in Langenthal zwei Schächter wegen Tierquälerei verzeigt, 1886 geschah das gleiche in Baden, wo neben zwei jüdischen auch ein christlicher Metzger betroffen war. Die erstinstanzlichen Gerichte verhielten sich diesen Anzeigen gegenüber unterschiedlich: Das Amtsgericht Aarwangen kam trotz eines entlastenden Gutachtens von Professoren der bernischen Tierarzneischule zu einem Schuldspruch, das Bezirksgericht Baden dagegen unter Verweis auf die bisherige Praxis zu einem Freispruch. In beiden Fällen appellierte die unterlegene Partei an das Obergericht, und in Bern wie im Aargau wurden die Schächter zu einer Busse verurteilt, wenn auch aufgrund verschiedener juristischer Argumentationen. Das Berner Obergericht konnte sich nur auf das Dekret gegen die Tierquälerei von 1844 berufen und erklärte, nachdem es die Stellungnahme eines Bezirkstierarztes und zweier Grossmetzger eingeholt hatte, das Schächten zu einer unnötig schmerzhaften und der öffentlichen Ordnung zuwiderlaufenden Tötungsart.[42] Im Aargau stützte sich das Obergericht auf das umstrittene Sondergesetz und befand, die Badener Metzger fielen nicht darunter und hätten sich an das Tierschutzgesetz zu halten. Im übrigen seien Ausnahmeregelungen für die Juden nicht mehr zeitgemäss, da sich die Rechtslage geändert habe: «Wenn sie, die Israeliten, auf alle Rechte aargauischer und schweizerischer Bürger und zwar mit Grund, Anspruch machen, haben sie auch die sittlichen Anschauungen unseres Volkes, dem sie nunmehr in allen rechtlichen Beziehungen angehören, zu respektiren.»[43]

Dass diese Urteile nicht ohne Folgen bleiben würden, war auch den israelitischen Kultusgemeinden bewusst. Bereits 1885 veröffentlichte der damals noch in Trier wirkende Rabbiner Herz Ehrmann eine scharfe Streitschrift, in der er die wissenschaftliche Inkompetenz der Schächtgegner blossstellte und auch auf den Berner Prozess einging.[44] Noch im gleichen Jahr wurde Ehrmann nach Baden berufen, wo er sich für die angeklagten Schächter einsetzte und zudem eine Petition an die Regierung richtete, das

Ausnahmegesetz möge auf alle Orte im Kanton ausgedehnt werden, wo sich israelitische Gemeinden befänden. Der aargauische Tierschutzverein konterte vorerst mit einer Eingabe, in der gefordert wurde, die Ausnahmeregelung sei auf die beiden alten Surbtaler Gemeinden zu beschränken und mit Auflagen betreffend das schonende Werfen der Tiere zu verbinden, nach dem Obergerichtsurteil verlangte er jedoch die völlige Aufhebung der Schächterlaubnis. Auch die Aargauer Metzger reichten eine Petition ein, in der sie eine Verletzung der in der Bundesverfassung wie in der Kantonsverfassung geforderten Rechtsgleichheit geltend machten und darum ersuchten, dass alle Schlächter ohne Ausnahme gleichgestellt würden.[45] Die Eingaben wurden im Frühjahr 1887 an den Grossen Rat weitergeleitet, wobei der Regierungsrat eine Empfehlung gegen die Aufhebung des Sondergesetzes abgab. Die vorberatende Kommission folgte dieser Meinung und schlug vor, lediglich Vorschriften gegen Missbräuche beim Schlachten zu erlassen. Im Ratsplenum fand jedoch der Kommissionsantrag keine Mehrheit, da Grossrat Jenny-Kunz als Sprachrohr des Tierschutzvereins sich gegen jede «unzulässige Konzession an veraltete Institutionen der orthodoxen Partei der israelitischen Konfession» wandte und auf das Urteil des Obergerichts verwies. Offenbar gelang es Jenny-Kunz, alte Ressentiments anzuheizen, indem er aus der Broschüre Ehrmanns den verfänglichen Satz zitierte, «es sei noch jedem schlecht ergangen, der mit den Juden angebunden habe». Der Grosse Rat erhob seinen Antrag zum Beschluss und beauftrage den Regierungsrat, einen Gesetzesentwurf zur Aufhebung der Ausnahmeregelung einzubringen.[46]

Die Vorgänge in Bern und im Aargau beunruhigten auch den Grossrabbiner von Genf, Professor Joseph Wertheimer, der für eine gütliche Beilegung des Schächtstreits eintrat. Er arbeitete bereits 1883 ein Reglement für das rituelle Schächten aus, durch das die wichtigsten Vorwürfe der Tierschützer entkräftet werden sollten. Da vor allem das Niederwerfen der Tiere als qualvoll bezeichnet wurde, schrieb er die Verwendung von Matratzen vor, und nach der Ausführung des Halsschnittes sollten durch einen Genickstich die reflexartigen Zuckungen unterbunden werden, die bei den Zuschauern Anstoss erregten. Wertheimer ging es offensichtlich darum, das Schächten den bürgerlichen Sittlichkeitsvorstellungen anzupassen und den Behörden eine praktikable Lösung anzubieten. So hielt er ausdrücklich fest: «Jede andere Art und Weise, das sofortige Absterben des nach dem Ritus geschlachteten Thieres herbeizuführen, ist gestattet und soll angewandt werden, wenn es von den öffentlichen Behörden verlangt wird.» Auf der Grundlage dieses Reglements gelang es Wertheimer, mit dem Genfer Tierschutzverein ein Abkommen über die Tolerierung des Schächtens zu schliessen, das auch von der Regierung abgesegnet wurde.[47]

Das Gleiche versuchte der Grossrabbiner auch im Kanton Bern zu erreichen, wo der Regierungsrat mit der Eingabe des Berner Gemeinderates befasst war, die ein Obligatorium der Stiftmaske verlangte. Wertheimer sandte dem Polizeidirektor von Wattenwyl sein Reglement zu, und dieser holte die Meinung der Tierarzneischule dazu ein. Ihr Gutachten kam zum Schluss, das Reglement bringe zweifellos Verbesserungen.

Zudem könne der Gebrauch der Stiftmaske nicht verallgemeinert werden, da in den ländlichen Gegenden die christlichen Metzger noch nach alter Gewohnheit mit der Axt vorgingen und das Kleinvieh ohnehin abgestochen werde. Von Wattenwyl beantragte daraufhin beim Regierungsrat, auf das Gesuch des Berner Gemeinderates nicht einzutreten und den Israeliten das Schächten nach dem Reglement des Oberrabbiners weiterhin zu gestatten. Der Regierungsrat wies diesen Antrag jedoch im Februar 1885 zurück und beauftragte die Direktionen der Polizei und des Innern mit der Aufstellung allgemeiner Vorschriften für ein besseres Schlachtsystem.[48] Da von Wattenwyl kurz darauf zurücktrat, ging die Federführung an den Direktor des Innern, Edmund von Steiger, über, einen der christlich-sozialen Bewegung nahestehenden Konservativen.[49] Inzwischen hatten sich die bernischen Tierschutzvereine zu einem Kantonalverband zusammengefunden und beschlossen, die «Schächtfrage» gemeinsam anzugehen. Ende 1885 reichten sie dem Regierungsrat den Entwurf zu einem neuen Tierschutzgesetz ein, das vorsah, alles Grossvieh müsse vor dem Stich oder Schnitt zuerst betäubt werden.[50] Von Steiger, der selber Mitglied des Berner Tierschutzvereins war, wählte jedoch einen anderen Weg. Dass er das normale Gesetzgebungsverfahren durch den Grossen Rat, in dem die Freisinnigen die Mehrheit hatten, umging und lediglich eine Verordnung vorbereitete, hatte wohl vor allem parteitaktische Gründe. In den Nationalratswahlen von 1884 hatten im Kanton Bern die konservativen Kandidaten eine arge Schlappe erlitten, auch von Steiger und der Berner Gemeindepräsident von Büren waren durchgefallen. Im Hinblick auf die nächsten Wahlen und die in der Stadt Bern anstehende Bestellung der Gemeindebehörden schlossen sich deshalb die verschiedenen konservativen Gruppierungen zusammen. Die Unabhängigen um von Steiger und die städtischen Konservativen verbanden sich mit der Volkspartei Ulrich Dürrenmatts, der jedoch weiterhin seine eigene Politik verfolgte.[51] Um das Wählerpotential des für seine judenfeindlichen Seitenhiebe bekannten Volkstribuns und die städtischen Patrizier trotz aller Divergenzen bei der Stange zu halten, kam von Steiger die «Schächtfrage» offenbar äusserst gelegen.[52] Wie das auch die preussischen Konservativen kurz darauf taten,[53] setzte er auf den zu Stadt und Land verbreiteten Antisemitismus, was ihm das seit langem erstrebte Nationalratsmandat einbrachte. Die «Verordnung über das Schlachten von Vieh und über den Fleischverkauf», die er 1889 vorlegte, enthielt die leicht deutbare, an das Stereotyp des jüdischen Halsabschneiders anknüpfende Formulierung: «Das sogenannte Schächten oder Halsaufschneiden, sowie das Kopfabschneiden ohne vorherige Betäubung ist untersagt.»[54]

Die Haltung der Bundesbehörden

Gegen die im Aargau beabsichtige Aufhebung des Sondergesetzes und das Berner Schächtverbot erhoben die betroffenen israelitischen Gemeinden unter Berufung auf die Kultusfreiheit Rekurs beim Bundesrat. Unterstützt wurden sie durch Petitionen ihrer Glaubensgenossen aus der ganzen Schweiz, die sich gegen die Unterstellung wandten, das Schächten werde von den aufgeklärten Juden nicht mehr als verbindliche Religionsvorschrift angesehen.[55] Auch der Grossrabbiner Wertheimer intervenierte und versuchte nochmals, die Tierschützer für einen Kompromiss zu gewinnen. Der Bundesrat machte sich die Sache nicht einfach, er holte Erkundigungen bei den Vertretungen im Ausland ein, berücksichtigte die Haltung des Deutschen Reichstags, der 1887 eine Petition der deutschen Tierschutzvereine für ein Schächtverbot abgewiesen hatte, und gab zu den bereits über sechzig gedruckt vorliegenden wissenschaftlichen Gutachten noch ein weiteres in Auftrag.[56] Sein Entscheid vom 17. März 1890 fiel denn auch ausgewogen aus: Zum einen erklärte er die Rekurse der israelitischen Gemeinden insofern für begründet, als sie gegen ein unbedingtes Verbot des Schächtens gerichtet waren. Zum anderen stellte er fest, es sei gegen kantonale Gesetze und Polizeiverordnungen, welche das Schächten bloss unter bestimmten Bedingungen gestatteten, von Bundes wegen nichts einzuwenden.[57]

Wenn es bei der Schächtfrage nur darum gegangen wäre, Tierquälerei zu verhindern, so hätten alle Seiten mit diesem salomonischen Entscheid zufrieden sein können. Dass dem nicht so war, lässt darauf schliessen, dass mit der Schächtkampagne in erster Linie die Juden getroffen werden sollten. Sicher war das bei Keller-Jäggi der Fall, der als ein typischer Vertreter jener Aargauer Politiker gelten kann, die durch die Emanzipationswirren in ihrem Kanton traumatisiert waren. Für ihn war mittlerweile das Schächtverbot zu einer eigentlichen Obsession geworden, und es gelang ihm, auch den Zentralvorstand der deutsch-schweizerischen Tierschutzvereine bedingungslos in die Pflicht zu nehmen. Noch während der Bundesrat seine Abklärungen vornahm, hatten die Tierschutzvereine gedroht, wenn sie bei den Behörden nicht durchdrängen, so würden sie sich «an den gesunden Sinn des Volkes wenden».[58] Nach der Bekanntgabe des Entscheids forderte ihr Zentralvorstand die Regierungen der Kantone Bern und Aargau auf, die Sache an die eidgenössischen Räte weiterzuziehen. In Bern stiess er mit diesem Ansinnen auf offene Ohren; die Aargauer Regierung, die mit der Haltung des Bundesrates einig ging, verhielt sich jedoch ablehnend. Darauf beriefen die Schächtgegner Anfang April 1890 in Aarau eine Versammlung ein, an der Keller-Jäggi als Referent auftrat. Anwesend waren als offizielle Kantonsvertreter die Berner Regierungsräte von Steiger und Stockmar, während aus dem Aargau nur einige Grossräte teilnahmen. An dieser Zusammenkunft wurde das weitere Vorgehen abgesprochen: Die beiden Kantone sollten gemeinsam Rekurs erheben, wozu der widerstrebende Aargauer Regierungsrat durch einen Grossratsbeschluss gezwungen werden musste.[59] Der Drahtzieher der ganzen Aktion war zweifellos Keller-Jäggi, der den Kantonen für die Ausarbeitung und den Druck der Rekursschrift einen Vorschuss aus der Kasse des aargauischen Tierschutzvereins zur Verfügung stellte und einen seiner Bekannten mit der Abfassung beauftragte.[60]

Die Rekursbegründung, mit der die Regierungen der Kantone Bern und Aargau im Februar 1891 an die Bundesversammlung gelangten, beruhte weitgehend auf den bisherigen Verlautbarungen der Tierschutzvereine.[61] Die Rekurrenten mussten aber auch nachweisen, dass es ihnen um eine staatspolitisch wichtige Frage und nicht um die Diskriminierung einer religiösen Minderheit ging. Deshalb betonten sie: «Man hat es wiederholt versucht, die Bekämpfung des Schächtens in eine Parallele mit der Antisemitenbewegung zu stellen; es muss dagegen des entschiedensten Verwahrung eingelegt werden.» Wenn die Juden jedoch auch nach ihrer Gleichstellung darauf beharrten, für sich Sonderrechte zu beanspruchen, so habe das gefährliche Konsequenzen. «Wenn man den Israeliten gestattet, die Schlachtmethode nach eigenem Gutdünken zu wählen im Gegensatz zu der allgemein vorgeschriebenen Schlachtmethode, so wird man in der Folge auch gestatten müssen, dass jede Religions- und Confessionsgesellschaft ihren eigentlichen Begräbnisplatz hat, dass die gemischten Schulen und die gemischten Ehen aufhören, dass den Israeliten auch im Militärdienste geschächtetes Fleisch verabfolgt wird und dass die Glieder von Religionsgenossenschaften, welche das Waffentragen als gegen die Religion betrachten, vom Militärdienst befreit werden.»[62]

Die Bundesbehörden gaben, bevor sie auf den Rekurs eintraten, auch den jüdischen Kultusvereinigungen Gelegenheit zu einer Stellungnahme. Ihr Gegenmemorial wurde von Fürsprecher Christian Sahli verfasst, einem bewährten Kämpen des bernischen Radikalismus und Gegenspieler des konservativen Regierungsrates von Steiger. Sahli ging geschickt auf die Schwachstellen der Rekursbegründung ein, vor allem auf die kulturkämpferischen Argumente, die den katholisch-konservativen Parlamentariern sauer aufstossen mussten. Über den Kultus einer religiösen Gemeinschaft, so stellte er klar, stehe Andersgläubigen kein Urteil zu. «Was würden wohl die Katholiken dazu sagen, wenn wir Protestanten uns anmassten, zu beurtheilen, ob die Beichte, die Messe etc. katholisch-religiöse Handlungen seien oder nicht.» Im übrigen werde in keinem Lande das rituelle Schlachten der Juden als unzulässig betrachtet. Wenn die schweizerischen Schächtgegner sich darauf beriefen, sie erfüllten einen kulturellen Auftrag, so müsse man sich fragen: «Wie kommen die Kantone Bern und Aargau dazu, ganz allein in dieser Frage eine judenfeindliche Stellung einzunehmen? Sind sie wirklich der ganzen zivilisierten Welt so weit voraus, dass es ihnen zukommt, im Namen der Humanität gegen die Juden vorzugehen?» Sahli machte aber auch schonungslos auf den Hintergrund der Schächtkampagne aufmerksam. «Die Rekurrenten verwahren sich zwar entschieden dagegen, dass ihren Schächtverboten eine antisemitische Tendenz zu Grunde liege. Wir wollen gerne glauben, dass sie sich dessen nicht bewusst sind; aber dieses antisemitische Treiben kommt von unten, liegt in der Luft und vergiftet die Atmosphäre bis in die regierenden Kreise hinein.»[63]

Die eidgenössischen Räte behandelten im Juni und Dezember 1891 den Rekurs der beiden Kantone. In den Debatten wurde deutlich, dass sich nicht nur die freisinnige Mehrheit, sondern auch die Katholisch-Konservativen aus prinzipiellen Erwägungen hinter den Entscheid des Bundesrates stellten.[64] Die Tierschutzvereine reagierten darauf mit einem Pamphlet, das ihre Beteuerungen, sie seien keine Antisemiten, als Augenwischerei entlarvte. Unter den Titel «Die Landesväter als Schächtherolde» wurde unterstellt, die Parlamentarier seien dem «christlichen und jüdischen Rabbinerthum» gefolgt und hätten sich dem Druck «jüdischer Geldsäcke» gebeugt. «Aus dem blossen Referat nur schon über die gepflogenen Verhandlungen sollte man schliessen, der Nationalrath (vom Ständerath gar nicht zu reden) bestehe aus fast lauter Söhnen Israels, denen selber das Messer an die Kehle gesetzt sei.» Mit solchen Anwürfen sollte der Eindruck erweckt werden, die Juden seien daran, die Schweiz zu unterwandern. Ihr Festhalten am Schächtritual, so wurde gewarnt, sei nicht nur trotziger Eigensinn. «Es ist mehr: Herausforderung des Gastes an seinen Wirth, ein Auf-die-Probe-Setzen desselben, wie weit er in seinem Hause Meister zu sein begehre, um Ordnung zu halten.»[65] Zugleich wurde angekündigt, die Tierschutzvereine würden vom eben eingeführten Initiativrecht Gebrauch machen, um ein gesamtschweizerisches Schächtverbot durchzusetzen.[66]

Die Volksinitiative

Obschon die Schächtgegner seit Jahren den Boden für ihr Volksbegehren vorbereitet hatten, überliessen sie bei der Lancierung der Initiative nichts dem Zufall. Um die notwendigen Unterschriften zusammenzubringen, tat der Zentralvorstand der deutschschweizerischen Tierschutzvereine nun das, was er den Juden vorwarf: Er setzte erhebliche Geldmittel ein und zahlte den Sammlern für jede Unterschrift eine Prämie. Bis im Herbst 1892 kamen so über 80'000 Unterschriften zusammen, von denen drei Viertel allein aus den Kantonen Aargau, Bern und Zürich stammten, wo die Tierschutzvereine besonders eifrig waren.[67] Im Frühjahr 1893 leitete der Bundesrat die zustandegekommene Initiative ohne eine eigene Stellungnahme den eidgenössischen Räten zu. Dass die Parlamentarier über das Volksbegehren nicht erbaut waren, versteht sich von selbst. Es desavouierte nicht nur die bisher von den Bundesbehörden vertretene Interpretation der Glaubens- und Kultusfreiheit, es verstiess auch gegen die Hierarchie der Rechtssetzung, indem es eine Materie in der Verfassung regeln wollte, die eigentlich auf die Ebene sanitätspolizeilicher Gesetze und Verordnungen gehörte.[68] Die Mehrheit der nationalrätlichen Kommission versuchte deshalb, die Tierschutzvereine zum Rückzug der Initiative zu veranlassen, indem sie einen Gegenvorschlag ausarbeitete, der dem Bund die Kompetenz zum Erlass eines Tierschutzgesetzes gegeben hätte. Der Zentralvorstand der deutsch-schweizerischen Tierschutzvereine stellte jedoch die Bedingung, dass der von ihm formulierte Text, der das Schlachten jeder Viehgattung ohne Betäubung vor dem Blutentzug untersagte, wortwörtlich in einen solchen Verfassungsartikel übernommen werden müsse.[69] Darauf wollte der Nationalrat jedoch nicht eingehen, er zog es vor, wie nach ihm auch der Ständerat, dem Volk die Verwerfung der Initiative zu empfehlen.[70] Wenn die Tierschützer in der Folge behaupteten, man habe es nicht für nötig befunden, mit ihnen zu verhandeln, um einen gangbaren Mittelweg zu vereinbaren, so entspricht das eindeutig nicht den Tatsachen.[71] Sie waren es, die eine Volksabstimmung provozierten, um zu zeigen, wer in der Schweiz das Sagen hatte.

Wie der Berner Staatsrechtler und Nationalrat Carl Hilty schon 1892 feststellte, konnten die Schächtgegner auf die Zustimmung von drei Gruppen von Stimmbürgern zählen: die gutgläubigen Tierfreunde, «die vielfach über die physiologischen Thatsachen, die ihrem Wunsche zugrunde liegen, irrig berichtet sind», die Verfechter des Gleichheitsprinzips, «denen jede Verschiedenheit zuwider ist», und die Feinde der Juden, «die entweder aus Nachahmung des Antisemitismus, der auch bei uns Anhänger findet, meistentheils aber desshalb, weil ihnen die Juden wegen ihres sonstigen Gebahrens, aber gewiss nicht wegen ihres Schächtens, antipathisch sind», das Volksbegehren unterstützten.[72] Auf diese drei Gruppen war denn auch die Abstimmungspropaganda der Tierschutzvereine ausgerichtet. Sie konnten sich darauf verlassen, dass ihre Strategie die beabsichtigte Wirkung gezeitigt hatte, und zudem auf die eben in Sachsen erlassene Schlachtverordnung verweisen, die zeigte, dass auch in Deutschland gegen die «Halsabschneider» vorgegangen wurde. Ihr Hauptargument blieb aber weiterhin die Rechtsgleichheit: «Nach der Bundesverfassung sind alle Schweizer vor dem Gesetze gleich! Wenn die christlichen Metzger ohne vorherige Betäubung schlachten, so werden sie als Thierquäler bestraft, die jüdischen Metzger gehen straffrei aus!»[73]

Der Ausgang der Abstimmung bestätigte, dass es den Tierschutzvereinen gelungen war, die Schlachtfrage zur «Judenfrage» umzufunktionieren. Die Initiative erreichte mit 191'527 Ja gegen 127'101 Nein problemlos das Volksmehr, nahm jedoch nur ganz knapp die Hürde des Ständemehrs. Auffallend war, dass die gesamte französischsprachige Schweiz und die südlichen Grenzkantone verwarfen, während die vorwiegend protestantischen Kantone der Deutschschweiz, allen voran Aargau, Bern und Zürich, mit soliden Mehrheiten annahmen. In der Innerschweiz war die Stimmbeteiligung ungewöhnlich tief; offensichtlich gingen hier viele Bürger dem Dilemma, sich zwischen ihrer persönlichen Abneigung gegen die Juden und den Abmahnungen der katholisch-konservativen Politiker entscheiden zu müssen, dadurch aus dem Wege, dass sie der Urne fernblieben. Diese regionalen Unterschiede wurden von den zeitgenössischen Kommentatoren meist auf den über die Grenzen in die Deutschschweiz überschwappenden Antisemitismus zurückgeführt.[74] Das Abstimmungsergebnis belegt jedoch auch den Einfluss der lokalen Tierschutzvereine, die für das Agenda-Setting verantwortlich waren. In denjenigen Kantonen, wo sie ihre Kampagne besonders engagiert geführt hatten, wurde der Initiative zugestimmt, wo sie sich dieser Agitation verweigert hatten, wie in St. Gallen und der Westschweiz, wurde sie abgelehnt.

Die Annahme des Schächtartikels war aber auch ein Zeichen dafür, dass die Zeit des pragmatischen Liberalismus, der die ersten Jahrzehnte des Bundesstaates geprägt hatte, zu Ende ging.[75] Wie der Zentralvorstand der deutsch-schweizerischen Tierschutzvereine bemerkte, lag im Verhalten der Stimmbürger auch ein Wink an «die hohen und höchsten Regionen der Bundesstadt», dass sich das politische Klima geändert habe.[76] Auf den durch die Industrialisierung ausgelösten wirtschaftlichen Strukturwandel und die zunehmende geographische und soziale Mobilität reagierten weite Kreise der Bevölkerung mit dem Rückgriff auf traditionelle Werte. Nun bestimmten geschichtliches Herkommen und Verwurzelung im heimatlichen Boden darüber, was als echte Schweizerart zu gelten hatte und was den helvetischen Normen nicht entsprach.[77] Bei dieser Redefinition der nationalen Identität kam dem Schächtverbot die Funktion eines Signals zu. War es ursprünglich gefordert worden, um die jüdische Minderheit durch völlige Assimilation im Schmelztiegel des schweizerischen Nationalstaates verschwinden zu lassen, so ging es nun darum, sie auszugrenzen.[78] Indem man die Ausübung des israelitischen Kultus erschwerte, konnte man die Zuwanderung von Juden aus dem Ausland unattraktiv machen und den ansässigen Israeliten zeigen, dass sie trotz der Emanzipation nicht als gleichwertige Bürger akzeptiert waren.

Anmerkungen

[1] Zur Vorgeschichte der Verfassungsinitiative vgl. Oswald Sigg, Die eidgenössischen Volksinitiativen 1892–1939, Bern 1978, S. 14ff.; dort zur Schächtinitiative einige knappe Angaben S. 92ff. Als letzter konfessioneller Ausnahmeartikel wurde Art. 25bis im Jahre 1973 aus der Verfassung gestrichen, das Betäubungsobligatorium blieb jedoch als Übergangsbestimmung bestehen und wurde 1978 ins Tierschutzgesetz übernommen.

[2] Ein kurzer Hinweis auf die sächsische Schlachtverordnung findet sich bei Peter Pulzer, Die jüdische Beteiligung an der Politik, in: Werner E. Mosse und Arnold Paucker (Hg.), Juden im Wilhelminischen Deutschland, Tübingen 1976, S. 173. Dagegen kommt das Schächtverbot in allen Darstellungen der Geschichte der Juden in der Schweiz zur Sprache. Eingehend behandelt wird es von Dany Rothschild, Das Schächtverbot in der schweizerischen Bundesverfassung, Zürich 1955. Ein je eigenes Kapitel widmen ihm Augusta Weldler-Steinberg, Geschichte der Juden in der Schweiz, bearbeitet und ergänzt von Florence Guggenheim-Grünberg, Bd. 2, Zürich 1970, S. 241ff., und Friedrich Külling, Antisemitismus – bei und wie überall?, Zürich (1977), S. 249ff. Die neueste Untersuchung stammt von Lorenz Gerber, Das Schächtverbot von 1893 und seine Folgen, Basel 1997 (unpubl. Liz.-Arbeit). Über die antisemitische Stossrichtung von Artikel 25bis wurde vor seiner Streichung 1973 eine Diskussion zwischen Historikern und Tierschützern geführt, vgl. dazu: Heinrich Wolfensberger, Wie kam das Schächtverbot in die Bundesverfassung?, in: Reformatio, 1970, S. 512ff., und die Entgegnung von Hans Joachim Haller, ebda., 1971, S. 44ff., sowie Das sogenannte Schächtverbot. Stellungnahme des Schweizerischen Tierschutzverbandes zum Begehren um Aufhebung von BV Art. 25bis. Schriftenreihe des Schweizerischen Tierschutzverbandes, Nr. 6, Basel 1971.

[3] Eine zuverlässige Gesamtdarstellung der internationalen Tierschutzbewegung steht zur Zeit noch aus. Zu den jüdischen Gründungsmitgliedern vgl. Külling (wie Anm. 2), S. 262. Für die Schweiz vgl. Ruth Lüthi, Der Schutz der stummen Kreatur. Zur Geschichte der schweizerischen Tierschutzbewegung, in: Festschrift 130 Jahre Schweizer Tierschutz, Basel (1992), S. 27ff.

[4] Philipp Heinrich Wolff, Erinnerungen eines alten Thierschützers, Zürich 1904, S. 7.

⁵ Vgl. die Chronologie in: Roland Neff, Der Streit um den wissenschaftlichen Tierversuch in der Schweiz des 19. Jahrhunderts, Basel 1989, S. 2. In Bern wurde 1844, im Jahr der Gründung des Tierschutzvereins, ein Dekret erlassen. In Zürich brachte Pfarrer Wolff, der selber im Grossen Rat sass, 1856 ein Gesetz durch. Den Anstoss zum Aargauer Tierschutzgesetz von 1854 gab die dortige Kulturgesellschaft, vgl. Jahresbericht des Aargauischen Thierschutzvereins, 1885/86, Aarau 1886, S. IV.

⁶ Jahresbericht des Thierschutz-Vereins in Bern pro 1882, Bern 1883, S. 6. Zum Überwachungssystem: Ebda., 1877, S. 9; 1883, S. 13f.; Jahresbericht Aargau (wie Anm. 5), 1883, S. 4f.

⁷ Zur Mitgliederstruktur vgl. Lüthi (wie Anm. 3), S. 36ff. Ausgewertet wurden zudem die Jahresberichte des Berner und Aargauer Vereins. Obschon sich die Tierschutzvereine stets dagegen verwahrten, judenfeindlich zu sein, waren sie doch anfällig für den am Ende des 19. Jahrhunderts verbreiteten «Vereinsantisemitismus».Vgl. dazu: Werner Jochmann, Gesellschaftskrise und Judenfeindschaft in Deutschland 1870–1945, Hamburg 1988, S. 68ff.

⁸ So das Berner «Dekret wider die Thierquälerei» vom 2. September 1844, Art. 2 a, abgedruckt in: Jahresbericht Bern (wie Anm. 6), 1881, S. 41f.

⁹ Zum Schächtvorgang und seiner religiösen Begründung vgl. Israel Meir Levinger, Schechita im Lichte des Jahres 2000. Kritische Betrachtung der wissenschaftlichen Aspekte der Schlachtmethoden und des Schächtens, Jerusalem 1996, S. 13ff.

¹⁰ Erstmals zitiert von Kayserling (wie Anm.15), S. 7.

¹¹ Vgl. Weldler-Steinberg (wie Anm. 2), S. 241f.

¹² Jahresberichte des Zürcherischen Vereins zum Schutz der Thiere, 1859/60, Zürich 1860, S. 9 und 1860/61, S. 14.

¹³ Vgl. den Beitrag von Aram Mattioli in diesem Band.

¹⁴ Weldler-Steinberg (wie Anm. 2), S. 242f. Die Artikelserie Engelberts wurde auch als Broschüre veröffentlicht unter dem Titel: Ist das Schlachten der Thiere nach jüdischem Ritus Thierquälerei? Ein Wort zur Verwahrung und zur Abwehr, St. Gallen 1867.

¹⁵ Der vollständige Titel lautet: Die rituale Schlachtfrage oder: Ist Schächten Thierquälerei? Auf Grund der eingeholten und mitabgedruckten Gutachten von Adam, Bagge, Bouley, Chauveau, Ercolani, Fick, Fuchs, Fürstenberg, Gamgee, Gerlach, Gurst, Hannover, Haubner, Kinberg, Leisering, Lundberg, Panum, Probstmayr, Röll, Steenstrup, Thiernesse, Virchow, Zangger u. A. beantwortet und beleuchtet von Dr. M. Kayserling, Rabbiner der schweizerischen Israeliten, Aarau 1867.

¹⁶ Vgl. den Bericht über den Kongress in: Schweizerische Thierschutzblätter, 1869, Nr. 3, S. 25ff.

¹⁷ Vgl. die Besprechungen der neuen Schlachtapparate in: Schweizerische Thierschutzblätter, 1874, Nr. 2/3, S. 23f., 1875, Nr. 6, S. 45ff., und 1878, Nr. 1, S. 2ff. Der Basler Dr. Siegmund wurde vom Zentralvorstand der schweizerischen Tierschutzvereine häufig als Referent beigezogen und trug mit seinen Stellungnahmen gegen das Schächten wesentlich zur Meinungsbildung bei.

¹⁸ Vgl. Weldler-Steinberg (wie Anm. 2), S. 245f., und die Rekursakten im Schweizerischen Bundesarchiv, E 22/435. Dort auch die Stellungnahme des St. Galler Regierungsrats vom 22. Februar 1876.

¹⁹ Das Schächten und die Bouterole. Denkschrift für den Grossen Rath des Kantons St. Gallen zur Beleuchtung des diesbezüglichen regierungsräthlichen Antrags und mit Zugrundelegung der neuesten mitabgedruckten Gutachten, St. Gallen 1876.

²⁰ Zu diesem Vorwurf vgl. vor allem Reinhard Rürup, Emanzipation und Antisemitismus. Studien zur «Judenfrage» der bürgerlichen Gesellschaft, Göttingen 1975, S. 86, der feststellt, angesichts der von den Befürwortern der Emanzipation immer wieder geäusserten Erwartung, dass die Juden völlig in der jeweiligen Staatsnation aufgehen würden, habe es nahegelegen, «die erhalten gebliebene Gruppenidentität als ‹Staat im Staat› oder Fremdkörper in der nationalen Kultur anzugreifen». Zur Wahrnehmung der Juden als Sondergruppe seit der

Emanzipation vgl. auch Alex Bein, Die Judenfrage. Biographie eines Weltproblems, Bd. 1, Stuttgart 1980, S. 195ff.

[21] Zur Akkulturation der deutschen Juden und zu den Reformbewegungen vgl. Michael A. Meyer, Jüdische Identität in den Jahrzehnten nach 1848, in: Deutsch-jüdische Geschichte in der Neuzeit, hg. von Michael A. Meyer unter Mitwirkung von Michael Brenner, Bd. 2, München 1996, S. 166ff. und 328ff.

[22] Zur Person Sterns und seinen Schriften vgl. Külling (wie Anm. 2), S. 266 und 291f.

[23] Vgl.: Jahresbericht Aargau (wie Anm. 5), 1879/80, S. 39ff.; Schweizerische Thierschutzblätter, 1880, Nr. 3, S. 18ff.

[24] Vgl. die Klagen in: Der Thierfreund, 1889, Nr. 2, S. 12f. Zur Haltung St. Gallens vgl. Külling (wie Anm. 2), S. 269. Rabbiner Engelbert war Vorstandsmitglied des 1885 gegründeten Tierschutzvereins der Stadt St. Gallen.

[25] Jahresbericht Bern (wie Anm. 6), 1876, S. 8f.

[26] Ebda., 1878, S. 10. Zur schweizerischen Antivivisektionskampagne und ihren Führern vgl. Neff (wie Anm. 5), S. 7ff., 29ff. und 32ff.

[27] Vgl. Hubert Bretschneider, Der Streit um die Vivisektion im 19. Jahrhundert. Verlauf – Argumente – Ergebnisse, Stuttgart 1962, S. 14ff.

[28] Vgl. Neff (wie Anm. 5), S. 11, dort auch das Zitat, und vor allem S. 32 ff. Auch in Bern spaltete sich ein Antivivisektionsverein vom Tierschutzverein ab, vgl. Jahresbericht Bern (wie Anm. 6), 1882, S. 5 ff.

[29] Die Folterkammern der Wissenschaft. Eine Sammlung von Thatsachen für das Laienpublikum, Berlin/Leipzig 1879. Zu von Weber vgl. Bretschneider (wie Anm. 27), S. 40f.; zur Rezeption in Bern: Jahresbericht Bern (wie Anm. 6), 1881, S. 31f.

[30] Külling (wie Anm. 2), S. 264, spricht der Antivivisektionskampagne die Funktion eines Vorspanns zur Schächtkampagne zu. Auch Neff (wie Anm. 5), S. 47f., stellt fest, dass ab 1886 im Organ der Tierschutzvereine die Artikel über das Schächten diejenigen über die Vivisektion verdrängten.

[31] Zusammenfassung des Referats in: Jahresbericht Bern (wie Anm. 6), 1880, S. 9f.

[32] Der Vortrag ist als Anhang abgedruckt in: Jahresbericht Bern (wie Anm. 6), 1881, die Zitate S. 26, 21 und 27.

[33] Zu den Auseinandersetzungen in der Stadt Bern vgl. die ausführliche Darstellung bei Albert Tanner, Arbeitsame Patrioten – wohlanständige Damen. Bürgertum und Bürgerlichkeit in der Schweiz 1830–1914, Zürich 1995, S. 592ff.

[34] Jahresberichte Bern (wie Anm. 6), 1881, S. 9, und 1882, S. 22f., wo das Schreiben an die Polizeikommission vom 25. September 1882 abgedruckt ist.

[35] Jahresbericht Bern (wie Anm. 6), 1882, S. 26ff., das Zitat S. 33. Der Artikel Mandels war ursprünglich in einer Mülhauser Zeitung erschienen und wurde durch eine Wiener Buchhandlung als Separatum in der Tierschutzbewegung verbreitet.

[36] Schreiben des Gemeinderates vom 15. März 1883 in: Jahresbericht Bern (wie Anm. 6), 1882, S. 24f.

[37] Referat über die Delegiertenversammlung der schweizerischen Thierschutz-Vereine in Olten vom 5. Februar 1882 in: Jahresbericht Bern (wie Anm. 6), 1882, S. 20.

[38] Vgl. I.A. Hellwing, Der konfessionelle Antisemitismus im 19. Jahrhundert in Österreich, Wien/Freiburg/Basel 1972, der ausführlich auf Rohling eingeht. Zur antisemitischen Stimmung in Wien zur Zeit des Tierschutzkongresses: Ebda., S. 43 ff. Zu Rohlings Äusserungen im Zusammenhang mit dem Ritualmordprozess: Ebda., S. 105 ff. Im Vorfeld des Kongresses fand in Dresden, einer Hochburg der Tierschutzbewegung, der erste internationale Antisemitenkongress statt, auf dem das angebliche Ritualmordopfer glorifiziert wurde. Vgl. dazu Peter G.J. Pulzer, Die Entstehung des politischen Antisemitismus in Deutschland und Österreich 1867–1914, Gütersloh 1964, S. 90.

[39] J.St., Das Schächten. Streitschrift gegen den jüdischen Schlachtritus, Leipzig 1883. Das Zitat stammt aus: Der Thierfreund, 1888, Nr. 1, S. 5. Auf Stern und Rohling gehen auch die Informationen über die jüdische Religion zurück, die der Redaktor des Thierfreund, Emil Näf, in einer Broschüre weiterverbreitete: Die Schächtfrage in der Schweiz. Ein Wort zur Aufklärung unter besonderer Berücksichtigung der Frage im Aargau vom Aargauischen Thierschutzverein, Aarau 1888. Vgl. dazu Külling (wie Anm. 2), S. 344ff.

[40] Jahresbericht Bern (wie Anm. 6), 1883, S. 8. Zu den Behauptungen von Sondermann und Bauwerker vgl. Külling (wie Anm. 2), S. 344f.

[41] Jahresbericht Aargau (wie Anm. 5), 1886/87, S. 18. Schon 1884 waren Aufrufe an die Kantonsregierungen und die Schlachthausverwaltungen gerichtet worden, für eine Humanisierung des Schlachtwesens zu sorgen.

[42] Vgl. dazu Külling (wie Anm. 2), S. 272f. Das entlastende Gutachten für das Amtsgericht Aarwangen der Professoren Ernst Hess und Alfred Guillebeau wurde im Schweizer Archiv für Thierheilkunde 1886, Heft 1, S. 1ff. publiziert. In Heft 5, S. 263ff. des gleichen Jahrgangs wandten sich dann die beiden Professoren gegen die Eingabe der Tierschutzvereine an das Eidgenössische Departement des Innern, der sie jede Berechtigung absprachen. Es ist bezeichnend für die Animositäten zwischen den Universitätsdozenten und den Praktikern, dass Tierarzt Jöhr sogleich in Heft 6, S. 1ff., zu einem Gegenschlag ausholte und erklärte: «Durch das von den Juden zu verschiedenen Zeiten zusammengebrachte, die öffentliche Meinung eher irreführende wissenschaftliche Material blieb das Schächten bis dahin bei uns zwar toleriert, der Abscheu vor demselben fasst aber, wie die, selbst in unserer Stadt, stets wieder auftauchende Bewegung zeigt, im Volke stets breiteren Boden.»

[43] Das Urteil vom 14. Mai 1887 wurde auch dem an der Appellation beteiligten Tierschutzverein zugestellt, der es sogleich veröffentlichte in: Jahresbericht Aargau (wie Anm. 5), 1887/88, S. 20ff., das Zitat S. 26.

[44] Thier-Schutz und Menschen-Trutz. Sämmtliche für und gegen das Schächten geltend gemachten Momente kritisch beleuchtet nebst einer Sammlung aller älteren und neueren Gutachten hervorragender Fachgelehrten, Frankfurt am Main 1885. Über den Berner Prozess: Ebda., S. 148ff.

[45] Zur ersten Eingabe des Tierschutzvereins vgl. Jahresbericht Aargau (wie Anm. 5), 1885/86, S. VIII; zur zweiten: Ebda., 1886/87, S. 19. Die Petition der Metzger findet sich im Staatsarchiv des Kantons Aargau, GR Nr. 462 vom 8. März 1892 (zu Art. 437 vom 12. Juli 1887).

[46] Vgl. Weldler-Steinberg (wie Anm. 2), S. 247f.; Verhandlungen des Grossen Rathes des Kantons Aargau in der Amtsperiode 1885–1889, Sitzung vom 12. Juli 1887; das erste Zitat: Ebda., S. 310, der Hinweis auf Ehrmann nur in der Berichterstattung über die Debatte im «Aargauischen Anzeiger» vom 16. Juli 1887. Ein Exemplar der Zeitung befindet sich in der Sammlung zur Schächtkampagne, die Andreas Keller-Jäggi angelegt und 1894 der aargauischen Kantonsbibliothek geschenkt hat. Die Mappe mit den Zeitungsartikeln und Flugschriften ging ans Staatsarchiv des Kantons Aargau.

[47] Eine Abschrift des Reglements sowie eine zweisprachige, gedruckte Version vom 22. Januar 1886 finden sich im Staatsarchiv des Kantons Bern, Missiven der Polizeidirektion, BB 4. 1. 534. Das Reglement ist nicht identisch mit dem 1890 von den Rabbinern der Schweiz erlassenen in: Politisches Jahrbuch der Schweizerischen Eidgenossenschaft, hg. von Carl Hilty, 1892, S. 165f.

[48] Die Korrespondenz mit Wertheimer aus den Jahren 1882–86 wie Anm. 47. Der Antrag an den Regierungsrat mit dem Beschlussvermerk vom 14. Februar 1885 findet sich im Staatsarchiv des Kantons Bern, Vorträge der Polizeidirektion, BB 4. 1. 264.

[49] Vgl. Erich Gruner, Edmund von Steiger. Dreissig Jahre neuere bernische und schweizerische Geschichte, Bern 1949, S. 71f. Von Steiger gehörte nicht zum evangelisch-orthodoxen Christlich-sozialen Verein, sondern gründete 1882 den einer vermittelnden Position verpflichteten Verein der Unabhängigen.

50 Jahresbericht Bern (wie Anm. 6), 1885, S. 12f.; der Vorschlag zu einem Tierschutzgesetz: Ebda., S. 37 ff. Vgl. auch Bericht über die Thätigkeit des Thierschutzvereins des Amtes Aarwangen in Langenthal von 1876-1886, Langenthal 1887, S. 7ff.
51 Zum Zusammenschluss der Konservativen im Winter 1887/88 vgl.: Gruner (wie Anm. 49), S. 94ff., und Theres Maurer, Ulrich Dürrenmatt 1849-1903. Ein schweizerischer Oppositionspolitiker, in: Archiv des Historischen Vereins des Kantons Bern, 1975, S. 93 und 98f.
52 Vgl. zu Dürrenmatts Antisemitismus den Beitrag von Theres Maurer in diesem Band.
53 Zur Aufnahme eines antisemitischen Abschnitts ins Parteiprogramm der preussischen Konservativen im Hinblick auf die Reichstagswahlen von 1893 vgl. Paul W. Massing, Vorgeschichte des politischen Antisemitismus, Frankfurt am Main ²1986, S. 68ff., und Pulzer (wie Anm. 38), S. 100ff.
54 Die Verordnung vom 14. August 1889 wurde nur durch Kreisschreiben bekanntgemacht und nicht in die Gesetzessammlung aufgenommen, da der Bundesrat sie am 21. September sistierte. Das Zitat aus Art. 13 nach dem Schreiben des Berner Regierungsrats an den Bundesrat vom 4. Dezember 1889 im Staatsarchiv des Kantons Bern, Allgemeines Sanitätswesen, BB XI. 98. Die Verordnung wurde 1894 abgeändert und das Schächten nicht mehr ausdrücklich erwähnt.
55 Vgl. Weldler-Steinberg (wie Anm. 2), S. 248f.
56 Die vom Vorsteher des Justiz- und Polizeidepartements, Bundesrat Louis Ruchonnet, verwendeten Unterlagen im Schweizerischen Bundesarchiv, E 22/427-434. Neben Gutachtensammlungen, Broschüren und Zeitungsausschnitten finden sich dort auch zahlreiche Schreiben von Grossrabbiner Wertheimer, der über seine Vermittlungsversuche berichtet.
57 Vgl. die Botschaft des Bundesrates in: Schweiz. Bundesblatt, I, 1890, S. 663.
58 Der Thierfreund, 1889, Nr. 2, S. 13. Auch in der Botschaft des Bundesrates (wie Anm. 57), S. 653, wird vermerkt, die Delegiertenversammlung der deutsch-schweizerischen Tierschutzvereine habe am 15. März 1889 mit allen gegen die Stimme St. Gallens dem Zentralvorstand die Vollmacht erteilt, die nötigen Schritte zur Einreichung einer Volksinitiative zu tun.
59 Vgl. Külling (wie Anm. 2), S. 279. Der Vortrag Kellers wurde gedruckt unter dem Titel: Das Schächten der Israeliten. Referat gehalten an einer Versammlung von Thierfreunden am 2. April 1890, Aarau 1890; Ebda., S. 23 findet sich die Aufforderung an die Kantone, Rekurs einzulegen.
60 Das geht aus den Briefen Keller-Jäggis an Regierungsrat Conrad vom 24. und 25. Oktober 1892 hervor, in denen er die Rückzahlung des Vorschusses verlangt. Staatsarchiv des Kantons Aargau, Akten RR GWc 1892, Nr. 1748.
61 Die Rekursschrift übernahm fast wörtlich Passagen aus der Broschüre Die Schächtfrage in der Schweiz (wie Anm. 38). Vgl. den Textvergleich von Külling (wie Anm. 2), S. 317f.
62 Rekursbegründung der Kantone Bern und Aargau gegen den Entscheid des Bundesrathes vom 17. März 1890 betreffend das Schächten der Schlachtthiere an die Bundesversammlung der schweizerischen Eidgenossenschaft, Aarau (1891), S. 7 und 18.
63 Gegenmemorial für die sämmtlichen israelitischen Kultusvereine in der Schweiz betreffend den Rekurs der Regierungen von Bern und Aargau gegen den Entscheid des Bundesrathes vom 17. März 1890 in der Schächtfrage an die hohe Bundesversammlung der schweiz. Eidgenossenschaft, Bern 1891, S. 5 und 13.
64 Die Voten sind nur in der Presse überliefert. Vgl. die zeitgenössische Übersicht: Die Schächtfrage vor den Bundesbehörden, Bern 1892, und Külling (wie Anm. 2). Offenbar empfahl einzig der Grütlianer Vogelsanger, wegen der judenfeindlichen Stimmung in der Bevölkerung auf die Rekurse einzutreten.
65 Beilage zum Thierfreund, 1892, Nr. 1, S. 2f.
66 Berichterstattung über die ausserordentliche Delegiertenversammlung vom 21. Februar 1892 in Bern in: Jahresbericht Bern (wie Anm. 6), 1891, S. 24f.

[67] Vgl. zur Unterschriftensammlung Külling (wie Anm. 2), S. 283ff.
[68] Vgl. Rothschild (wie Anm. 2), S. 67ff.
[69] Der Zentralvorstand bemängelte am Vorschlag der Kommissionsmehrheit u. a., dass dieser die von den Initianten «grundsätzlich geforderte Betäubung aller Schlachtthiere vor dem Blutentzug» nicht enthalte. Vgl. die Stellungnahme in: Jahresbericht Bern (wie Anm. 6), 1892, S. 30f.
[70] Amtliches Stenographisches Bülletin der Schweizerischen Bundesversammlung, 1892/93, S. 417ff. Interessant ist, dass sich nun auch Edmund von Steiger für die Verwerfung aussprach. Er unterlag jedoch mit seinem Zusatzantrag, die Empfehlung mit der Kompetenz der Kantone zum Erlass von sanitätspolizeilichen Vorschriften zu begründen.
[71] Diese Behauptung wurde nach der Volksabstimmung aufgestellt. Vgl. Der Thierfreund, 1893, Nr. 4, S. 25.
[72] Politisches Jahrbuch (wie Anm. 47), 1892, S. 186. Hilty gehörte zu den wenigen Politikern, die sich im Abstimmungskampf öffentlich äusserten. Zusammen mit alt Bundesrat Numa Droz präsidierte er das Aktionskomitee für die Propaganda gegen das Schächtverbot. Ein weiteres Komitee bildete sich in St. Gallen. Vgl. die Flugblätter in der Sammlung Keller-Jäggi (wie Anm. 46).
[73] So auf einem Plakat der Tierschutzvereine Zürich, Bern, Luzern und Aargau vom August 1893, Sammlung Keller-Jäggi (wie Anm. 46). Die Abstimmungsparolen in der Presse analysiert Külling (wie Anm. 2), S. 352ff.
[74] Das Abstimmungsresultat, aufgeschlüsselt nach Kantonen und Bezirken, bei Külling (wie Anm. 2), S. 365ff.; Ebda. auch eine eingehende Interpretation. Külling selbst vertritt, S. 383, die Ansicht: «Das Schächtverbot war besonders populär in solchen Gebieten, welche von judenfeindlichen Zeitungsschreibern verseucht waren; hauptsächlich betrifft das die zum Deutschen Reich hin geöffneten Kantone.»
[75] Vgl. dazu Hans Ulrich Jost, Die reaktionäre Avantgarde. Die Geburt der neuen Rechten in der Schweiz um 1900, Zürich 1992, S. 20. Jost spricht von einer «latenten Krise» des liberalen Systems. Den Vertrauensschwund in die freisinnig dominierten Behörden konstatierte aber auch schon alt Bundesrat Numa Droz, der mit der Einführung der Verfassungsinitiative eine Periode der Demagogie anbrechen sah. Vgl. Numa Droz, Etudes et Portraits politiques, Genf/Paris 1895, S. 453.
[76] Der Thierfreund, 1893, Nr. 4, S. 26.
[77] Zum neuen Traditionalismus vgl.: Georg Germann, Die Staatsnation Schweiz sucht ihre kulturelle Identität, in: Auf dem Weg zu einer schweizerischen Identität 1848–1914, hg. von François de Capitani und Georg Germann, Freiburg 1987, S. 455ff.; Georg Kreis, Der Mythos von 1291. Zur Entstehung des schweizerischen Nationalfeiertags, Basel 1991, S. 81 ff.; Guy Marchal und Aram Mattioli, Nationale Identität – allzu Bekanntes in neuem Licht, in: Erfundene Schweiz. Konstruktionen nationaler Identität, Zürich 1992, S. 11ff. Über den Zusammenhang zwischen der neuen Selbstdefinition und der Schächtinitiative vgl. Jakob Tanner, Diskurse der Diskriminierung. Antisemitismus, Sozialdarwinismus und Rassismus in den schweizerischen Bildungseliten, in: Michael Graetz und Aram Mattioli (Hg.), Krisenwahrnehmungen im Fin de siècle. Jüdische und katholische Bildungseliten in Deutschland und der Schweiz, Zürich 1997, S. 323ff.
[78] Diese Funktion des Schächtverbotes betonen Külling (wie Anm. 2), S. 383, Gerber (wie Anm. 2), S. 116, und Jacques Picard, Die Schweiz und die Juden 1933–1945. Schweizerischer Antisemitismus, jüdische Abwehr und internationale Migrations- und Flüchtlingspolitik, Zürich 1994, S. 37f.

Die «Berner Volkszeitung» von Ulrich Dürrenmatt

THERES MAURER

Wenn man sich mit Ulrich Dürrenmatt (1849–1908) beschäftigt und in der «Berner Volkszeitung» blättert, die er zwischen 1881 und 1908 mit grossem Erfolg leitete, fällt einem bald einmal sehr unangenehm eine antisemitische Tendenz auf, die allerdings gegen Ende seiner Tätigkeit etwas weniger ausgeprägt war als zu Beginn; vor allem wurde die Sprache etwas moderater und antisemitische Meldungen wurden seltener. Besonders stossend wirkt die rüde Ausdrucksweise, die Dürrenmatts Korrespondenten verwendeten. Dürrenmatt selbst pflegte sich meist ein wenig gemässigter auszudrükken, doch auch er ist in seiner Wortwahl durchaus nicht zimperlich, wie seine Titelgedichte belegen.

In den siebziger und achtziger Jahren des 19. Jahrhunderts entstand der moderne Rassenantisemitismus.[1] Er setzte die allgemeine Judenemanzipation voraus und unterschied sich vom alten Antisemitismus, indem er versuchte, Massenbewegungen zu bilden, sich zu einer totalen Weltanschauung zu entwickeln und in die politischen Parteien einzudringen. In diesem Umfeld ist der Antisemitismus von Ulrich Dürrenmatt zu verstehen.

Nach Willy Guggenheim hat der wirkliche Antisemitismus folgende Komponenten: Er muss eine politische Dimension aufweisen, das heisst zum Programm oder zum Vokabular einer Partei oder einer Gruppierung gehören. Ausserdem manifestiert sich echter Antisemitismus an einer konsequenten publizistischen Linie.[2] Beachtet man diese Kriterien, muss festgestellt werden, dass die «Berner Volkszeitung» im Fin de siècle eine antisemitische Zeitung war; zwar nicht im Sinne wie bei den antisemitischen Blättern in Deutschland, deren ausschliesslicher Zweck die Bekämpfung des Judentums war. Für die spätere Zeit unter Leitung von Ulrich Dürrenmatt trifft der Vorwurf «antisemitische Zeitung» nicht mehr voll zu. Es gab wohl noch antisemitische Äusserungen, aber der Grundtenor war es nicht mehr.

Dürrenmatt selbst machte aus seinem Antisemitismus keinen Hehl und nahm gelegentlich dazu Stellung, wie zum Beispiel 1890. In einem Artikel wandte sich ein Korrespondent heftig gegen das Schächten. Dürrenmatt veröffentlichte in einer der nächsten Nummern eine Antwort, die das Schächten aus christlicher Sicht in einem gewissen Ausmass rechtfertigte. Dabei bemerkte er in einer Notiz am Schluss dieses Artikels, dass er diese Antwort veröffentlicht habe, obschon die «Berner Volkszeitung» einen antisemitischen Ruf habe.[3] Einige Tage später kommentierte er die Abstimmung zur Schächtinitiative und erklärte: «Mit Ängstlichkeit haben sich viele dem Schächtverbot freundlich gesinnte Blätter gegen den Vorwurf des *Antisemitismus* verwahrt. Den Volkszeitungsschreiber hat dieser Vorwurf nie gekränkt. Lieber *Antisemit* als *Philosemit* (Judenfreund). Ich bin von jeher der Meinung gewesen, die allzu grosse Ausbreitung Israels im Schweizerlande sei für unser Volk kein Segen. [...] Die Schweiz ist noch nicht verjudet.» [4]

Grossen Raum nimmt in der «Berner Volkszeitung» unter Dürrenmatts Leitung der Kampf um die Schächtinitiative ein.[5] Schon zu Beginn seiner Redaktionstätigkeit war das Schächten ein Thema und blieb es nach Annahme der Initiative bis in die späteren neunziger Jahre. Die Vorgänge um das Schächtverbot werden in diesem Beitrag immer wieder erwähnt, weil es sich in den Artikeln und Berichten öfter um grundlegende Auseinandersetzungen mit dem Antisemitismus handelte. Zwar wurde in vielen Zeitungsmeldungen häufig der Gedanke an den Tierschutz vorgeschoben, aber die antisemitische Komponente dominierte und kommt schon dadurch zum Ausdruck, dass die meisten Beiträge unter dem Titel «Die jüdische Mordiometzgerei» liefen. Vor allem wurde gerade in dieser Frage der Antisemitismus besonders manifest. Das Vokabular ist abstossend. Ähnlich gehässige Kampagnen hat es nur während der bernischen Staatskrise in den späten siebziger und frühen achtziger Jahren, ebenso während des Kampfes um den Schulvogt 1882 sowie bei der Bekämpfung der Alkoholartikel 1885 bis 1887 gegeben.

Befremdend wirkt auch, dass antisemitische Bemerkungen oft ohne den geringsten Bezug auf das Wirken oder die Taten von Juden auftauchen. Lässt sich in der Finanz- oder Eisenbahnpolitik immerhin noch ein Zusammenhang mit jüdischem Vorgehen (etwa wenn jüdische Bankiers oder Finanzmänner an Transaktionen beteiligt waren) herstellen, so trifft dies in anderen Fällen überhaupt nicht zu. Ein gutes Beispiel dafür ist der Artikel eines Mitarbeiters aus dem Jahre 1883. Unter der Überschrift «Jud ist Jud, heisse er Schmul oder Levi»[6] erschien eine Notiz, in der lediglich die Rede davon war, dass eine Gruppierung sich statt «Freisinnige» in Zukunft «Liberale» nennen wolle. Gerade solche Bemerkungen sind ein Zeichen von bewusstem Antisemitismus.[7]

Ein Beispiel über die Tonart der antisemitischen Propaganda geben Auszüge aus folgendem Titelgedicht:

Aus der Judenküche[8]

Was Eure Juden schreiben
Wird fröhlich nachgedruckt
Mit hoch pikantem Titel
Als eigenes Produkt ...

Gebt Acht jetzt, was Ihr leset
Der Jude salbt und schmiert;
Er hat die Küchenzeddel
Diktiert und ausstaffirt.

Der Jude will verkaufen
Und kauft mit seinem Geld
Die Börse und die Presse
Die sagt Euch, was Ihr sollt.

Fort mit der Judenküche,
Bringt Schweizerkäse her:
Die Mahlzeit ist zu theuer,
Der Knoblauch stinkt zu sehr.

Der Werdegang von Ulrich Dürrenmatt

Ulrich Dürrenmatt wurde am 20. April 1849 als jüngstes von neun Kindern im Schwandacker bei Guggisberg im Schwarzenburgerland geboren.[9] Schwarzenburg ist ein karges Gebiet und bildet die Grenze zwischen Freiburg und Bern, Deutsch und Welsch, zwischen Protestanten und Katholiken. Die Landschaft hat Ulrich Dürrenmatt deutlich geprägt. Als Deutschschweizer und überzeugter Protestant empfand er für französische Kultur und den Katholizismus immer Sympathie. Obwohl er den grössten Teil seines Lebens in Herzogenbuchsee im Oberaargau verbrachte, fühlte er sich der Gegend seiner Jugend bis zu seinem Tode stets stark verbunden.

Er war der Sohn eines einfachen Kleinbauern, der starb, als Ulrich erst vierjährig war. Über seinen Vater ist wenig bekannt. Zeit seines Lebens fühlte sich Ulrich Dürrenmatt seiner Mutter in Liebe und Respekt zugetan. Sie wird als weltoffene, politisch interessierte Frau geschildert, war religiös, ohne frömmlerisch zu sein. Sie war dem Vater geistig überlegen gewesen, und sie war es auch, die seine Entwicklung geprägt hat. Sie stammte aus dem Geschlecht der Zbinden, einer im Schwarzenburgischen weitverbreiteten und angesehenen Familie. Überhaupt hatte die mütterliche Verwandtschaft grossen Einfluss auf den Werdegang von Dürrenmatt.

Stark geprägt wurde der junge Dürrenmatt von seinem Paten, Statthalter Ulrich Kohli,[10] der konservativer war als seine Mutter, und von seinem Schwager Ulrich Habegger, der zugleich auch sein Lehrer war.

1865 bestand Ulrich Dürrenmatt die Aufnahmeprüfung ins staatliche Lehrerseminar Münchenbuchsee. Hier traf er, der aus einem ausgeprägt konservativ-christlichen Milieu stammte, auf liberal-radikales Gedankengut. Bald übernahm er die liberalen Ideen in politischen Fragen, blieb aber dem positiv-christlichen Glauben treu.

Im Frühling 1869 wurde er patentiert und trat seine erste Stelle als Lehrer in Hirschhorn bei Guggisberg an. Dort unterrichtete er ein Jahr lang. Dieses Jahr war für ihn von besonderer Bedeutung, denn in seiner Kollegin, Anna Maria Breit, lernte er seine zukünftige Frau kennen. Als nächstes liess er sich in die Lorraine bei Bern wählen, so dass er nebenbei die Universität besuchen konnte. In Bern trat er dem radikalen Lehrerklub bei und wurde auch Mitglied im Grütliverein. 1873 bestand er das Examen als Sekundarlehrer. Er wurde als Lehrer ans Progymnasium in Delsberg gewählt, wo er in französischer Sprache Schule gab. Vor Antritt seiner Stelle ehelichte er Anna Maria Breit und führte mit ihr bis zu ihrem Tode 1907 eine überaus glückliche und harmonische Ehe.

In Delsberg spielten sich Ereignisse ab, die sein weiteres Leben entscheidend beeinflussen sollten. Es war die Zeit des Kulturkampfes[11], und Dürrenmatt stand den Massnahmen, welche die bernische Regierung in diesem Zusammenhang ergriff, skeptisch gegenüber. Er stand zwar dazu, dass er den Beginn des Kulturkampfes begrüsst habe.[12] Im Laufe der Zeit wurde er Zeuge der Priestervertreibungen und der Unterdrückung der römisch-katholischen Bevölkerung. Dürrenmatt übte unverhohlen Kritik an dieser Politik, so dass sein weiteres Wirken als Lehrer in Delsberg nicht mehr möglich war.

1875 bis 1876 war er Konviktsleiter an der Kantonsschule Frauenfeld, von 1876 bis 1880 unterrichtete er am Progymnasium in Thun. Der Kulturkampf und die bernische Eisenbahnpolitik und die damit verbundenen Finanzprobleme waren massgebend an Dürrenmatts Parteiwechsel von den Radikalen zu den Konservativen beteiligt. Oft wurde Dürrenmatt vorgeworfen, er habe diesen Wechsel aus enttäuschtem politischem Ehrgeiz vollzogen. Dies trifft bestimmt nicht zu. Zum einen war er klug genug, um zu begreifen, dass er im Kanton Bern bei den Radikalen bessere Aussichten für eine Karriere hatte als bei den Konservativen. Daneben war er auch durch sein konservatives und überzeugt christliches Herkommen stark vorgeprägt. Immerhin blieb er auch später in gewissen Punkten den Ideen aus seiner radikalen Zeit treu; so war er ein unbedingter Anhänger der Volksrechte und setzte sich vorbehaltlos für eine absolute Pressefreiheit ein. In dieser letzten Frage ging er mit vielen seiner konservativen Freunde nicht einig.

Neben der Schule war Dürrenmatt an der Politik interessiert. Die Zeitungen waren damals politische Kampfblätter, die entscheidend zur Meinungsbildung beitrugen. Er war Mitarbeiter bei verschiedenen Zeitungen, so etwa auch beim Thuner «Geschäftsblatt». Mit seinen politischen Ansichten geriet er in immer stärkeren Gegensatz zu seinen früheren radikalen Gesinnungsgenossen. Heftig umstritten war die Eisenbahnpolitik. Im Kanton Bern drehten sich die Auseinandersetzungen um den Bau der Bern-Luzern-Bahn,[13] die schliesslich zur Berner Staatskrise führten. Dürrenmatt bekämpfte die Regierungspolitik äusserst kritisch, so dass es schliesslich zum endgültigen Bruch mit den Freisinnigen und zu seinem Übertritt zu den Konservativen kam. Hin und wieder hatte Dürrenmatt seinem Freund, Hans Nydegger, Beiträge für dessen

«Schweizer Dorfzeitung» geschickt. 1877 übernahm Nydegger Verlag und Redaktion der bisher freisinnigen «Berner Volkszeitung» in Herzogenbuchsee. Unter ihm wurde sie zu einem konservativen Organ. Bald einmal wurde Dürrenmatt zum Hauptmitarbeiter. Als Hans Nydegger 1880 wegen eines Pressevergehens 50 Tage Haft verbüssen musste, erledigte Dürrenmatt die Redaktionsarbeit. Dürrenmatt veröffentlichte neben seiner Zeitungsarbeit auch politische Pamphlete, insbesondere einen Gedichtband mit dem Titel «Bärentalpen», in dem die Freisinnigen heftig angegriffen wurden. Dadurch schaffte sich Dürrenmatt Feinde in Thun, die seine Absetzung als Lehrer forderten.

Im selben Jahr wurde ihm die Stelle als alleinverantwortlicher Redaktor der «Berner Volkszeitung» angeboten. Dürrenmatt griff nach kurzem Überlegen zu. Am 6. Oktober 1880 erschien die erste Nummer unter seiner Leitung. Ende 1881 schliesslich wurde er alleiniger Besitzer der «Berner Volkszeitung». Er machte aus dem kleinen Regionalblatt bald einmal eine bekannte Zeitung von überregionaler Bedeutung. Besonders beliebt – oder umstritten – waren seine Titelgedichte, die er jeder Nummer voranstellte.

Neben seiner journalistischen Tätigkeit nahm er regen Anteil an der aktiven Politik. Er war während vielen Jahren im Gemeinderat von Herzogenbuchsee, von 1886 bis 1908 Mitglied des Grossen Rates des Kantons Bern und von 1902 bis 1908 Nationalrat. Vor allem im Grossen Rat spielte er eine wichtige Rolle und genoss mit der Zeit auch bei manchen seiner Gegner Ansehen. Er gehörte der Bernischen Volkspartei an und war während vielen Jahren deren Präsident. Er starb am 27. Juli 1908.

Die konservativen Parteien im Kanton Bern
Ende des 19. Jahrhunderts

Ende der achtziger Jahre gab es, vor allem auf dem Lande noch keine fest organisierten Parteien. Im Kanton Bern existierten zu dieser Zeit lediglich konservative Gruppierungen: die stadtbernischen Konservativen, die Katholisch-konservative Partei des Berner Jura und die Bernische Volkspartei.[14] Die Gruppierungen blieben organisatorisch getrennt. Es gelang auch nicht, eine einzige Partei, die über die Konfessionsgrenzen hinaus reichte, zu formen. Die Gruppierungen kannten kein gemeinsames Programm und waren sich nur in einem Punkt einig: in der Bekämpfung des gemeinsamen Gegners, der Radikalen. Die konservative Opposition im Kanton Bern konnte sich häufig nicht einmal auf ein gemeinsames Vorgehen bei Wahl- und Abstimmungskämpfen einigen. Selbst Ulrich Dürrenmatt und die Bernische Volkspartei waren nicht in allen politischen Fragen einer Meinung.

Es herrschte ein unüberwindbares Misstrauen zwischen den stadtbernischen Konservativen und der Berner Volkspartei, insbesondere mit Ulrich Dürrenmatt. Dieser war den meist aus den Kreisen der Patrizier stammenden Konservativen zu ungestüm, zu aggressiv und zu grob. Dürrenmatt dagegen fand das Vorgehen der städtischen Konservativen zu zahm, zu schwächlich und zu wenig effizient. Selbst grosse Erfolge, wie die Verwerfung des Schulartikels 1882, vermochten nicht genügend Impulse zu geben, um ein weiteres einheitliches Vorgehen zu ermöglichen.

Massgebend für dieses Verhältnis waren die Ereignisse der späten siebziger und frühen achtziger Jahre. Die Finanzierung der Bern-Luzern-Bahn war unsorgfältig geplant worden. Um vor den Grossratswahlen 1878 die Probleme zu vertuschen, gewährte der Grosse Rat der Baugesellschaft einen Vorschuss von fast einer Million Franken, ohne dazu legitimiert zu sein. Trotz dieser «Vorschussmillion» war ein Konkurs nicht zu vermeiden. Eine Kommission des Grossen Rates war beauftragt worden, die Bahn für den Kanton Bern zu ersteigern. Man rechnete mit einer Kaufsumme von vier Millionen Franken. Um aber zu verhindern, dass die Zentralbahn den Zuschlag erhielt, wurden schliesslich mehr als sechs Millionen Franken ausgegeben. Dieses Vorgehen führte zu heftigen Auseinandersetzungen und schliesslich zum Gesamtrücktritt der bernischen Regierung. Bei den Neuwahlen wurde als einziger der frühere Regierungsrat Rohr wiedergewählt.

Da viele der Konservativen die ursprüngliche bernische Eisenbahnpolitik unterstützt hatten und zum Teil dem Baukonsortium angehörten, wurde ihre Kritik in sehr gemässigtem Ton vorgebracht, der sich deutlich von der kräftigen Sprache Dürrenmatts unterschied. Die bernischen Konservativen versuchten auf nicht sehr glückliche Weise, sich von Dürrenmatt zu distanzieren. Dieses Zerwürfnis liess sich nie mehr kitten.

Zu einer weiteren Trübung des Verhältnisses zwischen den beiden Gruppen kam es anlässlich der Nationalratswahlen von 1881. Um noch freier argumentieren zu können, trennte sich Dürrenmatt schliesslich von seinen städtischen Geldgebern und übernahm, wie oben beschrieben, die Leitung der «Berner Volkszeitung» selbst. Nach diesen Ereignissen bildete sich in der Stadt Bern um den konservativen Regierungsrat Edmund von Steiger ein Verein der Unabhängigen, dessen Anhang nicht gerade von Bedeutung war und nur für kurze Zeit einen gewissen Einfluss hatte. Nach den eindrücklichen Erfolgen zu Beginn der achtziger Jahre erlitten sie bei den Nationalratswahlen von 1884 einen argen Rückschlag.

Bei Wahlen gingen die Konservativen im Kanton Bern, von zum Teil kleineren regionalen Erfolgen abgesehen, selten als Sieger hervor. Ihre Waffe waren die Volksabstimmungen. In den Referendumskämpfen gelang es ihnen oft, ihren Ideen, die in den Parlamenten nicht zum Tragen kamen, zum Durchbruch zu verhelfen. Vor allem Dürrenmatt wusste dabei seine journalistische Begabung einzusetzen. In etlichen Fragen kam es dann später zu einem Kompromiss.

Im Gegensatz zum Liberalismus herrschte bei den konservativen Parteien und Gruppierungen der Antisemitismus vor.[15] Die Entwicklung der Gleichberechtigung der Juden ist eng verknüpft mit dem Verlauf der europäischen Geschichte. Nach Kriegszeiten und während ökonomischen Krisen lebte der Antisemitismus immer verstärkt auf. Die Französische Revolution brachte den Juden die Gleichberechtigung. In den meisten

Ländern war sie aber von kurzer Dauer. Zur Zeit der Restauration waren die Wiederherstellung der konservativen Herrschaft und die Durchsetzung des christlichen Glaubens vorherrschendes Ziel; das widersprach der Gleichberechtigung der Juden. Im 19. Jahrhundert war Deutschland das Kernland des Antisemitismus.[16] Eine Änderung trat ein, als Bismarck plante, die deutsche Einigung zu schaffen. Er musste den Liberalen Konzessionen machen, unter anderem betraf dies die Gleichberechtigung der Juden. Im Süden Deutschlands erhielten die Juden in Baden 1862, in Württemberg 1864 und in Bayern 1861/64 politische Rechte. Der Norddeutsche Bund führte sie 1869 ein.

In der Schweiz[17] bedurfte es zur Einführung der freien Niederlassung der Juden des Anstosses von aussen. Zuerst versuchten die USA, England und die Niederlande in den Handelsverträgen oder in den Verhandlungen dazu, die völlige Niederlassungsfreiheit für alle ihre Staatsbürger zu erreichen, während sie in der Schweiz ausschliesslich Personen christlicher Konfession vorbehalten war. Den Durchbruch brachte der Handelsvertrag mit Frankreich 1864. Darin wurde den französischen Bürgern die freie Niederlassung in der Schweiz gewährt. Weil ein Teil der Kantone diesen Bestimmungen keine Nachachtung verschaffte, suchte der Bund eine zentrale Lösung. Um noch weitere Probleme den veränderten Gegebenheiten anzupassen, wurde dem Volk eine Teilrevision der Bundesverfassung von neun Punkten vorgelegt. In der Volksabstimmung von 1866 nahmen das Volk und die Kantone nur den Punkt an, der den Schweizer Juden die Niederlassungsfreiheit garantierte.

Auch dem Antisemitismus gegenüber war die Haltung in den konservativen Gruppierungen uneinheitlich; so sind die Intensität und Aggressivität des Antisemitismus bei Dürrenmatt und den bernischen Konservativen, mit Einschluss der Bernischen Volkspartei, unterschiedlich. In den Protokollen der Volkspartei stösst man kaum auf Antisemitismus,[18] wohl aber im engeren politischen Freundeskreis von Dürrenmatt. Dies zeigte sich besonders deutlich beim Kampf gegen das Schächtverbot. Die «Berner Volkszeitung» war führend in der Bewegung, aber die Bernische Volkspartei nahm zu dieser Frage überhaupt nie Stellung, ja, sie diskutierte die Frage nicht einmal intern.[19]

Am unangenehmsten fallen die antisemitischen Äusserungen und Pamphlete des engsten Mitarbeiters von Dürrenmatt bei der «Berner Volkszeitung», Samuel Kurth, auf. Das zeigt sich unter anderem darin, dass antisemitische Beiträge häufiger vorkommen, wenn dieser die Zeitung in den Abwesenheiten von Dürrenmatt leitete. Ausserdem wird der Ton in der Zeitung nach seinem Tod etwas moderater; auf antisemitische Ausfälle stiess man nicht mehr bei jeder möglichen und unmöglichen Gelegenheit. Ein Beispiel für den Antisemitismus von Samuel Kurth findet sich in seinem Kommentar zur Annahme der Schächtinitiative: «So lange es krummnasige, schachernde und wuchernde Mauschel gibt in der Schweiz, ebenso lange wollte diese krummbeinige asiatische Parasitenrasse auch koscher fressen [...]»[20] In seinem Nachruf auf Samuel Kurth erwähnte Dürrenmatt, dass das Zustandekommen der Schächtinitiative zu einem grossen Teil dessen Verdienst gewesen sei.[21]

Freimaurer und Antisemitismus

Nicht minder aggressiv bekämpfte Dürrenmatt das Freimaurertum.[22] Ein Hauptvorwurf bestand darin, dass er den Mitgliedern vorwarf, Vetternwirtschaft zu betreiben, sowohl wirtschaftlich wie politisch. Vor allem kritisierte er, dass viele Beamte Freimaurer seien oder diesen nahestünden. Auch war ihm die Geheimnistuerei der Freimaurer ein Dorn im Auge. Manche seiner politischen Gegner unter den Radikalen gehörten den Freimaurern an. Deshalb bereitete es ihm eine grosse Genugtuung, als es ihm gelang, in den neunziger Jahren die Mitgliederverzeichnisse der Logen zu publizieren.

Die erwähnten Zielrichtungen seiner Vorbehalte lassen sich deutlich an zwei Pressekampagnen des Jahres 1882 aufzeigen. Zuerst berichtete ein Korrespondent im März in mehreren Leitartikeln über «Die Geheimniskrämerei der Freimaurer».[23] Im August desselben Jahres folgte eine Artikelserie über «Die Freimaurer in der Staatsverwaltung».[24] Danach kam es in der Zeitung zu einer heftigen Kontroverse zwischen den Freimaurern und Dürrenmatt.[25]

Dürrenmatt empörte sich vor allem darüber, dass die Freimaurer ihre unfähigen Mitglieder förderten. So veröffentlicht er einen Artikel mit dem Titel «Geheimbündler in Geschäften», in dem unter anderem steht, «die Solidarität der ‹Brüder›» helfe «auch den unfähigsten Mitgliedern» und bringe ihnen «Ehrenstellen, Ämter und Clienten [...], ohne dass der Profane, d. h. Nichtfreimaurer diesen Zusammenhang von Ursache und Wirkung merkt.»[26]

Auch die Angriffe auf die Freimaurer wurden oft in einer rohen Sprache geführt. Als Beispiel sei ein Zitat aus dem Leitartikel «Die Stellung der Freimaurer zur christlichen Religion» von 1885 erwähnt. Die Freimaurer werden hier als eine «im Dunkeln um so gefährlicher wütende Volkspest» beschrieben.[27] Im übrigen wird im Artikel erklärt, für die Freimaurer bedeute das Christentum nur eine überlebte Stufe der Kulturentwicklung. An die Stelle des Christentums trete die Humanität. Ein weiterer Vorwurf betraf die Versuche der Freimaurer, konfessionslose Schulen einzuführen. Ähnliche Gedanken finden sich im Leitartikel «Freimaurer und Antichristentum».[28] Der Korrespondent billigte den Freimaurern zwar das Recht zu, persönlich zu glauben, was sie wollten, etwas ganz anderes sei es aber, wenn das Volk vom Christentum abgehalten werde. Dies versuchten die Freimaurer mit dem Propagieren von konfessionslosen Schulen und mit Hilfe der Presse zu verwirklichen.

Die Bekämpfung der Freimaurer erfolgte also sowohl aus wirtschaftlichen als auch aus christlichen Motiven. Im Unterschied zur Judenfeindschaft fehlt aus offensichtlichen Gründen einzig der rassistisch begründete Ansatz.

Für Dürrenmatt bedeuteten Freimaurer und Juden fast dasselbe. Wenn man die «Berner Volkszeitung» unter der Leitung von Ulrich Dürrenmatt daraufhin untersucht, halten sich Angriffe auf Juden und Freimaurer etwa die Waage, gegen Ende seiner Tätigkeit finden sich hingegen mehr Angriffe auf die Freimaurer als auf die Juden.

Während des Wahlkampfes von 1884 um die Nationalratssitze im Oberaargau waren Dürrenmatt sein Antisemitismus und seine ablehnende Haltung gegenüber den Freimaurern vorgeworfen worden. Er wurde dabei als «Judenfresser» apostrophiert. Auf diese Vorwürfe antwortete er: «Mitglieder zu einer Antisemiten-Liga habe ich nie geworben und gehöre selber keinem solchen Bunde an, dagegen setze ich in der That die *Juden und die Freimaurer* wirklich fast auf die gleiche Linie, weil sie unser armes Volk auf eine schamlose Art ausbeuten, die einen mit ihrer schändlichen *Wechsel- und Wucherfreiheit,* die andern mit der *Beamtenherrschaft,* die sie zur Versorgung ihrer ∴ Brüder bei uns einführten.»[29]

Ein typisches Beispiel für seine Gleichsetzung von Juden und Freimaurern ist auch ein Titelgedicht aus dem Jahre 1890:

Knoblauch und Kelle[30]

Juden und Mäurer, Knoblauch und Kelle,
machen helle das Land der Telle
Heil dem Volke, das sie beschirmt!
Geht in die Dörfer, seht in die Städte,
Überall haben sie um die Wette
Wohlfahrt, Glück und Vermögen gethürmt.

Juden und Mäurer, Knoblauch und Kelle,
Wachsen gerne an nämlicher Stelle,
Sommerzwiebel und Suppenlauch
Wo in Beeten die Eine gedeihet,
Dass sich Knolle an Knolle reihet
Da gedeihet der Andere auch.

Juden und Mäurer, Knoblauch und Kelle
Stehen an der Mächtigen Schwelle,
Lauernd auf Gunst, Genuss und Profit;
Mäurergelichter und Judengesichter,
Wer ist verschmitzter, wer ist erpichter,
Knoblauch oder Semit?

Juden und Mäurer, Knoblauch und Kelle
Halten zusammen auf alle Fälle,
Sind Eine Seele, Eine Partei;
Jüdische Juden und jüdische Nasen,
Maurerjuden und Maurerphrasen
Leben von der Schmarotzerei.

Der christlich motivierte Antisemitismus

In der christlichen Kirche besteht ein jahrhundertelanges polemisches Zerrbild vom Judentum und eine weltweite Unwissenheit über das wirkliche jüdische Selbstverständnis.[31] Es ist nicht einfach, das Selbstverständnis des Judentums festzustellen. Quellen wie der Talmud und Midraschim sind schwierig systematisch zu erfassen. Sie enthalten keine dogmatische Lehre, sondern den schriftlichen Niederschlag der Diskussion von Jahrhunderten über die konkreten Fragen des Lebens. Bei jedem überlieferten Spruch müssen also die Zeitumstände berücksichtigt werden.

Im Mittelalter entstand das Bild des Juden als Hostienschänder, Antichrist, Ritualmörder, Giftmörder oder Zauberer. Selbst in der zweiten Hälfte des 19. Jahrhunderts lebten die absurden Vorwürfe, die Juden würden Ritualmorde verüben, wieder auf.[32]

Bedenkt man Dürrenmatts Herkunft aus einem tief religiösen Milieu, so könnte man annehmen, dass sein Antisemitismus vor allem christlich begründet sein müsse. Dies trifft aber nicht zu. Wir stossen bei ihm eher selten auf religiös begründeten Antisemitismus verglichen mit dem wirtschaftlichen und politischen.

1885 veröffentlichte Dürrenmatt in zwei Nummern einen Leitartikel mit dem Titel «Schultan Aruch[33] oder Die 100 Gesetze des Judentums». Es handelte sich dabei um einen Auszug aus der Broschüre «Judenspiegel, oder 100 neuenthüllte, heutzutage noch geltende, den Verkehr der Juden mit den Christen betreffende Gesetze, mit einer die Entstehung und Weiterentwicklung der jüdischen Gesetze darstellenden, höchst interessanten Einleitung. Von Dr. Justus, speculi opifex in lumine veritatis.»[34] Das Pamphlet sollte aufzeigen, wie sehr die Juden die Christen verachteten und verunglimpften. Der Verfasser dieser Schrift war ein gewisser Dr. Aaron Brimann. Selbst Dürrenmatt musste zugestehen, dass dieser eine zweifelhafte Existenz war. Es handelte sich bei ihm um einen rumänischen Juden, der zuerst zum Protestantismus, dann zum Katholizismus konvertiert war. 1885 wurde er wegen Urkundenfälschung zu zwei Monaten Gefängnis und zu Landesverweisung verurteilt.[35] Weil aber ein Dr. Ecker von der Universität Münster ein «wissenschaftliches Gutachten» über diese Schrift verfasst hatte und seiner Überzeugung Ausdruck gab, der Inhalt des «Judenspiegels» entspreche der Wahrheit, sah sich Dürrenmatt veranlasst, dem Pamphlet Glauben zu schenken. So zitierte er eine Anzahl von Punkten, die zum Teil die religiösen Gefühle der Christen verletzten und in etwas abgeschwächter Form dem weiter oben beschriebenen Judenbild entsprachen, zum Teil die wirtschaftlichen Vorurteile gegenüber den Juden zu bestätigen schienen.

Brimann ging in seinen Ausführungen auf die Schrift von Johann Andreas Eisenmenger zurück, die den Titel trägt: «Entdecktes Judentum. Oder: Gründlicher und wahrhafter Bericht, welchergestalt die verstockten Juden die Hochheilige Dreieinigkeit, Gott Vater, Sohn und Heiliger Geist erschrecklicherweise lästern und verunehren, die Heilige Mutter Christi verschmähen, usw.» Nach Johann Maier bildete das Werk von Eisenmenger die «Rüstkammer des modernen Antisemitismus».[36] Eisenmenger schrieb es Ende des 17. Jahrhunderts und führte eine heftige Attacke gegen den Talmud und das Judentum als Ganzes. Er beachtete den historischen Kontext nicht und interpretierte die Quellen falsch.

Der religiöse Antisemitismus bei Dürrenmatt weist ähnliche Züge auf wie analoge Strömungen in Deutschland. Die christlich-soziale Bewegung des preussischen Hofpredigers Adolf Stoecker[37] kam Dürrenmatts Vorstellungen sehr nahe. Grosse Sympathien zeigte er auch für den antisemitischen Bürgermeister Karl Lueger in Wien. Gemeinsam war den drei Politikern die kleinbürgerliche Herkunft, wobei Stoecker und Lueger aus städtischen, Dürrenmatt aus ländlichen Verhältnissen stammte.[38] Bei allen dreien war in der Jugend der Einfluss der Mutter dominierend gewesen. Sie waren äusserst begabte Redner und Populisten, ihre Ideologie basierte auf einem christlichen Sozialismus und auf der Feindschaft gegenüber dem Judentum. Dürrenmatt unterschied sich von ihnen dadurch, dass er von Beginn seines politischen Auftretens an überzeugter Antisemit war, Stoecker[39] und Lueger dagegen aus taktischen und parteipolitischen Überlegungen heraus. Ausserdem war das soziale Engagement bei Dürrenmatt geringer. Alle vertraten aber die Interessen der «kleinen Leute».

1881 und 1894 hielt Stoecker Vorträge in Bern, die in der «Berner Volkszeitung» sehr beifällig kommentiert wurden.[40]

1897 meldete die «Berner Volkszeitung»[41], dass der «Antisemitenführer» Dr. Lueger zum Bürgermeister gewählt worden sei. Die Antisemiten hätten das Resultat mit stürmischem Beifall begrüsst. Im April 1907[42] berichtete Dürrenmatt, der seinerzeit gegen grossen Widerstand zum Bürgermeister gewählte Dr. Lueger in Wien werde seiner grossartigen Reformen wegen auch bei seinen Gegnern hoch geachtet.

1885 kommentierte ein Mitarbeiter eine Meldung der «Berner Nachrichten», die über einen Pressprozess berichtete, den Stoecker gegen die «Freie Zeitung» angestrengt hatte. Die «Berner Nachrichten» kritisierten das Vorgehen von Stoecker. Dazu lautete der Kommentar der «Berner Volkszeitung»: «Stoecker ist bekanntlich Antisemit, und das ist bei unsern Herren Radikalen genug, ihn auf den Tod zu hassen. Wer nicht vor jedem Schindjuden auf den Knien rutscht und ihn anbetet, der ist in Ungnade gefallen [...].» Der Kommentar endete mit der Behauptung, dass der Freisinn in der Schweiz Ähnlichkeit mit den Juden aufweise. Einerseits werde gewuchert und geschunden, anderseits das Geld verjubelt.[43]

Die Sympathie Dürrenmatts für die Bewegung um Hofprediger Stoecker ist bemerkenswert. Im Gegensatz zum grossen Teil seiner Zeitgenossen hatte er kaum Sympathien für Deutschland. So war die Überfremdung durch die Deutschen in der Schweiz ein immer wiederkehrendes Thema in der «Berner Volkszeitung». Auch kritisierte Dürrenmatt die deutsche Politik und insbesondere Kaiser Wilhelm II. häufig und respektlos.[44]

So intensiv sich Dürrenmatt mit den Kongressen der Zionisten befasste, so gering war sein Interesse an den Kongressen der Antisemiten. Von den Antisemitenkongressen von 1882 in Dresden, 1883 in Chemnitz und 1885 in Kassel berichtete die «Berner

Volkszeitung» nur gerade von demjenigen in Dresden.[45] Als einzig erwähnenswert galt die Tatsache, dass Adolf Stoecker den Vorsitz abgelehnt habe. Alle weiteren Vorgänge ignorierte die «Berner Volkszeitung». Dies deutet darauf hin, dass sich Dürrenmatt zwar mit Stoecker und Lueger einig fühlte, aber den radikaleren Antisemiten, wie Wilhelm Marr und Hermann Ahlwardt in Deutschland und Georg von Schönerer in Österreich keine Bewunderung entgegenbrachte.

Im Jahre 1897 veröffentlichte Dürrenmatt einen Leitartikel eines «Bibelgläubigen» mit dem Titel «Auch die Juden sind ein Beweis von der Wahrheit unseres Christenglaubens».[46] Im Artikel wird ausgeführt, dass schon Moses, Jesus und einige Propheten das unglückliche Schicksal des jüdischen Volkes vorhergesagt hätten. Der Schreiber berief sich auf das 3. Buch Moses, Kapitel 26 und das 5. Buch Moses, Kapitel 28. Es werde ein Fluch auf den Juden lasten, da sie den Bund mit Gott gebrochen hätten. Sie sollten unter alle Völker der Erde und bis an die Enden der Erde zerstreut werden. Sie dürften sich nicht mit anderen Menschen verschmelzen. Ihr Name sei ein Schimpfwort. Es wurde verkündet, sie würden ein verzagtes Herz bekommen und Feiglinge sein. Völlig aus der Luft gegriffen behauptete der Verfasser, dass die Juden als feige Soldaten und Seeleute bekannt seien. Weiter verwies er auf Weissagungen von Jesu, nach Lukas, Kapitel 13, 34 und Kapitel 21, 24: «Es wird ein Zorn sein über dies Volk, und sie werden gefangen weggeführt werden unter alle Völker.» Alle diese Prophezeiungen seien wahr geworden. Dürrenmatt selbst gab keinen Kommentar dazu. Solche Äusserungen finden sich in der «Berner Volkszeitung» aber eher selten.

Der politische Antisemitismus

Wie stark sich bei Dürrenmatt der Antisemitismus mit politischen Tagesfragen verbindet, zeigte eine Abstimmungsempfehlung für drei politische Vorlagen im Jahre 1896.[47] Zum Gesetz für die Gewährleistung beim Viehhandel führte er aus: «Fort mit dem Viehhandelsgesetz. Es ist für die Viehjuden gemacht.» Zum Rechnungsgesetz für den Rückkauf der Eisenbahnen lautete seine Abstimmungsempfehlung: «Fort mit dem Rechnungsgesetz. Es ist für die Frankfurter Juden und die 8'000-fränkigen Faulenzer im Bundespalast.» Nur beim Disziplinargesetz der Eidgenössischen Armee findet sich kein antisemitischer Bezug.

1885 erschien eine Notiz unter der Überschrift «Die Juden in der Schweiz».[48] Dürrenmatt führte aus, dass die Zahl der Juden in der Schweiz in der Zeit von 1870 bis 1880 von 6'696 auf 7'373 angestiegen sei. Er lässt durchblicken, dass es sich dabei um eine grosse Zunahme handle. Die Zahlen für die Wohnbevölkerung der Schweiz beliefen sich 1870 auf 2'655'000 und 1880 auf rund 2'839'000 Einwohner. Die gesamte Wohnbevölkerung hatte also zugenommen. Diese Zahlen verdeutlichen zudem, wie unbedeutend der Anteil der Juden an der Gesamtbevölkerung war, er machte nur rund 0.25 Prozent aus und bedeutete bestimmt keine Gefahr. Selbst Dürrenmatt dürfte man zutrauen, dass er imstande sein würde, die Relationen zu erkennen. Dürrenmatt erwähnte, dass die Zahl der Juden vor allem in den Städten St. Gallen, Zürich und Basel zugenommen habe. Danach kam er auf die aargauischen Gemeinden Lengnau und Oberendingen zu sprechen, wo es fast nur Juden gebe. Er vermied aber jede Erklärung, weshalb dem so sei. Dürrenmatt meinte anschliessend, dass während der Woche die beiden Orte sehr still seien, weil die männlichen Einwohner ihren «Gschäftche» nachgingen. Von Freitag bis Sonntag herrsche jedoch reges Leben. Er fuhr dann fort: «Dann wird gemauschelt, dass Einem Hören und Sehen vergehen, und Knoblauch und Zwiebeln ‹geachelt›, bis es schmeckt ganz ‹koscher›.» Nur wenige Wochen später beklagte er sich in einem Artikel, den er mit «Geh in d' Schweiz nei und mach' dei Gligg» überschrieb, darüber, dass die Schweiz von Deutschen überschwemmt werde, weil über 95'000 deutsche Staatsbürger in der Schweiz lebten, so viele wie in keinem anderen Nachbarland.[49]

Am 4. Juli 1888 stellte ein Parteifreund von Dürrenmatt, Grossrat Daniel Flückiger, bei der Behandlung der Naturalisationsgesuche den Antrag, dass künftig in den gedruckten Vorlagen auch die Konfession der Bewerber vermerkt werden sollte. Vor allem Grossrat Johannes Ritschard bekämpfte eine solche Diskriminierung der Juden vehement: «Ich möchte den Grossen Rat des Kantons Bern bitten, nicht in Anti-Semitismus zu machen; denn darauf läuft im Grunde der Antrag des Herrn Flückiger hinaus, da er am Schluss sagte, es sei ihm nicht sowohl um der Konfession zu tun, als um den Schacher, und es kann dabei natürlich nur auf die Juden abgesehen sein. Nun ist aber bekannt, dass in Sachen des Geldes die Religion nicht absolut deckend ist. Es gibt Schacherjuden auch unter der christlichen Konfession; denn es gibt unter derselben weitgehende Egoisten, die man füglich als Schacherer bezeichnen kann. [...] Unerhört aber wäre es, wenn man im Jahre 1888 im Kanton Bern offiziell eine solche Rubrizierung vornehmen würde.»

Dürrenmatt antwortete ihm: «Der Wunsch, der von Herrn Flückiger geäussert worden ist, erscheint mir durchaus nicht als unbillig, und ich möchte den Grossen Rat bitten, sich bei der Überlegung dieses Wunsches nicht durch die grossartigen Worte, wie Anti-Semitismus etc. den Mund verbinden oder sich abschrecken zu lassen. [...] Wenn man einen Landesfremden in unseren Volkskörper aufnehmen will, so darf man doch darüber Rechenschaft verlangen, was er ist, was für eine Nationalität und Religion er hat. Es ist mir nicht ganz gleichgültig, ob eine gewisse Nationalität – ich spreche allerdings von der israelitischen – in unserem Kanton so zunimmt, dass sie schliesslich öffentliche Interessen gefährdet. Die jüdische Nationalität hat einmal das Besondere, dass sie sich mit andern Nationalitäten schlechterdings nicht ganz natürlich verträgen kann, und die Juden mögen sich einbürgern, wo sie wollen, sie geben diese Besonderheit nicht preis. Man kann häufig genug die Wahrnehmung machen, wie viel Ärgernis durch die jüdischen Viehhändler bereitet wird.»[50]

In den späten achtziger Jahren des 19. Jahrhunderts erhielten Bewerber um das bernische Bürgerrecht mit typisch jüdischen Namen die erforderliche Zweidrittelsmehrheit bei Naturalisierungsgesuchen nicht mehr.

Wirtschaftlicher Antisemitismus

Hans Wolfram Gerhard kommt bei der Untersuchung des wirtschaftlichen Antisemitismus zum Schluss, dass es wissenschaftlich unmöglich sei, mehr zu sagen als «dass die sozialwissenschaftliche Analyse keinen allgemeinen Schluss über die Gründe und Begründungen der Judenfeindschaft zulässt. Speziell die wirtschaftliche Begründung bietet keine hinreichende Erklärung der Judenfeindschaft.»[51]

Bei Dürrenmatt war der wirtschaftlich bedingte Antisemitismus am ausgeprägtesten. Geschichten über Viehhändler, welche die Bauern betrogen haben, finden sich in immer wieder neuen Varianten. Er war geprägt von Vorkommnissen seiner ländlichen Umgebung. Sicher waren ärgerliche Vorkommnisse recht häufig, aber bestimmt nicht nur auf die Juden beschränkt. Zudem war ihm das korrekte Verhalten vieler Juden kein Gedanke wert. Aber ganz generell waren ihm alle jüdischen Handelsleute und Finanziers suspekt. Er verlor nie ein Wort darüber, dass den Juden über Jahrhunderte hinweg keine anderen Berufe offen standen, sondern behauptete, die Juden seien weder fähig noch willens, in Berufen zu arbeiten, die harte Arbeit verlangten. Beeinflusst hat ihn zu dieser Haltung sehr wahrscheinlich der Dichter Jeremias Gotthelf, der vom Händler im allgemeinen und vom jüdischen Viehhändler im besonderen ein äusserst negatives Bild gezeichnet hatte.[52]

Wie viele andere Kritiker übersah er, dass ein grosser Teil der jüdischen Viehhändler nicht reich waren. Wenn beanstandet wird, dass es sich nicht um wertvolles Vieh handelte, das sie den armen Bauern verkauften, wird ausser acht gelassen, dass diese Bauern gutes Vieh gar nicht bezahlen konnten und dass die reichen Bauern den Zwischenhandel nicht nötig hatten, da sie ihr Vieh direkt kauften.[53]

Ulrich Dürrenmatts Kampagnen gegen die Eisenbahnverstaatlichung und bei der Schaffung der Nationalbank hatten immer antisemitischen Charakter. So erklärte er etwa, dass sich die Schweizer auf ewige Zeiten den Juden ausliefern würden, wenn sie den Rückkauf der Eisenbahnen annähmen.[54] Ein Ausschnitt aus dem Titelgedicht «Der ewige Zins»[55] möge als Beispiel dienen:

> So rauscht des Giftbaums Blätterwerk
> Und alle Juden laufen,
> Für *Aktien* das *Staatspapier*
> Bei Zeiten aufzukaufen.
>
> Und was der Jude billig kauft,
> Verkauft er doppelt theuer;
> *Mein*, schmunzelt er, ist der *Profit*,
> Die *Schulden*, die sind *Euer*!

Dürrenmatt war auch ein Verfechter der These, dass die Juden an allen Kriegen schuld seien. Diese Theorie hatte er aus Deutschland übernommen. Er kommentierte eine Meldung aus der «Bayerischen Landeszeitung» in einem Artikel mit dem Titel «Rückblick auf das Jahr 1902». Er übernahm die Behauptung, dass die Börsenmoral Triumphe feiere. Die Finanzleute seien schuld am Feldzug gegen Venezuela und dem Krieg Napoleons III. gegen Mexiko. Die Börsianer und Spekulanten verlangten von den Regierungen, den Gerichtsvollzieher zu spielen, und die Fürsten und Minister gehorchten. Schliesslich übernahm er die folgenden Worte: «Wenn Rothschild und Konsorten wollen, dann marschieren die Armeen und dampfen die Flotten. Auch die grossen Reiche stehen schon unter Finanzkontrolle der Rothschild, dafür wurde auch überall die Schuldenmacherei grossgezogen. Die Rothschild und Genossen sind die Königreiche der Welt.»[56]

Im Jahre 1906 zitierte er den französischen Antisemiten Edouard Drumont, der sich in seiner Zeitung «La Libre Parole» darüber aufhielt, dass die Sozialisten immer nur den Kapitalismus von Industriellen und Unternehmern bekämpften, nie aber die grossen Bankiers und Finanziers, meist Juden, angriffen. Das beweise, dass das Judentum grosse Macht habe, vor der sich die Marxisten fürchteten.[57]

Rassischer Antisemitismus

Nach Karl Saller ist der biologische Antisemitismus eine Erfindung der Neuzeit. Er ist ein Produkt der Aufklärung. Der Begriff «Rasse» wurde zum ersten Mal 1684 vom französischen Weltreisenden Bernier auf den Menschen angewandt. Und es war ein deutscher Psychologe, Christoph Meiners, der den Begriff Ende des 18. Jahrhunderts erstmals auf die Juden bezog. Er behauptete, dass zwischen den Juden und den Tieren nur noch die Primitivsten, die «Neger» und die Indianer, wären. Die konfessionell begründete Feindschaft zwischen Juden und Christen wurde dadurch von vornherein in die machtpolitische Sphäre des kolonialen Zeitalters übertragen und pseudowissenschaftlich gerechtfertigt. Dabei steht fest, dass es eine biologisch-sachlich begründete Judenfeindschaft nicht gibt. Die Biologie ist eine Wissenschaft, Feindschaft ein Affekt.[58]

Für Dürrenmatt war die Rassentheorie durchaus glaubwürdig. Es finden sich mehrere Artikel, die rassistische Theorien vertraten. Auch das Vokabular, das viele seiner Mitarbeiter verwendeten wie «dieses krummnasige Nomadenvolk» usw. war ein Indiz dafür. 1888 veröffentlichte er den Artikel «Ein Türke über die Juden». Bei dem Türken handelte es sich um Osman Bey, «einen mit europäischer Bildung ausgestatteten Grossvesirsohn aus Konstantinopel». In diesem Artikel wird die Rassentheorie vertreten und behauptet, die Juden seien nicht gleich wie andere Völker. Es wird vor der Gefahr gewarnt, dass die Juden die Welt erobern wollten.[59]

Es fällt die Diskrepanz zwischen den Behauptungen von einzelnen Mitarbeitern auf, die zu verschiedenen Zeiten gegensätzlich argumentierten. Sie vertraten etwa die

Ansicht, dass sich die biblischen Prophezeiungen erfüllten und die Juden in alle Welt vertrieben und verfolgt würden; sobald sie aber wirtschaftlich und biologisch argumentierten, behaupteten sie, die Juden erstrebten innert kürzester Zeit die Weltherrschaft.

1897 erschien der Artikel «Minister Ribot und die Juden». Darin stand unter anderem, dass

«die Juden nicht bloss ein anderer Stamm, sondern eine andere Rasse sind, als die Völker, in deren Mitte sie sich parasitisch angesiedelt haben. Dasselbe, was wir heute den Juden vorwerfen, sagten schon die Römer, sagten schon ihre eigenen Rassengenossen, die Phönizier, wie aus neuerdings gefundenen Spottschriften auf die Juden hervorgeht. [...] So lange die Thatsache der seelischen Vererbung nicht den modernen Gesetzgebern zum Bewusstsein gebracht wird, so lange nur das gemeine Volk dieselbe festhält, sie aber aus der gebildeten Klasse verschwunden ist, ist keine Besserung zu hoffen, ist die Emanzipation von den Juden nur eine Chimaire. Die ganze liberale Gesetzgebung ist ein Ausfluss der im vorigen Jahrhundert aufgekommenen Lehre über Menschengleichheit. Die Politik kommt als Praxis erst lange nach der Theorie. So kann es auch nicht ausbleiben, dass die Theorie, wie sie die Naturwissenschaft unserer Tage aufstellt, ihre politischen Früchte erst im nächsten Jahrhundert tragen wird. Eine dieser Früchte wird die Erkenntnis sein, dass der Jude Jude bleibt und eine Aufsaugung der jüdischen Elemente in die übrige Bevölkerung nicht zu erwarten ist. Grundfalsch ist jene Lehre, dass das Individuum zuerst Mensch sei, dann erst Jude, dann erst Germane oder Franzose. Geboren wird das Individuum als Summe, als Resultat seiner Ahnen und nur hohe Bildung kann dazu beiführen, das Ererbte in seinen Nachtheilen zu überwinden und dem Ideal der Menschlichkeit sich anzunähern. Kein Volk ist aber hiezu weniger geneigt als die Juden, welche zwar jene humanitären Lehren stets im Munde führen, aber faktisch das Gegenteil davon sind.»[60]

Der bereits erwähnte Samuel Kurth war auch ein überzeugter Vertreter der Rassentheorie. In Zusammenhang mit dem Schächtverbot schrieb er: «Das wildfremde, kulturfeindliche, schacherfreundliche und arbeitsfeindliche asiatische Nomandenvolk hatte gesiegt über die humanen Tendenzen einer einheimischen Landesregierung, der stärksten aller Landesregierungen, und damit hatte das krummbeinige Wuchervolk auch gesiegt über die allgemein menschenfreundlichen Anschauungen eines starken, seit Jahrhunderten hausbäblich niedergelassenen alemannischen Volksstammes, gesiegt über die freie Selbstbestimmung der ganzen Bernerrasse, welche den fleissigsten, solidesten und fortschrittlichsten Bauernstand der Schweiz, ja der ganzen Welt repräsentiert.»[61]

Dürrenmatt konnte in «Rassenfragen», wenn nicht Juden betroffen waren, auch anders urteilen. In einem Leitartikel befasste er sich mit den Chinesen und Japanern und schrieb: «Aber die *Gelbe Gefahr!* Nun in dieser Beziehung müssen wir Weisse, die wir uns gerne die bessern Menschen zu sein bedünken, nolens volens uns einmal an den Gedanken gewöhnen, dass die Kinder der anderen Menschenrassen eben auch Gottes Kinder sind wie wir, dass die Bibel keinen Rassen-Unterschied macht, wenn sie in ihrem Schöpferwort sagt: ‹Gott schuf den Menschen Ihm zum Bilde, zum Bilde Gottes schuf er ihn›, und dass alle Menschen folgerichtig den gleichen Anspruch auf die himmlischen *und* irdischen Güter haben wie wir, sei ihre Haut weiss, schwarz oder gelb gefärbt.»[62]

Der Zionismus

Schon 1896 brachte Dürrenmatt die Meldung, dass Baron Edmund von Rothschild in Palästina eine jüdische Kolonie für 60 erfahrene landwirtschaftliche Arbeiter gegründet habe. Er gab dabei seiner Skepsis Ausdruck, ob sich genügend Juden dazu bewegen liessen, solch schwere landwirtschaftliche Arbeit zu verrichten.[63]

Wie viele Antisemiten begrüsste er die zionistische Bewegung. Die Berichterstattung über den 1. Zionistenkongress in Basel Ende August 1897 war freundlich. Theodor Herzl zollte er Respekt und kommentierte: «An seinem Programm, der Rückkehr in's Heilige Land, können Judenfreunde und Antisemiten wohl gleich aufrichtige Freude haben. Möge sich nur recht bald ein Moses finden, der dieses Ziel verwirklicht.» Er verfasste in der selben Nummer ein Titelgedicht, konnte aber auch hier gewisse antisemitische Töne nicht vermeiden.[64]

Der Juden Heimkehr

Nach Basel über Land und Meer
Sie sich zusammenrotten;
Da ward gemauschelt hin und her –
Und doch mag ich nicht spotten.
Den Juden das gelobte Land
Der Cedern und der Palmen!
Schwer ruht auf euch Jehovahs Hand,
Und dennoch singt ihr Psalmen;

Nach seinen Triften zum Karmel,
Nach Zions heil'gen Zinnen
Geht noch im Hause Israel
All Seufzen, Sehnen, Sinnen.

Zweitausendjähr'ge Noth und Schand'
Vermag nicht auszureissen
Den Glauben an das Vaterland,
Das ewig ihm verheissen,

Zerstreut im ganzen Erdenrund,
Zerstossen und zertreten,
Sie wurzeln heute noch im Bund
Der Väter und Propheten.

Vernichtet durch Vespasian,
Das Volk kann doch nicht sterben;
Es hofft und glaubt an Kanaan,
Und wird es wieder erben.

Die Strafe traf Euch Schlag auf Schlag.
So musste es geschehen;
Doch kann euch schon am nächsten Tag
Ein *Cyrus* auferstehen.

Drum gürtet Lenden und Gewand,
Und Freud' und Friede walte;
Wer Heimat liebt und Vaterland,
Verdient, dass er's behalte.

Gen Zion führ' euch euer Stern
Als wie auf Engelsflügeln;
Dann dankt Europa Gott dem Herrn –
Es wird euch gratis zügeln.

Dürrenmatt berichtete auch über einige der Nachfolgekongresse, kritisierte die Uneinigkeit unter den Teilnehmern, sprach sich aber immer positiv über Theodor Herzl aus.[65]

Die «Dreyfus-Affäre»

Wie wir gesehen haben, übernahm Dürrenmatt fast jedes noch so absurde antisemitische Vorurteil. Um so überraschender ist seine Haltung in der «Dreyfus-Affäre»[66] in Frankreich. Erstaunlicherweise berichtete die «Berner Volkszeitung» schon über den ersten Prozess 1894 vor dem Militärgericht objektiv und zweifelte an der Schuld von Alfred Dreyfus, der in Frankreich fälschlich wegen Landesverrats angeklagt war. Zu dem Zeitpunkt waren erst sehr wenige Tatsachen bekannt, und viele, die später für die Unschuld von Dreyfus eintraten, hielten ihn zu diesem Zeitpunkt noch für schuldig. Es bleibt bemerkenswert, dass sich Dürrenmatt von der antisemitischen Presse Frankreichs nicht beeinflussen liess. Er übernahm in diesem Fall auch keine Meldungen aus der nationalistischen Presse. Wenn Dürrenmatt in Berichterstattungen aus einer anderen Zeitung zitierte, was bei Auslandmeldungen häufig vorkam, so handelte es sich in diesem Fall um die «Neue Zürcher Zeitung».[67]

Während in Frankreich die nationalistischen Kräfte Sturm liefen, finden sich in der Berichterstattung der «Berner Volkszeitung» kaum antisemitische Bemerkungen. In der ersten Nachricht über die Anklage gegen Alfred Dreyfus stand zwar, dass dieser Jude sei, aber ohne die geringste abschätzige Bemerkung. Es wurde vielmehr der Verwunderung Ausdruck verliehen, dass es sich um einen Elsässer handelte, der nach dem Deutsch-Französischen Krieg von 1870/1871 für Frankreich votiert hatte. Diese Elsässer galten als besonders extreme Nationalisten.[68] Anfang Januar 1895 wurde recht sachlich über die Degradierung von Kapitän Dreyfus berichtet, und man erfuhr, dass dieser seine Unschuld beteuert habe.[69]

In der «Berner Volkszeitung» wurden auch nach dem ersten Prozess immer wieder Meldungen über den Fall veröffentlicht. Den Revisionsverhandlungen räumte die Zeitung breiten Raum ein und äusserte auch Sympathien für die Bewegung und den Prozess von Emile Zola, auf den Dürrenmatt sonst nicht gut zu sprechen war, in dieser Angelegenheit anerkannte er aber dessen Mut: «Zola sonst nicht mein Mann [...].»[70]

Am 27. November 1897 wurde erstmals Charles Walsin Esterhazy als Verfasser des verräterischen Bordereaus erwähnt.[71] Es war nicht erst dieses Ereignis und der Selbstmord des Majors Hubert Joseph Henry, der beim französischen Nachrichtendienst den Fall Dreyfus bearbeitet hatte und der schliesslich der Fälschung von Dreyfus belastenden Papieren überführt wurde, die Dürrenmatt von der Unschuld von Dreyfus überzeugten.

Dürrenmatt war entrüstet über den Ausgang des Prozesses in Rennes vom September 1899. Dreyfus war wieder schuldig gesprochen und diesmal zu zehn Jahren Haft verurteilt worden. Allerdings war seine Empörung nicht so gross, wie die der radikalen und sozialdemokratischen Presse. Am meisten empörte ihn, dass Ferdinand du Patty de Clam, der Dreyfus vernommen hatte, diesen «planmässig teuflisch» zum Selbstmord aufgefordert hatte. Deshalb schrieb er über die nationalistischen Zeitungen: «Und dass katholische Blätter Frankreichs mit einer Generalität, welche solche *verbrecherischen*

Anstiftungen zugesteht, noch sympathisieren können, ist mir unbegreiflich.»[72] Er konnte sich aber auch nicht enthalten, im selben Artikel schweizerische Urteile im Zusammenhang mit dem Putsch im Kanton Tessin 1890 zu erwähnen, die er als politisch und ungerecht empfunden hatte. Deshalb war er der Ansicht, dass wir Schweizer nicht auf die Franzosen hinunterblicken dürften.

Es ist schwierig, sich über die Ursache von Dürrenmatts Einstellung klarzuwerden. Nur allzu bereitwillig hat er sonst jede negative Behauptung über Juden weiterverbreitet. Wie wir gesehen haben, veröffentlichte er selbst in dieser Zeit Meldungen der französischen antisemitischen Presse.[73] Zum einen war ihm sicher der starke Nationalismus der Franzosen nicht sonderlich sympathisch. Zum andern hatte er als Antimilitarist gegen das Militär grosse Vorbehalte. Diese Gründe mögen zu seiner Haltung beigetragen haben. Vermutlich war es aber sein ausgeprägtes Rechtsgefühl, das den Ausschlag gab. Es gilt auch zu bedenken, dass Dürrenmatt selber öfter vor Gericht stand und ungerechte Gerichtsurteile am eigenen Leib erfahren hatte.

Zusammenfassung

Ulrich Dürrenmatt hatte zuerst als Lehrer, dann als Journalist und Politiker grossen Einfluss, vor allem im Oberaargau, darüber hinaus in den Kantonen Bern und Solothurn und in der übrigen Schweiz. Die politischen Ereignisse der siebziger Jahre prägten ihn und waren massgebend für seine offene, oft aneckende Haltung.

Er war antisemitisch schon zu Beginn seiner Karriere als konservativer Politiker. Es gab nicht, wie bei vielen antisemitischen deutschen Politikern, ein Schlüsselerlebnis, noch waren taktische Überlegungen dafür ausschlaggebend. Er bekundete seinen Antisemitismus vor allem in Titelgedichten. Antisemitisch gesinnte Korrespondenten nützten diese Ausgangslage weidlich aus. Er wurde stark vom deutschen, zum Teil vom französischen Antisemitismus beeinflusst, sympathisierte aber nicht mit den extremsten Antisemiten.

Für ihn bestanden keine grossen Unterschiede zwischen Freimaurertum und Judentum. In den achtziger und zu Beginn der neunziger Jahre wurden beide Gruppierungen in seiner Zeitung ungefähr gleich viel und gleich heftig angegriffen. Gegen Ende seiner Laufbahn erschienen antisemitische Artikel und Äusserungen immer seltener, seine Bekämpfung der Freimaurer liess aber nicht nach.

Militär und Nationalismus waren ihm suspekt. Das mag ein Grund gewesen sein, dass er von allem Anfang an für Dreyfus Partei ergriff, zu einer Zeit, als selbst noch viele Liberale an die Schuld von Dreyfus glaubten.

Sein ausgeprägtes Rechtsempfinden ist umstritten: Primär war er ohne Objektivität Antisemit, anderseits setzte er sich als Protestant für die katholischen Minderheiten in der ganzen Schweiz ein. Schliesslich ärgerte er sich über den ungerechten

Dreyfusprozess eines vorgeschobenen, völlig unschuldigen Juden. So lebte er irgendwie ständig in Widerspruch mit sich selbst und dem Lauf der Geschichte.

Anmerkungen

1 Vgl. Hans Engelmann, Kirche am Abgrund. Adolf Stoecker und seine antijüdische Bewegung, Berlin 1984, S. 9ff.
2 Willy Guggenheim, Antisemitismus und die Einstellung zu Israel nach dem Zweiten Weltkrieg in der Schweiz, in: Judenfeindschaft. Eine öffentliche Vortragsreihe an der Universität Konstanz 1988/89, Konstanz 1989, S. 167ff.
3 Berner Volkszeitung, 19. Juli 1890.
4 Ebda., 23. August 1893.
5 Vgl. den Beitrag von Beatrix Mesmer in diesem Band.
6 Berner Volkszeitung, 4. August 1883.
7 Vgl. Guggenheim (wie Anm. 2).
8 Berner Volkszeitung, 28. November 1891.
9 Über das Leben von Ulrich Dürrenmatt vgl. Johann Howald, Ulrich Dürrenmatt und seine Gedichte. Ein Stück Literatur- und Schweizergeschichte, 2 Bde., Meiringen 1927; Theres Maurer, Ulrich Dürrenmatt 1849–1908. Ein schweizerischer Oppositionspolitiker, Bern 1975.
10 Über Ulrich Kohli vgl. Berner Volkszeitung, 28. Juli 1894.
11 Über den Kulturkampf vgl. Beat Junker, Geschichte des Kantons Bern seit 1798, Bd. 2, Bern 1990, S. 338–351.
12 Ernst Feigenwinter, Verteidigungsrede ... im Presseprozess Künzli contra Dürrenmatt ..., Herzogenbuchsee 1893, S. 60.
13 Vgl.: Junker (wie Anm. 11), S. 352–368; Maurer (wie Anm. 9), S. 72 ff.
14 Über die konservativen Parteien vgl.: Beat Junker, Geschichte des Kantons Bern seit 1798, Bd. 3, Bern 1996, S. 31–36; Maurer (wie Anm. 9), passim.
15 Vgl. dazu: I.A. Hellwing, Der konfessionelle Antisemitismus im 19. Jahrhundert in Österreich, Wien/Freiburg/Basel 1972, S. 15ff.; Paul W. Massing, Vorgeschichte des politischen Antisemitismus, Frankfurt am Main 1959, S. 1ff.
16 Hellwing (wie Anm. 15), S. 16.
17 Zu den Verhältnissen in der Schweiz vgl.: Hans von Greyerz, Der Bundesstaat seit 1848, in: Handbuch der Schweizer Geschichte, Bd. 2, Zürich 1977, S. 1059f. und 1063; Friedrich Külling, Antisemitismus – bei uns wie überall?, Zürich o. J. (1977), S. 4ff.
18 Aktenstücke zur Politischen Geschichte des Kantons Bern im allgemeinen und der Volkspartei im besonderen, letztere mit Hinweisen auf die zugehörigen Protokolle 1882–1886. Protokolle der Bernischen Volkspartei, Bd. 2, 1882f., Bd. 1885–1899, Bd. 1899–1908.
19 Vgl. Anm. 18.
20 Berner Volkszeitung, 25. August 1893.
21 Ebda., 28. November 1893.
22 Über die Freimaurer vgl. Hans Boller, Sinn und Geist der Freimaurerei, Luzern ²1838.
23 Berner Volkszeitung, 4., 11. und 22. März 1882.
24 Ebda., 16., 19. und 23. August 1882.
25 Ebda., 30. August und 6. September 1882.
26 Ebda., 30. Mai 1885.
27 Ebda., 6. Mai 1885.
28 Ebda., 18. Juni 1884.
29 Ebda., 25. Oktober 1884.
30 Ebda., 16. August 1890.

[31] Über das grundsätzliche Verhältnis Christentum – Judentum vgl. Johann Maier, Die religiös motivierte Judenfeindschaft I, in: Karl Thieme (Hg.), Judenfeindschaft. Darstellung und Analysen, Frankfurt am Main 1963, S. 22 ff.
[32] Vgl. Külling (wie Anm. 17), S. 206ff.
[33] Über den Schulchan Aruch vgl. David Hoffmann, Der Schulchan Aruch oder die Rabbinen über das Verhältnis der Juden und Andersgläubigen, SA aus: Jüdische Presse, Nrn. 27–52, Berlin ²1884.
[34] Berner Volkszeitung, 15. und 18. Juli 1885.
[35] Vgl. Hoffmann (wie Anm. 33), S. VI.
[36] Vgl. Maier (wie Anm. 31), S. 35.
[37] Über Stoecker vgl.: Engelmann (wie Anm.1); Grit Koch, Adolf Stoecker 1835–1909. Ein Leben zwischen Politik und Kirche, Erlangen/Jena 1993; Dietrich von Oertzen, Adolf Stoecker. Lebensbild und Zeitgeschichte, Schwerin in Mecklenburg ³1912, Külling (wie Anm. 17), S. 200ff.
[38] Vgl. Hellwing (wie Anm. 15), S. 64.
[39] Vgl. Koch (wie Anm. 37), S. 6.
[40] Berner Volkszeitung, 26. März und 9. April 1881, 16. Juni 1894.
[41] Ebda., 14. April 1897.
[42] Ebda., 17. April 1907.
[43] Ebda., 27. Juni 1885.
[44] Vgl. zum Beispiel: Berner Volkszeitung, 4. August 1900.
[45] Berner Volkszeitung, 16. September 1882.
[46] Ebda., 5. Juni 1897.
[47] Ebda., 3. Oktober 1896.
[48] Ebda., 17. Juni 1885.
[49] Ebda., 29. Juli 1885.
[50] Tagblatt des Grossen Rates des Kantons Bern, Bern 1888, S. 134f.
[51] Hans Wolfram Gerhard, Die wirtschaftlich argumentierende Judenfeindschaft, in: Karl Thieme (Hg.), Judenfeindschaft. Darstellung und Analysen, Frankfurt am Main 1963, S. 124.
[52] Robert Uri Kaufmann, Jüdische und christliche Viehhändler in der Schweiz 1780–1930, Zürich 1988, S. 126f., 137f.
[53] Ebda., S. 129.
[54] Berner Volkszeitung, 19. August 1891.
[55] Ebda., 29. Januar 1898.
[56] Ebda., 3. Januar 1903.
[57] Ebda., 2. März 1906.
[58] Karl Saller, Die biologisch motivierte Judenfeindschaft, in: Karl Thieme (Hg.), Judenfeindschaft. Darstellung und Analysen, Frankfurt am Main 1963, S. 180.
[59] Berner Volkszeitung, 22. Februar 1888.
[60] Ebda., 16. Juni 1897.
[61] Ebda., 25. August 1893.
[62] Ebda., 3. Januar 1906.
[63] Ebda., 10. Juni 1896.
[64] Ebda., 4. September 1997.
[65] Ebda., 26. August 1899.
[66] Maurice Paléologue, Tagebuch der Affäre Dreyfus, Stuttgart 1957. Vgl. auch den Beitrag von Alain Clavien in diesem Band.
[67] Berner Volkszeitung, 8. Dezember 1897, 26. Januar 1898.
[68] Ebda., 10. November 1894.
[69] Ebda., 9. Januar 1895.
[70] Ebda., 1. Januar 1898.

[71] Ebda., 27. November 1897.
[72] Ebda., 13. September 1899.
[73] Ebda., 2. März 1906.

Antisemitismus und «Dreyfus-Affäre» im Spiegel der Westschweizer Presse

ALAIN CLAVIEN

Die «Dreyfus-Affäre» war die wohl grösste Krise der «Dritten Republik». Sie beschäftigte die französische Öffentlichkeit während mehr als zehn Jahren. In dieser Vorbemerkung sollen einige Fakten und Zusammenhänge zur Sprache kommen, soweit sie für das Verständnis des kenntnisreichen Aufsatzes von Alain Clavien notwendig sind. Am 15. Oktober 1894 wurde der jüdische Artilleriehauptmann Alfred Dreyfus verhaftet. Die Anklage lautete auf Landesverrat und stützte sich vornehmlich auf ein Schriftstück, das dem französischen Geheimdienst zugespielt worden war und dessen Urheberschaft Dreyfus zugeschrieben wurde. Dieses Schreiben kündigte der deutschen Botschaft eine Sendung geheimer Dokumente an. Nach einem Prozess mit vielen Ungereimtheiten und einer fragwürdigen Beweisführung wurde der Angeklagte, der stets seine Unschuld beteuert hatte, vom Pariser Militärgericht zu Degradierung und Deportation auf Lebenszeit verurteilt. Eine Berufung gegen das Urteil wurde abgewiesen und Dreyfus 1895 auf die berüchtigte Teufelsinsel bei Cayenne deportiert.

Die Familie Dreyfus strebte eine Rehabilitierung an und konnte auch namhafte Persönlichkeiten, unter ihnen den Schriftsteller Emile Zola, für dieses Anliegen gewinnen. Der Versuch, in der Person von Major Esterhazy, welcher tatsächlich Kontakte zum deutschen Militärattaché von Schwartzkoppen hatte, den wahren Schuldigen zu überführen, schlug fehl; der Prozess Esterhazy endete am 11. Januar 1898 mit einem Freispruch. In einem offenen Brief an den Präsidenten der Republik – unter dem Titel «J'accuse» am 13. Januar 1898 in «L'Aurore» veröffentlicht – beschuldigte Emile Zola die verantwortlichen Militärs, wider besseres Wissen auf der Schuld von Dreyfus zu bestehen. Zola wurde angeklagt und entzog sich seiner Verurteilung durch Flucht nach England. Die Entdeckung, dass ein wichtiges Beweisstück gegen Dreyfus eine Fälschung von Oberst Henry gewesen war, brachte die Wende in der Affäre: Henry wurde verhaftet und beging Selbstmord, die verantwortlichen Militärs nahmen ihren Abschied, Kriegsminister Cavaignac trat zurück, und die Revision des Prozesses wurde möglich.

Der zweite Dreyfus-Prozess (1899) in Rennes diente aber offensichtlich mehr der Schadensbegrenzung als der Wahrheitsfindung. Er endete mit einer erneuten Verurteilung, jedoch nur noch zu zehn Jahren Haft, und eine Woche später erfolgte die Begnadigung durch den Staatspräsidenten. Wirklich rehabilitiert und auch wieder in die Armee aufgenommen wurde Dreyfus erst 1906.

In der äusserst leidenschaftlich geführten öffentlichen Diskussion um die «Dreyfus-Affäre» ging es aber um wesentlich mehr als um einen Justizskandal und um dessen Bewältigung. Ende des 19. Jahrhunderts konnte das republikanische System in Frankreich noch keineswegs als gefestigt gelten. Vor allem die Armee war zu einem Sammelbecken antirepublikanischer Kräfte geworden. Da die Armee und die Militärgerichte in der «Dreyfus-Affäre» eine zentrale Rolle spielten, kann es nicht erstaunen, dass es bei den heftigen Auseinandersetzungen zwischen den Anhängern und den Gegnern von Hauptmann Dreyfus – den «Dreyfusards» und den «Anti-Dreyfusards» – um mehr ging als um Schuld oder Unschuld des Angeklagten: es ging um die Grundprinzipien des Staatswesens überhaupt. Gestritten wurde für Monarchie, Klerikalismus und Autorität auf der einen, für Republik, Laizismus und Rechte des Individuums auf der andern Seite. Einen wesentlichen Bestandteil der Debatte bildete auch der Antisemitismus. Dieser war in Frankreich keineswegs durch die «Dreyfus-Affäre» entstanden, er hatte bereits Tradition. Dass Juden auch zu hohen und höchsten Ämtern in Staat und Armee Zugang hatten, stiess auf den Widerstand breiter Bevölkerungskreise. Der bekannteste Wortführer der französischen Antisemiten war Edouard Drumont, der 1890 die «Ligue antisémite» mitbegründet hatte. Mit «La France juive» hatte er 1886 ein eigentliches Manifest des Antisemitismus veröffentlicht, das während Jahren eines der meistverkauften Bücher in Frankreich war. Die «Dreyfus-Affäre» hat all diese Konflikte nicht verursacht, sie war vielmehr der Anlass dafür, dass die angestauten Spannungen sich in einer vehement und leidenschaftlich geführten Debatte entluden.

Es ging dabei um grundsätzliche, für Staat und Gesellschaft äusserst wichtige Fragen, über denen die Person Alfred Dreyfus mehr und mehr zweitrangig wurde. Vor allem nachdem auch die Sozialisten zum Lager der «Dreyfusards» gestossen waren, wurde der prinzipielle Charakter der Debatte immer deutlicher. Die Sozialisten unter ihrem Führer Jean Jaurès hatten sich anfänglich in dieser Sache überhaupt nicht engagiert. Sie waren der Meinung, es handle sich um eine Auseinandersetzung innerhalb der Bourgeoisie, und es sei nicht Aufgabe des Proletariats, für die eine oder andere Seite Partei zu ergreifen. Erst nach dem Prozess Zola änderten sie ihre Meinung und traten nun ebenfalls für eine Revision des offensichtlich zweifelhaften Dreyfus-Prozesses ein. Die Vereinigung von Sozialisten und «Dreyfusards» wurde von den Gegnern in abschätziger Weise als «Syndicat» bezeichnet.

Monika Schib Stirnimann

Die von Alfred Berchtold in seiner bekannten Dissertation[1] vertretene Auffassung, die protestantische Romandie sei eine treue Anhängerin von Hauptmann Dreyfus gewesen, galt lange Zeit als gesicherte Wahrheit. Heute wird sie allerdings in Frage gestellt oder zumindest differenzierter betrachtet.[2] Unterzieht man die welsche Presse einer genaueren Prüfung, hält diese These nämlich nicht stand: Die zwei grossen freisinnigen Tageszeitungen der Genferseeregion, «La Revue» und «Le Genevois», deren Leserschaft, das radikale Elektorat, eine komfortable Mehrheit in den Kantonen Waadt und Genf ausmachte, waren gegen Dreyfus. Erst nach dem Selbstmord von Oberst Henry Ende August 1898 wechselten sie ins Lager der «Revisionisten» über. Und auch das «Feuille d'Avis de Lausanne», das mit seinen 15'000 Exemplaren im Jahre 1898 zu den auflagestärksten Zeitungen der Westschweiz gehörte, war gegen Dreyfus.[3]

Berchtolds These, die protestantische Westschweiz habe die Sache von Hauptmann Dreyfus zu ihrer eigenen gemacht, ist heute also nicht mehr haltbar. Es lässt sich aber leicht erklären, wie dieses Fehlurteil zustande kommen konnte. Berchtold stützt sich auf die Aussagen mehrerer angesehener Intellektueller, – etwa auf jene von Philippe Monnier, Albert Bonnard oder Paul Seippel, welcher vermutete, dass wohl kaum je eine Angelegenheit in der Öffentlichkeit derart leidenschaftlich diskutiert worden sei wie diese Affäre: «Ecoutez autour de vous, dans la rue on ne parle plus que de cela; tout le monde: les ouvriers, les ménagères attardées, leur panier au bras, les gamins des écoles, et l'on discute à perdre haleine, on plaide avec véhémence pour ou contre Dreyfus, pour surtout, car le prisonnier de l'île du Diable a chez nous de plus en plus de partisans.»[4] Allen diesen für Dreyfus eintretenden Intellektuellen standen angesehene publizistische Organe als Plattformen zur Verfügung, etwa die «Gazette de Lausanne», das «Journal de Genève», die «Semaine Littéraire» oder das «Foyer Romand». Damit standen ihre Stellungnahmen im Zentrum der öffentlichen Wahrnehmung, was leicht den falschen Eindruck erwecken konnte, man habe sich damals in der protestantischen Romandie geschlossen hinter Dreyfus gestellt.

Da aber inzwischen klar ist, dass von einer einhelligen Parteinahme für Dreyfus nicht die Rede sein kann, soll hier kurz untersucht werden, welche Positionen die wichtigsten welschen Tageszeitungen nach dem Prozess Esterhazy und dem berühmten offenen Brief von Zola, der in «L'Aurore» vom 13. Januar 1898 erschien, vertreten.

Die Verteidiger von Dreyfus teilt man üblicherweise in zwei Gruppen unterschiedlicher Ausprägung ein: die «Dreyfusards» und die «Revisionisten».

Eigentliche «Dreyfusards» lassen sich in der welschen Presse nur wenige ausmachen. Als erste Zeitung stellt sich das «Journal de Genève» klar auf die Seite von Dreyfus, ihm folgt bald darauf die «Gazette de Lausanne», wenn auch etwas zaghafter: «Il est certain pour nous que Dreyfus a été irrégulièrement condamné; il est probable qu'il est innocent.» Die gleiche vorsichtige Haltung finden wir bei der «Semaine Littéraire». Dies ist auch kein Zufall: Der politische Berichterstatter dieser Zeitung, Albert Bonnard, ist gleichzeitig derjenige der «Gazette». Er schreibt: «[...] la publication de l'acte d'accusation de Dreyfus, le demi et louche huis clos du procès Esterhazy, l'incarcération immédiate du seul témoin sérieux des agissements de l'état-major, le lieutenant-colonel Picquart, auquel on veut à tout prix fermer la bouche, [...] l'hypocrisie évidente de la demi-procédure ouverte contre M. Zola, tous ces faits ont diminué les doutes qui restaient. [...] Il me semble que l'innocence de Dreyfus apparaît depuis quelques jours comme infiniment plus vraisemblable.»[5]

Mehrere andere Zeitungen sind noch vorsichtiger und ziehen es vor, eine «revisionistische» Position zu vertreten, da in ihren Augen die Grundlagen für eine definitive

Stellungnahme zugunsten von Dreyfus fehlen. Dreyfus, schuldig oder unschuldig, sei – so ihre Meinung – aufgrund eines schlecht geführten Prozesses verurteilt worden, deshalb müsse dieser revidiert werden. Unter den Tageszeitungen, die sich dieser Argumentation anschliessen, finden wir den «Nouvelliste vaudois», die «Tribune de Genève» und zwei Neuenburger Zeitungen, die sich sonst selten einig sind, den radikalen «National Suisse» und die liberal-konservative «Suisse libérale». Der Neuling in der welschen Medienlandschaft, die erstmals im Mai 1898 erschienene «La Suisse», fordert ebenfalls die Revision des Prozesses, denn – auch wenn man nicht wisse, ob Dreyfus schuldig oder unschuldig sei, – «ce qui est certain, ce qui est prouvé, c'est qu'une condamnation a eu lieu sur une pièce secrète»[6].

Im Lager der «Anti-Dreyfusards» finden wir ebenfalls zwei klar unterscheidbare Gruppen:

Die Organe der regierenden Radikalen treten als diskrete, «vernünftige» «Anti-Dreyfusards» auf, – aus Vorsicht, aus Hochschätzung von Ruhe und Ordnung, aus Respekt vor einem rechtskräftigen Urteil und vor den Machtstrukturen. «La Revue» und «Le Genevois» halten sich deshalb mit Kommentaren sehr zurück und begnügen sich im allgemeinen mit der Weitergabe von Informationen. Immerhin finden sich aber einzelne verräterische Worte: «Le conseil de guerre a prononcé l'acquittement du commandant Esterhazy. Nous ignorons dans quelles conditions; mais il faut bien en conclure que c'est la confirmation indirecte de la condamnation de Dreyfus et l'échec du gigantesque effort tenté pour en obtenir la révision.»[7] Als nicht parteigebundene Zeitung erklärt das «Feuille d'Avis de Lausanne» unumwunden, das Wort eines Generals oder Ministers sei vertrauenswürdiger als das eines «pornographischen Schriftstellers», der doch nur die Gelegenheit benutze, die französische Armee in den Dreck zu ziehen.[8] Und die «Tribune de Lausanne» kann sich nicht zur Annahme durchringen, dass so viele hohe Offiziere gelogen haben sollen: «Nous ne pouvons croire que sept officiers français aient volontairement fermé les yeux à la lumière, étouffé leur conscience et consommé un crime abominable pour obéir à des instructions précises et respecter la chose jugée. Encore une fois, ce serait trop odieux. Pour l'honneur de l'humanité, il faut croire que cela n'est pas.»[9] Der Fortgang der Ereignisse sollte diese Überzeugung allerdings ins Wanken bringen. Mit dem Prozess Zola, der vom 7. bis 23. Februar 1898 stattfand, wechselt die «Tribune de Lausanne» ins Lager der «Revisionisten» über. Die übrigen zögern noch und vollziehen diesen Schritt erst nach dem Geständnis und dem Selbstmord von Oberst Henry.

In der zweiten Gruppe finden wir die harten und militanten «Anti-Dreyfusards», unter ihnen die grossen katholisch-konservativen Tageszeitungen, die Freiburger «La Liberté» und den «Courrier de Genève».[10] Ihre ablehnende Einstellung gegenüber Hauptmann Dreyfus ist unerschütterlich. Dass die Entdeckung der Fälschung von Oberst Henry die Revision des Prozesses unausweichlich macht, muss zwar auch «La Liberté» zugeben, sie tut es jedoch einzig und allein deshalb, weil sie es für wichtig hält, dass die Schuld von Hauptmann Dreyfus in einer neuerlichen Verurteilung an den Tag komme.[11] Der «Courrier» aber widersetzt sich als einziger auch jetzt noch einer solchen Revision, die in seinen Augen einer «Kapitulation» gleichkäme.

Die sozialistischen und anarchistischen Publikationen schliesslich müssen gesondert betrachtet werden, da sie vollkommen anders argumentieren. Sie nehmen die «Dreyfus-Affäre» als eine Angelegenheit der Bourgeoisie wahr und bringen ihr deshalb zunächst keinerlei Interesse entgegen. Erst auf das Engagement von Jaurès im August 1898 hin widmen der «Grütli» oder «La Sentinelle» Dreyfus einige Artikel, in denen sie vor allem die militärischen Instanzen, die Militärgerichte und die Armee im allgemeinen attackieren.

Nach diesem knappen Überblick über die Standpunkte, die die wichtigsten welschen Zeitungen bezüglich der «Dreyfus-Affäre» vertreten, kommen wir nun zur Frage, die uns in diesem Zusammenhang speziell interessiert: Welchen Stellenwert hat der Antisemitismus bei den «Anti-Dreyfusards», und welche Haltung nehmen die «Dreyfusards» dem Antisemitismus gegenüber ein?

Der Antisemitismus in der katholischen Presse

Folgt man dem «Courrier de Genève» oder «La Liberté», so ist die ganze Affäre den skandalösen Machenschaften des «Syndicat Dreyfus» zu verdanken, das auch vor den unglaublichsten Methoden nicht zurückschrecke und ein Komplott von gedungenen Verschwörern organisiert habe.[12] Diesem vom der «juiverie internationale» aus Gründen der Rassensolidarität unterstützten «Syndicat» gehörten die Familie Dreyfus sowie die Komplizen des jüdischen Hauptmanns an. Mit jüdischem Gold habe man sich mehrere Zeitungen gefügig gemacht, die nur allzu bereit gewesen seien, sich dem Meistbietenden zu verkaufen. Doch bei der pietistischen Presse, die sich normalerweise stets mit aller Härte gegen die Juden wende, sich andererseits aber gerne mit ihnen solidarisiere und verbünde, wenn es um den Kampf gegen den gemeinsamen Feind, die katholische Kirche, gehe, könne das «Syndicat» gar auf freiwillige Unterstützung zählen.[13]

Gelegentlich können es die beiden Zeitungen auch nicht lassen, antisemitische Gerüchte aufzuwärmen, – etwa, wenn sie vorgeben, Kenntnis von einer breitangelegten Verschwörung zu haben. So versichern sie im Januar 1898, dass die ganze «Dreyfus-Affäre» eigentlich auf den Basler Zionistenkongress von 1897 zurückzuführen sei. Die Diskussion über eine Rückkehr der Juden nach Palästina habe nämlich nur der Irreführung der Öffentlichkeit gedient, sei aber keineswegs der Zweck des Kongresses gewesen: «au contraire, on avisait aux moyens de planter plus solidement les tentes de Sem sur la terre européenne et française. Et pour cela, il fallait à tout prix réhabiliter ce malheureux Dreyfus. Donc, pendant qu'on agitait devant le gros public et devant les gogos la question de la restauration du royaume de David et de Salomon, on parlait de toute autre chose dans les conciliabules.»[14]

269

Doch auch wenn der Antisemitismus in den Spalten der beiden katholischen Zeitungen deutlich genug zutage tritt – die eigentliche Triebfeder ihrer ablehnenden Haltung gegenüber Dreyfus ist er nicht. Für sie steht die Verteidigung der katholischen Kirche im Vordergrund, nicht die bewusste Absicht, den Juden zu schaden.[15] «La Liberté» und der «Courrier» grenzen sich klar von den antisemitischen Kreisen in Frankreich ab und missbilligen die Methoden, die die «école de Drumont» gegen die Juden anwendet.[16] Man wird dem allerdings entgegenhalten, dass die beiden Zeitungen sich nicht genieren, gelegentlich längere Passagen aus «La Libre Parole» von Drumont oder aus «L'Intransigeant» von Rochefort zu zitieren. Der Ton, den sie anschlagen, ist aber gleichwohl mit dem der antisemitischen Pariser Organe nicht vergleichbar. Die Ausdrücke «juiverie internationale» oder «Juifs cosmopolites» tauchen zwar in der «Liberté» und im «Courrier» regelmässig auf, nie aber verwenden sie so gehässige Schimpfwörter wie «youpin» oder «youtre», die in gewissen französischen Zeitungen zum alltäglichen Jargon gehören. Auch rutschen sie nie in einen rassistisch geprägten Antisemitismus ab, der die Juden durch unveränderliche physische oder moralische Eigenschaften definiert. Überdies ist letztlich festzuhalten, dass der Antisemitismus dieser beiden katholischen Tageszeitungen stets nur gegen aussen hin zum Tragen kommt. Der «Courrier» zum Beispiel argumentiert niemals antisemitisch, wenn er auf die politische und konfessionelle Situation in Genf Bezug nimmt; nie bemüht er die «Dreyfus-Affäre», um die Genfer Juden anzugreifen, während er vor antiprotestantischen Attacken keineswegs zurückschreckt.

Die Schlussfolgerungen, zu denen Dominique Ferrero aufgrund seiner Analyse des «Courrier de Genève» gelangt, können für alle katholischen Zeitungen der Westschweiz Geltung beanspruchen: Der Antisemitismus, der in der katholischen Presse im Zusammenhang mit der «Dreyfus-Affäre» klar fassbar wird, ist vor allem religiösdogmatisch motiviert und hat keine sozialen oder politischen Wirkungsabsichten, vor allem nicht auf lokaler Ebene.[17] Er wird nicht zielorientiert eingesetzt, sondern scheint vielmehr einem atavistischen Reflex zu entspringen. Dies lässt erahnen, wie tiefgreifend judenfeindlich die katholischen Prälaten geprägt waren. Die Kultur, der sie angehörten, hatte sich während Jahrhunderten auf einem Nährboden entwickelt, der – einem bekannten Ausdruck Jules Isaac folgend – als «enseignement du mépris» zu charakterisieren ist.[18]

Aber auch wenn der Antisemitismus hier bloss als Epiphänomen auftritt, so provoziert die Verteidigung der katholischen Kirche, zu deren Zweck er eingesetzt wird, gleichwohl heftige Auseinandersetzungen zwischen katholischen und protestantischen Zeitungen. Die ausgeteilten Schläge sind direkt und oft auch persönlich. Die schmerzlichen Erinnerungen an den Kulturkampf sind noch nicht völlig verblasst, – und so lässt die Affäre religiöse Animositäten von neuem aufflackern. Immerhin hütet man sich aber auf beiden Seiten vor Auswüchsen, die nicht mehr gutzumachen wären. Die «Gazette de Lausanne» wettert auf den «papistischen Fanatismus», während «La Liberté» das «Syndicat judéo-protestant» attackiert. Doch die beiden Zeitungen versuchen auch immer wieder, die Situation zu beruhigen, indem sie daran erinnern, dass religiöse Leidenschaften nur zusätzliche Verwirrung in eine Debatte bringen, die doch einzig auf der Grundlage des Gerechtigkeitsgefühls geführt werden dürfte. Unter Schweizern könne man sich wohl streiten, doch sei es nicht angebracht, sich wegen der schönen Augen des Gefangenen von der Teufelsinsel gegenseitig zu zerfleischen.[19] Diese beidseitige Zurückhaltung im religiösen Streitgespräch erklärt sich aus der Entwicklung des allgemeinen politischen Klimas. Sowohl die liberal-konservativen Protestanten als auch die katholisch-konservativen Katholiken spüren sehr wohl, dass die Zeit der konfessionellen Auseinandersetzungen vorbei ist. Der Kampf gegen den Sozialismus hat jetzt Vorrang und erfordert einen Schulterschluss.

Zwischen Indifferenz und Anprangerung

Die antijüdischen Ausschreitungen, die sich in Frankreich häuften, scheinen die radikalen Zeitungen im Lager der «Anti-Dreyfusards» nicht merklich beunruhigt zu haben. «La Revue» nimmt die Sache gelassen und meint, «l'antisémitisme fera sa passée en France, comme il l'a eue en Russie puis en Allemagne et maintenant en Autriche. Aux Israélites d'être prudents et d'éviter tout ce qui peut justifier les accusations portées contre eux.»[20] Die radikale Presse zeigt dem Antisemitismus gegenüber nicht nur eine gewisse Gleichgültigkeit, sie hat auch keine Hemmungen, sich seiner gelegentlich selbst zu bedienen. Während des Abstimmungskampfes um das Gesetz über den Rückkauf der Eisenbahnen, der zur gleichen Zeit wie der Prozess Zola in Paris stattfindet, beschwört «La Revue» die Gefahr, dass die schweizerischen Eisenbahngesellschaften von jüdischen Bankiers aus Deutschland aufgekauft werden könnten.[21] Warum nicht einfach von den «banquiers allemands» sprechen, wenn man sich gegen ausländischen Einfluss auf einen wichtigen einheimischen Industriezweig zur Wehr setzen will? Gewiss, diese antisemitische Bemerkung geht in einer Fülle anderer Argumente unter und hat deshalb kein allzu grosses Gewicht; es wird dadurch nicht der Eindruck offener Judenfeindlichkeit erweckt. Für die Schweizer Radikalen geht es um eine entscheidende Abstimmung, und im Eifer des Gefechtes schiesst «La Revue» einfach aus allen Rohren, ohne sich besonders um die Qualität der verwendeten Munition zu kümmern. Dass die Waadtländer Radikalen dabei wenig Sinn für Verantwortung zeigen, lässt sich allerdings nicht wegdiskutieren.

Darf daraus nun geschlossen werden, dass eine ablehnende Haltung gegenüber Dreyfus stets mit einer gewissen Gleichgültigkeit gegenüber dem Antisemitismus einhergeht? Wie das Beispiel des «Feuille d'Avis de Lausanne» zeigt, ist dies nicht zwangsläufig der Fall. Das Blatt empört sich nämlich: «La populace [à Paris – A.C.] a crié: ‹A bas les Juifs! A mort les Juifs!› Ces vociférations barbares, qui évoquent les scènes les plus monstrueuses du moyen-âge, on ne se serait certes pas attendu à les entendre s'élever du milieu de ce peuple français qui se targue [...] de tolérance et de largeur d'esprit. Et nous voulons espérer pour le bon renom et pour l'honneur de nos voisins que ces manifestations scandaleuses n'ont été qu'un coup de folie et qu'elles ne se renouvellent plus.»[22]

Der Antisemitismus als Verstoss gegen die liberalen Grundwerte

Alle Zeitungen im Lager der Dreyfus-Anhänger, seien sie «Revisionisten» oder «Dreyfusards», wenden sich entschieden gegen den Antisemitismus. Am Beispiel der «Gazette de Lausanne» soll im folgenden der Umgang mit der Affäre über einen längeren Zeitraum hin beobachtet werden, damit die Voraussetzungen, aber auch die Grenzen dieser Haltung deutlich werden.

1893 bietet sich der liberalen Waadtländer Zeitung anlässlich eines eidgenössischen Urnengangs die Gelegenheit, zur Frage des Antisemitismus Stellung zu nehmen. Es geht um eine Volksinitiative, die ein Verbot des rituellen jüdischen Schächtens verlangt. Hinter dem gefühlsbetonten Argument, das Töten von Tieren ohne vorhergehende Betäubung sei schmerzhaft, steckt ein nur mangelhaft verhüllter Antisemitismus, der dem Volksbegehren, vor allem in der Deutschschweiz, viele Stimmen einbringt. Die «Gazette» lehnt diese unglückselige Initiative im Namen der verfassungsmässig garantierten Religionsfreiheit ab: «[...] l'interdiction de l'abattage israélite serait une atteinte à la liberté religieuse des Juifs, auxquels ce mode est prescrit par la loi mosaïque. Les Juifs sont des citoyens suisses comme les autres; ils ont droit aux mêmes libertés que les autres.»[23]

Mit dem Argument, die Juden seien Schweizer Bürger wie andere auch, beweist die «Gazette», dass sie ihrer liberalen Grundhaltung treu geblieben ist, die sie schon Jahre zuvor dazu bewogen hat, die im radikalen Kulturkampf attackierten Katholiken zu verteidigen. Ihre Ablehnung des Antisemitismus basiert jedoch nicht auf einer gründlichen Analyse des Phänomens. Als es nämlich darum geht, eine Erklärung für die wuchtige Annahme der Initiative in gewissen Deutschschweizer Kantonen zu finden, begnügt sich die «Gazette» mit der Feststellung, es handle sich dabei um Regionen, die für höhere Werte wie Religionsfreiheit oder verfassungsmässige Korrektheit unempfänglich seien, da sie von jüdischen Wucherern und Viehhändlern übermässig geplagt würden.[24] Diese sehr oberflächliche Analyse hat zweifellos etwas Zweideutiges an sich. Man könnte ihr sogar vorwerfen, die antijüdischen Agitationen zu rechtfertigen, wenn die «Gazette» den Antisemitismus nicht im selben Artikel als Vorurteil abqualifizieren würde, als eine Einstellung, die Hass und Neid entspringe.

Ein weiterer Prüfstein für die «Gazette» ist die Veröffentlichung von «L'Esprit juif» im Jahr 1901. Bis zu diesem Zeitpunkt hat sie antisemitische Ressentiments stets verurteilt, doch ging es dabei um Russland, Deutschland, die Deutschschweiz oder Frankreich anlässlich der «Dreyfus-Affäre». Andere zu kritisieren fällt bekanntlich leicht; diesmal aber gilt es, zu einer Publikation eines Abkömmlings der besten

Waadtländer Gesellschaft Stellung zu nehmen. Dieser heiklen Aufgabe nimmt sich der Chefredakteur, Edouard Secretan, persönlich an. Der Autor, Maurice Muret, stammt aus einer Familie von Pfarrern, Advokaten und Professoren und ist der Sohn eines prominenten Liberalen. Seine in «L'Esprit juif» vertretene Theorie kann bereits als Klassiker der antisemitischen Argumentation bezeichnet werden: Ausgehend von einigen bekannten Beispielen versucht Muret aufzuzeigen, dass die Juden als Ferment des Nihilismus und der sozialen Zersetzung wirken. Secretan lässt sich aber durch den gemässigten Ton des Vielschreibers nicht in die Irre führen und situiert die Publikation richtig: «Pour n'être pas un antisémite à la façon de M. Drumont ou de M. Max Régis, M. Muret n'aime pas les Juifs davantage.»[25] Nach einer kurzen Zusammenfassung der von Muret vertretenen Thesen beginnt Secretan, diese zu widerlegen. Es sei unzulässig, einige rebellische Intellektuelle wie Heine oder Marx auszuwählen und diese zu Prototypen des jüdischen Geistes zu stilisieren. «Il semble que voulant nous donner l'esprit juif, M. Muret eût dû le chercher chez les vrais Juifs, dans les ghettos et dans les synagogues, dans les masses compactes de ce peuple qui, en dépit de séculaires souffrances et d'indicibles martyrs, a gardé une si incomparable vitalité et a donné à l'humanité tant d'admirables savants et de merveilleux artistes.» Insbesondere Secretans Schlussbemerkung verdient grösste Achtung: Murets Vorwurf an die Juden, sie verachteten das Christentum, begegnet Secretan mit dem Hinweis auf die unzähligen antijüdischen Pogrome der abendländischen Geschichte – und er wirft die Frage auf, welches Christentum denn zur Debatte stehe: «Jenes, das die Juden in Blutbädern und Feuerbränden kennengelernt haben?» Dies führt ihn zur kurzen, klaren Schlussfolgerung: «Quand les chrétiens le pratiqueront [le christianisme qui aime et pardonne – A.C.], peut-être les Juifs l'apprécieront-ils.»

Wie oben bereits dargelegt, entspringen diese Stellungnahmen der «Gazette» keineswegs einem wie auch immer gearteten Philosemitismus; vielmehr basieren sie auf ihren liberalen Grundsätzen Meinungsfreiheit, Glaubens- und Gewissensfreiheit. Unter Berufung auf diese Ideale nahm sie ehemals schon die Katholiken gegen die Auswüchse des radikalen Kulturkampfes in Schutz. Aber wie sie sich damals von den Katholiken gleichwohl deutlich abzugrenzen wusste, so lässt sie auch jetzt keinen Zweifel daran aufkommen, dass sie nicht ins Lager der Judenfreunde gehört. Sie tut dies manchmal mit brutaler Direktheit, etwa, wenn sie ausführt, dass sie keinerlei besondere Sympathien für die «jüdische Rasse» empfinde, deren verhängnisvoller Einfluss gewiss erschreckend sei. Gleichwohl dürfe man nicht tatenlos zusehen, wie das 19. Jahrhundert mit einer abscheulichen Kampagne des Neids und der Missgunst gegen eine religiöse Minderheit zu Ende gehe.[26]

Es sind also juristische und weniger ethische Motive, welche die Haltung der «Gazette» bestimmen, und sie gründen einzig auf dem Respekt vor der Religionsfreiheit. Die «Gazette» versteht nicht – oder will nicht verstehen – , was die Eigenart des Antisemitismus ausmacht und ihn klar von anderen Bewegungen, wie zum Beispiel dem Antikatholizismus der Radikalen, unterscheidet. Doch sollten wir uns vor einem übereilten Urteil hüten; immerhin müssen wir berücksichtigen, dass der Antisemitismus in jener Zeit als durchaus «ehrenwerte» Einstellung galt. Dass sich die «Gazette» weigerte, in den judenfeindlichen Chor einzustimmen, darf nicht als selbstverständlich angesehen werden. Während des Abstimmungskampfes um den Rückkauf der Eisenbahnen spricht die überwiegende Mehrheit der radikalen Schweizer Presse immer wieder von den «jüdischen Bankiers aus Frankfurt», welche sich des schweizerischen Eisenbahnnetzes bemächtigen wollten. Secretan zeigt sich über eine solche Argumentationsweise aufgebracht: «Il y a quelques années, quand on voulait l'induire [le citoyen suisse – A.C.] à faire une bêtise, on lui montrait un Jésuite. Aujourd'hui, le Jésuite est devenu un juif de Francfort.»[27]

Die Auswirkungen der «Dreyfus-Affäre»

Um 1900 treffen wir in der Westschweiz auf einen schwach ausgeprägten, eher verdeckten und nicht klar definierten Antisemitismus. Vorhanden ist er jedoch – dafür sprechen mehrere Indizien. Warum sonst sollte man, wenn auch nur nebenbei, mit den «jüdischen Bankiers aus Frankfurt» argumentieren? Wenn die «Revue» dies tut, so doch deshalb, weil sie davon ausgehen darf, dass sich mindestens ein Teil ihrer Leserschaft dadurch ansprechen lässt. Ist die Publikation von Maurice Murets «L'Esprit juif» nicht ein weiteres Indiz? Bei der «Gazette de Lausanne» finden Murets Theorien zwar keine Gnade, doch die hochangesehene «Bibliothèque Universelle» lässt dem Buch eine sehr wohlwollende Besprechung zuteil werden.[28] Auch in Briefwechseln finden wir zuweilen einen antisemitistischen Unterton. Selbst in sehr offiziellen Schreiben ist er anzutreffen. So werden etwa in einem Brief des Neuenburgers Charles Lardy, der als Schweizer Gesandter in Paris an den Bundespräsidenten schreibt, die Spekulationen der «juiverie internationale» erwähnt.[29]

Doch anders als in der deutschen Schweiz bleibt der Antisemitismus in der Westschweiz latent und passiv. Man könnte beinahe von einem «privaten» Antisemitismus sprechen. So liesse sich jedenfalls die Haltung charakterisieren, die in einem Schreiben des Journalisten, Literaten und militanten Kämpfers der Neuenburger liberalkonservativen Partei Philippe Godet an den Berner Verleger Ulrich Dürrenmatt zum Ausdruck kommt: «Je ne renouvellerai pas pour 1894 mon abonnement à la ‹Berner Volkszeitung›, et je vous dois l'explication de ma résolution. Elle m'est dictée par votre attitude dans l'affaire de l'abattage israélite, attitude que j'ai déplorée d'autant plus que mon estime pour vous est plus profonde. Il me paraît que vous avez gravement méconnu en cette occasion le principe de la liberté et que vous avez obéi à la haine du Juif. Moi-même, je n'aime pas mieux que vous les enfants d'Israël, mais j'aime passionnément la liberté et j'ai souffert de vous voir combattre dans les rangs de ses adversaires.»[30]

Erstaunlicherweise hat die «Dreyfus-Affäre» keine Wiederbelebung oder Zunahme des Antisemitismus in der Westschweiz provoziert. Selbst die katholische Presse als erbittertste Gegnerin von Hauptmann Dreyfus macht den Antisemitismus nicht zu ihrer Argumentationsbasis.

Die Situation ändert sich erst ein Jahrzehnt später, als eine neue, um 1880 geborene Generation junger Intellektueller, fasziniert von den Theorien der «Action française», ihre Stimme erhebt.[31] Gonzague de Reynold, Robert de Traz und William Martin gehören zu den führenden Köpfen dieser welschen «génération d'Agathon»[32], die vor allem in der Zeitschrift «Les Feuillets» zu Wort kommt. Diese jungen Intellektuellen sind zutiefst fremdenfeindlich und antisemitisch eingestellt. Sie betrachten die Juden als nicht assimilierbar, wie de Reynold und de Traz in ihrer Zeitschrift zu verstehen geben: «Tout le monde connaît l'hôtel des Boulangers, au centre de Berne, à deux pas de la Tour de l'Horloge. Il va être racheté par des Juifs allemands, démoli et remplacé par de grands magasins en fer et en verre. Un Juif allemand n'a aucune raison de respecter l'harmonie traditionnelle du vieux Berne de notre histoire.»[33] Die Brüder Cingria, die de Reynold die Alleinvertretung der «Action française» in der Westschweiz streitig machen, gehen in ihren antisemitischen Äusserungen noch wesentlich weiter, doch die Auflage ihrer kleinen Zeitschrift ist unbedeutend.

Noch bis zum Krieg sind die jungen Nationalisten zu einer gewissen Zurückhaltung gezwungen, wenn sie sich nicht dem Bannstrahl angesehener Westschweizer Journalisten wie Albert Bonnard oder Edouard Secretan aussetzen wollen. Diese zeigen ihre Verachtung für die «Action française» ganz offen, ebenso ihre Verärgerung daüber, dass Gonzague de Reynold und seine Gesinnungsfreunde pausenlos über die Dekadenz der Schweiz lamentieren. Nach dem Krieg aber ändert sich die Situation. Der Niedergang der liberalen Werte, der Siegeszug der «Action française» in Frankreich[34] und das allmähliche Nachrücken der «génération d'Agathon» in die Etagen der Macht lassen auch in der Romandie ein Klima entstehen, in dem der Antisemitismus gut gedeihen kann. Es erscheinen neue Zeitschriften, die «Revue Romande», «Le Pilori» und «Le Centurion», die sich ebenso unverhohlen antisemitisch gebärden wie einige neue politische Gruppierungen, zum Beispiel der «Cercle fédéraliste» oder «Ordre et Tradition». Hier treffen die jungen Nationalisten der Vorkriegszeit, de Reynold, Spiess und die Brüder Cingria – inzwischen bestandene und namhafte Vierziger – mit Vertretern einer neuen Generation zusammen, die mit dem Gedankengut von Maurras bereits aufgewachsen sind: mit Gross, Oltramare, Piachaud, Regamey, Bauer und anderen.

Aus dem Französischen übersetzt von Monika Schib Stirnimann.

Anmerkungen

1. Alfred Berchtold, La Suisse romande au cap du XXe siècle. Portrait intellectuel et moral, Lausanne 1963, S. 91ff.
2. Alain Clavien, L'affaire Dreyfus en Suisse: repérages, in: Le Mouvement social 166 (1994), S. 39–52; Pierre-Alain Eltschinger, La presse suisse face à l'Affaire Dreyfus. Une comparaison entre les journaux romands et alémaniques, 1894–1906, Fribourg 1996 (unpubliz. Liz.-Arbeit).
3. Jean-Pierre Aguet, «Feuille d'Avis» et information étrangère 1872–1914, in: Deux cents ans de vie et d'histoire vaudoises. La «Feuille d'Avis de Lausanne» 1762–1962, Lausanne 1962, S. 229–311.
4. Un scandale, Gazette de Lausanne, 29. November 1897.
5. Chronique politique. Dreyfus et la réaction, Semaine Littéraire, 5. Februar 1898.
6. Encore l'affaire, La Suisse, 26. August 1898.
7. Le procès Esterhazy, La Revue, 12. Januar 1898.
8. Vgl. Jean-Pierre Aguet (wie Anm. 3), S. 259.
9. Qui sait?, Tribune de Lausanne, 14. Januar 1898.
10. Fabia Christen, L'affaire Dreyfus et la presse d'opinion genevoise. Le «Journal de Genève» et le «Courrier de Genève» face à une Affaire qui divisa la France, Genf 1988 (unpubliz. Liz.-Arbeit); Dominique Ferrero, Le «Courrier de Genève» et les juifs (1880–1900). Un cas d'antisémitisme à Genève à la fin du XIXe siècle, Basel 1993.
11. Les événements de Paris, La Liberté, 3. September 1898.
12. Dreyfus et la presse suisse, La Liberté, 21. Januar 1898. Nach dem gleichen Gedankenmuster beschwört der «Courrier» die «machinations infernales [du syndicat, A.C.] qui ne recule devant aucun moyen». Vgl. Le procès Esterhazy, Courrier de Genève, 12. Januar 1898.
13. L'affaire Dreyfus, La Liberté, 23. Juli 1898. Auch der «Courrier» sieht im «Syndicat» ein jüdisch-protestantisches Komplott, «une collusion judéo-protestante», wie aufgezeigt wird bei: Ferrero (wie Anm. 10), S. 25.
14. Autour du Syndicat Dreyfus, La Liberté, 26. Januar 1898. Vgl. auch: Courrier de Genève, 15. Januar 1898.
15. Wie Friedrich Külling bemerkt, sehen die welschen Katholiken in der «Dreyfus-Affäre» eine französische Variante des Kulturkampfes; vgl. Friedrich Külling, Antisemitismus – bei uns wie überall?, Zürich o. J. (1977), S. 211.
16. Courrier de Genève, 23. Februar 1898; L'affaire Dreyfus au tribunal de l'opinion publique, La Liberté, 25. Januar 1898.
17. Ferrero (wie Anm. 10), S. 26; sowie: Le «Courrier de Genève» et les Juifs à l'époque de l'affaire Dreyfus. Antisémitisme catholique, Le Courrier, 26. Oktober 1993.
18. Jules Isaac, Genèse de l'antisémitisme, Paris 1956.
19. Vgl. zum Beispiel den Meinungsaustausch zwischen «La Liberté» vom 26. Januar 1898 und der «Gazette de Lausanne» vom 29. Januar 1898.
20. Etranger. L'antisémitisme, La Revue, 27. Januar 1898.
21. Entre Joseph et Jean-Louis [dialogue sur le rachat], La Revue, 7. Februar 1898. Vgl. auch: Ergänzung vom 14. Februar 1898, La vérité sur le rachat.
22. Manifestations antisémites en France, Feuille d'Avis de Lausanne, 19. Januar 1898.
23. L'abattage israélite, Gazette de Lausanne, 16. August 1893.
24. Le vote du 20 août, Gazette de Lausanne, 21. August 1893.
25. L'Esprit juif, Gazette de Lausanne, 2. Mai 1901.
26. Sus aux Juifs, Gazette de Lausanne, 28. März 1898.
27. Le juif de Francfort, Gazette de Lausanne, 18. September 1896.
28. Chronique suisse, Bibliothèque Universelle, Mai 1901, S. 421f.
29. Brief vom 24. Oktober 1898, zitiert in: Documents diplomatiques suisses, Band IV: 1890–1903, Bern 1994, S. 615.
30. Brief vom 3. Januar 1894; Neuchâtel, BPU, fonds Godet, ms 3150/vol. 17.

[31] Vgl. zu diesem Thema: Alain Clavien, Les Helvétistes. Intellectuels et politique en Suisse romande au début du siècle, Lausanne 1993.
[32] Unter dem Pseudonym «Agathon» publizieren 1913 in Paris Henri Massis und Alfred de Tarde, zwei junge Rechtsintellektuelle, eine Untersuchung über die studierende Jugend der Epoche. Gezeigt wird das Bild einer nationalistischen, religiösen Jugend, welche die Tat über den Intellektualismus stellt und nicht mehr an die alten Trugbilder der parlamentarischen Demokratie glaubt.
[33] Notes, Les Feuillets, Februar 1912, S. 72.
[34] Vgl. Eugen Weber, L'Action française, Paris 1985, S. 147ff.

Psychiatrie und «Rassenhygiene»

URS AESCHBACHER

Während der ersten Jahrzehnte des 20. Jahrhunderts neigten tonangebende Vertreter der schweizerischen Psychiatrie der rassenhygienischen Theorie und Praxis zu. Das wird im folgenden vor allem mit Blick auf Zürich, und dort im speziellen auf Eugen Bleuler, gezeigt. Gerade er, der einflussreiche Altmeister der Psychiatrie in der Schweiz, entpuppt sich dabei als ein beinahe fanatisch zu nennender Rassenhygieniker – und auch als Rassist und Antisemit.

Es geht jedoch nicht darum, einzelne Schuldige zu benennen. Vielmehr soll mit Bezug auf das Exempel gerade auch der kollektive Charakter der rassenhygienischen Bewegung herausgestellt werden. Eugen Bleuler war, wie viele naturwissenschaftlich Gebildete seiner Generation, vom Gedanken der Evolution und dem damit verflochtenen Sozialdarwinismus ergriffen. Gerade die Ärzte fühlten sich dazu berufen, zur Heilung der Menschheit den Naturkräften der Evolution wieder verstärkt zum Durchbruch zu verhelfen. Dass es sich dabei um einen «fundamentalen szientistischen [gemeint: scheinbar auf wissenschaftlicher Erkenntnis beruhenden – U. A.] und gesellschaftlichen Verblendungszusammenhang»[1] handelte, lässt sich im geschichtlichen Rückblick leichter feststellen als damals. Immerhin soll auch klargemacht werden: Wichtige Schweizer Psychiater haben tatkräftig dabei mitgeholfen, die fatalen rassenhygienischen Ideen und Praktiken zu rechtfertigen, zu propagieren und anzuwenden. Sie waren gleichzeitig Ergriffene und Täter. Noch heute wissen wir darüber viel zuwenig.

«Unschweizerische wissenschaftliche Ideen»

Wenige Tage nach Kriegsende, am 14. Mai 1945, sprach der Bundesrat dem damals 71jährigen Münchner Psychiater und Forscher Ernst Rüdin das schweizerische Bürgerrecht ab.[2] Dieser habe das internationale Ansehen der Schweiz geschädigt, und zwar mit der «Durchsetzung von uns wesensfremden wissenschaftlichen Ideen». Zur Begründung verwies der Bundesrat insbesondere auf Rüdins massgebliche Mitarbeit an einem offiziellen reichsdeutschen Text aus dem Jahre 1934. Darin wird einleitend dargestellt, wie in der Natur «lebensuntüchtige Individuen» im erbarmungslosen «Kampf ums Dasein» zugrundegehen, und damit ihre Erbanlagen aus der «Fortpflanzungsgemeinschaft» ausscheiden. Dann heisst es: «Beim Kulturmenschen ist dieser Vorgang der fortwährenden Selbstreinigung leider weitgehend gestört. Es wird alles erdenkliche getan, um den Kranken, Schwachen, Defekten zu fördern. Sein Leben und dadurch seine Fortpflanzungsperiode wird verlängert und dadurch die Zahl seiner Nachkommen vermehrt, die natürlich die schlechten – unter Umständen verbrecherisch sich auswirkenden Eigenschaften wieder erben, so dass die Minderwertigkeit nicht ausstirbt wie in der freien Natur, sondern verewigt wird. Auf der anderen Seite schränken in der Kulturmenschheit die Begabten und Gesunden ihre Kinderzahl künstlich immer mehr ein. So führen diese zwei Fortpflanzungsabnormitäten beim Kulturmenschen zur Entartung des Gesamtvolkes und damit zur Vermehrung der Kriminalität.»[3]

Nun wurde Rüdin ja vom Bundesrat insbesondere der «Durchsetzung» dieser Idee bezichtigt. Was es damit auf sich hat, geht aus einem zweiten Zitat aus demselben offiziellen Text hervor: «Unser gesamtes kulturelles Leben steht ja schon seit Jahrzehnten mehr oder weniger unter dem Einfluss biologischen Denkens, das in der Hauptsache in der Mitte des vorigen Jahrhunderts mit den Lehren von Darwin, Mendel und Galton begonnen hat. [...] Wenn es auch Jahrzehnte gedauert hat, bis man aus den Anfängen naturwissenschaftlicher Erkenntnisse den Mut fand, eine planmässige Erbforschung zu betreiben, so war doch der Gang der Lehre und ihrer Nutzanwendung auf den Menschen nicht mehr aufzuhalten. [...] Bei dem Stand der wissenschaftlichen Erkenntnis und der geschilderten Wirkung der Gegenauslese in unserem Volk kann kein Zweifel daran bestehen, dass das Gesetz zur Verhütung erbkranken Nachwuchses sowohl vom medizinisch-wissenschaftlichen wie vom rechtlichen und vom sittlichen Standpunkt aus verantwortet werden kann.»[4]

Das Zitat stammt aus dem in hoher Auflage verbreiteten regierungsamtlichen Kommentar zum 1934 erlassenen reichsdeutschen «Gesetz zur Verhütung erbkranken Nachwuchses», welches die Sterilisation von Menschen auch ohne deren Einwilligung erlaubte. Im «Dritten Reich» waren auf der Basis dieses Gesetzes bereits in den Jahren 1934 bis 1936 250'000 Menschen und bis 1945 insgesamt schätzungsweise 400'000 zwangssterilisiert worden, in etwa 5'000 Fällen mit Todesfolge.[5] Rüdin hatte dabei in der Tat als ein wichtiger «Durchsetzungsgehilfe» fungiert, und zwar nicht erst mit dem erwähnten, auf die Akzeptanz im Volk zielenden «Kommentar». Er war bereits als wissenschaftlicher Experte für die Vererbung psychischer Krankheiten in den «Sachverständigenbeirat» berufen worden, welcher das Gesetz vorbereitet hatte, und bei den entsprechenden Gesetzesanträgen im Parlament hatten sich die neuen Machthaber in starkem Mass auf Rüdins wissenschaftliche Autorität gestützt.[6] Der bundesrätliche «Durchsetzungs»-Vorwurf betraf demnach Rüdins intensive Zusammenarbeit mit dem NS-Regime bei der Einführung des Erbgesetzes und damit dessen Mitverantwortung für die unmenschliche Anwendungspraxis im «Dritten Reich», die inzwischen auch Gegenstand internationalen Abscheus geworden war.

Nun kappte also der Bundesrat nach Kriegsende die Verbindung des wissenschaftlichen Exponenten dieses berüchtigten NS-Erbgesetzes zur Schweiz – ein (wenn auch reichlich später) Versuch der politischen Schadensbegrenzung durch Ausgrenzung. Ein Blick in die schweizerische Ideengeschichte zeigt jedoch, dass der bundesrätliche Versuch, auch gleich die allgemeine Idee der Rassenhygiene rückwirkend als unschweizerisch auszugrenzen, absurd war. Verfolgt man zurück, wie Rüdin selber zu den rassenhygienischen Ideen gekommen war, so führt die Spur mit aller Deutlichkeit in die Schweiz.

Die Idee, dass die Geisteskrankheiten erblich seien und dass das Volk daher nur durch die Aussonderung der kranken Erbanlagen bzw. deren Träger aus der «Fortpflanzungsgemeinschaft», also durch eine Art medizinisch-psychiatrisch gesteuerter «Menschenzüchtung», gesunden könne, beseelte Rüdin nämlich seit seiner Jugendzeit in der Schweiz. Bereits beim Abschluss seines Medizinstudiums im Jahre 1898 hatte für ihn festgestanden, dass er nicht Menschen-, sondern Menschheitsheiler werden wollte. Er fühle einen «tiefen Drang, Unglück und Krankheit an ihrer Wurzel auszurotten», hatte es in einem Brief[7] des 25jährigen geheissen: «Speziell bin ich der Überzeugung, dass, sich mit der Ätiologie [Lehre von den Krankheitsursachen – U. A.] (Heredität [Vererbung – U. A.] etc.) und prophylaktischen Abhilfe der Geistes- und Nervenkrankheiten zu beschäftigen, meiner Natur und meiner Schaffenslust am meisten zusagen würde. Ich bin in dieser Beziehung von Ihnen, Herr Professor, dann von Bunge, Kraepelin und meinem Schwager Ploetz so sehr beeinflusst worden, dass ich grosse Lust verspüre, in der Erforschung der Krankheitsursachen und ihrer prophylaktischen Abwehr weiter und weiter zu gehen. Der Beruf eines Arztes, der nur dem Augenblicke lebt, der zu restaurieren sucht, was eben grade schon kaputt ist, ohne sich darüber klar zu sein, was getan werden sollte, um überhaupt Krankheiten, und speziell Irresein zu vermeiden, würde mir, des bin ich sicher, in keiner Weise zusagen.»

Drei der vier Persönlichkeiten, die Rüdin gemäss diesem brieflichen Zeugnis für die Rassenhygiene begeistert hatten, waren zu jenem Zeitpunkt in der Schweiz tätig gewesen, nämlich August Forel als Professor für Psychiatrie an der Universität Zürich und als Direktor der Zürcher Nervenklinik «Burghölzli», Gustav von Bunge als Professor für Anthropologie an der Universität Basel und Alfred Ploetz als Arzt und Privatgelehrter in St. Gallen und Zürich.

Bereits im Jahre 1905 war Rüdin in Sachen «Rassenhygiene» hervorgetreten, und zwar als Gründungsmitglied der deutschen Gesellschaft für Rassenhygiene, in der Folge dann auch als Redaktor der von dieser Gesellschaft herausgegebenen Zeitschrift «Archiv für Rassen- und Gesellschaftsbiologie». Seit dem Ersten Weltkrieg hatte er sich sodann auf dem Gebiet der «psychiatrischen Erbforschung» wissenschaftlich profiliert, zuerst mit einem Buch zur Erblichkeit der Schizophrenie und ab 1917 als Vorstand der «Genealogisch-demographischen Abteilung» der Deutschen Forschungsanstalt für Psychiatrie in München. Dass er auch einen internationalen Ruf hatte, belegt seine Wahl zum Präsidenten der International Federation of Eugenic Organisations im Jahre 1934. Rüdin hatte sich also schon lange vor 1933 in Sachen «Rassenhygiene» einen wissenschaftlichen und publizistischen Namen gemacht. Um so willkommener war er den neuen Machthabern als prominenter Bundesgenosse. Das «Dritte Reich» verhalf ihm sofort zu verschiedenen einflussreichen Ämtern.[8] Und hier endlich bot sich ihm die Gelegenheit, seine «Schaffenslust» der «prophylaktischen Abhilfe von Geisteskrankheiten» zuzuwenden, d. h. der praktischen Umsetzung seiner rassenhygienischen Vorstellungen in grossem Stil. Wie sehr Rüdin seinerseits den Sieg des Nationalsozialismus in Deutschland begrüsst hatte, und zwar eben als Gesinnungs- und Machtumschwung zugunsten der Sache der Rassenhygiene, geht aus den zitierten Sätzen aus dem Kommentar zum Erbgesetz hervor. Dass er 1937 der NSDAP beitrat und ein eifriger Träger des Hakenkreuzabzeichens wurde, passt in dieses Bild gegenseitiger Sympathie bzw. Instrumentalisierung genauso wie die folgenden Sätze aus einem «an die österreichischen Fachkollegen aus Psychiatrie und Neurologie» gerichteten Aufruf: «Mit der Rückkehr der alten Ostmark Österreich in das gemeinsame deutsche Vaterland sind auch deren Psychiater und Neurologen zu engeren Mitgliedern und Mitarbeitern unserer ärztlichen Fachgemeinschaft geworden. So wird uns die Zukunft fester denn je verbinden, besonders auch in der wissenschaftlichen und praktischen Betreuung des Gebietes der Erb- und Rassenpflege, für welche die Bahn seit 5 Jahren bei uns – und jetzt auch bei Euch – freigemacht zu haben, das unsterbliche Verdienst unseres Führers ist.» Im selben Aufsatz definierte er explizit, das «Tätigkeitsfeld der Psychiatrie und Neurologie» sei die «Hebung des Rasse-Erbgutes unseres Volkes».[9]

Als die rassenhygienischen Massnahmen im «Dritten Reich» eskalierten, und die braunen Machthaber begannen, nicht nur unliebsames Erbgut, sondern gleich auch deren individuelle Träger «auszumerzen», soll Rüdin entsetzt gewesen sein. Mord hatte er wohl nicht gewollt, auch nicht den späteren Massenmord an den Juden. Aber er hatte den rassenhygienischen Fanatismus schüren und diesbezügliche ethische und juristische Hemmschwellen überschreiten helfen. Und indem er den Juden als ganzer Volksgruppe eine besonders hohe vererbte Anfälligkeit für psychische Krankheiten und den «nervösen Gesundheitszustand» eines «offenkundig im Untergange befindlichen Volkes» attestiert hatte, waren eben doch kollektive rassenhygienische Zwangsmassnahmen gegen diese Zielgruppe von ihm «wissenschaftlich» mitlegitimiert worden.[10]

Peinliche Parallelen beim Altmeister der schweizerischen Psychiatrie

Ernst Rüdin hat als Forscher und als wissenschaftlicher Publizist eine bemerkenswerte Karriere gemacht. In den zwanziger und dreissiger Jahren war er zu einer der dominanten Figuren der deutschen und internationalen Psychiatrie geworden. Dass er nicht als ein berühmter, sondern als ein berüchtigter Sohn der Schweiz gilt und von dieser schliesslich verstossen wurde, hat seine Ursache darin, dass er mit seinem lebenslangen Engagement für die «Rassenhygiene» diesen Ideenkomplex von der Jahrhundertwende bis in die NS-Zeit hineintransportierte und in der politischen Konstellation des «Dritten Reiches» zum Gehilfen eines verbrecherischen Regimes wurde.

Wie schmal hier die Kluft zwischen berühmt und berüchtigt sein konnte, zeigt der vergleichende Blick auf einen andern herausragenden Sohn der Schweiz, der ungefähr in derselben Zeitspanne in der Psychiatrie eine grosse Karriere machte und bezüglich der «Rassenhygiene» weitgehend dieselben Ideen vertrat wie Rüdin, und zwar – wie dieser – mit grossem und lebenslangem Engagement. Die Rede ist von Eugen Bleuler (1857–1939), der von 1898 bis 1927 Direktor der Zürcher Burghölzli-Anstalt und Professor für Psychiatrie an der Universität Zürich war. Autor verschiedener, auch international einflussreicher Fachpublikationen[11], galt er in der Zeit vom Ersten Weltkrieg bis Anfang der dreissiger Jahre als der «Altmeister» der schweizerischen Psychiatrie und als eine internationale Fachautorität. In psychiatriegeschichtlichen Werken wird ihm bis heute praktisch einhellig für sein Denken und Wirken hohe Anerkennung gezollt. Sein Engagement für die Idee der Rassenhygiene findet dagegen kaum Erwähnung. Und doch hat auch er kräftig mitgeholfen, diesen verheerenden Ideenkomplex aus dem letzten Drittel des 19. Jahrhunderts nicht nur weiterzutransportieren und zu verbreiten, sondern ihn auch weiter anzureichern und mit wissenschaftlichem Prestige auszustatten. Das wird in diesem Abschnitt mit Zitaten aus seinen Schriften belegt und illustriert. Es soll so – mit exemplarischem Blick auf die zentrale und einflussreichste Gestalt der schweizerischen Psychiatrie jener Epoche – mit aller Deutlichkeit vor Augen geführt werden, dass jene laut Bundesrat «unschweizerischen» Ideen auch während des ganzen ersten Drittels unseres Jahrhunderts in der Schweiz unleugbar präsent waren.

Die Besorgtheit Rüdins, dass wegen der vom «Kulturmenschen» geübten Hilfe für Kranke und Schwache «die Minderwertigkeit nicht ausstirbt wie in der freien Natur», findet in Bleulers Schriften fast wörtliche Entsprechungen. In seinem berühmt gewordenen Lehrbuch gibt auch Eugen Bleuler zu bedenken, dass die von der «sogenannten Kultur» geforderte Sorge für die Hilflosen «diese eben nicht zugrunde gehen lässt, wie es unter natürlichen Umständen der Fall ist», um gleich im übernächsten Satz die rassenhygienische Grundklage der deswegen drohenden «Volksdegeneration» zu vervollständigen: «Ferner ist es doch wohl nicht anders möglich, als dass die Unterdrückung der natürlichen Auslese allmählich die Abnormen vermehrt.»[12]

Was allerdings die praktische Umsetzung bzw. die politisch-juristische Durchsetzung der rassenhygienischen Idee betrifft, formuliert Bleuler zurückhaltender. Das folgende Zitat bringt zum Ausdruck, in welchem ethischen Dilemma er sich befand: «Ein Problem möchte ich dabei zur Zeit nicht definitiv lösen: *Wie weit soll das Mitleid und die Erhaltung der Schwachen gehen*, wo diese Bedürfnisse mit anderen im Widerspruche sind. [...] es gibt Situationen, in denen die Betätigung des Mitleids für die Gesamtheit lebenshindernd wird; man denke an alle die Kranken und Schwachen, die eine auslesehindernde Fürsorge erhält, oft zum eigenen Leid des Kranken und noch mehr zu dem der Nachkommen. [...] Da wird wohl weder die Überschätzung des einzelnen Lebens und die unbegrenzte und blinde Caritas noch die NIETZSCHEsche Konsequenz des gegenteiligen Standpunktes das Richtige treffen, sondern ich denke mir, dass man ein Optimum für die jeweilen gegebenen Verhältnisse wird suchen müssen.»[13]

Dennoch hegte er unverkennbare Sympathie für die «natürliche» Lösung. Andernorts empfahl er denn auch unverhohlen, die Gesetze und Einstellungen der «Kultur», wenn auch vorsichtig und in kleinen Schritten, in Richtung Rassenhygiene zu verändern:

«Für Vorbeugung wird noch sehr wenig getan, und ohne Änderung der allgemeinen Anschauungen und der Gesetzgebung wird sich auch nicht viel tun lassen. Schwerer Belastete sollten sich nicht fortpflanzen. Man hat ‹soziale Sterilisation› vorgeschlagen; andere haben den ‹Eingriff in die Menschenrechte› perhorresziert und unnütz gefunden. Viele Kranke und Degenerierte wären aber selbst einverstanden mit der Operation, und wenn die Gelegenheit dazu auch nicht gerade häufig ist, so kann sie doch in einzelnen Fällen etwa nützen. Übrigens ist die Idee ausdehnungsfähig; aber gerade das fürchtet man wieder. Ich fürchte es nicht; denn solange die jetzt verbreiteten Anschauungen sich nicht gründlich geändert haben, besteht die Gefahr einer Übertreibung fast nur insofern, als die Praxis der Entwicklung der Ideen vorauseilen und dadurch die Massregel für lange Zeit diskreditieren könnte. Ich würde einmal zwangsmässig bei den unheilbaren Verbrechern und auf Grund der Freiwilligkeit bei anderen schweren Psychopathen anfangen und dann allmählich die allgemeinen Anschauungen und die Gesetzgebung nach Massgabe der Erfahrungen umgestalten. Aber wenn wir nichts tun, als die geistigen und körperlichen Krüppel fortpflanzungsfähig zu machen, und die tüchtigen Stämme ihre Kinderzahl beschränken müssen, weil man so viel für die Erhaltung der anderen zu tun hat, wenn man überhaupt die natürliche Auslese unterdrückt, muss es ohne neue Massregeln mit den Kulturvölkern rasch rückwärts gehen.»[14]

Wie Rüdin sah auch Bleuler den Menschen ausschliesslich durch die biologische Brille. Alle, auch die psychisch-geistigen Eigenschaften eines Menschen betrachtete er als vererbt. Sein Hauptinteresse galt denn auch deren Diagnose und nicht deren Therapie.[15] Diesem Denkschema gemäss lag die einzige Hoffnung auf Besserung in der Tat im «rassenhygienischen» Zugriff auf den alles determinierenden Vererbungsgang. So richtete auch Bleulers therapeutischer Blick sich weniger auf ontogenetische als vielmehr auf phylogenetische Zusammenhänge. Wie Rüdin wollte auch er im Grunde nicht einzelne Geisteskranke, sondern ganze «Fortpflanzungsgemeinschaften» heilen.

Peinliche Parallelen zu Rüdin zeigen sich bei Bleuler auch in offen rassistischen Aussagen. Rüdin spricht mit Selbstverständlichkeit von «höheren» und «tieferen» Rassen und davon, dass die «besten», nämlich die weissen, Völker militärisch kooperieren sollten, um die farbigen Völker weiterhin beherrschen zu können. Das tut auch Bleuler: Der Ausdruck «niedere Rassen» gehört sogar zu seinem Lehrbuchvokabular.[16] Gemäss Bleulers biologistischer Sichtweise war es offenbar auch selbstverständlich, dass der damaligen untergeordneten Stellung der meisten farbigen Völker eine Minderwertigkeit des Erbgutes entspreche. So verkündete er im Lehrbuch ohne weitere Begründung:

«Ein Volk ohne Wissenstriebe, wie die meisten Orientalen, wäre auch bei höchster Intelligenz und eventuell lebhafter Phantasie doch nicht fähig, im Sinne unserer abendländischen Technik etwas zu leisten.»[17] Da der Wissens- oder Denktrieb, wie Bleuler gleichenorts ausführte, «zum Beherrschen der Umstände mitwirkt» und «eine spezielle Waffe des Kulturmenschen im Kampf ums Dasein» darstellt[18], war ihm die faktische Stellung eines Volkes in der Welthierarchie von Macht und Wohlstand umgekehrt ein «natürliches» Diagnosekriterium für dessen Tüchtigkeit bzw. Entwicklungshöhe.

Im speziellen war Bleuler sich mit Rüdin auch über die erbliche Minderwertigkeit der Juden einig. Im Jahre 1909 sagte Bleuler am Schluss eines Vortrages über die «Erblichkeitsforschung beim Menschen» vor der Naturforschenden Gesellschaft in Zürich: «Dagegen habe ich nicht genügend Zeit gehabt, Sie darauf aufmerksam zu machen, dass die Rassenmischung eine Lotterie ist, bei der nur ausnahmsweise etwas Rechtes herauskommt, so wahrscheinlich bei Kreuzung von Germanen und Juden. Die Nieten erreichen 100 Prozent, wenn die Mischung über viele Generationen weiter dauert. Die Bastardrasse geht darin zugrunde, zuerst moralisch, dann physisch.»[19] Die (absichtliche?) Zweideutigkeit seiner Formulierung löst sich in Eindeutigkeit auf, wenn man sie im Kontext weiterer Äusserungen liest, wie zum Beispiel: «Rein naturwissenschaftlich gesehen ist der Vaterlandslose ein minderwertiges Geschöpf»[20] oder «Juden sind, wie man sagt, zu Geisteskrankheiten [...] besonders disponiert».[21] Auch aus seiner an vielen Stellen geäusserten Grundüberzeugung, dass eine Rasse um so stärker degeneriere, je länger sie sich im (evolutionsfeindlichen) «Kulturzustand» befinde, lässt sich erschliessen, wie er das alte Kulturvolk der Juden beurteilte.

Gemeinsame Wurzeln im Zürcher Kreis um August Forel und Alfred Ploetz

Sowohl Rüdin als auch Bleuler waren seit ihren Jünglingsjahren im festen und begeisterten Besitz ihrer Überzeugungen. Bei beiden hing die frühe weltanschauliche Prägung auch mit dem Einfluss eines faszinierenden persönlichen Vorbildes und Mentors zusammen. Für Bleuler war dies vor allem der neun Jahre ältere August Forel (1848–1931) gewesen, sein Vorgänger als Direktor der Irrenanstalt Burghölzli und als Professor für Psychiatrie an der Universität Zürich, bei dem er studiert hatte und Assistenzarzt gewesen war.

Für Rüdin war es – neben Forel – in erster Linie Alfred Ploetz (1860–1940), der Rüdins ältere Schwester geheiratet und (auch) den jungen Schwager für «rassenhygienische Gedankengänge gewonnen» hatte. Damit lässt sich die Ideenverwandtschaft zwischen Rüdin und Bleuler auch auf der Ebene eines engen persönlichen Beziehungsnetzes nachzeichnen. August Forel und Alfred Ploetz waren nämlich ihrerseits die beiden Hauptpersonen eines Zürcher Freundeskreises der späten achtziger Jahre gewesen, in welchem neben dem Alkoholproblem auch dasjenige der Rassenhygiene diskutiert wurde. In diesen Kreis von Intellektuellen war Eugen Bleuler, damals Assistenzarzt am Burghölzli, von seinem Chef Forel noch persönlich eingeführt worden. Bei der Diskussion der beiden erwähnten Themen scheinen dabei die Hauptimpulse zunächst von Forel ausgegangen zu sein, obwohl dann Ploetz bald zur zentralen Figur wurde. Es war Forel, welcher Ploetz das Versprechen totaler Alkoholabstinenz abnahm, und letzterer studierte auch bei ihm im Burghölzli und lernte dort in – nach eigenem Bericht – «erschütterndem» Anschauungsunterricht die Geisteskrankheiten als «Geisseln der Menschheit» und als drohenden Endpunkt der Degeneration sehen.[22]

Der gebürtige Waadtländer August Forel, der seinerseits als sechzehnjähriger Gymnasiast von einer Begeisterung für Darwins Evolutionstheorie gepackt worden war, die sein ganzes Leben anhalten sollte, war in Wort und Tat ein formidabler Vorkämpfer für die Sache der Rassenhygiene. Er forderte immer wieder öffentlich präventive Massnahmen gegen die «Degeneration des Erbgutes im Volk» und beklagte die «allzu einseitige, schwache und blinde Humanität» der zeitgenössischen Gesellschaft, welche die Fortpflanzung und Vermehrung krankhaften Erbgutes ermögliche: «Unsere Altvorderen hatten ein einfacheres und radikaleres System. Bei der ersten, oft noch nicht einmal besonders schweren Tat hängten sie den Schuldigen ohne viel Umstände auf. In gewissen Beziehungen war das menschlicher, weil dies schnell ausgeführt wurde. Nur der Mangel an Unterscheidung hat oft zahlreiche Unschuldige aufhängen und zahlreiche Schuldige entschlüpfen lassen. Aber im grossen und ganzen verhinderte man die Wiedererzeugung der schlechten Brut. Die allzu einseitige, schwache, feige und blinde Humanität unserer gegenwärtigen Gesellschaft begnügt sich im Gegenteil oft damit, freizusprechen und laufen zu lassen, ohne den Mut zu haben, Präventivmassnahmen zu ergreifen, die sich immer dringender notwendig machen gegen das Verbrechen und seine Ursachen, wie gegen die Degeneration der Rasse.» Unter seiner Regie wurde 1892 tatsächlich auch die erste Zwangssterilisation in der Schweiz (und im ganzen deutschsprachigen Raum!) durchgeführt.[23]

Nicht einmal seine Neigung zum Sozialismus hinderte Forel daran, in voller Konsequenz den Ausschluss des «unteren, sozial unbrauchbareren, weniger gesunden oder unglücklicheren» Teils der Menschheit von der Fortpflanzung zu fordern. Aus dem Zitat geht nicht hervor, wie gross Forel sich diesen «unteren Teil der Menschheit» vorstellte. Man kann aber aus Äusserungen anderer prominenter Rassenhygieniker eine Vorstellung davon gewinnen, in welchen bevölkerungspolitischen Grössenordnungen man in diesen Kreisen dachte. So empfahl Forels Freund und enger Weggefährte Ploetz im Jahre 1907, die Mitglieder einer zu gründenden Internationalen Gesellschaft für Rassenhygiene nur «aus dem obersten Viertel der Bevölkerung der heutigen europäischen oder von Europäern abstammenden Kulturmenschheit» zu rekrutieren.[24] Fritz Lenz plädierte in den zwanziger Jahren dafür, das «untüchtigste Drittel der Bevölkerung von der Fortpflanzung auszuschliessen, und Alfred Grotjahn, Sozialist wie Forel, schätzte den gesamten Anteil der «untüchtigen Elemente» in der 65 Millionen Einwohner zählenden Weimarer Republik auf etwa 20 Millionen.[25] Offenbar brachte eine tiefe Überzeugung, dass das soziale Elend nur auf diese Weise ausgerottet werden könne, alle Bedenken zum Schweigen.

Auch nach seinem frühen Rücktritt von der Leitung der Burghölzliklinik und der damit verbundenen Psychiatrieprofessur setzte Forel sich für die Sache der Rassenhygiene ein, und zwar auch über die Grenzen der Schweiz hinaus. Nach dem Ersten Weltkrieg unterstützte er den deutschen Arzt Gerhard Boeters in dessen Kampf um die gesetzliche Verankerung weitgehender ärztlicher Vollmachten zur Zwangssterilisierung. Bereits im Jahre 1923 hatte der Zwickauer Bezirksarzt Boeters die sächsische Staatsregierung aufgefordert, die Zwangssterilisierung bei «Blödsinnigen, Geisteskranken, Epileptikern usw.» zu sanktionieren. In seinem am 9. Januar 1924 auch im «Ärztlichen Vereinsblatt für Deutschland» erschienenen Aufruf hiess es: «Eine ungeheure wichtige Kulturaufgabe harrt ihrer Lösung durch die deutsche Ärzteschaft! Neben den jetzt schon unerträglichen und dabei ständig zunehmenden wirtschaftlichen Lasten droht uns die Vernichtung der geistigen Blüte des deutschen Volkes – ihr Untergang in einer Hochflut von geistig und moralisch minderwertigen Existenzen, die Verpöbelung unserer Rasse und damit das Ausscheiden Deutschlands aus der Reihe der Kulturnationen. Wer kann die drohende Gefahr in letzter Stunde noch abwenden? *Niemand weiter als der deutsche Ärztestand!*» Im Jahre 1925 verfasste er sodann zusammen mit Fritz Dehnow und August Forel die unter dem Namen «Lex Zwickau» bekannt gewordene Denkschrift an den deutschen Reichstag, unter dem Titel «Entwurf zu einem Gesetz über die Verhütung unwerten Lebens durch operative Massnahmen». In der Diskussion um diesen Vorschlag gab Boeters dann auch in provokativer Absicht bekannt, dass er «seit länger als 20 Jahren praktisch […] auf dem Gebiete der Rassenhygiene arbeite und bisher 63 operative Eingriffe vorgenommen habe». Forel zeichnete 1925 mit Boeters zusammen als Mitautor einer entsprechenden Eingabe an den deutschen Reichstag.[26] Nicht nur bezüglich der vom Bundesrat so genannten «unschweizerischen» rassenhygienischen Ideen, sondern auch in bezug auf deren politisch-gesetzliche Durchsetzung in Deutschland war Forel also Mentor und Vorbild Rüdins. Neben seinen wissenschaftlichen Leistungen fand offenbar auch sein rassenhygienisches Engagement so grosse internationale Beachtung, dass er noch mit über siebzig Jahren gewähltes Mitglied im Advisory Board der International Federation of Eugenic Organizations war.[27]

Der Arzt und Nationalökonom Alfred Ploetz seinerseits wurde im Anschluss an seine Zürcher Zeit nicht nur zum Schöpfer des Begriffes der «Rassenhygiene», sondern auch zum charismatischen Hauptpromotor dieser Bewegung in Deutschland. Im Jahre 1895 schrieb er sein Hauptwerk «Die Tüchtigkeit unserer Rasse und der Schutz der Schwachen». Grossen Einfluss erlangte er als Gründer der Gesellschaft für Rassenhygiene in Berlin (1905) und später auch der Deutschen Gesellschaft für Rassenhygiene (1910). Wie Forel war auch er Sympathisant des 1906 gegründeten Deutschen Monistenbundes (einer vom Darwinismus beeinflussten Weltanschauungsgemeinschaft), dessen Hauptexponent Ernst Haeckel wiederum – ebenso wie der Basler Anatomieprofessor Gustav von Bunge – Ehrenmitglied in der im Umkreis von Ploetz entstandenen Internationalen Gesellschaft für Rassenhygiene war. Fast alle führenden deutschen Vertreter der rasch anwachsenden Bewegung waren persönlich von Ploetz beeinflusst. 1928 wurde Ploetz zum Vizepräsidenten der International Federation of Eugenic Organizations gewählt.[28]

Dieses Streiflicht auf den Forel-Ploetz-Kreis des ausgehenden 19. Jahrhunderts macht deutlich, dass Zürich als ein frühes Zentrum der rassenhygienischen Bewegung mit beträchtlicher Ausstrahlung bezeichnet werden kann.

Das internationale Denkkollektiv der Rassenhygiene

Fast dreissig Jahre, bevor Thomas S. Kuhn mit seinem einflussreichen Begriff des Paradigmas der Einsicht in die historische und soziologische Bedingtheit der wissenschaftlichen Erkenntnis zum Durchbruch verhalf, hatte der polnisch-jüdische Mediziner und Mikrobiologe Ludwik Fleck mit dem Begriffspaar «Denkstil»/«Denkkollektiv» – damals mit wenig Erfolg – auf dieses Phänomen bereits hingewiesen. Fleck betonte, dass Erkenntnis und Welterklärung eine Sache von Kollektiven, nicht von einzelnen Genies sei. Die von einzelnen fomulierten Ideen zirkulieren in einer Gruppe Gleichgesinnter und speisen sich aus einem Fundus gemeinsam anerkannter «Selbstverständlichkeiten», wobei sie durch diese Bewegung und gegenseitige Angleichung überpersönliche Geltung erlangen. Fleck beschrieb, inwiefern solche Denkkollektive intellektuell und emotional in bestimmten Denkfiguren und Deutungsmustern befangen sind:

«Der Stil ist [...] ein geschlossener Organismus, und es gibt keine Möglichkeit, auf irgendeinem allgemein-menschlichen, einem sogenannt ‹logischen› oder ‹rationalen› Weg zu ihm Zugang zu finden. Alle Pädagogen wissen, dass die Einführung in irgendeinen Gedankenbereich immer über eine ‹Lehrlingszeit› führen muss, in der nur Autorität und Suggestion wirken, nicht hingegen irgendeine allgemeine ‹rationale› Erläuterung. Diese Einführungen haben in allen Bereichen den Wert eines aus der Ethnologie bekannten *Einweihungssakramentes*. In keine Disziplin kann man durch das Studium ihres abgeschlossenen Begriffsystems eindringen, immer muss es eine teils historische, teils anekdotische und dogmatische ‹Einführung› geben. Sie ist eine Übung darin, sich der spezifischen Kollektivstimmung zu fügen. [...] Die das Kollektiv erhaltende und seine Mitglieder vereinende Kraft erwächst aus der Gemeinschaft in *kollektiver Stimmung*. Diese Stimmung erzeugt eine Bereitschaft zum gleichgerichteten Wahrnehmen, Bewerten und Anwenden des Wahrgenommenen, d. h. einen gemeinsamen Denkstil. Sie ist ebenso die Quelle jenes Gefühls gruppeninterner Denksolidarität, die wir oben erwähnt haben, jener eigentümlichen Kollegialität, die den ‹Genossen›, den ‹Landsmann›, den ‹Mitgläubigen›, den ‹Kollegen› u. dgl. erschafft. Das Gegenstück ist das Gefühl der Feindseligkeit gegenüber dem ‹Fremden›, gegenüber dem, der fremde Götter anbetet, fremde Wörter gebraucht, denen der im Kollektiv empfundene geheimnisvolle Zauber entzogen ist. Er ist ‹sprachlos› und seine Sätze sind Unsinn oder Täuschung. [...] Seine Äusserungen, die die intellektuelle Stimmung des Kollektivs zerstören, wecken Hass.»

Denkstile lassen sich nach Ansicht Ludvik Flecks durch je bestimmte «heilige Wörter» charakterisieren: «Der grundlegende Punkt ist, dass ein technischer Terminus innerhalb seines Denkkollektivs etwas mehr ausdrückt, als seine logische Definition enthält: Er besitzt eine bestimmte spezifische Kraft, er ist nicht bloss Name, sondern auch Schlagwort oder Symbol, er besitzt etwas, was ich einen eigentümlichen Denkzauber nennen möchte.»[29]

Eines der Beispiele, anhand derer Fleck seine Theorie erläuterte, war die Bewegung des «Evolutionismus und Darwinismus». Auf das folgende Zitat von Ernst Haeckel, dem deutschen Hauptpropagator jener Bewegung am Ende des 19. Jahrhunderts, passt die Beschreibung Flecks bis in die Wortwahl hinein: «‹Entwickelung› heisst von jetzt an das Zauberwort, durch das wir alle uns umgebenden Räthsel lösen, oder wenigstens auf den Weg ihrer Lösung gelangen können.»[30] Haeckel und die Gleichgesinnten sahen mit verklärtem Blick überall und ausschliesslich «Entwickelung» am Werk. Auch am Menschen und an der Gesellschaft schien ihnen potentiell alles durch die Mechanismen von Vererbung und Selektion erklärbar. Im Begriff der «Entwickelung» schwang in der Tat nicht nur dessen gewaltiges naturwissenschaftliches Prestige mit, sondern er war auch philosophisch und religiös aufgeladen. Haeckels Schriften hatten einen riesigen Publikumserfolg. Von seinem zur Jahrhundertwende erschienenen Buch «Welträtsel» wurden bis zum Kriegsausbruch 300'000 Exemplare verkauft. Der von Haeckel propagierte Monismus hatte fliessende Übergänge zur Theorie der Rassenhygiene und bereitete den weltanschaulichen Boden für letztere mit vor. So drängte Wilhelm Ostwald, der erste Vorsitzende des Deutschen Monistenbundes am ersten Kongress von 1911 auf die Ausgestaltung einer neuen, auf naturwissenschaftlichen Grundlagen beruhenden, sozialdarwinistischen Ethik.[31] Zur Attraktivität des Entwicklungsbegriffs für die Bessergestellten der Gesellschaft trug natürlich bei, dass im Zuge des in den neunziger Jahren entstandenen Sozialdarwinismus auch die gesellschaftliche Hierarchie naturwissenschaftlich erklärt und damit gerechtfertigt werden konnte. Insbesondere die bereits seit der Mitte des 19. Jahrhunderts grassierende Vorstellung von der «Degeneration der Menschheit» unter den Bedingungen der modernen Zivilisation schien jetzt durch das Konzept der «Entwickelung» naturwissenschaftlich erklärt zu sein.

Daran wird indessen auch die mit diesem Denkstil verbundene Wahrnehmungs- und Deutungsvoreingenommenheit exemplarisch deutlich. Die behauptete Degeneration war nämlich empirisch nicht zu belegen. Die von Wilhelm Schallmayer angeführten «Belege» (bei den Männern eine Zunahme des Prozentsatzes Wehrdienstuntauglicher bei den militärischen Aushebungen, vor allem in den Städten, bei den Frauen ein Rückgang des Stillens) konnten nur bei völliger Blindheit für sozialwissenschaftliche Alternativerklärungen überzeugen.[32] Dennoch erschien dem Denkkollektiv die «Degeneration» nunmehr als fraglos erwiesen, und zwar allein schon durch deren deduktive Ableitung aus dem «Entwickelungsprinzip».[33] Wie sehr die Fixierung auf diese Denkfigur dazu verleitete, sich bedenkenlos über die Ansprüche wissenschaftlicher Seriosität hinwegzusetzen, zeigt sich gerade bei den beiden Begründern der «rassenhygienischen» Bewegung. Alfred Ploetz gab zu, dass die Auffassung von der «Degeneration» unter modernen Zivilisationsbedingungen letztlich ein blosser «Glaube» sei[34], und auch Schallmayer brachte zum Ausdruck, dass es auf den empirischen Beweis doch gar nicht ankomme: «Durch Schaffung einer wissenschaftlichen Erblichkeitslehre kann wohl die Zuchtwahl der Menschheit im Kulturzustande nicht nur bis zu gleicher Leistungsfähigkeit mit der vorkulturellen Zuchtwahl, sondern sogar sehr wohl auch zu einer höheren emporgehoben werden. Selbst diejenigen, denen es etwa zweifelhaft scheint, ob die physische Beschaffenheit der Kulturvölker sich im Niedergange befindet, werden nicht in Abrede stellen, dass eine Besserung der menschlichen Zuchtwahl in jedem Falle erstrebenswert ist.»[35] Hier wird deutlich, dass das Denkkollektiv im Begriff «Entwickelung» nicht nur für das Degenerationsproblem, sondern auch für die Höherentwicklung des Menschen in jedem Sinne die Lösung sah. Aus dem Darwinschen «survival of the fittest» wurde – wiederum durch Sprachzauber – die Höherentwicklung der menschlichen «Tüchtigkeit», mit dem ganzen ethischen Bedeutungshof, der dieses Wort umgab. Zugleich zeigt sich, dass bei diesen Autoren zur weltanschaulichen Deutungsbegeisterung, wie wir sie von Haeckel kennen, eine technologische Begeisterung und ein Sendungsbewusstsein hinzugetreten waren: Man glaubte, die (weisse) Menschheit durch geeignete Selektionsnachhilfe nicht nur von der Degeneration heilen, sondern sie auch zu ihrem Heil führen zu können.

Die internationale Entwicklung und Rezeption der «rassenhygienischen» Bewegung ist in den letzten Jahren detailliert aufgearbeitet und dargestellt worden.[36] Dieser Denkstil verbreitete sich in den ersten Jahrzehnten des zwanzigsten Jahrhunderts sehr schnell, zunächst vor allem unter Medizinern und Biologen, seit dem Ersten Weltkrieg dann auch verstärkt unter Politikern.[37] Fleck war nicht der einzige Zeitgenosse, welchem das Missionarische dieser Bewegung auffiel. In Jena selber, dem Zentrum des Darwinismus in Deutschland, wurden auch die folgenden kritischen Sätze gedruckt: «Nach den Vorschlägen, welche schon von verschiedenen Seiten, von Ploetz, Schallmayer, Kossmann, von Ehrenfels u. a. bald in dieser bald in jener Weise gemacht worden sind, würde das Leben jedes einzelnen von der Wiege bis zum Grabe unter Zuchtwahlkontrolle gestellt werden. Ein System von Behörden würde geschaffen werden, in denen die Ärzte selbstverständlich die Hauptrolle spielen vermöge ihrer besseren Kenntnis der Anatomie und Physiologie und ihrer Bekanntschaft mit den Ausschlag gebenden Gesetzen des Darwinismus. [...] Und gibt es überhaupt für die sozialen Reformatoren des Darwinismus noch eine Grenze ihrer Neuerungsbestrebungen, solange sie glauben nach den Gesetzen der Wissenschaft zu denken und zu handeln? Gleichen sie nicht in ihrem wissenschaftlichen Aberglauben in jeder Beziehung religiösen Fanatikern?»[38]

Vor allem Alexander Tille, nachmaliges Vorstandsmitglied in der von Alfred Ploetz gegründeten Deutschen Gesellschaft für Rassenhygiene, redete – im Rückgriff auch auf verhängnisvolle Sätze Friedrich Nietzsches – einer radikalen Umwertung aller Werte das Wort. Aus sozialdarwinistischer und rassenhygienischer Sicht völlig konsequent, machte er sowohl gegen die christliche Mitleidsethik als auch gegen die demokratische Gleichheitsbotschaft Front und propagierte im Rahmen einer «Ethik der Evolution» die biologische «Höherentwicklung des Typus Mensch» als das höchste aller Güter:

«Eins aber ist klar, und darüber muss man sich gar keiner Täuschung hingeben: der grösste Stein, der dem Siegeszuge einer auf den Darwinismus gegründeten Sozialökonomie und Ethik im Wege liegt, ist die Tatsache, dass sie der herrschenden Demokratie, dem Liberalismus [...] klar und bündig zuwiderläuft. Mit dem Königtum von Gottes Gnaden verträgt sie sich noch immer eher als mit dem allgemeinen Stimmrecht, mit der Heroenanbetung noch immer eher als mit dem Massenkultus, mit dem Individualismus noch immer eher als mit der Sozialdemokratie. [...] Aus der Lehre, dass alle Menschen eines Gottes Kinder und vor ihm gleich sind, ist in letzter Linie das Ideal des Humanismus und des Sozialismus erwachsen, dass alle Menschen das gleiche Daseinsrecht, den gleichen Daseinswert haben, und dieses Ideal hat das Handeln im letzten und in diesem Jahrhundert ganz wesentlich beeinflusst. Mit der Entwickelungslehre ist dieses Ideal unvereinbar. [...] Was künftig noch sittlich heissen soll, darf dem Rassenwohle nicht zuwiderlaufen.»[39]

Wie so viele Mediziner seiner und der darauffolgenden Generation war auch Eugen Bleuler vom rassenhygienischen Denkstil erfasst. Er gehörte als ein wichtiges Mitglied zum beschriebenen Denkkollektiv und Geflecht der gegenseitigen Bestätigungen und arbeitete nach Kräften und mit Sendungsbewusstsein an der Propagierung und Verwirklichung der rassenhygienischen Anliegen mit. Bereits Forel hatte seinem Zürcher Freundes- und Diskussionskreis die Geisteskranken der Burghölzli-Klinik als Produkte der «Degeneration» vorgeführt, und auch Bleuler hielt sich kraft seiner Stellung als leitender Irrenarzt für einen «Degenerations»-Experten. In vielen seiner Publikationen – bereits im Lehrbuch, aber zunehmend in den zwanziger Jahren – verfocht er Evolutionismus, Monismus und Rassenhygiene und verlangte entsprechende ethische Umwertungen, mit exemplarischen Spitzen gegen die «schädliche» christliche Mitleidsethik.

Der Horror vor der «Rassenmischung»

Die Grenze zwischen Rassenhygiene und Rassismus ist fliessend. Wer zwecks Vermeidung von «Degeneration» bzw. zwecks allgemeiner Höherentwicklung die Träger «minderwertigen» Erbgutes identifizieren und von der Fortpflanzung ausschliessen will, hat vermeintlich das Wohl eines überindividuellen «Volkskörpers» im Auge. Aus dieser Sicht ist es nur konsequent, den Gen-Pool nicht nur innerhalb des Volkes, sondern auch gegen aussen, nämlich gegen die Beimischung «volksfremden Erbgutes» zu verteidigen, sofern letzteres als minderwertig erscheint. Und dass die aussereuropäischen bzw. nicht europäischstämmigen Völker weniger «tüchtig» waren, das ging für den naturalistisch verkürzten Blick der Sozialdarwinisten allein schon aus ihrer untergeordneter Stellung in der von Weissen beherrschten Welt hervor. Ganz analog fiel im übrigen auch das Urteil dieses Kreises über die unteren Schichten innerhalb des eigenen Volkes aus.

Von da her erstaunt es kaum, dass gerade August Forel und Eugen Bleuler sich auch vehement gegen «Rassenmischung» wandten.[40] Die «Panmixie», die erbmässige Mischung «Tüchtiger» mit «Untüchtigen» oder allgemein von Ungleichen, muss für Bleuler eine Schreckensvorstellung gewesen sein. Die wahllose Mischung aller mit allen stellte gewissermassen den negativ geladenen Gegenbegriff zur eugenischen Zuchtwahl, der selektiven Paarung von Trägern erwünschter Eigenschaften, dar. Für den amerikanischen Rassenhygieniker und Rassisten Albert E. Wiggam bedeutete das massive Eindringen von Völkern auf «niedriger Entwicklungsstufe» in die «rassisch höherwertigen Staaten» und die damit einhergehende «Hybridisierung von fremdartigen und disharmonischen Völkern» gar den «biologischen Holocaust»[41](!).

Auch im Rassendiskurs trug die Suggestionskraft der Zauberworte sehr viele Wissenschaftler über mögliche Bedenken wegen mangelnder empirischer Basis hinweg. Im Jahre 1927 bezeichnete die International Federation of Eugenic Organisations die Erforschung der menschlichen «Bastardisierung» als noch ausstehende Hauptaufgabe. Bis zu jenem Zeitpunkt ruhte die Beweislast für die Behauptung negativer Folgen der «Rassenmischung» zwischen Weissen und Farbigen vorwiegend auf Eugen Fischers 1908 durchgeführter und 1913 publizierter anthropologischer Untersuchung der sogenannten Rehobother Bastarde, die von Buren und afrikanischen Einheimischen abstammten. Laut Fischer waren die Mischlinge um so erfolgreicher, je mehr weisse Erbanteile sie hatten.[42] Natürlich war auch dieser Sachverhalt nur für diejenigen beweiskräftig, welche die Gültigkeit der sozialdarwinistischen Grundannahmen bereits voraussetzten, die Annahmen nämlich, dass der soziale Erfolg eines Individuums in der Gesellschaft durch seine Tüchtigkeit bestimmt werde und dass diese Tüchtigkeit ererbt sei. Einer der Mitbegründer dieser biologischen Ausrichtung der Anthropologie war übrigens Rudolf Martin, seit 1899 Professor für physische Anthropologie an der Universität Zürich, zu dessen Vorlesungen Eugen Fischer regelmässig aus Freiburg im Breisgau anreiste[43] und der überdies ein guter Bekannter von August Forel war. Er behauptete mit dem wissenschaftlichen Prestige seines Faches, dass auch geistige Eigenschaften vererbt seien und dass Schwarze und verschiedene andere farbige Menschen ein beträchtlich kleineres Gehirnvolumen hätten als die Weissen.[44]

Auch der Diskurs um die Rassenmischung weist die von Ludwik Fleck herausgestellten Merkmale eines Denkstils auf. Das Denkkollektiv, das diesen Diskurs pflegte, umfasste im Kern vor allem Anthropologen. Aber auch die meisten Mitglieder des um Mediziner zentrierten rassenhygienischen Denkkollektivs gehörten dazu. Eine solche Doppelmitgliedschaft bot sich zwecks wechselseitiger wissenschaftlicher Legitimation geradezu an. Laut Fleck ist es durchaus die Regel, dass Individuen gleichzeitig zu mehreren Denkkollektiven gehören, und es sind gerade diese multiplen Mitgliedschaften, die zur gegenseitigen Beeinflussung der jeweiligen Diskurse führen. In der Tat lässt sich die gegenseitige Beeinflussung und Annäherung des rassenhygienischen und des rassistischen Diskurses anhand der Biographien verschiedener Exponenten illustrieren. Für die Zürcher Szene sollen die Hinweise einerseits wiederum auf den Psychiater und Rassenhygieniker Eugen Bleuler, der in seinen späteren Werken[45] zunehmend auf den Rassen- bzw. Volksdiskurs einschwenkte, und andererseits auf den Anthropologen Otto Schlaginhaufen, der sich erst viele Jahre nach seiner Profilierung als Rassist auch die Bezeichnung «Rassenhygieniker» zulegte[46], genügen.

Diese beiden wissenschaftlichen Denkkollektive standen ihrerseits mit einem dritten Denkkollektiv in Wechselwirkung, das in populären pseudohistorischen Ergüssen den Germanen- bzw. Arierkult pflegte. Eine wichtige Gruppierung dieser Art innerhalb eines breit gefächerten völkisch-romantischen Umfeldes war die 1894 von Ludwig Schemann gegründete Gobineau-Vereinigung. Schemann förderte die Rezeption der völkisch-rassistischen Theorie von Arthur Comte de Gobineau (1816–1882) in Deutschland, der die Rassenmischung – vor allem mit den Semiten und den Slawen – als Ursache des Unterganges der «arischen Rasse» sah. Er pflegte auch die persönlichen und organisatorischen Verbindungen zwischen den erwähnten Denkkollektiven.[47] Die gegenseitigen Sympathien waren offensichtlich. Exemplarisch wiederum Ploetz, der – in persönlichem Kontakt mit Schemann stehend – sich auch in germanenverherrlichenden Vereinigungen führend engagierte.

Die verhängnisvolle Konvergenz dieser drei Denkkollektive wird zum Beispiel bei Heinrich Class sichtbar, der – nach eigenen Angaben von den Schriften Ammons und Schemanns beeinflusst – nach dem Ersten Weltkrieg als Führer des Alldeutschen Verbands dessen rassistische, antisemitische und rassenhygienische Marschrichtung massgeblich mitbestimmte.[48] Am folgenreichsten war natürlich die von Adolf Hitler fabrizierte und kodifizierte Synthese. Während seiner luxuriösen Festungshaft des Jahres 1924 las er unter anderem die zweite Ausgabe des 1921 erschienenen rassenhygienischen Standardwerkes von Erwin Baur, Eugen Fischer und Fritz Lenz[49], und die dort vorgefundene rassenhygienische Argumentation floss direkt in sein ebendort verfasstes Buch «Mein Kampf» ein.[50] Allerdings ging die Annäherung zwischen den beschriebenen Denkkollektiven nicht überall so weit wie in diesem Fall. Bereits in be-

293

zug auf den Rassenbegriff waren unter den Rassenhygienikern die Meinungen geteilt, weshalb zum Beispiel Wilhelm Schallmayer den von Ploetz eingeführten Begriff der «Rassenhygiene» durch denjenigen der «Nationalbiologie» ersetzen wollte.[51] Auch die «Rassenmischung» wurde von Ploetz und Schallmayer, den Begründern der rassenhygienischen Bewegung, ursprünglich nicht negativ beurteilt.[52] Manchem Rassenhygieniker ging auch die antisemitische Ausprägung des Rassismus zu weit.[53]

Um auf der Basis der rassenhygienischen Argumentation den Antisemitismus begründen zu können, musste man die Juden insgesamt für Träger minderwertigen und/oder «disharmonischen» (d. h. in Verbindung mit «germanischem Erbgut» wegen der wesensmässigen Unvereinbarkeit zwangsläufig zu seelisch kranken Nachkommen führenden) Erbgutes halten. Beide Voraussetzungen waren erfüllt, wenn man «den» Juden zum Gegentyp, zur Negativfolie des edlen, idealistischen, aufopfernd strebenden Germanen stilisierte. Genau diese Negativ-Stereotypisierung nahm seit der Jahrhundertwende zunehmend überhand und galt vielen – auch Wissenschaftlern – als selbstverständliche Wahrheit. Mit Blick auf das Wien des Fin de siècle, wo auch der junge Hitler seine Ideen holte, sei etwa auf das einflussreiche Werk von Houston S. Chamberlain[54] hingewiesen.

Die edlen Charaktereigenschaften einer arisch-germanischen und das niedere hedonistisch-egoistische Streben kontrastierend einer jüdischen Erbmasse zuzuschreiben, war natürlich für Nicht-Juden attraktiv. Dass aber auch der Wiener Jude Otto Weininger[55] dieser Denkfigur erlag, weist darauf hin, dass sie damals etwas Zwingendes an sich hatte. Für die Verbreitung und damit für die unmenschlichen Auswirkungen dieser Denkfigur – sie rechtfertigte, ja verlangte geradezu ein Vorgehen gegen die Juden – tragen die genannten Denkkollektive Mitverantwortung. Zu den Auswirkungen zählt teilweise wohl auch die harte Haltung der Schweiz gegenüber jüdischen Flüchtlingen an ihren Grenzen in der Zeit des Nationalsozialismus.

Eugen Bleulers Psychiatrie unter Ideologieverdacht

Wer sich über die Ausrichtung der schweizerischen Psychiatrie im ersten Drittel unseres Jahrhunderts ins Bild setzen will, hat sich in erster Linie mit den Schriften und dem Wirken Eugen Bleulers zu befassen. Als Direktor der grössten psychiatrischen Anstalt, als Psychiatrieprofessor an der grössten Universität und als bereits vor dem Ersten Weltkrieg weltberühmter Fachautor dominierte dieser Mann von Zürich aus die psychiatrische Szene im Land. Verschiedene Faktoren bedingten den grossen Einfluss seiner Ideen, Konzepte und Definitionen. Einer der wichtigsten davon war sicher, dass er sie in einem Lehrbuch niederlegte, das in der Folge während Jahrzehnten ein Standardwerk der Psychiatrie blieb. Ludwik Fleck weist auf den besonderen Nimbus hin, welchen Lehrbuch-Sätze geniessen: «Im Zeitschriftenstadium trägt die Wissenschaft deutliche persönliche und vorläufige Merkmale. [...] Ein disziplinierter Autor schreibt, dass er ‹versucht habe, zu beweisen, dass ...› oder dass ‹es Tatsache zu sein *scheint*, dass ...›. Erst im Lehrbuch lesen wir Sätze wie: ‹Es ist *bewiesen*, dass ...›, ‹*Tatsache ist*, dass ...›. [...] Das Lehrbuch verwandelt das subjektive Urteil des Autors in eine bewiesene Tatsache. Es vereinigt sie mit dem ganzen System der Wissenschaft, sie wird von nun an anerkannt und gelehrt.»[56] Ein weiterer Faktor war sicher die lange Zeitspanne, während welcher Bleuler in seiner einflussreichen Position wirkte. Im Laufe der 29 Jahre seiner universitären Lehrtätigkeit beeinflusste er in seinen Psychiatrievorlesungen viele Tausende von Studierenden der Medizin ganz direkt. Sein persönlicher Einfluss war natürlich bei denjenigen Medizinern besonders gross, die als Assistenzärzte an der Burghölzli-Klinik arbeiteten. Und man darf wohl davon ausgehen, dass in diese grösste Kaderschmiede der schweizerischen Psychiatrie tendenziell eher solche Kandidaten drängten und aufgenommen wurden, die eine gewisse Affinität zum penetrant rassenhygienischen Denkstil des Chefs bereits mitbrachten. In welchem Ausmass Bleuler mit der Zeit auch die Schweizerische Vereinigung der Irrenärzte dominierte, geht aus der Sammlung von Nachrufen aus diesem Kreis hervor.[57] Betrachtet man Bleulers Werke unter dem Gesichtspunkt ihrer Zugehörigkeit zum rassenhygienischen und rassistischen Denkstil, treten darin Aspekte hervor, die in den bisherigen psychiatriegeschichtlichen Würdigungen seines Wirkens wenig beachtet worden sind.

Dies betrifft zum einen seine Betonung der erblichen Festgelegtheit wichtiger Formen psychischen Leidens. Zwar wird Bleuler in der Psychiatriegeschichte mit grosser Regelmässigkeit gerade das Verdienst zugeschrieben, gegenüber Kraepelin betont zu haben, dass die Dementia praecox nicht unvermeidlich zu früher Verblödung führe, sondern auch abklingen und in gewissem Masse geheilt werden könne. Dabei wird aber leicht übergangen, dass Bleuler nur die sekundären bzw. «akzessorischen» Schizophreniesymptome wie Wahn und Halluzinationen für heilbar hielt, nicht aber die diesen zugrundeliegenden primären Störungen der «Affektivität» und des Denkens.[58] Schizophrenie war für Bleuler im Kern unheilbar, und zwar eben deshalb, weil er die «Affektivität» (das individuelle Gefüge der Triebe und Strebungen) wie auch deren allfällige Gestörtheit für vollkommen vererbt hielt. In der Affektivität inbegriffen und damit ebenso durch Vererbung festgelegt waren für ihn sogar die individuelle Qualität der moralischen Triebe und damit – da für ihn die Möglichkeit eines freien Willens aus «naturwissenschaftlichen» Gründen ausschied[59] – das Wollen und Verhalten des Individuums in moralischen Dingen.

Als weiterer Anklang an den rassenhygienischen Denkstil kommt Bleulers Lob der «Angepasstheit» in den Blick, die für ihn zum zentralen Kriterium der Normalität und damit der psychischen Gesundheit wurde: «Der Normalphilister ist an die Zustände angepasst, in die er hineingeboren wurde, und balanziert auch mit den kleinen Schwankungen derselben, ohne viel dabei zu denken und zu spüren. Der Psychopath kann sich nicht so gut oder gar nicht anpassen; er reagiert auf die dadurch entstehenden Schwierigkeiten entweder ausweichend (sei es, dass er sich vor den Anforderungen in die Hysterie oder Neurasthenie flüchtet, sei es, dass er sich im Grössen- und Verfolgungswahn eine eingebildete Welt schafft) oder aggressiv durch Versuche, die Aussenwelt an seine Bedürfnisse anzupassen, oder durch beides zusammen. Derjenige, der die Aussenwelt im Grossen oder Kleinen anders haben möchte, ist gezwungen, über sie nachzudenken und Erfindungen, soziale Verbesserungen u. dgl. anzustreben.»[60] «Gesund» ist nach diesem Denkschema ausschliesslich das problemlose «Funktionieren» als das Ergebnis einer in den vorangegangenen ortsansässigen Generationen wirkenden evolutionären Auslese, durch welche vorwiegend die unter den gegebenen Verhältnissen (Funktions-)Tüchtigen zur Fortpflanzung gelangt sind.[61] Wer in dieser Weise den äusseren Verhältnissen angepasst ist, wird dank seiner Erbausstattung höchst wahrscheinlich wiederum zu den Erfolgreichen gehören. Die Anpassung im Sinne Bleulers ist also keineswegs eine Leistung des jeweiligen Individuums – ja, eine willkürliche Anpassungsbemühung eines Individuums im Sinne einer Selbstüberwindung wäre für Bleuler sogar ein Hinweis auf die Defizienz der angeborenen Affektivität, welche ja bei völliger Gesundheit eine quasiautomatische und sogar lustvolle Anpassung gewährleisten sollte.[62] Mit dieser Gesundheitsdefinition setzte Bleuler die damals bestehenden gesellschaftlichen Zustände absolut und entzog sie jeder Kritik. Gesellschaftskritiker waren für ihn «Psychopathen».[63]

Ein dritter Aspekt von Bleulers Werk gerät im gegenwärtigen Zusammenhang ins Zwielicht, nämlich die Integration psychodynamischer Mechanismen aus der Psychoanalyse in sein psychiatrisches Theoriegebäude, insbesondere in seine Theorie der Schizophrenie. Auch dies gilt in der Psychiatriegeschichte als positive Errungenschaft Bleulers. Zur Affektgeleitetheit des Denkens lesen wir im Lehrbuch der Psychiatrie: «Wenn wir spielend unserer Phantasie den Lauf lassen, in der Mythologie, im Traum, in manchen krankhaften Zuständen, will oder kann sich das Denken um die Wirklichkeit nicht kümmern; es verfolgt von Instinkten und Affekten gegebene Ziele. Für dieses ‹dereistische Denken› [...] ist charakteristisch, dass es Widersprüche mit der Wirklichkeit unberücksichtigt lässt. [...] In den besonnenen Formen des dereistischen Denkens, vor allem in den Tagträumen, werden nur wenige reale Verhältnisse weggedacht oder umgestaltet und nur einzelne absurde Ideenverbindungen gebildet; umso freier aber verfügen der Traum, die Schizophrenie und zum Teil auch die Mythologie [...] über das Vorstellungsmaterial.»[64] Diese wissenschaftliche Errungenschaft verkehrt sich aber in ihr Gegenteil, nämlich in ein Einfallstor für Unwissenschaftlichkeit, wenn der Psychiater sich nun ohne selbstkritische Reflexion der eigenen Voraussetzungen und Voreingenommenheiten zu wissen anmasst, was die «Realität» ist, und damit, welche Anschauungen gesund und welche realitätsfremd, d. h. wahnhaft und krank seien.

Leider neigte Bleuler zu eben dieser Anmassung. Sätze wie die folgenden machte er durch sein Lehrbuch quasi zur psychiatrischen Doktrin: «Man macht einen Unterschied zwischen Glauben und Aberglaube. Psychologisch ist beides identisch.» «Wahnideen sind unrichtige Vorstellungen, die nicht aus zufälliger Unzulänglichkeit der Logik, sondern aus einem inneren Bedürfnis heraus geschaffen worden sind. [...] Der Hauptunterschied [zum Glauben – U.A.] ist der, dass sie für persönliche Bedürfnisse von Einzelnen gebildet werden, und dass sie sich auf Dinge beziehen können, die für den Gesunden der Korrektur zugänglich sind. Wie man sieht, ist der Unterschied kein absoluter. Wir mögen für gewöhnlich nicht von Wahnideen reden, wenn ein frommer Mensch sich von religiösen Dingen eine eigene Ansicht schafft; wenn uns aber seine Neuerungen allzu krass erscheinen, bezeichnen wir sie als ‹religiöse Wahnideen›.»[65] Indem er auch den Sozialismus eine «Religion» nannte, machte er klar, dass seiner Ansicht nach auch diese politische Weltanschauung durch Wunschdenken charakterisiert sei. Dasselbe kann man für den Pazifismus ableiten, wenn man Bleulers Überzeugung in Rechnung stellt, dass Kampf lustvoll, weil in der Natur liegend (d. h. der Durchsetzung der Tüchtigeren und damit der Evolution dienend) sei.[66] Bleuler war sich so sicher, als Sozialdarwinist im Besitz der Wahrheit zu sein, dass ihm alle damit unvereinbaren Weltanschauungen als wahnhaft erschienen. Damit lag nun allerdings die Gefahr nahe, dass sich in seine psychiatrischen Begutachtungen von Vertretern solcher «falscher» Weltanschauungen ein unreflektiertes Gesinnungsurteil einschlich.

Der Ideologieverdacht bezüglich Bleulers ausgedehnter diagnostischer bzw. gutachterlicher Tätigkeit soll an einem einzelnen Fall exemplarisch konkretisiert werden, nämlich an Bleulers Beurteilung eines jungen Mannes, der sowohl durch starkes christliches Engagement als auch durch seine sozialistischen Neigungen und durch seinen Pazifismus auffällig geworden war, also genau jenes Bündel von Überzeugungen vertrat, das sich mit dem Sozialdarwinismus am wenigsten vertrug. Der junge Mann war insbesondere der Auffassung, dass die Kirche zu wenig getan habe, um den Ausbruch des Ersten Weltkrieges zu verhindern, und er hatte in einer Kirche nach dem offiziellen Gottesdienst selber das Wort ergriffen, um die «wahre Liebe» zu predigen. Bleuler, welchem der Mann wegen Gottesdienststörung sanitätspolizeilich zugeführt worden war, diagnostizierte paranoide Schizophrenie. Einer seiner Assistenten berichtet: «Als wahnhaft erschien meinem Chef die Überzeugung Hubers [Pseudonym des Klienten – U. A.], dass die Kirche Schuld am Kriege trage. Er führte damals mündlich aus, dass der Krieg eine ‹biologische Notwendigkeit› darstelle, indem das ‹vitalere› Volk zwecks Erhöhung seiner Macht und Geltung periodisch zu den Waffen greifen *müsse*. Die Durchsetzung des Tüchtigsten erfolge nun einmal in der ‹Natur› durch den Auslesekampf, daran könnten die Kirchen nichts ändern; diese hätten die ganz andere Aufgabe, die Gläubigen zu trösten und sie mit dem Hinweis auf ein besseres Jenseits soweit zu bringen, dass sie die unvermeidlichen ‹Übel› dieser Welt ertragen. Was Huber vorbringe, sei eine Wahnidee, vermutlich schizophrenen Ursprungs.»[67] Hat hier ein Prophet einen Gegenpropheten wegen dessen «unrichtigen Meinungen» zum Geisteskranken gestempelt? Das in einem Protokoll erhaltene diagnostische Gespräch zwischen Bleuler und Huber, in welchem ersterer bei letzterem Denkstörungen und affektive Störungen – laut seinem Diagnosesystem die primären Merkmale von Schizophrenie – feststellen zu können glaubte, scheint jedenfalls wenig Handhabe für eine solche Diagnose zu bieten.[68]

Vielleicht kämen beim Öffnen der Archive weitere Fälle von tendenziösen Diagnosen zum Vorschein, etwa gegen unliebsame «Linke». Mit Blick auf zwei psychiatrische Gutachten aus dem damaligen Deutschland sei illustriert, in welche Richtung diese Befürchtungen gehen und dass sie nicht aus der Luft gegriffen sind. In beiden Gutachten werden nämlich Argumente angeführt, die sich mehr oder weniger explizit auch bei Bleuler finden. Im ersten Fall erklärt der Psychiater Kurt Hildebrandt die sozialistischen Gedanken der Berliner Spartakus-Aufständischen von 1918 für krankhaft: «Der psychopathische Einschlag der Revolution und der weiteren Klassenkämpfe ist so beträchtlich, dass man ihm unabhängig von jeder Parteirichtung kaum sein Interesse versagen kann. Leicht verständlich ist die Beteiligung besonders bei zwei grossen Gruppen der Psychopathen. Einmal sind es Gesellschaftsfeinde und Querulanten, die auf Grund ihrer allgemeinen Ideen oder zu grob egoistischen Zwecken sich der politischen und sozialen Bewegung anschliessen. Die zweite Gruppe sind die Hochstapler und Renommisten. [...] Vielleicht wäre die Frage nicht unberechtigt, ob die jetzige Revolution, da ihr der alkoholische Rausch im ganzen fehlte, um so mehr des psychopathischen bedurfte.»[69] Im zweiten Gutachten werden dem Mörder von Kurt Eisner, des jüdischen Hauptprotagonisten der Münchner Räterepublik, gewissermassen mildernde Umstände dafür zugebilligt, dass er durch die revolutionären Umwälzungen von 1918/19 zur Tötung des «Fremdlings Eisner» verleitet worden sei.[70] Die Nähe zu Bleuler ergibt sich in diesem zweiten Fall – ausser aus der gemeinsamen Neigung zum Antisemitismus – durch die Tatsache, dass der betreffende Gutachter Ernst Rüdin hiess.

Die Vorreiterrolle der Schweiz in Sachen «Rassenhygiene»

Die beschriebene Tendenz zu rassenhygienisch angereicherten psychiatrischen Diagnosen bzw. gar zu eindeutigen Gesinnungsurteilen in psychiatrischem Gewande wird noch brisanter, wenn man in Rechnung stellt, mit welchen realen Machtmitteln die Definitionsmacht der damaligen Schweizer Psychiater gekoppelt war. Auch das lässt sich am oben skizzierten Fall «Huber» verdeutlichen. Hätte sich nämlich nicht der junge Assistenzarzt Alexander von Muralt für jenen jungen Mann eingesetzt, so wäre letzterer wohl bevormundet und in der Irrenanstalt zwangsinterniert worden, denn das hatte Bleuler im Anschluss an seine Diagnose in Erwägung gezogen. Aber auch so, nach seiner vom Assistenzarzt herbeigeführten Entlassung, war ihm nun wegen seiner Schizophreniediagnose das Heiraten gesetzlich verwehrt. Nur mit Glück konnte er das in der Schweiz seit 1907 gültige Eheverbot für Geisteskranke umgehen.

Die Machtstellung der schweizerischen Psychiatrie bezüglich «rassenhygienischer» Zwangsmassnahmen beruhte auf einer Art Gewohnheitsrecht, nämlich auf einer seit langem eingespielten und von den Behörden mehr oder weniger stillschweigend geduldeten Praxis. Wohin dieses stille Einverständnis führen konnte, geht aus einem protestierenden Rundschreiben der Armenbehörde des Kantons Bern aus dem Jahre 1931 hervor. Darin wird beanstandet, dass Frauen aus den schlechter gestellten Schichten quasi durch Erpressung zur Einwilligung in die Sterilisation gezwungen worden seien, zum Beispiel durch die behördliche Drohung mit dem Entzug von Unterstützung oder der Versetzung in die Armenanstalt.[71]

Seit Forel am Ende des letzten Jahrhunderts am Burghölzli die erste Zwangssterilisation im deutschsprachigen Raum hatte vornehmen lassen, war diese Art von «Behandlung» in der Schweiz faktisch dem Gutdünken der Psychiater anheimgestellt. Bleulers Nachfolger Hans W. Maier formulierte es so: «Unsere Schweizer Juristen und auch unsere Behörden haben sich, wenn wir sie darüber fragten, stets auf den Standpunkt gestellt, dass auch Sterilisationen vom eugenischen Standpunkt aus eine medizinische Angelegenheit sind, wenn die Indikation genau festgelegt und nach dem Stande der Wissenschaft ärztlich vertreten werden kann.»[72] Als dann nach dem Ersten Weltkrieg in mehreren Kantonen entsprechende Gesetze beraten wurden, ging es eingestandenermassen nur noch um eine nachträgliche Legalisierung einer verbreiteten Praxis.[73] So hatte die Schweiz bezüglich rassenhygienischer (Zwangs-)Sterilisation jahrzehntelang eine «Spitzenposition» inne, die weltweit nur von den USA und in Europa erst ab 1933 von Deutschland übertroffen wurde. Als 1911 auf Initiative hauptsächlich von Forel, Ploetz und Rüdin, den alten Bekannten und Weggefährten aus dem Zürcher Kreis, in Dresden die erste Ausstellung zum Thema «Rassenhygiene» stattfand, mussten und konnten die Aussteller auf Anschauungsmaterial aus den schweizerischen Irrenanstalten Burghölzli und Asyl Wil (St.Gallen) zurückgreifen.[74] Christoph Keller fasst seine detaillierten Recherchen über die rassenhygienische Praxis in der Schweiz in den ersten Jahrzehnten des Jahrhunderts wie folgt zusammen: «Mit dem Eheverbot für ‹Geisteskranke›, mit der gesundheitlichen Kontrolle von Niederlassungskandidaten, mit der Entfernung von ‹Vagantenkindern› aus ihren Familien und vor allem mit der Sterilisierung ‹krankhaft Veranlagter› waren in der Schweiz eine Reihe von rassenhygienischen Forderungen erfüllt. Sie blieben zwar punktuell und sind nicht zu vergleichen mit dem rassenhygienischen Programm, das die Nationalsozialisten später in Gang setzten; und doch enthielten sie, mit ihrer klaren Ausrichtung gegen Fremde, Minderheiten, sozial Schwache und Frauen, zentrale Elemente des Programms, das die Rassenhygieniker zur Reinhaltung des Volkskörpers als notwendig betrachteten.»[75]

In dieser Aufzählung bedarf der dritte Punkt noch der Erläuterung. Es geht dabei um die berüchtigten, 1926 vom Hilfswerk «Kinder der Landstrasse» begonnenen und erst 1973 eingestellten Wegnahmen von Kindern aus fahrenden Familien. Psychiater wie August Forel, Eugen Bleuler und Josef Jörger, ehemaliger Assistenzarzt Bleulers und späterer Chef der psychiatrischen Klinik «Waldhaus» bei Chur, hatten seit langem die Fahrenden als erblich belastet hingestellt.[76] Inwiefern man sich nun von der zwangsweisen Verpflanzung der Kinder eine Besserung versprach, ist allerdings nicht ohne weiteres klar, hatte doch gerade Bleuler schon 1909 seiner Meinung Ausdruck gegeben, dass die vermeintlich minderwertige Anlage der Kinder von Fahrenden wohl auch beim Aufwachsen in sesshaften Familien durchschlagen werde.[77] Ob man auf eine langsame Verbesserung des Erbgutes unter den Bedingungen der Sesshaftigkeit hoffte oder ob gar die Vorstellung von vermeintlichen starken «germanischen» Anteilen an der Erbmasse der Fahrenden[78] eine Rolle spielte? Ohnehin landeten viele der weggenommenen Kinder nicht in Familien, sondern in Heimen und Anstalten aller Art, wiederum unter Mithilfe von Psychiatern: Ideologieverdächtige Diagnosen wie «moralisch schwachsinnig» und «geistesschwach» scheinen diesen unglücklichen Nachkommen der Fahrenden sehr häufig verpasst worden zu sein.[79]

Den überzeugten Rassenhygienikern muss die Aktion «Kinder der Landstrasse» als ein Kompromiss erschienen sein. Konsequenterweise hätte aus ihrer Sicht ja mit allen Mitteln die Fortpflanzung der Fahrenden verhindert werden müssen. In Deutschland machte man dann ab 1933 in dieser Hinsicht keine solchen Kompromisse mehr: Auf der Grundlage des eingangs erwähnten «Gesetzes zur Verhütung erbkranken Nachwuchses» wurden Hunderttausende von Fahrenden zwangssterilisiert oder im KZ umgebracht. Auch hier gibt es einen Bezug zu Zürich: Der Deutsche Robert Ritter, der Ende der zwanziger Jahre Assistenzarzt am Burghölzli gewesen war, forderte als Leiter des Berliner Kriminalbiologischen Institutes im «Dritten Reich» die Internierung und Sterilisierung der Fahrenden.[80] Es passt ins hier gezeichnete Bild, dass die Schweizerische Gesellschaft für Psychiatrie 1933 den Erlass jenes Gesetzes in NS-Deutschland offiziell begrüsste und im gleichen Jahr der International Federation of Eugenic Organisations beitrat, wo sie sich durch Hans W. Maier, den Nachfolger Eugen Bleulers, vertreten liess.[81] Und, Ironie der Geschichte: Als der Bundesrat 1945 Ernst Rüdin wegen dessen Mitwirkung an eben jenem Gesetz ausbürgerte, war auch in Bern mit der Person von Jakob Kläsi ein rassenhygienisch orientierter Psychiater und enger Vertrauter von Ernst Rüdin als Universitätsprofessor und Chef der psychiatrischen Klinik in Amt und Würden, auch er übrigens ein ehemaliger Student und Mitarbeiter von Eugen Bleuler[82], und er blieb es noch weitere sechs Jahre bis zu seiner geruhsamen Emeritierung im 68. Altersjahr.

Anmerkungen

1 Jochen-Christoph Kaiser/Kurt Nowak/Michael Schwartz (Hg.), Eugenik, Sterilisation, «Euthanasie»: Politische Biologie in Deutschland 1895–1945, Berlin 1992, S. XVI.
2 Christoph Keller, Der Schädelvermesser. Otto Schlaginhaufen – Anthropologe und Rassenhygieniker. Eine biographische Reportage, Zürich 1995, S. 242.
3 Zitiert nach: Thomas Haenel, Zur Geschichte der Psychiatrie, Basel 1982, S.164f.
4 Zitiert nach: Matthias M. Weber, Ernst Rüdin. Ein deutsch-schweizerischer Psychiater und Humangenetiker zwischen Wissenschaft und Ideologie, in: Aram Mattioli (Hg.), Intellektuelle von rechts. Ideologie und Politik in der Schweiz 1918–1939, Zürich 1995, S. 101.
5 Till Bastian, Furchtbare Ärzte. Medizinische Verbrechen im Dritten Reich, München 1995, S. 47.
6 Weber (wie Anm. 4), S. 101.

7 Zitiert nach: Haenel (wie Anm. 3), S. 161f.
8 Weber (wie Anm. 4), S. 101.
9 Zitiert nach: Haenel (wie Anm. 3), S. 165.
10 Ebda., S. 164f.
11 Hier sind vor allem zu nennen: Das autistische Denken, in: Jahrbuch für psychoanalytische und psychopathologische Forschungen 4 (1911); Dementia praecox oder Gruppe der Schizophrenien, in: G. Aschaffenburg (Hg.), Handbuch der Psychiatrie, Leipzig 1911. Im Jahre 1916 folgte sodann, von Springer in Berlin verlegt, das berühmt gewordene Lehrbuch der Psychiatrie, das bereits zu Lebzeiten Bleulers in mehreren deutschen Auflagen sowie in englischer, spanischer und russischer Übersetzung erschien.
12 Eugen Bleuler, Lehrbuch der Psychiatrie, Berlin ⁵1930, S. 139.
13 Ders., Naturgeschichte der Seele und ihres Bewusstwerdens, Berlin 1932, S. 179.
14 Ders. (wie Anm. 12), S. 144.
15 Vgl.: Esther Baur, Das (selbst-)beherrschte Subjekt, Basel 1989 (unpubliz. Liz.-Arbeit); Alexander von Muralt, Wahnsinniger oder Prophet, Zürich 1946.
16 Bleuler (wie Anm. 12), S. 134.
17 Ebda., S. 16.
18 Ders., Ethik, Glauben, Wissen, Zürich 1925, S. 3.
19 Ders., Erblichkeitsforschung beim Menschen. Vortrag, gehalten vor der Naturforschenden Gesellschaft in Zürich 1909, in: Neue Zürcher Zeitung, 6. November 1909, S. 1.
20 Ders., Überfremdung der Schweiz. Vortrag, gehalten an der 53. Versammlung des Vereins der Schweizerischen Irrenärzte vom 28./29. Mai 1917. Autoreferat abgedruckt in: Schweizer Archiv für Neurologie und Psychiatrie 2/3 (1918), S. 330ff.
21 Ders. (wie Anm. 12), S. 134.
22 Die Angaben in diesem Abschnitt stammen aus: Ludwig Binswanger, Ausgewählte Vorträge und Aufsätze, Bern 1955, S. 105–110; Keller (wie Anm. 2), S. 38, 156.
23 Die Angaben zu August Forel stammen aus: Alexander von Muralt, August Forel, Zürich o. J., S. 6; Bastian (wie Anm. 5), S. 25; Keller (wie Anm. 2), S. 38, 89.
24 Vgl. Stefan Kühl, Die Internationale der Rassisten. Aufstieg und Niedergang der internationalen Bewegung für Eugenik und Rassenhygiene im 20. Jahrhundert, Frankfurt 1997, S. 23.
25 Beide quantitativen Angaben nach: Peter Weingart/Jürgen Kroll/Kurt Bayert, Rasse, Blut und Gene. Geschichte der Eugenik und Rassenhygiene in Deutschland, Frankfurt 1992, S. 169.
26 Zu den Eingaben von Gerhard Boeters und zu seiner Zusammenarbeit mit August Forel siehe: Kaiser u. a. (wie Anm. 1), S. 95f., sowie Weingart u. a. (wie Anm. 25), S. 291f.
27 Keller (wie Anm. 2), S. 142.
28 Die Angaben zu Alfred Ploetz finden sich bei: Weingart u. a. (wie Anm. 25) und Keller (wie Anm. 2), S. 143.
29 Die beiden Zitate stammen aus: Lothar Schäfer/Thomas Schnelle (Hg.), Ludwig Fleck. Erfahrung und Tatsache, Frankfurt 1983, S. 110ff.
30 Ernst Haeckel, Natürliche Schöpfungsgeschichte, Berlin, ⁹1898; zitiert nach: Kurt Bayertz (Hg.), Evolution und Ethik, Stuttgart 1993, S. 11.
31 Eve-Marie Engels, Herbert Spencers Moralwissenschaft – Ethik oder Sozialtechnologie? Zur Frage des naturalistischen Fehlschlusses bei Herbert Spencer, in: Bayertz (wie Anm. 30), S 274.
32 Weingart u. a. (wie Anm. 25), S. 74f.
33 Ebda., S. 77ff.
34 Alfred Ploetz, Die Tüchtigkeit unserer Rasse und der Schutz der Schwachen, Berlin 1895; zitiert nach: Weingart u. a. (wie Anm. 25), S. 73.
35 Wilhelm Schallmayer, Die drohende physische Entartung der Culturvölker, Berlin o. J., zitiert nach: Weingart u. a. (wie Anm. 25), S. 89.
36 Weingart u. a. (wie Anm. 25); Kühl (wie Anm. 24); Kaiser u. a. (wie Anm. 1); Bayertz (wie Anm. 31).

37 Kühl (wie Anm. 24); Kaiser u. a. (wie Anm. 1); Weingart u. a. (wie Anm. 25).
38 Oscar Hertwig, Zur Abwehr des ethischen, des sozialen und des politischen Darwinismus, Jena 1918, S. 86f., zitiert nach: Kaiser u. a. (wie Anm. 1), S. 12f.
39 Alexander Tille, Charles Darwin und die Ethik, 1894, zitiert nach: Bayertz (wie Anm. 31), S. 57ff., S. 66. In jenem Band findet sich eine gründliche Darstellung der Problematik sowie der zeitgenössischen auch angelsächsischen Diskussion dazu.
40 Bleuler (wie Anm. 19); vgl. auch: Kühl (wie Anm. 24).
41 Albert E. Wiggam, The new decalogue of science, Indianapolis 1923, S. 225-230, zitiert nach: Kühl (wie Anm. 24), S.66f.
42 Eugen Fischer, Die Rehobother Bastards und das Bastardisierungsproblem beim Menschen. Anthropologische und ethnographische Studien am Rehobother Bastardvolk in Deutsch-Südwestafrika, Jena 1913, zitiert nach: Weingart u. a. (wie Anm. 25), S. 101.
43 Keller (wie Anm. 2), S. 40, 43, 89.
44 Nach: Ebda., S. 18-21. Otto Schlaginhaufen, später Nachfolger Rudolf Martins auf dem Zürcher Lehrstuhl für Anthropologie, hatte in seiner von Martin angenommenen Dissertation den westafrikanischen Schwarzen eine Mittelstellung zwischen Affen und Menschen zugewiesen.
45 Eugen Bleuler, Die Psychoide als Prinzip der organischen Entwicklung, Berlin 1925; Ders. (wie Anm. 13).
46 Keller (wie Anm. 2), S. 86.
47 Weingart u. a. (wie Anm. 25), S. 94-100.
48 Ebda., S. 97f.
49 Erwin Baur/Eugen Fischer/Fritz Lenz, Grundriss der menschlichen Erblichkeitslehre und Rassenhygiene, Bd. I: Menschliche Erblichkeitslehre, München ²1923.
50 Fritz Lenz, einer der Verfasser, erkannte jedenfalls nach eigener Aussage in einigen Wendungen Hitlers den Einfluss des Lehrbuches (Peter Weingart u. a. [wie Anm. 25], S. 373). Peter Weingart u. a., welche die Zusammenhänge zwischen den erwähnten Denkkollektiven sowie deren Instrumentalisierung durch die Nationalsozialisten ausführlich darstellen und dokumentieren, stellen zusammenfassend fest (S. 376): «Es kann kein Zweifel darüber bestehen, dass eine Reihe von zentralen Annahmen, Begriffen und Theoremen der Rassenbiologie und Rassenhygiene, ganz gleich auf welche Weise, ihren Weg in die nationalsozialistische ‹Weltanschauung› gefunden haben.» Dass allerdings *alle* Bestandteile der nationalsozialistischen Ideologie «Anleihen bei Rassenanthropologie und Rassenhygiene» seien, wie Weingart u. a. behaupten (S. 369), möchte ich bezweifeln. Meines Erachtens lässt sich die im engeren Sinne faschistische Verherrlichung des Strebens und Kämpfens an sich nicht ohne Rest auf die hier dargestellten Ideenkreise zurückführen. Dazu ausführlicher: Urs Aeschbacher, Faschismus und Begeisterung. Psychologische Neuvermessung eines Jahrhunderttraumas, Essen 1992.
51 Weingart u. a. (wie Anm. 25), S. 93.
52 Ebda., S. 101.
53 Zum Beispiel Fritz Lenz, der, ansonsten ein Bewunderer von Hitler, die antisemitischen Übersteigerungen in dessen Buch «Mein Kampf» bedauerte; nach: Ebda., S. 373f., 382.
54 Houston Stewart Chamberlain, Die Grundlagen des Neunzehnten Jahrhunderts, München 1906.
55 Otto Weininger, Geschlecht und Charakter, Wien 1903.
56 Schäfer/Schnelle (wie Anm. 29), S. 120.
57 Zum Beispiel: Friedrich Braun, Ansprache zum Andenken an Eugen Bleuler, gehalten an der Trauersitzung des Psychiatrisch-neurologischen Vereins in Zürich, in: Schweizerisches Archiv für Neurologie und Psychiatrie 46 (1940), S. 29-32.
58 Vgl. folgende Zitate aus: Bleuler (wie Anm. 12): «Psychotherapie ist gegen die krankhaften Prozesse einschliesslich manisch-depressiven Irreseins natürlich ohnmächtig. Umso wichtiger

ist sie bei den übrigen Krankheiten und als Palliativum bei allen; sie heilt bei den einen (Neurosen und übrige Psychoreaktionen) und bessert bei den anderen (z. B. Schizophrenie).» (S. 148); «Besserungen [bei der Schizophrenie, U.A.] können in jedem Stadium eintreten; sie betreffen aber in erster Linie die akzessorischen Symptome. Der schizophrene Blödsinn an sich bildet sich nicht mehr eigentlich zurück. Selbstverständlich haben aber alle akuten Syndrome die Tendenz zu verschwinden, und auch chronische Halluzinationen und Wahnideen können zurücktreten, wenn auch viel seltener.» (S. 321); «Zu ändern sind die Psychopathien natürlich nicht, man muss sich mit ihnen abfinden.» (S. 413).

[59] «Die viel umstrittene Frage, ob es einen freien Willen gebe in dem Sinne, dass ohne Ursache die Entscheidung getroffen werden könne, besteht für die Naturwissenschaft nicht. Wir sehen, dass die Handlungen der belebten Geschöpfe durch die innere Organisation und die darauf einwirkenden äusseren Einflüsse genau so determiniert sind wie irgendein anderes Geschehen. [...] Wissenschaftlich betrachtet ist der Determinismus die einzig mögliche Auffassung.» (Eugen Bleuler, Lehrbuch der Psychiatrie, Berlin ^{5}1930, S. 33.)

[60] Ebda.,S. 114.

[61] Aus verstreuten Bemerkungen im Lehrbuch der Psychiatrie (ebda.) lässt sich ein genaueres Bild dessen zusammentragen, was Angepasstheit für Bleuler bedeutete. Merkmale sind «Soziale Tüchtigkeit» in den angestammten Verhältnissen (S. 114), Bejahen von Arbeit und Leistung (S. 145, 328). Aufschlussreich ist folgende Passage aus seiner Burghölzli-Abschiedsrede: «Dieser [...] Bleuler also wird nun in nicht allzu ferner Zeit einmal am Himmelstor anklopfen und sich in der Pförtnerloge dem Zulassungsexamen unterziehen müssen. Der schwarze Staatsanwalt hält ein langes Plädoyer. Unter anderem mag er vielleicht zugeben, dass Bleuler auf Erden ein Stück arbeitete. Aber er wird triumphierend hinzufügen, das habe dem Kerl ja noch Vergnügen gemacht und deshalb könne ihm nach dem unangreifbaren Kant seine Arbeit gar nicht als moralischer Verdienst, sondern nur als pures Amusement gebucht werden. Natürlich will ich die Hörerschar nicht mit der ganzen schwarzen Liste langweilen, aber das sei hier herausgehoben, was ich gerade durch meine Arbeit auf medizinischem Gebiet gesündigt habe [...] : Gab ich mir doch in der Pflegeanstalt zwölf Jahre eine verzweifelte Mühe, Idioten und unheilbare Halluzinanten am Leben zu erhalten, erstere den anderen Leuten, letztere auch noch sich selber zur Qual! Im Burghölzli wiederum strengte ich mich an, möglichst viele Schizophrene soweit zu beruhigen oder zu erziehen, dass ein Teil derselben heiraten konnte und so sich, den Gatten und kommende Generationen unglücklich zu machen Gelegenheit bekam.» Zitiert nach: Haenel (wie Anm. 3), S. 32f. Unter der Annahme, dass Bleuler sich selber für ein Muster an psychischer Gesundheit hielt, ist hieraus sein Credo abzulesen: Wer lediglich unter Zwang oder aus mühsamer Selbstüberwindung arbeitet, ist geistig nicht ganz gesund. Nur wer freudig, aus innerster und ungeteilter Seele arbeitet – und die Verhältnisse bejaht – ist es. Es ging Bleuler also keineswegs um die blosse äussere Angepasstheit, sondern um eine damit verbundene Befriedigung der Person und die Abwesenheit von Zweifel und Ambivalenz.

[62] Diese Grundidee Spencers kehrt in Bleulers Lehrbuch (wie Anm. 12) zum Beispiel in folgender Formulierung wieder: «Das Lustbetonte wird erstrebt; es ist im grossen und ganzen das dem Individuum oder der Art Nützliche; umgekehrt das Unlustbetonte. Ausnahmen betreffen Erlebnisse, die seltener vorkommen und deshalb den Bestand der Art nicht gefährden, oder Vorkommnisse, an die sich anzupassen die Rasse nicht genügend Zeit hatte (der nützliche Tran schmeckt uns unangenehm, der schädliche Alkohol angenehm).» (S. 25). Vergleiche auch: Bleuler (wie Anm. 13), S. 210.

[63] In Bleulers Lehrbuch (wie Anm. 12) taucht bei der Einteilung der Psychopathien in der Tat die Kategorie der «Gesellschaftsfeinde» auf (wenn auch nicht explizit ausgesprochen wird, dass alle Gesellschaftsfeinde Psychopathen seien) mit dem Vermerk, viele dieser Leute seien auch «körperlich irgendwie missgestaltet», sie hätten viele «Degenerationsanzeichen». (S. 425f.). Dazu passt, dass in den zwanziger Jahren am zürcherischen Anthropologischen Institut unter

der Leitung von Otto Schlaginhaufen unter anderem die körperlichen Merkmale von «politischen Krakeelern» untersucht wurden, nach: Keller (wie Anm. 2), S. 138.

64 Bleuler (wie Anm. 12), S. 31.

65 Die Zitate zur Religion stammen aus: Ebda., S. 33 und 65.

66 Ebda., S. 25; Bleuler (wie Anm. 18), S. 7.

67 Alexander von Muralt, Wahnsinniger oder Prophet?, Zürich 1946, S. 118f.

68 Vgl. Urs Aeschbacher, Wie Eugen Bleuler einen Andersdenkenden zum Schizophrenen stempelte, in: INTRA. Psychologie und Gesellschaft 30 (1997), S. 56–61. Leider ist dem Schreibenden jede noch so partielle Einsicht in die Klinik-Protokolle zum Fall «Huber» verwehrt worden.

69 Kurt Hildebrandt, Forensische Begutachtung eines Spartakisten, in: Allgemeine Zeitschrift für Psychiatrie und psychisch-gerichtliche Medizin 36 (1920), S. 479.

70 Weber (wie Anm. 4), S. 99.

71 Keller (wie Anm. 2), S. 58f.

72 Ebda., S. 154, vgl. auch S. 185.

73 Hier ist vor allem das am 1. Januar 1929 – als europäische Neuheit – im Kanton Waadt in Kraft gesetzte (und aus Deutschland begeistert begrüsste) Gesetz zu erwähnen, welches die Zwangssterilisation von «Geisteskranken» und «Geistesschwachen» erlaubte. Auch hier war Forel eine der treibenden Kräfte gewesen; aber auch die Professorenschaft der Lausanner Universitätspoliklinik stand hinter dem Gesetz. Vgl. Keller (wie Anm. 2), S.152f.

74 Ebda., S. 91f.

75 Ebda., S. 159.

76 Vgl. Hans Caprez/Willi Wottreng, Jenische: Verfolgt, misshandelt, versenkt, in: Beobachter 7 (1997), S. 22–27.

77 In einem 1909 vor der Naturforschenden Gesellschaft in Zürich gehaltenen Vortrag referierte Bleuler wie folgt die Forschungsergebnisse seines Schülers über die Vererbung in einer jenischen Familie (Kodename «Zero»): «Aus einer tüchtigen Bauernfamilie, die jetzt noch in den anderen Gliedern körperlich und geistig hervorragende Leute hervorbringt, verkam vor etwa 200 Jahren ein Sprosse wahrscheinlich durch Trunk, ein anderer sicher auf diesem Wege. Der erstere heiratete eine Vagantin und nahm deren Lebensweise an; der zweite verband sich mit einer Tochter des erstern, so dass die beiden Linien verschmolzen; der erstere hat aber ausser dieser Tochter noch sechs Söhne, die alle Vagantinnen heirateten. Von den beiden Vettern stammen nun in sechs Generationen weit über 800 bekannte Personen ab, die mit wenigen Ausnahmen Vaganten, Verbrecher, Dirnen und Geisteskranke sind. Die angeheirateten Frauen und Ehemänner aller Generationen waren meistens auch wieder Vaganten. Da und dort scheint durch Heirat mit sesshaftem Blut eine Regeneration einzutreten. Alle aber, die so in Verdacht kommen, anständig zu werden, bilden nur wenige Prozent der ganzen Sippe. [...] Übrigens hat man hier noch ein wundervolles Experiment gemacht, das die Präponderanz der Keimanlage vor der Erziehung beweist: Die Gemeinde hat einmal alle ihre schlecht erzogenen Kinder, darunter eine Generation der Zero, den Eltern weggenommen und in guten Familien untergebracht. Bei den andern mit Erfolg, bei den Zero ohne jede Wirkung.» Zitiert aus: Neue Zürcher Zeitung, 6. November 1909, S. 1f.

78 Josef Jörger sagte von den Jenischen: «Ihrer germanischen Herkunft zufolge trifft man unter ihnen recht viele hochgewachsene, schlanke Gestalten in aufrechter, gerader Haltung, vom blonden, germanischen Typ.» Zitiert nach: Radgenossenschaft der Landstrasse (Hg.), Fahrendes Volk – verfolgt und verfemt. Jenische Lebensläufe, Zürich 1987.

79 Vgl. Caprez/Wottreng (wie Anm. 76), S. 22–27.

80 Ebda., S. 24.

81 Keller (wie Anm. 2), S. 156.

82 Weber (wie Anm. 4), S. 103; Haenel (wie Anm. 3), S. 154.

«Der Samstag» – eine antisemitische Kulturzeitschrift des Fin de siècle

ALBERT M. DEBRUNNER

«Der Samstag», eine «Basler Wochenschrift», erschien mehr oder weniger regelmässig vom 31. Dezember 1904 bis zum 19. Juli 1913.[1] Das Blatt kam zuerst wöchentlich, später zweimal im Monat heraus. Als Herausgeber respektive verantwortliche Redaktoren zeichneten abwechselnd Paul Schmitz, Albert Graeter und Carl Albrecht Bernoulli. Vor allem der Erstgenannte drückte der Zeitschrift seinen Stempel auf. Paul Schmitz (1871–1953) ist besser bekannt unter seinem Pseudonym Dominik Müller. Schmitz stammte aus einer kleinbürgerlichen Uhrmacherfamilie. Seine Herkunft prägte sein Denken zeitlebens, obschon er dank seines Philologiestudiums an der Universität Zürich den sozialen Aufstieg schaffte. Paul Schmitz schloss seine Studien mit einer Dissertation über Heinrich Heine ab und arbeitete daraufhin als Schriftsteller und Journalist. Mit der Mundartlyrik fand er Anfang des Jahrhunderts eine damals unbesetzte literarische Nische, die es ihm ermöglichte, sich vorübergehend als Basler Stadtpoet zu etablieren. Seine Versuche, sich als Dramatiker und Prosaautor ebenfalls durchzusetzen, müssen jedoch als gescheitert betrachtet werden. Über Albert Graeter (1873–1916) konnte lediglich in Erfahrung gebracht werden, dass er promovierter Naturwissenschaftler sowie Publizist war und in Syrien gestorben ist.[2] Carl Albrecht Bernoulli (1868–1937) war protestantischer Theologe und 1926–1937 Professor für Kirchen- und Religionsgeschichte an der Universität Basel. Ausserdem verfasste er als ausgesprochener Vielschreiber eine Unmenge von Dramen, Epen und Romanen.[3] Neben Schmitz, Graeter und Bernoulli zählten der Orientalist Adam Mez (1869–1917) und der Journalist Eduard Behrens (1884–1944) zu den festen Mitarbeitern des «Samstag».[4] Gelegentliche Beiträge steuerten so prominente Autoren wie Hermann Hesse und Carl Spitteler bei. Aber auch jungen und unbekannten Schriftstellern wie Hans Mühlestein, Jakob Schaffner und Robert Walser ermöglichte der «Samstag», ihre Texte zu veröffentlichen. Der «Samstag» hätte sich daher durchaus zu einer bedeutenden literarischen Zeitschrift entwickeln können, wäre da nicht sein bedenklicher politischer Kurs gewesen.

Der «Samstag» gehörte zu den zahlreichen rechts-konservativen Zeitschriften des Fin de siècle. Parteipolitisch stand die Zeitschrift in den letzten Jahren ihres Erscheinens der 1911 in Basel gegründeten Fortschrittlichen Bürgerpartei (FBP) nahe. Deren herausragendster Vertreter, der Ingenieur und spätere Nationalrat Rudolf Gelpke (1873–1940), war von Anfang an freier Mitarbeiter des «Samstag». Als er 1911 für den Nationalrat kandidierte, widmete das Blatt dem Thema fast eine ganze Nummer. Paul

Schmitz schrieb sogar ein zweiseitiges Gedicht auf den Kandidaten.[5] Die politische Ausrichtung der FBP entsprach weitgehend der des «Samstag». Partei und Zeitschrift vertraten einen bodenständigen helvetischen Nationalismus. Sie standen beide für einen antimodernistischen Struktur- und Wertekonservativismus ein und bekämpften die in ihren Augen dekadente grossstädtische Zivilisation.[6] Die durch die ökonomische und soziale Entwicklung der letzten Jahrzehnte des 19. Jahrhunderts bedingten Veränderungen des ländlichen und urbanen Lebens empfanden sie als etwas Fremdes, von aussen über die Schweiz Hereinbrechendes. Rudolf Gelpke sprach 1933 rückblickend von einem durch die starke Zuwanderung von Ausländern verursachten «Entschweizerungsprozess» der Schweizer Städte.[7] Damit griff er lediglich einen Gedanken wieder auf, der nicht zuletzt vom «Samstag» schon vor dem Ersten Weltkrieg immer wieder geäussert worden war.[8] Die Abwehr des Fremden gehörte von der ersten bis zur letzten Nummer zu den zentralen politischen Anliegen der Zeitschrift.

Rassismus als kulturpolitisches Programm

Der «Samstag» verstand sich «als ein Organ für intellektuelle und künstlerische Kultur». «Mit politischem Kleinkram» wolle sich die Zeitschrift nicht beschweren, heisst es im «Geleitwort» der Redaktion zur ersten Nummer. Ihr erklärtes Ziel sei es, «keine Politik, sondern eine Kultur [zu] vertreten». Damit war keine generelle Absage an die Politik gemeint: «Kulturpolitik will der ‹Samstag› treiben, d. h. eine Politik, der die Gesunderhaltung der Rasse und die Veredelung und Verfeinerung unserer Gesellschaft mindestens ebenso sehr am Herzen liegt, als etwa die Handelsbeziehungen mit anderen Völkern, oder die Thron- und Coulissenwechsel in Politik, Kunst und Literatur. Für das wirklich Wichtige in der Staatspolitik wird auch der ‹Samstag› immer zu haben sein.»[9] Die Herausgeber des «Samstag» vertraten also einen Kulturbegriff, der eng mit dem der Rasse verknüpft war: Kulturpolitik war für sie stets auch Rassenpolitik. Vor diesem Hintergrund ist es nicht verwunderlich, dass der «Samstag» fast von Anfang an eine dezidiert antisemitische Linie verfolgte. Dadurch gelangte die Zeitschrift später zu dem traurigen Ruhm, «eine herausragende Quellensammlung antisemitischer Texte für Basel vor dem Ersten Weltkrieg»[10] zu sein. In der Tat finden sich in den meisten Nummern des «Samstag» Belege für dessen teilweise eklatanten Antisemitismus, der sich insbesondere gegen Ostjuden und jüdische Intellektuelle richtete. Der Antisemitismus des «Samstag» ist bisher nur ansatzweise erforscht worden. Hier soll daher der Versuch unternommen werden, anhand der Polemik des «Samstag» gegen jüdische Bildungseliten ein genaueres Bild der judenfeindlichen Gesinnung dieser Schweizer Zeitschrift zu gewinnen.

Der Antisemitismus des «Samstag» zeigte sich erstmals offen in einem am 8. April 1905 in dieser Zeitschrift veröffentlichten Artikel über «Die Juden in Rumänien». Der Artikel ist voll von den üblichen Klischees – geldgierige verschlagene Juden betrügen ehrliche Bauern, hauen christliche Kaufleute übers Ohr, haben kein Heimatgefühl, etc. – und verdiente daher keine besondere Beachtung, wenn nicht der Schluss des Artikels die Meinung des «Samstag» zur «Judenfrage» in nuce enthielte. «Die rumänische Regierung», heisst es da, «hat jetzt die Judenschaft fest im Schraubstock und kann sie nicht loslassen trotz der gouvernantenhaften Zurechtweisung Amerikas, denn es handelt sich um die Selbsterhaltung ihres Volkes. Wir brauchen für keine der beiden Parteien allzuviel Sympathie zu verschwenden, müssen aber energisch sorgen, dass uns von der Hobelbank nicht zu viel Späne in unsere mehr oder minder reine Stube fallen.»[11] Diese Sätze verweisen zurück auf das bereits erwähnte «Geleitwort», das gewissermassen das Programm der Zeitschrift enthält. Der «Selbsterhaltung des Volkes» korrespondiert dort die «Gesunderhaltung der Rasse». Die «Gesunderhaltung der Rasse», die «Rassenhygiene», war ein Lieblingsthema des «Samstag».[12] Es gelte, der Verunreinigung des «Volkskörpers» durch Fremdes vorzubeugen.

Diese rassenhygienische Abwehrhaltung findet sich wieder in einem Beitrag des Redaktionsmitglieds Albert Graeter zum Thema «Die Staatsfremden in der Schweiz», der einige Wochen nach dem Artikel über die Juden in Rumänien erschien. Was den antisemitischen Kurs der Zeitschrift anbelangt, erweisen sich abermals die letzten Sätze als richtungsweisend: «In der Schweiz steigt durch die Einwanderung vom Lande, trotz der erleichterten Einbürgerung, die Zahl der Staatsfremden wie in keinem anderen Land. In ihren Folgen ist diese Erscheinung nicht unbedenklich. Immerhin assimilieren sich die Staatsfremden der Schweiz rasch; sind sie doch von der gleichen Rasse, kommen sie doch, wenn auch in beschleunigtem Tempo, aus eben denselben Gegenden, aus denen die Bevölkerung unserer Städte sich seit Jahrhunderten rekrutierte. Freilich, einen Teil der Zugewanderten und Zuwandernden müssen wir hier unbedingt ausnehmen. Die kommen von zu weit her. Aber das ist ein Kapitel für sich.»[13]

Kleinbürgerliche Konkurrenzangst und Ostjudenfeindschaft

Bereits in der nächsten Nummer des «Samstag» liess Graeter dieses Kapitel folgen. «Das Anwachsen der jüdischen Bevölkerung in Basel»[14] wird als ein die «Physiognomie» der Stadt veränderndes Phänomen dargestellt, dessen Tragweite den wenigsten bewusst sei. Wegen des Zionismus sei Basel gerade für Ostjuden ein Anziehungspunkt geworden. In diesen sah Graeter das grösste Problem. Albert Graeters Furcht vor einer in seinen Augen allzustarken Zunahme des jüdischen Bevölkerungsanteils in Basel hatte ihren Ursprung aber nicht nur in seiner rassistischen Weltanschauung. Er mochte sich vielleicht tatsächlich Gedanken wegen der «Späne» machen, die da in seine «reine Stube» geflogen kamen, ohne dass er es verhindern konnte, doch dürften seine Überfremdungsängste weniger ideologischer als vielmehr persönlicher Art gewesen sein. Dies trifft vermutlich auch auf seine Redaktionskollegen Paul Schmitz und Eduard Behrens zu, die mit ihm das antisemitische Triumvirat des «Samstag» bildeten. Die

Mitarbeiter des «Samstag» empfanden etwas, wofür es nur ein hässliches Wort gibt: Neid.

«Judenwohlstand» lautet die Überschrift des mit L. Hug gezeichneten Leitartikels des «Samstag» vom 29. Juli 1905. Dass dieser Artikel auf die Titelseite zu stehen kam, zeigt, welch prominenter Platz der «Judenfrage» von der Redaktion der Zeitschrift mittlerweile eingeräumt wurde. Der Artikel geht davon aus, dass es an statistischen Daten fehle, die den Wohlstand der Basler Juden dokumentieren würden. Der Verfasser des Artikels zieht deshalb zum Vergleich eine Untersuchung über «Konfession und soziale Schichtung» des benachbarten Grossherzogtums Baden heran. Diese habe gezeigt, dass der durchschnittliche Wohlstand der Juden über dem der andern Konfessionen stehe. Der Wohlstand der Juden wird mit deren hohem Bildungsstand in Verbindung gebracht, der ihnen ermögliche, «ökonomisch und sozial aufzusteigen».[15] So seien sie denn in den oberen Gesellschaftsschichten unverhältnismässig stark präsent. Speziell ein Bereich wird in dem Artikel hervorgehoben: «Über ihrem Anteil an der Bevölkerungsziffer steht auch ihre Beteiligung an den studierten Berufen; besonders hoch ist sie in der Jurisprudenz und der Medizin. Nur unter den Offizieren sind sie nicht vertreten. Dagegen sind sie stark beteiligt bei den Privatgelehrten, Journalisten und Schriftstellern [...].»[16] Spätestens hier wird klar, worum es dem Verfasser geht: Er sieht den gesellschaftlichen und wirtschaftlichen Erfolg nichtjüdischer Akademiker bedroht durch die aufstrebende jüdische Intelligenz.

Paul Schmitz alias Dominik Müller brachte seine eigenen diesbezüglichen Befürchtungen in einem Gedicht zum Ausdruck, das in derselben Nummer des «Samstag» wie L. Hugs Artikel erschien:

Ariertraum

Im Traume sah ich jüngst den letzten Arier
Durch Basileas Ghettogassen wandern.
Der Ärmste war natürlich Proletarier –
Denn Geld und Gut war längst schon bei den Andern.

Was blieb ihm übrig als sich zu enttaufen,
Heiratend nolens volens manu brevi,
Um seinen tausend Nöten zu entlaufen,
Des Isaaks reiche Erbin Sarah Levy.

Dies sah im Traum ich, als auf der Terrasse
Ich des Kasinos jüngstens bin gesessen
Und dort bei einer Schwarzen-Kaffeetasse
Mein Arierelend suchte zu vergessen.[17]

«Inspiriert» wurde Schmitz zu seinem antisemitischen Gedicht hingegen nicht von Hugs Artikel, sondern vom Anblick der zahlreichen Juden, die im Sommer 1905 anlässlich des siebten Zionistenkongresses nach Basel gekommen waren. Da der Kongress wie der erste von 1897 im Stadtkasino stattfand, hielten sich die Teilnehmer vorzugsweise auf dessen Terrasse oder auf der Strasse vor dem Gebäude auf. Dieses bunte Treiben wird in einem vermutlich ebenfalls von Schmitz verfassten Artikel geschildert, der gleich auf den «Ariertraum» folgt: «Vor dem Kasino ist ein fremdartig lebhaftes Gewimmel von Zionisten, die in die Ferienstille unserer Stadt so ungewohntes Leben bringen. Am Eingang flutet es hin und her. Sie stehen und gehen in Gruppen, diskutieren mit nervösen Gebärden ihre fieberhaften Angelegenheiten und viele von ihnen, Männlein und Weiblein, lagern nach orientalischem Brauch den Säulensockeln und den Mauergesimsen entlang. Die meisten, die ich hier sehe, sind unsere wohlbekannten ‹russischen› Studenten von Bern, Genf und Zürich [...] .»[18]

Nicht von ungefähr sind es gerade die jüdischen Studenten aus Russland, die Paul Schmitz besonders ins Auge fielen. Als Paul Schmitz Anfang der neunziger Jahre des letzten Jahrhunderts in Zürich studierte, lernte er dort eine russische Studentin kennen, heiratete sie und folgte ihr 1893 in ihre Heimat. Nach zwei Jahren ging die Ehe allerdings in die Brüche und Schmitz kehrte vorerst zurück nach Basel. Antisemitismus gehörte im Zarenreich zum guten Ton. Die Kreise, in denen Schmitz dort verkehrte, haben vermutlich erstmals judenfeindliche Gefühle in ihm geweckt oder, falls sie schon vorhanden waren, diese gewiss vertieft. Solchermassen zu einer ablehnenden Haltung gegenüber den jungen Juden aus Russland, die er vor dem Kasino sah, prädisponiert, wird es nicht viel gebraucht haben, um ihn gegen sie einzunehmen. Ein anderer Grund für Schmitz' Interesse an den jüdisch-russischen Studenten ist in der oben schon erwähnten Konkurrenzangst zu suchen. Die Präsenz ausländischer jüdischer Studenten an den Schweizer Universitäten wirkte auf den Basler Kleinbürger Schmitz, der dank seines mit dem Doktortitel abgeschlossenen Philologiestudiums einen gewissen sozialen Status erlangt hatte, beunruhigend. Ebenso erging es offenbar seinen Kollegen.

Im «Samstag» vom 7. September 1907 findet sich ein anonymer Artikel, in dem die an Schweizer Universitäten studierenden Juden scharf angegriffen werden: «Soeben haben die Zionisten ihren VIII. Kongress abgehalten. Diesmal nicht in Basel, sondern auf dem ‹Platz› Haag. Dort lockte sie die alle Zeitungen des Erdballs beschäftigende Friedenskonferenz, in Basel schreckte sie die Nähe der schweizerischen Universitäten und deren zahlreiche turbulente jüdisch-zionistische Intellektuaille. Denn dieser hoffnungsreiche Nachwuchs soll Schuld daran sein, dass der letzte Basler Kongress zu einem wilden Sabbath ausartete, und unsere Polizei sich gezwungen sah, die Nachtsitzungen mit ihrem Judenschulenlärm zu untersagen.»[19] Ein halbes Jahr später erschien unter dem Titel «Russen?» ein weiterer anonymer Beitrag, der in die gleiche Kerbe hieb. Die Ostjudenfeindschaft des «Samstag» tritt darin mit so krasser Deutlichkeit zutage, dass er an dieser Stelle ungekürzt zitiert sei:

«In der ganzen schweizerischen Presse ist beständig die Rede von der ‹Russenfrage› an den Hochschulen, von der ‹Russifizierung› der schweizerischen Universitäten, von ‹russischem› Terrorismus, und in den Zimmervermietungsinseraten bernerischer und zürcherischer Stadtanzeiger liest man die stehende Formel: ‹Keine Russen!› Nichts ist falscher und ungerechter. Die Mehrzahl, vielleicht 90%, dieser Leute haben mit dem grund- und rasseverschiedenen russischen Volke nichts gemein als die Sprache, und selbst dieser geben sie eine, dem echtrussischen Ohre unangenehme, eigene Lautung. Diese schwarzen (oder roten), kurzgliedrigen Homunculi, diese molligen, dunkelsträhnigen oder -wolligen Weiberchen – denen es dank ihren kräftig und beredsam betonten Idealen und ihrer unbefangenen, von der des wohlgehüteten und vielleicht auch für den gleichaltrigen Jüngling tatsächlich nüchternen Schweizermädchens so sehr abstechenden Lebensführung auf Mondscheinbümmeln, Kahnfahrten, Seenudi- und -festivitäten und mehrtägigen Alpenreisen leider nur zu oft schon gelungen ist, einen etwas zu hoch- und zu linksgesinnten, leicht zu verblüffenden Schweizerknaben ehelich einzuspinnen – also diese Leute sind nun einmal keine Russen, es sind Juden, wenn man will, russische Juden, wie ein flüchtiger Blick auf die Namen und besonders die Vornamen jedes beliebigen Universitätspersonenverzeichnisses belehrt. Also rede man in Zukunft von einer ‹Judenfrage›, einer ‹Verjüdelung› der Hochschulen usw.»[20]

Damit ist ein Thema angesprochen, das im folgenden näher beleuchtet werden soll.

Wider die «Verjudung» der Schweizer Universitäten

Nach Ansicht des «Samstag» waren «die meisten Schweizerstädte und die Universitäten» «auf dem besten Wege» zur völligen «Verjudung», und dieser Entwicklung wollte er Einhalt gebieten.[21] Eigentlich überrascht es, dass gerade eine Basler Zeitschrift den Kampf gegen die «Verjudung» der Schweizer Universitäten aufnahm. Der Anteil jüdischer Studierender an der Universität war damals in Basel weit geringer als anderswo in der Schweiz. Die Basler Alma Mater war im Vergleich sogar ausgesprochen judenfeindlich. So blieb die höhere akademische Laufbahn jüdischen Studenten lange verwehrt. Noch 1906, weiss der «Samstag» zu berichten, habe der Pedell der Universität Basel «einem jüdischen Kandidaten erklärt, Juden würden nicht zum Doktorexamen zugelassen».[22] Wenige Jahre später besserte sich die Situation. Vorerst aber boten sich Juden an den Universitäten in Lausanne, Genf, Zürich und Bern attraktivere Perspektiven. Schmitz betont denn auch, dass die jüdisch-russischen Studentinnen und Studenten, die ihm am Zionistenkongress ins Auge fielen, aus eben diesen Städten angereist seien.[23]

Neben Genf war Bern der bevorzugte Studienort für jüdische Studierende aus Russland.[24] Deren Anteil an der Gesamtzahl der in Bern Studierenden war nach der Jahrhundertwende in der Tat beachtlich. Genaue Zahlen liegen zwar nicht vor, doch dürfte er gut 25 Prozent ausgemacht haben.[25] Die numerisch starke Präsenz jüdischer Studentinnen und Studenten löste zum Teil heftige Reaktionen aus. Die «Buchsi-Zeitung», wie die «Berner Volkszeitung» des antisemitischen Publizisten Ulrich Dürrenmatt im Volksmund genannt wurde, kommentierte die Lage 1904 auf eine Weise, die in vielem ganz auf der Linie des «Samstag» liegt: «Wenn die Juden sich überall so benähmen, wie ein grosser Teil der studierenden Judenrussen in Bern es tut, in einer fortgesetzt provokatorischen, die Gewohnheiten und die Ruhe der Ortsbevölkerung in frechster Rücksichtslosigkeit störenden Weise, so könnte man freilich nach und nach dazu kommen, die Judenverfolgungen, wie sie etwa in Ungarn und Südrussland von Zeit zu Zeit immer wieder auftreten, etwas anders anzusehen als bisher: als den Ausbruch der Notwehr der Bürger gegen fremde Unverschämtheit und unaufhörliche Störungen und Ärgernisse.»[26] Zwar äusserten sich nur wenige so scharf antisemitisch, aber dennoch wurden viele Stimmen laut, die eine Begrenzung der Zahl ausländischer, d. h. im Klartext ostjüdischer Studierender an der Berner Universität forderten. Die bernische Erziehungsdirektion und die Universität sprachen sich indessen für die rechtliche Gleichstellung aller Studierenden aus, weshalb sich in der Folge die Abneigung gegen die jüdischen Studentinnen und Studenten aus Osteuropa auch auf die Hochschullehrer übertrug, die sich für sie einsetzten. Es setzte ein eigentliches Kesseltreiben ein, dem der jüdische Philosophieprofessor Ludwig Stein schliesslich zum Opfer fiel.[27] Nicht zufälligerweise traf es gerade ihn. Ludwig Stein trug ganz wesentlich dazu bei, dass es junge Jüdinnen und Juden aus dem Osten Europas nach Bern zog. Seine Berufung nach Bern soll an der dortigen philosophischen Fakultät einen regelrechten «Russenboom» ausgelöst haben. Stein setzte sich sehr für seine osteuropäischen Studentinnen und Studenten ein und unterstützte sie zum Teil sogar finanziell. Diese kamen meist in der Absicht nach Bern, bei Stein zu promovieren. Besonders jüdische Studierende waren auf diese für sie nicht selbstverständliche Möglichkeit zur Promotion angewiesen und nutzten sie entsprechend stark. Immerhin die Hälfte der Doktorandinnen und Doktoranden Steins in den Jahren 1898 bis 1910 waren jüdischer Herkunft. Hingegen haben nur wenige nichtjüdische Schweizerinnen und Schweizer bei ihm doktoriert.[28] Aus antisemitischer Sicht sorgte Stein also aktiv für die «Verjudung» der Schweizer Universität, an der er lehrte. Dies war dem «Samstag» Anlass genug, sich an der Hetzkampagne gegen den Professor zu beteiligen und damit wesentlich zu dessen Sturz beizutragen.

Die Affäre Stein

Mit einem von Albert Graeter verfassten Leitartikel hoben am 23. Mai 1908 die journalistischen Attacken der Redaktion des «Samstag» gegen Ludwig Stein an.[29] Der Artikel führt den Leser in Gedanken vom Hauptbahnhof in die Altstadt Berns, wo eine «faulige Zahnlücke» in der «weltberühmte[n] Flucht der burgartigen Fassaden» der Hauptstrasse klaffe: «Ein jüdisches Warengeschäft». Dieses Gebäude wird als «Symbol zugleich und Synthese von schlimmeren Verheerungen» präsentiert, «die geistiger Wurmfrass am Körper der Universität angerichtet hat und immer noch anrichtet». Mit dem «Wurmfrass» ist die «Verjudung» der Berner Hochschule gemeint. Die Berufung des Physiologen Gabriel Gustav Valentin 1860 sei deren Anfang gewesen, aber ein Ende sei nicht abzusehen. Als aktuelles Beispiel nennt Graeter Ludwig Stein:

«Umjauchzt und umstrampelt von seiner männlichen und weiblichen Gefolgschaft, in die sich ab und zu ein biederes Schweizerlein verirrt, doziert im schönsten Saale der Universität dieser geniale Talmudschüler (und geheime Talmudverherrlicher) über die letzten und höchsten Probleme, bläht sich und grimassiert, putzt ruhmredig mit der Gewandtheit des Friseurs den alten Kant darwinistisch auf, dabei ununterbrochen die Begriffe transzendent und transzendental durcheinander werfend, um dann wie eine Exzellenz mit kleinen Schritten huldvollst grüssend und das Rad schlagend die breite Treppe hinab in das von ihm gebodigte Bern hinunterzusteigen. In dem Palast, der ihm als Angehörigen des ‹ältesten Adelsgeschlechtes der Welt› zukommt, arbeitet er und spekuliert er mit Bienenfleiss weiter, spekuliert nicht nur über abstrakte Fragen, sondern auch, und mit Erfolg, in Berliner Grund und Boden, spekuliert auf die Dummheit der Schweizer.»

Graeter entwirft hier von Stein das Bild eines intellektuellen Taschenspielers, dessen groteske Zirkusnummer in erster Linie seine «Gefolgschaft», also seine osteuropäischen Studentinnen und Studenten begeistert. Es geht ihm darum, Stein als Wissenschaftler herabzusetzen und somit glaubhaft zu machen, dass dieser weniger ein Gelehrter als vielmehr ein Spekulant sei. Gleichsam zum Beweis hierfür folgt auf Graeters Polemik ein anonymer Beitrag über «Prof. Stein und sein Überbrettl», der hauptsächlich aus einem langen Zitat aus einem Buch Ernst von Wolzogens besteht. Wolzogen schiebt da das finanzielle Scheitern seines Berliner Kabaretts «Das Überbrettl» Ludwig Stein in die Schuhe. Stein habe das «Überbrettl» gewissermassen als Geldwaschanlage für sein ererbtes Vermögen benutzen wollen, dem der Makel eines anrüchigen Ursprungs anhafte. Das Geld hätten einst «viele muntere Mädchen markweise zusammenbringen» müssen. Steins Vertretern in Berlin, die sich so verspekulierten, dass das «Überbrettl» dicht machen musste, wolle er indes «nichts Übles nachsagen, denn sie handelten ja nur im Auftrag dessen, der von der Terrasse seines Marmorpalais aus sein Auge im Firnenschnee der Jungfrau badete und dabei über ethische Probleme nachdachte».[30] An dieser Stelle lässt der anonyme Verfasser des Artikels das Zitat aus Wolzogens Buch abbrechen und fügt gleich einen Kommentar hinzu:

«Leser, die meinen, dieser Stein werde nun endlich ins Rollen kommen und ein Mann, der schmutzig erworbenes Vermögen auf mindestens nicht gentlemanhafte Art vermehrt und dessen wissenschaftliche Leistungen in einem uns vorliegenden Briefe Rohdes so stark beurteilt werden, dass selbst der ‹Samstag› vorderhand mit deren Veröffentlichung zögert, werde zum Gehen gezwungen, beneiden wir um ihre Harmlosigkeit. Solange [Carl – A.M.D.] Hilty, der Mann des ‹Glücks› und der ‹schlaflosen Nächte›, die Kirchensäule Prof. D. Fritz Barth und andere Grössen der Berner Universität mit diesem Herrn zu einem Vortragszyklus zusammenstehen (die Toleranz von 4 verschiedenen Standpunkten aus, Bern im Herbst 1906), so lange wird, so schmählich es für Bern und die Schweiz ist, dieser Stein von den Bauleuten nicht verworfen werden.»[31]

Selbstverständlich konnte Stein die massiven Vowürfe des «Samstag» gegen seine Person nicht einfach auf sich sitzen lassen, doch scheint er mit einer Klage gegen das Blatt gezögert zu haben. Auch der «Samstag» verhielt sich nach dem ersten heftigen Streich zunächst einmal ruhig. Stein klagte schliesslich doch. Der «Samstag» reagierte vergleichsweise mild mit einem Gedicht von Paul Schmitz, «Prozesssorgen».[32] Sorgen wegen der vielen Prozesse, die der «Samstag» am Hals hatte, waren durchaus angebracht. Die Zeitschrift stand finanziell auf tönernen Füssen, und Prozesskosten bedeuteten stets eine echte Gefährdung für deren Fortbestand. Da der «Samstag» im Winter 1908/09 sich wegen übler Nachrede und Verleumdung gegenüber einer Behörde, der Kommission des Historischen Museums Basel, vor Gericht zu verantworten hatte, war er gezwungen, in Sachen Ludwig Stein Zurückhaltung zu üben.

Im August und September 1909 erschienen drei sogenannte «Traum-Nummern» des «Samstag», das heisst irreguläre Ausgaben, in denen die Angriffe auf Stein fortgesetzt wurden. Die Sticheleien gegen Stein in den «Traum-Nummern» sind weiter nicht von Bedeutung, doch findet sich dort auch eine Notiz, die an antisemitischer Aggressivität alles überbietet, was im «Samstag» bisher zu lesen war. Diese Notiz richtet sich gegen die im Basler Stadtkasino verkehrenden Ostjuden, kann aber durchaus als Seitenhieb gegen Stein und seine osteuropäischen Studentinnen und Studenten gesehen werden, zumal weiter unten ein direkter Angriff auf den Berner Professor folgt: «Das ‹Mauscholeum›, auch Basler Stadtkasino genannt, musste jüngst wieder einer gründlichen Reparatur und Auslüftung unterzogen werden. Diese Tatsache ist um so betrübender und auffallender, als erst vor zirka 2 Jahren der Fussboden gänzlich aufgerissen und erneuert wurde. Und jetzt ist der Fussboden schon wieder verfault. Betrachtet man sich jedoch die täglich im ‹Mauscholeum› herumsitzenden Gäste, wie sie geifern, spukken und spielen, ¼ Liter Flüssigkeit zu sich nehmen und dafür einen ganzen Liter auf den Boden speien, so erscheint einem die Sache etwas erklärlicher. Von direkt holzzersetzender Schärfe scheint aber der russisch-jüdische Plattfussschweiss zu sein.»[33] Diese

Sätze machen einmal mehr die vehemente Ostjudenfeindschaft des «Samstag» deutlich, die ja auch eines der zentralen Motive für dessen Hass auf Ludwig Stein ist.

In einem Artikel «Zur Judenfrage» wird auf die Berliner Zeitschrift «Die Zukunft» verwiesen, «in der ein Oberstabsarzt Dr. Lomer für Deutschland empfiehlt, ja als selbstverständlich verlangt, der jüdischen Einwanderung aus dem Osten ein für allemal den Riegel zu schieben».[34] Der anonyme Verfasser des Artikels hebt nun genüsslich hervor, dass Ludwig Stein ein Mitarbeiter der «Zukunft» sei. Maximilian Harden, der Herausgeber der «Zukunft», erhebe «keine platonischen Forderungen»[35], und Stein sei Hardens Vertreter in der Schweiz: «Berns schöngeistige Zirkel haben zusammen mit der knoblauchduftenden Intelligenz Osteuropas im schönsten Saale der Universität seinen Worten gelauscht.»[36] Hämisch vermerkt der «Samstag», dass der Vorschlag, die ostjüdische Immigration zu stoppen, auch von «judenfreundlichen Kreisen» in der Schweiz ernstgenommen werden müsse, sei er doch «in dem Stein'schen Organ»[37] «Die Zukunft» gemacht worden. Der «Samstag» legt hierauf seinen Leserinnen und Lesern den allerdings unausgesprochenen Schluss nahe, dass Stein daher diesen Vorschlag eigentlich unterstützen müsste. Da Stein ungarischer Abstammung war, hätte er damit jedoch indirekt seinen Gegnern recht gegeben, die nichts sehnlicher wünschten, als dass er die Schweiz verlassen würde.

Diesen Wunsch erfüllte ihnen Stein zu Beginn des Jahres 1910 aus mehr oder minder freien Stücken. Der Druck war schlicht zu gross geworden. Sein Rücktritt wurde in Bern mit Erleichterung zur Kenntnis genommen. Im «Nebelspalter», dem bekannten Schweizer Satireblatt, dessen damaliger Antisemitismus gerne verdrängt wird, erschien eine ganzseitige Karikatur, die die Alma Mater Bernensis mit dem Berner Bären und den am Boden davonkriechenden Ludwig Stein zeigt. Die Bildlegende lautet: «Ja lue nume, Mutzli, – mir ist soeben ein Stein vom Herzen gefallen!»[38] Der «Samstag» brachte ebenfalls eine Illustration zum Thema: Links auf der Seite ist ein Haus «Zur roten Laterne» an der Köpenickstrasse 13 zu sehen. Darunter steht zu lesen: «Isch das nit e Laschterpfuehl?» Rechts ist ein mit «Universität Bern» bezeichneter Katheder abgebildet mit der Bildunterschrift «Jo, das isch e lääre Schtuehl». Der «Samstag» liess es natürlich nicht damit bewenden, sondern druckte auf derselben Seite unter dem Titel «Erstaunliche Mitteilung» einen Brief von Steins Anwalt A. Brüstlein an den zuständigen Basler Strafgerichtspräsidenten ab. In dem Schreiben gibt Brüstlein im Namen Steins «die förmliche und rechtsverbindliche Erklärung ab, dass Herr Professor Dr. Ludwig Stein die Strafklage gegen Herrn Dr. Paul Schmitz zurückzieht».[39] Der «Samstag» nahm «dieses Sauve qui peut»[40] befriedigt zur Kenntnis, hörte jedoch, solange die Zeitschrift erschien, nicht auf, gegen Stein zu polemisieren.

Der «Jude» Jelmoli

In der von Albert Graeter betreuten Rubrik des «Samstag» «Der neue Wurstysen»[41] taucht der Name Stein am 6. Mai 1911 wieder auf. Unter dem Titel «Beginnende Weltherrschaft», der einiges über Graeters antisemitische Paranoia aussagt, heisst es da: «Ein Basler schreibt uns über die Verjudung in Budapest [...]: ‹In der mit dem früheren Professor Stein affilierten ‹Neuen freien Presse› lese ich in der Nummer vom 8. April, dass die Juden Budapests (Lueger sagte Judapest) von 16% im Jahre 1869 auf 23% im Jahre 1906 angewachsen sind! Auf die 202 christlichen (davon die Mehrzahl nichts weiter als getaufte Juden) Stadtrepräsentanten kommen 198 jüdische. Die Leitung der Hauptstadt ist ganz in den Händen der Auserwählten. In allen Ausschüssen haben sie die Mehrzahl. Die Freimaurerlogen sind mit Erfolg bestrebt, den jüdischen Einfluss in sämtlichen kommunalen Institutionen zu sichern.› – Und da streiten wir Schweizer uns herum, ob es ‹anständige› Juden gibt oder nicht. Unterdessen steigt die Flut in der ganzen Kulturwelt immer höher und höher.»[42] Nach dem gewohnten Muster des «Samstag» bezieht sich der hierauf folgende Beitrag inhaltlich auf den vorangegangenen, ohne dass die Beziehung ausdrücklich hergestellt würde. Ein Exempel wird angeführt, welches deutlich machen soll, dass die jüdische «Flut»[43] tatsächlich am Ansteigen sei:

«In der ‹Züricher Post› mauschelt der Jude Jelmoli, Inhaber des grossen Zürcher Warenhauses, über seine Eindrücke von der Mailänder Reise des Zürcher Gemischten Chors, deren ‹Wirkung auf Jahrzehnte hinaus zu verspüren sein›, deren ‹Glanz in der Musikgeschichte weiterleben› werde. Über Johann Sebastian Bach, dessen Matthäus-Passion in Mailand zur Aufführung kam, äussert sich der vielseitige Herr: ‹Geben wir es doch zu: Wir alle, denen Bach von Jugend auf jenes Brot des Lebens war, zu dem man von jeglicher Nahrung immer wieder zurückkehrt, wir haben gebangt und gezagt um den Erfolg. Ja bei manchen Stellen, die wir sonst restlos genossen, fasste es uns wie eine Ungeduld: hätte der Meister dies doch knapper gestaltet, Empfindungen, die nur der teilnehmenden Sorge der Jünger um den Meister entsprangen. Und nun ist alles doch so wunderherrlich gekommen [...].› Wie unwahr, wie verlogen das klingt! Ein Bazarjude als Verkündiger Bachs! Dass man im sonst hellen Zürich für diese humorvolle Situation kein Gefühl hat und solche Faxen bitterernst nimmt! Die gespreizten Artikel Jelmolis nehmen sich seltsam genug aus im Rahmen der schlicht und gut geschriebenen ‹Zürcher Post›.»[44]

Das Dumme war, dass der «Samstag» sich diesmal bei der Wahl seines Exempels tüchtig vergriffen hatte. War es ihm gelungen, Ludwig Stein als Paradefall der drohenden «Verjudung» der Schweizer Universitäten hinzustellen, so schlug der Versuch gänzlich fehl, am Beispiel Jelmolis die «Verjudung» des Schweizer Kulturjournalismus zu demonstrieren. Der «Jude» Jelmoli war nämlich keiner.

Die «Züricher Post» reagierte zwar auf die Polemik gegen ihren Mitarbeiter, ging aber gar nicht darauf ein, dass der «Samstag» diesen fälschlicherweise als Juden bezeichnet hatte, sondern hob einzig dessen berufliche Fähigkeiten als Musikkritiker hervor. «Für seine Kompetenz», schrieb der Redakteur J. Schurter an seine Basler Kollegen, «mögen einige Daten sprechen. Hans Jelmoli hat [...] am Dr. Hoch'schen Konservatorium unter den Professoren Scholz, Iwan Knorr, Engesser und Humperdinck studiert und das Konservatorium mit dem Reifezeugnis als Dirigent verlassen. Er wirkte später als Theaterkapellmeister in Mainz und Würzburg. Heute ist er zwar nicht Inhaber des grossen Zürcher Warenhauses, aber Leiter des Versandgeschäftes, als welcher er mit dem ‹Bazar› nichts zu tun hat. Jelmoli schrieb eine einaktige Oper ‹Das Vermächtnis› [...], die Musik zum Märchenspiel ‹Prinz Goldhaar›, ferner Kammermusik, Lieder, ein ungarisches Liederspiel [...], Orchesterwerke. Dass er für Bach begeisterte Liebe hegt, ist nach seinem musikalischen Bildungsgang gewiss verständlich und wäre es auch ohne die Tatsache, dass der Grossvater Jelmolis Geistlicher war an der Thomaskirche zu Leipzig, der Kirche Johann Sebastian Bachs.»[45] Ein Leser der «Züricher Post» jedoch, obschon keinen Hehl aus seinem Antisemitismus machend, sah sich genötigt, den «Samstag» über Hans Jelmolis Herkunft aufzuklären: «Sie kritisieren in No. 11 Ihres Blattes (pag. 85) die Schilderungen des Konzertberichterstatters der ‹Züricher Post› über die Mailänder-Reise des Zürcher Gemischten Chores und bemerken, dass er Jude sei und Inhaber des Warenhauses Grands Magasins Jelmoli S.A. Das trifft nicht ganz zu. Der h.j.-Referent in der ‹Züricher Post› ist der Sohn des Delegierten des Verwaltungsrates obiger Aktiengesellschaft. Sohn und Vater sind keine Juden, sondern arischen Stammes aus Domodossola.»[46]

Die Sache war natürlich höchst peinlich für den «Samstag», der sich zu einer Stellungnahme gezwungen sah. Klein beigeben wollte er aber nicht: «Es tut uns leid, dass unser Berner Korrespondent uns falsch berichtet hat, doch haben wir für ihn und uns zwei Entschuldigungen. Erstens betreibt Herr Hans Jelmoli ein Warenhaus, was sonst die Spezialität des Stammes Juda ist. Zweitens schrieb Hans Jelmoli in jenem Mailänder Konzertbericht der ‹Züricher Post› so undeutsch geschwollen und gespreizt, dass man schon darum allein auf einen Juden schliessen konnte.»[47] Der «Samstag» behauptete also, dass die Indizien dafür gesprochen hätten, dass Hans Jelmoli Jude sei. Wie sagte doch der vom «Samstag» gerne zitierte Karl Lueger, der antisemitische christlich-soziale Bürgermeister Wiens:[48] «Wer ein Jude ist, bestimme ich.» Auf polemische Art und Weise versuchte der «Samstag» daher, Hans Jelmoli zumindest als «angejüdelt»[49] hinzustellen. Den zwei «Entschuldigungen» fügte er ein in diese Richtung zielendes Postskriptum hinzu: «Zur weiteren Entlastung unseres Opfers ist uns ‹die Vortragsfolge› der am Zürcher Kindertag (13. Mai) veranstalteten ‹künstlerischen Darbietungen im Teesalon der Grands Magazins Jelmoli S.A.› zugesandt worden. Da figurieren u. a. auch Deklamationen wie ‹Die kleine Versetzerin› von Franz Isidor Proschko, ‹Der Weg zum Glück› von Ernst Eckstein; Alice Dagny rezitiert und am Klavier sitzen Otto Uhlmann und Hans Jelmoli.»[50] Auf dieses Postskriptum folgt eine fiktive Todesanzeige des «Berner Korrespondenten» des «Samstag», Gottlieb Krähenbühl, der Jelmoli als Juden bezeichnet hatte. Krähenbühl hiess eigentlich Eduard Behrens und steuerte zu den letzten Jahrgängen des «Samstag» einige besonders gehässige judenfeindliche Artikel bei. «Wie wir hören», heisst es in der «Todesanzeige», «beabsichtigt der Lesezirkel Hottingen in den Teesalons des Warenhauses Jelmoli eine Totenfeier zu veranstalten, wobei [...] Herr Isidor Grünspan, Geschäftsreisender des obigen Bazars, vier ernste Gesänge von Brahms vortragen wird.»[51] Der Bezug zu Jelmoli ist deutlich genug. Erneut soll suggeriert werden, wie unpassend es doch sei, wenn ein ‹Jude› Werke eines protestantischen Komponisten interpretiere, sei es nun als Kritiker oder als Musiker.

Das Thema Jelmoli griff der «Samstag» in der nächsten Nummer mit einer gut dreiseitigen «Pfingstkantate» wieder auf. Es handelt sich bei dieser «Kantate» um den Versuch, in satirischer Form die in Sachen Jelmoli erlittene Blamage herunterzuspielen. Lustig fand das allerdings kaum jemand. Der «Samstag» zitiert selbst das vernichtende Urteil der «Züricher Post» über die ganze Angelegenheit: «Es scheint, dass die Herren vom ‹Samstag› den Nachweis leisten wollten, dass sie nicht imstande seien, ein satyrisches Blatt zu leiten, ohne den Kreis der gesitteten Leute zu verlassen. Der Nachweis ist ihnen gelungen.»[52] Diesem Urteil schlossen sich neben vielen Privatpersonen auch das «Schweizerische Protestantenblatt» sowie die «Neue Zürcher Zeitung» an.[53] Der «Samstag» hatte den Bogen eindeutig überspannt.

Rückblickend lässt sich feststellen, dass mit dem Fall Jelmoli der Niedergang des «Samstag» einsetzte. Statt aus der Erfahrung klug zu werden, verfiel die Redaktion einem immer vehementeren Antisemitismus, zu dem sich der übliche Hass auf die Freimaurer gesellte.[54] Die Jahrgänge 1911–1913 enthalten doppelt so viele judenfeindliche Beiträge wie alle Jahrgänge zuvor. Das Hauptaugenmerk galt nach wie vor jüdischen Bildungseliten. Die Kritik an Hans Jelmoli hatte auf den jüdischen Einfluss im Kulturjournalismus abgezielt. Da ein solcher in der Schweiz kaum nachzuweisen war, konnte es leicht geschehen, dass der «Samstag» in seinem antisemitischen Übereifer ins Fettnäpfchen trat. Die Präsenz von Juden an den Schweizer Universitäten war indessen unbestreitbar, so dass sich der «Samstag», wohl in Erinnerung an seinen Erfolg in der Affäre Stein, wieder diesem Bereich zuwandte.

«Zahllose Geistesmakler»

Der Fall Jelmoli macht ein bekanntes Phänomen des Antisemitismus deutlich, den zwanghaften Drang, überall den vermeintlichen Feind aufzuspüren und öffentlich zu denunzieren. Aus verschiedenen, bereits genannten Gründen konzentrierte der «Samstag» seine Suche nicht zuletzt auf die akademische Welt, die er durch die Juden bedroht glaubte: «Das zähe asiatische Hausierervolk bemächtigt sich immer augenfälliger unserer Kultur», schrieb das Blatt im März 1912, «und betreibt den Handel mit geistigen Werten genau wie es abgelegte Kleider, Schlachtvieh und Getreidesäcke an den Mann bringt. In den Hörsälen unserer Universitäten mauscheln zahllose Geistesmakler, welche, wie der Wiener Jude Freud mit seiner Psychoanalyse, mit ihrer Wissenschaft spekulieren gehen.»[55] Den Vorwurf, mehr Spekulant als Wissenschaftler zu sein, hatte der «Samstag» schon gegen Ludwig Stein erhoben.[56] Nun glaubte die Zeitschrift, in der Person Professor Hans Hechts endlich auch an der Universität Basel einen jüdischen Stein des Anstosses ausgemacht zu haben:

«Unsere sieben Regierungsräte dürfen auf diese vergangene Woche mit Befriedigung zurückblicken. Sie haben durch die Erhebung Prof. Hechts auf einen ordentlichen, vollbesoldeten Lehrstuhl wieder einen neuen unnötigen Universitätsverjüdelungserfolg zu verzeichnen und bewiesen, dass auch die Zukunft einer Stadtdemokratie von der Regierung beeinflusst werden kann. Allerdings stellten sich geringere Schwierigkeiten entgegen als im Fall des unter falschem Titel Privatdozent dem Erziehungsrat vorgestellten Dr. Landmann; immerhin, einer der vielen Vorzüge, die Herrn Hecht seinerzeit zur Professur verhalfen, war die auch für einen vermöglichen Bewerber rührende Versicherung, sich mit nur 2000 Franken bescheiden zu wollen. Jetzt bezieht er fröhlich den vollen Gehalt, nachdem sein ihm allermindestens ebenbürtiger Vorgänger die Vaterstadt aus keinem andern Grunde verlassen musste, als weil er mit seinem Gehalt nicht auskam. Auf ähnliche Weise, das heisst auf dem Umweg über den Gratisprofessor, war auch der Südpolstein auf seinen berühmt gewordenen Katheder gelangt, wahrscheinlich hat Prof. Hecht an seinem Beispiel gelernt, wie man es weiter bringt als ein deutscher Gelehrter alten Schlages in seiner Einfalt. Die beiden haben ja in Bern auch freundschaftlich verkehrt, auch soll Prof. Hecht der Sohn sein des verstorbenen Hofrats Hecht in Mannheim, der im Bunde mit Stein der noblen Passion der Terrainspekulation huldigte.»[57]

Die Schweizer Öffentlichkeit zeigte sich unbeeindruckt von diesem Versuch des «Samstag», Hecht als Sozius Ludwig Steins zu diffamieren. Hatte die Zeitschrift bei ihrer Schlammschlacht gegen den Berner Professor noch den Sukkurs des Publikums erhalten, blieb dieser jetzt aus. Eduard Behrens polemisierte daraufhin in einem «Die Krätze» übertitelten Artikel, der den seiner Meinung nach schädlichen jüdischen Einfluss auf die europäische Kultur zum Thema hat, erneut gegen Hecht. Seinen Leserinnen und Lesern stellte Behrens die rhetorische Frage, ob es nicht beschämend sei, «dass sich die ehrwürdige Basler Universität, wo ein Erasmus, ein Nietzsche, ein Jacob Burckhardt lehrten, am Jubiläum der Hochschule von Edinburgh durch den weiss Gott welchem Ghetto entwachsenen jüdischen Professor Hecht [habe] vertreten lassen, bloss weil der besagte Herr die Reisekosten aus seiner Tasche bezahlte».[58] Offenbar wollte niemand auf diese Frage eingehen, weshalb der «Samstag» etwa ein halbes Jahr später noch ein letztes Mal nachhakte: «An unsern Universitäten übersteigt der immer noch anschwellende Prozentsatz der Juden unter Lehrern und Schülern bei weitem den der

Bevölkerung. Hochschule heisst beim Volk der Hirten jetzt bald Judenschule. An der unsrigen musste ein einheimischer Professor, da er mit dem für sein Fach bestimmten Gehalt nicht auskam, ins Ausland. Sein Nachfolger, der bei der Wahl seines Vaters sich vorsichtigerweise einen jüdischen Terrainspekulanten ausgesucht hatte, konnte mit dem kleinen Gehalt natürlich besser auskommen. Das hat die jetzige Regierung so gerührt, dass sie dem bescheidenen Gelehrten sobald es anging zum vollen Professorengehalt verholfen hat.»[59] Es ist bezeichnend, dass der «Samstag» hier wieder auf die These zurückgriff, dass ein Zusammenhang zwischen dem intellektuellen und materiellen Status der Juden bestehe. Schon in einem der ersten antisemitischen Artikel des Blatts war diese vertreten worden.[60] Während aber dort die Ansicht geäussert worden war, die höhere Schulbildung verhelfe den Juden zu ihrem Wohlstand, verlief die Argumentation nun gerade umgekehrt: Ihr anderwärtig erworbener Reichtum ermögliche es den Juden erst, an der Universität Fuss zu fassen.

Mit seiner Haltung gegenüber jüdischen Akademikern blieb der «Samstag» in Basel weitgehend allein. Der Erziehungsrat und die Universität wussten mittlerweile deren wissenschaftliche Verdienste zu würdigen. So wurde der vom «Samstag» im Zusammenhang mit Hecht erwähnte Julius Landmann zum ordentlichen Professor der Nationalökonomie ernannt, obwohl er nicht habilitiert war. Er leitete mit Erfolg das Seminar für Wirtschaftskunde und Wirtschaftsgeschichte und seine Veranstaltungen waren gut besucht. Landmanns Kompetenz stand ausser Frage.[61] Nur ein antisemitisches Hetzblatt, zu dem der «Samstag» endgültig herabgesunken war, konnte die Befähigung Landmanns zur Lehrtätigkeit anzweifeln. Im Mai 1913, also zwei Monate vor dem Ende der Zeitschrift, bezeichnete Albert Graeter Julius Landmann als «Abkömmling eines Geldhandel treibenden Schachervolkes»: «[...] er sieht in allem nur den abstrakten Geldwert. Das Geld ist für ihn die Zentralsonne des Weltgetriebes. [...] Ein solcher Hochschullehrer, mag er nun der bezauberndste Gesellschafter sein, ein Ausbund von Klugheit und Gefälligkeit, muss bekämpft werden als Träger einer feindlichen Weltanschauung. [...] Wo Fruchtbares bekämpft und Steriles gefördert wird, überall verspürt man dieses galizischen Juden unheilvollen, auf haarspaltende Dialektik und kostspieliges Sammeln gerichteten Geist, nach Jakob Burckhardt die beiden Merkmale einer entarteten, absterbenden Wissenschaft.»[62] In diesen Sätzen finden sich nochmals sämtliche Elemente der Polemik des «Samstag» gegen jüdische Bildungseliten in der Schweiz: Jüdische Akademiker interessieren sich nur für Geld, sind meist aus Osteuropa, daher nicht assimilierbare Fremde, und ihre wissenschaftliche Arbeit entbehrt der Seriosität.

Nach seinen vergeblichen Anstrengungen, in Basel einen Universitätsskandal analog zur Berner Affäre Stein zu verursachen, ging dem «Samstag» der Atem aus. Es erschienen noch fünf reguläre Nummern, die letzte am 19. Juli 1913.[63] Sogar auf der allerletzten Seite dieser Nummer schlug der «Samstag» antisemitische Töne an. Der Antisemitismus war eine treibende Kraft der Zeitschrift gewesen, deren Dynamik sie aber nicht gewachsen war. Im selben Jahr, das den Triumph über Ludwig Stein gebracht hatte, erlitt der «Samstag» die nicht wiedergutzumachende Niederlage im Fall Jelmoli. Jüdische Bildungseliten hatten es zwar auch nach 1910 nicht leicht in der Schweiz, doch setzte sich an den Universitäten ein gewisser Pragmatismus durch. 1912 wurde der jüdische Philosoph Karl Joël Rektor der Universität Basel.[64] An einer zweiten Affäre Stein bestand daher kaum Interesse. Hatte der «Samstag» bis 1910 noch von der judenfeindlichen Stimmung des Fin de siècle profitieren können, war der gehässige Ton der Zeitschrift nun nicht mehr opportun. Paul Schmitz hat den Verlust der Gunst des Publikums nie ganz verschmerzt. Stur ging er den einmal eingeschlagenen Weg fort.

Braunes Nachspiel

1932, vom Zeitgeist beflügelt, unternahm Paul Schmitz einen vorübergehend erfolgreichen Versuch, den totgeglaubten «Samstag» wiederzubeleben. Erst im Juni 1934 stellte die Zeitschrift ihr Erscheinen endgültig ein. Zunächst hielt sich der neue «Samstag» mit antisemitischen Attacken zurück, obschon er ansonsten in Tonfall und Inhalt den Vorkriegsjahrgängen entsprach, doch nur allzubald schlug er auch diesbezüglich den alten Kurs wieder ein: «In der unheimlich zunehmenden Invasion und Machtstellung des geldgenialen und ausserordentlich zähen Judentums sieht der ‹Samstag› nach wie vor eine Gefahr für unsere Gesamtheit», heisst es in der Ausgabe vom 29. Oktober 1932, «und er wird [...] immer wieder und umso eher darauf zu sprechen kommen, als selbst unsere rechtsbürgerliche Presse ihre Pflicht in diesem Punkte nicht tut.»[65] Als Kronzeugen für die Berechtigung seiner antisemitischen Haltung zitiert der «Samstag» im folgenden nicht etwa einen Zeitgenossen, sondern Friedrich Nietzsche: Nietzsche habe «schon Mitte der achtziger Jahre erkannt, ‹dass Deutschland reichlich genug Juden hat, dass der deutsche Magen, das deutsche Blut Not hat (und noch auf lange Not haben wird), um auch nur mit diesem Quantum ‹Jude› fertig zu werden [...] Das ist die deutliche Aussage und Sprache eines allgemeinen Instinktes, auf welchen man hören, nach welchem man handeln muss.› (Jenseits von Gut und Böse, 8. Hauptstück, Aphorismus 251.)»[66] Dieses Zitat wird vom «Samstag» mit den Worten, «[...] was für Deutschland gilt, gilt hier auch für uns»[67], kommentiert. Auffällig ist hier zum einen die ahistorische Betrachtungsweise, die zwischen den achtziger Jahren des 19. und den dreissiger Jahren des 20. Jahrhunderts sowie zwischen Deutschland und der Schweiz keinen Unterschied macht, zum andern der dadurch mögliche Rekurs auf eine intellektuelle Autorität des Fin de siècle. Neben Nietzsche zitierte der «Samstag» auch Jacob Burckhardt, der sich wiederholt judenfeindlich geäussert hat. Während der «Samstag» davon ausgehen konnte, dass Nietzsches Antisemitismus hinlänglich bekannt war, liess er es sich angelegen sein, den Burckhardts relativ ausführlich zu dokumentieren. In der Ausgabe vom 7. Oktober 1933 findet sich unter dem Titel «Jacob Burckhardt über die Juden» eine ganze Anzahl antisemitischer Zitate aus Burckhardts Werken und Briefen.[68] Da diese unerfreuliche Seite Burckhardts noch immer mit Schweigen bedacht wird, sei hier zur

Illustration ein vom «Samstag» zitierter Passus aus den «Historischen Fragmenten» angeführt: «Das ganze orthodoxe Mittelalter hat dann die Juden unten gehalten und periodisch verfolgt, das heisst zu vernichten gesucht. Hätte sich dagegen der Arianismus behauptet, so wären die Juden schon in einem oder zwei Jahrhunderten die Herren des ganzen Besitzes geworden und hätten schon damals Germanen und Romanen für sich arbeiten lassen. Es hätte gar kein Mittelalter gegeben oder ein ganz anderes. Wenn man nach Wünschbarkeit urteilt, hat man die Wahl: Entweder für allgemeine Judenherrschaft seit dem 7., 8. Jahrhundert oder das Mittelalter, wie es gewesen ist.»[69] Es ist erschreckend, wie diese scheinbar so nüchternen Sätze der antisemitischen Furcht vor der jüdischen Weltherrschaft pseudo-historische Legitimation verleihen und sich aus ihnen sogar die Aufforderung zur Unterdrückung und Vernichtung der Juden ableiten lässt. Liest man sie, so kann es nicht überraschen, dass Paul Schmitz sich durch Burckhardt in seinem Antisemitismus bestätigt glaubte.

Paul Schmitz war ein Verehrer Hitlers. Seine Gesinnung stand schon Anfang der dreissiger Jahre der der Nationalsozialisten nicht fern. Nach deren Machtergreifung schrieb er für den «Samstag» Gedichte, die ohne weiteres hätten im «Stürmer» veröffentlicht werden können, zum Beispiel

Judaei tumultantes

Auf die Zehen getrampt ist ihnen der Nazi, au waih!
und wieder mal durchzittert das Weltall ihr Wehegeschrei.
(Als die Bolschewiken gemordet grauenhaft schändlich,
sie schwiegen und fanden es durchaus verständlich!)
Doch nun der Ärmsten kreischender Lügenchor
macht dem sittsamen Amerika Greuel vor,
die nur in ihrer sadistischen Phantasie
wüten und sonst nirgendwie,
und der Einstein meidet sein Daitschland ostentativ
(sein Verlust ist zum grossen Glück nur relativ),
und der Lion Seichtschanger und sonstige Reklamegestalten,
sie kreischen, man muss sich die Ohren zuhalten,
und der Meineidgenosse Ludwig, der Cohn, er stänkert herum,
und ihm lauscht das entsetzlich leichtgläubige Bildungspublikum.
Auserwähltes Volk, unser aller Pfahl im Fleisch,
bis zum fernsten Stern erschallt sein Wehegekreisch,
immer und überall haben sie's so gehalten,
heute, im Mittelalter und bei den Alten,
drum schon der Marc Aurel erkannte genanntes
Völklein als die Judaei tumultantes.[70]

Diese Verse bedürfen eigentlich keines weiteren Kommentars. Sie belegen nicht nur den ausserordentlich primitiven Antisemitismus des «Samstag», der sich hier einmal mehr gegen jüdische Bildungseliten richtet, sondern auch dessen klare Sympathie für die neuen Herren in Deutschland. In seiner Begeisterung für den Nationalsozialismus schrieb Paul Schmitz weitere Machwerke dieser Art, die er sammelte und schliesslich herausgab. 1935 erschien das Gedichtbändchen «Vor Torschluss», 1939 «Zwischen den Mächten». Das letztgenannte Buch brachte das Fass zum Überlaufen. Vom Präsidenten des Basler Grossen Rats, dem Sozialdemokraten Fritz Hauser, wurde «Zwischen den Mächten» zu Recht als «nationalsozialistische Propagandaliteratur» bezeichnet und er setzte durch, dass Paul Schmitz seine bisher vom Kanton gewährte jährliche Unterstützung von 4'000 Franken gestrichen wurde. Vergebens bat Rudolf Gelpke in einem Brief den Grossen Rat darum, diesen Entscheid rückgängig zu machen.[71] Gelpkes Parteiblatt, die «Neue Basler Zeitung», hatte sich durch ihre nazifreundliche Ausrichtung damals bereits selbst so desavouiert,[72] dass ihm niemand Gehör schenkte. So verlor Paul Schmitz wegen seiner politischen Gesinnung Ehre und Gut. In Basel zur persona non grata geworden, zog er daraufhin nach Uerikon am Zürichsee, wo er 1953 starb.

Bis heute ist es verschiedenen Freunden seiner frühen Mundartlyrik, die seinen Ruf als Dichter wiederherstellen wollten, nicht gelungen, Paul Schmitz alias Dominik Müller zu rehabilitieren.[73] Es stellt sich die Frage, ob der Hinweis, Knut Hamsun, Jakob Schaffner und Ezra Pound hätten sich doch auch für den Faschismus begeistert, zur Ehrenrettung Müllers genügt.[74] Vielleicht sollte umgekehrt wieder einmal darüber nachgedacht werden, ob ein gutes Gedicht wirklich zur Entschuldigung einer emporgereckten rechten Hand dienen kann oder nicht.

Anmerkungen

[1] Der vorliegende Aufsatz ist eine überarbeitete und ergänzte Fassung meines unter dem Titel «‹Hochschule heisst beim Volk der Hirten jetzt bald Judenschule› – Die antisemitische Polemik der Basler Zeitschrift ‹Der Samstag› gegen jüdische Bildungseliten» veröffentlichten Beitrags zu dem von Michael Graetz und Aram Mattioli herausgegebenen Sammelband «Krisenwahrnehmungen im Fin de siècle. Jüdische und katholische Bildungseliten in Deutschland und der Schweiz», Zürich 1997, S. 341–359.

[2] Der Samstag, 6. Mai 1932, S. 3.

[3] Vgl. Ebda., S. 4; Aaron Kamis-Müller, Antisemitismus in der Schweiz 1900–1930, Zürich 1990, S. 462; Dieter Fringeli/Fridolin Leuzinger (Hg.), Dominik Müller, Ich weiss eine Stadt, Basel 1985, S. 140.

[4] Vgl. Der Samstag, 6. Mai 1932, S. 4; Kamis-Müller (wie Anm. 3), S. 462. Behrens war ein schriftstellernder Bohèmien ohne Universitätsabschluss. 1920 bis 1937 arbeitete er als Korrespondent der «Basler Nationalzeitung» in Berlin.

[5] Der Samstag, 4. November 1911.

[6] Vgl. Aram Mattioli/Charles Stirnimann, Von der Bürger- und Gewerbepartei Basel-Stadt zur Nationalen Volkspartei Basel, in: Basler Zeitschrift für Geschichte und Altertumskunde 87 (1987), S. 130.

[7] Ebda.

8 Die Vorstellung, dass die Schweiz durch die Einwanderer in ihrer Existenz bedroht sei, war im Fin de siècle weit verbreitet. Der Begriff «Überfremdung» taucht 1900 in C.A. Schmids Schrift «Unsere Fremdenfrage» zum ersten Mal auf und wird in der Folge zu einem Topos rechtskonservativer Politik in der Schweiz. Vgl. Hans Ulrich Jost, Die reaktionäre Avantgarde, Zürich 1992, S. 93f.
9 Der Samstag, 31. Dezember 1904, S. 1.
10 Patrick Kury, «Man akzeptierte uns nicht, man tolerierte uns!» Ostjudenmigration nach Basel 1890–1930. Umfang, Wahrnehmungen, Erfahrungen, Basel 1994 (unpubliz. Liz.-Arbeit), S. 54.
11 Der Samstag, 8. April 1905, S. 233.
12 Bereits in der ersten Nummer erschien ein Bericht über «Rassenhygienisches vom zahnärztlichen Kongress» in: Der Samstag, 31. Dezember 1904, S. 3ff.
13 Der Samstag, 3. Juni 1905, S. 354.
14 Der Samstag, 10. Juni 1905, S. 362f.
15 Der Samstag, 29. Juli 1905, S. 417.
16 Ebda., S. 418.
17 Ebda., S. 422.
18 Ebda., S. 423.
19 Der Samstag, 7. September 1907, S. 167.
20 Der Samstag, 14. März 1908, S. 28.
21 Der Samstag, 20. Februar 1909, S. 78.
22 Der Samstag, 7. September 1907, S. 167.
23 Der Samstag, 29. Juli 1905, S. 423.
24 Vgl. Kamis-Müller (wie Anm. 3), S. 222.
25 Ebda.
26 Zitiert nach: Beatrix Mesmer, Die Berner und ihre Universität, in: Hochschulgeschichte Berns 1528–1984, Bern 1984, S. 146.
27 Ebda., S. 146f.
28 Markus Zürcher, Unterbrochene Tradition. Die Anfänge der Soziologie in der Schweiz, Zürich 1995, S. 105ff.
29 Der Samstag, 23. Mai 1908, S. 65ff.
30 Der Samstag, 23. Mai 1908, S. 69.
31 Ebda.
32 Der Samstag, 17. Oktober 1908, S. 1.
33 Der Samstag, 2. Traum-Nummer, 4. September 1909, S. 6f.
34 Der Samstag, 15. Januar 1910, S. 45.
35 Ebda.
36 Ebda., S. 46.
37 Ebda.
38 Vgl. Mesmer (wie Anm. 26), S. 147.
39 Der Samstag, 12. Februar 1910, S. 59.
40 Ebda.
41 Christian Wurstysen war ein Basler Chronist des 16. Jahrhunderts.
42 Der Samstag, 6. Mai 1911, S. 84.
43 Es ist wohl kaum nötig, hier an Klaus Theweleits «Männerphantasien» (2 Bde., Frankfurt am Main ³1979) zu erinnern.
44 Der Samstag, 6. Mai 1911, S. 85.
45 Der Samstag, 20. Mai 1911, S. 95.
46 Ebda.
47 Ebda.
48 Der Samstag, 6. Mai 1911, S. 84.
49 Zu diesem Ausdruck vgl. Der Samstag, 6. April 1912, S. 102.

[50] Der Samstag, 20. Mai 1911, S. 96.
[51] Ebda.
[52] Der Samstag, 3. Juni 1911, S. 101.
[53] Kamis-Müller (wie Anm. 3), S. 229f.
[54] Ein Hinweis auf einen biographischen Grund für die Intensivierung von Schmitz' Antisemitismus nach 1910 findet sich im Verzeichnis Nachlass Paul Schmitz des Archivs für Zeitgeschichte in Zürich. Schmitz heiratete in diesem Jahr die russische Generalstochter Lydia Dechanova, die als überzeugte Antisemitin bekannt war. Es ist zumindest nicht auszuschliessen, dass sie ihren Mann beeinflusst hat.
[55] Der Samstag, 23. März 1912, S. 89.
[56] Der Samstag, 23. Mai 1908, S. 66.
[57] Der Samstag, 9. März 1912, S. 86f.
[58] Der Samstag, 23. März 1912, S. 90.
[59] Der Samstag, 28. Dezember 1912, S. 28.
[60] Der Samstag, 29. Juli 1905, S. 418.
[61] Zürcher (wie Anm. 28), S. 23f.
[62] Der Samstag, 31. Mai 1913, S. 114.
[63] Eine Anfang Juli 1914 erschienene Sondernummer stellt vermutlich einen Versuch dar, die Zeitschrift neu zu lancieren, wie ihn Paul Schmitz 1932 abermals unternahm. Vgl. Fritz Blaser, Bibliographie der Schweizer Presse, 2. Halbband, Basel 1958, S. 871.
[64] Dies ist insofern bemerkenswert, als erst 1929 erstmals ein Jude Rektor einer deutschen Universität wurde.
[65] Der Samstag, 29. Oktober 1932, S. 79.
[66] Ebda.
[67] Ebda.
[68] Der Samstag, 7. Oktober 1933, S. 7f. Zu Burckhardts Antisemitismus vgl. Albert M. Debrunner, Eine verdrängte Seite. Die antisemitischen Äusserungen Jacob Burckhardts, in: Israelitisches Wochenblatt, Nr. 8, Zürich, 98. Jahrgang, 20. Februar 1998, S. 6/7.
[69] Ebda., S. 7.
[70] Der Samstag, 1. April 1933, S. 163. Das «Gedicht» bezieht sich auf die Proteste jüdischer Intellektueller gegen den staatlichen Terror, der unmittelbar nach den Reichtagswahlen im März 1933 einsetzte. Teilweise in entstellter Form werden die Namen von Albert Einstein, Lion Feuchtwanger und Emil Ludwig genannt. Alle drei weilten 1933 im Ausland, was ihnen ermöglichte, ihre Stimme für die Verfolgten zu erheben. Albert Einstein war Professor in Princeton, der Romancier Lion Feuchtwanger befand sich auf einer Vortragsreise durch die USA, während Emil Ludwig, Autor zahlreicher Biographien, in Ascona in der Schweiz lebte. Emil Ludwig hiess ursprünglich Cohn. Um sich der protestantisch-wilhelminischen Gesellschaft zu assimilieren, nahm sein Vater, ein Augenarzt, 1883 den deutschen Namen an, ohne jedoch seinen Glauben abzulegen. Emil Ludwig trat 1902 zum Christentum über, von dem er sich aber 1922 nach der Ermordung Rathenaus öffentlich wieder lossagte. Wohl auch deshalb gehörte er in antisemitischen Kreisen zu den meistgehassten Schriftstellern.
[71] Vgl. Fringeli/Leuzinger (wie Anm. 3,), S. 168.
[72] Vgl. Mattioli/Stirnimann (wie Anm. 6), S. 145ff.
[73] Vgl. Fringeli/Leuzinger (wie Anm. 3); Mario C. Abutille, Sehnsucht nach Idylle – Hass auf die Enge. Der Basler Mundartschriftsteller Dominik Müller: geächtet oder vergessen?, in: Basellandschaftliche Zeitung, 25. Februar 1994, S. 19.
[74] Vgl. Fringeli/Leuzinger (wie Anm. 3), S. 94.

IV. Das Zeitalter der antisemitischen Fremdenabwehr (1917–1960)

Die schweizerische Ausländergesetzgebung und die politischen Parteien 1917–1931

SILVIA UND GÉRALD ARLETTAZ

Während der zweiten Hälfte des 19. Jahrhunderts ist in der Schweiz aufgrund der politischen und wirtschaftlichen Entwickung eine Änderung der Bevölkerungsstruktur zu beobachten. Parallel zur Liberalisierung des Handels werden schrittweise auch die Beschränkungen der Niederlassungsfreiheit aufgehoben, was zu einer wachsenden Mobilität führt. Bei den demographischen Entwicklungen, soweit sie statistisch erfasst sind, fällt das beachtliche Wachstum der ausländischen Bevölkerung auf, eine Erscheinung, die nicht nur durch ihr Ausmass Aufmerksamkeit erregen muss, sondern auch durch die Emotionen, die dadurch geweckt werden. Besonders überraschend ist die Trendwende in der Migrationsbilanz, die sich seit der eidgenössischen Volkszählung von 1888 abzeichnet. Von 1888 bis 1914 finden wir einen mittleren jährlichen Wanderungsgewinn in der Grössenordnung von 2.1‰ der Bevölkerung. Die ausländische Wohnbevölkerung stieg zwischen 1888 und 1910 von 230'000 auf 552'000, das heisst von 7.9 auf 14.7 Prozent. In Europa erreicht die Schweiz damit hinter Luxemburg den zweithöchsten Ausländeranteil.[1] Bis zum Ersten Weltkrieg handelt es sich bei den Einwanderern hauptsächlich um Arbeitskräfte.

Die blosse Wahrnehmung dieses starken Wachstums weicht in den letzten Jahren des 19. Jahrhunderts zunehmend einem Gefühl der Beunruhigung. Zwischen 1888 und 1914 taucht denn auch die «Ausländerfrage»[2] auf. Die Auffassung, die Integration der zahlreichen Fremden sei schwieriger geworden, breitet sich nach und nach in allen politischen Lagern aus. Die Vorstellung von einer «Überfremdung» der Bevölkerung erobert Schritt für Schritt alle Bereiche der Gesellschaft. Wir begegnen ihr als Gegenstand von Abhandlungen in wissenschaftlichen und philanthropischen Vereinigungen, wie zum Beispiel der Schweizerischen Gemeinnützigen Gesellschaft und der schweizerischen Fürsorgeinstitutionen, aber auch in den Berufsverbänden, ganz besonders im Kreise der Statistiker und der Juristen. Auch als literarisches und künstlerisches Thema drängt sich die «Ausländerfrage» auf, die patriotischen und kulturellen Vereinigungen beschäftigen sich mit ihr, was sich in Publikationen wie «La Voile Latine», «Les Feuillets» oder «Wissen und Leben» verfolgen lässt.

Die «Ausländerfrage» erweist sich als eine Art kulturelles Bindemittel, das dazu neigt, die öffentliche Meinung zu durchdringen, eine Entwicklung, welche in der «Gazette de Lausanne» und dem «Journal de Genève» – zwei welschen Tageszeitungen, die auch eine gewisse nationale Bedeutung für sich in Anspruch nehmen dürfen – beobachtet werden kann.

Es erstaunt nicht, dass diese neue patriotische Sensibilität auch die politischen Kreise erfasst, geht es doch um ein eminent wichtiges Problem: die ihrer Ansicht nach bedrohte nationale Identität. Ab 1911 nehmen sich die Parteien dieser Frage an, als erste die Sozialdemokratische Partei der Schweiz, welche zu diesem Zeitpunkt Spannungen zwischen ihrem internationalistischen Flügel und dem Grütliverein auszutragen hat. Im weiteren finden wir das Problem der Einbürgerung von Ausländern 1912 beim Jahreskongress der Freisinnigen als einen der Programmpunkte. Die definitive Gründung der Schweizerischen Konservativen Volkspartei im Jahre 1912 und die Konstituierung der Liberaldemokraten als nationale Partei im Jahre 1913 sind ebenfalls durch das Thema der «Ausländerfrage» geprägt. Die Debatte über die «Ausländerfrage» wird nun möglich, weil sie sich auf dem Hintergrund der sozioökonomischen Entwicklung entfaltet, die auf eine stärkere Integration der Schweizer Staatsbürger hinausläuft. Sie bezieht sich auf alle gesellschaftlichen Gruppen. «Son évolution se lie de plus en plus intimement à celle de la société globale dans son fonctionnement et sa construction identaire.»[3]

Die politische Elite des Landes ist zwischen 1898 und 1914 der Meinung, die «Ausländerfrage» sei ein drängendes Problem, das möglichst schnell gelöst werden müsse. Eine paritätische Kommission aus Freisinnigen, Sozialdemokraten und Liberalen, die sogenannte Neuner-Kommission, legt im Dezember 1912 dem Bundesrat eine Petition vor, die eine Revision des Artikels 44 der Bundesverfassung verlangt, die Einführung eines partiellen *ius soli* sowie das Recht auf Einbürgerung für Ausländer, die gewisse Bedingungen erfüllen. Das Eidgenössische Politische Departement beantwortet diese Eingaben am 30. Mai 1914 mit einem Bericht bezüglich Massnahmen gegen die «Überfremdung»[4]. Damit ist am Vorabend des Ersten Weltkrieges die Mehrheit der sich äussernden Stimmen der Meinung, dass die Schweiz ein «Ausländerproblem» hat, deren Lösung zwingend über den eher zentralistischen Weg einer Erleichterung der Einbürgerung von Ausländern zu suchen ist.

Bei Kriegsausbruch fehlen dem Bund die Möglichkeiten, die Grenzübertritte selber zu überwachen. Die Niederlassungs- und die Aufenthaltskontrolle liegen in der Kompetenz der Kantone. Zu Beginn des Krieges mag dies noch hingenommen werden, doch seit Mai 1915, als die Schweiz von vier kriegführenden Mächten eingeschlossen ist, verschärft sich die Problematik. Eine Visumspflicht besteht nicht, und selbst Ausländer ohne Ausweispapiere können gegen Hinterlegung einer Kaution von einem Kanton aufgenommen werden.

Insgesamt bewirkt der Krieg aber einen Rückgang der Ausländerzahl um rund einen Drittel: 609'000 Personen waren es gemäss Schätzungen Ende 1913, anlässlich der Volkszählung von 1920 wurden noch 402'000 registriert.[5] Bei der ausländischen Bevölkerung finden wir eine Nettoauswanderung in der Grössenordnung von 156'000 Personen. Die Bruttoeinwanderung während der Kriegszeit beträgt gemäss zeitgenössischen

Schätzungen um die 30'000 Personen. In dieser Zahl nicht inbegriffen sind allerdings die internierten Gefangenen, die bei Kriegsende in ihre Heimatländer zurückkehren. 42'000 Zivilpersonen und demobilisierte Soldaten erhalten in der Zeit zwischen dem Waffenstillstand und dem 31. Dezember 1920 eine Niederlassungsbewilligung.

Obwohl den Zeitgenossen ein Teil dieser Zahlen zumindest bekannt waren, haben sie offensichtlich weder das Ausmass noch den nachhaltigen Charakter dieses Rückganges bewusst wahrgenommen. Themen wie «Überfremdung» und «unerwünschte Personen» bleiben weiterhin Bestandteil des öffentlichen Diskurses, die nun mit der Gefahr einer militärischen Invasion verknüpft werden. Seit dem Sommer 1917 sieht man das Hauptproblem nicht mehr in der grossen Zahl, sondern in der gesellschaftlichen Rolle der Immigranten. Die Ausländer, welche bei Kriegsausbruch die Schweiz verlassen mussten, um den Mobilisationsappellen ihrer Heimatländer Folge zu leisten, waren zum grossen Teil gut integriert gewesen, während es sich bei den neu eingewanderten Personen oft um Vertriebene, hauptsächlich um Deserteure oder Dienstverweigerer, handelt. Dies weckt Ängste und fördert fremdenfeindliche Gefühle. In dieser stark von Emotionen geprägten Situation ändert sich die Einstellung gegenüber den Immigranten und wächst die Akzeptanz einer nationalen Einwanderungspolitik mit protektionistischem Charakter.

Seit dem Sommer 1917 verlangen bürgerliche Kreise und in der Folge auch die Geschäftsprüfungskommission des Nationalrates strenge Massnahmen gegen die «unerwünschten Personen»; ausserdem halten sie die Schaffung einer eidgenössischen Fremdenpolizei für notwendig. Am 21. November 1917 erlässt der Bundesrat, kraft der Vollmachten, über die er verfügt, eine «Verordnung betreffend die Grenzpolizei und die Kontrolle der Ausländer»[6]: Dem Justiz- und Polizeidepartement soll eine Zentralstelle für Fremdenpolizei angegliedert werden. Dieser Schritt kommt einem Bruch mit der bisherigen Asyl-Praxis gleich: Durch harte, zentralistische Massnahmen soll das nationale Territorium abgeriegelt werden. Die Pass- und Visumspflicht wird wieder eingeführt, auch wird von jedem Einwanderer das Vorlegen eines Auszugs aus dem Strafregister oder eines Leumundszeugnisses verlangt. Zudem muss er den «einwandfreien Zweck des beabsichtigten Aufenthaltes in der Schweiz» darlegen und die dafür nötigen «Subsistenzmittel» nachweisen können.[7]

Mit dem Kriegsende und der wachsenden Furcht vor einem drohenden Massenandrang von Demobilisierten wird die «Überfremdung» zunehmend unter wirtschafts- und sozialpolitischen Aspekten diskutiert, wobei sich die Entstehung eines nationalistisch gefärbten Patriotismus abzeichnet. Mit dem Landesstreik im November 1918 erreichen die Leidenschaften ihren Höhepunkt: Es geht den Verteidigern der gesellschaftlichen Ordnung darum, die Schweiz vor den ausländischen Agitatoren zu schützen. In beiden Kammern kommt in den Debatten über den Landesstreik immer wieder die Rolle der Ausländer im Ablauf der Ereignisse zur Sprache. Zahlreiche Ratsmitglieder der regierenden Parteien schreiben die Hauptverantwortung für den Streik der

Agitation und dem Einfluss ausländischer Agenten zu und versuchen so, den Konflikt als Ganzen zu diskreditieren.[8]

Die Schweiz, gezeichnet vom Trauma des Krieges und des Landesstreiks, sieht sich vor die Aufgabe gestellt, die politischen, sozialen und wirtschaftlichen Probleme zu lösen, die mit dem Ende des Krieges verbunden sind.

Der Kampf gegen die «wirtschaftliche Überfremdung»: das Wirtschafts- und Sozialprogramm der Freisinnigen

Das wichtigste Anliegen der Freisinnig-demokratischen Partei ist es, der Schweiz ihren Platz im internationalen Wirtschaftsgefüge zu sichern. Unter diesem Gesichtspunkt betrachtet sie die Lösung der «Ausländerfrage» als die «Erfüllung einer politischen Aufgabe erster Ordnung»: «Die Überfremdungsfrage hat sich aber auch zu einem wirtschaftspolitischen Problem für unser Land ausgewachsen. Ohne in engherzigen Chauvinismus zu verfallen oder weltwirtschaftlichen Entwicklungsgesetzen unnatürliche Schranken setzen zu wollen, wird das Bestreben unseres Landes darauf gerichtet sein müssen, die nationale Volkswirtschaft vor einer bedrohlichen Überflutung vom Auslande her zu bewahren und die heimische Wirtschaft im Konkurrenzkampfe mit dem Auslande leistungsfähig zu erhalten.»[9] Eine wesentliche Aufgabe sieht die Partei in der «Erhaltung und Förderung der bodenständigen, einheimischen Landbevölkerung».[10] Dies setze eine strenge Ausländerkontrolle und den Schutz der einheimischen Arbeitskräfte voraus. Die freisinnige Partei ist entschlossen, für die Erreichung dieser Ziele eine neue Politik zu entwickeln, die auf einer bewussten Zusammenarbeit aller Kreise und der Entwicklung eines sozialen Gewissens aufbaut.

Für die Übergangsperiode der Nachkriegszeit erarbeitet die Partei ein Wirtschafts- und Sozialprogramm. Einer der zentralen Punkte ist dem Kampf gegen die Überflutung des schweizerischen Arbeitsmarktes mit «minderwertigen ausländischen Elementen» und gegen das Überhandnehmen ausländischer Firmen in der Schweiz[11] gewidmet. In einem an den Bundesrat gerichteten Memorandum schlägt sie am 21. März 1918 ein Bündel von Massnahmen vor: eine strikte Kontrolle der Einwanderer, damit verhindert werden könne, dass das Ausland all das über unser Land ergiesse, was durch den Krieg verdorben worden oder sonst wertlos sei.[12] Die Einwanderung von Arbeitskräften dürfe in keiner Weise begünstigt werden, deswegen seien früher gewährte Privilegien, vor allem solche fiskalischer Art, abzuschaffen. Im Kampf gegen die «wirtschaftliche Überfremdung» sollten auch Unternehmensgründungen oder anonyme Erwerbsgesellschaften kontrolliert werden, da sich dahinter oft ausländische Führungen oder ausländisches Kapital versteckten. Das schweizerische Domizil dürfe nicht in missbräuchlicher Weise für die Verfolgung ausländischer Handelsinteressen benutzt werden.[13]

Das Parlament muss sich mit dieser Frage anlässlich der Motion des St. Galler Nationalrates Albert Mächler[14] beschäftigen. Der Kreis der elf Mitunterzeichner umfasst die prominentesten Vertreter aus Freisinn und Wirtschaft. Das Ziel des Vorstosses ist der «Schutz der nationalen Arbeitskraft» durch Massnahmen, die geeignet sind, die «Abwanderung qualifizierter einheimischer Arbeitskräfte» sowie die Überflutung der Schweiz durch «zweifelhafte ausländische Elemente» zu verhindern. Gefordert wird eine staatliche Sozialpolitik zugunsten der Einheimischen, unter anderem «bessere Lohn- und Arbeitsbedingungen», «Ausbau der Arbeitslosenversicherung und der Arbeitslosenfürsorge» sowie «Förderung der allgemeinen Volksversicherung». Für Mächler hat die Motion vor allem «das Zurückhalten guter Arbeiter im Inland» zum Zweck, doch auch die einheimische Wirtschaft soll geschützt werden: «Unsere Industrie und unser Markt sollen nicht durch zweifelhafte Gründungen von Ausländern diskreditiert werden.»[15]

Das Sozialprogramm der Motion Mächler wird durch die Motion des Zürcher Ständerates Paul Usteri auch in der kleinen Kammer eingebracht.[16] Im Bewusstsein, dass das Parlament den Erwartungen der arbeitenden Klasse entgegenkommen muss, legt Paul Usteri den Angelpunkt der Reformen auf die Sozialversicherungen. Interessantes Detail, das es zu beachten gilt: Usteri stellt ausdrücklich die Frage nach den Nutzniessern der Versicherung: «Wer soll für das Alter und die Invalidität versichert sein? Sollen es die Schweizer sein? [...] Oder sollen es alle Einwohner der Schweiz sein?»[17] Die Gewerkschaften und die Arbeitgeberverbände werden zur Zusammenarbeit aufgefordert.

Dieses Programm entspricht den Idealen einer Partei, die sich als Vorreiterin für soziale und wirtschaftliche Reformen sieht und die durch die Mitwirkung aller Klassen der Bevölkerung an der Überwindung des sozialen Interessenkonfliktes arbeiten will. Unter diesem Blickwinkel tragen die Anstrengungen der Freisinnigen, mittels der «Ausländerfrage» das Volk zu einigen und «die verschiedenen Richtungen unserer Volkswirtschaft zu einer starken politischen und wirtschaftlichen Willensgemeinschaft zusammenzufassen»[18], auch dazu bei, den nationalen und volksverbundenen Charakter der Partei zu verankern.

Mit diesem Programm, das ausdrücklich auf die Wahrung der nationalen Interessen ausgerichtet ist, erweist sich die Integration der Ausländer als schwierig. Die Freisinnigen verknüpfen das Problem der «unerwünschten Personen» und der Asylgewährung mit den Gefahren einer ausländischen Unterwanderung: Hinter der klaren Unterscheidung zwischen Einheimischen und Fremden steckt die Absicht, diejenigen Individuen, welche die öffentliche Sicherheit und Ordnung gefährden, vom Lande fernzuhalten. Der unerwünschte Ausländer ist derjenige, der als Bedrohung für den politischen und sozialen Konsens wahrgenommen wird. Von nun an ist der Kampf gegen die «Überfremdung» ein integrierender Bestandteil der freisinnigen Strategie; tatsächlich taucht dieses Ziel auch im Programm der Freisinnig-demokratischen Partei vom 26. April 1931 wieder auf.

Die Partei fasst den Kampf auf drei Ebenen ins Auge. Einerseits soll die Einwanderung durch eine Verstärkung der Fremdenpolizei kontrolliert werden, um die «unerwünschten Personen» fernzuhalten, andererseits sollen bilaterale Verträge erneuert und die Niederlassungsbewilligungen von einer Gegenseitigkeitsklausel bezüglich Sozialversicherung und Fürsorgeleistungen abhängig gemacht werden, und schliesslich soll die Integration durch die Einführung eines *ius soli* für die in der Schweiz geborenen Ausländer gefördert werden.

«Schutz der einheimischen Arbeit»: die Ziele des SGB und der SPS

Der Schweizerische Gewerkschaftsbund (SGB) zweifelt sowohl am Willen als auch an der Fähigkeit der politischen Rechten, soziale Reformen durchzuführen, und nimmt das freisinnige Programm mit Misstrauen zur Kenntnis. «Was versteht aber der Motionär unter Schutz der nationalen Arbeitskraft und Bekämpfung der Überfremdung? Die Vorschläge [...] finden auch unsern Beifall. Wir glauben aber nicht daran, dass er mit diesem Programm bei seinen Parteifreunden viel Glück haben wird.»[19]

Der SGB sieht im freisinnigen Kampf gegen die «Überfremdung» lediglich einen Vorwand, denn das eigentliche Ziel des Angriffes sei die Arbeiterbewegung: Wer sind die unerwünschten Ausländer? «Nach den bisherigen Erfahrungen sind [es] zweifelhafte Elemente [...], die sich den Mund nicht verbinden lassen und auch im Ausland energisch für ein menschenwürdiges Dasein als Arbeiter eintreten.»[20]

Die Industrie werde sich wohl kaum in ihrer Freiheit einschränken lassen und auf den Import von billigen Arbeitskräften verzichten wollen. Die Massnahmen, welche die Auswanderung von Schweizer Arbeitern verhindern sollten, seien nur darauf ausgerichtet, der Wirtschaft ein Reservoir an spezialisierten einheimischen Arbeitskräften zu erhalten.

Der SGB befürchtet, die Strategie der Rechten ziele darauf ab, die Arbeitersolidarität zu brechen und die sozialen Errungenschaften rückgängig zu machen. Am 9. Juli 1918 unterbreitet der Gewerkschaftsausschuss des SGB dem Bundesrat eine Reihe von Postulaten, welche die Garantie des sozialen Schutzes, den die Arbeiterschaft während des Krieges errungen hat, und Massnahmen zur Bekämpfung der Arbeitslosigkeit verlangen: Verkürzung der Arbeitszeit, Ausrichtung von Unterstützungen an Arbeitslose, Ausführung von grossen Bauaufträgen während der Krisenzeit, Notstandsarbeiten, Zentralisierung der Arbeitsvermittlung. Auch der Schutz des einheimischen Arbeitsmarktes sei vordringlich: «La crise pouvant être aggravée, à la fin de la guerre, par l'immigration d'ouvriers étrangers et par la démobilisation de l'armée suisse, il est du devoir de l'Etat de prendre des mesures pour que le chômage et la misère ne soient pas intensifiés par l'arrivée en masse de la main-d'œuvre étrangère. L'immigration devra être réglementée [...] aussi longtemps que des ouvriers du pays occupés avant la guerre sont chômeurs, de nouveaux arrivants de l'étranger ne doivent pas être occupés dans la même branche.»[21] Schon vor dem Krieg in der Schweiz niedergelassene Arbeiter sollen auf dem Arbeitsmarkt gegenüber denjenigen bevorzugt werden, die erst nach dem Krieg gekommen sind.

Der Vorschlag, die Einwanderung zu beschränken, stösst aber nicht auf ungeteilte Zustimmung. Es erheben sich auch Stimmen, die meinen, «es könne nicht Sache einer Gewerkschaftsorganisation sein, die Grenzabsperrung gegenüber unseren fremden Kollegen und Genossen zu befürworten, das würde unsern internationalen Grundsätzen durchaus widersprechen».[22]

Der Gewerkschaftsbund strebt denn auch keine Grenzsperre an, sein einziges Ziel ist es, die negativen Folgen einer grossen Einwanderung von fremden Arbeitskräften – ein Sinken der Löhne und eine Verschlechterung der Arbeitsbedingungen – zu verhindern.

Mit der Unterzeichnung des Waffenstillstands engagiert sich der SGB noch entschiedener zugunsten der einheimischen Arbeitskräfte und eines Schutzes vor ausländischer Konkurrenz. Am 15. Dezember 1918 präzisiert das Bundeskomitee des SGB seine Position. Aus Furcht vor einem Zustrom ausländischer Arbeitsloser verlangt es eine Aufnahmebeschränkung für neue Einwanderer, die keinen Bezug zur Schweiz haben: «1. Die Einreise soll vorab nur Personen gestattet werden, die schon vor dem Krieg in der Schweiz festen Wohnsitz hatten.»[23]

Um den Stellenantritt zu kontrollieren, «sollen paritärische Arbeitsnachweise analog denen bei der Beschäftigung der Internierten errichteten geschaffen werden».[24] Das Komitee möchte die Lohndrückerei durch die Fremden vermeiden und verlangt deshalb gleiche Löhne und Arbeitsbedingungen für die ausländischen sowie Schutzmassnahmen gegen missbräuchliche Kündigungen für die einheimischen Arbeiter. Auch müsse es verboten sein, im Falle eines Streiks einfach Ausländer anzustellen. Die Unterstützung von ausländischen Arbeitslosen hingegen soll deren Heimatstaaten obliegen, um die Arbeitslosenkassen zu schonen.

Im April 1919 nimmt der ausserordentliche Kongress von Olten diese Beschlüsse an, die er mit einem Aufruf zur Solidarität mit den Kriegseinwanderern ergänzt: «Refraktären und Deserteuren, die im Lande auf ehrliche Weise ihr Brot verdienen, zum Teil mit ihrer frühern Heimat gar keine Beziehungen mehr unterhalten, gewährt die schweizerische Arbeiterschaft jeden Schutz gegen behördliche Übergriffe. Sie wird sich deren Interessen wie der eigenen annehmen.»[25]

Der Waadtländer Henri Viret[26] beurteilt das Engagement des Kongresses als ungenügend. Er verweist auf eine Bewegung bei den «gelben» Gewerkschaften in der französischen Schweiz, die auf ein völliges Einwanderungsverbot für ausländische Arbeitskräfte eintrete. In Lausanne hätten einige Organisationen in dieser Sache die Unterstützung von Gemeinde- und Kantonsbehörden gewonnen, dieses Anliegen in Bern vorzubringen. Viret beantragt deshalb, der Resolution einen weiteren Satz hinzuzufügen: «Der Kongress ist Gegner jeder gesetzlichen Massnahme, die das Verbot der Einwanderung von Arbeitern bezweckt und besonders derjenigen, die von einigen gelben Arbeiterorganisationen der französischen Schweiz verlangt werden.»[27]

Mit diesem Zusatzantrag sei er «vollständig einverstanden», erklärt Karl Dürr, Sekretär des SGB, jedoch bedürfe er, um nicht die übrige Resolution zu gefährden, noch der Präzisierung. Es solle dem Bundeskomitee überlassen werden, einen entsprechenden Passus aufzunehmen. Dieser Meinung ist auch der Präsident Arthur Schneeberger. Als Viret sich aber weigert, seinen Antrag abzuändern, wird dieser in seiner ursprünglichen Fassung durch den Kongress angenommen.[28]

Im Ganzen orientieren sich die von der schweizerischen Arbeiterbewegung verfolgten Ziele an der Linie, welche der Internationale Gewerkschaftsbund 1918 festgelegt hat. Dieser hat zwar tatsächlich jegliches generelle Einwanderungsverbot abgelehnt, gesteht den Staaten aber immerhin das Recht zu, die Einwanderung zu beschränken, wenn wirtschaftliche, gesundheitspolitische oder kulturelle Gründe dies erforderlich machen. Er anerkennt: «1. Das Recht jeden Staates, in Zeiten wirtschaftlicher Depression zeitweilige Beschränkungen der Einwanderung zum Schutze sowohl der einheimischen als der wandernden fremden Arbeiter anzuordnen; 2. Das Recht jeden Staates, zum Schutze seiner Volksgesundheit die Einwanderung zu kontrollieren und sie eventuell zeitweilig zu untersagen; 3. Das Recht jeden Staates, zum Schutze seiner Volkskultur und zur wirksamen Durchführung des Arbeiterschutzes in den Betriebszweigen, in denen einwandernde Arbeiter vorwiegend beschäftigt werden, gewisse Mindestanforderungen an die Kenntnisse des Einwanderers im Lesen und Schreiben in seiner eigenen Muttersprache zu stellen.»[29]

Festgehalten werden kann also, dass der freie Personenverkehr sowohl bei der Linken als auch bei der Rechten nicht mehr auf der Tagesordnung steht, allerdings aufgrund unterschiedlicher Interessen. Generell kann festgestellt werden, dass die Arbeiterbewegung seit dem Generalstreik und den nationalistischen Angriffen von rechts sich zunehmend an der sozialen Zielsetzung orientiert, die innere Entwicklung des Landes zu fördern.

Noch ist es in der Frage der Finanzierung der Arbeitslosenunterstützung nicht zu einer Einigung darüber gekommen, welche Rolle dabei den ausländischen Arbeitern angesichts der aktuellen wirtschaftlichen Situation zukommen soll, als sich in den zwanziger Jahren die sozialdemokratischen Parlamentarier in beiden Kammern mit dem Unternehmertum anlegen. Der Stein des Anstosses ist die Praxis der Einstellung von ausländischen Arbeitskräften, wie sie von verschiedenen Arbeitgebern und zum Teil auch von ausländischen Agenturen betrieben wird. 1921 prangert Oskar Schneeberger[30] (Kanton Bern – im folgenden BE) an, «dass zum Beispiel im Kanton Graubünden vor einigen Wochen über hundert Bauhandwerker, Erdarbeiter, Handlanger aus Steiermark geholt wurden».[31] Ebenfalls beunruhigt ist Achille-Tell Grospierre (BE), da aus Kreisen der Landwirtschaft die Forderung nach ausländischen Arbeitskräften gekommen sei. «On a même parlé de Russes, d'une centaine de Cosaques.»[32] Hermann Müri, Präsident der Sozialdemokratischen Partei des Kantons Aargau und Mitglied des

Bundeskomitees des Gewerkschaftsbundes, zeigt sich besonders beunruhigt über die schädlichen Aktivitäten ausländischer Unternehmer, die mit Hilfe trügerischer Versprechungen Rohstoffe und Arbeitskräfte importierten. Am 31. März 1922 interveniert er beim Bundesrat wegen der Versuche gewisser schweizerischer Unternehmer, «Spezialisten» einwandern zu lassen, während Schweizer Arbeiter der gleichen Kategorie arbeitslos seien. «Ist der Bundesrat nicht der Auffassung, dass solche Einreisegesuche für so lange zu verweigern sind, bis die arbeitslosen Bauarbeiter Beschäftigung haben?»[33]

Solche Vorstösse tragen den Sozialdemokraten heftige Kritik vom freisinnigen Ständerat Benno Bertoni (Kanton Tessin – TI) ein, der den Gewerkschaften vorwirft, einer neuen Form des «ancien esprit de corporation» zu huldigen und mit ihrem Nationalismus zu einem Anwachsen der Arbeitslosigkeit beizutragen: «Lorsque les associations ouvrières ont conquis des salaires, des contrats collectifs, des situations particulières, on conçoit aisément qu'elles veuillent se défendre contre l'inondation du marché du travail par des ouvriers venant d'autres pays.»[34]

Die Sozialdemokraten sehen keinen Widerspruch zwischen internationaler Solidarität und Kampf gegen die ausländische Konkurrenz, und Jean Sigg (Kanton Genf – GE) ruft in Erinnerung: «On a dans la classe ouvrière suisse surtout fait jouer un rôle aux syndicats en admettant dans les associations ouvrières suisses, en y faisant entrer dans la mesure du possible tous les ouvriers étrangers afin de les faire bénéficier des avantages résultant des tarifs collectifs de travail en vigueur chez nous.»[35]

Die Haltung der Sozialdemokraten widerspiegelt die schwierige Position einer Partei, deren politische Einstellung sich an liberalen Massstäben ausrichtet, deren soziale Aktivität aber die einheimischen Arbeitskräfte schützen will.

Doch obwohl die Verteidigung der Schweizer Arbeiter das vorrangige Ziel der Arbeiterbewegung ist, lässt sie sich doch für den Kampf ums Asylrecht mobilisieren. Nach dem Krieg wird das Niederlassungs- und Aufenthaltsrecht der Ausländer immer stärker mit der Frage der inneren Sicherheit in Verbindung gebracht. Mehrmals interveniert deshalb der SGB gegen missbräuchliche Ausweisungen, die aus rein politischen Gründen erfolgten, auch wenn vordergründig mit der Situation auf dem Arbeitsmarkt argumentiert werde. Nicht nur die Arbeitsämter, auch die Fremdenpolizei beobachteten die Rückkehr der Demobilisierten mit Argwohn und kontrollierten die politische Erwünschtheit von Einwanderungswilligen: «Manche Gemeinde- und auch Kantonsbehörden, besonders aber die eidgenössische Fremdenpolizei, bemühten sich mit Eifer, der einer besseren Sache würdig gewesen wäre, festzustellen, ob der Einreisebegehrende zu den *missliebigen Elementen* gehört, sich gewerkschaftlich oder politisch betätigt hat und daher *unerwünscht* ist.»[36]

Es sei die Angst vor dem Bolschewismus, der die Behörden dazu treibe, hinter jedem ausländischen Arbeiter einen möglichen Feind und eine Bedrohung für die innere Sicherheit des Landes zu sehen.[37] Nur so kann man es sich in den Kreisen der Arbeiterschaft erklären, dass Leute, die sich schon viele Jahre vor dem Krieg in der Schweiz niedergelassen, aber keine Familie mitgebracht hätten, nun kurzerhand an die Grenze gestellt würden.

Der SGB ist überzeugt davon, dass das Bürgertum in den Deserteuren und Refraktären eine Gefahr für die soziale Ordnung sehe und sie aus diesem Grund gerne loswerden möchte. Die Arbeitslosigkeit biete sich nun als willkommener Vorwand an, um solche unerwünschten Personen auszuweisen. Der Kongress von 1919 nimmt deshalb Stellung gegen die Ausweisungspolitik des Bundesrates, der die Ansicht vertritt, die Anwesenheit der Kriegsflüchtlinge, vor allem derjenigen aus den Mittelmächten, sei nicht mehr gerechtfertigt: «Wir haben nun keinen Anlass, Leute der letztgenannten Sorte länger als nötig in unserm Land zu dulden, wo sie zum Teil Arbeitsstellen einnehmen, die ebensogut mit schweizerischen Arbeitskräften besetzt werden könnten. [...]Wir denken hierbei hauptsächlich an ledige Leute, die ihre Familie nicht in der Schweiz haben, sowie an solche, deren Aufführung zu Klagen Anlass gibt, oder die hier der öffentlichen Wohltätigkeit zur Last fallen.»[38]

Eine Ausweitung der Ausweisungspraxis auf politisch und wirtschaftlich unerwünschte Ausländer findet nach dem Landesstreik und dem Waffenstillstand tatsächlich statt. Schon Mitte 1919 lanciert das «Volksrecht» eine Kampagne gegen die von der Rechten inszenierte systematische Ausweisungspolitik gegen militante Sozialisten und Gewerkschafter: Die Wirtschaft, welche doch selber in grossem Umfang ausländische Arbeitskräfte rekrutiere, ermutige solche Praktiken, da es ihr nur darum gehe, die Aktivitäten der Arbeiterschaft zu desorganisieren. In der «Ausländerinitiative»[39], welche den Artikel 70 der Verfassung ändern möchte, sieht das «Volksrecht» einen Ausdruck von wachsendem Antisemitismus und zunehmender Fremdenfeindlichkeit: «Parallel mit der Judenhetze und zu unserer Demokratie genau so schlecht passend geht seit einigen Jahren eine verschärfte Ausländerhetze. [...] Nun haben einige Leute das Bedürfnis, wenn nicht der Judenhetze, so doch der Ausländerhetze und der darauf aufgebauten Praxis eine solidere, verfassungsmässige Grundlage zu geben.»[40]

Eine Arbeiterdelegation, angeführt von den Nationalräten Paul Graber (Kanton Neuenburg – NE) und Herman Greulich (Kanton Zürich – ZH), wird am 20. November 1919 beim Bundesrat vorstellig und verlangt, dass alle hängigen Ausweisungen suspendiert und dass deren Begründung den Betroffenen mitgeteilt würden, zudem müsse ein Rekursrecht geschaffen werden. Da sie die verlangten Garantien nicht erhalten, die Willkür der kantonalen Behörden und der Bundesanwaltschaft aber nicht weiter hinnehmen wollen, reichen die Sozialdemokraten unter der Federführung von Nationalrat Paul Graber am 2. Februar eine Motion ein, die eine Vereinheitlichung des Verfahrens bei Ausweisungen sowie eine objektive Untersuchung verlangt in allen Fällen, wo ein Ausländer beschuldigt wird, sich unrechtmässig im Lande aufzuhalten. Graber stellt fest: «Die getroffenen Massnahmen entsprechen denn auch weder dem Rechtsgefühl, noch dem Billigkeitsgefühl des Volkes. Das Verfahren ist sehr summarisch; es wird entschieden ohne Einvernahme der Beschuldigten. [...] Niemand kann die Gründe erfahren, die den Bundesanwalt zur Ausweisung führen. Sehr oft treten auch deutliche Einflüsse von ausländischen Behörden auf.»[41]

Der Vorsteher des Eidgenössischen Justiz- und Polizeidepartements, Heinrich Häberlin (Kanton Thurgau – TG) gibt zu, dass die Vorschriften äusserst komplex sind. Er ist aber der Meinung, dass die Zunahme der Ausweisungen hauptsächlich auf die strengere Ausländerkontrolle zurückzuführen sei. Er könne nicht sagen, wann sich dies ändere und ob eine Änderung überhaupt möglich sei.[42] Das Problem der Ausweisungen bleibt denn auch noch für längere Zeit bestehen. Die Praxis wird mit politischen Erwägungen, aber auch mit Arbeitslosigkeit und Wohnungsnot begründet.

Wirtschaftliche Interessen und die Verteidigung der nationalen Identität treffen sich – ein politischer Konsens entsteht

Die liberalen Auffassungen der Vorkriegszeit werden durch einen wirtschaftlichen und gesellschaftlichen Protektionismus und durch die Verteidigung einer schweizerischen Identität ersetzt. Die Linke und die Rechte vertreten durchaus unterschiedliche Interessen, finden sich jedoch in einer gemeinsamen Zielsetzung: Die Arbeiterschaft soll in die Nation und in die Gesellschaft integriert werden. Es geht nicht primär darum, die Mobilität der Bevölkerung unter Kontrolle zu halten, sondern darum, einen Konsens in neuen Zielsetzungen der Wirtschafts- und Sozialpolitik zu finden.

Das Parteiprogramm der Katholisch-Konservativen vom 22. April 1912 tendiert vor allem in Richtung auf eine Stärkung der wirtschaftlichen und politischen Unabhängigkeit der Schweiz, aber auch auf eine Bekräftigung der schweizerischen Identität und Eigenart. Deshalb bedürfe die «Ausländerfrage» einer schnellen Lösung mit finanzieller Unterstützung des Bundes. Der «Klassenkampf» wird von den Katholisch-Konservativen verurteilt, ihre Sozialpolitik basiert, unter dem Banner der christlichen Gewerkschaften, auf einer Solidarität, die auf christlichen Werten aufbaut.[43]

Doch wie stellt sich die Partei zur Frage der Migrationsbewegungen? Die Katholisch-Konservativen sehen ihre Rolle primär als Verteidiger der traditionellen Strukturen der schweizerischen Gesellschaft, doch können auch sie nicht einfach ignorieren, dass die Industrialisierung eine veränderte Situation geschaffen hat. Anlässlich des internationalen Kongresses der Christlich-Sozialen wird 1919 eine Resolution zur Einwanderungsfrage verabschiedet, die sich in Anlehnung an das Vorbild der Sozialdemokraten gegen ein Verbot des freien Personenverkehrs wendet, aber doch eine gewisse Notwendigkeit sieht, die Wanderungsströme zu regulieren: «Das Niederlassungs- und Aufenthaltsrecht kann aufgehoben oder beschränkt werden: a) In Zeiten grosser Arbeitslosigkeit zum Schutze einheimischer und eingewanderter Arbeiter; b) zum Schutze der Volksgesundheit, insbesondere bei Ausbruch von Epidemien; c) aus Gründen der Staatssicherheit und zum Schutze des Volkstumes.»[44]

Ein weiterer Punkt der Resolution verlangt die Gleichstellung der ausländischen Arbeiter auf dem Gebiet des Arbeitsschutzes: «Die ausländischen Arbeiter sind im Niederlassungsstaate in Bezug auf Arbeitsbedingungen einschliesslich Arbeiterschutz und soziale Versicherung den einheimischen Arbeitern in Rechten und Pflichten gleichzustellen.»[45]

Die Gelegenheit zur weiteren Konkretisierung dieser Zielvorgaben ergibt sich anlässlich der Parlamentsdebatte über den Bundesbeschluss betreffend Arbeitslosenunterstützung vom 29. Oktober 1919, der unterschiedliche Kategorien von Ausländern schafft. Der Christlich-Soziale Joseph Scherrer (SG) hat zwar Verständnis für «das Bestreben des Bundesrates, nur solche Ausländer zu unterstützen, in deren Heimatstaaten gegenüber den Schweizern Gegenrecht gehalten wird», doch dürfe man einen arbeitslosen Arbeiter nicht für die Politik seines Herkunftslandes verantwortlich machen, deshalb bedeute eine solche Massnahme eine Ungerechtigkeit gegenüber den in unserem Lande lebenden «assimilierten» Ausländern: «Es dürfte diese Härte ausgemerzt werden, indem man vielleicht erklärt, dass Ausländer, die über ein Jahr in der Schweiz ansässig sind, den schweizerischen Arbeitern gleichgestellt werden. Es haben glücklicherweise einzelne Betriebe, z. B. in der Stickereiindustrie, die Unterstützung von solchen Ausländern von sich aus unternommen, aber die grosse Mehrzahl steht heute hilflos auf der Strasse, und es geht nicht an, sie einfach an die Grenze zu schieben. Wir bedürfen doch auch dieser Kräfte wieder, wenn die Konjunktur sich bessert.»[46]

Solche Stimmen der Solidarität bleiben in den Reihen der politischen Rechten allerdings die Ausnahme, und auch sie werden mit der Zeit ganz verstummen; die Gründe sind finanzpolitischer Art, denn in bürgerlichen Kreisen setzt sich immer stärker die Auffassung durch, die Arbeitslosenunterstützung komme die öffentliche Hand zu teuer zu stehen. Am 4. April 1922 vertritt der Bündner Friedrich Brügger im Ständerat die Meinung, eine Herabsetzung der Arbeitslosenunterstützung sei dringend notwendig. «Nur so kommt man wieder zum Gleichgewicht in unserer Volkswirtschaft.»[47] Brügger verweist auch auf die mit Italien vereinbarte «Regelung hinsichtlich der Unterstützung der arbeitslosen Italiener in der Schweiz, nach welcher diese Leute sehr entgegenkommend behandelt werden»[48], umso mehr, als die Anzahl schweizerischer Arbeitsloser in Italien äusserst gering sei.

Erst 1929 legen auch die Schweizer Katholiken ein Wirtschafts- und Sozialprogramm vor. Der am 4. April 1929 angenommene Text[49] verurteilt die sozialen Verirrungen auf beiden Seiten: den Liberalismus und den Kapitalismus als Verursacher einer wirtschaftlichen und finanziellen Konzentration, die als wucherisch bezeichnet werden müsse, den Sozialismus und den Kommunismus als Verantwortliche für die Zerstörung der sittlichen Geschlossenheit der Gesellschaft. Der Staat solle auf sozialem Gebiet nur sehr zurückhaltend eingreifen, zum Beispiel durch die Schaffung eines Arbeitsschutzgesetzes; jegliche Zentralisierung des Wirtschaftslebens wird jedoch klar abgelehnt. Das ganze Programm wird beherrscht von einer Angst vor dem «Staatssozialismus». Bezüglich der Ausländer sieht das Programm keine besonderen Aktivitäten vor, doch es ist offensichtlich, dass die von den Katholiken vertretenen Grundprinzipien eine nationale, konservative Gesellschaft im Auge haben und hauptsächlich auf die Bauern, Kaufleute und Handwerker, also auf den Mittelstand, ausgerichtet sind.

In ihrer Argumentation berufen sich die Katholiken oft auf eine nationale Eigenart, eine schweizerische Lebensweise, welche durch ausländische Einflüsse bedroht sei. Ein Beispiel für diese Denkart gibt uns Professor Joseph Beck anlässlich der Delegiertenversammlung der Luzerner Sektion des Schweizerischen Katholischen Volksvereins im Jahre 1922.[50] Unter den Gefahren, die den Luzerner «Volksgeist» bedrohen, nennt Beck an zweiter Stelle die Einwanderung und ihre verderblichen Einflüsse: «Die von aussen her Einwandernden sind allerdings in manchen Fällen willkommene, tüchtige und rechtschaffene Leute; vielfach aber bringen sie eine Gesinnung und Denkart mit, die zur religiösen und sittlichen Grundstimmung des Luzerner Volkes in scharfem Gegensatze steht. [...] Die Folgen für das religiöse, soziale und politische Leben sind leicht zu begreifen.»[51] Als nächstes Übel wird der Sozialismus genannt, dessen Anhänger oft als Söldner des Auslandes diskreditiert werden. Beck sieht in ihnen die «Schutztruppe des jüdischen Grosskapitals».[52]

Es ist das Bestreben der Katholisch-Konservativen, die Arbeiterschaft ins schweizerische Volksganze zu integrieren; mit dieser Zielsetzung vor Augen befürworten die Delegierten protektionistische Massnahmen, welche das Land vor Ausländern schützen sollen, welche die soziale Ordnung stören könnten.

Die Liberaldemokraten fühlen sich seit der Gründung ihrer Landespartei im Jahre 1913 der nationalen Einheit verpflichtet. In erster Linie wollen sie das Nationalgefühl kultivieren und das Land vor einer Invasion des «Kosmopolitismus» bewahren.[53] Sie sind beherrscht von der Angst, ein besiegtes Deutschland könnte die nationale Wirtschaft und die einheimischen Arbeitskräfte konkurrenzieren, und deshalb richten sich ihre Aktivitäten besonders oft gegen Deutschland oder deutsche Staatsangehörige. Diese Befürchtung ist auch der Anlass für die Motion von Horace Micheli (GE), welche eine Kündigung des Niederlassungsvertrages mit Deutschland vom 13. November 1909 verlangt. Aufgrund ihrer engen Beziehungen zur welschen Presse – die Genfer Horace Micheli, Frédéric de Rabours und Albert Maunoir zum «Journal de Genève», die Waadtländer Max de Cérenville und Aloïs de Meuron zur «Gazette de Lausanne» findet sich die gleiche deutschfeindliche Haltung auch in diesen Blättern.

Auch andere Gruppierungen sind sehr darauf bedacht, die Schweizer Bevölkerung vor Aktivitäten von Ausländern zu schützen. Unter anderem sind es auch diese Fragen, die zu einer Spaltung des schweizerischen Freisinns führen. Mit der Einführung des Proporz-Wahlrechts im Dezember 1919 bildet sich eine Bauern-, Gewerbe- und Bürgerfraktion im eidgenössischen Parlament. Von den 25 Mitgliedern stammen 16 aus der Berner Sektion, deren Statuten der Verteidigung des Landes und der nationalen Eigenheit grosse Bedeutung zuweisen: «Art. 1 Zweck: [...] für die Erhaltung eines schlagfertigen Volksheeres, unter unerbittlicher Bekämpfung aller in seinem Organismus zu Tage tretenden unschweizerischen Erscheinungen; für einen soliden, nach den

Grundsätzen republikanischer Einfachheit geführten Staatshaushalt; für bessere Sicherung des Landes gegen die drohende Überfremdung, vornehmlich durch wirksamen Schutz und zielbewusste Förderung der inländischen Arbeit und Produktion.»[54]

An diesen Grundsätzen orientiert sich die Politik der BGB-Fraktion, deren Vorstösse vor allem auf die Sicherheit und den Schutz der einheimischen Arbeitskräfte abzielen. Ein besonders heftiger Verteidiger nationaler Werke ist der Basler Nationalrat Rudolf Gelpke, der überzeugt ist, dass die Ausländer wenig arbeiten und allgemein als «Schmarotzer» zu betrachten seien.[55] In einer Motion vom 1. Oktober 1919 verlangt Gelpke, dass «allgemeine Richtlinien einer den Zeitverhältnissen Rechnung tragenden schweizerischen Wirtschaftspolitik aufzustellen seien», welche er für einen nachhaltigen Schutz der einheimischen Erwerbstätigen sowie für die wirtschaftliche Unabhängigkeit des Landes als unverzichtbar erachtet. Am 6. Oktober 1920 unternimmt er einen weiteren Vorstoss, um eine politische Neuorientierung in der Niederlassungsfrage zu erreichen, und verlangt Massnahmen gegen die wirtschaftliche «Überfremdung». Als Berichterstatter der Neutralitätskommission für die Angelegenheiten des Justiz- und Polizeidepartementes spricht er sich für die Beibehaltung der Fremdenpolizei aus.

Wirtschafts- und sozialpolitische Fragen gehören zu den Hauptanliegen der nicht als Partei konstituierten sozialpolitischen Gruppe, deren Vertreter denn auch zu den heftigsten Verteidigern eines Sozialstaates zugunsten der einheimischen Bevölkerung und folglich einer defensiven Einwanderungspolitik gehören. Joseph-Anton Scherrer-Füllemann (SG), als Berichterstatter der Geschäftsprüfungskommission zuständig für die inneren Angelegenheiten des Politischen Departementes, reicht im Juni 1918 eine Motion ein, die auf eine Totalrevision der Bundesverfassung abzielt, «wesentlich im Sinne des Ausbaus der Volksrechte und der Einführung derjenigen sozialen Hauptreformen, welche infolge der dauernd gedrückten Lage grosser Volkskreise notwendig erscheinen [...]».[56] Die Arbeiterschaft soll besser unter Kontrolle gebracht und in die Gesellschaft integriert und so ein Gegengewicht zu den linksgerichteten Arbeiterorganisationen geschaffen werden. Die sozialen Spannungen nach dem Waffenstillstand und dem Landesstreik vom November 1918 veranlassen die sozialpolitische Gruppe, eine Interpellation einzureichen, die eine Verschärfung dieses Zustandes verhindern möchte. Der Berner Arnold Knellwolf fragt: «Was gedenkt der Bundesrat zu tun angesichts der von den Ländern der ehemaligen Mittelmächte her die Schweiz wie andere Grenzländer bedrohenden Abwanderung von arbeits- und mittellosen Massen? Ist er gewillt, im Vereine mit den übrigen Neutralen im Sinne des Programms Wilson sowohl zum Schutze der eigenen Volkswirtschaft als auch den Geboten der Menschlichkeit gemäss dieser Gefahr entgegenzuwirken?»[57]

Knellwolf befürchtet eine «Überschwemmung durch fremde und ungeeignete Arbeiter», gleichzeitig drohe aber «das Verdrängen unserer im Ausland befindlichen Arbeiter».[58] Diese Situation haben auch Rudolf Baumann (Kanton Luzern – LU) und Hans Enderli (ZH) im Auge, als sie den Bundesrat am 23. März 1922 auffordern, sich zur Frage zu äussern, ob es angesichts der Lage auf dem Arbeitsmarkt nicht angezeigt wäre, die Einreise fremder Arbeiter davon abhängig zu machen, ob deren Herkunftsland den Schweizer Arbeitskräften Gegenrecht gewähre. Falls ein solches nicht gewährt werde, müsse ihrer Meinung nach der Bundesrat ein völliges oder teilweises Einreiseverbot in Erwägung ziehen.[59] Die Vertreter der sozialpolitischen Gruppe verlangen ausserdem eine bessere Koordination mit dem Bundesamt für Arbeit, welche darauf abzielen solle, die einheimischen Arbeitskräfte zu schützen, die als Opfer der Krise zur Auswanderung gezwungen seien. Sie verurteilen die Ausnahmen, die man den Saisonarbeitern gegenüber gemacht hat, für deren Bewilligungen die Kantone zuständig sind. Baumann bringt den kantonalen Instanzen aber kein Vertrauen entgegen, denn sie könnten Druckversuchen nur schwer widerstehen und fällten ihre Entscheide gemäss lokalen und kurzfristigen Bedürfnissen.

Auf dem Weg zu einer restriktiven und selektiven Einwanderungspolitik

Einigkeit herrscht in den Kreisen der Politiker darüber, dass die Integration der Arbeiterklasse in Staat und Gesellschaft dringend notwendig sei. Die Interessen, die einer solchen Politik zugrunde liegen und die Ziele, die damit verfolgt werden sollen, sind aber keineswegs identisch. Diese unterschiedlichen Zielsetzungen machen die beabsichtigte Integration der Ausländer sehr schwierig. Einerseits soll der einheimische Arbeiter bevorzugt werden, andererseits aber sollen die Leistungen des Sozialstaates auch Ausländern zugute kommen, die schon seit längerer Zeit integriert sind. Dies macht eine präzise Definition der Bezugsberechtigten erforderlich. Als neues Unterscheidungskriterium findet die Dauer des Aufenthaltes oder der Niederlassung in der Schweiz den Weg in die Ausländerpolitik.

Seit der Verordnung des Bundesrates vom 21. November 1917 verfügt die Schweiz über die Mittel und den institutionellen Rahmen für eine Kontrolle der Einwanderung. Nach dem Krieg aber kann sich die Politik nicht mehr auf die ausserordentlichen Vollmachten abstützen, es müssen dauerhafte gesetzliche Grundlagen geschaffen werden. Im Parlament beginnt deshalb eine lange Debatte über die Einwanderungskontrolle und die Zukunft der Zentralstelle für Fremdenpolizei. Das bürgerliche Lager ist sich in dieser Frage keineswegs einig: Soll das Problem auf dem föderalistischen Weg oder auf Bundesebene angegangen werden? Für grössere Kompetenzzuweisung an die Kantone sprechen sich vor allem die Parlamentarier aus den Tourismusgebieten der Schweiz aus. Die Anhänger einer interventionistischen Bundespolitik haben in erster Linie die innere Sicherheit und den Schutz des einheimischen Arbeitsmarktes im Auge. Doch jenseits dieser Interessenkonflikte ist sich die Rechte darüber einig, dass eine zentrale Niederlassungskontrolle aufrechterhalten werden sollte. Die neue Einwanderungspolitik müsse aber, das wird in den Debatten deutlich, die Touristen von gewissen Zwangsmassnahmen ausnehmen.[60]

Die überzeugtesten Anhänger einer zentralen Kontrolle der Ein- und Ausreisen im Ständerat sind die Zürcher Freisinnigen.[61] Nur so, meinen sie, können sowohl wirtschaftliche Interessen als auch die notwendige Sperrung der Grenze für unerwünschte Personen durchgesetzt werden. Mit seiner Interpellation vom 26. Juni 1919 verlangt Paul Usteri[62] vom Bundesrat Auskunft darüber, was ihn dazu bewogen habe, den schweizerischen Vertretungen im Ausland «ohne hinreichende Kontrolle durch die inländischen Behörden weitreichende Befugnisse zur Erteilung von Einreisebewilligungen an Ausländer zu erteilen».[63] Durch diese Dezentralisierung der Kompetenzen würden die Kantone der Möglichkeit beraubt, die unerwünschten Personen fernzuhalten. Auch im Nationalrat verlangt der harte Kern der Freisinnigen – entschlossen, die gesellschaftliche Ordnung durch polizeiliche Massnahmen zu schützen, – eine «wirksamere und durchgreifendere Fremdenkontrolle».[64] Die Zentralstelle für Fremdenpolizei sei ein notwendiges Übel, dies um so mehr, als sich die Arbeitslosigkeit auf beunruhigende Art entwickle.[65]

Wir finden aber auch Freisinnige, welche die Befugnisse der Fremdenpolizei beschränken möchten: Es sind die Interessenvertreter des Tourismus, aber auch gewisser Industriebereiche. Dem Bundesrat wird vorgeworfen, er versuche Arbeiter vom Land fernzuhalten, welche nützlich sein könnten, deren Konkurrenz aber gefürchtet werde.[66] Erleichterte Einreise wird vor allem für die Stickereiindustrie verlangt.[67] Einige Freisinnige wollen gar jegliche Formalitäten abschaffen: «Il est certain que si l'on ouvre entièrement la frontière, un grand nombre d'ouvriers étrangers pénétreront en Suisse, mais cet inconvénient est moins grave que l'isolement actuel du pays.»[68]

Auch innerhalb der katholisch-konservativen Fraktion sind unterschiedliche Meinungen zu hören. Das tourismusfreundliche föderalistische Lager, angeführt vom Genfer Jules Gottret, kämpft gegen die Aufrechterhaltung der Fremdenpolizei, die von einem vergangenen Zeitalter zeuge und mit ihrer Bürokratie einen regelrechten Staat im Staate bilde.[69] Auf der andern Seite engagieren sich die Nationalräte Thomas Holenstein (SG) und Heinrich Walther (LU) für eine Ausweitung der Kompetenzen des Bundes. Holenstein ist nicht bereit, das nationale Gesamtinteresse dem der Hoteliers zu opfern. Die Kontrollen seien gerechtfertigt, vor allem, um die missbräuchliche Niederlassung gewisser Ausländer zu verhindern. Die Prüfung der Gesuche sei meist sehr zeitaufwendig, vor allem bei den Staatsangehörigen der Mittelmächte und bei den Osteuropäern. Oft stellten sich deren Angaben als unwahr heraus. Hätte man sie aber einmal hereingelassen, so seien sie kaum mehr loszuwerden, sie wechselten oft den Wohnort und wenn sie dann einmal ein Haus gekauft hätten, liessen sie sich einbürgern.[70]

Die Überprüfung aller Aufenthalts- und Niederlassungsbewilligungen sowie einen besonderen Status für die Schriftenlosen erachtet Holenstein als unbedingt notwendig. Für Walther drängt sich eine Neuregelung der Niederlassungsbedingungen auf. Gewissen Erleichterungen für den Tourismus will er sich nicht widersetzen, doch zeigt er sich völlig unbeugsam, wenn es um den freien Verkehr von Arbeitskräften geht.

Die Vertreter der sozialpolitischen Gruppe sprechen sich gegen die Aufhebung der Fremdenpolizei aus und verlangen einhellig und mit besonderem Nachdruck, dass die Einwanderung von Arbeitskräften erschwert werde. Die Liberalen jedoch hatten sich schon immer gegen die Vollmachten und den Etatismus gewehrt, sie kritisieren auch jetzt die Zentralstelle für Fremdenpolizei und verlangen, dass die Kompetenzen der Kantone wiederhergestellt werden. Immerhin wollen sie dem Bundesstaat eine Kontrolle über die Niederlassungen zubilligen.

Auch die Sozialdemokraten sind für die Abschaffung der Fremdenpolizei, doch halten sie sich weitgehend aus der Debatte heraus, sie wollen weder das föderalistische noch das Tourismus-freundliche Lager unterstützen. Ernst Nobs (ZH) erachtet die Überwachung der Grenzen als völlig überflüssig. Er anerkennt zwar die Notwendigkeit, den Arbeitsmarkt zu kontrollieren, doch er strebt eine tiefergreifende Änderung der Bundespolitik an. Mit einem sehr konservativen Geist sei die Fremdenpolizei an die Lösung der «Überfremdungsfrage» herangegangen, deshalb solle dieses Instrument abgeschafft werden. Insbesondere sei es nicht ihre Aufgabe, ausländische Arbeitslose fernzuhalten. Paul Graber (NE) will die diskriminierende Unterteilung in zwei Ausländerkategorien nicht akzeptieren: Touristen, die eine Vorzugsbehandlung erfahren sollen, und Arbeiter, deren Niederlassung in der Schweiz weiterhin durch strenge, schikanöse und komplizierte Vorschriften geregelt werden solle. Die Bekämpfung der Arbeitslosigkeit ist für ihn kein stichhaltiges Argument für ein Festhalten an der Fremdenpolizei: Weder seien die betroffenen ausländischen Arbeiter Arbeitslose, noch dürfe man in ihnen unerwünschte Konkurrenten sehen, denn sie erfüllten für unser Land nützliche Aufgaben und deshalb sei ihre Anwesenheit legitim. Für den Kommunisten Fritz Platten (ZH) gehört die Fremdenpolizei in die Sammlung reaktionärer Massnahmen. Die Arbeitslosigkeit mit Zwangsmassnahmen bekämpfen zu wollen, sei eine Methode der scheinheiligen bürgerlichen Klasse.

Die Bundesbehörden hingegen bestehen auf gesetzlichen Bestimmungen, die ihnen eine Regulierung der Einwanderung ermöglichen. So ist es für den freisinnigen Vorsteher des Eidgenössischen Justiz- und Polizeidepartements, Bundesrat Eduard Müller[71], völlig undenkbar, die Fremdenpolizei abzuschaffen; eine Lockerung der Einreisekontrolle sei in naher Zukunft nicht vorgesehen. Im Jahre 1919 befürchtet Müller gar eine Invasion aus dem Osten: «Polnische und galizische Händler streben, nachdem sie Wien ausgeplündert haben, in die Schweiz; dass dieselben unerwünscht sind, trotzdem sie grosse Hotels besuchen, wird kaum bestritten werden können.»[72] Auch Müllers Nachfolger Heinrich Häberlin[73] sieht in der Fremdenpolizei eine wirksame Waffe gegen die Einwanderung, sie sei «nötig gegen die Gefahr von Osten».[74] Dass diese Haltung nicht frei ist von antisemitischem Gedankengut beweist die sehr direkte Sprache des Leiters der Abteilung für auswärtige Angelegenheiten, Paul Dinichert. Die Debatten im Reichstag über die Einwanderung von Ostjuden nach Deutschland sowie die grosse Zahl von Juden, die sich in Zürich niedergelassen haben, beunruhigen ihn sehr. Er schreibt dem Leiter der Zentralstelle für Fremdenpolizei, Heinrich Rothmund: «[...]

l'élément juif est d'une manière générale, plus nuisible qu'utile à notre pays et nous estimons que le moment est venu d'étudier les moyens qui pourront paraître opportuns, aux fins de soumettre à un contrôle particulièrement sévère l'entrée des juifs en Suisse.»[75] Doch Rothmund kann ihn beruhigen: Er habe bereits Massnahmen getroffen, um die schweizerischen Botschaften und Konsulate im Ausland aufzufordern, «particulièrement attentifs dans l'octroi des visas aux Israélites polonais, galiciens, roumains»[76] zu sein.

Die Debatten in der Bundesversammlung scheinen völlig festgefahren zu sein, als eine Motion des liberalen Ständerates Jacques Rutty (GE) vom 6. Juni 1921 den Bundesrat einlädt, «ohne Verzug die Vorschriften über die Fremdenpolizei aufzuheben und den Kantonen auf diesem Gebiet ihre verwaltungsrechtlichen Zuständigkeiten der Vorkriegszeit zurückzugeben, unter Vorbehalt der Überwachung der von den kantonalen Behörden ausgestellten Niederlassungsbewilligungen».[77] Oskar Wettstein, Mitglied des Vorstands der Freisinnigen Partei, nimmt dies zum Anlass, einen Vorschlag zu unterbreiten, der den Weg aus der Sackgasse aufzeigt: Nicht der Aufenthalt eines Fremden in der Schweiz soll mit strengen Regeln und Vorsichtsmassnahmen kontrolliert werden, sondern seine Niederlassung. Dadurch wäre der freie Personenverkehr gewährleistet und die Touristen könnten ungehindert einreisen.

Diese Auffassung setzt sich allmählich in der Bundesversammlung durch und führt am 29. November 1921 zur Annahme einer Bundesverordnung, die eine entscheidende Wende im Kampf um die Kontrolle der Einwanderung bedeutet. Ein Visum kommt von nun an nicht mehr einer Aufenthaltsbewilligung gleich, denn eine solche fällt nun wieder in den Kompetenzbereich der Kantone. Der Bund behält sich lediglich vor, länger dauernde Aufenthalte oder Niederlassungen von Ausländern, die eine Arbeitsstelle annehmen, zu kontrollieren: «Alle Bewilligungen zum Aufenthalt (Aufenthalts- und Niederlassungsbewilligungen) werden durch die Kantone erteilt (Art. 17, Abs. 2). Gegen sie steht der Zentralstelle für Fremdenpolizei gemäss Artikel 19 das Einspracherecht zu, wenn es sich um bleibende oder erwerbstätige Ausländer handelt, ausgenommen bei Saisonarbeitern für die laufende Saison und Dienstmädchen für zwei Jahre (Art. 18, Abs. 2).»[78]

Wettstein strebt eine Verfassungsänderung an, die ein Bundesgesetz zur Regelung der Niederlassung von Ausländern ermöglichen soll. Sein Postulat vom 19. Dezember 1923 stösst auf keinerlei Widerstand: «Die einstimmige Annahme dieses Postulates erfolgte in unmittelbarem Anschluss an die Beratung über die Massnahmen gegen die Überfremdung, insbesondere über die Neuregelung des Einbürgerungsrechtes; der Ständerat will demnach die beiden Seiten des Überfremdungsproblems, die Einbürgerungs- und die fremdenpolizeiliche Frage, nebeneinander und im Zusammenhang behandelt sehen.»[79]

Am 2. Juni 1924 legt der Bundesrat einen Entwurf zur Revision der Bundesverfassung vor, wodurch dem Bund die Kompetenz erteilt werden soll, über Ein- und Ausreise, Aufenthalt und Niederlassung von Ausländern Gesetze zu erlassen. «Es ist klar, dass ein sehr starker latenter Einwanderungswille vorhanden ist, der sogleich zu einem wahren Run führen würde, wenn er nicht durch die allerorts bekannte Schwierigkeit, Niederlassung zu erlangen, niedergehalten würde. Noch immer drängen wirtschaftliche und politische Not in vielen Ländern zur Auswanderung, und Volksmassen von der heterogensten Zusammensetzung werden nur durch die geringe Aussicht, anderswo anzukommen, an ihrem Standort festgehalten.»[80] Es geht dem Bundesrat aber nicht nur um die Niederlassungsbewilligung, er möchte auch das Recht haben, schriftenlose Ausländer schon an der Grenze zurückzuweisen, damit das Land nicht zum «Sammelpunkt aller Entwurzelten»[81] werde. Ein Beamter der Zentralstelle der Fremdenpolizei sieht die Angelegenheit so: «Se la Svizzera lasciasse aperta la frontiera passerebbe da 4 milioni di abitanti a 5 o 6 milioni perché intere regioni, del prossimo Oriente in ispecie, intere popolazioni di slavi e di ebrei si precipiterebbero verso il nostro territorio.»[82]

Die Bundesversammlung stimmt dem Vorhaben zu, und am 25. Oktober 1925 nimmt das Volk die Einfügung eines Artikels 69ter in die Verfassung an. Nun muss die Gesetzgebung an die Hand genommen und für die Fremdenpolizei, die aufgrund der Vollmachten entstanden ist, eine gesetzliche Grundlage geschaffen werden. Als wichtigste Waffe im Kampf gegen die «Überfremdung» soll der Zentralstelle die Möglichkeit gegeben werden, die Niederlassungsbewilligung zu verweigern.

Am 17. Juni 1929 legt der Bundesrat einen Vorschlag für ein Gesetz über Aufenthalt und Niederlassung vor,[83] das ein Bündel von protektionistischen Massnahmen enthält, die ihm geeignet erscheinen, die «Überfremdung» wirksam zu bekämpfen, den Arbeitsmarkt zu schützen und die Assimilation der Ausländer im Hinblick auf ihre Einbürgerung vorzubereiten. Der niedergelassene Ausländer hat einen privilegierten Status. Seine Bewilligung ist nicht befristet; auch besteht die Absicht, ihn punkto Sozialgesetzgebung den Einheimischen möglichst gleichzustellen. Die Aufenthaltsbewilligung hingegen soll grundsätzlich nur befristet erteilt werden; sie dürfe weder de jure noch de facto einen dauernden Charakter besitzen.

Für Bundesrat Häberlin bedeutet das Gesetz ein Weitergehen auf dem Weg, den die eidgenössische Politik seit 1917 eingeschlagen habe: «Der Geist dieses Gesetzes ist die Quintessenz aus der Entwicklung der Fremdenpolizei seit den letzten 15 Jahren, vor allem in den letzten 10 Jahren nach Kriegsschluss, und zwar einer langen Entwicklung [...] so werden sie konstatieren können [...] dass wir zu einer Vorlage gekommen sind, die von Grenzkontrolle, Einreiseformalität gar nichts mehr sagt. Dass wir natürlich die Aufenthaltsrechte der Fremden in unserem Staate regeln müssen, ist klar; das wird immer notwendig bleiben, ob Kriegs- oder Friedenszeit ist.»[84]

Der Vorschlag des Bundesrates will die Kontrolle im Innern des Landes verstärken, nämlich dort, wo die Bewilligungen erteilt werden. Die Ausländer sind nicht mehr berechtigt, den Aufenthalt oder die Niederlassung zu verlangen; die Erteilung der Bewilligung hängt von der Entscheidung der Behörden ab. Diese haben im Bewilligungsverfahren «bei ihren Entscheidungen die geistigen und wirtschaftlichen Interessen sowie den Grad der Überfremdung des Landes zu berücksichtigen».[85] Der Ausländer,

der einer Tätigkeit nachgehen möchte, muss sich vor seiner Anstellung eine Aufenthaltsbewilligung verschaffen. «In allen für die Überfremdung nicht dringlich in Betracht kommenden Fällen»[86] sind die Kantone zuständig, insbesondere sind sie frei, zeitlich befristete Aufenthaltsbewilligungen für Saisonarbeiter zu erteilen, diese dürfen allerdings die Dauer von neun Monaten nicht übersteigen. Aufenthaltsbewilligungen für längere Zeit und Niederlassungsbewilligungen bedürfen der Zustimmung durch die eidgenössische Fremdenpolizei.

Dasselbe gilt für die «Toleranz», die denjenigen Ausländern, die über keine gültigen Ausweispapiere verfügen, gewährt wird: Ihnen soll es gegen Hinterlegung einer Kaution erlaubt sein, sich vorübergehend in der Schweiz aufzuhalten. Aber: «Die Toleranz kann jederzeit entzogen werden; daraus ergibt sich als selbstverständlich, dass sie auch an Bedingungen geknüpft werden kann, deren Einhaltung aber keinen Rechtsanspruch auf Fortdauer der Toleranz verleiht.»[87] Die Verweigerung einer Bewilligung ist eine ausschliesslich kantonale Angelegenheit; aber: «Der Bundesrat kann einem Ausländer, welcher glaubhaft macht, er suche Zuflucht vor politischer Verfolgung, und welchem eine Bewilligung verweigert wurde, Asyl gewähren, indem er einen Kanton, nach Einholung von dessen Vernehmlassung, zur Duldung verpflichtet.»[88] Die Ein- und Ausreise von Ausländern sowie die Grenzkontrolle sollen auf dem Verordnungsweg geregelt werden. Der Bundesrat möchte seinen Handlungsspielraum nicht durch zu enge gesetzliche Vorschriften verlieren, damit in politischen oder wirtschaftlichen Krisensituationen, in denen das Land mit einem aussergewöhnlichen Andrang von Ausländern rechnen muss, ein schnelles Reagieren möglich ist.

Für die Sozialdemokraten bedeutet diese Gesetzesvorlage kein wirksames Mittel zum Schutz des nationalen Arbeitsmarktes. Man dürfe das Recht, über die Aufnahme von fremden Arbeitern zu entscheiden, nicht allein der Fremdenpolizei überlassen, welche ihre Entscheide selbst gegen die Meinung der kantonalen Arbeitsämter durchsetzen könne. Nationalrat Achille Borella (TI) verlangt im Namen der Sozialdemokraten Rückweisung und Vorlegen eines neuen Berichts.[89] Dass sich das Gesetz über die Asylfrage völlig ausschweigt, ist für die Sozialdemokraten ebenso beunruhigend wie der polizeistaatliche Charakter der Vorlage.

«In Art. 21 haben wir das Asylrecht ohne weiteres anerkannt. Das genügt aber nicht in der heutigen Zeit, wo wir Staaten haben, die ihrem Angehörigen von einem Tag auf den andern wegen irgendeiner politischen Laune das Passvisum verweigern und ihn schriftenlos machen, so dass er, der vielleicht schon 10 oder 20 Jahre bei uns gewohnt hat, keine gültigen Ausweispapiere mehr hat. Es ist also notwendig, die Frage der Toleranz genau zu regeln. Man soll es nicht der Willkür irgendeines untergeordneten Polizeibeamten überlassen, über das Schicksal eines Menschen zu entscheiden.»[90]

Die Flüchtlingspolitik sei eine schweizerische Tradition, und deshalb hätte das Asylrecht im Gesetz verankert werden müssen. Auch Borella greift die Bestimmung an, welche die Bundesbehörden berechtigen soll, «gegen persönlich unerwünschte Ausländer» eine Einreisesperre zu verfügen.[91] Seiner Meinung nach sind der Willkür Tür und

Tor geöffnet, wenn ein Gesetz unklare Begriffe enthalte, die der Interpretation bedürften: «*Indésirable* est un mot qui peut donner aux autorités de police la faculté de ne plus laisser entrer personne, parce que l'autorité pourra toujours dire que celui qui demande à entrer en Suisse pour séjourner est indésirable.»[92]

Der Kommunist Franz Welti (Kanton Baselstadt – BS) verurteilt politische Überlegungen, welche das Asylrecht nach Gesichtspunkten definieren wollen, die durch die Interessen des Bürgertums diktiert würden. Er erinnert an die Grundlagen des sozialistischen Programmes: «1. Volles Asylrecht für proletarische, politische Emigranten und für die Opfer des Kampfes gegen die nationale Unterdrückung. 2. Keine Ausweisung und keine Verhaftung wegen Passlosigkeit, keine Auslieferung in Fällen des sogenannten relativen politischen Verbrechens. 3. Arbeitsmöglichkeit, sowie juristische und materielle Gleichstellung der politischen Emigranten in der Schweiz.»[93] Und Welti erklärt: «[...] wir werden alle unsere Kräfte dafür einsetzen, dass bei einer Referendumsabstimmung über dieses reaktionäre, faszistische Fremdenpolizeigesetz die grosse, bisher durch die Sozialdemokratie irregeleitete Arbeitermasse unter der Führung unserer Partei aufmarschieren und ein ‹Nein› in die Urne legen werde.»

Auch die mit der Verteidigung des Asylrechts eng verbundene Frage der Ausweisungen und des Rechts des Ausländers, Einsicht in sein Dossier zu nehmen, löst eine sehr intensive Debatte aus. Die Kommunisten sind der Meinung, das vorgeschlagene Gesetz sei «reaktionär durch und durch, es zeugt von der fortschreitenden Faszisierung der bürgerlichen Demokratie»[94]. Die Argumente seien rein demagogischer Art und nur darauf ausgerichtet, in den Reihen der Arbeiterklasse auf Stimmenfang zu gehen.

Am 26. März 1931 schliesslich wird dem Vorhaben in beiden Kammern ohne wesentliche Änderungen zugestimmt. Sehr zufrieden mit diesem Schritt ist Bundesrat Häberlin, der «zuerst dem Parlament und dem Schweizervolk den Puls abtasten»[95] wollte, bevor er für eine Gesetzesrevision tätig würde. Mit dem «Bundesgesetz über Aufenthalt und Niederlassung der Ausländer»[96] sowie mit der entsprechenden «Vollziehungsverordnung»[97] verfügt der Bund nun über die notwendigen Instrumente für eine Beschränkung der Einwanderung, in deren Anwendung er auch genügend flexibel ist, um auf die Bedürfnisse der Wirtschaft Rücksicht zu nehmen und ihnen entgegenzukommen. Auch die Kontrolle der Flüchtlinge wird er verstärkt handhaben können, denn es besteht eine grosse Angst vor einer Masseneinwanderung von Juden und Kommunisten. Artikel 2, Absatz 3 des Gesetzes von 1931 besagt: «Der Bundesrat kann, wenn besondere Verhältnisse es notwendig machen, für alle Ausländer oder für Gruppen solcher, sowie für diejenigen, die Ausländer beherbergen, strengere Meldevorschriften erlassen.»[98] Opportunitätsüberlegungen haben dazu geführt, dass von nun an das Asylrecht ebenfalls von den Anordnungen über Aufenthalt und Niederlassung von Ausländern abhängt. Seit 1933 wird die Flüchtlingspolitik auf innenpolitische Bedürfnisse abgestimmt und jeweils gegenüber der Gefahr einer Masseneinwanderung und der «Überfremdung» sorgfältig abgewogen.

Die Einbürgerungsregelung oder das Scheitern des politischen Willens zur Integration

Die geänderte Auffassung des Begriffs «Assimilation» und, damit verknüpft, eine neue Vorstellung von nationaler Identität haben dazu beigetragen, dass sich die Einwanderungskontrolle zu einem Mittel im Kampf gegen die «Überfremdung» entwickelt hat. Seit anfangs des Jahrhunderts ist die erleichterte Einbürgerung von der Mehrheit der Politiker und Intellektuellen als Weg zur Assimilation der Ausländer gepriesen worden, doch diese Haltung verschwindet während der Kriegszeit ganz und macht einer entgegengesetzten, auf fremdenfeindlichem Nationalismus basierenden Auffassung Platz. Seit dem Waffenstillstand und dem Landesstreik ist bei der Mehrheit der Politiker ein deutlicher Gesinnungswandel bezüglich der Einwanderungs- und Einbürgerungsfrage festzustellen. In einem politischen Klima, das stark vom Kriegstrauma geprägt und von der Vorstellung beherrscht ist, es gelte die ursprüngliche Identität gegen fremde Einflüsse zu verteidigen, nimmt sich die Schweiz vor, ihr Gesetz über die Einbürgerung aus dem Jahre 1903 sowie den Artikel 44 der Bundesverfassung zu revidieren.

Die Presse ist immer ein guter Indikator für die jeweils vorherrschende Geisteshaltung. Die «Gazette de Lausanne» war schon vor dem Krieg nicht ohne Vorbehalte gegenüber der Idee «Assimilieren durch Einbürgern», jetzt befürchtet sie überstürzte Einbürgerungen ohne vorherige völlige Assimilation der Ausländer. In einer mehr oder weniger erzwungenen Einbürgerung kann das liberale Organ keinesfalls eine Lösung sehen, habe man es doch mit Tausenden von sehr umtriebigen Ausländern zu tun, Refraktären und Deserteuren, welche nun als Staatenlose so schnell wie möglich Schweizer werden möchten. Auch das «Journal de Genève» ist der Meinung, die Schweiz sollte in Zukunft nur noch Ausländer aufnehmen, die an die helvetische Mentalität völlig assimiliert seien, und die Leitung ihrer Geschicke nur solchen Personen anvertrauen, die von Erziehung, Gesinnung und Gefühl her richtige Schweizer seien. Für die «Neue Zürcher Zeitung» ist die Zeit für eine Neuorientierung bei der Gewährung des Bürgerrechts gekommen. Sie hält weiterhin an der Forderung fest, ein *ius soli* einzuführen, möchte aber die Einbürgerung nur Ausländern von hoher moralischer Gesinnung zugestehen. Zudem müsse man auch die wirtschaftlichen und sozialen Interessen des Landes berücksichtigen, denn zu viele ausländische Industrielle suchten im Bürgerrecht einfach die Möglichkeit, ihre wirtschaftlichen Aktivitäten zugunsten ihres ursprünglichen Heimatlandes ungestraft entfalten zu können.

Am 28. Juni 1919 unterbreitet der Bundesrat dem Parlament einen Antrag zur Teilrevision des Gesetzes über die Einbürgerung, wonach ein Antragsteller innert der letzten zwölf Jahre mindestens sechs Jahre in der Schweiz gewohnt haben muss.[99] Dadurch wird die bisherige, allein von staatsbürgerlichen Überlegungen geprägte Vorstellung von «Assimilieren durch Einbürgern» fallengelassen, der Einbürgerungswillige muss nun seine «Assimilation an unser Volkstum» durch einen langen Aufenthalt in unserem Lande belegen können.[100]

Es gibt indessen gewisse Kategorien von Ausländern, die aufgrund ihrer Mentalität und Kultur als «nicht-assimilierbar» gelten. Dies ist der Fall bei den Juden, ganz besonders bei den Ostjuden, deren Einbürgerungen es zu beschränken gelte. So stützt im Dezember 1920 der Bundesrat den Beschluss der Stadtzürcher Behörden, die Aufenthaltsbedingungen für jüdische Einbürgerungswillige zu verschärfen:[101] «Es liegt im dringenden Interesse der Schweiz, nur solche Ausländer einzubürgern, die sich nach ihrer Lebensauffassung und Gesinnung dazu eignen, nützliche Glieder des schweizerischen Volkstums zu werden.»[102]

Im Jahre 1910 zählt die jüdische Bevölkerung in der Schweiz 18'462 Personen, wovon 66 Prozent Ausländer sind. In den politischen Diskussionen werden aber oft Juden und Osteuropäer gleichgesetzt.

Die geplante Gesetzesänderung verursacht in beiden Kammern eine sehr ausgiebige Debatte, an der sich allerdings nur einige wenige Redner beteiligen. Die sozialdemokratischen Parlamentarier widersetzen sich geschlossen einer Verschärfung der Bedingungen für den Erwerb des Bürgerrechts. Ihrer Meinung nach hat sich der Bundesrat unter der «reaktionären» Führung Felix Calonders (GR) auf eine sehr kurzsichtige Politik eingelassen, welche keine Lösung der «Überfremdungsfrage» bringen könne. Die Haltung der Bürgerlichen sei scheinheilig, denn gerade sie hätten doch die Einbürgerungsfrage aus rein politischen Gründen immer wieder verschleppt. Den niedergelassenen Ausländern politische Rechte zugestehen, würde, da die meisten von ihnen Arbeiter seien, eine Stärkung des Sozialismus bedeuten. «Voilà pourquoi notre gouvernement radical, patriote et capitaliste se garde de faciliter la naturalisation des étrangers et laisse la question s'aggraver.»[103]

Die Parteien der Rechten hingegen billigen die aufgrund der Vollmachten getroffenen Massnahmen des Bundes und möchten sie nun auch gesetzlich verankern. Sie befürchten Einbürgerungen aus opportunistischen Gründen, vor allem solche von Ausländern, die sich erst nach dem Kriegsausbruch in der Schweiz niedergelassen haben. Auch möchten sie die Aufnahme von Fremden verhindern, die sich den nationalen Sitten und Bräuchen nicht angepasst hätten, also nicht «assimiliert» seien, denn der Krieg habe entwurzelte Leute ins Land geschwemmt, die keine wirkliche Bindung an die Schweiz besässen. Die katholisch-konservativen Kommissionsberichterstatter, sehr einflussreiche Persönlichkeiten, setzen sich vehement dafür ein, dass die Bedingungen für den Erwerb des Schweizer Bürgerrechts verschärft werden. Alfons von Streng (TG) vertritt im Nationalrat die Meinung, man müsse in Zukunft eine Garantie haben, «dass der Einzubürgernde sich innerlich an unsere politischen und völkischen Verhältnisse angeschlossen habe».[104] Der Neuenburger Liberale Otto de Dardel richtet sich mit äusserster Heftigkeit gegen die geschäftstüchtige Politik gewisser Gemeinden, welche das Schweizer Bürgerrecht während des Krieges um des finanziellen Profites willen regelrecht verschachert hätten. Um einen Kandidaten besser beurteilen zu können, beantragt de Dardel, dass dieser sein Gesuch nur in dem Kanton stellen dürfe, in dem er in den letzten beiden Jahren gewohnt und gearbeitet habe.[105] Die Vertreter der

Bauern-, Gewerbe- und Bürgerpartei beteiligen sich nicht an der Debatte; allerdings bestehen keinerlei Unklarheiten über deren Position, hat die Partei doch deutlich erklärt, wie sie das «Überfremdungsproblem» angehen möchte: «Die Bauernpartei [...] erblickt die Lösung nicht so sehr in der Zwangseinbürgerung als in der dauernden Beschränkung der Niederlassungsfreiheit für Ausländer.»[106]

Einige abweichende Meinungsäusserungen kommen aus dem Lager der Freisinnigen. So werfen die Ständeräte Oskar Wettstein und Beat Bolli (Kanton Schaffhausen – SH) dem Politischen Departement vor, eine von «reaktionärer» Gesinnung zeugende politische Richtung noch zu unterstützen. Beide befürworten zwar auch eine Kontrolle der Einbürgerungen, erachten es aber als äusserst gefährlich, eine Revision in einem von fremdenfeindlichen Gefühlen geprägten Klima anzugehen, da dieses dem ganzen Unternehmen bereits die Richtung diktiere. Die Weigerung, auf die Materie einzutreten, ist aber nicht in jedem Fall ein Beweis für eine offene Haltung. Nationalrat Otto Hunziker (Kanton Aargau – AG) argumentiert mit der bereits bestehenden Möglichkeit, die aus rein opportunistischen Gründen gestellten Gesuche aufgrund der jetzigen Regelungen auszuscheiden, und betont, es sei besondere Vorsicht gegenüber Gesuchstellern am Platz, die aus wirtschaftlichen oder fiskalischen Gründen eingebürgert werden wollten. Ausserdem befürchtet er, dass eine Revision die Gesuche von ausländischen Deserteuren, die ihr Land ab 1914 verlassen haben, legitimieren könnte.

Mit einigen restriktiven Änderungen wird die Gesetzesvorlage am 26. Juni 1920 von beiden Kammern angenommen, nur kurze Zeit bevor das Parlament mit zwei Vorschlägen zur Revision von Artikel 44 der Bundesverfassung konfrontiert wird. Der erste wird vom Bundesrat vorgelegt: Die Botschaft vom 9. November 1920[107] ist das Resultat eines Postulats, welches der Nationalrat 1910 überwiesen hatte; der zweite ist eine von 59'812 Stimmbürgern unterschriebene Volksinitiative, die am 6. März 1920 vom Staatsschreiber des Kantons Aargau in Bern übergeben wurde.[108]

Ein Nationalismus, der nicht integrieren, sondern ausgrenzen will, ist die Triebfeder der Aargauer Initiative, die eine deutliche Verschärfung der Einbürgerungsbedingungen verlangt. Die Initiative verlängert die Niederlassungsfrist auf 12 Jahre.[109] Eine zusätzliche Diskriminierung soll die neu Eingebürgerten treffen, welche diese zwölf Jahre nicht in der Zeit zwischen dem zurückgelegten fünften Altersjahr und dem Erreichen der Volljährigkeit nachweisen können: Ihnen soll das passive Wahlrecht verweigert werden. Die Einbürgerung von in der Schweiz geborenen und aufgewachsenen Ausländern soll hingegen durch die Bundesgesetzgebung erleichtert werden, indem sie «von Gesetzes wegen» Schweizerbürger werden. Der Vorschlag des Bundesrates geht weniger weit und will die Bedingungen für den Erwerb und den Verlust des Schweizer Bürgerrechts auf dem Wege der Gesetzgebung festlegen, ebenso die Einführung eines *ius soli*, welches jedoch beschränkt sein soll auf Kinder, deren Mutter von Geburt Schweizerin war, oder die einen Elternteil haben, der in der Schweiz geboren wurde. Aber auch der Bundesrat bricht mit der bisherigen Auffassung von der staatsbürgerlichen Bedeutung des Bürgerrechts, indem er neu Eingebürgerten das passive Wahlrecht während fünf Jahren vorenthalten will.

Die Debatten über die Verfassungsrevision zeigen deutlich, dass Argumente, welche die «Identität» ins Spiel bringen – die schweizerischen Sitten und Gebräuche, die nationale Mentalität, die es zu verteidigen gilt – zunehmend an Gewicht gewinnen gegenüber einer republikanischen und utilitaristischen Auffassung, welche die «Nation» als politisches und staatsbürgerliches Gebilde versteht, dessen Funktionieren erleichtert werden soll. Dieser Richtungswechsel wird besonders in einem Teil der Rechtspresse deutlich, welche die Ausländerinitiative unterstützt, vor allem in der welschen Schweiz. So schreibt Jean Martin, Redaktor beim «Journal de Genève», am 4. Oktober 1919 in einem Artikel mit dem Titel «Les indésirables»: «Nous ne saurions donc hésiter: une initiative populaire qui a pour objet et qui aura pour effet de nettoyer le sol de notre pays des scories étrangères qui le souillent a droit à toute notre sympathie et à tout notre appui.»

Der Kampf gegen die «Papierschweizer» entspricht dem Slogan «die Schweiz den Schweizern». Die Genfer Demokratische Partei unterstützt die Initiative. Auch George Rigassi vertritt in der «Gazette de Lausanne» die Meinung, die Schweizer müssten die Herren im eigenen Hause bleiben. Nun biete die Initiative dem Volk die Gelegenheit, von Worten zu Taten überzugehen und sowohl dem Bundesrat als auch dem Parlament einen ernsthaften Verweis zu erteilen.

Das sozialdemokratische «Volksrecht» beklagt, wie sehr der Krieg das Kleinbürgertum beeinflusst habe, welches nun unter dem Banner des Patriotismus mit einer «politischen Kriegsreaktion» aufwarte. Die Anhänger der Ausländerinitiative werden beschuldigt: «Nun haben einige Leute das Bedürfnis, wenn nicht der Judenhetze, so doch der Ausländerhetze und der darauf aufgebauten Praxis, eine solidere, verfassungsmässige Grundlage zu geben.»[110]

In den beiden Kammern findet die Initiative kaum Unterstützung. Die ständerätliche Kommission kann weder Nutzen noch Vorteile in verfassungsmässig verankerten Wohnsitzbedingungen sehen. Die Assimilation eines Ausländers hänge nicht nur von der Dauer seines Aufenthaltes ab, viel wichtiger seien andere Umstände wie die Nationalität des Gesuchstellers, sein Alter, sein Charakter sowie der Grad seiner Integration. Ausser Wettstein spricht sich die ganze Kommission kategorisch gegen die Einführung eines *ius soli* aus. Die Initiative wird im Oktober 1919 sowohl vom Ständerat als auch vom Nationalrat ohne Gegenvorschlag abgelehnt.[111] Die Initiative findet, weil ihre fremdenfeindliche Atmosphäre sie nicht akzeptabel macht, zwar keine Zustimmung, aber ihre politische Stossrichtung wird nicht verurteilt.[112]

Der politische Wille, die Einbürgerung der ersten Generation von Einwanderern zu erleichtern, ist verlorengegangen, die Vorstellung, die zweite Generation durch ein partielles *ius soli* zu integrieren, lebt aber noch eine gewisse Zeit weiter. Doch im Verlaufe des sehr komplexen Prozess der Entscheidungsfindung, der sowohl vom Wunsch nach Schutz vor unerwünschten Personen als auch von einem übersteigerten patriotischen Eifer geprägt wird, verliert die geplante Verfassungsreform immer mehr an inhaltlicher Substanz.

Und in der Tat verlaufen die Verhandlungen über dieses Vorhaben des Bundesrates bis 1927 im Sande. Als einziges Resultat ergibt sich eine unbedeutende Revision von Artikel 44 der Bundesverfassung: Die eidgenössische Gesetzgebung kann die schweizerische Staatsbürgerschaft nur einem Kind zugestehen, «wenn seine Mutter von Abstammung Schweizerbürgerin war und die Eltern zur Zeit der Geburt in der Schweiz ihren Wohnsitz haben».[113] Die grossen bürgerlichen Parteien fordern das Volk auf, die Revision zu unterstützen. Die Sozialdemokraten erachten diese Neuerung als nützlich und vorteilhaft, könnten doch so die Probleme zahlreicher Arbeiterfamilien gelöst werden.[114] Am 20. Mai 1928 stimmt das Schweizervolk mit geringer Anteilnahme dem neuen Artikel 44 zu. Das neue Bundesgesetz über Erwerb und Verlust der Schweizerbürgerrechts wird erst am 29. September 1952 angenommen. Es verlangt, dass vor der Einbürgerung die Eignung eines Antragstellers geprüft wird.

Mit diesem Ergebnis bestätigt sich, was Oskar Wettstein schon 1924 mit Bitterkeit festgestellt hat: «Die bisherige Behandlung der Einbürgerungsfrage in der Schweiz ist leider nicht die Geschichte eines sieghaften Gedankens, des Aufstieges einer nationalen Erkenntnis, sondern die Leidensgeschichte eines Niedergangs, des Versinkens einer grossen und starken nationalen Idee in den Sumpf politischer Ängste und kleiner ökonomischer Sorgen. Kaum je hat unsere Geschichte einen so jähen und heftigen Stimmungswechsel zu verzeichnen gehabt, wie in der Überfremdungsfrage.»[115]

Wer ist «Schweizer»? War diese Frage bisher eine politische und staatsbürgerliche, so erhält sie nun eine neue, mythische Dimension. Die schweizerische Eigenart ist etwas Angeborenes, folglich kann ein Fremder auch nicht einfach durch den Akt der Einbürgerung zu einem Schweizer gemacht werden, er muss sich erst innerlich zu einem solchen entwickeln. «La fonction imaginaire d'une personnalité nationale s'est désormais entièrement substituée à la rationalité civique de la participation. Dès lors l'acquisition de la nationalité n'est plus une condition, mais une conséquence de l'assimilation.»[116]

Aus dem Französischen übersetzt von Monika Schib Stirnimann.

Anmerkungen

1 Belgien 3.4%, Frankreich 2.7%, Deutschland 2%. Bei der Interpretation dieser Zahlen müssen allerdings auch die Einbürgerungsmodalitäten berücksichtigt werden, so ist es zum Beispiel in Frankreich einfacher, die Staatsbürgerschaft zu erhalten.
2 Zu dieser Frage vgl. Gérald Arlettaz, Démographie et identité nationale (1850–1914). La Suisse et «La question des étrangers», in: Studien und Quellen, Nr. 11, Bern 1985, S. 83–180.
3 Arlettaz, Gérald, «Aux origines de la *question des étrangères* en Suisse», in: *Passé Pluriel*. En hommage au professeur Roland Ruffieux, Fribourg, 1991, S. 189.
4 Schweizerisches Bundesarchiv (BAR), E 22/550.
5 Zu den Statistiken während des Krieges vgl. Gérald Arlettaz, Les effets de la Première Guerre mondiale sur l'intégration des étrangers en Suisse, in: Relations internationales, Nr. 54, 1988, S. 164–167.
6 Amtliche Sammlung der Bundesgesetze und Verordnungen (= AS), Bd. 33, 1917, S. 959–967.
7 Zur Gesetzgebung bezüglich der Fremdenpolizei vgl. Uriel Gast, Von der Kontrolle zur Abwehr. Die eidgenössische Fremdenpolizei im Spannungsfeld von Politik und Wirtschaft 1915–1933, Zürich 1997.
8 Zu den Debatten in beiden Kammern vgl. Gérald Arlettaz/Silvia Arlettaz, Les Chambres fédérales face à la présence et à l'immigration étrangères (1914–1922), in: Studien und Quellen, Nr. 16/17, Bern 1990/91, S. 9–155.
9 Zweiter Tätigkeitsbericht des Sekretariats der freisinnig-demokratischen Partei der Schweiz, Berichtsjahr 1916/17, Bern 1917, S. 33.
10 Ebda., S. 11.
11 Troisième Rapport sur l'activité de Secrétariat du Parti radical-démocratique suisse 1917–1918, Berne 1918, S. 34: «l'invasion du marché du travail suisse par les éléments étrangers de moindre valeur et la prolifération des firmes étrangères en Suisse».
12 Ebda., S. 68f.: «voir l'étranger déverser chez nous ce qui aura été gâté par la guerre ou ce qui est autrement sans valeur».
13 Gérald Arlettaz/Silvia Arlettaz, La Première Guerre mondiale et l'émergence d'une politique migratoire interventionniste, in: Paul Bairoch/Martin Körner (Hg.), La Suisse dans l'économie mondiale (15°–20° siècle), Zürich 1990, S. 319–337.
14 Arlettaz/Arlettaz (wie Anm. 8), S. 77f.
15 Schweizerisches Bundesarchiv (=BAR), E 1302, I, Nationalrat, 21. Dezember 1918.
16 Motion vom 5. Dezember 1918, Amtliches stenographisches Bulletin der Bundesversammlung (=St. B.), Ständerat, 28.–29. Januar 1919.
17 Ebda., S. 4.
18 Zweiter Tätigkeitsbericht des Sekretariats der freisinnig-demokratischen Partei der Schweiz (wie Anm. 9), S. 11.
19 Zum Schutze der nationalen Arbeitskraft, in: Schweizerischer Gewerkschaftsbund, Gewerkschaftskorrespondenz, Nr. 8, 9. April 1918.
20 Ebda.
21 Postulats pour la période transitoire d'après-guerre, in: Revue syndicale, Nr. 7, Juli 1919, S. 55.
22 SGB-Sekretär Karl Dürr anlässlich der Debatte über die Arbeitslosigkeit am 13. April 1919, in: Protokoll des Ausserordentlichen Schweizerischen Gewerkschaftskongresses, 12./13. April 1919, Olten, S. 59.
23 Schweizerischer Gewerkschaftsbund, Bericht des Bundeskomitees 1917–1918 und 1919–1920, S. 45.
24 Zum Arbeitseinsatz von Internierten während des Krieges vgl. Silvia Arlettaz/Gérald Arlettaz, Les étrangers: camarades ou concurrents? Le mouvement ouvrier et la politique nationale à l'égard des étrangers 1914–1927, in: Revue syndicale suisse, Nr. 4, 1990, S. 118ff.
25 Protokoll des Ausserordentlichen Schweizerischen Gewerkschaftskongresses (wie Anm. 22), S. 66.

[26] Westschweizer Sekretär des VHTL (Verband der Handels-, Transport- und Lebensmittelarbeiter).
[27] Protokoll des Ausserordentlichen Schweizerischen Gewerkschaftskongresses (wie Anm. 22), S. 66f.
[28] Ebda., S. 68f.
[29] Zum Schutz der nationalen Arbeitskraft (wie Anm. 19), S. 2.
[30] Mitglied des Oltener Komitees 1918, Präsident der Sozialdemokratischen Partei der Stadt Bern, Mitglied des Vorstands der Sozialdemokratischen Partei des Kantons Bern, Präsident der Sozialdemokratischen Fraktion im Nationalrat.
[31] St. B., Nationalrat, 25. Januar 1921, S. 114.
[32] St. B., Nationalrat, 16. Juni 1921, S. 375.
[33] BAR, E 1301 I, Bd. 207, 31. März 1922, S. 232.
[34] St. B., Ständerat, 24. Juni 1921, S. 331.
[35] Ebda., S. 333. Der Genfer Jean Sigg war als Sozialdemokrat gewählt worden, schloss sich dann aber der sozialpolitischen Gruppe an.
[36] Schweizerischer Gewerkschaftsbund (wie Anm. 23), S. 46.
[37] Einreise fremder Wehrmänner, in: Schweizerischer Gewerkschaftsbund, Gewerkschaftskorrespondenz, Nr. 8, 3. Mai 1919.
[38] Rundschreiben an die Kantonsregierungen vom 10. Dezember 1918, zitiert nach: Schweizerischer Gewerkschaftsbund, Bericht des Bundeskomitees 1917–1918 und 1919–1920, S. 46f.
[39] Vgl. Angela Garrido, Le début de la politique fédérale à l'égard des étrangers, Lausanne 1987.
[40] Zum Krebsgang der Demokratie, in: Volksrecht, 28. August 1919.
[41] BAR, E 1302 I, Nationalrat, 29. April 1920.
[42] Ebda.
[43] Programmatische Kundgebung der Schweizerische Konservativen Volkspartei. Das Parteiprogramm von 1912. Gründungsversammlung vom 22. April 1912 in Luzern.
[44] Soziale Warte, Zeitschrift für katholische Sozialpolitik und Vereinspflege, Heft 3/4, 1919, S. 110.
[45] Ebda.
[46] St. B., Nationalrat, 25. Januar 1921, S. 106.
[47] BAR, E 1402 I, 4. April 1922.
[48] Ebda.
[49] Programme économique et social des catholiques suisses, zitiert im Anhang in: Le parti conservateur populaire suisse 1928–1931, Fribourg 1931, S. 52–59.
[50] Beck Joseph, Rede an der Delegiertenversammlung des Luzerner Kantonalverbandes des Schweizerischen Katholischen Volksvereins, in: Volksbildung, Heft 20, 1922, S. 8–21.
[51] Ebda, S. 12.
[52] Ebda, S. 13 f.
[53] Le Parti liberal-démocratique suisse, in: Journal de Genève, 31. Oktober 1913.
[54] Statuten der Bernischen Bauern- und Bürgerpartei, Bern, 28. September 1918, Präsident R. Minger.
[55] BAR, E 1302 I, Nationalrat, 24. September 1919.
[56] Motion vom 25. März 1918, Übersicht der Verhandlungen der schweizerischen Bundesversammlung (=Übersicht), 1918, I und II, Nr. 75. Die Behandlung findet statt am 3. Dezember 1918 (St. B., Nationalrat, 1918, S. 481–488) und am 13./14. Februar 1919 (St. B. Nationalrat, 1919, S. 224–295).
[57] Übersicht, 1918, V, Nr. 130. Eingereicht am 11. Dezember 1918, von 21 Parlamentariern unterschrieben: neun Freisinnigen, sechs Katholisch-Konservativen, vier aus der sozialpolitischen Gruppe, einem Liberalen, einem Unabhängigen.
[58] BAR, E 1302 I, Nationalrat, 21. Dezember 1918.

59 BAR, E 1301 I, Bd. 207, Nationalrat, 23. März 1922.
60 Zu dieser Debatte vgl. Arlettaz/Arlettaz (wie Anm. 8), S. 58–76.
61 Unter der Führung des Chefredaktors der «Neuen Zürcher Zeitung», Albert Meyer.
62 Die Interpellation wird von 8 Ratsmitgliedern unterzeichnet (Übersicht, 1919, III, Nr. 138).
63 Bundesratsbeschluss vom 19. Juni 1919, AS, Bd. 35, S. 599ff.
64 Motion vom 26. Juni 1919, unterzeichnet von sechs Zürcher Freisinnigen und vier weiteren Mitgliedern des Nationalrates, Übersicht, 1919, III, Nr. 144.
65 BAR, E 1402 I, Oskar Wettstein, Ständerat, 29. September 1920.
66 Ebda., der Berner Freisinnige Paul Charmillot, Berichterstatter der Prüfungskommission zum Neutralitätsbericht, Ständerat, 8. Juni 1920.
67 BAR, E 1302 I, der St. Galler Freisinnige Robert Forrer, Nationalrat, 24. September 1919.
68 Ebda., Jean Rochaix, Nationalrat, 24. Juni 1920.
69 Ebda., Nationalrat, 24. Juni 1921.
70 Ebda., Nationalrat, 24. September 1919.
71 Freisinnig, Bern.
72 BAR, E 1302 I, Beschlussprotokoll des Nationalrates, 24. September 1919.
73 Freisinnig, Thurgau.
74 BAR, E 1302 I, Beschlussprotokoll des Nationalrates, 24. Juni 1920.
75 Entwurf eines Briefes von Paul Dinichert an Heinrich Rothmund, datiert vom 16. August 1920, zitiert in: Documents diplomatiques suisses 1848–1945, Bd. 7-II, bearbeitet von Antoine Fleury und Gabriel Imboden, unter Mitarbeit von Daniel Bourgeois, Nr. 399, S. 796.
76 Vertrauliches Schreiben von Heinrich Rothmund an Paul Dinichert, 11. September 1920, in: Ebda.
77 Übersicht, 1921, IV, Nr. 112.
78 Bericht des Bundesrates an die Bundesversammlung über die Verordnung vom 25. Nov. 1921 über die Kontrolle der Ausländer, vom 27. Januar 1922, in: Schweizerisches Bundesblatt mit schweizerischer Gesetzsammlung (=BB), Bd. 1, 1922, S. 144.
79 Botschaft des Bundesrates an die Bundesversammlung über die bundesrechtliche Regelung von Aufenthalt und Niederlassung der Ausländer, vom 2. Juni 1924, in: BB, Bd. II, 1924, S. 493.
80 Ebda., S. 503.
81 Ebda., S. 504.
82 St. B., Ständerat, 3. Dezember 1930, S. 338 (Äusserung wiedergegeben durch Brenno Bertoni).
83 Botschaft des Bundesrates an die Bundesversammlung zu einem Gesetzesentwurf über Aufenthalt und Niederlassung der Ausländer, vom 17. Juni 1929, in: BB, Bd. I, 1929, S. 914–932.
84 St. B., Nationalrat, 25. September 1930, S. 593.
85 Botschaft des Bundesrates (wie Anm. 83), Art. 16, Absatz 1, S. 928.
86 Ebda., S. 921.
87 Ebda., S. 917.
88 Ebda., Art. 21, S. 930.
89 St. B., Nationalrat, 25. September 1930, S. 590.
90 St. B., Nationalrat, 25. September 1930, Votum von Schmid, S. 592.
91 Botschaft des Bundesrates (wie Anm. 83), Art. 13, Absatz 2, S. 927.
92 St. B., Nationalrat, 29. September 1930, S. 628.
93 St. B., Nationalrat, 25. September 1930, S. 597.
94 St. B., Nationalrat, 25. September 1930, Votum von Welti, S. 594.
95 St. B., Nationalrat, 25. September 1930, S. 592.
96 Bundesgesetz über Aufenthalt und Niederlassung der Ausländer, vom 26. März 1931, in: AS, Bd. 49, S. 279–288.
97 Vollziehungsverordnung zum Bundesgesetz über Aufenthalt und Niederlassung der Ausländer, vom 5. Mai 1933, in: Ebda., S. 289–304.

[98] Bundesgesetz über Aufenthalt und Niederlassung der Ausländer (wie Anm. 96), S. 280.
[99] Für Ausländer, die in der Schweiz geboren sind und von ihren zwanzig ersten Lebensjahren mindestens fünf in der Schweiz verbracht haben, gilt eine verkürzte Frist: Innert der fünf Jahre, die dem Gesuch vorausgehen, müssen sie während drei Jahren in der Schweiz gewohnt haben. BB, Bd. IV, 1919, Botschaft des Bundesrates an die Bundesversammlung betreffend Abänderung von Art. 2, Absatz 1, des Bundesgesetzes vom 25. Juni 1903 über die Erwerbung des Schweizerbürgerrechts und den Verzicht auf dasselbe, vom 28. Juni 1919, S. 225-238.
[100] Zur Änderung der Auffassungen bezüglich Einbürgerung vgl. Gérald Arlettaz/Silvia Burkart, Naturalisation, «assimilation» et nationalité suisse: l'enjeu des années 1900-1930, in: Devenir Suisse. Adhésion et diversité culturelle des étrangers en Suisse, Textes réunis par Pierre Centlivres, Genève 1990, S. 47-62.
[101] Zu dieser Frage vgl. Die Ostjuden in der Stadt Zürich, in: Aaron Kamis-Müller, Antisemitismus in der Schweiz 1900-1930, Zürich, 1990, S. 81-104.
[102] BAR, E 21, 21505, Brief an den Präsidenten des jüdischen Nationalrates in Litauen, Anlage zum Protokoll der Bundesratssitzung vom 31. Dezember 1920.
[103] Renseignements à l'usage des militants du parti socialiste, undatiert.
[104] St. B., Nationalrat, 23. April 1920, S. 324.
[105] Ebda., S. 336.
[106] Äusserung von Laur, zitiert in: Rapport annuel du parti radical, 1921, S. 200.
[107] BB, Bd. V, 1920, S. 1-78.
[108] Zu dieser Initiative vgl. Garrido (wie Anm. 39), S. 21-39.
[109] BB, Bd. I, 1920, S. 515.
[110] 28. August 1919.
[111] Die Initiative wird in der Volksabstimmung vom 11. Juni 1922 verworfen.
[112] St. B., Ständerat, 11. Oktober 1921, S. 389.
[113] AS, Bd. 44, S. 724.
[114] Parti socialiste suisse, Rapport de gestion pour 1928, La Chaux-de-Fonds, 1929, S. 30.
[115] Oskar Wettstein, Die Überfremdungsfrage, in: Politische Rundschau, Heft 1, 1924, S. 18.
[116] Arlettaz/Burkart (wie Anm. 100), S. 60.

Kampf gegen das Chaos – die antisemitische Bevölkerungspolitik der eidgenössischen Fremdenpolizei und Polizeiabteilung 1917–1954

STEFAN MÄCHLER

«Bevölkerungspolitische Massnahmen können nur auf lange Sicht, unter ständiger Beobachtung als richtig erkannter Richtlinien und infolgedessen unter Anwendung von Geduld und Ausdauer durchgeführt werden, wenn schwere Erschütterungen vermieden werden wollen.»[1]

HEINRICH ROTHMUND

«Dass es ‹so weiter› geht, ist die Katastrophe.»[2]

WALTER BENJAMIN

«Stellen Sie sich vor: eine Horde von 500 jungen Bundesangestellten, die am Kriegsende gesammelt wurden und die Aufgabe erhielten, das Land auszumisten und die Kantone und Gemeinden dazu zu bringen, in kürzester Zeit eine Kontrolle einzurichten, die an den meisten Orten neu war. Dazu ein junger Häuptling, der ebensowenig wie seine Untergebenen eingeweiht war in die Geheimnisse der parlamentarischen Redewendungen und diplomatischen Gebräuche im Verkehr mit den Kantonen. Das musste ja Funken schlagen! Ich versichere Ihnen, es hat Funken geschlagen!»[3] Es ist im Jahre 1937; der Redner, der sich da selbst als «jungen Häuptling» bezeichnet, redet vom Widerstand der Kantone gegen seine Arbeit, mit der er beinahe zwei Jahrzehnte früher eine vollkommen neue Praxis eingeführt hat. Seit Ende des Ersten Weltkrieges hat er von der Bundeshauptstadt her versucht, eine existentielle Bedrohung, so sah er es, vom Vaterland abzuwenden. Mit seiner damals revolutionären Politik hat er für Jahrzehnte ins gesellschaftliche Leben der Schweiz eingegriffen und fast Anfang des Jahrhunderts Denkkategorien und Gesetze mitgeprägt, die über den Zweiten Weltkrieg hinaus nachwirken werden. Er wird schliesslich als *der* Sündenbock in die Geschichte der modernen Schweiz eingehen, angeblich hauptverantwortlich für eines ihrer düstersten Kapitel. Dass er für seine jahrzehntelange Arbeit vom Stimmvolk einen Auftrag sowie von Parlament und Regierung die Unterstützung bekommen hat, wird man dann längst vergessen haben.

Dabei ist er nur ein Beamter, freilich ausserordentlich lange in leitender Stellung. Seinen Einfluss verdankt er dem Amt, das er aufbaut und mit seiner Persönlichkeit ausfüllt. Es handelt sich um die eidgenössische Fremdenpolizei, eine zentralstaatliche

Institution, die es erst seit dem Ende des Ersten Weltkrieges gibt. Der «junge Häuptling» ist natürlich niemand anders als Heinrich Rothmund, der von 1919 bis 1954 zuerst als Chef der neuen Einrichtung und dann der ganzen eidgenössischen Polizeiabteilung[4] amtet. Als erster und langjähriger Leiter prägt er das Amt, und als sein Repräsentant verkörpert er dessen Denken und Praxis, am sinnfälligsten in unzähligen Papieren und Erlassen, die zwar seine Unterschrift tragen, vielleicht aber vollständig von einem Untergebenen – Frauen kommen im Denken dieser Welt kaum vor[5] – konzipiert und ausgearbeitet wurden.

Rothmund hat seine Beamtenlaufbahn 1916, mitten im Ersten Weltkrieg, in der eidgenössischen Kriegsmaterialverwaltung begonnen. Dort habe er, erinnert er sich am Ende seiner Karriere, «die ersten Gehversuche im Bundesdienst» gemacht und «die erste Erziehung als Beamter» genossen. Drei Jahre später machte er sich, als dynamischer junger Mann zum Chef der eidgenössischen Fremdenpolizei berufen, mit «Begeisterung» daran, «das Land von [...] unerwünschten Elementen» – er meint mit diesem zeittypischen Ausdruck unerwünschte Menschen – «mit eisernem Besen zu säubern».[6]

Damals konnte der «junge Häuptling» den Widerstand der Kantone, den seine «Horde» provoziert hatte, auflösen, weil er seine Taktik änderte. «Wir stellten also kräftig um auf Geduld und studierten die Kantone und ihre Eigenart. Wir machten dabei die Erfahrung, dass Geduld, hartnäckige Geduld eine Eigenschaft ist, die auf jeden Fall stets dann unentbehrlich ist, wenn es sich darum handelt, in unserem Staat etwas Neues zu schaffen. Wir hatten natürlich Erfolg und verzeichnen heute einen freundschaftlichen Verkehr mit allen Kantonen. Wir ziehen in Einigkeit am gleichen helvetischen Strick, dass es eine Freude ist.»[7]

Was sich 1937 zur freudigen Gemeinsamkeit entwickelt hat, ist der Kampf gegen die «Überfremdung». Rothmund redet von der «übervölkerten» und «überfremdeten» Schweiz – der stetige Rückgang der ausländischen Bevölkerung seit über zwanzig Jahren vermag seiner Einschätzung nichts anzuhaben. Vor ihm sitzen Delegierte der Neuen Helvetischen Gesellschaft. Er muss den Zuhörern sein Anliegen nicht lange erklären. Schliesslich haben diese patriotischen Intellektuellen vor zwei Jahrzehnten selber kräftig auf die Pauke gehauen und «Aufklärungen in die Kreise des Volkes» gebracht, damit endlich die «Überfremdung überall als die schwere und vor der Türe stehende Gefahr erkannt wird».[8]

Die Aufgabe der Behörden besteht nach Rothmund 1937 immer noch in «der Abwehr der Zunahme der Ihnen allen bekannten sehr grossen Überfremdung des Landes durch Regulierung der Zulassung neuer Ausländer». Dies erfordere «Voraussicht». «Wir können nicht wählerisch genug sein und müssen namentlich artfremde Ausländer fernhalten, bei der Zulassung also auch immer an Assimilation und Einbürgerung denken.» Mit den «artfremden Ausländern» sind vor allem die Juden gemeint, die seit 1933 aus dem nationalsozialistisch gewordenen Deutschland in die Schweiz zu flüchten suchen. Deutschland will zu dieser Zeit die Juden loswerden, die benachbarte Schweiz will sie fernhalten. Die deutsche Politik der «Entjudung» fällt zusammen mit der

Schweizer Abwehr der «Verjudung». Während der nazistische Terror Schritt für Schritt in die systematische Vernichtung der Juden übergeht, entfalten sich in der helvetischen Fremdenpolitik die zerstörerischsten Seiten eines antisemitischen Potentials, das dieser von Anbeginn eigen ist. Für ungezählte Juden ist dies tödlich.[9]

Rettung vor dem Chaos – Gründung und Aufbau einer zentralstaatlichen Fremdenpolizei

Nach der Gründung des modernen Bundesstaates liegen die fremdenpolizeilichen Kompetenzen bei den Kantonen. Erst am 17. November 1917 installiert der Bundesrat per Notrecht eine eidgenössische Zentralstelle für Fremdenpolizei. Aus dem neuen Büro entsteht nach dem Krieg die eidgenössische Fremdenpolizei, die eine neuartige zentralstaatliche Bevölkerungspolitik in die Wege leiten wird. Die Regierung verfolgt mit dieser Gründung aber anfänglich nicht sozialplanerische Ambitionen, sie sucht vielmehr schnell wirkende Massnahmen gegen ein bedrohliches Chaos.

Die nationale und internationale Krisensituation hat ein beängstigendes Ausmass angenommen. Der Krieg ist auf dem Höhepunkt, die bolschewistische Machtübernahme in Russland liegt nur Wochen zurück. Die Schweiz ist von politischen und sozialen Konflikten zerrissen.[10] Die Parteinahme nach Sprachgebiet für die kriegführenden Mächte Frankreich und Deutschland droht die Nation zu spalten. In der Arbeiterschaft gärt es. Die Preise steigen unaufhörlich, aber die Löhne sinken, Mietzins und Lebensmittel werden immer weniger bezahlbar, die Arbeitslosen haben keine Versicherung. Während die Bevölkerung teilweise hungert, liest sie in den Zeitungen über «Spekulanten», «Wucherer», «Schieber» und über reiche Ausländer, die sich in die kriegsverschonte Schweiz zurückgezogen hätten.

Die Einrichtung der zentralstaatlichen Fremdenpolizei ist eine Massnahme gegen diese beunruhigenden Zustände. Das Eidgenössische Justiz- und Polizeidepartement schreibt, die bisherige Praxis der kantonalen Einreise- und Fremdenkontrolle sei ein Fiasko. Es sei misslungen, jene Ausländer fernzuhalten, die durch Spionage, Störung der Landesversorgung und Kriegspropaganda «die öffentliche Ordnung in hohem Masse gefährden».[11]

Am gleichen Tag, an dem der Bundesrat das neue Kontrollorgan installiert, kommt es in Zürich zu Unruhen, die Arbeiter errichten Barrikaden, Schüsse fallen, es gibt Tote und Verletzte. Die Regierung handelt ohne Zweifel aus Angst vor Unruhen, vor einem sozialistischen Umsturz.[12] Mit Sperren an den Grenzen versucht sie, das Chaos im Innern abzuwenden. Der Feind kommt nach ihrer Ansicht von aussen und unterwühlt die soziale Ordnung im Innern. Gibt es nicht ungezählte Internationalisten, die den «Klassenkampf» predigen und gegen den Burgfrieden wettern? Und war Lenin nicht bis vor wenigen Monaten in der Schweiz und hat hier die Revolution, die jetzt in Russland alles umstürzt, vorbereitet?

Um den Bolschewismus zu bekämpfen, arbeitet die Zentralstelle in ihren ersten Jahren rege mit dem militärischen Nachrichtendienst zusammen.[13] Ein weiteres Indiz dafür, dass die Angst vor revolutionären Umtrieben die Einrichtung der neuen Stelle mitbestimmt hat. Der Landesstreik von 1918, der das Bürgertum traumatisiert und ihm einen bleibenden Schrecken einjagt, verstärkt diese Ängste und beeinflusst die Strategien der Fremdenpolizei. «Der Generalstreik vom vergangenen Jahr lag uns allen noch in den Knochen. Unruheherde bestanden vielerorts noch im Ausland»[14] – so beschreibt Heinrich Rothmund die Gefühlslage, die ihn dazu führt, die Bewilligungspraxis für Einreisen selber in die Hand zu nehmen und nicht mehr den Schweizer Konsulaten im Ausland zu überlassen. Jene hätten dazu beigetragen, dass «Ausländer, die direkt auf den Umsturz hin arbeiten, in grosser Zahl zu uns einreisten».[15]

Vor dem Krieg konnte tatsächlich ein jeder fast ungehindert einreisen, da die bilateralen Niederlassungsverträge Freizügigkeit garantierten. Nach dem Krieg gilt es, durch die Erfahrungen der letzten Jahre belehrt, die Zulassungspolitik neu zu bestimmen. Damit befasst sich Ernst Delaquis; er ist von 1919 bis 1929 Chef der eidgenössischen Polizeiabteilung, anschliessend wird sein jetziger Untergebener Rothmund beide Ämter, Fremdenpolizei und Polizeiabteilung, in Personalunion selber führen. Zu Beginn seiner Amtszeit meint Delaquis:

«Die politischen Umwälzungen veranlassen eine wachsende Zahl von Menschen, ihre Heimat zu verlassen; der ganze Osten Europas gerät ins Schwanken; dem westwärts Wandernden erscheint die Friedensinsel Schweiz als Ziel der Wünsche. Der Schriftenlose, der ungarische Räterepublikaner, der wirtschaftlich Entwurzelte, der Valutaspekulant und Schieber, der russische Emigrant und der revolutionäre Eisenbahner, sie alle kommen über unsere Grenze. Je unerwünschter sie uns sind, mit umso grösserer Hartnäckigkeit verteidigen sie ihr sogenanntes Recht, bei uns zu bleiben.»[16]

Im Visier sind die Feinde der Ordnung, noch immer kommen sie von aussen und wollen nicht mehr gehen, Fremde eben. Wie könnte es anders sein: Der Fremdenpolizei zu Gevatter standen die Angst vor dem Chaos – damit bezeichne ich ihre Angst, die bestehende soziale und politische Ordnung erleide Schaden, löse sich auf oder werde umgestürzt – und das Bedürfnis, das Gefährdete zu stabilisieren. Dem Geburtsakt eingeschrieben wurden damit die künftige Aufgabe und die bevorzugten Objekte ihrer Aufmerksamkeit. Aber lesen wir genau, die Aufzählung gemahnt an Bilder, die man doch anderswoher kennt: «Schieber», «Spekulanten», «Russen», «Räterepublikaner», «Revolutionäre», «Schriftenlose». An anderer Stelle wird Delaquis deutlicher und beklagt die «allzulange hemmungslose Einwanderung» von Leuten, «die uns nach Rasse, Sitte, Religion nicht im entferntesten verwandt sind, die vielfach ihren höchsten Gott im Portemonnaie erblicken».[17] Kein Zweifel, das zielt auf die Juden.

Polizeichef Delaquis hat den künftigen prototypischen Feind der Ordnung gefunden, das ist schon fast ein Programm, und er ist damit bei weitem nicht allein.

«Sein oder Nichtsein des Staates» – die Geburt der Bevölkerungspolitik

Parallel zur Entstehung der eidgenössischen Fremdenpolizei entfaltet sich landesweit ein Diskurs, der der neugegründeten Institution die gesellschaftliche Anerkennung, den politischen Rückhalt und ein attraktives ideologisches Kleid verschafft. Eine überlebenswichtige Schützenhilfe für die junge Einrichtung, schliesslich ist sie – aus der Not des Augenblicks geboren, improvisiert und ohne langfristige Planung eingerichtet – nur mit der kümmerlichen Legitimität eines Vollmachtenbeschlusses versehen. Zudem steht sie in den ersten Jahren unter Dauerbeschuss der Tourismusbranche, der Föderalisten und Sozialisten, die sie alle wieder abschaffen wollen.

Die Männer, die der Fremdenpolizei das schützende Kostüm verpassen, beschäftigen sich alle zutiefst beunruhigt mit der Ordnung der Gesellschaft. Die Schweiz, warnen sie, droht im sozialen, moralischen, politischen und rechtlichen Chaos zu versinken. Erster Schneider des neuen Gewandes, das sich alsbald als Waffenrock enthüllt, ist der Zürcher Armensekretär Carl Alfred Schmid. Im Jahre 1900 bringt er mit «Überfremdung» erstmals den Begriff ins Spiel, der während des ganzen kommenden Jahrhunderts eine beispiellose Karriere machen wird. Es finde, konstatiert er, eine «so hochgradige Überfremdung der Schweiz statt [...], dass ihre nationale Existenz nur durch ein Wunder denkbar ist». Seine Broschüre, reisserisch mit «Novität! Sensationell!» angepriesen, wird in vielen Zeitungen besprochen und erlebt mehrere Auflagen, auch auf italienisch und französisch. Schmid sieht die «Grenze des Unzulässigen erreicht», da die «Fremdeneinwanderung» den Charakter einer «eigentlichen Invasion angenommen» habe.[18] Im Auge hat er die Niedergelassenen aus den Nachbarländern. Juden sind bei ihm noch kein Thema. Auch wendet er sich noch gegen die Fernhaltung der Fremden, die Strategie, die bald alle propagieren werden. Abhilfe verspricht er sich vielmehr von einer modifizierten Bürgerrechtspolitik, denn unter den bestehenden Gesetzen liessen sich die Ausländer kaum einbürgern, da sie davon nur Nachteile hätten. Schmid wird in den kommenden Jahren ein gutes Dutzend Schriften zur «Fremdenfrage» publizieren, der Neuen Helvetischen Gesellschaft, die ähnliche Anliegen vertritt, beitreten, unaufhörlich die fehlende nationale Bevölkerungspolitik einfordern und schliesslich die Bundesverwaltung bei der Planung derselben beraten.[19]

Zu den einflussreichen Experten gehört auch der Staatsrechtler Walter Burckhardt. Seine Sorgen sind ähnlich: Die «Überfremdung ist», warnt er 1913, «für unsere politische Selbständigkeit und unsere nationale Individualität [...] so gefährlich, dass es dringend notwendig ist, sie zum Gegenstand allgemeiner Diskussion zu machen und alles aufzubieten, diese friedliche, aber unheimliche Gefahr von unserem Vaterlande abzuwenden». Es ist am Vorabend des Ersten Weltkrieges, schriller als zuvor werden nun rundum nationalistische und rassistische Töne laut. So spricht auch unser Jurist von der «Erhaltung der Rasse» und davon, «dass jeder Volksstamm sich selbst bleiben wolle, d.h. sich fremde Rassen fernhalte». Dies sei aber zur Zeit nicht die Lösung, «denn die Masse der gegenwärtig in der Schweiz niedergelassenen Ausländer sind nicht Slawen, Semiten oder Mongolen, sondern Stammesverwandte der Schweiz, und diese Masse bildet die politische Gefahr». Er denkt an die italienischen und deutschen Kolonien, die zu dieser Zeit beide je 40 Prozent der ausländischen Bevölkerung ausmachen, und bei denen, vor allem bei den Reichsdeutschen, eine nationalistisch-irredentistische Kulturpropaganda unüberhörbar ist.[20] Als Rezept empfiehlt Burckhardt – wie schon Schmid – vermehrte Einbürgerungen. Letztlich würden die neuen Staatsbürger – als Folge dieses Aktes – auch innerlich zu Schweizern. «Assimilieren ist nicht gleich einbürgern, aber die Einbürgerung ist die notwendige Voraussetzung einer wirksamen Assimilation.»[21]

Nur wenige Jahre später sucht er die «Überfremdungsfrage» mit genau jener Strategie zu lösen, die er vorher als unerheblich beiseite gelassen hat: Die Einwanderung sei, besinnt er sich 1921, auch von einem «ethnischen» Standpunkt aus zu beurteilen. Man müsse darauf sehen, «dass wir nicht nur die persönlich Defekten, die politisch Gefährlichen und die wirtschaftlich Nutzlosen oder Schädlichen abweisen, sondern auch diejenigen, welche die ethnische Zusammensetzung unseres Volksstammes oder besser gesagt: unserer Volksstämme wesentlich alterieren». Eine solche Beschränkung würde «unsere Eigenart am besten erhalten».[22] Die Lösung der «Fremdenfrage» liegt nun nicht mehr in der Einbürgerung, sondern in der Fernhaltung der Menschen aus «aussereuropäischen» und «osteuropäischen Staaten»; dabei meint Burckhardt vor allem die «sehr starke Einwanderung sogenannter Ostjuden».[23] Zu dieser Zeit gibt es in der Schweiz zwischen 5'000 und 7'000 Ostjuden und ihre Einwanderung ist rückläufig. Gerade wegen seiner Ignoranz ist Burckhardts Einschätzung ernstzunehmen, denn seit längerem arbeitet er als Experte für die Regierung. Und kurz bevor er nun diese Abwehr nach ethnischen Kriterien propagiert, hat er als juristischer Fachmann der Fremdenpolizei den Weg gezeigt, wie sie sich von alten Fesseln befreien und die Zuwanderungspolitik nach ihrem Gutdünken neu gestalten kann.[24]

Die Dauer des Ersten Weltkrieges genügt, dass die Experten der Bevölkerungspolitik – die von mir zitierten sind keine Einzelfälle – ihre Argumente fast vollkommen ins Gegenteil verkehren. Wollten sie vormals die «Assimilation» mit einer systematischen Einbürgerung unterstützen, bekämpfen sie jetzt die «Nichtassimilierbaren». Ihre Haltung wandelt sich von der Integration zur Ausgrenzung, vom Liberalismus zum Rassismus, vom Fokus auf die (zahlreichen) christlichen Einwanderer aus den Nachbarländern zum Fokus auf die (wenigen) jüdischen Migranten aus dem Osten.

Der Umschwung widerspiegelt sich exemplarisch in der Politik Rudolf Bollingers. Er ist Stadtschreiber von Zürich und führt in dieser Funktion an vorderster Front den Kampf gegen die «Überfremdung». Wie im Jahre 1909 die drei Städte Basel, Genf und Zürich die sogenannte Neunerkommission gründen, um die «Fremdenfrage» anzupacken, übernimmt er deren Vorsitz. Seine Kommission macht den eigentlichen Auftakt zu einer nationalen Bevölkerungspolitik. Zur Verminderung der «Überfremdung» empfiehlt sie 1912 die Zwangseinbürgerung von Personen, die in der Schweiz aufgewachsen sind. Ihr Argument lautet wie anfänglich bei Burckhardt: Einbürgerung ist eine Vorbedingung der vollständigen «Assimilation», folglich soll man sie fördern.

Merkwürdigerweise setzt sich Bollinger bereits 1911 dafür ein, dass der Zürcher Stadtrat den Ostjuden die Einbürgerung erschwert. Ein Jahr später beschliesst die städtische Exekutive tatsächlich, diese Bewerber erst nach zehnjähriger Niederlassung und «Anpassung in der Lebensführung» für die Einbürgerung zu empfehlen.[25] In den folgenden Jahren lehnt der Stadtrat die Mehrzahl der jüdischen Bewerbungen ums Bürgerrecht ab; hauptsächlich betrifft es Juden aus dem Osten, aber auch solche aus dem Westen. Eingeführt mit Argumenten gegen Ostjuden, zielen die Massnahmen auf die Juden überhaupt. Der gleiche Mechanismus funktioniert bald auch in der eidgenössischen Verwaltung.

Nach Kriegsende schreibt Bollinger in einer Weisung zuhanden des Stadtrates, die «einheimische Bevölkerung empfindet die Stärke der israelitischen Gruppe der Bevölkerung als übergross, als bedrohlich gross». Das «Fremdtum» der Juden führe zwangsläufig zu Unruhen: «Seit bald tausend Jahren ist es in den westeuropäischen Staaten oft genug zu feindlichen Bewegungen gegen die Juden gekommen.» Dies sei immer geschehen, wo die Juden «in grösserer Zahl hatten Fuss fassen und wirtschaftlich tätig und mächtig werden können». Solche Reaktionen würden auch künftig «unfehlbar eintreten [...], wenn plötzlich starke Zuwanderungen von Juden» erfolgten.[26] Die Vorstellung, die Juden brächten das Chaos und man müsse sie deshalb bekämpfen, beginnt die Köpfe der Behörden zu besetzen.

Getragen von einem unterdessen verbreiteten fremdenfeindlichen Diskurs, verschärft der Stadtrat gegenüber allen Ausländern die Vorbedingungen zur Einbürgerung. Etwas anderes wäre, so Bollinger, «eine fast selbstmörderische Verkehrtheit». Künftig müssen alle Bewerber mindestens zehn Jahre in der Schweiz, davon fünf in Zürich gewohnt haben. Bei den Ostjuden aber verlangt er weit mehr: mindestens 15 Jahre, allesamt ununterbrochen verbracht in Zürich. Zudem macht er ihre sprachliche, soziale und wirtschaftliche Anpassung zur Bedingung.[27] Bollinger, der mit der eidgenössischen Verwaltung zusammenarbeitet und dem die seiner Ansicht nach zu laxen Bundesvorschriften ein Dorn im Auge sind, schickt die neuen Erlasse umgehend nach Bern. Dort kann er auf Gleichgesinnte und notfalls auf Schützenhilfe zählen. Im Dezember 1920 protestiert der Präsident des Jüdischen Nationalrates in Litauen beim Bundesrat gegen die Diskriminierungen. Jener verteidigt die Zürcher Massnahmen; solange die Ostjuden «Fremdkörper» blieben, sei ihre Einbürgerung nicht wünschenswert.[28]

Von den Vordenkern zum breiten Diskurs

Die Vordenker bewegen sich nicht allein auf weiter Flur. Beginnend um die Jahrhundertwende, entfaltet sich ein Diskurs, der bald die ganze Gesellschaft erfasst und die «Überfremdung» zum existentiellen Problem der Schweiz erklärt.[29] Anfänglich heisst die Lösungsparole: «Zuerst Einbürgerung, nur dann vollständige Assimilation». Seit der zweiten Hälfte des Ersten Weltkrieges schlägt sie um in ihr Gegenteil: «Zuerst Assimilation, nur dann Einbürgerung». Der «Nichtassimilierbare» ist nun Inbegriff der Gefahr, die es zu kontrollieren und bekämpfen gilt.

Der Diskurs der «Überfremdung» ist Ausdruck und Lösungsversuch einer tief verunsicherten Gesellschaft. Im Konzept der «Überfremdung» findet sie eine Erklärung für die sozialen, wirtschaftlichen und politischen Krisenerscheinungen der Schweiz und für die Verwerfungen der Moderne überhaupt. Kein Zufall, dass eine Stadt wie Zürich, die besonders vom sozialen Wandel betroffen ist, sich früh für xenophobe und antisemitische Lösungen stark macht.

Mit der realen Situation hat der Diskurs wenig zu tun. Tatsächlich bleibt die «Überfremdung» ein Dauerthema, obwohl die Zahl der Ausländer von 1914 bis 1941 stetig zurückgeht.[30] Auch beschäftigt sich der Diskurs intensiv mit den Einwanderern aus dem Osten, obwohl sie immer nur einen kleinen Prozentsatz aller Ausländer ausmachen. Im Konzept der «Überfremdung» ist «der» Fremde eben eine Vorstellung, eine mentale Konstruktion und an keine konkreten Personen, Orte und Zeiten gebunden. Wegen seiner Unbestimmtheit kann man in «dem» Fremden wie in einem Behälter alle Gefahren und Widersprüchlichkeiten der Gesellschaft deponieren. Das Bürgertum sieht in ihm den Revolutionär, die Sozialisten sehen in ihm den Lohndrücker oder kapitalistischen Ausbeuter, die Patrioten den «vaterlandslosen Gesellen» oder den irredentistischen Missionar, die Fürsorger den Sozialfall und die «hygienische Gefahr», die Konservativen den «zersetzenden Liberalen». Der imaginäre Fremde nimmt alles in sich auf, er bietet bequeme Scheinlösungen für die unterschiedlichsten Konflikte; genau dies macht das Konzept so verführerisch. Indem die Gesellschaft die Übel der Gegenwart im Fremden bekämpft, externalisiert und neutralisiert sie ihre eigenen Konflikte. Indem sie das Fremde definiert und sich davon abgrenzt, schafft sie ihr Selbstbild und ihre Zugehörigkeit. Indem sie alles «Artfremde» lokalisiert und denunziert, sagt sie, was gut ist und was schlecht.

Bollinger meint in seiner Weisung an den Zürcher Stadtrat, die Behörde könne sich bei ihrer Niederlassungs- und Einbürgerungspolitik auf «unbestreitbare Tatsachen» stützen. Deren erste aber ist, dass, wo immer eine plötzlich einsetzende starke israelitische Zuwanderung erfolgt, vor allem die Wirtschaftsgruppe des kleinen und mittleren Handels [...] sich beeinträchtigt fühlt, eben weil die hauptsächlich im Handel aller Formen tätigen Juden den Handeltreibenden der übrigen Bevölkerungsgruppen einmal durch besonders scharfe Formen des Wettbewerbes, dann aber dadurch Abbruch tun, dass sie mit kleinerem Nutzen vorlieb nehmen [...].» Dies führe zur «Erbitterung der dem Wettbewerb dieser Zuwanderung ausgesetzten angesessenen Wirtschaftsgruppen».[31] Das Beispiel zeigt, es geht im fremden- und judenfeindlichen Diskurs – selbst wenn im Konkreten die Ängste irrational und die Argumente unfundiert sein mögen – auch um Verteilungskämpfe und Protektionismus angesichts beschränkter Ressourcen. Der Diskurs ist eben nicht nur eine bequeme Antwort auf das Bedürfnis nach Sinn, Erklärung und Ordnung in einer komplexen, konflikthaften Welt. Er hat seine handfesten Seiten und bietet Anleitungen für Ausgrenzungsprozesse, die Wirklichkeit konstituieren.

Männer wie Bollinger, Schmid oder Burckhardt treiben den bevölkerungspolitischen Diskurs kräftig voran. Sie alle gehören gewichtigen Gruppierungen an, die die «Fremdenfrage» seit 1909 mit Tagungen, Resolutionen, Arbeitsgruppen, Eingaben an den Bundesrat und «Volksaufklärungen» auf die politische Agenda setzen: dem Schweizerischen Juristenverein, dem Schweizerischen Städteverband, der Neunerkommission, der Schweizerischen Gemeinnützigen Gesellschaft und der 1914 gegründeten Neuen Helvetischen Gesellschaft.[32] Im Kontakt mit der eidgenössischen Polizeiabteilung machen sie ihren Einfluss geltend. Sie arbeiten für jene als Experten und in Kommissionen, laden Delaquis und Rothmund ihrerseits zu Referaten ein, geben ihre Papiere weiter, zitieren die anderen und werden zitiert. Die Pioniere der Bevölkerungspolitik bilden so ein eigenes System, das die Grenzen zwischen Gesellschaft und Verwaltung in beide Richtungen überschreitet.

Sie sind Teil eines grösseren Diskurses. Aber ihre besondere Leistung ist es, ausführliche Analysen zu liefern, juristische Abhandlungen, durch Statistiken fundierte Szenarien. Sie schildern die Entwicklungen, Gefahren und möglichen Gegenmassnahmen in kohärenter, umfassender und rationaler Sicht. Es ergeben sich gesamtgesellschaftliche Strategien, gezielte, wohlüberlegte Massnahmen. Die Behörden können so der Öffentlichkeit plausibel die Notwendigkeit der «Überfremdungsbekämpfung» vermitteln. Ihre Vision wird kommunizierbar, die Politik akzeptabel, die Praxis durchführbar.

Vom öffentlichen Diskurs in die eidgenössische Verwaltung

Nachdem die Zürcher im Jahre 1920 ihre diskriminierenden Vorschriften ins Bundeshaus geschickt haben, erhalten sie zur Antwort: «Auch wir bestreben uns, in der Erteilung der Einbürgerungsbewilligung an östliche Israeliten möglichst behutsam vorzugehen.»[33] Man hat auch in Bern die Gefahr erkannt. Bereits im folgenden Jahr warnt die Regierung in einem Kreisschreiben die Kantone vor dem «ethnischen Faktor» und einer ungenügenden «Assimilation». Es sei «von höchster Wichtigkeit, dass keine Elemente zum Bürgerrecht zugelassen werden, [...] die vermöge ihres Kulturstandes und ihrer ethnischen Eigenschaften in unserem Volkstum als Fremdkörper erscheinen müssten».[34] Es ist zu dieser Zeit noch die Innenpolitische Abteilung, die auf Bundesebene die

Einbürgerungen beurteilt. Erst 1926 wechselt die Zuständigkeit zur eidgenössischen Fremdenpolizei.[35] Kaum ist der Wechsel vollzogen, übernimmt die Fremdenpolizei die antijüdischen Diskriminierungen der Zürcher und beruft sich dabei explizit auf deren Erfahrungen.[36]

Verantwortlich ist jetzt Rothmund, der mit seinem Eifer selbst Bundesrat Heinrich Häberlin, von 1920 bis 1934 Chef seines Departements, zu weit geht. «Rothmund», vertraut der Magistrat seinem Tagebuch an, «muss ich stets etwas bändigen, dass er mir bei den Einbürgerungsgesuchen sein Ariertum nicht zu sehr durchbrennen lässt.» Steter Übereifer also, nicht nur sporadischer. Bereits Monate vorher hat Häberlin festgehalten: «Im übrigen muss ich mit der Antijuden-Praxis der Zentralstelle schon etwa zum Rechten sehen; es riecht manchmal stark nach gerechtem Kammacher und nach auserwählter Nation.» Trotz solcher Einsichten spricht er der Praxis seines Untergebenen die Berechtigung nicht ab, denn er fährt fort: «Immerhin ist richtig, dass wir nicht vor Vorlage des Einbürgerungsartikels den Morgensternschweizer mit vielen ‹Itzigsohn› kopfscheu machen wollen.»[37] Auch dies ist eine mögliche Variante des Arguments, dass Juden selber Antisemitismus verursachten.

Obwohl die Diskriminierung der Juden in Einbürgerungsfragen[38] mehrere Jahrzehnte andauert, findet sich darüber nur eine einzige Andeutung in einem offiziellen Text: In seinem Geschäftsbericht von 1926 schreibt das Eidgenössische Justiz- und Polizeidepartement, man bewillige die Einbürgerung nur unter der Voraussetzung, dass der Bewerber «schweizerischer Wesensart angepasst» und «assimiliert» sei. Klartext reden die Behörden nur unter sich und in der Korrespondenz mit anderen Amtsstellen. Dort machen sie keinen Hehl daraus, dass sie mit dieser Vorschrift explizit auf die Ostjuden zielen, von denen sie mindestens 15 Jahre Domizil verlangen. Diese Diskriminierung wird sich immer mehr gegen alle Juden richten und sich verschärfen, bis es für eine kurze Phase sogar zum Einbürgerungsstopp kommt. Der Bundesrat ist über die Praxis zwar orientiert, aber sie beruht nur auf internen, teilweise sogar nur mündlichen Richtlinien.

Einreise und Niederlassung, die übrigen Bereiche der Ausländerpolitik, liegen schon länger bei der Fremdenpolizei und der Polizeiabteilung. Vor dem Ersten Weltkrieg gab es keine eigentliche Zulassungspolitik. Da eine solche nun gefragt ist, analysieren Polizeichef Ernst Delaquis und sein Adjunkt Max Ruth 1920 die aktuelle Situation und die grundsätzlichen Möglichkeiten. «Die Aufnahmefähigkeit der Schweiz», stellen sie fest, «bestimmt Zahl und Qualität der Ausländer, die ohne Schaden dem Volkskörper einverleibt werden können [...].»[39] Bezüglich der Zahl wollen sich die beiden Autoren nicht festlegen; die Ansichten darüber gingen stark auseinander. Immerhin meinen sie, man «hätte [...] in der Schweiz wohl weniger Bedenken, wenn diese sich dauernd auf ‹nur› 10 % beschränken liessen». Anfang der vierziger Jahre wird sich dieser Prozentsatz auf die Hälfte – rund 5 % – verringert haben, dennoch werden die Behörden das Land weiterhin als «überfremdet und übervölkert» betrachten.

Eine partielle Erklärung dafür, warum später die «Aufnahmefähigkeit» zahlenmässig weitaus strenger interpretiert werden kann, geben uns Delaquis und Ruth bereits 1920. Warnen sie doch davor, «die Frage allzu mechanisch anzufassen, die Zahl zum Prinzip zu erheben, während sie nur ein Symptom und ein allerdings sehr wertvolles Kontrollmittel» sei. «Nicht in der Verhältniszahl von 14.7 % der Ausländer besteht die Überfremdung, sondern darin, was diese 14.7 % Ausländer für uns zu bedeuten haben.»[40] Die entscheidende Rolle spiele die «Qualität» der Zugelassenen; um diese zu berücksichtigen, brauche es die neue Methode der «Auslese». Die «Ausländerauslese darf die ungeheuren Wertunterschiede zwischen Mensch und Mensch nicht übersehen, darf die Vorteile nicht vernachlässigen, die uns daraus erwachsen, dass wir aus einer grossen Zahl Einlass Wünschender diejenigen auszusuchen haben, die uns nützen, die wir willkommen heissen können oder aus deren Zuzug wenigstens die geringste Gefahr für unser Wohl droht».[41]

Für die Auslese von Bedeutung seien allein die Interessen des Staates; als übergeordnetes Ziel sehen die Autoren die Bekämpfung der «Überfremdung». Einzelne Kriterien der Auslese seien die nationale Zugehörigkeit, der wirtschaftliche Bedarf und die politische Haltung (abzuwehren seien hauptsächlich «umstürzlerische Elemente» und «Reaktionäre»). Besonders ausführlich beschreiben sie zum Schluss ein soziales Kriterium: «(E)s ist eine der bedenklichsten Seiten der Überfremdung, dass sie den normalen sozialen Aufbau der Bevölkerung einseitig beeinflusst. Die Zuwanderer vermehren beinahe ausschliesslich das städtische, in Handel, Industrie und Gewerbe tätige Element unserer Bevölkerung, beinahe gar nicht die Bauernsame. Diese ist der hauptsächlichste Träger bodenständiger Eigenart, der Jungbrunnen nationaler Kraft. Die grossen Städte sind Menschenfresser, deren Bevölkerung ständiger Blutauffrischung vom Lande her bedarf. Ein Teil dieser Bevölkerung ist in steter Gefahr gesundheitlicher und moralischer Verkümmerung; er sollte durch Ausländer so wenig als möglich vermehrt werden. Auch die körperliche und geistige Gesundheit ist daher ein Gesichtspunkt, unter welcher der Ausländer geprüft werden kann.» Im weiteren fordern die Autoren, es seien auch die Prognosen «für die Assimilierung» zu berücksichtigen.[42] Nimmt man die Logik der Autoren ernst, wollen sie nur Menschen akzeptieren, die das Zeug haben, sich in einen bodenständigen Schweizer Bauern zu verwandeln.

Aus den Ausführungen der Beamten wird ein Konzept ersichtlich, wie sie künftig mit der Zulassungs- und Niederlassungspolitik die «Überfremdung» bekämpfen wollen: Sie gehen aus von einer «Aufnahmefähigkeit», einer für die Schweiz[43] neuartigen Vorstellung. Dabei stellen sie einen Zusammenhang her zwischen «Aufnahmefähigkeit», «Qualität» der Einwanderer und «Überfremdung»: Viele «unnütze» oder «gefährliche» Einwanderer erschöpften die Aufnahmekapazität besonders schnell und verstärkten oder verlängerten dadurch die «Überfremdung». Ausserdem beharren sie darauf, massgeblich seien ausschliesslich die Interessen des Staates. Mitgemeint in diesem Konzept, allerdings noch nicht ausführlich thematisiert, sind «auch der Deserteur und Refraktär, auch der Asilsuchende oder sonst Schriftenlose [...], denn auch sie kommen für die Überfremdung in Betracht».⁴⁴ Dieses Konzept wird schlimmste Folgen haben, wenn zwanzig Jahre später, zu einer Zeit, in der staatliche Interessen bedroht sind, angeblich «nichtassimilierbare» Menschen Aufnahme im «stark besetzten kleinen Rettungsboot» suchen werden.

Die Beschreibung der sozialen «Überfremdung» deutet darauf hin, dass die Juden schon in den zwanziger Jahren zu den Objekten gehören, die bei einer Auslese durchfallen: Sie wandern fast ausschliesslich in die Städte ein und gehören nicht zur «Bauernsame», sie repräsentieren also genau die Einwanderer, die Ruth und Delaquis so bedenklich vorkommen. Überdies gehören sie zu den Menschen, denen die Beamten eine geringe oder gar keine «Assimilierfähigkeit» zuschreiben. «Assimilation» gehört aber bereits 1920 zu den selbstverständlichen Kriterien der Auslese: «Ceteris paribus ist dem aus sesshaften ländlichen oder kleinstädtischen Verhältnissen Kommenden der Vorzug zu geben vor der Grossstadtpflanze, dem uns Kulturnahen vor dem schwer Assimilierbaren (Ostjuden z. B.), dem Gesunden vor dem Kranken etc.»⁴⁵ Die Ostjuden sind nur eine der Gruppen, die man nicht will. Tatsächlich ergreifen die Behörden die meisten ihrer antijüdischen Massnahmen zusammen mit solchen gegen die Ausländer überhaupt, häufig nehmen sie aber die Juden ganz besonders ins Visier.

Das Beispiel der Einbürgerungen zeigt, dass sie über viele Jahrzehnte Spezialmassnahmen gegen Juden praktizieren, ohne diese Gruppe in einer Verordnung oder einem Gesetz je namentlich zu erwähnen. Sie erlassen in der ganzen untersuchten Periode für keinen Bereich (Aufenthalt, Niederlassung, Einbürgerung, Asyl) je ein besonderes Judengesetz. Typisch für die gleiche Strategie ist die Wendung «Ostjuden z. B.», die viele Interpretationen zulässt: Da die Behörden die Ostjuden nur als Beispiel angeben, behalten sie sich vor, auch andere Gruppen als «schwer Assimilierbare» abzuwehren. Indem sie eine generelle Offenheit der Massnahme deklarieren, immunisieren sie sich zum voraus gegen den Vorwurf, Antisemitismus zu praktizieren. Indem sie aber ein konkretes Beispiel nennen, präzisieren sie eine scheinbar allgemeine Vorschrift, so dass alle Lesenden zweifelsfrei wissen, wie sie zu interpretieren ist. In dieser mehrdeutigeindeutigen Sprache werden sie im Sommer 1942 auch die Rückweisung der Juden anordnen: «Flüchtlinge nur aus Rassengründen, z. B. Juden, gelten nicht als politische Flüchtlinge.»⁴⁶

Polizeichef Delaquis hat bereits 1921 klare Vorstellungen, wie seine Beamten auslesen und wen sie aussortieren sollen: «Wir müssen», meint er, «den fremden Ankömmling auf Herz und Nieren prüfen können», ob er politisch, wirtschaftlich, sozial sich einfüge. «Ist er hygienisch akzeptabel? Überschreitet seine ethnische Struktur das Mass zulässiger Inadäquanz?» Die Antwort sei von Fall zu Fall verschieden, doch werde sie «generell den Angehörigen gewisser uns stärker homogener Rassen, uns geistig und nachbarlich naher Bevölkerungskreise günstiger sein als jenen anderen Milieus, die uns nach Rasse, Religion und Sitte ferner stehen».

Um zu präzisieren, wen er denn meine, argumentiert Delaquis mit dem Staatsrechtler Walter Burckhardt, den er wörtlich zitiert: «‹Ich denke hier [...] namentlich an die aussereuropäischen und die osteuropäischen Staaten slawischer Bevölkerung mit starkem jüdischen Einschlag. Wir haben bis jetzt eine jüdische Frage in der Schweiz nicht gehabt und den Antisemitismus nicht gekannt, weil die, übrigens relativ wenig zahlreichen, alteingesessenen Juden gute Schweizer sind und in unserem Volksleben keine Sonderstellung einnehmen. Seit einigen Jahrzehnten und namentlich seit dem Kriege [...] hat eine verhältnismässig sehr starke Einwanderung sogenannter Ostjuden eingesetzt.»»[47] Delaquis zitiert Burckhardts Befürchtung, diese Einwanderer würden gewisse Branchen – Handel, Finanz, Grossindustrie, akademische Berufe, Zeitungswesen – um ihren schweizerischen Charakter bringen und internationalisieren. Die Schweiz verlöre ihre «‹nationale Eigenart›» und «‹Existenzberechtigung›», so dass sie «‹bei der nächsten grösseren Umwälzung ohne Gewissensbissen›» von anderen Staaten «‹aufgeteilt oder einverleibt›» würde. Nach diesem Schreckenszenarium aus fremder Feder kommt Delaquis eiligst und in abgerissenen Sätzen auf die behördliche Freiheit der Wegweisung zu sprechen. Gründe, jemanden über die Grenze zu setzen, wären ihm «Delikte», «Mittellosigkeit», «Arbeitslosigkeit», «Propaganda gegen Sicherheit und Ruhe unseres Schweizerhauses. Gemeingefährliche Kranke, dann Schieber, Schnorrer, Wucherer, kurz: wirtschaftliche Bazillenträger sind auszuscheiden.»[48]

Die unterschwellige Botschaft des Polizeichefs ist eindeutig: Zuerst fragt er, welche Zuwanderer «hygienisch» und «ethnisch inakzeptabel» wären. Die Antwort lässt er durch Burckhardt sagen: Es sind die Juden aus dem Osten, ihre wirtschaftliche Tätigkeit vernichtet die Eigenständigkeit der Schweiz. Delaquis hat eine Vision vom Untergang seiner eigenen Nation. Eiligst besinnt sich das potentielle Opfer im nächsten Gedankengang auf seine ureigensten Waffen, schliesslich ist er Polizeichef: «Wirtschaftliche Bazillenträger sind auszuscheiden» – in Gedanken sind die Feinde bereits entmenschlicht und ihre Ausscheidung ist imperativ. Delaquis ist sich seiner Menschenverachtung nicht bewusst, und er würde eine solche Deutung heftig bestreiten. Gemeinsam mit dem Publikum, denn seine Doppelbödigkeit macht den Diskurs unangreifbar und sozial akzeptabel.

Er kämpfe doch, widerspräche Delaquis, bloss dagegen, dass «die ethnische Zusammensetzung unseres Landes durch stammesfremde Elemente wesentlich verändert»[49] werde. «Es geht um unsere Eigenart, um unseren Volkscharakter, um unser Schweizertum: *das* heisst es schützen oder retten.»[50] «Wir befinden uns in einer Notlage, wie sie kein zweiter Staat für sich geltend machen kann. Unser Volk und seine Behörden haben begriffen, dass es um Sein oder Nichtsein des Staates geht und dass im Falle weiteren passiven Zuschauens das Schicksal der Schweiz so gut wie besiegelt ist.»[51]

Im Glauben, selber genau und tapfer hinzuschauen, verschiebt Delaquis die eigene Verblendung auf seine potentiellen Opfer. Wie alle Antisemiten in der eidgenössischen Verwaltung kommt er nämlich regelmässig auf den Vorwurf einer verwerflichen Einstellung zu sprechen. Derartiges weist er – auch darin den anderen gleich – stets weit von sich. «Wir wissen uns ganz frei von Pharisäertum, von jeglicher Xenophobie;

wir möchten nur erneut auf ein Problem hinweisen, das für uns alle äusserst lebenswichtig ist. Es heisst die Augen offen halten, auf dass sich nicht an uns das Wort bewahrheite: ‹Quos Deus perdere vult, dementat prius.›»[52] Wen Gott verderben will, den verblendet er zuerst. Delaquis gehört zu den Sehenden, also kann er – Umkehrschluss – mit Gottes Segen rechnen, er weiss sich ja ganz frei von jeder jüdischen Selbstgerechtigkeit.[53]

So sind die behördlichen Köpfe bereits anfangs der zwanziger Jahre von der Idee besessen, die «Überfremdung» sei eine Schicksalsfrage, es gelte die Fremden und insbesondere die Ostjuden abzuwehren. Die Beamten wissen sich einer Meinung mit dem Bundesrat, der seit 1919 in der Bekämpfung der «Überfremdung» die zukünftige Hauptaufgabe der Fremdenpolizei sieht und Schreckensvisionen hat von einer Masseneinwanderung aus dem Osten, gegen die Dämme zu errichten seien.[54] So bleibt es nicht bei den Worten.

Vom bevölkerungspolitischen Diskurs zur Praxis

Schon 1919, im ersten Amtsjahr Heinrich Rothmunds, lehnt die Fremdenpolizei die Zureise einzelner Ostjuden ab, da sie sich «unserem Volk schwer oder nicht assimilieren können».[55] Wie 1923 Juden aus München in die Schweiz zu flüchten suchen, da sie in der Hochburg der Nationalsozialisten schikaniert oder vertrieben werden, schreibt Rothmund dem dortigen Konsul: «Wir wollen diese Ausländer nicht, auch wenn sie zur Kur etc. einreisen und Geld in die Schweiz bringen, und ersuchen Sie deshalb, denselben auf keinen Fall das Visum zu erteilen.»[56]

Bald darauf beginnt die Fremdenpolizei die Grenzkontrollen, die sie im Krieg aufgebaut hat, abzubauen. Bei den Staaten, von denen der Schweiz nach behördlicher Ansicht die grösste «Überfremdungsgefahr» droht, bleibt sie hingegen zurückhaltend. Für Einreisewillige aus Osteuropa hält sie die Visumspflicht bis 1928 aufrecht. Bei diesen Ländern verlangt Rothmund – unter explizitem Hinweis auf die Ostjuden –, «die Einreisegesuche besonders sorgfältig» zu prüfen.[57]

Ungefähr bis 1923 dauert die Nachkriegsdepression, dann geht es der schweizerischen Wirtschaft besser. Die Fremdenpolizei verschiebt ihre Kontrolle immer mehr von den Grenzen ins Landesinnere. Zur schärfsten Waffe im Kampf gegen die «Überfremdung» macht sie ihre Kompetenz, die Niederlassung in der Schweiz zu erlauben. Höchste Aufmerksamkeit schenkt sie dabei dem Schutz des Arbeitsmarktes, den sie als «überfremdet» erachtet.[58] Bei diesem Problem unterscheidet sie zwischen zwei Aspekten. Zum einen geht es ihr darum, die «wirtschaftliche Überfremdung» zu bekämpfen. Die Behörde versteht darunter einen, wie sie glaubt, übermächtigen Einfluss von ausländischen Firmen oder Privatpersonen in einzelnen Wirtschaftssektoren. Mit diesem protektionistischen Anliegen ist sie nicht allein. Noch bei Rothmunds Rücktritt erinnert sich der Vorort dankbar an den langjährigen Verbündeten. «In der Zeit als Sie Ihre

Tätigkeit in Bern aufnahmen, hat der Kampf gegen die damals heftig drohende wirtschaftliche Überfremdung eines der dringendsten Postulate der Kreise des Schweizerischen Handels- und Industrie-Vereins dargestellt.» Der Vorort sei sich «im klaren, dass das wirkungsvollste und wichtigste Glied in der Kette der Abwehrmassnahmen die Schaffung einer eidgenössischen Fremdenpolizei gewesen» sei.[59]

Zum anderen kämpft die Fremdenpolizei gegen die Präsenz ausländischer Arbeitskräfte in einzelnen Branchen, die zu einer «beruflichen Überfremdung» geführt habe. Hier trifft sich die Behörde teilweise – vor allem soweit sie diesen Kampf nicht einfach braucht, um politisch Unerwünschte abzuschieben – mit Interessen der Arbeiterschaft. Denn seit Jahrzehnten wehren sich Gewerkschafter und Sozialisten dagegen, dass einheimische Arbeitgeber ausländische Arbeitskräfte als Lohndrücker oder Streikbrecher einsetzen.[60]

Diese protektionistischen Strategien haben in den zwei Wirtschaftskrisen der Zwischenkriegszeit (1921–23 und 1931–38) einen realen Hintergrund. Die Fremdenpolizei will jedoch nicht bloss die existentiellen Bedürfnisse der eigenen Volkswirtschaft schützen. Wie Heinrich Rothmund im September 1937 dafür plädiert, den Schutz des Arbeitsmarktes auszubauen, räumt er ein: «Es mag befremdlich erscheinen, dies heute hervorzuheben, wo die Arbeitslosigkeit ganz beträchtlich abgenommen hat.» Die ökonomische Abwehr ist ihm eben Mittel für einen noch wichtigeren Zweck: «Der schweizerische Arbeitsmarkt kann und muss durch Fremdenpolizei und Arbeitsamt nicht bloss in Zeiten grosser Arbeitslosigkeit zu Gunsten einheimischer Arbeitskräfte geschützt und beeinflusst werden. Das Problem ist nicht nur ein heutiges, vorübergehendes, es ist ein Problem auf lange Sicht. Wenn wir nicht nach und nach den Nachwuchs in die überfremdeten Berufe einführen können, wird die Fremdenpolizei ihre vornehmste Aufgabe nicht erfüllen können: die wirksame Abwehr der Überfremdung. Dann wird unser Land auch stets davon abhängig bleiben, dass die andern Staaten unsere überschüssigen Arbeitskräfte uns abzunehmen bereit sind.»[61]

Ökonomische Argumente dienen also auch der Abwehr einer allgemein verstandenen «Überfremdung». Zudem haben die Untergangsszenarien von Burckhardt und Delaquis, wonach die jüdische Einwanderung den nationalen Charakter der Schweizer Wirtschaft zu zerstören drohte, gezeigt, wie sich die Vorstellung einer «wirtschaftlichen Überfremdung» in einen antisemitischen Wahn verwandeln kann. Selbst bei Heinrich Häberlin, der doch unter den Bundesräten noch einer der liberaleren ist, hat die Angst vor ausländischer Dominanz eine antisemitische Konnotation: Im Jahre 1927 möchte Deutschland die Erlaubnis erhalten, Schweizer Filialen mit eigenen Landsleuten zu besetzen. Da stellt der Magistrat besorgt eine, wie Uriel Gast zu Recht meint, «reichlich hypothetische» Frage: «Können wir zum Beispiel, wenn ein paar Jahre lang uns lauter israelitische Filialleiter präsentiert werden, uns dessen noch erwehren?»[62]

Bollinger wiederum hat demonstriert, wie sich die «berufliche Überfremdung» verknüpft mit dem Hinweis auf die einheimische «Erbitterung» gebrauchen lässt, um die Juden abzuwehren. Ganz ähnlich argumentiert auch Häberlin, der «einverstanden» ist, «dass die andernorts konstatierte Überfüllung von Berufen und Stellen mit 80–100 % Israeliten, die wir bei uns bisher nicht kannten, auch in Zukunft vermieden werden soll. Wir wissen uns darin einig gerade mit den verständigen schweizerischen Juden selbst, welche nicht blind dafür sind, woher der dumpfe Hass gegen ihr Volk seine Hauptnahrung geschöpft hat.»[63]

So kristallisieren sich für die Fremdenpolizisten schon in den Anfängen ihrer Tätigkeit zwei klare Gefahren heraus: die «wirtschaftliche und berufliche Überfremdung» sowie eine «nichtassimilierbare» Zuwanderung. Das hat gravierende Konsequenzen, da sich die junge Institution immer mehr zentralstaatliche Kompetenzen aneignet.

Unterstützung für die behördliche Bevölkerungspolitik

Diese Zentralisierung steht – da 1917 unter Kriegsrecht eingeleitet – zunächst auf schwachen Füssen. Die Fremdenpolizei kann nach dem Ende des Vollmachtenregimes ihre Tätigkeit nur weiterführen, wenn ein Bundesgesetz die notrechtlichen Verordnungen ersetzt. Deshalb ist die Behörde zufrieden, wie die Stimmbürger 1925 die Bundeskompetenzen mit einem Verfassungsartikel festschreiben. Der Artikel ist Grundlage für das Bundesgesetz über Aufenthalt und Niederlassung der Ausländer (ANAG) von 1931.[64] Dieses schreibt vor: «Die Bewilligungsbehörden haben bei ihren Entscheidungen die geistigen und wirtschaftlichen Interessen sowie den Grad der Überfremdung des Landes zu berücksichtigen.»[65] Damit hat sich das seit langem angewendete Konzept der Aufnahmefähigkeit definitiv etabliert, denn der «Grad der Überfremdung» bestimmt die Kapazität und erfordert eine Auslese nach kulturellen und wirtschaftlichen Kriterien. Unter diese Konzeption fällt auch das Asylrecht; das Stimmvolk hat es mit der Verfassungsänderung im Jahre 1925 von den Kantonen an den Bund delegiert. Bei seiner «Handhabung müssen natürlich», hat der Bundesrat bereits vor jener Volksabstimmung angekündigt, «auch die Überfremdungsverhältnisse berücksichtigt werden».[66]

Die neuen Regelungen werden die Fremdenpolitik für Jahrzehnte prägen. Sie sind Ausfluss des xenophoben Diskurses, der die Öffentlichkeit seit langem erfasst hat. Volk und Räte haben ihnen zugestimmt; für die Fremdenpolizei eine «Anerkennung des Geleisteten und Kundgebung des Vertrauens», ihr Auftrag zur «energischen Überfremdungsabwehr»[67] hat nun die beste Legitimität. Max Ruth, von dem diese Interpretation stammt, hat an den Gesetzen massgeblich mitgearbeitet. Als Jurist ist er seit 1920 erster Adjunkt der Polizeiabteilung, in dieser Funktion bleibt er bis zu seiner Pensionierung im Sommer 1945. Zu fast allen ausländerrechtlichen Fragen schreibt er seine Stellungnahmen und Entwürfe, ein einflussreicher und unentbehrlicher Mann, so unentbehrlich, dass ihn die Verwaltung noch nach seinem Rücktritt als Sachverständigen beizieht. Unter anderem schreibt er einen ausführlichen Bericht und Entwurf zur Revision des Bürgerrechtsgesetzes, das erst 1952 in Kraft tritt. Noch in jenem späten Bericht macht Ruth die gleichen nationalistischen Ergüsse und antisemitischen Ausfälle wie in seiner fast dreissigjährigen Beamtentätigkeit zuvor.[68] Von allen Antisemiten in der Polizeiabteilung hat er seinen Fanatismus und seine Menschenverachtung am wenigsten im Griff.

Ruth schreibt zum neuen Bundesgesetz von 1931 ein Handbuch. Dieser Kommentar vermittelt ein Bild davon, wie fremdenfeindlich und antisemitisch die Behörden die neuen Bestimmungen auslegen. «Der Überfremdung (und Übervölkerung) halber», meint Ruth, sei «jeder neu einwandernde Ausländer unerwünscht». Man müsse «daher eine strenge Auslese treffen».[69] Damit stellt sich auch das Problem der «Assimilationsfähigkeit». Ruth behandelt es ausschliesslich als «Judenfrage», für ihn offensichtlich der Kern des Problems: «Es ist eine unverkennbare Tatsache, dass vielfach die Juden schwer assimilierbar sind und unter ihnen ganz besonders die Ostjuden. Eine gewisse Anschmiegungsfähigkeit darf hierüber nicht täuschen. Vielfach waren diese Leute auch dort nicht verwurzelt, von wannen sie zu uns kommen möchten; eine gewisse Wurzellosigkeit liegt ihnen teilweise im Blut [...].»[70]

Nach dem neuen Gesetz sollen, so Ruth, «Ausländer um der Überfremdung willen an der dauernden Festsetzung verhindert werden». Arbeitsmarktliche Argumente sind also zu deren Fernhaltung nicht unbedingt nötig. Dennoch spielen sie eine wichtige Rolle: «Die Besonderheit unseres schweizerischen fremdenpolizeilichen Systems beruht in der Hauptsache darin, dass wir Anwesenheitsbewilligung und Arbeitsbewilligung nicht trennen, vielmehr stets in einem darüber entscheiden, ob der Ausländer da sein und ob er arbeiten dürfe [...]. Die meisten anderen Staaten trennen hier.» Die entscheidende Instanz sei die Fremdenpolizei.[71] Damit haben die Abwehrspezialisten gleich zwei Waffen in der Hand: Zum einen können sie in Krisenzeiten die einheimischen Arbeitsplätze schützen, indem sie Ausländern keine Anwesenheit erlauben. Zum anderen können sie – auch bei Prosperität – Unerwünschte abwehren, indem sie auf den schutzbedürftigen Arbeitsmarkt verweisen und ihnen eine Erwerbstätigkeit verbieten.

Ruth schreibt seinen Kommentar 1934. Seit der Machtübernahme durch Hitler im Vorjahr flüchten viele Juden in die Schweiz. Ohne Zweifel denkt er an die deutschen Ereignisse, wenn er behauptet: «Den Antisemitismus halte ich für eine des rechten Schweizers unwürdige Barbarei.» Dennoch wehrt er sich gegen die Zulassung der «Nichtassimilierbaren», denn «die kleine Schweiz ist nicht die Welt und kann sich nicht als Nationalpark auftun, in dem alle verfolgte Kreatur Schutz und freie Entfaltung findet».[72] Vielleicht entrüstet sich der «rechte Schweizer» darüber, dass sein Nachbarland gewisse Menschen wie Ungeziefer behandelt, aber deswegen muss er selber noch lange kein Tierfreund werden.

Ebenfalls mit Blick auf Deutschland und nach Hitlers Machtübernahme äussert Heinrich Häberlin seine Befürchtung, dass «die andernorts konstatierte Überfüllung von Berufen und Stellen» mit Juden «dumpfen Hass» erzeugt hätte. Er plädiert im gleichen Referat eindringlich für «Toleranz gegenüber dem Andersgläubigen oder dem Andersrassigen». Dann empfiehlt er – vermutlich, um diese Toleranz nicht zu strapazieren – die Abschiebung der Zufluchtsuchenden in andere Staaten. «Die auf allen Gebieten herrschende Arbeitslosigkeit gibt uns ja das Instrument zu einer gesunden Kanalisierung hier in die Hand.»[73] «Instrument» sagt Häberlin, nicht Motiv. Er schiebt die Juden nicht ab, um Arbeitslosigkeit zu verhüten; er argumentiert mit der Arbeitslosigkeit, um die Juden abweisen zu können. Was täte er, wenn es keine Wirtschaftskrise gäbe?

Die Argumentation könnte ebenso gut von seinem Untergebenen Rothmund stammen. Dieser leitet seit 1929, als er seinen Konkurrenten Ruth ausstechen und Bundesrat Häberlin von seiner besseren Eignung überzeugen konnte, auch die Polizeiabteilung. «Der Jude, der infolge der Boykottmassnahmen geflüchtet ist», gilt für Rothmund «wenigstens heute noch nicht» als «politischer Flüchtling». Jene «Massnahmen» lägen «auf wirtschaftlichem Gebiet». Bei einem Teil der Einlassbegehrenden vermutet er zudem unlautere Motive: «Viele werden auch zu uns gekommen sein, um den Versuch zu machen, unter dem Titel politischer Flüchtling ihren Erwerb in der Schweiz zu finden.»[74]

In den Überlegungen der drei Herren finden sich alle zentralen Elemente der gewohnten fremdenpolizeilichen Praxis. Dem entspricht Bundesrat Häberlins Weisung vom 31. März 1933 «betreffend Einreise von Israeliten». Darin sind die Juden als «wesensfremde Elemente» beschrieben, gegen deren «Festsetzung» man sich mit «allen zu Gebote stehenden Mitteln» zu erwehren hätte. Die Zugewanderten gehörten «meistens Berufen an, die in der Schweiz schon längst überfüllt» seien. Es komme für sie nur ein vorübergehender Aufenthalt in Frage und eine Erwerbstätigkeit sei ihnen verboten.[75]

Die eidgenössischen Behörden fahren auch 1933 fort mit ihrem, wie sie vermeinen, bewährten und notwendigen Kampf gegen die «Überfremdung». In der Öffentlichkeit ist dieser Begriff unterdessen längst zu einem vertrauten «kulturellen Code» (Shulamit Volkov) geworden. Vielleicht macht diese Vertrautheit die Bevölkerung blind für die Einsicht, wie die Behörden unter dem Deckmantel dieser Sprache zunehmend eine fatale Praxis entwickeln.

Die Beamten haben dabei – die Willkür in Einbürgerungsfragen ist die beste Illustration – beträchtliche Freiheiten. Zudem teilen die Bundesräte grundsätzlich ihre Einschätzungen. Auf Häberlin, der seine Chefbeamten wenigstens ab und an zur Mässigung anhält, folgt 1934 Johannes Baumann. Dieser «sympathisiert», bemerkt sein Vorgänger, «bis zu einem ziemlich weiten Grade mit der Judenverfolgung»[76]. Auf Baumann wiederum wird 1941 der reaktionäre Eduard von Steiger folgen und sich – ausgerechnet in der heikelsten Phase der Asylpolitik – wenig um die Arbeit seiner Polizisten kümmern.

Deutschland beginnt systematisch, die Juden loszuwerden. Die Schweizer Polizeiabteilung kann sie – versehen mit dem öffentlichen und bundesrätlichen Rückhalt, der rechtlichen Basis und zentralstaatlichen Macht – besser fernhalten denn je.

«Die Lösung der Judenfrage: Wir sind keine Antisemiten, sondern Schweizer»

Ein Beispiel für das Wechselspiel von öffentlicher Meinung und Handlungsspielraum der Fremdenpolizei ist ihr Verhältnis zu Jacob Lorenz.[77] Der Freiburger Soziologieprofessor ist ein Pionier der Sozialstatistik, er stellt seine theoretischen Arbeiten ganz in den Dienst der Tat. Ursprünglich Sozialist, wendet er sich einem reaktionären Katholizismus zu, nimmt den Kampf gegen Liberalismus und Kapitalismus auf und gründet 1933 die Aufgebotsbewegung, die er seither leitet. Unablässig propagiert er den «korporativen Umbau» der Gesellschaft, die Verteidigung der «nationalen Eigenart» und zieht ins Feld gegen die «Überbevölkerung» und «starke Überfremdung» der Schweiz. Zwar distanziert er sich vom «barbarischen Rassismus» Deutschlands, kämpft aber in einer von Stereotypen durchsetzten Sprache – «das Reich des Erraffens ist in erster Linie das ihre»[78] – gegen die «Verjudung» der Schweiz. Da die einheimischen Juden ohne Zuwachs aus dem Ausland wenig Erneuerungskraft hätten, ist für ihn die «Judenfrage [...] im wesentlichen ein Teil der Ausländerfrage». Man müsse deshalb «aufhören, Juden aufzunehmen und Juden einzubürgern».[79] Lasse man «ihnen ohne weiteres freie Bahn, so werden sie über kurz oder lang die Herrschaft an sich reissen».[80]

Wie Lorenz im Jahre 1938 die Bewegung «Die Schweiz den Schweizern» initiiert, ist Rothmund «sehr froh darüber, dass die Diskussion über das Problem in Fluss kommt».[81] Der Polizeichef kennt den Professor persönlich und glaubt, dass die eigene Auffassung «von der seinen nicht wesentlich abweicht».[82] An einem Vortrag vor der Neuen Helvetischen Gesellschaft interpretiert Rothmund dessen Wirken als Kampf gegen alles «Unschweizerische» in Presse, Lehrbüchern, Literatur, Vereinen und Wirtschaft. Zu Lorenz' «Entjudungs»-Ideen sagt Rothmund kein Wort. Er will sie offenbar nicht öffentlich aussprechen, auch wenn er an sie denkt und sie für richtig hält. Jedenfalls ist kaum zufällig, dass er sich im gleichen Referat verwahrt gegen den Vorwurf des «Antisemitismus, wo keiner ist».[83]

Bei viel Zuneigung sind vorsichtige Distanz und Selbstkontrolle angesagt, wenigstens sprachlich: Über sich selbst in dritter Person redend, meint Rothmund, es sei kein Wunder, dass «der Fremdenpolizist» die Bewegung «mit besonders liebevollen Augen» betrachte. Seiner eigenen aufklärerischen Tätigkeit seien «naturgemäss so enge Grenzen gezogen, dass er heilfroh» sei, «die auch seinen Erfahrungen entsprungenen Gedanken und Ideen in die breite Öffentlichkeit getragen zu sehen».[84] Solche Bewegungen «öffnen dem Volk die Augen und wecken sein Selbstbewusstsein, soweit es nötig ist. Der Fremdenpolizist ist der letzte, der sie verurteilt, schaffen sie ihm doch endlich den Kredit, um den er seit 20 Jahren kämpft, und erlösen ihn allmählich von Interventionen in ablehnungsbedürftigen Einzelfällen, die ihm die Arbeit oft so sehr erschweren.»[85] Der Gewinn ist gegenseitig: Wenig später wirbt ein Flugblatt mit dem Argument, ihr «Weckruf» habe «bei den zuständigen Behörden offene Anerkennung gefunden», für «Die Schweiz den Schweizern».[86]

«Die Lösung der Judenfrage», behauptet Lorenz, «fängt nicht damit an, dass wir Antisemiten sind, sondern dass wir Schweizer sind.»[87] Indem Rothmund bei Lorenz seinen Kampf gegen die «Überfremdung» beschreibt und unterstützt, aber dessen antijüdische Stossrichtung verschweigt, praktiziert er die gleiche Strategie. Seit der nationalsozialistischen Machtergreifung ist ein offener Antisemitismus in der Schweiz nicht mehr möglich, dies unterliefe das Abgrenzungsbedürfnis des bedrohten Kleinstaates gegenüber Deutschland. Dennoch möchte die Fremdenpolizei den Kampf gegen die «Verjudung» nicht preisgeben. Der Diskurs der «Überfremdung» bietet ihr einen Ausweg aus diesem Dilemma: Sie kann sich mit der Besinnung auf die «nationale Eigenart» von Deutschland distanzieren und mit der Parole «Kampf der Überfremdung» zugleich die Juden diskriminieren, ohne sie explizit zu nennen.

Die Strategie, sich zur Lösung des «Judenproblems» militanter antisemitischer Strömungen zu bedienen und die Juden im eigenen Reden zugleich zu tabuisieren, verwendet auch Rothmunds Departementschef: Im Herbst 1942, nur Wochen nachdem die Behörden die Grenzen für Juden vollständig geschlossen haben und deswegen von Bevölkerung und Zeitungen massiv kritisiert worden sind, empfängt Bundesrat Eduard von Steiger eine Delegation des Schweizerischen Vaterländischen Verbandes zu einem vertraulichen Gespräch. Die Organisation ist 1919 von den reaktionären Eliten des Landes als Antwort auf den Generalstreik gegründet worden; seither kämpft sie mit paranoidem Eifer gegen alles Sozialistische und Fremde. In der Vorstellung der Erzpatrioten fallen bei den jüdischen Flüchtlingen beide angeblichen Grossgefahren in einer Figur zusammen. Der einflussreiche Honoratiorenclub macht deshalb seit 1933 in der Öffentlichkeit gegen solche Zufluchtsuchende Stimmung und fordert wiederholt die Schliessung der Grenze.

Im Oktober 1942 plant der Verband eine, wie er sagt, «Aufklärungskampagne», da ihm die momentane breite Opposition gegen die rigide Asylpolitik ein Dorn im Auge ist und er zudem überzeugt ist, dass es «richtig und nützlich» sei, gegenüber der Öffentlichkeit «die Emigrantenfrage im jetzigen Moment als Judenfrage zu bezeichnen».[88] «Zur Durchführung einer solchen Kampagne» hält es die Organisation nun für «sehr wünschenswert, vorher die Stellungnahme der Behörde zu kennen, damit deren Absichten nicht durchkreuzt würden». Bundesrat von Steiger erklärt der Delegation, man habe «die Erfahrung machen müssen, wie schwierig es sei, das Volk aufzuklären. Die Reaktion wird aber kommen.» Des Magistraten Schwierigkeit besteht in der öffentlichen Empörung gegen seine Politik; was er erhofft, ist ein Meinungsumschwung zuungunsten der Flüchtlinge: «Das Schweizervolk muss erleben, was es heisst, ausländische Juden bei sich zu haben, bis es selber darauf mit einem ‹Es tät's jetzt› reagiert.»[89] Während die Behörden immer wieder mit der angeblichen Gefahr antisemitischer Unruhen argumentieren, vermisst der Bundesrat nun solche Reaktionen, und seine Politik der Abwehr, die er im Gegensatz zum uneinsichtigen Volk als die einzig richtige erkannt hat, ist gefährdet. Unterstützung von der anderen Seite tut deshalb not:

«Herr Bundesrat von Steiger bittet den Vaterländischen Verband, an der notwendigen Reaktion des Volkes mitzuarbeiten. Dabei äussert er den ausdrücklichen Wunsch, der Verband möchte darauf verzichten, die Judenfrage als solche zu bringen. Er würde dies als falsch betrachten, da es nur dazu führen würde, dass das andere Lager erst recht für die Juden einträte. Deshalb habe er auch bei seinen Ausführungen im Nationalrat die Bezeichnung ‹Jude› überhaupt nicht gebraucht.» Das Problem sei «dermassen delikat und folgenschwer», dass der Verband «bei der Aufklärung im Stillen arbeiten» solle. «Also bitte Widerstand nicht mit Schlagwörtern; helfen Sie uns getarnt! Wer hetze, leiste der Sache den schlechtesten Dienst. Nötig sei latente Bereitschaft und eine gesunde Reaktion des Schweizervolkes.»[90]

Wochen später streut der Verband in grosser Auflage ein Pamphlet gegen die Flüchtlinge, die «vollständig wesensfremd» seien. Gemeint sind, auch wenn ihr Name nur ein einziges Mal fällt, ausschliesslich die Juden. Das Traktat malt alle Gespenster der «Überfremdung» an die Wand und fordert dazu auf, die Grenze besser abzuschliessen. Wenig später hetzt an einer Bauerntagung auch noch Oberst Eugen Bircher, Vorstandsmitglied der Vaterländischen, gegen die Emigranten, die «Gift ausstreuen» und «politische Gewandläuse» bringen würden sowie eine «wirtschaftliche Position erobern» wollten. Die Attacken provozieren von sozialdemokratischer Seite eine kleine Anfrage im Parlament. Bei deren Beantwortung verteidigt Eduard von Steiger die Schrift, da sie «zweifellos auf die Sorge um die Aufrechterhaltung einer freien und unabhängigen Eidgenossenschaft zurückzuführen» sei. In einem zweiten persönlichen Gespräch mit den Pamphletisten lobt er gar: «Die Abfassung Ihres Rundschreibens erfolgte damals wirklich in disziplinierter Form und mit sachlicher Würdigung der Umstände.» Hingegen habe «in den Versammlungen das persönliche Temperament der Redner» – der Bundesrat spielt auf Birchers Tiraden an – «eine etwas schroffere Stellungnahme» verursacht; deshalb sei es zur nationalrätlichen Intervention gekommen. Solche Kundgebungen riefen, mahnt der Bundesrat seine Gesprächspartner erneut, «eine der Sache unzuträgliche heftige Reaktion» hervor. Er würde es «vorziehen», wenn sie «nur im kleineren Kreise über die Flüchtlingsfrage orientieren würden, ohne aber eine grössere Aktion zu unternehmen». Auch sei es, statt dass der Verband parlamentarisch aktiv werde, «taktisch besser, wenn der Angriff von den Flüchtlingsfreunden» ausgehe. Von Steiger teilt zwar die Einschätzung der Antisemiten, dass das Flüchtlingsproblem eine «Judenfrage» sei, und er will auch deren Unterstützung. Aber deren Provokationen will er nicht, da sie Unruhe stiften. Kurz nach der Kampagne verschärfen die Behörden ihre antijüdischen Massnahmen erneut; dabei verteidigen sie diese gegenüber den «Flüchtlingsfreunden», indem sie auf den aufkommenden Antisemitismus verweisen.[91]

Der prototypische Feind der Ordnung

Wie kommt es, dass eine Gesellschaft «den» Fremden zum Inbegriff der Gefahr erklärt? Eine Antwort darauf gibt uns der Soziologe Zygmunt Bauman, dem meine Ausführungen viel verdanken und hier teilweise folgen. «Es gibt Freunde und Feinde», meint er; sie «stehen in Opposition zueinander. Die ersten sind, was die zweiten nicht sind, und umgekehrt.»[92] Die einen sind nahe, die anderen fern, für die einen hat man eine moralische Verantwortung, für die anderen überhaupt nicht. Dieser Gegensatz ist das Grundmuster der Vergesellschaftung, er macht die Welt lesbar und gibt Anweisungen, wie man sich zu verhalten hat.

Gegen diesen vertrauten Antagonismus rebelliert der Fremde, denn er ist weder Freund noch Feind und hat sowohl Eigenschaften des einen wie des anderen: Er ist nahe und einem doch unvertraut, er kommt ungebeten und stellt doch moralische Ansprüche, er beginnt sich zu beheimaten, behält sich aber für schlechte Zeiten die Freiheit des Wegzuges. Der Fremde steht zwischen Freund und Feind, zwischen dem Innen und dem Aussen. Er sitzt rittlings auf der Barriere, die die eine Welt von der anderen trennt und verkörpert so Uneindeutigkeit, Ambivalenz und Inkongruenz. Er unterminiert den Versuch, die Realität vollständig in binäre Kategorien zu zwingen, und zeigt die Brüchigkeit einer Ordnung, die klar unterscheidet zwischen Inländern und Ausländern, Freund und Feind, Innen und Aussen. Kurz, er untergräbt den Glauben an die Ordnung überhaupt und ist das Chaos in Person.

Die Ambivalenz des Fremden ist ein Effekt des Ordnens, nicht eine ihm innewohnende Eigenschaft. Sie bezeichnet – statt das Wesen des Fremden – das Verhältnis des kategorisierenden Einheimischen zu seinem Objekt. Dieses Verhältnis wiederum kann sich von den realen Objekten, den empirischen Fremden, völlig lösen. Es ist dann ein mentales Konzept, das mit Leichtigkeit die widersprüchlichsten Vorstellungen über den Fremden in sich aufnimmt. Genau dies macht den konzeptionellen Fremden (und den konzeptionellen Juden) für die unterschiedlichsten Situationen so praktikabel.

Erinnern wir uns an die chaotischen Umstände, die zur Gründung der eidgenössischen Fremdenpolizei geführt haben: Aussen herrschten Krieg und Revolution, innen soziale, wirtschaftliche und politische Konflikte, die das Land zu zerreissen und die etablierte Ordnung umzustürzen drohten. Strukturen, die vormals die Welt geordnet hatten, zeigten sich plötzlich brüchig, unzuverlässig und fragwürdig. Grenzen, die klar gewesen waren, verwandelten sich in durchlässige Zonen. Die Bundesbehörden konnten mangels Kompetenzen die Bewegungen über die Landesgrenzen gar nicht kontrollieren. Scharen von Heimatlosen ohne Papiere traten ins Innere. Tausende von Männern, die scheinbar völlig angepasst als Nachbarn gelebt hatten, zogen plötzlich in fremde Kriegsdienste. Umgekehrt strömten Tausende von Flüchtlingen und Deserteuren ins Land. Viele andere wiederum, die sich als Ausländer bisher nicht besonders um die einheimischen Belange gekümmert hatten, wollten plötzlich Schweizer Bürger werden, um sich dem Einzug in die Armee ihres Heimatstaates zu entziehen. In den Zeitungen schliesslich las man von (fremden) «Spekulanten», «Wucherern», «Kriegsgewinnlern», «Spionen» und «Schiebern», die sich über alle gesellschaftlichen Schranken hinwegsetzten.[93] Die sozialen Prozesse der Grenzziehung, die Ordnung herstellen und Herrschaft sichern, sind gestört. In dieser Situation bestimmen die Behörden als ihren Feind «den» Fremden, die Inkarnation des Chaotischen und Ambivalenten.

Die gleiche Ambivalenz, erst noch in gesteigerter Form, «entdecken» die Behörden auch bei «dem» Juden: In ihren Augen sind die Juden einerseits ewig verfolgt und eine schwache Minderheit, andererseits potentiell übermächtig, so dass man die «Verjudung» der Schweiz verhindern muss. Sie sind fähig zu höchsten Kulturleistungen, jedoch auch kulturlos und von geringster Qualität.[94] Sie sind nicht anpassungsfähig und schmiegen sich doch täuschend an.[95] Sie scheinen an schweizerische Sitten «völlig assimiliert», und lassen sich doch «per procura aus dem Osten irgend eine Chawa oder Rebekka zur Frau kommen».[96] Sie sind Bolschewiki, die den Umsturz planen, und Geschäftsleute, die den Handel übernehmen usw.[97]

Solche Bilder sind kein Zufall, Rothmund und seine Leute haben sie nicht selber erfunden. Sie entsprechen den Stereotypen, die der moderne Antisemitismus den Juden zuschreibt. Für diesen ist «der» Jude der Kapitalist und der Kommunist, der soziale Aufsteiger und der Ausgestossene, der Machtlose und der Weltverschwörer, der Kulturfremde und der unfassbare Anpasser usw. Ein widersprüchliches Sammelsurium, gerade darum geeignet, «den» Juden für alle Verwerfungen der Moderne verantwortlich zu machen. Er ist die inkarnierte Ambivalenz, der prototypische Fremde.

Durch ihre besondere Aufgabe sieht sich die Fremdenpolizei mit Phänomenen konfrontiert, die ihr die Vorstellung einer jüdischen Ambivalenz fast tagtäglich bestätigen. Dies hängt zusammen mit ihrer Arbeit, die im wesentlichen darin besteht, die einen aus-, die anderen einzuschliessen, um so ständig die Grenzen der Zugehörigkeit zur eigenen Bevölkerung und zum eigenen Staatsvolk zu sichern und erneuern. Im Kern eine permanente Arbeit an der Nationalstaatlichkeit mit der Hauptaufgabe, die Einbürgerung zu erlauben oder zu verweigern. Wenn nun im Zusammenhang mit der Staatsbürgerschaft Phänomene – wirkliche wie eingebildete – auftauchen, die nicht in die binäre Ordnung der Polizisten passen, tun diese sich besonders schwer.

Aus ihrer Sicht ist eine dieser Anomalien der Internationalismus und Kosmopolitismus. Die Juden stehen bei den Behörden unter Verdacht, keine guten Patrioten zu sein, oder, wenn es um Einbürgerungen geht, keine solchen zu werden. Oberster Wächter der nationalen Einbürgerungspraxis ist Max Ruth. Er kontrolliert den Bürgerrechtsdienst und lässt sich von den Juden – und nur von diesen – jedes einzelne Gesuch auf den eigenen Schreibtisch legen.[98] Um seine Machtfülle voll zu machen, übertrug man ihm, erbauliche Aussichten für Abgewiesene, zugleich die Rekurssektion zu diesem Sachbereich.

Ruth warnt eindringlich und immer wieder vor einer «nur scheinbare[n], oberflächliche[n] Anpassung». Deshalb ist ihm der «überhaupt nicht national geformte, der Internationalist und Kosmopolit, der ubi-bene-ibi patria-Mann» ein «bedenklicher»

Einbürgerungskandidat. «Geradezu verdächtig sind [...] die Schichten, die sich äusserlich, oberflächlich und meist mit einer gewissen betonten Gefliessenheit leicht zu assimilieren scheinen, die Beweglichen und Überbeweglichen, die überall sofort ‹zu Hause› sind, und nirgends recht.» Er illustriert seine Erkenntnis an einem jüdischen Beispiel und zeigt damit, wen er besonders im Auge hat.[99]

Der Kosmopolit ist für Ruth so gefährlich, weil er überall und nirgends zuhause sei. Für den Fremdenpolizisten eine schreckliche Anomalie, eine Attacke auf das Fundament seiner Ordnung. Denn er lebt in einer Welt, die ihre Fläche lückenlos in eine Nation neben der anderen parzelliert und die klare Grenzen zieht zwischen Freundschaft und Feindschaft, Inland und Ausland.

Auch Rothmund sieht das Prinzip der eindeutigen nationalen Zugehörigkeit durch die Juden gefährdet. Beispielsweise stellt er fest, dass dem Schweizerischen Israelitischen Gemeindebund, der Dachorganisation der hiesigen Juden, auch Ausländer angehören, «die wahrscheinlich ihre Stimme sehr zur Geltung bringen». Daraus folgert er, der Gemeindebund könne «nicht den Anspruch erheben [...], der Wortführer der *schweizerischen* Juden zu sein».[100] Die ausländischen Mitglieder bestärken Rothmund in seinem Zweifel, ob die einheimischen Juden echte Schweizer seien. Sie stehen deshalb immer unter besonderem Druck, ihre Loyalität zu beweisen.

Wie die schweizerischen Juden belasten ihn auch die ausländischen, denn auch ihre nationale Zugehörigkeit empfindet er als anormal. Darum ist er 1947 so erleichtert über die Vorstellung, dass mit Israel ein eigener jüdischer Staat entstehen werde. «Ich sehe in einem jüdischen Staat auch den grossen Vorteil, dass der Jude nicht mehr gegen jede Massnahme der Behörden, auch wo es sich nur um Ordnungsmassnahmen handelt, mit der Waffe der verletzten Humanität oder des Antisemitismus auftreten kann und wird. *Er wird ein ganz normaler Ausländer werden*, mit dessen Staat möglicherweise ein Konflikt entstehen kann, der aber wieder auf *normale Weise* von Staat zu Staat ausgetragen wird, so dass sich der eigene Staat nicht mehr mit dem jüdischen Individuum herumschlagen muss, wie das heute nötig ist. Weiter besteht für mich kein Zweifel, dass sich der Jude, der einen Staat hinter sich hat, mit der Zeit von der Hypothek des jahrtausendelangen verfolgten Volkes lösen und auch in dieser Beziehung *ein normaler Bürger eines, d.h. seines Landes wird*. Wenn er sich als *Bürger eines anderen Landes* benachteiligt fühlt, kann *er in sein eigenes Land zurückkehren* und das dortige Bürgerrecht erwerben.»[101] Durch die Gründung eines eigenen Staates sollen aus den Juden «normale Ausländer» und «normale Bürger» werden, die man «auf normale Weise» behandeln kann – ohne jüdische Nation sind sie für Rothmund folglich anomale Bürger oder Ausländer, die einer anormalen Behandlung bedürfen. Rothmund hofft, die Staatsgründung ersetze, was für ihn eine Anomalie ist, durch die gewohnte binäre Ordnung.

Die Kosmopoliten seien einmal hier, einmal dort zuhause und deshalb zweifelhafte Staatsbürger; die Schweizer Juden liessen ihre ausländischen Glaubensbrüder mitmachen und seien deshalb zweifelhafte Schweizer; die ausländischen Juden hätten keinen eigenen Staat und seien deshalb zweifelhafte Ausländer – unsere Fremdenpolizisten kämpfen mit drei Anomalien, die alle die absolute Autorität des Nationenprinzips in Frage stellen, und sei es auch nur in ihren Köpfen. Sie wissen nicht wie umgehen damit, dass die Juden durch ihre Zerstreuung in der Diaspora innerhalb der europäischen Nationenfamilie ein «nichtnationales Element» (Hannah Arendt) bilden, eine inter-nationale Nation, eine nichtnationale Nation, eine Nation ohne Nationalität.[102]

Nicht alle Anomalien existieren bloss in den Köpfen der Beamten. Die Staatenlosigkeit, die bei Rothmunds Überlegungen eine wesentliche Rolle spielt, ist tatsächlich ein sehr reales Problem. Aus der Sicht von staatenlos Gewordenen lässt sich kaum eine bedrohlichere Erfahrung denken. In einer Welt, die nur aus Nationalstaaten besteht, gibt es für sie nirgends Platz. Vor allem haben sie, ohne einen eigenen Staat im Rücken, niemanden, der ihre elementarsten Rechte verteidigt. Aus der eigenen Nation gestossen, fallen sie aus der ganzen Menschheit. Wiewohl die Beamten der Polizeiabteilung deren Unglück gelegentlich verbal bedauern, sind Staatenlose für sie vor allem eine Bedrohung ihrer Ordnung. Die Staatenlosen, die einmal Zugang in die Schweiz gefunden haben, werden sie nicht mehr los. Es gibt keinen Herkunftsstaat, der verpflichtet wäre, sie zurückzunehmen, und kein anderes Land hat ein Interesse, sie aufzunehmen. Im Gegensatz zu normalen Ausländern können die Beamten ihretwegen auch nicht mit einem anderen Staat verhandeln. Die Schutzlosigkeit der Staatenlosen schlägt den Fremdenpolizisten zwei ihrer wichtigsten Instrumente aus der Hand: das Prinzip der Gegenseitigkeit in Verhandlungen mit anderen Staaten und die Möglichkeit der Abschiebung. Deshalb ist Staatenlosigkeit für sie die schrecklichste aller Anomalien, sie enthüllt radikal die Grenzen ihres Ordnens. Die hartnäckige Anwesenheit der Staatenlosen reisst einen Spalt in die Ordnung, durch den sich drohend das Chaos zeigt.

Ein grosser Teil der Staatenlosen, nach 1933 sogar der weitaus grösste, mit dem die Fremdenpolizei konfrontiert wird, sind Juden. Der fremdenpolizeiliche Horror vor der (realen) Anomalie der Staatenlosigkeit fällt nun zusammen mit ihrem Horror vor der (eingebildeten) jüdischen Ambivalenz. Nur logisch, dass die Behörden die jüdische Staatenlosigkeit besonders schlecht akzeptieren. Im November 1941 werden die Juden durch die Nationalsozialisten kollektiv ausgebürgert. Die Schweizer Behörden verlangen nun von jedem betroffenen Flüchtling, dass er selber seine individuelle Ausbürgerung beweise. Zugleich führen sie die deutschen Juden in ihren Kartotheken weiterhin unter ihrem Herkunftsstaat auf. Die Ausbürgerung der deutschen «Arier» akzeptieren sie hingegen und ordnen diese als «Staatenlose» ein.[103]

Die neue Bedingung der «Assimilation»

Aus der Sicht der Fremdenpolizei stört das Ambivalente ihre Ordnung, schlimmer noch, es zerstört sie. Grundsätzlich sehen die Polizisten nur zwei Wege, um mit diesem Problem fertig zu werden: Entweder sie halten das, was in ihren Augen stört, fern oder stossen es wieder aus. Oder sie passen alles Störende der bestehenden Ordnung an oder zwingen es, sich von selbst anzupassen. Wo nach ihrer Ansicht bestimmte Kategorien von Menschen nicht reformierbar sind und sich jeder Anpassung entziehen, bleibt nur ihre Abstossung. Die eine Strategie ist die notwendige Ergänzung der anderen; die eidgenössischen Behörden praktizieren sie alle beide.

In der Schweizer Öffentlichkeit wird seit dem Ersten Weltkrieg die Anpassung der Fremden zum grossen Thema. Die Fremdenpolizei macht die Anpassung oder «Assimilation» – für sie synonyme Begriffe – zum entscheidenden Kriterium ihrer Politik. Dies gilt für alle Bereiche, von der Zulassung über die Niederlassung bis zur Einbürgerung. Am deutlichsten ist dies bei der Einbürgerung sichtbar.

Seit Anfang der zwanziger Jahre ist «Assimilation» eine Vorbedingung der Einbürgerung; deshalb verlängert der Bundesrat 1920 das Mindestdomizil von zwei auf sechs Jahre. Die Regierung fordert die Anpassung im neuen Gesetz nicht explizit, dennoch geht aus verschiedenen Verlautbarungen hervor, dass dies das Hauptanliegen ist. Dies bleibt auch für die nächsten Jahrzehnte so, obwohl die Gesetze nichts dazu sagen. Erst in seiner notrechtlichen Verordnung von 1941 spricht der Bundesrat offen und verlangt, «dass der Bewerber den schweizerischen Anschauungen und Verhältnissen angepasst» sein müsse.[104]

Die Hürden für die Einbürgerung erhöhen sich in den Jahrzehnten nach 1920 für alle Ausländer. Die Juden erfahren aber stets eine strengere «Ausnahmebehandlung» (Max Ruth). Explizit erstmals mit der inoffiziellen Richtlinie von 1926, mit der die Fremdenpolizei die minimale Domizildauer für Ostjuden auf 15 Jahre verlängert. Argument der Erhöhung ist die angeblich schlechtere Fähigkeit zur «Assimilation». Aus dem gleichen Grund verweigert die Fremdenpolizei der ersten Generation der Einwanderer die Naturalisation überhaupt.[105] Ostjuden, die nicht in der Schweiz geboren sind, gelten als «nichtassimilierbar». Diese Regelung halten die Behörden nicht nur streng ein, sondern verschärfen sie immer mehr. Ende der dreissiger Jahre betont Rothmund, sie übten gegenüber «jüdischen Bewerbern [...] grösste Zurückhaltung, auch wenn sie in der Schweiz geboren und aufgewachsen sind».[106] Damit haben die Beamten die Diskriminierung von der ersten Generation auf alle ausgedehnt. Und statt nur von den Ostjuden sprechen sie längst von den Juden insgesamt.

Im Krieg schliesslich führen sie die Auslegung der Assimilationsbedingung vollends ad absurdum. Zuerst heisst Rothmund den Vorschlag Ruths gut, «an Juden und Jüdinnen [...] pro Jahr nicht mehr als 12 Bewilligungen zu erteilen».[107] Dieser «numerus clausus», so die Bezeichnung durch den Leiter des Einbürgerungsbüros, gilt vom Herbst 1941 bis Frühjahr 1944. Er besteht nur als interne mündliche Richtlinie und ist der Öffentlichkeit unbekannt. Aber nach behördlicher Einschätzung kann die Schweiz in dieser dramatischen Phase – sie fällt mit dem Höhepunkt der nazistischen Massenvernichtung und dem Tiefpunkt der schweizerischen Asylpolitik zusammen – nicht einmal dieses Dutzend verkraften. Jedenfalls schubladisiert Rothmund zeitweilig – «im Einverständnis mit Herrn Bundesrat von Steiger» – alle jüdischen Gesuche.[108]

Auch nach Abschaffung der Ruthschen Klausel im Jahre 1944 setzen die Spezialisten der «Assimilation» ihre Diskriminierungen unverdrossen fort. Mit einer Sonderbestimmung für Juden verlangen sie nun von diesen Bewerbern – auch von denjenigen, die in der Schweiz geboren und aufgewachsen sind – den Nachweis, «dass sie nicht nur geschäftlich, sondern auch im Privatleben Kontakt mit unserer schweizerischen Bevölkerung haben und an unserem kulturellen Leben in irgend einer Form teilnehmen». Auch diese antijüdische Spezialregelung erscheint nicht in den offiziellen Richtlinien. Noch anfangs der fünfziger Jahre meint Rothmund: «Die grosse Zurückhaltung in der Einbürgerung von Ostjuden mit der Begründung, diese Ausländer seien gar nicht oder doch nur sehr schwer assimilierbar, dürfte durchaus richtig sein.» Immerhin räumt er ein, «dass es Ausnahmen gibt, die wir ohne Gefahr der Überfremdung aufnehmen dürfen».[109]

Die Beamten verschärfen die Bestimmungen über die Einbürgerung für alle Ausländer, allerdings für keine Gruppe derart massiv wie für die Juden. Es beschäftigt sie wenig, ob ihre extreme Auslegung dieser Vorschriften zulässig ist. Für Ruth «liegt darin keine Gesetzwidrigkeit», es handle sich schliesslich nur um eine Kann- und nicht eine Muss-Vorschrift. Robert Jezler, erster Adjunkt in der Polizeiabteilung, redet zwar 1947 rückblickend von einer «krasse[n] Abweichung», durch die «mindestens der Aussenstehende einigermassen vor den Kopf gestossen» werde. Es sei «nicht ganz normal, dass die Verwaltung weit strengere Minimalerfordernisse aufstellt als das Gesetz». Er selber hat allerdings damit keine Mühe, seine Vorstellungen von «Assimilation» sind auch besonders streng. Aloys von Reding, der Leiter des Bürgerrechtsbüros, hat am ehesten Zweifel an den eigenen Kompetenzen: «Ich glaube, dass es nicht das Departement, nicht der Bundesrat, sondern nur die Bundesversammlung ist, die ein Bundesgesetz authentisch interpretieren kann. Während des Krieges haben wir, durch die Verhältnisse gezwungen, diese strenge Praxis eingeführt. Ob das gesetzlich zulässig ist, wollen wir nicht untersuchen.»[110] Begreifliches Desinteresse, ins schiefe Licht kämen nicht nur seine Vorgesetzten, sondern auch er selber.

Wie erklären sich unsere Fachleute die angebliche Unfähigkeit zur «Assimilation»? Grundsätzlich hätten sie zwei Möglichkeiten. Sie könnten entweder biologistisch argumentieren, dann wären die Juden aufgrund ihrer Natur nicht anpassungsfähig. Oder kulturalistisch, dann wären die Juden so vollkommen das Produkt ihrer Kultur, dass jede Anpassung an eine andere Umwelt ausgeschlossen ist. Erinnern wir uns an Delaquis, der von «stammesfremde[n] Elemente[n]»[111] redet. Dies könnte man biologistisch oder kulturalistisch verstehen. Ähnlich ambivalent argumentiert Rothmund noch 1943, wie er über das Einbürgerungsgesuch eines Mannes nachdenkt. Er weiss nicht recht, ob der Betreffende ein «Halbjude» sei oder noch weniger. Schliesslich befürwortet er das Begehren, da das schweizerische «Blut der Mutter ein offenbar auch nicht mehr kultiviertes jüdisches Blut des Vaters überwunden»[112] habe.

Diese Überlegungen macht er gegenüber Max Ruth, der sich im Verlauf der Jahrzehnte ausgeklügelte pseudowissenschaftliche Assimilationstheorien zurechtgelegt hat.

Dieser meint auf die Frage, wie sich denn die Fähigkeit, ein guter Staatsbürger zu sein, von den Eltern auf die Kinder übertrage: «Ich möchte nicht geradezu bestreiten, dass sich die Bürgertauglichkeit nicht in gewissen Spuren auch durch die blosse physiologische, ‹animalische› Abstammung fortpflanzen könnte. Aber doch nur in kaum wahrnehmbaren und ganz unkontrollierbaren Spuren. Auf die blutmässige Abstammung wäre keinerlei Verlass.» Die «blutmässige Abstammung» mache ein «Schweizerkind» noch nicht zum «tauglichen Schweizer», die «Kraft des Blutes» sei zu gering. Entscheidend sei die Erziehung, und deshalb sei die «Schweizerfamilie die Urzelle des Schweizervolkes».[113]

Seine Argumentation ist mehr kulturalistisch denn biologistisch. Mit dem Selbstbild der multikulturellen Schweiz wäre eine primär biologische Theorie auch schlecht vereinbar. Sobald beim grossen Nachbarn die Nationalsozialisten an die Macht kommen, ist ohnehin nur die kulturalistische Variante opportun. Die bedrohte Schweiz kann sich von Deutschland und seinem Rassenantisemitismus nur absetzen, indem sie sich auf ihre vielkulturelle Eigenart beruft. Ein offener Biologismus passt nicht ins Arsenal der «geistigen Landesverteidigung». Freilich verhindert auch diese Distanzierung in Worten keine Angleichung in Taten. Mit dem Judenstempel wird 1938 erstmals augenfällig, dass die Schweiz die ausländischen Rassenkategorien vollumfänglich übernimmt. Aber jene Kategorien beruhen ja – in diesem Fall ist auch bei den Nationalsozialisten die Notwendigkeit der Praxis stärker als die reine Lehre – auf einer nicht weniger inkonsistenten Vermischung von biologistischen Ideen und sozialen Tatsachen.

In Ruths Normvorstellung ist der Schweizerbürger primär ein Produkt der familiären Sozialisation. Mit dieser kulturalistischen Erklärung definiert er, wo die Grenzen einer möglichen «Assimilation» zum Schweizer liegen: Über die Eignung eines Einwanderers entscheide «der Ort und die Umgebung, wo er und sein Stamm sich geformt haben». Je ferner Ort und Kultur, desto weniger «assimilierbar» die Menschen. «Je mehr der Einwanderer boden- und artfremd ist, um so weniger ist er anpassungsfähig [...]. Nicht anpassungsfähig und ganz unerwünscht sind daher für uns alle Andersfarbigen; ebenso die Ostjuden.»[114] Der Biologismus – weder Hautfarbe noch «Artfremdheit» sind kulturelle Prägungen – schwingt auch hier im Kulturalismus mit.

Wenn die Behörden «nur» die erste Generation der ostjüdischen Einwanderer von der Einbürgerung ausschliessen, hat der kulturalistische Glaube Oberhand. Aber die Kultur ist fast so unveränderlich wie die Natur. Jedenfalls denkt Jezler nur an sehr langsame Veränderungen und redet 1946 von den «vielen», die «auf Generationen hinaus nicht assimilationsfähig» seien.[115]

Ihre «Theorien» der «Assimilation» wenden die Behörden nicht nur auf die Eingewanderten, sondern auch auf die in der Schweiz Aufgewachsenen an. Wie Sekretärin Ubert ihrem Chef Rothmund einmal sämtliche hängigen jüdischen Einbürgerungsgesuche vorlegt, kommentiert sie: «Hemmend wirkt in einigen Fällen das stark jüdische und unassimilierbare Milieu der Eltern, oder in einem Fall die Erziehung im jüdischen Waisenhaus.» Die Praxis der Juden, nur in ihrem Milieu zu leben, bekämpfen die Behörden seit 1920; häufig ist sie ein Grund, eine Einbürgerung abzulehnen. Dennoch empfiehlt hier die Sekretärin ausnahmsweise Zustimmung: «Doch kann auch in diesen Fällen durch steten Kontakt in schweizerischen christlichen Kreisen, sei es gesellschaftlicher oder beruflicher Art oder beides zusammen, die Assimilation als genügend gelten.»[116] «Assimilation» heisst letztlich, kaum nur für Rothmunds Sekretärin, Konversion zum Christentum.

Allein schon die willkürliche Verengung der Kriterien und die verworrenen ‹Theorien› zeigen, dass «Assimilation» über die Juden gar nichts, hingegen viel über das Denken der Behörden aussagt. Aufschlussreich deshalb eine Zusammenfassung, wie Rothmund und Ruth sich einen «assimilierten» Juden vorstellen: Ein solcher Jude hat «sich nützlich in das Volksganze eingelebt», es wurde ihm diesem gegenüber «Verantwortung» «eingeimpft», gegenüber dem Staat ist er ein «Pflichtmensch», er hat seine «ausländische Eigenart» abgelegt und seine «Sitten – namentlich auch im Geschäftsleben!» – den schweizerischen angepasst, er ist diszipliniert und lässt sich nichts «zuschulden kommen», er hat sich vom Handel und von den akademischen Berufen abgekehrt und ist Handwerker geworden, er ist Sportsmann, Pfadfinder und ein guter Kamerad, «bodenständig» und «wurzelecht», er hat sich nicht nur äusserlich – etwa durch Beherrschung des Dialekts – angepasst, ist weder Kosmopolit noch Internationalist, dafür ein «loyaler Schweizer»[117] usw. Wendet man die Bilder ins Gegenteil, erscheint der stereotype Jude, der die Beamten so sehr beschäftigt.

«Assimilation» – die Herrschaftsstrategie par excellence

Schweizer zu werden ist für Juden, wie für alle anderen Einbürgerungskandidaten, ein steiniger Weg, häufig eine Sackgasse, nicht selten ein Spiessrutenlaufen. Der Ausländer sei «im Einbürgerungsverfahren nur Objekt, nicht Subjekt», meint Ruth. Darüber habe er sich «nicht zu beklagen», denn Einbürgerung sei kein Recht, sondern eine «Gnade». Auch habe der Ausländer keinen Anspruch auf Akteneinsicht, es stehe ihm «keine Kontrolle darüber zu, ob es dabei ‹mit rechten Dingen› zugehe». Die Behörde hingegen müsse «den Bewerber richtig durchleuchten und auch seine verborgenen Fehler feststellen und sachgemäss beurteilen können». Zum Schutz der Informanten brauche es «grundsätzlich ein Geheimverfahren». Dabei liege die Beweislast vollkommen beim Ausländer, und die Behörde müsse eine Ablehnung nur summarisch begründen, beispielsweise mit «ungenügender Assimilation».[118]

Zu diesen Eigenheiten des Verfahrens kommt die Machtfülle Rothmunds und Ruths, die über jeden jüdischen Fall persönlich entscheiden und auch die Gesetzesbestimmungen willkürlich interpretieren können. Der Ausländer ist auf verlorenem Posten, asymmetrischer könnte das Prozedere gar nicht sein. Es ist ein extremes Spiel der Macht, in dem die Mächtigen überprüfen, ob ein Kandidat die Bedingungen erfüllt, die sie selber setzen; und die Kernbedingung heisst «Assimilation».

In diesem Verfahren beanspruchen die einheimischen Eliten für sich a priori das Recht, die Menschen einzuteilen in wertvolle und wertlose, nützliche und schädliche, passende und unpassende, akzeptable und inakzeptable. Sie legen fest, was mit den Niedrigqualifizierten zu geschehen hat, ob man sie «sanieren» kann oder ob ihre «Substanz» so schlecht ist, dass man sie fernhalten oder ausscheiden muss. Bei den «Assimilierbaren» bestimmen sie, wie diese von ihrem tiefen Status in den höheren übertreten können. Und sie untersuchen und entscheiden souverän, ob die Kandidaten die Eintrittsprüfung bestehen.

Haben die Einheimischen das Recht, über bessere und schlechtere Kulturen befinden zu dürfen, einmal etabliert, wendet sich der Mechanismus stets gegen ihre Objekte. Die Beweislast liegt, wie Ruth sagt, ausschliesslich bei diesen. Sie sind behaftet mit dem Stigma ihrer falschen Geburt; dies ist klar, schon bevor sie sich dem Verfahren unterwerfen. Wenn sie beweisen wollen, wie sie sich davon gereinigt haben, demonstriert diese Anstrengung erneut die Richtigkeit der Grundannahme. Und wie sie auch argumentieren, bestätigen sie das Recht des Schiedsrichters, überhaupt zu urteilen, und auch seine Befähigung dazu.

Zu Beginn des 20. Jahrhunderts gibt es unter den Juden in der Schweiz viele mit ausländischem Pass. In den ersten beiden Jahrzehnten stellen sie eine knappe Mehrheit, seit 1930 noch fast die Hälfte aller ansässigen Juden. Um den Vorwurf der «Überfremdung» zu entkräften, versuchen viele, sich einbürgern zu lassen.[119] Schon ihre Bemühungen bestätigen in den Augen der Mächtigen den Befund, dass da ein Problem sei. Mit der häufigen Ablehnung jüdischer Gesuche bestätigen die Schiedsrichter auch noch selber, wie recht sie mit ihrer Analyse doch haben; das Übel der «Nichtassimilierbarkeit» ist bei den Juden halt besonders gross.

Was «Assimilation» ist, entscheiden immer die Schiedsrichter, es gibt dafür keine objektiven Kriterien. Deshalb eignet sich diese Vorschrift für das Spiel der Macht wie keine andere. Paradebeispiel dafür ist Ruths Unterscheidung zwischen Sein und Schein: Die Juden «assimilieren sich erfahrungsgemäss meist nur scheinbar und oberflächlich»[120], so oder ähnlich warnt er unablässig. Er muss die angeblichen Betrüger namentlich gar nicht immer nennen, wen er meint, ist dennoch klar: «Schnelle und beflissene Anpassung [...] ist [...] immer gefährlich und unerwünscht. Wir dürfen uns nicht mit blosser Taufe und hergeleiertem Lippenkenntnis begnügen; es ist uns nicht gedient mit Leuten, denen der Gesinnungswechsel deshalb leicht fällt, weil sie keiner rechten Gesinnung fähig sind. Wir müssen hier fortwährend vor der Gefahr schwerer Selbsttäuschung auf der Hut sein. Dem Verfasser machen Beteuerungen gut schweizerischer Gesinnung eines Ausländers meist einen ungünstigen Eindruck.»[121]

Die Juden haben die Wahl: Sie können ihre Anpassung unterlassen und ihre «Gesinnung» behalten. Zu ihrem Pech gelten sie dann als «unassimilierbar» und unerwünscht. Sie können sich stattdessen anpassen, aber dies macht sie doppelt verdächtig: Erstens sei diese Anpassung – will Ruth durch Erfahrung gelernt haben – nur Trug und gar nicht ernst gemeint. Zweitens würde gerade dadurch ihre mindere Qualität entlarvt, denn, wer seinen Charakter leichthin aufgebe, könne einen solchen gar nicht besitzen. Die Juden können sich winden, wie sie wollen, sie sind nicht «assimilierfähig». Und wenn ihnen ihre «Assimilation» dennoch gelänge, bewiese dies erst recht ihre Substanzlosigkeit, ergo ihre «Nichtassimilierbarkeit» an das substantielle Schweizertum. Letztlich bleibt der Erfolg der «Assimilation» immer fraglich, auch bei den Juden, denen man die Gnade der Einbürgerung längst gewährt hat. Darum nützt Rothmund jede Gelegenheit, die schweizerische Judenschaft zu disziplinieren und «auf die Schattenseiten des jüdischen Mitbewohners aufmerksam zu machen».[122] So funktioniert die Strategie der «Assimilation».

«Assimilation» ist nicht zu verwechseln mit den wechselseitigen Prozessen, die automatisch stattfinden, wenn Menschen verschiedener Herkunft oder Kulturen zusammen das gleiche Territorium bewohnen. «Assimilation» ist der entschlossene Wille der Einheimischen, alle fremden Lebensformen und Werte zu zerstören und durch die eigenen zu ersetzen. Eine Herrschaftsstrategie, bei der die einheimischen Eliten sich das monopolistische Recht ausbedingen, andere Gruppierungen als unpassend und reformbedürftig zu deklarieren.[123] Ein Kampf gegen alles Fremde, Unvertraute und Ambivalente. Wie sich in der Neuzeit die Nationen bilden, wird «Assimilation» zu einem Schlüsselprozess, mit dem die Herrschenden ihre Bevölkerung homogenisieren und sich die Loyalität ihrer Untertanen sichern. Sie findet ihren deutlichsten Ausdruck in einem neuartigen Verständnis von Staatsbürgerschaft: Nationalität verwandelt sich von einer rechtlichen Beziehung zwischen Bürger und Staat in die innere Natur der Bürger, Staatsbürgerschaft wird Ausdruck der nationalen Identität und Synonym für kulturelle Konformität.[124]

In der Schweiz setzt sich diese Essentialisierung der Staatsbürgerschaft erst vollends durch, wie zwischen 1917 und 1920 die gesellschaftliche Ordnung und die bürgerliche Herrschaft wanken. In dieser Situation postulieren die Eliten erstmals «Assimilation» als Bedingung der Zugehörigkeit und verlangen für deren Durchsetzung, ebenfalls erstmals, eine zentralstaatliche Bevölkerungspolitik. Damit beanspruchen sie für sich das ausschliessliche Recht, zu bestimmen, wer dazugehört und wer nicht, welche Werte gelten und welche nicht. «Assimilation» ist ein Feldzug der Mächtigen zur Sicherung ihrer Herrschaft. Je gefährdeter ihre Ordnung, desto lauter ihr Schlachtruf. Er richtet sich zuerst gegen die Fremden und die Juden als deren Prototyp.

Das Problem herstellen, zu dessen Lösung man geschaffen wurde

Bemühungen, die Welt zu ordnen, sind eine Folge des Chaos, des tatsächlichen, eingebildeten und befürchteten. Ohne Chaos kein Bedürfnis nach Ordnung, die Gründung der eidgenössischen Fremdenpolizei ist dafür Beispiel. Umgekehrt erzeugt jede Ordnung als Restmasse in einer Ecke neue Unordnung, neues Chaos, denn die komplexe Wirklichkeit und die Vielfalt des Lebens passen in keine Schemen. Es gibt immer

Aspekte, die in verschiedene Schubladen gehören und doch in keine richtig. Die Fremden kommen als Ausländer, aber sie bleiben, als wären sie Inländer. Die Juden bilden eine Nation, doch statt in einer solchen leben sie zerstreut auf allen Kontinenten. Je strenger die binäre Ordnung der Nationalstaatlichkeit Denken und Praxis der Fremdenpolizisten bestimmt, desto massiver ihre Tendenz, die Fremden und Juden zum Problem zu machen.

Auch das Problem der «Assimilation» ist ein Produkt der Ordnung. Die Unterscheidung in «Assimilierbare» und «Nichtassimilierbare» basiert auf der neuartigen Vorstellung, das gleiche Territorium könnte nur von kulturell gleichen Menschen bewohnt werden. Ohne diese Erfindung, die sich in der Schweiz erst im 20. Jahrhundert völlig durchsetzt, wären die Menschen, was immer sie wären, jedenfalls weder «assimiliert» noch «nichtassimiliert», weder «assimilierbar» noch «nichtassimilierbar». Je strenger die Ordnung, die alle gleich haben will, desto grösser ihr Problem der «Assimilation». Je notwendiger den Fremdenpolizisten die Pflicht der «Assimilation» erscheint, desto schrecklicher empfinden sie die Gefahr der «Nichtassimilierbarkeit». Je strengere Bedingungen der «Assimilation» sie errichten, desto unkontrollierbarer und grösser wird das Heer der «Nichtassimilierbaren». So vergrössert die schweizerische Assimilationspolitik, gedacht als Massnahme gegen das drohende Chaos, den angeblichen Chaosherd immerzu. Die Fremdenpolizei erzeugt das Problem, für dessen Lösung sie eingerichtet wurde, fortwährend selber. Für ihre eigene Legitimation ist das praktisch, für ihre bevorzugten Objekte, die Juden, bald einmal fatal.

Damit die Fremdenpolizei Ordnung herstellen kann, braucht sie eine Vision der eigenen Gesellschaft. Sie muss wissen, wie die Schweiz ist und sein soll, damit sie bestimmen kann, wer dazugehört und wer nicht. Für Ruth ist es 1937 «nur natürlich, dass man das Problem unserer Aufnahmepolitik bisher vorwiegend unter dem Gesichtspunkt der Sorge betrachtet hat, unser Volkstum rein und gesund zu erhalten und ihm nur sicher taugliche neue Elemente zuzuführen».[125] Zur völkischen Vorstellung einer «reinen und gesunden Schweiz» passen selbstredend nur das Gesunde und Reine. Ausgeschlossen ist damit alles Kranke und Unreine, denn Ein- und Ausschluss bedingen sich gegenseitig. Die Schweiz, die Ruth sich vorstellt, braucht für ihr reines Selbstbild notwendigerweise ein dreckiges Gegenbild.

Systematisches Ordnen trennt immer Passendes von Unpassendem. Aus der Sicht der Ordnung ist Unpassendes Abfall, deshalb gibt es keine Ordnung ohne Abfall.[126] Auch nicht bei der Fremdenpolizei, dies verrät schon ihre Sprache: Für Delaquis haben «gemeingefährliche Kranke, dann Schieber, Schnorrer, Wucherer, kurz: wirtschaftliche Bazillenträger [...] auszuscheiden». Die Schweiz dürfe nicht zur «Rumpelkammer für Expatriierte, Tolerierte, für Deserteure und für Schieber werden». Rothmund beschreibt die Anfänge seiner Tätigkeit als «Ausmisten», als «radikale Säuberung des Landes von [...] Schädlingen». Es habe gegolten, «das Land von zahlreichen Schiebern, Spionen und anderen unerwünschten Elementen mit eisernem Besen zu säubern».[127]

Solches Reden hat verschiedene Effekte. Erstens gebrauchen die Beamten Wörter, die mit starken Gefühlen und dramatischen Untertönen besetzt sind. Sie transportieren Bilder, die tiefsitzende Gefühle – Ängste, Ekel, Widerwille, Hass – auslösen und gerade dadurch die (xenophoben oder antisemitischen) Botschaften bei den Zuhörenden tief verankern. Zweitens machen sie die Fremden zu abscheulichen Gestalten, zu Schädlingen und gefährlichen Feinden. Man muss sie bekämpfen, um die Reinheit, Gesundheit oder Existenz der Schweiz zu retten. Mitleid mit ihnen wäre eine selbstzerstörerische Torheit, ihre Vertreibung oder Fernhaltung ist ein Akt der Selbstverteidigung, eine moralische Pflicht im Dienste des Gemeinwohls. Drittens entziehen die Beamten ihren Objekten a priori den Status als Menschen: Was die Schweiz zu einer Rumpelkammer machen würde, kann nur Abfall sein; was mit dem Besen gesäubert werden muss, ist Dreck; und was auf einen Träger von Bazillen reduziert wird, ist zumindest gesichtslos, vielleicht nicht einmal ein Tier. Besonders drastisch die Metapher vom «Ausmisten», die Rothmund vor dem gebildeten Publikum der Neuen Helvetischen Gesellschaft gebraucht. Er evoziert damit den Mist in den Stallungen des Augias, der das ganze Land verpestet, so dass sich der Untergang nur abwenden lässt, indem man die stinkende und seuchenerregende Masse schleunigst ausschafft. Im nationalstaatlichen Denken sind menschliche Achtung und moralische Verpflichtung gegenüber Fremden ohnehin an einem kleinen Ort. Eine Sprache, die die Fremden zu Mist und Abfall macht, nimmt diesen endgültig alles Menschliche und jeden moralischen Status. Wo enden für eine Bürokratie die Skrupel gegenüber den Menschen, die sie in der Sprache bereits vernichtet hat?

Von der Sicht zur weitsichtigen Praxis

Wenn die Bürokratie aus Menschen Abfall macht, ist das eine Folge ihrer ordnenden Tätigkeit. Bald nach ihrer Gründung etabliert die Fremdenpolizei bestimmte Kategorien der Ordnung, mit denen sie sich ihre eigene Wirklichkeit erschafft. «(A)ls Fremdenpolizist», bekennt Rothmund stolz, »habe ich in meiner zwanzigjährigen Tätigkeit gelernt, stets Schweiz-Ausland und Schweizer-Ausländer gegenüberzustellen».[128] Ebenso selbstverständlich sind ihm und seiner Verwaltung Kategorien wie «nützlich-schädlich», «harmlos-gefährlich», «assimilierbar-nichtassimilierbar». Zur Zeit der NS-Herrschaft in Europa kommt in den Berner Amtsstuben als weitere Schlüsselkategorie noch «arisch-jüdisch» dazu. Diese Kategorien werden für die Beamten zu Schemen, die ihre Wahrnehmung der Welt strukturieren, damit ihre Wirklichkeit erschaffen und ihr Handeln leiten. Stehen ihre Erfahrungen im Einklang mit anderen Erfahrungen (den eigenen früheren und denjenigen anderer Beamten), wächst das Vertrauen in die eigenen Annahmen und Praktiken. Es wird immer leichter, Tatsachen, die sich nicht einpassen, zu ignorieren oder entstellen, so dass sie die bestehenden Annahmen über die Wirklichkeit nicht stören.[129] Und es wird möglich, Praktiken, die sich über Jahrzehnte scheinbar bewährt haben, auch dann noch fortzusetzen, wenn die Konsequenzen für die Objekte gravierender sind denn je.

Mit dem Bundesgesetz von 1931 über «Aufenthalt und Niederlassung der Ausländer» erhält die Fremdenpolizei die Grundlagen, um ihre Praktiken zu optimieren. Sie ist jetzt endgültig zum «eigentlichen Überfremdungsabwehrorgan des Bundes» (Max Ruth) geworden. Es erfüllen sich die Bedingungen, die Delaquis Anfang der zwanziger Jahre für unabdingbar gehalten hat, damit der «Kampf» auf allen «Operationsgebieten» zum Erfolg komme: Nämlich «ein einheitliches Kommando, mit anderen Worten Massnahmen, die aus *einem* Geiste geboren, in *einheitlichem* Geiste verfügt und im *gleichen* Geiste angewendet werden». Dieser Geist ist keine Überraschung. «Es stellte sich bald heraus», erinnert sich Rothmund später an diese Phase, «dass die Schweiz das einzige Land ist, dessen Zulassungspolitik ganz allgemein vom Gedanken der Abwehr der Überfremdung regiert ist, während anderswo in der Regel neben rein polizeilichen Überlegungen, die selbstverständlich überall gemacht werden müssen, nur die Lage des Arbeitsmarktes entscheidend mitspielt.»[130]

Damit diese Konzeption – die auf der Vorstellung einer «Aufnahmefähigkeit» und «Auslese» beruht – überhaupt zum Tragen kommt, braucht es eine Stelle, die die Übersicht und Kompetenz hat, eine umfassende Politik zu denken, planen und realisieren. Mit anderen Worten, es braucht eine zentralstaatliche Institution wie die Fremdenpolizei, die etwas versteht von Bevölkerungspolitik. Dies ist, wie Rothmund 1939 erklärt, ein rationales Geschäft und erfordert entsprechende Methoden und Haltungen:

«Bevölkerungspolitische Massnahmen können nur auf lange Sicht, unter ständiger Beobachtung als richtig erkannter Richtlinien und infolgedessen unter Anwendung von Geduld und Ausdauer durchgeführt werden, wenn schwere Erschütterungen vermieden werden wollen. Die Fremdenpolizei darf deshalb auch nicht für den Tag arbeiten. Sie muss ständig die Entwicklung auf Jahre und Jahrzehnte hinaus im Auge behalten, obgleich sie sich Tag um Tag mit dem Einzelfall befassen muss. Im Jahre 1919 beginnend hat sie ihre Abwehrtätigkeit nach allen Seiten durchgeführt [...]. Im Jahre 1933 wurde sie überrascht durch die jüdische Emigration aus Deutschland. Sie durfte sich durch diese Überrumpelung in ihrer Aufgabe nicht stören lassen. Der Bundesrat hat ihr deshalb die Weisung erteilt, sich dem Festsetzungswillen dieser Emigranten entgegenzustellen [...].»[131]

Die Schweiz gewährt den seit Hitlers Machtergreifung zufluchtsuchenden Juden nur einen vorübergehenden Aufenthalt. Denn die Aufgabe, bei der sich die Behörden «nicht stören lassen» wollen, heisst nach wie vor Bekämpfung der «Überfremdung» und der «Verjudung». Vom ersten Moment an und bis in die Jahre nach dem Zweiten Weltkrieg werden die Behörden die jüdischen Fluchtbewegungen hauptsächlich in diesem Lichte betrachten. Das führt zum schwärzesten Kapitel der Schweizer Asylgeschichte. Diese Ereignisse wurden schon oft beschrieben.[132] Ich werde sie nur so weit thematisieren, wie es für das Verständnis meiner Argumentation nötig ist.

Die jüdischen Flüchtlinge gefährden zwanzig Jahre Bevölkerungspolitik

«Wir haben nicht seit zwanzig Jahren mit dem Mittel der Fremdenpolizei gegen die Zunahme der Überfremdung und ganz besonders [!] gegen die Verjudung der Schweiz gekämpft, um uns heute die Emigranten aufzwingen zu lassen.»[133] So schreibt Heinrich Rothmund einem Botschafter, den er bittet nachzuforschen, was andere Staaten bezüglich der jüdischen Flüchtlinge planen, damit die isolierte Schweiz nicht allein die Unerwünschten behalten muss. Intern sagen er und seine Leute deutlich und immer wieder, was sie in der Öffentlichkeit unter anderen Argumenten verstecken: Die Flüchtlinge gefährden, da sie zumeist Juden sind, den Erfolg eines jahrzehntelangen systematischen Kampfes gegen eine «Verjudung» der Schweiz.

Nach dem «Anschluss» Österreichs an Deutschland im Jahre 1938 kommt es zu einer zweiten Fluchtwelle. Sie wird gefördert von den Nationalsozialisten, die die Juden zu dieser Zeit noch loswerden wollen und deshalb auch hemmungslos die Gestapo beauftragen, die Unerwünschten heimlich über die Schweizer Grenze zu bringen. Im August 1938 entscheidet die Schweizer Regierung, für die jüdischen Verfolgten die Grenze ganz zu schliessen.

Wie aber sollen die helvetischen Grenzbeamten die abzuweisenden «Nichtarier» von den weiterhin willkommenen «Ariern» unterscheiden? So unerträglich fremd und unkorrigierbar anders das jüdische Wesen auch sein soll, das blosse Auge kann es dennoch nicht mit Sicherheit erspähen. In Verhandlungen mit Deutschland erreicht die Schweiz, dass die Nationalsozialisten seit Oktober 1938 die Pässe der Juden mit einem «J» markieren. Die Deutschen sind dazu – da sie zu dieser Zeit ihre Juden vertreiben wollen – nur widerwillig und angesichts der Drohung bereit, dass die Schweiz sonst für alle deutschen Einreisewilligen die Visumpflicht einführe. Bundespräsident Johannes Baumann verleugnet gegenüber der Öffentlichkeit den eigenen Anteil an der deutschen Massnahme. Zudem behauptet er: «Selbstverständlich bedeuten die getroffenen Massnahmen nicht etwa eine Kundgebung gegen die Angehörigen einer bestimmten Rasse oder gar eine Nachahmung uns fremder Gepflogenheiten, sondern sie sind einzig und allein bedingt durch die Sorge um die Abwehr gegen die Überfremdung unseres Landes und die Belastung unseres Arbeitsmarktes zum Nachteil unserer eigenen Landsleute.»[134] Solchen Beteuerungen zum Trotz übernimmt die Regierung, indem sie den deutschen Stempel zur Grundlage ihrer eigenen Praxis macht, vollumfänglich die nazistischen Rassenkategorien. Für die Stigmatisierten hat die schweizerische Initiative verheerende Folgen: Sie sind nun abgestempelt mit dem Zeichen der Menschen, die weltweit kein Staat will, so dass sie immer schwerer einen Fluchtweg finden.

Für die Schweizer Bürokratie hingegen ist die Markierung praktisch. Dies zeigt das Gegenbeispiel Ungarn, das seit dem 26. April 1939 darauf verzichtet, in den Pässen die Religion anzugeben. «Diese Massnahme erschwert es ungemein», schreibt der Schweizer Botschafter in Budapest an die Fremdenpolizei, «feststellen zu können, wer amtlich als Jude gilt. Falls wir uns nach dem beiliegenden Judengesetz richten wollten, müssten wir die Taufscheine der Petenten bis ins dritte Glied einverlangen, bevor ein Visum erteilt werden kann. Ich wäre Ihnen sehr verbunden, mich wissen zu lassen, ob nicht in Betracht gezogen werden könnte, den allgemeinen Visumzwang für ungarische Staatsangehörige einzuführen.»[135]

Der Polizeichef in Bern ist in grosser Sorge, dass auch Ungarn einen Teil seiner Juden der Schweiz aufhalsen würde, und antwortet: «Wir haben im vergangenen Jahre mit Deutschland ebenfalls die Frage der allgemeinen Wiedereinführung des Visums aufgeworfen und sind davon erst abgegangen, als die deutsche Regierung uns erklärte, sie habe beschlossen, alle Pässe der deutschen Nichtarier durch ein ‹J› besonders zu kennzeichnen. Es wurde uns mitgeteilt, diese Kennzeichnung sei notwendig zur Durchführung der deutschen Vorschriften über die Behandlung der Nichtarier durch die deutschen Behörden im Inland und die Konsulate im Ausland. Ungarn gegenüber muss in erster Linie unsere Lage auseinandergesetzt werden und die daraus sich ergebende unbedingte Notwendigkeit einer hundertprozentigen Kontrollmöglichkeit der ungarischen Juden vor dem Grenzübertritt.» Wie der Bundesrat gegenüber der Öffentlichkeit verschweigt Rothmund selbst gegenüber dem Schweizer Gesandten die eigene Beteiligung am Judenstempel. Er ist auf ihn unbedingt angewiesen, will aber keinesfalls etwas damit zu tun haben. Zwar will er nun via seinen Botschafter in Budapest auch Ungarn unter Druck setzen und zu einer Diskriminierung veranlassen, wie vormals Deutschland, aber Verantwortung dafür will er auch diesmal keine übernehmen: «Ich möchte nur noch beifügen, dass wir nicht etwa die Kennzeichnung der Pässe von ungarischen Juden provozieren möchten. Wenn Ungarn das von sich aus tun will, ist es seine Sache.»[136]

Der ausländische Rassismus, von dem sich die eidgenössischen Behörden bei jeder Gelegenheit distanzieren, fliesst durch die Berücksichtigung der Markierungen erst recht in die eigene Praxis ein. Ausdruck davon ist die Anleitung, nach der das Heer der Bürokraten in der Polizeiabteilung ihre Kartotheken führt: Die Karten sind folgendermassen auszufüllen: «Rasse: Diese ist nach Heimatrecht bzw. dem Recht des Herkunftsstaates einzutragen: ‹Arier›, ‹Nichtarier›, ‹Neger›.» Derart strukturiert ist also die Grundlage der täglichen Arbeit in der Verwaltung. Ausdruck der Übernahme nazistischer Kategorien durch die Schweiz ist auch die (nie verwirklichte) Konzession an die Deutschen, dass diese statt nur ihre eigenen auch die Schweizer Juden mit dem «J» diskriminieren dürften. Damit zeigt sich der Bundesrat bereit, für einen Teil seiner eigenen Bürger das Prinzip der Gleichheit, das die Verfassung vorschreibt, aufzugeben. Ausdruck der Übernahme ist schliesslich auch das Heiratsverbot, das einzelne deutsche Flüchtlinge in der Schweiz betrifft: Ist eine der beiden Personen «nichtarisch», die andere «arisch», dürfen sie sich nicht verbinden, denn dies wäre – da in der Schweiz die Heiratsgesetze des Herkunftsstaates gelten – «Rassenschande».[137]

Angesichts solcher Abhängigkeiten erstaunt nicht, dass sich Rothmund im Dezember 1938 über die Nachricht beklagt, es würden «in Wien noch deutsche Pässe an

Nichtarier ausgestellt [...] ohne Kennzeichen J. Nachdem wir uns unsere Kontrolle über die Einreise der deutschen Nichtarier gezwungenermassen auf die Kennzeichnung dieser Pässe aufgebaut haben und uns diese Kennzeichnung auch für alle Fälle zugesichert worden ist, müssen wir darauf dringen, dass sie auch durchgeführt wird.»[138]

Im Sommer 1942 flüchten Tausende von Juden Richtung Schweiz, sie suchen den Deportationen in die Vernichtungslager zu entgehen. Am 13. August schliesst Rothmund, indem er sich auf einen vorgängigen Beschluss des Bundesrates stützt, hermetisch die Grenzen. Mit gewissen Ausnahmen werden die Juden künftig abgewiesen, da «Flüchtlinge nur aus Rassengründen» nicht als asylberechtigt gelten. Das Boot ist für sie voll. Die Bestimmung wird bis Ende 1943 streng eingehalten, in Kraft bleibt sie bis Mitte 1944. Über 30'000 Asylsuchenden verweigern die Behörden die Einreise, ein grosser Teil davon gehört zu der am schärfsten verfolgten Gruppe der Juden. Da ein Teil der Akten vernichtet sind und gar nie alle Abweisungen registriert wurden, bleibt eine Dunkelziffer in unbestimmbarer Höhe. Dazu kommt die beabsichtigte abschreckende Wirkung der Grenzschliessung, die Tausende davon abgehalten haben dürfte, überhaupt nach der Schweiz aufzubrechen. Zuflucht fanden im Krieg insgesamt 21'000 jüdische Zivilflüchtlinge.[139]

Nur wenige Wochen nach der Grenzschliessung spricht Rothmund an einer Konferenz der kantonalen Fremdenpolizeichefs. Das Problem, das sich heute stelle, müsse mit Weitsicht eingeschätzt werden. Es betreffe die Zahl der Ausländer, die sich im Interesse des Landes verringern müsse. Bis jetzt hätten die langfristigen Bemühungen der Behörden Früchte getragen, die ausländische Bevölkerung sei zurückgegangen. «Aujourd'hui, en revanche, l'afflux des réfugiés compromet l'essentiel de cette œuvre. M. le Dr. Rothmund estime que le danger principal de ce renversement réside dans le problème juif. Ce danger n'est pas à considérer du point du vue de l'antisémitisme, doctrine qui est étrangère à nos institutions comme à nos mœurs, mais du point de vue de l'israélisation du pays, de l'augmentation disproportionnée d'une seule catégorie d'étrangers. La question se complique du fait que le juif est difficilement assimilable.»[140] Der nur «schwer assimilierbare Jude» gefährde den Kern der langjährigen Arbeit. Für Rothmund sind die «energischen Massnahmen vom 13. August» durch diese Gefahren «vollkommen gerechtfertigt». Im Gegensatz zu öffentlichen Auftritten beschäftigt ihn hier ausschliesslich die bedrohliche Aussicht einer «israélisation»; anscheinend hält er sie nicht nur für einen gewichtigen, sondern sogar für den einzigen Grund, die Grenze zu schliessen. Er redet halt im vertrauten Kreis und unter Gleichgesinnten, da braucht er kein Blatt vor den Mund zu nehmen.

Im persönlichen Gespräch und in der amtlichen Atmosphäre des Bundesarchivs spricht fünfzig Jahre später auch der ehemalige Beamte Heinz Meyer offen.[141] Er arbeitete seit Oktober 1942 in der Flüchtlingssektion der Polizeiabteilung und hat die asylpolitisch schlimmste Phase grösstenteils direkt miterlebt. Um die damalige Praxis zu erklären, greift er unaufgefordert in seine Mappe, zieht ein Bündel abgegriffener Verordnungen heraus, zeigt mit dem Finger auf Stellen im Bundesgesetz von 1931, die vor langer Zeit mit dem Farbstift markiert worden sind, damit man sie sofort finden konnte, und liest vor: «Die Bewilligungsbehörden haben bei ihren Entscheidungen den Grad der Überfremdung des Landes zu berücksichtigen.» Dies sei massgebend gewesen, die Beamten hätten es nicht in Frage gestellt. Er verteidigt jene Haltung noch immer und begründet sie mit der «Gefahr der Verjudung». Unter den Intellektuellen und im Textilbereich seien die Juden überproportional vertreten gewesen. Im Büro hätten sie viel über die Gefahr gesprochen, dass Antisemitismus entstünde, wenn man Juden hereinlasse. Die Bevölkerung habe nicht gerne gesehen, dass die Flüchtlinge in Betten hätten schlafen können. Er verweist auf das Reden der Soldaten, mit denen er im Aktivdienst als Leutnant Umgang gehabt habe und die mit Strohlagern hätten vorlieb nehmen müssen. Die Interniertenheime seien Hotels gewesen. Dennoch hätten sich die Flüchtlinge noch darüber beklagt, in Dreierzimmern leben zu müssen.

Er erzählt, wie kurz nach seinem Stellenantritt, also noch im Herbst 1942, der stellvertretende Polizeichef Jezler mit Unterlagen ins Büro gekommen sei und gesagt habe: «‹Jetzt wissen wir bestimmt, dass die Juden vernichtet werden. Wir haben jetzt sichere Berichte über die Vergasungen.›» Jezler ist, wie Meyer nach unserem Gespräch brieflich ergänzt, Hauptmann im militärischen Nachrichtendienst gewesen. Deshalb war er höchstwahrscheinlich von Anfang an, nicht erst im Herbst 1942, über die Massenverbrechen informiert.[142] Ob man spätestens in diesem Moment den Kampf gegen die Überfremdung nicht hätte sistieren müssen? Heinz Meyer überlegt kurz und entgegnet: «Wenn wir ehrlich sein wollen, waren wir alle ein klein wenig antisemitisch und deutschfeindlich. ‹Du hast kein Recht, in der Schweiz zu sein.› Wir – meine Kollegen und Schürch, Jezler und Rothmund – dachten so.» In einer Sendung am Schweizer Fernsehen vor etwa zehn Jahren habe Alfred A. Häsler mit dem Finger auf ihn gezeigt und gefragt: «‹Ist Ihre Politik antisemitisch gewesen?›» Er habe dies bestritten und auf die Sicherheits- und Ernährungslage verwiesen.

Gewissenskonflikte unter seinen Kollegen habe es nicht gegeben. Man habe die Weisungen und Kategorien der Aufzunehmenden und Abzuweisenden gehabt. Es sei nicht um konkrete Einzelpersonen gegangen. Ja, es stimme, nur bei diesen könne man Gefühle entwickeln. Nein, interne Kritik an der Praxis habe es nicht gegeben. Alle Mitarbeiter seien loyal hinter Dr. Rothmund gestanden. «Wir haben unseren Auftrag weitergeführt. Im Krieg gibt es Vergasungen. Niemand von uns kam auf die Idee, zu Dr. Rothmund oder zu Bundesrat von Steiger zu gehen. Niemand stand auf und sagte, das geht nicht.»

In seinem Weissbuch über die Flüchtlingspolitik schreibt Carl Ludwig: «Einen weiteren, sehr gewichtigen Grund zur Zurückhaltung in der Aufnahme von Flüchtlingen bildete die Rücksichtnahme auf die Überfremdungsgefahr, und zwar selbst noch in einer Zeit, da man mindestens wusste, dass sich bei den Deportationen ‹Grässliches ereignet›.» Dies möge damit zusammenhängen, dass die Zuständigen «noch die Mahnung in Erinnerung» gehabt hätten, die der Bundesrat in seiner Botschaft zur Verfassungsrevision von 1925 ausgesprochen habe. Darin habe die Regierung aufgefordert,

«‹um den Preis jeder vernünftigerweise möglichen Anstrengungen zu verhindern›»,
dass die Ausländerquote ansteige.[143] Bundesrat von Steiger verwahrt sich Ende 1956
heftig gegen diese Aussage. Er habe die zitierte Botschaft gar nicht gekannt, «niemals»
seien die «rein bürokratischen Auffassungen der ‹Überfremdungspolitik› in diesen
Kriegsjahren ausschlaggebend» gewesen.[144]

Am 17. September 1942, auf dem Höhepunkt der Krise und kurz vor der Flüchtlingsdebatte im Parlament, erweckt er einen anderen Eindruck: Der Magistrat, der sich sonst wenig um die enormen Probleme seiner Polizisten kümmert, will etwas wissen, ungeduldig und schon zum zweiten Mal: «Die erste Frage ist nicht richtig verstanden worden. Es handelt sich darum, die zahlenmässig statistischen Angaben hinsichtlich der Überfremdung zu liefern.» Er will die «Zunahme der Bevölkerung an Ausländern seit Kriegsbeginn» erfahren. «Darüber wird doch die Fremdenpolizei statistische Angaben haben», meint er gereizt. «Das ist doch wichtig, wenn wir bei der vollständigen Abschliessung der Schweiz durch Blockade und Gegenblockade und politische Verhältnisse neu Hinzugekommene aufnehmen müssen und noch weitere aufnehmen sollen.»[145]

Ein unvorstellbares Chaos: Die Fremdenpolizei zeigt, was sie gelernt hat

Nach seinem Rücktritt erinnert sich Heinrich Rothmund, wie damals die «eidgenössische und kantonale Fremdenpolizei [...] wohlausgerüstet mit dem nötigen Apparat und den gemachten Erfahrungen in den zweiten Weltkrieg» eingetreten sei. «Selbstverständlich trat die polizeiliche Seite ihrer Aufgabe sofort in den Vordergrund. Das Visum wurde eingeführt und es wurden Instruktionen erlassen, damit der Zuzug unerwünschter Elemente von allem Anfang an verhütet werden konnte. Die Armeeleitung musste sich darauf verlassen können, dass im Zivilsektor Ordnung herrschte.»[146] Die in Jahrzehnten gemachten Erfahrungen, der aufgebaute Apparat, das Ziel der Ordnung – drei Elemente, die zum Kern der asylpolitischen Katastrophe führen.

Seit ihren Anfängen glaubt die Fremdenpolizei, mit der Abwehr «unerwünschter Elemente» drohendes Chaos zu bekämpfen. Die Warnung vor den Juden, die durch ihre Präsenz antisemitische Unruhen provozierten, taucht schon beim Zürcher Stadtschreiber Rudolf Bollinger auf, der seine diskriminierenden Vorschriften 1920 nach Bern schickt. Seither hat diese Behauptung in allen Etappen bis nach dem Zweiten Weltkrieg eine Schlüsselfunktion, wenn es darum geht, antijüdische Massnahmen zu begründen: In seinem Kommentar zum neuen Bundesgesetz von 1931, das die Ausländerpolitik für viele Jahrzehnte bestimmen wird, mahnt Ruth: «Bei irgendwie beträchtlicher Zulassung von Juden würde höchst wahrscheinlich auch bei uns das Unkraut des Antisemitismus aufwuchern. Unsere Schweizerjuden wissen selbst am besten, wie stark die östliche Vorkriegseinwanderung in dieser Richtung gewirkt hat.» Ruth schreibt dies 1934, zu dieser Zeit akzeptiert sein Departement die von den Nazis flüchtenden Juden nur temporär. Mit dem gleichen Argument – «wir müssen eine antisemitische Bewegung befürchten, wenn zuviel fremde Juden sich festsetzen» – schliesst Rothmund 1938 die Grenze vor den Juden. Auch für die noch verheerendere Massnahme vom Sommer 1942 hat er die selbe Begründung: «La pire des contre-réactions serait à craindre si les réfugiés juifs étaient autorisés à se répandre dans tout le pays.» Noch nach dem Krieg gebraucht er für seine Weigerung, den Flüchtlingen Dauerasyl zu gewähren, das gleiche Argument. Nur die Pflicht zur Weiterreise erlaube der Schweiz, «ohne fremdenfeindliche und ganz besonders ohne antisemitische Bewegungen durch die heutige schwere Zeit durchzukommen».[147]

Typisch für die Begründung, wieso genau denn Unruhen entstehen würden, ist die Argumentation Jezlers aus dem Jahre 1946. Anlass ist das Dauerasyl, das er unter anderem wegen der Gefahr einer «Hetze gegen ausländische Arbeitskräfte» ablehnt. Der «bodenständige schweizerische Arbeiter» reagiere nämlich «besonders dort empfindlich [...] wo er, während er arbeitslos ist, z. B. einen polnischen, ungarischen oder rumänischen Juden an der Arbeit sieht. Dann hört eben das menschliche Mitgefühl für den verfolgten Flüchtling auf und setzt der reale Existenzkampf ein.»[148] Solche auf die Wirtschaft bezogenen Befürchtungen hegen die Behörden seit den dreissiger Jahren in verstärktem Masse. Die Flüchtlinge würden, glauben sie, bei der Bevölkerung die Angst auslösen, wirtschaftlich dominiert oder um den eigenen Arbeitsplatz gebracht zu werden. Wenn in der Kriegszeit Hunderttausende von Wehrleuten an der Grenze stehen, ist die behördliche Angst vor der Angst der Bevölkerung besonders gross. Sie gehört auch zu Rothmunds zentralen Motiven, im August 1942 die Grenze zu schliessen: «Chez nous, comme ailleurs, il n'est pas souhaitable que la population juive dépasse une certaine proportion; le Suisse n'entend pas se laisser mener par le juif, pas plus qu'il ne voudrait être mené par un étranger quel qu'il soit.»[149]

Schon 1933 verhängen die Behörden ein Arbeitsverbot über die Flüchtlinge und schieben sie möglichst schnell in ein Drittland ab, um – wie sie argumentieren und sich selber vormachen – antisemitischen Reaktionen vorzubeugen. Wie sich 1939 rund 10'000–12'000 jüdische Immigranten in der Schweiz aufhalten, herrscht in der Polizeiabteilung dennoch Alarmstimmung. «Fürs Auge hat sich also das schweizerische Judentum bereits verdoppelt. Die Gefahr einer plötzlich aufflammenden antisemitischen Welle deutscher Prägung ist damit nahegerückt.»[150] Die «öffentliche Meinung» fange an, «sich zu beunruhigen über die lange Anwesenheit einer grossen Zahl von Emigranten, unter denen sich viele befinden, die dem Bürger fremd erscheinen und seine Abneigung hervorrufen. Antisemitische Strömungen machen sich auch bei uns bemerkbar.»[151]

Mit grösster Aufmerksamkeit starren die eidgenössischen Behörden auf die Ereignisse in Deutschland. Ein schrecklicher Spiegel, der ihnen vor Augen führt, wohin es komme, wenn man zuwenig wachsam sei. Die deutschen Juden, meint Rothmund, hätten in Deutschland «die fürchterliche Reaktion ausgelöst», weil sie «gewisse wichtige

Gebiete des Erwerbslebens unter Ausschluss der Christen mit Beschlag belegt haben».[152] Ursache des Antisemitismus in Deutschland sei deshalb «eine falsche Politik der deutschen Regierung gegenüber den Juden, insbesondere der Umstand, dass nach Abschluss des letzten Weltkrieges mehrere hunderttausend Ostjuden zur Einwanderung zugelassen wurden».[153] Rothmund hat das Gegenteil getan; nach seiner Ansicht war die eigene langjährige Praxis die einzige richtige, es ist gut, so weiterzumachen – jeder Blick auf die bedrohliche Entwicklung im Nachbarland bestätigt ihn in diesem Glauben. Je schrecklicher die dortigen Verfolgungen, desto mehr Grund, zuhause mit der «bewährten» Abwehr der «Verjudung» fortzufahren. Rothmund (und er ist damit nicht allein) weist die Juden nicht ab, weil er die nazistischen Verbrechen ignoriert, sondern weil er gebannt darauf starrt und sich – eher besorgt um die Ordnung als um die Juden – vor einer ähnlichen Entwicklung in der Schweiz fürchtet.

Rothmunds Interpretation der deutschen Wirklichkeit und seine Folgerungen für die eigene Politik erfahren eine zusätzliche unheimliche Bekräftigung. Kalkulieren doch die Nazis ihre Vertreibung der Juden als Massnahme, um den Antisemitismus in der ganzen Welt zu entfachen. Das deutsche Aussenministerium schreibt 1939: «Die Auswanderung von nur rund 100'000 Juden hat schon gereicht, das Interesse, wenn nicht gar das Verständnis für die jüdische Gefahr in vielen Ländern zu wecken. [...] Der Zustrom von Juden in alle Teile der Welt beschwört die Opposition der einheimischen Bevölkerung herauf und stellt damit die beste Propaganda für die deutsche Judenpolitik dar [...].»[154] Bei Rothmund und seinen Leuten, die schon von sich aus glauben, Juden erzeugten Antisemitismus, stösst solche Propaganda auf offene Ohren.[155] Wie sollen sie die Worte des deutschen Regimes, das all seine Pläne und jedes seiner Versprechen so konsequent und machtvoll in Taten umsetzt, nicht ernst nehmen? Wie sollen sie die Juden behandeln, ohne dabei in Rechnung zu stellen, welche aussenpolitischen Strategien der übermächtige Nachbar mit diesen verfolgt?

Im Sommer 1942 gelingt es einer grösseren Zahl Juden aus Belgien und Holland, die deutschen Kontrollen zu passieren und sich bis an die Schweizer Grenze durchzuschlagen. In dieser Situation, auf die Rothmund mit der Grenzschliessung reagieren wird, fragt er sich, «ob Hitler-Deutschland uns etwa absichtlich diese Leute zuschieben wolle, um einen Vorwand zu schaffen, die Schweiz nachher anzugreifen». Er verwirft den Gedanken, aber solche aussenpolitische Bedenken bleiben ein Grund, Ordnung zu halten. «Wenn wir keine Ordnung haben, können wir einen Anlass zur Einmischung von aussen provozieren.»[156]

Rothmund behauptet, Juden verursachten automatisch Antisemitismus, wenn ihre Zahl stiege oder wenn die Behörden die Juden nicht vollständig zu disziplinieren und zur «Assimilation» zu zwingen vermöchten. Ein Unsinn, denn Antisemitismus entsteht auch ohne einen einzigen Juden und unabhängig von deren Verhalten. Rothmund ist mit seinem Wahn nicht allein. In der Verwaltung ist man sich spätestens seit den dreissiger Jahren einig, dass man Antisemitismus nur mit der Abwehr der Juden bekämpfen könne. Je mehr sich der Antisemitismus in Deutschland entfesselt, desto grösser die Sorge der Beamten vor einer ähnlichen Entwicklung im eigenen Land. Diese Logik entspricht weitgehend einem Glauben, der im Zuge der Überfremdungsdiskussion einen grossen Teil der Gesellschaft erobert hat. Besteht doch die verbreitete Meinung, dass es so etwas wie eine «Verjudung» als Gefahr geben könne. Es gibt zwar gewichtige Stimmen, die dies bestreiten und mit Zahlen die Absurdität der Befürchtungen und Behauptungen belegen wollen. Sie sagen, es gebe nur wenige Juden, also keinen Anlass zu Sorge oder gar Hetzereien. Damit bestätigen sie indirekt aber nur die antisemitische Logik. Impliziert ihre Widerlegung doch, dass viele Juden ein Problem wären und letztlich in jenen selbst die Ursache für Antisemitismus liege.

Diese unsinnige Verbindung von angeblicher Ursache und zwingender Wirkung findet selbst in Köpfen Einzug, die den Flüchtlingen wohlgesinnt sind. Sogar die Hilfswerke glauben daran und ein grosser Teil der einheimischen Juden nicht weniger. Auf die entsprechenden Ängste und Aussagen der Schweizer Juden zu verweisen ist bei den Behörden besonders beliebt. Es ist ihre wirksamste Methode, sich gegen den Vorwurf zu verteidigen, ihre Abwehrpolitik sei antisemitisch. So gibt es niemanden, der über humanitäre Entrüstung hinausgehen, die fremdenpolizeiliche Logik durchbrechen und in ihren wahnhaften Prämissen zurückweisen könnte. Bequem für die Fremdenpolizei, denn sie hat eine Lösung gefunden, die zwar viele Herzen empört, der Vernunft aber Recht gibt. Ihre Lösung ist politisch durchsetzbar, praktikabel, systemkonform und stabilisiert die Ordnung – nicht wenig in einer schwer bedrängten Situation.

Die behördliche Lösung ist unter anderem deshalb politisch akzeptabel und durchsetzbar, weil ihre Logik die Opfer zu Tätern macht: Die Juden selbst, nicht die Antisemiten, provozierten die Feindseligkeiten; die Juden seien nicht nur an ihrem eigenen Unglück, sondern auch noch an dem der übrigen Bevölkerung schuld. Letztlich interessiert vor allem das zweite: Der Antisemitismus soll bekämpft werden, weil er der Schweiz unwürdig wäre, weil er schade, weil er Chaos erzeuge, nicht weil man an die jüdischen Opfer denkt.

Diese Vertauschung von Opfer- und Täterrollen rechtfertigt das eigene Tun. Rückweisung ist ein Akt der Staatsräson und – bezogen auf die ansässigen Juden, die man vor Schlimmem bewahrt – ein Akt der philosemitischen Solidarität und Verteidigung. Mitleid mit den Opfern und Widerstand gegen ihre Abweisung schadete nur dem Vaterland und den Juden selber. Der Glaube an die eigene Argumentation erlaubt den Antisemiten in der Verwaltung überdies einen beträchtlichen psychologischen Gewinn: Sie treffen massive, nämlich lebensgefährdende, antisemitische Massnahmen und können sich dabei vormachen, Vaterländisches und gar Philosemitisches zu tun. «Wenn wir Böses tun», beruhigen sie ihr Gewissen, «dienen wir einem übergeordneten guten Ziel; unser Tun ist gar nicht böse.»

Die fremdenpolizeiliche Lösung stabilisiert aus verschiedenen Gründen die Ordnung: *Erstens:* Die Behörden stehen im Krieg vor einem grossen Problem. Irgendwie müssen sie die Bewegungen an der Grenze regeln, die Flüchtlingsströme kontrollieren, die Aufzunehmenden und Abzuweisenden bestimmen. Ein Chaos würde Ordnung und

Landesverteidigung gefährden. Organisatorisch schlecht gerüstet und dennoch gezwungen, an der Grenze die Ausschluss- und Einschlussprozesse aufrechtzuerhalten, braucht die Polizeiabteilung ein Kriterium, um die Auszuschliessenden zu bestimmen. Sie trifft eine Wahl, die sich ihrer Ansicht nach seit Jahrzehnten bewährt hat. Eine Wahl, die besonders viele Zufluchtsuchende betrifft; auch dies ein entscheidender Gewinn, da sich die Beamten nur eine Tragfähigkeit von wenigen Tausend Flüchtlingen vorstellen können. Eine Wahl, die jene Gruppe trifft, die aus fremdenpolizeilicher Sicht am problematischsten ist. Eine Wahl schliesslich, die sich innen- und aussenpolitisch durchsetzen lässt: Die Juden haben keine starke einheimische Lobby, als zumeist Staatenlose haben sie keinen fremden Staat im Rücken, und im Gegensatz zu anderen Flüchtlingsgruppen hat die Schweiz ihnen gegenüber keine völkerrechtlichen Verpflichtungen.

Zweitens: Seit ihrer Gründung verfolgt die Fremdenpolizei die Angst vor der zu grossen Zahl, die Angst vor einer unkontrollierbaren Entwicklung in der Zukunft. Es gibt keine Kategorie von Flüchtlingen, die solche Befürchtungen mehr nährt als die Juden. Als rassisch Verfolgte stellen sie für den Staat eine neuartige Herausforderung dar: Bei den herkömmlichen politisch Verfolgten konnte die Staatsgewalt recht frei und willkürlich über eine allfällige Aufnahme entscheiden, sie konnte souverän definieren, ob eine individuelle Gefährdung als Asylgrund ausreichte. Sie konnte Politische aufnehmen und bei Bedarf die Aufnahme stoppen, indem sie die Kriterien der Berechtigung verschärfte, die Einzelfälle anders beurteilte. Ein solcher Wandel hätte sich der öffentlichen Kontrolle und Kritik fast gänzlich entzogen. Bei den Juden ist dies anders, ihre Verfolgung und damit ihre Asylberechtigung lassen sich nicht individualisieren. Sie werden nicht wegen persönlicher Handlungen verfolgt, sondern allein aufgrund ihrer «Jüdischkeit» (Hannah Arendt). Sobald die Behörden rassische Verfolgung als Asylgrund anerkennen würden, schafften sie ein Präjudiz, das die künftige Politik der eigenen Kontrolle entzöge. Denn die Zahl der Anspruchsberechtigten würde enorm wachsen, jeder Jude gehörte dazu, denn jeder wird gleich verfolgt. Bereits stünden, warnt Rothmund 1939, «Hunderttausende noch jenseits der Grenzen» und drückten nach innen. Nach Beginn der Deportationen 1942 sind die Ängste noch grösser.[157] Die Beamten könnten keinen Juden mehr abweisen, ohne ein wichtiges Prinzip der Bürokratie zu verletzen: die gleiche Behandlung gleicher Fälle. Um die eigene souveräne Kontrollfähigkeit auf die Zukunft hin nicht zu gefährden, bestreiten sie prophylaktisch, dass rassische Verfolgung ein Asylgrund sei.

Ihre besondere Dramatik erhält diese Aussicht durch den Umstand, dass es sich bei den Juden grösstenteils um staatenlos Gemachte handelt. Es gibt keinen Staat, der verpflichtet wäre oder ein Interesse daran hätte, diese Menschen nach dem Krieg zu übernehmen. Die Behörden befürchten, dass sie die Juden – ausgerechnet diese «nichtassimilierbare» Gruppe, deren Einwanderung man seit langem bekämpft – nicht mehr abschieben könnten.

Drittens: Die Abweisung der Juden ermöglicht, behaupten und glauben die Behörden, allfälligen antisemitischen Ausschreitungen vorzubeugen. Wenn sich die Zahl der Juden nicht vergrössere, hätten Antisemiten auch keinen Anlass für Aktionen. Es fehlt ihnen die Berechtigung, die sie in den Augen der Behörden sonst durchaus hätten. Der Staat kann nicht dulden, dass ihm andere Kräfte das Gewaltmonopol streitig machen, bei Kriegsgefahr ohnehin nicht. Den Behörden sind zwar – ihr Verhältnis zu «Die Schweiz den Schweizern» und zum Vaterländischen Verband zeigt es – antisemitische Potentiale nützlich (da sie Legitimität und Durchsetzungskraft ihrer Politik verstärken), aber nur solange sie darüber vollkommene Kontrolle haben. Unkontrollierte Unruhen im Lande wären eine Katastrophe, sie torpedierten die «ruhige, zielbewusste Arbeit auf lange Sicht», mit der Rothmund das «Überfremdungsproblem»[158] lösen will – und sie rückten die Schweiz in gefährliche Nähe zu Deutschland.

Viertens: Wie gross die Angst der Behörden vor inneren Unruhen ist, illustriert der Fall des türkischen Juden Jakob Feuerwerker. Da der Mann 1941 gegen das Schächtverbot verstossen hat, empfiehlt Jezler seinem Chef Rothmund, den Mann auszuweisen, «um ein im Interesse unseres inneren Friedens gebotenes Exempel zu statuieren. Wir wollen damit allen interessierten Kreisen klar und deutlich zum Bewusstsein bringen, dass es gerade in der heutigen Zeit absolut untragbar wäre, dass jüdischerseits das in der Bundesverfassung enthaltene Schächtverbot übertreten werde, weil damit die Gefahr verbunden wäre, in der Schweiz die Judenfrage aufkommen zu lassen.» Feuerwerker wird vermutlich «nur» interniert. Sein Beispiel zeigt dennoch deutlich, wie sehr die Behörden auch die in der Schweiz lebenden Juden disziplinieren, indem sie die Abweisungspolitik mit der Antisemitismus-Drohung verknüpfen. In der Tat instrumentalisieren die Behörden die einheimischen Juden, wo sie nur können – finanziell, moralisch, politisch. Die kleine Minderheit bezahlt nicht nur bis 1942 die Hilfe an die jüdischen Flüchtlinge aus dem eigenen Sack; aus Angst vor Antisemitismus getraut sie sich nicht einmal, dies laut zu sagen, geschweige denn, dass sie offensiv eine andere Politik verlangte.[159]

Fünftens: Bald einmal umschlossen von totalitären Mächten, gerät der helvetische Kleinstaat in den Kriegsjahren in existentielle Abhängigkeiten. Er ist konfrontiert mit einem Nachbarland, das die halbe Welt mit Krieg und Schrecken überzieht, systematisch die eigenen Landsleute entrechtet und Verbrechen organisiert, die jede Vorstellungskraft übersteigen. Die Beamten der Polizeiabteilung haben nicht unser heutiges Wissen. Aber vom eigenen Geheimdienst, durch diplomatische Kanäle und aus den Zeitungen wissen sie von Anfang an, dass sich Ungeheuerliches tut und die umliegende Welt im Chaos versinkt.

An der Spitze der Polizeiabteilung sind Männer, die nach der Erfahrung im Ersten Weltkrieg (den traumatischen Generalstreik eingeschlossen) Konzepte und Methoden entwickelt haben, wie sie die Ordnung künftig gegen das Chaos verteidigen wollen. Dieses droht im Zweiten Weltkrieg erneut, nun gar in unvordenklicher Dimension. Diese reale Bedrohung hätte bereits gereicht, dass die Behörden zur Verteidigung der

Ordnung wiederum den Kampf gegen die Fremden verstärken und damit eine Praxis fortsetzen, die sich nach ihrer Einschätzung seit Dezennien bewährt hat. Wiederum hätte sich ihnen «der» Jude – die Verkörperung aller Ambivalenzen – als Abladeplatz angeboten, um alle Konflikte und Schrecken zu entsorgen. Besondere Juden hätte es dazu nicht gebraucht, nicht einmal reale.

In diesem Moment drängen sich leibhaftig und ungefragt Menschen über die Grenzen, die nicht bloss das alte Stigma der Anomalie auf sich tragen. Sie kommen direkt aus einer chaotischen Situation, die allein ihr Fluchtmotiv ist und die sie nun, so die behördliche Befürchtung, an ihren Zufluchtsort mit sich schleppen. Nachdem Rothmund den kantonalen Fremdenpolizisten die ausnahmslose Sperre vom August 1942 begründet und ihnen von der angeblichen Gefahr schlimmster antijüdischer Reaktionen gesprochen hat, meint er über die jüdischen Schutzsuchenden: «Il ne faut pas non plus oublier que nombre d'entre eux sont des sujets dangereux pour nos institutions, des individus qui ont vécu longtemps dans des pays désorganisés ou mal ravitaillé dans lesquels on vit d'expédients. Ils sont habitués à des conditions dans lesquelles l'instinct affairiste du juif a tendance à se donner libre cours.»[160] Durch die chaotischen Kriegsumstände entfessle sich der jüdische Geschäftsgeist und werde dadurch zur Gefahr für die einheimischen Institutionen. Mit ähnlichen Bildern hat Rothmund jeweils das Chaos im Ersten Weltkrieg beschrieben und die damaligen fremdenpolizeilichen Abwehrmassnahmen erklärt.

Als wäre das alte Stigma der Anomalie nicht abschreckend genug, tragen die hereindrängenden Juden gegenwärtige Erfahrungen mit sich, die anomaler nicht sein könnten. Ein Blick auf sie ist ein Blick in den Abgrund der Menschheit, denn sie sind durch einen jähen, willkürlichen Akt staatenlos Gemachte. Es ist ein Blick in den Abgrund der Zivilisation, denn sie sind Opfer unfassbarer, bisher nicht einmal denkbarer Verbrechen. Die Behörden sehen – statt tödlich bedrohte Menschen – nur ihre alten Bilder der Anomalie, die sich nun durch neue noch verstärken. Diese radikalisierte Anomalie drängt ins Innere mit unkontrollierbaren Folgen. Um die fragile Ordnung vor der Anomalie zu retten, schlägt man am besten schleunigst die Türe zu.

Nach Kriegsende: Der Tradition verpflichtet

Kurz vor Kriegsende treffen sich in Montreux Vertretungen der Hilfswerke, der eidgenössischen Behörden und der Flüchtlinge zu einer Tagung. Ihr Thema ist die Rück- und Weiterwanderung. Die Flüchtlinge, die bisher von den Behörden in bürokratischer Manier verwaltet und als Objekte behandelt worden sind, verlangen immer deutlicher nach Mitsprache und Selbstbestimmung. Rothmunds Stellvertreter Jezler – bemüht, den Versammelten den behördlichen Standpunkt einsichtig zu machen und selber menschlich zu erscheinen – holt weit aus. «Allem voran muss gesagt werden, dass die Schweiz ein kleines Land sei und dass sich die Schweizer dessen bewusst sind.»[161] Die

«Mittel und Möglichkeiten» seien «bescheiden», deshalb sei «der Schweizer im Grunde ein etwas nüchterner Mensch». Dennoch habe er seine Ideale, für die er bereit sei, «mit seiner ganzen Kraft» einzustehen. «In erster Linie setzt er alles daran, seinem Lande die Freiheit und Unabhängigkeit zu erhalten. Im Laufe der Jahrhunderte hat er in seinem Lande eine innere Ordnung geschaffen, die im allgemeinen als gut betrachtet werden kann und die er sich deshalb unter keinen Umständen, und namentlich nicht etwa von aussen her, stören lassen wird.»

Dennoch besitze der Schweizer ein «tiefes, [...] einfaches, menschliches Verständnis für das, was ausserhalb seiner Grenzen» geschehe. Beweise dafür seien Bestrebungen wie das Rote Kreuz oder die «alten Asyltraditionen». Aber der «nüchterne Schweizer» müsse «eben auch einsehen, dass selbst seiner Hilfstätigkeit Grenzen gezogen» seien. «Übertragen auf das Flüchtlingsproblem heisst dies, dass die Schweiz zu keiner Zeit mehr Flüchtlinge bei sich aufnehmen kann, als ihr mit Rücksicht auf die Wahrung der inneren Ordnung und der Unabhängigkeit, sowie der rein materiellen Verhältnisse möglich ist.» Es «wäre auch für die anwesenden Flüchtlinge katastrophal, wenn der Bogen überspannt und das Land mitsamt den Flüchtlingen deswegen untergehen sollte».

Von den drei Aspekten, die nach Jezler bei der Aufnahme der Flüchtlinge zu berücksichtigen sind, scheint ihn zu dieser Zeit nur die Gefährdung der «inneren Ordnung» ernsthaft zu beschäftigen. Jedenfalls geht er nur darauf weiter ein. Der Schweizer sei «auf jeden Fall nicht fremdenfeindlich eingestellt», doch werde er «immer dann sehr empfindlich, wenn er das Gefühl bekommt, ein Landesfremder wolle sich politisch, wirtschaftlich oder auf andere Art und Weise in seine Gemeinschaft hineindrängen [...]. Es müsste zu schweren inneren Spannungen führen, würde man nach dem Kriege Flüchtlingen und Emigranten die Erwerbstätigkeit in der Schweiz erlauben und dadurch Schweizerbürger arbeitslos machen oder zur Auswanderung zwingen. Diese Spannungen wären nicht nur geeignet, die innere Ordnung in unserem Lande schwer zu beeinträchtigen, sie würden sich zweifellos auch in unerträglichen Reaktionen gerade gegen die Flüchtlinge und Emigranten äussern. Jeder einsichtige Ausländer muss dies einsehen.»

Jezlers Publikum setzt sich vor allem aus ehemals Verfolgten zusammen. Ob sie alle genügend begriffen haben, dass sie ein weiteres Mal an ihrem und dem allgemeinen Unglück schuld würden, wenn sie nicht ihre Konsequenzen zögen? Sicherheitshalber doppelt er nach: «Zusammenfassend muss deshalb gesagt werden, dass die schweizerischen Behörden mit Rücksicht auf die allgemeine Lage unseres Landes unmöglich irgendwie abweichen können davon, die Flüchtlinge und Emigranten zu verpflichten, bei erster sich bietender Gelegenheit unser Land, das ihnen vorübergehend Zuflucht und Schutz vor Verfolgung geboten hat, wieder zu verlassen. [...] Eine Diskussion hierüber ist von vornherein ausgeschlossen. Eine Mitsprache kommt in diesem Punkte also nicht in Betracht.»

Eine altbekannte Botschaft. Seit 1933 verstehen die Behörden den Aufenthalt der Flüchtlinge nur als temporär. Sie geben den Zufluchtsuchenden nur eine Toleranzbewilligung, die alle drei bis sechs Monate erneuert werden muss. Zugleich schärfen sie ihnen beständig – Rothmund sagt: «bei jeder sich bietenden Gelegenheit» – ein, ein Drittland zu finden. Der Polizeichef droht sogar, der «Emigrant, der seine Bemühungen zur Weiterreise nicht mit allem Nachdruck» fördere «oder die Möglichkeit dazu nicht» benütze, habe «die Ausschaffung zu gewärtigen». Im Oktober 1939 wiederholt der Bundesrat diese Maxime: «Die Schweiz kommt nach wie vor für Emigranten nur als Durchgangsland in Betracht.» Um dies «für jeden einzelnen Fall» hervorzuheben, erklärt der Polizeichef, habe man jeden Ausweis «mit einem grossen Lochstempel ‹EMIGRANT› versehen, der unauswischbar» sei. So sei der Ausländer «für alle Behörden, aber auch für Private» als «ausreisepflichtiger» erkennbar.[162] Offenbar eine so enorm wichtige Vorschrift, dass ihre Umgehung nicht nur mit technischen Raffinessen, sondern sogar mit der Wachsamkeit der Bevölkerung verhindert werden muss. Bei den Zivilpersonen, die ab Sommer 1942 Einlass finden – in der Amtssprache heissen sie nun «Flüchtlinge», vorher waren es «Emigranten» –, gelten weniger drastische Vorsichtsmassnahmen. Von ihnen verlangen die Behörden bloss eine schriftliche Erklärung: «Ich verpflichte mich, (a)lles zu tun, um die Schweiz sobald als möglich verlassen zu können und habe zu Kenntnis genommen, dass mir meine Festsetzung in der Schweiz unter keinen Umständen gestattet wird.»[163]

Personen, die in die Schweiz einreisen wollen, erhalten seit 1938 nur eine Bewilligung, wenn sie mit Transitvisa belegen können, dass ihre Weiterreise gesichert ist. Eine Bedingung, deren Erfüllung immer unmöglicher wird. Die Abschottungsmassnahmen der anderen Staaten und die Kriegsentwicklung blockieren bald einmal den «Abfluss» (Heinrich Rothmund). Für die Behörden ist dies ein Hauptargument, die Grenze 1938 und 1942 zu schliessen. Die Angst, sie würden die Juden nicht mehr los, beschäftigt sie noch in den letzten Monaten des Krieges. Dies muss auch eine Delegation der polnischen Exilregierung in London erfahren, die am 12. März 1945 bei Jezler vorspricht. Die Männer erzählen von der millionenfachen Ermordung polnischer Juden und dass sie für die Glaubensgenossen, die in Deutschland noch überlebt hätten, Hilfe suchten. Es handle sich um «noch einige Hunderttausend». Rettung gewährleiste nur deren Übernahme in ein sicheres Land; sie bäten «die Schweiz in dieser Richtung ihr Möglichstes zu tun». Die «Mittel der Schweiz», wendet Jezler ein, seien «beschränkt. Wir können nicht unbegrenzt Flüchtlinge aufnehmen, wenn wir nicht die Gewissheit haben, dass sie bald wieder weiterreisen können. Die Rettung einiger hunderttausend Juden durch ihren Abtransport ins neutrale Ausland dürfte deshalb unmöglich sein.»[164]

Das Kriegsende steht bevor, aber die eigenen Maximen will man nicht ändern. Vermutlich ändern die Behörden gerade deshalb bereits im Januar 1945 auf merkwürdige Weise die Praxis. Vorher haben sie in die Pässe der aufgenommenen deutschen Juden, denen die Nationalsozialisten das Bürgerrecht abgesprochen hatten, die Bemerkung «staatenlos» eingetragen. Nun schreiben sie neu zuerst «Deutsche ohne Papiere» und ein wenig später «Staatsangehörigkeit unabgeklärt» hinein. Der Verdacht drängt sich auf, dass die Behörden an die Zukunft denken und die Staatenlosigkeit, die sie schon vorher nie akzeptiert haben, nun noch deutlicher in Frage stellen, damit sie die Juden einfacher wieder abschieben können.[165] Nach Kriegsende organisiert die Polizeiabteilung, in ziemlich ruppigem Stil, die kollektiven Abreisen – und stellt dabei indigniert «immer wieder fest, dass einzelne Flüchtlinge glauben, dauernd in unserem Land bleiben zu können». Sie redet von «einzelnen», tatsächlich stellen die wenigsten die Maxime in Frage, dass die Schweiz nur ein Transitland sei.[166]

Ende 1945 reicht Ständerat Viktor Petrig eine Interpellation mit verschiedenen Fragen zum «Flüchtlingsproblem» ein. Zu ihrer Beantwortung schreibt Jezler ein Memorandum zuhanden seines Departementsvorstehers Eduard von Steiger. Es falle, erklärt er, aus berechtigten Gründen lange aus. «In Frage» stünden nämlich «Grundprinzipien des schweizerischen Fremdenpolizeirechtes und wichtige Punkte der Aufgabe, die die [...] Fremdenpolizeibehörden gemäss Auftrag des Schweizervolkes zu erfüllen bestrebt» seien.[167]

«Nicht aus der Interpellation Petrig, wohl aber aus der öffentlichen Diskussion» erwartet Jezler, im Parlament werde die obligatorische Weiterwanderung «einen Kernpunkt der Kritik» darstellen. Die Antwort auf die Frage, wieso der Bundesrat eine solche Pflicht verordnet habe, liege in «der ordentlichen Fremdenpolizeigesetzgebung und ganz allgemein in der schweizerischen Fremdenpolizeipolitik seit Ende des ersten Weltkrieges». Jezler holt zu einem Rekurs in die Anfänge dieser Politik aus. Die Zahl der Ausländer habe damals «eine vollkommen unhaltbare Höhe erreicht», deshalb habe man «seit etwa 1917 systematisch Fremdenpolizei betrieben». Die Behörde habe «ihre Aufgabe, die recht oft mühsam war, mit grossem Geschick und deutlichem Erfolg erfüllt». Darüber gebe die Statistik Aufschluss; er legt mit Zahlen dar, wie von 1910 bis 1941 der Ausländeranteil von 17.2 auf 5.5 Prozent gesunken sei. 1925 habe das Schweizervolk erkannt, «dass eine systematische, nach eidgenössischen Grundsätzen [...] zu betreibende Fremdenpolizei nötig» sei. «Es ging und geht immer um die zwei Hauptzwecke: primär Schutz vor Überfremdung, sekundär Schutz des Schweizers auf dem Arbeitsmarkt.»

Um diesen Volksauftrag zu erfüllen, hätten die Behörden in der Kriegszeit auch die meisten Vorschriften über Flüchtlinge erlassen. Dies gelte «besonders für die Pflicht zur Weiterwanderung». Dennoch habe die Schweiz – «trotz der damit verbundenen Gefahr in rein fremdenpolizeilicher Beziehung» – viele schutzbedürftige Ausländer aufgenommen. Diese Aufnahme habe man aber – «wenn nicht dauernde Nachteile für die Zusammensetzung des Volkskörpers und die schweizerischen Arbeitskräfte hingenommen werden wollten» – zeitlich beschränken und mit der Verpflichtung zur Weiterreise verknüpfen müssen. «Nebenbei sei bemerkt, dass allerdings auch Art und Charakter der Grosszahl der zu uns gekommenen Ausländer eine gewisse Rolle gespielt haben, denn viele von diesen wären in der Schweiz auf Generationen hinaus nicht assimilationsfähig, und das musste bevölkerungsmässig berücksichtigt werden.» «Nebenbei» gemeint sind die Juden. Auch diese Bemerkung ist – wie die Wendung «z. B.» – eine erhellende Ergänzung: Im Nebenbei enthüllt sich das randständige Andere, der Antisemitismus, von dem man sich bei jeder Gelegenheit abzugrenzen sucht, der aber heimlich längst mitten ins eigene Denken und Handeln gerückt ist und beides mit verschämter Selbstverständlichkeit beherrscht.

Bei der heutigen Diskussion um die Weiterwanderung gehe es, meint Jezler, um die Grundfrage, ob man die «Abwehr der Überfremdung» lockern könne. Zwar sei die Zahl der Ausländer «seit 1910 gewaltig zurückgegangen» und seiner Ansicht nach gebe es «nur noch soviele Ausländer in unserem Lande, als wir ertragen können. Das heisst aber nicht, dass nun die Schleusen geöffnet werden sollten.» Die Zahl der 15'500 Flüchtlinge, die sich insgesamt noch in der Schweiz befänden, sei «beträchtlich zu gross», als dass man alle von der Weiterwanderung befreien könne.

Dagegen sprächen verschiedene Gründe: Einmal sei «die «Zahl der mittleren Altersklassen verhältnismässig gross». Diese Flüchtlinge würden den Arbeitsmarkt belasten, «sie werden auch, soweit das nicht bereits geschehen ist, heiraten und Kinder haben und auf diese Weise die Zahl der Ausländer weiterhin vermehren. Dasselbe gilt natürlich auch für die über 1'500 Flüchtlingskinder, wenn diesen der dauernde Aufenthalt in der Schweiz gestattet werden sollte.» Bei den «kleinen schweizerischen Verhältnissen» falle auch ins Gewicht, dass die Flüchtlinge «im Durchschnitt offensichtlich nicht mehr dieselbe Qualität (in Charakter und Fähigkeiten) aufweisen, wie diejenigen, die bereits wieder ausgereist» seien. Auch handle es sich «meistens um Juden, die in der Schweiz kaum assimilierbar wären. Sie würden überdies die jüdische Gemeinschaft in der Schweiz, die bis zum Jahre 1938 nur rund 18'000 Personen umfasste, sehr erheblich vergrössern, was besonders auch von den schweizerischen Juden nicht gern gesehen würde (wie uns – selbstverständlich allerdings vertraulich – von dieser Seite wiederholt gesagt worden ist.)»

Jezler warnt auch davor, wegen der gegenwärtig «günstigen Wirtschaftslage» das Arbeitspotential der Flüchtlinge «als wünschenswert zu betrachten». Einmal sei nach dem Urteil der Fachleute die ökonomische Lage nicht gesund, der Rückschlag werde «früher oder später» eintreffen, jedenfalls erscheine die «heutige Überkonjunktur nicht als der richtige, zuverlässige Boden, auf dem eine grundsätzliche Abweichung von der bisherigen schweizerischen Fremdenpolizeipolitik beschlossen werden könnte». Die Zwischenkriegszeit habe gezeigt, wie leicht es bei Arbeitslosigkeit zu einer «Hetze gegen ausländische Arbeitskräfte» komme. Aus all diesen Erwägungen sei an der Pflicht zur Weiterwanderung festzuhalten. Allerdings werde man die alten Leute nicht zur Aussiedelung drängen können; für diese sei eine Ausnahme möglich.

Ständerat Petrig fordert in seiner Interpellation, das Erwerbsverbot aufzuheben. Auch verlangen in der Öffentlichkeit Stimmen, den Flüchtlingen einen Status als Aufenthalter oder Niedergelassene zu verleihen. Als Niedergelassene hätten sie die Möglichkeit, sich frei und ohne fremdenpolizeiliche Bewilligung auf dem Arbeitsmarkt zu bewegen. In allen anderen Fällen braucht es eine individuelle Zustimmung von der

Fremdenpolizei. Jezler ist gegen eine Statusänderung, vermutlich will er dieses Machtmittel nicht leichtfertig aus den Händen geben. Er verweist darauf, dass die Fremdenpolizei auch jetzt schon grosszügig Arbeitsbewilligungen erteile. «Dies sogar auf die Gefahr hin, dass erfahrungsgemäss ein in den Wirtschaftsprozess eingeschalteter Emigrant oder Flüchtling nicht mehr so leicht wieder zur Weiterwanderung verhalten werden kann, wie ein arbeitsloser [...].»

Im Parlament übernimmt Bundesrat von Steiger die ablehnende Argumentation seines Untergebenen. Nur bezüglich der «Überfremdung» teilt er dessen Einschätzung nicht: Das «übervölkerte Land» weise «immer noch einen grösseren Prozentsatz von Ausländern» auf, «als es zu ertragen» vermöge. Bei den «Untragbaren», die aktuell zur Debatte stehen, handelt es sich grösstenteils um Juden. Aber der Bundesrat nennt diese Gruppe nie namentlich und redet nur von «vielfach niemals assimilierbaren Ausländern». Dabei beschränkt er seine Replik vorwiegend auf arbeitsmarktliche Überlegungen. Er betont vor allem, die Flüchtlinge hätten zu 80 Prozent intellektuelle und kaufmännische Berufe, bei denen kein Mangel an Arbeitskräften herrsche. Auf die Pflicht zur Wiederausreise geht er gar nicht ein. Ständerat Petrig hat sie gar nicht kritisiert, hat doch auch er «das allergrösste Interesse daran, uns so schnell wie möglich dieser Fremden wieder entledigen zu können».[168] Zur Befindlichkeit der Flüchtlinge oder gar zu einer moralischen Verpflichtung der Schweiz, den staatenlos Gewordenen selber eine Heimat zu bieten, findet man weder bei von Steiger noch bei Jezler ein einziges Wort.

1947 erlässt die Regierung einen neuen Vollmachtenbeschluss. Die Pflicht zur Weiterreise lässt sie generell bestehen. Immerhin dürfen einzelne Flüchtlinge bleiben, «wenn dies wegen ihres Alters, ihrem Gesundheitszustand oder wegen anderer besonderer Umstände geboten» erscheine. Die Konzessionen gehen teilweise auf die Opposition der Hilfswerke zurück. Allerdings haben auch sie nur weitere Ausnahmen gefordert und nie die Weiterreise grundsätzlich in Frage gestellt. Die definitiv Aufgenommenen sind hauptsächlich alte Menschen. Eine billige Konzession, denn bei diesen Leuten, hat Rothmund schon 1940 erklärt, «schaltet der Überfremdungsfaktor aus».[169]

Oscar Schürch, Leiter der Flüchtlingssektion in der Polizeiabteilung, behauptet ein halbes Jahr später, zur «Abwanderung gezwungen werde aber niemand». An einer Sitzung der Hilfswerke Ende 1949 bekommt man nicht diesen Eindruck: Die Hilfswerke treffen sich mit Rothmund, da sie für die Fürsorgefälle unter ihren Flüchtlingen Bundesgelder möchten. Bisher haben sie, hauptsächlich das jüdische Hilfswerk VSJF, Millionensummen aus der eigenen Tasche bezahlt. Der Polizeichef willigt schliesslich ein, die finanziellen Forderungen der Hilfswerke zu unterstützen. Vorher fällt ihm aber auf, «dass gerade von jüdischer Seite die Frage der erhöhten Unterstützung durch den Bund aufgeworfen wurde. Er möchte doch darauf hinweisen, dass heute grosse Ausreisemöglichkeiten nach Israel bestehen und für diejenigen, die nicht mehr auswandern können, wurde das Dauerasyl geschaffen.» Im Jahre 1938 nötigte Rothmund die Schweizer Juden, für ihre Glaubensgenossen zu zahlen. Sonst müsse man, drohte er damals, die Grenze gänzlich sperren. Nun sollen die noch Verbliebenen endlich gehen, damit dem Schweizer Staat die Unkosten der Menschlichkeit nicht nachträglich doch noch zu hoch werden. Der jüdische Vertreter mag Rothmunds Druckversuch nichts entgegnen. Er erinnert ihn bloss daran, dass die Juden ihre Bedürftigen bisher «ohne irgendwelche Beiträge des Bundes unterstützt» hätten und auch eine derartige Finanzhilfe nicht verhindern würde, die «Auswanderungsmöglichkeiten» weiterhin auszuschöpfen. «Der VSJF drückt sehr stark auf die Ausreise, doch bleiben immer Grenzfälle.»[170] Ende 1950 befreit der Bundesrat die Mehrzahl der Flüchtlinge aus der Zeit vor und während des Krieges von der Pflicht zur Weiterreise; aber selbst jetzt hebt er die Transitmaxime nicht generell auf. Die meisten jüdischen Flüchtlinge haben die Schweiz unterdessen längst verlassen. Ein Vierteljahrhundert später befinden sich von den ehemaligen jüdischen Zufluchtsuchenden noch 1'600 in der Schweiz. Die Behörden sind mit ihrer Abwehr der «Verjudung» nicht gescheitert.[171]

Während der vorausgegangenen Debatten um das Dauerasyl war Rothmund beurlaubt. Er hat sich für zweieinhalb Jahre, bis September 1947, als Delegierter des Intergouvernementalen Komitees für Flüchtlingsfragen (IGCR) engagieren lassen. Nicht zuletzt, weil er glaubt, der Schweiz so auf internationaler Ebene helfen zu können, ihre (vorwiegend jüdischen) Staatenlosen wieder los zu werden. Die internationale Tätigkeit hindert ihn nicht an seinem innenpolitischen Engagement. Er schreibt Paul Rüegger, dem Schweizer Botschafter in Italien, er habe von Anfang an gegen «die unsinnige Treiberei für ein Dauerasyl für die Hälfte der bei uns anwesenden Flüchtlinge» gekämpft. Wenn also auch nur die Hälfte bliebe, wäre dies schon zuviel (ein Bleiberecht für *alle* hat, soweit ich sehe, kaum jemand gefordert). Durch seinen Widerstand, brüstet sich Rothmund gegenüber seinem Freund, habe er sich «bei der grossen Masse der Flüchtlinge und ganz besonders bei schweizerischen Wolkenschiebern und Wohltätigkeitshyänen nicht sonderlich beliebt» gemacht.[172]

Rothmund erzählt Rüegger, dass er «jedem kantonalen Regierungsmann oder Beamten stets» erkläre: «(W)er in dies sogenannte Dauerasyl aufgenommen werde, müsse im Grunde als zukünftiger Einbürgerungskandidat betrachtet werden und wo diese Voraussetzung nicht gegeben sei, dürfe meines Erachtens keine dauernde Aufenthaltsbewilligung in der Schweiz gegeben werden». Unter dieser Voraussetzung versteht er natürlich, das macht auch der weitere Brief klar, die «Assimilationsfähigkeit». Seine Argumentation gegenüber den Kantonen hat seine Logik: Die Flüchtlinge sind grösstenteils Staatenlose, irgendwann müsste diese Anomalie mit einer neuen Staatsbürgerschaft behoben werden. Diese gibt es in der Schweiz eben nur bei «Assimilation». Die Befähigung zur «Assimilation» braucht es nach Ansicht der Fremdenpolizei auch bei jedem anderen Aufenthaltsstatus. Denn Zugelassene sind potentielle Niedergelassene, Niedergelassene wiederum potentielle Staatsbürger. Das Bleiben der «nichtassimilierbaren» Flüchtlinge macht deshalb für Rothmund keinen Sinn.

Die Vertreibung nach dem Krieg ist keine Marginalie, sie führt genauso wie die Grenzschliessung von 1942 zum Kern des Problems: Im Krieg verteidigen die Behörden so gut, wie es die Situation zulässt, ihre heiligen Prinzipien der Bevölkerungspolitik. Ein

Stück weit sehen sie sich zu Konzessionen gezwungen und nehmen Menschen auf, dadurch desavouieren sie ihre Prinzipien. Nach dem Krieg geht es ihnen darum, diese Sünde wieder gutzumachen und fortzufahren wie zuvor.

Zweimal stand ein Jahrhundertwerk auf dem Spiel, sein Schutz wird auch in Zukunft volle Wachsamkeit verlangen. Noch im November 1954 wird Rothmund die Schweizerische Handelskammer vertraulich bitten, «die Augen offen zu halten, dass nicht die Kommandoposten unseres Aussenhandels je länger je mehr in die Hände von Ausländern übergehen. Insbesondere darf die Schweiz nicht der Sammelpunkt der aus dem Osten ausgezogenen Ausländer, aber auch ganz besonders [!] nicht der Sammelpunkt der zu Staatsangehörigen Israels gewordenen europäischen Juden werden.»[173]

Wenige Wochen nach dieser Warnung tritt er als Chef der Polizeiabteilung zurück. Sein Nachfolger wird Robert Jezler, der in der «Überfremdungsfrage» nie eine abweichende Haltung demonstriert hat. Darum hat auch nie jemand Notiz davon genommen, dass hauptsächlich er es war, der in der schwärzesten Phase der Abweisungspolitik das Zepter führte, weil sein Chef aus Krankheitsgründen vom Herbst 1942 bis Frühling 1943 ausgefallen war. Auf Jezler wiederum folgt 1956 Oscar Schürch, der ab 1941 die Sektion aufgebaut hat, die innerhalb der Polizeiabteilung für die Flüchtlingspraxis zuständig war. Für Kontinuität ist gesorgt.

Fazit: Von der Gründung der Fremdenpolizei zur antisemitischen Grenzschliessung

Die eidgenössische Fremdenpolizei ist eine Antwort auf das reale und imaginierte Chaos am Ende des Ersten Weltkrieges. Ihr Hauptauftrag ist der Kampf gegen die «Überfremdung», eine Konstruktion, die der zeitgenössische Diskurs um die Jahrhundertwende entdeckt und bald zur Landesgefahr schlechthin erklärt. Erstes Objekt dieses Diskurses sind die Fremden aus den Nachbarländern. Schon Ende des Ersten Weltkrieges hat sich aber die Aufmerksamkeit nach Osten verschoben; von dort befürchtet man die massenhafte «Invasion» von «Wesensfremden». Im Zentrum dieser Besorgnis steht «der» Ostjude. Die Möglichkeiten, die der konzeptionelle Fremde anbietet, ergänzen sich in ihm um alle diskursiven Versatzstücke aus der traditionellen christlichen Judenfeindschaft und dem modernen Antisemitismus. So wird «der» Jude zum prototypischen Fremden.

Entsprechend ist der behördliche Feldzug gegen die «Überfremdung» schon in seinen Anfängen auch einer gegen die «Verjudung». Der amtliche Antisemitismus ist Teil der amtlichen Xenophobie und ohne diese nicht zu denken. Aber so wie die imaginierte Gefährlichkeit und Ambivalenz «des» Juden diejenigen «des» Fremden übertreffen, gehen auch die amtlichen Massnahmen gegen Juden über diejenigen gegen andere Fremde hinaus.

Mitte der zwanziger Jahre gibt das Stimmvolk der Fremdenpolizei mit einem neuen Verfassungsartikel den gesellschaftlichen Rückhalt und die institutionelle Basis, um ihre bisher nur notrechtlich abgestützte Tätigkeit in gefestigte Bahnen zu lenken. Vollendet ist damit ein Vorgang, der an Bedeutung gar nicht zu überschätzen ist. Er steht für einen qualitativen Sprung, für die Verwandlung diffuser Ängste in Social engineering, für die Ausweitung lokaler und kantonaler Praktiken der Judenfeindschaft in eine nationale Bevölkerungspolitik. Die ersten Stufen haben mit den zweiten wenig zu tun, obwohl sich die Beamten und bevölkerungspolitischen Vordenker bei ihren Analysen und Empfehlungen auf das Konfliktpotential in der Bevölkerung berufen und die Einwanderung von Fremden bei Einheimischen tatsächlich Verunsicherung, Argwohn, Ängste und Konkurrenzneid auslösen kann. Zumal wenn jene aus einer Welt kommen, die den Alteingesessenen bizarr oder chaotisch erscheint, und die eigene Gesellschaft von Krisen geschüttelt wird. Das mag zu Konflikten und Feinseligkeiten führen. Solange aber solche Vorurteile, Erfahrungen und spontane Gefühlsausbrüche auf der Ebene der kleinen Leute bleiben, sind sie nicht politikfähig. Es braucht eine «Theorie», die jene Froschperspektive in eine Gesamtsicht einfügt und daraus umfassende sozialplanerische Massnahmen ableitet. Staatliche Praktiken sind, wenngleich häufig durch jene legitimiert, nicht die Fortsetzung der Feindseligkeiten im kleinen.[174] Beamte wie Heinrich Rothmund wollen solche spontane Ausschreitungen auf gar keinen Fall, aber was sie selber scheinbar rational und affektlos praktizieren, ist ungleich zerstörerischer.

Die Fremdenpolizei betreibt erstmals in der Geschichte der Schweiz eine nationale Bevölkerungspolitik. Dazu gehören ein zentralstaatlicher Apparat und langfristige Planung, denn sie arbeitet nicht für den Tag. Deshalb will sie sich nicht stören lassen durch Einzelschicksale oder Ereignisse, die ihre Ziele gefährden. Eine Störung sind ihr sogar die Opfer des singulärsten Massenverbrechens der Geschichte, selbst noch in der Nachkriegszeit, wie die eigene Handlungsfähigkeit ungleich grösser ist und die Dimensionen der den Opfern angetanen Verbrechen offen daliegen. Die Beamten haben eben eine Vision, die allem anderen vorgeht: Die Vision einer Schweiz ohne «Überfremdung» und «Verjudung», einer Schweiz mit «gesundem und reinem Volkstum». In dieser Vorstellung werden bestimmte Gruppen von Menschen zwangsläufig aussortiert und tendenziell zu Abfall gemacht, eine Verwandlung, die sie potentiell der Vernichtung preisgibt.

Diese Auslese ist logische Folge der neuartigen, nur für eine zentralstaatliche Institution denk- und anwendbaren Konzeption der «Aufnahmefähigkeit». Diese entspricht dem «Grad der Überfremdung», den die Beamten nicht nur berücksichtigen, wenn sie einen Aufenthalt oder eine Niederlassung bewilligen, sondern auch, wenn sie Asyl gewähren. «Überfremdung» ist kein rein quantitativer Begriff, deshalb ist das Mass immer übervoll, seien es nun 15 Prozent Ausländer (1910) oder dreimal weniger (1942 und 1945). Nicht Zahlen entscheiden, sondern die wirtschaftliche Situation und vor allem die «Qualität» der Eingewanderten. Die ökonomische Abwehr schützt dabei nicht nur die einheimischen Interessen, sie dient auch als vorgeschobenes Argument im Kampf gegen «Überfremdung» und «Verjudung».

Schlüsselmerkmal bei der «Qualität» ist die «Assimilation». Der Begriff etabliert sich in einer Situation, in der die einheimischen Eliten um ihre Ordnung bangen. Es ist ihr Schlachtruf zur Behauptung der eigenen Herrschaft und Überlegenheit, der Machtdiskurs par excellence. Er hilft ihr unterscheiden zwischen loyal und illoyal, nützlich und schädlich, wertvoll und wertlos. Prototyp des «Nichtassimilierbaren» sind seit den zwanziger Jahren die (Ost-)Juden. Das Beispiel der Einbürgerung zeigt, wie sich für sie die Anforderungen der «Assimilation» immer mehr verschärfen. Ausdruck einer systematischen Diskriminierung, die mit einem Einbürgerungsstopp mitten im Zweiten Weltkrieg ihren Höhepunkt erreicht. So konstruiert das Konzept der «Assimilation» die Gefahren gleich selber, die es abzuwenden vorgibt: Am Schluss gibt es nur noch «Nichtassimilierbare», die angeblich das Chaos bringen. Für ihren Ausschluss bedient man sich primär kulturalistischer Argumente. Zur Zeit der nazistischen Machtentfaltung erlaubt nur dies, sich mit dem Code «Überfremdung» von Deutschland abzugrenzen und unter diesem Namen gleichzeitig selber Antisemitismus zu praktizieren.

Schon früh verstetigen sich in der Fremdenpolizei bestimmte Kategorien zu einem selbstverständlichen Schema, das eine eigene Wirklichkeit erschafft – und andere ausblendet. Ausgerüstet mit einem funktionierenden Apparat, einer seit Jahrzehnten bewährten Praxis, so glaubt sie, und einer ganz bestimmten Wahrnehmung, packt die Fremdenpolizei die Probleme an, die sich durch den Zweiten Weltkrieg stellen. Selbst auf dem Höhepunkt der nationalsozialistischen Massenvernichtung interessiert sie fast nur der Kampf gegen die «Überfremdung». Die Fremdenpolizisten hätten damals, erinnert sich Rothmund halbwegs selbstkritisch, «alle Angst gehabt [...] vor den durch den Krieg in Verzweiflung geratenen Menschen und geglaubt [...], sie müssten mit dem Mittel der Fremdenpolizei von unserem Lande ferngehalten werden, damit sie sich nicht wie Heuschrecken darüber ausbreiten».[175]

Durch die wahnhafte, aber schon früh in- und ausserhalb der Verwaltung akzeptierte Prämisse, die Opfer des Antisemitismus seien selber dessen Ursache, sieht die Fremdenpolizei angesichts der zufluchtsuchenden Juden nur eine Lösung: ihre Abweisung. Nur so kann sie, glaubt sie, das Chaos verhindern und damit ihren nach wie vor gültigen Hauptauftrag erfüllen. Sie will die Juden abweisen, um hierzulande einen Antisemitismus nach ausländischem Muster zu verhindern. Sie weist die Opfer ab, statt den Antisemitismus zu bekämpfen. Sie kann ihn nicht bekämpfen, weil sie ihn nicht versteht. Sie versteht ihn nicht, da sie ihren eignen Antisemitismus ignoriert und verleugnet. Aber mit der Abweisung der Opfer hat sie sich die ausländischen Rassenkategorien längst selbst angeeignet und hat das, was sie weit von sich weisen will, zum Fundament ihrer eigenen Arbeit gemacht. Sie ist Teil geworden des antisemitischen Systems, das sie nicht versteht und mit dem sie nichts zu tun haben will. Beispiel dafür ist der Judenstempel, den sie erzwingt, aber nicht verantwortet, den sie gebraucht, aber nicht selber einstempelt.

Gefangen und eifrig beschäftigt in ihren Büros, die ihnen die Gesellschaft bereitgestellt hat, aus wohlwollender Gleichgültigkeit allein gelassen vom Bundesrat, von der Politik und den moralischen Institutionen, die in ihre Wirklichkeit hätten eindringen und sie korrigieren können, entwickeln die Fremdenpolizisten unaufhaltsam ihre eigene Welt. In dieser besteht alles aus Inländern und Ausländern, Nichtjuden und Juden, Assimilierbaren und Nichtassimilierbaren, Wertlosen und Wertvollen – etwas Drittes, einen konkreten Menschen, der diesen Kategorien vorausgeht und über ihnen steht, einfach einen Menschen unter Menschen, gibt es kaum. Wenn die Gesellschaft versagt und ihre Institution im Stich lässt oder in ihrem Tun noch bestärkt und anfeuert, gibt es aus diesem Kategorisierungswahn kein Entkommen; das Denken kann sich von seinen eigenen Prämissen nicht befreien – es sei denn, der Beamte verlässt seine Schreibstube und die Wirklichkeit durchbricht unerwartet den mentalen Schutzschild der eigenen Ordnung: Alarmiert durch Nachrichten über unkontrollierbare Zustände, geht Heinrich Rothmund im August 1942 an die Grenze und trifft eine Gruppe ostjüdischer Flüchtlinge. Ein begleitender Beamter – es handelt sich um Gaston Delaquis, den Sohn des früheren Polizeichefs – erinnert sich, sie seien sich entscheidungsunfähig vorgekommen, wie Blinde, die über Farbe urteilen müssten. Angesichts der schreckengezeichneten Gesichter stockt das gewohnte Ordnen, die unmittelbare körperlich präsente Not besiegt das routinierte Wissen. Rothmund findet die Flüchtlinge zwar «wenig erfreulich», aber sie zurückweisen vermag er nicht. Nachher geht er zurück in sein Berner Büro, grübelt tagelang über einer Lösung – und beschliesst die ausnahmslose Rückweisung aller Juden.[176]

Von der Gründung der Fremdenpolizei im Jahre 1917 zu der antijüdischen Grenzschliessung von 1942 führt eine direkte Spur. Freilich ist dies keine Kausalität und meine Beschreibung keine zureichende Erklärung. Was ich hier zu analysieren versucht habe, ist ein Potential, das in der Gründung und im Auftrag der Fremdenpolizei angelegt ist. Dieses Potential besteht im wesentlichen darin, «Nichtassimilierbarkeit» (oder «Jüdischkeit» oder «Fremdheit») als unterscheidendes, also diskriminierendes Merkmal zu gebrauchen, um Ordnung und Herrschaft vor dem Chaos zu bewahren. Dass sich dieses Potential in einem bestimmten Moment derart zerstörerisch entfalten kann, setzt bestimmte Strukturen, Ereignisse und verantwortliche Akteure voraus. Zu beschreiben wären also die spezifischen Möglichkeiten, Zwänge und organisatorischen Strukturen der eidgenössischen Bürokratie, die sie im Zweiten Weltkrieg dazu brachten, zu tun, was sie tat (Innengeleitetheit, Derealisierung, Arbeitsteilung, Zusammenarbeit mit Armee und Grenzwache, Gewaltmonopol usw.). Zu beschreiben wären weiter die gesamtgesellschaftlichen Bedingungen (Vollmachtenregime, geistige Landesverteidigung, fehlende starke Lobby für die jüdischen Flüchtlinge, Arbeitsmarktpolitik, Zusammenspiel mit den Kantonen usw.) und schliesslich, ebenso wichtig, der internationale Kontext (Kriegssituation, das weltweite Wechselspiel der antisemitischen Abschottung und Gleichgültigkeit, die Grundwidersprüche der Menschenrechte[177], die Souveränität der Staaten in Ausländerfragen usw.). Antisemitismus in der Bundesverwaltung ist eine notwendige Bedingung der asylpolitischen Katastrophe, eine ausreichende ist er bei weitem nicht.

Innerhalb der eidgenössischen Fremdenpolizei zeigt sich eine antisemitische Kontinuität von den Anfängen bis in die fünfziger Jahre. Diese Kontinuität bezieht sich auf die Erfahrung und Optik der Täter. Sie zu beschreiben erschüttert, weil wir zumindest in Bruchstücken von den Erfahrungen der Opfer wissen. Wo für die Täter fast alles kontinuierlich weiterging, erfuhren die Opfer einen ungeheuren Bruch, und viele stürzten in einen Abgrund. Bruch und Kontinuität stehen in einem dialektischen Verhältnis zueinander. Die Kontinuität lässt sich ohne den Bruch nicht begreifen, und ohne diese Kontinuität wäre für viele der Bruch nicht tödlich gewesen. Deshalb ist meine Beschreibung, bei der ich mich auf die Perspektive der Täter beschränkte, nicht einmal die halbe Geschichte.[178]

Anmerkungen

[1] Heinrich Rothmund, Mitteilungen über den Stand der Flüchtlingsfrage, für die Delegiertenversammlung des Schweizerischen Israelitischen Gemeindebundes, 26. März 1939, Schweizerisches Bundesarchiv Bern (=BAR) 4800 (A) 3, Bd. 4.

[2] Walter Benjamin, Das Passagen-Werk, Bd. 1, Frankfurt am Main 1983, S. 592.

[3] Rothmund, Die Schweiz durch die Brille der Fremdenpolizei, Referat an der Frühjahrs-Delegiertenversammlung vom 3. April 1937 in Zürich, in: Mitteilungen der Neuen Helvetischen Gesellschaft, Mai/Juni 1937, S. 49-57, S. 51.

[4] Die Grenze zwischen eidgenössischer Fremdenpolizei und Polizeiabteilung ist fliessend; einerseits wegen der Personalunion bei den Chefpositionen (von 1929 bis 1954), andererseits weil zeitweilig (in den Anfängen und ab Ende 1933) die Fremdenpolizei der Polizeiabteilung untersteht bzw. eingegliedert ist. Da sich bezogen auf den Antisemitismus die Politiken der beiden Abteilungen decken, habe ich die Unterscheidung vernachlässigt.

[5] Auch wenn in den Akten von ausländischen Frauen gesprochen wird, sind sie selten als solche bezeichnet. Zudem ist ihr Status häufig – ein Ausdruck der patriarchalen Rechtssituation – durch denjenigen ihrer Väter oder Ehemänner definiert.

[6] Rothmund, An die Beamten und Angestellten der Polizeiabteilung Abschiedsworte von Dr. H. Rothmund, 30. Dezember 1954, BAR 4800 (A) 1, Schachtel 3.

[7] Rothmund (wie Anm. 3).

[8] Monatliche Mitteilungen der Neuen Helvetischen Gesellschaft, Dezember 1916, S. 8. Zu den Anfängen der NHG vgl. Aram Mattioli, Zwischen Demokratie und totalitärer Diktatur. Gonzague de Reynold und die Tradition der autoritären Rechten in der Schweiz, Zürich 1994, S. 72-90. Zu ihrer Beschäftigung mit der Ausländerpolitik ausserdem: Uriel Gast, Von der Kontrolle zur Abwehr. Die eidgenössische Fremdenpolizei im Spannungsfeld von Politik und Wirtschaft 1915-1933, Zürich 1997, S. 29f.

[9] Ich danke Jonas Arnold, Kaspar Kasics, Guido Koller, Regula Ludi, Aram Mattioli und Martina Steinhauser, die innert kürzester Zeit einen kritischen Blick auf mein Manuskript (oder Teile davon) warfen.

[10] Vgl. zur sozialen Lage in der Schweiz: Willi Gautschi, Der Landesstreik 1918, Zürich ³1988, S. 13-43.

[11] Bericht und Antrag des EJPD an den Bundesrat zum Entwurf einer Verordnung betreffend die Grenzpolizei und die Kontrolle der Ausländer vom 12. November 1917, zitiert nach: Gast (wie Anm. 8), S. 33.

[12] Ebda.

[13] Ebda., S. 124f.
[14] Rothmund, Referat an der Konferenz der kantonalen Fremdenpolizei und der Arbeitsämter in Bern, 17./18. Februar 1948, BAR 4800 (A) 1, Bd. 3. Der Umstand, dass er sich an den Schrecken noch 30 Jahre später erinnert, spricht für seine Bedeutung.
[15] Eingabe Rothmunds an den Bundesrat vom 30. Oktober 1919, zitiert nach: Gast (wie Anm. 8), S. 44.
[16] Ernst Delaquis, Im Kampf gegen die Überfremdung, Vortrag gehalten im Bernischen Juristenverein am 10. Januar 1921, in: Zeitschrift des Bernischen Juristenvereins und Monatsblatt für bernische Rechtsprechung, Bd. LVII, 2. Heft, Februar (1921), S. 49-69, S. 54.
[17] Ernst Delaquis, Der gegenwärtige Stand der Massnahmen gegen die politische Überfremdung. Öffentlicher Vortrag auf Einladung des Komitees für die Förderung der gesetzgeberischen Lösung der Fremdenfrage, gehalten in Zürich am 4. Dezember 1920, in: Schweizerische Zeitschrift für Gemeinnützigkeit, 60 (1921), S. 41-49 und 57-66, S. 45.
[18] Carl Alfred Schmid, Unsere Fremden-Frage, Zürich 1900, S. 1-4.
[19] Schmid ist beispielsweise Experte bei der Konferenz zur Revision des Einbürgerungsgesetzes, die im Jahre 1919 stattfindet, vgl. Gast (wie Anm. 8), S. 188f. Bereits die Neunerkommission (1909-1912), der er nicht angehört, zieht ihn bei. Zahlreiche seiner Schriften sind bibliographiert in: Schmid, Unsere Fremdenfrage, Zürich 1915, S. 63f.
[20] Rudolf Braun, Sozio-kulturelle Probleme der Eingliederung italienischer Arbeitskräfte in der Schweiz, Erlenbach/Zürich 1970, S. 380-382.
[21] Walter Burckhardt, Die Einbürgerung der Ausländer, in: Politisches Jahrbuch der Schweizerischen Eidgenossenschaft 27 (1913), S. 1-114, S. 3 und 21f.
[22] Walter Burckhardt, Zur Revision der Niederlassungsverträge, in: Schweizerische Monatshefte für Politik und Kultur, 1. Jg., Heft 6, September (1921), S. 241-246, S. 244.
[23] Ebda.
[24] Patrick Kury meint, von den 20'000 in der Schweiz ansässigen Juden seien zwischen einem Drittel und einem Viertel aus dem Osten. Vgl. seinen Beitrag in diesem Band. Für Zürich, die Schweizer Stadt mit der weitaus grössten ostjüdischen Migration, sind die diesbezüglichen Zahlen nach dem Ersten Weltkrieg massiv rückläufig. Karin Huser Bugmann, Ostjuden in Zürich – Einwanderung, Leben und Alltag, 1880-1939, Berlin 1997 (noch unpubliz. Dissertation), S. 67. Burckhardt macht bereits 1913 im Auftrage von Bundesrat Hoffmann eine Enquete bei den Kantonen; er untersucht im Kontext der Einbürgerungsfrage das Fürsorgewesen und die Organisation der Bürgergemeinden. Bericht betr. Revision der Einbürgerungsgesetzgebung (BAR E 22, Bd. 556, S. 1b). Im Jahre 1919 arbeitet er in der Expertenkommission zur Revision der Einbürgerungsgesetzgebung mit (Protokoll der Kommissionssitzung vom 6.-10. Oktober 1919, BAR E 22, Bd. 556). Im Jahre 1920 empfiehlt er der Expertenkommission, die sich mit den Niederlassungsverträgen befasst, diese zu kündigen. Vgl. Gast (wie Anm. 8), S. 202.
[25] Aaron Kamis-Müller, Antisemitismus in der Schweiz, 1900-1930, Zürich 1990, S. 85.
[26] Weisung des Stadtschreibers an den Stadtrat betreffend Revision der Einbürgerungsgrundsätze, insbesondere in bezug auf die Israeliten, 16. Dezember 1919, Archiv des SIG in Zürich (seit meiner Recherche gezügelt ins Archiv für Zeitgeschichte Zürich), Dossier «Einbürgerungen, Eingaben 1920 und 1938».
[27] Kamis-Müller (wie Anm. 25), S. 89, 57. Die Forderung der Anpassung ist ersichtlich in: Weisung des Stadtrates B 483 vom 3. Juni 1920, Verhandlungen der bürgerlichen Abteilung des Grossen Stadtrates von Zürich betreffend Revision der Einbürgerungsgrundsätze, Mittwoch, 3. November 1920, S. 1, Archiv des SIG, Dossier «Einbürgerungen, Eingaben 1920 und 1938».
[28] Brief des Bundeskanzlers an den Jüdischen Nationalrat in Litauen vom 31. Dezember 1920, nach: Kamis-Müller (wie Anm. 25), S. 93f. Bollingers Einschätzung der Bundespolitik ist ersichtlich in seiner Weisung vom 16. Dezember 1919 (wie Anm. 26), S. 1.

[29] Zum Diskurs der Überfremdung vgl. den Beitrag von Gérald und Silvia Arlettaz in diesem Band.
[30] Im Jahre 1914 beträgt der Anteil der Ausländer an der Gesamtbevölkerung 15.5%, im Jahre 1941 noch 5.2%. Braun (wie Anm. 20), S. 379 und 383.
[31] Weisung des Stadtschreibers an den Stadtrat betreffend Revision der Einbürgerungsgrundsätze (wie Anm. 26); vgl. Kamis-Müller (wie Anm. 25), S. 91-97.
[32] Vgl. Botschaft des Bundesrates an die Bundesversammlung betreffend Revision des Art. 44 der Bundesverfassung (Massnahmen gegen die Überfremdung), 9. November 1920, Schweizerisches Bundesblatt, Bd. 5, 1920, S. 2f.; Rudolf Bollinger, Der heutige Stand der Ausländerfrage, Separatdruck aus der Neuen Zürcher Zeitung, Nr. 90, 92 und 93, 30. März, 1. und 2. April 1912, S. 1-5.
[33] Schreiben des eidgenössischen Bürgerrechtsbüros vom 28. Juni 1920, nach: Kamis-Müller (wie Anm. 25), S. 374, Fussnote 103.
[34] Kreisschreiben des Bundesrates vom 2. Dezember 1921 an die Regierungen der Kantone betreffend die Prüfung der Eignung von Personen, die sich um das Schweizerbürgerrecht bewerben, in: Schweizerisches Bundesblatt, Bd. 5, 1921, S. 179.
[35] Gast (wie Anm. 8), S. 235.
[36] Kamis-Müller (wie Anm. 25), S. 57-60; Gast (wie Anm. 8), S. 235-238.
[37] Das erste Zitat stammt aus dem Tagebucheintrag vom 11. Oktober 1926, das zweite vom 29. April 1926. Rolf Soland, Zwischen Proletarier und Potentaten. Bundesrat Heinrich Häberlin 1868-1947 und seine Tagebücher, Zürich 1997, S. 186.
[38] Vgl. dazu: Gast (wie Anm. 8), S. 235-238; Kamis-Müller (wie Anm. 25), S. 58-61; Jacques Picard, Die Schweiz und die Juden. 1933-1945. Schweizerischer Antisemitismus, jüdische Abwehr und internationale Migrations- und Flüchtlingspolitik, Zürich 1994, S. 66.
[39] Bericht (ohne Titel und Verfasserangabe) von Ernst Delaquis und Max Ruth für die Konferenz von Solothurn (6.-11. September 1920), an der eine Expertenkommission eine künftige Zulassungspolitik diskutiert. BAR 4300 (B) 1, Bd. 6, Dos. 3/2, S. 85-102, hier S. 85. Vgl. dazu: Gast (wie Anm. 8), S. 191-196; Angela Garrido, Le début de la politique fédérale à l'égard des étrangers. Histoire et société contemporaines, tome 7/87. Etudes et mémoires de la section d'histoire de l'Université de Lausanne, publiées sous la direction du Prof. H. U. Jost, Lausanne 1987, S. 57.
[40] Bericht von Delaquis und Ruth (wie Anm. 39), S. 94. Ihre Zahl von 14.7 % bezieht sich auf 1910; zum Zeitpunkt, an dem sie den Bericht schreiben (1920), beträgt der ausländische Anteil nur noch 10.6 %.
[41] Bericht von Delaquis und Ruth (wie Anm. 39).
[42] Ebda.
[43] Der Begriff ist schon damals ein wichtiges Element im internationalen Diskurs der Bevölkerungswissenschaftler, die über «Überbevölkerung» forschen und später auch manche Beiträge für die nazistische Politik des «Lebensraumes» liefern werden. Zur Verstrickung der bevölkerungspolitischen Wissenschaften vgl. Götz Aly/Susanne Heim, Vordenker der Vernichtung. Auschwitz und die deutschen Pläne für eine neue europäische Ordnung, Hamburg 1991; Susanne Heim/Ulrike Schaz, Berechnung und Beschwörung. Überbevölkerung, Kritik einer Debatte, Berlin 1996; zur Kritik an den problematischen Interpretationen der Genannten vgl. Wolfgang Schneider (Hg.), Vernichtungspolitik. Eine Debatte über den Zusammenhang von Sozialpolitik und Genozid im nationalistischen Deutschland, Hamburg 1991.
[44] Bundesgesetz über Aufenthalt und Niederlassung von Ausländern. Erläuterungen zum Entwurf der Polizeiabteilung (vermutlich 1920), BAR E 21, Bd. 16049, S. 37 (Schreibweise wie im Original). Noch dreissig Jahre später wird der Bundesrat die Ansicht vertreten, bei der Asylgewährung sei auch die «starke Übervölkerung und Überfremdung» zu berücksichtigen. Botschaft des Bundesrates an die Bundesversammlung zum Beschluss über Beiträge des

Bundes an die Unterstützung von Flüchtlingen, in: Schweizerisches Bundesblatt, Bd. 3, 1950, S. 712.
45 Bundesgesetz über Aufenthalt und Niederlassung von Ausländern (wie Anm. 44), S. 47f.
46 Zitiert nach: Carl Ludwig, Die Flüchtlingspolitik der Schweiz in den Jahren 1933 bis 1955. Bericht an den Bundesrat zuhanden der eidgenössischen Räte, Bern 1957, S. 205.
47 Ernst Delaquis, Der neueste Stand der Fremdenfrage. Öffentlicher Vortrag, gehalten in St. Gallen am 22. Oktober 1921, Bern o. J., S. 18.
48 Ebda., S. 19.
49 Ebda., S. 21.
50 Delaquis (wie Anm. 17), S. 66 (Hervorhebung im Original).
51 Delaquis (wie Anm. 16), S. 69.
52 Ernst Delaquis, Grundsätzliches zur Fremdenfrage, in: Die Schweiz. Illustriertes Jahrbuch, Zürich 1923, S. 110.
53 Diese Seite des kultivierten Delaquis werden die Nationalsozialisten später nicht begreifen. Sie verjagen den Rechtsprofessor, den sie irrtümlich für einen Juden halten, 1934 von seinem Hamburger Lehrstuhl. Vgl. Gast (wie Anm. 8), S. 336 und 373, Anmerkung 213.
54 Zur Haltung einzelner Bundesräte vgl. Gast (wie Anm. 8), S. 103, sowie den Beitrag von Gérald und Silvia Arlettaz in diesem Band. Der Bundesrat erwähnt das Kriterium der «Überfremdung» auch im Zusammenhang mit seinem notrechtlichen Erlass von 1921, der bis 1934 für Aufenthalt und Niederlassung gültig ist: Bericht des Bundesrates an die Bundesversammlung über die Verordnung vom 29. November 1921 über die Kontrolle der Ausländer, Bundesblatt der schweizerischen Eidgenossenschaft, Bd. 1, 1922, S. 143.
55 Zitiert nach: Kamis-Müller (wie Anm. 25), S. 57.
56 Zitiert nach: Gast (wie Anm. 8), S. 243.
57 Zitiert nach: Ebda., S. 169, vgl. auch S. 275.
58 Zur Verschiebung auf die Inlandkontrolle: Ebda., S. 197–200.
59 Vorort des Schweizerischen Handels- und Industrie-Vereins an Rothmund, 4. Dezember 1954, BAR 4800 (A) 1, Schachtel 9. Zur «wirtschaftlichen Überfremdung» vgl. Gast (wie Anm. 8), S. 257.
60 Vgl. Ebda., S. 209–213 und 303–310.
61 Rothmund an der Konferenz der kantonalen Justiz- und Polizeidirektoren vom 10. und 11. September 1937 in Liestal, zitiert nach: Jean-Claude Wacker, Humaner als Bern! Schweizer und Basler Asylpraxis gegenüber den jüdischen Flüchtlingen von 1933 bis 1943 im Vergleich, Basel 1992, S. 47.
62 Brief an Delaquis vom 6. April anlässlich der bilateralen Verhandlungen über die Niederlassungen, zitiert nach: Gast (wie Anm. 8), S. 256.
63 Vortrag bei den Freisinnigen von Winterthur, 22. November 1933, zitiert nach: Soland (wie Anm. 37), S. 293.
64 Zur Zentralisierung vgl. Gast (wie Anm. 8). Beim neuen Verfassungsartikel von 1925 handelt es sich um den Art. 69ter.
65 Bundesgesetz über Aufenthalt und Niederlassung der Ausländer vom 26. März 1931, Art. 16, alinea 1.
66 Botschaft des Bundesrates an die Bundesversammlung von 1924, Gast (wie Anm. 8), S. 200 und 394, Fussnote 65. Mit dem neuen Verfassungsartikel 69ter erhält der Bund das Recht, Asyl zu verweigern; vgl. dazu: Ludwig (wie Anm. 46), S. 22f.
67 Max Ruth, Das Fremdenpolizeirecht der Schweiz, Zürich 1934, S. 16f.
68 Darin liest man zum Beispiel solche Sätze: «Welche Rolle die Qualität spielt, wird uns klar, wenn wir uns vorstellen, die sämtlichen ca. 6% Ausländer in der Schweiz wären etwa ostjüdischer Herkunft.» Ruth, Bundesgesetz über Erwerb und Verlust des Schweizerbürgerrechts, Entwurf und Bericht, 1947, S. 136.
69 Ruth, Fremdenpolizeirecht (wie Anm. 67), S. 30.

[70] Ebda., S. 76.
[71] Ebda., S. 24 und 54.
[72] Ebda., S. 76.
[73] Soland (wie Anm. 37), S. 287 und 293f.
[74] Zum Personalentscheid Häberlins: Soland (wie Anm. 37), S. 184f. Zu Rothmunds Analyse der Fluchtbewegung: Ders., Die Behandlung der politischen Flüchtlinge im Hinblick auf die Ereignisse in Deutschland, 4. April 1933, zitiert nach: Diplomatische Dokumente der Schweiz. 1848–1945, Bd. 10, Bern 1982, S. 626–629, S. 626.
[75] Weisungen des Eidgenössischen Justiz- und Polizeidepartements vom 31. März 1933, zitiert nach: Ludwig (wie Anm. 46), S. 52.
[76] Zitiert nach: Soland (wie Anm. 37), S. 293.
[77] Das folgende zu Lorenz, wenn nicht anders vermerkt, nach: Markus Zürcher, Jacob Lorenz. Vom Sozialisten zum Korporationentheoretiker, in: Aram Mattioli (Hg.), Intellektuelle von rechts. Ideologie und Politik in der Schweiz 1918–1939, Zürich 1995, S. 219–238.
[78] Jacob Lorenz, Bemerkungen über die Judenfrage, in: Monatsschrift des Schweizerischen Studentenvereins, Heft 7, April (1933), S. 327–334, S. 328.
[79] Das Aufgebot, 13. Dezember 1933 und 11. April 1934.
[80] Lorenz (wie Anm. 78), S. 332. Eine illustrative Textpassage zu Lorenz' Antisemitismus zitiert auch: Alfred A. Häsler, Das Boot ist voll. Die Schweiz und die Flüchtlinge 1933–45, Zürich 1967, S. 25ff.
[81] Rothmund an Dr. Arthur Steinmann, Zürich, 30. Dezember 1938, BAR 4800 (A) 1967/111, Bd. 102, (Nr. 498, pers. Korrespondenz 1938).
[82] Rothmund, Aktuelles aus dem Problem der Überfremdung, Referat vor der Gruppe Aarau der NHG, am 19. Dezember 1938, BAR 4800 (A), Bd. 4 und BAR 4800 (A) 1967/111, Nr. 201. Zur Bekanntschaft vgl. Notiz von Ubert an Düby, 1. Februar 1943, BAR 4800 (A) 1967/111, Bd. 108, Nr. 498 (Korrespondenz Chef 1943).
[83] Rothmund (wie Anm. 82).
[84] Ebda.
[85] Rothmund, Ausländer in der Schweiz und Schweizer im Ausland, Referat am Auslandschweizertag in Schaffhausen vom 10./11. September 1938, BAR 4800 (A) 1967/ 111, Bd. 352–354.
[86] Flugblatt vom 11. Januar 1939, BAR 4800 (A) 1967/111, Bd. 103, (Nr. 498, pers. Korrespondenz 1939).
[87] Das Aufgebot, 11. April 1934.
[88] Notiz von Stierlin an von Steiger über einen Telefonanruf von Dr. Huber, Zentralsekretär des SVV, 12. Oktober 1942. BAR E 4001 (C) 1, 253, 702/1. Die Bezeichnung «Aufklärungskampagne» verwendet Huber in der Audienz bei von Steiger: Stierlin, Aktennotiz über die Besprechung zwischen Herrn Bundesrat von Steiger und einer Delegation des Schweizerischen Vaterländischen Verbandes, 17. Oktober 1942. BAR E 4001 (C) 1, 253, 702/1.
[89] Stierlin, Aktennotiz über die Besprechung zwischen Herrn Bundesrat von Steiger und einer Delegation des Schweizerischen Vaterländischen Verbandes (wie Anm. 88).
[90] Ebda.
[91] Das Pamphlet des SVV ist, abgesehen von der Einleitung, integral abgedruckt in Häsler (wie Anm. 80), S. 211–219. Ebenfalls bei Häsler findet man von Steigers parlamentarische Verteidigung (S. 221) und Auszüge aus Birchers Rede (S. 225). Die persönlichen Aussagen des Bundesrates sind notiert im Protokoll seiner Besprechung vom 15. Febr. 1943 mit Vertretungen des Schweizerischen Vaterländischen Verbandes. BAR E 4001 (C) 1, 253, 702/1. Direkt auf die SVV-Kampagne bezogen verteidigt zum Beispiel der Zürcher Regierungsrat Robert Briner gegenüber den Hilfswerken die antijüdischen Verordnungen. Vgl. Aktennotiz Georges Bloch vom 3. März 1943 über die ZS-Sitzung vom 1. März, in: Littmann: Bericht an die

Geschäftsleitung des SIG betreffend Dokumentierung Professor Ludwig, Basel, 20. Januar 1955, Anlage 5, Archiv des Israelitischen Gemeindebundes SIG.

[92] Zygmunt Bauman, Moderne und Ambivalenz. Das Ende der Eindeutigkeit, Hamburg 1992, S. 73. Manche meiner Überlegungen sind inspiriert von Baumans soziologischen Analysen (die historischen sind weniger brauchbar). Wenn man von jemandem viel gelernt hat, wird einem paradoxerweise vieles zu selbstverständlich, als dass man es noch zitieren könnte.

[93] Vgl. Gast (wie Anm. 8), S. 21–33.

[94] Vgl. Ruth (wie Anm. 68), S. 136.

[95] Ruth (wie Anm. 67), S. 76.

[96] Notiz von A. von Reding an Rothmund, 9. Juni 1943, 4800 (A) 1967/111, Bd. 69, Dos. 304 (D 617).

[97] Vgl. Gast (wie Anm. 8), S. 130–137; Rothmund, Einleitende Bemerkungen zur Konferenz der Direktoren und Sekretäre der Schweizerischen Handelskammer, vom 24. November 1954 (vertraulich), BAR 4800 (A) 1, Schachtel 3.

[98] Max Ruth, Memorandum zur Einbürgerung militärpflichtiger Ausländer, 21. Mai 1943, S. 24, BAR 4800 (A) 1967/111, Bd. 69, Dos. 304 (D 617). Seit wann er jedes Gesuch anschaut, ist unklar, vielleicht seit der Verschärfung der Domizilvorschrift für Ostjuden im Jahre 1926. Jedenfalls schreibt er – nachdem er mit Bezug auf jene Änderung einige Einbürgerungsfälle diskutiert hat – dem Botschafter in Warschau: «Sie dürfen versichert sein, dass die neue Praxis gegenüber den Ostjuden streng gehandhabt wird.» Ruth an die Gesandtschaft in Warschau, 9. September 1933, BAR 4800 (A) 1967/111.

[99] Ruth (wie Anm. 68), S. 130f. Er erwähnt insgesamt drei Fälle, zwei davon sind negativ, einer dieser beiden handelt von einem angeblich charakterlosen polnischen Juden.

[100] Rothmund, Notiz über die Prüfung von Einbürgerungsgesuchen, 18. April 1952, BAR 4800 (A) 1967/111, Bd. 69, Dos. 304 (Hervorhebung im Original).

[101] Aktennotiz Rothmunds vom 14. Oktober 1947 über eine Besprechung vom Vortag mit Dr. Fritz Ullmann, Mitarbeiter der Zionistischen Weltorganisation über die Zukunftsaussichten Palästinas (meine Hervorhebungen), BAR E 4800 (A) 1967/111, Nr. 15.

[102] Hannah Arendt, Elemente und Ursprünge totaler Herrschaft, München/Zürich 1986, S. 57; Zygmunt Bauman, Dialektik der Ordnung. Die Moderne und der Holocaust. Hamburg 1992, S. 66.

[103] Robert Jezler, Weisungen über die Flüchtlingskartotheken, 1. Oktober 1942, BAR 4800 (A) 1967/111, Bd. 78. Protokoll der 12. Sitzung des Arbeitsausschusses I der Flüchtlingskommission, 17. Dezember 1945. Archiv für Zeitgeschichte Zürich: SFH 52113 (für den Hinweis auf das Dokument danke ich Jonas Arnold). Vgl. Anm. 165.

[104] Christian Dütschler, Die Schweizermacher in Zürich, Zürich 1995 (unpubliz. Liz.-Arbeit), S. 22f. und 27.

[105] Kamis-Müller (wie Anm. 25), S. 58–60. Der Begriff «Ausnahmebehandlung» ist erwähnt in: Ruth an die Gesandtschaft in Warschau (wie Anm. 98).

[106] Rothmund, Wir und die Ausländer, Referat auf Einladung der Freisinnigen Partei Zürich 1, am 23. Januar 1939 im Zunfthaus Schmieden, BAR 4800 (A), Bd. 4.

[107] Von Reding an von Steiger, Betrifft: Praxis des Bürgerrechtsdienstes für die Erteilung der eidgenössischen Einbürgerungs-Bewilligung, 31. Dezember 1946, BAR 4001 (C), Bd. 1, Dos 73. Jacques Picard, der diesen «numerus clausus» nachgewiesen hat, interpretiert das gleiche Dokument offenbar anders und meint, diese Restriktion sei länger als bis 1944 in Kraft geblieben. Picard (wie Anm. 38), S. 68f.

[108] Rothmund in einem internen Gespräch. Undatiertes Protokoll, ca. Dezember 1947, ohne Verfasserangabe, BAR 4001 (C) 1, Bd. 146, Dos. 73. Vermutlich erfolgt der Stopp in der Phase der Grenzschliessung vom 13. August 1942. Kurz vorher – am 10. Juni 1942 – muss Ubert für Rothmund eine Liste mit «Gesuchen von jüdischen Bürgerrechtsbewerbern» erstellen. Siehe unten.

[109] Zur antijüdischen Sonderregelung nach 1944: von Reding an von Steiger (wie Anm. 107) sowie die neuen, allgemeinen Richtlinien, die am 22. Januar 1948 an die Kantone verschickt werden, BAR 4800 (A) 1967/111, Bd. 89, Dos. 389. Rothmund, Notiz über die Prüfung von Einbürgerungsgesuchen, 18. April 1952, BAR 4800 (A) 1967/111, Bd. 69, Dos 304.

[110] Ruth an die Gesandtschaft in Warschau, 9. September 1933, BAR 4800 (A) 1967/111, Bd. 328. Robert Jezler, Einbürgerungspraxis, Notiz an Rothmund, 7. Oktober 1947, 4800 (A) 1967/111, Bd. 69, Dos. 304 (D 617). Von Reding nach einem undatierten Protokoll, ca. Dezember 1947, ohne Verfasserangabe, BAR 4001 (C) 1, Bd. 146, Dos. 73. Ruth bezieht sich auf die «Ausnahmebehandlung» der Juden seit 1926. Jezler und von Reding beziehen sich auf alle Verschärfungen im Zweiten Weltkrieg (nicht nur die antijüdischen).

[111] Delaquis (wie Anm. 47), S. 21.

[112] Heinrich Rothmund, Notiz an Ruth, 21. Dezember 1943, BAR 4800 (A) 1967/111, Bd. 109, Chef-Korrespondenz September – Dezember 1943, Nr. 498.

[113] Ruth (wie Anm. 68), S. 16f.

[114] Max Ruth, Das Schweizerbürgerrecht, in: Zeitschrift für Schweizerisches Recht, Bd. 56, Heft 3 (1937), S. 1a–156a, S. 59a.

[115] Jezler an von Steiger, Interpellation Petrig, 23. März 1946, BAR 4800 (A) 1967/111, Bd. 62.

[116] Ubert, Gesuche von jüdischen Bürgerrechtsbewerbern, 10. Juni 1942, BAR 4800 (A) 1967/111, Bd. 69, Dos 304. Zum Milieu-Argument seit 1920 vgl. Kamis-Müller (wie Anm. 25), S. 94.

[117] Nach Rothmund an Oberstleutnant Müllener, 19. Februar 1941, in: Ladislas Mysyrowicz, Le Dr Rothmund et le Problème juif, in: Schweizerische Zeitschrift für Geschichte 2 (1982), S. 348–355; Ruth (wie Anm. 68), S. 130f.; Ders., Einbürgerung militärpflichtiger Ausländer, 21. Mai 1943, BAR 4800 (A) 1967/111, Bd. 69, Dos. 304 (D 617).

[118] Ruth (wie Anm. 68), S. 95, 101 und 103; Ders., Das Schweizerbürgerrecht (wie Anm. 114), S. 106a f.

[119] Picard (wie Anm. 38), S. 60f. und 67.

[120] Max Ruth, Einbürgerung, 1. September 1943, BAR 4800 (A) 1967/111, Bd. 69, Dos. 304.

[121] Ruth (wie Anm. 114), S. 58a.

[122] Rothmund (wie Anm. 117).

[123] Vgl. Bauman (wie Anm. 92).

[124] Dazu: Verena Stolcke, The Nature of Nationality, in: Veit Bader (Hg.), Citizenship an Exclusion, New York 1997, S. 61–80.

[125] Ruth (wie Anm. 114), S. 76a.

[126] Mary Douglas, Reinheit und Gefährdung. Eine Studie zu Vorstellungen von Verunreinigungen und Tabu, Berlin 1985, S. 53; Theodor M. Bardmann, Wenn aus Arbeit Abfall wird, Aufbau und Abbau organisatorischer Realitäten, Frankfurt am Main 1994, S. 174ff., 192–215.

[127] Delaquis (wie Anm. 47), S. 19; Ders. (wie Anm. 17), S. 45; Rothmund (wie Anm. 6); Ders., Die Ausländer in der Schweiz und die Schweizer im Ausland. Vortrag im Rahmen der staatsbürgerlichen Vorträge am 6. März 1956 im Kongresshaus in Zürich, BAR 4800 (A) 1, Bd. 3.

[128] Rothmund (wie Anm. 1).

[129] Dazu: Douglas (wie Anm. 126), S. 53f.

[130] Ruth (wie Anm. 67), S. 80; Delaquis (wie Anm. 16), S. 49–69, 49 (Hervorhebung im Original); Rothmund, Die Ausländer in der Schweiz und die Schweizer im Ausland (wie Anm. 127).

[131] Rothmund (wie Anm. 1).

[132] Sofern nicht anders angemerkt, halte ich mich im folgenden an Ludwig (wie Anm. 46). Eine Übersicht über die Literatur bietet: Georg Kreis, Die schweizerische Flüchtlingspolitik der Jahre 1933–1945, in: Ders./Bertrand Müller (Hg.), Die Schweiz und der Zweite Weltkrieg, in: Schweizerische Zeitschrift für Geschichte 47 (1997), S. 552–579. Nach Abschluss dieses Manuskriptes erscheint: Jürg Stadelmann, Umgang mit Fremden in bedrängter Zeit. Schweizerische Flüchtlingspolitik 1940–1945 und ihre Beurteilung bis heute, Zürich 1998.

[133] Rothmund an Minister A. de Pury, Schweizerischer Gesandter im Haag, 27. Januar 1939, BAR 4800 (A) 1967/111, Bd. 103, Nr. 498, pers. Korrespondenz 1939. Rothmund will Auskunft über die Pläne des Intergouvernementalen Komitees für Flüchtlingsfragen IGCR. Die Schweiz nimmt als einziges Land nicht an den Sitzungen teil, damit sie bezüglich der jüdischen Flüchtlinge keine Verpflichtungen eingehen muss. Ein taktischer Fehler. Die Angst, die Flüchtlinge allein nicht weiterbringen zu können, lässt die Schweiz schleunigst wieder mitmachen. Vgl. Picard (wie Anm. 38), S. 296f.

[134] Baumann, Beantwortung der Interpellationen Trümpy und Müller-Biel, 7. Dez. 1938. Gertrud Kurz Archiv Habstetten (heute im Archiv für Zeitgeschichte Zürich).

[135] Gesandter in Budapest an eidgenössische Fremdenpolizei, 23. Mai 1939, BAR 4800 (A) 1967/111, Bd. 330.

[136] Rothmund an Minister Dr. M. Jaeger, Schweizerischer Gesandter, Budapest, 28. Juni 1939, BAR 4800 (A) 1967/111, Bd. 103, Nr. 498, pers. Korrespondenz 1939.

[137] Robert Jezler, Instruktion über das Ausfüllen der Kartotheken für Flüchtlinge, 29. August 1942, BAR 4800 (A) 1967/111, Dos. 78. Zur Diskriminierung der Schweizer Juden, die die Schweizer Regierung grundsätzlich gegenüber Deutschland zugestanden hat, vgl. Picard, S. 157–168 (wie Anm. 38). Zum Heiratsverbot: Protokoll der 12. Sitzung des Arbeitsausschusses I der Flüchtlingskommission (wie Anm. 103).

[138] Rothmund an Schweiz. Gesandtschaft Berlin, 13. Dezember 1938, BAR 4800 (A) 1967/111, Bd. 102, Nr. 498, pers. Korrespondenz 1938.

[139] Die Zahl der Abweisungen basiert auf einer Schätzung: Nachweisbar sind 24'398 Wegweisungen und 14'500 im Ausland gestellte Einreisegesuche, die die eidgenössische Fremdenpolizei ablehnt. Zu den im Krieg aufgenommenen Juden kommen weitere 6'654 hinzu, die vor 1939 einreisen und den Krieg ebenfalls in der Schweiz verbringen. Vgl. Guido Koller, Entscheidungen über Leben und Tod. Die behördliche Praxis in der schweizerischen Flüchtlingspolitik während des Zweiten Weltkrieges, in: Die Schweiz und die Flüchtlinge. 1933–1945, Studien und Quellen, in: Zeitschrift des Schweizerischen Bundesarchivs, Bd. 22, Bern 1996, S. 17–106, 89–97.

[140] Protokoll der Konferenz der kantonalen Fremdenpolizeichefs, Montreux, 25. und 26. September 1942, BAR 4300 (B), 1971/4, E 20, 25.

[141] Persönliche Notizen zu einem Gespräch mit Heinz Meyer, das am 5. Juli 1995 im Bundesarchiv Bern stattfand. Anwesend waren ausserdem Niklaus Bütikofer, Guido Koller und Miroslav Matyja vom Bundesarchiv. Meyer war als Jurist von 1942 bis 1951 in der Flüchtlingssektion tätig.

[142] Dass Robert Jezler Verbindungsmann zum Nachrichtendienst war, hat mir am 5. Oktober 1995 in einem persönlichen Gespräch auch seine Ehefrau Lili Jezler-Rouiller erzählt. Zum Wissensstand des militärischen Geheimdienstes vgl. Gaston Haas, «Wenn man gewusst hätte, was sich drüben im Reich abspielt [...]» 1941–1943. Was man in der Schweiz von der Judenvernichtung wusste, Basel 1994. Vgl. auch Jezlers Bericht vom 30. Juli 1942, zitiert bei: Ludwig (wie Anm. 46), S. 199.

[143] Ebda., S. 372f. Das zitierte «Grässliches» bezieht sich auf eine Aussage Jezlers in seinem Bericht vom 30. Juli 1942.

[144] Stellungnahme von Bundesrat von Steiger zum Bericht Ludwig, in: Ebda., S. 392.

[145] Von Steiger an Rothmund, 17. September 1942, BAR 4001 (C) 1, 253, 702/1, Korrespondenz.

[146] Rothmund, Die Ausländer in der Schweiz und die Schweizer im Ausland (wie Anm. 127).

[147] Ruth (wie Anm. 67), S. 77. Rothmund an der Konferenz mit den Polizeidirektionen der Kantone vom 17. August 1938. Protokoll der Nachmittagssitzung, BAR 4260 (C) 1969/146; Rothmund an der Konferenz der kantonalen Fremdenpolizeichefs (wie Anm. 140); Rothmund an Karl Gull, 14. Oktober 1947, BAR 4800 (A) 1967/111, Nr. 206, Dos. Gegen den Antisemitismus.

[148] Jezler an von Steiger (wie Anm. 115). Die Behörden ihrerseits behaupten, es drohte Arbeitslosigkeit, wenn man die Grenze nicht geschlossen halte. Vgl. etwa den Briefentwurf von Bundesrat von Steiger vom 14. Sept. 1942 an die Rorschacher Sekundarschülerinnen, die die Sperre kritisiert haben. Faksimile in: Katri Burri/Thomas Maissen, Bilder aus der Schweiz. 1939-1945, Zürich 1997, S. 224-227.
[149] Protokoll der Konferenz der kantonalen Fremdenpolizeichefs (wie Anm. 140).
[150] Bundesratsbeschluss über die Durchführung der Kontrolle der Emigranten, diktierter Entwurf (vermutlich von Rothmund), BAR 4260 (C) 1969/146, Bd. 6.
[151] Rothmund am 11. Februar 1939 an den St. Galler Regierungsrat Keel (im Zusammenhang mit Grüningers illegaler Fluchthilfe), BAR E 6351 (F) 1, Bd. 522, Dos. 251 (1938).
[152] Rothmund an Bundesrat Baumann, 20. Mai 1936, zitiert nach: Wacker (wie Anm. 61), S. 74.
[153] Rothmund (wie Anm. 117).
[154] Zitiert nach: Hannah Arendt, Nach Auschwitz. Essays & Kommentare 1, herausgegeben von Eike Geisel und Klaus Bittermann, Berlin 1989, S. 12.
[155] Beispielsweise glaubt auch Schürch, damals Leiter der Flüchtlingssektion in der eidgenössischen Polizeiabteilung, die Nationalsozialisten hätten mit den vertriebenen Juden Unruhen erzeugen wollen. André Lasserre, Frontières et camps, Le refuge en Suisse de 1933 à 1945, Lausanne, 1995, S. 361.
[156] Rothmund (wie Anm. 6); Ders., Referat, 15. Juni 1944, BAR 4800 (A) 1967/111, 72.
[157] Rothmund an Minister Bruggmann, Gesandtschaft Prag, 15. März 1939, BAR 4800 (A) 1967/111, Bd. 322. Nachträglich und unter Rechtfertigungsdruck schildert Rothmund die Situation besonders dramatisch. In seinen Abschiedsworten erwähnt er «über eine Million Juden», die «in Bewegung» gekommen seien. Ders. (wie Anm. 6). Zur Grenzschliessung von 1942 sagt er gegenüber seinem damaligen Departementsvorsteher: «Wir mussten die Aufnahmepraxis nach den gegebenen Aufnahmemöglichkeiten richten, konnten leider nicht auf die Schwere der Verfolgungen abstellen, denn es hat sich stets um tausende von Personen, ja um hunderttausende gehandelt, die den Verfolgern zu entkommen versuchten (1942 sollen gegen 150'000 Juden in Holland und Belgien von den Nazis aufgescheucht worden sein.).» Rothmund an von Steiger, 9. November 1956, BAR 4800 (A) 1967/111, Bd. 410.
[158] Rothmund (wie Anm. 106).
[159] Jezler an Rothmund, Zur Direktausweisung Jakob Feuerwerker, 24. März 1942, BAR 4800 (A) 1967/111, 150. Zum Verhältnis zwischen Schweizer Juden und Bundesbürokratie vgl. Picard (wie Anm. 38).
[160] Protokoll der Konferenz der kantonalen Fremdenpolizeichefs (wie Anm. 140).
[161] Jezler, Die Wiederausreise der Flüchtlinge und Emigranten, Referat in Montreux vom 27. Februar 1945, BAR 4800 (A) 1967/111, 409. Zur Konferenz von Montreux vgl. auch: Picard (wie Anm. 38), S. 346-350.
[162] Rothmund, Referat an der Generalversammlung der Schweizer Mittelpresse, 15. Juni 1944, BAR 4800 (A) 1967/111, Dos. 72. Der Bundesratsbeschluss vom 17. Oktober 1939 «über die Änderung der fremdenpolizeilichen Regelung» wird ebenfalls in seinem Referat zitiert.
[163] Diese vorgedruckte «Erklärung» findet man regelmässig in den Personendossiers der Flüchtlinge. BAR E 4264, 1985/196 (z. B. im Dos. N 20286).
[164] Fischli, Besprechung mit einer polnischen Delegation über die Übernahme jüdischer Flüchtlinge durch die Schweiz, 12. März 1945, BAR 4800 (A) 1967/111, Bd. 328.
[165] Protokoll der 12. Sitzung des Arbeitsausschusses I der Flüchtlingskommission, 17. Dezember 1945 (wie Anm.103). Die Polizeiabteilung behauptet, man habe bereits seit der kollektiven Ausbürgerung durch die Nationalsozialisten (November 1941) die Haltung vertreten, dass die Beweislast für die Entrechtung bei den einzelnen Betroffenen liege. Neu sei allein der anders lautende Eintrag im Pass; ihn mache man nur, um die Staatsbürgerschaft bei einer Eheschliessung zu klären. Das Argument überzeugt nicht, da es nicht erklärt, wieso man erst gegen Kriegsende und erst noch systematisch – man könnte ja bei Staatenlosen jede

tatsächlich anstehende Heirat individuell anschauen – den Eintrag ändert. Vgl. zur Frage um die Staatenlosigkeit und Einbürgerung auch: Picard (wie Anm. 38), S. 208–217.

[166] Kreisschreiben vom 14. Sept. 1945, zitiert nach: Ludwig (wie Anm. 46), S. 338. Zur Haltung der Flüchtlinge vgl. Picard (wie Anm. 38), S. 350.

[167] Jezler an von Steiger (wie Anm. 115).

[168] Antwort von Bundesrat von Steiger auf die Interpellation Petrig, 5. April 1946. Stenographisches Bulletin der Bundesversammlung, S. 100–103. Interpellation Petrig vom 12. Dezember, sein Kommentar dazu vom 3. April 1946: Ebda., S. 71.

[169] Bundesratsbeschluss vom 7. März 1947, zitiert nach: Ludwig (wie Anm. 46), S. 342. Zur Haltung der Hilfswerke vgl. Hermann Kocher, Rationierte Menschlichkeit. Schweizerischer Protestantismus im Spannungsfeld von Flüchtlingsnot und öffentlicher Flüchtlingspolitik der Schweiz. 1933-1948, Zürich 1996, S. 334–347; Heinrich Rothmund, Zur Emigrantenfrage, Vortrag auf Einladung der Kommission für staatsbürgerliche Bildung Zürich-Stadt am 23. Januar 1940 im Kongresshaus Zürich, BAR 4800 (A) 3 Bd. 4, 71.

[170] Zentralstelle für Flüchtlingshilfe, Protokoll der Sitzung vom 7. Dezember 1949, BAR 4800 (A) 1967/111, Bd. 145.

[171] Am 15. Dezember 1950 schreibt der Bundesrat, es sei nun «wünschbar», dass «die Flüchtlinge aus der Vorkriegszeit und Kriegszeit, deren Verhalten korrekt war, von der Verpflichtung zur Weiterreise, unter Vorbehalt der Prüfung des Einzelfalles und der Zustimmung der zuständigen kantonalen Behörden, entbunden werden sollten». Botschaft des Bundesrates an die Bundesversammlung (wie Anm. 44), S. 713. Ludwig behauptet fälschlicherweise eine Preisgabe der Transitmaxime bereits für 1947 (wie Anm. 46), S. 345. Zu den hiergebliebenen Juden: Picard (wie Anm. 38), S. 164.

[172] Rothmund an Rüegger, 14. Mai 1947, BAR 4800 (A) 1, Schachtel 6.

[173] Rothmund, Einleitende Bemerkungen zur Konferenz der Direktoren und Sekretäre der Schweizerischen Handelskammern vom 24. November 1954 (vertraulich), BAR 4800 (A) 1, Schachtel 3.

[174] Vgl. dazu: Bauman (wie Anm. 102), S. 95ff.

[175] Rothmund (wie Anm. 14).

[176] Diese Geschichte ist – in Varianten – beinahe zu einem Topos geworden, seitdem ich sie im Tages-Anzeiger vom 29. August 1992 erzählt habe. Sie steht im Zentrum des Films (90 Minuten, 35 mm) von Kaspar Kasics und mir, der sich zum Zeitpunkt, an dem ich dies schreibe, in der Postproduktion befindet.

[177] Vgl. dazu die Bemerkungen in: Stefan Mächler, Ein Abgrund zwischen zwei Welten. Zwei Rückweisungen jüdischer Flüchtlinge im Jahre 1942, in: Die Schweiz und die Flüchtlinge (wie Anm. 139), S. 137–232, S. 223–229.

[178] Zu dieser Dialektik machte ich einige Skizzen: Ebda., S. 137–232; Ders., Warum das Boot für die Juden voll war. Kontinuität und Bruch in der Schweizer Fremdenpolitik, in: Traverse 1995/2, Beilage zum Mai 1945, S. 29–34; Ders., Normalität und Katastrophe, in: Neue Wege 1997/9, S. 263–269; Ders., Die Schweiz und die Rückweisung jüdischer Flüchtlinge. Damalige Wahrnehmung, spätere Bilder, zukünftige Perspektiven, in: Neue Wege 1997/7/8, S. 227–237.

«... die Stilverderber, die Juden aus Galizien, Polen, Ungarn und Russland ... Überhaupt die Juden.»

Ostjudenfeindschaft und die Erstarkung des Antisemitismus

PATRICK KURY

«Polike, Polake
kai Schuh und kai Schlappe
kai Schlappe und kai Schuh
e Polak bisch Du!»[1]

Dieser Abzählreim jüdischer Kinder aus dem elsässisch-alemannischen Raum belegt das schwierige Verhältnis von West- und Ostjuden in unseren Regionen vor dem Zweiten Weltkrieg. Das spielerische Stigmatisieren, das Ausschliessen aus dem Kreis der Teilnehmenden geschah durch das Wort «Polacke», die abschätzige Bezeichnung für «den Polen». Als «Polacken» wurden aber in erster Linie die osteuropäischen Juden bezeichnet. Mit wenig Phantasie hören wir aus der letzten Verszeile eine leicht abgewandelte Version von Karl Luegers Losung «Wer ein Jude ist, bestimme ich» heraus und fühlen uns mit Unbehagen an den antisemitischen Bürgermeister Wiens der Jahrhundertwende erinnert. Gerne wären wir von einer innerjüdischen Solidarität ausgegangen. Doch weshalb sollten jüdische Gesellschaften homogener sein als christliche? Der Kinderreim aus der Zwischenkriegszeit verweist mit einfachsten sprachlichen Mitteln auf eine zentrale Differenz zwischen Ost- und Westjuden: Weder «Schuhe noch Schlappen» sollen Ostjuden getragen haben. Sie wurden als sozial unterlegen, als arm, wahrgenommen. Der Versuch, die damalige Kluft zwischen Ost- und Westjuden allein über die soziale Differenz zu erklären, greift allerdings zu kurz. Vielmehr muss das Verhältnis zwischen beiden als mehrschichtiges Phänomen gesehen werden, von dem soziale, kulturelle und auch religiöse Unterschiede nur Teilaspekte bilden. Psychologische und soziologische Erwägungen spielen eine ebenso wichtige Rolle, beispielsweise im Spannungsfeld von Assimilation und Bewahrung der Eigenständigkeit, Integration und Ausgrenzung, Verdammung und Verklärung, galten doch die Ostjuden in den Augen vieler Westjuden als Bewahrer und zugleich als Erneuerer des jüdischen Glaubens.

Die Ostjudenfeindschaft war alles andere als nur ein innerjüdisches Problem. Der Reim entstand und fand Anwendung unter den Bedingungen der Diaspora. Somit hat sich unser spezielles Augenmerk auf die Lebensbedingungen von Juden und Jüdinnen in einer christlich geprägten Gesellschaft zu richten. Es stehen Fragen im Vordergrund wie: Haben sich die Lebensbedingungen der Juden in der Schweiz zwischen Jahrhundertwende und Zweitem Weltkrieg verändert? Welchen Einfluss hatte die Zunahme der Fremdenfeindlichkeit in der Schweiz auf das Verhältnis von Juden und Christen? Welchen Einfluss hatte eine solche Zunahme auf das innerjüdische Verhältnis? Entstand eine neue Form von helvetischem Antisemitismus, bei welchem Fremdenfeindlichkeit eine Rolle spielte? Dem Versuch, diese Fragen zu beantworten, muss eine Auseinandersetzung mit der sozialen Realität der Juden um die Jahrhundertwende vorausgehen.

Der kulturelle Hintergrund

Den Hintergrund der Unterscheidung von Ost- und Westjuden bilden unterschiedlich verlaufene sozioökonomische, kulturelle und religiöse Prozesse, die sich hauptsächlich im 18. und 19. Jahrhundert in den jeweiligen Siedlungsräumen der Juden manifestierten.[2] Osteuropa, genauer das Territorium der ehemaligen polnisch-litauischen Union, war das Hauptsiedlungsgebiet der Juden bis in die dreissiger Jahre unseres Jahrhunderts. Nach den flächendeckenden Vertreibungen aus Westeuropa im ausgehenden Mittelalter und in der frühen Neuzeit fanden die Juden im damaligen Königreich Polen rechtliche Bedingungen vor, die ihnen für lange Zeit ein gesichertes Dasein ermöglichten. Nach den Teilungen Polens zwangen die russischen Behörden die fortan unter ihrer Herrschaft lebenden Juden, sich im sogenannten Ansiedlungsrayon niederzulassen. In diesem zugewiesenen Gebiet entwickelte sich das Schtetl zu einer typisch jüdischen Lebenswelt: Im Verlaufe der Jahrhunderte formte sich im Wechselspiel von Bewahrung und religiöser Neubesinnung, von wirtschaftlicher Mittlerfunktion und zunehmender Ausgrenzung, von bescheidenem wirtschaftlichem Wohlstand und schliesslich rasantem Niedergang ein eigenständiges jüdisches Milieu heraus. Identitätsmerkmale stellten das Jiddische sowie eine den Alltag bestimmende Religiosität dar. Der Chassidismus als volkstümlich-mystische Frömmigkeitsbewegung verdankte sein Entstehen und seinen Erfolg seiner Konkurrenzposition gegenüber der orthodoxen Thora-Gelehrsamkeit in Osteuropa. Die emotionale, in Tanz und Gesang gelebte Gottesbindung war volksnaher und wirkte stärker verbindend. Doch darf die Bedeutung der Orthodoxie in Osteuropa nicht unterschätzt werden. Der Chassidismus verdrängte die Orthodoxie nicht, vielmehr verbanden sich beide zu vielfältigen Mischformen.

Im vorkapitalistischen Wirtschaftssystem dieser Region übten Juden zahllose Mittlerfunktionen zwischen Gutsbesitzern und Pächtern, zwischen Stadt und Land aus. Im Zuge der in Osteuropa verspätet einsetzenden Industrialisierung versuchten vermehrt Christen in Arbeitsbereichen eine Existenz zu finden, in denen traditionellerweise Vertreter der jüdischen Bevölkerung tätig gewesen waren. Mit der fortschreitenden Verdrängung der Juden aus ihren angestammten Berufszweigen ging eine soziale Diskriminierung der religiösen Minderheit einher. Neue städtische Schichten stiegen zudem zu Konkurrenten der Juden auf. Die Behörden versuchten mittels administrativer Eingriffe, die Juden vom Land zu verdrängen und innerhalb der Städte zu ghettoisieren; zugleich schränkten sie deren Bildungsmöglichkeiten stark ein. Für die Juden in den Städten, deren Zahl fortlaufend anstieg, gab es immer weniger Verdienstmöglichkeiten, und die innerjüdische Konkurrenz nahm ein ungeheures Ausmass an. Es bildete sich eine völlig ungleichgewichtige ökonomische Polarisierung innerhalb der jüdischen Gesellschaft heraus. Die zahlreichen ökonomischen und bildungsmässigen Einschränkungen führten zur Herausformung von eigentümlichen sozialen Praktiken und Überlebensstrategien, wie beispielsweise jener des «Luftmenschen», einer Art ostjüdischen Taglöhners. Auch die politische Partizipation blieb den Juden lange verwehrt. Orientierten sich die Juden Westeuropas kulturell und politisch hauptsächlich am städtischen Bürgertum, so hatte dieses im Osten – zahlmässig bedeutend geringer – keine Vorbildfunktion. Nach der Ermordung des russischen Zaren Alexander II. am 1. März 1881 verschlechterten sich die Lebensbedingungen der Juden nochmals dramatisch. Völlig unbegründet wurden Juden für die Tat verantwortlich gemacht, und es kam teils zu behördlich organisierten, teils zu spontanen Ausschreitungen gegen die Judenschaft. Diese Pogrome weiteten sich zu einer Welle der Gewalt aus, die bis zum Ersten Weltkrieg nicht mehr abriss.

Hochschulemigration

Die rechtlichen und sozialen Diskriminierungen lösten bereits vor dem Einsetzen der Pogromwellen eine Bildungsemigration Richtung Westen aus. Zwischen den siebziger Jahren des 19. Jahrhunderts und dem Ersten Weltkrieg immatrikulierten sich Hunderte von ostjüdischen Studierenden an schweizerischen Hochschulen. Die Hintergründe dieser Entwicklung sind einerseits in den privaten Erziehungsbewegungen im damaligen Russland zu suchen, deren Ziel es unter anderem war, die wirtschaftliche Selbständigkeit der Frauen zu verbessern. Die rigorosen Aufnahmebeschränkungen für Studentinnen an russischen Universitäten standen in krassem Widerspruch zu diesem Ideal, verunmöglichten sie es doch einer grossen sozialen Gruppe, ihre Bildungsbedürfnisse angemessen zu befriedigen.[3] Andererseits scheinen die liberalen Verhältnisse in der Schweiz insbesondere auf sozialreformerische Kreise sehr anziehend gewirkt zu haben. In den Bildungsbewegungen waren Jüdinnen überproportional vertreten. Es gehört zu den Eigentümlichkeiten der Geschlechterbeziehung im Judentum, dass Frauen, von gewissen religiösen Verpflichtungen, wie dem täglichen Schriftstudium, entbunden, oft schneller den Zugang zu weltlicher Bildung fanden als Männer und sich hier entsprechend intensiver engagieren konnten. Der Zwang, im Ausland zu studieren, verstärkte sich für jüdische Russinnen noch dadurch, dass in den spärlichen Frauenkursen, die nach dem Verbot des Frauenstudiums in den sechziger Jahren geschaffen worden waren, nur drei Prozent der Plätze von Jüdinnen belegt werden durften. In der

Periode vom ausgehenden 19. Jahrhundert bis zum Ersten Weltkrieg fanden zahlreiche Anhängerinnen und Anhänger von sozialreformerischen oder revolutionären Ideen den Weg in die Schweiz und schlossen sich hier zu unterschiedlichen Zirkeln zusammen. Unter der ultrareaktionären Regentschaft Zar Alexanders III. verschärfte sich diese Entwicklung zusehends und hielt über dessen Tod im Jahre 1894 hinaus an. Immer wieder wurde die Schweizer Bevölkerung durch Berichte von Attentatsvorbereitungen und Sprengstoffexperimenten russischer Studierender aufgeschreckt. Diese Situation bewog beispielsweise Theodor Herzl, den 1. Zionistenkongresses 1897 nicht in Zürich, sondern in Basel abzuhalten, denn im Gegensatz zu Basel galt Zürich als wichtiges Zentrum oppositioneller russischer Studierender, und Herzl wollte eine Provokation des Zaren vermeiden.[4]

Die Universität Basel nahm vor dem Ersten Weltkrieg überhaupt keine ausländischen Studentinnen auf. Entsprechend entwickelte sich Basel auch nicht zu einem Zentrum jüdischer Studierender. Lobend äusserte sich der damalige Zürcher Zoologieprofessor Conrad Keller über die restriktive Basler Aufnahmepraxis: «Es sind damals in den akademischen Regionen Dinge vorgekommen, die uns heute mit Beschämung erfüllen müssen. Nur Basel hielt eine solide Tradition aufrecht, sonst aber hatte jede Universität ihren grossen Macher, der auf die damaligen Ideale hinarbeiten musste. [...] Unter diesen einflussreichen Machern trat wiederum das jüdische Element stark hervor, so in Zürich, Bern und Lausanne.»[5] Im Jahre 1906, als 1'478 Frauen aus dem russischen Reich an hiesigen Hochschulen studierten, erlangte das Frauenstudium von Russinnen in der Schweiz seinen Höhepunkt.[6] Während der zweiten Dekade des 20. Jahrhunderts sank die Zahl aufgrund restriktiverer Bestimmungen der Universitäten und infolge des Weltkrieges wieder rasch ab. Conrad Keller waren nicht nur jüdische Studierende, sondern auch Juden im Lehrkörper ein Dorn im Auge. Damit stand er nicht alleine. Politisch aktive Fremde, die sich hauptsächlich in den eigenen Zirkel bewegten, oft ärmlich gekleidet, wurden zur Projektionsfläche bürgerlicher Ängste. Ohne Berücksichtigung ihrer Lebensumstände wurde ihnen ein Anpassungswille vollends abgesprochen, und der ungewöhnlich hohe Anteil von Studentinnen weckte zusätzlich Männerphantasien. Geradezu paradigmatisch gebündelt finden sich diese Ängste in einem Artikel der «Berner Volkszeitung» aus dem Jahre 1906: Die «furchtbaren Verführerinnen, der unreifen Jugend» hätten es, von «Wohllust [sic] und Blutdurst» getrieben, nur darauf abgesehen, der Schweizer Jugend «im richtigen Augenblick Dolch oder Bombe in die Hand zu drücken».[7] Die beiden Stereotypen des die «Ruhe störenden, revolutionären» Ostjuden und der «verführerischen, lüsternen» Ostjüdin wirkten weit nachhaltiger als die späteren Erfolge ostjüdischer Akademiker, wie beispielsweise des Berner Medizinprofessors Leon Asher, der Zürcher Juristen David Farbstein und Wladimir Rosenbaum sowie des in Zürich aufgewachsenen Naturwissenschafters und späteren Medizin-Nobelpreisträgers Tadeusz Reichstein. Gerade die Brüche in den Lebensläufen der beiden letzteren zeigen, wie wenig gefestigt die soziale Anerkennung von Ostjuden vor dem Zweiten Weltkrieg noch war. Wladimir Rosenbaum wurde in den dreissiger Jahren zum Ziel antisemitischer, frontistischer Hetze. Vermittlungstätigkeiten im Waffengeschäft zugunsten der Republikaner brachten ihm zur Zeit des Spanischen Bürgerkriegs eine Gefängnisstrafe ein. Die Anwaltskammer des Kantons Zürich nutzte die Gelegenheit, um den erfolgreichen «Kollegen» loszuwerden.[8] Tadeusz Reichstein wurde 1938 gedrängt, seine ausserordentliche Professur an der ETH niederzulegen. Die Annahme von Forschungsgeldern aus der Industrie erachteten die Verantwortlichen als nicht vereinbar mit seiner Lehrtätigkeit. Bei einem Ostjuden konnten die Gepflogenheiten durchaus etwas enger ausgelegt werden. Mit Glück erhielt er in Basel jedoch noch im gleichen Jahr ein Ordinariat. Schliesslich wurde die Pionierrolle der osteuropäischen Studentinnen beim Engagement für das Frauenstimmrecht in der Schweiz in breiten Teilen der Öffentlichkeit eher als Unruhestörung empfunden, denn als Leistung gewürdigt.

Flucht in die Schweiz

Mit dem Einsetzen der Pogrome in Osteuropa kam eine Flüchtlingsbewegung in Gang, welche die Hochschulemigration umfangmässig um ein Vielfaches übertraf und im Gegensatz zu dieser durch einen hohen Grad an sozialer Heterogenität gekennzeichnet war. Verfolgungen an Leib und Seele, eine unvorstellbare Not weiter Teile der jüdischen Bevölkerung und der Wunsch, der Enge des Schtetls entfliehen zu können, veranlassten zwischen 1881 und 1930 zwischen zwei und drei Millionen Menschen in Osteuropa, ihre Heimat zu verlassen. Der Grossteil der Flüchtlinge und Auswanderer suchte in den Vereinigten Staaten von Amerika eine neue Bleibe, ein geringerer Teil übersiedelte nach Argentinien und einige wenige wanderten nach Palästina aus. Zehntausende verblieben in Westeuropa, von ihnen kamen einige Tausend in die Schweiz. Viele dürften auf ihrem Weg Richtung Westen in den schweizerischen Städten hängengeblieben sein, andere zogen gezielt an Orte ostjüdischen Lebens in der Schweiz. Bis zum Ersten Weltkrieg dürfte die etwas mehr als 20'000 Personen umfassende Judenschaft der Schweiz zu einem Viertel bis einem Drittel aus osteuropäischen Zuwanderern bestanden haben. Genauere Angaben besitzen wir nur für Basel und Zürich.[9] Nebst den Immigranten, die in der Schweiz eine zweite – oftmals auch nur eine vorübergehende – Heimat fanden, hielten sich bis zum Ersten Weltkrieg und dann wieder während der unmittelbaren Nachkriegsjahre mehrere Tausend Flüchtlinge sowie sogenannte Passanten aus Osteuropa auf. Diese beiden Personengruppen verbrachten in der Regel ein paar Tage in der Schweiz. Die etwas über 600 Personen aus Osteuropa machten in Basel 1910 etwas mehr als ein Viertel der jüdischen Bevölkerung aus. In Zürich stammte 1920 nach Angaben des «Jüdischen Jahrbuchs für die Schweiz» mehr als die Hälfte aus Osteuropa. Laut einer Erhebung des Statistischen Amtes der Stadt Zürich liessen sich zwischen 1911 und 1917 gar 7'997 Ostjuden in Zürich nieder.[10] Dabei dürfte es sich bei einem grossen Teil um Passanten oder Emigranten gehandelt haben, die nach kurzer Zeit

427

wieder weiter zogen, denn in Zürich lebten im Jahre 1920 rund 8'000 Juden. Für Bern sind einige Hundert Ostjuden belegt, die vor dem Ersten Weltkrieg in die Bundeshauptstadt gelangten. Von den anderen Städten wissen wir nur, dass in St. Gallen 1920 eine ostjüdische Gemeinde bestand und dass es in Biel, Genf und Lausanne zur selben Zeit ostjüdische Minjans und ostjüdische Vereine gab.[11]

Insbesondere für die Israelitischen Gemeinden an den Grenzen in Basel-Stadt und St. Gallen wurde die Flüchtlingsbewegung zur Belastung, da sie – wie während des Zweiten Weltkrieges – finanziell und organisatorisch zu grossen Teilen aus eigener Kraft getragen werden musste. Die Achse Buchs-Zürich-Basel bildete eine Durchgangsstation auf der Linie Wien-Paris-Atlantikhäfen. Der weitaus grössere Teil der Juden Osteuropas emigrierte jedoch nicht über die Schweiz, sondern Richtung Nord- und Ostseehäfen, teilweise auch via Triest. Nach der Pogromwelle von 1905 war die Fluchtbewegung aus Osteuropa so gross, dass im folgenden Jahr Mitglieder der Israelitischen Gemeinde Basels ein «Auskunftsbureau für jüdische Auswanderer» gründeten, mit dem Ziel, «das jüdische Reise-Elend» in der Folge der «fluchtähnlichen Volkswanderung» aus Russland, Rumänien und Galizien zu verringern.[12] Nach dem Ersten Weltkrieg eröffneten Viktor Wyler, Koordinator der israelitischen Armenkassen der Schweiz, und der Basler Rabbiner Arthur Cohn das während des Krieges geschlossene Büro wieder neu. Die sich auf Grund restriktiver fremdenpolizeilicher Massnahmen verschärfende Situation für die Flüchtlinge spiegelt sich auch in der Schaffung einer zusätzlichen jüdischen Institution für Emigranten aus dem Osten wider. Im Mai 1920 konstituierte sich in Zürich eine Jüdische Emigrations-Kommission, die mit ihrem Organ «Emigrations- und Reise-Nachrichten» den Informationsfluss unter den Emigranten zu verbessern suchte.[13] Sehr häufig waren die Durchreisenden sowie Immigranten auf finanzielle Unterstützung angewiesen. 1911 erhielt beinahe die Hälfte der ostjüdischen Bevölkerung Basels zumindest einmal pro Jahr finanzielle Unterstützung durch die Israelitische Armenkasse; in den anderen Städten war die Situation ähnlich.

Zunahme innerjüdischer Spannungen

Trotz der grossen Solidarität der Westjuden und zahlreichen infrastrukturellen Hilfen musste das Aufeinandertreffen von Ost und West zu Spannungen führen, denn die Menschen aus Osteuropa gelangten zu einem Zeitpunkt in die Schweiz, als die ortsansässigen Juden sich ökonomisch etablierten und endlich über gesellschaftliche Anerkennung verfügten. Soziologisch gesprochen, gelang es den ansässigen Juden in der Schweiz, die im Verlaufe der Jahre einen bescheidenen Wohlstand erlangt hatten, ihre Kompetenzen, ihr «ökonomisches Kapital» in «soziales Kapital» umzuwandeln, gerade zu einem Zeitpunkt, als sie mit der Zuwanderung ihrer Glaubensgeschwister aus dem Osten konfrontiert wurden, die – in der Wahrnehmung der Zeitgenossen – weder über das eine noch das andere Kapital verfügten.[14] Dafür besassen Ostjuden einen grösseren

Fundus an «kulturellem Kapital», was jedoch nur innerhalb der jüdischen Gesellschaft von Bedeutung war und entsprechend nicht in anderes Kapital umgewandelt werden konnte. Was mit «kulturellem Kapital» gemeint ist, wird verständlicher, wenn wir einen Zeitzeugen zu Wort kommen lassen, der nach dem Ersten Weltkrieg Wiener Flüchtlingskinder ostjüdischer Herkunft zur Erholung aufnahm: «Unser kleiner Gast machte uns nämlich bald so viel Freude, dass er uns fast mehr bot als wir ihm. Lernten wir doch in ihm ein so reines, vornehmes, jüdisches Kind kennen, wie es nur in dem vom echten, altjüdischen Geist durchwehten Osten aufwachsen und erzogen werden kann, wo die Eltern darauf bedacht sind, den Kindern ein gutes jüdisches Wissen auf den Lebensweg mitzugeben, und ihre Kinder zu festen, geschlossenen Charakteren zu erziehen.»[15] Durch den Zustrom aus Osteuropa sahen die ansässigen Juden ihre eigene gesellschaftliche Lage gefährdet. Sie wurden wieder stärker mit ihrem jüdischen Selbst konfrontiert, was nicht nur zu Identitätskonflikten führte, sondern auch das Phänomen der *doppelten Loyalität* – der Zugehörigkeit zum Judentum sowie zu einem damaligen Nationalstaat – zuspitzte. Das *kulturelle Surplus* der Ostjuden bezüglich Jüdischkeit stand Integrationsbestrebungen eher im Wege und stiess bestenfalls bei einigen wenigen ansässigen Juden auf Bewunderung. Völlig entgegengesetzt war er dem auf umfassende Homogenität ausgerichteten Assimilationsdruck der schweizerischen Behörden, ein Druck notabene, der an die gesamte jüdische Minderheit weitergegeben wurde.

Das innerjüdische Spannungsverhältnis verschärfte sich weiter, als während des Ersten Weltkrieges aufgrund fremdenfeindlicher und antisemitischer Berichterstattung in der Presse in vielen Schweizer Städten der soziale Druck auf die Juden zunahm. An der Jahresversammlung der Israelitischen Gemeinde Basels 1916 rief der Präsident in einem ungewohnt deutlichen Votum zur Einheit auf: «Uns Juden soll es aber auch Pflicht sein, dafür zu sorgen, dass wir überall Eintracht säen. Möge auch speziell bei uns keine Zwietracht herrschen. In der letzten Zeit scheint sich wieder ein Kampf zwischen Ostjudentum und Westjudentum entsponnen zu haben; sind wir nicht alle Juden, ist nicht der gleiche einzige Gott unser Gott, haben wir nicht dieselbe Thora, dieselbe Religion? Nein nicht Zwietracht soll unter uns sein, wir wollen trachten, speziell als Schweizerjuden alles zu tun, was in unserer Macht ist, um die Gegensätze zu überbrücken, unsere Glaubensgenossen, die sich jetzt feindlich gegenüberstehen, wieder zu Freunden zu machen.»[16]

Zur gleichen Zeit setzte sich Dr. Mordché W. Rapaport, der spätere Herausgeber der «Emigrations- und Reise-Nachrichten», in einem engagierten Aufsatz im «Jüdischen Jahrbuch für die Schweiz» aus dem Jahre 5677 [1916/17], mit dem innerjüdischen Verhältnis auseinander und kritisierte dabei die Unterscheidung in Ost- und Westjuden aufs Schärfste. In der Wahrnehmung Rapaports waren es die Begleitumstände des Ersten Weltkrieges, die es ermöglichten, dass den Ostjuden fortan «in der Form von objektiv scheinenden Artikeln alles Üble und Schlechte laut, fast mit einem Gebrülle nachgesagt, was man früher nur im Stillen und verschämt dem ‹polnischen Juden› nachzusagen pflegte».[17] Der Verfasser verwies auf die alte vorurteilsgeprägte

Gesinnung gegenüber den «polnischen Juden», die durch den «modernen und neutraleren» Begriff des «Ostjuden» an Bedeutung gewonnen hatte und zunehmenden Raum für Negativbilder bot. Rapaport versuchte, stereotype Vorwürfe wie beispielsweise jenen des «ewig wandernden, ungebildeten» Ostjuden zu widerlegen, indem er dem biologistischen Diskurs seiner Zeit folgend, argumentierte: «Charakter, Eigenschaften, Vorliebe, seelisches Empfinden und physisches Verlangen werden nicht mit dem Ortsklima eingeatmet und anerzogen, sondern sie werden geerbt und vererbt.»[18] Auch mehr oder weniger wertfreie Unterscheidungsmerkmale wie die Verwendung des Jiddischen liess der Autor nicht gelten; eine einzige Ausnahme tätigte er: «Ein Unterschied bleibt hier freilich doch: der Prozentsatz der Armen ist unter den Juden im Osten grösser als unter denen im Westen – und die Armut bringt oft manche Nachteile und Übel mit sich.»[19]

Für Minderheiten ist in Krisenzeiten das Hervorheben des Verbindenden und nicht des Trennenden von äusserster Wichtigkeit. Die soziale Krise der Schweiz während des Ersten Weltkrieges, die auch eine Identitätskrise war, verschärfte den Druck auf Minderheiten. In der «Willensnation» Schweiz mit ihren vielfältigen Kulturen warf – anders als bei den Nachbarn Deutschland, Frankreich und Italien – die Erstarkung des Nationalen die Frage nach dem tragenden Element der nationalen Einheit auf. Entsprechend wurde das Bedürfnis nach Homogenität an Minderheiten weitergegeben, die sich wiederum bemühten, diesem Bild gerecht zu werden.

Unterschiedliche jüdische Lebenswelten in der Schweiz

Die soziale Realität sah jedoch anders aus. Schon längst hatten sich vor allem in Zürich, Bern, Basel und St. Gallen unterschiedliche jüdische Lebenswelten herausgebildet. Die sozioökonomische Kluft zwischen Ost- und Westjuden und deren unterschiedliche Auffassungen bezüglich des Praktizierens der eigenen Religiosität bewirkten eine topographische Segregation in den Städten. Die erste Generation von ostjüdischen Einwanderern wohnte in der Regel räumlich getrennt von ihren westjüdischen Glaubensgeschwistern. Als bekannteste Beispiele dieses Phänomens gelten das Scheunenviertel in Berlin und die Leopold-Stadt in Wien. Für gläubige Ostjuden war die Nähe zu den eigenen Gebetslokalen von grosser Wichtigkeit. Diese mussten in preiswerten Wohngegenden liegen, eine Bedingung, die damals vor allem die traditionellen Arbeiterquartiere erfüllten: In Zürich zogen die Immigranten nach Aussersihl und Wiedikon, in Basel ins untere Kleinbasel oder ins Hegenheimerquartier, in Bern entstand im Umfeld der Maulbeerstrasse, wo sich eine koschere Metzgerei, eine Pension mit koscherer Küche sowie ein Bet- und Sitzungslokal befanden, ein kleines ostjüdisches Zentrum.

Der Versuch der Bewahrung der eigenen religiös-kulturellen Identität war mit den Erwartungen nach Akkulturation nur schlecht zu vereinen. Viele Ostjuden fühlten sich in den grossen Synagogen der allgemeinen jüdischen Gemeinden nicht geborgen, empfanden diese nicht als den Ort ihres Glaubens oder waren vielfach gar nicht erwünscht. Mehrere Schweizer Gemeinden nahmen während vieler Jahre Ostjuden, die «Kabzonim» (armen Kerle), wie sie genannt wurden, gar nicht auf.[20] So betraten diese das Gotteshaus allenfalls anlässlich einer Barmizwa oder Chassene (Hochzeit) und begannen selbst ihre eigenen kleinen Gemeinden aufzubauen. Viele Ostjuden Zürichs schlossen sich der «Agudas Achim» an, die 1912 gegründet wurde. Auch in der strengreligiösen Israelitischen Religionsgemeinschaft Zürichs, die seit 1895 bestand, fühlten sich zahlreiche Ostjuden aufgehoben. In Bern bildete sich ebenfalls eine «Agudas-Achim»-Gemeinschaft, deren Mitglieder sich im Alhambra-Saal und im Hotel «National» zu Anlässen trafen. In St. Gallen weihte im Jahre 1919 die ostjüdische Gemeinde «Adass-Jisroel» die erste Synagoge einer ostjüdischen Gemeinde in der Schweiz ein. In der Israelitischen Religionsgesellschaft Basels schliesslich, die allerdings nicht von Ostjuden gegründet wurde, fanden viele von ihnen ab 1927 einen institutionellen Rahmen, der ihre Eigenständigkeit stärkte. Für zahlreiche Immigranten waren diese Gemeinden, aus denen auch etliche Vereine und Institutionen hervorgingen, besser als die grossen allgemeinen Gemeinden geeignet, ihr Judentum lebendig zu halten.[21]

Ein Blick in die Berufsstruktur zeigt, dass es zwischen West- und Ostjuden erhebliche Unterschiede gab. Das Einhalten religiöser Gebote, wie beispielsweise das Sabbatsgebot, bestimmte die Berufswahl. Da der Samstag damals noch ein Werktag war, konnte man das Sabbatsgebot am leichtesten in Ausübung einer selbständigen Tätigkeit einhalten oder man war auf eine Anstellung in einem von Juden geführten Betrieb angewiesen. Meist fehlten Geld und Ausbildung, und so blieben nur kapitalextensive Dienstleistungstätigkeiten, wie das Hausieren. Neben den Handelsreisenden und einigen im Kleinhandel Beschäftigten – manche fanden als Kohlenhändler, Trödler oder Lumpensammler ein Auskommen – gab es unter den Ostjuden überdurchschnittlich viele Handwerker. Zehn Prozent schliesslich der ersten Generation waren Akademiker, ein Anteil, der sehr rasch anstieg. So entstanden zwischen Jahrhundertwende und den dreissiger Jahren unterschiedliche jüdische Gesellschaften mit verschiedenen kulturellen Ausformungen. Zweifellos gab es aufgrund der in weiten Teilen gemeinsamen Geschichte, aufgrund von Zionshoffnung und Messianismus und der gemeinsamen, jedoch teilweise verschiedenartig praktizierten Religion viel Verbindendes. Insbesondere in der grosszügigen Wohltätigkeit (Zedaka) zum Wohle der wirtschaftlich Schwachen fand das Verbindende, wie gesehen, seinen Ausdruck. Das Trennende wiederum kam in einer von beiden Seiten bewusst gelebten Distinktion zum Ausdruck, so dass die Ostjuden in einer Art doppelten Emigration lebten.

Doch die populäre Unterscheidung in «Krawatten- und Kaftanjuden» wird der jüdischen sozialen Realität der Schweiz nur sehr oberflächlich gerecht. Während des Ersten Weltkrieges warnte Mordché W. Rapaport in seinem Artikel davor, das Trennende unverhältnismässig hervorzuheben, denn die Ausgrenzung werde auf die gesamte Judenschaft zurückfallen. In einem Zeitalter, in dem Differenz nicht akzeptiert wurde, sollte sich seine Vorahnung bewahrheiten. «Die Westjuden vergessen, oder scheinen vergessen zu wollen, dass aus der Verallgemeinerung des ‹polnischen Juden› zum ‹Ostjuden›, die sie durchführten, eine Verallgemeinerung des ‹Ostjuden› zum ‹Juden im allgemeinen› folgen wird, die die Nichtjuden durchführen werden. Sie, die Westjuden, tragen selbst in diesen Artikeln die Steine zusammen, die die Nichtjuden allen Juden, auch den Westjuden entgegenschleudern werden; [...].»[22]

Pauschalvorwürfe gegen Ostjuden

Nach dem Ende des Ersten Weltkrieges und der schweizerischen Demobilmachung mussten die Verordnungen des Ausländerrechts, die während des Krieges durch Notstandsmassnahmen eingeführt und dadurch erstmals nach eidgenössisch einheitlichen Richtlinien geregelt wurden, in eine für Friedenszeiten passende Form überführt werden. Am 17. November 1919 erliess die oberste Exekutive den «Bundesratsbeschluss über Einreise, Aufenthalt, Niederlassung und Ausweisung von Ausländern». Dem Verordnungstext wurde eine Einführung von Dr. Hans Frey, dem damaligen Leiter der Fremdenpolizei des Kantons Zürichs, vorangestellt. Hans Frey liess keinen Zweifel daran bestehen, wen er für die damaligen sozialen Probleme, unter denen vor allem die Bewohner der Städte zu leiden hatten, verantwortlich hielt: die Ostjuden. Der Verfasser glaubte, im Wandel der Ausländerstruktur eine Ursache für die soziale Krise erkannt zu haben. Ostjuden sprach er einen «Anpassungswillen» a priori ab: «Im Sommer 1914 setzte allerdings zunächst eine Massenabwanderung dienstpflichtiger Ausländer ein. Zu Tausenden folgten die bei uns teilweise bereits assimilierten fremden Wehrmänner dem Rufe ihres Vaterlandes unter die Fahnen. Dafür strömten aber in der Folge ganze Scharen von Neuzuwanderern in die Schweiz, die hinsichtlich Denkungsart, Sitten, Geschäftsmoral etc. uns vollständig wesensfremd waren, und die sich einer Anpassung grossenteils überhaupt als unzugänglich erwiesen. In ganz besonderem Masse trifft dies zu mit Bezug auf die Juden aus den Oststaaten.»[23]

Hans Frey verschwieg, dass während des Ersten Weltkrieges infolge der Sperrung der Grenzen der Personenverkehr äusserst eingeschränkt war, der Ausländeranteil allgemein deutlich zurückging und insbesondere Ostjuden nur vereinzelt über die Grenze gelangten. Gleichzeitig erhob er schwerste Vorwürfe gegen letztere. Bemerkenswert ist, dass diese Vorwürfe mit einer biologistischen, an sozialdarwinistische und rassenhygienische Diskurse erinnernden Sprache einhergingen. «Unangenehm bemerkbar machten sich dagegen die vielen Deserteure und Refraktäre, welche im Laufe des Krieges den Schutz unseres Asylrechtes suchten und fanden. Weit unerwünschter noch war der Zustrom der ungezählten, unsere Volkswirtschaft aufs schwerste schädigenden fremden Schieber und Wucherer, die sich durch skrupellose Ausnutzung der durch den Krieg geschaffenen Konjunkturen Riesengewinne zu sichern wussten, die die Versorgung des Landes mit Lebensmitteln und anderen unentbehrlichen Gebrauchsgegenständen aufs äusserste erschwerten, den Wohnungsmarkt zu beherrschen suchten und unser Volk auf die schamloseste Weise ausbeuteten. Dazu kam die Invasion von politischen Indésirables, welche durch bolschewistische Propaganda die Klassengegensätze verschärften und auf den Umsturz hinarbeiten.»[24]

Hans Frey spielte auf verschiedene Ereignisse an, die in der Schweiz im Verlaufe des Ersten Weltkrieges Aufsehen erregt hatten. Durch deren Aneinanderreihung suggerierte er einen inneren Zusammenhang. Besonders eingehend liess sich der Leiter der Zürcher Fremdenpolizei über die Rolle der unredlich agierenden Kriegsgewinnler aus. Während des Ersten Weltkrieges war es vor allem in Basel zu zahlreichen sogenannten «Lebensmittelwucherprozessen» gekommen, die sich sehr häufig gegen polnische und galizische Juden gerichtet hatten. Aufgrund der einseitigen Täterauswahl kritisierte der damalige Redaktor des Basler «Vorwärts», der spätere Regierungs- und Nationalrat Friedrich Schneider, die Praxis der Basler Untersuchungsbehörden und Gerichte und erhob Antisemitismusvorwürfe gegen einzelne Beamte, unter anderem gegen den damaligen Untersuchungsrichter Dr. Carl Ludwig, der nach dem Zweiten Weltkrieg im Auftrag des Bundesrates einen vielbeachteten Bericht zur Flüchtlingspolitik der Schweiz verfassen sollte. Die Beamten liessen die Vorwürfe nicht auf sich sitzen und klagten wegen Ehrverletzung. In einem entsprechenden Prozess unterlag Schneider, doch dem Prozess folgte ein parlamentarisches Nachspiel. Die Debatte zwischen dem Regierungsvertreter Dr. Adolf Imhof und dem freisinnigen Interpellanten Dr. Wormser versah das «Israelitische Wochenblatt» mit dem Attribut «Judendebatte».[25] In seinem Votum kritisierte Wormser, zugleich Vertreter der Israelitischen Gemeinde, vor allem die Verallgemeinerungen durch die kantonalen Behörden. In der regierungsrätlichen Antwort nahm Imhof die Justizbeamten in Schutz und bezeichnete die Antisemitismusvorwürfe als ungerechtfertigt, da Juden tatsächlich stark überproportional in Strafuntersuchungen verwickelt gewesen seien. Dr. Wormser konterte, dass nicht ausser acht gelassen werden dürfe, auf der Basis welcher Gesinnung die entsprechenden Zahlen zustande gekommen seien. Im Jahresbericht vom Dezember 1917 kommentierte der ausgesprochen auf Ausgleich bedachte Präsident der Basler Gemeinde, Jules Dreyfus-Brodskj, die Angelegenheit sehr enttäuscht: «Natürlich wollen wir gegen die antisemitischen Gesinnungen unserer Bevölkerung auftreten; aber für uns ist doch die Hauptsache, dass die Justiz Juden gegenüber die gleiche Gerechtigkeit übe und des sind wir nach den letzten Vorfällen von diesen hohen Gerichtsbeamten nicht überzeugt.»[26]

Ohne Zweifel brachte der Erste Weltkrieg Schweizer und ausländische Kriegsgewinnler hervor, die auf unterschiedlichste Art und Weise Profite erzielten. Der ukrainische, jiddisch schreibende Schriftsteller Schemarya Gorelik, der die Kriegsjahre in der Schweiz verbrachte, erinnerte sich an die Haltung der Schweizer und beschrieb die Stimmung in Zürich: «Über die fremden Eindringlinge aber ärgerte sich der Zürcher um so mehr, als sie doch zugleich mit der peinlichen Stilverletzung materielle Vorteile brachten, die nicht verschmäht werden konnten. [...] Das Herz empörte sich, aber die Taschen wurden in Ausübung äusserster Toleranz immer voller. Diese gewisse Inkonsequenz brachte eine Gereiztheit mit sich, die der sonstigen Ausgeglichenheit des

Schweizers nicht entsprach. In der Schweizer Presse erschienen öfters spitze und ätzende Notizen über Leute ohne Heimat, die wie Heuschrecken das ruhige Schweizerland überfluteten. Um deutlich zu machen, wer mit diesen Leuten ‹ohne Heimat› gemeint war, machte man Anspielungen auf Besonderheiten, die keinen Zweifel mehr übrigliessen, dass als die Stilverderber die Juden aus Galizien, Polen, Ungarn und Russland betrachtet wurden. Überhaupt die Juden.»[27] Gorelik bestätigte die Existenz ausländischer Kriegsprofiteure, mit denen die Schweizer Geschäfte tätigten, für deren negative Folgen in der öffentlichen Meinung die Ostjuden verantwortlich gemacht wurden. Im Jahre 1918 wurde Gorelik übrigens völlig unbegründet der bolschewistischen Agitation verdächtigt und für sechs Monate interniert; anschliessend musste er die Schweiz verlassen.

So überrascht der nächste Vorwurf Freys an die Ostjuden kaum. Er bezichtigte sie der bolschewistischen Propaganda; zudem hätten sie den Klassenkampf in der Schweiz geschürt. Diese Anschuldigung kaum ein Jahr nach der grössten sozialpolitischen Krise des Landes, dem Landesstreik, hatte bezüglich der Wahrnehmung von Ostjuden ausgesprochen negative Folgen. Hans Frey hatte leichtes Spiel: Das Interesse russischer Studierender an sozialreformerischen oder gar revolutionären Ideen war bekannt. Nach der Oktoberrevolution und dem Landesstreik war in breiten Kreisen das Verständnis für solche Anliegen der Angst vor umfassenden gesellschaftlichen Umwälzungen gewichen. Das Stereotyp des «Judeo-Bolschewismus» bündelte solch unterschiedliche Ängste des Bürgertums. Entsprechende Vorwürfe zu erheben, war auf jeden Fall einfacher, als Instrumentarien gegen die soziale Not zu entwickeln.

Ähnlich populistisch argumentierte der Leiter der Fremdenpolizei Zürich in einem weiteren Punkt: Deserteure und Kriegsdienstverweigerer, die in der Schweiz vorübergehend Zuflucht erhielten, waren nicht nur ihm ein Dorn im Auge. Im Gegensatz zu den Kriegsversehrten, die die Schweiz aufgrund internationaler Abkommen aufnahm und die für die Fremdenindustrie der Kurorte willkommenen Ersatz für die ausgebliebenen Gäste darstellten, waren Deserteure und Kriegsdienstverweigerer wenig erwünscht. Ausgerechnet in der vom Krieg verschonten Schweiz wurden sie zu «Drückebergern und Feiglingen» gestempelt. Doch als noch «weit unerwünschter und schädlicher» bezeichnete Frey die Ostjuden. Schliesslich folgerte er wiederum im rassenhygienischen Sprachduktus seiner Zeit: «Allen diesen Kriegszuwanderern, welche in unserem Volksorganismus als Fremdkörper empfunden werden, standen die Tore des Schweizerhauses in den Jahren 1914 bis 1917 weit offen. Sie konnten sozusagen hemmungslos hierher kommen und bei uns Wurzeln schlagen. Die Erfahrung lehrt, dass es fast unmöglich ist, sie nun nachträglich zum Verlassen des Landes zu bewegen. Man muss heute schon zur Zwangsmassnahme der Ausweisung greifen, wenn man sich wenigstens die *unerwünschtesten* Elemente wieder vom Hals schaffen will.»[28] Das Reden über Ostjuden war gekennzeichnet durch Übertreibungen und unablässiges Wiederholen antisemitischer Vorurteile, verknüpft mit xenophober Diktion. Die Art und Weise des rechtlich-behördlichen Sprechens über Ostjuden erinnert sehr stark an eine am

Alltag orientierte Redeweise. Auch ist klar ersichtlich, dass im *Ostjudendiskurs* unterschiedliche Diskurse, wie jene der Rassenhygiene, der Fremdenfeindschaft, des Sozialdarwinismus und des Antisemitismus ineinander verwoben sind, so dass man hier von einem Interdiskurs sprechen kann.[29]

«Überfremdung» und Ostjudenfeindschaft

Selbst vor dem Hintergrund einer umfassenden sozialpolitischen Krise erstaunen derart unverblümte antisemitische Äusserungen eines kantonalen Chefbeamten im Vorwort einer gesamtschweizerischen Verordnung. Inhaltlich befasste sich der bundesrätliche Beschluss, der am 20. Dezember 1919 in Kraft trat, mit der Neuordnung des Ausländerrechts. Doch weshalb erlangten Ostjuden, die nur einen kleinen Teil der ausländischen Wohnbevölkerung ausmachten, bei der Begründung der Notwendigkeit des neuen Gesetzes einen solch prominenten Platz? Wurden die Ostjuden für einen politischen Zweck instrumentalisiert und zugleich als Sündenböcke für soziopolitische Probleme missbraucht? Im Umfeld der Neuordnungsdiskussion des Ausländerrechts spielten sogenannte «Überfremdungs»-Ängste eine zentrale Rolle.[30]

Seit der Jahrhundertwende, insbesondere ab der zweiten Dekade dieses Jahrhunderts wurde die «Ausländerfrage» zu einem gewichtigen innenpolitischen Thema. Der Begriff «Überfremdung» tauchte wohl erstmals 1900 in einem Artikel des Publizisten C. A. Schmid auf; mit einem Bericht des Eidgenössischen Politischen Departements des Innern aus dem Jahre 1914 findet der Terminus schliesslich auch Eingang in die Amtssprache. Um 1910 erschien eine Fülle von Texten und Publikationen, die zur sogenannten «Überfremdung» Stellung nahmen.[31] Trotz eines massiven Rückgangs des Ausländeranteils von fast fünfzehn auf neun Prozent infolge des Ersten Weltkrieges erlangten die innenpolitischen sowie die öffentlichen Debatten über «Überfremdung» während der zweiten Hälfte des Ersten Weltkrieges und der unmittelbaren Nachkriegsjahre einen Höhepunkt, der in der ersten Abstimmung über die Begrenzung der Ausländerzahl von 1922 gipfelte. Der Bundesrat griff spät in das föderalistisch geregelte Fremdenpolizeiwesen ein. Erst mittels Notrecht während des Ersten Weltkrieges besass die eidgenössische Exekutive die Möglichkeit, kantonale Kompetenzen zu beschneiden. Doch nicht zu Kriegsbeginn, sondern interessanterweise erst nach der Oktoberrevolution in Russland, am 21. November 1917, erliess der Bundesrat eine «Verordnung betreffend die Grenzpolizei und die Kontrolle der Ausländer». Aus der gleichzeitig geschaffenen Zentralstelle für die Fremdenpolizei, die primär als beratendes Organ der Kantone gedacht war, erwuchs unter tatkräftigem Vorantreiben ihres Leiters Heinrich Rothmund die den Ersten Weltkrieg überdauernde Eidgenössische Fremdenpolizei.

Innerhalb der «Überfremdungsdebatten» erlangten jedoch die Ausländer aus den Nachbarstaaten Deutschland, Frankreich und Italien, die 85 Prozent der ausländischen Wohnbevölkerung ausmachten, nicht eine annähernd so wichtige Rolle wie die Juden

Osteuropas. Erstere eigneten sich schlecht als Antipoden des Schweizers und der Schweizerin; hätte doch eine Ausgrenzung dieser Ausländer vermutlich zu diplomatischen Schwierigkeiten mit den entsprechenden Staaten geführt. Weit geeigneter waren Ostjuden. Aufgrund ihrer Kleidung häufig leicht erkennbar und ohne politische Vertretung im Rücken, stellten sie den Fremden dar, den man ohne grosse politische Konsequenzen ausschliessen konnte.

Hinzu kam ein weiteres Phänomen, das einer Ausgrenzung Vorschub leistete und das man als eine Art *doppelte Fremdheit* bezeichnen könnte: Das damals sich immer wieder anspannende Verhältnis zwischen Schweizern und den grenznahen Ausländern, insbesondere Italienern, besass gleichzeitig eine Dimension des Vertraut- und des Fremdseins. Spannungen konnten, wie beispielsweise die sogenannten «Italienerkrawalle» in Zürich zeigen, durchaus gewalttätig zur Entladung kommen. Ähnlich könnte man das damalige Verhältnis zwischen Schweizern und ihren jüdischen Mitbürgern beschreiben, war doch im Denken eines grossen Teils der Zeitgenossen das Bekenntnis zum Christentum integraler Bestandteil des nationalen Selbstverständnisses. Die Einschränkung der Religionsfreiheit durch Annahme des Schächtverbots wenige Jahre vor der Jahrhundertwende oder auch die St. Galler Warenhauskrawalle der achtziger Jahre des 19. Jahrhunderts sind Manifestationen vor dem Hintergrund einer *partiellen Fremdheit*. Partielle Fremdheit kennzeichnete auch das Verhältnis zwischen Ost- und Westjuden. Das Verhältnis zwischen Ostjuden und Schweizern hingegen muss man bis in die dreissiger Jahre als doppelt fremd charakterisieren. Dies dürfte ein Grund dafür gewesen sein, dass gegenüber Ostjuden die Hemmschwelle für antisemitische Vorwürfe tiefer war.

Diskriminierungen mit Tradition

Die beispiellose Polemik von behördlicher Seite gegenüber einer Minderheit kam nicht über Nacht. Viel eher ist sie als Folgeerscheinung einer jahrelangen Strategie der sozialen und rechtlichen Diskriminierung zu werten. Bereits bei der Schächtverbotsinitiative von 1893 spielte in der Argumentation der Befürworter die Beschränkung der Zuwanderung aus dem Osten eine gewisse, jedoch untergeordnete Rolle. Die Annahme der ersten eidgenössischen Initiative überhaupt muss eher als Sozialdisziplinierungsversuch gedeutet werden.[32] Anders verhält es sich bei den Debatten während der vorübergehenden Schächtbewilligung von 1918 bis 1920, die mittels Notverordnungsrecht durch den Bundesrat gewährt wurde. Wie 1893 trat der Schweizerische Tierschutzverein als Hauptinitiator gegen das Schächten auf und gelangte mehrfach an den Bundesrat, so am 1. September 1919: «Wir haben uns zurückgehalten davor, zur Unterstützung unseres Begehrens zur Verfassung zurückzukehren, eine Bewegung im Volke einzuleiten, weil wir uns davor fürchten, dadurch eine Missstimmung zu entfesseln, die sich gegen Volksteile schon jetzt, von Osten kommend, auch über unser Land auszubreiten droht. Hier liegt die Gefahr für den Landfrieden und nicht in der Zurückweisung ungerechtfertigter Begehren des israelitischen Kultusvereins; [...].»[33] Das Schächtverbot wurde nun 26 Jahre später dazu benutzt, eine Politik gegen die Ostjuden zu betreiben, die bei genauem Hinsehen alle Juden im Visier hatte. In Basel löste eine von Mitgliedern der Vereinigung Schweizerischer Republikaner verfasste und in den «Basler Nachrichten» am 13. Januar 1920 abgedruckte Erklärung an den Bundesrat eine Debatte aus. Die Befürworter des Schächtverbots gebrauchten heftige antisemitische Schmähreden, die sich gegen die gesamte Judenschaft richteten, deren rituelle Praktiken als «fremd» bezeichnet wurden; «fremd» und «eigen» wurden zu zentralen Kategorien der Argumentation.

Nach der Jahrhundertwende schränkten einige Kantone die Handelsfreiheit einseitig für Ostjuden ein. In den Kantonen Bern und Luzern sowie in der Stadt Zürich verweigerten die Behörden die Abgabe von Hausiererpatenten an russische Juden oder diese mussten eine Bestätigung einbringen, dass Schweizer Hausierer auch ein Recht auf Ausübung ihres Berufes in Russland hätten. Victor Wyler, der spätere Koordinator der Israelitischen Armenkassen, kommentierte diese schikanöse Handhabung der kantonalen Behörden mit folgenden Worten: «Nun ist diesen armen Leuten das Patent entzogen worden. Weil Russland den schweizerischen Juden kein Patent geben würde, gibt die Schweiz russischen Juden kein Patent mehr!!! Wer hätte gedacht, dass in unserem Zeitalter der Humanität und im Lande der Freiheit der mittelalterliche Grundsatz: ‹haust Du meinen Juden, haue ich Deinen Juden› zur Geltung kommen würde!»[34] Nun mag es durchaus Bestrebungen gegeben haben, das Hausierwesen generell einzuschränken, etwa zum Schutze der Händler selbst oder zum Schutze der Reputation dieses Berufszweiges, doch weshalb es dabei nur russische Hausierer traf, bei denen es sich ausschliesslich um Juden handelte, ist nicht nachvollziehbar. In den Jahren 1912 und 1920 erschwerte der Zürcher Stadtrat die Einbürgerung ostjüdischer Bewerberinnen und Bewerber. Bereits 1906 kam es entgegen den damaligen Gepflogenheiten zur Ausweisung zahlreicher schriftenloser Ostjuden aus Zürich. Die «Lebensmittelwucherprozesse» in Basel richteten sich einseitig gegen Ostjuden. 1919 wurde die Ostjudenfeindschaft auch parteipolitisch instrumentalisiert. Im Vorfeld der Regierungsratswahlen in Basel-Stadt bediente sich ein Bürgerblockkomitee der antijüdischen Stimmungsmache. Auf einem Wahlplakat eines Bürgerkomitees stehen sich ein wehrhafter Schweizer Soldat und ein Ostjude gegenüber, der versucht, den Grenzsoldaten mit weltrevolutionären Parolen zu überzeugen und gleichzeitig mit kapitalistischen Methoden zu bestechen. Auch hier stossen wir auf das Stereotyp des «Judeo-Bolschewismus», gar angereichert mit Kapitalismuskritik.[35]

Einher mit rechtlich-behördlichen Diskriminierungen ging eine ostjudenfeindliche, antisemitische Berichterstattung nicht nur in den einschlägigen Blättern, wie dem «Nebelspalter» oder dem «Samstag», sondern auch in liberalen Zeitungen. Aus der Fülle der Quellen müssen zwei Hinweise genügen: Im August 1912 protestierte der Vorstand der Israelitischen Gemeinde Basel gegen einen massiv ostjudenfeindlichen

Artikel in den «Basler Nachrichten», der sich mit der Wendung «alle Rassenbrüder» zugleich gegen die gesamte Judenschaft richtete, und in dem in Zürich erschienenen «Israelitischen Wochenblatt» vom 4. Juli 1919 hiess es: «Man wundert sich darüber, wie ernstlich manche Provinzblätter, die einer religiösen Richtung angehören, das Judentum zu schätzen verstehen, und andererseits einige hiesige Zeitungen, die sich freisinnig nennen, diesen Freisinn benützen, um Missstimmung gegen die Juden zu erregen.»[36] Dass diese jahrelange Hetze gegen Ostjuden nicht häufiger zu pöbelartigen Ausschreitungen führte, wie in der Nacht vom 31. März 1918, als zwei angetrunkene Männer ein Gebetshaus an der Zürcher Zurlindenstrasse schändeten und Thora-Rollen zerstörten, erstaunt.[37] Eine nachhaltige Wirkung hatte die Verbreitung von Vorurteilen auf jeden Fall.

Von der Diskriminierung zur Sondergesetzgebung

Ein Blick auf die Vorkriegsjahre verdeutlicht, dass die Ostjudenfeindschaft kein Kind des Ersten Weltkrieges war. Dessen Begleitumstände machte es judenfeindlichen Kreisen leicht, Druck auf Ostjuden auszuüben, einen Druck notabene, der bewusst an die gesamte jüdische Bevölkerung der Schweiz weitergegeben wurde. In der Zwischenkriegszeit konnten sich Medien- und Behördenvertreter einer Stimmung und Diskursen bemächtigten, die sie bereits im Vorfeld des Ersten Weltkrieges mitgeschaffen hatten. Noch einen Schritt weiter ging die Stadtzürcher Exekutive, die im Bürgerrecht erstmals *Sondergesetze* betreffend Ostjuden schuf. Das Bürgerrecht verdient deswegen eine besondere Aufmerksamkeit, da es das unmittelbar umfassendste und inhaltsreichste Rechtsverhältnis zwischen Individuum und Staat darstellt. Die Einbürgerung, also die Entscheidung über die rechtliche Zugehörigkeit oder Nicht-Zughörigkeit zu einem Gemeinwesen, hatte nicht nur zahlreiche rechtliche Konsequenzen, sondern war – stärker als heute – mit grossem symbolischem, emotionalem und immateriellem Gehalt verbunden. So lassen sich in der Rechtsprechung und in der behördlichen Einbürgerungspraxis Strategien der Ausgrenzung besonders gut erkennen.

Auf Anraten der Zürcher Bürgerrechtskommission beschloss der Stadtrat gemäss einem nicht veröffentlichten Protokoll vom September 1912, die Einbürgerung russischer und galizischer Juden erst nach zehnjähriger Niederlassung zu prüfen.[38] Über die Erhöhung der Karenzfristen fanden erstmals Sonderbestimmungen für Angehörige einer bestimmten Herkunftsgruppe Eingang in die Rechtsprechung. Die Bürgerrechtspolitik Zürichs war in den folgenden Jahren von Debatten um weitergehende Verschärfungen geprägt. Im April 1920 einigte sich der Stadtrat auf eine Verschärfung der Einbürgerungsrichtlinien für Ostjuden: «Aus östlichen Gebieten zugewanderte Israeliten» seien nur dann ins Bürgerrecht aufzunehmen, wenn sie seit fünfzehn Jahren ohne Unterbruch in der Stadt Zürich wohnten, die deutsche Sprache in Wort und Schrift beherrschten, in ihren «häuslichen Verhältnissen und der beruflichen Tätigkeit gut angepasst» seien und sich als «nützliche Elemente der Volkswirtschaft» erwiesen hätten.[39] Der Vorschlag des freisinnigen Politikers Hans Kern, federführend in Sachen restriktiver Einbürgerungspolitik, keine Ostjuden mehr einzubürgern, fand immerhin kein Gehör. Im November des gleichen Jahres stimmte der Grosse Stadtrat der Revision der Einbürgerungsrichtlinien zu. Der engagierte Kampf des sozialdemokratischen Gemeinderates David Farbstein, keine Ausnahmen bezüglich Herkunft und Religion zu tätigen, blieb erfolglos. Weitsichtig kommentierten die Herausgeber des «Jüdischen Jahrbuchs für die Schweiz» die Stimmung in Zürich sowie die Politik der Stadt: «Ein in diesen antisemitischen Angriffen immer wiederkehrendes Moment ist der Hinweis auf die durch Einwanderung aus dem Osten zunehmende jüdische Bevölkerung der Schweiz und die hierauf sich stützende Forderung, dass von seiten der Behörden gesetzliche und administrative Massnahmen zum Schutze vor dieser drohenden ‹ostjüdischen Überfremdung› getroffen werden. Massnahmen, die letzten Endes auf nichts anderes hinauslaufen würden als auf eine Sondergesetzgebung gegen die Juden.»[40]

Zwar wurden die Bestimmungen von keinem anderen Kanton übernommen, doch hatte die Rechtsprechung der grössten Schweizer Stadt Einfluss auf die Eidgenössische Fremdenpolizei. Heinrich Rothmund liess in den zwanziger Jahren die Zürcher Bestimmungen übernehmen und folgerte in einem Schreiben an die Zürcher Behörden: «Bei typischen Ostjuden, die auch bei uns zur Hauptsache in ihrem Milieu leben, wird stets die erste Generation von der Einbürgerung auszuschliessen sein».[41] Im November 1936 wurden die Ostjuden diskriminierenden Richtlinien in Zürich abgeschafft, indem die erschwerten Bedingungen auf alle Gesuchsteller ausgedehnt wurden, die «aus Gebieten, deren Kultur eine Anpassung an unsere Verhältnisse stark erschwert», zugewandert sind. Anlässlich der Debatte stellte der Gemeinderat Robert Tobler, leitendes Mitglied der Nationalen Front, den Antrag, «Juden und Angehörige anderer nicht assimilierbarer Rassen» nicht mehr einzubürgern.[42] Der Vorschlag war, wie die Handhabung im Zweiten Weltkrieg zeigen sollte, nicht sonderlich abwegig, praktizierte doch die Eidgenössische Fremdenpolizei während des Zweiten Weltkrieges einen *de facto numerus clausus* bei der Einbürgerung von Jüdinnen und Juden; pro Jahr wurden nicht mehr als zwölf Bewilligungen erteilt. Doch nicht nur bezüglich Einbürgerungsfristen, sondern auch in bezug auf andere Richtlinien finden sich ostjudenfeindliche Handhabungen. So wurden in Zürich bis Mitte der dreissiger Jahre zweimal so viele Ostjuden aus Polen und Russland «wegen mangelnder Assimilation», abgewiesen, wie von allen Bewerbern aus anderen Staaten zusammen.[43] Unter dem Terminus «mangelnde Assimilation» fasste die Bürgerrechtskommission Kriterien wie «mangelnde Anpassung», «mangelnde innere Verbundenheit» sowie «sprachlich nicht angepasst» zusammen. Zudem fehlte bei den Abweisungen infolge «mangelnder Assimilation» oft auch eine genaue Begründung. Mehrfach wurden in den zwanziger Jahren Gesuchsteller jüdischen Glaubens osteuropäischer Herkunft abgewiesen, obwohl keine Gründe für eine Verweigerung des Bürgerrechts vorlagen. 1933 wurde das Wiedererwägungsgesuch eines jüdischen Religions- und Sprachlehrers abgewiesen: «Der Gesuchssteller ist sprachlich und dem ganzen Wesen nach an unsere Verhältnisse nicht angepasst. Eine Anpassung ist auch nicht zu erwarten, da er nur in den Kreisen ehemaliger Landsleute und Glaubensgenossen verkehrt.»[44]

Das Zauberwort der Behörden hiess «Assimilation»: Damit ist ein Prozess der Angleichung einer Gruppe oder eines Individuums an eine andere Gruppe gemeint. Im idealtypischen Fall zielt der Begriff auf das völlige Aufgehen in der neuen Gruppe. Eng ausgelegt bezeichnet er einen Vorgang, der je nach Herkunft innerhalb einer Generation kaum geleistet werden kann, da er einen umfassenden Kulturwandel, möglicherweise einen Sprachenwechsel und die völlige Verinnerlichung von Normen und Sitten des Gastlandes beinhaltet. So verstanden, fordert Assimilation eine umfassende Selbstaufgabe und kann Entfremdung, Selbsthass, Minderwertigkeitsgefühle und andere Psychopathologien bewirken. Hinter diesem Verständnis gesellschaftlicher Integration stand der Wunsch nach nationaler Homogenität und der Ausschaltung von Differenz. Mag für das Zeitalter des überbordenden Nationalismus und die darauf folgende Periode der Diktaturen das Bedürfnis nach nationaler Einheit verständlich erscheinen, stand es doch in gewissem Widerspruch zum helvetischen Selbstverständnis der kulturellen Vielfalt. Inwiefern ein grosser Teil der Ostjuden eine derart eng ausgelegte Assimilation überhaupt hätte erfüllen können, bleibt eine unbeantwortete Frage. Sicher scheint jedoch, dass der Begriff «Assimilation» dehnbar genug war, um unterschiedlichste Konzeptionen nationaler Einheit – kulturalistischer, ethnonationalistischer, biologistischer Provenienz bis hin zum Rassenantisemitismus – zu umspannen. Für Heinrich Rothmund war der Grundsatz «keine Einbürgerung ohne Assimilierung» ein unumstössliches Credo. Dieser Grundsatz musste sich nicht a priori gegen Ostjuden wenden, doch er konnte unter bestimmten Umständen dahingehend angewendet werden. Diesem Grundsatz musste auch nicht zwingend eine antisemitische Praxis folgen, doch eine solche konnte im Rahmen der Rechtsauslegung durchaus angestrebt werden.

Einen Monat nach dem Anschluss Österreichs an Deutschland und anderthalb Jahre vor Kriegsausbruch glaubte Rothmund der «unwürdigen antisemitischen Bewegung» in der Schweiz dadurch beggenen zu können, dass mit «Rücksichtslosigkeit» die Zuwanderung ausländischer Juden eingeschränkt werde – «besonders vom Osten her». Der Vorschlag Rothmunds ist ein besonders anschauliches Lehrstück für sein verqueres Denken, das Jacques Picard als die «Verschweizerung des Antisemitismus» bezeichnet hat. Die Juden selbst wurden darin für den Antisemitismus verantwortlich gemacht. Nur mittels Ausgrenzung der «fremden Juden» könne diesem begegnet werden. Fremdenfeindschaft und latenter Antisemitismus verschmolzen zur Ostjudenfeindschaft. Doch auch alle Juden konnten plötzlich als fremd erachtet werden. Ein halbes Jahr später machte Heinrich Rothmund deutlich, gegen wen sich die Abwehr in der Schweiz richtete. «Wir haben seit dem Bestehen der Fremdenpolizei eine klare Stellung eingehalten. Die Juden galten im Verein mit den anderen Ausländern als Überfremdungsfaktor. Es ist uns bis heute gelungen, durch systematische und vorsichtige Arbeit die Verjudung der Schweiz zu verhindern.»[45]

Der leichtfertige Umgang mit Vorwürfen und der Versuch des Instrumentalisierens von Feindbildern zugunsten kurzfristiger politischer Interessen haben die Erstarkung des schweizerischen Antisemitismus in den dreissiger Jahren mitzuverantworten. Die Ostjudenfeindschaft stiess in der Öffentlichkeit auf zunehmende Resonanz, als die «Ausländerfrage» zu einem innenpolitischen Thema erster Güte arrivierte. Latenter Antisemitismus und fremdenfeindliche Vorstellungen ergänzten sich in idealer Weise. Man getraute sich, gegen Ostjuden Vorwürfe zu erheben, die man gegen Schweizer Juden nicht erhoben hätte. Mit dem raschen Rückgang des Ausländeranteils bis Ende der dreissiger Jahre verschwanden die ostjudenfeinlich aufgeladenen Überfremdungsdiskussionen wieder aus den öffentlichen Debatten, verschoben sich auf eine andere Ebene, wurden behördlich institutionalisiert. Als sie in der «Flüchtlingsfrage» wieder zu einem Thema wurden, waren alle Juden betroffen.

Anmerkungen

[1] Den Hinweis auf diesen Abzählreim verdanke ich Edouard Wahl und Kathrin Ringger.
[2] Wenn nachfolgend von «Kultur» gesprochen wird, so ist von einem weitgefassten Kulturbegriff auszugehen, der nicht allein geistig-künstlerische Leistungen einschliesst. Unter «Kultur» wird hier ein «gesponnenes», selbstgesponnenes Bedeutungs- und Ordnungsgeflecht bewusster und unbewusster Art verstanden, das den Menschen hilft, die eigene(n) und fremde(n) Welt(en) zu erfahren. Es handelt sich um eine Art Kommunikationssystem, deren Zeichen entzifferbar scheinen. Vgl. Clifford Geertz, Dichte Beschreibung. Beiträge zum Verstehen kultureller Systeme, Frankfurt am Main 1987. Eng verbunden mit diesem Kulturverständnis ist der Begriff «Lebenswelt», unter dem die «raum- und zeitbedingte soziale Wirklichkeit, in der tradierte und sich weiter entwickelnde Normen gelten und Institutionen bestehen und neue geschaffen werden» verstanden wird. Vgl. Rudolf Vierhaus, Die Rekonstruktion historischer Lebenswelten. Probleme moderner Kulturgeschichtsschreibung, in: Ders., Roger Chartier, Wege zu einer Kulturgeschichte, Göttingen 1995 (=Göttinger Gespräche zur Geschichtswissenschaft 1), S. 5–28, hier S. 14. Zur Soziogenese des Ostjudentums vgl. Heiko Haumann, Geschichte der Ostjuden, München ³1991.
[3] Bei meinen Ausführungen zur Bildungsemigration stütze ich mich auf: Daniela Neumann, Studentinnen aus dem russischen Reich in der Schweiz (1867–1914), Zürich 1987; Regina Wecker, Basel und die Russinnen: Exkurs über eine nicht zustandegekommene Beziehung, in: 100 Jahre Frauen an der Uni Basel. Katalog zur Ausstellung von HistorikerInnen und StudentInnen des historischen Seminars der Universität Basel, Basel 1990, S. 84–92.
[4] Nadia Guth Biasini, Basel und der Zionistenkongress, in: Heiko Haumann (Hg.), Der Erste Zionistenkongress von 1897. Ursachen, Bedeutung, Aktualität, Basel 1997, S. 131–140, hier S. 131.
[5] Conrad Keller, Lebenserinnerungen eines schweizerischen Naturforschers, Zürich/Leipzig 1928, S. 5.
[6] Zu den statistischen Angaben vgl. insbesondere: Neumann (wie Anm. 3), S. 11–26.
[7] Berner Volkszeitung, 12. Dez. 1906; zitiert aus: Ebda., S. 165.
[8] Peter Kamber, Geschichten zweier Leben – Wladimir Rosenbaum und Aline Valangin, Zürich 1990, S. 201–244.
[9] Im folgenden stütze ich mich auf: Karin Huser Bugmann, Ostjuden in Zürich – Einwanderung, Leben und Alltag 1880–1939, Berlin 1997 (Manuskript). Ich danke Karin Huser Bugmann für das Zur-Verfügung-Stellen ihres Dissertationsmanuskripts; Emil Dreifuss, Juden in Bern. Ein Gang durch die Jahrhunderte, Bern 1983; Josef Rischik, Gottesdienste im «National» und im

10 grossen Alhambra-Saal, in: Jüdische Gemeinde Bern, Forum 59 (1996), S. 21ff.; Patrick Kury, «Man akzeptierte uns nicht, man tolerierte uns!» Ostjudenmigration nach Basel 1890–1930, Basel 1998.

11 Jüdisches Jahrbuch für die Schweiz, 5680 (1919/20), S. 265. Das Jüdische Jahrbuch erschien zwischen 1916 und 1922. Für die Herausgabe zeichnete die Kommission zur Verbreitung Jüdischer Volksbildung in der Schweiz. Zu den Autoren gehörten auch zahlreiche Ostjuden.

12 Vgl. auch: Huser Bugmann (wie Anm. 9), S. 66.

13 Ebda., S. 66; Jüdisches Jahrbuch für die Schweiz (wie Anm. 10), S. 265.

Staatsarchiv Basel-Stadt (StABS), Archiv der Israelitischen Gemeinde Basels (IGB-REG), Dossier S4–591 (alte Signatur), Auskunftsbureau für jüdische Auswanderer 1905–1911. Die Beratungsstelle unterstützte Auswandernde, die beabsichtigten, den Kontinent zu verlassen, auch finanziell und bezahlte oft die gesamte Reise.

14 Fünf Nummern (Juli bis November 1920) sind erhalten.

15 Den Hinweis auf Pierre Bourdieu und die Unterscheidung in ökonomisches, soziales und kulturelles Kapital im Zusammenhang mit Integrationsprozessen verdanke ich: Peter Haber, Zionismus und jüdischer Antizionismus in Ungarn um die Jahrhundertwende, Basel 1997 (unpubliz. Liz.-Arbeit). Vgl. Pierre Bourdieu, Ökonomisches Kapital, kulturelles Kapital, soziales Kapital, in: Reinhard Kreckel (Hg.), Soziale Ungleichheiten, Göttingen 1983 (=Soziale Welt, Sonderband 2), S. 183–198.

16 Bas Ami, Unser Wiener Kind, in: Jüdisches Jahrbuch für die Schweiz (wie Anm. 10), S. 201–208, hier S. 201.

17 StABS, IGB-REG, A4 (alte Signatur), Bericht an die Generalversammlung pro 1916, S. 11.

18 M(ordché) W. Rapaport, Ostjudentum – Westjudentum, in: Jüdisches Jahrbuch für die Schweiz (wie Anm. 10), 5677 (1916/17), S. 76–85, hier S. 79.

19 Rapaport (wie Anm. 17), S. 82.

20 Ebda.

21 Vgl. Israelitisches Wochenblatt, 8. Januar 1904, S. 3.

22 Vgl. Huser Bugmann (wie Anm. 9), S. 136f.; Dreifuss (wie Anm. 8), S. 38f.; Rischik (wie Anm. 9), S. 21; Kury (wie Anm. 9), S. 128.

23 Rapaport (wie Anm. 17), S. 80.

24 Bundesratsbeschluss über Einreise, Aufenthalt, Niederlassung und Ausweisung von Ausländern. Text der bundesrätlichen Verordnung über die Kontrolle der Ausländer vom 17. November 1919, mit einer Einführung von Dr. Hans Frey, Chef der Fremdenpolizei des Kantons Zürich, Zürich 1919, S. 5.

25 Ebda.

26 Vgl. Israelitisches Wochenblatt, 30. November 1917, S. 6; 14. Dezember 1917, S. 2; 28. Dezember 1917, S. 1; 4. Januar 1918, S. 4.

27 StABS, IGB-REG, A4 (alte Signatur), Jahresberichte an die Generalversammlung, 1917, S. 10.

28 Schemarya Gorelik, Fünf Jahre im Lande Neutralia. Schweizer Kriegserlebnisse eines jüdischen Schriftstellers, Berlin 1919, S. 81.

29 Bundesratsbeschluss über Einreise, Aufenthalt, Niederlassung und Ausweisung von Ausländern (wie Anm. 23), S. 6.

Zur Theorie der Interdiskursanalyse vgl. vor allem: Jürgen Link, Literaturanalyse als Interdiskursanalyse: Am Beispiel des Ursprungs literarischer Symbolik in der Kollektivsymbolik, in: Jürgen Fohrmann/Harro Müller (Hg.), Diskurstheorien und Literaturwissenschaft, Frankfurt am Main 1988, S. 284–307. Vgl. auch: Jakob Tanner, Diskurse der Diskriminierung: Antisemitismus, Sozialdarwinismus und Rassismus in den schweizerischen Bildungseliten, in: Michael Graetz/Aram Mattioli (Hg.), Krisenwahrnehmung im Fin de siècle. Jüdische und katholische Bildungseliten in Deutschland und der Schweiz, Zürich 1997, S. 323–340.

30 Zum Pänomen der «Überfremdung» und zur Geschichte der Fremdenpolizei vgl. Uriel Gast, Von der Kontrolle zur Abwehr. Die Eidgenössische Fremdenpolizei im Spannungsfeld von Politik und Wirtschaft 1915–1933, Zürich 1997; Gaetano Romano, Zeit der Krise – Krise der Zeit. Identität, Überfremdung und verschlüsselte Zeitstrukturen, in: Andreas Ernst/Erich Wigger (Hg.), Die neue Schweiz? Eine Gesellschaft zwischen Integration und Polarisierung (1910–1930), Zürich 1996, S. 41–77.

31

32 Hans Ulrich Jost, Die Reaktionäre Avantgarde. Die Geburt der Neuen Rechten in der Schweiz um 1900, Zürich 1992, S. 89–109, hier S. 93f.

33 Vgl. den Beitrag von Beatrix Mesmer in diesem Band.

34 Eingabe des Zentralvorstandes der Deutsch-Schweizer Tierschutzvereine und der Union Romande an das Schweiz. Justiz- und Polizeidepartement vom 1. September 1919. Abgedruckt in: Aaron Kamis-Müller, Antisemitismus in der Schweiz 1900–1930. Zürich 1990, S. 50f.

35 StABS, IGB-REG, H1, Soziales 183 (alte Signatur), Jahresberichte der Israelitischen Armenkasse pro 1905, S. 10.

36 StABS, Räte und Beamte, A 4a, 1919.

37 Basler Nachrichten, 9. August 1912, S. 1; Israelitisches Wochenblatt, 4. Juli 1919, S. 2.

38 Vgl. Weltwoche, 30. Oktober 1997, S. 36.

39 Zu den Einbürgerungsbestimmungen vgl. Huser Bugmann (wie Anm. 9), S. 79–107; Christian Dütschler, Die Schweizermacher in Zürich. Auswertung der Einbürgerungsakten abgewiesener Ausländer in der Stadt Zürich von 1893 bis 1970, Zürich 1995 (unpubliz. Liz.-Arbeit).

40 Staatsarchiv Zürich, V.B.a.13, Protokoll des Stadtrates Zürich 1920, bürgerliche Abteilung, S. 126f.; zitiert aus: Huser Bugmann (wie Anm. 9), S. 87.

41 Jüdisches Jahrbuch (wie Anm. 10); 5681 (1920/21), S. 27.

42 Schweizerisches Bundesarchiv (BAR), E 21/20729, Eidg. Fremdenpolizei, Rothmund an den Direktor der Polizei des Kantons Zürich vom 2. November 1926; zitiert nach: Kamis-Müller (wie Anm. 33), S. 59.

43 Staatsarchiv Zürich, V.A.a.17. Protokoll des Gemeinderates Zürich 1934–1938, S. 281; zitiert aus: Huser Bugmann (wie Anm. 9), S. 92.

44 Zu den Abweisungen vgl. Dütschler (wie Anm. 38), S. 188.

45 Staatsarchiv Zürich, II. B 256, 1933. Akten zum Protokoll des Stadtrates Zürich, bürgerliche Abteilung; zitiert aus: Dütschler (wie Anm. 38), S. 191.

BAR, E 1001.1., EJPD, Anträge 1. Januar–31. Mai 1938, Das Eidgenössische Justiz- und Polizeidepartement an den Bundesrat, Antrag vom 26. März 1938; BAR, E 4800 (A) 1, Schachtel 1, Schreiben Rothmund an Bundesrat J. Baumann, Vorsteher des Eidgenössischen Justiz- und Polizeidepartementes vom 15. September 1938, S. 6; beides zitiert aus: Heinz Roschewski, Heinrich Rothmund in seinen persönlichen Akten. Zur Frage des Antisemitismus in der schweizerischen Flüchtlingspolitik 1933–1945, in: Die Schweiz und die Flüchtlinge. Studien und Quellen (22), Zeitschrift des Schweizerischen Bundesarchivs, Bern/Stuttgart/Wien 1996, S. 107–136, hier S. 118 und 120. Zur «Verschweizerung des Antisemitismus» vgl. Jacques Picard, Die Schweiz und die Juden 1933–1945. Schweizerischer Antisemitismus, jüdische Abwehr und internationale Migrations- und Flüchtlingspolitik, Zürich 1994, S. 34–41.

Die katholische Weltkirche und der Rassenantisemitismus 1900–1939

CLEMENS THOMA

Die einzige in der Schweiz entstandene katholisch-theologische Monographie über die «Judenfrage», die kurz vor dem Ausbruch des Zweiten Weltkrieges publiziert worden ist, nimmt sich heute ziemlich unoriginell aus.[1] Das Werk des wohl noch jungen und in der Wissenschaft wenig erfahrenen Verfassers will die damaligen rassistischen, klassenkämpferischen und christlichen Antisemitismen mit Hilfe konservativer theologischer Überlegungen leicht zurückdämmen. Bei seinen Gedankengängen verstrickt sich der Autor aber seinerseits in einen kaum gemässigten katholischen Antisemitismus. Das jüdische Volk sei «der Erzieher auf Christus hin» gewesen. Und obwohl Gott dieses Volk «wegen seines Gottesmordes durch die Geschichte mit tausend Verfolgungen wie mit Peitschen jagt», hätten die Christen kein Recht, die «Peitsche zu schwingen». Aus christlicher Nächstenliebe müssten die Christen den «ewigen Juden» vielmehr schützen, da ja seine Wiederherstellung nach Röm 9–11 verheissen sei. Ausserdem gehöre die Wesensgleichheit aller Menschen und Rassen zum unaufgebbaren Lehrbestand der katholischen Kirche. Über die spezielle Rolle der Juden in der Schweiz könne sich im übrigen jeder sein Urteil anhand der kürzlich in Olten erschienenen Schrift «Beruf und Konfession in der Schweiz» von Karl Bruschwiler bilden.[2]

Relationen zwischen der katholischen Schweiz und dem Ausland in der «Judenfrage»

Die Schwäche, Unbestimmtheit und Judenfeindlichkeit von Andreas Amsees Argumentation hat dem eingespielten Antisemitismus in der Schweiz und anderswo gewiss nicht geschadet, sondern ihn vielmehr gefördert. Amsee hat seine apologetischen Überlegungen vor allem im deutsch-österreichischen Ausland und teilweise auch in der katholischen Zentrale in Rom selektiv aufgelesen. Der schweizerische Katholizismus zwischen der Jahrhundertwende und dem Ausbruch des Zweiten Weltkrieges kann in Sachen Antisemitismus als ein provinzieller Katholizismus charakterisiert werden. Er stand ganz im Schatten der Gehorsam fordernden kirchlichen Zentralbehörde einerseits und der antisemitischen und gegenantisemitischen Strömungen in Deutschland andererseits. Seit der Verkündigung der päpstlichen Infallibilität samt Jurisdiktionsprimat (1870) verstärkte sich die Tendenz zur grösseren Abhängigkeit der Bischöfe und des Kirchenvolkes vom Papst und von der römischen Zentralregierung.³ Man wird den schweizerisch-katholischen Ultramontanismus und den damit verbundenen Mangel an «Originalität von unten her» zuerst einmal in diesem vertikalen Zusammenhang sehen müssen. Zu ähnlichen Ergebnissen führen auch horizontale, d. h. konfessionellschweizerische Beobachtungen. Zahlenmässig, kulturell und theologisch nahmen die Katholiken vor dem Zweiten Weltkrieg den zweiten Rang hinter den Reformierten ein. In Sachen Antisemitismus vermochten die katholischen Schweizer Theologen und Prediger fast nur nachzubeten, was seitens des Protestantismus und des deutschen und französischen Auslandes vorgebetet worden war. Als im Jahre 1966 die «Dokumente jüdisch-christlicher Begegnung aus den Jahren 1918–1933» herauskamen⁴, bemerkten die Herausgeber im Vorwort, es seien «keine nennenswerten Dokumente der katholischen Theologie» aus den Jahren 1918–1933 gefunden worden, die auf einen katholisch-jüdischen Dialog in der Vor-Hitler-Ära schliessen liessen.

Was über den Antisemitismus oder Nicht-Antisemitismus der katholischen Schweizer in den ungefähr vierzig Jahren vor dem Zweiten Weltkrieg zu sagen ist, gilt nicht ohne weiteres für die andern Aspekte des Schweizer Katholizismus. Derzeit werden unter den Historikern Auseinandersetzungen über den Katholizismus dieser Zeit geführt. In dem von Urs Altermatt herausgegebenen Sammelband «Schweizer Katholizismus zwischen den Weltkriegen 1920–1940»⁵ stellen mehrere Autoren (besonders Willy Spieler) die historischen Urteile des Herausgebers in Frage. Es scheint sich noch kein Konsens über die binnenschweizerische Rolle der katholischen Kirche in der Zwischen- und Vorkriegszeit abzuzeichnen. Bezüglich der hilflosen Rolle, die der Katholizismus angesichts des vor allem aus Deutschland heranbrausenden Rassenantisemitismus gespielt hat, scheint aber unter den Forschern kein Dissens zu herrschen. Was bezüglich seiner Hilf- und Sprachlosigkeit für den Schweizer Katholizismus gilt, trifft ebenso auf den Katholizismus des übrigen deutschsprachigen Europa zu. Laut Michael Langer hat bereits im 19. Jahrhundert «ein grosser Teil der in Theologie und Kirche Verantwortlichen [...] zum Judentum und zur Judenemanzipation sowie zur ideologischen oder politisch organisierten Judenfeindschaft nicht explizit öffentlich Stellung genommen. [...] Dies erwies sich als folgenschweres Versäumnis und belastete das katholisch-jüdische Verhältnis entscheidend, weil dieses Schweigen den Eindruck verstärkte, dass der Katholizismus in dieser Frage durch Populisten wie Alban Stolz oder durch Propagandisten wie August Rohling definiert sei.»⁶

Dem hier kurz angedeuteten, wenig originellen schweizerischen Antisemitismus zwischen Jahrhundertwende und Zweitem Weltkrieg und der nur beschränkten katholischen Abwehr dieses Antisemitismus muss man auf die Spur kommen. Nur so können die Schattierungen des historischen Gemäldes der katholischen Schweiz von damals gedeutet werden. In der vorliegenden Untersuchung wird daher ein vertikales und horizontales Umfeld der katholischen antisemitischen und gegenantisemitischen Schweiz durchforstet: Rom bzw. die kirchliche Zentrale einerseits und Deutschland andererseits. Was dachten die auf Gehorsam bedachten kirchlichen Zentralbehörden und Autoritäten damals über das jüdische Volk, und welche Ideologien und Aktionspläne waren im rassenantisemitisch durchpulsten Deutschland bezüglich der Juden en vogue?

Aufgrund dieser Vorarbeit wird es in Zukunft leichter sein, den katholischschweizerischen Antisemitismus dieser Zeit zu durchleuchten. Die Zeit des späten 19. Jahrhunderts über die Jahrhundertwende hinaus bis zum «Dritten Reich» kann bezüglich Antisemitismus und seiner ungeschickten Bekämpfung durch die Katholiken als eine einheitliche Periode aufgefasst werden.

Rassistische Antisemiten als Kirchengegner

Die deutschen Rassenantisemiten der Wendezeit vom 19. zum 20. Jahrhundert waren mit der katholischen Kirche, speziell mit der Mehrzahl ihrer höheren Vertreter, nicht zufrieden. Deshalb trugen sie ihre rassistisch-judenfeindlichen Anliegen im antisemitisch verlässlicheren deutschen Reichstag vor. Die politische Behörde solle gegen die Juden wegen deren «gemeingefährlichen Schriften» (besonders Talmud und Schulchan Aruch) vorgehen. Dies würde dann auch die Kirchen unter Zugzwang bringen. Das rassenantisemitische Mitglied des Reichstages Freiherr von Langen schrieb in diesem Sinne ein Buch als «Handbüchlein für Politiker».[7] Darin bedenkt er den Rassenantisemitismus des 19. Jahrhunderts mit viel Lob. Ähnlich wie bei der Lektüre des «Antisemiten-Katechismus» seines Freundes Theodor Fritsch[8] stellt sich bei jener des «von Langen»-Buches bald ein beklemmendes Gefühl ein: In Diktion und Inhalt meint man Hitler in der Antizipation herauszuhören. Die Texte von Fritsch und des Freiherrn von Langen wurden später zu wichtigen Handbüchern der Naziideologen. Dasselbe gilt für weitere, teils frühere rassenantisemitische Zeitgenossen von Langens und Fritsches: Jakob Ecker[9], Otto Glagau[10], Eugen Dühring[11] und andere.

Im Kapitel mit der Überschrift «Die katholische Kirche und die Judenfrage» schreibt sich von Langen seine Unzufriedenheit von der Seele:

«Eine vielbedauerte Erscheinung in unserem politischen Leben ist die Tatsache, dass der hohe Klerus sich gegenüber der antisemitischen Bewegung nicht nur indifferent verhält, sondern ihr fast durchwegs als Gegner hemmend in den Weg tritt. Nicht *einmal,* sondern wiederholt ist von seiner Seite die antisemitische Bewegung als unchristlich [...] hingestellt worden. Ja, wir haben es sogar erlebt, dass der niederen Geistlichkeit von ihren Oberen die Betätigung ihrer antisemitischen Gesinnung direkt untersagt wurde. In ganz demselben Sinne wie der hohe Klerus nimmt auch ein Teil der katholisch-konservativen Partei ihre Stellung gegenüber der antisemitischen Bewegung ein. Das ist eine bedauerliche Erscheinung. Und wir wollen jetzt anhand einer von entschiedenem katholisch-kirchlichen Standpunkt aus geschriebenen Studie feststellen, dass die ablehnende Haltung des hohen Klerus und mancher Katholisch-Konservativer gegenüber dem Antisemitismus der in der katholischen Kirche heute noch geltenden Auffassung der Judenfrage, beziehungsweise den von den Päpsten und Konzilien erlassenen Vorschriften und zum Ausdruck gebrachten Grundsätzen widerspricht.»[12]

Die Schlussfolgerungen aus dem geschichtlichen Überblick sind für von Langens anbiedernischen Ton typisch: «Die Kirche hat vom Anfange an *vor* allen Politikern begriffen, dass die Juden eine Gefahr bildeten und dass man sich von ihnen fernhalten müsste. Als Bewahrerin der evangelischen Milde hat sie das Leben der Juden verteidigt, als Mutter der christlichen Nationen will sie sich vor der hebräischen Überflutung bewahren, die ihren geistigen und zeitlichen Untergang bedeuten würde.»[13] Die Christen seien weitgehend selbst schuld an ihrem Leid, das sie nun seitens der Juden erdulden müssten. «Anstatt die Juden von sich fernzuhalten, haben die christlichen Völker unter gänzlicher Missachtung der damaligen Vorschriften dieselben schliesslich in ihre Gesellschaft aufgenommen.» Deshalb habe das von Juden begangene und angestiftete Verbrechertum zugenommen. Die Juden hätten auch «den grössten Teil des nationalen Reichtums zusammengerafft». Man müsse nun zur Gegenaktion schreiten: «Alle Massregeln werden erfolglos sein, wenn sie nicht von der Kirche und vom Staate und von jedem einzelnen gemeinsam angewandt werden.» Die Kirche sei jüdischen Täuschungsmanövern zum Opfer gefallen, «weil das jüdische Element es verstanden hatte, in die kirchlichen Kreise einzudringen und sich hier einen Einfluss zu sichern. [...] Heute ist es nichts seltenes mehr, einen Juden als Träger des Purpurs oder des Bischofsgewandes des Amtes walten zu sehen, und da ist es nicht zu verwundern, dass die weisen Gesetze der Vorzeit begraben und vergessen worden sind.»[14] Die Kirche solle endlich wieder zum Rassenantisemitismus zurückkehren. Sie solle sich die alten «Christenschutz-Gesetze» zum «wirksamen Schutz gegen das überwuchernde Judentum» zum Muster nehmen.

Noch rabiater und konsequenter hatte der wegen seiner antisemitischen Gesinnung von der Berliner Universität entfernte Eugen Dühring einige Jahre zuvor gegen Judentum und Christentum ausgeschlagen. Laut den hervorragend dokumentierten, von jüdisch-berlinerischer Seite herausgegebenen «Mitteilungen aus dem Verein zur Abwehr des Antisemitismus» hatte Eugen Dühring das Christentum die «Schmach des Jahrtausends» genannt. Er verband seinen Rassenantisemitismus mit einem wilden Antichristianismus. Aus der nach Dühring unseligen Verquickung des Christentums mit dem semitischen Geist ergibt sich für ihn, dass «das Christentum überhaupt keine praktische Moral hat, die unzweideutig, brauchbar und gesund wäre. Mit dem semitischen Geist werden daher die Völker erst fertig werden, wenn sie auch diese zweite jenseitige Gestalt des Hebräismus, der ihre nationale Kindheit durch Unerfahrenheit anheimfiel, wieder aus ihrem besseren Geiste ausgeschieden haben. [...] Diejenigen, welche an der christlichen Überlieferung festhalten wollen, sind nicht imstande, sich mit Nachdrücklichkeit gegen das Judentum zu wenden.» Leider bringe es daher kein Christ zustande, ein «ernsthafter Antisemit zu sein». Dühring sah den Ursprung dieser bedauerlichen christlichen Unfähigkeit schon in Jesus selber. Die «fugenlose und verderbliche Jesuslehre [...] war auf der Schlechtigkeit der Welt gebaut, und so konnte sie nur dort Eingang finden, wo Völkerverdorbenheit annäherungsweise mit der entstandenen Judenschlechtigkeit sich vergleichen liess».[15]

Vier Jahre vor Dühring hatte sein rassenantisemitischer Kollege Carl Paasch die Unverträglichkeit zwischen Christentum und Antisemitismus noch zugespitzter ausgedrückt. Der Antisemitismus rassistischer Prägung war nach ihm die «vornehmste aller geistigen Strömungen in den letzten Jahrhunderten».[16] Der auf politische Unterstützung bauende Antisemitismus werde sowohl die weitere «schmutzige Vermischung jüdischen Blutes mit nichtjüdischem Blut» verhindern als auch die Erreichung der «absoluten jüdischen Weltherrschaft». Der Antisemitismus sei «der Kampf der wahren Aristokratie gegen die Herrschaft der Niedertracht und gegen den Dämon der Finsternis». Die Juden behaupten, so Paasch, «dass das Christentum aus dem Judentum hervorgewachsen sei und dass wir ihnen die christliche Religion verdanken. Leider finden sich [...] viele Gedankenlose und Kleingläubige, welche dieses ohne nähere Prüfung hinnehmen. In der Tat entstand das Christentum infolge des Pharisäertums und der Befolgung der schändlichen Lehren des Talmuds. [...] Christus machte Front gegen diese nichtswürdigen Lehren und deren Befolgung, und wenn man es so will, war Christus der grösste Antisemit.»[17]

Von Langen und seine rassistischen Kollegen werfen also der katholischen Kirche ihren seit dem Mittelalter erlahmten Antisemitismus und die Verfälschung der christlich-antisemitischen Grundlehren vor. Ausserdem sei die Kirche durch Juden, die sich ins Christentum eingeschlichen hätten, rassisch bereits zersetzt und verfälscht worden. Eugen Dühring sieht darüber hinaus die christliche Religion schon von Jesus her mit dem antisemitischen Giftpilz infiziert. Carl Paasch stempelt gar den Juden Jesus zum exemplarischen Antisemiten. Man würde erwarten, dass sich die christliche Theologie gegen derartig perverse Unterstellungen leicht hätte wehren können. Aber kaum etwas geschah von oberkirchlicher und theologischer Seite – wohl aber von unten, von Volkskreisen her, die es nun kennenzulernen gilt.

Jüdische und christliche Abwehr des Rassenantisemitismus

Die «Mitteilungen aus dem Verein zur Abwehr des Antisemitismus» waren eine in Berlin gedruckte wöchentlich erscheinende private Zeitung. Mit ihrer Hilfe wollten jüdische Gruppen verschiedener religiöser und politischer Schattierung Propaganda gegen die politischen Rassenantisemiten machen. Alles damals Antisemitische aus ganz Europa wird von den «Mitteilungen» aufgegriffen. Jüdische und christliche Berichterstatter kommen zu Wort. Antisemitische Politiker werden demaskiert. Mit Bedacht wird die christliche Gegnerschaft gegen den Antisemitismus hervorgehoben.[18] Der Breslauer Erzbischof Kopp habe sich gegenüber dem Vorstand der israelitischen

Kultusgemeinde in Friedeck gegen den Antisemitismus ausgesprochen und sei für den konfessionellen Frieden eingetreten.[19] Er habe sich «sehr abfällig über die antisemitische Bewegung» geäussert, und habe gefordert, «man müsste allseitig dahin wirken, diese Bewegung [...] einzudämmen und die Verschiedenheiten überall auszugleichen, um den erwünschten Frieden zu erreichen». In der gleichen Zeitschrift findet sich ein Artikel mit dem Titel «Christen und Juden». Darin wird von einem «vor kurzem in Genf abgehaltenen Kongress liberaler Protestanten» berichtet. Dabei sei es zu einem Dialog zwischen Rabbiner Lewi und Pastor Wagener gekommen. Der von den Christen eingeladene Rabbiner habe gesagt, dass Juden und Christen sich «in voller Aufrichtigkeit und Sympathie die Hand reichen und sich verbinden können zu dem guten Kampf gegen den Aberglauben, die Engherzigkeit und den Fanatismus». Pastor Wagener reagierte so:
«Wir, die wir hier versammelt sind, nehmen mit ganz besonderer Aufmerksamkeit zur Kenntnis von dem Erscheinen eines Vertreters der alten Mutter-Religion, welcher der ganze religiöse Okzident das Beste verdankt, was er besitzt. Der Prophet hat gesagt, dass, wenn der Diener Gottes unter uns erscheinen wird, er das Herz der Väter dem Herzen der Kinder und das Herz der Kinder dem Herzen der Väter zuwenden wird! Es gibt keinen gesunden Fortschritt ohne Zusammenhang zwischen den Vätern, die die Vergangenheit, und den Söhnen, die die Gegenwart bedeuten. Unsere Väter, das ist Israel, das ist [...] das Volk, welches der Welt den Christus gegeben hat. Der Zweig Davids, und alle diejenigen, die auf ihn ihr geistliches Leben gepfropft haben, erkennen dankbar und mit kindlicher Ehrerbietung die alte Stammutter der Propheten und des Volkes Israel an; und die Zeit wird kommen, da die alte Stammutter [...] des Volkes Israel den Zweig Davids anerkennen wird, der bei ihr zu Blüte gelangt ist. Ich bin ein ganz besonderer Freund Israels, besonders derjenigen in Israel, die fühlen, weshalb der Ewige unter allen Nationen und inmitten so grosser Trübsal diese alten Zeugen 3000jähriger Geschichte erhalten hat. [...] Sie sind unter uns geblieben als grandiose Schöpfung der Vergangenheit, um uns an etwas zu erinnern, das wir sonst vergessen würden. Wir müssen Hand in Hand mit ihnen marschieren und die tiefe Geistesbruderschaft fühlen, die uns beseelt. Senden wir also einen ermutigenden und herzlichen Gruss an Israel, welches lebt und leben will, indem es sich immer mehr seinen Propheten zuwendet, wie auch wir uns mehr dem Evangelium zuwenden wollen. Drücken wir alle zusammen den Wunsch aus, dass diese Berührungen zwischen den Vätern und den Kindern sich vervielfältigen zum grössten Nutzen der einen wie der andern, und dass der Geist der Propheten bei ihnen wie bei uns wirke, damit wir das Wort Christi verstehen lernen: ‹Ich bin nicht gekommen zu zerstören, sondern aufzubauen›.»[20]

Kurz zuvor findet sich in den «Mitteilungen» ein Leitartikel unter dem Luther-Wort als Titel: «Dass Jesus Christus eyn geborener Jude sey». Er enthält eine erstaunliche «jüdische Theologie des Christentums». Auch heute noch wäre er auf der Höhe des christlich-jüdischen Diskurses. Laut diesem Artikel unterscheiden sich die Christen «ursprünglich von den Juden nur dadurch, dass sie in Jesus den Messias sahen. Demgemäss trägt das Bild Christi in den Evangelien die Züge, welche dem im alten Testament entworfenen Bilde des Messias entsprechen.» Es sei «unleugbar, dass Christus Jude war. Als Mensch stammte er aus dem Geschlecht Davids.» Wer das Jude-Sein Jesu leugne, begehe eine Blasphemie. Es genüge nicht, Jesus nur allgemein einen Menschen zu nennen, sonst könne man auch nicht an seine Herkunft von Gott glauben. Wer sich über das Jude-Sein Jesu ärgere und Jesus zu einem Arier mache, verfälsche das Christentum. Zur Illustration wird auf eine erst einige Tage zurückliegende Reichstagsdiskussion hingewiesen, an der sich auch der antisemitische Hetzer Adolf Stoecker beteiligt hatte. Gegen die Einwürfe der Sozialisten habe Adolf Stoecker gerufen: «Der Heiland war kein Jude, sondern des Menschen Sohn!» Ihm antwortete der sozialistische Abgeordnete August Bebel: «Aber Herr Stoecker, Christus ist von einer Jüdin geboren worden. [...] Was Sie über die Juden gesagt haben, beruht auf einer historischen Fälschung!» Einige Zeilen weiter unten beteuert der anonyme Artikelschreiber, wer Jesus nicht als Juden gelten lasse, der treffe «das Christentum an seiner Wurzel, denn was danach übrig bleiben mag, mag etwas sehr Edles sein, vielleicht so ein Stück ethische Kultur, mit Christus als besonders hervorragendem ethischen Vorbild, aber Christentum ist es nicht mehr. Und die Apostel sind nicht mehr Apostel, sondern betrogene Betrüger, wenn Christus nicht vom Stamme Davids ist.» Dann werden die Fanatiker des Ariertums verspottet. Sie kämen nicht an Christus, dem «geborenen Juden», vorbei; es gehe eben im Leben «nicht alles nach Wunsch». Die Leugnung des Judeseins Jesu bedeute nach orthodox-religiöser Auffassung eine «Blasphemie, im Sinne geschichtlicher Forschung eine lächerliche Handlung!»[21]

Es gibt also Zeugnisse des christlich-jüdischen Zusammenstehens gegen den bedrohlichen Rassenantisemitismus zur Zeit der Jahrhundertwende. Auch später, zur Zeit des Ersten Weltkrieges, sind religiöse Gespräche zwischen Juden und Christen bezeugt. Christliche und jüdische Soldaten diskutierten in den Schützengräben über die Grundlehren von Christentum und Judentum.[22] Ob dies im Vatikan oder in der Schweiz registriert worden ist, kann kaum mehr eruiert werden. Bemerkenswert bleibt aber der hohe religiöse Standard, den die Vertreter des jüdisch-christlichen Dialogs um die Jahrhundertwende im deutschen Sprachraum hatten. Dieser Dialog ist also nicht erst nach dem Zweiten Weltkrieg geboren worden.

Verurteilungen der Kirchenfeinde durch die Päpste Pius IX.
und Leo XIII.

Von den vier Päpsten zwischen 1878 und 1939 waren Leo XIII. (1878-1903) und Pius XI. (1922-1939) die religionspolitisch ausgeprägtesten Persönlichkeiten auf dem Papstthron. Sie waren aber ideologisch in starkem Masse vom Infallibilitätspapst Pius IX. (1846-1878) beeinflusst. Bei einer näheren Untersuchung der päpstlichen Politik der vierzig Jahre vor dem Zweiten Weltkrieg im Zusammenhang mit dem Antisemitismus muss zunächst auf die Verurteilungen von Kirchenfeinden besonders durch Pius IX., Leo XIII. und Pius XI. geachtet werden. Sie sind verräterische Hinweise auf den katholischen Exklusivismus. Alle Päpste zwischen 1878 und 1939 wollten die katholische Kirche zu einer geordneten geistig-religiösen Heerschar für den Kampf gegen den Atheismus und gegen andere Feindschaftsideologien machen. Leo XIII. drückte dies in seiner Enzyklika «Sapientiae Christianae» vom 10. Januar 1890 so aus: Weil die Kirche der mystische Leib Christi ist, ist sie «nicht bloss eine vollkommene Gesellschaft, die jede andere weit überragt, sondern sie hat von ihrem Stifter als Lebenszweck erhalten ‹wie ein geordnetes Kriegsheer› (Hl 6,9) für das Heil des Menschengeschlechtes zu kämpfen».[23] Um «wie ein geordnetes Kriegsheer» werden zu können, ist es «dem einzelnen Katholiken», wie es anschliessend heisst, «nicht mehr erlaubt, nach seinem Gutdünken das Leben einzurichten oder seine Kampfweise nach Willkür sich zu wählen». Es müsse im Katholizismus vielmehr zur «Einheit der Herzen» und zur «Gleichmässigkeit im Handeln» kommen. Leo XIII. liebte kriegerisch klingende Diktionen, um Religiöses auszudrücken. Kaiser Wilhelm II. berichtet in seiner Autobiographie, Leo XIII. habe 1903 zu ihm gesagt, Deutschland müsse «das Schwert der katholischen Kirche» werden.[24] Es ging Leo und seinen Pius-Nachfolgern um die Sicherung der Ordnung, Wahrheit und Einheitlichkeit. Dadurch wurde eine Separierung der papstgehorsamen Bevölkerung von einer angeblich dem Bösen verfallenen ausserkatholischen Welt beschworen. Eine Vorliebe für das Übernatürliche und für die heilige kirchliche Vergangenheit sollte die Tatsache verdrängen, dass der Katholizismus in Wissenschaft und Kultur den Anschluss an die Zeit teilweise verpasst hatte.

Im «Syllabus» Pius' IX. vom 8. Dezember 1864 werden in 80 Paragraphen «die hauptsächlichsten Irrtümer unserer Zeit» zusammengefasst und gebrandmarkt: der Pantheismus, Naturalismus, Liberalismus, Rationalismus in verschiedenen Formen, der Indifferentismus, Laizismus, Latitudinarismus, Sozialismus, Kommunismus, ausserdem Geheimgesellschaften, Bibelgesellschaften, klerikal-liberale Gemeinschaften, Irrtümer über die weltliche Gesellschaft in sich und in ihrer Beziehung zur katholischen Kirche, Irrtümer über die natürliche und die christliche Sittenlehre und über die weltliche Herrschaft der römischen Päpste.[25] Unter Leo XIII. wurde die Stigmatisierung der Feinde der Kirche forciert. In der Enzyklika «Humanum genus» vom 20. April 1884 nahm der Papst die Geheimgesellschaften der Freimaurer aufs Korn. Die verderbliche «Sekte der Freimaurer» sei spätestens seit der Französischen Revolution an die Spitze der antikirchlichen geheimen Gesellschaften getreten: «In der gegenwärtigen Zeit scheinen diejenigen, die es mit dem Bösen halten, sich gemeinsam zu verschwören zu einem überaus erbitterten Kampfe unter Leitung und mit Hilfe des weit verbreiteten und organisierten Bundes der sogenannten Freimaurer.»[26] Sie «stacheln einander zum Gotteshass auf. Offen und unverhohlen arbeiten sie daran, die heilige Kirche zu vernichten. [...] Die römischen Päpste [...] haben [...] diesen Erzfeind gleich erkannt, sobald er aus dem Dunkel geheimer Verschwörung heraustrat.» Der apostolische Stuhl habe seit den Anfängen der Freimaurerei verkündet: Die Sekte der Freimaurer sei «rechtswidrig, christusfeindlich und nicht minder staatsgefährlich». Es sei schon so weit gekommen, «dass in der Zukunft alles zu befürchten ist, nicht zwar für die Kirche, denn sie hat ein viel zu festes Fundament, als dass sie durch Menschenmacht erschüttert werden könnte, wohl aber für jene Staaten, in denen die Freimaurersekte oder ähnliche Geheimbünde, die sich nur als Büttel und Handlanger jener ersten entpuppen, gar mächtig sind». Der Papst erinnert dann daran, dass er schon früher «die groben Irrtümer der Sozialisten und Kommunisten zu widerlegen gesucht habe». Jetzt aber gehe es um die Verurteilung der «unheilvollen Pest» der Freimaurer. Die Freimaurerei bilde «das Zentrum, von dem alle übrigen [Sekten – C.T.] ausgehen, zu dem alle zurückkehren». Etwas weiter hinten im Papstschreiben werden die Freimaurer als «Naturalisten» etikettiert, das heisst als Leute, die die Kirche dadurch ausschalten wollen, dass sie jegliche göttliche Offenbarung leugnen. Sie seien die Agitatoren der Trennung von Kirche und Staat und schädlicher antiklerikaler Gesetze und feindlicher Aktionen gegen Ordensleute. Sie seien schuld am Raub des Kirchenstaates. Dies sei ihnen aber noch nicht genug. Die Sektenhäupter sprächen es jetzt offen aus, was sie im Geheimen schon lange im Schilde führen: «Die heilige Gewalt der Päpste müsse abgeschafft und das auf göttlichem Recht fussende Papsttum müsse von Grund aus vernichtet werden.» Der Papst suggeriert dann die Vorstellung, die Freimaurer seien Beauftragte des Satans: «Aus solch wahnsinniger und abscheulicher Absicht glauben Wir, das Feuer leuchten zu sehen, welches im Herzen des Satans gegen Christus lodert: seinen unversöhnlichen Hass und seine Rachgier.»

Am Schluss gleitet Leo XIII. in polemische Banalitäten ab: «Wir haben es mit einem heuchlerischen und listigen Feind zu tun, welcher den Völkern und Fürsten schmeichelt und beide durch seine süsstönenden Reden und seine Speichelleckerei für sich einnimmt. Indem sie sich unter der Maske der Freundschaft bei den Fürsten einschmeicheln, gehen die Freimaurer darauf aus, jene [die Fürsten – C.T.] zur Unterdrückung des Katholizismus als Bundesgenossen und mächtige Helfer zu gewinnen.»[27]

Im Jahre 1717 wurde in England die Grossloge der Freimaurerei gegründet. Die Ideale der Freimaurerei «wurden später zu den Schlagwörtern der Französischen Revolution».[28] Im 19. Jahrhundert verbreitete sich die Freimaurerei in ganz Europa und auch in den USA. In Italien waren zur Zeit Pius' IX. und Leos XIII. die führenden Männer des Risorgimento – Mazzini, Crispi, Cavour und Garibaldi – Freimaurer. Zur Zeit des Pontifikats von Leo XIII. kamen ausserdem die «Protokolle der Weisen von Zion» heraus (1902), nachdem schon im späteren 19. Jahrhundert mehrere Vorab- und Teildrucke erschienen waren.[29] Das Lügengespinst der «Protokolle» scheint dafür verantwortlich zu sein, dass in der Gruppenpolemik weithin *die Juden* an die Stelle oder wenigstens an die Seite der Freimaurer als Kern und Kraft aller antikirchlichen Geheimbewegungen traten. Während und nach dem Ersten Weltkrieg wurde jedenfalls die Vorstellung von der jüdisch-freimaurerischen Weltverschwörung weithin zum festen Klischee. Im Jahre 1919 wollte der österreichische Abgeordnete Friedrich Wichtl Deutschland und Österreich vom Vorwurf der Schuld am Ersten Weltkrieg entlasten. Schuld am grossen Krieg sei «jene dunkle, geheimnisvolle Macht, die wir kurz ‹Weltfreimaurerei› nennen, hinter der sich aber niemand anderer als das Weltjudentum als unsichtbarer Lenker der Schicksale aller Völker und Staaten verbirgt».[30] Nach dem Ersten Weltkrieg entstand – ähnlich wie zur Zeit der Jahrhundertwende – eine umfangreiche antisemitische Literatur, in der die Juden als «Weltverderber», «Weltverschwörer» und «Weltherrscher» – durch Geld, Rassendünkel, Lüge und Tücke – verleumdet wurden. Durch seine Artikelreihe «Der internationale Jude, Ein Weltproblem» heizte der Grosskapitalist Henry Ford die Verleumdungskampagne auch in den USA rabiat an.[31] Damit waren die Wege für Hitler genügend vorbereitet und geebnet.

Pius IX. und Leo XIII. haben sich zwar den Gedankengängen der Welt- und Kirchenverschwörungstheoretiker angepasst. Ihre derbe Ausdrucksweise passt gut zur Sprechweise der Antisemiten und Antisozialisten. Aber in keinem päpstlichen Rundschreiben dieser Zeit werden die Juden als dunkle Weltverschwörer und Kirchenfeinde gebrandmarkt. Diese päpstliche Enthaltsamkeit dem jüdischen Volk gegenüber ist bemerkenswert. Wo die Gründe dafür zu suchen sind, kann allerdings nur vermutet werden. Die katholische Kirchenleitung war seit der Mitte des 19. Jahrhunderts wohl mit einem schlechten religiösen Gewissen wegen des früheren kirchlichen Antisemitismus belastet. Ausserdem wollte sie möglicherweise die Juden auch deshalb nicht mehr in ihr Verdächtigungsregister aufnehmen, weil sie zunehmend die katastrophalen Auswirkungen des neuen Rassenantisemitismus wahrnehmen musste.

Pius XI. (1922–1939)

Dieser energische, gescheite und autokratische Papst, der in die vielleicht wirrste Zeit der Kirchengeschichte hineingeriet, pflegte in den ersten Amtsjahren ein ähnlich schematisierendes Beschuldigungsdenken wie seine Vorgänger. In seinem Rundschreiben «Quas primas» vom 11. Dezember 1925 über Christus als «Band der menschlichen Gesellschaft» benutzte Pius XI. den Anlass des Christkönigsfestes, um gegen die «Pest des Laizismus» zu Felde zu ziehen: «Wenn wir nun anordnen, Christus solle von der ganzen katholischen Welt als König verehrt werden, so wollen wir damit auch dem Bedürfnis unserer Zeit entgegenkommen und ein wirksames Heilmittel jener Pest entgegenstellen, welche die menschliche Gesellschaft befallen hat. Die Pest unserer Zeit ist der sogenannte Laizismus mit seinen Irrtümern und gottlosen Absichten. [...] Nach und nach wurde die christliche Religion mit den andern, falschen Religionen gleichgestellt und auf äusserst entwürdigende Weise mit diesen auf eine Stufe gestellt; sodann unterwarf man sie der weltlichen Gewalt und lieferte sie der Willkür der Fürsten und Staatsmänner aus.»[32] Der Ausdruck «Pest», den der Papst hier zur Bezeichnung des Laizismus verwendet, passt zur Nomenklatur der Nationalsozialisten. Diese haben allerdings – anders als Pius XI. – die *Juden* als Pest und als Krebsgeschwür der menschlichen Gesellschaft bezeichnet. Die Kirche von damals hat also zu wenig auf eine würdige Wortwahl geachtet.

Je weiter die Amtsjahre Pius' XI. voranschritten, desto weniger sah er in den Laizisten die Hauptfeinde der Kirche. An deren Stelle trat der gottlose und kirchenfeindliche Bolschewismus/Kommunismus. In seiner Enzyklika «Caritate Christi compulsi» vom 3. Mai 1932[33] schreibt der vom Nationalsozialismus offenbar noch nicht genügend aufgerüttelte Papst:

«Diese schweren wirtschaftlichen Missstände benützen die Feinde jeglicher sozialen Ordnung, mögen sie Kommunisten oder sonstwie heissen. Und das ist das allergefährlichste Übel. Sie benützen dieses Übel, um alle Fesseln zu zerschlagen, jedes Band eines göttlichen oder menschlichen Gebotes zu zerreissen und offen und insgeheim den heftigsten Kampf gegen die Religion, gegen Gott selbst anzufachen mit der Absicht, jede religiöse Kenntnis und Regung bis auf die Wurzeln aus den Herzen der Menschen zu reissen, und dies von zartester Kindheit an. [...] Und so sehen wir vor unsern Augen, was man niemals noch in der Geschichte erlebt hat. Wir sehen gottlose Menschen, getrieben von unsäglicher Wut, schamlos die Fahne erheben gegen Gott und jegliche Religion und dies in allen Völkern und Ländern. [...] Und so schliessen sich leider Tausende von Menschen solchen Lehren an und schmähen laut auf Gott und Gottesglauben, und dies in der Meinung, für Leben und Bildung zu kämpfen, in völliger Verkennung der Wahrheit. Diese Angriffe werden nicht nur gegen die katholische Kirche gerichtet, sondern gegen alle, die noch Gott als den Schöpfer Himmels und der Erde und als absoluten Herrn aller Dinge anerkennen. Und die geheimen Gesellschaften, die allzu bereit sind, den Kampf gegen Gott und gegen die Kirche zu fördern, wer auch immer ihn führen mag, unterlassen es nicht, diesen verderblichen Hass mehr und mehr zu entfachen, der gar keiner sozialen Klasse weder Frieden noch Glück zu verbringen vermag, sondern sicher alle Nationen ins Verderben stürzen wird.»[34]

Als auffallend abweisend ist die Einstellung Pius XI. gegenüber der ökumenischen Bewegung zu bezeichnen. Mit seinem mündlich tradierten Satz «Diese gehören ja nicht zum Leibe Christi.» lehnte er die unter seinem Pontifikat gegründete und stark gewordene Bewegung zur Vereinigung der Kirchen kompromisslos ab. Er suchte keine Verständigung mit konkurrenzierenden Religionen und Konfessionen, wohl aber mit Staaten, deren Absolutismus er mittels zahlreicher Konkordate einzudämmen versuchte. Schon 1927 ging im Vatikan nach dem Bericht des österreichischen Vatikangesandten Rudolf Kohlruss das Scherzwort um: «Jeden Monat machen wir ein neues Konkordat.»[35] Mit zehn Staaten schloss Pius XI. zum Teil mehrere Konkordate ab. Das umstrittenste ist das Deutsche Reichskonkordat vom Jahr 1933. Dieses wurde von den Nationalsozialisten von allem Anfang an missbraucht und durchlöchert. Zwischen 1933 und 1939 schrieb Kardinalstaatssekretär Eugenio Pacelli 55 Protestnoten wegen Konkordatsverletzungen nach Berlin. Nur auf elf davon erhielt Pacelli eine vage Antwort, was ihn zu einem «extremen Pessimismus» veranlasste.[36]

Verurteilungen von Antisemitismus und Rassismus unter Pius XI.

Am 25. März 1928 wurde das zentralkirchliche Schweigen angesichts des grassierenden Antisemitismus gebrochen. Der indirekte Anlass dazu war die Auflösung der seit drei Jahren bestehenden Priestergemeinschaft «Freunde Israels» (Amici Israel) durch das Heilige Officium. Noch ein Jahr zuvor hatten 19 Kardinäle, 278 Bischöfe und etwa 3000 Priester – mehrheitlich in Frankreich lebend – zu dieser Gebets-, Missions- und Besinnungsgemeinschaft gehört. Der Begleittext zur Auflösung der «Freunde Israels» enthält «eine der explizitesten Verurteilungen des Antisemitismus [...], die Rom bisher ausgesprochen hatte».[37] Sie lautet: «Die katholische Kirche hat für das jüdische Volk, das der Verwahrer (depositarius) der göttlichen Verheissung bis zu Jesus Christus gewesen ist, trotz der späteren Verblendung (obcaecatio), ja gerade wegen dieser Verblendung, stets gebetet (semper orare consuevit). In dieser Liebe hat der Apostolische Stuhl dieses Volk gegen ungerechte Beschädigungen (vexationes) beschützt, und wie er allen Hass und alle Feindschaft unter den Völkern verwirft, so verurteilt er ganz besonders den Hass gegen das einst auserwählte Volk Gottes, nämlich jenen Hass, den man heute Antisemitismus nennt.»[38]

Den «Amici Israel» war es nicht nur um das Gebet für das jüdische Volk gegangen, sondern auch um terminologische Flurbereinigungen. Antisemitische und vereinnahmende Ausdrücke sollten beim christlichen Sprechen über die Juden nicht mehr gebraucht werden. Man solle nicht mehr vom «Volk» und von der «Stadt der Gottesmörder» (= Jerusalem) sprechen, auch nicht vom «Ritualmord» und von der «Unbelehrbarkeit der Juden». Statt von «Bekehrung» solle man von der «Rückkehr» oder dem «Übergang der Juden» reden. Vor allem solle man die Erklärungen der christlichen Zentralgeheimnisse nicht mit Abwertungen des jüdischen Volkes verbinden. Im Zusammenhang mit der Menschwerdung Christi sei von der «göttlichen Liebe zum Volk Israel als von einem Vorrecht» zu sprechen. Auch von der «Fortdauer dieser göttlichen Liebe» und von ihrer «Steigerung im Tod Christi» müsse gesprochen werden. Weshalb die «Amici Israel» aufgelöst wurden, nicht aber auch andere katholische Gruppen mit spirituell-judenfreundlichem Hintergrund, ist nicht klar. Ein vatikanischer Kommentar im «Osservatore Romano» gab damals nur den trockenen Hinweis, dass die Geisteshaltung der «Amici» «zu Sinn und Geist der Kirche, zum Denken der heiligen Väter und zur Liturgie im Gegensatz» stehe. Dieser «Gegensatz» könnte darin bestanden haben, dass die «Amici» nicht nur die *gewesene* Erwählung Israels bejaht haben, sondern auch die immer *noch andauernde*.

In der sich weltpolitisch und religiös zuspitzenden Bedrängnis entschloss sich Pius XI. im Jahre 1937, den Nazismus und den Kommunismus feierlich zu verurteilen. Er tat dies durch die beiden Enzykliken «Divini Redemptoris» (gegen den Kommunismus) und «Mit brennender Sorge» (gegen den Nazismus), die er im März 1937 im Abstand von nur einer Woche publizieren liess.[39] In «Mit brennender Sorge» beklagt sich der Papst über die Verletzungen des Reichskonkordats «durch die andere Seite». «Wenn der von Uns [...] in die deutsche Erde gesenkte Friedensbaum nicht die Früchte gezeitigt hat, die Wir im Interesse Eures Volkes ersehnten, dann wird niemand sagen können, die Schuld liege auf der Seite der Kirche und ihres Oberhauptes. Der Anschauungsunterricht der vergangenen Jahre [...] enthüllt die Machenschaften, die von Anfang an kein anderes Ziel kannten als den Vernichtungskampf.»[40] In der Enzyklika nennt der Papst Adolf Hitler zwar nicht beim Namen. Er wirft aber dem Ungenannten und doch allen Bekannten vor, er stelle sich als «der Grösste aller Zeiten neben Christus, oder gar über Ihn und gegen Ihn».[41] Dann kommt der Papst auf den Rassismus zu sprechen, den er als eine «falsche Münze» bezeichnet, die für gläubige Christen nicht akzeptabel sei.[42] Schliesslich wirft Pius XI. den Nationalsozialisten auch Christenverfolgung vor und sendet ein Wort der Solidarität an alle, die Leid und Verfolgung tragen müssen «bis in die Kerkerzelle und in das Konzentrationslager hinein».[43] In der Enzyklika gegen den atheistischen Kommunismus redet Pius XI. von der «abstossenden und unmenschlichen Grausamkeit der Grundsätze und Methoden des bolschewistischen Kommunismus. [...] Obendrein wissen die Bannerträger des Kommunismus aus den Gegensätzen zwischen den Rassen und den verschiedenen Systemen ihren Nutzen zu ziehen.» Dann ist von einem «Komplott der Weltpresse» die Rede, die über die Verbrechen der Kommunisten in Russland, Mexiko und Spanien schweige. Dieses Schweigen werde von «geheimen Mächten begünstigt, die schon lange darauf ausgehen, die christliche Sozialordnung zu zerstören».[44] Es folgen dann Ermahnungen zur Verwerfung von staatlichem Terrorismus, Liberalismus, Klassenkampf und Laizismus.

Mit den beiden Enzykliken war die päpstliche Abwehr gegen die Kirchenfeinde noch nicht an ihrem Ziel. Wohl unter dem indirekten Einfluss der zum Katholizismus konvertierten Jüdin Edith Stein[45] entschloss sich Pius XI. im Sommer 1938, eine Enzyklika gegen Rassismus und Antisemitismus in Auftrag zu geben. Angesichts des bedrohlichen Anwachsens des Rassenantisemitismus samt Verfolgungen von katholischen Kirchenleuten und Juden wollte er den Katholizismus endlich von allen antisemitischen und rassistischen Flecken reinigen. Dieser Entschluss war ein Ausdruck eines radikalen Umdenkens des Papstes. Pius XI. erkannte, dass die Christen die volle Würde des Volkes Israel anerkennen müssten, wenn die Welt vor der mörderischen Geissel des Rassismus bewahrt werden sollte. Bezeichnend für das Umdenken des Papstes in letzter Stunde vor dem Ausbruch des Zweiten Weltkrieges ist sein spirituell feiner Satz, den er am 6. September 1938 vor einer belgischen Gruppe formulierte: *«Im geistlichen Sinn sind wir alle Semiten.»* Leider ist die päpstliche Predigt, in deren Rahmen dieser Satz steht, damals und später kaum von der katholischen Öffentlichkeit registriert worden. Im Anschluss an eine Deutung des liturgischen Gebetes über das Opfer Abrahams (Gen 22) sagte Pius XI., besonders auf Abraham Bezug nehmend: «Bedenkt, dass Abraham, unser Patriarch, unser Vorfahr genannt wird. Der Antisemitismus ist mit dem Geist und der erhabenen Wirklichkeit, die in diesen Worten zum Ausdruck kommen, nicht zu vereinen. Der Antisemitismus ist eine abstossende Bewegung, an der wir Christen keinen Anteil haben können. Es ist den Christen nicht möglich, am Antisemitismus teilzunehmen. [...] Der Antisemitismus ist nicht vertretbar.»[46]

Dieser grosse Selbstbefreiungsschlag des Papstes ging leider unter im Getöse der Aufrüstung zum Weltkrieg und in der allgemeinen Verwirrung angesichts verschiedenster Verschwörungstheorien, die auch im Vatikan ihre Verfechter fanden.

Unsichere katholische Theologie

Hier ist nicht der Ort für negative Pauschalurteile über «die» katholische Theologie in den ersten vierzig Jahren des 20. Jahrhunderts. Es gab zwar vor dem Zweiten Weltkrieg einige bedeutende katholische Theologen und Literaten, die auch ein Sensorium für das historische und theologische Verhältnis zwischen Judentum und Christentum hatten: Léon Bloy, Peter Browe, Otto Karrer, Alois Mager, Johannes Oesterreicher, Erich Pryzwara und andere.[47] Es geht hier aber um die schon angetippte entlarvende Geschichte, die sich im Gefolge des Auftrags Pius' XI., eine Enzyklika gegen Rassismus und Antisemitismus zu entwerfen, im Jahre 1938/39 abspielte. Drei Jesuiten – John LaFarge, Gustave Desbuquois und Gustav Gundlach – arbeiteten das geplante päpstliche Rundschreiben im Sommer 1938 in Paris aus und reichten ihren Entwurf Mitte September beim General des Jesuitenordens, Vladimir Ledochowski, ein. Der «schwarze Papst» sollte den Entwurf durchsehen und ihn dann an den «weissen Papst» zur Approbation und Publizierung weiterleiten. Im Oktober 1938 verschwand der Enzyklika-Entwurf zunächst in einer Schreibtisch-Schublade des Generaloberen der Jesuiten. Es gibt aber Hinweise darauf, dass die Enzyklika dem Papst spätestens am 21. Januar, kurz vor seinem Tod am 9./10. Februar 1939, überreicht worden ist. Erst seit 1972 – viel zu spät – ist sie wieder in der Öffentlichkeit aufgetaucht.[48] Die Lektüre der Schrift aus heutiger Sicht provoziert die Frage, ob der Entwurf dieses päpstlichen Rundschreibens wegen seiner eingestreuten Antisemitismus-Reste *glücklicherweise* damals unpubliziert geblieben ist, oder ob eine Publizierung dem nationalsozialistischen Rassenantisemitismus vielleicht doch einen Dämpfer versetzt und wenigstens einige jüdische Opfer vor der Vernichtung bewahrt hätte.

Die Abschnitte gegen den Rassismus im Enzyklika-Entwurf sind ausgezeichnet: Alle Menschen sind vor Gott gleichwertig, die Menschheit bildet bei aller Vielfalt eine Wert-Einheit. Alle sind «nach dem Bild Gottes» (Gen 1,26f.) geschaffen. Alles rassistisch-überhebliche Getue bedeutet eine Verachtung und Beleidigung des Schöpfers.[49] Weit weniger konsistent sind die Abschnitte gegen den Antisemitismus.[50] Dies hat besonders mit der dominanten Entwerfer-Persönlichkeit des deutschen Jesuiten Gustav Gundlach zu tun. Er streute die Argumente seines Antisemitismus-Artikels, den er 1930 publiziert hatte, in den neuen Enzyklika-Entwurf ein. In seinem Lexikon-Artikel hatte Gundlach zwischen einem «völkisch-rassenpolitischen Antisemitismus» einerseits und einem «staatspolitisch orientierten Antisemitismus» andererseits unterschieden. Der «völkisch-rassenpolitische Antisemitismus» sei aus Gründen der Nächstenliebe und wegen des «inneren Zusammenhanges» der christlichen Religion mit «der Religion des von Gott einst erwählten jüdischen Volkes» abzulehnen.[51] Ein «staatspolitisch orientierter Antisemitismus» sei hingegen erlaubt, sobald er «tatsächlich-schädlichen Einfluss des jüdischen Volkstums auf den Gebieten des Wirtschaft- und Parteiwesens, des Theaters, Kinos und der Presse, der Wissenschaft und Kunst (liberal-libertinistische Tendenzen) mit sittlichen und rechtlichen Mitteln bekämpft». Es dürften laut Gundlach allerdings keine «Ausnahmegesetze gegen jüdische Staatsbürger als Juden» erlassen werden. Vielmehr müssten «arische Schädlinge» ebenso im wachsamen Auge des Gesetzes behalten werden wie die «Assimilationsjuden», die «im Lager der Weltplutokratie wie des Weltbolschewismus gegen die menschliche Gesellschaft zerstörend wirken und dadurch dunkle Züge der vom Heimatboden vertriebenen jüdischen Volksseele auslösen».[52]

Im Enzyklika-Entwurf von 1938 wird dieses partielle Zugeständnis an einen staatspolitischen Antisemitismus noch drastischer ausgedrückt. Darin wird auf «die spirituellen Gefahren» aufmerksam gemacht, «denen der Kontakt mit den Juden die Seelen aussetzen kann. [...] Solange der Unglaube des jüdischen Volkes andauert und seine Feindschaft gegenüber dem Christentum fortbesteht, muss die Kirche [...] die Gefahren unterbinden, die dieser Unglaube und diese Feindschaft darstellen könnten. Wenn die Kirche darüber hinaus entdeckt, dass der Hass gegen die christliche Religion [...] vom rechten Weg abgekommene Unglückliche dazu bringt, revolutionäre Bewegungen zu unterstützen und zu propagieren, die auf nichts anderes abzielen, als die gesellschaftliche Ordnung umzustürzen [...], so ist es ihre Pflicht, vor diesen Bewegungen zu warnen, die Tücken und Lügen ihrer Anführer zu entlarven und [...] Massnahmen zu ergreifen, um die Ihrigen zu schützen.» Die Geschichte zeige uns, dass die Kirche diese «Aufgabe, ihre Gläubigen vor den jüdischen Lehren zu warnen, niemals vernachlässigt hat».[53]

Den hier eingebauten, an die unseligen «Protokolle der Weisen von Zion» erinnernden Verleumdungstopos von den Juden als Weltverschwörern hätte Pius XI. sehr wahrscheinlich bei der Endredaktion durchgestrichen. Es gibt im Enzyklika-Entwurf aber auch kleine – wohl auf LaFarge zurückzuführende – Lichtblicke: Nach vorherigen

Beteuerungen, dass die Zurückweisung Christi durch das jüdische Volk dieses in den «weltlichen und geistigen Ruin» getrieben habe wird (im Sinne von Röm 9–11) gesagt, Paulus halte «an der Möglichkeit des Heils für die Juden fest, vorausgesetzt, dass sie sich von der Sünde abwenden und zu den geistigen Traditionen Israels zurückkehren. [...] Israel hat [...] das Evangelium zurückgewiesen. [...] Und dennoch hat es gerade dadurch die Evangelisierung der Welt vorangetrieben und in der Folge die Bekehrung der Heiden. Israel bleibt das ehemals erwählte Volk, denn Gott hat seine Wahl niemals widerrufen.»[54]

Der Enzyklika-Entwurf zeigt eine in kirchlichen Kreisen der Zeit vor dem Zweiten Weltkrieg weit verbreitete Doppelbödigkeit. Einerseits wurde an der *ehemaligen* Erwählung des jüdischen Volkes festgehalten und auch daran, dass diese Erwählung sich zum Segen für die Kirche ausgewirkt habe. Andererseits aber blieb die katholische Gesellschaft bis hinauf zur Entourage des Papstes auf ziemlich allen Ebenen von der Vermutung angekränkelt, das Judentum betreibe gesellschaftlich-religiöse Destruktionen gegen die Kirche. Es unterstütze mindestens indirekt den Atheismus und den Umsturz der christlichen Gesellschaft in Russland, Spanien, Mexiko und anderswo. Deshalb wurde darauf bestanden, dass die spezielle Erwählung des jüdischen Volkes nach dessen Ablehnung Christi aufgehört habe. Diese werde erst am Ende der Tage von Gott revitalisiert werden. Hier blieb genügend Platz für Phantasien über den bis zum Ende der Tage rastlos durch die Völker wandernden «ewigen Juden» – Phantasien, wie wir sie etwa von Andreas Amsee kennen.

Unbewegliche Liturgie und Dogmatik

Der Rassenantisemit Jakob Ecker hielt dem Judentum in den neunziger Jahren des 19. Jahrhunderts eine völkerfeindliche Gebetsmentalität vor: Täglich wünschten die Juden den Nichtjuden Unglück und Tod vom Himmel herab. Sie sollten sich bei ihren Gebets-Verwünschungen das vorbildliche Fürbitte-Gebet der katholischen Kirche für die Juden am Karfreitag vor Augen halten. Ecker zitiert dieses «vorbildliche» offiziell-katholische Gebet in der damaligen Fassung im vollen Wortlaut:

«Lasset uns auch beten für die treulosen Juden (perfidi Judaei), dass unser Gott und Herr den Schleier von ihren Herzen wegziehe, damit auch sie Jesum Christum, unsern Herrn, erkennen. – Allmächtiger, ewiger Gott, der du auch die jüdische Treulosigkeit von deiner Barmherzigkeit nicht ausschliesst: erhöre unsere Bitten, die wir für dieses verblendete Volk darbringen, auf dass sie das Licht deiner Wahrheit, welches Christus ist, erkennen und ihrer Finsternis entrissen werden – durch denselben Jesum Christum, unsern Herrn.»[55]

Nicht nur von Rassenantisemiten wurde dieses liturgische Gebet damals als vorbildlich bewertet. Die breite katholische Öffentlichkeit war emotional auf die Bekehrung der «treulosen Juden» hin sensibilisiert. Als positiver Faktor dieses Gebetes wurde auch hervorgehoben, dass die Kirche darin ihren grossmütigen Horizont zeige: Sie bete nicht *gegen* die Juden, sondern *für* sie! Im lateinisch-deutschen «Messbuch», dem «Schott», schienen im Jahre 1937 am Karfreitag immer noch die «perfidi Judaei» auf. Keiner theologisch-liturgischen Entscheidungsautorität fiel damals auf, dass auch die Nationalsozialisten dieses Gebet für ihre Propaganda missbrauchen konnten. In deren Augen konnte es ja kein allzu gravierendes Verbrechen sein, die von der katholischen Kirche so bezeichneten «treulosen Juden» zu verfolgen. Hitlers Rassenhass war ausserdem stets an abstruse Thesen über das «moralisch heruntergekommene, in heimtückischer Perfidie die Weltherrschaft erstrebende» Judentum gekoppelt. Golo Mann bezeichnet diese nicht nur bei den Nationalsozialisten verbreitete Theorie der jüdischen Weltverschwörung als «eine Chimäre». Aber sie war «die persönlichste Idee Hitlers und ungefähr die einzige, an die er wirklich geglaubt hat».[56] Demgegenüber gab es bis in die vatikanischen Kreise hinauf – wie die Karfreitagsbitte und die Entwurfs-Enzyklika «Humani generis unitas» zeigen – einen subtilen Verleumdungsantisemitismus. Immerhin ersetzte das «Schott»-Messbuch im Jahre 1938 den Ausdruck «treulose Juden» durch den etwas vornehmeren Begiff «die ungläubigen Juden». Neben dem Umstand, dass die Überarbeitung der Gebetssprache der offiziellen Kirche nur sehr langsam voranschritt, fällt auch gravierend ins Gewicht, dass sich in den Gebetsanleitungen der Orden, Bistümer und Pfarreien viele Abwandlungen der Karfreitagsbitte für die Juden fanden, die einen ähnlich zwiespältigen Eindruck vermittelten.[57] Erst mit Johannes XXIII. und dem Zweiten Vatikanischen Konzil (1962–1965) kam es zu entscheidenden Verbesserungen der liturgischen und dogmatischen Gebetskultur. Diesen Prozess genauer nachzuzeichnen würde den Rahmen dieser Untersuchung sprengen.[58] Bei der historischen Aufarbeitung der judenfeindlichen Rolle von Schweizer Katholiken in der Vorkriegszeit und während des Zweiten Weltkrieges wird zu beachten sein, wie situationsblind sich einzelne theologische Autoritäten über das jüdische Volk äusserten, obwohl sich dieses in den Fängen des Ausrottungsprogramms der Nationalsozialisten befand. Am 31. Dezember 1942 schrieb der katholische Luzerner Theologe Alois Schenker ganz auf der Linie von Andreas Amsee in der katholischen «Kirchenzeitung»: «Der Christ ist selbstverständlich dogmatischer Antisemit, d. h. er lehnt die mosaische Religion als falsch ab, als durch das Christentum erfüllt und damit abgelöst.»[59]

Andreas Amsee aber verabschiedete sich 1942/43 von seiner früheren judenfeindlichen Einstellung. Später wurde er zu einem hervorragenden Verfechter der Judenerklärung «Nostra Aetate Nr. 4» des Zweiten Vatikanischen Konzils.

Anmerkungen

[1] Andreas Amsee, Die Judenfrage, Luzern 1939. Amsee ist ein Pseudonym für Mario von Galli SJ (Societas Jesu).
[2] Zitate und Zusammenfassungen aus: Ebda., S. 100–109.

3 Vgl. die Darstellungen der betreffenden Pius-Päpste (samt Literatur) in: Theologische Realenzyklopädie, Bd. 16 (1996), S. 661-674: Pius IX. (1846-1878), Pius X. (1903-1914), Pius XI. (1922-1939).
4 Robert R. Geis/Hans-J. Kraus, Versuche des Verstehens, München 1966.
5 Urs Altermatt (Hg.), Schweizer Katholizismus zwischen den Weltkriegen 1920-1940, Freiburg Schweiz, 1994.
6 Michael Langer, Zwischen Vorurteil und Aggression, Zum Judenbild in der deutschsprachigen katholischen Volksbildung des 19. Jahrhunderts, Freiburg im Breisgau 1994, S. 7.
7 J. E. Freiherr von Langen, Das jüdische Geheimgesetz und die deutschen Landesvertretungen. Ein Handbüchlein für Politiker, Leipzig 1895.
8 Leipzig 1890, zahlreiche Auflagen. Theodor Fritsch war in den 1890er Jahren auch Redaktor der «Antisemitischen Korrespondenz». Ab 1902 gab er das antisemitische Blatt «Hammer» heraus.
9 Jakob Ecker, Der Judenspiegel im Lichte der Wahrheit, Paderborn ²1884.
10 Otto Glagau, Der Kulturkämpfer, 12 Bde., Berlin 1880-1888.
11 Eugen Dühring, Die Judenfrage als Frage der Rassenschädlichkeit, Berlin ³1886; Ders., Die Parteien und die Judenfrage, Berlin 1892.
12 v. Langen (wie Anm. 7), S. 93.
13 Ebda., S. 95.
14 Ebda., S. 96.
15 Mitteilungen aus dem Verein zur Abwehr des Antisemitismus, 1893, S. 455f.
16 Carl Paasch, Eine jüdische Gesandtschaft und ihre Helfer. Geheimes Judentum, Nebenregierungen und jüdische Weltherrschaft, Leipzig 1891, S. xii.
17 Ebda., S. xi-xii.
18 Mir stehen die Jahrgänge 1893, 1895, 1901, 1904 und 1905 zur Verfügung. Diese Zeitung wird von der Forschung kaum beachtet, obwohl darin eine Fülle von detaillierten Nachrichten über Antisemitismus, Rassismus, Reichspolitik, Judentum und Christentum enthalten ist.
19 Mitteilungen aus dem Verein zur Abwehr des Antisemitismus, 1893, S. 234f.
20 Ebda., 1905, S. 305f.
21 Ebda., 1904, S. 89f.
22 Dies wird u. a. vom jüdischen Soldaten S. Lehmann bezeugt: Sigfried Lehmann, Gedanken aus dem Felde über Tod und Religion, in: Der Jude 2 (1917), S. 451-456.
23 Zitiert nach: Emil Marmy, Mensch und Gemeinschaft in christlicher Schau, Fribourg 1945, S. 615f.; Zur Charakterisierung Leo's XIII.: Theologische Realenzyklopädie 20 (1990), S. 748-753.
24 Wilhelm II., Ereignisse und Gestalten 1878-1918, Leipzig 1922, S. 177f.
25 Marmy (wie Anm. 23), S. 42-55.
26 Ebda., S. 56-83; Zitat S. 58f.
27 Ebda., S. 59-75.
28 Urs Lüthi, Der Mythos von der Weltverschwörung. Die Hetze der Schweizer Frontisten gegen Juden und Freimaurer – am Beispiel des Berner Prozesses um die «Protokolle der Weisen von Zion», Basel 1992, S. 17.
29 Die fünfte Auflage der «Geheimnisse der Weisen von Zion» wurde 1920 von Gottfried zur Beek in Charlottenburg herausgegeben. Vgl. auch: Göran Larson, Fakten oder Fälschung? Die Protokolle der Weisen von Zion, Jerusalem 1995.
30 Zitiert in: Lüthi (wie Anm. 28), S. 19; Friedrich Wichtl: Weltfreimaurerei, Weltrevolution, Weltrepublik, München 1919.
31 Die Artikelreihe von Henry Ford «Der internationale Jude, ein Weltproblem» wurde unter der Ägide des Hammer-Verlags in Leipzig herausgegeben, dessen Gründer der Rassenantisemit Theodor Fritsch war. Seit 1922 erlebte das Ford-Buch in deutscher Übersetzung mehrere Auflagen bis in die Hitlerzeit hinein.

[32] Marmy (wie Anm. 23), S. 805. Die ganze Enzyklika: S. 789-812.
[33] Ebda., S. 511-532.
[34] Ebda., S. 516 und 518. Zu Pius XI. insgesamt vgl. Jean-M. Mayeur u. a., Histoire du christianisme des origines à nos jours; deutsche Ausgabe: Die Geschichte des Christentums: Religion, Politik, Kultur, Bd. 12, hg. von Norbert Brox u. a., Freiburg im Breisgau 1992, bes. S. 14-21.
[35] Friedrich Engel-Janosi, Vom Chaos zur Katastrophe, Vatikanische Gespräche 1918-1938, Wien 1971, S. 88.
[36] Ebda., S. 157.
[37] Nouvelle Revue théologique 55 (1928), S. 537.
[38] Der Text findet sich in: Georges Passelecq/Bernard Suchecky, Die unterschlagene Enzyklika. Der Vatikan und die Judenfrage, München 1995, S. 267f. als Teil des noch zu besprechenden Enzyklika-Entwurfs «Humani Generis Unitas» von 1938/39. Verschiedene Beurteilungen des Schreibens des Heiligen Offiziums: Ebda., S. 124-127. Im Anmerkungsteil finden sich auch Literaturhinweise.
[39] Papst Pius XI., Divini Redemptoris, Über den gottesleugnerischen Kommunismus/Mit brennender Sorge. Über die Lage der katholischen Kirche im Deutschen Reich, Authentische Ausgabe, Innsbruck 1937.
[40] Diese Sätze stehen am Beginn der Enzyklika; Ebda, S. 48.
[41] Ebda., S. 55.
[42] Ebda., S. 61.
[43] Ebda., S. 70.
[44] Ebda., S. 11-13.
[45] Dazu: Johannes H. Nota, Edith Stein und der Entwurf für eine Enzyklika gegen Rassismus und Antisemitismus, in: Freiburger Rundbrief 26 (1974), S. 35-41.
[46] Zitiert aus: Freiburger Rundbrief 18 (1966), S. 38.
[47] Einen Einblick in die katholisch-theologischen und kirchenpolitischen Auseinandersetzungen bietet: Liselotte Höfer/Victor Conzemius, Otto Karrer (1888-1976). Kämpfen und Leiden für eine weltoffene Kirche, Freiburg im Breisgau 1985.
[48] Der Entwurf ist ungekürzt wiedergegeben in: Passelecq/Suchecky (wie Anm. 38); vgl. dazu: Clemens Thoma, Versteckte und verpasste Botschaft für die Juden, Bemerkungen zu einer 1938 vorbereiteten Enzyklika über Rassismus und Antisemitismus, in: Freiburger Rundbrief, Neue Folge 4 (1997), S. 242-246.
[49] Passelecq/Suchecky (wie Anm. 38), S. 193-260, Paragraphen 1-130 des Entwurfs.
[50] Ebda., S. 260-273, Paragrahen 131-152 des Enwurfs.
[51] Lexikon für Theologie und Kirche, Bd. 1, ²1930, S. 504.
[52] Ebda.
[53] Passelecq/Suchecky (wie Anm. 38), S. 266, Paragraph 142.
[54] Ebda., S. 264f., Paragraphen 138-140.
[55] Zitiert in: Von Langen (wie Anm. 7), S. 85.
[56] Golo Mann, Deutsche Geschichte des 19. und 20. Jahrhunderts, Frankfurt 1992, S. 899.
[57] Vgl. etwa das allwöchentliche Freitagsgebet der Steyler Missionsgesellschaft, das zur Zeit Pius' XI. (und bis in die sechziger Jahre des 20. Jahrhunderts hinein) gebetet wurde. Darin wird der Heiligsten Dreifaltigkeit «das verhöhnte, mit Blut überronnene Antlitz Christi» aufgeopfert: «für Juden und Türken, die Dich von sich gewiesen haben», zitiert aus: Vademekum der Steyler Missionsgesellschaft, Kaldenkirchen 1928, S. 57.
[58] Vgl. dazu besonders: Johannes Oesterreicher, Nostra Aetate, Nr. 4, Kommentierende Einleitung, Textgeschichte, Lexikon für Theologie und Kirche: Das 2. Vatikanische Konzil II, Freiburg im Breisgau 1967, S. 406-478.
[59] Zitiert aus: Ursula Käser-Leisibach, Die begnadeten Sünder, Stimmen aus den Schweizer Kirchen zum Nationalsozialismus 1933-1942, Winterthur 1994, S. 137.

Das Koordinatensystem des katholischen Antisemitismus in der Schweiz 1918–1945

URS ALTERMATT

Dass die katholische Kirche und die Mehrheit der Katholiken weitgehend schwiegen, als die deutschen Nationalsozialisten und ihre Kollaborateure mitten im 20. Jahrhundert die Juden verfolgten und in einer in der europäischen Geschichte singulären Mordaktion fast das ganze europäische Judentum vernichteten, bleibt ein Skandalon.[1] Im Hinblick auf das dritte Millennium der Christenheit schicken sich Papst und römische Kirche an, dieses dunkle Kapitel der Kirchengeschichte aufzuarbeiten und die jüdische Gemeinschaft um Verzeihung für das Versagen der Kirche und des Katholizismus zu bitten. Am 12. März 1998 publizierten Papst Johannes Paul II. und Kardinal Edward Idris Cassidy, der Präsident der päpstlichen «Kommission für die Beziehungen mit den Juden», das Dokument «Wir erinnern: Eine Reflexion über die Shoah».[2]

Über die Stellungnahme aus dem Vatikan zeigten sich jüdische Kreise enttäuscht. Das Simon-Wiesenthal-Institut in Jerusalem liess verlauten, das päpstliche Dokument gehe weit hinter das zurück, was erwartet worden sei. Die Kirche hätte sich zur Rolle bekennen sollen, welche die von ihr tradierte Judenfeindschaft für die Verbrechen während des Nationalsozialismus gespielt habe. Der Basler Judaist, Historiker und als Vertreter der jüdischen Gemeinschaft Co-Präsident der «Jüdisch/Römisch-katholischen Gesprächskommission», Ernst Ludwig Ehrlich[3], rühmte zwar die «rechtschaffene Absicht» und die «gute Gesinnung», von welcher der Text zeuge, kritisierte aber den Umstand, dass zwar Versäumnisse einzelner Christen beklagt würden, die Kirche selbst jedoch von der Kritik verschont bleibe.

Die aktuelle Geschichtsdebatte über die Schweiz im Zweiten Weltkrieg rückt auch die Haltung des Schweizer Katholizismus in den Jahren zwischen 1933 und 1945 ins Bewusstsein der Historikerinnen und Historiker. Ähnlich wie der Bundesrat oder das Internationale Komitee vom Roten Kreuz (IKRK) hüllten sich die Schweizer Bischöfe und Repräsentanten des Verbands- und Parteikatholizismus vorwiegend in Schweigen.

Der Antisemitismus war in der Schweiz eine Einstellung und Haltung, die im Alltag verbreiteter vorkam, als dies die allgemeine Geschichtsforschung und die Kirchengeschichte bisher annahmen. Noch hinkt die schweizerische Antisemitismusforschung trotz der Pionierstudien von Friedrich Külling, Aaron Kamis-Müller, Jacques Picard und Heinz Roschewski hinter der internationalen nach.[4] Nicht nur für den Katholizismus bleibt noch viel zu tun.[5]

Dieser Beitrag macht sich zur Aufgabe, judenfeindliche Stereotype und Mentalitäten, Empfindungen und Haltungen im Sozialmilieu des Schweizer Katholizismus[6] zwischen 1918 und 1945 zu dokumentieren und nach einem eigens aufgestellten Fragenschema zu ordnen. Im Vergleich zur bisherigen Forschung liegt das Neue darin, dass ich einen Interpretationsraster vorlege, der die Denk- und Mentalitätsstrukturen offenlegt, die für den Grossteil der katholischen Publizistik in der ersten Hälfte des 20. Jahrhunderts typisch waren. Die Systematik dürfte den internationalen Vergleich erleichtern. Obwohl sich diese kleine Studie auf den Antisemitismus des katholischen Milieus in der Schweiz bezieht, kann sie durch ihren methodischen Ansatz zur europäischen Debatte über Kontinuität und Diskontinuität der christlichen Judenfeindschaft im 20. Jahrhundert beitragen.

Es liegt auf der Hand, dass ich das komplexe Thema in diesem kurzen Aufsatz nicht nach allen Seiten umfassend darzustellen vermag. Ich konzentriere mich hier auf das Syndrom des katholischen Antisemitismus. Dadurch wird ermöglicht, das auf den ersten Blick uneinheitliche Phänomen des katholischen Antisemitismus aufzuschlüsseln und einzelne Zitate besser im Gesamtkontext einzuordnen. Über das Ausmass der antisemitischen Einstellungen und Haltungen bei einzelnen Personen und Organisationen orientiert mein demnächst erscheinendes Buch «Antisemitismus in der katholischen Schweiz».[7]

Die ideologie- und mentalitätsgeschichtliche Ausrichtung des Aufsatzes bringt es mit sich, dass ich hauptsächlich katholische Druckerzeugnisse wie Zeitungen und Zeitschriften sowie andere Publikationen untersucht habe. Dadurch steht das Denken der Bildungseliten im Vordergrund. Ihre Tätigkeit ist von zentraler Bedeutung, weil sie in der ersten Hälfte des 20. Jahrhunderts über die Druckmedien die Meinung des Durchschnittskatholiken stark beeinflusst haben. Leider verfüge ich noch über keine lokalen Detailstudien, die Pfarrblätter, Lokalzeitungen, Predigten usw. systematisch aufgearbeitet haben. Erste Stichproben bestätigen die vorliegenden Befunde. In diesem Aufsatz werden prominente Autoren – Journalisten, Publizisten, Theologen und Politiker – an herausragender Stelle zitiert, um aufzuzeigen, dass es sich beim katholischen Antisemitismus keineswegs nur um ein Phänomen von Aussenseitern handelte. Aus methodischen Gründen beschränken sich die in diesem Aufsatz wiedergegebenen Zitate auf die deutsche Schweiz. Einzelstudien in der französischen und italienischen Schweiz ergaben ein ähnliches Bild, so dass man mit Nuancen von der ganzen katholischen Schweiz sprechen kann.[8]

Das katholische Koordinatensystem: Der doppelte Antisemitismus

Im deutschen Sprachraum besassen die Katholiken einen theoretischen Orientierungsraster, der in katholischen Lexika und Handbüchern dokumentiert und abrufbar war. Dieses Standardwissen wies auffallend gleichförmige Linien auf und setzte sich in bemerkenswerter Einheitlichkeit in den katholischen Schriften über Juden und Antisemitismus fort. Bereits in dem 1907 im Verlag Herder in Freiburg im Breisgau herausgekommenen «Kirchlichen Handlexikon» ist die Grundausrichtung der katholischen Lehre vorgezeichnet. Das Werk sprach von einem «doppelten Antisemitismus», einem guten und einem schlechten, einem christlichen und einem widerchristlichen.[9]

Dieses Argumentationsmuster übernahmen die in der Zwischenkriegszeit erschienenen Handbücher. So findet man es im weitverbreiteten Konversationslexikon «Der Grosse Herder» aus dem Jahre 1931 wieder. Nimmt man das «Lexikon für Theologie und Kirche» (1930) und das «Staatslexikon» (1926) – alle im deutschen Herder Verlag herausgegeben – dazu, kann man die Kernaussage folgendermassen zusammenfassen: Der biologistisch-rassistisch begründete und/oder mit unchristlichen Mitteln arbeitende Antisemitismus ist abzulehnen. Erlaubt ist aber für Katholiken der sozial und politisch argumentierende Antisemitismus, der das angeblich «allzu starke Vordringen des Judentums»[10] bekämpfe. Im «Grossen Herder» standen die wegweisenden Sätze: «Der Antisemitismus ist vom christlichen Standpunkt aus abzulehnen, wenn er die Juden um ihrer Blutfremdheit willen bekämpft oder sich im Kampf gegen sie unchristlicher Mittel bedient. Die katholische Kirche hat darum von jeher den Antisemitismus als solchen verworfen. [...] Erlaubt ist die Abwehr des tatsächlich-schädlichen Einflusses liberal-jüdischer Kreise auf geistigem (Literatur, Presse, Kunst, Theater usw.) und politisch-wirtschaftlichem Gebiet mit rechtlichen und sittlichen Mitteln, am besten durch überlegene positive Leistungen. Selbstschutz gegen die wirtschaftliche Übermacht des liberal-jüdischen Warenhaus-, Börsen- und Grossbankwesens, die den gewerblichen und kaufmännischen Mittelstand erdrückt, gewährt namentlich die Pflege christlichen Solidaritätsgefühls.»[11]

Dass die in diesen Lexika vertretene Einstellung gegenüber dem Judentum bzw. dem Antisemitismus zum katholischen Standardwissen gehörte, belegt eine Leseprobe aus Artikeln prominenter katholischer Schweizer Autoren zwischen 1920 und 1945. Im November 1920 unterschied der Redaktor der «Ostschweiz», Karl Wick[12], späterer «Vaterland»-Redaktor und christlichsozialer Nationalrat, zwischen einem notwendigen und einem abzulehnenden Antisemitismus.[13] Er ging davon aus, dass die sogenannte «Judenfrage» ein «Kulturproblem ersten Ranges» bilde: «Wir sollten aus kulturellen Gründen Antisemiten sein, aber in der Verneinung des Judentums die richtigen Wege gehen.» Die östlichen Judenpogrome seien nicht die Waffen gegen das Judentum, vielmehr müsse man den «Juden in der eignen Brust» ausrotten.

Im April 1933 schrieb Jakob Lorenz[14], Professor für Volkswirtschaftslehre und Soziologie an der Universität Freiburg, in der «Monatschrift» des «Schweizerischen Studentenvereins», der Antisemitismus als Rassenhass sei etwas «primitiv Barbarisches». Es gebe jedoch einen «christlichen Antisemitismus», der nicht auf Hass und Rache beruhe.[15]

Anlässlich des Boykotts vom April 1933 lehnte der damalige Redaktor der «Zuger Nachrichten» und katholisch-konservative Zuger Ständerat Philipp Etter[16], der durch seine 1934 erfolgte Wahl in den Bundesrat nationale Prominenz erlangte, «jede Verfolgung Andersdenkender aus Gründen der Rasse oder des religiösen Bekenntnisses» ab. In Anlehnung an die bekannte Doppelargumentation fügte er an: «Die Tatsache ist freilich nicht in Abrede zu stellen, dass der jüdische Einfluss auf das deutsche Geistesleben in Kunst, Schrifttum und auf andern Gebieten der Kultur von unheilvoller Wirkung gewesen ist.»[17] Auch warf er den Juden zersetzende Kräfte sowie die Vorbereitung des Zusammenbruchs des deutschen Mittelstandes und damit der deutschen Demokratie vor. All dies berechtige jedoch eine Verfolgung nicht, «unter der so und so viel Unschuldige mit den Schuldigen zu leiden haben». «Die Verfolgung einer konfessionellen Minderheit hat immer etwas unsäglich Rohes, Unmenschliches an sich und kann von einem gesitteten Menschen nie gebilligt werden.»

Der österreichische Jesuit Mario von Galli[18], der unter dem Pseudonym Andreas Amsee im Auftrag des Apologetischen Instituts des «Schweizerischen Katholischen Volksvereins» 1939 das Buch «Die Judenfrage» herausgab, stellte die «gerechte Selbstverteidigung», die nicht Antisemitismus sei, der zu verwerfenden rassistischen «Lösung der Judenfrage» gegenüber.[19] «Auf einem solchen Fundament [der Rasse – U.A.] nunmehr ein Problem wie das Judenproblem radikal lösen zu wollen unter den Tränen und dem Blut des jüdischen Volkes, ist zumindest unverantwortlich und kann auch die Rechtssicherheit im eigenen Volk nur untergraben!» Gleichzeitig war Galli der Meinung, dass der Staat den Einfluss der Juden zurückdämmen müsse, wenn zum Beispiel nachgewiesen sei, «dass insbesondere die kulturbildenden, volkserzieherischen Mittel eines Volkes fast ausschliesslich in die Hände der Juden geraten sind, und somit das Volk von gesunden Tendenzen weg zu ungesunden hin gebildet» werde.

Im August 1943 schrieb der damalige Jesuit Hans Urs von Balthasar[20], später einer der bedeutendsten Schweizer Theologen des 20. Jahrhunderts, «Judenverfolgung» sei «implizit schon Christenverfolgung». Die Juden litten «stellvertretend, sinnbildlich»: «Die unsägliche jüdische Misere ist die sinnliche Darstellung unserer geistigen Sündenmisere.» Er definierte die «Judenfrage» als ein theologisches Problem. Trotz der Ablehnung der Judenverfolgung glaubte Balthasar, ein «vorsichtiger und dem sozialen Gefüge eines Volkes angemessener Numerus clausus» sei nötigenfalls erlaubt und bezeichnete die «Nichtvermischung der Christen mit den Juden» als durch das christliche Gebot auferlegt.[21]

Diese Zitate aus der Feder bekannter katholischer Publizisten belegen über die ganze Zwischenkriegs- und Kriegszeit hinweg, dass das Handbuchwissen über den

Antisemitismus zu den Standardkenntnissen der katholischen Bildungselite gehörte. Um mit der israelischen Historikerin Shulamith Volkov zu sprechen, hatte es die Funktion eines «kulturellen Codes».[22] Dass zahlreiche Theologen, Journalisten und Politiker diesen Orientierungsraster mit grosser Konstanz verbreiteten, ist das Ergebnis unserer Untersuchungen. Ob dieses Wissen und die daraus abgeleiteten Haltungen auch jenem der Durchschnittskatholiken entsprachen, lässt sich aufgrund des derzeitigen Forschungsstandes nur vermuten, aber nicht endgültig bestimmen. Noch fehlen minutiöse sozial- und mentalitätsgeschichtliche Regionalstudien, die den katholischen Alltag über Zeitungen, Zeitschriften und Pfarrblätter, über Brauchtum und Predigten systematisch einbeziehen. Vom konkreten Alltagsverhalten der Katholiken gegenüber den Juden ist in diesem Beitrag nicht die Rede. Insbesondere kann über die katholische Flüchtlingshilfe zum heutigen Zeitpunkt, da Forschungen dazu noch weitgehend fehlen, nicht viel gesagt werden.[23] Auch hier sind Widersprüche nicht auszuschliessen; so etwa, wenn sich Schweizer Katholiken jüdischen Flüchtlingen gegenüber respektvoll verhielten, ohne ihre antijüdischen Stereotype aufzugeben. Darüber hinaus ist zu beachten, dass dieser Aufsatz nur den Antisemitismus der Katholiken behandelt und auf die wenigen judenfreundlichen Autoren wie zum Beispiel den Freiburger Theologieprofessor Charles Journet nicht eingeht.

Christlicher Antijudaismus als Basis des modernen Antisemitismus

Der katholische Antisemitismus der Zwischenkriegs- und Kriegszeit war zuallererst dadurch gekennzeichnet, dass er auf einem religiösen Fundament basierte. Für diese religiöse Dimension erweist sich nach wie vor der Begriff «Antijudaismus» als geeignetes heuristisches Instrument. Damit plädiere ich keineswegs für eine Trennung des Antijudaismus vom Antisemitismus; im Gegenteil: Meine Untersuchung belegt deutlich die bewusste oder unbewusste Vermischung des älteren christlichen Antijudaismus mit dem modernen Antisemitismus des 19. und 20. Jahrhunderts.

Die neuere Forschung geht in der Regel davon aus, dass der christliche Antijudaismus dem modernen Antisemitismus ein Klima bereitet hatte, in dem er in erschreckendem Ausmass wachsen konnte. Das Christentum trug wesentlich dazu bei, dass der Antisemitismus zu einer mehr oder weniger virulenten Grundkonstante der abendländisch-christlichen Kultur wurde und dies bis weit ins 20. Jahrhundert hinein blieb.

Dennoch wäre es falsch, von einer geradlinigen Entwicklung vom traditionellen Antijudaismus zum modernen Antisemitismus zu sprechen. Die Kontinuitäten sind in der historischen Wirklichkeit verschlungen und verwirrend. Ich teile die Ansicht der Antisemitismusforscher Herbert A. Strauss und Norbert Kampe: «Weder die Behauptung einer durchgehenden Linie von der Judenfeindschaft der Kirchenväter über Luthers Hasstiraden bis zum Vernichtungswillen Hitlers, noch die Darstellung des

Rassenantisemitismus als eines völlig neuartigen Phänomens, das mit der traditionellen christlich-abendländischen Judenfeindschaft kaum mehr als den Namen oder die Gruppe der Opfer gemeinsam habe, entspricht der komplexen historischen Entwicklung.»[24] Bereits 1970 wies der katholische deutsche Historiker Rudolf Lill darauf hin, dass die «alte, religiös und historisch begründete Abneigung gegen Juden» bei den Katholiken weiter bestand und die «antijüdische Stimmung breiter [katholischer – U.A.] Kreise» gefördert hat. Dadurch sei die «sittliche Widerstandskraft» gegen die nationalsozialistische «Entrechtung der Juden» geschwächt worden. Lill schränkte jedoch ein: «Der soziale Antisemitismus [Gustav – U.A.] Gundlachs und anderer Katholiken war falsch und gefährlich; es muss aber auch gesagt werden, dass zwischen ihm und dem gleichzeitigen Rassenantisemitismus unüberbrückbare Unterschiede bestanden.»[25] Auch der katholische Schweizer Theologe Clemens Thoma betont, es sei nicht zu übersehen, «dass die christliche Judenfeindschaft eine Sünde und ein Verkündigungsversäumnis war, das den Judenmördern die Arbeit erleichtert hat. Sie konnten ihre Bosheit teilweise hinter der traditionellen judenfeindlichen Predigt der Kirche verstecken.»[26] Thoma distanziert sich auf der anderen Seite vom «Pauschalurteil», «das Christentum habe den Nazismus ideologisch hervorgebracht». Der katholische deutsche Antisemitismusforscher Olaf Blaschke warnt davor, den Antijudaismus vom Antisemitismus in apologetischer Absicht zu trennen, doch auch er beschreibt funktionale, organisatorische und thematische Unterschiede zwischen dem traditionellen und modernen Antisemitismus.[27] Der katholische Theologe Michael Langer spricht von einer «problematischen Verkürzung» in jener Forschung, welche mit dem Konzept vom «ewigen Antisemitismus» die gesamte Geschichte christlich-abendländischer Judenfeindschaft als «Vorgeschichte der Shoah interpretiert»; indessen geht auch er davon aus, dass die kontinuierliche Tradierung judenfeindlicher Stereotype eine der Ursachen der Shoah sei.[28]

Ich bin der Meinung, dass die Kontinuitäten zwischen dem christlichen Antijudaismus und dem modernen Antisemitismus auf keinen Fall unterbewertet werden dürfen. Über Jahrhunderte hinweg und bis ins 20. Jahrhundert prägten die christlichen Theologien die religiös motivierte Judenfeindschaft und benutzten dabei die Texte der Evangelien, die Schriften der Kirchenväter und die Zeugnisse von Reformatoren wie Martin Luther.

Immer wieder spielte der im christlichen Neuen Testament wiedergegebene Vorwurf des Gottesmordes eine zentrale Rolle, woraus Theologen die sogenannte «Verworfenheit» der Juden folgerten. Diese Anschuldigungen und die damit verknüpfte Anklage der Kollektivschuld zogen sich wie ein roter Faden durch die religiöse Lebenswelt der Katholiken.[29] Kaum ein antijüdisches Motiv wurde in der katholischen Unterweisung so konstant vorgebracht wie dieses Stereotyp. Mit dem Bittgebet «Oremus et pro perfidis Judaeis» gehörte dieser Topos bis zum Zweiten Vatikanum zur Karfreitagsliturgie. Damit war eine Vielzahl von judenfeindlichen Topoi aus der Passionsgeschichte verbunden. So sprach man von der «Verstocktheit der Juden» gegenüber dem

Messias und den «falschen Messiaserwartungen» des «verblendeten Judentums», von den «hochmütigen und heuchlerischen Pharisäern», vom «Elend der Juden als Strafgericht Gottes über das ungetreue Jerusalem», vom «auf den Juden lastenden Fluch» usw. Die christlichen Theologen stellten überdies die als Irrlehre abgelehnte jüdische Thorareligiosität als «Gesetzesreligion» dem christlichen Glauben gegenüber.

Da das Judentum in seinem Verhältnis zum Christentum einen Sonderstatus innehatte, fühlten sich die Christen mit ihm in dialektischer Weise verbunden und rechneten auch mit der Bekehrung der Juden am Ende der Zeiten. Die Juden waren nach christlicher Auffassung bis zum Auftreten von Jesus von Nazareth das auserwählte Volk Gottes gewesen, hätten aber, nachdem sie den Messias abgelehnt hatten, diesen privilegierten Platz an die Christen verloren. In dualistischer Sicht betrachteten die Christen ihre Religion als das Neue, während sie das Judentum als das Veraltete ansahen.[30]

Auf diese Weise wurden die Juden zur Negativfolie, die in der katholischen Pastoral häufig angewendet wurde.[31] So stellte man in der katholischen Volksbildung die «Diesseitsbezogenheit» der Juden dem Jenseitsdenken der Christen gegenüber. Geistliche zogen in Predigt und Christenlehre das Judentum oder die jüdische Religion heran, um auf der einen Seite den Christen aufzuzeigen, wohin der Verlust des Heils, der Abfall und die Sünde führten, und um auf der anderen Seite Missstände im Christentum selber zu brandmarken. Die verbreitete katholische Familienzeitschrift «Sonntag» warnte etwa: «Ihr unglücklichen Völker, ihr seid verblendet wie die Juden zur Zeit des Pilatus, ihr werft euere Könige und Kaiser weg und werdet dadurch um kein Haar glücklicher und ihr werft Christus weg und kreuzigt ihn nochmals, darum kommt über euch das Unglück wie einst über die Stadt Jerusalem und das Judenvolk: Krieg, Hunger und Not.»[32] Obwohl diese Aussage nicht in einem direkten Zusammenhang zum «modernen» Antisemitismus stand, muss die ständige Wiederholung dieser Gedankengänge gewichtet werden.

Moderne Medien förderten über Druckerzeugnisse wie Zeitschriften, Zeitungen und Pamphlete eine katholische Massenreligiosität und ermöglichten gleichzeitig die Verbreitung antijüdischer Stereotype. Die soziale Disziplinierung, die die Katholiken in der zweiten Hälfte des 19. Jahrhunderts in der Schweiz und anderswo durchmachten, hatte zur Folge, dass sich die antijudaistischen Klischees nicht nur verbreiten, sondern auch vereinheitlichen konnten.[33] Systematische Mikrostudien, die bis heute für die Schweiz fehlen, könnten diesen Prozess erhellen.

Der traditionelle Antijudaismus erhielt dort eine neue Funktion, wo er sich mit dem modernen Antisemitismus verband. Zur Stützung der Kontinuitätsthese weise ich darauf hin, dass katholische Publizisten Stereotype der religiösen Judenfeindschaft zur Begründung ihrer antisemitischen Haltungen verwendeten. Katholische Autoren knüpften bei der religiös begründeten Judenfeindschaft an, um gegen die angebliche Macht der Juden in der Gesellschaft zu polemisieren und die Existenz der sogenannten

«Judenfrage» theologisch zu begründen. Dadurch verstärkten sie im Kontext des modernen Antisemitismus antisemitische Feindbilder im Katholizismus.

Die Verknüpfung des traditionellen mit dem modernen Diskurs kann man in zahlreichen Texten katholischer Autoren finden, besonders deutlich kamen sie in Zeitungen und Zeitschriften des integralistischen Rechtskatholizismus[34] zum Vorschein, der häufiger und stärker als andere Katholizismen den traditionellen Antijudaismus für den modernen Antisemitismus instrumentalisierte. Als eigentliche Träger und Wegbereiter erwiesen sich dabei Geistliche, denn sie verfügten durch ihre Ausbildung über das theologische Spezialwissen.

Doch auch in anderen Kreisen des Schweizer Katholizismus kam die Verbindung von traditionellem Antijudaismus und modernem Antisemitismus durchaus vor. In den «Volksvereins-Annalen» zum Beispiel schrieb Karl Fleischmann: «So hat der Jude sein Gottverlassen vielfach mit einem ihm selber zur Gefahr werdenden geistigen Materialismus büssen müssen; mit einer allzu rationalistischen Einstellung religiösen Dingen gegenüber, mit dem Geist der Rechenhaftigkeit und des Kapitalismus.»[35]

Mit dem Beginn des Zweiten Weltkrieges und der systematischen Vernichtung der europäischen Juden ging die explizite Verbindung von antijudaistisch-biblischen Stellen mit antimodernistischen Argumenten zurück. Das Phänomen eines scheinbar abnehmenden Antisemitismus ist nach Jacques Picard für die Schweiz allgemein zu beobachten und hängt vermutlich mit einer gewissen Tabuisierung des Antisemitismus angesichts der deutschen Kriegsbedrohung und der antideutschen Stimmungslage in der Schweiz zusammen.[36]

Im folgenden stelle ich einige der antijüdischen Stereotype und deren Verwendung dar, ohne dabei Vollständigkeit erreichen zu können. Vielfältig angewendet wurde der Topos des «Christus-» bzw. «Christenhasses» der Juden. So versuchte etwa der christlichsoziale Journalist Karl Wick 1920 folgenden Zusammenhang herzustellen: «Dieser Hass des Judentums gegen alles, was mit Christus und Christentum zusammenhängt, hat sich politisch und sozial kristallisiert im jüdischen Liberalismus und in der jüdischen Sozialdemokratie, im ganzen ungeheuren Konzern der jüdischen Presse liberaler und sozialistischer Färbung.»[37] Der integralistische Pfarrer Robert Mäder[38] untermauerte in einem Artikel in der Zeitschrift «Schildwache» mit dem Titel «Der Jude als Revolutionsmacher» seine antisemitischen Ausführungen mit folgender, auf die Bibel verweisender Bemerkung: «Seitdem die Synagoge Barabbas dem Messias vorgezogen» worden sei, sei der «Mordräuber und Aufrührer eine typische Figur des Judentums».[39]

Immer wieder wurde auch der sogenannte «jüdische Mammonismus» als Schlagwort für die angebliche «Diesseitsbezogenheit» der Juden benutzt. Diese habe zur Verwerfung des Messias geführt. Mit dieser neutestamentlichen Referenz wollte man die den Juden vorgeworfene kapitalistische Grundhaltung belegen. In ähnlicher Weise konstruierte eine Reihe katholischer Antisemiten eine Kontinuität von der Zeit Christi bis zu den angeblichen Weltherrschaftsbestrebungen des modernen Judentums. So hiess es etwa 1930 in der «Schweizerischen Kirchenzeitung»: «Die Pharisäer ruhten nicht, bis Jesus am Kreuze hing; die zionistischen Juden ruhen nicht, bis sie die Weltrevolution ganz entfacht haben.»[40] All diese Beispiele zeigen, wie antijüdisch-christliche Argumentationen dazu verwendet wurden, den modernen antisemitischen Diskurs religiös zu stützen.

Indem der Studentenpfarrer Rudolf Walter von Moos[41] in der «Schweizerischen Rundschau» den «ehebrecherischen Abfall Israels von Jahwe» als Ursache der «Judenfrage» schlechthin und der «welthistorischen Tragik des auserwählten Volkes» bezeichnete, benutzte auch er religiöse Referenzen.[42] In dieses Argumentationsmuster gehören die Hinweise auf den «jüdischen Geist», welcher der «Judenfrage» letztlich zugrunde liege. Für mehrere Autoren der «Schildwache» stellte die Gegenüberstellung von «Judengeist» und «Christentum» das «grosse Thema der Weltgeschichte» dar.[43] So befand der bereits zitierte Mäder, ohne die Juden sei die Passionsgeschichte nicht erklärbar, und ohne die «Kenntnis des modernen Judaismus» sei die moderne Passionsgeschichte der neuesten Kirchengeschichte nicht verständlich.[44]

In der katholischen Publizistik des 19. Jahrhunderts waren die Vorurteile gegen den Talmud weit verbreitet.[45] Die von uns durchgesehenen Zeitungen und Zeitschriften der Zwischenkriegs- und der Kriegszeit beinhalten allerdings verhältnismässig wenige solche Vorurteile. Wenn dies trotzdem der Fall war, wurden sie hauptsächlich von integralistischen Kreisen verwendet. Zudem scheint dieses Stereotyp dort vor allem von deutschen und österreichischen Autoren benützt worden zu sein.[46] Im Zusammenhang mit dem Antitalmudismus ist der St. Galler Geistliche Joseph Anton Böni[47] zu erwähnen, der in seiner antisemitischen Schrift «Moderne Schwarmgeister» (1925)[48] in längeren Ausführungen auf den Talmud zu sprechen kam, den er als Buch bezeichnete, «das natürliches, jüdisches Leben» zum Ausdruck bringe. «Dieser [der Talmud – U.A.] stellt das Judenvolk als das für die Weltherrschaft über alle anderen Völker bestimmte hin.» Auf der anderen Seite distanzierte sich etwa ein Beitrag in der katholischen Familienzeitschrift «Sonntag» von einer solchen Haltung gegenüber dem Talmud.[49]

Anzufügen ist, dass sich in der ersten Hälfte des 20. Jahrhunderts im katholischen Schrifttum auch Textstellen finden, die antijüdische Aussagen ohne Bezug zum modernen Judentum verwendeten. Die Gelegenheit dafür bot die Passionszeit um den Karfreitag. Ein solcher reiner Antijudaismus war allerdings selten zu finden.[50] Es ist zu vermuten, dass dieser Antijudaismus vor allem in der Alltagspastoral, das heisst in Predigt und Christenlehre, vorkam.[51]

Für den Beobachter des nachkonziliären Katholizismus ist erstaunlich, dass die judenfeindlichen Bilder bis weit in den Zweiten Weltkrieg hinein auch dann noch nacherzählt wurden, als durch die Shoah längst ein schrecklicher Gegenwartsbezug bestand. Im gesellschaftlichen Kontext der Judenverfolgungen hätten diese Textstellen – zumindest aus heutiger Sicht – den Unwillen oder den Protest der Christen provozieren müssen. Doch die introvertierte und gruppenegoistische Perspektive der christlichen Konfessionen hemmte die kritische Auseinandersetzung mit der eigenen Verantwortung für den Mord an den Juden. Die grosse Mehrheit der Christen sah desinteressiert, feige oder zumindest passiv weg, als Millionen von jüdischen Mitmenschen von der nationalsozialistischen Verfolgungsmaschinerie in den Tod getrieben wurden.

In diesem Zusammenhang ist schliesslich noch folgende Bemerkung anzufügen. Obwohl die sogenannte «Judenfrage» während des Zweiten Weltkrieges nicht mehr in gleicher Weise wie vor 1939 behandelt wurde, versuchten katholische Theologen die Shoah mit heilsgeschichtlichen Argumenten zu erklären. So benutzten noch in den Kriegsjahren einzelne Theologen das Stereotyp von der «Verworfenheit» der Juden, um ihre Verfolgung und Vernichtung durch die Nationalsozialisten und deren Helfershelfer zu erklären. Noch waren diese Theologen der Meinung, dass nur die Bekehrung zum Christentum die Juden vor der Verfolgung bewahren könne. Den alten Begriff vom «ewigen Juden» gebrauchten sie doppeldeutig: als Erklärung für die Verfolgung und als Beleg für das «ewige Herumirren» der Juden im Sinne eines Planes der göttlichen Vorsehung.[52] Der Theologieprofessor Alois Schenker[53], Redaktor der «Schweizerischen Kirchenzeitung», machte noch am Jahresende 1942 das «parasitäre Judentum» für den Antisemitismus verantwortlich.[54] «Die Juden haben sich in Vergangenheit und Gegenwart so häufig und so unverschämt frech und ungerecht auf Kosten der Christen breit gemacht in allen Schlüsselstellungen des privaten und öffentlichen Lebens (Wirtschaft, Presse, Literatur, Theater, Politik usw.), dass es ein Akt primitivster Notwehr» gewesen sei, «sie zurückzubinden». Gestützt auf den biblischen Vorwurf des Gottesmordes folgerte er: «Bleiben wir also dabei, den ungerecht verfolgten Juden in christlicher Gerechtigkeit und Liebe zu helfen. Wir brauchen dabei die biblisch-historisch begründete Schuld des Judentums jedoch nicht zu unterschlagen und kein einseitiges und vor allem die Juden dogmatisch entschuldigendes Confiteor zu sprechen.» Heinrich Bolfing meinte 1941 in einem Artikel der «Schweizerischen Kirchenzeitung»: «Gottlosigkeit und Sittenlosigkeit des Volkes wird am gesamten Volke bestraft; zur Ausführung solcher Strafgerichte bedient sich Gott oft anderer Völker als seiner Werkzeuge [...].» «So lehrt uns das A.T. [Alte Testament – U.A.], die furchtbaren Geschehnisse der heutigen Zeit zu begreifen.»[55]

Sogar der – später – bedeutende Schweizer Theologe Hans Urs von Balthasar erklärte im August 1943 den damals bereits offensichtlichen Mord am europäischen Judentum mit theologischen Argumenten.[56] Zwar lehnte er die «heidnischen» Massnahmen gegen die Juden entschieden ab. Der «unsäglichen jüdischen Misere» versuchte er aber einen welt- und heilsgeschichtlichen Sinn zu geben: «Wir müssen darum sagen, dass jene jüdischen Eigenschaften, die die Völker in so ausgesprochenem Masse ‹reizen›, sowie der entsprechende Gegeninstinkt bei den Heiden [...] durchaus ihre theologische Basis besitzen müssen. Wäre dieses erbitterte Eifersuchtsspiel, dieses wechselnde, unaufhaltsame sich-Überwältigen, Vordringen und Zurückgeworfenwerden nicht im tiefsten physischen Grund der Weltgeschichte angelegt – so tief, dass kein einzelner oder kollektiver Menschenwille es ausrotten kann – so wäre das Mysterium des jüdischen Fluchs und seiner Verheissung gar kein ernsthaftes theologisches Faktum.» In der Tradition des christlichen Antijudaismus nannte Balthasar mehrere Male den auf den Juden lastenden «Fluch» und versuchte damit zugleich den Sinn des jüdischen Leidens theologisch zu erklären. Nicht nur leitete er typische Stigmata wie die «Verworfenheit», die «Verstocktheit» und «Halsstarrigkeit», die «Verstossenheit», die «Blindheit», die «Heimatlosigkeit», die ‹humanitäre Tarnung› usw. theologisch her, er führte den religiösen Fluch gar in ein Rassenkonstrukt über, «weil das Theologische im Juden das ‹Fleischliche› ist: bis hinein ins Physiologische».

Kein Zweifel: Für die Analyse des katholischen Antisemitismus bleibt die Kategorie des christlichen Antijudaismus Ausgangspunkt. Gerade in einer Untersuchung über eine sich konfessionell definierende Gruppe wie die Katholiken darf der theologische Diskurs nicht ausgeklammert werden. In Verbindung mit dem modernen Antisemitismus nahm der christliche Antijudaismus im 20. Jahrhundert neue Formen und neue Funktionen an. Das ist der entscheidende Punkt, der in der Debatte über die Kontinuität oder Diskontinuität des Antisemitismus häufig übersehen wird.

Ambivalenzen trotz grundsätzlicher Distanzierung vom Rassenantisemitismus

Was den Rassenantisemitismus angeht, folgten die katholischen Publizisten in der Regel dem Argumentationsschema der katholischen Lexika und lehnten ihn ab. Nach einer heute häufig verwendeten Definition bezieht sich Rassismus auf biologistisch begründete Merkmale und benutzt diese, um einzelne Menschengruppen als höher- oder minderwertig einzustufen. In seiner zugespitzten Form besitzt er die Qualität einer eigenständigen Ideologie, die der Kategorie Rasse den höchsten Rang in der Werthierarchie beimisst.[57]

Der Rassenantisemitismus, der sich gegen Ende des 19. Jahrhunderts herausbildete, konstruierte aus den Juden eine eigene «Rasse», indem er ihnen bestimmte biologische Merkmale zuschrieb. Damit verband er negative Eigenschaften und bewertete die «jüdische Rasse» als minderwertig. Kontrovers ist in der Forschung die Frage, ob der rassistische Antisemitismus eine Form des Rassismus darstelle. In der Regel gehen die Rassismusspezialisten davon aus, dass dem so sei, während die Antisemitismusspezialisten entweder den Antisemitismus nicht unter dem Aspekt von Rassismus untersuchen oder dann den Antisemitismus als eine Sonderform des Rassismus charakterisieren. Ich spreche mich hier dafür aus, dass der Rassenantisemitismus insofern eine Form von Rassismus darstellt, als er die Juden als «Rasse» bezeichnet. Dem französischen Antisemitismusspezialisten Léon Poliakov folgend, betrachte ich den Antisemitismus insgesamt als einen Sonderfall des Rassismus.[58]

In der internationalen Antisemitismusforschung herrscht mit Nuancen Übereinstimmung darüber, dass die katholische Kirche und die gläubigen Katholiken den Rassenantisemitismus offiziell ablehnten. Damit unterschied sich der katholisch geprägte Antisemitismus in einem wesentlichen Punkt vom sogenannten «modernen» Antisemitismus, der sich in Europa seit den achtziger Jahren des 19. Jahrhunderts ausbreitete. Der rassische Antisemitismus betonte die wesensmässige und damit unaufhebbare Andersartigkeit und Minderwertigkeit der Juden. Unter der nationalsozialistischen Herrschaft führte diese Rassenlehre zur Entrechtung, Verfolgung und schliesslich systematischen Vernichtung eines Grossteils des europäischen Judentums.

Selbst Katholizismus-kritische Historiker wie Olaf Blaschke stellen fest, dass die Katholiken nicht zu den Hauptvertretern des rassischen Antisemitismus gehörten: «Es bleibt festzuhalten, dass in diesem Punkt der Katholizismus nicht als Exponent des modernen Antisemitismus ermittelt werden kann.»[59] Auch Michael Langer meint, sprachliche und inhaltliche Parallelen dürften nicht vergessen lassen, dass der katholische Antisemitismus eine andere weltanschauliche Position einnahm als der Rassenantisemitismus.[60] Verschiedene Nationalsozialismus-Forscher gehen von der Annahme aus, dass der Katholizismus und das katholische Milieu einen gewissen Schutz gegen das Eindringen von aggressiven Rassentheorien darboten. Nach dem deutschen Historiker Konrad Repgen war der Kampf gegen die Rassenideologie in Deutschland «die wichtigste Ebene des kirchlichen Widerstandes gegen den Nationalsozialismus». Er habe im Dritten Reich «weltanschaulich immunisierend gewirkt».[61] Auch der Historiker Herbert A. Strauss ist der Meinung, dass «integrative politische Ideologien» wie der Katholizismus oder Marxismus Hemmschwellen darstellten, die ihre Anhänger vom Überlaufen zum Nationalsozialismus abhielten. «Wo integrative politische Ideologien wie Katholizismus oder Marxismus fehlten wie in protestantisch-ländlichen Wahlkreisen, oder wo Irredentismus herrschte wie in den östlichen Grenzbezirken, errang die aggressive Propaganda grössere Erfolge.»[62]

An dieser Stelle muss ich vor Vereinfachungen warnen. Die Übergänge zwischen dem katholischen und dem rassischen Antisemitismus waren fliessend. In der Theorie lehnten praktisch alle bekennenden Katholiken den Rassismus ab, in den konkreten Äusserungen über das Judentum gebrauchten aber nicht wenige rassistische Argumente. Ihre generelle Ablehnung des Rassismus führte in der Regel nicht dazu, dass sie sich vom damals weitverbreiteten Konzept der Juden als einer eigenen «Rasse» distanzierten. Wie viele Zeitgenossen betrachteten diese Katholiken die Juden als «Rasse», ohne aber die Lehre von angeblich höher- und minderwertigen Rassen zu vertreten. Diese Widersprüche gehörten zur historischen Wirklichkeit der damaligen Zeit.

Die prinzipielle Ablehnung des Rassenantisemitismus war für die katholische Kirche und ihre Gläubigen eine logische Konsequenz aus der christlichen Weltanschauung. Die katholische Judenfeindschaft beruhte grundsätzlich auf einem religiöstheologischen Dissens und ging von der gleichen Menschenwürde aus.[63] Da die katholische Lehre die Menschen in erster Linie unter religiösen Gesichtspunkten betrachtet, definierte sie damals die Juden von der Religion und nicht von der «Rasse» her. Als Folge davon unterschieden die Katholiken in der Regel nicht im Stil der neuen Rassenlehren zwischen Ariern und Semiten, sondern eben in religiös-kirchlicher Perspektive zwischen Christen und Juden.

Der Rassenantisemitismus baute – und dies ist der zweite Punkt – auf einem materialistisch-biologischen Menschenbild auf, wie es vorab die Evolutionstheorien und der Darwinismus propagierten. Diesen als fortschrittlich angesehenen Lehren stellte sich die katholische Kirche strikte entgegen. Deutlich kam diese Stossrichtung in den katholischen Lehrbüchern zum Ausdruck.[64]

Hinzu kam, dass der moderne Rassismus von einem deutlichen Antikatholizismus geprägt war, da er die katholische Kirche als Hort der Reaktion betrachtete. Wenn die Katholiken die Rassenlehren ablehnten, taten sie dies nicht zuletzt auch aus utilitaristischen und gruppenzentrierten Gründen. Sozialdarwinistische Rassisten und gläubige Katholiken vertrugen sich gegenseitig nicht. Die Katholiken lehnten zwar den Rassismus ab, aber – und das muss hier betont werden – nicht wegen der jüdischen Opfer.

Für die Schweizer Katholiken schloss sich ein weiteres Argument an. Da die Mehrheit der Schweizer die Rassenideologie des Nationalsozialismus als Widerspruch zur multikulturellen Identität der mehrsprachigen Schweiz empfand, begegneten sie völkisch-rassistischen Ideen mit Misstrauen, was eine breite gesellschaftliche Rezeption des Rassismus verunmöglichte. Wie Oliver Zimmer darlegt, irritierte die nationalsozialistische Ideologie der Einheit von Volk, Rasse und Staat die Schweizer, deren Staatsidee auf das eidgenössische Zusammenleben in einer Staatsbürgernation ausgerichtet war.[65] Dass sie auch den Rassenantisemitismus ablehnten, war in einem gewissen Sinne nur eine sekundäre Folge dieser Grundhaltung.

Als Hypothese kann man davon ausgehen, dass der durchschnittliche Schweizer Katholik dem rassistischen Antisemitismus zwischen 1920 und 1945 eigentlich in doppelter Weise hätte misstrauen müssen: zum einen, weil die katholische Kirche diesen aus religiösen Gründen verurteilte und zum andern, weil die Schweizer Behörden die völkische Rassenideologie aus Gründen der Staatsräson ablehnten.

Sofern Katholiken dem Hitler-Regime bei seiner Machtergreifung 1933 gewisse Sympathien entgegenbrachten, lag dies hauptsächlich an der Attraktion der autoritären Staatsordnung sowie an dessen Antibolschewismus. Im Vergleich mit der «Neuen Zürcher Zeitung» und der sozialdemokratischen Berner «Tagwacht» zeigte das katholisch-konservative Luzerner «Vaterland» 1933 eine grössere Affinität für autoritäre und faschistische Gesellschaftsentwürfe.[66] Nach kurzem Schwanken nahmen zwar die Katholisch-Konservativen klar gegen den Nazismus Stellung, doch erschienen einigen Mussolini, Franco, Salazar, Dollfuss vorerst als mögliche Alternativen, obwohl sie die grundsätzliche Verschiedenheit der schweizerischen Verhältnisse betonten.[67] Die scheinbare Kirchenfreundlichkeit des italienischen Faschismus vernebelte seit dem Abschluss der Lateranverträge und des Konkordates mit dem Vatikan 1929 den Blick mancher Katholiken. Im politischen Katholizismus waren Tendenzen zu einem antinazistischen Philofaschismus unübersehbar. Katholisch-konservative Publizisten blendeten dabei die antidemokratische und antiliberale Ideologie des Faschismus und die terroristische Praxis seiner Diktaturen vielfach aus. Skepsis und Ablehnung brachten sie den autoritären und faschistischen Regimen und dem nationalsozialistischen Deutschland vorab deshalb entgegen, weil sie deren antikirchlichen und antichristlichen Totalitarismus ablehnten.

Eines ist sicher: Man darf den Antirassismus des Katholizismus nicht verabsolutieren, denn die historische Wirklichkeit war voller Ambivalenzen. Auch wenn an der grundsätzlichen Ablehnung des Rassismus durch die katholische Kirche nicht zu zweifeln ist, bleiben Widersprüche zurück. Für die Katholiken war die sogenannte «Judenfrage» letztlich – um es nochmals zu sagen – kein rassisches, sondern ein religiöses Problem. Im Unterschied zum Rassenantisemitismus gingen die gläubigen Katholiken davon aus, dass die Juden ihr Jüdischsein durch die Taufe und die Bekehrung zum Christentum aufheben konnten. Wären die Katholiken der Rassenlehre gefolgt, hätten sie das für sie zentrale Taufsakrament beiseite schieben müssen.[68] Der Generalsekretär des «Schweizerischen Katholischen Volksvereins», Alphons Hättenschwiler[69], schrieb 1939 in der Illustrierten «Sonntag», dass der Antisemitismus der autoritären Staaten wahrhaft unchristlich sei; er fuhr aber doppeldeutig fort, Gott sei die Ursache sowohl der Verfolgung wie auch der Erhaltung des jüdischen Volkes. Das «Judenproblem» werde durch die Bekehrung des ganzen Volkes sein Ende finden.[70] Das war die am häufigsten vorkommende katholische Position in dieser Frage.

Doch gab es auch Stimmen, die der Konversion von Juden skeptisch gegenüberstanden. Der Jesuit Mario von Galli schrieb, dass selbst die Bekehrung «durch das Taufwasser diese [schädlichen – U.A.] Eigenschaften nicht sogleich auszulöschen vermögen», denn der Jude sei ein «Schädling der Völker» geworden.[71] Er sah in den Juden eine «Rasse», ging aber weiter als die meisten, indem er der Taufe scheinbar keine allzu grosse Kraft zubilligte. So schrieb er an einer Stelle über «den Juden»: «Die Züge seines Gesichtes, die Form seiner Nase, die Gestalt seines Schädels sind heute der ‹gelbe Fleck›, den keine gesellschaftliche Stellung und kein Mimikry und nicht einmal das Taufwasser abzuwaschen vermögen.» Zur Widersprüchlichkeit seiner Argumentation gehörte, dass er in der gleichen Schrift dennoch betonte, dass die Lösung der «Judenfrage» in der Bekehrung der Juden liege.

Die Textstellen aus Gallis Schrift belegen, dass die Katholiken in der Epoche des Faschismus bis 1945 auf der abstrakten Ebene den Rassismus durchaus verurteilten, in konkreten Äusserungen aber gegenteilige Meinungen vertreten konnten. Der Kirche ging es in erster Linie darum, dem biologistischen Natur- und Gesellschaftsbild der modernen Naturwissenschaften das heilsgeschichtliche Geschichtsbild des Christentums entgegenzustellen. Man darf daraus schliessen, dass nur jene Katholiken, die den Rassenantisemitismus vor allem um der Juden willen ablehnten, ihn auch wirklich per se verurteilten. Wer dies nur aus gruppenegoistischen oder andern Motiven tat, zum Beispiel wegen der Gefährdung der katholischen Kirche oder der multikulturellen Schweiz, konnte in seiner Grundhaltung durchaus ambivalent sein. Dies kann erklären, weshalb zahlreiche Katholiken die nationalsozialistischen Rassentheorien scharf verurteilten und dabei den Rassenantisemitismus nicht erwähnten.

In den zeitgenössischen Diskursen über Nation und Volk, Rasse und Ethnie geisterten auch in katholischen Publikationen ethnonationale, kulturalistische und rassistische Klischees herum, auch wenn dabei die Rassen- und Volks-Begriffe häufig unreflektiert waren und eine untergeordnete Rolle spielten. Der Katholizismus war auch in diesem Bereich ein Kind des Zeitgeistes, der den Rassentheorien eine grosse Bedeutung zumass. Im Schlussbericht über die Vereinsdiskussion im katholischen «Studentenverein» 1938/39 betrachtete der Rechtsstudent Remigius Bärlocher die Schweizer und die Juden als verschiedene Völker. «Die Schweiz kennt heute kein Rassenproblem, so wie man es in verschiedenen Nachbarländern propagiert. Aber auch wir wissen um die Notwendigkeit, unsern Volkskörper vor fremder Beimischung zu schützen. Auch bei uns ist z. B. die Judenfrage aller Beachtung wert. Aber wir sehen im Juden nicht den Angehörigen einer inferioren Rasse, sondern den Angehörigen eines fremden Volkes. Je wesensfremder ein Mensch unserm Volke ist, umso weniger darf er im Verband der Eidgenossenschaft bedeuten.»[72] Dieses Beispiel zeigt, dass der Zeitgeist eindeutig auf die katholischen Diskussionen abfärbte, wobei die Meinungen darüber auseinander gingen, ob die Juden eine Rasse darstellten oder nicht. Es gab im «Studentenverein» dezidierte Meinungen, die die Rassentheorien generell ablehnten.

Im Zuge der «Geistigen Landesverteidigung» kam es in der ganzen Schweiz zu einer fortschreitenden Ethnisierung des «Schweizertums». Da man nicht auf eine gemeinsame Sprache oder Kultur rekurrieren konnte, wurde statt dessen das «Schweizertum» zu einem Ideal hochstilisiert. In erster Linie befassten sich Intellektuelle und Professoren mit dieser Frage. So behauptete etwa der Freiburger Soziologie- und Wirtschaftsprofessor Jakob Lorenz 1933, die Juden seien als Volkstypus zu erkennen, ob sie Schweizer seien oder nicht.[73] In ähnlicher Weise benutzte Mario von Galli 1939 rassistisches Vokabular. Auch er unterstellte, dass selbst Rassenunkundige einen Juden sofort erkennen könnten.[74]

Vor allem in der rechtskatholisch-integralistischen Presse finden sich eindeutig rassistische Aussagen über Juden. So meinte Walter Imhof in der «Schildwache», dass das Judentum wegen seiner Rasse nicht in andern Völkern aufgehen könne.[75] Er wandte sich damit gegen die Assimilierbarkeit der jüdischen Bevölkerung. 1921 war ein anderer Autor der Ansicht, dass die «Schweizer Rasse» von den Juden vergiftet worden sei.[76] Unter dem Titel «Kurjudentum» beschrieb ein weiterer die angeblich jüdische Physiognomie als «Rasse mit dem pechschwarzen Schlangenhaar, mit den schwülstigen Lippen, den nachtdunklen Augen, den gepuderten und geschminkten Gesichtern».[77] Doch selbst in diesem rechtskatholischen Blatt war ein derartig deutlicher Biologismus selten zu lesen. Der katholische Antisemitismus argumentierte gewöhnlich soziokulturell, politisch oder wirtschaftlich. Trotz diesen Feststellungen spreche ich nicht von einem «partialrassistischen Antisemitismus» als integriertem Element der katholischen Mentalität.[78]

Zusammenfassend stelle ich fest, dass der Schweizer Katholizismus trotz der prinzipiellen Ablehnung des Rassenantisemitismus nicht in allen Teilen davor gefeit war. Wer biologistische oder rassistische Vorurteile gegen die Juden hegte, kann nicht uneingeschränkt als Gegner des rassischen Antisemitismus gelten. Nur selten lehnten die Schweizer Katholiken den Rassenantisemitismus um der Juden selbst willen ab.

Dieser Befund deckt sich mit der Beobachtung, dass der Papst und die Schweizer Bischöfe zwar gegen die modernen Rassenlehren protestierten, aber praktisch nichts für die Juden als Opfer dieser Lehren taten.[79] Papst Pius XI. verurteilte 1937 in der Enzyklika «Mit brennender Sorge» den Rassismus: «Wer die Rasse, oder das Volk, oder den Staat, oder die Staatsform, die Träger der Staatsgewalt oder andere Grundwerte menschlicher Gemeinschaftsgestaltung [...] aus dieser ihrer irdischen Wertskala herauslöst, sie zur höchsten Norm aller, auch der religiösen Werte macht und sie mit Götzenkult vergöttert, der verkehrt und fälscht die gottgeschaffene und gottbefohlene Ordnung der Dinge.»[80] Der Papst sprach sich also gegen die Verabsolutierung von Rasse und Nation aus, nannte aber den Antisemitismus nicht explizit beim Namen. Dies erstaunt, wenn man sich die offenkundige Entrechtung und Verfolgung der Juden im nationalsozialistischen Deutschland und in andern faschistischen Staaten vor Augen hält. Im Kampf gegen den Nationalsozialismus und Faschismus galt die Sorge des Papstes in erster Linie dem religions- und kirchenfeindlichen Totalitarismus und erst in zweiter Linie der Verurteilung der Rassenideologie.

Ähnlich wie der Papst verhielten sich die Schweizer Bischöfe.[81] Im Jahre der Machtübernahme Adolf Hitlers 1933 thematisierte das vom St. Galler Bischof Alois Scheiwiler[82] verfasste Bettagsmandat die Vaterlandsliebe und wandte sich nur kurz gegen die nationalistischen und rassistischen Geistesströmungen, wobei er aber den Antisemitismus und die einsetzende Diskriminierung der Juden in Deutschland nicht erwähnte.[83] Die kirchlichen Oberhirten organisierten also keine Kampagne gegen den Antisemitismus im benachbarten Deutschland.

Als einziger katholischer Bischof publizierte der St. Galler Alois Scheiwiler 1935/36 zwei fast gleichlautende Beiträge, in welchen er durch theologische Begründungen die Gleichheit der Menschen betonte und wiederholt den gemeinsamen Ursprung von Christen und Juden hervorhob.[84] Gegen die Verfolgung «irgendeines Volkes und vorab der Juden» müsse immer die Stimme erhoben werden. Das ebenfalls von Scheiwiler verfasste Bettagsmandat von 1937 verurteilte im Sinne der päpstlichen Enzyklika den Nationalsozialismus und den Rassismus des «Dritten Reiches». Dies galt auch für das «Bettagsmandat zur Geistigen Landesverteidigung» von 1938, welches Bischof Franz von Streng verfasst hatte.[85] Die Schweizer Bischöfe schwiegen aber zu den Novemberpogromen von 1938. Um die Jahreswende 1938/39 prangerte der Tessiner Bischof Angelo Jelmini den Nationalismus und die Rassenlehre an.[86] Die Bettagsmandate der Schweizerischen Bischofskonferenz von 1939 bis 1943 äusserten sich nicht zur Verfolgung der Juden. Das von Bischof von Streng verfasste Mandat von 1944 mit dem Titel «Der Arbeiter ist seines Lohnes Wert», in welchem vor allem die Würde des

Menschen im Kontext der Arbeit betont wurde, ging nur an einer Stelle auf die Verfolgung der Juden ein: «Mit Schauer und Entsetzen wandten wir uns ab von den barbarischen Grausamkeiten, die der Weltkrieg in nie dagewesenem Ausmass – sei es an Christen oder Juden – verübt hat.»[87] Der Ursprung solcher Greuel liege in der Missachtung der Menschenwürde. Die Verfolgung der Juden in Ungarn 1944 wurde nicht thematisiert; ein offener Protest der Schweizer Bischöfe blieb aus. Weder 1944 noch 1945 befassten sie sich in einem längeren Text mit der Verantwortung der Christen an der Shoah.

Der «christliche Antisemitismus» als antimodernistisches Syndrom

Alphons Hättenschwiller befasste sich vor Kriegsausbruch im Mai 1939 mit der «Judenfrage aus christlicher Schau». Dem bekannten Argumentationsschema folgend verurteilte er zunächst den «Rassenhass». «Unseren Tagen [...] war es vorbehalten, Äusserungen eines Judenhasses zu erleben, die selbst die schaudervollen Vorgänge mittelalterlicher Judenverfolgungen in den Schatten stellen.» Es handle sich um einen «wahnwitzigen und wahrhaft unchristlichen Antisemitismus». In den folgenden Abschnitten formulierte er dann aber, was er unter einem erlaubten «christlichen Antisemitismus» verstand, ohne allerdings dieses Wort selbst zu verwenden. «Dort freilich, wo das Judentum die Mittel der Kulturwahrung und Volksbildung im Sinne ungesunder Tendenzen an sich gerissen» habe und «wo manche Berufe unverhältnismässig mit Juden übersetzt» seien, habe der Staat «nicht nur das Recht, sondern die Pflicht, diese schädigenden Einflüsse einzudämmen».[88]

Diese autoritativen Worte aus der Feder des politisch tätigen Generalsekretärs des Schweizerischen Katholischen Volksvereins kennzeichnen nochmals treffend Inhalt und Form des «doppelten» katholischen Antisemitismus. Während die katholischen Eliten die sozialdarwinistischen Rassentheorien verurteilten, nahmen sie andere Teile des modernen Antisemitismus bereitwillig auf. Für die meisten Katholiken war es selbstverständlich anzunehmen, dass zwischen Katholizismus und Judentum auf verschiedenen Ebenen reale Konflikte bestünden.

Aus ihrer religiösen Grundhaltung heraus beklagten die katholisch-konservativen Kulturkritiker häufig die «Entchristlichung» und «Entsittlichung» der modernen Welt und machten dafür Aufklärung und Revolution, Materialismus und Atheismus, Liberalismus, Sozialismus und andere Ismen verantwortlich. Hier setzten die katholischen Antisemiten an, denn sie betrachteten das liberale Judentum als Vorreiter der modernen Entwicklung und brachten es mit Erscheinungen der modernen Welt in Verbindung. Ein typisches Zitat soll dies belegen: «Mit dem Reformertum fällt im wesentlichen zusammen das liberale Judentum, das die Verquickung mit moderner Kultur und kapitalistischer Wirtschaftsweise erstrebt und an die Stelle des jüdisch-orientalischen

Traditionalismus das andere Extrem des religiösen Skeptizismus und des Freidenkertums gesetzt hat.»[89]

Wenn man das Verhältnis von Katholizismus und Moderne in den Blickpunkt rückt, stellt der Antisemitismus ein Element des antimodernistischen Syndroms der katholischen Weltanschauung dar. Die Katholiken sahen im Liberalismus, Sozialismus und Kommunismus, im Materialismus, Rationalismus und Atheismus Agenten des Säkularisierungsprozesses und konkretisierten als deren Träger mit Vorliebe «die Juden» und «die Freimaurer». Dabei sprachen sie analog dem Sprachgebrauch des modernen Antisemitismus von der «Verjudung» verschiedener gesellschaftlicher Bereiche. So schrieb der Freiburger Theologieprofessor und Verbandspolitiker Josef Beck[90] in seiner Rezension des Buches «Grossmacht Presse» des in Wien lebenden Deutschen Joseph Eberle: «Der Verfasser leistet anhand feststehender Tatsachen und Ziffern den durchschlagenden Beweis dafür, dass diese Verjudung der Grossblätter aller Kulturländer immer vollständiger das christliche Glaubens- und Kulturleben zerstört, die Völker entsittlicht und das ganze Erwerbs- und Gesellschaftsleben in den Dienst der Ideale und Träume des Judentums stellt.»[91]

Zu den verwendeten Stereotypen gehörten in diesem Zusammenhang der Vorwurf von einem angeblich überdimensionierten Einfluss des Judentums im Banken-, Finanz- und Börsenwesen. Pfarrer Robert Mäder schrieb 1919 unter dem Titel «Die Weltherrschaft des goldenen Kalbes», dass die Bereiche der Bank, der Börse, der Industrie und des Handels von den Juden beherrscht würden.[92] Im Anschluss an Werner Sombart und Joseph Eberle behauptete der Journalist Karl Wick 1920 mit Bezug auf Europa und die Welt, dass es ohne die Juden nie zum modernen Kapitalismus gekommen wäre. Die Juden hätten den internationalen Warenhandel belebt, die ganzen Produktionsverhältnisse auf eine moderne, kapitalistische Basis gestellt und den Kommerzialismus eingeführt.[93]

Es fällt auf, dass die katholischen Schweizer Judengegner zu Beginn der zwanziger Jahre ihre Behauptungen meistens ausländischen Autoren entlehnten. In den dreissiger Jahren stützten sie sich weniger auf diese und differenzierten die antisemitischen Anschuldigungen in bezug auf die Schweiz. So hielt der Journalist Carl Doka[94] in der «Schweizerischen Rundschau» fest, dass es in der Schweiz im Unterschied zu den benachbarten Ländern den «jüdischen Geschäftsmann» als dominanten Typus nicht gebe, obschon der jüdische Einfluss im Bereich der Warenhäuser, der Güterspekulation und des Viehhandels stark hervortrete.[95] Carl Brüschweiler versuchte 1939, antisemitische Tendenzen abzuwehren, indem er statistisch belegte, dass man «im Ernste noch nicht von einer ‹Verjudung› der schweizerischen Wirtschaft» sprechen könne.[96]

Wichtige Exponenten des Katholizismus sprachen also in den dreissiger Jahren bezüglich der Schweiz nicht von einer «Verjudung» der Wirtschaft, auch wenn sie trotzdem behaupteten, dass «der Jude im europäischen Wirtschaftsraum zum Hauptträger des Kapitalismus» geworden sei.[97] Die Schweizer Katholiken bewegten sich hier im allgemeinen schweizerischen Diskurs, der die sogenannte «Judenfrage» in andern europäischen Ländern ortete und die Schweiz zum Teil davon ausnahm. Waren die Schweizer zu Beginn der zwanziger Jahre noch in eine internationale Antisemitismusdebatte eingebunden, so verschweizerte sich die Diskussion in den dreissiger Jahren zusehends.

In ihren kulturpessimistischen Gesellschaftsanalysen verbanden viele Katholiken das Judentum vor allem mit Phänomenen des modernen Kultur- und Geisteslebens und stellten die Behauptung auf, dass das «entwurzelte Judentum» den christlichen Glauben und christliche Werthaltungen zersetze. In diesem Zusammenhang besass der Antisemitismus die Funktion einer Gesellschaftskritik, wobei das Judentum in einer manichäischen Blickweise mit dem Schlechten konnotiert wurde. Mit den Juden liessen sich die Übelstände der modernen Welt erklären. Typisch für diese Argumentation war etwa der Artikel aus den «Freiburger Nachrichten», der sich 1933 für die Abwehr des Einflusses der «jüdischen Mentalität» aussprach, eine Abwehr, «welche die christliche Kultur und die Wirtschaft auf der Basis christlicher Moral vor dem Zugriff und Verderb durch die schrankenlose ‹Freiheit› auf allen Gebieten des Geistes und des öffentlichen Lebens» schütze.[98]

In den weiteren Argumentationsketten tauchte häufig der «Weltverschwörungs»-Topos auf, der einen Bestandteil des modernen Antisemitismus nicht nur der Katholiken darstellte, aber besonders gut in die antimodernistische Grundhaltung derselben hineinpasste. In diesem Stereotyp, das im katholischen Raum vor allem zu Beginn der zwanziger Jahre verwendet wurde, liessen sich fast alle antijüdischen und antisemitischen Vorurteile bündeln, was ihm eine grosse Anziehungskraft und scheinbare Plausibilität verlieh. Der katholische Diskurs drehte sich dabei hauptsächlich um die «geistige Weltherrschaft», welche die Juden in Presse, Kultur, Film und Theater angeblich anstrebten. Der St. Galler Pfarrer Alois Scheiwiler folgerte in seiner Schrift «Eine gefährliche Weltmacht» 1916 über die als «verjudet» und als «antichristlich» bezeichnete Presse: «So ist heute die Presse zu einer Grossmacht der Schlechtigkeit und Gemeinheit, zu einer Weltkanzel der Irreligiosität und des Kirchenhasses geworden.»[99] Wie wir wissen, änderte Scheiwiler später seine Meinung und setzte sich als Bischof für die Juden ein.

Nach dem Ausbruch der bolschewistischen Revolution in Russland 1917 verbanden die katholischen Antisemiten aus ihrer tiefen Angst vor dem Kommunismus häufig Judentum und Kommunismus als Mächte des Bösen. 1918 behauptete der Redaktor der «Kirchenzeitung», Viktor von Ernst[100], dass die Juden Träger der sozialistischen Revolutionen seien.[101] Geradezu klassisch ist folgendes Zitat von Josef Beck: «Nun ist aber die ganze heutige Sozialdemokratie von oben bis unten verjudet: Juden sind ihre ‹wissenschaftlichen› Vorkämpfer; Juden sind grossenteils ihre Zeitungsschreiber; Juden sind die Beherrscher des ‹gelobten Landes› der fortgeschrittensten Sozerei, der russischen Sowjetrepublik.»[102] In politisch-agitatorischer Manier brachte Beck im gleichen Artikel auch noch den Kapitalismus mit den Juden in Zusammenhang. In seiner weitverbreiteten Kampfschrift «Wird der Sozi die Schweiz regieren?» schrieb er, der Sozialismus wolle den Kapitalismus bekämpfen. Dabei sei er aber mit dem Judentum befreundet. «Die Juden haben seit beiläufig zweitausend Jahren ein ausgesprochenes Talent zum Profitieren, zum Multiplizieren, zum Kapitalisieren bekundet. Sie waren von jeher die treuesten Freunde des Kapitalismus. Es ist darum sehr schwer zu glauben, die jüdischen Vorkämpfer des Sozialismus seien nun plötzlich aus der Haut gefahren, sie haben ihr Naturell geändert, sie seien in eine kapitalfeindliche Haut geschlüpft, verachten Geld und Gut und huldigen der freiwilligen Armut.»[103] Die gleichen Verbindungen zwischen Sozialdemokratie, Judentum und Kapitalismus konstruierte der unter dem Pseudonym «Sozialis» schreibende Zürcher Geistliche Alfred Teobaldi[104] in seiner Schrift «Sozialismus und Katholizismus».[105]

Zu einem ähnlichen Rundumschlag gegen das Judentum holte auch die «Schweizerische Kirchenzeitung» aus. In einem Artikel mit dem Titel «Der russische Satanismus» erklärte sie: «Herd und Hilfe, Triebkraft und Träger der deutschen, der russischen, der ungarischen Revolution und der begonnenen Weltrevolution ist das Judentum. Wer die ‹zionistischen Protokolle› kennt, findet dies verständlich. Die verlotterten russischen Kirchenverhältnisse wurden von den Juden als Brutstätte der Weltrevolution auserlesen und ihr Ziel ist ihnen glänzend gelungen [...]. Der Sowjetstaat ist die vollständige Verwirklichung des Judaismus. Der ganze bolschewistische Umsturz stellt nichts anderes dar, als eine Enteignung christlichen Besitzes und Kapitals zugunsten des jüdischen Besitzes [...]. Wie grell müssen die drei Tatsachen denn werden, damit wir erwachen und aufstehen: die Tatsache des russischen Satanismus, der schon begonnenen Weltrevolution und der diabolischen Zionisten- und grosskapitalistischen Judenpläne?!»[106] Gewiss, dieses Zitat von 1930 entsprach in seiner Derbheit nicht der alltäglichen Tonlage, doch macht es den flexiblen Einsatz der Judenfeindschaft deutlich. Die Juden dienten als personalisiertes Feindbild, mit dem man alle möglichen negativen Affekte verbinden konnte. Auch der Krienser Pfarrhelfer und erfolgreiche Volksschriftsteller Franz Heinrich Achermann[107] vertrat etwa im Roman «Aram Béla»[108] die antisemitischen Topoi der jüdischen Weltverschwörung bzw. Finanzmacht, was mit zur Verbreitung dieser Stereotype im Denken der Katholiken beitragen konnte.[109]

Dass auch der Völkerbund mit dem Judentum und dem Zionismus in Verbindung gebracht wurde, erstaunt nicht. Im Mai 1920 hatte das Schweizer Stimmvolk über den Beitritt zum Völkerbund zu befinden. Wie Markus Hodel aufzeigt, war das katholische Lager in dieser Frage gespalten.[110] Zu den Gegnern zählte die integralistische «junge» Richtung um den Oltner Verleger Otto Walter und den Freiburger Professor Josef Beck. Die Parteispitze stand hinter ihrem Bundesrat Giuseppe Motta, so dass die Landespartei am 12. April 1920 die Ja-Parole herausgab. Das hielt die Minderheit nicht davon ab, den Völkerbund als «Machwerk» der Logen[111] und der «jüdischen Kriegsgewinner»[112] hinzustellen. Noch ein Jahr nach der Abstimmung polemisierte die rechtskatholische «Schildwache» mit antisemitischen Argumenten gegen den Völkerbund: «Jetzt bleibt nur noch das zu erreichen, dass die Grossmächte respektive ihre jüdischen

Vertreter im Völkerbund nicht selbst indirekt für das Judentum eintreten müssen, deswegen wird der neugeschaffene jüdische Staat für sie auftreten.»[113]

Die Völkerbundsfrage demonstriert, dass antisemitische Argumente in der katholisch-konservativen Alltagspolitik durchaus Aufnahme fanden. Da der katholische Antisemitismus auch dazu diente, den Zusammenhalt des katholischen Milieus zu stärken, erklärt sich, warum die katholischen Antisemiten in erster Linie religiösgeistige Argumente gebrauchten, so etwa jenes der geistigen Beherrschung der modernen Gesellschaft durch die Juden. Den katholischen Judengegnern diente der Antisemitismus als Allerweltsargument, um die Krisenerscheinungen der modernen Gesellschaft mit einem konkreten, allgemein verständlichen Feindbild zu deuten. Mit dem deutschen Antisemitismusforscher Olaf Blaschke ist hier freilich anzufügen, dass das Judentum im katholischen Kampf gegen die Moderne nicht den Hauptgegner darstellte.[114] Der katholische Antimodernismus verwob mehrere Feindbilder – Bolschewismus, Sozialismus, Freimaurertum, Judentum – auf komplexe Weise miteinander. Ich muss hier auch festhalten, dass in den von uns untersuchten Zeitungen und Zeitschriften zahlreiche antimodernistische Aussagen vorkamen, die die Juden nicht erwähnten. Nicht immer und nicht zwangsläufig wurden also Juden in Zusammenhang mit Kapitalismus, Sozialismus und den angeblichen Zerfallserscheinungen der Moderne gebracht.

Schweizertum-Ideologie als Basis für Xenophobie und Antisemitismus

In der Zwischenkriegszeit verschlechterte sich die Stimmung gegenüber den in der Schweiz wohnenden Ausländern. Dabei klangen antisemitische Töne in den fremdenfeindlichen Äusserungen mit.[115] Der Begriff «Überfremdung» fand 1914 Eingang in die eidgenössische Amtssprache.[116] In einer Botschaft von 1920 betonte der Bundesrat, dass die «Überfremdungsgefahr» bekämpft werden müsse.[117] 1921 hielt die Landesregierung fest, es sei «von höchster Wichtigkeit, dass keine Elemente zum Bürgerrecht zugelassen werden, deren Vorleben nicht intakt ist oder die vermöge ihres Kulturstandes und ihrer ethnischen Eigenschaften in unserm Volkstum als Fremdkörper erscheinen müssten».[118]

Diese Hinweise lassen vermuten, dass in der Schweiz – im Gegensatz zu Deutschland oder Österreich – nicht der Antisemitismus, sondern die Metapher vom «Kampf gegen die Überfremdung» die Funktion eines allgemeinen kulturellen Codes annahm.[119] Dass dieser «Überfremdungs»-Code per se antisemitische Feindbilder beinhaltete, steht ausser Zweifel. Die Xenophoben bezogen in den «Überfremdungs»-Diskurs in der Regel auch die Juden, namentlich die sogenannten «Ostjuden», ein. Dies geschah aber nicht in jedem Fall, es gab auch «Überfremdungs»-Diskussionen, die Juden nicht erwähnten.

Im Zuge der «Geistigen Landesverteidigung» kam es zu einer Ethnisierung der schweizerischen Staatsideologie. Man grenzte jene Menschen aus, die nicht als dem Schweizer Volk oder dem schweizerischen Land zugehörig betrachtet wurden. Im Unterschied zum klassischen Ethnonationalismus sprachkultureller Prägung sahen die Theoretiker der neuen nationalen Identität das Schweizertum als etwas Geistiges, weshalb man Schweizer werden konnte, sofern man die geistig-kulturellen Voraussetzungen erfüllte.

Das staatspolitische Konzept vom Schweizertum deckte sich in vielen Belangen mit den katholischen Vorstellungen.[120] Die Katholiken gingen als Staatsbürger und als Christen grundsätzlich davon aus, dass verschiedene Völker oder – im Zeitjargon – «Rassen» bestehen und diese sich als Gruppen von Menschen qualitativ nicht unterscheiden würden. Der Vorstellung von höher- bzw. minderwertigen Rassen stellten die Katholiken in der Regel jene von der Andersartigkeit oder Fremdheit gegenüber. Dieses christliche Menschenverständnis korrespondierte mit dem multikulturellen Selbstverständnis der schweizerischen Nation. Dennoch öffnen sich auch hier die bereits erwähnten Widersprüche. Bei der Beurteilung des Judentums betonten katholische Publizisten oft, dass Juden nicht zum schweizerischen Volk oder Land gehören würden, weil sie ein eigenes «Volk» bildeten.[121] Das Spezifische am jüdischen Volk war in diesem Zusammenhang, dass es ein Volk ohne Land war.

Im Zusammenhang mit der sogenannten «Überfremdung» unterschieden die Publizisten zwischen den Schweizer Juden und den durch Einwanderung und Einbürgerung hinzukommenden «ausländischen Juden». Im November 1938 hiess es in der «Schweizerischen Rundschau», dass der Anteil von fünf Promillen, den die Juden in der Schweiz ausmachten, keine allzu starke Belastung darstelle, allerdings ertrage es keine weitere Steigerung «durch Zuzug landfremder Elemente».[122] Auch in einer andern Zeitschrift war die Rede vom «landesfremden Hebräertum», von den Juden als «fremden Elementen», vor denen die «nationale Ehre der Schweiz» gerettet werden müsse.[123] Die christlichsoziale Winterthurer «Hochwacht» wandte sich gegen die Einbürgerung von Juden mit den bekannten Argumenten: «Wie manchen Juden und Atheisten hat sie [die Innerschweiz – U.A.] doch eingebürgert, nur deshalb, weil dieser oder jener eine schöne Summe Geldes offerierte, womit er dann zum Sohne unserer katholischen Urschweiz gestempelt wurde. Wie viele, speziell in kultureller Beziehung minderwertige Elemente wurden mit dieser ‹grosszügigen› Praxis eingebürgert, von denen man ja zum voraus wissen konnte, dass sie ihre Aufgabe als Neu-Schweizer in der Untergrabung der Autorität, des sittlichen Volksempfindens, des Vertrauens und der Einigkeit erblicken.»[124] Besonders bedenklich erschien, wenn sogenannte «Ostjuden» eingebürgert wurden. So stand 1936 im «Obwaldner Volksfreund»: «Muss man sich wundern, wenn das schweizerisch empfindende Volk geradezu von Wut erfasst wird, wenn es sieht, wie ein Ostjude am andern, sozusagen am laufenden Band in unser Bürgerrecht schlüpft, während Leute mit altbewährten ehrsamen Schweizernamen stempeln oder auswandern müssen?»[125] Allgemein hielt man Ostjuden für speziell «rückständig» oder gar «primitiv».[126]

Auch Professor Jakob Lorenz warnte vor einem zu grossen Einfluss der ausländischen Juden. Diesen sollte die Einbürgerung nicht so leicht gewährt werden, denn sie fielen schon rein äusserlich durch Rassenmerkmale als Fremde auf, sprächen in der Regel nicht «in unserm Axiom [sic!]» und wirkten «doppelt fremd».[127] Eine Assimilation von Juden sei nur möglich, mahnte er an anderer Stelle, wenn sich diese vom Judentum vollständig distanzierten. Dies könne nur geschehen, wenn keine Juden mehr in die Schweiz zugelassen würden, denn die fortlaufende Einwanderung von Juden betone die «völkische Besonderheit der Juden stets aufs neue».[128] Somit gaben für Lorenz nicht die Schweizer Juden Anlass zu Besorgnis, sondern die ausländischen, die in die Schweiz immigrieren wollten.

Diese Beobachtung deckt sich mit jener Feststellung, dass wenige katholische Publizisten in der Schweiz von einer «Verjudung» des Landes sprachen, diesen Topos aber als Vorwand benutzten, keine ausländischen Juden einreisen zu lassen. Die Phobie vor den ausländischen Juden war also nicht allein wirtschaftlich, sondern in erster Linie durch die Angst vor dem «Fremden» begründet. Auch andere katholische Publizisten verlangten zur Bekämpfung der angeblichen «Überfremdung» einen «Numerus clausus», das heisst eine zahlenmässige Beschränkung,. So schrieb der Jesuit Rudolf Walter von Moos in einem Artikel, der in verschiedenen Zeitungen abgedruckt wurde[129], das «jüdische Element» im schweizerischen Volk sei ein «Schädling», weshalb ein Numerus clausus gegen die Juden erforderlich sei.[130] In der «Kirchenzeitung» war Alois Schenker der Meinung: «Ein numerus clausus ist eine dringliche Notwendigkeit, im Interesse der Juden selber gelegen, um die Wucherungen vor allem wurzelloser zersetzender jüdischer Elemente hintanzuhalten und einem berechtigten Antisemitismus keine Vorwände zu liefern.»[131]

Die Instrumentalisierung der Angst vor einer angeblichen Steigerung des Antisemitismus durch die Einwanderung von Juden war typisch.[132] 1944 schrieb Viktor von Ernst mit Blick auf die «Judenfrage», die in manchen Ländern bestehe: «Der jüdische Einfluss im wirtschaftlichen und kulturellen Leben ist da verderblich. In der Schweiz kennen wir ihn nicht, aber wo unser Volk jetzt mit den Flüchtlingslagern und -unterkünften immigrierter Juden in Berührung kommt, ist der Antisemitismus auch bei uns ins Kraut geschossen.»[133]

Es stellt sich nun die Frage, wie die katholischen Antisemiten die Juden mit schweizerischem Bürgerrecht beurteilten. Nach der helvetischen opinio communis gehörten die Schweizer Juden zur schweizerischen Staatsbürger-Nation. Gleichzeitig betrachtete man sie aber auch als Angehörige eines anderen «Volkes». Der katholische Intellektuelle Carl Doka führte aus, die Juden würden zu einem «Volk» gehören, das, weil es über kein Territorium verfüge, «von Natur aus international» sei. «Der Jude» habe keinen «besonders betonten nationalen Akzent». «Ausnahmen gibt es, aber eine Allgemeinerfahrung spricht dafür: er schwingt im Nationalen nicht mit. Er assimiliert [sic!] sich schwer und bleibt in seinem Wirtsvolk vielfach ein Fremdkörper.»[134] Dennoch folgte Doka in der Beurteilung der Rechtsgleichheit der Juden der schweizerischen Staatsbürger-Konzeption, die ethnisch-kulturell und religiös verschiedene Menschen als gleichberechtigte Staatsbürger anerkennt und im Bekenntnis zum liberaldemokratischen Staat und nicht in der Zugehörigkeit zu einer Rasse, Religion oder Kultur das entscheidende Kriterium sieht. Folgerichtig forderte der Jurist, dass für die Schweizer Juden die gleichen Rechte gelten müssten wie für die anderen Schweizer, für die ausländischen Juden die gleichen wie für die anderen Ausländer. Jakob Lorenz hingegen zog aus der angeblich schweren Assimilierbarkeit der Juden in den Schlussbemerkungen seiner Artikelserie andere Konsequenzen: Zum einen müsse in der Schweiz die christliche Tradition wieder verstärkt werden, damit sich die Juden den Nicht-Juden anpassen müssten und nicht umgekehrt; zum andern dürften keine Juden mehr eingebürgert werden.[135]

In der Vorstellung von der «besonderen Fremdheit» lag die Verbindung zum Antisemitismus. Juden gehörten nicht nur einem «fremden» Volk und/oder einer «fremden» Religion an, ihnen wurde auch ein spezieller «jüdischer Geist» zugesprochen, der sich mit dem «schweizerischen» und «christlichen» schwer verstand. Dem positiv bewerteten «Schweizertum» wurde ein negativ konnotiertes «Judentum» gegenüber gestellt. In der «Schildwache» hiess es schon 1921: «Unser Kampf gegen das Judentum ist also kein ‹Antisemitengift›, sondern eine Notwendigkeit, eine Selbstverteidigung des Schweizer Volkes, ein gottgewollter Kampf zur Erhaltung unserer Eigenart!»[136]

Was war nun das spezifisch Katholische an der Argumentation der katholischen Publizisten in bezug auf die «Überfremdung»? Schon im 19. Jahrhundert hatte das katholisch-konservative Konstrukt der «christlichen Nation» die Erteilung der staatsbürgerlichen Rechte und Pflichten vom christlichen Glauben abhängig gemacht.[137] Dies wirkte in den dreissiger Jahren des 20. Jahrhunderts nach. Zu den kulturellen Aspekten der «Geistigen Landesverteidigung» gehörte nach dem Historiker Josef Mooser im katholisch-konservativen Diskurs die ausdrückliche Akzentuierung der «christlichen Schweiz».[138] Von dieser christlichen Schweiz waren aber Andersgläubige im 20. Jahrhundert in praxi nicht ausgeschlossen. Deshalb glaubte man, die Nicht-Christen im Schweizer Volk verkraften zu können, wenn man nur wieder stärker nach den christlichen Vorstellungen lebe. Es gab also in der Argumentation der Katholiken kein spezifisch katholisches Element, das sich gegen die angebliche «Überfremdung» richtete, sondern die Katholiken argumentierten in diesem Fall aus schweizerischer Sicht.

Abschliessend lässt sich sagen, dass in der katholischen Publizistik die Beurteilung der Schweizer Juden widersprüchlich war. Einerseits bestand man darauf, dass die Juden allgemein und somit auch die Schweizer Juden einem fremden «Volk» oder sogar einer fremden «Rasse» angehörten, andererseits fühlte man sich durch die Schweizer Juden nicht wirklich bedroht, glaubte an ihre langfristige Assimilierungsfähigkeit und plädierte so in aller Regel nicht für Massnahmen gegen Schweizer Juden. Anders sah es bei den ausländischen Juden aus. Diese sah man als eigentliche «Fremde», hier plädierte man für eine zahlenmässige Beschränkung. Den ausländischen Juden wurde in der schweizerischen Flüchtlingspolitik genau diese Sichtweise zum Verhängnis. Als Beispiel hierfür kann man den christlichsozialen Nationalrat Karl Wick herausgreifen. In der Nationalratsdebatte über die Flüchtlingspolitik vom 23. September 1942 plädierte er für die humanitäre Tradition der Schweiz im Asylrecht, gleichzeitig warnte er jedoch davor, dass sich die «Fremden» – gemeint waren wohl die Juden – nur schwer assimilieren liessen.[139] «Das Problem der Assimilierung und Ausscheidung der fremden Elemente kann nicht aus dem Handgelenk heraus gelöst werden.» Anlässlich der Beendigung des Krieges bedankte sich der Bischof von Basel Franz von Streng in seinem Hirtenschreiben 1945 bei den Schweizer Behörden mit den Worten: «Wohl ist es dank der Bereitschaft und Wachsamkeit unserer Behörden und unseres Heeres gelungen, unerwünschte und gefährliche Menschen an unseren Landesgrenzen zurückzuhalten, nicht aber fremde, unschweizerische und unchristliche Ideologien.»[140]

Katholizismus und Judentum: Ein Verhältnis voller Widersprüche

Wenn man die katholische Publizistik in der Schweiz in der Epoche der Weltkriege untersucht, werden die Umrisse des katholischen Antisemitismus deutlich. Bekannte und unbekannte Publizisten aus allen Fachrichtungen vertraten ein antisemitisches Syndrom, das trotz Nuancen eine bemerkenswerte Einheitlichkeit aufwies. Auch wenn die bisherigen Forschungen noch keine definitiven Aussagen über das Ausmass der antisemtischen Einstellungen und Haltungen im alltäglichen Leben der Katholiken erlauben, stelle ich die Hypothese auf, dass antisemitische oder antijudaistische Einstellungen zur Normalität in weiten Teilen des Katholizismus in der Zwischenkriegszeit gehörten. Zum Schluss möchte ich zehn Thesen aufstellen, die die Ergebnisse der Studie zusammenfassen und die künftige Diskussion anregen sollen.

Erstens: Wer vom katholischen Antisemitismus spricht, muss zuallererst den christlichen Antijudaismus erwähnen, denn dieser gab der katholischen Judengegnerschaft die jahrhundertealte Substanz und Kontinuität. Gerade weil sich der Katholizismus konfessionell definierte und mit dem katholischen Milieu von der Umwelt abgrenzte, bildete der religiös begründete Antijudaismus das rationale und emotionale Grundelement des katholischen Antisemitismus.

Zweitens: Der christliche Antijudaismus bereitete direkt und indirekt dem modernen Antisemitismus des 19. und 20. Jahrhunderts den Boden. Die katholische Karfreitagsliturgie, die seit Anfang des 8. Jahrhunderts der «treuelosen Juden» gedachte, wurde erst während des Zweiten Vatikanischen Konzils abgeändert. Der Bezug auf das biblische Judentum war in der Pastoral der Geistlichen häufig eine Negativfolie, die sie in Predigt und Christenlehre, in Pfarrblättern und Vereinsversammlungen verwendeten, um die Gläubigen in einer dualistischen Unterscheidung zwischen gutem Christentum und schlechtem Judentum zu unterweisen. Damit tradierten sie das negative Judenbild von Generation zu Generation weiter.

Drittens: Mit dem Aufkommen des modernen Antisemitismus im 19. Jahrhundert nahm der christliche Antijudaismus sukzessive neue Formen und Funktionen an. Das ist der entscheidende Punkt, der in der internationalen Debatte über Kontinuität und Diskontinuität von christlichem Antijudaismus und modernem Antisemitismus häufig übersehen wird. Die katholischen Publizisten und Journalisten, Pfarrer und Politiker verbanden nun die traditionell religiös begründete Judengegnerschaft mit den Feindbildern des modernen Antisemitismus, um gegen «Mammonismus», «Weltverschwörung», «Weltherrschaftsstreben» und andere angebliche Eigenschaften des modernen Judentums zu polemisieren. Diese Vermischung machte die Übergänge fliessend, obwohl der christliche Antijudaismus und der moderne Antisemitismus eigentlich weltanschaulich anders verortet waren.

Viertens: Die katholische Kirche und die grosse Mehrheit der Katholiken lehnten den rassischen Antisemitismus mit seinem biologistischen Weltbild eindeutig ab. Aus dem zeitgenössischen Diskurs über Volk und Rasse übernahmen aber viele Katholiken in unreflektierter Weise sozialdarwinistische Versatzstücke. Diese völkisch-rassistischen Argumente spielten indessen keine zentrale Rolle, denn der Katholizismus definierte die Juden in erster Linie von der Religion und nicht von der Rasse her und ging davon aus, dass die Bekehrung und die Taufe das Jüdischsein aufhoben. In der Diskussion um die Flüchtlingspolitik bildete die emotionale Sichtweise allerdings auch bei den Katholiken eine wichtige Komponente. Der Überfremdungsdiskurs hatte das Ziel, jüdische Flüchtlinge von der Schweiz fernzuhalten. Hier vermischten sich Antisemitismus und Xenophobie.

Fünftens: Im Zeitalter des Nationalismus und Faschismus wirkte sich die katholische Unterscheidung zwischen einem «erlaubten christlichen» und einem «unerlaubten rassischen» Antisemitismus für die Gewissensbildung der Katholiken verwirrend, ja vor dem Hintergrund der Shoah geradezu verheerend aus. Diese unheilvolle Differenzierung hemmte die Solidarisierung der Katholiken mit den verfolgten Juden und erschwerte bis heute die Reflexion über die eigene Rolle in der Diskriminierung, Verfolgung und Ermordung der europäischen Juden.

Sechstens: Die gemeinsame Minoritätenlage von Juden und Katholiken in der protestantisch und freisinnig geprägten Schweiz spielte in der Zwischenkriegszeit eine geringe Rolle. Wohl aus religiösen Gründen engagierte sich freilich eine prominente Persönlichkeit wie der Luzerner Nationalrat Heinrich Walther, Präsident der katholisch-konservativen Fraktion, nach dem Ersten Weltkrieg für die Aufhebung des Verbots des Schächtens und nahm auch bei anderer Gelegenheit für die Juden Stellung. Die Parteien und Verbände des politischen Katholizismus setzten sich aber für die verfolgten Juden in den dreissiger und vierziger Jahren praktisch nicht ein.

Siebtens: In der katholischen Publizistik war der soziale Antisemitismus weit verbreitet, da er der Kirche und den Katholiken offiziell erlaubt war, um den angeblich verderblichen jüdischen Einfluss zurückzudämmen. Im Kontext des antimodernistischen Syndroms der katholischen Weltanschauung benutzten die judengegnerischen Katholiken die Vorurteile des modernen Antisemitismus, um Krisenerscheinungen der modernen Gesellschaft wie die Säkularisierung mit dem Feindbild des liberalen Judentums zu deuten. Die Juden wurden zum allgemein verständlichen und personifizierbaren Sündenbock stilisiert.

Achtens: Von eigentlichen Realkonflikten zwischen dem Judentum und dem Katholizismus konnte in der Schweiz der Zwischenkriegszeit kaum gesprochen werden, weshalb die katholische Judengegnerschaft zuweilen die Gestalt eines Antisemitismus ohne Juden annahm.

Neuntens: Überblickt man den katholischen Antisemitismus zwischen dem Ende des Ersten und dem Ende des Zweiten Weltkrieges, so kann man Wellenbewegungen feststellen. Von 1918 bis Mitte der zwanziger Jahre standen in integralistischen Zeitschriften und Zeitungen in gehäuftem Masse judenfeindliche Beiträge, die von einer angeblichen jüdischen Weltverschwörung ausgingen und auf die Fälschungen der «Protokolle der Weisen von Zion» und die vermeintlichen Verstrickungen der Juden in die russische Revolution verwiesen. Bis zur nationalsozialistischen Machtergreifung im Jahre 1933 gingen die judenfeindlichen Artikel zurück. Als sich der Nationalsozialismus in Deutschland endgültig durchsetzte, kam erneut eine Diskussion auf, die von Ambivalenzen geprägt war: hier Antinazismus, dort Antisemitismus. Mit der Annexion Österreichs durch Hitler-Deutschland 1938 und dem Kriegsbeginn fand eine gewisse Tabuisierung des Antisemitismus statt, von der der christliche Antisemitismus jedoch weitgehend ausgenommen wurde. Schon früher verschwand das Wort allmählich aus dem Wortschatz der Katholiken.

Zehntens: In den Kriegsjahren 1939 bis 1945 bleibt für den heutigen Beobachter die Tatsache unverständlich, dass einige katholische Theologen die Judenverfolgung und die Shoah mit theologischen Argumenten zu erklären versuchten und die Zusammenhänge zwischen dem christlichen Antijudaismus, dem sozialen Antisemitismus und dem eliminatorischen Rassenantisemitismus nicht erkannten. Noch 1942 konnte der Redaktor der «Schweizerischen Kirchenzeitung» in aller Selbstverständlichkeit für einen «dogmatischen Antisemitismus» plädieren.

Das Fazit bleibt paradox: Der «offizielle» Katholizismus verurteilte zwar auf der einen Seite den rassischen Antisemitismus, der zum furchtbaren Verbrechen der Ermordung von sechs Millionen europäischen Juden führte, gleichzeitig hielt er aber an der traditionellen christlichen Judenfeindschaft fest und vermischte diese mit dem sozialen Antisemitismus, der im liberalen Judentum einen Sündenbock für Zerfallserscheinungen der modernen Gesellschaft sah. Im Grunde genommen entwickelten die Katholiken eine Doppelstrategie, die den Rassismus total, den Antisemitismus bloss partiell und nur in bestimmten Fällen ablehnte. Da der Katholizismus mit den faschistischen Herrschaftssystemen die Kritik an der Moderne teilte, geriet er in eine unheilvolle Nachbarschaft zu den Ideologien dieser Regime. Der Antisemitismus konnte dabei in den Augen der Katholiken einerseits erlaubter kultureller Code zur Ablehnung der Moderne und andererseits Ausdruck des abgelehnten Rassen- und Radauantisemitismus «heidnischer», «nationalsozialistischer» oder «ausländischer» Observanz sein. Als Doppelstrategie mochte diese die Katholiken von einem Überlaufen in nationalsozialistische, faschistische oder frontistische Parteien abhalten, versagte ihnen aber die moralisch-ethische Richtschnur, um in den grossen Herausforderungen der Zeit vor den Menschenrechten zu bestehen. Der jüdische Hilferuf verhallte ungehört, ohne dass sich die Katholiken wegen unterlassener Nothilfe schuldig fühlten.

Anmerkungen

1 Für weitere Informationen verweise ich auf: Urs Altermatt, Antisemitismus in der katholischen Schweiz 1918-1945 (in Vorbereitung). Ohne Teamarbeit im Stile eines Graduiertenkollegs wäre dieser Artikel nicht möglich gewesen. Herzlich danke ich meinen Freiburger Assistentinnen und Assistenten lic. phil. Martin Pfister, lic. phil. Christina Späti und cand. phil. Franziska Metzger für ihre äusserst wertvolle und kompetente Mitarbeit. Für weitere Mithilfe danke ich lic. phil. Martin Tschirren und lic. phil Patrick Geiger herzlich. In der «Zeitschrift für Schweizerische Kirchengeschichte» erscheint 1998 ein Dossier zum Antisemitismus, zu dem Martin Pfister, Christina Späti, Franziska Metzger und andere Aufsätze beisteuern.

2 Vgl. u. a. Neue Zürcher Zeitung, 17. März 1998; Tages-Anzeiger, 17. März 1998; Jerusalem Post, 17. März 1998; Ha'aretz, 17. März 1998; Reformierter Pressedienst, 16. März 1998; Katholische Internationale Presse-Agentur, 17. März 1998.

3 Vgl. Ernst Ludwig Ehrlich, Die Beziehungen zwischen Juden und Katholiken, in: Ernst Braunschweig (Hg.), Antisemitismus – Umgang mit einer Herausforderung. Festschrift zum 70. Geburtstag von Sigi Feigel, Zürich 1991, S. 75-89.

4 Vgl. etwa: Friedrich Külling, Bei uns wie überall? Antisemitismus in der Schweiz 1866-1900, Zürich o. J. (1977); Aaron Kamis-Müller, Antisemitismus in der Schweiz 1900-1930, Zürich 1990; Jacques Picard, Die Schweiz und die Juden 1933-1945. Schweizerischer Antisemitismus, jüdische Abwehr und internationale Migrations- und Flüchtlingspolitik, Zürich 1994; Heinz Roschewski, Auf dem Weg zu einem neuen jüdischen Selbstbewusstsein? Geschichte der Juden in der Schweiz 1945-1994, Basel/Frankfurt am Main 1994. Zur Geschichte der Juden in der Schweiz vgl. die Publikationen von: Florence Guggenheim-Grünberg, Willy Guggenheim, Robert Uri Kaufmann, Augusta Weldler-Steinberg, Ralph Weingarten.

5 Vgl. dazu kürzlich: Aram Mattioli, Juden und Judenfeindschaft in der schweizerischen Historiographie – Eine Replik auf Robert Uri Kaufmann, in: Traverse 1997/1, S. 155-163. Weiter: Michael Graetz/Aram Mattioli (Hg.), Krisenwahrnehmungen im Fin de siècle. Jüdische und katholische Bildungseliten in Deutschland und der Schweiz, Zürich 1997.

6 Als Einführung in die Geschichte der katholischen Kirche und des Schweizer Katholizismus: Lukas Vischer/Lukas Schenker/Rolf Dellsperger (Hg.), Ökumenische Kirchengeschichte der Schweiz, Freiburg/Basel 1994; Urs Altermatt, Katholizismus und Moderne. Zur Sozial- und Mentalitätsgeschichte der Schweizer Katholiken im 19. und 20. Jahrhundert, Zürich ²1991.

7 Im Sommersemester 1997 habe ich an der Universität Freiburg ein Seminar zum Thema «Antisemitismus in der Schweiz unter besonderer Berücksichtigung der katholischen Schweiz» durchgeführt. Wertvolle Anregungen erhielt ich aus den Seminarbeiträgen der Studierenden: Patrizia Bernardi, Alexandra Bloetzer, Daniela Deck, Pascal Engler, Claudia Glaus, Damaris Hauser, Nicolas Haymoz, Ulrich Köchli, Corinne Koll, Simon Schmid, Werner Schneider, Ursula Stadlmüller, Annigna Touré, Isabelle Vonlanthen, Armon Werro. Zur Zeit entstehen unter meiner Leitung mehrere Lizentiatsarbeiten, die sich mit dem Thema befassen. Davide

Dosi schreibt über den Katholizismus und Faschismus im Tessin, Nicolas Haymoz und Annetta Bundi verfassen Studien zu Jakob Lorenz und Johann Baptist Rusch, Ursula Huber analysiert den Antisemitismus in der katholischen Volksbildung und Franziska Metzger die «Schildwachbewegung» und Pfarrer Robert Mäder. Christina Späti untersucht in ihrer Dissertation «Die Beurteilung Israels durch die schweizerische Linke 1948–1991» den Antizionismus in der schweizerischen Linken. Antisemitismus und Katholizismus sind teilweise auch Thema in andern unter meiner Leitung laufenden Dissertationen: Linus Hüsser, Johann Nepomuk Schleuniger 1810–1874; Wolfgang Göldi, Die Schweizer Bischöfe und die Politik in der Zwischenkriegszeit; Martin Pfister, Bundesrat Philipp Etter; Josef Widmer, Die Schweizer Jungkonservativen 1927–1939.

[8] Untersucht wurden von uns zum Beispiel «La Liberté», «Le Courrier», «Nouvelliste et Feuille d'avis du Valais», «La Semaine catholique» und «Nova et Vetera». Den Befund bestätigen die Freiburger Lizentiatsarbeiten: Davide Dosi, Il cattolicesimo ticinese e i fascismi. La Chiesa e il partito conservatore democratico ticinese nel periodo tra le due guerre mondiali, Freiburg 1998; Pierre-Alain Eltschinger, La presse suisse face à l'Affaire Dreyfus: une comparaison entre les journaux romands et alémaniques (1894–1906), Freiburg 1996. Zum katholischen Antisemitismus in der Westschweiz im 19. und 20. Jahrhundert vgl. u. a. Dominique Ferrero, Le «Courrier de Genève» et les juifs (1880–1990). Un cas d'antisémitisme genevois à la fin du XIXe siècle, Basel/Frankfurt am Main 1993; Aaron Kamis-Müller, Vie juive en Suisse, Lausanne 1992. Zum Genfer Katholizismus vgl. das entsprechende Kapitel in: Urs Altermatt, Le catholicisme au défi de la modernité. L'histoire sociale des catholiques suisses aux XIXe et XXe siècles, Lausanne 1994.

[9] Michael Buchberger (Hg.), Kirchliches Handlexikon, München 1907, S. 257f.

[10] Hermann Sacher (Hg.), Staatslexikon, Freiburg im Breisgau 1926, S. 219.

[11] Der Grosse Herder. Nachschlagewerk für Wissen und Leben, Freiburg im Breisgau ^{4}1931, S. 726. Vgl. als Ergänzung auch die Ausführungen des einflussreichen Jesuitenpaters Gustav Gundlach (1892–1962) im «Lexikon für Theologie und Kirche», der zwischen einer «völkisch und rassenpolitisch eingestellten» und einer «staatspolitisch orientierten» Richtung des Antisemitismus unterschied. (Lexikon für Theologie und Kirche, Freiburg im Breisgau 1930, S. 504f.)

[12] Karl Wick (1891–1969): Jurist, Redaktor der «Ostschweiz» 1917–1921, der «Hochwacht» 1921–1926 und des «Vaterland» 1926–1965; Politiker des christlichsozialen Flügels der Schweizerischen Konservativ-Christlichsozialen Volkspartei, Luzerner Grossrat 1927–1931 sowie 1935–1951 und Nationalrat 1931–1963; einflussreicher Publizist.

[13] Karl Wick, Die Stellung des Judentums in der modernen Kultur, in: Monat-Rosen 65 (1920/21), S. 37–44, 91–98, 140–149, hier S. 149. Wick benützte selbst im «Vaterland»-Artikel vom 25. Mai 1935 («Gibt es ein jüdisches Problem?») ähnliche Argumente. Allerdings wendete er sich dann deutlich gegen den nationalsozialistischen und auch schweizerischen Antisemitismus. Von einem «berechtigten Antisemitismus» spricht er 1935 nicht mehr. Das Wort Antisemitismus war in den dreissiger Jahren zu sehr von den Nationalsozialisten besetzt und für den Redaktor nicht mehr positiv verwendbar.

[14] Jakob Lorenz (1883–1946): Volkswirtschafter und Soziologe; Studium in Freiburg; bis 1918 Bekenntnis zum klassenkämpferischen Sozialismus; Statistiker; Experte im Eidgenössischen Volkswirtschaftsdepartement unter Bundesrat Edmund Schulthess; seit 1933 Professor für Volkswirtschaftslehre und Soziologie an der Universität Freiburg; 1933 Gründer der «Aufgebot»-Bewegung und Herausgeber der gleichnamigen Zeitschrift; Verfechter einer korporativen Ordnung. Zu Jakob Lorenz vgl. Markus Zürcher, Jakob Lorenz. Vom Sozialisten zum Korporationentheoretiker, in: Aram Mattioli (Hg.), Intellektuelle von rechts. Ideologie und Politik in der Schweiz 1918–1939, Zürich 1995, S. 219–238. Nicolas Haymoz verfasst zur Zeit am Seminar für Zeitgeschichte der Universität Freiburg eine Lizentiatsarbeit über Jakob Lorenz und die «Aufgebot»-Bewegung.

[15] Jakob Lorenz, Bemerkungen über die Judenfrage, in: Monatsschrift 77 (1932/33), S. 327–334, hier S. 332.

[16] Philipp Etter (1891–1977): 1912–1934 Redaktor der Zuger Nachrichten; 1918–1934 Zuger Kantonsrat der Conservativen Volks- und Arbeiterpartei, 1922–1934 Regierungsrat; 1930–1934 Ständerat; 1934–1959 Bundesrat (Eidgenössisches Departement des Innern); Bundespräsident 1939, 1942, 1947 und 1953. Martin Pfister schreibt am Seminar für Zeitgeschichte der Universität Freiburg eine Dissertation über Philipp Etter.

[17] Zuger Nachrichten, 31. März 1933.

[18] Mario von Galli (1904–1987): Theologe; geboren in Wien; Jesuit; seit 1937 Tätigkeit am Apologetischen Institut in Zürich, wo er zwischen 1938 und 1946 die «Apologetischen Blätter» redigierte; Vortragstätigkeit gegen Faschismus und Nationalsozialismus; seit 1940 Versuche der Fremdenpolizei Zürich, Galli auszuweisen; 1946 Ausweisung, vermutlich durch Anwendung des Jesuitenverbotes; nach dem Krieg journalistische Tätigkeit in Deutschland und der Schweiz; 1962–1966 bekannter Berichterstatter über das Zweite Vatikanische Konzil in Rom.

[19] Zitate aus: Andreas Amsee [= Mario von Galli], Die Judenfrage, Luzern 1939, S. 19, 74, 108.

[20] Hans Urs von Balthasar (1905–1988): Germanistik-, Philosophie- und Theologiestudium; Jesuit 1929–1950; bedeutender Theologe und Schriftsteller; theologisches Hauptwerk «Triptychon»; nach dem Austritt aus dem Jesuitenorden Tätigkeit weiterhin als katholischer Geistlicher und freier Schriftsteller; kurz vor seinem Tod 1988 Ernennung zum Kardinal.

[21] Hans Urs von Balthasar, Mysterium Judaicum, in: Schweizerische Rundschau 43 (1943/44), S. 211–221, hier S. 211, 217, 219.

[22] Shulamit Volkov, Jüdisches Leben und Antisemitismus im 19. und 20. Jahrhundert, München 1990, S. 13–36.

[23] Ich danke herzlich Simone Prodolliet, Caritas Schweiz in Luzern, für die wertvollen Informationen zur Flüchtlingshilfe der Caritas während des Zweiten Weltkrieges. Herzlichen Dank auch an Jonas Arnold, Archiv für Zeitgeschichte (Zürich), der mir hilfreiche Informationen zur Archivsituation gab.

[24] Zitat aus: Herbert A. Strauss/Norbert Kampe, Einleitung, in: Herbert A. Strauss/Norbert Kampe (Hg.), Antisemitismus. Von der Judenfeindschaft zum Holocaust, Frankfurt am Main 1985, S. 23. Aus der grossen Menge der Antisemitismusforschung vgl. u. a. die Publikationen von: Yehuda Bauer (1978, 1992), Wolfgang Benz (1995, 1997), Helmut Berding (1988), Werner Bergmann (1989, 1990, 1991), Detlev Claussen (1987), Rainer Erb (1989, 1991), Saul Friedländer (1998), Hermann Graml (1988), Christhard Hoffmann (1989), Werner Jochmann (1985, 1988, 1989), Norbert Kampe (1985), Gavin I. Langmuir (1990), Thomas Nipperdey (1972), Arnold Paucker (1985), Léon Poliakov (1977–1980, 1984, 1992), Reinhard Rürup (1972, 1975), Joachim Schlör (1995), Julius H. Schoeps (1995), Doris Sottopietra (1997), Herbert A. Strauss (1985, 1987, 1990, 1993), Uriel Tal (1974), Shulamit Volkov (1985, 1990, 1992).

[25] Rudolf Lill, Die deutschen Katholiken und die Juden in der Zeit von 1850 bis zur Machtübernahme Hitlers, in: Karl Heinrich Rengstorf/Siegfried von Kortzfleisch (Hg.), Kirche und Synagoge. Handbuch zur Geschichte von Christen und Juden, Bd. 2, Stuttgart 1970, S. 370–420, zitiert: S. 371, 409.

[26] Zitat aus: Clemens Thoma, Die Konzilserklärung über die Juden im Kontext, in: Markus Ries/Walter Kirchschläger (Hg.), Glauben und Denken nach Vatikanum II. Kurt Koch zur Bischofswahl, Zürich 1996, S. 32f. Zum Antisemitismus in den christlichen Kirchen und dem Verhältnis zwischen Christen und Juden vgl. u. a. die Publikationen der Theologen und Historiker: Augustin Bea (1966), David Blackbourn (1981), Olaf Blaschke (1991, 1997), Wilhelm Damberg (1995), Wolfgang Gerlach (1972, 1987), František Graus (1969), Hermann Greive (1967, 1976), Stefan Lehr (1974), Michael Langer (1994), Rudolf Lill (1970, 1984), Norbert Lohfink (1987, 1989), Friedrich-Wilhelm Marquardt (1988), Uwe Mazura (1994),

Johann Baptist Metz (1979), Franz Mussner (1987, 1988), Georges Passelecq (1995), Emile Poulat (1995), Rolf Rendtorff (1980, 1989), Konrad Repgen (1987, 1988), Bernard Suchecky (1995), Ekkehard W. Stegemann (1980, 1988, 1990), Martin Stöhr (1981), Clemens Thoma (1978, 1989, 1996), Georg Weiss (1990).

[27] Olaf Blaschke, Katholizismus und Antisemitismus im Deutschen Kaiserreich, Göttingen 1997, S. 24ff. Blaschkes Studien waren für mich anregend, obwohl ich mit ihm nicht in allen Interpretationen übereinstimme.

[28] Michael Langer, Zwischen Vorurteil und Aggression. Zum Judenbild in der deutschsprachigen katholischen Volksbildung des 19. Jahrhunderts, Freiburg im Breisgau/Basel/Wien 1994, S. 9ff. Langer verdanke ich zahlreiche Hinweise.

[29] Dies hielt bereits Stefan Lehr fest: Stefan Lehr, Antisemitismus – religiöse Motive im sozialen Vorurteil. Aus der Frühgeschichte des Antisemitismus in Deutschland 1870-1914, München 1974, S. 17.

[30] Wichtige Hinweise gibt: Christhard Hoffmann, Das Judentum als Antithese. Zur Tradition eines kulturellen Wertungsmusters, in: Werner Bergmann/Rainer Erb (Hg.), Antisemitismus in der politischen Kultur nach 1945, Opladen 1990, S. 20-38.

[31] Vgl. ebda., S. 23.

[32] Eremit, Ecce homo – Ecce Rex, in: Sonntag, 25. Oktober 1931. Vgl. auch etwa: Peregrin, Christus und seine Kirche, in: Sonntag, 8. März 1931. Diese «Sonntag»-Zitate hat mir Ursula Huber in verdankenswerter Weise zur Verfügung gestellt.

[33] Vgl. zur These der Massenreligiosität aus allgemeiner Perspektive: Altermatt (wie Anm. 6), S. 65ff. Der deutsche Historiker Olaf Blaschke übernimmt mein Modell und wendet es auf den Antisemitismus an: Blaschke (wie Anm. 27), S. 30-41.

[34] Der katholische Integralismus war die Fortsetzung der ultramontanen und antimodernistischen Strömung des Katholizismus des 19. Jahrhunderts. Nach dem Modernismusstreit anfangs des 20. Jahrhunderts stellte er jene Richtung dar, die gegen jede Öffnung des Katholizismus eintrat: alle Lebensbereiche sollten aus dem Katholizismus heraus gestaltet werden. So waren die integralistischen Katholiken mit einem Absolutheitsanspruch für die weitestgehende Rekatholisierung der Gesellschaft. Im Schweizer Katholizismus waren die Kreise um die «Schildwache» die wichtigsten Repräsentanten des Integralismus. Dazu sind auch Freiburger Universitätszirkel und Teile der rechtskatholischen Jugendbewegung zu zählen. Diese vertraten in den zwanziger und dreissiger Jahren eine rechtskonservative Politik. Genauer werde ich dieses Problem in einem Beitrag zum Antisemitismus der «Schildwache» behandeln, den ich zusammen mit Franziska Metzger in der «Zeitschrift für Schweizerische Kirchengeschichte» 1998 veröffentlichen werde.

[35] Karl Fleischmann, Grundsätzliches zur Judenfrage, in: Volksvereins-Annalen 10 (1935), S. 208.

[36] So lautet die These von: Picard (wie Anm. 4), S. 41-50.

[37] Wick (wie Anm. 13), S. 98.

[38] Robert Mäder (1875-1944): Theologe; seit 1912 Pfarrer der Heiliggeistkirche in Basel; Mitbegründer und späterer Redaktor der seit 1912 erscheinenden integralistisch-rechtskatholischen Wochenzeitung «Schildwache»; seit 1925 Herausgabe derselben in dem von ihm gegründeten Nazareth-Verlag; rege Publikationstätigkeit. Zu Mäder vgl. Markus Ries, «Der Rosenkranz ist unser Maschinengewehr». Der Basler Pfarrer Robert Mäder im Kampf gegen den Zeitgeist, in: Aram Mattioli (Hg.), Intellektuelle von rechts. Ideologie und Politik in der Schweiz 1918-1939, Zürich 1995, S. 239-256.

[39] Robert Mäder, Der Jude als Revolutionsmacher, in: Schildwache, 22. März 1919.

[40] Der russische Satanismus, in: Schweizerische Kirchenzeitung, 1. Mai 1930.

[41] Rudolf Walter von Moos (1884-1957): Theologe; Jesuit; 1918-1930 mit Paul de Chastonay Begründer der katholischen Studenten- und Akademikerseelsorge in Zürich, 1930-1939 Studentenseelsorger in Basel, 1939-1954 Aufenthalt in Rom.

[42] Rudolf Walter von Moos, Antisemitismus und Christentum, in: Schweizerische Rundschau 33 (1933/34), S. 108.
[43] Vgl. M. N., Händlergeist und Heldengeist, in: Schildwache, 24. Juni 1922.
[44] Robert Mäder, Der Tag, den der Herr macht, in: Schildwache 16. April 1927.
[45] Vgl. für Deutschland: u. a. Langer (wie Anm. 28), S. 73-121; Uwe Mazura, Zentrumspartei und Judenfrage 1870/71-1933. Verfassungsstaat und Minderheitenschutz, Mainz 1994, S. 28; Lehr (wie Anm. 29), S. 32-51; Blaschke (wie Anm. 27), S. 74f.
[46] Vgl. vor allem die Artikel des Österreichers Ernst Karl Winter: Judaismus, in: Schildwache, 3. Mai 1919; Szylla und Charybdis, in: Schildwache, 27. März 1920.
[47] Josep Böni (1895-1974): Theologe, 1918-1925 Rektor der katholischen Kantonsrealschule St. Gallen, 1923-1925 Vorstandsmitglied der antisemitischen Schweizer Christenwehr, Gruppe St. Gallen («Flugblattaffäre»), 1925 Wegzug von St. Gallen in die Westschweiz und nach Paris, 1926 Konversion zum Protestantismus, ab 1935 in Trogen als protestantischer Pfarrer. Ich danke Cornel Dora, Stiftsarchiv St. Gallen, für Angaben zur Person von Böni. Vgl. Kamis-Müller (wie Anm. 4), S. 199-205. Siehe Christina Späti, Ein radikaler Exponent des katholischen Antisemitismus in den zwanziger Jahre: Joseph Böni (1895-1974), in: Zeitschrift für Schweizerische Kirchengeschichte 1998. Vgl. auch Joseph Anton Böni, Bekenntnisse eines Konvertiten, Bern 1966.
[48] Joseph Anton Böni, Moderne Schwarmgeister, St. Gallen 1925, S. 113-117.
[49] A. K., Was ist der Talmud?, in: Sonntag, November 1939.
[50] Dies gilt jedenfalls für die von uns untersuchten politisch-kulturell ausgerichteten Zeitungen und Zeitschriften.
[51] Michael Langer kommt in seiner Analyse von Predigt, Katechese, Pilgerwesen und Volksfrömmigkeit für das katholische Deutschland des 19. Jahrhunderts zu diesem Schluss. Wenn von «Juden» gepredigt worden sei, sei «fast immer» das Judentum zur Zeit Jesu angesprochen und die antisemitische Propaganda und Polemik fast vollständig ausgeblendet worden. Vgl. Langer (wie Anm. 28), S. 290. Für die katholische Schweiz fehlen bisher vergleichbare Studien. Unsere Gespräche mit Zeitgenossen aus der Zwischenkriegszeit scheinen Langers These zu bestätigen. Allerdings heisst dies nicht, dass antijudaistische Topoi fehlten; im Gegenteil.
[52] So äusserte sich auch etwa der Deutsche Erik Peterson in der «Schweizerischen Rundschau»: «Aus Gottes Willen ist das jüdische Volk ein unterdrücktes Volk.» Die Kirche aus Juden und Heiden, in: Schweizerische Rundschau 35 (1935/36), S. 882. Vgl. auch: Johannes, Die Sage vom Ewigen Juden, in: Sonntag, 10. Januar 1943. Der Autor betont am Schluss, dass die «wahre Erneuerung» des Judentums von Christus abhänge, auch wenn die Juden nach dem Krieg einen eigenen Staat erhielten.
[53] Alois Schenker (1904-1988): Pfarrer in Basel; Redaktor der «Schweizerischen Kirchenzeitung» 1939-1954; 1940-1970 Professor für Moraltheologie an der Theologischen Fakultät Luzern, ab 1962 Chorherr zu St. Leodegar in Luzern.
[54] Alois Schenker, Zu einem protestantischen Weihnachtsbrief an die Juden, in: Schweizerische Kirchenzeitung, 31. Dezember, 1942.
[55] Heinrich Bolfing, Antworten aus dem alten Testament für die heutige Zeit, in: Schweizerische Kirchenzeitung, 22. und 29. Mai 1941.
[56] Hans Urs von Balthasar, Mysterium Judaicum, in: Schweizerische Rundschau 43 (1943/44), S. 211-221, Zitate: S. 213, 216, 219.
[57] Vgl. etwa Robert Miles, Rassismus. Einführung in die Geschichte und Theorie eines Begriffs, Hamburg 1991. Ähnlich auch: Veit-Michael Bader, Rassismus, Ethnizität, Bürgerschaft. Soziologische und philosophische Überlegungen, Münster 1995; Albert Memmi, Rassimus, Hamburg 1992; Michel Wieviorka, L'espace du racisme, Paris 1991.
[58] Vgl. Léon Poliakov u. a., Rassismus. Über Fremdenfeindlichkeit und Rassenwahn, Hamburg/ Zürich 1992, S. 183-195. Die Originalausgabe erschien 1976 in Paris. Zur Unterscheidung von Rassismus und Antisemitismus vgl. aus der enormen Literatur auch: Etienne Balibar, Gibt es

einen «Neo-Rassismus»?, in: Etienne Balibar/Immanuel Wallerstein, Rasse Klasse Nation. Ambivalente Identitäten, Berlin/Hamburg ²1992, S. 23-38.
59 Olaf Blaschke, Wider die «Herrschaft modern-jüdischen Geistes»: Der Katholizismus zwischen traditionellem Antijudaismus und modernem Antisemitismus, in: Wilfried Loth (Hg.), Deutscher Katholizismus im Umbruch zur Moderne, Stuttgart/Berlin/Köln 1991, S. 256. In seinem Buch «Katholizismus und Antisemitismus im deutschen Kaiserreich» schwächt er diese Feststellung jedoch ab und spricht von einer «partialrassistischen Argumentation» der deutschen Katholiken (S. 82f.).
60 Michael Langer (wie Anm. 28), S. 308.
61 Konrad Repgen, Judenpogrom, Rassenideologie und katholische Kirche, Köln 1988, S. 16.
62 Herbert A. Strauss, Der Holocaust als Epochenscheide der Antisemitismusgeschichte: historische Diskontinuitäten, in: Bergmann/Erb (wie Anm. 30), S. 47f.
63 Vgl. dazu etwa: Repgen (wie Anm. 61), S. 17.
64 Vgl. zum Beispiel: Albert Maria Weiss, Apologie des Christentums. Bd. 1: Der ganze Mensch, Freiburg im Breisgau ⁴1905.
65 Vgl. Oliver Zimmer, Zur Typisierung der Juden in der Schweizer Tagespresse 1933-1934. Aspekte eines Fremdbildes im Prozess nationaler Identitätskonstruktion, in: Kurt Imhof/Heinz Kleger/Gaetano Romano (Hg.), Zwischen Konflikt und Konkordanz. Analyse von Medienereignissen in der Schweiz der Vor- und Zwischenkriegszeit. Krise und sozialer Wandel, Bd. 1, Zürich 1993, S. 247-288.
66 Vgl. dazu: Konrad Zollinger, Frischer Wind oder faschistische Reaktion? Die Haltung der Schweizer Presse zum Frontismus 1933, Zürich 1991, Zimmer (wie Anm. 65); Eric Dreifuss, Die Schweiz und das Dritte Reich. Vier deutschsprachige Zeitungen im Zeitalter des Faschismus 1933-1939, Frauenfeld/Stuttgart 1971.
67 Vgl. für Deutschland: Wolfgang Schieder, Das italienische Experiment. Der Faschismus als Vorbild in der Krise der Weimarer Republik, in: Historische Zeitschrift 262 (1996), S. 73-125.
68 Vgl. Die Bekehrung der Juden, in: Schweizerische Kirchenzeitung, 2. August 1934.
69 Alphons Hättenschwiller (1875-1944): Jurist, Anwalt in Basel; dann hauptamtliche Tätigkeit in katholischen Organisationen: Sekretär des «Verbandes der Männer und Arbeitervereine» (VMAV); führende Rolle bei der Gründung des «Schweizerischen Katholischen Volksvereins» (SKVV) und Generalsekretär desselben 1905-1940; in den zwanziger Jahren wichtiger Theoretiker zur christlichen Sozialreform, insbesondere Mittelstandsfragen.
70 Alphons Hättenschwiller, Die Judenfrage in christlicher Schau, in: Sonntag, 21. Mai 1939.
71 Amsee (wie Anm. 19), S. 108, 101.
72 Remigius Bärlocher, Bericht über die Zentraldiskussion 1938/39, in: Monatschrift 84 (1939/40), S. 41.
73 Lorenz (wie Anm. 15), S. 329.
74 Amsee (wie Anm. 19), S. 101, 72-75.
75 Walter Imhof, Wir Schweizer und die Judenfrage, in: Schildwache, 19. und 26. Februar 1921.
76 Simon Malaterta, Allerlei, in: Schildwache, 3. September 1921.
77 Walter J., Das Kurjudentum. Brief aus dem Oberengadin, in: Schildwache, 13. August 1921.
78 So die These von: Blaschke (wie Anm. 27), S. 83. Allerdings schwankt Blaschke, distanziert er sich doch von Pauschalisierungen in bezug auf die Kirchen.
79 Vgl. Patrick Bernold, Der schweizerische Episkopat und die Bedrohung der Demokratie 1919-1939. Die Stellungnahme der Bischöfe zum modernen Bundesstaat und ihre Auseinandersetzung mit Kommunismus, Sozialismus, Faschismus und Nationalsozialismus, Bern 1995, S. 395-406; Urs Altermatt, Die goldenen Jahre des Milieukatholizismus 1920-1945, in: Urs Altermatt (Hg.), Schweizer Katholizismus zwischen den Weltkriegen 1920-1940, Freiburg 1994, S. 3-24, hier S. 17f.
80 Papst Pius XI., Das Rundschreiben Mit brennender Sorge. Über die Lage der katholischen Kirche im Deutschen Reich, Enzyklika vom 14. März 1937, Luzern 1947, S. 9.

81 Ich behandle in meinem Buch (wie Anm. 1) die Haltung der Bischöfe gegenüber dem Antisemitismus ausführlich und beschränke mich hier auf einige Hinweise. Zur allgemeinen Kirchengeschichte vgl. Vischer/Schenker/Dellsperger (wie Anm. 6).

82 Alois Scheiwiler (1872-1938): Theologe, 1897 Domvikar in St. Gallen, 1898 Rektor der Katholischen Kantonsrealschule; 1899 zusammen mit Johann Baptist Jung Gründung des ersten katholischen Arbeitervereins, Förderung der christlichen Sozialreform, 1908 Pfarrer in St. Gallen, 1919 Domkatechet, 1926 Pfarr-Rektor der Dompfarrei, 1930-1938 Bischof von St. Gallen.

83 Der selige Bruder Klaus und unser Vaterland. Ansprache der hochwst. Schweizer Bischöfe an die Gläubigen ihrer Diözesen auf den eidgenössischen Bettag 1933, Winterthur 1933.

84 Alois Scheiwiler, Das Verhältnis Jesu Christi zum Judentum, in: Die Gefährdung des Christentums durch Rassenwahn und Judenverfolgung, Luzern 1935, S. 59; Ders., Die Rassenfrage im Lichte der katholischen Theologie, in: Stellungnahme gegen Rassenverfolgung, Zürich 1936, S. 27. Zwanzig Jahre früher (1916) hatte Schweiwiler als Pfarrer eine Schrift verfasst, die antisemitische Äusserungen gegen die «verjudete» Presse enthielt. Scheiwiler gehörte zu den wenigen uns bis jetzt bekannten katholischen Publizisten, die ihre Meinung im Verlaufe ihres Lebens zugunsten eines positiven Bildes von Juden änderten. Zu Scheiwiler siehe: Cornel Dora, Die Zeit des katholischen Milieus: Vom Ersten Weltkrieg bis zum zweiten Vatikanischen Konzil, in: Franz Xaver Bischof/Cornel Dora, Ortskirche unterwegs. Das Bistum St. Gallen 1847-1997. Festschrift zum hundertfünfzigsten Jahr seines Bestehens, St. Gallen 1997, S. 91-172.

85 Höret auf die Stimme des Papstes! Ansprache der hochwst. Schweizer Bischöfe an die Gläubigen der Diözesen auf den Eidgenössischen Bettag 1937; Zur Geistigen Landesverteidigung. Hirtenbrief der Schweizer Bischöfe auf den Bettag 1938.

86 Angelo Jelmini, La chiesa. Lettera pastorale per la Quadragesima 1939, Lugano 1939, S. 9f.

87 Der Arbeiter ist seines Lohnes wert (1. Tim. 5, 18). Hirtenschreiben der schweizerischen Bischöfe zu Anlass des Eidgenössischen Bettages 1944, Solothurn 1944, S. 9.

88 Hättenschwiller (wie Anm. 70).

89 Das Londoner Echo. Epilog zum Zürcher Zionistenkongress, in: Hochwacht, 20. August 1937.

90 Josef Beck (1858-1943): Theologe. 1885-1888 Vikar in Basel, Mitarbeiter am «Basler Volksblatt», 1888-1891 Professor am Theologischen Seminar Luzern, 1891-1934 Professor für Pastoraltheologie an der Universität Freiburg; zusammen mit Caspar Decurtins und Ernst Feigenwinter führender Politiker im katholischen «Verband der Männer- und Arbeitervereine» und im Schweizerischen Arbeiterbund; einer der einflussreichsten katholischen Sozialpolitiker; seit 1918 strikt antisozialistische Haltung; Mitglied des Zentralkomitees der «Schweizerischen Konservativen Volkspartei». Vgl. Markus Schmid, Josef Becks Versuch einer Politik sozialer Demokratie und Verständigung. Ein Beitrag zur Geschichte des schweizerischen Katholizismus am Ende des 19. Jahrhunderts, Stans 1965.

91 Josef Beck, Grossmacht Presse, in: Schweizerische Kirchenzeitung, 21. Oktober 1920.

92 Robert Mäder, Die Weltherrschaft des Goldenen Kalbes, in: Schildwache, 21. Juni 1919.

93 Wick (wie Anm. 13), S. 40ff.

94 Carl Doka (1896-1980): Jurist; 1925-1944 Redaktor der «Schweizerischen Rundschau», 1932-1946 bei der «Ostschweiz»; zeitweise Kantons- und Erziehungsrat der Konservativen Volkspartei im Kanton St. Gallen; 1946-1952 bei den «Neuen Zürcher Nachrichten»; 1966-1971 Dozent am Journalistischen Institut der Universität Freiburg; seit 1952 Chefredaktor des kulturellen Auslandpressedienstes der Pro Helvetia.

95 Carl Doka, Aus Zeit und Streit, in: Schweizerische Rundschau 32 (1932/33), S. 661.

96 Carl Brüschweiler, Beruf und Konfession in der Schweiz, in: Kirche und Leben. Katholisches Jahrbuch 9 (1939), S. 98.

97 Hättenschwiller (wie Anm. 70).

98 Für und gegen Juda, in: Freiburger Nachrichten, 6. April 1933.

[99] Alois Scheiwiler, Eine gefährliche Weltmacht. Einige Gedanken über die Presse, St. Gallen 1916, S. 4–9.

[100] Viktor von Ernst (1881–1952): Theologe, ab 1910 Lehrbeauftragter und ab 1920 Professor für Kirchenrecht an der Theologischen Fakultät Luzern, seit 1925 zusätzlich für philosophische Apologetik und seit 1936 für die gesamte Fundamentaltheologie. Ab 1924 bis zu seinem Tod nebenamtlicher Redaktor bei der «Schweizerischen Kirchenzeitung».

[101] Viktor von Ernst, Die Lage der katholischen Kirche in Deutschland und Österreich-Ungarn, in: Schweizerische Kirchenzeitung, 28. November 1918.

[102] Josef Beck, Lehr und Wehr in der katholischen Zeitung, in: Volksvereins-Annalen 2 (1927), S. 86.

[103] Helveticus [Josef Beck], Wird der Sozi die Schweiz regieren?, Bern o. J. (1928), S. 25.

[104] Alfred Teobaldi (1897–1977): Theologe und Dr. rer. pol., 1920 Priesterweihe, ab 1926 Präses des Zürcher Kantonalverbandes des katholischen Volksvereins, ab 1938 Leitung der Zürcher Caritaszentrale, ab 1956 Generalvikar in Zürich, vielfältige publizistische Tätigkeit.

[105] Sozialis [Alfred Teobaldi], Sozialismus und Katholizismus. Eine Rechtfertigung des Bettagsmandates der schweizer. Bischöfe gegen sozialistische Angriffe, Winterthur 1921.

[106] A. Gr., Der russische Satanismus, in: Schweizerische Kirchenzeitung, 1. Mai 1930.

[107] Franz Heinrich Achermann (1881–1946): Theologe, Studium der Theologie in Luzern und Innsbruck, 1908 Priesterweihe, seelsorgerische Tätigkeit in Schaffhausen, Oberdorf (SO) und Basel, ab 1930 Pfarrhelfer in Kriens, vielgelesener Volksschriftsteller in der katholischen Schweiz.

[108] Franz Heinrich Achermann, Aram Béla, Olten 1924.

[109] Hans Stutz, Frontisten und Nationalsozialisten in Luzern 1933–1945, Luzern 1997, S. 73.

[110] Vgl. Markus Hodel, Die Schweizerische Konservative Volkspartei 1918–1929. Die goldenen Jahre des politischen Katholizismus, Freiburg 1994, S. 225–237.

[111] Vgl. Oltner Nachrichten, 12. Mai 1920.

[112] Joseph Beck, «Völkerbund»? Warnung an die Katholiken der Schweiz, o. O. (Olten) 1920, S. 5.

[113] N., Da will der Schuss hinaus, in: Schildwache, 16. April 1921.

[114] Blaschke spricht für Deutschland von einem «viertklassigen» Gegner. Blaschke (wie Anm. 59), S. 246.

[115] Vgl. Picard (wie Anm. 4), S. 62.

[116] Zur sogenannten «Überfremdung» im frühen 20. Jahrhundert vgl. Hans Ulrich Jost, Die reaktionäre Avantgarde. Die Geburt der neuen Rechten in der Schweiz um 1900, Zürich 1992; Angela Garrido, Le début de la politique fédérale à l'égard des étrangers, Lausanne 1987; Gérald Arlettaz, Démographie et identité nationale (1850–1914). La Suisse et la «question des étrangers», in: Etudes et Sources, Revue des Archives fédérales suisses no 11, Bern 1985, S. 83–180; Mathilde Schulte-Haller, Aspekte und Entwicklungstendenzen des schweizerischen Selbstverständnisses, dargestellt am Problem der «Überfremdung». Eine theoretische Integration ethnischer und sozialpsychologischer Faktoren, o. O. 1987.

[117] Botschaft des Bundesrates an die Bundesversammlung betreffend Revision des Art. 44 der Bundesverfassung (Massnahmen gegen die Überfremdung) vom 9. November 1920, in: Bundesblatt der schweizerischen Eidgenossenschaft 1920, Bd. 5, Nr. 48, S. 18f.

[118] Kreisschreiben des Bundesrates an die Regierungen der Kantone betreffend die Prüfung der Eignung von Personen, die sich um das Schweizerbürgerrecht bewerben. (vom 2. Dezember 1921), in: Bundesblatt der schweizerischen Eidgenossenschaft 1921, Bd. 5, S. 179.

[119] So lautet die These von: Zimmer (wie Anm. 65), S. 283f.

[120] Eine systematische Untersuchung zur Rolle der Katholiken und des Katholizismus im «Überfremdungs»-Diskurs und in der «Geistigen Landesverteidigung» fehlt noch.

[121] Vgl. zum Beispiel: Remigius Bärlocher, Bericht über die Zentraldiskussion 1938/39, in: Monatsschrift 84 (1939/40), S. 41; Lorenz (wie Anm. 15), S. 329; Fleischmann (wie Anm. 35), S. 211.

[122] Hans Weber, Die rassische Zusammensetzung des Schweizervolkes, in: Schweizerische Rundschau 38 (1938/39), S. 422.
[123] Walter Imhof, Judas' Aufstieg in der Schweiz, in: Schildwache, 27. August 1921; M. L. Muggli, Um unser Annoncenelend, in: Schildwache, 28. Mai 1921.
[124] Die Schweiz den Schweizern, in: Hochwacht, 13. Januar 1937.
[125] Pfui, in: Obwaldner Volksfreund, 29. Februar 1936.
[126] Diese antisemitische Haltung gegenüber den Ostjuden ist noch in einem Artikel des «Morgen» von 1944 zu finden. Darf man schweigen?, in: Morgen, 5. Juli 1944.
[127] Jakob Lorenz, Die Juden in der Schweiz: III. Fremde Juden in der Schweiz, in: Aufgebot, 27. Dezember 1933.
[128] Die Juden in der Schweiz: VIII. Die Assimilation (Angleichung) der Juden, in: Aufgebot, 28. März 1934.
[129] Vgl. Zollinger (wie Anm. 66), S. 316.
[130] von Moos (wie Anm. 42), S. 106–112, hier S. 111f.
[131] Schenker (wie Anm. 54).
[132] Vgl. Picard (wie Anm. 4), S. 38f.
[133] Viktor von Ernst, Zu den Judenmassacres, in: Schweizerische Kirchenzeitung, 27. Juli 1944.
[134] Zitate aus: Doka (wie Anm. 95), S. 661.
[135] Jakob Lorenz, Die Juden in der Schweiz: IX. Schlussbemerkungen, in: Aufgebot, 11. April 1934, S. 1.
[136] Imhof (wie Anm. 75), 26. Februar 1921.
[137] Vgl. hierzu: Aram Mattioli «Vaterland der Christen» oder «bürgerlicher Staat»? Die Schweiz und die jüdische Emanzipation, 1848–1874, in: Urs Altermatt/Catherine Bosshart-Pfluger/Albert Tanner (Hg.), Die Konstruktion einer Nation. Nation und Nationalisierung in der Schweiz, 18.–20. Jahrhundert, Zürich 1998, S. 217–235.
[138] Vgl. Josef Mooser, Die «Geistige Landesverteidigung» in den 1930er Jahren. Profile und Kontexte eines vielschichtigen Phänomens der schweizerischen politischen Kultur in der Zwischenkriegszeit, in: Schweizerische Zeitschrift für Geschichte 47 (1997), S. 685–708.
[139] In: Protokolle Nationalrat 1942, Session vom 21.–30. September, 23. September, S. 124–127. Zur Flüchtlingspolitik der Schweizerischen Konservativen Volkspartei vgl. Lukas Rölli-Alkemper, Die Schweizerische Konservative Volkspartei 1935–1943. Politischer Katholizismus zwischen Emanzipation und Integration, Freiburg 1993, S. 223ff.
[140] Zitat in: Schweizerische Kirchenzeitung, 11. Mai 1945. Zu Bischof von Streng vgl. Urs Altermatt, unter Mitwirkung von Wolfgang Göldi, Franz von Streng (1937-1967) – Bischof in der Umbruchszeit vor dem Konzil, in: Urban Fink/Stephan Leimgruber/Markus Ries (Hg.), Die Bischöfe von Basel 1794–1995, Freiburg 1996, S. 294.

Vom Unverständnis eines Wohlmeinenden

Der reformierte Theologe Wilhelm Vischer und sein Verhältnis zum Judentum während der Zeit des Nationalsozialismus

EKKEHARD W. STEGEMANN

Herrn Kirchenrat Dr. Hans Maass in Freundschaft gewidmet

Christliche Judenfeindschaft und moderner «säkularer» Antisemitismus

Die neuere Antisemitismusforschung hat herausgestellt, dass der im Zuge der Modernisierung der europäischen Gesellschaften im letzten Jahrhundert entstandene politische und rassistische Antisemitismus an die traditionelle christliche Judenfeindschaft anknüpfte. Gewissermassen hat er die christlich-abendländische Stigmatisierung der Juden fortgesetzt, indem er sie zugleich ins «Säkulare» verschoben hat. Dies führte zur Ausbildung neuer antijüdischer Stereotypen, die jedoch einerseits alte Klischees aufnehmen oder auf deren latentes oder manifestes Vorhandensein in der Kultur zählen konnten, andererseits einer diffusen Mischung von Ressentiments und politischer Opposition gegen die Moderne einen ideologischen Ausdruck lieferten. Die zunehmende Komplexität der Wirklichkeit mit ihrer Tendenz, traditionelle soziale Werte zu nivellieren, liess sich durch Antisemitismus scheinbar reduzieren, indem all ihre Unbehagen auslösenden Momente auf einen klar zu bezeichnenden Gegner projiziert wurden.[1] Bestimmen Ideologien, die auf Breitenwirkung zielen, ihre Gegner und schliesslich auch Opfer ohnehin nicht willkürlich, sondern nur im Zusammenhang vorhandener Feindbilder, so ist die Interaktion von politischem Antisemitismus und christlicher Judenfeindschaft in der Epoche von 1870 bis 1945 auch in den gesellschaftlichen Bündnissen vorbereitet, die die katholische Kirche und der Protestantismus im 19. Jahrhundert eingingen.[2] Dabei sind die ursprünglich antiliberal bzw. antisozialistisch gerichteten politischen Intentionen des modernen Antisemitismus ebenso zu beachten wie die Tatsache, dass mit der Zeit antisemitische Denkfiguren auch von den politischen Gegnern des Antisemitismus aufgenommen wurden. Dieser Vorgang ist nicht nur für Deutschland, sondern auch für die Schweiz beschrieben, auch wenn deutliche Unterschiede zu beachten sind, und zwar etwa der, dass es in der Schweiz keine eigentliche Antisemiten-Partei gab. Antisemitismus war jedoch auch in der Schweiz kulturell allgegenwärtig. Speziell schweizerisch ist, dass er vor allem im Kontext xenophober Tendenzen, d. h. in Ängsten vor einer «Überfremdung» der Schweiz politisch wirksam wurde. Abwehr von Antisemitismus konzentrierte sich darum in der Zeit des Nationalsozialismus vor allem auf den «Flüchtlingsdiskurs», also auf Folgen, die die deutsche Schreckensherrschaft auch für die Schweiz zeitigte.[3]

Die Interaktion antijüdischer Diskriminierungen, die aus der christlich-abendländischen Überlieferung herrühren, mit dem politischen und rassistischen antisemitischen Syndrom der Moderne, wie sie in der Realität begegnet, hat Konsequenzen auch für die kirchen- und theologiegeschichtliche Forschung. Eine davon ist, dass im christlich-theologischen Bereich heute die Kritik des Antisemitismus weithin mit einer Selbstkritik eigener antijüdischer Traditionen einhergehen muss. Das bedeutet für die historische Aufarbeitung des christlichen Verhaltens zu den Juden und theologischer Aussagen über das Judentum vor und während der Schoa, dass das heutige historische Wissen vom Zusammenspiel zwischen «säkularem» Antisemitismus und christlich-religiöser Judenfeindschaft nicht als Bewusstsein in jener Zeit vorausgesetzt werden kann. Praktisch reichte das Spektrum der Einstellungen im christlich-theologischen Bereich im nationalsozialistischen Deutschland von einer erklärten antisemitischen, die nationalsozialistischen Verbrechen zumindest in Kauf nehmenden und die antijüdischen christlichen Stereotypen als Legitimation brauchenden Position bis zum entschiedenen Widerstand gegen die nationalsozialistischen Verbrechen, ja, gegen rassistischen Antisemitismus überhaupt als un- oder widerchristliche Ideologie. Doch war dieser Widerstand noch weithin oder zumindest teilweise mit klassischen antijüdischen Stereotypen christlicher Provenienz verbunden und auch von «säkularen» antisemitischen Stereotypen nicht frei. Christlich-theologische Selbstkritik im Blick auf die kirchliche Tradition der Diskriminierung des Judentums ist vor 1945 ebenso die Ausnahme wie durchgehende Resistenz gegenüber antisemitischen Klischees. Die Folge davon ist, dass historiographisch zwischen traditionellen christlichen Stereotypen des Antijudaismus und dem Verhalten zum Antisemitismus unterschieden werden muss, auch wenn eine Trennung zwischen beiden nicht möglich ist. Anti-Antisemitismus und Anti-Nationalsozialismus heisst im christlich-theologischen Bereich also keinesfalls schon Freisein von antijüdischen Klischees. Aber die teilweise oder gar ungebrochene Wiederholung christlich-antijüdischer Stereotypen heisst umgekehrt auch nicht automatisch Unterstützung antisemitisch-nationalsozialistischer Einstellungen oder gar verbrecherischer Aktionen. Es ist vielmehr damit zu rechnen, dass die Auseinandersetzungen vor und während der Schoa über den rassistischen und eliminatorischen Antisemitismus des Nationalsozialismus im christlich-theologischen Bereich gleichsam auf einer Basis fraglos akzeptierter christlich-europäischer Selbstdefinition stattfinden, in der die jüdische Identität in jedem Fall nicht nur als anormal, sondern auch als religiös-kulturell unzulänglich gilt.

Dies gilt wiederum nicht nur für Deutschland, sondern im Prinzip auch für die Schweiz.[4] Freilich sind auch hier wieder deutliche Unterschiede zu beachten. Vergleichbare erklärte kirchlich-theologische Komplizen mit dem Nationalsozialismus, wie sie die Deutschen Christen und Nazi-Theologen wie etwa Emmanuel Hirsch darstellten, gab es in der Schweiz nicht. Selbst in den Kreisen der «Jungreformierten», die mit dem Nationalsozialismus sympathisierten, wurden die deutsch-christlichen Bestrebungen nach Integration ins politische Regime verurteilt.[5] In gewisser Weise sind in der Schweiz die Dimensionen des Problems also gegenüber Deutschland seitenverkehrt. Die Opposition gegen den Nationalsozialismus war – im Bereich der reformierten Theologie und Kirche – nicht auf eine winzige Minderheit beschränkt. Doch hob sie sich auch von einer durch sozialen und politischen, teilweise auch rassistischen Antisemitismus beeinflussten kirchlichen und gesellschaftlichen Öffentlichkeit ab, und zwar nicht zuletzt in dem für die Schweiz charakteristischen «Überfremdungsdiskurs». So haben Ursula Käser-Leisibach, Jacques Picard, Hermann Kocher und Eberhard Busch[6] zum Beispiel für den Bereich der reformierten Kirchen gezeigt, dass auf dem Hintergrund mehr oder weniger grosser Indifferenz in den offiziellen Gremien einzelne Universitätstheologen und Pfarrer nicht nur entschieden gegen den Nationalsozialismus opponierten, sondern auch für die Aufnahme von Flüchtlingen in Wort und Tat eintraten, und zwar auch der jüdischen – freilich verbunden zum Teil mit erheblichen Kontroversen. Unter ihnen waren insbesondere Theologen wie vor allem der Alttestamentler Ludwig Köhler in Zürich, Kreise der Dialektischen Theologie um Karl Barth, die im «Kirchenblatt für die reformierte Schweiz» ihre Stimme erhoben, und der Religiös-Sozialen um Leonhard Ragaz, insbesondere in den «Neuen Wegen». Diese unterschieden sich vom christlichen Liberalismus, zumal aber von den «Jungreformierten», die mehr oder weniger den offiziellen Kurs der Schweizer Behörden unterstützten, die mit der angeblichen «Überfremdungsgefahr» operierten.

Die folgende Untersuchung konzentriert sich auf die Frage, welche Auswirkung die entschiedene Opposition gegen den Nationalsozialismus und den rassistischen Antisemitismus auf den Umgang mit traditioneller christlich-kirchlicher und theologisch-dogmatischer Judenfeindschaft hatte. Als Beispiel sollen dafür Stellungnahmen des reformierten Theologen und Alttestamentlers *Wilhelm Vischer* herangezogen werden, der wie der junge Barth durch die religiös-sozialen Kreise geprägt wurde, um dann der Dialektischen Theologie Barths verbunden zu bleiben, insbesondere auch während der Auseinandersetzungen in der Zeit von 1933 bis 1945. Es geht mir dabei weder um ein vollständiges Bild dieses Theologen noch um eine umfassende Einordnung Vischers in diesen Sektor reformierter Theologie. Dennoch wird in den «Momentaufnahmen», glaube ich, mentalitätsgeschichtlich etwas Charakteristisches sichtbar.

Wilhelm Vischer (geboren 1895 in Davos und gestorben 1988 in Montpellier) hat nach der Matur (1913) in Lausanne, Basel und Marburg evangelische Theologie studiert und 1917 Examen gemacht. Er war von 1918 an in einem Pfarramt einer Baselbieter Kirchgemeinde (Tenniken) und wurde 1928 an die Theologische Schule Bethel bei Bielefeld, eine Kirchliche Hochschule, als Dozent für Altes Testament berufen. Im beginnenden Kirchenkampf in Deutschland trat er 1933 nachdrücklich gegen den Nationalsozialismus und die «völkischen» Tendenzen der Deutschen Christen auf. Nach seiner Vertreibung noch im gleichen Jahr, die von nationalsozialistischen Studenten ausging,[7] war er Pfarrer in Lugano (1934-1936) und danach in Basel, wo er auch als Privatdozent für Altes Testament an der dortigen Theologischen Fakultät wirkte (1936-1946). Seit 1946 lehrte er als Professor für Altes Testament an der reformierten Fakultät in Montpellier. Vischer engagierte sich nicht nur in Deutschland für die Bekennende Kirche, sondern auch in der Schweiz für die Flüchtlingshilfe des Schweizerischen Evangelischen Hilfswerks für die Bekennende Kirche in Deutschland, in dem er im Herbst 1938 die Präsidentschaft der «Subkommission für evangelische Judenchristen» übernahm.[8] Er hat in zahlreichen Predigten, Vorträgen und Artikeln öffentlich immer wieder Stellung genommen. Auf zentrale Texte werde ich im folgenden nach einer knappen Charakterisierung der alttestamentlichen Hermeneutik Vischers und deren Folgen für sein Bild des Judentums eingehen.

Vischers christologische Auslegung des «Alten Testaments» und deren Folgen für sein Bild des Judentums

Die Basis der Auseinandersetzung mit dem nationalsozialistischen Antisemitismus war in der Schweiz wie in Deutschland die traditionelle christlich-religiöse Wahrnehmung des Judentums. Diese ist jedoch, wie überall, so auch hier nie monolithisch gewesen, sondern geprägt durch ein breites Spektrum der Einstellungen. Traditionell kennzeichnet sie eine Ambivalenz, die zwischen theologischer Ablehnung bzw. Verwerfung des Judentums einerseits und dem Anspruch auf Bekehrung der Juden bei weitgehender Vereinnahmung ihrer religiösen Tradition andererseits changiert. Man kann diese Ambivalenz auch als «Mischung von Verbundenheit und Auflehnung»[9] charakterisieren. Diese Wahrnehmung des Judentums hat mit dem Ursprungsmythos des Christentums zu tun. Denn entstanden als deviante messianische Bewegung im Land Israel am Ende der Epoche des Zweiten Tempels, ist das Christentum je länger, je mehr zu einer eigenständigen Grösse geworden, die sich einerseits aus den Völkern rekrutierte, andererseits aber auf die Heiligen Schriften der Juden berief, und zwar in Ablehnung und Vereinnahmung jüdischen Selbstverständnisses. Ebendiese Ambivalenz kennzeichnet geradezu klassisch der Streit um das «Alte Testament», das als erster Teil des christlichen Doppelkanons das Verhältnis zum Judentum nicht nur zu einem Gegenstand permanenter Selbstreflexion des Christentums erhob, sondern auch durch das Bild des Judentums des Neuen Testaments, des zweiten Teils der christlichen Bibel, normativ bestimmt wurde.[10]

Das Spezifische des hermeneutischen Ansatzes des Alttestamentlers Vischer ist, dass er die unaufgebbare theologische Einheit des christlichen Doppelkanons bei aller historischen Verschiedenheit betonte und die Bedeutung des Alten Testaments in christologischer Auslegung der Hebräischen Bibel als «Christuszeugnis» der Kirche herausstellte. Er war mit seiner umfassenden christologischen Deutung des Alten Testaments

Ende der zwanziger und zu Beginn der dreissiger Jahre hervorgetreten.[11] Seine Interpretation nahm Barths Theologie des Wortes Gottes auf[12] und versuchte, sie mit der historischen Erforschung des Alten Testaments insbesondere im Anschluss an Albrecht Alt und Johannes Pedersen zu vermitteln. Er wandte sich einerseits gegen eine marcionitische Diskriminierung des Alten Testaments als eines jüdischen und deswegen christlich nicht oder allenfalls höchst eingeschränkt rezipierbaren Dokumentes, wie sie im protestantischen Liberalismus etwa durch Adolf von Harnack ausgebildet worden war, und vor allem gegen die grobe Schmähung dieses Teils des christlichen Doppelkanons als «Judenbuch» durch die Deutschen Christen. Andererseits unterschied sich Vischer aber auch von einer historisch-kritischen Forschung, die die Schriften der Hebräischen Bibel historisierend einer Geschichte israelitischer Literatur und Religion zuordnete und zu einer theologisch positiven Würdigung ihrer Bedeutung für das Christentum kaum noch vordrang.[13] Deutlich formuliert Vischer diese Zweifrontenstellung in seinem Aufsatz «Zur Judenfrage»:

«Ein Gottesglaube, der das Alte Testament verwirft, lehnt damit zugleich das Neue Testament ab und ist heidnischer Glaube. [...] Es wird immer deutlicher, dass wir uns heute neu und gründlich überlegen müssen, ob die Schriften des Alten Testaments für uns nur noch mehr oder minder wichtige Dokumente der Religionsgeschichte oder ob sie immer noch mit dem Neuen Testament zusammen die einzige Regel und Richtschnur sind, nach der alle Lehren und Lehrer der Kirche zu beurteilen sind.»[14]

Die christologische Deutung des Alten Testaments ist wissenschaftsgeschichtlich gesehen ein spektakulär anachronistischer Ansatz gewesen, der einerseits als programmatischer Anschluss an die reformatorische Hermeneutik gelobt,[15] andererseits aber auch als ein Zurückdrehen des Rads der Geschichte um vierhundert Jahre beurteilt wurde.[16] Dass Vischers Hermeneutik in der Tat anachronistisch war, und zwar sowohl wissenschaftsgeschichtlich gesehen wie auch im Blick auf populäre «völkische» Strömungen in der Kirche in Deutschland, wird man in jedem Fall einräumen müssen. Denn es gehörte geradezu zur Ablösung der *hermeneutica sacra* durch die konsequente historische Betrachtung des christlichen Doppelkanons seit der Aufklärung, dass diese Art von Beanspruchung des Alten Testaments für das Evangelium und nach dessen Massstäben unterbrochen und durch eine historische Wahrnehmung des pluriformen Selbstverständnisses der Schriften der Hebräischen Bibel ersetzt wurde. Allerdings hatte das zur Folge, dass das Alte Testament zumeist religionsgeschichtlich distanziert und nur selten als theologisch relevant für den christlichen Glauben galt. Doch gab es Ausnahmen, wie etwa Gerhard von Rad, der ebenfalls theologisch durch Barth und fachwissenschaftlich von Albrecht Alt beeinflusst worden war, jedoch gerade in der Wahrnehmung des theologischen Selbstverständnisses der alttestamentlichen Literatur einen Beitrag zur christlichen Theologie suchte.[17] Doch worin sich Vischer auch von ihm unterschied, war, dass er ausdrücklich festhielt, dass Juden die ersten und bleibenden Adressaten der Hebräischen Bibel sind. Freilich konnte Vischer dies nur zugestehen, indem er zugleich die christliche «Übernahme» des Alten Testaments im Sinne des

Christuszeugnisses als einzig legitime Auslegung behauptete. Vischers christologischer Deutung der Hebräischen Bibel ist also ein direkter Bezug auf das (zeitgenössische) Judentum beigesellt, nämlich der Anspruch zu wissen, was eigentlich der Sinn dieser Schriften auch für Juden sei. Seiner Meinung nach sagt das Neue Testament, *wer* der Messias ist, nämlich Jesus von Nazareth, während das Alte Testament sagt, *was* der Messias ist.[18] Oder anders: «Das Neue Testament bezeugt, dass Jesus von Nazareth der Christus, d. h. der Messias des Alten Testaments ist.»[19] Das klingt an den altkirchlich-mittelalterlichen Absolutheitsanspruch der Kirche an.

Dieser einfache hermeneutische Ansatz hat nicht nur der christlichen Predigt des Alten Testaments einen neuen Impuls gegeben, sondern war auch «eine wirksame Waffe im Kampf gegen die nationalsozialistische und deutschchristliche Weltanschauung».[20] Eine differenzierte Sicht, die ihren Weg «zwischen der Skylla völkischer Diskreditierung und der Charybdis dialektischer Verchristlichung»[21] des Alten Testaments suchte, wie sie etwa der Basler Alttestamentler Walter Baumgartner und vergleichbar Ludwig Köhler in Zürich vertraten, konnte sich demgegenüber nicht durchsetzen. Allein mit Vischers Konzeption ist nun aber auch, wie wir sehen werden, ein Bild des Judentums unauflösbar verbunden, in dem das jüdische Selbstverständnis keinen Platz hatte. Den theologisch konstruktiven Ansatz bei der bleibenden christlichen Bedeutung des Alten Testaments konnte er zwar in der Aussage von der bleibenden Erwählung des jüdischen Volkes konkretisieren. Doch waren Juden für ihn immer auch dadurch zugleich negativ definiert, dass sie nicht Christen wurden, sondern an ihrer – wie auch immer sich religiös oder säkular artikulierenden – Identität festhielten. Dies stellt nach Vischer eine Rebellion gegen Gott dar, die zugleich die Ursache für das Ausbleiben der Parusie und das Kommen des Gottesreiches in Herrlichkeit ist. «Juden» sind nach Vischer übrigens nicht nur Juden, sondern alle, die sich zu Jesus als Messias Israels nicht bekennen.

Gerade sein biblizistisch-christologischer Zugang zur Hebräischen Bibel ermöglichte Vischer also eine «anachronistische» Beurteilung des zeitgenössischen Judentums, die sich dessen Identität weder nach dem jüdischen Selbstverständnis noch nach «säkularen», das heisst durch politische und rassistische Vorurteile geprägten Feindbildern bestimmen lassen wollte. Auch wenn Vischers Bild des Judentums durchaus nicht frei von Einflüssen antisemitischer Provenienz ist, wie wir noch sehen werden, wird es doch vor allem von einer geschichtstheologischen Deutung insbesondere im Anschluss an die Kapitel 9–11 des Römerbriefes regiert. Traditionell hatte dieser Abschnitt des Römerbriefes ein kirchliches Verhältnis zum Judentum ermöglicht, das den Juden trotz aller «metaphysischen» Diskriminierung in der Bekehrung zum Christentum ein «Schlupfloch» gewährte.[22] Doch waren diese Kapitel in der zeitgenössischen Exegese des Römerbriefes selten hinsichtlich ihrer theologischen Substanz für das christliche Verhältnis zum Judentum beachtet, ja gar als Ausdruck eines eher peinlich-emotionalen jüdischen Patriotismus des Apostels beurteilt worden. Vischer gebührt darum ohne Zweifel das Verdienst, als einer der ersten die theologische Bedeutung dieser Kapitel wiederentdeckt zu haben, und nicht zufällig werden sie Ende der dreissiger und Anfang der vierziger Jahre gerade im Kreis von Basler Theologen wie Karl Barth und Karl Ludwig Schmidt Gegenstand eindringlicher Exegesen zur Klärung des theologischen Verhältnisses zum Judentum im Kontext der Abwehr des Antisemitismus.[23] Dies lief damals unhinterfragt unter dem Titel «Judenfrage».

Vischers Schrift «Zur Judenfrage» und sein Beitrag zum «Betheler Bekenntnis» (1933)

Schon in seinem Aufsatz «Zur Judenfrage» von 1933 legt Vischer Wert darauf, dass Paulus im Römerbrief an der Erwählung der Juden festhält. Damit widerspricht Vischer der weithin vorherrschenden christlichen Meinung, wonach das jüdische Volk von Gott verworfen sei, weil es Jesus als Messias abgelehnt habe. Doch diese Qualität, der «character indelibilis»[24], der Juden schliesst nach Vischer fraglos die göttlich verhängte Strafe ein, «ein Pfahl im Fleisch der Weltvölker»[25] zu sein oder, wie es im Anklang an die altchristliche, auf die Juden gemünzte Kainstypologie bzw. den mittelalterlichen antijüdischen Ahasvermythos heisst, das Schicksal eines «unter den Völkern als Fremdling irrenden Knechtes Gottes»[26] zu führen, solange es nicht Jesus Christus als seinen Messias anerkennt. Sofern Juden also Juden bleiben und nicht Christen werden, verfehlen sie nach Vischer nicht nur ihre eigentliche Bestimmung, sondern stehen auch unter dem göttlichen Zorn bzw. Gericht, was sich nach ihm auch im historischen Schicksal der Juden zeigt. So schreibt Vischer ebenfalls schon 1933: «Gott lässt Israel nicht los. Das ist das Grauenhafte, das Beispiellose und Beispielhafte seines Geschicks. Will es nicht Gottes Segen tragen, dann muss es vor aller Welt der Träger seines Fluches sein.» Und er fügt in Aufnahme eines klassischen mittelalterlichen antijüdischen und modernen antisemitischen Topos hinzu: «Bricht es den Bund des lebendigen Gottes, dann wird es die Geschäfte des Widergottes, des Mammon treiben.»[27]

Für Vischer ist aber die «Judenfrage [...] nicht eine Rassenfrage, sondern eine Gottesfrage», weswegen «weder pharaonische Massnahmen zur Ausrottung der Juden, noch die Schaffung eines Ghetto, noch die Emanzipation» sie «lösen» könnten.[28] Hier deutet sich eine Argumentationsstrategie gegenüber dem nationalsozialistischen Antisemitismus an, die in der Feststellung, dass die Juden als Juden angeblich ein schwerwiegendes Problem darstellen, mit dem Gegner grundsätzlich übereinstimmt. Diese «Judenfrage» kann nach Vischer auch nicht durch bürgerliche Gleichberechtigung «gelöst» werden. Aber anders als der Antisemitismus argumentiert er nicht politisch gegen die Emanzipation, sondern setzt die «theologische» Qualifizierung des Judentums gegen die nationalsozialistischen Bestrebungen zur Entrechtung ein. Freilich bleibt seine Kritik am politischen Antisemitismus vage und allenfalls ironisch. Er leugnet nicht, «dass die Judenfrage auch eine kulturelle Seite hat. Aber diese Seite der Angelegenheit, also die Frage, eine wie grosse Kulturtat die Massnahmen darstellen, mit denen das dritte Deutsche Reich den Krieg gegen Alljuda eröffnet hat, soll hier unerörtert bleiben.»[29] Vischer ahnt etwas von der Brutalität, die den nationalsozialistischen «Lösungen» der «Judenfrage» inhärent ist, wenn er von «pharaonischen Massnahmen zur Ausrottung der Juden» spricht. Und er versucht sie zu unterlaufen, indem er die «Judenfrage» zu einer «Gottesfrage» erklärt. Deutlich wendet er sich dabei auch gegen die Absichten der Deutschen Christen, Christen jüdischer Herkunft auszuschliessen. Es kennzeichnet Vischers Einstellung schon 1933, dass er das theologische Problem nicht auf das Verhältnis zu den («nichtarischen») Christen jüdischer Herkunft reduziert, sondern das christliche Verhältnis zu den Juden überhaupt thematisiert. Dies wird auch sichtbar an seiner Mitarbeit am «Betheler Bekenntnis», auf die wir jetzt noch kurz eingehen.

Im Sommer 1933, Vischer war schon als Dozent in Bethel beurlaubt, wurde er gebeten, den Artikel «Die Kirche und die Juden» zu entwerfen, der Teil des «Betheler Bekenntnisses» werden sollte, freilich nur in einer mehrfach stark redigierten und zum Teil so erheblich veränderten Form, dass Vischer ihr nicht mehr zustimmen konnte. Busch hat diese Veränderungen sehr differenziert analysiert.[30] Vischers erster Entwurf ist bisher nicht veröffentlicht, nur die Fassung der zur Diskussion vorgelegten Erstform des Betheler Bekenntnisses, die aber auch von seiner Hand stammt und in jedem Fall in ihren Aussagen von ihm vertreten wurde. Diese nimmt wesentliche Gedanken und Formulierungen des eben besprochenen Artikels «Zur Judenfrage» und anderer Arbeiten Vischers auf, ist aber unter anderem auch durch Karl Barths Schrift «Theologische Existenz heute!» (Juni 1933) und den Gedankenaustausch mit Dietrich Bonhoeffer beeinflusst, der nach Bethel gekommen war.[31] Bemerkenswert für unseren Zusammenhang ist der deutlich Widerstand ankündigende Ton. Die Erstform beginnt mit der Feststellung der bleibenden Erwählung der Juden und gipfelt in der Kritik an den Bestrebungen der Deutschen Christen, die Reichskirche in eine Kirche von «Christen arischer Rasse» umzuwandeln. Der letzte, nach Vischer von ihm formulierte Satz des Bekenntnisses lautet: «Die aus der Heidenwelt stammenden Christen müssen eher sich selbst der Verfolgung aussetzen, als die durch Wort und Sakrament gestiftete kirchliche Bruderschaft mit den Judenchristen freiwillig oder gezwungen auch nur in einer einzigen Beziehung preiszugeben.»[32] Dabei bezieht sich dieses Bekenntnis zum Widerstand jedoch – wie in Kreisen der Bekennenden Kirche und der Kritiker der Deutschen Christen zumeist – allein auf die innerkirchliche Auseinandersetzung um die Zugehörigkeit der «nichtarischen» Christen zur Kirche. Dieser Mangel an weitergehender politischer Kritik ist schon Karl Barth an diesem Entwurf aufgefallen. Vischer hatte ihm ein Exemplar mit der Bitte um Stellungnahme zugeschickt. Doch während sein Antwortbrief das Einverständnis «mit jedem Wort» mitteilt, hat Barth das Entwurfsexemplar mit zwei Randglossen versehen, von denen die eine gerade den erwähnten Mangel kritisch benennt. Vischer selbst hat übrigens diese Kritik in einem Aufsatz von 1984 zitiert und sie als «treffend» bezeichnet. Barth schrieb an den Rand: «Ist die bürgerliche Behandlung, die man den Juden im heutigen Deutschland systematisch zuteil werden lässt, eine solche, zu der ‹wir› nichts zu bemerken haben? Die ‹wir›, weil sie von der ‹Obrigkeit› verfügt ist, als gottgewollt hinnehmen und mitmachen?»[33]

Vischers Schriften «Wir Christen und die Juden» und «Die Judenfrage, eine entscheidende Frage für die Kirche» (1939)

Noch extremer artikuliert sich die Strategie, den Antisemitismus «metaphysisch» zu konterkarieren, in dem Vortrag Vischers «Wir Christen und die Juden», der 1938 in der Schweiz gehalten und 1939 in einer Broschüre des Schweizerischen Evangelischen Hilfswerks für die Bekennende Kirche abgedruckt wurde, und zwar zusammen mit einem auch massgeblich von Vischer formulierten Memorandum, das nachdrücklich zu Hilfsaktionen für Flüchtlinge aufrief.[34] Vischer argumentiert hier wieder so, dass die Antisemiten die wahre Dimension der «Judenfrage» nicht erkennen würden: «Es ist wahr, viel tiefer wahr, als die Antisemiten meinen: die Lösung aller moralischen und sozialen, aller kulturellen und politischen Fragen hängt von der Judenfrage ab.»[35] Hinter dieser geradezu atemberaubenden Fokussierung aller Probleme der Welt überhaupt auf die Juden steht bei Vischer die Überzeugung, dass das Gottesreich mit der Bekehrung der Juden zum christlichen Glauben ausbricht: «Gott wartet auf sie, um seine Wege zur Errettung der Menschheit abzuschliessen. Wenn sie die Gnade ergreifen, dann wird der Christus Jesus wiederkommen in der Herrlichkeit.»[36] Dass das alte Welttheater weitergeht und das Gottesreich noch nicht erschienen ist, liegt also nach Vischer daran, dass die Juden sich noch zum Christentum bekehren müssen. Dieselbe Denkfigur begegnet auch in dem Vortrag «Die Judenfrage, eine entscheidende Frage für die Kirche», hier nun freilich verbunden mit einer Kritik jüdischen Messiasglaubens. Einerseits betont er auch hier, dass die Juden wegen ihrer Verweigerung des Christusbekenntnisses die Ursache des Ausbleibens des Gottesreiches seien: «*Das Ende*, das Ziel aller Wege Gottes, [...] die letzte Wendung zum Sichtbarwerden des Reiches [...] – das hängt ab vom Glauben der Juden. Und darum drängt sich immer wieder in den Zeiten der Menschengeschichte, wo es ums Letzte geht, wo um das letzte Sein oder Nichtsein gekämpft wird, alles zusammen auf die Judenfrage. Was ist eigentlich mit diesen sechzehn Millionen Menschen, diesem seltsamen Fremdkörper, der immer noch da ist, der alle anderen Völker und Reiche überlebt? Was ist es mit denen? Sie hindern offenbar den letzten Frieden, die letzte ruhige, selige Ordnung aller Dinge. Ja, ja, wenn sie glauben, an den Jesus Christus glauben, dann wird er kommen. Vorher nicht.»[37] Andererseits sieht er die Ursache dafür, dass die Juden nicht an Jesus als den Christus glauben, darin, dass sie nicht an die Gnade, an den schwachen und ohnmächtigen Christus glauben. Die messianische Schwäche des christlichen Glaubens, die in der Nichterlöstheit der Welt besteht, wird als Schuld jüdischen «Unglaubens» hingestellt. Doch gibt diese Perspektive Vischer auch Anlass zur christlichen Selbstkritik. Denn weil die Christen «offenbar nicht so christlich» seien, hielten sie die Juden davon ab, «dass sie Christen werden [...] und verlängern ihre Leiden».³⁸ Durch «die Not der Juden» werden die Christen zu «Busse und Umkehr» geführt. Die verbrecherischen Verursacher dieser Not werden auch seiner Paränese an die Adresse der Christen dienstbar gemacht: «Darum können wir auch jene nicht verdammen, die uns heute die Judenfrage so unausweichlich und grausam stellen.»³⁹

Vischers christlich-theologisches Bild des Judentums wurzelt in der Grundüberzeugung, dass nur die, die Jesus als Messias Israels anerkennen, das «echte Israel sind» und der «wahre Gott nur in Christus Jesus (sich) offenbart», weswegen die Juden, die Jesus als Messias ablehnen, auf der Seite der «Götzendiener und Anbeter von Dämonen» stehen.⁴⁰ Diese unerhörte Paganisierung und Dämonisierung jüdischer Religion zeigt an, dass Vischers dogmatischer Absolutheitsanspruch für das Christentum sich in der Negation jüdischer Identität radikalisiert hat. Dementsprechend unterscheidet er jetzt auch ausdrücklich zwischen dem biblischen Würdenamen «Israel», der nur noch der Kirche zukomme, und den «Juden», womit «eine menschlich-irdische Qualität» bezeichnet werde. Einzelne Juden, die sich zum christlichen Glauben bekehren, sind hingegen der göttliche Beweis, «dass die Kirche das wahre Israel ist».⁴¹ Dies verbindet sich mit dem klassischen negativen Mythos von der Schuld der Juden an der Kreuzigung Jesu. Vischer differenziert dabei hinsichtlich dieses Anschuldigungsstereotyps nicht zwischen der Generation der Juden zur Zeit Jesu und den ihm zeitgenössischen Juden, geschweige denn dass er den Vorwurf der Tötung Jesu durch «die Juden» hinsichtlich seiner längst bestrittenen historischen Plausibilität kritisch befragt. Gleichwohl sieht Vischer die Juden trotz dieser für ihn selbstverständlich feststehenden Schuld gleichsam dialektisch die Gnade Gottes bestätigen, indem er sie zum Typos menschlicher Auflehnung gegen Gott erklärt: «Der Jude ist der menschlichste aller Menschen, in ihm erkennt jeder von uns ein Stück von sich selbst wieder.»⁴²

In der Auseinandersetzung mit dem Antisemitismus macht sich diese Linie der Argumentation aber auch als Verteidigung der Juden bemerkbar. Gegen die antisemitische Projektion aller negativen Eigenschaften auf die Juden kann Vischer herausstellen, dass «sich sämtliche Eigenschaften der Juden, die guten wie die schlechten, auch bei uns anderen Menschen finden».⁴³ Freilich schränkt er nun diesen Grundsatz in verschiedener Weise erheblich ein, und zwar einerseits durch Konzessionen an antisemitische Stereotypen, andererseits dadurch, dass er den Antisemitismus wiederum durch «metaphysische» Überbietung zu unterlaufen versucht. So kann er die widersinnige Behauptung aufstellen, «dass der Antisemitismus eine typisch jüdische Haltung»⁴⁴ sei, – übrigens steht «jüdisch» hier nicht in Anführungszeichen. Und er sieht entsprechend antisemitisch verzerrter Wahrnehmung die Juden «die Kunst, die Wissenschaft, die Politik, den Handel an sich reissen»⁴⁵, wobei er erneut den Topos von der angeblichen Geldgier der Juden anklingen lässt: «Vor allen Dingen ‹das Geld muss ihnen alles zuwege bringen›, wie der Prediger Salomo sagt.»⁴⁶ Das Verfolgungsschicksal, das die Juden erleiden, benennt er zwar als manichäische Spaltung der Welt in Gut und Böse. Aber zugleich kennzeichnet er nun diese Feindschaft als Folge der jüdischen Auflehnung gegen die Gnade und die Judenfeinde selbst als «verjudet»:

«Zu seinem Schrecken muss nun der Jude erleben, dass sich die Feindschaft des Menschen gegen die Gnade gerade an ihm, der er doch selbst die Gnade ablehnt, austobt. Wie der Jude aus Widerspruch gegen die Vergebung den Christus Jesus opfert, um sich selber zu erhalten, so wird er jetzt selbst von denen geopfert, die die Vergebung ablehnen, um sich selber zu rechtfertigen. Der Jude wird dadurch geschlagen, dass die übrige Welt ihm gegenüber jüdisch [nota bene wieder ohne Anführungszeichen – E.St.] wird. Die Antisemiten scheinen nicht zu merken, wie ‹jüdisch› ihre ganze Haltung ist. Ihr Fühlen, ihr Denken, ihre Sprache sind ‹jüdisch›. [...] Man sollte meinen, es müsse jeder merken, dass nichts die Menschheit so ‹verjudet› wie der Judenhass.»[47]

Auch hier ist eine Radikalisierung in Inhalt und Ton unverkennbar, nun jedoch im Blick auf die «völkischen» und antisemitischen Gegner. Dass Vischer sich zu ihrer Abwehr der Inversion ihres Feindbildes bedient, ist natürlich auch Rhetorik, jedoch nicht nur. Sie hat auch, wie wir gleich sehen werden, damit zu tun, dass für Vischer in der Tat eine substantielle Identität zwischen Juden und Antisemiten besteht. Freilich wendet er sich deutlich gegen die sadistischen Orgien, die 1938 im gerade «angeschlossenen» Wien in der Judenverfolgung gefeiert wurden. Doch auch hier kann er nur sehen, dass die antisemitischen «Bekämpfer des ‹jüdischen Rachegottes› selber seine fanatischsten Anbeter sind».[48] Dabei sollen hier wiederum durch ironische Umkehr die Antisemiten entlarvt werden, wie die Anführungszeichen nahelegen. Doch bleibt die Basis der Ironie das Einverständnis mit dem antisemitischen Stereotyp vom «jüdischen Rachegott». Vischer ist durchaus davon überzeugt, dass die, «die am meisten von der jüdischen Gefahr schreien, nicht zu bemerken scheinen, dass gerade sie am meisten dazu beitragen, diese Gefahr zur eigentlichen Weltgefahr zu machen».[49] Im Unterschied zu den wahren Christen, die Gottes Gnade annehmen, lehnten sich Juden wie Antisemiten dagegen auf. Im Unterschied zu den Antisemiten sind jedoch die Juden von heilsgeschichtlicher Beweiskraft für das Christentum Vischers, und zwar nicht nur, wenn einige sich bekehren, sondern auch wenn die übrigen ein Verfolgungsschicksal leiden: «Die Juden, die als die ersten Berufenen den Christus in seiner Niedrigkeit verworfen haben, sind nun darin, dass sie nicht leben und sterben können» – Vischer nimmt hier wieder den antisemitischen Ahasvermythos auf –, «die Zeugen dafür, dass dieser Erniedrigte der Herr ist und der Fürst ihres Lebens. [...] In ihrem ausweglosen Leiden müssen sie nun einer Menschheit, der es nicht weniger schwer wird, an den Erniedrigten zu glauben, bezeugen, dass er eben doch und allein der Erhöhte ist.»[50] Diese Instrumentalisierung des Leidens zeigt, wie der theologische Ansatz konsequent angewandt zur Paralyse der Einfühlung führen kann. Wir werden darauf noch zurückkommen.

Vischers Kontroverse mit Schalom Ben-Chorin (1939) und das «Memorandum» des Hilfswerks (1938)

Vischers Vortrag «Wir Christen und die Juden» hat zu einer Kontroverse mit Schalom Ben-Chorin in den «Neuen Wegen» geführt. In seinem «Offenen Brief an Wilhelm Vischer»[51] aus Jerusalem zeigt sich Ben-Chorin besonders verletzt durch Vischers Gleichstellung des jüdischen Monotheismus mit dem Glauben von «Götzendienern und Anbetern von Dämonen» und der Kennzeichnung der nationalsozialistischen Antisemiten und ihrer Verbrechen als Ausdruck «jüdischen Geistes». Ben-Chorin verteidigt dabei das Judentum gegen Vischers verzerrte und nivellierende Darstellung. Er stellt insbesondere gegenüber der Charakterisierung der Antisemiten als Anhänger einer angeblich jüdischen Vergeltungsethik heraus, dass nur schon dann, wenn die Antisemiten das biblische Talionsrecht (Talion, lateinisch: Vergeltung von Gleichem mit Gleichem) wirklich achten würden, es keine Konzentrationslager gäbe, «denn nicht die Vergeltung wird in diesen Höllen geübt, sondern Mord, Totschlag, bestialische, *grundlose* Quälerei, die nicht den Schimmer des Rechtes, auch nicht des härtesten hat». Er wirbt zwar am Ende seines Briefes um die «Verständigung zwischen Israel und der Kirche Christi in dieser Stunde *gemeinsamer* Bedrängnis». Aber er verbirgt auch nicht seine Enttäuschung über Vischers «Unverständnis»: Er habe «längst aufgehört, mit seinen geschworenen Feinden», also den Antisemiten, «zu hadern, ‹denn sie haben Ohren und hören nicht› (Psalm 115,6)», aber er könne «doch nicht schweigen zu den Worten des Wohlmeinenden, die ihn in ihrem Unverständnis härter treffen als das Wutgeschrei der Feinde».

Vischers «Antwort an Schalom Ben-Chorin»[52] geht auf die kritisierte Gleichsetzung von Juden und Antisemiten ein. Er nimmt sie nicht zurück, erläutert sie aber so, dass er sie gegen «völkische» Christen gemünzt sehen will: «Um diese Brüder womöglich von ihrem verderblichen Wahn zu heilen, musste ich sie an ihrer empfindlichsten Stelle treffen, indem ich ihren vermeintlich ‹heiligen Eifer›, die Christenheit zu ‹entjuden›, ‹jüdisch› nannte.» Er will das nicht als «Schimpfname» verstehen, zumal er «mit Bedacht ‹jüdisch› in Anführungszeichen gesetzt» habe. Ich habe darauf aufmerksam gemacht, dass freilich solche Anführungszeichen an besonders wichtigen Stellen gerade fehlen. Und tatsächlich unterstreicht Vischer noch, dass er um der Wahrheit willen bei seiner Identifikation bleiben müsse. Denn «das spezifisch ‹Jüdische› ihrer [sc. der «völkischen» Christen – E.St.] Haltung» sei, «dass sie aus religiösem Eifer [...] bestreiten, dass Jesus der Christus Israels ist. Darin sind sie bei aller Feindschaft mit den Juden so einig wie Pilatus und Herodes, die Freunde wurden in der Ablehnung der messianischen Hoheit Jesu.» Vischer bestimmt hier also wieder Judesein im wesentlichen negativ, nämlich als Nichtglauben an Jesus als den Messias Israels, und er ignoriert den vom Opfer-Täter-Verhältnis her erhobenen ethischen Einwand Ben-Chorins gegen die Gleichstellung. Ebenso lässt er die Klarstellungen und Differenzierungen hinsichtlich des jüdischen Selbstverständnisses, die Ben-Chorin vorgebracht hat, nicht gelten. In seiner Antwort wiederholt er zwar nicht ausdrücklich den Vorwurf, der den jüdischen Glauben paganisiert und dämonisiert, aber er unterstreicht einmal mehr, «dass sich der lebendige und wahre Gott nur [...] in Christus Jesus offenbart», was allemal jüdischen Glauben zum «Unglauben» machen muss.[53]

Dass Vischer zu Ben-Chorins Kritik an der Nivellierung des Verhältnisses von grundlos verfolgten Juden und mörderischen Antisemiten in seiner Antwort schweigt, überrascht angesichts des Memorandums «Das Heil kommt von den Juden», das vom Schweizerischen Evangelischen Hilfswerk für die Bekennende Kirche in Deutschland im Oktober 1938 verbreitet und von Vischer zumindest auch unterschrieben worden war.[54] Es erstaunt umso mehr, wenn, wie heute angenommen wird, der Text von Vischer verfasst worden ist.[55] Wird hier doch schon vor dem Novemberpogrom in unmissverständlicher Deutlichkeit festgestellt, dass «die Verfolgung der Juden und mit ihnen der Christen jüdischer Abstammung vorab in Deutschland, aber auch in anderen Ländern, von Tag zu Tag grauenhafter wird.»[56] Zudem listet dieses Memorandum in seinem ersten Teil die zunehmende Verfolgung, Verfemung und Entrechtung der Juden in umfassender Weise auf, und zwar ohne jeglichen negativen Unterton gegenüber den verfolgten Juden, vielmehr höchst einfühlsam für deren Leiden. Es fällt schwer zu glauben, dass dieser im politischen Urteil absolut eindeutige und von jeder Gleichstellung der Opfer mit den Tätern freie Textteil des Memorandums von Vischers Hand sein soll. Freilich ist seine Verfasserschaft hinsichtlich (der Substanz) des theologischen Hauptteils dieses Memorandums kaum zweifelhaft, da hier so ziemlich alle uns schon bekannten Positionen Vischers begegnen, und zwar bis in den Wortlaut und Stil hinein.[57] Auch begegnen erst hier antisemitische Stereotypen, wie etwa das, dass die Juden «von jeher und immer wieder beim Aufbau der Kulturen und der Reiche dieser Welt als Spaltpilze gewirkt» hätten. Und «schon im Altertum» sei «mit den gleichen Worten und der gleichen Leidenschaft wie heute gegen ihren zersetzenden Einfluss geeifert worden». Dabei fällt nicht nur das aus antisemitischer Destruktionsprojektion stammende Stichwort «Zersetzung», sondern auch das Hauptwort rassistischer Judenfeindschaft «Entartung»: «Wer meint, es liege nur (sic!) an einer Entartung, wenn das Judentum zersetzend wirke, sieht das Problem zu harmlos. Da sieht der radikale Hass, der zwischen guten und bösen Juden nicht mehr unterscheidet, richtiger.»[58] Daneben findet sich aber auch die Feststellung, dass «der Judenhass direkter als jeder Menschenhass die Humanität an der Wurzel angreift».[59]

Kocher hat mit Recht dieses Memorandum insgesamt als «achtenswerten Versuch» bezeichnet, «sich der Unheilslawine entgegenzustellen». Aber er weist zugleich auf das Zwiespältige und Problematische, ja, Uneinheitliche dieses Dokumentes hin.[60] Auch Busch rechnet mit «Kompilation» und nicht zuletzt mit redigierenden Eingriffen durch Barth.[61] Doch sowohl Kocher als auch Busch gehen nicht so weit, einen ganzen Textteil anderer Hand zuzuweisen, zumal Barth und Vischer selbst später als Autor des Memorandums Vischer nennen.[62] Es erscheint mir jedoch Vischers Verfasserschaft fraglich hinsichtlich der Eingangspassage. Ein wichtiges Indiz für eine Kompilation von

Textteilen mehrerer Verfasser ist, dass der theologische Hauptteil isoliert in Kreisen der Bekennenden Kirche in Deutschland unter der Überschrift «Eine notvolle theologische Betrachtung» ohne Datums- und Verfassernennung kursierte.[63] Sicher ist aber auch denkbar, dass der gesamte Text des Memorandums nach Deutschland gekommen und dort gekürzt wurde, wie Kocher annimmt.

Die Überschrift des Memorandums «Das Heil kommt von den Juden», die ein Wort aus dem Johannesevangelium (Joh 4,22) zitiert, wurde in der Folgezeit Gegenstand heftiger Diskussionen in den Kreisen, die zum Schweizerischen Evangelischen Hilfswerk gehörten.[64] Insbesondere stritten sich die «Zürcher», Emil Brunner und Walter Zimmerli, und die «Basler», Barth und Vischer, darüber, ob Johannes 4,22 eine präsentische, weiterhin gültige Aussage oder eine über die Vergangenheit mache, letzteres vertraten die «Zürcher». Im Kern ging es dabei um die Frage der Dogmatik, ob das jüdische Volk trotz der Ablehnung des Glaubens an Jesus als Messias bleibend erwählt oder aber wegen dieser Ablehnung verworfen sei. Kennzeichnend wiederum für Vischers Position, die in unserem Zusammenhang interessiert, ist, dass er Joh 4,22 gegen den klaren Textsinn mit seiner Vorstellung verbindet, dass das Kommen des Messias bzw. des Gottesreiches in Herrlichkeit vom Glauben der Juden abhänge.[65] Dieser Gedanke wird von Vischer aber auch in andere Textstellen des Neuen Testament interpoliert,[66] was anzeigt, welche Bedeutung sich mit ihm für das theologische Verhältnis zum Judentum verbindet.

Vischers ambivalente Stellung zum Judentum

Es besteht kein Zweifel, dass Vischers Theologie sich jeglichem Bündnis mit dem Antisemitismus, dem Nationalsozialismus und dessen kirchlicher und theologischer Komplizenschaft widersetzte. Er ist auch insofern als ein Opfer des Nationalsozialismus zu würdigen, als dieser ihn seiner beruflichen Existenz in Deutschland beraubte und vertrieb. Und fasst man den Begriff «Widerstand»[67] nicht zu eng, so stellt nicht nur seine Haltung, sondern vor allem auch seine intellektuelle Resistenz eine Form des Widerstands dar. Er hat weder einfach zu- oder indifferent weggesehen, geschweige denn mitgemacht. Versucht man Vischers theologische Stellung zum Judentum im zeitgenössischen Kontext kritisch zu würdigen, so wird man gleichwohl nicht umhin können, sie insgesamt als höchst ambivalent zu charakterisieren. Sie ist einerseits trotz ihrer entschiedenen Opposition gegen den rassistischen und eliminatorischen Antisemitismus des Nationalsozialismus und dessen kirchlich-theologische Komplizenschaft nicht frei von gängigen «säkularen» antisemitischen Stereotypen. Und andererseits ist sie nahezu ungebrochen durch das traditionelle kirchlich-dogmatische Bild des Judentums bestimmt, das zuweilen eine fatale Nähe zum Antisemitismus aufweist. Gewiss ist nicht zu verkennen, dass Vischers theologischer Ausgangspunkt, die bleibende Erwählung des jüdischen Volkes, nicht nur quer zur damals – auch theologisch – landläufigen

Überzeugung stand, die Juden seien von Gott verworfen. Und dieser Ansatz enthält auch die Möglichkeit, höchst negative neutestamentliche und christlich-traditionelle Aussagen über die Juden zu subsumieren und so ihre isoliert oder mit der Verwerfungsthese verbundene aggressive Pauschalität abzuschwächen. Dies gilt etwa im Blick auf den Vorwurf des «Christusmordes» wie den der «Verstockung», die Vischer freilich weitertradiert. Nicht zuletzt ist diesem Ansatz auch eine ethische Komponente eigen, insofern für Vischer die Juden unter göttlichem Schutz stehen. Er spricht vom «charakter indelebilis». Freilich bleibt die Berufung auf die materielle biblische Ethik demgegenüber auffällig unbetont. Ja, Vischer kann aufgrund seines primär theologisch bzw. christologisch begründeten Verhältnisses zum Judentum ethische Gegensätze geradezu nivellierend aufheben, wie die Gleichstellung von Juden und Antisemiten zeigte.

Trotz des bemerkenswerten Hauptsatzes von der bleibenden Erwählung des jüdischen Volkes muss jedoch die Frage gestellt werden, ob Vischer ihn nicht in seiner theologischen Entfaltung empfindlich schwächt oder gar ruiniert. Denn wenn er das Schicksal der Juden zwar menschlicher Gerichtskompetenz entzieht, sie aber unter Gottes Gericht und Fluch stehen und gar von Gott «dem Mutwillen und der Wut der Heiden preisgegeben»[68] sieht, fragt sich, inwiefern dann die bleibende Erwählung einen «unversehrbaren Charakter» einschliessen kann. Kocher bemerkt dazu mit Recht, dass «derartige Interpretationen die Gefahr einer religiösen Verklärung antisemitischer Aktionen»[69] nicht ausschliessen. Ja, man muss noch weiter gehen in der Kritik. Denn Vischer instrumentalisiert das jüdische Leiden zu einem Beweis für die «christliche Wahrheit», wie wir oben gesehen haben. Mit dieser geschichtstheologischen Ausnutzung jüdischen Schicksals unterscheidet er sich nur graduell von seinem Zürcher alttestamentlichen Kollegen Walter Zimmerli, der die bleibende Erwählung der Juden, wie sie in Basel gelehrt wurde, strikt als «Judaismus» ablehnte und 1942 schroff formulierte: «Das tausendfache Sterben des jüdischen Volkes ist wohl die eindrücklichste Predigt der Tatsache», dass sich «Leben und Tod entscheidet» am Christusglauben.[70]

Im Zentrum von Vischers Bild des Judentums steht die völlig ungebrochene Überzeugung, dass die Existenz der Juden als Juden, mehr noch und anders als die Antisemiten meinen, ein schwerwiegendes Problem sei, ja, die Ursache für das Ausbleiben des endzeitlichen Heils der Menschheit. Diese Projektion aller Probleme auf die «Judenfrage» hat nicht nur, wie erwähnt, eine fatale Nähe zum Antisemitismus. Vielmehr ist in der psychoanalytischen Deutung christlicher Judenfeindschaft und säkularen Antisemitismus' mit guten Gründen dargelegt worden, dass beide im Kern von einem «Realitätshass» und von der (paranoiden) Vorstellung regiert werden, die Juden seien die «Störenfriede» einer geeinten und erlösten Welt.[71] Selbstredend soll und darf dieser analytische Erklärungsansatz nicht zu einer Nivellierung, geschweige denn Gleichsetzung der historischen oder empirischen Differenzen führen. Denn die wahnhafte Idee von «Erlösung durch Vernichtung», wie sie den eliminatorischen Antisemitismus des Nationalsozialismus auszeichnet, trennen Welten von christlichen Vorstellungen, die die «Judenfrage» durch Bekehrung zum Christentum «lösen» wollen. Freilich impliziert auch diese christliche Position, dass die Juden als Juden zu «Störenfrieden» einer im christlichen Bekenntnis zu vereinenden Menschheit erklärt werden. Die darin zum Ausdruck kommende Tendenz zur Homogenisierung[72] stellt nicht nur jüdische Identität als solche in Frage, sondern auch den selbstverständlichen Anspruch der Juden theologisch zur Disposition, ihren Glauben zu leben. Auch wenn Vischer die Aufhebung jüdischer Identität in eine eschatologische Perspektive rückt, ist die Affinität zum Antisemitismus unübersehbar.

Vischer hat sich 1953 zur Schoa und zum Staat Israel geäussert. Er stellt durchaus verständnisvoll die politische Entwicklung dar, meint aber, dass dieses Volk nun auch umkehren und erkennen müsse, was «der Wille Gottes mit dem Staat Israel»[73] sei, nämlich die Bekehrung zu Jesus Christus. Verbunden damit ist eine christlich-theologische Deutung der Schoa. Diese grösste Tragödie des jüdischen Volkes und der Menschheitsgeschichte wird als Gericht Gottes gedeutet. «Das Dasein Israels», so schrieb er, «ist deshalb die grosse Störung (!) in der Familie der Völker, weil Gott Israel erwählt hat, um an ihm unübersehbar für alle Menschen die unendliche Schuld des Menschen vor Gott aufzudecken. Israel ist die wunde Stelle am Körper der Menschheit. Deshalb ist das Leben Israels zugleich so verzweifelt und so unzerstörbar, weil in ihm Gott ständig die Wunde offenhält und zugleich an ihm zeigt, dass er selbst sie heilt durch Jesus, den Christus Israels.»[74] Nicht einmal der Staat Israel selbst, sondern Jesus wird als die grosse Wiedergutmachung angesehen. Und der Massenmord an Millionen unschuldiger Menschen dient zum göttlichen Aufweis der menschlichen Schuld. Es stockt einem der Atem angesichts dieses durch nichts erschütterbaren christlich-theologischen Triumphalismus.

Eine wirkliche Änderung der theologischen Einstellung zum Judentum wird nur gelingen, wenn das jüdische Selbstverständnis wahrgenommen und respektiert wird. Das schliesst die Anerkennung der Säkularität als unüberwindbares Schicksal der Geschichtlichkeit ein, aber auch, dass sie nicht das Ganze der Wirklichkeit ausmacht. Und das schliesst endlich die Anerkennung der eigenen Partikularität ein, das heisst der eigenen Begrenztheit. Das Christentum ist eine Grösse neben dem jüdischen Volk, das durch nichts und niemand ersetzt werden kann und dessen Ablehnung immer zugleich eine Selbstruinierung des Christentums bedeutet.

Anmerkungen

[1] Vgl. dazu nur: Herbert A. Strauss, Juden und Judenfeindschaft in der frühen Neuzeit, in: Herbert A. Strauss/Norbert Kampe (Hg.), Antisemitismus. Von der Judenfeindschaft zum Holocaust, Frankfurt 1985, S. 66–87; Reinhard Rürup, Emanzipation und Antisemitismus: Historische Verbindungslinien, in: Ebda., S. 88–98; Werner Jochmann, Struktur und Funktion des deutschen Antisemitismus, in: Ebda., S. 99–142; Detlev Claussen, Vom Judenhass zum Antisemitismus. Materialien einer verleugneten Geschichte, Darmstadt ²1988; Ekkehard W. Stegemann, Die christlichen Wurzeln des Judenhasses, in: Gudrun Hentges/Guy Kempfert/Reinhard Kühnl (Hg.), Antisemitismus. Geschichte – Interessenstruktur – Aktualität, Heilbronn 1995, S. 9–24; zuletzt: Jaques Picard, «Antisemitismus» erforschen? Über

Begriff und Funktion der Judenfeindschaft und die Problematik ihrer Erforschung, in: Schweizerische Zeitschrift für Geschichte 47 (1997), S. 580-607.

2 Vgl. dazu: Jochmann (wie Anm. 1).

3 Vgl. dazu: Jaques Picard, Die Schweiz und die Juden 1933-1945. Schweizerischer Antisemitismus, jüdische Abwehr und internationale Migrations- und Flüchtlingspolitik, Zürich 1994; Jakob Tanner, Diskurse der Diskriminierung: Antisemitismus, Sozialdarwinismus und Rassismus in den schweizerischen Bildungseliten, in: Michael Graetz/Aram Mattioli (Hg.), Krisenwahrnehmungen im Fin de siècle. Jüdische und katholische Bildungseliten in Deutschland und der Schweiz, Zürich 1997, S. 323-340.

4 Vgl. dazu: Ursula Käser-Leisibach, Die begnadeten Sünder. Stimmen aus den Schweizer Kirchen zum Nationalsozialismus 1933-1942, Winterthur 1994; Picard (wie Anm. 3), bes. S. 70ff.; Hermann Kocher, Rationierte Menschlichkeit. Schweizerischer Protestantismus im Spannungsfeld von Flüchtlingsnot und öffentlicher Flüchtlingspolitik der Schweiz 1933-1948, Zürich 1996.

5 Vgl. Kocher (wie Anm. 4), S. 442.

6 Vgl. Anm. 4 und: Eberhard Busch, Unter dem Bogen des einen Bundes. Karl Barth und die Juden 1933-1945, Neukirchen 1996.

7 Vgl. dazu: Wilhelm Vischer, Das Christuszeugnis des Propheten Jeremia. Anhang: Dokumente und Würdigungen zum Fall Vischer 1933, in: Bethel 30 (1985); Gottfried Michaelis, Der Fall Vischer. Ein Kapitel des Kirchenkampfes, Bielefeld 1994.

8 Vgl. dazu: Kocher (wie Anm. 4), S. 111ff.

9 Peter Loewenberg, Die Psychodynamik des Antijudaismus in historischer Perspektive, in: Psyche 46 (1992), S. 1095-1121, hier S. 1098.

10 Vgl. dazu: Hans-Joachim Kraus, Geschichte der historisch-kritischen Erforschung des Alten Testaments, Neukirchen ²1969; Rolf Rendtorff, Kanon und Theologie. Vorarbeiten zu einer Theologie des Alten Testaments, Neukirchen 1991; Ekkehard W. Stegemann, Vom christlichen Umgang mit jüdischen heiligen Schriften, in: Ekkehard W. Stegemann/Marcel Marcus, «Das Leben leise wieder lernen». Jüdisches und christliches Selbstverständnis nach der Schoah, Stuttgart 1997, S. 217-227.

11 Vgl. dazu: Rendtorff (wie Anm. 10), S. 81-93.

12 Zum Verhältnis Barth-Vischer vgl. Otto Bächli, Das Alte Testament in der Kirchlichen Dogmatik von Karl Barth, Neukirchen 1987, S. 41-45.

13 Vgl. Wilhelm Vischer, Gehört das Alte Testament heute noch in die Bibel des deutschen Christen?, in: Bethel (1932), und vor allem sein Hauptwerk: Das Christuszeugnis des Alten Testaments, I. Band: Das Gesetz, München 1934; Das Christuszeugnis des Alten Testaments. Zweiter Teil: Die Propheten. 1. Hälfte: Die früheren Propheten, Zürich 1942. Eine vollständige Bibliographie findet sich in: Bethel 30 (wie Anm. 7).

14 Wilhelm Vischer, Zur Judenfrage. Kurze Erörterung der Judenfrage im Anschluss an Leitsätze eines Vortrags über die Bedeutung des Alten Testaments, in Lemgo, in: Pastoral-Theologie Mai/Juni 1933 (Göttingen), S. 185-190; hier zitiert nach dem Wiederabdruck in: Bethel 30 (wie Anm. 7), S. 62-69, hier S. 62-64.

15 Vgl. Heinrich Vogel, Wie predigen wir über das Alte Testament?, in: Evangelische Theologie 2 (1935), S. 339-360; Rudolf Abramowski, Vom Streit um das Alte Testament, in: Theologische Rundschau 9 (1937), S. 65-93.

16 Vgl.: Gerhard von Rad, Das Christuszeugnis des Alten Testaments. Eine Auseinandersetzung mit Vischers gleichnamigem Buch, in: Theologische Blätter 14 (1935), S. 249-254; Walter Baumgartner, Die Auslegung des Alten Testaments im Streit der Gegenwart, in: Schweizerische Theologische Umschau 11 (1941), bes. S. 29ff.; Ludwig Köhler, Alttestamentliche Theologie. Vorfragen und Gesamtdarstellungen, in: Theologische Rundschau 7 (1935), bes. S. 261.

17 Vgl. Rendtorff (wie Anm. 10), S. 81-93.

18 Vgl. Vischer, Das Christuszeugnis I (wie Anm. 13), S. 7.

[19] Vischer (wie Anm. 14), S. 62.
[20] Kraus (wie Anm. 10), S. 429.
[21] Baumgartner (wie Anm. 16), S. 29.
[22] Vgl. Jacob Katz, Vom Vorurteil bis zur Vernichtung. Der Antisemitismus 1700–1933, München 1989, S. 325.
[23] Vgl. dazu: Busch (wie Anm. 6), S. 401ff.
[24] Vischer (wie Anm. 14), S. 68.
[25] Ebda.
[26] Ebda., S. 67.
[27] Ebda., S. 66.
[28] Ebda., S. 63 u. 67.
[29] Ebda., S. 67.
[30] Zur Geschichte des «Betheler Bekenntnisses» vgl.: Eberhard Bethge, Einleitung zu: Dietrich Bonhoeffer, Das Betheler Bekenntnis, in: Ders., Gesammelte Schriften II, hg. von Eberhard Bethge, München 1965, S. 80ff.; Jelle van der Kooi, Das Betheler Bekenntnis, in: Bethel 25 (1983); Christine-Ruth Müller, Bekenntnis und Bekennen. Dietrich Bonhoeffer, in: Bethel (1933). Ein lutherischer Versuch, München 1989; Busch (wie Anm. 6), S. 50ff.
[31] Vgl. Vischer, Zeugnis eines Zeitgenossen, jetzt in: Bethel 30 (wie Anm. 7), S. 79–85, bes. S. 81; Busch (wie Anm. 6), S. 49ff.
[32] Dietrich Bonhoeffer (wie Anm. 30), S. 117.
[33] Vischer (wie Anm. 31), S. 85.
[34] Juden – Christen – Judenchristen. Ein Ruf an die Christenheit, hg. vom Schweizerischen Evangelischen Hilfswerk für die Bekennende Kirche in Deutschland, Zürich 1939; darin Vischers Beitrag «Wir Christen und die Juden», S. 13–29.
[35] Ebda., S. 13.
[36] Ebda., S. 28.
[37] Wilhelm Vischer, Die Judenfrage, eine entscheidende Frage für die Kirche, Basel o. J., S. 15.
[38] Vischer (wie Anm. 34), S. 28f.
[39] Ebda., S. 29.
[40] Ebda., S. 14.
[41] Ebda., S. 15.
[42] Ebda., S. 17.
[43] Ebda., S. 16.
[44] Ebda., S. 17.
[45] Ebda., S. 21.
[46] Ebda., S. 17.
[47] Ebda., S. 22f.
[48] Ebda., S. 23.
[49] Ebda., S. 25f.
[50] Ebda., S. 27f. Ahasver, hebräisch Ahasverosch, im christlichen Volksglauben Symbolgestalt für den «Ewigen Juden»; literarisch erstmals nachweisbar im deutschen Volksbuch «Kurtze Beschreibung und Erklärung von einem Juden mit Namen Ahasver» (1602). Dieser habe den kreuztragenden Jesus, der sich an der Wand seines Hauses habe ausruhen wollen, abgewiesen, worauf Jesus geantwortet habe: «Ich will sterben und ruhen, du aber sollst wandern.»
[51] Schalom Ben-Chorin, Offener Brief an Wilhelm Vischer, in: Neue Wege 1939 (November), S. 508–511.
[52] Wilhelm Vischer, Antwort an Schalom Ben-Chorin, in: Neue Wege 1939 (Dezember), S. 567–571.
[53] Vischer setzt sich übrigens sowohl in der Antwort an Ben-Chorin wie in der Schrift «Die Judenfrage, eine entscheidende Frage für die Kirche» mit Ben-Chorins eigenem und anderen jüdischen Ansätzen (er bezieht sich wohl vor allem auf Rosenzweig und Buber, ohne dass sie

jedoch beim Namen genannt werden) zu einer Interpretation Jesu auseinander, die dessen historische Bedeutung für das Judentum und seine religiöse Bedeutung im Christentum positiv würdigen. Allein sein Absolutheitsanspruch kann dieses «Friedensangebot» (S. 6) nicht akzeptieren, da das für ihn Entscheidende, die Messianität Jesu, nicht anerkannt wird.

54 Vgl. in: Juden – Christen – Judenchristen (wie Anm. 34), S. 39–47.
55 Vgl. nur: Kocher (wie Anm. 4), S. 536, Anm. 96; Busch (wie Anm. 6), S. 321ff.
56 Juden – Christen – Judenchristen (wie Anm. 34), S. 39.
57 Ich meine die Passage, die nach der Trennungsmarkierung beginnt und vor der direkten Anrede «Liebe Amtsbrüder» endet; vgl. Juden – Christen – Judenchristen (wie Anm. 34), S. 41–46.
58 Ebda., S. 41f. Der Konjunktiv «wirke» ist allerdings nach der vorhergehenden Tatsachenbehauptung auffällig. – Dass das Judentum ein «Spaltpilz» sei, findet sich wörtlich auch bei: Emil Brunner, Zur Judenfrage, in: Neue Schweizer Rundschau 3 (1935), S. 385–397, hier S. 389. Auch er spricht von «Zersetzung», freilich im Zusammenhang einer Tendenz der Moderne: «Für das Gift der modernen geistigen Zersetzungsstoffe besass das Judentum weniger Immunität als das Christentum», S. 392.
59 Juden – Christen – Judenchristen (wie Anm. 34), S. 45.
60 Vgl. Kocher (wie Anm. 4), S. 115.
61 Vgl. Busch (wie Anm. 6), S. 321, Anm. 21.
62 Vgl. Kocher (wie Anm. 4), S. 536; Busch (wie Anm. 6), S. 321, Anm. 21.
63 Vgl. Kocher (wie Anm. 4), S. 536.
64 Vgl. dazu: Busch (wie Anm. 6), S. 322 u. 375ff.; Kocher (wie Anm.6), S. 116, 162 u. 554, Anm. 74.
65 Vgl. schon das «Memorandum» in: Juden – Christen – Judenchristen (wie Anm. 34), S. 45; ferner: Wilhelm Vischer, Die Hoffnung der Kirche und die Juden, in: Die Hoffnung der Kirche. Verhandlungen des schweizerischen reformierten Pfarrvereins, 83. Versammlung am 28., 29. und 30. September 1942 in Liestal, Liestal (1942), S. 75–102, bes. 94ff.
66 Vgl. nur die Auslegung der Pfingstpredigt des Petrus in der Apostelgeschichte (Apg 3), in: Vischer (wie Anm. 65), S. 98f.
67 Vgl. Heinz Hürten, Zehn Thesen eines profanen Historikers zur Diskussion um den Widerstand der Kirchen in der nationalsozialistischen Zeit, in: Kirchliche Zeitgeschichte. Internationale Halbjahresschrift für Theologie und Geschichtswissenschaft 1 (1988), S. 116f.
68 «Memorandum», in: Juden – Christen – Judenchristen (wie Anm. 34), S. 43. Freilich wird hinzugefügt: «Und schützt sie dann doch immer wieder vor dem Untergang».
69 Kocher (wie Anm. 4), S. 115.
70 Walter Zimmerli, Die Juden, in: Der Grundriss. Schweizerische Reformierte Monatsschrift 4 (1942), S. 225–240, hier S. 239.
71 Vgl. etwa: Hermann Beland, Religiöse Wurzeln des Antisemitismus, in: Psyche 45 (1991), S. 448–470.
72 Nicht zufällig bedient sich Emil Brunner in seinem Vorschlag zur «Lösung der Judenfrage» des Begriffs der «Einschmelzung»: «Es gibt keine Lösung, sofern das Judentum Judentum bleibt. Die Lösung heisst Einschmelzung, die Einschmelzung aber ist nur dadurch möglich, dass der Jude aufhört, im religiösen Sinne Jude zu sein oder sofern er aufhört, im religiösen Sinne wurzellos zu sein.» Brunner (wie Anm. 58), S. 396.
73 Wilhelm Vischer, Der neue Staat «Israel» und der Wille Gottes, Basel 1953, S. 63.
74 Ebda., S. 62.

Zentrum und Peripherie

Zur Frage der nationalsozialistischen Lebensraumpolitik und schweizerischen Reaktions- und Orientierungsmuster

JACQUES PICARD

In diesem Aufsatz[1] wird das Verhältnis zwischen der Lebensraumpolitik und Wirtschaftsideologie des Nationalsozialismus einerseits und den schweizerischen Orientierungsmustern im Umgang mit NS-Deutschland andererseits zum Thema gemacht. Für eine Beschreibung dieses Verhältnisses ist Antisemitismus ein wichtiger Faktor, wobei im Auge behalten werden soll, dass Antisemitismus auch vor und nach der Zeit des Nationalsozialismus in Europa stets eine Rolle spielte. Für die Zeit der NS-Herrschaft rückt besonders die Frage in den Vordergrund, welcher Orientierungsraum und welche Seite der Kriegführenden für die Schweiz Referenzpunkt von Entscheidungen und Handlungsperspektiven gewesen sind. Es geht um die Einflussnahmen und die Spielräume, die sich aus der Wechselseitigkeit von Zentrum und Peripherie in unterschiedlichen Verortungen dieser Beziehungen ergeben haben. Weil es um ungleiche, aber intensiv verwickelte Bezugsräume geht, ist das Verhältnis zwischen den kleinräumigen Strukturen der Peripherie und den unwiderstehlich und machtvoll erscheinenden Kraftorten eines Zentrums stets als problematische Koexistenz, die auf verschiedenen Ebenen manifest wird, zu beschreiben.

Die Begriffe «Zentrum» und «Peripherie» werden hier nicht so verwendet, wie sie heute in der Holocaustforschung in erster Linie diskutiert werden, nämlich als Frage nach dem wechselseitigen Verhältnis von Entscheidungsträgern im Machtzentrum des «Dritten Reiches» einerseits und solchen in Provinzen bzw. besetzten Gebieten andererseits. Vielmehr füge ich eine andere Dimension hinzu, indem meine Überlegungen von der Frage ausgehen, ob die Schweiz, deren Bild als Kleinstaat den Eindruck einer räumlichen «Peripherie» vermittelt, in bestimmten Momenten und Dingen nicht auch eine «zentrale» Rolle im Geschehen des Zweiten Weltkrieges gespielt hat. Für die Goldtransaktionen während des Zweiten Weltkrieges zum Beispiel ist deutlich, dass die Schweiz aus der Sicht von NS-Deutschland wie der Alliierten eine zentrale Position einnahm. Ähnliches lässt sich nach heutigem Kenntnisstand auch für die schweizerischen Waren- und Elektrizitätsexporte nach dem «Dritten Reich» sagen. Aus einer anderen Perspektive, nämlich in den Augen von Flüchtlingen, war die Schweiz wiederum kein peripherer Ort, sondern ein zentraler Faktor von Fluchtplänen und Rettung. Die beiden Begriffe «Zentrum» und «Peripherie» werden hier deshalb benutzt, um die verschiedenen Bedeutungsebenen bewusstzumachen. Angesprochen werden die unterschiedlichen Systeme, unter denen sich politische und ideologische, militärische und wirtschaftliche Logiken des Handelns abgespielt oder auch in Diskursen abgezeichnet haben.

Im ersten Teil des Aufsatzes werden zunächst die nationalsozialistische Lebensraumpolitik und Wirtschaftsideologie, das heisst Aspekte des NS-Herrschaftssystems, kurz in Erinnerung gerufen. Ausgangspunkt ist hier das nationalsozialistische Projekt eines germanisierten Europas und die damit verbundene Vorstellung eines deutschen «Grossraumes» auf rassistischer Grundlage. Dabei ist Antisemitismus eine von mehreren Determinanten des wechselseitigen Verhältnisses von Zentrum und Peripherie. Antisemitismus stellt ein Geflecht aus Ideologien dar, die gegen Juden und Jüdinnen gerichtet waren und die in unterschiedlichen Politiken und Lebenswelten wirksam geworden sind. Dies schliesst auch die Abwehr des Antisemitismus und die den entsprechenden Resistenzhaltungen zugrunde liegenden Begründungen mit ein. Für die Beschreibung der schweizerischen Orientierungsmuster stellt sich entsprechend die Frage nach den antisemitischen Komponenten. Dabei zeigt sich für die Forschung, dass in den militär-, wirtschafts- und flüchtlingsgeschichtlichen Untersuchungsbereichen ein sehr disparater Kenntnisstand vorliegt. Darüber kann die hier vorgenommene Verklammerung dieser drei Bereiche mittels der Frage, wie die nationalsozialistische Lebensraumideologie wahrgenommen und beantwortet wurde, nicht hinwegtäuschen.[2]

Antisemitismus, Wirtschaftsideologie und Lebensraumpolitik – zur Internationalisierungsstrategie des Nationalsozialismus

In der Phase der Formierung seiner Herrschaft gelang es Hitler, die sich kurzfristig einstellende Stabilisierung der Wirtschaft als sein Verdienst auszuweisen und das Vertrauen weiter Kreise der Industrie- und Finanzwirtschaft inner- und ausserhalb Deutschlands zu gewinnen.[3] Der Ausgleich mit den alten Eliten in Staat und Gesellschaft war wesentlich für die Stabilisierung der eigenen Führerstellung.[4] Bedeutsam war dabei die Entscheidung Hitlers zugunsten eines Bündnisses mit der Reichswehr und gegen die parteieigene SA-Bewegung.[5] Die in diesem Prozess der Machtsicherung sich teilweise konkurrenzierenden Interessen der verschiedenen Institutionen des «Führerstaates» brachten im Verlaufe der Entwicklung unterschiedliche Radikalisierungsmomente hervor.

Hitler verknüpfte in seiner Auffassung von Politik einen radikalen und universal intendierten Antisemitismus und Rassismus mit dem deklarierten Ziel der stufenweisen Raumexpansion in Europa. Der nationalsozialistische Rassismus war verbunden mit der Vorstellung von einer europäischen und schliesslich maritimen Weltmachtstellung Deutschlands. Dies lief darauf hinaus, von der erwarteten Aufteilung des britischen Kolonialerbes profitieren zu wollen. Im Bemühen von NS-Grössen, die amerikanische Seite auf eine neutrale Haltung zu verpflichten, indem durch die Rede von einer «deutschen Monroe-Doktrin» die Absichten der Nationalsozialisten klargemacht wurden, sind Elemente dieser aussenpolitischen Pläne lesbar.[6] In Europa selbst sollte für die Deutschen als erstes Lebensraum im Osten in Besitz genommen werden, um dem «Dritten Reich» die Voraussetzungen für die anzustrebende Weltmachtstellung zu schaffen.[7]

Bedeutsam ist, dass der Beginn des Krieges gegen die Sowjetunion im Juni 1941 zeitgleich den Anfang einer systematischen Ermordung der russischen Juden und anderer «artungleicher» Minderheiten und damit einen wichtigen Schritt zur physischen Vernichtung fremder Völker darstellte, der daraufhin angelegt war, das Lebensraumkonzept zu verwirklichen. Dabei war das ideologische Ziel, das Hitler und seine Parteigenossen miteinander teilten, als weltanschaulicher «Erlösungsantisemitismus», der sich von judenfeindlichen Traditionen anderer Art abhob, bereits früh vorgezeichnet. Saul Friedländer weist darauf hin, dass Hitler von ideologischen Obsessionen getrieben war, die alles andere als die kalkulierbaren Manöver eines Demagogen waren, indem er einen «ganz spezifischen Typ von völkischem Antisemitismus an seine extremsten und radikalsten Grenzen» führte.[8] Die Durchführung des Massenmordes an Juden und Jüdinnen sowie weiteren Bevölkerungsgruppen erhielt durch die Rahmenbedingungen des Krieges und des Kolonialismus im Osten dann breiten Raum.[9] Rassismus und Raumexpansion wurden machtpolitisch in die Realität umgesetzt.[10]

Die Vorstellung von einer Weltmacht- und Kolonialherrschaft korrespondierte mit der Machtusurpation im Innern. Diese richtete sich in letzter Konsequenz gegen alles «Gesellschaftsfremde» (Heinrich Himmler) und zerstörte die rechtsstaatlichen Grundlagen einer gewaltenteiligen Demokratie.[11] Die polykratische Struktur des NS-Staates bedeutete, dass Hitler unterschiedliche Servilitäten, Opportunismen und Parteiverhältnisse mit- und gegeneinander ausspielte. Das machtpolitisch kalkulierte Konkurrenzprinzip, das letztlich verhängnisvolle Folgen für Gesellschaft und Wirtschaft des NS-Staates zeitigen sollte, brachte zahlreiche grosse und kleine Machtträger hervor, die zur selbsttätigen Radikalisierung von Massnahmen beitrugen. Dieser «Eliteauslese» eröffneten sich gerade in den neuen «Lebensräumen» des Ostens, aber auch in allen besetzten Gebieten, unerhörte Möglichkeiten, die moralisch hemmungslos umgesetzt wurden und sich in Ausbeutungs-, Raub- und Mordaktionen niederschlugen. Am Beispiel der Ingangsetzung der «Endlösung» im ostpolnischen Galizien hat Thomas Sandkühler die Radikalisierung der «Judenpolitik» in der Peripherie untersucht und gezeigt, wie eine Region «buchstäblich ein Schlachthaus» werden konnte.[12]

Aus späteren Rechtfertigungsdiskursen kurz vor und dann nach Kriegsende könnte der Eindruck entstehen, dass das NS-Regime eine Art Legalitätstaktik verfolgte, die darin bestanden hätte, mittels Friedensbeteuerungen und unter der Fassade von Rechtsstaatlichkeit und Verfassungsmässigkeit seine zerstörerischen Absichten zu verschleiern. Dieser Vorstellung steht aber der Umstand gegenüber, dass das NS-Regime eine Politik intensiver Aufrüstung, Aggressionsvorbereitung und innenpolitischer Terrorisierung sowie sonderrechtlicher Diskriminierung einzelner Menschen und Kulturen betrieb. Rassistische Sport- und Kulturpropaganda[13] gehören mit zu diesem Ensemble der politischen Entscheide und Massnahmen, welche die Annahme einer Legalitätstaktik, das heisst einer aussen- und innenpolitischen Darstellung von Hitlers Macht- und Massnahmenherrschaft als vorgeblich im Rahmen von Recht und Verfassung stehend, wenig plausibel erscheinen lassen. Zwei Zeitzeugen, Ernst Fraenkel und Franz Neumann, die vor ihrer Flucht in Deutschland als Juristen aktiv waren, haben bereits 1939 die NS-Herrschaft, das Gefüge von Normen- und Massnahmenstaat sowie das Nebeneinander verschiedener Machtsäulen eingehend analysiert.[14] Gerade für die Schweiz muss der Unrechtscharakter des NS-Herrschaftssystems Fragen nach der Verwendung des Argumentes der Neutralität und der Gutgläubigkeit durch verschiedene Verantwortungsträger aufwerfen. Dabei konnte eine argumentative Instrumentalisierung von «Neutralität» während und nach dem Krieg später auch die vergangenheitspolitische Einsichtsfähigkeit in der Schweiz behindern.

Angesichts der Kombination von «völkischer» Lebensraumideologie, rassistisch begründeter Machtpolitik und demokratiefeindlicher Herrschaftsausübung stellt sich nun die Frage, auf welchen wirtschaftlichen Prinzipien und handelspolitischen Leitplanken der Nationalsozialismus beruhen sollte.[15] Die Bewältigung der Wirtschaftskrise in Deutschland hatte vor 1933 nicht nur die Nagelprobe für die Demokratie bedeutet, sondern auch den Beginn einer stufenweise sich etablierenden Staatskonjunktur, die später in der Kriegsvorbereitung des «Dritten Reiches» resultierte. War der demokratische Staat bislang mit dem weltmarktorientierten Prinzip des Freihandels identifiziert worden, so wurde nun die NS-Herrschaft letztlich mit einer «alternativen» neuen Wirtschaftsordnung, die auf staatlicher Lenkung und Kontrolle der privaten Unternehmungen beruhte, gleichgesetzt. Daher setzte die NS-Ideologie wirtschaftlich auf das Konzept eines geschlossenen Handelsstaates, der planwirtschaftliche Züge trug. Konkret beruhte die Überzeugung von der Tragfähigkeit dieses Ansatzes auf einem durch die Krisenerfahrung induzierten Pakt von Grosswirtschaft, Reichswehr und Nationalsozialismus. Erklärtes Ziel dieser Installation seitens der Nationalsozialisten war eine wehrwirtschaftliche Unterlegung von territorialen und wirtschaftlichen Expansionsplänen.[16]

«Autarkie», «neues Europa» und «Rassenpolitik» – Hinweise zur nationalsozialistischen Expansionspolitik

Die Wunschvorstellung von einer auf «Autarkie» beruhenden Wirtschaftsordnung wurde von «Reformern» schon vor 1933 verbreitet, bevor sie von den Nationalsozialisten ab 1936 mit dem Einsetzen des «Vierjahresplanes» als ideologisches Erklärungselement verwendet wurde. Die früheren Ideen von «Autarkie» waren wesentlich von drei Elementen geprägt, deren konservativer Utopismus ziemlich schnell die Widersprüchlichkeiten zum Vorschein kommen lässt. Einmal war der Autarkismus durch die wirtschaftspolitische Überlegung motiviert, Deutschland aus der internationalen Währungsbindung herauszunehmen, um so allen monetären Störungen entkommen zu können. Gerade das Krisen- und Inflationserlebnis der zwanziger Jahre, aber auch die dahinter liegenden Schulden- und Reparationslasten aus dem Ersten Weltkrieg und die zunehmenden Transferschwierigkeiten im internationalen Zahlungsverkehr mussten eine Politik stärken, die darin bestand, eine notrechtliche Zwangsbewirtschaftung von Devisen als Bekenntnis zu einer «autarken» Ordnung erscheinen zu lassen. Als zweites weist sich die Autarkiebewegung durch eine Konzeption von übersteigertem Nationalismus aus, der vorwiegend agrar- und rohstoffpolitisch argumentierte und teilweise auf volkswirtschaftliche Lehren rekurrierte, die Vorstellungen aus der Zeit vor dem Liberalismus aufsuchen. Damit verbunden werden konnten neokorporatistische Konzepte, die an ständestaatliche Vorstellungen einer hierarchisierten Gesellschaft anknüpften. Schliesslich strebte der Autarkiegedanke andererseits die Schaffung einer Grossraumwirtschaft an, im Sinne eines multinationalen, aber fest geschlossenen Handelsraumes, der «paneuropäisch» zu denken war. Damit sollte ein Gegengewicht zu den aussereuropäischen Hegemonial- und Wirtschaftsräumen geschaffen werden, was historisch im Kontext des niedergehenden britischen Kolonialimperiums zu lesen ist.

Die von solchen sich widersprechenden Momenten geprägte Diskussion des Schlagwortes «Autarkie» findet ihren Niederschlag in zahlreichen Schriften, in denen sich die intellektuelle Krisenbewältigung seit dem Ende des Ersten Weltkrieges in wirtschaftsideologischen Formeln spiegelt. Auch in der Schweiz ist darüber diskutiert worden, wie eine Kritik der Infragestellung des Freihandels in der katholischen «Schweizerischen Rundschau» von 1933 zeigt:

«Autarkie im handelspolitischen Sinne, in dem der Ausdruck am häufigsten verwendet und in dem er hier gebraucht wird, heisst, um mit den Worten ihrer Verteidiger zu reden, sich selbst zurückzuziehen, heisst nationale Selbstgenügsamkeit, Absperrung der Grenzen, heisst Eigendeckung des Eigenbedarfs, Beschränkung auf den nationalen Wirtschaftsraum, heisst Unabhängigkeit vom Ausland. Schon das Wort national, das bei diesen Begriffsumschreibungen in zahlreichen Verbindungen wiederkehrt, deutet darauf hin, dass Autarkie als wirtschaftspolitisches Postulat für sehr viele seiner Verfechter, wohl für die allermeisten, nicht wirtschaftswissenschaftlicher Erkenntnis und Überlegung als reife Frucht entspringt, sondern durchaus andersartigen, eben nationalen oder vielmehr *nationalistischen* Gedankengängen. Der hypertrophe Nationalismus unserer Tage ist die beste Quelle, aus der das zweifelhafte Gewächs der Autarkiebewegung seine Säfte zieht.

Begreiflich, denn wer sich in seiner Gesinnung gegenüber allem Stammesfremden des vorchristlichen Altertums verwandt fühlt; wer in den Angehörigen anderer Nationen und Staaten minderwertige Halbbarbaren, wenn nicht gar Feinde sieht; wem jeder Versuch einer Befriedigung der Welt eine Torheit und jede internationale Verständigung ein Ärgernis ist, dem müssen auch Erzeugnisse dieses selben

Auslandes ein Greuel sein, und auch das Verlangen nach Verzicht auf möglichst jede Berührung ergibt sich daraus höchst selbstverständlich und folgerichtig. Und doch widerspricht Autarkie in anderer Hinsicht direkt dem nationalistischen Grössenwahn, weil Weltverkehr Bedeutung und Ansehen eines Volkes erhöht. Was wäre wirtschaftlich die Schweiz ohne ihren lebhaften Aussenhandel, ohne ihre hochstehenden Exportprodukte, die ihren Namen in alle Welt hinausgetragen haben.»[17]

In der zitierten Quelle schimmert die Zwiespältigkeit und die Verwertbarkeit des Begriffs «Autarkie» durch. Die NS-Wirtschaftskonzeption knüpft an eine ältere Debatte an, weil sie selbst über keine originäre Ökonomiepolitik verfügte.[18] Sie fand in Schlagworten wie «Autarkie», «Lebensraum» oder «Grossraum» Handhaben, um eine angeblich alternative, das heisst stabile Wirtschafts- und Gesellschaftsordnung auf der Grundlage einer staatskonjunkturellen Wirtschaftspolitik zu propagieren.[19] Die Nationalsozialisten übernahmen die bestehenden «reformerischen» Vorstellungen und kombinierten sie mit rassistisch-kolonialistischen Expansionsplänen, die nun aussen- und machtpolitisch intendiert waren. Paneuropäischen Ideen[20] und in friedenspolitischer Absicht formulierten Europa-Projekten, insbesondere dem «Mitteleuropa»-Gedanken[21], erteilten sie eine Absage und ersetzten sie durch eigene Ordnungsvorstellungen eines «neuen Europa». Die NSDAP konzipierte nunmehr ein «germanisches Europa» auf der Basis einer «arischen Herrenrasse».[22] Anders gesagt: Hitler bevorzugte eine rassistisch-territoriale Raum- und Hegemonialpolitik gegenüber einem Ausbau der welthandelspolitischen Stellung Deutschlands im Konzert der europäischen Mächte. Damit musste das global-marktwirtschaftliche System eines aufgabenteiligen Freihandels durch eine raumgebundene und staatlich gesteuerte Nationalwirtschaft abgelöst werden. Auf dem Hintergrund veränderter Machtkonstellationen wurde damit die Bedeutungsverschiebung des alten Europa-Gedankens[23] markiert. Der freihändlerische Friedensoptimismus des 19. und frühen 20. Jahrhunderts wurde durch die Perspektive eines «Kontinentalblocks» im Zeichen der nationalsozialistischen Rassenideologie ersetzt.[24]

Wenn die wirtschaftlichen Hauptziele der Krisenkabinette unter Heinrich Brüning und Franz von Papen noch die Sanierung der öffentlichen Finanzen oder die Stimulierung der Unternehmensinitiative im Blick hatten, so setzte seit Kurt von Schleicher und dann unter Hitler der nationale Staatsdirigismus voll ein.[25] Die deutsche Regierung erliess nach der Einführung der Zwangsdevisenbewirtschaftung von 1931 in den darauffolgenden Jahren immer strengere devisenrechtliche Notverordnungen und schwankte bankenpolitisch zwischen Marktwirtschaft und Dirigismus.[26] Politisch wurde dies nach innen und nach aussen mit den institutionellen Zielen des Nationalsozialismus kombiniert: Einmal durch die intensive Hochrüstung der Wehrmacht, dann durch eine enge wirtschaftliche Kooperation mit den deutschen Anliegerstaaten. Der Aussenhandel sollte sich aufgrund bilateraler Verträge, nach Möglichkeit unter Ausschluss des Devisenverkehrs, abwickeln. Den Nationalsozialisten war natürlich klar, dass «Autarkie» im engen Bedeutungssinn der selbstgenügsamen Eigenversorgung ausser Frage stand. Aber ihre wirtschaftspolitische Ideologie lief in der Konsequenz darauf hinaus, sich Volkswirtschaften als reine Tauschwirtschaften vorzustellen und darin ein Instrument für ihre Hegemonialpläne zu erblicken. Vor allem war aus NS-Optik eine handelspolitische Strategie zu verfolgen, die der Markt- und Versorgungserschliessung dienen sollte. Der zunächst vorwiegend nach Osten und Südosten ausgerichtete mitteleuropäische Wirtschaftsraum würde nach diesem Konzept die Vorwegnahme territorialer Expansion, das heisst *Lebensraumpolitik,* bedeuten. Kernstück der wirtschaftspolitischen Utopien des NS-Regimes bildete der sogenannte «Vierjahresplan», mittels dessen unter Hermann Göring die nationalsozialistische Wehrwirtschaft durch innere Lenkung von Arbeit, Lohn und Konsum und zum anderen durch industrielle Mobilisierung und aussenwirtschaftliche Rohstoffsicherung koordiniert werden sollte.

Dem «Vierjahresplan» als Ausdruck totalitärer Wirtschaftspolitik, die nach innen die benötigte politische Stabilität durch eine Art «organisierten Kapitalismus» zu sichern hatte, entsprach nach aussen das grossräumig gedachte Verbundsystem der von Deutschland abhängigen Staaten. Im Zeichen des Krieges ist damit schliesslich eine gezielte Ausbeutungspolitik verfolgt worden. Überlegene Machtstellung, symbiotische Anziehungskraft und vor allem einträgliche, weiträumig angelegte Geschäftsmöglichkeiten – all dies sollte das «neue Europa», wie es im Jahrbuch der deutschen Gesellschaft für europäische Wirtschaftsplanung und Grossraumwirtschaft von 1941 nachzulesen ist, zu einem «ewigen, zentralen Lebensraum der Völker der weissen Rasse, als natürliche lebens- und raumgesetzliche Einheit» werden lassen.[27]

Solche Projektionen mussten wirtschaftspolitische Konsequenzen zeigen. An die Stelle der liberalen Meistbegünstigung, das heisst der Gleichbehandlung in- und ausländischer Investoren, traten die politischen, rassistischen und geografischen Präferenzen, die ausschlaggebend zu sein hatten. In der Aussenhandelspolitik verfolgte das Reich einen politisch motivierten Bilateralismus, der einen freien Devisenverkehr möglichst ausschloss. Technisch gesehen wurden bei diesem Clearingverfahren anfallende Aussenhandelswerte wechselseitig gutgeschrieben und ausgeglichen, wobei bislang noch nicht zur Genüge geklärt ist, wie sich die zwischenstaatlichen Transaktionen in finanztechnischer Hinsicht genau abwickelten. Handelspolitisch gesprochen wurde der Freihandel durch ein Korsett nach dem Prinzip der Reziprozität abgeschnürt, indem Waren gleichen Wertes bzw. gleicher Menge ausgetauscht werden sollten. Machtpolitisch – und das schien Hitler entscheidend zu sein – entsprach dies aus deutscher Sicht dem Glauben, dass auf solche Weise die Aussenhandelspolitik automatisch zu einer politischen Amalgamierung der Anliegerstaaten und -räume führen würde.

In diesem Sinne wurde das Clearingsystem als ein *multilaterales* Instrument verstanden, das zwar gegenüber einzelnen Staaten oder sogar gegenüber eroberten Gebieten bilateral angewendet wurde, im Kern aber ein Ensemble von verschiedenen Techniken des Austausch- und Zahlungsverkehrs darstellte. Deutsche Machtpolitik und Wirtschaftsinteressen erschienen den Entscheidungsträgern im zentral kontrollierten System von unterschiedlichen Clearingverhältnissen optimal kombiniert. In einem von Reichswirtschaftsminister und Reichsbankpräsident Walther Funk verbreiteten Aufsatz mit dem Titel «Wirtschaftliche Neuordnung Europas», der im Juli 1940 im «Südost-Echo» erschien und auch in der Schweiz zur Kenntnis vorlag, wird das Clearingsystem eingehender angesprochen und als finanz- und handelspolitisches Instrument der nationalsozialistischen Machtpläne zur Genüge signifikant.[28]

Die unterschiedlichen Schulen der deutschen Grossraumtheorie vermittelten geopolitische Begründungen, sozialdarwinistische Phantasmen und sozialpolitische Versatzstücke, um den wirtschaftlich-kolonialen Ausdehnungsdrang zu fundieren. Nicht zuletzt lieferte – mit Blick auf die völkerrechtlichen Prinzipien – ein Vordenker wie Carl Schmitt auch die neuen «Strukturen» für eine entsprechende deutsche Rechtslehre.[29] Die Markt- und Lebensraumerschliessung, wie sie vom NS-Regime gedacht und geplant wurde, war zunächst durchaus mit handelspolitischen Instrumentarien anzustreben, die aber alles andere als «friedlich» oder kooperativ waren und schliesslich die spätere Feindmacht USA auf Konfrontationskurs bringen musste.[30] Wo dann die handelspolitische Karte nicht stechen würde, blieb stets die kriegerische Expansion einkalkuliert.[31] Im Mittelpunkt der ökonomischen Pläne stand die «rassisch-völkische» Lebensraumpolitik. Die Vorstellung vom Leben als «Kampf der Rassen» liess den Krieg nicht als Ziel der Politik allein, sondern auch als Maxime der Wirtschaft und damit der Aussenwirtschaft erscheinen.

Der Zustand der deutschen Wirtschaft sah indessen anders aus als die im «Vierjahresplan» propagierte nationalsozialistische Ökonomiepolitik. Eine in der Schweiz 1939 auf der Grundlage zugänglicher Unterlagen deutscher Herkunft erarbeitete Studie, die eine vergleichende Beurteilung der kriegswirtschaftlichen Verhältnisse vornahm, schloss eine erfolgreiche deutsche Kriegführung aus ökonomischen Gründen aus. Hingegen schätzte diese im Zürcher «Europa-Verlag» (Haus Oprecht) erschienene Publikation aus Emigrantenkreisen die Reserven der möglichen Feindmächte als «unschätzbar», das heisst hoch ein. Die unter dem Pseudonym «Miles» verfasste Studie von Heinz Rosinski[32] kommt dabei zu einem realitätsnahen Ergebnis in der Beurteilung der tatsächlichen wirtschaftlichen und kriegswirtschaftlichen Fähigkeiten des «Dritten Reiches». Diese damalige Einschätzung eines Zeitzeugen wird durch die Resultate der Forschung, namentlich durch die Analysen von Willi A. Boelcke und Hans Erich Volkmann, bestätigt.[33] Beide Historiker kommen zum Schluss, dass der NS-Führung die Folgen der Rüstungskonjunktur und die Unwirtschaftlichkeit des Lenkungs- und Ordnungssystems klar waren. Zwar mochte die Einbeziehung Süd- und Osteuropas in die deutsche Grossraumwirtschaft Produktionssteigerungen generieren und insbesondere Rohstoffquellen erschliessen. Dem aber standen allgemeine Probleme gegenüber, die auf die schwierige Finanzsituation, eine Überhitzung der Gesamtproduktion und Reibungsverluste infolge verfehlter Planwirtschaft hinwiesen. Hinzu kam, dass die deutsche Rüstung selbst auf kurze und expansive Breitenwirkung, auf Bewegung («Blitzkrieg»), nicht aber auf Tiefenrüstung für langfristige Unternehmungen mit auch «klassischen» Stellungskriegen ausgerichtet war.[34]

Deutschland benötigte Gold und Devisen, weil sich seine rüstungsrelevanten Einfuhren nicht alleine auf dem Clearingweg bezahlen liessen. Aber der NS-Staat hatte 1939 nahezu alle seine Gold- und Devisenreserven aufgebraucht. Als ein Schuldnerstaat mit «erschüttertem Kredit und minimalem Goldvorrat», wie Rosinski formuliert, war Deutschland auf Zufuhren aus dem Ausland angewiesen. Im Gegensatz dazu verfügten Frankreich und Grossbritannien über ungehinderte Importe aus ihren überseeischen Besitzungen. Im Bereich des Aussenhandels wurde zwar die Rohstoffabhängigkeit Deutschlands, die eigentliche Achillesferse des Reiches, kurzfristig gemildert; die Eroberungen der «Blitzkriege» verbesserten die Versorgungslage hinsichtlich Ernährung und Rohstoffe. Der Einbezug eroberter oder handelspolitisch hegemonialisierter Staaten und eine skrupellose Ausbeutungs- und Konfiskationspolitik entschärften auf den ersten Blick die Versorgungsprobleme. Die wirtschaftlichen Einbussen aufgrund der Einberufungen und der Verminderung der in der Industrie Beschäftigten konnten indessen nicht ausgeglichen werden. Der Russlandfeldzug brachte schliesslich die Ausschöpfung der Kräfte und Reserven deutlich zum Vorschein und verlangte in Deutschland selbst nach einer Mobilisierungskampagne umfassenden Ausmasses.

Zur Funktion der antisemitischen Vertreibungs- und Vernichtungspolitik für die NS-Lebensraumpolitik

Die zitierte Emigrantenstudie formulierte also eine für damalige Erkenntnismöglichkeiten recht wirklichkeitsnahe Einschätzung der deutschen Kriegsfähigkeit und der nationalsozialistischen Wirtschaftsideologie. Was indessen nicht gesehen werden konnte, war die damit verknüpfte Verwirklichung der rassisch-antisemitischen Politik als Vernichtungskrieg auf industrieller Stufenleiter. Zur Zielsetzung der nationalsozialistischen Judenpolitik in Europa gehörte die schuldproduzierende Beteiligung der besetzten und hegemonialisierten Staaten an einem Verbrechen, durch das die Regierungen dieser Staaten dahin gebracht werden sollten, alle Brücken zur freien Welt abzubrechen. Die Verfolgungs- und Vernichtungspolitik schuf in ideologischer Absicht eine *Hegemonie*, die weit über die klassische Bedeutung einer lenkenden Politik und Wirtschaft hinausging. Hier wird der eigentliche Charakter der Lebensraumpolitik manifest. Im gleichen Jahr des Kriegsausbruchs, in dem die Zürcher Emigrantenstudie erschien, formulierte Georg Hahn in seinen «Grundfragen europäischer Ordnung», dass neben der Revision des Versailler Diktats und dem Kampf gegen den Bolschewismus die «Absonderung» des Judentums eine «verbindende Schicksalsgemeinschaft» aller europäischen Völker schaffe; die Beteiligung an der «Lösung der Judenfrage» würde erst die

Grundvoraussetzung für eine «Eingliederung der europäischen Staaten in den wirtschaftlichen Grossraum» ergeben.[35]

Es handelt sich also um ein Konzept der Eroberung Europas, das Hand in Hand mit einer «Belagerungswirtschaft» ging.[36] Während des Krieges wurde zunehmend deutlich, *wie* das NS-Regime sein kriegswirtschaftliches Ungenügen kompensierte und *wie* es die «Lösung der Judenfrage» verwirklichte. Es folgte zunächst der Logik der wirtschaftlichen Hegemonisierung, namentlich im Norden und Südosten. Dann setzte es mit kurzen und zunächst noch wirksamen «Blitzkriegen» den Raum frei, der in der NS-Ideologie stets mit der rassistischen Prämisse verknüpft wurde. Dabei eignete es sich auf diesem Beutezug in den besetzten Gebieten Gold, Devisen, Wertanlagen und Rohstoffe an. Der konfiszierte und geplünderte Besitz wurde verwertet und die beraubten Besitzer – Juden und Nichtjuden – ermordet. Bereits vor Kriegsausbruch war die Ausbeutungspolitik als Vorstufe in den Enteignungs- und Vertreibungsmassnahmen erkennbar geworden. Zu erinnern ist etwa daran, dass das Scheitern der dritten Reichsanleihe auf dem deutschen Finanzmarkt im Herbst 1938 und der den deutschen Juden im Zuge der Reichspogromnächte auferlegte Zwang zur Beschaffung einer «Sühnenmilliarde» Reichsmark miteinander korrespondieren.[37] Schliesslich koordinierte das «Dritte Reich» die Produktion in seinem Machtbereich und setzte für seine Kriegswirtschaft Fremdarbeiter und versklavte Männer und Frauen, das heisst «Ostarbeiter», Zwangsarbeiter, Kriegsgefangene und KZ-Häftlinge, ein.[38]

Nicht zuletzt nutzte das Regime jene Räume, die weder als Satelliten noch als besetzte Gebiete einen direkt kontrollierbaren Ausbeutungsnutzen hergaben, dafür aber als neutraler Boden einen unentbehrlichen Dienst taten. Im wesentlichen wurden dort Drehscheibengeschäfte abgewickelt, soweit dies unter Kriegsverhältnissen möglich war. Dabei boten sich dem Reich verschiedene Wege der Beschaffung von Devisen, die entsprechend den jeweiligen Möglichkeiten einzeln oder kombiniert angewendet wurden. Der Zugriff auf weltweit konvertierbare und kriegswirtschaftlich relevante Devisen konnte über Goldverkäufe an ausländische Notinstitute und Geschäftsbanken erfolgen.[39] Hinzu kamen der Export von Waren und Dienstleistungen, der Verkauf von Raubgütern wie Wertschriften, Schmuck oder Kunstwerken und die Erpressung von Lösegeldern für vom NS-Regime verfolgte Menschen. Aus NS-Optik schienen so besehen neutrale Länder wie Schweden und die Schweiz in *wirtschaftlicher* Hinsicht als in den deutschen Grossraum nutzbringend integriert. Dem NS-Regime war jeder verfügbare Raum wichtig, solange er den Zweck erfüllte, den Bedarf an Devisen und Rohstoffen und anderen für die industrielle und finanzielle Versorgung wichtigen Ressourcen zu decken.[40]

Schweizerische Orientierungsmuster angesichts der nationalsozialistischen Lebensraumpolitik

Die Formulierung eines deutschen Lebens- und Grossraumkonzeptes manifestierte sich als eine auch zeitlich gestaffelte Kombination verschiedener ideologischer und politischer Ebenen. Dazu gehören *aussenwirtschaftlich-handelspolitische*, dann «*rassisch-völkische*» und schliesslich *militärisch-blitzkriegmässige* Strategeme, die alle der Expansion dienen konnten. Die drei Stossrichtungen waren aufgrund der Entwicklungsdynamik eines sich selbst radikalisierenden NS-Herrschaftssystems zwar schwer einzuschätzen, dürften aber – wie das die zitierte Emigrantenstudie zeigt – nüchtern beobachtenden Zeitgenossen in der Schweiz vor Augen gelegen haben. Nach Kriegsende setzte sich dann die Vorstellung durch, dass die Schweiz um jeden Preis durch NS-Deutschland zu beseitigen gewesen wäre. Die vagen Andeutungen aus Tischgesprächen mit Hitler, so etwa das kolportierte Wort, dass die neutrale Schweiz als «Pickel im Gesicht Europas» zu beseitigen wäre,[41] mussten dem Bild einer unmittelbar bedrohten Schweiz Kontur geben. Die Fragen drehen sich bis heute um die Art und Weise, wie den Eingliederungsversuchen in den deutschen Grossraum zu begegnen war.

Der schweizerische Grenz- und Binnenraum scheint dabei aber einer Art räumlichen wie ideologischen *Segmentierung* unterlegen zu haben. Dies lässt sich einerseits durchaus in der Kontinuität der eigenen Geschichte verstehen. Andererseits darin einen Reflex auf die «rassisch-völkische» Lebensraumideologie des NS-Staates zu sehen, muss aber bedeuten, auch rassistische und antisemitische Traditionen in der eigenen Geschichte zu prüfen. Einer nationalsozialistischen Politik, in deren Propaganda und Expansionsstrategie der Antisemitismus-Export ein wichtiger Faktor war, stehen auf der schweizerischen Seite Orientierungsmuster unterschiedlicher Art gegenüber. Die Schwierigkeit der zeitgenössischen Einschätzung der nationalsozialistischen Aussen-, Kriegs- und Wirtschaftspolitik samt ihren taktischen Winkelzügen, über die der Hegemonial- und Lebensraumanspruch verwirklicht werden sollte, spiegelt sich jedoch nicht nur im Kalkül der schweizerischen Politik wider, die diese Stossrichtungen zu gewichten und in Handlungsoptionen zu übersetzen hatte. Vielmehr erscheint das Problem einer Koexistenz später auch in der schweizerischen Geschichtsschreibung der Nachkriegszeit, die das zeitgenössische Kalkül zu interpretieren versucht. Die Herstellung von Bezügen zwischen nationalsozialistischen und schweizerischen Handlungsmustern setzte in der Nachkriegszeit in mehreren Schüben eine Diskussion über Differenz und Interdependenzen zwischen dem Kleinstaat und dem «Dritten Reich» frei.[42]

In der Vergangenheitsdebatte standen zunächst politik- und militärgeschichtliche Fragen im Vordergrund. Der am Reduit-Entscheid entzündete Streit um die «Schweiz als Widerstandsinsel» liess deutlich werden, dass Aussenpolitik und Wirtschaftsbeziehungen Anlass zu Befragungen gaben, weil hier politische, wirtschaftliche und ideologische Interessen der Kriegszeit als wechselseitiges Geflecht evident werden würden. Schliesslich wies der Bereich der Fremden- und Flüchtlingspolitik auf den Zustand einer politischen Kultur hin, die damit zu einer ideologiekritischen Enttabuisierungszone geriet. Mit den wirtschafts- und flüchtlingspolitischen Problemstellungen wurden dann Fragen nach einer helvetischen Amalgamierung rassistisch-antisemitischer Politikmerkmale aufgeworfen.

Wichtig scheint mir die Feststellung, dass es sich bei diesen unterschiedlichen zeitgenössischen Bereichen zwar um verschiedene Logiken handelt, die später auch ein historiografisches Eigenleben geführt haben. Aber es ging und geht letztlich um *eine* Frage, nämlich um jene nach dem Verhältnis der Schweiz zum «Dritten Reich» insgesamt. Dies verweist darauf, dass die in der Schweiz marginale Beschäftigung mit dem NS-Herrschaftssystem, seiner Lebensraumpolitik und seiner wirtschaftsideologischen Ausrichtung und insbesondere die eingehende Auseinandersetzung mit der Geschichte der Schoah sich für die schweizerische Historiografie nicht als vorteilhaft erwiesen.[43] Dass dabei der Hinweis auf die «Neutralität» für historische Klärungen wenig hergibt, sondern vielmehr die Analyse auf binnenschweizerische Problemfelder verengt, liegt auf der Hand. Zudem stellt die Fixierung auf die Frage der Neutralität argumentativ eine Verlängerung der Rechtfertigungsdiskurse aus den letzten Kriegs- und unmittelbaren Nachkriegsjahren dar.

Das Reduit als Rückzugsmodell – zur militärgeschichtlichen Debatte der Nachkriegszeit

Die Stufenfolgen der militärischen Strategie und der militärischen Ereignissequenzen lassen die schweizerische Reaktion auf die Bewegungsstrategien des NS-Staates als Rückzug des eigenen Lebensraumes erscheinen. Das ist gerechtfertigt angesichts der Nachhaltigkeit des Reduit als Erklärungsmodell bis weit in die Nachkriegszeit hinein. Die Reduit-Konzeption erscheint im Streit um die spätere Deutung dieses Entscheides auf, insofern eine mythenhaft vorgeführte Alpingeschichte der damaligen «Neugruppierung der Armee» sich später als vergangenheitspolitisches Problem erwiesen hat.

Bereits der Reduit-Entscheid war, wie Willi Gautschi gezeigt hat, in der Armeeführung selbst nicht unbestritten. Der Kommandant des 2. Armeekorps, Fritz Prisi, befürchtete die Aushungerung der Armee und sah keinen Sinn darin, «Gebirgsstöcke und Gletscher zu verteidigen, wenn das Mittelland mit seinem reichen volkswirtschaftlichen Ertrag samt dem Grossteil des Schweizer Volkes kampflos dem Feinde preisgegeben wird».[44] Vielmehr gehe es darum, um «Verfassung, Ehre und Freiheit» zu kämpfen, weil es sich auch heute noch lohne, für eine *Idee* unterzugehen. Der Rückzug hinter die als Verlängerung der französischen Maginotlinie konzipierte «Limmat-Linie», die sich vom Jura ostwärts durch das Mittelland bis Sargans zog, war nicht vorrangig als kriegsstrategische Überlegung der Armeeführung, sondern als politisch gelesene Manifestation, die Ungewissheiten produzierte, von Bedeutung. Die Denkschrift über Deutschland von Oberst Gustav Däniker, der von einer Eingliederung der Schweiz in die unter deutscher Führung stehende «Schicksalsgemeinschaft des Kontinents» redete, musste dabei als Adaption nationalsozialistischer Grossraum-Phantasien erscheinen.[45] Zahlreichen Leuten, die als Zeitgenossen die Kriegsjahre erlebten, mag die Auslieferung der weitgehend im Mittelland lebenden Alten, Frauen und Kinder an Deutschland vor Augen gestanden haben. Der Reduit-Entscheid steht daher in Kontrast zur Verehrung des Generals,[46] dem es auf der Rütliwiese mit der «geistigen Landesverteidigung» und durch die Erledigung der Affären Däniker und Wille gelang, sich zum Symbol des Widerstandsgeistes zu stilisieren. Damit vermochte er die Energien verunsicherter Bevölkerungsteile auf sich zu ziehen.

Der Streit zwischen Prisi und seinem Gegenpol, dem später ausgeschalteten Ulrich Wille, antizipierte gleichsam die später unter Historikern erfolgte Auseinandersetzung mit der Frage, ob es beim Rückzug in die Alpen um eigentliche Landesverteidigung im Sinne von «Kriegführung» gegangen sei. Das Reduit wird – wie die Diskussion heute zeigt – weitestgehend als Dissuasion, das heisst als Abhaltewirkung und Widerstandsgebärde verstanden, die als Kalkül von Wert war, solange *kein* tatsächlicher Krieg stattfand. Von Kalkül und Dissuasion zu sprechen muss aber bedeuten, politische und ideologische Signale des Rückzuges zu benennen, um dann die realen Verhältnisse hinter diesen Signalen zu analysieren. Historisch ist der Reduit-Entscheid in einer Lage gefallen, in der sich die sonst *neutrale* Schweiz schlechterdings den damals fehlenden alliierten Bündnispartner hätte wünschen müssen, wenn mit diesem Entscheid nicht eine andere Überlegung verbunden gewesen wäre.[47] Die Demobilisierung von grösseren Teilen der Armee ermöglichte die Freisetzung von Arbeitskräften, die in den Industriebetrieben des Mittellandes den Produktionsapparat in Bewegung brachten.[48] Wirtschaftliche Motive spielten zwar für General Guisan nur eine geringe Rolle, um so mehr aber zählten sie in Kreisen der Industrie und der Nationalbank, die eine Demobilmachung forderten.[49] Dass für eine funktionierende Wirtschaft die innere Kohäsion und der Sozialpakt erheblich waren, gehört selbstredend in diesen Argumentationsstrang.

Die Diskussion um die Landesverteidigung hat zwei Logiken, die vordergründig in räumlichen Segmenten manifest werden. Der Streit von Historikern über Zentrum und Peripherie des Handelns wird zwar anhand «geografischer» Symbole ausgetragen. Hinter dieser Symbolik steht aber die Frage, wer zum «Volk», das mit dem «Gotthard» verknüpft wird, gehören kann und wer nicht. Deshalb musste und muss diese Konnotation dahin führen, die Armee selbst einer ideologiekritischen Prüfung zu unterziehen. Die Debatte wurde zunächst in teilweise polemischen Tönen geführt. Aus der Sicht des «Mittellandes», das heisst aus der Perspektive des zivilen Lebens von Frauen und Kindern, mutete der Rückzug in ein – wie es Friedrich Dürrenmatt phantasierte – unterirdisches Höhlengelände als Farce an.[50] Unter einer «Höhle» versteht man in der Sprache des Schamanismus einen Initiationsvorgang für Männer, wie dies in vergleichenden Mythenforschungen beschrieben wird.[51] In der Debatte um die Geschichte der Kriegszeit erschien den friedens- und sicherheitspolitisch argumentierenden Kritikern der Armee das Reduit als der in der Nachkriegszeit gepflegte Mythos, mit dem die Armee als männlicher, schweizerischer und christlicher Elitenbund stets legitimiert blieb. Es handelte sich um einen Streit um fixierte Bilder der Geschichte und damit um die Frage nach der Angemessenheit der individuellen Lebensführung und das Verständnis einer kollektiven Sicherheitspolitik in der Gegenwart.[52] Von besonderem Interesse scheint mir nun, dass diesem Streit, der während der achtziger Jahre in der Dichothomie von «links» und «rechts» ausgetragen wurde, heute eine andere Einsicht folgt, die Erkenntnis nämlich, dass militärische und zivile Karriere nicht mehr vereinbar erscheinen. Unter dem Druck ökonomischer Globalisierungseffekte hat die unter der Bezeichnung «Milizsystem» hochgehaltene Kontinuität der steten Verflechtung von Politik, Militär und Wirtschaft ihre Attraktivität verloren, womit das historische Interpretationsfeld «General, Armee, Volk» in Kontrast zu einer Armee gerät, die in der aktuellen Situation von der Wirtschaft vorwiegend als Kostenfaktor ohne einen wechselseitigen Nutzen wahrgenommen wird.[53]

Diese Umstände lassen verständlich werden, warum die historische Forschung gegenwärtig neue Einsichten bezüglich des wirtschaftsgeschichtlichen Kontextes der Landesverteidigung thematisiert oder bereits freigesetzt hat. So ist der von Jakob Tanner finanzsoziologisch gewonnene Nachweis[54], dass während des Krieges die Mittelzuteilung an die Armee, gerade auch für den Bau des Reduit, ohne die Handelsbeziehungen zu Deutschland, das Ressourcen lieferte, gar nicht möglich gewesen wäre, in das Interventionsbuch von Markus Heiniger eingeflossen.[55] Heute erhält diese These von Militärseite sogar eine gewisse Bestätigung, indem Hans Wegmüller den «Zielkonflikt zwischen militärischer und wirtschaftlicher Landesverteidigung» festhält und auf den «Ansturm des Dispensationswesens von seiten der Kriegswirtschaft» und damit der Exportwirtschaft hinweist.[56] Das lange beschworene Verhältnis von «Armee und Volk» ist einer interpretativen Schubumkehr ausgesetzt worden, indem eine ins Reduit regredierte Armee, die immer noch den Zweiten Weltkrieg übt, als sicherheitspolitisches Instrument in einer gewandelten Welt nicht mehr stark gewichtet wird.

Die heute anstehenden Fragen in der Logik einer modernen Militärgeschichte sind jüngstens bei Rudolf Jaun nachzulesen, der nun die sicherheitspolitischen «Interaktionen zwischen militärischen, wirtschaftlichen und ideellen Faktoren» in der Armee zur Klärung empfiehlt.[57] Auf diese Weise kann der Erklärungswiderspruch zwischen «militärischer und wirtschaftlicher Landesverteidigung», wie er auch angesichts der räumlichen Segmentierung zu Bewusstsein kommen muss, zwar *nolens volens* nicht überbrückt werden, weil wirtschaftliche und mentale Faktoren nicht geografisch angebunden werden können. Aber es werden immerhin neue Desiderata der Forschung deutlich. Als erstes ist für die historische Analyse die kriegs- und rüstungswirtschaftliche Ausrichtung der Politik zu nennen. Dabei bedarf das Gefüge von militärischen und wirtschaftlichen Eliten in der Schweiz einer intensiven Klärung, was nicht nur milizpolitisch-kriegsorganisatorisch, sondern auch durch den Konnex von militärischen, technologischen und wirtschaftlichen Schnittstellen gegeben ist. Wie Peter Hug gezeigt hat, geht es einmal um die Kriegsmateriallieferungen ins Ausland, dann aber auch um die gesamte Rüstungs- und Technologieproduktion im Spannungsfeld der schweizerischen Aussen-, Wirtschafts- und Wissenschaftspolitik.[58]

Damit teilweise zusammenhängend steht als zweites die Klärung der Ideologiehaltigkeit, das heisst der ideologischen Prämissen von Eliten, an. Diese Forschungsdimension wird zwar ansatzweise in der Auseinandersetzung um den Reduit-Entscheid bereits lesbar. Doch ein umfassender Verständnisrahmen müsste die Analyse der Haltung und Motivationen von militärischen Eliten genauer vornehmen und dazu von Fragen ausgehen, die gerade auch ausserhalb der Logik militärgeschichtlicher Problemstellungen liegen.[59] Eliteforschungen wären dann konsequenterweise auch in differenzierbaren Bezug zu Erkenntnissen über die Ideologeme von Eliten im nationalsozialistischen und alliierten Machtraum zu setzen. Notwendigerweise wird jede diskurs- und ideologieanalytische Eliteforschung, bei der intellektuelle oder sonstwie mentale Konfigurationen sowie politische Interessenziele eine wichtige Rolle spielen, auch die Frage nach der Haltung gegenüber Juden, Antisemitismus und rassistischen Lebensraumkonzepten beantworten müssen.

Was für die militärischen Eliten gelten kann, ist für die wirtschaftlichen Verantwortungsträger, ob auf politischer, parastaatlicher oder unternehmerischer Ebene tätig, noch in höherem Mass bedeutsam, weil sich die Forschung hier Problemfeldern gegenüber sieht, deren Facetten in einem internationalen Kontext zu sehen sind. Marc Perrenoud hat auf die Wichtigkeit, den Kenntnisstand über die untereinander verflochtenen Entscheidungsträger der schweizerischen Wirtschaftspolitik zu vertiefen, hingewiesen, insofern hier eine oft als «neokorporatistisch» beschriebene Kongruenz von Rollenträgern aus Politik, Militär und Wirtschaft, insbesondere von Akteuren staatlicher Institutionen, parastaatlicher Interessenverbände und privater Unternehmen gegeben ist.[60]

Risikohaltigkeit oder Menschenrechte – zur Befragung politischer und wirtschaftlicher Symbiosestrukturen in der Geschichte

Mit den Wirtschaftsbeziehungen der Schweiz befinden wir uns in einem anderen, vornehmlich transnationalen Orientierungsrahmen. Kapital- und auch Wissensströme halten sich nicht an nationale Grenzen, sondern folgen neu eröffneten Räumen, die durch Systeme unterschiedlicher Art geprägt sind. Dabei müssen Chancen und Risiken, die sich dem politischen und unternehmerischen Handeln mit Blick auf die jeweiligen Zukunftshorizonte stellen, ständig von neuem bewertet werden. Wo eigene wirtschaftliche Nutzenpräferenzen gesetzt werden, wie etwa bei Investitions- oder Verzichtentscheiden von Unternehmen, spielt die Einschätzung von politischen Risikolagen eine erhebliche Rolle. Die Frage nach der politischen Risikohaltigkeit misst dem Entscheidungsverhalten und der Reaktionsfähigkeit von Eliten einen wichtigen Stellenwert bei. Die Berücksichtigung ethischer und menschenrechtlicher Überlegungen müssten davor bewahrt haben, «business as usual» zu betreiben. In der Aussenwirtschaftspolitik, wie etwa dem schweizerischen Verzicht auf eine Devisenbewirtschaftung oder der staatlichen Kreditbevorschussung der Achsenmächte und der Alliierten, stehen Grundwerte, die in unserem Beispiel das Wertesystem «Neutralität» bestimmen, plötzlich zur Disposition. Retrospektiv betrachtet kann damit die Neutralität in einem bestimmten Moment zur argumentativen Falle geraten, indem ausserhalb der Schweiz «Neutralität» als zu kritisierende Haltung negativ gewertet wird. Gerade die in den letzten beiden Kriegsjahren eingenommene Haltung, mit dem «Dritten Reich» die Beziehungen nicht einzufrieren, sondern vielmehr in die erwartete «Normalität» der Nachkriegsordnung zu investieren, wurde von den Alliierten mit Blick auf den verbrecherischen Charakter der nationalsozialistischen Politik und Wirtschaft als gesinnungsmässiges Einverständnis der Schweiz mit einer rassistischen Ideologie gelesen.

Die Beantwortung der Frage nach schweizerischen Orientierungsmustern angesichts der antisemitisch geprägten Wirtschaftspolitik des NS-Staates setzt das Vorhandensein von Spielräumen und Handlungsoptionen voraus. Handlungen sind verständlich im kommunizierten Geflecht aus Ideologie, Information und Kalkül, die Entscheide bestimmen können. Das Regelsystem hinter solchen Entscheiden konzertiert mehrere Ebenen: Dem mikrostrukturellen Bereich von Unternehmern und Unternehmen, die im geografischen Machtbereich des «Dritten Reiches» Beziehungen pflegten und Absatzmärkte belieferten, stehen auf der mittleren Ebene die staatlichen und parastaatlichen Organisationen und auf der makroökonomischen Ebene die bestimmenden volkswirtschaftlichen Austauschsysteme gegenüber. Handelnde und Entscheidungsträger bewegen sich also zugleich in unternehmerischen, nationalen und transnationalen Bezügen. Sie befinden sich – und das ist entscheidend – in sowohl imaginären wie materiellen Referenzräumen.

Angesichts antisemitischer Ideologien und Vollzugswirkungen sind diese Verstrickungen ein nicht unbedeutendes Moment der historischen Befragung, da auch der Antisemitismus als Mischung von Systematik und Unbestimmtheit, von Ideologie und Instrumentierungsmöglichkeiten, von Absicht und Funktionsprofiten es scheinbar offen liess, wie hier zu agieren war. Der nationalsozialistische Antisemitismus, das heisst die rassenideologisch begründeten Diskriminierungsmassnahmen und der daraus entstehende Ausbeutungsnutzen, schlug sich in Form des wirtschaftlichen «Angebots» nieder. Genau diese finanziellen und wirtschaftlichen Verkehrsbeziehungen sind später als vergangenheitspolitische Problemlage wirksam geworden. Es macht aber den Anschein, als ob im heutigen Diskurs – wie schon während und kurz nach dem Krieg – die Vergangenheitspolitik nicht im Horizont der Menschenrechte, sondern ausschliesslich unter der Frage der politischen und ökonomischen Risikohaltigkeit betrachtet wird.[61]

Innerhalb der schweizerischen Wirtschaftsgeschichte erscheinen Finanz-, Währungs-, Industrie- und Handelsaspekte als relativ synchronisierte Faktoren. In aller Kürze dargestellt, bedeutet dies für die Zeit des Krieges: Der Schweizer Franken bildete eine frei konvertible Reserve- und Umtauschwährung, indem der aus Zahlungsbilanzüberschüssen resultierende Devisenzufluss vornehmlich die monetäre Basis determinierte. Die Zunahme der monetären Reserven um jährlich 9.5 Prozent während der Kriegsjahre kontrastiert dabei mit den Wohlstandsindikatoren, namentlich dem weitgehend stagnierenden Sozialprodukt und den Ausfuhrwerten, die bereits seit den dreissiger Jahren mengenmässig erheblich rückläufig waren. Hingegen steht dieser rezessiven Gesamtentwicklung eine relative Zunahme der Ausfuhrmengen in die beiden Diktaturstaaten der Achse gegenüber, indem 1940 bis 1942 der Anteil der schweizerischen Warenausfuhr nach Deutschland und Italien über 45 Prozent der schweizerischen Exporte ausmachte. Im schweizerischen Aussenhandel hatte das Deutsche Reich als Handelspartner bereits längere Zeit eine Spitzenposition eingenommen; während der zehn Jahre vor Kriegsausbruch betrug der Anteil Deutschlands am Warenimport der Schweiz rund ein Viertel des Gesamtwertes und der Anteil am Export der gleichen Periode schwankte zwischen einem Achtel und einem Fünftel. Die passive Handelsbilanz mit Deutschland wurde durch die Erbringung grenzüberschreitender Dienstleistungen, zu denen die Vergabe von Lizenzen und der Kapitalverkehr zu zählen sind, weitgehend ausgeglichen.[62]

Finanzpolitisch betrieb der Bund durch die Goldübernahmen, die seit 1943 zentralisiert wurden, eine Geldabschöpfungspolitik, die auch nach dem Ende des Krieges noch fortgesetzt wurde. Der schweizerische Verzicht auf eine Devisenbewirtschaftung machte damit das Land aus NS-Optik zu einem unentbehrlichen Devisen- und Warenmarkt. Aufgrund des starken Schweizer Frankens und einer hohen Sparquote im Binnenraum[63] eröffnete sich dem NS-Staat die Möglichkeit, sich die Beschaffung der gewünschten Lieferungen von Hochtechnologien und Elektrizität nicht nur im Austausch gegen Gold und Rohstoffe sichern zu können, sondern sich seine Importe auch bevorschussen zu lassen. Diese warengebundenen Kredite wurden von schweizerischer Seite als eine neutralitätspolitische «Waffe» dargestellt, was argumentativ auch gegenüber den Alliierten vorgebracht wurde. Genauer betrachtet standen sie in der Kontinuität der Rolle der Schweiz als Kapitalexportland und bildeten eine kriegswirtschaftliche Form von Export- bzw. Transfergarantien für die schweizerische Wirtschaft, deren Gläubigerinteressen vorwiegend durch Goldübernahmen gedeckt wurden.[64]

Dieses System von Export- und Transfergarantien hat seine Genese auch in der Wirtschaftskrise Deutschlands. Das Gebaren der Banken wurde von einer misstrauischen Öffentlichkeit mit Skepsis verfolgt, und die Nationalsozialisten spielten den antisemitischen Mythos des «jüdischen» Charakters des Bankengeschäftes hoch.[65] Die Reichsregierung erliess als Reaktion auf die Bankenkonkurse, die zu einem dramatischen Rückgang der Gold- und Fremdwährungsreserven Deutschlands führten, 1933 ein Transfermoratorium für Finanzzahlungen an ausländische Gläubiger. Kurz danach aufgenommene Verhandlungen zwischen Deutschland und der Schweiz führten 1934 zum Abschluss eines Verrechnungsabkommens.[66] Das Clearingsystem hatte im Aussenhandel zur Folge, dass Zahlungen fortan nicht mehr direkt zwischen Importeuren und Exporteuren erfolgten, sondern über den Kontakt zwischen zwei staatlichen Zahlungsinstanzen abgewickelt wurden, indem der verbliebene Saldo – die sogenannte Clearingspitze – jeweils nach Entwicklung der Verhältnisse fortgeschrieben wurde. Voraussetzung für das Funktionieren dieses Systems war ein ungefähres Gleichgewicht der gegenseitigen Leistungen. Der Austausch von Waren und Dienstleistungen war mengen- und wertmässig begrenzt und einer Kontingentierung unterworfen. Die Festlegung entsprechender Quoten ist dann Gegenstand regelmässiger bilateraler Verhandlungen geworden. Die binnenschweizerischen Auseinandersetzungen über die verfügbaren Clearingmittel wurden bald verschärft durch die Forderung Deutschlands, im Rahmen der sogenannten Devisenspitze über Schweizer Franken verfügen zu können.

Das die schweizerisch-deutschen Austauschverhältnisse kennzeichnende Clearingsystem war nicht allein für die abwicklungstechnische Seite von Bedeutung, vielmehr hatte es als integriertes System einen umfassenden politischen Charakter. Jakob Tanner résümiert die Struktur des Clearing an der Schnittstelle zwischen Geld-, Handels- und Kriegspolitik folgendermassen: «Zusammen mit der sogenannten Clearingmilliarde, einem Kredit des Bundes an Deutschland im Rahmen des Handels- und Finanzclearings, bildete das Goldgeschäft das monetäre Komplementärstück zu einer weitgehend realwirtschaftlichen Integration des schweizerischen Produktionsapparates in die deutsche Kriegswirtschaft in den Jahren 1940 bis 1944.»[67]

Bekanntlich betrugen die deutschen Clearingschulden bei Kriegsende 1.19 Milliarden Franken, wobei der Höhepunkt der Exportkreditierung unmittelbar vor dem deutschen Angriff auf die Sowjetunion erreicht worden war. Die Schweiz hat offensichtlich mit ihren Clearingkrediten das Prinzip der staatlichen Exportfinanzierung in einem Moment zum Tragen gebracht, als die Zwänge der deutschen Devisenbewirtschaftung und die alliierte Blockadepolitik sich auszuwirken begannen. Der schweizerische Versuch, sich als neutraler Staat aus dem Kriegsgeschehen zwischen Achse und Alliierten herauszuhalten, kann deshalb nicht aus der zuweilen verbreiteten Selbstperzeption der kriegsvölkerrechtlichen Neutralitätmaxime allein verstanden werden. Vielmehr sind aufgrund der historischen Befunde konkrete Prüffragen an die Praxis der «Neutralität» zu stellen. Im weiteren ist zu beachten, wie sich Neutralitätsrecht und -politik von der argumentativen Verwendung des Begriffs «Neutralität» in zeitgenössischen Begründungen und Rechtfertigungsdiskursen unterschieden haben. Ohne Zweifel ist aus historischer Erkenntnis festzuhalten, dass für die Kriegszeit das lang gehegte «Modell einer wirtschafts- und finanzpolitischen Äquidistanz zu beiden Lagern im totalen Krieg nicht aufrecht erhalten werden» kann.[68]

Aus deutscher Sicht entsprach die schweizerische Handelspolitik einer kriegswirtschaftlichen Notwendigkeit: Zwar fehlte es der Schweiz an standortgebundenen Rohstoffen; dafür aber erwies sich der schweizerische Finanz- und Produktionsplatz für die deutschen Grossraumpläne zunehmend als wirtschaftlich mehrfach nützliches Ausfalltor, das zur Devisenbeschaffung, für Goldtransferierungen und für die Verwertung von geraubten und erpressten Vermögenswerten dienlich sein konnte.[69] Das entsprechende Verhalten der Schweiz während der Kriegsjahre war offenbar für die damals Handelnden bereits erklärungsbedürftig. Darauf weist eine breite Palette von Statistiken, Rechenschaftsschriften und Berichten amtlichen und privaten Charakters hin, die nach Kriegsende vorlagen.[70] Ein Beispiel: Heinrich Homberger, einflussreicher Vertreter des Vororts des Schweizerischen Handels- und Industrievereins und Mitglied der ständigen Verhandlungsdelegation des Bundesrates, beurteilte das Clearing als «äusserst nützlich, um die auf dem Spiel stehenden Interessen einer angemessenen Behandlung zuzuführen». Von Interesse ist, dass er in seiner Schrift einen deutlichen Hinweis darauf gibt, dass das Clearing innerhalb des Machtbereiches des NS-Staates selbst praktiziert wurde: «Da in den *besetzten* Gebieten Zahlungsüberweisungen nur in Reichsmark zugelassen wurden, wollte Deutschland kurzerhand auch im Verrechnungsverkehr mit der Schweiz dazu übergehen.»[71] Das machtpolitisch durchgesetzte Reichsmarkmonopol bot Deutschland währungstechnisch nicht in erster Linie in den besetzten Gebieten, sondern vorwiegend in den wirtschaftlich hegemonialisierten Staaten in Südosteuropa, in den wirtschaftlichen «Grossräumen» seiner Peripherie, Auspressmöglichkeiten. Homberger kommentiert diese Feststellung nicht weiter. Er sah in der entscheidenden Tatsache, dass die Schweiz zwar das Clearing praktizierte, aber darauf bestand, den starken Schweizer Franken neben der Reichsmark als «Doppelwährung» in den Austauschbeziehungen gelten zu lassen, ein «Attribut der Staatshoheit».

Aus zeitgenössischer Sicht wurde in der Kriegs- und Nachkriegszeit der Clearingkredit denn auch als handelspolitische «Waffe» ausgegeben. Im Sinne einer «wirtschaftlichen Landesverteidigung» habe der Bund der alliierten Seite wie den Achsenmächte den gebundenen Warenkredit, das heisst die Bevorschussung von Exporten aus der Bundeskasse, zu ihrem eigenen Vorteil vermittelt. Nun ist aber das oft angeführte Wort einer «wirtschaftlichen Landesverteidigung» widersprüchlich. Die Belieferung des deutschen Unrechtsstaates mit Krediten und Rüstungsgütern konnte die Kriegsfähigkeit des «Dritten Reiches» und damit die potentielle Bedrohung der Schweiz verlängern. Daraus ist heute der Streit um eine «Kriegsverlängerungsthese», die in sich aufgrund unbekannter Variablen problematisch ist, aber die Fragen nach den politischen Motiven impliziert, hervorgegangen.

Für eine Geschichte im Konjunktiv lässt sich hypothetisch die Frage stellen: Wären bei einem «Endsieg» des NS-Staates der schweizerische Clearingkredit getilgt worden und die Schweiz als wirtschaftlich schon eingegliederter «Lebensraum» dem Reich politisch-territorial einfach «anheimgefallen»? Wäre also aus der Optik des NS-Staates die lebensraumideologisch fundierte Expansionsstrategie, in der das Clearing ein wichtiges machtpolitisches Instrument zur «Aufsaugung» von Anliegerstaaten darstellte, aufgegangen? Beantworten lassen sich diese Fragen nicht, hingegen die Absichten des NS-Regimes festhalten. Für den «Reichsminister für Volksaufklärung und Propaganda», Joseph Goebbels, nach dessen Worten die Schweiz sechs Tage für Deutschland arbeitete und am siebten für Englands Sieg betete, war deutlich genug, dass «wir bei der

Schweiz einen Kredit von 800 Millionen Franken für gelieferte Waren in Anspruch nehmen müssen»[72], und dass der «Führer» der Meinung war, dass die Schweiz dann in «kürzester Frist zusammenbrechen» würde.[73]

Für die Forschung heute ist deutlich, dass zwischen Geld- und Goldpolitk einerseits, Handelspolitik und Rüstungswirtschaft andererseits Schnittstellen bestehen und dass an diesen Schnittstellen ideologiekritische Fragen erhellend sein können. Schon innerhalb des Clearingspektrums einer Verhandlungsseite bestand die Notwendigkeit, die begrenzten Mengen von Warenclearing und anderen Tauschkategorien untereinander substituieren und auf diese Weise politische Entscheide treffen zu müssen. Diese Substitutionsfrage war zugleich eine strukturelle Auseinandersetzung, deren politische Seite jeweils auf beiden Seiten analytisch zu berücksichtigen ist, um wiederum den transnationalen Charakter der Austauschbeziehung zu verstehen. Zudem stellt sich für die Importe auch die sozialpolitisch konnotierte Frage der Substitution der Goldlieferungen durch Nahrungsmittel und andere Versorgungsgüter.[74] Georg Kreis stellte einmal fest, dass die Handelsbeziehungen des Landes zwar unter spezifisch schweizerischen und neutralitätspolitischen Aspekten betrachtet worden seien, nicht aber unter der Frage nach den realen Auswirkungen dieser Wirtschaftspolitik inner- und ausserhalb des Landes.[75]

Erstmals verhalf Daniel Bourgeois der *transnational* intendierten Analyse mit seinem Buch «La Suisse et la Troisième Reich» zum Durchbruch.[76] Es folgten zahlreiche weitere geschichtswissenschaftliche Arbeiten, die eine genauere Abschätzung der wechselseitigen Wirtschaftsbeziehungen zu den Achsenmächten[77] und den alliierten Staaten[78] in den Blick brachten. In den Einzelheiten weniger klar ist die Perspektivierung aus der deutschen Sicht selbst, insbesondere in bezug auf finanz- und wirtschaftsgeschichtliche Fragestellungen.[79] Ohne Zweifel kann indessen gesagt werden, dass die NS-Politik selbst ein starkes Interesse an den Aussenhandelsverflechtungen mit der Schweiz haben musste. In der Optik der Markt- und Lebensraumerschliessung des NS-Staates konnte die Schweiz zunächst als wirtschaftlicher Hinterhof gelten, der sich als «rassisch-völkisch» unbedenklicher Lebensraum ohnehin in ein germanisiertes Europa einfügen würde. Im Verlaufe des Krieges, insbesondere mit den Einbrüchen der deutschen Wehrmacht in der Sowjetunion, wurde in Deutschland die kriegswirtschaftliche Mobilisierung intensiviert, während in den besetzten Gebieten das Raub- und Plünderungssystem vorangetrieben wurde. Die Schweiz erschien mehr und mehr als ein unerlässlicher Wirtschaftspartner. Gegenüber allen anderen hegemonialisierten und eroberten Staaten, insbesondere in Ost- und Südeuropa, die aus deutscher Sicht auszubeuten und als «rassisch-völkisch mindere» Gruppen zu beseitigen waren, konnte die antibolschewistisch eingestellte Schweiz in der Logik der Nationalsozialisten kaum viel Anlass für einen Angriff bieten. Eher dürfte sie als natürlich zu hegemonialisierendes Gebilde gegolten haben, das sich in Analogie zu Schweden oder auch Vichy-Frankreich setzen liess.

Das Kalkül einer als «wirtschaftliche Landesverteidigung» ausgegebenen schweizerischen Wirtschaftspolitik basierte auf wechselseitigen Interessen. Die auf etablierte Kontakte und Kontinuitäten abstellende Attraktivität liess sich aus deutscher Sicht als schweizerische Einbindung in die nationalsozialistische Lebensraumideologie verstehen. Diese Beziehung kann man als *Symbiosestruktur* beschreiben. Der Begriff «Symbiose» ist metaphorisch zu verstehen: Symbiosen kommen zwischen ungleichen Partnern zustande, die deshalb koexistieren, weil beide aus unterschiedlichen Gründen aufeinander angewiesen sind. In dieser Affinität bilden Anziehung und Abgrenzung, Nutzen und Notwendigkeit ein höchst ambivalentes Gefüge. Damit ergibt sich das Thema von zwei Seiten: Einmal als Problem der jeweiligen Bedingungen, Strategien, Erwartungen und Nutzenmaximierungen, durch die sich die unterschiedlich Handelnden auf beiden Seiten da und dort veranlasst fanden, die hohe Austauschintensität und eingespielten Strukturen beizubehalten – nicht nur bis zum Kriegsende, sondern als Zukunftserwartung auch über den Krieg hinaus. Dann aber stellt sich auch unausweichlich die Frage nach den politischen Motiven, den ideologischen Kongruenzen und insbesondere nach den inneren Bindungsmomenten, die diese Symbiose begünstigten. Dies schliesst auch die ethische Überlegung ein, indem gefragt wird, warum und wie eine handlungswirksame menschenrechtliche Orientierung in der Beziehung zum Unrechtsregime aufrecht erhalten oder fallen gelassen wurde wurde.

Aus der Sicht der verantwortlichen Akteure war die Bevorschussungspolitik gegenüber dem NS-Staat «nur» als Transfergarantie auf Exportkontingente zu verstehen. Dabei wurde diese Politik und die entsprechenden Wirtschaftsverhandlungen mit den Staaten der Achse und des alliierten Bündnisses als «multilateral» ausgegeben. In der Logik der Bevorschussungspolitik konnte das Clearingsystem mit Deutschland während der Kriegszeit aber nur funktionieren, solange es im Zeichen des politischen Bilateralismus stand. Mit der Niederlage des «Dritten Reiches», dem Vorrücken der alliierten Truppen und dem Hinfall der deutschen Gegenblockade stürzte das System wechselseitiger Lieferzusagen und Forderungsausgleiche zusammen – so wie einst Goebbels in seinem «Tagebuch» umgekehrt den Zusammenbruch der Schweiz «in kürzester Zeit» phantasiert hatte.[80] Der wirtschaftliche Zusammenbruch des «Dritten Reiches», die Abkehr von Clearing und warengebundenen Krediten und die Öffnung an der schweizerischen Westgrenze liessen zwar die alliierten Forderungen nach Einstellung von Transiten und Lieferungen automatisch «in Erfüllung» gehen. Die Verhältnisse lagen 1945 anders – aber damit war die symbiotische Struktur und ihre politische Natur noch nicht aufgelöst, sondern wurde an anderer Stelle sichtbar. Aus dem Zeugnis von Heinrich Homberger spricht die Verwunderung, die ihn einholte, als er den Preis der «wirtschaftlichen Landesverteidigung» und der auf diese Weise gekennzeichneten Neutralität zur Kenntnis nehmen musste.[81] Die Proklamation des amerikanischen Aussenministers, Cordell Hull, und die Leitmotive in den Gesprächen mit den Alliierten scheinen ihm zunächst keine Sorgen bereitet zu haben. Die Annahme der Resolution von Bretton Woods, in der 1944 die Auslieferung von feindlichen und geraubten Vermögenswerten durch neutrale Staaten gefordert worden war, machte indessen deutlich, dass Symbiosen von Aussenstehenden stets mit Argwohn verfolgt werden.

Das Vakuum eines implodierten deutschen «Grossraumes», der wirtschaftsideologisch «geplant» und von der NS-Bewegung als Raub- und Mordzug verwirklicht worden war, hätte den schweizerischen Entscheidungsträgern 1943/44 vor Augen führen müssen, dass ihre Politik der engen wirtschaftlichen und finanziellen Anbindung an Deutschland gescheitert war. Daher mussten neutralitätspolitische Erklärungen und Rechtfertigungen in den Augen der amerikanischen Regierung unglaubwürdig erscheinen, weil den Alliierten die Schweiz als ein Zentrum finanzieller und industrieller Tätigkeit im Kriegsgeschehen galt, das dem NS-Staat ungleich nützlicher geworden war, als dies zur kleinstaatlichen Kriegsvermeidung notwendig schien. Die *Verblindung* der eigenen Wahrnehmungsfähigkeit und das aus ihr folgende kollektive Vergessen waren und sind mit Berufung auf die Neutralität nicht zu erklären. Die «risikohaltige» Natur der Beziehungen zum «Dritten Reich» erwies sich für die Schweiz als – wie Harald James bezüglich des Goldmarktes treffend, wenn auch etwas problematisch formuliert[82] – eine selbst verschuldete «Gutgläubigkeitsfalle», indem man sich mit dem Argument der Gutgläubigkeit wider besseres Wissen rechtfertigte. Diese selbst produzierte Täuschung konnte natürlich nicht darüber hinweg retten, dass für diese Politik nachträglich ein Preis zu entrichten war.[83]

Es braucht angesichts der Probleme, die sich die Schweiz zugefügt hatte, ohne sie später genauer geklärt zu haben, kaum betont zu werden, dass dabei die Haltungen gegenüber Juden und Antisemitismus in der Wirtschaft und in wirtschaftlichen Austauschbeziehungen zum NS-Staat eine erhebliche, aber nicht die einzige Rolle für die Analyse spielen müssen. Es geht darin nicht allein um den aktiven und stillen Nachvollzug von antisemitischen Haltungen oder Massnahmen, so etwa, wenn deutsche Geschäftspartner bei schweizerischen Unternehmungen Druck aufsetzten, bei den Behörden dafür zu sorgen, dass jüdische Schweizer aus bestimmten Funktionen entfernt wurden.[84] Über die Amalgamierungen von ideologischen und antisemitischen Haltungen hinaus sind für Unternehmen und Intermediäre durchaus reale Nutzeneffekte aus An- und Enteignungen von Vermögen Verfolgter, Lösegelderpressungen oder Karriere-Mobbing, Raubkunsthandel, Beschäftigung von Zwangsarbeitern durch ausländische Tochtergesellschaften, Wissenschafts- und Technologietransfers sowie NS-Absetzbewegungen nach dem Krieg zu prüfen. Andererseits ist aber auch die Frage nach Resistenzhaltungen oder echten Hilfsaktionen im Zeichen der Antisemitismusabwehr in die Analyse einzubeziehen, wenn menschenrechtliches Wertebewusstsein und politisch-wirtschaftliche Risikoerkennung eng übereinstimmten.

Flüchtlingspolitik und Lebensraum – schweizerischer Antisemitismus als soziokulturelle Indikationenlösung

Das 1942 von Bundesrat Eduard von Steiger vor der «Jungen Kirche» geäusserte Wort, dass es im «Rettungsboot» wenig Platz gebe, wird heute als einprägsame Metapher für das Versagen der schweizerischen Flüchtlingspolitik zitiert. Sie hat dem Buch von Alfred A. Häsler (1967) und dem Film von Markus Imhof (1982) den Titel gegeben, unter dem eine kritische Betrachtung der schweizerischen Flüchtlingsgeschichte möglich geworden ist.[85] Seither ist eine Fülle von wissenschaftlichen, journalistischen und kulturellen Arbeiten erschienen, durch die ständig neue Forschungsfragen und Klärungslücken deutlich werden. Dies braucht hier im einzelnen nicht behandelt zu werden, weil evident ist, dass die Schweiz in den Augen der Verfolgten nicht ein peripherer Ort, sondern ein zentrales Ziel ihrer Lebenshoffnungen gewesen ist. Von Steigers Metapher aber ist es wert, genauer bedacht zu werden, zumal sie nicht nur auf die Schweiz, sondern mit anderer Diktion in der schweizerischen Presse auch auf Deutschland und dessen Kriegs- und Wirtschaftssituation von 1943 angewendet wurde.[86] Sie bringt ohne Zweifel die Frage nach einer Substitution von «Raum» und «Leben», von Wirtschaft und Flüchtlingen, von Brot und Fremden bildhaft zum Ausdruck. Man denkt zunächst an «Futterneid» oder – unter bevölkerungspolitischen Vorzeichen – auch an «Sexualneid».[87] Dann aber geht es grundsätzlich um die Teilhaberschaft im gemeinsamen Haushalt einer Arche. Das Bild vom angeblich vollen Boot verlangt nach der Beantwortung der Frage, *wer* genau Platz oder eben keinen Platz mehr finden würde. Es ist die Frage nach der unerwünschten «Spezies», nach der Kategorie jener Menschen, die als nicht aufnahmewürdig deklariert wurden.

Durch die Bootsmetapher wird uns deutlich, dass das schweizerische Reaktions- und Orientierungsmuster angesichts des nationalsozialistischen Antisemitismus und seines wirtschafts- und rassenideologisch begründeten Lebensraumanspruches von der Vorstellung der räumlichen und ökonomischen Enge geprägt war. Die Metapher des «vollen Bootes» verweist auf eine «lebensräumliche» Bedeutungsebene, indem sie *bestimmte* Menschen von ihrem Recht auf Leben ausschliesst. Dezisiver Ort des Vorgangs, der über Leben und Tod bestimmte, war die Grenze. Die Voraussetzungen und Momente, die diesen Vorgang charakterisieren, sind lange als ausschliesslich flüchtlingspolitisches Kapitel der Schweizer Geschichte abgehandelt worden, nicht aber als eine Politik, die sich gegen eine bestimmte Minderheit richtete und damit auch eine eigentliche Judenpolitik darstellte. In der Historiografie hat man sich damit zunächst schwer getan, weil die Merkmale einer solchen Politik von Unschärfen geprägt waren. Der «Bootsrand» hat aber stets zwei Seiten: Eine Politik ausserhalb der Grenze und eine Politik innerhalb des Landes. Aufgrund von Kontinuitäten ist die Verknüpfung von «Grenzräumen» besonders deutlich lesbar: Über die Ereignisse von 1938 (J-Stempel) und August 1942 (Asylverweigerung und Rückschaffungen) zurück zeigen strukturelle und kulturelle Entstehungsbedingungen, dass der «Jude» als Stereotyp im Bewusstsein der europäischen Macht- und Entscheidungsträger stets schon ambivalent oder negativ «anwesend» war. Die «Bilder», der Traum einer von allem «Wesensfremden» gereinigten Landifähre, waren auch in der Schweiz da, bevor sie als Ereignis wirklich wurden.

Die antisemitische Determinante der schweizerischen Flüchtlingspolitik während der Zeit von 1933 bis 1945 ist dialektisch geprägt, indem verschiedene «Normalitäten» in wechselseitigem Bezug stehen. Eine im Innern vorhandene Ambivalenz, Ablehnung oder Diskriminierungspraxis gegenüber Jüdinnen und Juden wird von einer ausländischen Staatsmacht, die antisemitische Verfolgungs- und Vernichtungspolitik propagiert und praktiziert, grenzübergreifend aktualisiert. Dieser diachronische Bezugsrahmen für die schweizerische Fremden- und Flüchtlingspolitik während der NS-Periode der europäischen Geschichte war von den zeitlichen Zäsuren und einzelnen Phasen der Verfolgung und Vernichtung durch das «Dritte Reich» geprägt. Aber schon vor 1933 erscheinen mehrere Kontinuitätsschwellen, an denen die Abwehr des «Juden», zumal des «fremden» Juden, als Leitmotiv lesbar wird. Die Forschung hat diese Kontinuitäten seit der spät gewährten Emanzipation eingehend in Medien, Institutionen oder Behörden aufgedeckt, obwohl judenfeindliche Zeichen zuweilen spärlich zu finden und auch schwer zu entziffern sind.[88] Der Antisemitismus ist zudem mit weiteren Problemfeldern der Forschung verknüpft, die noch nicht genügend geklärt sind und in erweiterte Diskurse hineinweisen. Dazu gehören Fragen nach der «Eugenik» oder der Medizin- und Bevölkerungspolitik, der Einbürgerungspolitik oder der internationalen Polizeizusammenarbeit seit dem Ersten Weltkrieg. Ebenfalls stellen sich Fragen nach dem diplomatischen Opferschutz während des Zweiten Weltkrieges oder dem Zusammenhang zwischen Antisemitismus und dem Umgang mit den nachrichtenlos gebliebenen Vermögen nach Kriegsende.

Für die Periode von 1933 bis 1945 ist festzustellen, dass sich die Rahmenbedingungen und die Qualität, mit der die Judenfeindschaft manifest werden konnte, grundlegend änderten. Einer Stilisierung von Judenfeindschaft zum Zweck sozial- und kulturpolitischer Instrumentierung stand angesichts des NS-Staates die Notwendigkeit einer öffentlichen Tabuisierung der antisemitischen «Judenfrage» gegenüber, wenn im Interesse kleinstaatlicher Vermeidungspolitik dem «Dritten Reich» gegenüber die aussenpolitischen Risiken minimiert werden sollten.[89] Dies kommt in einem doppelten und gegenläufigen Vorgang zum Ausdruck: Die Vermeidung des Imports nationalsozialistischer Ideologien, durch den die Schweiz als Komplize des «Dritten Reiches» erschienen wäre, korrespondiert mit einer ständigen Beschwichtigung, die aber selbst judenfeindliche Politik als angebliche Abwehr des Antisemitismus betrieb. Die Mechanismen der Abwehr reproduzierten dialektisch handlungswirksame Haltungen, indem die vermeintliche Abwehr des Antisemitismus gerade die Abwehr der fremden «Rasse» und die aktive Ignorierung der Opfer des Antisemitismus beinhaltete. In der für diese Politik verantwortlichen Behörde, in der Fremdenpolizei und in der eidgenössischen Diplomatie, aber auch in nationalistischen Bürgerwehren und frontistischen Bünden, konnte der «Jude» ebenso der ausländische Flüchtling wie der jüdische Schweizerbürger sein.

Die hier beschriebene Ambivalenz, die den Überfremdungsdiskurs charakterisiert, manifestiert sich also in der Möglichkeit, Probleme oder Ereignisse mehr als einer Kategorie von Definitionen zuzuweisen. Die Geschichte der Fremdenpolizei, wie sie Uriel Gast[90] vorgelegt hat und die von Stefan Mächler[91] als Diskurskontinuität beschrieben wird, zeigt das herrschaftssichernde Bemühen, Ordnung nicht allein in die Fremden-, sondern auch in die eigene Sozialpolitik und Bevölkerungsplanung zu bringen. Die obsessive Angst vor einer «Verjudung» der eigenen Kultur, vor einer Nichtassimilation der Juden an die schweizerische «Wesensart», wird im Schein und in der Begriffslogik einer wissenschaftlich anmutenden Sprache vermittelt. Sie kann Fremdes wie Eigenes meinen und fand ihren Ausdruck bereits nach dem Ersten Weltkrieg in der folgenden Aussage: «Gemeingefährliche Kranke, dann Schieber, Schnorrer, Wucherer, kurz: wirtschaftliche Bazillenträger sind auszuscheiden.»[92]

Die Forderung nach einer «radikalen Säuberung» amalgamiert in der Terminologie biologistische, kulturalistische und ökonomische Sprachvarianten als Reaktion auf die Angst vor dem Unbestimmten. Das rückt sie auch in den Kontext eugenischer Diskurse, wenn dort von der Sterilisation «asozialer Elemente» die Rede ist.[93] Im weiteren werden angeblich wissenschaftliche Instrumente zur Begründung von verschiedenen Politiken verwendet. Mit Statistik und wissenschaftlicher Argumentation wird als Gegenbild eine «überfremdete» oder «überbevölkerte» Schweiz konzipiert, der die «Verjudung» drohe. In dieser Szenerie spricht sich die Schweiz selbst die Opferrolle zu. Herstellung von Ordnung und Herrschaft werden in diesem Konzept, das dann eine Art «Lösung» der Fremdenfrage im eigenen Lebensraum propagiert, durch für Jüdinnen und Juden erschwerte Einbürgerungspraktiken und psychisch-kulturelle Assimilationserwartungen oder durch die Durchsetzung strikter Transitmaximen und Arbeitsverbote in der Flüchtlingspolitik garantiert.[94]

Die Flüchtlingspolitik der Schweiz ist auf diesem Hintergrund wesentlich von *Indikationenlösungen* sozial-, wirtschafts- und kulturpolitischer Ausrichtung geprägt gewesen. Unter Indikationen werden allgemein Marker verstanden, die ausschlaggebende Hinweise für Entscheidungsfindungen enthalten, nicht zuletzt auch auf dem Hintergrund der antisemitischen Lebensraumideologie des NS-Regimes. Aufnahmebereitschaft und Ausschaffung kennzeichnen in der Schweiz die Momente, in denen es um Leben oder Tod als Folge der deutschen Vernichtungspolitik gehen musste. Die Flüchtlingspolitik ist also entlang der angesprochenen Bereitschaft, die antisemitischen Indikationenlösungen gegenüber dem asylpolitischen Gewissen überhaupt zuzulassen, zu verstehen. Die Ambivalenz, aus der die Fremden- und Flüchtlingspolitik als langfristiges ordnungschaffendes Instrument entstand, resultiert in kontrastierenden Zahlen. Sie dokumentieren die beiden gegensätzlichen Dimensionen, die kontrollierte Aufnahme mit «Lagerhaltung» – wie es in der zeitgenössischen Behördensprache heisst – und zum andern die antisemitisch indizierte Abwehr und Weigerung, Menschen in Not zu retten: Rund 30'000 in der Schweiz während der nationalsozialistischen Periode überlebenden jüdischen Flüchtlingen[95] stehen rund 30'000 zurückgewiesene Flüchtlinge, unter denen eine hohe Anzahl jüdisch gewesen sein dürfte, gegenüber.[96]

Bedeutsam sind zwei spezifische Indikatoren, die die Mischung biologistischer und kulturalistischer Argumente für bestimmte Massnahmen erkennbar werden lassen, nämlich einerseits die Frage des Dauerasyls, andererseits die Aufnahmepolitik gegenüber jüdischen Kindern. Das lange verweigerte Dauerasyl für Jüdinnen und Juden, die als Staatenlose oft nicht in die Länder ihrer Herkunft, ihrer zwangsweisen Ausbürgerung und Verfolgung zurückkehren wollten, wurde 1949 zwar endlich gewährt, aber nur Personen, die über 52 Jahre alt waren. Eine bevölkerungspolitische Gefahr für den schweizerischen Lebensraum konnten diese Jüdinnen und Juden, die biologisch nicht weiter reproduktionsfähig waren, kaum darstellen. Solche Kriterien für ein Dauerasyl verweisen auf eine Ideologie, die rassenbiologisch und antisemitisch argumentiert. Zudem verlängerte der Entscheid die finanziellen Verpflichtungen der Schweizer Juden gegenüber den meistens Unterstützungsbedürftigen in die Nachkriegszeit hinein, ohne dass die jüdische Gemeinschaft in der Schweiz die Chance zu einer Stärkung ihrer eigenen menschlichen und strukturellen Ressourcen erhalten hat.

Auch die verweigerte Aufnahme von jüdischen Ferienkindern in die Schweiz zeigt ein vergleichbares antisemitisches Muster, das in Kontrast zu den üblicherweise grosszügig veranstalteten Aktionen steht. Die Idee, ausländische Kinder sollten sich in der gesunden Luft des Alpenlandes von den Heimsuchungen des Krieges erholen können, griff auf Vorstellungen aus der Zeit des Ersten Weltkrieges zurück. Von der Aufnahme ausgeschlossen waren während des Krieges ausdrücklich jüdische Kinder aufgrund einer antisemitischen Weisung des Justiz- und Polizeidepartementes. Damit scheiterten auch Rettungspläne von in Vichy-Frankreich operierenden jüdischen und christlichen Hilfswerken.[97] Dies hat dazu geführt, dass Hilfswerke unterschiedlichster Herkunft und Denomination heimliche bzw. «illegale» Formen der Kindereinreisen zu organisieren gezwungen waren.[98] Ähnliche Unangemessenheit wird auch am Ende des Krieges bei der Internierung von Buchenwald-Kindern sichtbar, wenn diese vom Schweizerischen Roten Kreuz hinter Stacheldraht gehalten wurden.[99] Rückblickend ist die Diskriminierung jüdischer Kinder in die mentale Konfiguration eines biologistisch eingefärbten Antisemitismus einzureihen, dem Züge einer «schwarzen Pädagogik» anhaften.

Berichten statt beichten – Schlussbemerkung aus aktuellem Anlass

Ich habe in diesem Beitrag unterschiedliche Reaktions- und Orientierungsmuster, die angesichts der nationalsozialistischen Lebensraumideologie in der Schweiz prägend geworden sind, skizziert. Dabei wurde auf die politische und ökonomische «Risikohaltigkeit» in Entscheiden und Handlungen hingewiesen. 1944/45 fanden sich die verantwortlichen Zeitgenossen nicht nur veränderten Rahmenbedingungen, sondern vor allem deutlich anderen Grundwerten für eine Orientierung ihres Handelns gegenüber. Diese Konfrontation mit ethischer Substanz macht deutlich, dass der Begriff eines «Risikos» problematisch ist, so erhellend die Diskussion darüber gerade für die Betrachtung des Verhaltens zu NS-Deutschland auch sein mag. Aber im Kern geht es um die politischen Motive und die ideologischen Prägungen, die das Wertebewusstsein in diesem Verhältnis kennzeichneten. Die Deklaration der allgemeinen Menschenrechte durch die Vereinten Nationen setzte der NS-Lebensraum- und Vernichtungsideologie in entscheidender Weise die Garantie individueller und universaler Grundrechte gegenüber. Das war keine abstrakte und allenfalls schöngeistige Formel, sondern eine auf dem Boden der Realitäten errungene Erklärung. Zu ihrer Genese gehören auch die früheren Postulate eines völkerrechtlich garantierten Minderheitenschutzes, der in den Pariser Verträgen von 1918/19 vorgesehen wurde, aber als Verfahrenspraxis im Rahmen des Völkerbundes an politische Grenzen stiess.[100] Dabei hatten gerade jüdische Juristen, unter ihnen der Schweizer Paul Guggenheim, zur Ausformulierung von Minderheitenrechten und Minoritätenschutzverfahren substantielle Beiträge geliefert.

Die Schweiz hat sich im neuen internationalen System der unmittelbaren Nachkriegszeit und der damit verbundenen ordnungspolitischen Vorstellungen nicht leicht zurechtgefunden.[101] Mit der amerikanischen Dominanz, die sich in Deutschland zunächst unter besatzungsrechtlichen Verhältnissen entfaltete und die auch das schweizerische Reorientierungsmuster stark zu beeinflussen begann, wurde deutlich, dass die Durchsetzung dieser neuen Ordnung ein Licht auf frühere Politiken und Praktiken der Schweiz werfen musste. Dass dies auch mehr als fünfzig Jahre nach dem völkerrechtlich bindenden Abschluss des Washingtoner Abkommens möglich sein würde, lag nicht im Horizont der Verantwortungsträger der damaligen Generation, unter der nach Kriegsende eine Art kollektives Vergessen einsetzte.

In «The Cycles of the American History» hat Arthur Schlesinger den Satz geprägt: «Der Historiker sitzt, wie jeder andere auch, in der Falle der egozentrischen Weltsicht, und der ‹Gegenwartismus› ist seine Erbsünde.»[102] In der Schweiz ist man heute unsanft aufgewacht. Der Frage nach dem rechten Benehmen folgt – es ist zu hoffen – das Bedürfnis nach Erkenntnis. Dabei muss allerdings beachtet werden, dass alle Formen historischer Klärung in neuen Varianten der Erkenntnisverweigerung oder in Abwiegelungen von Forschungsbemühungen resultieren können, gerade wenn Einsichten moralisch nicht angenehm erscheinen oder auch nur an menschenrechtliche Grundhaltungen als Kriterium der Befragung erinnern. Anstrengungen zur Klärung der Vergangenheit, zumal wenn sie öffentlichen Charakter annehmen, sind deshalb stets auch Ausdruck einer Orientierungskrise. Das macht es wahrscheinlich, dass wissenschaftliche Mühen gerne der Versuchung erliegen, sich beweglich oder beliebig geben zu müssen, wenn sie öffentlichen Aufmerksamkeitsverschiebungen ausgesetzt sind.

Dies muss skeptisch stimmen, wenn auch anzuerkennen ist, dass Forschung der zivilen Gesellschaft nicht dadurch am besten gedient ist, dass sie sich auf eine Position der moralischen Neutralität zurückzieht. Auch ist es, wie mir scheint, dem menschlichen

Gewissen und dem Sinn für Grundwerte nicht zuträglich, wenn historisches Erzählen durch Zahlen in Tabellenformen ersetzt, empirische Forschungsresultate in politische Beweis- und Versatzstücke gekleidet, soziale Kontextbeschreibungen als anekdotenhafte Phantasien ausgegeben oder Archivauswertungen als politisches Wahlversprechen betrieben werden. Berichte lassen sich nicht als Beichten vermitteln. Was es braucht, ist Redlichkeit und den Drang, soviel als möglich über uns selbst wissen zu wollen. Dies meint, nicht müde werden, die Welt zu erkennen, ohne uns mit den Interessen einzelner ihrer Bewohner zu verwechseln.

Anmerkungen

1 Für die Durchsicht des Textes danke ich Daniel Wildmann, Tanja Hetzer sowie Bernadette Kaufmann.
2 Dazu: Jacques Picard, «Antisemitismus» erforschen?, Über Begriff und Funktion der Judenfeindschaft und die Problematik ihrer Erforschung, in: Schweizerische Zeitschrift für Geschichte 47 (1997), S. 580ff.
3 Ludolf Herbst, Die NS-Wirtschaftspolitik im internationalen Vergleich, in: Studien zur Ideologie und Herrschaft des Nationalsozialismus, hg. von Wolfgang Benz, Hans Buchheim und Hans Mommsen, Frankfurt am Main 1994, S. 153ff.
4 Martin Broszat, Der Staat Hitlers, Grundlegung und Entwicklung seiner inneren Verfassung, München 1969/1986. Norbert Frei, Der Führerstaat, Nationalsozialistische Herrschaft 1933 bis 1945, München 1987. Vgl. die Beiträge bei: Gerhard Hirschfeld/Lothar Kettenacker (Hg.), Der «Führerstaat». Mythos und Realität. Studien zur Struktur und Politik des Dritten Reiches, Stuttgart 1981.
5 Karl-Dietrich Bracher, Die deutsche Diktatur. Entstehung, Struktur, Folgen des Nationalsozialismus, Köln/Berlin 1969; Heinz Höhne, Die Machtergreifung. Deutschlands Weg in die Diktatur, Reinbek 1983.
6 Vgl. dazu: Lothar Gruchmann, Nationalsozialistische Grossraumordnung. Die Konstruktion einer «deutschen Monroe-Doktrin», Stuttgart 1962.
7 Dazu: Dan Diner, Rassistisches Völkerrecht, Elemente einer nationalsozialistischen Weltordnung, in: Vierteljahreshefte für Zeitgeschichte 37 (1989), S. 23ff.
8 Saul Friedländer, Das Dritte Reich und die Juden. Die Jahre der Verfolgung 1933–1939, Bd. 1, München 1998, S. 13.
9 Götz Aly/Susanne Heim, Vordenker der Vernichtung. Auschwitz und die deutschen Pläne für eine neue europäische Ordnung, Hamburg 1991.
10 Vgl. im weiteren die Beiträge in: Karl Dietrich Bracher u. a. (Hg.), Nationalsozialistische Diktatur 1933–1945. Eine Bilanz, Düsseldorf 1983. Im weiteren: Richard Breitman, Der Architekt der «Endlösung». Himmler und die Vernichtung der europäischen Juden, Paderborn 1996.
11 Vgl. dazu die Berner Habilitationsschrift von: Diemut Mayer, Grundlagen des nationalsozialistischen Rechtssystems: Führerprinzip, Sonderrecht, Einheitspartei, Stuttgart 1987. Darin publiziert sie das im Januar 1945 von Himmler entworfene Gesetzgebungsprojekt zur Eliminierung von «Gesellschaftsfremden», das heisst von «arischen» Bürgern, die politisch oder anderweitig unliebsam erschienen.
12 Thomas Sandkühler, «Endlösung» in Galizien. Der Judenmord in Ostpolen und die Rettungsinitiativen von Berthold Beitz 1941–1944, Bonn 1996, S. 406ff.
13 Zur NS-Sport- und Kulturpropaganda vgl. Daniel Wildmann, Begehrte Körper. Konstruktion und Inszenierung des «arischen» Männerkörpers im «Dritten Reich», Würzburg 1998.

[14] Das Dritte Reich als «Fassadenwerk» ist zuerst analysiert worden von: Ernst Fraenkel, The Dual State. A Contribution to the Theorie of Dictatorship, New York 1941; Franz Neumann, Behemoth. Struktur und Praxis des Nationalsozialismus 1933-1944, Frankfurt am Main 1977. Die amerikanische Originalfassung erschien 1942 und in erweiterter Form 1944. Für die Einordnung von Neumanns Werk in die Faschismusdiskussion vgl. den Aufsatz von Gert Schäfer in der deutschen Ausgabe Neumanns von 1993, S. 682ff.

[15] Literaturübersicht bei: Hans-Erich Volkmann, Wirtschaft im Dritten Reich. Eine Bibliografie, Teil 1: 1933-1939, München 1980.

[16] Im weiteren vgl. Hans-Erich Volkmann, Wirtschaft und Aufrüstung unter dem Nationalsozialismus, in: Manfred Funke (Hg.), Hitler, Deutschland und die Mächte. Materialien zur Aussenpolitik des Dritten Reiches, Düsseldorf 1976, S. 269-291.

[17] Theo Keller, Sinn und Unsinn der Autarkie, in: Schweizerische Rundschau. Monatszeitschrift für Geistesleben und Kultur 33 (1933/34), S. 769-783, hier S. 769f.

[18] Werner Krause, Wirtschaftstheorie unter dem Hakenkreuz. Die bürgerliche politische Ökonomie in Deutschland während der faschistischen Herrschaft, Berlin 1969.

[19] Darstellung bei: Avraham Barkai, Das Wirtschaftssystem des Nationalsozialismus. Der historische und ideologische Hintergrund 1933-1936, Köln 1977.

[20] Analyse und Literatur vgl. bei: Hans-Erich Volkmann, Das aussenwirtschaftliche Programm der NSDAP 1930-1933, in: Archiv für Sozialgeschichte 17 (1977), S. 251-274, bes. 262f.

[21] Reinhard Frommelt, Paneuropa oder Mitteleuropa. Einigungsbestreben im Kalkül deutscher Wirtschaft und Politik 1925-1933, Stuttgart 1977. Der Mitteleuropa-Gedanke war bereits vor 1933 weitverbreitet, wie zeitgenössische Schriftenreihen dies dokumentieren, in denen eine produktionswirtschaftliche Integration Europas als eigentliches Ziel erscheint. Vgl. Wilhelm Gürge/Wilhelm Grotkopp, Grossraumwirtschaft. Der Weg zur europäischen Einheit, Berlin 1931; Herbert Gaedike/Gert von Eynern, Die produktionswirtschaftliche Integration Europas. Eine Untersuchung über die Aussenhandelsverflechtungen der europäischen Länder, Berlin 1933.

[22] Gruchmann (wie Anm. 6), S. 71ff.

[23] Charles Tilly, Coercion, Capital and European States, 990-1990, Cambridge 1990.

[24] Vgl. die Beiträge in: Reinhard Opitz (Hg.), Europastrategien des deutschen Kapitals, Köln 1977.

[25] Dazu: Helmut Marcon, Arbeitsbeschaffungspolitik der Regierungen Papen und Schleicher. Grundsteinlegungen für die Beschäftigungspolitik im Dritten Reich, Bern/Frankfurt am Main 1974.

[26] Finanzgeschichtliche Darstellung bei: Christoph Kopper, Zwischen Marktwirtschaft und Dirigismus. Bankenpolitik im «Dritten Reich» 1933-1939, Bonn 1995.

[27] Jahrbuch der Gesellschaft für europäische Wirtschaftsplanung und Grossraumwirtschaft, «Nationale Wirtschaftsordnung und Grossraumwirtschaft», Bd. 1, Dresden 1941, S. 9ff.

[28] Walther Funk, Wirtschaftliche Neuordnung Europas!, in: Südost-Echo 30, 26. Juli 1940. Ein Exemplar des entsprechenden Sonderdrucks ist im Archiv des Schweizerischen Handels- und Industrievereins greifbar.

[29] Zu Schmitt vgl. die gründliche Studie von: Raphael Gross, Carl Schmitt und die Juden. Strukturen einer deutschen Rechtslehre, Essen 1997.

[30] Gerhard Kümmel, Transnationale Wirtschaftskooperation und der Nationalstaat, Stuttgart 1995, arbeitet die deutsch-amerikanischen Handels- und Unternehmensbeziehungen der dreissiger Jahre heraus und zeigt den Wandel von der anfänglichen Kooperation zur zunehmenden Konfrontation auf.

[31] Hans-Erich Volkmann, Zum Verhältnis von Grosswirtschaft und NS-Regime im Zweiten Weltkrieg, in: Bracher u. a. (wie Anm. 5), S. 480-509.

[32] Miles [Herbert Rosinski], Deutschlands Kriegsbereitschaft und Kriegsaussichten, Zürich/New York 1939.

[33] Willi A. Boelke, Die Kosten von Hitlers Krieg, Kriegsfinanzierung und finanzielles Kriegserbe in Deutschland 1933–1948, Paderborn 1985, bes. S. 66ff.; Hans-Erich Volkmann, Die NS-Wirtschaft in Vorbereitung des Krieges, in: Wilhelm Deist u. a. (Hg.), Ursachen und Voraussetzungen des Zweiten Weltkrieges, Freiburg 1979, S. 211–435.

[34] Vgl. auch die Beiträge in: Friedrich Forstmeier/Hans-Erich Volkmann (Hg.), Wirtschaft und Rüstung am Vorabend des Zweiten Weltkrieges, Düsseldorf 1975.

[35] Georg Hahn, Grundfragen europäischer Ordnung, Berlin/Wien 1939, S. 47ff.

[36] John Pinder, Europa in der Weltwirtschaft 1920–1970, in: Europäische Wirtschaftsgeschichte, hg. von C.M. Cipolla/K. Borchardt, Bd. 5, Stuttgart 1986, S. 389.

[37] Dazu grundlegend die Beiträge in: Walter Pehle (Hg.), Der Judenpogrom 1938. Von der «Reichskristallnacht» zum Völkermord, Frankfurt am Main 1988. Vgl. auch: Hermann Graml, «Reichskristallnacht». Antisemitismus und Judenverfolgung im «Dritten Reich», München 1988.

[38] Ulrich Herbert (Hg.), Europa und der Reichseinsatz. Ausländische Zivilarbeiter, Kriegsgefangene und KZ-Häftlinge in Deutschland 1938-1945, Essen 1991; Ulrich Herbert, Fremdarbeiter, Politik und Praxis des «Ausländer-Einsatzes» in der Kriegswirtschaft des Dritten Reiches, Berlin/Bonn 1986.

[39] Unabhängige Expertenkommission Schweiz – Zweiter Weltkrieg, Goldtransaktionen im Zweiten Weltkrieg, Bern 1998, Kapitel 2.

[40] Für die deutsche Kriegswirtschaft vgl. als Grundlage die dreibändige Studie von Dietrich Eichholtz, Geschichte der deutschen Kriegswirtschaft 1939–1945, Berlin 1969ff.

[41] Hitlers angebliche Äusserung zitiert nach H.R. Trevor-Roper bei Gerhard L. Weinberg, A World at War: A Global History of World War II, Cambridge 1994, S. 982 (Fussnote 222).

[42] Vgl. Georg Kreis, Vier Debatten und wenig Dissens, in: Schweizerische Zeitschrift für Geschichte 47 (1997), S. 451–476.

[43] Siehe den Beitrag von: Daniel Wildmann, Wo liegt Auschwitz? Geografie, Geschichte und Neutralität, in: Arbeitskreis Armenien (Hg.), Völkermord und Verdrängung. Der Genozid an den Armeniern – die Schweiz und die Schoah, Zürich 1998.

[44] Willi Gautschi, General Henri Guisan. Die schweizerische Armeeführung im Zweiten Weltkrieg, Zürich 1989, S. 310f.

[45] Ebda., S. 394ff.

[46] Dazu: Georg Kreis, Henri Guisan – Bild eines Generals. Glanz und Elend einer Symbolfigur, in: Schweizerische Monatshefte 5 (1990), S. 413ff.

[47] Georg Kreis, Auf den Spuren von «La Charité». Die schweizerische Armeeführung im Spannungsfeld des deutsch-französischen Gegensatzes, Basel 1976, zeigt die Armee im Kontext der politischen Einflussnahmen durch die Kriegführenden.

[48] Jakob Tanner, Or & Granit. La défense nationale et les liens économiques entre la Suisse et le Troisième Reich durant la Seconde guerre mondiale, in: Les Annuelles. Histoire et société contemporaines 1 (1990), S. 31–48.

[49] Vgl. Documents Diplomatiques Suisses, Bd. 13 (1939–1940), Bern 1991, S. 889ff.

[50] Friedrich Dürrenmatt, Labyrinth, Stoffe I–III, Zürich 1990, S. 88ff. («Der Winterkrieg in Tibet»).

[51] Zu den Initiationsriten mit Verweis auch auf Alpenhöhlen in der Schweiz vgl. Joseph Campbell, Mythologie der Urvölker, Bd. 1, Basel 1991, S. 335ff., 355 und 377ff.

[52] Zum darüber geführten Disput vgl. Rudolf Jaun, Die militärische Landesverteidigung 1933–1945, in: Schweizerische Zeitschrift für Geschichte 47 (1997), S. 651ff.

[53] Vgl. Bericht der Studienkommission für strategische Fragen (Bericht Brunner) vom 26. Februar 1998, der mit Blick auf die «grundsätzliche Bedeutung» des Milizsystems für die staatliche Gemeinschaft die Frage aufwirft, ob das Milizsystem nicht «besser auf die Anforderungen der heutigen Gesellschaft abgestimmt werden» müsse. Dabei sei die «Bewirtschaftung flexibel» zu gestalten. Die angesprochene Problematik wird auch deutlich hörbar in

einer Diskussionsrunde über «Militärische und zivile Karriere», in: Allgemeine schweizerische Militärzeitschrift 2 (1998), S. 7ff. Es ist zu vermuten und wäre damit prüfenswert, ob das Driften der beiden Vektoren bereits in den siebziger oder achtziger Jahren eingesetzt hat.

54 Jakob Tanner, Bundeshaushalt, Währung und Kriegswirtschaft. Eine finanzsoziologische Analyse der Schweiz zwischen 1938 und 1953, Zürich 1986.
55 Markus Heiniger, Dreizehn Gründe. Warum die Schweiz im Zweiten Weltkrieg nicht erobert wurde, Zürich 1989.
56 Hans Wegmüller, Brot oder Waffen. Der Konflikt zwischen Volkswirtschaft und Armee in der Schweiz 1939–1945, Zürich 1998, S. 103ff. und 134ff.
57 Jaun (wie Anm. 52), S. 656ff.
58 Peter Hug, Biologische und chemische Waffen in der Schweiz zwischen Aussen-, Wissenschafts- und Militärpolitik, in: Studien und Quellen 23, Bern 1997, S. 115ff.
59 Franziska Keller, Oberst Gustav Däniker. Aufstieg und Fall eines Schweizer Berufsoffiziers, Zürich 1997, bietet eine personenbezogene Darstellung, die die Befragungskomponenten einer diskurs- und ideologieanalytisch orientierten Eliteforschung kaum anspricht.
60 Marc Perrenoud, Commerce extérieur et politique suisse, in: Schweizerische Zeitschrift für Geschichte 47 (1997), S. 477–491.
61 Vgl. Jakob Tanner, Die internationalen Finanzbeziehungen der Schweiz zwischen 1931 und 1950, in: Ebda., S. 492ff.
62 Historische Statistik der Schweiz, hg. von Heiner Ritzmann-Blickenstorfer unter Leitung von Hansjörg Siegenthaler, Zürich 1997, S. 698ff. und 805ff. Vgl. auch: Max Steiner, Die Verschiebung der schweizerischen Aussenhandelsstruktur während des Zweiten Weltkrieges, Zürich 1950.
63 Auch die kriegsmässige Rationierung des Nahrungsmittelverbrauches stellt eine Form des Sparens dar, die in diesem Fall als staatliche Zwangssparmassnahme zu bezeichnen ist.
64 Vgl. dazu die beiden von der Unabhängigen Expertenkommission Schweiz – Zweiter Weltkrieg (UEK) veröffentlichten Berichte über die Goldtransaktionen im Zweiten Weltkrieg.
65 Harald James, Die Deutsche Bank und die Diktatur 1933–1945, in: Lothar Gall u. a. (Hg.), Die Deutsche Bank, München 1995, S. 334.
66 Rechtliche Grundlage der Clearingabkommen bildete der Bundesbeschluss über wirtschaftliche Massnahmen gegenüber dem Ausland vom 14. Oktober 1933, der den Bund zu Massnahmen für den Schutz der nationalen Produktion, für die Exportförderung sowie den Ausgleich der Zahlungsbilanz ermächtigte. In der Praxis ist der industrielle Sektor gegenüber den Finanzbranchen deutlich bevorzugt worden.
67 Jakob Tanner, Finanzwirtschaftliche Probleme der Schweiz im Zweiten Weltkrieg und deren Folge für die wirtschaftliche Entwicklung nach 1945, in: Rolf Caesar u. a. (Hg.), Probleme der Finanzgeschichte des 19. und 20. Jahrhunderts, Berlin 1989, S. 84.
68 Linus von Castelmur, Aspekte der Wirtschafts- und Finanzbeziehungen der Schweiz im Zweiten Weltkrieg, in: Hans Werner Tobler, Die Schweiz im Zweiten Weltkrieg. Forschungsstand, Kontroversen, offene Fragen, Zürich 1997, S. 23.
69 Vgl. oben meine Ausführungen im ersten Teil dieses Aufsatzes.
70 Vgl. Perrenoud (wie Anm. 60), S. 478.
71 Heinrich Homberger, Schweizerische Handelspolitik im Zweiten Weltkrieg, Zürich 1970, S. 54 (Kursivhervorhebung J.P.).
72 Die Tagebücher von Joseph Goebbels. Im Auftrag des Instituts für Zeitgeschichte und mit Unterstützung des Staatlichen Archivdienstes Russlands herausgegeben von Elke Fröhlich, Teil II: Diktate 1941–1945, Bd. 7, München 1993ff., S. 38 und 141.
73 Ebda., Bd. 2, S. 536.
74 Diese spezifische Fragestellung verdankt sich Hansjörg Siegenthaler (Kolloquium der Unabhängigen Expertenkommission Schweiz – Zweiter Weltkrieg vom 30. Januar 1998).

[75] Vgl. Georg Kreis, Die Schweiz und der Zweite Weltkrieg. Bilanz und bibliografischer Überblick nach dreissig Jahren, in: La seconda guerra mondiale nella prospettiva storica a trent'anni dall'epilogo, Como 1977, S. 231.

[76] Daniel Bourgeois, Le Troisième Reich et la Suisse 1939–1941, Neuenburg 1974.

[77] Robert Urs Vogler, Die Wirtschaftsverhandlungen zwischen der Schweiz und Deutschland 1940 und 1941, Zürich ²1998; Klaus Urner, Die schweizerisch-deutschen Handelsbeziehungen während des Zweiten Weltkrieges, in: Neue Zürcher Zeitung, 27. November, 2. und 6. Dezember 1968.

[78] Marco Durrer, Die schweizerisch-amerikanischen Finanzbeziehungen im Zweiten Weltkrieg. Von der Blockierung der schweizerischen Guthaben in den USA über die «Safehaven»-Politik zum Washingtoner Abkommen (1941–1946), Bern/Stuttgart 1984; Oswald Inglin, Der stille Krieg. Der Wirtschaftskrieg zwischen Grossbritannien und der Schweiz im Zweiten Weltkrieg, Zürich 1991; Neville R. Wylie, «The Riddle of the Swiss». British policy towards Switzerland 1940–1943, Cambridge 1994.

[79] Willi A. Boelcke, Zur internationalen Goldpolitik des NS-Staates. Ein Beitrag zur deutschen Währungs- und Aussenwirtschaftspolitik 1933–45, in: Funke (wie Anm. 16), S. 292–309; Kopper (wie Anm. 26). Für die Literatur über die NS-Wirtschaft vgl. die Bibliografie von Volkmann (wie Anm. 15).

[80] Vgl. oben die entsprechenden Zitierungen.

[81] Homberger (wie Anm. 71), S. 119f.

[82] Harald James, Der Goldmarkt als «Landesverteidigung», in: Tages-Anzeiger, 26. September 1996. Der Begriff «Gutgläubigkeitsfalle» ist als selbst verschuldetes Resultat eines schweizerischen Rechtfertigungsdiskurses zu verstehen. Ansonsten könnte der verfängliche Eindruck entstehen, es hätte sich um eine «Falle» des NS-Staates gehandelt, in welche die Schweiz gewissermassen «gutgläubig» getreten sei; damit würde die Schweiz als «Opfer» präsentiert.

[83] Linus von Castelmur, Schweizerisch-alliierte Finanzbeziehungen im Übergang vom Zweiten Weltkrieg zum Kalten Krieg. Die deutschen Guthaben in der Schweiz zwischen Zwangsliquidierung und Freigabe (1945–1952), Zürich 1992; Peter Hug, Die nachrichtenlosen Guthaben von Nazi-Opfern in der Schweiz. Was man wusste und was man noch wissen sollte, in: Schweizerische Zeitschrift für Geschichte 47 (1997), S. 532ff.

[84] Ein Beispiel, wie nationalsozialistische Druckversuche im Zusammenspiel von Behörden und Unternehmen wirksam werden können, illustriert der folgende Fall: Ein deutscher Versicherungsnehmer moniert bei einem Besuch in der Schweiz, er habe bei der Grenzkontrolle die Anwesenheit eines jüdischen Arztes festgestellt, und droht, dies dem Auswärtigen Amt in Berlin bekanntzugeben. Die schweizerische Versicherung gelangt an das Politische Departement in Bern, das wiederum beim eidgenössischen Kriegsfürsorgeamt verlangt, «von der Mitarbeit jüdischer Beamter und Medizinalpersonen an der deutschen Grenze abzusehen». Vgl. BAR E 2001 D 3, Bd. 48, Korr. vom 30. Januar und 10. Februar 1942.

[85] Alfred A. Häsler, Das Boot ist voll. Die Schweiz und die Flüchtlinge 1933–1945, Zürich 1967; Markus Imhof, Das Boot ist voll. Ein Filmbuch. Mit Standphotografien von George Reinhart und einem Vorwort von Friedrich Dürrenmatt, Zürich 1983.

[86] Vgl. National-Zeitung, 20./21. Februar 1943. Mit dem «Boot» ist in diesem Bericht über Goebbels Rede zum «totalen Krieg» das *deutsche Volk* gemeint, dessen Insassen einer ungewissen «Schicksalsfahrt» entgegen gehen. Mit dem «totalen Krieg» ist – wie hier ausgeführt – auch gerade die umfassende Mobilisierung der kriegswirtschaftlichen Reserven im Innern Deutschlands gemeint.

[87] May B. Broda, Verbotene Beziehungen. Polnische Militärinternierte und die Schweizer Zivilbevölkerung während des Zweiten Weltkrieges am Beispiel auch des Internierten-Hochschullagers Herisau/St.Gallen, in: Appenzellische Jahrbücher 1991, S. 1–55; Dies., Oral History – nichts als Fragen?, in: Traverse 1994/1, S. 131ff.

[88] Vgl. u. a.: Friedrich Külling, Bei uns wie überall? Antisemitismus in der Schweiz 1866–1900, Zürich o. J. (1977); Aaron Kamis-Müller, Antisemitismus in der Schweiz 1900–1930, Zürich 1990.
[89] Im weiteren: Jacques Picard, Die Schweiz und die Juden 1933–1945. Schweizerischer Antisemitismus, jüdische Abwehr und internationale Migrations- und Flüchtlingspolitik, Zürich 1994.
[90] Uriel Gast, Von der Kontrolle zur Abwehr. Die eidgenössische Fremdenpolizei im Spannungsfeld von Politik und Wirtschaft 1915–1933, Zürich 1997.
[91] Vgl. den Beitrag von Stefan Mächler in diesem Band sowie: Ders., Die Schweiz und die Rückweisung jüdischer Flüchtlinge, in: Neue Wege 91 (1997), S. 227–237.
[92] Ernst Delaquis, Der neueste Stand der Fremdenfrage. Öffentlicher Vortrag in St. Gallen 22. Oktober 1921, Bern 1921, S. 19. Delaquis war bis 1929 Chef der eidgenössischen Polizeiabteilung und nahm danach in Hamburg seine akademische Karriere als Professor für Strafrecht wieder auf. Vgl. Gast (wie Anm. 90), S. 284ff.
[93] Vgl. u. a. bei: Nadja Ramsauer/Thomas Meyer, Blinder Fleck im Sozialstaat. Eugenik in der Deutschschweiz 1930–1950, in: Traverse 1995/2, S. 117ff. Die Problematik, wie das Verhältnis zwischen der Eugenik in der Schweiz und in NS-Deutschland zu bewerten ist, kann hier nicht erörtert werden.
[94] Picard (wie Anm. 89), S. 34ff. und 59ff.
[95] Diese Zahl hängt, wie alle Statistik, von der Kategorienbildung ab. Bei diesen Angaben sind jüdische wie christliche «Nichtarier» sowie Kinder in die Gesamtschätzung eingeschlossen.
[96] Vgl. Guido Koller, Entscheidungen über Leben und Tod. Die behördliche Praxis der schweizerischen Flüchtlingspolitik während des Zweiten Weltkrieges, in: Studien und Quellen 22, Bern 1996, S. 91ff. Vgl. neuerdings Jürg Stadelmann, Umgang mit Fremden in bedrängter Zeit, Schweizerische Flüchtlingspolitik 1940–1945 und ihre Beurteilung bis heute, Zürich 1998, S. 135 ff.
[97] Picard (wie Anm. 89), S. 428ff.; Donald A. Lowrie, The Hunted Children, New York 1963, bes. S. 226; U.S. Department of State, Foreign Relations. Diplomatic Correspondence, Washington D.C. 1963–69, Bd. 1942-1, S. 466ff.
[98] Jacques Picard, Hilfe, Selbsthilfe und Solidarität entlang der Grenze, in: Solidarität und Hilfe während der NS-Zeit, hg. von Wolfgang Benz und Juliane Wetzel, Bd. 1, Berlin 1996, S. 252ff.
[99] André Lasserre, Les réfugiés de Bergen-Belsen et Theresienstadt, ou les dédoirs d'une politique d'asile en 1944–1945, in: Schweizerische Zeitschrift für Geschichte 40 (1990), S. 307ff. Vgl. Document Diplomatiques Suisses, Bern 1997, Bd. 16, S. 18ff.
[100] Chaim Guterman, Das Minderheitenschutzverfahren des Völkerbundes, Berlin 1979.
[101] Vgl. die Beiträge in: Georg Kreis (Hg.), Die Schweiz im internationalen System der Nachkriegszeit 1943–1950, Basel 1996.
[102] Arthur M. Schlesinger, The Cycles of American History, Boston 1986, S. 373.

Öffentlicher Antisemitismus in der Schweiz nach 1945

GEORG KREIS

Bereits vor zwei Jahren haben mindestens zwei Gründe dafür gesprochen, dass eine Geschichte des Antisemitismus in der Schweiz auch eine Studie zur Zeit nach 1945 vorsehen sollte: Zum einen ist die Zeit davor und insbesondere die Zeit der dreissiger Jahre wenigstens in ihren extremsten Artikulationen bereits recht gut erforscht, die Zeit nach 1945 dagegen stellt ein noch weitgehend unbekanntes Land dar. Und zum anderen ist es, da der (deutsch-)schweizerische Antisemitismus schnell als Folge und Verlängerung des deutschen bzw. nationalsozialistischen Antisemitismus gesehen wird, von besonderem Interesse zu sehen, wie sich antijüdische Reflexe nach dem Zusammenbruch des «Dritten Reiches» in der Schweiz artikulierten. Es wäre wichtig zu wissen, inwiefern sich die naheliegende Annahme bestätigen würde, dass nach «Auschwitz», das heisst nach der grauenhaften Erfahrung der systematischen Massenvernichtung, Antisemitismus für eine gewisse Zeit tabu und darum nicht mehr praktizierbar gewesen sei. Inzwischen ist aus aktuellem Anlass ein weiterer Grund für die vermehrte Auseinandersetzung mit der Nachkriegszeit hinzugekommen: Die um die nachrichtenlosen Vermögen geführte Debatte nahm im Januar und Februar 1997 vorübergehend eine Wende, die deutlich machte, wie schnell antisemitische Haltungen wieder freigesetzt werden können und wie stark alte Vorbehalte sind, die als zumeist stilles Potential in dieser Gesellschaft schlummern.

Eine erste Vorstellung von den Verhältnissen und ihrer Entwicklung geben uns die Einschätzungen, welche die für diese Studie bis 1960 konsultierten Jahresberichte des Schweizerischen Israelitischen Gemeindebundes (SIG) jeweils im Abschnitt «Abwehr und Aufklärung» vornehmen. Den Ausgangspunkt bildet die auf die Kriegsjahre zurückblickende Resolution vom 10. Mai 1945, die mit Befriedigung festhält, «dass das Schweizervolk in seiner überwiegenden Mehrheit die frontistischen und antisemitischen Bewegungen entschieden abgelehnt hat». Zur aktuellen Lage hielt der Jahresbericht fest, es könne seit Jahresfrist erfreulicherweise festgestellt werden, «dass in Fällen von antisemitischer oder intoleranter Haltung ohne Zutun der jüdischen Instanzen aus der Öffentlichkeit spontan ablehnende Stimmen laut werden».[1] 1946 finden wir dann allerdings die Bemerkung, dass man «auch in der Schweiz» häufiger antisemitische Erscheinungen registriere, «als man nach der vernichtenden Niederlage des Nationalsozialismus glaubte erwarten zu dürfen».[2] Von Bedeutung war in den folgenden Jahren jedoch, wie sich die schweizerische Gesellschaft gegenüber dem Wiederauftauchen alter

Anhänger des Nationalsozialismus und den entsprechenden Neo-Bewegungen verhielt. Von seiten des SIG wurde anerkannt, dass die nötige Wachsamkeit durchgehend vorhanden sei und dass «die Schweiz für die Verbreitung von Tendenzen, die dem Antisemitismus Vorschub leisten, keinen günstigen Boden bildet».[3] Oder für 1953: «In der Schweiz waren im Berichtjahr keinerlei Anzeichen eines ansteigenden Antisemitismus festzustellen. Die Propaganda der kleinen neofrontistischen Gruppierungen findet bei der Bevölkerung kein Gehör.»[4]

Worin aber bestanden die konkreten Manifestationen antisemitischer Natur? Erste Auskünfte gibt uns die Dokumentation der Pressestelle des SIG.[5] Bei den ihr entnommenen Beispielen handelt es sich um die von den Opfern selber registrierten öffentlichen Äusserungen und, wie man nach den positiven Gesamtbeurteilungen der SIG-Jahresberichte vermuten darf, um Extremfälle, die nicht die allgemeine Haltung, sondern nur einzelne, als solche aber nicht untypische Artikulationen wiedergeben.

Nicht erfasst und kaum erfassbar ist die versteckte oder schleichende Diskriminierung etwa bei der Vergabe oder eben Nichtvergabe von Arbeitsstellen, bei der Aufnahme oder eben Nichtaufnahme in bürgerliche Vereine[6] oder auf der Einwohnerkontrolle, wenn es um die Registrierung gewisser Vornamen ging. Mit der Post zugestellte anonyme Beschimpfungen sind ebenfalls nicht unser Gegenstand.[7] Schwer erfassbar und darum hier ebenfalls nicht einbezogen ist der indirekte Antisemitismus, wie er in Form des Antiamerikanismus und des Antisozialismus praktiziert wurde. Die weiteren Ausführungen, die keinerlei Vollständigkeit beanspruchen, sondern – ganz im Gegenteil – nur eine erste Erkundung des Geländes vornehmen, befassen sich mit den verbal freigesetzten, öffentlichen und sich direkt über Juden auslassenden Äusserungen, die dadurch gekennzeichnet sind, dass sie Juden in ihrer Gesamtheit entweder als minderwertig oder als gefährlich oder als beides zugleich darstellten und darum als antisemitisch zu werten sind.

In diesem öffentlichen Diskurs muss man grundsätzlich zwischen den Gedankenlosigkeiten ohne direkte Diffamierungsabsicht und den bewussten Herabwürdigungen und Verfemungen unterscheiden. Auf der Opferseite war man sich dieses Unterschieds durchaus bewusst. Der Jahresbericht für 1954 nennt denn auch Beispiele solcher Art. So wird es bloss als «Gedankenlosigkeit» qualifiziert, wenn im Zusammenhang mit einer als wertlos bezeichneten musikalischen Komposition ohne sachliche Notwendigkeit bemerkt wird, dass sie von einem Juden stamme, oder im Zusammenhang mit einer Straftat, dass sie von einem Juden begangen worden sei.[8] Man war sich aber bewusst, dass die dabei zu Tage tretende Tendenz, im Negativen und Jüdischen eine naheliegende Kombination zu sehen, den Boden sichert und nährt, auf dem der willentliche Antisemitismus gedeihen kann. Den Dossiers der SIG-Pressestelle lassen sich beispielsweise die folgenden drei Fälle eher gedankenloser Diffamierung entnehmen:

1. Im Sommer 1946 erklärte FDP-Nationalrat Dr. R. Bühler aus Uzwil (Kanton St. Gallen) an einer öffentlichen Veranstaltung, die Schweiz habe sich im bekannten

Washingtoner Abkommen von 1946 darum nicht zugeknöpfter verhalten, weil man vor der Welt nicht als «Jude» habe dastehen wollen.[9]

2. 1947 schrieb die sozialdemokratische «Berner Tagwacht» in einer gutgemeinten Glosse, beim Sieger des Zürcher Knabenschiessens liege der «Verdacht» nahe, dass es sich um einen «Nicht-so-ganz-Arier» handle und sich die Antisemiten jetzt darüber ärgerten, dass man in der Schweiz einen Juden zum König gemacht habe.[10]

3. 1950 berichtete die «Schweizer Illustrierte» über das Leben der holländischen Königsfamilie und sagte von den Königskindern, dass sie eine gewöhnliche Schule besuchten – «mit Kameraden jeder Herkunft, auch mit kleinen Juden und Deutschen».[11]

Die Problemzusammenhänge des öffentlich geäusserten Antisemitismus

Mehr oder weniger bewusste Äusserungen negativer Art über «die Juden» findet man in verschiedenen Problemzusammenhängen. Diese lassen sich hier typologisch zwar separieren, in Wirklichkeit aber überlappen sie sich nicht nur, sondern kumulieren sich sogar und nähren und steigern sich gegenseitig in einem diffusen Amalgam, dessen Kern aus negativen Vorstellungen eines Kollektivs über ein anderes besteht. Fünf Kontexte lassen sich analytisch unterscheiden:

1. *Der Kontext der aktuellen Asyl- und Migrationsproblematik:* Die Debatte unserer Tage gilt hauptsächlich der Grenzschliessung von 1942 und der allgemein restriktiven Aufnahmepolitik. Kaum thematisiert werden hingegen die teils inhumanen Lebensbedingungen der Flüchtlinge nach gewährter Aufnahme und überhaupt keine Beachtung findet die Ausschaffungspolitik nach 1945. Selbst die wenigen aufgenommenen Flüchtlinge erhielten nur in Ausnahmefällen ein Dauerasyl. Die Berichte über «Auschwitz» veranlassten längst nicht alle Schweizer, wie man annehmen könnte, dazu, ihre fremdenfeindliche und antisemitische Grundeinstellung abzubauen. So konnte man in der «Klettgauer Zeitung» im Sommer 1945 lesen, die Schweiz müsse sich ihrer Flüchtlingspolitik nicht schämen. Und als ob dies das anvisierte Mass der Kritik gewesen wäre, erklärte das Blatt im Namen des «Volksgeistes», man habe doch nicht «millionenweise» Flüchtlinge aufnehmen können. Mit Hinweis auf die (aufgrund der Militärinternierung) hohe Zahl von etwa 275'000 Menschen hiess es, diese Leistung könne sich sehen lassen. Bezogen auf die Vorkriegsemigration lautete das so dünkelhafte wie herzlose Verdikt: «Diese Flüchtlingskategorie verdient auch am wenigsten Erbarmen, da sie im allgemeinen nicht wie die gewöhnlichen Flüchtlinge haben Schweres durchmachen müssen.» Die antisemitische Tirade gipfelte in der Formulierung: «Solche Musik erinnert an eine alte Weise. Zions Hilf und Abrahams Lohn! Nein die Schweiz wird auch auf Umwegen und mit allem Probieren kein dauerndes Juden-Asyl, kein

zweites Palästina.»[12] Auf protestierende Zuschriften, die es immerhin auch gab, reagierte der anonyme Autor mit einer Bekräftigung seiner Ressentiments: Jawohl, es gehe heute darum, diese nicht mehr vom Martertod bedrohten Flüchtlinge loszuwerden. Insbesondere dürfe man sie nicht «in unser Wirtschaftsleben» eindringen lassen. Falls das Ausland die Ausreise nicht gestatte, müsse auch die andere Hälfte der etwa 12'000 Flüchtlinge in Lagern untergebracht werden, selbst wenn darob «gewisse sozialpathologische Köpfe» vollends irr würden.[13]

Die Flüchtlinge wurden einerseits pauschal mit der Feststellung verunglimpft, dass sich die schweizerischen Juden weit von ihnen distanzieren würden, und zugleich wurde die Verunglimpfung mit der anderen Feststellung akzeptabel gemacht, es gebe unter den internierten Juden auch manch netten, hochanständigen Menschen. Pauschal wurden sie aber als «feige» und «arbeitsscheu» dargestellt, indem ihnen vorgeworfen wurde, sie hätten den Kampf gegen ihre Peiniger ruhig den alliierten Soldaten überlassen, und unter den etwa 1'300 in der Landwirtschaft tätigen Flüchtlingen gebe es kaum mehr als drei Dutzend Juden.[14] Dies bloss zwei Monate nach Kriegsende in Europa. Ein anderes reaktiviertes Klischee kursierte etwa ein halbes Jahr später in mehreren ostschweizerischen Blättern, in denen man lesen konnte, österreichische und ungarische Juden hätten sich auf ihrer Rückreise in St. Margrethen verproviantiert und dabei das «widrige» und «wohl durch die Rasse bedingte» Feilschen nicht lassen können.[15]

Anfangs 1947 klagte ein christlicher Pfarrer darüber, dass noch zwei Jahre nach Kriegsschluss so und so viele jüdische Emigranten auf Kosten ihrer Wohltäter in der Schweiz weilten, bloss weil es ihnen hier eben gut gefalle.[16] Hinweise auf Ausreise- und Repatriierungsschwierigkeiten wollte er explizit nicht gelten lassen. Und wenn er berichtete, dass viele «wohlgesinnte christliche Wohltäter» nicht mehr weiterhelfen wollten und ihre «jahrelange Guttat» mit dem üblen Gefühl beschlossen, nachgerade ausgenutzt worden zu sein, dann war das mehr als nur ein Bericht, nämlich ganz offensichtlich auch seine Meinung.[17] In die gleiche Kerbe hatte übrigens bereits im Sommer 1946 ein Artikel der «Neuen Zürcher Zeitung» gehauen, als er massiv in Frage stellte, dass die in Lagern der amerikanischen Zone lebenden und mit dem Schwarzhandel recht gut lebenden «displaced persons» ihre «einträglichen Handelsgeschäfte ohne weiteres mit dem harten Kolonistendasein in Palästina zu vertauschen» bereit seien.[18]

Noch im Spätsommer 1947 beschäftigte die Flüchtlingsproblematik die Gemüter. Im sankt-gallischen Degersheim wurden die Strassen mit Aufschriften versehen «Juden, fort nach Palästina», und im Berner Oberländer Hasliberg soll jemand bedauert haben, dass Hitler nicht zwei Jahre länger gelebt und «sein Werk vollendet» habe.[19] Das «Limmattaler Tagblatt» von Altstetten zeigte viel Verständnis für den Hass in Degersheim. Seine Ausführungen ähneln gewissen Äusserungen in der heutigen Asyldiskussion. Wegen der Krise in der Stickereiindustrie waren leerstehende Häuser als Unterkünfte für jüdische Flüchtlinge genutzt worden. Dann warf man den Fremden vor, sie nähmen Wohnraum in Anspruch, den man lieber einheimischen «heiratslustigen Pärchen» zur Verfügung gestellt hätte. Dieser Konflikt führte ebenfalls zur Reaktivierung alter Klischees, die man um so hemmungsloser reproduzierte, als man sagte, dass es auch löbliche Ausnahmen gebe. Manuelle Arbeit, besagte dieser Artikel, sei nicht die Stärke der Juden, doch müsse man das aus der Geschichte verstehen. Auffallend an diesem Text ist, dass er nicht von *den* Juden, sondern mehrfach in der wegweisenden Form von *diesen* Juden spricht.[20]

Vielleicht im Rückblick auf die ersten Nachkriegsjahre, sicher aber aus dem beinahe zeitlosen Fundus des Antisemitismus und der Xenophobie stammt das 1951 unter dem unfreiwillig treffenden Titel «Gift-Spritze» in einer Zürcher Fasnachtszeitung veröffentlichte Gedicht «Das Emigrantenparadies». Bemerkenswert ist, welche tiefsitzende Einstellung im Gewande eines vermeintlichen Scherzes an die Oberfläche des Publizierbaren gespült wird. Die Schweiz erscheint als gutmütig, etwas dümmlich, grosszügig, ausbeutbar: «Man gab ihnen Arbeit, Obdach und Brot/ und gab sich Mühe, zu lindern die Not.» Die Formulierung «Asyl auf unsere Kosten» reimt sich auf die Formulierung «besonders jenen vom Osten». Die Flüchtlinge erscheinen als «berechnend», «hinterhältig», «parasitenhaft» und insbesondere als «wildfremd». Letzter Reim: «Nun hocken sie hier und machen sich breit/ und freuen sich hier bei de eigene Leit.»[21]

Es mag bei unserem Thema als ein Nebenaspekt erscheinen, ist aber für die Einstellung gegenüber der jüdischen Bevölkerung bedeutsam: Bei vielen bestand 1945 nicht die Meinung, während des Krieges in der Flüchtlingspolitik versagt zu haben. Beim gegenwärtigen Kenntnisstand ist die folgende, im «Nouvelliste Valaisan» von St. Maurice wenige Wochen nach Kriegsende veröffentlichte Meinung ziemlich repräsentativ: Mitten im Krieg, heisst es da selbstzufrieden, als die Juden überall verfolgt worden seien und nicht einmal einen Stein gefunden hätten, um ihren Kopf darauf auszuruhen, da habe man in der Schweiz an ihnen den Respekt gegenüber dem Menschen verteidigt.[22]

Der in den Jahren 1954 bis 1957 entstandene Flüchtlingsbericht von Carl Ludwig baute diese Selbstgefälligkeit ein ganz klein wenig ab. Andererseits dürfte aber auch die Feststellung vom Februar 1958 zutreffen, «dass bis ‹hoch hinauf› nur allzu viele nicht in der rechten, zu eigentlichem Umkehr- und Sühnewillen führenden Weise das dort Aufgedeckte in sich aufgenommen haben».[23] Der SIG-Jahresbericht für 1957 würdigte den Ludwig-Bericht als «ungeschminkte Darstellung der vollen Wahrheit, die keinerlei Empfindlichkeit schont».[24] Die Einschätzung, dass diese schonungslose Darstellung auf die schweizerische Öffentlichkeit einen «nachhaltigen Eindruck» ausgeübt habe, musste im folgenden Jahresbericht, nach der parlamentarischen Beratung, allerdings relativiert werden. Die Reaktionen in den Eidgenössischen Räten seien, von einzelnen Ausnahmen und insbesondere der Stellungnahme von Bundesrat Markus Feldmann abgesehen, enttäuschend gewesen; hingegen hätten verschiedene ausserparlamentarische Organisationen die nötigen Schlüsse gezogen.[25]

2. Der Kontext der internationalen Verbundenheit und der Staatswerdung Israels:
Zum Arsenal der antijüdischen bzw. antisemitischen Einschätzungen gehörte der Zweifel an der Verbundenheit mit dem Staat und an der Loyalität gegenüber dem Staat. Mit dem Bild des in alle Welt zerstreuten jüdischen Volkes und dem des «juif errant» verband sich die Einschätzung, dass Juden, auch wenn sie Bürger eines Staates sind, im Grunde vaterlandslose Menschen seien. 1951 reproduzierte das Neuenburger Blatt «Express» diese Klischeevorstellung gedanken- und hemmungslos, indem es in einem Kreuzworträtsel auf die Vorgabe «Ils sont sans patrie» die Antwort «juifs» erwartete.[26] Zu dieser Kategorie gehören andere, nicht weiter qualifizierte, im Grunde aber Nichtzugehörigkeit markierende Äusserungen, wie zum Beispiel der Hinweis darauf, dass jemand mit dem richtigen Name «Cohn» heisse, aus Galizien stamme oder Neoschweizer sei.[27]

Andererseits bestand die Tendenz, wenigstens indirekt die schweizerischen Juden für kritische Kommentare haftbar zu machen, wenn diese von jüdischen Presseleuten stammten. So forderte die «Schweizer Wochenzeitung» im Januar 1945 die in der Schweiz lebenden Juden auf, sie sollten der in den USA laut gewordenen Kritik an der Schweiz entgegentreten, gewissermassen in Anerkennung dessen, dass die Schweiz «viel» für die jüdischen Opfer getan habe. Die Pressestelle des SIG verwahrte sich dagegen und machte auf den bemerkenswerten Umstand aufmerksam, dass nur bei unangenehmen Erscheinungen von kollektiver Haftung ausgegangen werde und bei positiven Vorgängen analoge Zusammenhänge nicht hergestellt würden. So habe niemand vom «jüdischen» Journalisten Walter Lippmann gesprochen, als dieser nach der Bombardierung von Schaffhausen gute Worte über die Schweiz gefunden habe.[28]

Mit der Gründung des Staates Israel kam zum älteren Vorwurf, dass die Juden aufgrund ihrer Diasporasituation ein für die Nationalitäten bedrohliches internationales Netz bilden würden, der Verdacht hinzu, mit einem anderen Staat verbunden und in bedenklicher Weise dem Problem der doppelten Loyalität ausgesetzt zu sein.[29]

Im Sommer 1946 glaubte ein Kolumnist des sozialistischen Blattes «Le Peuple» den Unterschied zwischen einem Schweizer jüdischer Konfession (sic!) und einem Juden, der zufällig Schweizer sei und einen jüdischen Staat haben wolle, herausarbeiten zu müssen. Der eine sei sein Mitbürger, der andere sozusagen ein Ausländer. In seiner Rechtfertigung verwies er auf Analogien, die bei Katholiken und ihrem Verhältnis zum Vatikan oder bei Kommunisten und ihrem Verhältnis zu fremden Mächten (die Sowjetunion wird nicht genannt) bestünden. Lauthals verwahrte er sich gegen den Vorwurf, dass sein Vorbehalt gegen die Schaffung eines jüdischen Staates – dies war nämlich das tiefere Motiv seines Exkurses zum Problem – antisemitisch sei.[30] Vielleicht war er dies wirklich nicht; er nährte mit seiner Thematisierung aber den antisemitischen Grundzweifel eben an der Loyalität der Juden.

Etwa zur gleichen Zeit warnte der Inlandredaktor der «Neuen Zürcher Zeitung», Dr. theol. Ernst Bieri, davor, dass die zionistische Propaganda bei den Juden überall auf der Welt eine neue Absonderung bewirke. Der Artikel war äusserst sorgfältig formuliert, und doch liess er sich einen bezeichnenden Fauxpas zu Schulden kommen, nahm er doch eine so unzutreffende wie unzulässige Unterscheidung zwischen Schweizern einerseits und Juden andererseits vor: «Wir Schweizer könnten nur mit Besorgnis einer Entwicklung zusehen, die uns die jüdischen Mitbürger innerlich entfremden würde, indem sie sich mehr mit den Zionisten Amerikas oder des Ostens und Palästinas als mit ihren eigentlichen Landsleuten verbunden fühlten.»[31]

Die gewalttätigen Auseinandersetzungen zwischen jüdischen Aktivisten und der englischen Mandatsmacht in Palästina bildeten schon früh den Anlass entweder für weitere antisemitische Ausfälle oder für Äusserungen, die wegen ihrer Kritik als antisemitisch empfunden wurden. Schon im November 1945 hatte «Die Tat», das Organ des Landesrings der Unabhängigen, offenbar die Meinung geäussert, die Juden müssten sich von gewissen Glaubensbrüdern in Palästina distanzieren, «die offenbar bei Julius Streicher in die Schule gegangen sind».[32] Im Januar 1947 hielt es das freiwirtschaftliche Wochenblatt «Freies Volk» für nötig, gegen die verallgemeinernde Gleichsetzung der Juden mit den jüdischen Terroristen zu protestieren. Es kritisierte die Kritiker, die geflissentlich übersähen, dass die grossen jüdischen Organisationen die Gewaltakte verurteilt hatten, und interpretierte dieses Übersehen als Folge des Bedürfnisses, eine antisemitische Haltung einnehmen zu können, und dieses Bedürfnis schliesslich aus der Neigung, die den Juden durch die Geschichte aufgezwungene Andersartigkeit als Akt der Feindseligkeit zu sehen.[33] Auf welche Presseprodukte sich das «Freie Volk» bezog, ist nicht festzustellen. Es könnte sich indirekt zum Beispiel auf einen Artikel der «Weltwoche» bezogen haben, der den stets schnell verfügbaren Vergleich zwischen dem nationalsozialistischen und dem jüdischen Terror anstellte und sich in der warnenden Feststellung erging: «Und darüber hinaus ist heute die Stellung der Juden in der ganzen Welt eine so prekäre geworden, dass man gut tun wird, alles zu unterlassen, was irgendwie auch nur von fern noch den Hass gegen die Juden steigern kann.»[34]

Der bereits erwähnte Artikel der «Schaffhauser Nachrichten» vom Februar 1947 sah in den «zum Teil beleidigenden Kampfrufen der Juden gegen England» eine Ursache für das verständliche Wiederaufkommen des Antisemitismus. Die Judenheit vergesse, dass sie die allererste Nutzniesserin des heroischen Kampfes der Engländer gegen Deutschland gewesen sei.[35]

Zu einem grösseren Disput führte eine ebenfalls im Februar 1947 veröffentlichte Karikatur des «Nebelspalters». Sie zeigt einen Löwen, der, nachdem er den Nationalsozialismus besiegt hat, von allen Seiten – wie die Legende erklärt – von «jüdischen Extremisten» angegriffen wird. Problematisch war die Bemerkung, dass diese Extremisten mit «mörderischen nationalsozialistischen Methoden» vorgingen und dies ein Undank gegenüber England bedeute, das den «mörderischen nationalsozialistischen Antisemitismus mit schweren Blutopfern» bekämpft habe.[36] Der Verleger, alt Ständerat Ernst Löpfe-Benz, führte in der Rechtfertigung dieser Darstellung aus, nicht sie, sondern der jüdische Terrorismus und die ausbleibende Verurteilung durch massgebende jüdische Instanzen würden den Antisemitismus fördern. Dass das Blatt nicht antisemitisch sei, beweise sein publizistisches Engagement während des Krieges und sein Festhalten am jüdischen Karikaturisten Rabinovitch, obwohl seine Entfernung als Mitarbeiter immer wieder gefordert worden sei.[37]

Die Zeichnung wurde auch von der kurz zuvor gegründeten Christlich-jüdischen Arbeitsgemeinschaft kritisiert. Zur inhaltlichen Seite der Frage wurde erklärt, es sei nicht zutreffend, dass die Juden gegenüber England undankbar seien, hingegen habe die englische Palästinapolitik den «Verzweiflungsausbruch einiger Heissssporne» geradezu provoziert; zudem könne dieser Terror nicht mit demjenigen der Nationalsozialisten verglichen bzw. nicht auf die gleiche Ebene gesetzt werden. Wenn Muslime in Bengalen Hindus massakrierten (mit 12'000 Toten) oder sich Vietnamesen in Indochina «bestialisch» verhielten, würde dies mit keinem Wort erörtert. Handle es sich bei Tätern aber um Juden, dann reagiere das Volk sogleich mit Judenhass. Heute könne man im Tram oder in der Bahn Äusserungen hören wie: «Kaum hat man den Juden geholfen und kaum sind sie in Palästina, so morden sie schon. Man sollte sie alle miteinander doch noch vergasen.»[38] Der Verleger des «Nebelspalters» blieb aber überzeugt, dass es richtig gewesen sei, mit dieser Zeichnung «das Judentum zu veranlassen, die Terroristen zur Vernunft zu mahnen». In seinem zweiten Schreiben kommt übrigens ein grundsätzlicher Vorbehalt gegen die Gründung eines jüdischen Staates zum Ausdruck. Sie führe wegen des arabischen Widerstandes zu einem Religionskrieg von weltgeschichtlicher Bedeutung, in dem das geschwächte England nicht bestehen könne. Löpfe-Benz betonte im weiteren, dass man da und dort geschwiegen habe, um den Antisemitismus nicht zu nähren. Sein in diesem Zusammenhang von ihm genanntes Beispiel könnte uns heute speziell interessieren: «In den letzten Wochen», schrieb er im Februar 1947, «ist der Nebelspalter wiederholt gebeten worden, die jüdische Finanzclique in Amerika zu glossieren, welche die neue Bewegung gegen die Schweiz entfesselt hat mit der falschen Behauptung, es liegen noch Millionen von versteckten Nazigeldern in der Schweiz.»[39]

Wenn man wusste, dass 1973 mit dem 4. Nahost-Krieg (Jom-Kippur-Krieg) bei den europäischen Christen – zum Teil unter der Etikette des Anti-Zionismus – eine gewisse Problematisierung des Verhältnisses zu den Juden eintrat, hätte man eigentlich annehmen können, dass auch die vorangegangenen Nahost-Kriege am christlich-jüdischen Verhältnis nicht spurlos vorbeigegangen sind. Der 3. Nahostkrieg von 1967 (Sechstagekrieg) wurde offenbar ganz unter dem in der Schweiz eine vollständige Identifikation ermöglichenden David-Goliath-Topos betrachtet. Der 2. Nahostkrieg von 1956 hingegen war, leicht phasenverschoben, von antisemitischen Nebenwirkungen begleitet. Aus dem Jahre 1957 findet sich die Klage darüber, dass sich «alt-neue antisemitische Flüsterei und Mythenbildung», von allerlei finanzkräftiger Propaganda mannigfach genährt, wieder erhebe.[40] Die Problematisierung nicht nur des Staates Israel, sondern auch der gerade amtierenden Regierung oder der vor 1948 aktiven Gründungspioniere war schnell mit einer Problematisierung der Juden an sich verknüpft.

3. *Der beinahe zeitlose Kontext des christlichen Antijudaismus:* Was die latenten christlichen Ressentiments gegen die Juden jeweils in Gang setzte, ist schwer auszumachen. Tatsache ist, dass sie als Grundabneigung vorhanden waren und immer wieder in Erscheinung traten, auf protestantischer wie auf katholischer Seite. Ein eindrückliches Beispiel der protestantischen Variante stammt aus den «Emmentaler Nachrichten» vom Januar 1948. Der Verfasser wollte, wie er sagte, «hier auch einmal die andere Seite der Judenfrage beleuchten». Dieses Beleuchten bestand darin, dass die Juden mit falschen Talmud-Zitaten als «Christenverfolger» dargestellt, dass ihnen vorgeworfen wurde, sich «hartnäckig» gegen die christliche Lehre zu verschliessen, und die Beziehungen zwischen Juden und Christen einzig unter dem Aspekt der Vorherrschaft gesehen wurde. Mit Versen von Ulrich Dürrenmatt, dem protestantisch-konservativen Redaktor der «Buchsi-Zeitung», wurde auf den Antisemitismus des 19. Jahrhunderts zurückgegriffen: «Israel hat kein Erbarmen,/ Treibt es alle Tage dreister;/ Wenn wir ihm nicht Meister werden,/ Wird der Jude unser Meister.»[41] Eine andere Äusserung eines protestantischen Pfarrers zeigt zwar nicht direkt antisemitische, aber den Antisemitismus begünstigende Vorbehalte gegenüber einer Zusammenarbeit von Juden und Christen im Kampf gegen den Antisemitismus; eine derartige Zusammenarbeit würde gerade das Gegenteil dessen bewirken, denn die Juden seien von Gott eben zu einem Sonderschicksal auserwählt worden.[42] Pikanterweise waren es auf protestantischer Seite immer wieder auch Theologen, die, gewiss gut gemeint, einen konstruktiven Beitrag leisten wollten, in Wirklichkeit aber nur alte Klischees reproduzierten.[43]

Die katholischen Beispiele – sie stammen vielleicht nicht zufälligerweise aus der Innerschweiz – zeigen, dass der religiöse Antijudaismus über die unmittelbaren Nachkriegsjahre hinaus Bestandteil des öffentlichen Diskurses war. Der «Obwaldner Volksfreund» rekapitulierte 1952 in sozusagen klassischer Form die Auffassung, dass das jüdische Volk wegen des Mordes am «Weltheiland», den der «jüdische Pöbel» verlangt habe, schuldig geworden und die göttliche Strafe seine ewige Heimatlosigkeit sei. Das Interessante an dieser Stellungnahme ist, dass sie sich explizit vom nationalsozialistischen «Rassenantisemitismus» distanzierte. Über Schuld und Verantwortung der Juden habe Gott und hätten nicht die Menschen zu richten. Darum, nach einem Hinweis auf die Ermordung von weit über sechs Millionen Juden, die beinahe treuherzige Bemerkung: «Es geht daher nicht an, in derart brutaler Weise gegen dieses Volk vorzugehen.» Dass der christliche Antijudaismus eine gute Voraussetzung für die Hinnahme des rassistischen Antisemitismus war und noch ist, wurde nicht gesehen. Ganz im Gegenteil: Mit dem Hinweis auf eine ausdrückliche Verurteilung des Antisemitismus durch Papst Pius XI. vom 25. März 1928 wurde jede Verstrickung verneint.[44] Es entsprach diesem Verständnis, dass die Juden als für ihr Schicksal selber verantwortlich verstanden wurden. Wegen des Gottesmordes hätten Abneigung und Feindschaft gegen sie seither als «Fluch einer bösen Tat» immer bestanden. Zum anderen habe die jüdische Geschäftstüchtigkeit für eine Ausweitung des Antisemitismus gesorgt. Der Artikel war im übrigen von einem fundamentalen Vorbehalt gegen den Staat Israel getragen.

Sein Verfasser machte sich indirekt die Meinung des arabischen Lagers zu eigen, dass deutsche «Wiedergutmachungsmoneten» Israel für «neue» Taten «gegen» die arabischen Staaten stärken würden. Wegen des Fluchs, der auf den Juden liege, war der Verfasser überzeugt, «dass auch der neugeschaffene Staat Israel todsicher eines Tages wieder in Fetzen fliegen wird».[45]

Im zweiten Beispiel findet sich eine weitere widersprüchliche Kombination von Verurteilung und Bekräftigung des Antisemitismus. In einem Beitrag des «Urner Wochenblattes» vom Januar 1960 wurde einerseits eine kritische Präsentation der mittelalterlichen und der neuzeitlichen, insbesondere der nationalsozialistischen, Verfolgungen, aber auch der von Abdel Nasser betriebenen Hetzkampagnen vorgenommen. Andererseits wurde auch die alte Platte aufgesetzt, wonach sich die weltlichen Verfolgungen aus den theologischen Gegebenheiten erklären würden: «Es liegt ein Geheimnis auf den Juden, das in den Worten Christi verborgen liegt. Der Fluch des Gottesmordes und die erst in der Endzeit zu erfolgende Bekehrung bergen irgendwie Erklärungen, warum dieses Volk so schwer um seine Existenz zu ringen hat.»[46] Ohne auch nur einen Moment den Gedanken aufkommen zu lassen, dass es eine bestimmte Auffassung des Christlichen sein könnte, welche Geringschätzung und Hass gegenüber den Juden gefördert hat, wurde aus ungebrochenem Überlegenheitsanspruch erklärt, dass nur christliche Glaubensgrundsätze (allerdings präzisiert als Grundsätze der wahren Nächstenliebe und der Gerechtigkeit) ein festes Bollwerk gegen Judenverfolgungen bilden würden: «Nur mit Phrasen der Humanität aus Kreisen der Freidenker oder salbungsvollen Versöhnungsversuchen in Caux oder Radiogesprächen aus dem Laboratorium des ‹Urwalddoktors› ist keinem Juden das Lebensrecht gesichert.» Wie der religiöse in den gesellschaftspolitischen Antijudaismus übergehen kann, zeigt eine Äusserung im katholisch-konservativen Blatt «Neue Zürcher Nachrichten». Der Beitrag, der vor allem die Deutschen vom Vorwurf der Kollektivschuld entlasten wollte, versicherte, dass es auch keine jüdische Kollektivschuld gebe. Zugleich bekräftige er aber unter Ausklammerung der synagogischen Juden und Anschwärzung der «gottlosen Semiten» das alte Klischee, wonach «Juden in den letzten hundert Jahren mittels Presse und Kino, Theater und Börsen alles getan» hätten, «um das Christentum aus dem öffentlichen Leben Europas zu verdrängen und das christliche Abendland zu zerstören».[47]

4. *Der Kontext des landwirtschaftlichen Gegensatzes von Produzenten und Händlern:* Bekanntlich gibt es einen agrarischen Antisemitismus aus der Erfahrung spannungsreicher Beziehungen zu Vieh- und Futterhändlern. Erstaunlich und doch wiederum nicht verwunderlich ist eine 1962 im «Thurgauer Bauern» publizierte Schilderung. Darin ist von «hebräischen und christlichen Juden» die Rede, welche «als Blutsauger» die Bauern ausbeuteten durch den Verkauf schlechter Ware, den Aufkauf zu schlechten Preisen und Belastung der Höfe mit Hypotheken. Als «betrügerisch, lästig, klebrig, nach Knoblauch riechend» beschriebene, auf Rohkaffee, Zucker, Kübelfett und Seifen reisende ostjüdische Händler hätten das Land bis in die entlegensten Höfe überzogen.

Erstaunlich ist, dass dieses alte Klischee in Verbindung mit der Versicherung, Zeugen dafür an der Hand zu haben, in Form von Erinnerungen völlig hemmungslos noch in den sechziger Jahren weiterkolportiert wurde. Nicht verwunderlich ist dies freilich, wenn man weiss, wie langlebig gerade solche Stereotypen sind. Die Schilderung lag aber doch derart neben der Vorstellung, was korrekt und zulässig ist, dass sich die Redaktion auf Vorhaltungen hin sogleich in aller Form für den Text entschuldigte.[48] Nachwirkungen des bäuerlichen Antijudaismus finden sich auch in der von Ernst Balzli verfassten und in den fünfziger Jahren als SJW-Heftchen erschienenen Erzählung «Res und Resli», wo von einer Marktszene gesagt wird, es habe dort «Händler, Metzger, Bauern und Juden» gehabt.[49]

5. *Der Kontext der jüdischen Replik auf antisemitische Reaktionen:* In der Presse wurde immer wieder offen darüber debattiert, was nun antisemitisch und wer Antisemit sei oder nicht. Solchen Diskussionen, dies sei betont, lag offenbar die an sich nicht bestrittene Auffassung zugrunde, dass Antisemitismus etwas Schlechtes sei. Nun gibt es aber, wie wir wissen, Leute, die auf der theoretischen Ebene den Antisemitismus durchaus ablehnen, ihn auf der praktischen Ebene aber dulden und sogar selber reproduzieren. Gerade von dieser Warte aus wurde jüdischen Kritikern antijüdischer Äusserungen oft wohlmeinend erklärt, sie sollten mit ihren Beanstandungen das doch nicht recht eigentlich erzeugen, was sie bekämpfen wollten. Oft bewirkte ein Protest gegen Antisemitismus in der Tat mindestens dessen Bekräftigung, wenn nicht sogar dessen Verschärfung.

In einer Replik des «St. Galler Tagblatts» vom Dezember 1945, das zuvor das Feilschen als «jüdische Rasseneigenschaft» bezeichnet hatte, finden sich zwei Elemente, die bei derartigen Rechtfertigungen immer wiederkommen: Einmal die Einstufung des Protests als «Überempfindlichkeit der Juden». Daran knüpft die in anderen Repliken geäusserte Auffassung, dass man wohl noch werde kritisieren dürfen. Das andere Element ist der Hinweis darauf, wie sehr man schon immer gegen den Antisemitismus und den Juden gegenüber positiv eingestellt gewesen sei. Unausgesprochen schwingt da die Auffassung mit, die Juden müssten eigentlich dankbar für diese Grundeinstellung und im Konkreten nicht so kleinlich sein.[50]

Ähnlich spielte sich die Kontroverse vom September 1945 zwischen jüdischen Lesern und der «Basellandschaftlichen Zeitung» ab, weil diese von Devisenschmugglern sagte, dass es sich um zwei jüdische Fabrikanten aus Frankreich gehandelt habe. Der private Protestbrief, der darauf hinwies, dass man auch nicht auf den Gedanken käme, vom Vatermörder X. zu sagen, dass er Christ sei, wurde von der Redaktion integral veröffentlicht und damit bewusst dem (christlichen) Volkszorn ausgesetzt. Die Leser wurden ausdrücklich aufgefordert, «unverblümt» zu sagen, was sie von der Haltung des Blattes in der «Judenfrage» hielten. Das Blatt glaubte, beifügen zu müssen, es sei nicht der Meinung, dass «der anmassende Ton, den in der Vorkriegszeit jüdische Geschäftsfirmen gegenüber Tageszeitungen gelegentlich glaubten, anschlagen zu dürfen, heute wieder am Platze sei». Es verwahrte sich gegen den Vorwurf, dem offenen Antisemitismus Vorschub zu leisten, indem es für sich in Anspruch nahm, während des Krieges zahlreiche Klagen über die jüdischen Emigranten der Flüchtlingszentren Bienenberg und Schauenburg nicht veröffentlicht zu haben. Abschliessend wurde die Opferseite nach bekannter Manier zu Tätern gemacht: Solche Reklamationen würden das gute Verhältnis zwischen Christen und Juden aufs Spiel setzen.[51]

Dass die Juden in jedem Fall für allenfalls aufkommenden Antisemitismus verantwortlich sind, das war einem Schreiber im «Nouvelliste Valaisan» schon gleich nach dem Krieg klar. Man habe in der Schweiz unabhängig von Rasse und Religion volle politische Rechte. Es sei darum an den Juden, mit der gebotenen Zurückhaltung dafür zu sorgen, dass es keinen Antisemitismus gebe.[52] Immer wieder gab es Äusserungen, welche die Opfer des Antisemitismus als verantwortliche Verursacher ihrer eigenen Diffamierung bezeichneten und darum – gerade weil «Auschwitz» stattgefunden hat – glaubten, schulmeisterlich besorgt und zugleich belehrend davor warnen zu müssen, dass die Juden nicht die alten Fehler wiederholten. In diese Richtung ging beispielsweise ein «Weltwoche»-Artikel des Herausgebers Karl von Schumacher vom Januar 1946, der im erstaunlicherweise weiterhin akuten Antisemitismus in Europa einerseits das Nachwirken der nationalsozialistischen Propaganda sah, anderseits aber «die Juden» als mitschuldig bezeichnete, weil sie im Gefolge der Befreiungsarmeen nach Europa zurückgekehrt seien und in den Besatzungsbehörden eine privilegierte Rolle spielten. Die Bestätigung eines anderen Klischees beinhaltete die Feststellung, die Alliierten würden ihren Sieg «weitgehend den Juden verdanken», diese hätten in der Propaganda eine gewaltige Rolle gespielt und entscheidend zum Bau der Atombombe beigetragen.[53] Auch der bereits mehrfach zitierte Schaffhauser Pfarrer hielt es für nötig, den Juden und «nicht den anderen» zuzurufen, sie sollten den Anfängen wehren, denn wer Wind säe, werde Sturm ernten.[54]

Das konnte bereits als versteckte Drohung verstanden werden: Die Juden sollten aufpassen, man könnte einen Sturm entfachen, wenn sie weiterhin wagen sollten, Wind zu machen. Zurechtweisungen von christlicher Seite enthielten immer wieder drohende Untertöne. «Nebelspalter»-Verleger Löpfe-Benz erklärte einer empörten Leserin: «Würde ich Ihren Brief im Nebelspalter publizieren, dann würde der tief wurzelnde Antisemtismus in der Schweiz an die Oberfläche kommen [...].»[55] Bei Kriegsende bemerkte die «Nation» in einer Kontroverse mit dem «Israelitischen Wochenblatt», es gebe in der Schweiz keine Bevorzugten, keine Auserwählten, und fügte den jede weitere Debatte ausschliessenden Satz bei: «Wir hoffen, dass dieser Hinweis genügt.» Zuvor hatte es dem jüdischen Blatt «hysterische Empfindlichkeit» und «Nazimethoden» vorgeworfen und sich auf den Standpunkt gestellt, es würde den jüdischen Flüchtlingen nur schaden, wenn es «ihre manchmal recht wunderlichen Gepflogenheiten» durchgehend in Schutz nähme.[56]

Im September 1946 hielt sich die Inlandredaktion der «Neuen Zürcher Zeitung» für berufen, den Juden eine totalitäre Grundhaltung vorwerfen zu müssen. Indem sie den Antisemitismus zu einem «kompakten Mythos» hochstilisierten, betrieben sie unter umgekehrten Vorzeichen im Grunde das gleiche wie Hitler mit seiner unterschiedslosen Behandlung aller Juden. Kleinigkeiten würden in der Folge sehr schnell «zu Indikatoren einer geheimen antisemitischen Verschwörung aufgebauscht». Der Redaktor meldete entschiedenen Widerstand gegen solche Tendenzen an und versicherte, dass er sich dadurch niemals zur vorbehaltlosen, unkritischen Unterstützung aller jüdischen Belange nötigen oder, wenn er sich eine eigene Meinung erlaube, als «latenter Nazi» verdächtigen lasse. Obwohl die Vorwürfe eigentlich nur einer extremen Position galten, hatte der Artikel selber eine stark generalisierende Tendenz, die sich in der Formulierung zeigte, die zunächst von «den Juden» sprach und dann abschwächend beifügte «vorzugsweise die aktiven zionistischen Kreise».[57]

Es kann ja nicht einfach ausgeschlossen werden, dass einzelne Juden mit ihrem Verhalten die davon unabhängig bereits bestehenden antisemitischen Tendenzen selber begünstigen. Darum forderte der erste Präsident der Christlich-jüdischen Arbeitsgemeinschaft die jüdischen Mitstreiter an der Gründungsversammlung vom April 1946 auf, auch den Ursachen des Antisemitismus in ihren eigenen Reihen nachzuspüren, das tief verwurzelte Misstrauen und insbesondere die zwar verständliche, aber doch befangene Überempfindlichkeit abzubauen. Es müsse eine gemeinsame Abklärung dessen möglich sein, was eigentlicher Antisemitismus und was wohlwollende und berechtigte Kritik sei.[58]

Die institutionelle Antwort auf den öffentlichen Antisemitismus

Zunächst muss nochmals von der Reaktion auf jüdischer Seite gesprochen werden: Wahrscheinlich aus der Erfahrung der breiten Gleichgültigkeit angesichts der Vernichtungskampagne sowie aus der Einsicht, dass man seine Interessen in erster Linie selber verteidigen muss, beschloss der SIG im Februar 1945 die Schaffung einer speziellen Kommission zur Bekämpfung des Antisemitismus und forderte die einzelnen Gemeinden auf, je einen Verbindungsmann zu bezeichnen. Die erste reguläre Sitzung dieser Kommission fand am 3. Mai 1945 statt, fünf Tage vor dem Kriegsende in Europa.[59] Das Aktionsprogramm führte auf, was man in solchen Fällen eben ins Auge fassen kann: Aufklärung im allgemeinen, speziell bei der Jugend, Berichtigung im besonderen, Communiqués, Artikel, Broschüren, Bücher, Radiosendungen, Führungen durch die Synagogen, Kontakte mit Behörden und Kontakte mit Christen.

Etwa ein Jahr später, am 28. April 1946, wurde die bekannte Christlich-Jüdische Arbeitsgemeinschaft, die CJA, gegründet. Von wem ging damals die Initiative zur Gründung einer derartigen Organisation aus? Bereits in der ersten SIG-Kommissionssitzung vom Vorjahr (3. Mai 1945) war die Bildung eines «überparteilichen interkonfessionellen Comités» ins Auge gefasst und als wünschbar, aber noch etwas verfrüht bezeichnet worden. Gewiss wollte man sich im Sinne einer Bündelung der Kräfte mit Gleichgesinnten ausserhalb der eigenen Gemeinschaft zusammentun. Es schwang dabei aber auch die Absicht mit, die Gutwilligen auf den «richtigen Weg» zu bringen. Im Protokoll der ersten Sitzung findet sich der Satz, dass selbst bei denjenigen, die uns helfen, gewisse antisemitische (bzw. antijüdische) Strömungen feststellbar seien. In der 3. Sitzung der SIG-Spezialkommission vom 6. Dezember 1945 wurde die Kooperation mit nichtjüdischen Kreisen erneut erörtert und als «Gebot der Stunde» bezeichnet, es wurde aber vor allem eine politische Zusammenarbeit anvisiert. Was im Frühjahr 1946 als «Arbeitsgemeinschaft» mit theologisch-pädagogisch-philanthropischem Einschlag das Licht der Welt erblickte, trug in den Vorgesprächen auf jüdischer Seite den Namen «Kampfgemeinschaft». Wir finden jedoch auf beiden Seiten die explizite Meinung, dass ein «Kampf» geführt werden müsse. Die christliche Seite war, insbesondere in den Anfängen, mehrheitlich durch protestantische Christen vertreten.[60] Viel Beachtung fand dann die Teilnahme eines wichtigen Mitarbeiters des Vatikans an der internationalen Seelisberger Konferenz vom September 1947.[61]

ETH-Professor Erich Bickel, der erste Präsident der Gemeinschaft, betonte an der Gründungsversammlung[62], man wolle die Juden im Kampf gegen den Antisemitismus nicht alleine lassen, dieser Kampf sei sogar in erster Linie Sache der Christen. Ziel sei es, den Antisemitismus, «diese Geissel der Menschheit in seinen Wurzeln und in all seinen Erscheinungsformen zu bekämpfen und auszumerzen».[63] Bemerkenswert ist das Bild, das Bickel von der Schweiz zeichnete als einem besseren, weil «doch verhältnismässig reifen und in seinem politischen Urteil eigenständigen», aber doch auch nicht immunen Land.[64] Die CJA verstand sich als schweizerische Organisation, sie war aber von Anfang an an der internationalen Zusammenarbeit, insbesondere mit dem 1946 in Oxford lancierten International Council of Christians and Jews, interessiert.

Das Programm der CJA entsprach den zuvor in der SIG-Spezialkommission genannten Aktivitäten. Wichtig wurden seit 1949 die Herausgabe eines Mitteilungsblattes und die Daueraufgabe eines jeden Vereins, nämlich die Gewinnung weiterer Mitglieder. Als weiteres Aufklärungsmittel kamen die Volkshochschulkurse hinzu. An neuer Thematik stellte sich seit 1948 die Auseinandersetzung mit dem Staat Israel ein. 1952 wurde auch eine Sammlung für Hochwassergeschädigte und das Schweizer Kinderdorf Kyriath Yearim in Israel durchgeführt und eine offenbar wichtige Vermittlungsfunktion in den deutsch-israelischen Entschädigungsverhandlungen wahrgenommen. Natürlich verfolgte die CJA den 2. Nahostkrieg mit banger Anteilnahme. Der Jahresbericht für 1956 bemängelte aber, dass der christliche Teil der Menschheit auch diesmal nicht vermocht habe, «sich so solidarisch zu verhalten, wie man es nicht nur prinzipiell, sondern auch im Hinblick auf die konkrete Lage im vorderen Orient hätte erwarten sollen».[65]

Zwei Demarchen, die über den Courant normal der ersten zehn Jahre hinausgingen, müssen noch speziell genannt werden: 1949 intervenierte die CJA aufgrund eines Artikels des «Beobachters» bei der aargauischen Regierung, weil die – wie sich zeigen sollte – irrtümliche Meinung bestand, dass im Aargau für ausländischen Gebrauch (vormals in Deutschland, später für gewisse arabische Staaten) weiterhin offiziell «Arierbescheinigungen» abgegeben würden.[66] Die zweite spezielle Demarche wandte sich (1952 erstmals) gegen die Aufführung von Filmen Veit Harlans in der Schweiz, gegen Werke also, deren Autor sich mit seinem zur NS-Zeit hergestellten Film «Jud Süss» in den Dienst gröbster antisemitischer Propaganda gestellt hatte.[67]

Aus der Tätigkeit der jüdischen Seite wären vor allem die unter dem Titel «Abwehr und Aufklärung» erörterten Angelegenheiten der Geschäftsleitung des SIG und die Aktivitäten der 1936 gegründeten Pressestelle JUNA zu erwähnen. Speziell nennenswert sind aber die Bemühungen des SIG zur Schaffung einer rechtlichen Basis für den Kampf gegen den Antisemitismus. Bereits bei Kriegsende gab er ein Gutachten in Auftrag, um festzustellen, ob die geltende schweizerische Gesetzgebung für die Bekämpfung des Antisemitismus genüge oder ob neue rechtliche Bestimmungen vorgeschlagen werden müssten.[68] Zunächst bestand die Meinung, mit der Demokratieschutzverordnung vom 5. Dezember 1938 bzw. der überarbeiteten Version vom 27. Februar 1945 eine Handhabe haben, und zwar in Art. 2, Abs. 3, der das öffentliche Aufreizen «zum Hass gegen einzelne Gruppen der Bevölkerung wegen ihrer Rasse, Religion oder Staatszugehörigkeit» unter Strafe gestellt hatte.[69] Doch erstens war man sich bewusst, dass diese Rechtsnorm trotz eindeutiger Vergehen der Frontisten nie angewendet (das heisst von der Bundesanwaltschaft per Anzeige der Strafuntersuchung zugeführt) worden war, und zweitens entfiel diese Rechtsgrundlage mit der Aufhebung des krisen- und kriegsbedingten Notrechtes 1947.[70] Die Überführung der Norm aus der Notrechtszeit in das ordentliche Recht wurde auf Behördenseite mit drei Argumenten abgelehnt: Erstens entspreche die Strafnorm gegen die Hasspropaganda keinem dauernden Schutzbedürfnis und sei jetzt, da man wieder in normalen Zeiten lebe, also überflüssig.[71] Zweitens ertrage das Schweizervolk derartige «Maulkorbartikel» sehr schlecht.[72] Und drittens solle die sogenannte «Judenfrage» nicht jeder öffentlichen Erörterung entzogen werden, und der Antisemitismus sei «keineswegs gleichbedeutend» mit öffentlicher Aufreizung zum Rassenhass.[73]

1949 nahm der SIG anlässlich der Teilrevision des Strafgesetzbuches einen neuen Anlauf und beantragte eine Ergänzung des Ehrverletzungsartikels Art. 177bis, dessen anstehende Revision zwar die Beleidigungsfähigkeit von Behörden und Personenverbänden, nicht aber diejenige von unorganisierten Bevölkerungsgruppen vorsah.[74] Aus schmerzlichen Erfahrungen der Zwischenkriegszeit war man sich jüdischerseits bewusst, dass den Kollektivbeleidigungen mit den rechtlich an sich möglichen individuellen Ehrverletzungsklagen nicht beizukommen war, weil den Klägern die Aktivlegitimation nicht zuerkannt wurde.[75] Der SIG räumte ein, dass im Moment das Schutzbedürfnis nicht besonders aktuell sei, aber er war der Meinung: «Gleichwohl ist es empfehlenswerter, auf Grund der Erfahrungen der letzten 20 Jahre, die Möglichkeit nicht einfach auszuschliessen, dass in krisenhaften Zeiten, aber auch sonst im immer härter werdenden Kampf wirtschaftlicher und politischer Interessen wieder ähnliche Methoden, wie die kürzlich erlebten, angewendet werden könnten. Es ist daher bestimmt besser, in ruhigen Zeiten eine sorgfältig erwogene Strafnorm zu schaffen, der dann nicht das Odium der Gelegenheitsgesetzgebung anhaftet.»[76]

Die Eingabe wies im übrigen wie die früheren Vorstösse auf den engen Zusammenhang von Antisemitismus und Demokratiefeindlichkeit hin; mit anderen Worten: Wenn man etwas gegen den Antisemitismus tue, dann tue man auch etwas für die Demokratie.[77] Bundesrat Eduard von Steiger machte sich das Anliegen zu eigen, konnte es dann aber nicht unterbringen, weil der andere Teil der Revision des Art. 177bis aufgrund des «sozusagen einmütigen Widerstandes» der Presse fallengelassen wurde. Der Chef des EJPD behielt sich aber vor, bei einer späteren Revision auf den Gedanken zurückzukommen.[78] Das Postulat des strafrechtlichen Schutzes vor Diffamierung von Bevölkerungsgruppen wurde bekanntlich erst 1995 mit der Einführung der Antirassismus-Strafrechtsnorm Art. 261bis erfüllt.

Die Nachkriegszeit im allgemeinen Entwicklungszusammenhang

Abschliessend soll danach gefragt werden, ob im Laufe der Jahre irgendwelche Veränderungen in den Grundtendenzen feststellbar sind und, wenn ja, was deren Ursachen waren. Orientiert man sich am artikulierten Selbstverständnis der CJA, so müsste man davon ausgehen, dass das Gift des Antisemitismus über Jahrhunderte genährt worden sei, dass es noch tief in «unserem Volkskörper» stecke und dass dieses Übel der schlechten Zeiten, gemäss dem typisch aufklärerischen Erklärungsansatz, auf der Bahn des «menschlichen Fortschritts» sukzessive abgebaut werden könne und abgebaut werden müsse.[79]

Neben der Vorstellung einer evolutiven Entwicklung gibt es die eines zyklischen Vorgangs. An ihm orientierte sich ein Pressekommentar vom Februar 1947, der Anzeichen dafür wahrzunehmen glaubte, «dass das Pendel, das eine Zeitlang zugunsten der Juden hoch ausschlug, nun wieder nach der anderen Seite auszuschlagen droht».[80]

Unsere Ausgangshypothese hat, wie bereits dargelegt, angenommen, dass der Antisemitismus ein permanentes Bedrohungspotential, 1945 aber wegen des uneingeschränkten Bekanntwerdens der nationalsozialistischen Greueltaten vorübergehend eingefroren gewesen sei. Dieser Meinung war 1955 übrigens auch die CJA. Ihr Bericht für jenes Jahr begann mit der Bemerkung: «Leider deuten manche Anzeichen darauf hin, dass – im elften Nachkriegsjahr – die Zeiten vorbei sind, die in Europa jeden Antisemitismus gleichsam automatisch mit dem Bann der allgemeinen Verachtung [...] belegte.» Die Vorstellung vom vorübergehend blockierten Antisemitismus konnte man auch in der betreffenden Zeit selber haben. Das «Israelitische Wochenblatt» schrieb im Sommer 1946: «Im Jahre 1945 verspürte man so etwas wie ein schlechtes Gewissen auch in unserer grösseren Schweizer Presse, die Anerkennung einer Art von moralischer Mitschuld an der Vernichtung der europäischen Judenheit, zu deren Anfängen man geschwiegen und gegen deren Vollendung man zu spät und als es keines besonderen Mutes mehr bedurfte, die Stimme erhoben hatte.»[81]

Diese relativ positive Einschätzung des ersten Nachkriegsjahres kam 1946 offenbar darum zustande, nicht weil 1945 überhaupt kein Antisemitismus, sondern weil kurz darauf eine Zunahme zu verzeichnen war. Im September 1946 konnte man auch in der «Neuen Zürcher Zeitung» lesen: «Die Erwartung der Optimisten, dass die selbstverständliche Abscheu vor den Untaten der Verfolgung, des Mordes und der Massenvernichtung in eine grundsätzliche, endgültige Überwindung aller antisemitischer Regungen, ja sogar in eine Verbrüderung umschlage, hat sich nicht erfüllt. Es ist im Gegenteil ein offenes Geheimnis, dass der Antisemitismus in seinen vielfältigen Ausdrucksformen von der gefühlsmässigen, beinahe unbewussten Abneigung über die schele, manchmal neidische, manchmal aus persönlicher Erfahrung stammende Missgunst bis zur inhumanen Forderung nach schärfster Abgrenzung und Expulsion seit dem Kriegsende in Europa eher zugenommen hat [...].»[82]

Was die weiter oben erwähnte grosse Schweizer Presse betrifft, mag die Einschätzung zutreffen. Wir haben aber gesehen, dass auf der Ebene der «Klettgauer Zeitung» oder des «St. Galler Tagblatts» auch im Jahre 1945 erstaunlich unverfroren antisemitische Äusserungen verbreitet wurden. Dieser Befund passt zur Feststellung des SIG-Rundschreibens vom Februar 1945: «In der Kriegszeit mag aus verschiedenen Gründen die antisemitische Hetzerei nachgelassen haben, doch heute zeigen sich die Merkmale des Wiedererwachens.» Man müsse dies nicht überschätzen, aber wachsam weiterverfolgen. Die allgemeine, beinahe als sozialwissenschaftlich zu bezeichnende Erklärung für die neuerliche Zunahme des Antisemitismus schöpfte aus der geschichtlichen Erfahrung (unausgesprochen wohl aus der Erinnerung an 1918), dass ein Kriegsende wirtschaftliche und politische Umwälzungen zur Folge habe und soziale Unruhen den Antisemitismus begünstigten. Auch an der ersten Sitzung der SIG-Spezialkommission vom 3. Mai 1945 hatten mehrere Mitglieder übereinstimmend festgestellt, dass der Antisemitismus wieder am Anwachsen sei. Kommissionspräsident Georges Brunschwig gab auch eine plausible Erklärung dafür: Manche würden sich wieder hervorwagen, nachdem sie nicht mehr Gefahr zu laufen glauben, wegen ihres Antisemitismus der Nazifreundlichkeit beschuldigt zu werden. Jean Nordmann aus Fribourg bestätigte, dass der Antisemitismus wieder salonfähig würde, und zitierte als Bestätigung eine den umgekehrten Vorgang belegende und dem Fribourger Professor Jakob Lorenz zugeschriebene Äusserung: «Die Nazis haben uns unseren schönen Antisemitismus verdorben.»[83]

Für die Wiederbelebung und die Persistenz des Antisemitismus nach 1945 können verschiedene Erklärungen ins Spiel gebracht werden: Einmal die scheinbare Entlastung des Antisemitismus von der nationalsozialistischen Komponente infolge des Zusammenbruchs des «Dritten Reiches». Dies in Kombination mit dem Ärger darüber, dass «die Juden» nach Kriegsende für die Mehrheit noch immer ein «Problem» sind, wobei damit die provisorischen Aufenthalte von Vertriebenen, die Schaffung und Anerkennung eines «eigenen» Staates und die Ausbezahlung alter Vermögensansprüche und anderes gemeint gewesen sein können. So könnte das damals als «Erpressung» empfundene Washingtoner Abkommen vom Mai 1946 dem Antisemitismus Auftrieb gegeben haben.[84]

Eine andere, nicht weniger wichtige Erklärung ist darin zu sehen, dass historische Vorgänge, und mögen sie noch so entsetzlich sein, für sich selber wenig bewirken, dass ihre Beurteilung durch die Erarbeitung eines Geschichtsbildes erst noch geleistet werden musste, etwa mit den verschiedenen Kriegsverbrecherprozessen, den Bewältigungsdebatten und Wiedergutmachungsentscheiden. An Stelle der nur zeitlichen, von der Geschichte gegebenen Nähe zu den Verbrechen musste eine emotionale und intellektuelle Nähe erarbeitet werden. Demnach sollten wir nicht meinen, dass die Bilder von «Auschwitz» schon 1945 in ihrer ganzen Dimension wahrgenommen worden wären und nur noch vor dem Verblassen bewahrt werden sollten. Wir müssen uns vielmehr vorstellen, dass zunächst noch unklare Bilder mit der Zeit immer schärfer werden und entsprechend verbindlicher die damit verbundene Botschaft.

Trotz des erstaunlicherweise 1945 munter gebliebenen oder, je nach Interpretation, sogar noch munterer gewordenen Antisemitismus setzte sich bei späteren Warnern vor Antisemitismus die Vorstellung fest, dass es eine Tabuphase gegeben habe und man um 1945 mit besonderem Grund hätte die Hoffnung haben können, dass der Antisemitismus für lange Zeit oder für immer gebannt sei. Inzwischen haben wir die Illusion verloren, dass das Fanal von «Auschwitz» den antisemitischen Regungen einen Riegel geschoben hat. Ohne dem beispiellosen Völkermord und dem damit verbundenen Leid irgendeinen Sinn unterlegen zu wollen, können wir trotzdem sagen, dass dieser «Zvilisationsbruch» (Dan Diner) inzwischen die Qualität einer höchst sinnvollen Warnung erhalten hat: Er steht als unauslöschlicher und unzweideutiger Bezugspunkt denjenigen zur Verfügung, die gegen Antisemitismus kämpfen wollen. Man weiss jetzt, welche Anfänge zu welchen «Endlösungen» führen können. Als 1951 in Liestal das Schaufenster eines jüdischen Geschäftsmannes mit Schimpfwörtern und Hakenkreuzen beschmiert wurde, da stand dem lokalen Redaktor die dunkle Vergangenheit als Referenzpunkt zur Verfügung, und er nutzte sie mit der Warnung vor einem «traurigen Rückfall in eine überwunden geglaubte Zeit».[85]

Anmerkungen

[1] Jahresbericht SIG 1945, S. 3 und 16. Dennoch gab es offenbar auch 1945 noch immer – oder schon wieder – antisemitische Äusserungen in der Öffentlichkeit, zum Beispiel von tierschützerischer Seite wegen des Geflügelschächtens. Vgl. dazu: Ebda., S. 17. Im Jahresbericht 1953 wurde verzeichnet, der Schweizerische Tierschutzverbund sei aufgrund eigener Expertisen zum Schluss gekommen, dass Geflügelschächten keine Tierquälerei sei (S. 14).

[2] Jahresbericht SIG 1946, S. 18.

[3] Zum Beispiel Jahresbericht SIG 1951, S. 12. Ähnlich 1959, obwohl da auf das erneute Aktivwerden eines Georges Oltramare und auf G.A. Amaudruz hingewiesen wurde. Bereits zuvor war auf die unter einem Pseudonym betriebene Publizistik von René Sonderegger

hingewiesen worden (1951, S. 12) und auf die Tatsache, dass James Schwarzenbach im Thomas Verlag eine Variante des «Protokolls der Weisen von Zion» herausgab (1952, S. 10).

4 Jahresbericht SIG 1953, S. 13.

5 Die Pressestelle JUNA (Jüdische Nachrichten) wurde 1936 gegründet und hatte die Aufgabe, über das Schicksal der Juden in der Welt zu informieren und antisemitischen Tendenzen publizistisch entgegenzutreten. Vgl. auch: Jacques Picard, Die Schweiz und die Juden 1933–1945. Schweizerischer Antisemitismus, jüdische Abwehr und internationale Migrations- und Flüchtlingspolitik, Zürich 1994, S. 129ff. Die nachgelassenen Papiere der JUNA befinden sich im Archiv für Zeitgeschichte (AfZ), ETH-Zentrum Zürich, und umfassen ca. zehn Schachteln.

6 Der Gotthard-Bund hat offenbar im Herbst 1946 auf Antrag einer welschen Gruppe die Bestimmung von 1940 gestrichen, dass Juden, denen «die christliche Tradition fremd» ist, nicht Mitglieder werden könnten. Im Vorjahr stellte der Jahresbericht des SIG fest, die Erklärung des Gotthard-Bundes, er lehne die Juden als Mitglieder ab, «weil er von deren restlosem Einsatz für unser Land nicht überzeugt sei», sei von den politischen Blättern einhellig kritisiert worden (1945, S. 16). 1963 kam es zu einem längeren Briefwechsel, nachdem der israelitische Fussballclub Bnei-Yehuda kurzfristig ein Spiel gegen den Zürcher Fussballclub Grasshoppers abgesagt hatte, weil dieser unter Verdacht stand, keine jüdischen Mitglieder aufzunehmen. Diesbezüglich im SIG durchgeführte Abklärungen drehten sich um Diskriminierungsfälle der Rudersektion (1945) und der Tennissektion (1952). Dabei wurde festgestellt, dass die Mitgliedschaft des Bankiers Werner Bär eine einsame Ausnahme sei. Im weiteren vgl. auch die verschiedenen Beiträge in: Festschrift des Schweizerischen Israelitischen Gemeindebundes, Zürich 1995; Benjamin Sagalowitz, Die Stellung der Juden in der Schweiz, in: Die Schweiz 1959. Jahrbuch der NHG zur Minderheitenproblematik unter dem Titel «Die Kraft der Schwachen in der Eidgenossenschaft», S. 163–177. Vgl. ferner die Themennummer der «Reformierten Schweiz» vom Mai 1960 sowie das historische Kapitel im Antisemitismusbericht der Eidgenössischen Kommission gegen Rassismus (EKR).

7 Dr. Benjamin Sagalowitz beschwerte sich am 5. Juli 1951 bei der Generaldirektion der PTT darüber, dass die Post Briefe mit beleidigenden Anschriften – zum Beispiel «an den Saujuden Raoul B. in Lausanne» – zustelle.

8 Jahresbericht SIG 1954, S. 12. Ähnlich: 1955, S. 11.

9 National-Zeitung, 6./7. Juli 1946. Brief Georges Brunschwigs an Julius Kovacs vom 17. Juli 1946 (JUNA, Bd. II, 267). Das Washingtoner Abkommen beschäftigte die JUNA auch später noch. So ist im Jahresbericht für 1952 von ihm die Rede und vom «noch immer ungelösten Problem der in der Schweiz liegenden herren- und erbenlosen jüdischen Vermögen» (S. 12).

10 Berner Tagwacht, 20. September 1947.

11 Schweizer Illustrierte, 13. Dezember 1950. Kritik in: National-Zeitung, 27./28. Januar 1951.

12 Ein Unwohlsein, in: Klettgauer Zeitung, 3. Juli 1945.

13 Gemäss den Ausführungen des SIG nahm die Zahl der jüdischen Flüchtlinge damals rasant ab: 1945 machten sie mit 13'000 von 24'000 noch mehr als die Hälfte aus, 1946 hingegen mit ca. 4'800 von 13'000 nur noch etwa ein Drittel. Die weiteren Zahlenverhältnisse: 1947 4'500 von 10'000, 1948 4'000 von 8'000, 1949 3'000 von 13'000, 1951 2'500 von 9'000, 1955 2'000 von 10'000 und 1956 und 1958 2'500 von 20'000.

14 Unwohl – Jawohl!, Klettgauer Zeitung, 12. Juli 1945.

15 Zum Beispiel: Wächter am Rhein, 13. Dezember 1945.

16 Diese Beanstandung verkennt, dass der grösste Teil der Unterhaltskosten von jüdischen Institutionen getragen wurden. Vgl. Picard (wie Anm. 5), S. 279ff. Für die Zeit nach 1945 vgl. in den SIG-Jahresberichten die Angaben des Verbandes Schweizerischer Jüdischer Flüchtlingshilfen.

17 Js., Gibt es wieder Antisemitismus?, in: Schaffhauser Nachrichten, 1. Februar 1947. Entgegnung von Flüchtlingspfarrer Paul Vogt in der Ausgabe vom 25. Februar 1947, der man

entnehmen kann, dass es sich um Pfarrer E. Joss handelt. Duplik von Joss in der Ausgabe vom 8. März 1947.
18 b-i., Verschleppte in Deutschland, in: Neue Zürcher Zeitung, 17. Juni 1946. Protestschreiben der JUNA an die Chefredaktion vom 21. Juni 1946. Gegendarstellung in: Neue Zürcher Zeitung, 28. Juni 1947. Vgl. auch: Israelitisches Wochenblatt, 21. Juni 1946.
19 Berner Tagwacht, 16. August 1947.
20 Limmattaler Tagblatt, 9. September 1947.
21 JUNA, Bd. II, 266.
22 Nouvelliste Valaisan, 8. Juni 1945. «En pleine guerre [...] nous avons défendu, en eux, le respect de la personne humaine.»
23 12. Jahresbericht der CJA für 1957, Februar 1958.
24 Jahresbericht SIG 1957, S. 9.
25 Jahresbericht SIG 1958, S. 9. Zu den Reaktionen auf den Flüchtlingsbericht vgl. auch: Georg Kreis, Wieviel Flüchtlingsgeschichte braucht die Schweiz. Historische Forschung und öffentliches Bewusstsein in der Entwicklung, in: Neue Zürcher Zeitung, 14. Oktober 1997. Zum Forschungsstand: Ders., Die schweizerische Flüchtlingspolitik der Jahre 1933–1945, in: Schweizerische Zeitschrift für Geschichte 47 (1997), S. 552–579.
26 Express, 31. März und 7. April 1951.
27 Zu einer Polemik des «Israelitischen Wochenblattes» gegen die «Berner Tagwacht»: Berner Tagwacht, 27. Juni 1945; Vaterland, 29. Juni 1945 (Karl Wick).
28 JUNA-Text Nr. 45/1, 23. Januar 1945.
29 Heinz Roschewski, Auf dem Weg zu einem neuen Selbstbewusstsein? Geschichte der Juden in der Schweiz 1945–1994, Basel 1994.
30 Dzim., Tout simplement [...], in: Le Peuple, 6. Juli 1945. «Un Juif qui est suisse accidentellement et aspire à un état juif, de Palestine ou d' ailleurs, est pratiquement, un étranger.»
31 b-i., Der Antisemitismus, in: Neue Zürcher Zeitung, 8. September 1946. Ernst Bieri hatte sich schon im Vorjahr in einem Artikel ziemlich hämisch über jüdische Flüchtlinge geäussert. Vgl. Anm. 18.
32 Zitiert nach: Berner Tagwacht, 20. November 1945, die diese Äusserung kritisch kommentierte.
33 Leitartikel von WSZ, Die Judenfrage, in: Freies Volk, 24. Januar 1947.
34 Karl von Schumacher, Jüdische Schicksalsfrage, in: Die Weltwoche, 10. Januar 1947.
35 Vgl. Anm. 17.
36 Nebelspalter, Nr. 6, 1947, S. 5.
37 Zuschrift von Irene S.-K., 11. Februar 1947; Antwort des Verlegers, 24. Februar 1947.
38 Zuschrift im Namen des Gesamtvorstandes der CJA von Präsident E. Bickel, 13. Februar 1947.
39 Löpfe-Benz an Bickel, 22. Februar 1947. Löpfe-Benz führte weiter aus, man habe es unterlassen, obwohl sich die vermutete «Quelle der neuen Verdächtigungen und Beschimpfungen» als richtig erwiesen habe.
40 Jahresbericht der CJA für 1957.
41 E.H. am Schw., in: Emmentaler Nachrichten, 7. Januar 1948. Entgegnung von Dr. Eugen Messinger, Rabbiner der Israelitischen Kultusgemeinde Bern: Ebda., 12. Januar 1948; Entgegnung von der JUNA Zürich, 23. Januar 1948 (JUNA, Bd. II, 267).
42 Pfarrer W. Vischer anlässlich der Gründung des Basler Sektion der Christlich-jüdischen Arbeitsgemeinschaft; Bericht in: National-Zeitung, 20. Januar 1947.
43 Zum Beispiel: Walter Hoch, Kompass durch die Judenfrage, Zürich 1944. Vgl. auch: Joss (wie Anm. 17).
44 Zur Sabotage der Enzyklika «Humani generis unitas» von 1938 vgl. neuerdings: Georges Passelecq/Bernard Suchecky, Die unterschlagene Enzyklika. Der Vatikan und die Judenverfolgung, München 1997.
45 Am Weltfenster, in: Obwaldner Volksfreund, 29. November 1952.

[46] ALB, Das Judenproblem und der Antisemitismus, in: Urner Wochenblatt, 27. Januar 1960.
[47] Neue Zürcher Nachrichten, 24. August 1945.
[48] Thurgauer Bauer, 6. Januar 1962; Thurgauer Arbeiterzeitung, 9. Januar 1962 («Skandalöse Entgleisung»); Thurgauer Bauer, 27. Januar 1962. Die Redaktionskommission bezeichnete die Sache als «Betriebsunfall». Man habe den Beitrag des langjährigen Mitarbeiters G.W. nur in der Diagonale redigiert (JUNA, Bd. II, 270).
[49] Kritischer Kommentar von Ernst von Schenck in: Christlich-jüdisches Forum, Februar 1956.
[50] St. Galler Tagblatt, 20. Dezember 1945.
[51] Basellandschaftliche Zeitung, 5. September 1945.
[52] Pas de question juive en Suisse, in: Nouvelliste Valaisan, 8. Juni 1945. Nach der offenbar beruhigenden Feststellung, dass es keinen einzigen Juden im Bundesrat oder in den kantonalen Regierungen gebe, und einem Exkurs über die politischen Rechte: «A eux de ne pas provoquer chez nous la création d'un antisémitisme [...].»
[53] K.v.S., Wieder Antisemitismus?, in : Die Weltwoche, 11. Januar 1946.
[54] Schaffhauser Nachrichten, 1. Februar 1947; vgl. Anm. 17.
[55] Brief vom 24. Februar 1947. Zum Zusammenhang vgl. Anm. 36ff.
[56] Die Nation, 4. April 1945.
[57] Vgl. Anm. 31. Bezugspunkt war Hans Ornsteins Schrift «Der Antisemitismus».
[58] Erich Bickel am 28. April 1946.
[59] Teilgenommen haben: Dr. Georges Brunschwig, Präsident; Marcus Cohn, Basel; Oberrichter Dr. Max Gurny, Zürich; Rabbiner Dr. Eugen Messinger, Bern; Jean Nordmann, Fribourg; Dr. Benjamin Sagalowitz, Zürch.
[60] Der Jahresbericht für 1952 nennt folgende Zahlen: 490 Protestanten, 75 Katholiken, 279 Juden, 57 Konfessionslose. Die Mitgliedschaft setzte sich anfänglich zu zwei Dritteln aus Christen und einem Drittel Juden zusammen. Mit zunehmender Mitgliederzahl wurde, weil die christliche Bevölkerung ein grösseres Rekrutierungsreservoir bildete, der Anteil der jüdischen Mitglieder etwas kleiner. Der Mitgliederbestand wuchs von ca. 300 im Jahre 1947 auf 901 im Jahre 1952; später muss eine Stagnation eingetreten sein und die Zahlen wurden nicht mehr bekanntgegeben. 1996 hatte die CJA rund 2'000 Mitglieder. Dem ersten Vorstand gehörten sechs christliche und zwei jüdische Mitglieder an. 1955 waren es fünf christliche und vier jüdische. 1946 war die jüdische Seite ausser durch Messinger und Nordmann anfänglich auch durch den Zentralsekretär Hans Ornstein (†1952) vertreten. Auf Ornstein, der die starke Person der Anfangsjahre gewesen sein soll, folgte nach dem Intermezzo von 1953–1957 mit dem Journalisten Ernst von Schenck (Basel) 1958 Ernst Ludwig Ehrlich (Basel). Auf christlicher Seite sind aus dem ersten Vorstand neben dem Präsidenten insbesondere Flüchtlingspfarrer Paul Vogt und die «Flüchtlingsmutter» Gertrud Kurz zu nennen. Vor der Gründung hatten offenbar gewisse Kontakte auch mit Leonhard Ragaz stattgefunden. Die weiteren drei Mitglieder sind der Holländer Hendrik van Oyen, Theologieprofessor an der Universität Basel, Leonhard Weber, emeritierter Professor für Ethik an der (katholischen) Universität Fribourg, und EVP-Nationalrat Paul Zigerli, Ingenieur in Zürich. Erste Sektionen entstanden in Zürich, Bern und Basel, in einem nächsten Schritt sollen kleine Gruppen in Genf, St. Gallen und Lugano entstanden sein, später werden sie aber nicht mehr genannt. Von Dauer ist hingegen die 1950 in Luzern entstandene Sektion.
[61] Père Callixt Lopinot von der Abteilung «De propaganda fide» als Vorsitzender der ökumenischen Kommission.
[62] Der Gründung im Zürcher Zunfthaus «Zur Waag» am 28. April 1946 war im Herbst 1945 eine christlich-jüdische Studienwoche in Walzenhausen (AR) vorausgegangen.
[63] Die sogenannte «Judenfrage» wollte die Arbeitsgemeinschaft nicht lösen, weil es dazu unterschiedliche Auffassungen gebe, die man respektieren müsse. Bickel unterschied fünf Haltungen, die bisher propagiert und praktiziert worden waren: 1. die Negierung des Problems, 2. die Taufe, 3. die Assimilation, 4. der Zionismus und 5. die Vernichtung.

64 Rede Bickels zur Gründungssitzung vom 28. April 1946.
65 Jahresbericht CJA 1956.
66 Diese von Zivilstandsämtern, oft aber auch von Pfarrämtern ausgestellten Bescheinungen erklärten, dass die Grosseltern der Inhaber dieser Scheine christlicher Religion gewesen seien. Bericht des «Schweizerischen Beobachters» vom 15. April 1949 unter dem Titel «Behördlicher Antisemitismus». Schreiben der CJA an den aargauischen Regierungsrat, 12. Mai 1949. Antwort der aargauischen Staatskanzlei an die CJA, 13. Mai 1949. Zweite Publikation des «Beobachters» vom 15. Juni 1949 mit den Stellungnahmen der aargauischen und baselstädtischen Behörden und dem redaktionellen Kommentar unter dem Titel «Gefährliches Nachgeben». Vgl. auch: Georg Kreis, Das historische Gegenstück zum berüchtigten Judenstempel, in: Die Weltwoche, 22. Mai 1997.
67 Vgl. auch: Roschewski (wie Anm. 29), S. 57ff.
68 Der Auftrag ging an alt Nationalrat Dr. David Farbstein.
69 1938 wurden Haft bis zu drei Monaten und/oder Busse bis 2'000 Franken, 1945 wurden Gefängnis bis zu einem Jahr oder Busse bis zu 5'000 Franken angedroht.
70 Bundesratsbeschluss vom 7. März 1947 (AS 63.139).
71 Alt Bundesanwalt Franz Stämpfli, Ausserordentlicher Staatsschutz, in: Zeitschrift für Strafrecht, Bd. 61, S. 145ff. Zitiert nach einer Eingabe des SIG vom 28. Oktober 1949.
72 Aktennotiz von SIG-Präsident Georges Brunschwig zu einem Gespräch mit Dr. Kuhn, Chef der Justizabteilung des EJPD, vom 27. Januar 1947 (JUNA, Bd. II, 265).
73 Diese bemerkenswerte Äusserung findet sich in der Entgegnung Bundesrat Eduard von Steigers vom 19. November 1945 auf die Eingabe des SIG vom 25. September 1945 (JUNA, Bd. II, 265).
74 Der SIG machte zu dieser Problematik schon am 19. November 1945 eine Eingabe an das EJPD, er gab sodann bei Prof. Hafter ein Gutachten in Auftrag, das auf den 20. Dezember 1946 abgeschlossen wurde.
75 Vgl. Eingabe des SIG an den Präsidenten der vorbereitenden Kommission des Ständerates vom 28. Oktober 1949 (JUNA, Bd. II, 267) mit einer ausführlichen Darstellung der Fälle 1932-1939.
76 Eingabe vom 28. Oktober 1947.
77 Ähnlich schon das SIG-Rundschreiben vom 25. Februar 1945 und das Votum von B. Sagalowitz in der 1. Sitzung der Spezialkommission des SIG am 3. Mai 1945.
78 Eduard von Steiger an Georges Brunschwig, 8. Februar 1950 (JUNA, Bd. II, 267).
79 Präsident Bickel an der Gründungsversammlung vom 28. April 1946. Er rechnete allerdings nicht mit einer schnellen Bewältigung des Problems und ging davon aus, dass der Judenhass «noch auf Generationen hinaus die Wissenschaft, die Ärzte und Psychologen beschäftigen» werde.
80 Schaffhauser Nachrichten, 1. Februar 1947.
81 Israelitisches Wochenblatt, 21. Juni 1946.
82 Der Antisemitismus (wie Anm. 31).
83 Vgl. zu Lorenz: Markus Zürcher, Jacob Lorenz. Vom Sozialisten zum Korporationstheoretiker, in: Aram Mattioli (Hg.), Intellektuelle von rechts. Ideologie und Politik in der Schweiz 1918-1939, Zürich 1995, S. 219-238.
84 Israelitisches Wochenblatt, 21. Juni 1946. Es hielt einen derartigen Zusammenhang für gegeben.
85 Der Baselbieter, 4. Dezember 1951.

Verzeichnis der Autorinnen und Autoren

Dr. Urs Aeschbacher, geboren 1946, Lehrbeauftragter für Pädagogische Psychologie an den Universitäten Basel und Zürich. Forschungsschwerpunkte: Entwicklung und Evaluation spezifischer Lehrmittel im Themenbereich globale Umweltveränderungen; Rolle von Weltanschauungen für das Verhalten historischer Persönlichkeiten. Für die Thematik des Bandes bedeutsame Publikationen: Faschismus und Begeisterung. Psychologische Neuvermessungen eines Jahrhunderttraumas, Essen 1992; C.G. Jung, das «Dritte Reich» und die Gewalt der Seele, in: Aram Mattioli (Hg.), Intellektuelle von rechts. Ideologie und Politik in der Schweiz 1918–1939, Zürich 1995, S. 73–89.

Prof. Dr. Urs Altermatt, geboren 1942, Professor für Zeitgeschichte an der Universität Freiburg; Gastprofessor in Krakau (1991), Budapest (1992, 1994/95) und Sarajevo (1997), Koautor des Rechtsextremismusberichtes für den Bundesrat 1995. Forschungsschwerpunkte: Katholizismus; Nationalismus und Minderheiten; Rechtsextremismus. Für die Thematik des Bandes bedeutsame Publikationen: Katholizismus und Moderne. Zur Sozial- und Mentalitätsgeschichte der Schweizer Katholiken im 19. und 20. Jahrhundert, Zürich 1989; Das Fanal von Sarajevo. Ethnonationalismus in Europa, Zürich 1996.

Dr. Gérald Arlettaz, geboren 1948, Archiviste aux Archives fédérales, Bern. Forschungsschwerpunkte: Immigration et présence étrangère en Suisse 1848–1930; Identité suisse, Emigration suisse (1848–1939). Für die Thematik des Bandes bedeutsame Publikationen: Démographie et identité nationale (1850–1914). La Suisse et la «question des étrangers», in: Etudes et Sources 11 (1985), S. 83–174; La Première Guerre mondiale et l'émergence d'une politique migratoire interventionniste, in: Paul Bairoch/Martin Körner (Hg.), Die Schweiz in der Weltwirtschaft (15.–20. Jh.), Zürich 1990, S. 319–337 (zusammen mit Silvia Arlettaz).

Lic. phil. Silvia Arlettaz, geboren 1955, Assistante à l'Université de Fribourg. Forschungsschwerpunkte: Immigration et présence étrangère en Suisse; Citoyenneté sous la République Helvétique. Für die Thematik des Bandes bedeutsame Publikationen: Un défi de l'entre-deux-guerres. Les étrangers face au processus de nationalisation et de socialisation du peuple suisse, in: Alain Clavien/Bertrand Müller (Hg.), Le goût de

577

l'histoire, des idées et des hommes. Mélanges Aguet, Lausanne 1996, S. 319–346 (zusammen mit Gérald Arlettaz); Les chambres fédérales face à la présence et à l'immigration étrangère (1914–1922), in: Etudes et Sources 16/17 (1990–1991), S. 9–155 (zusammen mit Gérald Arlettaz).

PD Dr. Holger Böning, geboren 1949, Privatdozent an der Universität Bremen; Wissenschaftlicher Mitarbeiter am Institut für Deutsche Presseforschung. Forschungsschwerpunkte: Deutsche und schweizerische Geschichte; Literatur und Presse; populäre Aufklärung. Für die Thematik des Bandes bedeutsame Publikationen: Französische Revolution und deutsche Öffentlichkeit. Wandlungen in Presse und Alltagskultur am Ende des achtzehnten Jahrhunderts, München u. a. 1992; Der Traum von Freiheit und Gleichheit. Helvetische Revolution und Republik (1798–1803) – Die Schweiz auf dem Weg zur bürgerlichen Demokratie, Zürich 1998.

Dr. Heidi Bossard-Borner, geboren 1951, Bearbeiterin der Luzerner Kantonsgeschichte des 19. Jahrhunderts. Forschungsschwerpunkte: Schweizer Geschichte des 19. Jahrhunderts; Katholizismus im 19. Jahrhundert. Für die Thematik des Bandes bedeutsame Publikationen: Zwischen Sonderbund und Kulturkampf. Zur Lage der Besiegten im Bundesstaat von 1848, Luzern/Stuttgart 1981; Bearbeiterin der Bände I (1983), III (1987) und VIII (in Vorbereitung) des Briefwechsels von Philipp Anton von Segesser, hg. von Victor Conzemius.

Dr. Alain Clavien, geboren 1957, Assistant de recherche attaché au Centre de recherches sur les lettres romandes, Lausanne. Forschungsschwerpunkt: Histoire intellectuelle en Suisse romande 1870–1920. Für die Thematik des Bandes bedeutsame Publikationen: L'Affaire Dreyfus en Suisse: repérages, in: Le Mouvement social, Nr. 166, Januar–März 1994, S. 39–52; La réception de l'Affaire Dreyfus en Suisse, in: Michel Dromin (Hg.), L'Affaire Dreyfus de A à Z. Histoire et dictionnaire, Paris 1994, S. 621–625.

Dr. Albert M. Debrunner, geboren 1964, arbeitet an einem vom Schweizerischen Nationalfonds geförderten Forschungsprojekt über «Europas erstes Exil. Literatur und Politik im Kreis um René Schickele in der Schweiz 1915–1919». Forschungsschwerpunkte: Literaturgeschichte des 18. sowie des frühen 20. Jahrhunderts. Für die Thematik des Bandes bedeutsame Publikation: «Hochschule heisst beim Volk der Hirten jetzt bald Judenschule». Die antisemitische Polemik der Basler Zeitschrift «Der Samstag» gegen jüdische Bildungseliten, in: Michael Graetz/Aram Mattioli (Hg.), Krisenwahrnehmungen im Fin de siècle. Jüdische und katholische Bildungseliten in Deutschland und der Schweiz, Zürich 1997, S. 341–359.

Dr. h. c. Alfred A. Häsler, geboren 1921, Publizist und Ehrendoktor der Universität Zürich. Langjähriges Engagement gegen Rassismus und Antisemitismus. Für die Thematik des Bandes bedeutsame Publikationen: Das Boot ist voll. Die Schweiz und die Flüchtlinge 1933–1945, Zürich 1967; Wahrheit verjährt nicht. Eine Orientierung in schwieriger Zeit, Frauenfeld 1997.

Prof. Dr. Georg Kreis, geboren 1943, Ordinarius für Neuere Allgemeine Geschichte und Schweizer Geschichte an der Universität Basel; Präsident der Eidgenössischen Kommission gegen Rassismus und Mitglied der Unabhängigen Expertenkommission Schweiz – Zweiter Weltkrieg. Forschungsschwerpunkte: Politische Geschichte und Mentalitätsgeschichte des 19./20. Jahrhunderts. Für die Thematik des Bandes bedeutsame Publikationen: Der «homo alpinus helveticus». Zum schweizerischen Rassendiskurs der 30er Jahre, in: Guy P. Marchal/Aram Mattioli (Hg.), Erfundene Schweiz. Konstruktionen nationaler Identität, Zürich 1992, S. 175–190; Philipp Etter – «voll auf eidgenössischem Boden», in: Aram Mattioli (Hg.), Intellektuelle von rechts. Ideologie und Politik in der Schweiz 1918–1939, Zürich 1995, S. 201–217.

Lic. phil. Patrick Kury, geboren 1962, wissenschaftlicher Assistent an der Universität Bern. Forschungsschwerpunkte: Historische Migrationsforschung; Geschichte des Judentums in der Schweiz; Antisemitismus; Zionismus. Für die Thematik des Bandes bedeutsame Publikationen: Die schweizerischen Einbürgerungsnormen im Wandel der Zeiten, Bern 1996 (zusammen mit Georg Kreis); «Man akzeptierte uns nicht, man tolerierte uns!» Ostjudenemigration nach Basel 1890–1930, Basel/Frankfurt am Main 1998.

Dr. Josef Lang, geboren 1954, Berufsschullehrer und freischaffender Historiker. Forschungsschwerpunkte: Katholische Freisinnige und der Kampf um den Bundesstaat; Antisemitismus und politischer Katholizismus. Für die Thematik des Bandes bedeutsame Publikationen: «Ein neuer Artikel: Die Juden.» Wie und warum der konservative Katholizismus die Judenemanzipation bekämpfte, in: MoMa, Heft 9, 1996, S. 7–12; Kein Platz für Juden neben dem «weissen Kreuz im roten Feld». Die Schweizerische Kirchenzeitung und der Antisemitismus (1832–1883), in: Neue Wege 91 (1997), S. 84–90.

Dr. Martin Leuenberger, geboren 1954, Direktionssekretär der Erziehungs- und Kulturdirektion Basel-Landschaft. Forschungsschwerpunkte: Regionale Sozial- und Alltagsgeschichte des 19./20. Jahrhunderts, insbesondere Kriminalität, Fremde und Flüchtlinge; Friedensforschung in der Schweiz. Für die Thematik des Bandes bedeutsame Publikation: «Frei und gleich ... und fremd.» Flüchtlinge im Baselbiet zwischen 1830 und 1880, Liestal 1996.

Lic. phil. Stefan Mächler, geboren 1957, Mitarbeiter des Sektors Interkulturelle Pädagogik in der Erziehungsdirektion des Kantons Zürich, daneben freier Publizist. Forschungsschwerpunkte: Ausländer- und Flüchtlingspolitik; Social engineering; Rassismus. Für die Thematik des Bandes bedeutsame Publikation: Ein Abgrund zwischen zwei Welten. Zwei Rückweisungen jüdischer Flüchtlinge im Jahre 1942, in: Die Schweiz und die Flüchtlinge 1933–1945, hg. vom Schweizerischen Bundesarchiv, Bern 1996, S. 137–232. Mitautor (zusammen mit Kaspar Kasics) des Films «Sonabend» (90 Minuten, 35 mm) zum Thema «Antisemitismus und Flüchtlingspolitik der Schweiz im Zweiten Weltkrieg».

PD Dr. Aram Mattioli, geboren 1961, Lehrstuhlvertreter für Neuere Allgemeine und Schweizer Geschichte. Forschungsschwerpunkte: Antisemitismus; Histoire intellectuelle; Katholizismus im 19./20. Jahrhundert. Für die Thematik des Bandes bedeutsame Publikationen: Intellektuelle von rechts. Ideologie und Politik in der Schweiz 1918–1939, Zürich 1995; Krisenwahrnehmungen im Fin de siècle. Jüdische und katholische Bildungseliten in Deutschland und der Schweiz, Zürich 1997 (hg. zusammen mit Michael Graetz).

Dr. Theres Maurer, geboren 1933, Historikerin und ehemalige Adjunktin in der Eidgenössischen Alkoholverwaltung. Forschungsschwerpunkte: Schweizer Geschichte im letzten Viertel des 19. Jahrhunderts; Geschichte des Alkohols. Für die Thematik des Bandes bedeutsame Publikation: Ulrich Dürrenmatt, 1849–1908. Ein schweizerischer Oppositionspolitiker, Bern 1975.

Prof. Dr. Beatrix Mesmer, geboren 1931, emeritierte Professorin für Schweizer Geschichte in Verbindung mit neuerer Allgemeiner Geschichte an der Universität Bern. Forschungsschwerpunkte: Sozialgeschichte; Frauengeschichte. Für die Thematik des Bandes bedeutsame Publikation: Ausgeklammert – Eingeklammert. Frauen und Frauenorganisationen in der Schweiz des 19. Jahrhunderts, Basel/Frankfurt am Main 1988.

Dr. Jacques Picard, geboren 1952, Mitglied und Forschungsleiter der Unabhängigen Expertenkommission Schweiz – Zweiter Weltkrieg; Dozent für Geschichte und Kultur an der Bernischen Fachhochschule (HTL). Forschungsschwerpunkte: Zeitgeschichte; Minderheiten; Antisemitismus; Menschenrechte. Für die Thematik des Bandes bedeutsame Publikationen: Die Schweiz und die Juden 1933–1945. Schweizerischer Antisemitismus, jüdische Abwehr und internationale Migrations- und Flüchtlingspolitik, Zürich 1994; Hilfe, Selbsthilfe und Solidarität entlang der Grenze, in: Wolfgang Benz/Juliane Wetzel (Hg.), Solidarität und Hilfe für Juden während der NS-Zeit, Berlin 1996, S. 233–270.

Prof. Dr. Markus Ries, geboren 1959, Professor für Kirchengeschichte an der Theologischen Fakultät der Universitären Hochschule Luzern. Forschungsschwerpunkt: Kirchengeschichte der Neuzeit im deutschsprachigen Raum. Für die Thematik des Bandes bedeutsame Publikationen: «Der Rosenkranz ist unser Maschinengewehr.» Der Basler

Pfarrer Robert Mäder im Kampf gegen den Zeitgeist, in: Aram Mattioli (Hg.), Intellektuelle von rechts. Ideologie und Politik in der Schweiz 1918–1939, Zürich 1995, S. 239–256; Politische Utopie und Religiosität am Ende des Ancien Régime, in: Urban Fink/Hilmar Gernet (Hg.), Das Ende von Religion, Politik und Gesellschaft. Eine Annäherung an das Jubiläumsjahr im Zeitraffer, Solothurn 1997, S. 45–62.

Prof. Dr. Ekkehard W. Stegemann, geboren 1945, Professor für Neues Testament an der Universität Basel. Forschungsschwerpunkte: Sozialgeschichte des Urchristentums und des Judentums zur Zeit des Zweiten Tempels; Antisemitismus in Christentum und Theologie. Für die Thematik des Bandes bedeutsame Publikationen: Judenfeindschaft. Zwischen Xenophobie und Antisemitismus, in: Kirche und Israel. Neukirchner theologische Zeitschrift 2 (1995), S. 152–166; Die christlichen Wurzeln des Judenhasses, in: Gudrun Hentges/Guy Kempfert/Reinhard Kühnl (Hg.), Antisemitismus. Geschichte – Interessenstruktur – Aktualität, Heilbronn 1995, S. 9–24.

Prof. Dr. Clemens Thoma, geboren 1932, emeritierter Professor für Bibelwissenschaft und Judaistik an der Hochschule Luzern. Leiter des Institutes für Jüdisch-christliche Forschung. Forschungsschwerpunkte: Frühes und rabbinisches Judentum; Christliche und jüdische «Bewältigungen» der Schoa. Für die Thematik des Bandes bedeutsame Publikationen: Die theologischen Beziehungen zwischen Christentum und Judentum, Darmstadt 1982; Lexikon der jüdisch-christlichen Begegnung, Freiburg im Breisgau 1989 (hg. zusammen mit Jakob Petuchowski).

Personenregister

A

Abyberg, Theodor: 206
Achermann (auch: Ackermann),
　　Franz Heinrich: 51, 57, 484, 499
Ackermann, Samuel: 95
Adorno, Theodor W.: 6
Ahlwardt, Hermann: 252
Alexander II. (Zar): 425
Alexander III. (Zar): 426
Alt, Albrecht: 505
Altermatt, Urs: 199, 446
Amaudruz, G.A.: 572
Ambrunnen, Arnold: 9
Ammon, Otto: 293
Amsee, Andreas (Pseudonym für: Galli,
　　Mario von): 51, 445, 460, 461, 468,
　　478f., 494
Anderwert, Joseph: 93
Arendt, Hannah: 4, 381, 399
Asher, Leon: 426
Attenhofer, Peter Karl: 94
Auerbach, Abraham: 100

B

Bach, Johann Sebastian: 315f.
Badoud, Georges: 90, 94
Baldinger, Karl Wilhelm: 148
Balmer, Friedrich: 122
Balmer, Johann Jakob: 119f.

Balthasar, Hans Urs von: 468, 474f., 494
Balzli, Ernst: 565
Banga, Benedikt: 113, 116f., 120
Bär, Werner: 573
Barach, Walter Zwi: 201
Bärlocher, Remigius: 479
Barth, Fritz D.: 313
Barth, Karl: 503, 505, 507 f, 513
Barthélemy, François de: 88
Bauer, Eddy: 275
Baumann, Johannes: 374, 391
Baumann, Rudolf: 340f.
Baumann, Zygmunt: 378, 417
Baumgartner, Gallus Jakob: 197
Baumgartner, Walter: 506
Baur, Erwin: 293
Bauwerker: 226
Bebel, August: 451
Beck, Joseph (auch: Josef): 48f., 339,
　　482–484, 498
Behrens, Eduard (Pseudonym: Krähenbühl,
　　Gottlieb): 305, 307, 317f., 322
Beilis, Mendel: 36
Bek, Jakob Friedrich: 97
Ben-Chorin, Schalom, 512f., 518
Benzinger, Josef K.: 203, 206
Berchtold, Alfred: 266f.
Bernoulli, Carl Albrecht: 305
Bernstein, Meir: 111, 121
Bertoni, Benno: 335, 355
Bey, Osman: 255
Bickel, Erich: 568, 574–576

583

Bieder, Daniel: 117
Bieri, Ernst: 560, 574
Billeter, Johann Kaspar: 100, 106
Bircher, Eugen: 377
Bismarck, Otto von: 184, 247
Blaschke, Olaf: 45, 201, 208, 470, 476, 485, 495–497, 499
Blattner, Karl: 138
Bleuler, Eugen: 279–304
Bloch, Arthur: 18
Bloch, Marc: 18
Bloy, Léon: 458
Blum, Johann: 146, 156
Boelcke, Willi A.: 528
Boeters, Gerhard: 287
Bolfing, Heinrich: 474
Bollag, Raphael Daniel: 155
Bolli, Beat: 350
Bollinger, Rudolf: 362–365, 371, 395, 413
Bolt: 103
Bombacher: 93
Bonhoeffer, Dietrich: 508
Böni, Joseph Anton: 473, 496
Bonnard, Albert: 267, 275
Bonnet, Carl: 87
Borella, Achille: 346
Bourdieu, Pierre: 442
Bourgeois, Daniel: 540
Brahms, Johannes: 317
Brandes, Carl: 204
Braudel, Fernand: 3
Braun, Friedrich: 302
Braunschweig, Ernst: 8
Breit, Anna Maria: 244
Brimann, Aaron: 250f.
Briner, Robert: 416
Browe, Peter: 458
Brügger, Friedrich: 338
Bruhin, Caspar Aloys: 30–33, 36
Bruneau: 221, 226
Brüning, Heinrich: 526

Brunner, Emil: 519
Brunner, Sebastian: 202
Brunschwig, Georges: 571, 573, 575f.
Brüschweiler, Carl: 482
Bruschwiler, Karl: 445
Brüstlein, A.: 314
Buber, Martin: 518
Büchi, Emil F.J.: 204
Buess: 122
Bühler, Josef: 177
Bühler, R.: 556
Bunge, Gustav von: 281, 288
Bünter, Josef: 206
Burckhardt, Jacob: 4, 15, 78, 318–321
Burckhardt, Walter: 361–363, 365, 368, 369, 371, 413
Busch, Eberhard: 503, 508, 513
Buser, Johann Jakob: 118, 122
Bütler (auch: Beutler), Peter: 101

C

Calonder, Felix: 349
Canisius, Petrus: 46
Carmintran, Tobias: 95
Carrard, Henry Vincent: 88, 94–96
Cassidy, Edward Idris: 465
Cavaignac, Eugène: 265
Cavour, Camillo Benso di: 453
Cérenville, Max de: 339
Chamberlain, Houston S.: 294
Charmillot, Paul: 355
Chastonay, Paul de: 50, 495
Cingria, Alexandre: 275
Cingria, Charles-Albert: 275
Class, Heinrich: 293
Claussen, Detlev: 6, 163
Cohn, Arthur: 428
Cohn, Marcus: 575
Colmar, Josef Ludwig: 201

Conrad: 238
Conze, Werner: 4
Crispi, Francesco: 453
Custor, Johann Ulrich: 101

D

Dagny, Alice: 316
Dändliker, Karl: 8
Däniker, Gustav: 532
Dardel, Otto de: 349
Darwin, Charles Robert: 280, 286f., 289–291, 312, 477, 481, 528
Dechanova, Lydia: 324
Decurtins, Caspar: 498
Deharbe, Joseph: 201
Dehnow, Fritz: 287
Delaquis, Ernst: 360, 365–371, 383, 388, 390, 415, 552
Delaquis, Gaston: 411
Desbuquois, Gustave: 458
Dierauer, Johannes: 8
Diethelm, Johann Joseph: 94
Dietisheim: 130
Dill: 132
Diner, Dan: 4, 572
Dinichert, Paul: 343
Disraeli, Benjamin: 186
Dohm, Christian Wilhelm: 102, 107, 150
Doka, Carl: 482, 487f., 498
Dollfuss, Engelbert: 477
Dreifus, Marcus Getsch: 61, 70, 73
Dreifuss, Karl: 199
Dreyfus, Alfred: 15f., 259–261, 265–277
Dreyfus, Samuel: 100
Dreyfus, Wolf: 100, 105
Dreyfus-Brodskj, Jules: 433
Droz, Numa: 239
Drumont, Edouard: 255, 266, 270, 273
Dubnow, Simon: 7

Dubs, Jakob: 75
Duc, Johann Joseph: 94
Dühring, Eugen: 447–449
Dula, Niklaus: 177
Dürr, Karl: 334, 353
Dürrenmatt, Friedrich: 44, 533
Dürrenmatt, Ulrich: 14, 33–36, 44, 229, 241–263, 274, 311, 563
Durrer, Alois J.: 200
Durrer, Niklaus: 205

E

Eberle, Joseph: 482
Ecker, Jakob: 250, 447, 460
Eckstein, Ernst: 316
Egg, Johann Rudolf: 94
Ehrenfels von: 290
Ehrlich, Ernst Ludwig: 465, 575
Ehrmann, Herz: 227f.
Einstein, Albert: 321, 324
Eisenmenger, Johannes Andreas: 155, 251
Eisner, Kurt: 298
Elias, Norbert: 5, 163
Elmiger (auch: Elmlinger), Josef: 101
Enderli, Hans: 340
Engelbert, Hermann: 220f., 236
Engesser: 316
Erasmus von Rotterdam, Desiderius: 318
Erni, Johann: 50
Ernst, Viktor (auch: Victor) von: 49, 483, 487, 498
Escher, Alfred: 194, 204
Escher, Johann (auch: Hans) Conrad: 66, 94
Esterhazy, Charles Walsin: 259, 265, 267f.
Etter, Philipp: 468, 493
Ewald, Jürg: 132

F

Farbstein, David: 426, 439, 576
Fay, Theodore-Sedgwick: 130
Feer-Herzog, Carl: 136, 149, 150
Feigenwinter, Ernst: 498
Fein, Helen: 5
Feldmann, Markus: 559
Ferrero, Dominique: 270
Feuchtwanger, Lion: 321, 324
Feuerwerker, Jakob: 400
Ferrero, Dominique: 270
Fick, Heinrich: 219
Fischer, Conrad: 68, 97, 166
Fischer, Eugen: 292f.
Fleck, Ludwik: 288–290, 293f.
Fleischmann, Karl: 472
Flückiger, Daniel: 253
Ford, Henry: 454, 462
Forel, August: 281, 285–288, 291f., 299, 304
Fornerod, Abraham: 95
Forrer, Robert: 355
Fould: 187
Fraenkel, Ernst: 524
Franco y Bahamonde, Francisco: 477
Frank, Lazarus: 122
Frei: 120, 132
Frei, Anton: 104
Frei, Johannes Jakob: 104
Freud, Sigmund: 317
Frey: 120
Frey, Adolf: 27
Frey, Emil Remigius: 112f., 119f., 132
Frey, Hans: 432–434
Frey, Jakob: 26–30, 32, 35, 36, 38
Frey, Josef: 140–142
Frey-Hérosé, Friedrich: 136
Friedländer, Saul: 13, 523
Frisch, Max: 42, 44
Fritsch, Theodor: 447, 462
Fuchs, Franz Xaver Joseph: 94

Fueter, Eduard: 7, 10, 72
Fueter, Samuel: 89f.
Funk, Walther: 528
Furrer, Jonas: 71

G

Galli, Mario von (Pseudonym: Amsee, Andreas): 51, 445, 460f., 468, 478, 479, 494
Galton, Francis: 280
Garibaldi, Giuseppe: 453
Gast, Uriel: 371, 545
Gautschi, Willi: 532
Geel, Johannes: 355
Geinoz, Jaques: 94f.
Geiser, Rudolf: 93
Gelpke, Rudolf: 305f., 322, 340
Gerhard, Hans Wolfram: 254
Glagau, Otto: 447
Glauser, Friedrich: 44
Gmür, Dominik: 92f.
Gobineau, Arthur Comte de: 293
Godet, Philippe: 274
Goebbels, Joseph: 539, 541, 552
Goldhagen, Daniel J.: 18
Gorelik, Schemarya: 433f.
Göring, Hermann: 527
Görres, Joseph: 145, 186, 191, 197
Gotthelf, Jeremias: 15, 23–27, 32f., 36, 38, 40, 43, 254
Gottret, Jules: 342
Graber, Paul: 336, 343
Graeter, Albert: 305, 307, 311f., 315, 319
Greith, Karl Johann: 46
Greulich, Herman: 336
Greyerz, Hans von: 194
Grospierre, Achille-Tell: 334
Gross, Jules-Ernest: 275

Grotjahn, Alfred: 286
Grüninger, Paul: 16
Grünspan, Isidor: 317
Guggenheim, Albert Joseph: 177
Guggenheim, Joseph: 100
Guggenheim, Paul: 547
Guggenheim, Samuel: 100
Guggenheim, Willy: 241
Guggenheim-Grünberg, Florence: 7
Guillebeau, Alfred: 237
Guisan, Henri: 532f.
Gundlach, Gustav: 51, 458f., 470, 493
Gurny, Max: 575
Gutzwiller, Johann Jakob: 119
Gutzwiller, Joseph Alois: 119
Gutzwiller, Richard: 52
Gutzwiller, Stephan: 112f., 119, 131
Gysin, Heinrich: 122

H

Habegger, Ulrich: 243
Häberlin, Heinrich: 337, 343, 345, 347, 366, 371, 373f.
Habermas, Jürgen: 18
Haberstich, Johann: 148
Haeckel, Ernst: 287, 289f.
Hafter: 576
Hahn, Georg: 529
Haller, Ernst: 7
Hamsun, Knut: 322
Handschin: 120
Harburger: 125
Harden, Maximilian: 314
Harlan, Veit: 569
Harnack, Adolf von: 505
Häsler, Alfred A.: 6, 394, 543
Hättenschwiler, Alphons: 478, 481, 497
Hauser, Fritz: 322
Hecht, Hans: 318

Heer, Joachim: 191
Heine, Heinrich: 61, 273, 305
Heiniger, Markus: 534
Heller, Johann Jakob: 176
Henggeler, Wolfgang: 203
Henry, Hubert Joseph: 259, 265, 267f.
Hermann, Niklaus: 200, 203, 205f., 211
Herwegh, Emma: 120
Herzig, Arno: 20
Herzl, Theodor: 7, 257f., 426
Herzog, Johannes: 66, 88, 94f., 97
Hess, Ernst: 237
Hesse, Hermann: 305
Hettlingen, Joseph von: 206
Heussi, Johann Jacob: 95
Hilberg, Raul: 13
Hildebrandt, Kurt: 298
Hilty, Carl: 7, 233, 313
Himmler, Heinrich: 523, 548
Hirsch, Emmanuel: 503
Hitler, Adolf: 293f., 302, 321, 373, 390, 397, 446f., 454, 457, 461, 469, 477, 480, 491, 522–524, 526f., 531, 539, 558, 567
Hobsbawm, Eric J.: 17
Hoch: 315
Hodel, Markus: 484
Hoffmann, Arthur: 413
Hohenzollern (Herrschergeschlecht): 184
Holenstein, Thomas: 342
Homberger, Heinrich: 538f., 541
Honegger: 113
Horkheimer, Max: 6
Hortzitz, Nicoline: 207
Huber: 416
Huber, Johann Wernhard: 88, 92, 94, 97, 103
Hug, Johann Jakob: 119, 131
Hug, L.: 308, 309
Hug, Peter: 534
Hull, Cordell: 541

587

Humperdinck: 316
Hunziker, Otto: 350

I

Imhof, Adolf: 433
Imhof, Markus: 543
Imhof, Walter: 479
Isaac, Jules: 4, 270
Iselin, Isaak: 86f.

J

James, Harald: 542
Jann, Karl: 203, 206
Jaspers, Karl: 11
Jaun, Rudolf: 534
Jaurès, Jean: 266, 269
Jelmini, Angelo: 480
Jelmoli, Hans: 315–317, 319
Jenny-Kunz: 228
Jezler, Robert: 383, 394, 396, 400–406, 408, 418f.
Joël, Karl: 320
Johannes (Evangelist): 514
Johannes XXIII. (Papst): 461
Johannes Paul II. (Papst): 465
Jordy: 173
Jörger, Josef: 299, 304
Jöhr, Jakob: 224f., 237
Jörin, Jakob: 122
Jörin, Johann Jakob: 119
Joss, E.: 574
Jost, Hans Ulrich: 239
Journet, Charles: 469
Jung, Johann Baptist: 496f.
Jung, Licien: 130
Jung, Simon: 121

K

Kaiser, Jakob: 206
Kamis-Müller, Aaron: 7, 23, 465
Kampe, Norbert: 469
Kant, Immanuel: 100, 312
Karrer, Otto: 458
Käser-Leisibach; Ursula: 503
Kasics, Kaspar: 421
Kaufmann, Robert Uri: 8, 23, 82
Kayserling, Meyer: 154f., 160, 220
Keiser, Kaspar-Anton: 203
Keller, Augustin: 47, 78, 136, 145, 149f., 151, 153, 157, 197, 211
Keller, Christoph: 299
Keller, Conrad: 426
Keller, Franziska: 551
Keller, Gottfried: 24, 26
Keller-Jäggi, Andreas: 33, 223, 226, 230, 237
Kern, Hans: 439
Kläsi, Jakob: 300
Klee, Paul: 39
Knellwolf, Arnold: 340
Knorr, Iwan: 316
Koch, Karl: 95
Kocher, Hermann: 503, 513–515
Köhler, Ludwig: 503, 506
Kohli, Ulrich: 243
Kohlruss, Rudolf: 456
Kölner, Rudolf: 131
Konvacs, Julius: 573
Kopp: 449
Kopp, Alois: 177
Kossmann: 290
Kraeplin: 281, 295
Krähenbühl, Gottlieb (Pseudonym für: Behrens, Eduard): 305, 307, 317f., 322
Krauer, Heinrich: 95
Kreis, Georg: 540, 550
Krönes, Friedrich Edmund: 201

Kubli, Melchior: 95
Kuhn, Bernhard Friedrich: 91, 93–95
Kuhn, Thomas, S.: 288
Külling, Friedrich Traugott: 7, 23, 166, 276, 465
Kümmel, Gerhard: 549
Kurth, Samuel: 247, 256
Kury, Patrick: 413
Kurz, Gertrud: 575

L

LaFarge, John: 458f.
Landmann, Julius: 318f.
Landtwing, Karl A.: 203
Langen, J. E. Freiherr von: 447–449
Langer, Michael: 201, 446, 470, 476, 496
Lardy, Charles: 274
Lavater, Johann Kaspar: 87
Ledochowski, Vladimir: 458
Lehmann, Sigfried: 462
Lehr, Stefan: 495
Leibniz, Gottfried Wilhelm: 100
Lenin, Wladimir Iljitsch: 359
Lenz, Fritz: 286, 293, 302
Leo XIII. (Papst): 48, 452–454
Lessing, Gotthold Ephraim: 86
Leu, Joseph Burkart: 46, 210
Leutenegger, Johann Jakob: 122
Leuzinger, Fridolin: 323
Lewi: 450
Lichtenberg, Georg Christoph: 87
Lill, Rudolf: 470
Lippmann, Walter: 560
Littmann, Martin: 40
Locke, John: 100
Lomer: 314
Loosli, Carl Albert: 3, 15, 17, 39
Löpfe-Benz, Ernst: 561f., 566, 574
Lopinot, Callixt: 568, 575

Lorenz, Jakob (auch: Jacob): 51, 375f., 416, 468, 479, 487f., 492f., 571
Louis-Philippe (König): 116
Ludwig, Carl: 6, 394, 421, 433, 559
Ludwig (ursprünglich: Cohn), Emil: 321, 324
Lueger, Karl: 251f., 315f., 423
Luther, Martin: 450, 469f.
Lüthi, Johann Ulrich: 90

M

Mächler, Albert: 331
Mächler, Stefan: 545
Mäder, Robert: 48f., 472f., 482, 492, 495
Madeux, Eugen: 119
Mager, Alois: 458
Maier, Hans W.: 299f.
Maier, Johann: 251
Mandel, Jules: 226, 236
Mann, Golo: 12, 461
Marc Aurel (Kaiser): 321
Markus, Salomon: 39, 44
Marr, Wilhelm: 5, 252
Martin, Jean: 351
Martin, Konrad: 202
Martin, Rudolf: 292, 302
Martin, William: 275
Marx, Karl: 273, 476
Massis, Henri: 277
Massl, Xaver: 202
Matt, Johann Jakob: 119
Matzinger, Emanuel: 122
Maunoir, Albert: 339
Maurras, Charles: 50, 55, 275
Mazzini, Giuseppe: 453
Mehler, Ludwig: 211
Meiners, Christoph: 255
Mendel, Johann: 280
Mendelssohn, Moses: 87, 155

Messinger, Eugen: 574f.
Metternich, Klemens von: 144
Meuron, Aloïs de: 339
Meyer, Albert: 355
Meyer; Heinz: 393f., 419
Meyer, Johannes: 117
Meyer, Johann Jakob: 94
Mez, Adam: 305
Michaelis, Johann David: 102
Michel, Alois: 203
Michel, Christian: 93
Micheli, Horace: 339
Minger, Rudolf: 354
Molz, Adam Friedrich: 216
Monnier, Philippe: 267
Monroe, James: 523
Montesquieu, Charles Louis de Secondat: 100
Moos, Niklaus von: 205
Moos, Rudolf Walter von: 51, 57, 473, 487, 495
Mooser, Josef: 488
Moser, Ludwig: 122
Motta, Giuseppe: 484
Mucchielli, Alex: 5
Mühlestein, Hans: 305
Müller, Dominik (Pseudonym für: Schmitz, Paul): 305–310, 313f., 319–324
Müller, Eduard: 343
Müller, Emmanuel: 199, 206
Munzinger, Joseph: 71
Muralt, Alexander von: 298
Muret, Jules: 92, 95, 108
Muret, Maurice: 273f.
Müri: 119
Müri, Hermann: 334
Mussolini, Benito: 477

N

Näf, Emil: 237
Napoleon I. (Kaiser): 61, 101
Napoleon III. (Kaiser, auch: Louis Napoleon): 73, 204, 206
Nasser, Abdel: 564
Neumann, Franz: 524, 548
Ney: 105
Nicolai, Friedrich: 87
Nietzsche, Friedrich: 283, 291, 318, 320
Nobs, Ernst: 343
Nordemann, Theodor: 13
Nordmann, Achilles: 7
Nordmann, Jean: 571, 575
Nydegger, Hans: 244f.

O

Oberwesel, Werner von: 56
Oesterreicher, Johannes: 458
Oltramare, Georges: 275, 572
Oppenheim: 118
Ornstein, Hans: 575
Ostwald, Wilhelm 289
Oxner von Rinn, Andreas (auch: Anderl von Rinn): 56, 202
Oyen, Hendrik von: 575

P

Paasch, Carl: 449
Pacelli, Eugenio: 456
Papen, Franz von: 526
Patty de Calm, Ferdinand du: 259
Paulus (Apostel): 460, 506f.
Pedersen, Johannes: 505
Pereire: 187
Perrenoud, Marc: 535

Perrig, Franz: 93
Pestalozzi, Johann Heinrich: 15
Peterson, Erik: 496
Petrig, Viktor: 404–406
Petrus (Apostel): 519
Pfyffer, Kasimir: 176f.
Piachaud, René-Louis: 275
Picard, Jacques: 417, 440, 465, 495, 503
Picquart, Marie-Georges: 267
Pius IX. (Papst): 47, 76, 144, 153, 188, 198–201, 206–208, 452–454
Pius XI. (Papst): 50f., 452, 454–460, 463, 480, 563
Platon: 100
Platten, Fritz: 343
Ploetz, Alfred: 281, 285–288, 290f., 293f., 299
Poliakov, Léon: 475
Pound, Ezra: 322
Prisi, Fritz: 532f.,
Proschko, Franz Isidor: 316
Pryzwara, Erich: 458

R

Rabinovitch, Gregor: 562
Rabours, Frédéric de: 339
Rad, Gerhard von: 505
Ragaz, Leonhard: 503, 575
Rapaport, Mordché W.: 429–431
Rathenau, Walther: 324
Rayneval: 116
Rebmann, Johannes: 117
Recher: 119
Recher, Johannes: 114, 119
Reding, Alois von: 199
Reding, Aloys von: 383, 418
Reding-Biberegg, Nazar von: 191, 196
Regamey, Marcel: 275
Regenass, Heinrich: 122

Régis, Max: 273
Reichstein, Tadeusz: 426f.
Rellstab, Heinrich: 93
Repgen, Konrad: 476
Reynold, Gonzage de: 15, 275
Ribot, Alexandre: 256
Riegner, Gerhard M.: 12
Rigassi, George: 351
Ritschard, Johannes: 253
Ritter, Robert: 300
Rochaix, Jean: 355
Rochefort, Henri: 270
Röggle, Alois: 202
Rohde: 313
Rohling, August: 226, 237, 446
Rohn: 198f.
Rolle, Christoph: 119, 127
Roosevelt, Franklin D.: 13
Roschewski, Heinz: 465
Rosenbaum, Wladimir: 426f.
Rosenzweig: 518
Rosinski, Herbert (Heinz?): 528f.
Rothmund, Heinrich: 6, 17, 343f., 357f., 360, 365f., 370f., 374–376, 379–385, 387–394, 396f., 399–401, 403, 406–411, 435, 439f.,
Rothschild: 76f., 115, 187, 255
Rothschild, Edmund von: 257
Ruchonnet, Louis: 238
Rüdin, Ernst: 279–285, 287, 298–300
Rudolf von Bern: 50
Rüegger, Paul: 407
Ruepp, Aloys: 94
Rumford (Graf): 100
Rürup, Reinhard: 235
Rusch, Johann Baptist: 48–50, 492
Ruth, Max: 366–368, 372–374, 379f., 382–386, 388, 390, 395, 418
Rüttimann, Vinzenz: 67f., 90, 173
Rutty, Jacques: 344

S

Saaling, Marianne: 186, 191
Sagalowitz, Benjamin: 573, 575f.
Sahli, Christian: 231
Salazar, Antonio de Oliveira: 477
Saller, Karl: 255
Salzmann, Joseph Anton: 45f.,
Sandkühler, Thomas: 523
Sartre, Jean-Paul: 5, 207
Schaffner, Jakob: 305, 322
Schallmayer, Wilhelm: 289f., 294
Schaub, Johann Jakob: 122
Schegg, Peter: 211
Scheiwiler, Alois: 48, 50, 480, 483, 497f.
Schelling, Friedrich Wilhelm: 145
Schemann, Ludwig: 293
Schenk, Ernst von: 575
Schenker, Alois: 52, 461, 474, 487, 496
Scherer-Boccard, Theodor: 47f., 144f., 147, 189, 197
Scherrer, Daniel: 94
Scherrer, Joseph: 338
Scherrer-Füllemann, Joseph-Anton: 340
Schlaginhaufen, Otto: 293, 302, 304
Schleicher, Kurt von: 526
Schlesinger, Arthur: 547
Schlettwein, August: 86
Schleuniger, Johann Nepomuk: 32, 47, 73, 76, 144–147, 152–157, 160, 164, 188, 196, 492
Schmid, Carl Alfred: 322, 361f., 365, 413
Schmid, Karl von: 157, 160
Schmid von Grüneck, Georg: 48
Schmidt, Karl Ludwig: 507
Schmitt, Carl: 528
Schmitz, Paul (Pseudonym: Müller, Dominik): 305–310, 313f., 320–324
Schneeberger, Arthur: 334
Schneeberger, Oskar: 334
Schneider, Friedrich: 433

Schnorr, Josef: 211
Scholl, Jules Charles: 223f.
Scholz: 316
Schönerer, Georg von: 252
Schramm, Gottfried: 72
Schulthess, Edmund: 493
Schulze, Hagen: 8
Schumacher, Karl von: 566
Schürch, Oscar: 394, 406, 408, 420
Schurter, J.: 316
Schwarzenbach, James: 573
Secretan, Edouard: 273–275
Secrétan, Louis: 10, 66, 88, 91, 95, 102
Segesser, Philipp Anton von: 47, 75f., 145, 162, 177–179, 182–189, 191, 196
Seippel, Paul: 267
Senn, Martin J.: 119
Shakespeare, William: 36
Siegenthaler, Hansjörg: 551
Siegmund: 221, 225, 235
Siegwart-Müller, Konstantin: 197
Sigg, Jean: 335, 354
Sintzheim, David: 100
Sokrates: 100
Solon: 100
Sombart, Werner: 482
Sonderegger, René: 572
Sondermann, Adolf: 220, 223, 226
Spencer, Herbert: 303
Spengler, Gottlieb: 92
Spieler, Willy: 446
Spiess, Henry: 275
Spitteler, Carl: 305
Staehelin, Hans: 105
Stahl, Friedrich Julius: 162
Stammler, Jakob: 50, 55
Stänz, Rudolf: 138–142, 165
Stegemann, Ekkehard W.: 19
Steiger, Edmund von: 229–231, 237, 239, 246

Steiger, Eduard von: 374, 376f., 382, 394f., 404, 406, 416, 420, 543, 570, 576
Steiger, Jakob Robert: 175, 186
Steiger-Jeandrevin, Anton von: 223f.
Steigmeier, Xaver: 139f., 142, 146, 148, 151
Stein, Edith: 457
Stein, Leopold: 223
Stein, Ludwig: 311–315, 318
Steiner, Hans Jakob von: 104
Stern, Jakob: 222f., 226, 237
Stocker, Franz August: 136, 151
Stocker, Thomas: 199, 210
Stockmar: 230
Stoecker, Adolf: 251f., 451
Stohler, Johann Heinrich: 122
Stoll, Adrian: 224f.
Stolz, Alban: 201, 210, 446
Strauss, David: 13
Strauss, Herbert A.: 469, 476
Streicher, Julius: 561
Streng, Alfons von: 349
Streng, Franz von: 480, 489
Stutz, Hans: 499
Styger, Karl: 206
Suter, Johann Rudolf: 10, 66, 70, 83, 88, 90, 95f., 102, 108

T

Tanner, Anton: 46
Tanner, Jakob: 534, 538
Tarde, Alfred de: 277
Teobaldi, Alfred: 49, 484, 499
Theweleit, Klaus: 323
Thoma, Clemens: 470
Thommen: 120
Thommen, Christian: 23
Thorin, Charles: 102
Tille, Alexander: 291
Tobler, Robert: 439

Traz, Robert de: 275
Treichler, Johann Jakob: 30
Trösch, Joseph: 92f., 110

U

Ubert: 384f., 417
Uhlmann, Otto: 316
Ullmann, Fritz: 417
Urech, Rudolf: 159
Usteri, Paul: 10, 95, 331, 341

V

Valentin, Gabriel Gustav: 312
Viktor Emanuel I. (König): 144
Viret, Henri: 333f.
Vischer, Wilhelm: 501–519, 574
Vogelsanger: 238
Vogt, Paul: 573, 575
Volkmann, Hans Erich: 528
Volkov, Shulamit: 14, 207, 374, 469
Voltaire: 61

W

Wagener: 450
Wahl, Alexander: 117–119, 123, 130
Wahl, Baruch: 117–119, 123, 130
Walser, Johann Ulrich: 113, 122, 131
Walser, Robert: 305
Walter, Otto: 48, 484
Walther, Heinrich: 342, 490
Wassermann, Jakob: 5
Wattenwyl von: 228f.,
Weber, Ernst von: 224
Weber, Leonhard: 575
Weber, Max: 76

Weber, Robert: 30
Wegmüller, Hans: 534
Weil, Emanuel: 100
Weil, Jakob: 177
Weil, Joseph: 177
Weil, Simon: 177
Weingart, Peter: 302
Weininger, Otto: 294
Weizmann, Chaim: 15
Weldler-Steinberg, Augusta: 7
Welti, Emil: 136, 149, 160f.,
Welti, Franz: 347
Wendriner, Karl Georg: 39, 44
Wenger, Lisa: 36–40
Wenger, Theo: 37
Wernle, Paul: 105
Wertheimer, Joseph: 228, 230
Wetter, Andreas: 93
Wettstein, Oskar: 344, 350–352, 355
Wichtl, Friedrich: 454
Wick, Karl: 467, 472, 482, 489, 493
Wickart, Paul Anton: 202
Wiesenthal, Simon: 465
Wiggam, Albert E.: 292
Wilhelm II. (Kaiser): 251, 452
Wille, Ulrich: 532f.,
Wolff, Philipp Heinrich: 216, 223f., 235
Wolzogen, Ernst von: 312f.
Woog, Samuel: 121, 130
Wormser: 433
Würsch, Franz Anton: 101
Wustysen, Christian: 314, 323
Wyler, Julius: 177
Wyler, Sigmund: 177
Wyler, Viktor: 428, 437

Z

Zahn, Ernst: 26
Zangger, Rudolf: 219f.
Zbinden (Geschlecht der): 243
Zelger, Walter: 206
Zgraggen, Franz-Xaver: 203
Ziegler, Josef: 211
Zigerli, Paul: 575
Zimmer, Oliver: 477, 499
Zimmerli, Walter: 515
Zimmermann, Karl Friedrich: 97
Zola, Emile: 259, 265–268, 271
Zollner, Johann Ev.: 211
Zschokke, Heinrich: 3, 157
Zurbrück: 120

Weitere Titel aus dem Orell Füssli Verlag
zum Thema Zeitgeschichte

1798 – das Ende der Alten Eidgenossenschaft

Holger Böning

Der Traum von Freiheit und Gleichheit

Helvetische Revolution und Republik (1798–1803)
Die Schweiz auf dem Weg zur bürgerlichen Demokratie

Helvetische Revolution und Republik waren das Werk von Schweizern, sie wären jedoch nicht möglich gewesen ohne das Eingreifen der Grossmacht Frankreich. Es sind spannungsreiche und spannende Jahre, in denen der Umbruch von der Alten Eidgenossenschaft zur modernen, demokratischen Schweiz beginnt.
Der Autor erzählt von den Revolutionen in den verschiedenen eidgenössischen Orten, untersucht ihre Voraussetzungen in der Schweizer Aufklärung und den Verhältnissen der Alten Eidgenossenschaft und analysiert den Versuch, zum ersten Mal für die gesamte Schweiz demokratische Grund- und Freiheitsrechte durchzusetzen. Die Jahre 1798 bis 1803 sind von grösster Bedeutung für die Schweizer Demokratiegeschichte.

383 Seiten und 16 Tafeln, gebunden, ISBN 3-280-02808-6

Orell Füssli Verlag

Die Schweiz – seit 1848 eine «Männersache»?

Lynn Blattmann / Irène Meier (Hrsg.)
Männerbund & Bundesstaat
Über die politische Kultur der Schweiz

Die AutorInnen laden ein zu einer «Expedition» in die Welt der Männerbünde und der Eidgenossen. Als besondere «Sehens- und Denkwürdigkeiten» werden Schützenfeste, politische Vereidigungen, Studentenverbindungen, Militär, Stammtisch und Abwehrstrategien gegen Frauen vorgestellt.
Die Beiträge in diesem aus aktuellem Anlass von bekannten Schweizer und deutschen HistorikerInnen und EthnologInnen geschriebenen Buch liefern Antworten auf die Frage, warum die Frauen nur zögernd ins politische System integriert werden. Politisches Denken und Handeln sind – nicht nur in der Schweiz seit 1848 – von Männern geprägt.
Die AutorInnen liefern Hintergründe für die Geschlechtsgebundenheit von Politik und Staat und benennen und interpretieren männerbündische Muster.

246 Seiten, gebunden, ISBN 3-280-02804-3

Orell Füssli Verlag

Geld oder geistige Landesverteidigung?

Katharina Bretscher-Spindler

Vom heissen zum kalten Krieg

Vorgeschichte und Geschichte der Schweiz im Kalten Krieg 1943–1968

Das Buch zeigt den Weg der Schweiz von der Kriegs- in die Nachkriegszeit, die Rückkehr der vom rechten Totalitarismus Faszinierten zum Bekenntnis zur modernen Demokratie, die Überwindung der Gegnerschaft von Bürgertum und Sozialdemokraten hin zur Konkordanz. Das Buch macht Hintergründe für die tiefe Verankerung der Geistigen Landesverteidigung in den Aktivdienstgenerationen deutlich und erhellt die Problematik, die sie für die Nachkriegsgeneration darstellt.
Die Mentalitätsgeschichte wird eingebettet in einen Überblick über die zum Verständnis der Zusammenhänge notwendigen internationalen Ereignisse des Kalten Krieges sowie über die in der Epoche des Ost–West-Konfliktes wichtigen Weichenstellungen der schweizerischen Innen- und Aussenpolitik.

498 Seiten, gebunden, ISBN 3-280-02319-X

Orell Füssli Verlag